THE COMMENTARY OF DR.ZACHARIAS URSINUS
ON THE HEIDELBERG CATECHISM

하이델베르크
요리문답 해설

🔵 **독자 여러분들께 알립니다!**
'**CH북스**'는 기존 '**크리스천다이제스트**'의 영문명 앞 2글자와
도서를 의미하는 '**북스**'를 결합한 출판사의 새로운 이름입니다.

세계기독교고전 11

하이델베르크 요리문답 해설

1판 1쇄 발행 2006년 3월 20일
2판 1쇄 발행 2016년 10월 14일
2판 4쇄 발행 2024년 9월 3일

지은이 자카리아스 우르시누스
옮긴이 원광연
발행인 박명곤   CEO 박지성   CFO 김영은
기획편집1팀 채대광, 김준원, 이승미, 김윤아, 이상지
기획편집2팀 박일귀, 이은빈, 강민형, 이지은, 박고은
디자인팀 구경표, 유채민, 임지선
마케팅팀 임우열, 김은지, 전상미, 이호, 최고은

펴낸곳 CH북스
출판등록 제406-1999-000038호
전화 070-4917-2074 **팩스** 0303-3444-2136
주소 서울시 강서구 마곡중앙6로 40, 장흥빌딩 10층
홈페이지 www.hdjisung.com **이메일** support@hdjisung.com
제작처 영신사

© CH북스 2016

THE COMMENTARY OF DR.ZACHARIAS URSINUS
ON THE HEIDELBERG CATECHISM

하이델베르크
요리문답 해설

자카리아스 우르시누스 지음 | 원광연 옮김

CH북스
크리스천
다이제스트

>>> 차 례 <<<

사도신경

성부 하나님

성자 하나님

그리스도의 이름

하나님의 독생자, 그리스도의 신성

주님이라는 이름

성부의 우편에 앉으심

심판을 위한 그리스도의 재림

성령 하나님

교회, 하나님의 예정

성도의 교제

죄 사함

육체의 부활

영생

칭의

성례

세례, 할례

사람의 회심

선행

하나님의 율법

제 1 계명

제 2 계명

제 3 계명

맹세

율법에 대한 순종의 가능성

114문 | 하지만 하나님께로 회심한 자들이 이 계명들을 완전히

다섯째 간구

여섯째 간구

소개의 글

제2세대에 속한 개혁자들 가운데, 스스로 종교개혁의 산물이면서도 종교개혁을 최종적으로 정착시키는 수고를 통하여, 그 위대한 역사를 일으킨 최초의 사도들과 어떤 의미에서 어깨를 겨룰 만한 뛰어난 사람들이 많으나, 그 중에서도 저 학식 있고 온화한 저 유명한 하이델베르크 요리문답(Heidelberg Catechism)의 작성자보다 존귀한 마음으로 회고할 가치가 있는 분은 없을 것이다. 어떤 점에서는 이 신조의 작성이 다른 사람들의 손에 이루어진 것으로 보아야 한다는 것은 우리도 아는 사실이다. 그러나 이 신조의 주요 계획이나 그것을 주도한 자세에 있어서나, 하이델베르크 요리문답은 한 사람의 산물인 것이 분명하며, 따라서 세상의 종말이 오기까지 그것은 자카리아스 우르시누스(Zacharias Ursinus)를 기념하는 하나의 신성한 기념물로 알려지고 높임을 받게 될 것이다.

어떤 점에서는 이 요리문답이 우르시누스 자신의 최고의 역사요 또한 가장 선명한 그림을 이룬다고도 말할 수 있을 것이다. 왜냐하면 겉모양만을 생각할 때에 그의 전기(傳記) 자료는 매우 부족하며, 또한 특별한 관심을 기울일 만한 것이 못되기 때문이다. 그는 모험을 벌이거나 공적을 세우는 외형적인 분야에 대해서는 취향도, 재능도 없었다. 그의 성품 자체가 공적인 활동 무대에서는 다소 움츠러드는 경향이 있었다. 상대적으로 말해서, 그는 그 무대에서 일어나는 시끄러운 소리들과 소요에는 거의 참여하지 않았던 것이다. 그가 주로 움직이고 활동한 세계는 영적인 세계였고, 종교의 영역이 그의 집이었다. 그의 역사와 성품을 이해하기 위해서는, 겉으로 드러나는 그의 생애의 사건들과 친숙해질 필요가 없고, 오히려 내면을 이루는 원리들과 사실들을 아는 것이 필요한데, 이에 대해서는 그 자신의 요리문답에 여전히 보존되어 있는 그런 모습보다 더 진실하고 더 존귀한 묘사는 없을 것이다. 여기서 우리는 강력하게 힘주어 말할 수 있을 것이다. "그가 죽었으나 말하는도다"라고 말이다.

우르시누스는 1534년 7월 18일 실레지아(Silesia)의 수도 브레슬라우(Bresslau)에서 덕망 있는 부모에게서 출생하였으나, 세상적인 관점에서 보면 그들의 형편은 지극히 평범한 계층에 속한 사람들이었다. 그의 성(姓)은 **베어**(Beer, 혹은 Bear)였으나, 당시 식자층의 풍조를 따라 나중에 그것과 뜻이 일치하면서도 좀 더 격조 높은 라틴어 이름인 **우르시누스**(Ursinus)로 바꾸었다. 그의 부모는 아주 어릴 때부터 그에게 지식을 습득하는 데에 남다른 재능과 기질이 있음을 발견하였고, 그리하여 열여섯 살에 그를 비텐베르크(Wittenberg)로 보내어, 당시 친절하고 탁월한 멜란히톤(Melanchthon)이 주로 후원하고 있던 그곳의 명망 높은 대학교에서 공부하였다. 여기서 그는 최소한 한동안은 고향의 의회로부터 후원금을 받았던 것으로 보인다. 그리고 얼마 지나지 않아서 그는 가르치는 일을 하여 일정액을 벌 수 있게 되었다.

그는 7년 동안 이 대학교에 남아 있었다. 물론 중간에 학교를 떠난 적도 있었다. 비텐베르크에 전염병이 나돌자, 그는 한 해 겨울을 토르가우(Torgaw)에서 멜란히톤과 함께 보냈고, 또한 다른 이유로 ─ 어쩌면 정치적으로 위협을 받게 되는 상황 때문에 ─ 그는 1552년 다시 그 대학교를 떠나 금의환향(錦衣還鄕)하였다. 그러나 1년 후 그는 다시 사랑하던 비텐베르크로 돌아갔고 1557년까지 그 곳에서 부지런히 성공적으로 연구를 계속했다.

이 시기 동안 그는 예술과 인문 과학에 능통하여 많은 이들에게 폭넓은 인정과 호감을 받았다. 그는 특히 고전 문학과 철학, 그리고 신학에 뛰어난 것으로 인정되었다. 게다가 그는 시(詩)에도 능하여, 라틴어와 희랍어로 시를 지어 많은 이들에게 감동을 주기도 했다. 이러한 모든 지성적인 재능과 더불어 그의 속에도 영적인 사람이 형성되었으니, 이는 그가 받은 교육을 통해서 얻어진 최고의 은혜였고 이로 인하여 다른 모든 재능들이 새로운 가치를 갖게 되었다. 천성적으로 온화하며 부드럽고 친절하고 진지한 성품들이 신앙의 힘으로 더욱 세련되어지고 개선되었다. 신앙은 그에게 있어서 살아 있는 의미를 지니며 속마음으로 느끼는 경험이요 지극히 깊고도 가장 포괄적인 영혼의 습관이었던 것이다. 비텐베르크 대학교의 대명사였던 멜란히톤이 그의 능력과 도덕적 특질들을 높이 기려서 평생토록 그와 개인적으로 친밀한 교분을 나누었다는 사실은 그가 어떤 사람이었는지를 의미 있게 보여주는 대목이라 하겠다. 멜란히톤이 그 제자를 높이 평가했다는 사실은, 우르시누스가 비텐베르크의 과정을 마치고 잠시 해외를 다니며 당시의 다른 지역의 지성계를 관찰하고 익히고자 할 때에 그의 손에 자신의 공식 추천서를 들려서 보냈다는 사실에서 웅변적으로 드러난다.

인문학의 초보자가 외국의 학자들과 개인적으로 대면할 수 있는 기회가 되는 그런 유의 여행은, 당시에는 신학 훈련을 마치는 데에 필수적인 과정으로 여겨졌다. 그의 고향 브레슬라우의 의회가 공금(公金)으로 그의 여행을 위한 경비를 충당하도록 결정한 사실을 보면 그것이 얼마나 중요했는지를 알 수 있을 것이다. 그는 고향 의회의 이러한 따뜻한 배려에 대한 보답으로, 후에 이 도시를 섬기는 일로 자신의 공직 생활을 출발하게 된다.

멜란히톤은 앞에서 언급한 그 추천서에서 그를, 하나님으로부터 시재(詩才)를 부여받았으며 올바르고 점잖은 기풍을 지녔고 모든 선한 이들의 사랑과 칭송을 받기에 합당한 보기 드문 젊은이로 묘사하였다. 그리고 그는 계속해서 이렇게 말하고 있다: "그는 7년 가량 우리 학교에서 생활했는데, 그의 건전한 학식과 하나님을 향한 진지한 경건으로 우리들 모두에게서 사랑을 받았다." 그리고 그가 다른 지역의 학자들과의 교분을 위해 여행한다는 사실을 알리면서, 그를 따뜻하게 맞아줄 것과 그의 학식과 인격에 걸맞도록 그를 대접해 줄 것을 요청하였다.

이러한 최고의 추천서를 지니고, 그는 먼저 멜란히톤을 수행하여 1557년에 보름스(Worms)에서 열린 그 기억에 남을 만한 회의에 참석하였고, 후에 거기서부터 하이델베르크(Heidelberg), 슈트라스부르크(Strasburg), 바젤(Basel), 로잔(Lausane), 제네바(Geneva) 등지를 방문하였다. 이 여행을 통해서 그는 일반적으로 개혁 교회에 속한 지도자들과 교분을 나누게 되었고, 그들은 그 짧은 기간 동안 멜란히톤의 추천서에서 인용한 그대로 그의 성품에 대해 호감을 갖게 된 것으로 보인다. 그는 스위스를 떠나 리용(Lyons)과 오를레앙(Orleans)을 거쳐 파리에 이르러, 거기서 한동안 프랑스어와 히브리어 공부로 시간을 보냈다. 그 후 그는 다시 스위스로 돌아와 특히 취리히(Zurich)에 머물며 불링거(Bullinger), 페트루스 마터(Peter Martyr), 게스너(Gessner) 등의 그곳의 저명한 인사들과 친밀한 교분과 우애를 나누었다.

비텐베르크로 돌아올 즈음에, 그는 브레슬라우 당국으로부터 그 지방의 학교인 엘리자베스 김나지움(the Elizabeth Gymnasium)의 책임을 맡아달라는 청을 받았다(1558년 9월).

여기서의 그의 봉사는 큰 만족을 주었다. 그러나 얼마 지나지 않아 어려운 문제가 일어나 그 첫 번째 임무가 돌연 종결되어 버렸다. 그가 성례에 대하여 불건전한 믿음을 갖고 있다는 혐의를 받은 것이다. 그 당시 루터파에 속한 독일은 제2차 성례 전쟁이 진행되면서 전국적인 흥분의 소용돌이를 지나고 있었고, 이로 인하여 결국 두 가지 신앙고백으로 쪼개지고 말았다. 그런데 우르시누스가 성찬에 그리스도께서 임재하시는 문제에 대해 칼빈주의적인 견해를 지지하는 것이 드러났는데, 이 견해는 베스트팔(Westphal)과 틸레만 헤수스(Tilemann Hesshuss) 등의 고(高)루터주의의 교의와는 다른 것이었다. 따라서 브레슬라우의 성직자들이 그의 정통 신앙 문제에 대해 경계할 것을 제기하였다. 브레멘(Bremen)의 저명한 목사 하덴베르크(Hardenberg)의 경우처럼, 멜란히톤과의 호의와 우애에 대해서도 큰 의심이 일어났다. 루터주의를 떠받드는 열심당들은, 밑바닥에 은밀하게 칼빈주의를 지니고 있는 자가 멜란히톤과 친밀한 교분을 갖고 있을 수가 없다는 것을 기정 사실로 간주하고 있었던 것이다.

우르시누스는 자신의 입장을 변호하기 위하여 소책자를 출간하여, 성례상의 임재에 대한 자신의 견해를 간결하게 요약하여 제시하였다. 이것이 그의 최초의 신학적 저작이었다. 그것은 멜란히톤의 성례론이라 간주할 수 있는 그런 내용이었고, 사실 멜란히톤 자신이 최고의 찬사로 승인하고 추천한 것이었다. 그러나 브레슬라우에서 일어난 반감은 그것으로도 잠잠해지지 않았다. 우르시누스는 여전히 **성례상징론자**(a sacramentarian)라는 조롱을 받았다. 상황이 이러했으므로, 그는 잠시 물러나 있기로 결심하였다. 그를 반대하는 자들이 끈질기게 소요를 일으켰으나, 시 당국은 기꺼이 그의 직책을 그대로 유지하기를 원했다. 그러나 그는 모든 분쟁과 소요에 대해 기질적으로 강한 반감을 갖고 있었으므로, 명예롭게 그 직책을 사임하였다. 평화를 위하는 거룩한 대의에 자발적으로 자신을 죽이고, 다른 지역에서 좀 더 조용히 활동할 수 있는 일을 구하였다.

이런 상황에서 한 친구가, 이제 고향을 떠나려느냐고 질문하자, 그는 자신의 성품대로 온유하면서도 단호한 자세로 다음과 같이 대답했다: "내 양심으로는 도저히 폐기할 수 없는 그런 진리의 고백을 내 나라가 용납하지 않는다면, 내 나라를 떠난다 해도 상관없네. 나의 고귀한 스승 필립(멜란히톤을 지칭함: 역자주)이 아직 살아 계시다면 다른 누구보다 그분에게로 가겠지만, 그가 돌아가셨으니 이제 취리히로 가기로 마음을 정했네, 여기서는 그곳 사람들을 크게 인정하지 않지만 다른 교회들 사이에는 그들의 명성이 높아서 우리의 설교자들이 절대로 무시할 수 없는 분들이네. 그분들은 경건하고 학식이 있는 위대한 분들이요, 나는 이제부터 그들과 교제하면서 내 생애를 보내려네. 나머지 모든 것들은 하나님께서 공급하실 것이네."

그는 1560년 10월 3일 취리히에 도착하여, 그 해 겨울 동안 탁월한 신학자인 페트루스 마터의 지도를 받아 연구하는 일에 전념하였다. 이 학식 있는 훌륭한 인물과의 관계 역시 그 전에 멜란히톤과 가졌던 관계와 여러 가지 면에서 비슷하였다. 그 이후의 그의 저작들에서 지금도 추적할 수 있듯이, 그는 스위스의 개혁자들 중 그 어느 누구보다 페트루스 마터와 친밀한 관계를 가졌고 그에게서 영향을 받았다. 멜란히톤의 제자인 우르시누스에게서 직접적으로 개혁주의의 풍모가 지배적으로 나타나는데, 이는 주로 페트루스 마터를 통해서 수정된 것이라 하겠다.

한편 하나님께서는 그의 활동을 위하여 팔츠의 교회(the Church of the Palatinate)에 적절한 장(場)을 예비해 두고 계셨다. 그의 과거의 역사와 신학 훈련 전체가 특별한 섭리 가운데서 그 일을 위해 맞추어진 것 같았다.

이 흥미로운 지방은 독일의 다른 지방들과 마찬가지로 앞에서 언급한 바 있는 제2차 성례 전쟁의 발발로 격렬한 소용돌이 속에 빠지기 전에는 종교개혁을 지지하는 쪽으로 안정되어 있지 않았었고, 그 전쟁으로 인하여 두 개의 신앙고백으로 분열되게 되었다. 이런 분열로 인해서, 또한 맹렬한 신학 논쟁의 소용돌이 속에서 고(高) 루터주의에 대항하여 독일 개혁 교회(German Reformed Church)가 생겨났고, 결국 이런 분열은 자연스럽게 일치신조(the Form of Concord)로 완결되었다.

신학 논쟁의 주요 요점은 성찬에 함께 하시는 그리스도의 신비한 임재의 양식에 있었다. 그리스도의 중보자적 생명과 그의 살과 피의 본질이 서로 진정으로 교류한다는 사실에 대해서는 양 쪽 모두 전반적으로 동의하였다. 그러나 완고한 루터파는 이것으로 만족하지 않았다. 그들은 그 신비가 장소성을 지니는 것으로 인정할 수 있도록 그 임재의 방식을 그렇게 정의할 것을 고집하였고, 구체적으로 주님의 성찬에의 임재를 완전히 표현하기 위해서는 "안에, 함께, 그리고 아래에"(in, with and under)라는 문구가 필수적이라고 하며 그것을 주장하였다. 신자든 불신자든 성찬에 참여하는 모든 사람들의 편에서 **입으로** 성찬의 떡과 포도주와 더불어 그리스도를 받게 될 정도로, 그가 떡과 포도주 속에 완전히 포함되어야 한다는 것이었다. 그들은 다른 사람들이 이러한 극단적인 해석을 인정하기를 거부하면, 그것을 거부한다는 사실 하나 때문에 그들을 "성례상징론자"라고 낙인찍고 모든 방면에서 사회의 병적인 존재로 돌리며 온갖 악담을 퍼부었다. 그들이 이단으로 정죄하고 죄악되다고 판단한 사상은 그저, 칼빈의 이론을 따라서 그리스도의 임재가 "떡의 안에, 떡과 함께, 그리고 떡의 아래에" 있음을 부인하고 "떡과 함께"만 있음을 인정하며, 그리스도의 임재를 입으로가 아니라 **믿음으로** 받음을 인정하며, 그리스도께서 살로 임재하시는 것이 아니라 보다 고상한 존재 양식의 수단으로서 오직 **성령으로** 말미암아서만 임재하심을 인정하며, 불신자들이 아니라 오직 **신자들만** 그리스도를 받는다는 것을 인정하는 것일 뿐이었다. 그것은 기독교 교회가 항상 고백해온 성찬의 신비의 사실 그 자체에 관한 문제가 아니라, 주의 성찬에 그리스도께서 함께 하시는 바 그의 본질적인 임재의 양식 혹은 방식에 관한 것뿐이었는데, 이것 때문에 온 독일 전체가 크나큰 재난에 휩싸이게 된 것이었다.

그 논쟁이 곧 팔츠 지방에까지 이르렀다. 특히 하이델베르크 시(市)와 그 대학교가 이로 인하여 완전한 혼란에 빠졌다. 이처럼 격렬한 소요의 와중에 저 지혜롭고 훌륭한 군주인 프리드리히 3세(Frederick the Third)가 선제후직(選帝侯職: the electorate)을 계승하였다. 일반적으로 알려진 대로는 그의 후원을 받아서 개혁주의적 혹은 칼빈주의적 경향이 팔츠 지방에 확립되었다고 한다. 그는 우선 헤수스와 클레비츠(Klebiz) 등 분열을 조장하는 두 사람을 제거함으로써 공적인 안정을 꾀하였다. 이들은 서로 다른 파의 지도자들로서 강단을 무절제한 분쟁의 현장으로 만들었고 부드러운 방법으로는 도무지 침묵하게 할 수 없는 사람들이었다. 그 다음에는 가능하다면 이 논쟁을 종식시킴으로써 장차 그 지방의 평화를 보존하게 하는 일이 필요했다. 그리하여 선제후는 기존의 분쟁을 종식시키고 신앙을 규정하는 데에 공통적인 수단의 역할을 할 수 있는 새로운 믿음의 규칙을 확립하여 자신의 통치권 내에 적용시킬 계획을 세웠다.

아우그스부르크 신앙고백(the Augusburg Confession)으로는 이 목적에 충족하지 못한 것이 분명했다. 이 논쟁점에 대한 그 신앙고백의 진술을 어떤 의미로 취하는가 하는 것부터가 해결되어야 했기 때문이다. 그는 이 문제에 대해 멜란히톤에게 자문을 구했고, 멜란히톤의 저작인 저 유명한 『응답』(Response)에 따르면, 생애 말기에 이르러 있던 멜란히톤은 선제후 프리드리히의 제안에 대해 전반적으로 인준한 일로 자신의 공적인 활동을 마감했다. 그러나 그는 물론 그 운동이 얼마 후에 결국 개혁 교회에로의 공식적인 전환에까지 이르게 된다는 것을 보지 못한 것으로 보인다. 이 변화에는 격렬한 혁명 같은 것이 전혀 없었다. 하이델베르크 대학교나 그 지방 전체의 지배적인 정신은 이미 루터주의보다는 개혁주의의 성향이 더 많았던 것이다. 예배 형식에서 몇 가지를 변경시켰다. 그리고 모든 새로운 직분 임명에서 칼빈주의적인 인사들에게 우선권을 주었고, 신망과 권력이 실리는 주요 요직에는 해외에서 초청해온 인사들로 채우기도 했다. 그리고 마지막으로, 하이델베르크 요리문답을 작성함으로써 그 모든 일이 마무리되었다고 말할 수 있을 것이다.

방금 언급한 새로이 직분에 임명된 자들 가운데 자카리아스 우르시누스의 이름만큼 중요하고 눈에 띄는 이름은 없을 것이다. 그를 청빙하게 된 직접적인 경위는 페트루스 마터와 관련되어 있었다. 먼저 동일한 직분을 위하여 페트루스 마터를 청빙했으나 그는 나이가 많다는 이유를 들어 고사하였고, 후에 그 자신의 영향력을 이용하여 우르시누스로 하여금 그 직분을 위하여 청빙을 받도록 한 것이다. 이리하여 우르시누스는 1561년 하이델베르크로 가게 되었고, 거기서 그는 28세의 나이에 "지혜의 학교"(Collegium Sapientiae)로 알려진 기관의 교장으로 명예롭게 정착하였다.

그 이듬해 그는 신학 박사(Doctor of Divinity) 학위를 수여받았고, 그리하여 그는 대학교에서 신학을 강의하는 임무를 맡게 되었다.

그리고 얼마 지나지 않아서 그는 팔츠 교회 내에서 시작된 그 새로운 운동을 주도하는 인물로 부상하였다. 그는 선제후의 돈독한 신임을 받았으며, 학식과 경건과 탁월한 판단으로 동료들 사이에서 전반적인 존경을 받았다. 그리고 사방에서 사람들의 시선이 점점 그에게로 집중되었다. 그는 자신이 섬기고 수호하고자 평생을 기꺼이 드린 그 대의(大義)의 최고의 대변자요 해명자가 된 것이다. 이렇게 해서 그는 천성적으로 조용한 성품에도 불구하고 거대한 교회적 갈등에 참여하도록 부름을 받았고, 점점 그 중심에 서서 역할을 담당하게 되었다. 그는 1576년 자신의 후견인인 선제후 프리드리히가 사망할 때까지 15년 동안 하이델베르크에 머물렀다. 이 기간 동안 그는 지칠 줄 모르는 끈기와 근면함으로 수고하였다. 그의 수고의 신실함과 가치가 전반적으로 인정을 받으면서 더욱더 그에 대한 요구가 많아졌던 것이다. 그의 정규적인 공식적인 일과도 광범위하고도 무거운 것이었다. 준비를 게을리 하거나 틈을 보이는 법이 없었기 때문에 더욱더 그러했다. 그런 중에도 그는 언제나 철저하고도 양심적으로 주의를 기울여 강의에 임해야 한다고 스스로 느끼고 있었던 것이다. 그 외에도 그는 당시의 상황에서 생겨나는 다른 일들을 끊임없이 담당해야 했고, 더욱이 그 일들이 지극히 막중한 일들일 경우가 태반이었다.

하이델베르크 신학 교수회의 이름으로든, 혹은 선제후의 권위에 근거해서든, 팔츠 지방에서 개혁 신앙을 변호하고 지지해야 할 시급한 상황이 발생할 때마다 사람들은 언제나 우르시누스를 주도적인 고문이요 또한 그 신앙의 대변자로 여겨 그에게 도움을 요청하였던 것이다. 더욱이 동일한 신앙고백을 견지하는 교회들 중에서 팔츠 교회가 매우 중요한 위치로 부상함에 따라서 처음부터 그 교회와 연관을 맺은 우르시누스의 개혁 신앙의 대표적인 영향력도 날이 갈수록 확대되었고, 그리하여 그는 마치 칼빈 자신이 그러했던 것처럼 거의 개혁 교회들 전체의 대변자가 되었다고 해도 과언이 아닐 것이다. 개혁 신앙의 지도자들이 속속 사망하자, 이제는 광범위한 지식에 있어서나 쟁점이 되는 문제들의 본질에 대한 명확한 통찰에 있어서나 칭송할 만한 성품에 있어서나 개혁 신앙의 대변자로서의 자질을 갖춘 사람으로서 우르시누스를 능가할 인물이 없었다. 그리하여 그는 개혁파의 대의(大義) 전체를 대변하고 이끌어 가는 주된 버팀목이요 기둥으로서 모든 사람들에게 신뢰를 받게 되었다.

앞에서 언급한 그의 공적인 교회적 사역 가운데 첫째 가는 일은 **하이델베르크 요리문답**을 작성한 일이었는데, 어떤 의미에서 그 일은 그 이후의 그의 수고들의 초석이 되었다 할 것이다.

그는 1562년 명망 높은 신학 교수요 궁정 설교자인 카스파르 올레비아누스 (Kaspar Olevianus)와 함께 선제후 프리드리히로부터 요리문답 작성의 임무를 부여받았다. 이 두 사람은 먼저 각자 별도로 요리문답의 체제나 대략적인 구성을 입안하였다. 올레비아누스는 은혜 언약에 대한 대중적인 소책자를 작성하였고, 우르시누스는 성인들을 위한 대요리문답과 어린아이들을 위한 소요리문답 등 이중의 요리문답을 작성하였는데, 현재의 요리문답은 바로 이 예비적인 저작들에 근거하여 작성된 것이다. 처음부터 요리문답을 산출하는 주된 책임이 우르시누스에게 있었다는 것이 일반적인 견해다. 현재의 하이델베르크 요리문답 자체를 그가 먼저 작성해 놓은 대요리문답과 소요리문답과 비교해 보고, 또한 후에 요리문답을 해설하고 변호하기 위해 쓴 그의 저작들과 비교해 보면, 이런 견해가 옳다는 것을 충분히 납득하게 될 것이다. 외부의 제안이나 도움이 있었을 수도 있겠으나, 요리문답 자체의 내적인 구조를 볼 때에 그것이 그저 기계적으로 편집된 것이 아니라 단일 인물의 살아 있는 작품이라는 것이 분명히 드러난다. 내적인 통일성과 조화와 신선함과 생동감이 전편에 퍼져 있어서 이런 점에서 그것이 많은 이들을 대변하는 한 사람의 영감에 의하여 이루어진 순전한 작품이라는 것이 드러나는 것이다. 그리고 그 작품을 일구어낸 한 사람이 다름 아닌 우르시누스였다는 것도 분명히 드러난다는 점을 강조해서 말할 수 있을 것이다. 하이델베르크 요리문답은 첫 페이지부터 마지막 페이지까지 그의 정신을 드러내며, 그의 모습을 반영하며, 또한 그의 음성으로 우리에게 말해 주고 있는 것이다.

주지하는 바와 같이 이 작은 작품은 곧바로 개혁 교회의 모든 지역에서 폭넓게 호응을 받았다. 사방에서 그때까지 나타난 신앙의 도리의 대중적인 요약 가운데 최고의 것으로 환영받은 것이다. 타국의 저명한 신학자들도 이구동성으로 이 요리문답의 장점들을 칭송하였다. 그것을 세상에 내어놓았다는 것이 팔츠의 영예로 여겨졌다. 어떤 이들은 이것을 심지어 영감(靈感)에까지 근접하는 성령의 특별하신 영향력의 산물이라고 보기까지 했다. 루터의 요리문답이 이미 그 다른 신앙고백의 대중적인 표준이 되어 있었던 터에, 그것에 대응하는 개혁 교회 전체의 신조의 성격을 띠는 것이라고 본 것이다. 탁월한 학식을 갖춘 신학자들은 널리 이 요리문답을 신앙 교육의 체계의 기초로 삼게 되었다. 그리고 세월이 흐르면서, 요리문답에 대한 해설서, 이를 기초로 한 설교집들이 숫자를 셀 수 없을 만큼 많이 출간되었다. 그리고 요리문답 본문 자체가 히브리어, 고대와 현대 헬라어, 라틴어, 저지대 네덜란드어, 스페인어, 프랑스어, 영어, 이탈리아어, 보헤미아어, 폴란드어, 헝가리어, 아랍어, 말레이어 등, 여러 언어로 번역되었다. 이러한 사실이야말로 그것이 그만큼 가치 있는 것이었다는 반증일 것이다.

이렇게 쉽게 또한 이렇게 속히 폭넓은 명성과 인정을 받게 된 것을 보면, 이 요리문답은 광범위한 교회의 필요를 채워주며, 또한 전반적인 교회의 삶에 대한 깊은 내면의 인식에 충실하게 적용되는 것이었음에 틀림없다. 보다 오랜 다른 요리문답들과 신앙고백들은 기껏해야 그것들을 산출한 특정 나라에서만 힘을 발휘했는데, 하이델베르크 요리문답은 본래는 한 지역에만 국한되는 것이었으나 급속하게 보편적인 교회의 신조의 성격을 띠게 되었다. 스위스, 프랑스, 잉글랜드, 스코틀랜드, 네덜란드 등에서 호평을 받았고, 독일에서도 개혁 신앙에로 기우는 모든 이들이 이를 받아들였다.

그리고 열렬히 환호하고 박수를 치다가 얼마 지나지 않아서 무관심이 이어진 것도 아니다. 오히려 그 반대로, 세월이 흐르는 동안 이 신조의 권위가 더 커져갔다.

앞에서 말한 대로, 루터 자신의 손에서 나온 루터 교회의 신조에 버금가는 개혁 교회의 신조로 자리를 잡게 된 것이다. 이런 성격에서 지지하는 자들이나 반대하는 자들이나 할 것 없이 이 요리문답을 인용하고 그것에 호소하는 것을 보게 된다. 이러한 폭넓은 대중성 그 자체는 굉장한 이점을 시사해 준다. 사실 몇몇 옛 신학자들이 이 요리문답의 탁월함에 대해 언급한 내용들이 다소 지나친 점이 있다는 것은 인정해야 할 것이다. 그러나 개혁 교회 전체가 전반적으로 이것을 지지했다는 사실은, 그들이 이 요리문답을 그렇게 열광적으로 지지할 만한 합당한 이유가 있었다는 것을 보여주는 것이다.

　이 요리문답이 널리 퍼졌고 또한 오랜 동안 대중적인 지지를 받았다는 사실은 또 다른 각도에서도 중요하다. 이러한 사실은 이 요리문답이 진실로 충만한 의미에서 개혁 교회의 역사적 발전이 최고조에 이른 시기의 신앙적 삶의 산물이었다는 것을 보여준다. 이 요리문답이 나오던 시기가 바로 그것이 최고조에 이른 시기였던 것이다. 그 어떠한 신조나 신앙고백도 그것이 표방하는 삶과 이러한 내적인 유기적 연관을 갖지 않고서는 순전한 힘을 발휘할 수가 없는 것이다. 교회의 신앙적 삶이 신조보다 앞서서 있어야 하고, 교회는 스스로 사용하기 위하여 신조를 산출해 내는 것이다. 그렇게 산출되는 신조가 우선 한 사람을 매개로 하여 표출될 수도 있다. 그러나 그 한 사람은 언제나 그가 속하여 있는 교회의 일반적인 삶의 기관이요 그 삶을 짊어지는 자이어야 한다. 그렇지 않으면 그 신조는 받아들여지지도 않고 느껴지지도 않을 것이다. 예전(禮典)의 성격을 띤, 요리문답이든 찬송가든 간에 교회의 참된 신앙고백을 가늠하는 적절한 기준이 여기서 제기된다. 그것은 반드시 교회의 삶 그 자체가 어떤 적절한 기관(器官)을 통해서 언어의 형태로 구체화된 것으로서, 교회 전체가 즉시 그 자신의 말씀으로 인정하고 호응하는 것이어야 한다.

　그런데 바로 하이델베르크 요리문답의 경우에 말씀과 삶 사이의 이러한 관계가 아름답게 드러나는 것이다. 어떤 의미에서 이 요리문답은 사사로운 작품이지만, 이것은 결코 단순히 한 사람 혹은 몇 사람의 개인적인 사색의 산물이 아니었다. 이것을 만들어낸 우르시누스는 그 한 사람 개인이 아니라 그보다 훨씬 보편적이고 광범위한 신앙적 삶의 기관이었다. 이 요리문답은 그 당시의 개혁 신앙이 한 개인을 통하여 발설되고 표현된 것이다. 이러한 사실은 교회의 편에서 ― 팔츠 지방의 교회뿐 아니라 다른 나라의 교회들까지도 ― 이것을 자유로이 완전하게 받아들인

데에서 드러난다. 이는 마치 개혁 교회 전체가 하이델베르크 요리문답에서 자기 자신의 음성을 듣고 기쁨으로 그것을 인정한 것과도 같았다. 그저 사사로운 판단이나 사사로운 뜻에서 나온 것이었다면, 결코 그런 보편적인 호응을 받게 될 수가 없었을 것이다.

하이델베르크 요리문답이 이렇게 크나큰 명성을 얻은 사실로 볼 때에 그것이 큰 장점을 지녔다는 것을 추정할 수 있는데, 이것의 실질적인 성격 자체를 살펴보면 그러한 장점이 분명하게 확인된다. 면밀히 연구하고 점검해보면 볼수록 그것을 더욱 높이 기리게 된다. 그 이전이나 그 이후에 개신교에서 나온 신조들이 많으나, 그 모든 신조들 중에 이 요리문답이야말로 최고의 것이라 인정하게 된다. 이 요리문답은 처음부터 끝까지 철저한 학문적인 정신(scientific spirit)이 가득 배어 있는데, 이는 이런 유의 공식 문서에 흔히 나타나는 수준을 훨씬 뛰어넘는다. 그러나 그 학문은 언제나 진지하고도 엄숙하게 실천적이다. 시종일관 교리를 삶의 형식으로 인식하고 제시하는 것이다. 전체의 구조는 비범하게 단순하며 아름답고도 명확하며, 한편 거룩한 신앙의 신선한 느낌이 전편에서 숨쉬고 있다. 이 요리문답은 머리를 위한 것인 동시에 그에 못지않게 마음을 위한 것이다. 깊은 경건의 정서가 마치 지하수(地下水)처럼 처음부터 끝까지 그 모든 가르침을 통하여 흐르며, 이것이 그 스타일 자체에 아주 독특한 위엄과 힘을 불어넣어 준다. 지극히 단순하면서도 때로는 진정 웅변적으로 호소하며 일종의 제사장적인 엄숙함으로 다가오며, 그리하여 모든 사람들로 하여금 존경과 우러름으로 바라보게 만드는 것이다.

이미 말한 대로 우리가 보기에 이 요리문답은 그 이전이나 이후에 작성된 그 어떠한 개신교 신조보다도 월등하다.

그러나 이러한 모든 사실에도 불구하고, 하이델베르크 요리문답이 처음 출간되자 독일 전역에서는 그것을 하나의 선전포고(宣戰布告)로 받아들였고, 그리하여 이 요리문답은 루터파 교회 전체로부터 분노에 가득 찬 격렬한 반발을 받았고, 비방과 질책이 쏟아졌다. 이단에 대한 경각심으로 제국 전체를 가득 채우고 있었던 강경파로서는 그 자체에서 세워놓은 강력한 정통성의 기준에 미달하는 것으로 느껴질 수도 있는 것이라면 그 어떠한 종교적 문서도 용인할 수가 없었다. 따라서 이들은 심지어 로마 교회보다도 더 맹렬하게 하이델베르크 요리문답을 공격하였다. 사실, 요리문답의 온건한 입장이 오히려 공격의 강도를 더 가중시킨 것 같았다. 그 자세에 사자나 호랑이 같은 면이 더 많고 어린양 같은 면이 더 적었더라면, 격렬한 논쟁이 오가는 당시의 현실에서 사람들에게 거리낌을 덜 주었을지도 모른다. 그런데 그 온유한 면이 오히려 거리낌을 주었다. 그 겉포장이 간교하고 교묘하며, 그 이단성은 더욱더 악한 것으로 여겼다. 겉으로 드러나지 않고 속에 꼭꼭 숨어 있어서 찾기가 매우 힘들다고 여겼기 때문이다. 결국 분쟁의 바람이 사방에서 불기 시작하였다.

루터 교회 내의 강경파의 눈에는 이 새로운 신앙고백 때문에 독일 교회의 연합과 안정은 물론 독일 제국의 평화마저도 위험에 처하게 된 것으로 보였다. 종교적인 면에서 이단일 뿐 아니라 정치적인 면에서도 반역이라는 것이었다. 이러한 전면적인 공격으로 인하여 선제후와 그 휘하의 신학자들은 심각한 시련에 봉착했다. 그러나 그들은 믿음의 사람들이었고, 이 시련을 고결하게 잘 이겨냈다.

공격의 포문을 연 것은 틸레만 헤수스(Tilemann Hesshuss)와 존경받는 플라키우스 일리리쿠스(Flaccius Illyricus)였다. 이들은 하이델베르크 요리문답을 칼빈주의적인 요리문답이라 부르면서, 도저히 용납할 수 없는 비방과 욕설을 퍼붓는 한편, 팔츠 지방에서 일어났던 종교적 변화에 대해서도 여러 가지로 심각하게 오도하였다. 여러 가지 비방들이 있지만, 이 새로운 신앙이 주의 성찬을 세속적인 식사로 바꾸고, 유아 세례의 필수성을 과소평가하며, 옛 계명의 질서에서 십계명을 이탈시켜서 그것을 변경시키려 시도한다고 주장하였다. 그리고 여러 다른 쪽에서도 이 요리문답에 대해 동일한 기조로 경고하고 비방하는 목소리가 들려왔다. 특히 비텐베르크 시는 두 사람의 최고의 신학자들이 작성한 엄숙한 탄핵을 공포하였는데, 하이델베르크 요리문답의 18개 문답이 심각한 이단성을 지녔다고 주장했고, 특히 성찬 교리에 대한 내용과 관련해서는 그 가르침을 묵살시키기 위해 모든 노력을 아끼지 않았다. 이런 다방면의 아우성에 대해서 즉각적이며 강력한 답변으로 대처해야 할 필요가 있었고, 그리하여 하이델베르크의 연합 신학 교수회의 이름으로 그러한 엄숙하고도 진지한 답변서가 곧바로 출간되었다. 그런데 그것을 준비하는 임무가 우르시누스에게 떨어졌고, 그는 진정 효과 있고 적절한 방식으로 그 일을 잘 완수하였다. 결국 하이델베르크 요리문답의 명예가 완전히 보상되었고, 그 모든 논쟁 덕분에 오히려 그 이전보다도 팔츠 지방에서 그 권위가 더욱 견고하게 되었다.

한편 선제후의 몇몇 형제들은 그의 비정통적인 처신 때문에 제국 전체가 스캔들에 휘말렸다고 생각하고 있었고, 그는 그들과의 문제를 다소 사사로운 방식으로 해결하고자 하였다. 그리하여 그 유명한 마울브론 회담(colloquy of Maulbronn)이 열렸다. 모든 난점들을 적절히 해결하고 문제를 종식시키기 위해 비텐베르크와 팔츠의 주도적인 신학자들이 함께 만난 것이다. 하이델베르크의 신학자들은 회의를 통한 문제 해결 방식을 선호하지 않았다. 유익보다는 오히려 해악이 더 크다고 판단했던 것이다. 그러나 그들은 자신들의 그런 반대 의견이 받아들여지지 않자 그대로 따랐고, 누가 무슨 논리를 조장하여 결국 그들 자신의 대의(大義)가 신뢰를 받지 않게 되더라도 상관 않기로 하였다. 회의는 1564년 4월 10일부터 16일까지 일주일 내내 개최되었다. 하이델베르크의 대표단은 보껭(Bocquin), 올레비아누스(Olevianus), 그리고 우르시누스였다. 상대편에서는 브렌티우스(Brentius)와 두 사람의 튀빙겐 교수들과 저명한 신학자들이 대표로 참석했다. 그러나 변론의 임무는 주로 우르시누스와 저 훌륭한 튀빙겐 대학교의 교장 제임스 안드레아(James Andreae)에게 떨어졌다.

이 마울브론 회담의 활동은 독일 개혁 교회의 역사에서 최고의 가치를 지니는 동시에 우르시누스의 성품에 대해서도 지극히 존귀한 빛을 던져준다. 그의 예리함과 그의 폭넓은 학문, 그리고 그의 명쾌한 교리적 정확성은 물론 진리와 정도(正道)에 대한 그 자신의 확신을 굳게 지키는 그의 확고함 등에 대해 생생한 빛을 비추어주는 것이다. 특히 편재성(遍在性: Ubiquity)의 문제에 대한 그의 명확한 분별과 결단들은 그 이후 모든 시대의 개혁 신학에 대하여 진정 고전적인 권위를 지니는 것이라 할 것이다.

그러나 그 회의 자체는 오히려 후에 새로운 논쟁을 불러일으켰다. 공적인 분쟁을 종식시키는 협약을 맺고 종결되었으나, 불행하게도 그 협약은 이내 잊혀졌고 깨어지고 말았다. 양쪽 모두 서로의 승리를 주장하였다. 그리고 얼마 지나지 않아서 비텐베르크의 신학자들의 편에서 자기의 주장을 정당화시키기 위해 자기들 쪽으로 유리하게 작성한 논쟁의 개요(概要)를 출간하였다. 논의 전체를 자기들 쪽에 맞게, 상대방에게는 전혀 만족스럽지 못하게, 오도한 것은 물론이다. 이런 그릇된 시도에 대응하기 위하여, 팔츠의 신학자들은 우선 당시에 작성된 공식 기록에 근거하여 회의의 과정 전체를 완전히 수록한 회의록을 출간하였고, 거기에 비텐베르크의 개요에 대한 명확한 답변을 첨가하여 진실을 심각하게 왜곡시킨 사실을 분명하게 드러내었다. 그러나 비텐베르크 쪽에서는 1565년 『사람이신 그리스도의 위엄과, 성찬에서의 그의 몸과 피의 임재에 관한 튀빙겐 신학자들의 선언과 고백』이라는 문서를 출간하였다. 그리고 나서 1566년 팔츠 쪽에서는 다시 『비텐베르크 신학자들의 궤변들과 트집들에 대한 견고한 반박』을 출간하여 명확한 근거들을 제시하였다. 이렇게 해서 이 논쟁이 재개되고 끈질기게 계속되었다. 그리하여 그 요리문답의 저자는 한편으로는 그것을 방어하기 위하여 무장하고 있어야 했고, 다른 한편으로는 그 요리문답을 정당하게 해설하는 수고를 해야 했던 것이다. 그는 이 두 가지 임무를 잘 완수하였다.

여러 가지 변증적인 소책자들 중에 『성찬 교리에 대한 올바른 해설』(*Exegesis verae docrtinae de Sacramentis et Eucharistia*)이 가장 중요한 위치를 차지하는데, 이는 노회(the Consistory)의 명령으로 하이델베르크 교수회의 이름으로 출간되었다. 동시에 노회는 그 요리문답을 인준하였고, 이로써 하이델베르크 요리문답은 공식적인 신앙고백으로서의 효력을 갖게 되었다. 『성찬 교리에 대한 올바른 해설』은 또한 자국어로 번역되었고 짧은 기간에 판을 거듭하여 출간되었다. 이 소책자는 지금도 요리문답의 진정한 성례론에 대한 가장 순전한 해석을 제시하는 것으로 큰 가치를 지닌다. 우르시누스 자신과 하이델베르크 신학 교수회 전체가 처음에 견지했던 그 의미를 분명하게 제시한 것이었다.

그러나 방금 언급한 대로, 진정 높이 기릴 만한 이 신조와 관련하여 우르시누스가 행한 수고는 비단 이런 공적인 변증과 변론의 임무만이 아니었다. 하이델베르크 요리문답은 팔츠 지방에서는 처음부터 공적인 신앙의 규범과 표준으로서 완전한 권위를 발휘했다. 대학교에서는 신학 교육의 기초가 되었으며, 모든 교회들과 학교들에게도 소개되었고, 일년에 한 차례씩 그 내용 전체를 반복하여 설명하고 공부하도록 하는 규정이 마련되었다. 교회들에서는 요리문답 교육의 정상적인 체계가 세워졌는데, 매 주일 오후를 요리문답 공부 시간으로 정하여 성인들과 어린 아이들 모두가 가르침을 받도록 했다. 우르시누스는 신학 교육에 있어서도 스스로 자신의 신학 강의들과 더불어 일년에 한 차례씩 요리문답의 본문 전체를 훑는 것을 일반적인 규범으로 삼았다.

그는 1577년까지 이 일을 정상적으로 계속했다고 한다. 그의 제자들이 그의 강의 노트들을 받아 적어서 그가 사망한 직후 세 곳에서 그 노트들이 출간되었다. 그러나 이 노트들의 결점들 때문에 우르시누스를 오도한 경향이 많았고, 그리하여 그의 친구요 또한 그에게 총애를 받은 제자인 다비드 파레우스(David Pareus)가 그 노트 전체를 개정하는 일을 맡게 되어 — 그는 이 임무를 맡을 만한 모든 자격

요건을 갖춘 사람이었다 — 우르시누스의 이름과 그의 정신에 더욱 충실한 노트가 산출되었다. 그러한 사랑의 임무를 맡을 사람으로서 그보다 나은 인물은 없었고, 그의 수고를 통하여 그 임무가 완성된 것이다. 그리하여 1591년 하이델베르크에서 적절하고도 순전한 형태의 해설서가 출간되었는데, 그것은 4부로 된 것으로 각 부마다 파레우스가 별도의 서언을 붙여놓았다. 그 책은 그 이후 여러 나라에서 판을 거듭하여 출간되었다. 그리고 그 이후 하이델베르크 요리문답 해설서들이 거의 숫자를 셀 수 없을 정도로 많이 출간되었으나, 우르시누스 자신에게서 비롯되었고 다비드 파레우스를 통하여 출간된 이 최초의 해설서가 역사상 기록된 것 가운데 최고의 것으로 인정받아왔다. 요리문답의 진정한 의미를 밝히는 면에서 다른 어떠한 해설서도 그것에 비견될 수가 없는 것이다.

1564년 다른 소요가 일어나는 중에 하이델베르크에 큰 전염병이 나돌아, 선제후의 궁궐은 물론 대학교도 안전을 위하여 일시 그곳을 피하지 않으면 안 되는 일이 발생하였다. 이 와중에 우르시누스는 『죽음의 준비』(Preparation for Death)라는 작은 책을 출간하였다. 그 책은 먼저 독일에서 배포되었고, 후에 라틴어로 번역되었고, 그 라틴어 번역본이 『Pia Meditatio Mortis』라는 제호로 그의 저작집에 수록되었다.

1571년 우르시누스는 갑작스럽게 로잔(Lausanne)으로부터 청빙을 받았다. 그는 이 청빙을 수락할 마음이 조금은 있었던 것으로 보인다. 하이델베르크에서의 업무가 쇠약해진 자신이 육체적으로 감당하기에 너무 과중했던 것이 주원인이었던 것으로 보인다. 그러나 선제후는 그를 하이델베르크에 남겨두기 위해서 그의 대학교의 임무 중 일부를 보조에게 이양하도록 허락하였다.

그 이듬해 그는 마가렛 트라우트바인(Margareth Trautwein)과 결혼하였고, 이로 말미암아 그는 큰 위로와 쉼을 얻게 되었다. 그 당시 그는 거의 사십 세였다.

그러나 그의 가정적인 안정은 오래가지 못했다. 1576년 10월 그의 후견인이던 프리드리히가 사망하자 팔츠 지방의 종교적 상황 전체가 다시 한 번 무질서에 빠졌다. 프리드리히의 선제후 직위를 그의 맏아들인 루이스(Louis)가 계승하였는데, 그는 자신의 과거의 인맥들로 인하여 루터주의를 회복시키려는 강한 열정을 갖고 있었고, 결국 아버지의 모든 것을 정면으로 대적하였다. 사망하기 전 프리드리히은 그의 아들과 면담을 시도했었다. 자신이 유언에 표현한 교회에 대한 자신의 견해들을 존중하겠다는 약속을 받아내기를 바랐던 것이다. 그러나 루이스는 그 면담을 거절하는 것이 합당하다고 생각하였고, 훗날 그 아버지가 행했던 모든 것을 전혀 존중하지 않았다. 오히려 그는 처음부터 완전히 다른 방향으로 일을 도모하였다. 하이델베르크의 목사들은 시장과 시민들과 더불어 그에게 탄원서를 제출하여, 양심의 자유를 보장해 줄 것을 요청하며 동시에 선제후의 신앙고백에 속하는 자들을 위하여 한 교회를 지정할 것임을 제의하였다. 그의 동생 카시미르 공작(Duke Casimir)도 함께 간청하였다. 그러나 아무런 소용이 없었다. 루이스는 자기의 양심상 그 탄원을 받아들일 수가 없다고 선언하였다. 그 이듬해 그는 자기 휘하의 사람들과 함께 하이델베르크로 와서 설교자들을 다 해임시키고 루터파 목사들로 가득 채웠고, 새로운 예배를 도입시켰으며, 한 마디로 공적인 종교적 형태와 체제를 완전히 바꾸어 놓았다. 지도적인 신학자들도 곧바로 추방되었는데, 그들 중에는 물론 하이델베르크 요리문답의 저자들인 올레비아누스와 우르시누스도 포함되었다.

우르시누스는 사망한 선제후의 둘째 아들인 카시미르 공작의 보호를 받았다. 카시미르 공작은 노이슈타트(Neustadt)의 작은 지역을 관할하고 있었는데, 루터파를 지지하는 자기 형에게서 박해를 받는 그 대의를 세우고 회복시키는 일을 자신의 임무로 삼았다. 카시미르 공작은 노이슈타트 김나지움(Neustadt Gymnasium)을 키워서 과거에 하이델베르크 대학교가 개혁 교회를 위하여 하던 역할을 담당하고자 계획을 세우고서 우르시누스를 그곳의 신학 교수로 임명하였다. 그 새로운 신학 교육 기관을 카시미리아눔(Carsimirianum)이라 불렀고, 이 기관은 곧 매우 중요한 위치에 있게 되었다. 우르시누스, 제롬 잔키우스(Jerome Zanchius), 프란시스 유니우스(Francis Junius), 다니엘 토사누스(Daniel Tossanus), 요한 피스카토르(John Piscator) 등이 신학 교수회에 속해 있었고, 다른 분과에도 이와 비슷한 탁월한 인물들이 자리잡고 있었으니, 그렇게 되지 않을 수가 없었을 것이다. 여기서 우르시누스는 사망 시까지 그 자신의 요리문답의 믿음에 충실하게 수고를 계속하였다.

그의 마지막 중요한 저작은 카시미르 공작의 명령으로 집필하여 1581년 노이슈타트 목사회의 이름으로 출간된 것으로서 일치신조(Form of Concord)를 검토하여 비판한 것이다. 그는 이 저작을 위하여 자신의 능력을 유감없이 발휘하였고, 개혁 교회의 대의를 위하여 당시에 큰 역할을 담당하였다.

팔츠에서의 루터주의의 승리는 얼마가지 못했다. 하이델베르크에서 일어난 혁명을 팔츠 지방 전역에로 확대시키려는 계획이 완전히 시행되기 전에 한창 나이였던 루이스가 갑자기 사망하였고, 즉시 모든 사정이 다시 새로이 뒤바뀌게 되었다. 이제 통치권이 카시미르 공작의 손에 들어왔고, 개혁 신앙을 그 이전의 권위에로 회복시키기 위한 수단들이 곧바로 강구되었던 것이다. 가능한 한 과거의 교수들을 즉시 하이델베르크 대학교로 복직시켰다. 그리하여 노이슈타트의 카시미리아눔의 영광은 잠깐 있다가 다시 사라졌다. 일치신조는 다시 치욕을 당하였고, 그것과 경쟁 관계에 있던 하이델베르크 요리문답은 다시금 팔츠의 교회적인 기치로서의 영광을 되찾았다. 얼마 후 교회는 과거 프리드리히 선제후의 사망 이전의 상태로 질서를 회복하였다.

　　그러나 하이델베르크에서 유배되었던 노이슈타트의 신학자들 중에는 동료들과 함께 과거의 사역의 현장으로 다시 돌아오지 않은 사람이 한 사람 있었다. 요리문답의 저자인 학식 있고 경건한 우르시누스는 이제 새로이 얻은 승리를 함께할 수가 없었다. 지칠 줄 모르고 대의를 위하여 수고한 탓에 그의 건강이 얼마 전부터 계속 나빠져서 결국 카시미르 공작이 권좌에 오른 그 해인 1583년 3월 6일, 조용히 운명하였다. 이때의 그의 나이 49세였다.

　　그는 노이슈타트 교회의 성가대석에 안장되었고, 그의 동료들은 그곳에 그를 기리는 기념비를 세웠다. 그 비문은 그를 그리스도의 인격과 그의 성찬에 대한 이단들을 물리치는 데에 탁월한 역할을 했던 신실한 신학자요, 예리한 철학자요, 사려 깊은 사람이요, 훌륭한 청년 교육가로 묘사하고 있다. 프란시스 유니우스가 라틴어로 장례식사를 했는데, 이것은 그의 정신과 성품을 묘사한 것으로 지금도 중요하다. 물론 그 표현이 다소 수사적이고, 우정과 슬픔이 다소 섞여 있기도 하다. 이런 점을 적절히 감안한다 할지라도, 그것은 우르시누스와 그렇게 친밀했던 한 사람에게서 나온 가슴에 찬 찬사로서 그 내용을 그대로 인정할 만하고도 남을 것이다.

　　그가 사망한 지 얼마 후 그의 친구이자 제자였던 다비드 파레우스가 그의 저작들을 모아 세 권의 2절판으로 된 전집을 출간하였다.

　　그의 성품의 주요 특질들은 이미 얼마간 소개한 바 있다. 그의 신학과 그의 전반적인 지적 능력의 증거는 그의 저작들에서 발견된다. 그의 덕성과 도덕적인 공적들을 보여주는 최고의 기념비는 그가 살아 있는 동안 행한 영향력과, 또한 그의 사망 시 개혁 교회 전체를 통틀어 그가 남긴 탁월한 인물들과, 오늘날까지 전해 내려오는 향기에서 볼 수 있다. 그는 위대한 인물이요 동시에 선한 사람이었던 것이다.

그는 특히 학문적인 강의에 있어서 탁월했던 것으로 보인다. 그의 친구 프란시스 유니우스는 그의 설교 능력에 대해서도 높이 평가하고 있다. 그러나 이 점에서는 우르시누스 자신의 평가가 더 건전할 것 같다. 그는 교회 강단이 자신의 적절한 사역 무대가 아니라는 것을 깨닫고 강단에서 물러났다. 그의 스타일과 자세가 강단에서 쓰임 받기에는 너무 강의식이었던 것이다. 그러나 강의실 쪽에서 보면, 그는 그야말로 바람직한 인물이었다. 시끄러운 소리나 과장된 몸짓이 전혀 없이 그의 사고가 충만하고도 고요하며 질서정연하고 명확하게 전개되었고, 참석한 모든 이들에게 지극히 완전한 교훈을 베풀어주는 것으로 느껴졌다. 그는 이 일을 위하여 온 정열을 바쳐 준비하였고 학생들에게 필요한 것들을 공급해 주는 일에 가능한 한 자신의 모든 것을 다 드렸다. 자기 손에 주어진 임무에 대해 살아있는 관심을 가졌고 자기의 영혼 전부를 거기에 쏟아부었고, 강의가 끝날 때마다 질문들을 던지거나 난제(難題)를 제시함으로써 학생들도 강의 내용에 자신의 전부를 쏟아붓도록 격려하였다. 그러나 그는 그런 질문이나 난제에 대한 답변을 그 자리에서 주지 않고 학생들이 잘 연구해서 판단하도록 그 다음 강의 때까지 답변을 유보하곤 하였다.

그의 근면함은 타의 추종을 불허하는 것이었던 것 같다. 이에 대한 최고의 증거는 바로 공적인 삶의 과정 속에서 그가 수행한 그 방대한 양의 수고와 봉사다. 그가 얼마나 시간을 소중하게 여겼는가 하는 것은 그가 부적절한 방문자들의 유익을 위해서 그의 서재 문 위에 새겨놓은 다음과 같은 글귀에서 잘 드러나는데, 이것은 진정한 학자에게는 언제나 황금과도 같은 교훈인 것이다: "Amice, quisquis huc venis, aut agito paucis, aut abi, aut me laborantem adjuva." 즉, "이리로 들어가는 친구여, 짧게 하거나, 아니면 돌아가게. 그것도 아니면 나의 일을 도와주게."

이처럼 시간을 귀하게 여기는 것은 그로서는 하나의 의무였고, 그 자신의 능력과 재능들이 그 자신의 것이 아니라 그의 신실하신 구주 예수 그리스도의 것이며 따라서 그를 섬기는 것 외에 다른 일에 그것들을 소비할 권한이 자기에게 없다는 생각에서 흘러나오는 것이었다. 그는 진정 양심적이었다. 그의 장례식사를 담당한 유니우스는 증언하기를, 그의 입에서 하찮은 한담을 들은 적이 단 한 번도 없었다고 한다. 그만큼 그는 자신의 생각을 통제하고 자신의 혀를 제어하는 데에 주의를 기울였던 것이다. 어떤 의미에서 그는 자신의 신실함으로 인하여 순교자가 되었다고 말할 수 있을지도 모른다. 자신이 맡은 공적인 임무들을 수행하는 일에 자신을 완전히 드려 수고하느라 기력이 진하여 결국 무덤에까지 들어가게 되었기 때문이다.

그는 온유하고 겸손한 사람이었으며 이런 면이 그의 전반적인 순전함과 어우러져서 그의 다른 덕목들이 귀한 결과를 내도록 하는 데에 많은 기여를 했다. 그는 결코 주제넘은 행위를 하지 않았고, 그의 자세도 교만이나 잘난 체하는 것과는 거리가 멀었다. 그는 이름을 떨치기보다는 오히려 뒤에 무명으로 숨어 있기를 항상 바라는 것 같았다. 그의 생전에 나온 그의 저작들은 무명으로, 혹은 하이델베르크 교수회의 이름으로 출간되었고, 그의 사망 후까지 그의 저작들의 대다수가 출간되지 않아 전혀 빛을 보지 못했었다.

그는 나서기를 싫어하는 성품을 지닌 사람으로서 홀로 묵상과 스스로 교통하는 데에 익숙했고, 모든 시끄러운 소리와 분쟁들을 혐오하였고, 신비로우면서도 논리적이고, 지적이며, 예리함과 동시에 사색이 깊은 사람이었다. 이런 점에서 그는 멜란히톤의 진정한 후계자였고, 그의 믿음의 진정한 추종자였다 할 것이다. 물론 평생을 신학 논쟁 속에서 살아야 했으나, 그의 탁월한 스승만큼이나 신학 논쟁 자체에 별 흥미를 갖지 않았다. 어쩔 수 없이 논쟁에 가담할 때면, 그에게서 나타나던 일상적인 열정이 사라지고 그 냄새조차 맡을 수 없이 되어버렸다고 말할 수 있을 것이다. 논쟁에서 자신의 대의를 위하여 변론할 때에도 그는 언제나 고요하고 온유하며 부드러웠고, 공격적인 품행들을 가능한 한 피했고, 자신의 모든 힘을 오로지 그 논쟁 중인 주제가 주는 실질적인 유익들을 위해서만 쏟아부었다. 그러나 이처럼 고요한 중에도 오류를 저항하거나 진리를 지키는 데에 필요할 때에 가서는 다른 어느 누구보다 더 단호하고 확고하게 그 일을 감당하였다. 이런 점에서는 그가 멜란히톤보다 월등했다. 양보해 버리는 면이 그보다 더 적었고, 자신의 신조의 내용을 진실하게 끈질기게 지키는 면이 더 강했던 것이다.

어떤 이들은 그가 신경질적이고 까다로운 사람이었다고 악평을 하기도 했다. 그러나 아마도 이것은 그의 사상에 동의할 수 없었던 사람들이나 혹은 가까이가 아니고 멀리서 그를 바라본 사람들이 그에 대해 가졌을 편견에서 나온 것일 것이다. 그의 내성적이며 진지한 성품이 멀리서 그렇게 비쳤을 것이다. 그런 부드럽고 고요한 성품은 동시에 열정적인 흥분의 상태가 되는 특징이 있으며, 따라서 우르시누스의 경우에는 그의 몸의 병적인 습관 때문에 이런 천성적인 성향이 강하게 드러나 그의 내적인 평정과 고요함을 혼란시키고 가리는 때가 있었을 수도 있을 것이다. 프란시스 유니우스는 이런 비판과는 정반대의 방향에서 그를 묘사하며, 그가 자기를 잊어버리는 겸손과 그와 만나는 모든 사람들을 향한 친절로 가득했다고 말하고 있는 것이다.

이 동일한 증인은 ─ 이보다 더 나은 증인은 있을 수 없었다 ─ 우르시누스의 개인적인 헌신과 경건의 습관들에 대해서도 극한 찬사로 증언하고 있다. 그에게 있어서 신앙은 그저 이론만이 아니었고, 삶의 문제였다. 그는 하나님과 함께 동행하였고, 그리하여 믿음과 인내로 하나님의 나라의 상급에 들어간 선배들을 좇아간 고귀한 성도의 모습을 보여주었던 것이다.

결론적으로 말하자면, 독일 개혁 교회가 그 시초에 이처럼 탁월한 인물을 통해서 대변되었다는 것은 그야말로 큰 영예라 할 것이다. 그리고 그의 그런 성품이 이 교회의 진정한 역사적 정신 자세 속에 강력하게 들어가 동일한 믿음에 속한 다른 교회들과 구별되도록 만들었다고 해도 과언이 아닐 것이다. 그것이야말로 천재의 특권이요, 세상에서 행한 높고 고귀한 사명이다. 그것이 능력으로 창조해놓은 것에다 대대로 그 자신의 모습을 각인시키는 것이다.

존 네빈(John W. Nevin)

저자의 서론

팔츠의 학교들과 교회들을 위하여 마련되고 또한 거기서 가르쳐진 기독교 요리문답에 관하여

본 서론에서는 일부는 일반적으로 교회가 가르쳐온 교의(教義) 전반을 다루며, 일부는 요리문답에 관련된 내용을 특별히 다룰 것이다.

교회가 가르쳐온 교의(the doctrine of the church)에 관한 일반적인 서언에는 다음과 같은 질문들이 포함될 수 있을 것이다

1. 교회가 가르쳐온 교의는 무엇인가?

2. 교회가 가르쳐온 교의에는 어떤 부분들이 있으며, 그 부분들은 서로 어떤 점에서 다른가?

3. 교회가 가르쳐온 교의는 어떤 점에서 여러 분파들의 교의와 철학과 다르며, 이런 구분을 유지해야 하는 이유는 무엇인가?

4. 이 교의가 진리이며 확실하다는 증거는 무엇인가?

5. 이 교의를 가르치고 연구하는 방법들에는 어떤 것들이 있는가?

1. 교회가 가르쳐온 교의는 무엇인가?

교회가 가르쳐온 교의는 참되신 하나님과 그의 뜻과 역사하심, 그리고 예배에 관한 율법과 복음의 부패하지 않은 순전한 교의로서, 신적으로 영감되었고, 선지자들과 사도들의 글 속에 포함되어 있으며, 또한 많은 이적들과 신적인 증거들로써 확증되는 것이다. 성령께서는 이를 통하여 택한 자들의 마음속에 유효적으로 역사하시며, 또한 온 인류 중에서 영구한 교회를 불러 모으사 이 세상이나 다가올 세상에서나 그 안에서 하나님이 영광을 받으시게 하시는 것이다.

이 교의야말로 참된 교회의 가장 두드러지는 주요 표지(標識)인데, 하나님은 다음의 성경의 선언들에 따라서 교회를 이 세상에서 보이게 하시고 또한 나머지 인류로부터 분리되도록 하신다: "너희 자신을 지켜 우상에게서 멀리하라" (요일

5:21), "너희는 그들 중에서 나와서 따로 있고 부정한 것을 만지지 말라"(고후 6:17), "누구든지 이 **교의**를(한글개역개정판은, "교훈을"로 번역함:역자주) 가지지 않고 너희에게 나아가거든 그를 집에 들이지도 말고 인사도 하지 말라"(요이 10), "너희는 떠날지어다 떠날지어다 거기서 나오고 부정한 것을 만지지 말지어다"(사 52:11), "내 백성아, 거기서 나와 그의 죄에 참여하지 말고 그가 받을 재앙들을 받지 말라"(계 18:4).

하나님께서 그의 교회를 세상에서 분명하게 분리시키기를 뜻하시는 것은 다음과 같은 목적들 때문이다; **첫째로**, 그 자신의 영광을 위함이다. 하나님 자신이 우상과 마귀들과 하나가 되시지 않으심과 같이, 그의 진리가 거짓과 뒤섞이는 것을, 또한 그의 교회가 교회의 원수들인 마귀의 자녀들과 뒤섞이는 것을 원치 않으시며, 그들을 조심스럽게 구별지으시고 분리시키시는 것이다. 하나님이 그를 핍박하는 자들을 그의 자녀들로 삼으시고 인정하신다는 식의 생각은 하나님을 욕되게 하는 것이다. 그리고 하나님을 거짓 교의를 지어낸 분으로, 또한 악인을 변호하는 분으로 만들어 버리는 것은 그를 모독하는 것이다. "그리스도와 벨리알이 어찌 조화되리요?"(고후 6:15).

둘째로, 그의 백성들에게 위로와 구원을 주시기 위함이다. 온 인류 가운데 흩어져 있는 택한 자들로 하여금 그들이 어떤 모임체와 연합해야 할지를 알 수 있도록 하고, 또한 교회 속으로 모인 그들로 하여금 자기들이 하나님께서 기뻐하시며 또한 영생의 약속이 있는 그 권속의 일원이라는 확고한 위로를 누릴 수 있도록 하기 위해서는, 교회가 세상에서 보이는 일이 필수적이기 때문이다. 구원받게 될 모든 이들이 이 세상에서 교회 속으로 모이는 것이 하나님의 뜻이다. 교회 바깥에는 구원이 없는 것이다.

교회라는 주제를 논할 때에, 교회를 어떻게 알 수 있는가 하는 것이나, 갖가지 이단적인 분파들로부터 교회를 구별할 수 있는 표지들은 무엇인가 하는 문제들을 다루게 될 것이다. 그러나 여기서는 교회를 구별하는 표지에는 세 가지가 있다고 말할 수 있을 것이다. 곧, 교의의 순결함, 성례의 정당한 시행, 그리고 이 교의의 모든 부분들 — 믿음에 대한 것이나 행위에 대한 것이나 모두 — 에 따라 하나님께 순종함이 그것이다. 여기서, 큰 악행들이 교회 내에 자주 나타나지 않았느냐고 반론을 제기한다면, 우리는 갖가지 이단적인 분파들과는 달리 교회는 그런 것들을 변호하거나 지키지 않는다고 답할 것이다. 교회가 가장 먼저 나서서 그것들을 책망하고 정죄한다. 그러므로, 교회 안에 오점들이 있다면, 그것들이 탄핵되고 제거되는 것이다. 이런 상태가 계속되는 한, 교회도 존속하는 것이다.

2. 교회가 가르쳐온 교의에는 어떤 부분들이 있으며, 그 부분들은 서로 어떤 점에서 다른가?

교회가 가르쳐온 교의는 두 부분으로 이루어져 있으니, 율법과 복음이 그것이다. 거기서 우리는 거룩한 성경의 총체와 골자를 깨달아왔다. 율법은 십계명이라 불리고, 복음은 중보자 그리스도와 또한 믿음으로 말미암아 값없이 죄를 씻음에 관한 교의다. 교회가 가르쳐온 교의를 이렇게 구분하는 것은 다음과 같은 명확하고도 강력한 논지들에 근거한 것이다.

1. 성경에 포함되어 있는 전체의 교의는 하나님의 본성, 그의 뜻, 그의 역사하심, 혹은 죄 — 이는 사람과 마귀들의 일임 — 에 관한 것이다. 이 모든 주제들은 율법이나 복음에 — 아니면 두 가지 모두에 — 충실히 제시되어 있고 가르쳐진다. 그러므로, 율법과 복음이 성경의 주요한 전반적인 구분이요, 이것이 성경 속에 포함되어 있는 교의 전체를 다 포괄한다.

2. 그리스도께서는 자신의 이름으로 선포하실 교의를 친히 이렇게 구분하신다: "이같이 그리스도가 고난을 받고 제삼일에 죽은 자 가운데서 살아날 것과 또 그의 이름으로 죄 사함을 받게 하는 회개가 … 전파될 것이 기록되었으니"(눅 24:46, 47).

3. 선지자들과 사도들의 글들이 구약과 신약을, 혹은 하나님과 사람 사이의 언약을 포괄한다. 그러므로 그 언약의 주요 부분들이 반드시 이 글들 속에 포함되고 그 글들 속에서 해명되는 것이요, 또한 그것들이 하나님께서 우리에게 약속하시고 베푸시는 것들 — 즉, 사랑, 죄 사함, 의, 영생 등 — 과 또한 그가 우리에게서 요구하시는 믿음과 순종을 선포하는 것이다. 그런데 율법과 복음에서 이것들을 가르치는 것이다.

4. 그리스도께서 성경 전체의 골자요 근거이시다. 그리스도와 그가 베푸시는 은택들을 알기 위해서는 율법과 복음에 포함되어 있는 교의가 필수적으로 있어야 한다. 율법이 우리의 초등 교사가 되어 우리를 그리스도께로 인도하며, 그에게로 나아가도록 우리를 강권하며, 또한 그가 이루사 이제 우리에게 베푸시는 바 그 의가 무엇인지를 보여주기 때문이다. 그리고 복음은 그리스도의 위격과 직분, 은택

들을 다룬다. 그러므로 우리의 구원을 위하여 하늘로부터 계시된 교의를 포괄하는 성경 전체가 율법과 복음 속에 담겨 있는 것이다.

교회가 가르쳐온 교의의 이 두 부분 사이의 주요 차이점은 다음 세 가지이다:

1. 교의의 주제 혹은 일반적인 성격이 각기 다르다. 율법은 행하여야 할 바를 지정하고 명령하며 또한 피하여야 할 바를 금지하나, 반면에 복음은 그리스도로 말미암는 값없는 죄 사함을 선언한다.

2. 계시의 방식이 서로 다르다. 율법은 자연으로부터 알려지나, 복음은 신적으로 계시되는 것이다.

3. 사람에게 행하는 약속들이 서로 다르다. 율법은 완전한 순종을 조건으로 생명을 약속한다. 반면에 복음은 그리스도를 믿는 믿음과 새로운 복종의 시작을 조건으로 하여 생명을 약속한다. 그러나 이 문제에 대해서는 적절한 곳에서 더 상세히 다룰 것이다.

3. 교회가 가르쳐온 교의가
여러 이단적인 분파들의 교의와 철학과 다른 점은 무엇이며,
이런 구분을 유지해야 하는 이유는 무엇인가?

교회가 가르쳐온 교의는 다른 모든 종교들의 교의들과 다음 네 가지 점에서 다르다.

첫째로, 교회가 가르쳐온 교의는 하나님이 그 저자이시며, 하나님이 선지자들과 사도들을 통해서 전해 주신 것이지만, 이단적인 분파들의 갖가지 종교적 체계들은 마귀의 부추김을 받아 사람들이 만들어낸 것이다.

둘째로, 오직 교회의 교의만이 양심을 안돈시키고 모든 갖가지 분파들의 오류를 정죄하기에 합당할 만큼 그 진리성을 확증해 주는 확고하고도 무오(無誤)한 신적인 증거를 지닌다.

셋째로, 교회에서는 하나님의 법이 온전하고도 부패하지 않은 상태로 보존되어 있으나, 다른 종교 체계들에서는 그것이 좁아지고 조잡스럽게 부패한 상태에 있다. 이 거짓 종교들을 신봉하는 자들은 참되신 하나님을 알고 예배하는 일에 관한 십계명의 첫째 돌판의 교의를 전적으로 거부하며, 말씀과 섭리로 교회에게 자신을 계시하신 그분 이외에 다른 하나님을 제시하며, 또한 그의 아들 안에서가 아니라 아들과는 상관없이 하나님을 알기를 추구하며, 혹은 하나님께서 말씀 속에서 명령하신 것과는 다른 방식으로 그를 예배하려 하는 것이다. 그리고 이뿐 아니라, 십계명의 둘째 돌판을 내적으로 영적으로 순종하는 것에 대해서도 똑같이 무지하다. 그러므로 아무리 이 종교 체계들 속에 진리와 탁월한 것들이 있다 할지라도, 삶의 외형적인 부분과 또한 사람들 상호 간의 시민적인 의무들에 관한 둘째 돌판의 계명들의 일부 이상 아무것도 아닌 것이다.

넷째로, 오직 교회에서만 그리스도의 복음을 충실히 가르치고 올바로 깨닫는다. 철학자들이나 유대인들, 그리고 터키족(이슬람교도들을 지칭함:역자주) 등, 갖가지 이단적인 분파들은 복음에 대해 전적으로 무지하여 그것을 거부하거나, 아니면 사도들의 교의로부터 모아놓은 그 작은 부분들에다 자기들의 오류들을 덧붙인다. 그러나 복음의 용도에 대해서는 적절히 깨닫지도 이해하지도 못한다. 아리우스주의자들(Arians)이나, 교황주의자들(Papists)이나, 재세례파(Anabaptists) 등의 이단들의 경우에서 보듯이, 어떤 이들은 중보자이신 그리스도의 위격(位格: person)에 대하여, 또 어떤 이들은 그리스도의 직분에 대하여 오류를 주장하는 것이다. 이처럼 현격한 차이들을 볼 때에, 교회의 교의만을 가르치고 수호해야 하며, 이단적인 분파들의 교의들과 종교적인 체계들은 진리를 대적하는 것이므로 마귀의 사악한 계교들로 간주하여 배척하고 금하여야 할 것이다. 따라서 성경의 말씀과 같이 "거짓 선지자들을 삼가"고(마 7:15), 우리 "자신을 지켜 우상에게서 멀리"하여야 할 것이다(요일 5:21).

그러나 **철학**(philosophy)의 경우는 문제가 다르다. 참된 철학은 교회의 교의와 상당히 다르면서도, 이단적인 분파들의 거짓 교의처럼 그 교의를 대적하거나 사악하게 날조하거나 사탄의 계교 역할을 하지 않고, 진리를 포함하고 있으며 하나님께서 창조 시에 사람에게 주신 바 지혜의 빛을 어느 정도 드러내는 것이다. 철학은 하나님과 그의 피조물들과 기타 인류에게 선하고 유익한 갖가지 것들에 관한 가르침으로서, 지혜롭고도 정직한 사람들이 자연의 빛과 자명한 원리들에서부터 이끌어내어 체계화시킨 것들이다. 그러므로, 그리스도인들이 철학을 연구하는 일은 정당할 뿐 아니라 유익하기까지 하다. 그러나 이단적인 분파들의 갖가지 교의들을 연구하는 일은 합당하지 않다. 이것들은 모두가 마귀의 사악한 계교들로서 혐오하고 회피해야 할 것들이기 때문이다.

철학과 교회의 교의는 특히 다음과 같은 점들에서 서로 다르다.

첫째로, 그 원리가 다르다. 철학은 전적으로 자연적인 것이며 자연으로부터 연역해낸 원리들을 근거로 세워진 것이다. 교회의 교의에도 자연으로부터 알 수 있는 것들이 많이 있으나, 그 가장 주된 부분인 복음은 자연을 완전히 뛰어넘는 것이므로 하나님의 아들이 아버지의 품에서 우리에게 계시하지 않으셨다면 사람이나 천사의 지혜로는 결코 발견하지 못했을 것이다.

둘째로, 그 주제가 다르다. 교회의 교의를 율법과 복음의 참된 의미를 깨닫는 것이나, 철학은 복음에 대해서는 전혀 무지하며, 율법의 가장 중요한 부분들은 다루지 않으며, 시민적인 의무들과 외형적인 삶에 관한 부분에 대해서도 십계명의 몇 가지 계명들에서 이끌어낸 것들을 그저 희미하고도 불완전하게 설명할 뿐이다. 뿐만 아니라, 철학은 논리, 자연 철학, 수학 등 예술과 과학에 관한 유익하고도 유용한 내용들도 가르치는데, 이는 교회의 교의에는 없는 것들이지만 잘 가르치고 이해하면 사회의 관심사에 중요한 영향을 미친다.

셋째로, 그 효과가 다르다. 오직 교회의 교의만이 사람에게 있는 모든 악과 비참한 현실을 그 진정한 근원인 첫 조상의 타락과 불순종에까지 추적해 들어간다. 더욱이 교회의 교의는 죄와 죽음의 비참한 현실들을 피할 수 있는 길을 지적해 주며 동시에 우리 주 예수 그리스도로 말미암는 영생을 확신시켜 줌으로써 양심에게 참되고 견고한 위안을 준다. 그러나 철학은 우리의 모든 악들의 참된 원인에 대해 무지하며, 따라서 인간의 마음의 소망들을 만족시킬 수 있는 참된 위로를 베풀어 줄 수도, 그 위로에로 인도해 줄 수도 없다.

그러나, 철학과 신학에 공통적인 몇 가지 위로들이 있다. 그 중에서 하나님의 섭리의 교의, 율법에 대한 순종의 필수성, 선한 양심, 덕의 탁월함, 덕이 지향하는 궁극적인 목표, 다른 이들의 모범, 상급에 대한 소망, 다른 사건들과 삶의 정황의 비교 등을 언급할 수 있을 것이다. 그러나, 죄와 죽음의 끔찍한 악들이 닥칠 때에 영혼을 유지시키고 뒷받침해 주는 더 크고 더 고귀한 위로는 교회의 교의에만 있으며, 구체적으로 말하면 그리스도로 말미암아 값없이 죄 사함을 얻는 사실과 그런 악한 상황에서 나타나는 하나님의 은혜와 임재하심, 그리고 마지막 구원과 영생에 있는 것이다.

물론 참된 철학이 우리의 도덕적 본성의 요구들을 충만히 만족시키기에는 불충분하고, 또한 신학과 비교할 때에 불완전하지만, 그러나 교회의 교의에 대해 적대적인 의도를 갖고 그것을 반대하거나 대적하지는 않는다. 그러므로 여러 철학자들의 글들에서 하나님의 말씀의 진실성을 명백히 반대하는 그릇된 정서들이 나타나거나, 혹은 이단들이 성경의 참된 의미를 왜곡시키고 전복시키기 위해 그런 정서들을 제시할 경우에는, 그것들은 철학이 아니요, 세상 창조에 대한 아리스토텔레스(Aristotle)의 견해나 영혼의 불멸성에 대한 에피쿠로스(Epicurus)의 견해처럼 인간의 교묘한 계교요 참된 철학을 좀먹는 것 이상 아무것도 아니거나, 혹은 진정 철학에 속하나 신학에 부적절하게 적용된 것이라 할 것이다.

다음의 사실들을 볼 때에, 교회의 교의와 다른 종교의 교의, 또한 철학의 교의 사이의 차이도 관찰하여 유지하여야 한**다**.

첫째로, 하나님께 정당하게 속한 모든 영광을 그에게만 돌려야 한다는 것. 이를 행하기 위해서는 하나님께서 그 자신과 자신의 뜻에 대해 우리로 하여금 믿게 하시는 모든 것을 시인하고 고백해야 하며, 또한 하나님께서 자기 자신에 대해 주시기를 기뻐하신 계시들 이외에 그 어떠한 것도 덧붙여서는 안 된다. 하나님을 우상들과 하나로 합치고, 그의 진리를 사탄의 거짓말과 뒤섞는 일은 하나님의 이름에 지극히 큰 욕이 되기 때문이다.

둘째로, 우리의 구원을 위태롭게 할 수 없다는 것. 우리가 어떤 이단적인 분파의 철학이나 가르침에 속아 넘어가서 그것을 참 진리로 믿게 되면, 그런 일이 발생할 수도 있는 것이다.

셋째로, 교회의 교의가 다른 모든 종교 체계들보다 월등하며 탁월하다는 사실을 보고, 다른 모든 것들에는 전혀 없으면서 성경에만 나타나는 것들이 얼마나 많은가를 보며, 또한 하나님의 말씀의 가르침을 고백하고 붙잡는 자들만이 구원을 받고 다른 갖가지 이단들은 하나님께 정죄를 받고 거부를 당하는 이유가 무엇인지를 분명히 봄으로써, 우리의 믿음과 위로가 증대될 수 있는 것이다.

마지막으로, 우리는, 경건에 속한 모든 것을 멸시하거나 왜곡시켜서 어떤 형식이든간에 종교를 고백하는 사람은 누구든지 구원을 받는다는 식으로 생각하며 "오직 의인은 그의 믿음으로 말미암아 살리라"(롬 1:17. 한글 개역개정판은 "그의 믿음"에서 "그의"를 삭제하였다:역자주)는 사도의 선언을 그런 식으로 해석하는 에피쿠로스학파(Epicureans)와 아카데미학파(Academics)로부터 우리 자신을 분리시켜야 한다는 것이다. 이 에피쿠로스학파에 대해서는 반박할 만한 가치조차 없고, 아카데미학파는 사도의 선언의 적절한 의미를 뒤틀어버리므로 쉽게 반박할수가 있다. "그의 믿음"이란 절대로 누구나 상상할 수 있고 만들어낼 수 있는 그런 믿음을 의미하는 것이 아니고, 그리스도의 복음을 믿는 모든 사람에게만 특별하게 있는 참된 보편의 믿음을 의미한다. 따라서 그것은 그 이외의 모든 사람의 믿음과는 반대되며, 또한 행위로 말미암는 칭의의 교의와도 반대되는 것이다. 그러므로, 이 본문의 참된 의미는, 의인은 율법의 행위로가 아니라 오직 그리스도를 믿는 믿음으로 말미암아, 그것도 다른 사람의 믿음이 아니라 자기 자신이 갖는 믿음으로 말미암아 의롭다 하심을 받는다는 것이다.

4. 기독교 신앙, 혹은 교회의 교의가 진리라는 것을 확증해 주는 증거들은 무엇인가?

교회의 가르침이 진리이며 확실하다는 것을 확증해 주는 논지들은 무수하게 많은데, 다음에 제시하는 13가지의 논지들 중 몇 가지는 양심을 납득시켜 주며, 또한 그 다음에 이어지는 것들은 마음을 바꾸게 해 준다. 그 13가지 논지들을 다음의 순서로 살펴보자:

1. **율법의 순결함과 완전함**. 하나님의 율법과 건전한 이성의 판단에 명백하게 거스르는 우상들을 만들고 용납하거나 사악한 형식들을 인정하는 종교는 참되고 신적인 것일 수가 없다. 그런데 성경에 계시되어 있고 교회가 받아들이고 인정하는 것을 제외한 모든 다른 형태의 종교들이 다 거기에 속한다. 이미 언급한 바와 같이, 그것들 모두가 유일하며 참되신 하나님과 그를 예배하는 일에 관한 십계명의 첫째 돌판을 완전히 무시하거나 부끄럽게도 그것을 부패시키고, 동시에 둘째 돌판에서도 외형적인 시민적 의무들과 관계되는 작은 부분만을 유지하기 때문이다. 성경에 따라서 십계명의 두 돌판 모두를 온전하게 부패하지 않은 상태로 유지하는 것은 오직 교회밖에는 없다. 그러므로, 참되고 신적인 교의는 오로지 교회가 가르쳐온 교의뿐인 것이다.

2. **복음**에 근거해서도 동일한 사실을 제시할 수 있다. 복음은 죄와 사망에서 피하고 구원받을 수 있는 유일한 길을 지시해 준다. 하나님의 정의를 전혀 해치지 않으면서 이 큰 악들로부터 구원받는 방법을 계시해 주며, 또한 영생에 관하여 양심에게 견고한 위로를 주는 그런 교의와 종교야말로 참되며 신적인 것이라는 것이 무엇보다 확실하기 때문이다. 그런데 여태까지 발견되고 선포된 종교적 진리의 체계 중에 오직 교회가 가르쳐온 교의만이 죄와 사망에게서 구원받을 길을 제시해주며 또한 양심에 참되고 분명한 위로를 제시해주니, 오로지 이것만이 참되며 신적인 교의인 것이다.

3. 이 교의가 **지극히 오래된 것이라는 사실**도 이것이 진리임을 입증해 준다. 성경에서 전해지는 것 이외에는 그 어떠한 종교적 진리 체계도 그 기원이 하나님께 있는 것이 아니며, 또한 태초로부터 끊임없이 내려왔다는 것임이 입증되지도 않기 때문이다. 다른 모든 종교들은 성경에서 전해지는 종교보다 늦게 생겨났고 이것과 비교할 때에 새로운 것이라는 것은, 성경의 역사와 더불어 세상의 온갖 다양한 역사들이 이구동성으로 증거하는 사실이다. 그러므로 가장 오래된 종교야말로 최고로 존중받아야 마땅하고, 또한 그 진리성이 가장 강력하게 입증되므로, (사람들은 대개 최초의 종교를 하나님으로부터 직접 온 것으로 받아들이기 때문에) 교회가 가르쳐온 교의가 진리이며 신적인 것이 되는 것이다.

4. 하나님께서는 태초로부터 **이적들**을 통해서 이 교의가 참되다는 사실을 확증하셨으며, 그 이적들이 이 교의의 신적인 성격을 증거해 준다. 마귀는 그런 이적들을 겉모양으로도 모방할 수가 없다. 죽은 자를 살리는 일이나, 태양을 머무르게 하고 거꾸로 나아가게 하는 일이나, 바다와 강들을 가르는 일이나, 불임(不姙)의 여인에게서 아들을 낳게 하는 일 등, 이 모든 이적들이 이 교의의 진리성과 신적인 성격을 지극히 강력하게 증거해 준다. 그 이적들은 하나님께서 행하신 것들이요 (하나님이 거짓된 것에 대해 그렇게 증거하실 수는 없다), 그것들이 선지자들과 사도들이 전한 말씀들을 확증해 주는 것이다.

5. 구약과 신약에 나타나는 **예언들**과 미래에 대한 **약속들** 중에는 지극히 완전하고도 정확하게 성취된 것들이 매우 많은데, 이것들이 교회가 가르쳐온 가르침들의 신적인 성격을 지극히 만족스럽고도 결정적으로 확증해 준다. 오직 하나님 이외에는 그런 선언들을 하실 수가 없기 때문이다.

6. 교회의 교의의 서로 다른 부분들 사이의 **조화**가 그것이 진리라는 증거가 된다. 그 자체가 모순되는 교의는 진리일 수도, 하나님으로부터 온 것일 수도 없다. 왜냐하면 진리란 그 자체가 완전한 조화를 이루는 것이요, 또한 하나님께서 스스로 모순을 일으키실 수가 없기 때문이다. 그런데, 선지자들과 사도들의 글들에서 가르쳐지는 것을 제외하고 다른 모든 종교들은 서로 모순된 점들이 매우 많고, 심지어 가장 중요하고 근본적인 내용들에서도 그러하니, 오로지 교회의 교의만이 참이요 또한 하나님으로부터 온 것일 수밖에 없다. 그것만이 그 모든 부분들이 충실하고도 완전하게 조화를 이루고 있으니 말이다.

7. 기독교를 대적하는 원수들이 기독교 종교의 우월한 탁월성을 인정한다는 점

도 그것이 진리라는 사실을 돕는 하나의 보조적인 논지가 될 수 있을 것이다. 마귀 자신도 그리스도를 보고서 "당신은 하나님의 아들이니이다"라고 고백하지 않을 수 없었다(눅 4:41). 다른 원수들도 교회의 가르침들의 우월한 탁월성을 거듭거듭 증언하였다. 물론 다른 종교들에서도 선한 것과 진리가 발견된다고 말할 수도 있겠으나, 성경의 종교에도 똑같은 것이 포함되어 있으되 훨씬 더 선명하고도 충실하게 포함되어 있으며, 그 다른 종교들이 교회의 가르침들로부터 이런 것들을 빌려와서 거기에 그들 나름대로 이것저것들을 뒤섞어 놓은 것이라는 사실이 아주 쉽게 드러난다 할 것이다. 하나님의 모방자인 마귀가 습관적으로 하는 짓이 바로 사람들을 쉽게 속이려고 특정한 진리들을 자기의 거짓 것과 합쳐 놓는 일인 것이다. 그러므로 갖가지 이단적인 분파들이 교회의 가르침과 동일한 것을 주장할 경우에 그것들을 반대할 일이 아니다. 왜냐하면 그것들은 우리들에게서 빌려간 것들이기 때문이다. 그리고 그 분파들이 교회의 교의를 대적하여 주장하는 내용들에 대해서도 쉽게 반박할 수 있다. 왜냐하면 그것들은 사람들이 만들어낸 것 이상 아무것도 아니기 때문이다.

8. 사탄과 그의 온갖 수족(手足)들이 교회의 교의를 대적하여 드러내는 **악의**(惡意)가 교회의 교의의 진리성을 입증하는 한 가지 증거가 된다. 마귀와 사악한 자들이 한 마음과 한 뜻으로 멸시하며 파괴하기 위해 애쓴다면, 그것이야말로 참되며 하나님으로부터 온 종교임이 분명한 것이다. 진리는 대개 악인에게서 반대를 불러일으키는 법이다. 그리고 마귀는 처음부터 살인한 자요 진리 안에 거하지 않았다. 세상과 사탄이 교회의 교의만큼 격렬하게 미워하고 비난하는 것이 없다는 것이 분명히 드러나는 사실인데, 이는 이단적인 분파들의 경우는 그들을 감싸기도 하고 심지어 보호하기까지 하나, 교회의 교의는 그들을 더욱 예리하게 책망하고 그들의 오류에 대해 문제를 제기하고 그들의 거짓과 기만을 드러내며, 그들의 우상들과 악행들을 혹독하게 정죄하기 때문이다. "세상이 너희를 미워하지 아니하되 나를 미워하나니 이는 내게 세상의 일들을 악하다고 증언함이라"(요 7:7), "너희가 세상에 속하였으면 세상이 자기의 것을 사랑할 것이나, 너희는 세상에 속한 자가 아니요 도리어 내가 너희를 세상에서 택하였기 때문에 세상이 너희를 미워하느니라"(요 15:19).

9. 사탄과 기타 원수들의 악의와 격노에도 불구하고 이 교의가 놀랍게 보호되어 왔다는 사실도 그 교의가 진리임을 보여주는 하나의 증거다. 교회의 교의만큼 폭

군들과 이단자들에게 끊임없이 맹렬한 공격을 받아온 것이 없는데도, 하나님께서는 원수들과 지옥문들의 격노로부터 놀랍게 보호하셔서 오직 그것만이 오늘날까지 존속되도록 하사 온 세상을 경악하게 하셨고, 반면에 다른 종교들은 거의 또는 전혀 반대를 받지 않았음에도 불구하고 땅에서 사라지거나 부패하여 버린 것이다. 그러므로 우리는 하나님께서 교회의 교의를 인정하시고 보살피신다고 결론지어도 무방할 것이다. 그렇지 않다면 하나님께서 그 교의를 그렇게 보호하셨을 리가 없을 것이다.

10. 때때로 교회의 원수들을 향하여 하나님께서 가하신 형벌들과 갖가지 심판들이 교회의 가르침들의 신적인 성격을 선포해 준다. 아무도 스스로 대적하여 비난을 제기할 수 없는 종교야말로 분명 하나님으로부터 온 것인데, 모든 역사가 증언하는 것처럼 선지자들과 사도들의 글 속에서 전해지는 종교 체계가 바로 그렇다고 말할 수 있는 것이다. 물론 악인이 세상에서 번영을 누리는 일이 많고 교회가 짓밟히는 일이 다반사로 일어나지만, 그 일들의 마지막 결과들이 풍성하게 입증해 주며 또한 성경이 어디서나 가르치듯이, 하나님께서 교회보다도 악인을 훨씬 더 기뻐하시기 때문에 그런 일이 있는 것이 결코 아니다. 교회는 지극히 혹독한 박해 가운데서도 언제나 보존되며 또한 가장 격렬한 원수들에게서도 결국 구원함을 받으나, 잔인한 폭군들과 악인들의 경우는 한동안 번영과 승리를 누리는 듯하다가도 결국에는 지극히 무서운 멸망에 빠지고 마는 법이다. 또한 안티오쿠스(Antiochus)나 헤롯 등 교회를 박해한 자들 모두가 세상에서 똑같이 비극적으로 형벌을 받지는 않는다는 반론이 있을 수도 있으나, 그렇다 할지라도 이 논지의 힘은 결코 약화되지 않는다. 하나님께서는 대부분의 경우 이 세상에서 그의 원수들에 대해 친히 보응하시는가 하면, 한편으로 그렇게 혹독한 형벌을 받지 않는 자들에 대해서도 비슷하게 여기신다는 사실을 — 곧, 그들도 역시 그의 원수들로 여기시며, 또한 회개하고 그의 은혜를 구하지 않으면 그들을 영원한 형벌에 집어던지실 것이라는 것을 — 이런 심판들을 통해서 명확히 선언하시기 때문이다.

11. 순교자들이 그 처참한 극한적인 고통 중에서도 그들이 가르쳤던 바를 참으로 믿고 있다는 것을 — 그들이 입으로 고백한 그 교의의 진리성을 마음으로 확고히 믿고 있다는 것을, 다른 이들에서 전파했던 대로 그 교의에서 참된 위로를 찾고 있다는 것을, 그들이 과연 그리스도를 위하여 사는 하나님의 자녀들이라는 것을, 그리고 하나님께서 죽음의 한가운데서도 그들을 보살피셨다는 것을 — 변함없

이 증언하였다는 사실도 기독교 신앙의 진리성을 입증하는 증거가 될 수 있을 것이다. 하나님께서는 복음의 고귀한 위로들을 통해서 그들을 유지시키시고 지탱시키심으로써 그들이 위해서 고통을 당하도록 부르심을 받은 바 그 교의들을 친히 인정하신다는 사실을 선포하신 것이다.

12. 성경을 기록하고 또한 그 속에 담긴 교의를 전한 종들의 경건과 거룩성이 그 교의의 진리성을 강력하게 확증해 준다. 사람들을 거룩하게 만들고 하나님께서 받으실 만하게 만드는 신앙이라면 반드시 거룩하고 신적일 수밖에 없기 때문이다. 누구든지 정당하게 비교해 보기만 해도, 족장들과 선지자들과 사도들은 물론 현재 이 교의를 진실하게 믿고 포용하는 자들이 다른 종교를 믿는 자들에 비해서 덕성과 실천적인 경건이 월등하다는 사실을 확실하게 알 수 있으므로, 교회의 가르침들이 세상에 존재했던 그 어떠한 종교 체계의 가르침들보다도 그 진리성과 확실성에 대하여 더 강력하고 더 만족스러운 증거들을 지니고 있다고 결론지을 수 있는 것이다.

13. 성령께서 이 교의를 기록으로 남기는 일을 담당시키신 사람들이 다른 이들의 과오들은 물론 자기들 자신의 과오들까지도 이야기하고 정죄하는 등, 진솔함과 정직함을 보여준다는 사실도 그들이 기록한 내용의 진리성을 뒷받침해 주는 하나의 논지가 될 수 있을 것이다.

마지막으로, 이 교의의 진리성을 확증해 주는 것으로서, 영감을 통하여 성경을 기록하게 하신 성령의 증언을 언급할 수 있을 것이다. 성령의 증언이란, 성경이 하나님의 말씀이라는 것과, 하나님께서 성경에 확증되어 있는 바에 따라서 우리에게 은혜를 베푸시리라는 것과, 믿음에 뒤따라서 하나님을 향한 사랑이 이어지며 또한 이 세상에서 위로를 얻고 오는 세상에서 영생을 얻는 데에 필요한 모든 것을 얻으리라는 확고한 소망으로 하나님의 이름을 부르는 일이 이어진다는 것 등에 대해서, 성령께서 믿는 자들의 마음속에서 생겨나게 하시는 바 강력하고도 활기 있는 믿음이요 견고한 확신을 의미하는 것이다.

경건한 백성의 이러한 확신과 항구적인 위로는 사람의 증언이나 기타 다른 피조물들의 증언이 아니라 하나님의 증언에 근거하는 것이요, 또한 그것이야말로 성령의 역사하심의 결과인 것이다. 그렇기 때문에 참된 신자들은 선지자들과 사도들을 통해 전해진 교의를 읽고 듣고 공부함으로써 그런 확신과 위로를 경험하게 되며, 또한 성령께서 그런 경험을 강화시키시고 확증시키시는 것이다. 그러므로 그리스도께로 회심하는 모든 사람들이 이 하늘에 속한 교의의 진리성을 확증하고 그것을 마음에 확고히 새기게 되는 것은 무엇보다도 성령의 증언으로 말미암는 것이다. 이러한 논지는 또한 중생하지 않은 자들에게도 적용된다. 성경의 진리성과 권위에 대해 그들의 양심을 납득시킴은 물론 그들의 마음을 움직여 이 교의에 동의하고 그것을 하나님의 진리로 받아들이는 데에로 기울게 하기도 하는 것이다. 그러므로 이 논지야말로 믿음에 선 모든 자들에게 가장 중요한 것이다. 왜냐하면 성령의 내적인 증언이 동반되지 않으면, 사람들은 양심으로 그것을 납득하고 또한 반대하는 자들의 입을 막는 데에서 그쳐버리고, 마음을 움직이거나 기울게 하는 데에까지는 나아가지 않기 때문이다.

5. 이 교의를 가르치고 공부하는 방법들에는 어떤 것들이 있는가?

신학을 가르치고 공부하는 방법에는 세 가지가 있다. 그 **첫째**는 요리문답 교육의 체계, 혹은 요리문답이라 불리는 것으로 기독교 신앙의 주된 교의들을 간략하게 정리하며 단순하게 해명하는 방법이다. 이 방법이 무엇보다도 중요하다. 배운 자나 못 배운 자나 똑같이 모두가 참된 신앙의 기초를 이루는 내용을 알아야 하기 때문이다.

　　둘째 방법은 일반적이며 좀 더 난해한 성격을 띠는 주제들을 — 이를 총론(Common Places)이라 부른다 — 논의하고 토론하는 것인데, 여기에는 모든 요점들을 하나하나 상세하게 설명하며 난해한 문제점들을 정의하고 분석하고 논지를 제시하는 일 등이 포함된다. 이 방법은 다음과 같은 목적을 위하여 신학교들에 더 적합하다 할 것이다. 첫째로, 신학교에서 교육받아서 후에 교회에서 가르치게 될 사람들로 하여금 신학의 전 체계를 더 쉽고도 충실하게 이해할 수 있게 하기 위함이다. 다른 분야에서도 그렇듯이, 신학의 분야에서도 올바른 지식을 얻는 일이 지극히 어렵고 매우 더디기 때문이다. 지성으로 지각하고 이해할 수 있도록 이 교의의 각 부분 부분을 체계적인 형태로 가르치지 않으면, 그것에 대한 우리의 지식이 혼란스럽고 불완전한 상태로 남아 있을 수밖에 없는 것이다. 둘째로, 신학도인 자들이 교회에서 교사들의 임무를 하도록 부르심을 받을 때에, 하나님의 말씀의 교의 전체의 골자를 분명하고도 체계적으로 제시할 수 있게 하기 위함이다. 이를 위해서는 그들 자신이 먼저 이 교의를 완전한 체계와 틀을 지성적으로 터득하고 있어야 하는 것이다. 셋째로, 성경에 대한 참되고 자연스러운 해석을 찾고 결정하는 목적을 위해서도 이것이 필요하다. 교회의 교의의 각 부분에 대한 명확하고도 충실한 지식이 있어야만 믿음의 유비(analogy of faith)에 따라서 성경을 참되게 해석할 수 있고, 또한 성경을 시종일관 조화를 이루도록 제시할 수 있는 것이다. 마지막으로, 교회의 논쟁들과 관련하여 정당한 결정을 내릴 수 있게 되기 위해서도 이것이 필요하다. 교회의 논쟁들은 다양하고 어려우며 또한 진리에 근거하지 않으면 오류와 거짓에 빠질 위험이 있는 것이다.

　신학을 공부하는 **셋째** 방법은 성경 본문을 조심스럽게 부지런히 읽는 것이다. 이것이야말로 교회의 교의를 공부하는 최고의 방법이다. 이것을 이루기 위해서는 앞에서 언급한 두 가지 방법들을 연마해서 성경을 읽고 이해하며 해명할 만한 자질을 갖추어야 할 것이다. 요리문답과 총론이 성경에서 취하여지고, 또한 성경의 규범들로 제시되는 동시에, 그것들이 다시 우리를 이끌어 성경에게로 나아가게 하는 것이다. 이 강의를 진행하는 동안 요리문답에 대해서 논할 것인데, 요리문답이 신학을 연구하는 첫째가는 방법에 속하는 것이다.

요리문답에 대한 특별 서론

요리문답에 대한 특별 서론에서 다룰 내용은 다섯 가지다:

1. 요리문답, 혹은 요리문답의 체계는 무엇인가?
2. 교회에서 그것을 항상 시행하여 왔는가, 혹은 그 기원은 무엇인가?
3. 요리문답의 주된 부분들은 어떤 것들인가?
4. 요리문답이 왜 필요한가?
5. 요리문답의 의도는 무엇인가?

1. 요리문답은 무엇인가?

헬라어 **카테케시스**는 동사 **카테케오**에서 파생되었고, **카테키스모스**는 동사 **카테키조**에서 파생되었다. 이 두 단어는 그 공통적인 의미에 따라, "소리를 내다, 입의 말로 가르치다, 다른 사람의 말을 되풀이하다" 등을 뜻한다. 그러나 **카테케오**가 좀 더 구체적으로 특정한 교의의 기초들과 근본적인 원리들을 가르친다는 의미를 지닌다 할 것이다. 교회의 교의에 적용되고 그런 의미로 사용될 때에는 기독교 신앙의 첫째가는 원리들을 가르친다는 의미를 지니며, 누가복음 1:4, 사도행전 18:25, 갈라디아서 6:6 등에서 그런 의미로 나타난다. 그러므로 가장 일반적이고 포괄적인 의미에서 요리문답 교육이란 어떤 특정한 교의의 초보적인 내용에 대해서 입의 말로 주어지는 간단하고도 초보적인 교육을 뜻한다. 그러나 교회가 사용하는 의미에서는, 무식한 자와 배우지 못한 자들을 위하여 고안된 기독교 신앙의 첫째가는 원리들에 대한 교육 체계를 뜻한다.

그러므로 요리문답의 체계는 선지자들과 사도들의 글들에서 추출하여 낸 기독교 교의를 질문과 답변의 형식으로 정리하여 간단하고도 평이하게 해명하는 것으로, 무식한 자들과 배우지 못한 자들의 지적인 능력에 맞춘 것이다. 아니면 요리문답이란 선지자들과 사도들의 교의에 대한 간단한 요약으로서 배우지 못한 자들에게 구두로 전달하고 그들로 하여금 그것을 다시 되풀이하도록 하는 것이라 할 것이다.

초기 교회에서는 요리문답을 배우는 자를 가리켜 **카테큐멘**(Catechumen)이라 불렸는데, 이는 그들이 이미 교회에 속하여 기독교 신앙의 첫째가는 원리들을 교육받고 있다는 것을 의미했다. 카테큐멘에는 두 부류가 있었다. 첫째 부류는 성인(成人)들로서 유대교와 이방 종교들에서 기독교로 회심하였으나 아직 세례는 받지 않은 자들이었다. 이 부류에 속하는 사람들은 먼저 요리문답 교육을 받고, 그 후에 세례를 받아 성찬에 참여하게 되었다. 아우구스티누스(Augusitne)도 마니교에서 기독교로 회심한 이후 카테큐멘이었으며, 암브로시우스Ambrose)에게서 세례를 받기 전 카테큐멘이었을 당시에 많은 책들을 썼다. 암브로시우스 역시 감독으로 선출될 당시 이런 부류의 카테큐멘이었다. 당시 아리우스주의자들(Arians)이 밀라노 교회에 침투하던 특별한 상황 때문에 카테큐멘이던 그가 시급하게 감독으로 선출된 것이다. 그러나 사도 바울은 일상적인 상황에서는 "새로 입교한 자" 혹은 카테큐멘을 감독의 직분에 선출하는 일을 금지하였다(딤전 3:6). 바울이 말씀하는 **네오푸토이**, 즉 "새로 입교한 자"는 카테큐멘으로서 아직 세례를 받지 않았거나 아주 최근에 세례를 받은 자들이었다. 그 헬라어 단어는 문자적으로 새로 심은 나무를 뜻하며, 따라서 새로이 말씀을 듣는 자나 교회의 제자를 가리키는 것이다.

또 다른 부류의 카테큐멘은 교회의 어린아이들, 혹은 그리스도인 부모들의 자녀들이다. 이 아이들은 출생하자마자 세례를 받아 교회의 일원으로 인정받으며, 조금 자란 다음에는 요리문답으로 교육을 받고, 그 이후에는 안수를 통해 입교하여 카테큐멘의 부류에서 벗어났고, 성년이 되면 성찬에 참여하도록 허락받았다. 이 카테큐멘들에 대해 자세한 사항을 알고자 하는 이들은 유세비우스(Eusebius)의 『교회사』(The Ecclesiastical History) 제10권 제4장 후반부를 참조하라. 요리문답을 가르치는 자들, 혹은 카테큐멘들을 교육하는 자들은 **카테키스트**들(Catechists)이라 불렸다.

2. 요리문답의 기원은 무엇인가?
그리고 교회는 그것을 항상 시행해왔는가?

요리문답 교육의 기원에 대해서도 교회의 운영과 봉사 전체에 대해서와 똑같은 사실을 말할 수 있다. 곧, 하나님께서 친히 그것을 제정하셨고, 따라서 교회 안에서 항상 시행되어왔다는 것이다. 하나님께서는 태초로부터 성인의 하나님이셨음은 물론 어린아이들의 하나님이기도 하셨기 때문이다. 아브라함과 맺으신 언약에 따르면 하나님께서는 "내가 너와 네 후손의 하나님이 되리라"(창 17:7)고 말씀하심으로써 두 부류 모두 각기 능력에 맞추어 구원의 도리를 교훈하도록 지정하셨다. 성인들의 경우는 공적인 선포 사역을 통해서 교훈하며, 어린아이들은 가정과 학교에서 교훈하도록 하신 것이다. 성인들의 교육을 위해 제도를 마련하신 사실에 대해서는 의심의 여지가 없이 분명하다.

유대인 교회에서의 어린아이의 교육에 대해서도, 구약에 수많은 분명한 명령들이 나타나 있다. 출애굽기 12, 13장에서 하나님은 유대인들에게 유월절 절기의 제정과 그 유익에 대해 그 자녀들과 가족들을 교훈할 것을 특별히 명하신다. 그리고 신명기 4장에서는 주께서 그들에게 주셨던 율법의 역사 전체를 자녀들에게 되풀이하여 가르칠 것을 부모들에게 명하신다. 또한 신명기 6장에서는 하나님의 유일성의 교의와 그에 대한 완전한 사랑의 교의를 자녀들에게 가르치고 전수할 것을 요구하시며, 또한 11장에서는 십계명을 자녀들에게 설명해 줄 것을 명하신다.

그리하여 구약 경륜 하에서는 자녀들이 가정에서는 부모들에게서, 또한 학교에서는 종교 교사들에게서, 선지자들의 글들에 포함된 주요한 사실들을 ― 즉, 하나님과 율법과 복음의 약속에 관한 사실들과, 또한 성례와 희생 제사 등 장차 오실 메시야를 예표하며 또한 그가 오셔서 값 주고 사실 은택(恩澤)들을 예표하는 것들을 ― 배웠던 것이다. 엘리야와 엘리사 등의 선지 학교들이 바로 이런 목적으로 세워진 것이 틀림없다. 하나님께서 그의 율법을 "너는 마음을 다하고 뜻을 다하고 힘을 다하여 네 하나님 여호와를 사랑하라"나 "네 이웃을 네 자신과 같이 사랑하라"는 등의 짧고 축약된 형식으로 제시하신 것도 이런 목적이었다. 또한 복음에 대한 내용이 "여자의 후손은 네 머리를 상하게 할 것이요"나 "땅의 모든 족속이 너로 말미암아 복을 얻을 것이라"는 등의 약속으로 간단하게 정리되어 있는 것이다. 하나님께서는 아브라함과 그의 후손에게 그들의 자녀들과 가족들을 가르치도록 희생 제사들과 기도들과 기타 여러 가지를 주셨다. 그리하여 어린아이들과 무식한 자들의 능력에 맞추어 단순하면서도 평이한 형태로 이 교의가 제시되는 것이다.

신약에서는 그리스도께서 친히 어린아이들을 품에 안으시고 그들을 축복하시며, 그들이 나아오는 것을 막지 말라고 명하셨다. 그리하여 그는 마가복음 10:14에서 "어린아이들이 내게 오는 것을 용납하고 금하지 말라 하나님의 나라가 이런 자의 것이니라"라고 말씀하시는 것이다. 어린아이들을 신앙으로 교육하는 일이 사도 시대에 부지런히 시행되었다는 사실은 디모데의 실례에서 분명히 드러난다. 그가 어려서부터 성경을 알았다는 것이 기록되어 있기 때문이다. 또한 히브리서에서도, 죽은 행실을 회개함과 하나님께 대한 신앙과 세례들과 안수와 죽은 자의 부활과 영원한 심판 등 사도들의 요리문답의 주요 요목들로 언급하면서 그것들을 어린 아기들을 위한 젖으로 말씀하고 있다(히 5:12-6:2). 이와 유사한 교의의 요목들이 성인 그룹의 카테큐멘들에게는 세례 시에 요구되었고, 또한 어린아이 그룹의 경우는 안수를 통하여 입교시킬 때에 요구되었다. 그렇기 때문에 사도는 그것들을 세례와 안수의 교의로 부르는 것이다.

이와 마찬가지로 교부들도 교리를 짧게 요약하여 기록하였는데, 그 중의 몇 가지 단편들이 지금도 로마 교회 안에서 볼 수 있다. 유세비우스(Eusebius)는 오리게네스(Origen)에 대하여 말하기를, 그는 박해의 시기 동안 시행되지 못했던 요리문답 교육의 관습을 알렉산드리아에서 부활시켰다고 한다. 소크라테스(Socrates)도 초기 교회의 요리문답 교육의 체제에 대하여 이렇게 쓰고 있다: "우리의 요리문답 교육의 형식은 우리 앞의 감독들에게서 전수받은 양식과 일치하며, 따라서 우리가 믿음의 기초를 세우고 세례를 받을 때에 가르침 받은 바와 일치하며 또한 성경에서 배운 바와도 일치한다." 교황 그레고리우스(Gregory)는 평신도들과 어린아이들을 위한 책의 역할을 하도록 교회당 내에 성상들과 우상을 들여놓게 했다. 이 시기 이후 감독들의 무관심과 로마교회의 사제들의 교묘한 행위들로 인하여 교회의 교의가 점점 부패해졌고, 요리문답 교육의 관습이 점점 사장되다가, 결국 오늘날 견진성사(堅振聖事)라 부르는 우스꽝스런 의식으로 탈바꿈되어 버렸다. 교회의 요리문답 교육의 기원과 시행에 대해서는 이 정도로 그치기로 하자.

3. 요리문답의 교의의 주요 요목들에는 어떤 것들이 있는가?

교회의 교의의 첫째가는 원리들의 가장 중요한 부분을 이루는 것들은 바로 앞에서 인용한 히브리서의 본문에 나타나는 것들로서 회개와 그리스도를 믿는 믿음인데, 이를 율법과 복음과 동일한 의미로 볼 수 있을 것이다. 그러므로 가장 중요하고도 가장 일반적인 의미에서 요리문답은 **율법에 관한 것과 복음에 관한 것**으로 나뉠 수 있다. 요리문답은 그 주제에 있어서는 교회의 교의와 다르지 않고, 다만 이 주제들이 다루어지는 형식과 방법에서만 다를 뿐이다. 성인들을 위해 마련된

단단한 음식이 어린아이들을 위하여 마련된 젖이나 음식과 본질적으로 다르지 않
듯이, 성인을 위한 교회의 교의도 어린아이들을 위한 요리문답과 본질적으로 다
른 것이 없는 것이다. 사도 바울은 요리문답을 어린아이들을 위한 음식에 비유하
는 것이다. 이 율법과 복음의 두 부분을 대다수의 사람들은 십계명과 사도신경으
로 부른다. 십계명은 율법의 골자를 포괄하며, 사도신경은 복음의 골자를 포괄하
기 때문이다. 또한 이를 믿음의 교의와 행위의 교의, 믿어야 할 것들에 대한 교의
와 행해야 할 것들에 대한 교의로 구분하기도 한다.

　요리문답을 세 부분으로 구분하는 이들도 있다. 곧, 하나님에 관한 교의와 하나
님의 뜻에 관한 교의와 마지막으로 하나님의 역사하심에 관한 교의로 나누고, 하
나님의 역사하심에 관한 교의를 다시 창조, 보존, 구속의 역사로 구분하는 것이다.
그러나 이 모든 다른 부분들이 율법이나 복음 둘 중의 하나에서 다루어지므로, 전
자의 두 가지 구분을 취하기가 더 쉽다.

　또 어떤 이들은 요리문답을 십계명, 사도신경, 세례, 주의 성찬, 그리고 기도 등,
다섯 부분으로 구분한다. 이 중 십계명은 하나님께서 친히 직접 전하신 것이나, 나
머지 부분들은 간접적으로 전해진 것들이다. 주님 가르치신 기도와 세례와 성찬
의 경우는 육신을 입으신 하나님의 아들을 통해서 간접적으로 전해진 것이요, 사
도신경의 경우는 사도들의 사역을 통해서 전해진 것이라 하겠다. 그러나 이 모든
부분들을 맨 처음의 구분대로 두 가지로 나눌 수가 있다. 십계명은 율법의 골자를
포괄하며, 사도신경은 복음의 골자를 포괄하고, 성례들은 복음의 일부요 따라서
복음이 약속하는 바 은혜의 인(印)으로서는 복음에 포함되나, 하나님을 향한 우리
의 순종에 대한 증언들로서는 희생 제사의 본질을 지니며 따라서 율법에 속하게
된다. 그리고 기도 역시 마찬가지로 하나님께 드리는 예배의 일부로서 율법에 속
하는 것일 것이다.

　이 해설에서 다루게 될 요리문답은 세 부분으로 되어 있다. 곧, 첫째 부분은 사
람의 비참함을 다루고, 둘째 부분은 이 비참함으로부터 사람을 구원해 내는 문제
를 다루고, 셋째 부분은 감사를 다루는데, 이런 구분은 실제로 위의 구분과 다를
것이 없다. 왜냐하면 거기에 포함되는 모든 부분들을 이로써 다 포괄하기 때문이
다. 십계명은 우리 자신을 바라보는 거울이며 따라서 우리의 죄와 비참함을 알게
해 준다는 점에서는 첫째 부분에 속하며, 동시에 참된 감사와 그리스도인의 삶의
규범이라는 점에서는 셋째 부분에 속한다. 사도신경은 죄로부터 구원받는 길을

다룬다는 점에서 둘째 부분에 속한다. 성례도 믿음의 교의에 속하며 또한 그 교의에 인(印)을 치는 것이므로, 마찬가지로 사람을 그 비참한 상태에서 구원해 내는 문제를 다루는 둘째 부분에 속한다. 그리고 기도는 영적 예배와 감사의 주요 부분이므로, 셋째 부분에 속하는 것이다.

4. 교회에서 요리문답을 소개하고 가르쳐야 하는 이유는 무엇인가?

이에 대해서는 다음과 같은 점들을 제시할 수 있을 것이다:

1. 그것이 하나님의 명령이기 때문이다: "그것을 너희의 자녀에게 가르치며"(신 11:19).

2. "어린아이들과 젖먹이들의 입으로 권능을 세우심이여"(시 8:2)라는 말씀처럼, 성인들만이 아니라 어린아이들도 하나님을 올바로 알고 경배할 것을 하나님의 영광이 요구하기 때문이다.

3. 우리의 위로와 구원 때문이다. 하나님과 그의 아들 예수 그리스도를 참으로 알지 않고서는 분별과 이해력을 지닌 연령에 이른 사람 중 아무도 구원받을 수 없고, 하나님 앞에서 자신이 영접함을 받는다는 확고한 위로를 가질 수도 없기 때문이다. 그렇기 때문에, "영생은 곧 유일하신 참 하나님과 그가 보내신 자 예수 그리스도를 아는 것이니이다"(요 17:3)라고도 말씀하고, 또한 "믿음이 없이는 하나님을 기쁘시게 하지 못하나니"(히 11:6)라고도 말씀하는 것이다. 뿐만 아니라 아무것도 알지 못하고 듣지 못한 자는 믿을 수도 없다. "듣지도 못한 이를 어찌 믿으리요? … 그러므로 믿음은 들음에서 나며 들음은 그리스도의 말씀으로 말미암았느니라"(롬 10:14, 17). 그러므로 구원받기 위해서는 누구나 그리스도의 교의를 알고 든든히 붙잡아야 한다. 그것이야말로 복음의 주요하고도 근본적인 교의인 것이다. 그러나 그 교의를 알고 붙잡기 위해서는, 그런 목적을 위한 교육이 있어야 하며, 따라서 젊은이들과 무식한 자들에게 적합하게 마련된 간결하고도 명확한 교의의 내용이 있어야 하는 것이다.

4. 사회와 교회의 보존을 위하여 있어야 한다. 교회와 국가의 안녕과 복지를 위해서는 하나님을 믿고 예배하는 일, 그리고 경건과 정직, 정의, 진리를 시행하고 실천하는 일이 가장 중요하다는 것을 과거의 모든 역사가 입증해 주고 있다. 그러나 야만 국가들 사이에서는 이런 일들을 아무리 찾아도 헛된 일이다. 그들의 경우는 경건과 덕성의 열매들을 맺기에 합당하도록 배운 바가 없기 때문이다. 그러므

로 아주 이른 나이부터 이런 것들을 실천하도록 훈련을 받아야 할 필요가 있다. 사람의 마음이 어려서부터 부패하며 악하기 때문이다. 우리의 본성이 그렇게 부패해 있으므로, 일찍부터 개혁과 도덕적 훈련의 일을 시작하지 않고 악한 마음의 원리들과 성향들이 강화되고 확고해질 때까지 그냥 내버려두면, 나중에 가서는 그것들을 억제하려 해도 저항이 너무 커서 변화가 어려워질 수도 있는 것이다. 어린 시절에 성경에 근거하여 하나님과 그의 뜻에 대해 올바로 교육받고 또한 그때에 경건의 실천을 시작하지 않으면, 우리 속에 본성적으로 있는, 혹은 어린 시절부터 젖어와서 익숙해져 있는 이런 오류들로부터 벗어난다는 것이 매우 힘들어진다. 그러므로 교회와 국가가 타락하여 결국 망하지 않고 보존되려면, 적절한 시기에 우리의 본성의 부패성을 정당하게 제어하고 다스리는 일이 무엇보다도 중요한 것이다.

5. 모든 사람들이 사람들의 갖가지 생각들과 독단들에 대해 올바로 판단하고 결정할 수 있도록 바른 규칙과 표준을 아는 일이 필요하다. 그래야만 "거짓 선지자들을 삼가라"(마 7:15), "범사에 헤아리라"(살전 5:21), "영들이 하나님께 속하였나 분별하라"(요일 4:1) 등의 명령에 따라 오류에 빠지지 않고 미혹되지 않을 것이기 때문이다. 그런데 요리문답의 주요 부분을 이루는 율법과 사도신경이 사람들의 생각들을 판단하는 규칙과 표준이 되므로, 그것들을 친숙하게 접하는 일이 정말로 중요한 것이다.

6. 요리문답을 적절히 공부하고 배운 사람들은 이따금씩 듣는 설교들을 더 잘 깨닫고 분별하게 된다. 하나님의 말씀에 근거하여 듣는 내용들을 그것들과 관계되는 요리문답의 요목들과 연관지어 이해하게 되지만, 반대로 이런 예비적인 훈련을 받지 못한 자들은 설교를 들어도 대부분 별로 유익을 얻지 못하는 것이다.

7. 사고력이 부족하고 교육을 받지 못한 자들에게 적합하도록 수준을 맞춘다는 점에서 요리문답 교육이 중요하다. 그런 이들에게는 간결하고도 평이하고 이해가 손쉬운 방식으로 교육해야 하는데, 요리문답이 그런 방식을 취하고 있으므로, 어리고 능력이 부족해서 길고 어려운 내용을 이해하지 못하는 이들도 그것은 충분히 이해할 수가 있는 것이다.

8. 소년기의 자녀들과 무식한 자들을 이단적인 자들과 속된 이교도들에게서 분리시키는 목적을 위해서도 요리문답 교육이 필요하다. 사려 깊은 요리문답 교육을 통해서 그런 목적을 가장 효과적으로 이룰 수 있을 것이기 때문이다.

9. 교사들로 사역해야 할 사람들에게도 요리문답 지식이 특별히 중요하다. 그들은 다른 이들보다도 교회의 교리를 더 친숙하게 알아야 마땅하며, 뿐만 아니라 가르칠 소명을 받았으니 언젠가는 남을 가르칠 수 있게 되어야 하고, 이 교리에 대한 지식을 습득할 수 있는 많은 자료들이 있으므로 그 지식을 부지런히 습득하여 디모데처럼 성경을 잘 알게 되고 "그리스도 예수의 좋은 일꾼이 되어 믿음의 말씀과 그 따르는 좋은 교훈으로 양육을 받게"(딤전 4:6) 되어야 하기 때문이다.

이런 여러 가지 점들이 요리문답 교육의 중요성을 분명히 보여주지만, 여기에 크게 중요한 다른 논지들도 덧붙일 수 있을 것이다. 예를 들면, 인간 창조의 목적에 근거한 논지라든지, 유아기부터 소년기까지, 또한 소년기부터 성년기까지 우리의 삶이 지속되고 보존된다는 사실에 근거한 논지들이 그것이다. 또한 요리문답이 지닌 교의의 대상이시요 최고선(最高善)이신 하나님 자신의 탁월하심에 대해서도 논할 수 있을 것이고, 또한 그런 교육 과정을 통해서 그 최고선을 알며 그에게 속하는 것이야말로 이 세상의 모든 보화보다 무한히 더 중요하고 바람직한 것임을 깨닫는 놀라운 효과가 있다는 점도 거론할 수 있을 것이다. 이것이야말로 그리스도께서 마태복음 13:44에서 말씀하시는 바 교회라는 밭에 감추어진 값진 보화이며, 바로 이 보화 때문에 과거의 그리스도인들은 자녀들과 함께 순교를 당하기까지 했던 것이다.

여기서 유세비우스(Eusebius)의 『교회사』(The Ecclesiastical History) 제6권 3장에 나타나는 오리게네스(Origen)의 경우를 예로 들 수 있을 것이다. 또한 테오도레투스(Theodoret)의 교회사 제4권 16장을 보아도 좋을 것이다. 그러나 그리스도의 교의와 그의 영광에 대해 무지하다면, 과연 우리 중에 누가 그를 위하여 기꺼이 고난을 당하려 하겠는가? 그리고 어린 시절부터 가르침받고 교육받지 않으면 어떻게 그것에 대해 무지해지지 않을 수 있겠는가? 그러므로, 오늘날 온갖 교리의 풍조에 이리저리 밀리는 자들이 그렇게 많고, 또한 그리스도께로부터 적그리스도에게로 넘어가는 자들이 그렇게 많은 원인이 바로 요리문답을 소홀히 하는 데 있는 것이다.

5. 요리문답과 교회의 교의의 의도는 무엇인가?
요리문답의 의도는 우리의 위로와 구원에 있다. 우리의 구원은 최고선을 누리는

데 있다. 우리의 위로는 내세(來世)에서 — 물론 이 땅의 삶에서도 이미 맛을 보기 시작하지만 — 이 최고선을 충만하고도 완전히 누릴 것에 대한 확신과 분명한 기대에서 나오는 것이다. 이 최고선은 그것을 누리는 자들을 진정 복된 자들로 만드는 것이요, 따라서 그것을 누리지 못하는 자들은 버림받은 비참한 자들인 것이다. 요리문답이 우리를 인도하고자 의도하는 이 유일한 위로가 과연 무엇인지는 요리문답의 첫 번째 질문에서 설명하게 될 것이다. 서론적인 논의는 이 정도로 그치고, 이제 본문에 대한 해설로 들어가기로 하자.

우르시누스의
하이델베르크 요리문답 해설

>>>>>‹‹‹‹‹

기독교적 위로

제1주일

1문   사나 죽으나 그대의 유일한 위로는 무엇입니까?

답   사나 죽으나 나의 몸도 영혼도 나의 것이 아니요 나의 신실하신 구주 예수 그리스도의 것입니다. 그는 그의 보혈로 나의 모든 죗값을 다 치르셨고 나를 마귀의 모든 권세에서 구원해 내셨으며, 하늘에 계신 나의 아버지의 뜻이 아니고서는 머리털 하나도 떨어질 수 없도록, 과연 모든 것이 합력하여 나의 구원을 이루도록, 그렇게 나를 보존시켜 주십니다. 그러므로 그는 그의 성령으로 말미암아 나로 하여금 영생을 확신하게 하시며, 이제부터 그를 위하여 살기를 진정으로 바라도록 만드시고 또한 그렇게 살 준비를 갖추도록 만드십니다.

[해 설]

위로의 문제를 먼저 다루는 것은 그것이 요리문답의 의도와 골자를 이루기 때문이다. 그 의도는 살아 있을 동안에나 죽은 후에나 확고하고도 견고한 위로를 얻게 하는 데 있다. 하나님께서 모든 신적인 진리를 계시하신 것도, 또한 우리가 특히 이 진리를 공부하는 것도 이 때문이다. 이 위로의 골자는 바로, 우리가 믿음으로 말미암아 그리스도와 연합하며, 그를 통하여 우리가 하나님과 화목되며 또한 그에게 사랑을 받으며, 그리하여 그가 우리를 영원토록 구원하시고 보살피신다는 데 있는 것이다.

이 위로에 대해서 다음의 내용들을 살펴야 할 것이다:

　1. 위로란 무엇인가?

　2. 그 위로에는 어떤 부분들이 있는가?

　3. 어째서 오직 그것만이 견고하고 확실한가?

　4. 어째서 그 위로가 필요한가?

　5. 그 위로를 얻기 위해서는 어떤 것들이 필요한가?

1. 위로란 무엇인가?

위로란 선한 것과 악한 것을 서로 대비시키는 특정한 추론의 과정의 결과로 생기는 것으로, 이 선(善)을 정당하게 고려함으로써 우리의 비통함을 누그러뜨리고 인내로 악(惡)을 견디게 되는 것이다. 그러므로 선이 그것과 대비되는 악의 비중에 비해서 훨씬 더 크고 확실해야만 하는 것이다. 그런데 여기서 가장 큰 악인 죄와 영원한 죽음을 무릅쓰고 위로가 얻어져야 하기 때문에, 최고선(最高善)이 아니고서는 그 어떠한 선으로도 그 악을 치료할 수가 없다. 그러나 진리를 지시하고 계시하는 하나님의 말씀이 없이는, 과연 이 최고선이 무엇이냐 하는 것에 대해 사람의 숫자만큼이나 많은 생각들이 제기된다.

　에피쿠로스학파(the Epicureans)는 감각적 쾌락을 최고선으로 보며, 스토아학파(the Stoics)는 인간 정서의 적절한 통제와 중용에서나 덕의 습관에서 최고선을 찾으며, 플라톤학파(the Platonists)는 관념(ideas)에서 찾으며, 아리스토텔레스학파(the Peripatetics)는 덕의 실천에서 찾으며, 그런가 하면 보통 사람들은 명예나 부귀나 쾌락에서 최고선을 찾는다. 그러나 이 모든 것들은 일시적인 것들이요, 이미 이 땅의 삶 속에서 잃어버린 상태에 있거나 잘해야 죽음의 때에 가면 다 뒤로 놓고 가야 하는 것들이다. 그러나 우리가 구하는 최고선은 절대로, 죽은 후에도, 사라지지 않는 것이다. 물론 덕스러운 명예는 불멸하는 것이요, 시인의 말처럼 사람의 장례식 이후에도 남는 것이다. 그러나 우리 자신과는 관계 없고, 다른 사람들에게 남는 것이다. 그러므로 "덕성은 최고선이라 할 수 없으니, 이는 그것들이 우리의 재난들을 증언하기 때문이다"라는 어떤 이의 말이 참으로 일리 있다 하겠다. 유대인들, 바리새인들, 이슬람교도들처럼 교회 안팎의 외식하는 자들은 자기들의 공로를 통해서, 겉으로 드러나는 형식과 의식들을 통해서, 죽음을 이길 방책을 구하고, 교황주의자들도 마찬가지다. 그러나 외형적인 의식으로는 사람을 깨끗하게 할 수도 없고 양심을 고요하게 할 수도 없고, 하나님께서 그런 것들을 통해서 조롱을 받지도 않으시는 것이다.

그러므로 철학과 온갖 이단적인 분파들이 모두 사람에게 살아 있을 때에나 죽은 후에나 견고한 위로를 주는 선한 것들을 찾아다니고 또한 약속하나, 우리의 도덕적 본성의 요구를 만족시키기에 필수적인 것은 결코 줄 수 없는 것이다. 그런 선을 베풀어주며, 또한 사람의 양심을 고요하게 하고 만족시키는 위로를 제공해 주는 것은 오로지 교회의 교의밖에는 없다. 인류가 속하여 있는 그 모든 비참한 현실의 근원을 드러내주며, 또한 그리스도를 통하는 유일한 피할 길을 제시해 주는 것이 오로지 그것밖에는 없기 때문이다.

그러므로 요리문답의 이 질문에서 논의하는 그리스도인의 위로는 ― 즉, 살아 있을 때에나 죽은 후에나 영원히 있는 유일한 견고한 위로는 ― 바로 그리스도로 말미암아 값없이 죄를 씻음과 하나님과 화목됨에 대한 확신과 또한 영생에 대한 확실한 기대에 있으며, 이러한 위로는 성령께서 복음을 통하여 마음에 심어 주는 것이다. 그러므로 우리는 우리가 그리스도의 소유이며 또한 그리스도로 말미암아 하나님의 사랑을 받는 자들이요 영원토록 구원받은 자들임을 믿어 의심치 않는 것이다. 그리하여 사도 바울은 이렇게 선포하고 있다: "누가 우리를 그리스도의 사랑에서 끊으리요? 환난이나 곤고나 박해나 기근이나 적신이나 위험이나 칼이랴?"(롬 8:35).

2. 그 위로에는 어떤 부분들이 있는가?

이 위로에는 여섯 가지 부분이 있다:

1. 그리스도로 말미암아 우리가 하나님과 화목되었으므로, 우리가 더 이상 하나님의 원수가 아니요 그의 자녀들이며, 우리가 우리 자신의 것이 아니요 그리스도께 속한 것이라는 것(고전 7:23).

2. 우리가 하나님과 화목된 방식이 그리스도의 피를 통한 것, 즉 그가 고난당하시고 죽으심으로써 우리 죄를 보상하신 것이라는 것(벧전 1:18; 요일 1:7).

3. 죄와 사망의 비참한 처지에서 구원받았다는 것. 그리스도께서는 우리를 하나님과 화목시키실 뿐 아니라 우리를 마귀의 권세에서 구원하셔서, 죄와 사망과 사탄이 우리에게 권세를 행사하지 못하게 하셨다(히 2:14; 요일 3:8).

4. 우리의 화목과 구원, 그리고 그리스도께서 우리를 위해 값 주고 사신 다른 모

든 은택(恩澤)을 끊임없이 보존하신다는 것. 우리는 그리스도의 것이다. 그러므로, 그가 우리를 자신의 것으로 감찰하시므로, 하늘에 계신 아버지의 뜻이 없이는 머리털 하나도 떨어지지 않는다. 우리의 안전은 우리 자신의 손이나 힘에 있는 것이 아니다. 만일 우리에게 있다면 매 순간마다 수천 번씩이라도 그것을 잃어버릴 것이다.

5. 우리의 모든 악들을 선으로 바꾸신다는 것. 의인도 이 세상에서 환난을 당하고 죽임을 당하며, 또한 양처럼 살육을 당하기도 한다. 그러나 이런 일들이 그에게는 아무런 해가 되지 않고, 오히려 그들의 구원을 이루는데 협력한다. 하나님께서 모든 일을 그들에게 유익이 되도록 바꾸시기 때문이다. "하나님을 사랑하는 자 곧 그의 뜻대로 부르심을 입은 자들에게는 모든 것이 합력하여 선을 이루느니라"(롬 8:28).

6. 이 모든 큰 은택들과 영생에 대하여 충만한 깨달음과 확신이 있다는 것. 이런 확신은 첫째로, 우리 속에서 우리의 영과 더불어 우리가 하나님의 자녀임을 증언하셔서 참된 믿음과 회심을 이루시는 성령께서 이 모든 축복들이 진정 우리에게 해당된다는 것을 증거해 주심으로써 얻어진다. 그는 우리의 기업의 보증이시기 때문이다. 그리고 둘째로, 참된 믿음의 결과들에서 얻어진다. 곧, 참된 회개, 그리고 하나님을 믿고 그의 모든 계명들을 순종하고자 하는 확고한 목적 등을 우리 속에서 지각하게 된다는 것이다. 하나님께 순종하고자 하는 진정한 열망이 우리에게 있을 때에 우리에게 참된 믿음이 있다는 것을 확신하게 되며, 또한 믿음으로 우리가 하나님의 사랑과 영원한 구원을 깨닫게 되기 때문이다. 바로 이것이 이 위로의 다른 모든 부분들의 토대(土臺)가 된다. 이것이 없는 다른 모든 위로는 이 세상의 삶의 유혹들 가운데서 그저 덧없이 사라지고 말 불만족스러운 위로일 수밖에는 없는 것이다. 그러므로 우리의 위로의 골자는 간단히 말해서 이것이다. 곧, 우리가 그리스도의 것이요, 또한 그로 말미암아 아버지께 화목되었으므로, 아버지께 사랑을 받고 구원받으며, 성령과 영생이 우리에게 베풀어진다는 것이다.

3. 어째서 오직 이 위로만이 견고한가?

오직 이 위로만이 견고하다는 것은, 첫째로, 오직 그것만이 무너지지 않기 때문이다. 그것은 죽은 후에도 무너지지 않는다: "사나 죽으나 우리가 주의 것이로다"(롬 14:8), "누가 우리를 그리스도의 사랑에서 끊으리요?"(롬 8:35). 그리고 둘째로, 오직 그것만이 사탄의 온갖 유혹에도 흔들리지 않고 그대로 유지되기 때문이다. 사탄은 그리스도인들에게 다음과 같은 논리로 공격해온다:

1. 너는 죄인이다. 이에 대해서 그리스도인의 위로는 이렇게 대답한다: 그리스도께서 나의 죄에 대해 보상하셨고, 그의 보혈로 나를 구속하셨으니, 나는 더 이상 내 것이 아니요 그리스도의 것이다.

2. 너는 진노의 자식이요 하나님의 원수다. 이에 대해서는 이렇게 대답한다: 내가 화목되기 전에는 본성으로 그러했으나, 이제는 하나님과 화목되었고, 그리스도로 말미암아 은혜로 하나님께 영접을 받았다.

3. 너는 반드시 죽는다. 이에 대해서는 이렇게 대답한다: 그리스도께서 죽음의 권세로부터 나를 구속하셨으니, 내가 그리스도로 말미암아 죽음에서 영생으로 옮겨질 것임을 안다.

4. 이 세상에서 온갖 악한 일들이 의인에게 일어난다. 이에 대해서는 이렇게 대답한다: 그러나 우리 주께서 그런 상황 아래서 우리를 보호하시고 보존하시며, 오히려 그것들이 합력하여 우리의 선을 이루도록 하신다.

5. 하지만 만일 네가 그리스도의 은혜에서 떨어지면 어떻게 하겠는가? 천국으로 가는 길이 길고도 험하니 네가 죄를 범할 수도 있고 낙망할 수도 있지 않은가? 이에 대해서는 이렇게 대답한다: 그리스도께서는 그의 공로로 내게 그의 은택들을 베풀어 주셨을 뿐만 아니라, 또한 내가 낙망하거나 그의 은혜에서 떨어지지 않도록 그 가운데서 끊임없이 나를 보존하시고 나로 하여금 끝까지 인내하게 하신다.

6. 하지만 만일 그의 은혜가 네게 미치지 않고, 또한 네가 주께 속한 자들에 속하지 않는다면 어떻게 하겠는가? 이에 대해서는 이렇게 대답한다; 그러나 그 은혜가 내게 미치며 내가 그리스도의 것이라는 것을 내가 분명히 안다. 왜냐하면 성령께서 나의 영과 더불어 내가 하나님의 자녀임을 증거하시기 때문이요, 또한 내게 참된 믿음이 있기 때문이다. 그 약속은 보편적인 것으로서 믿는 모든 자들에게 적용되기 때문이다.

7. 하지만 네게 참된 믿음이 없다면 어떻게 하겠는가? 이에 대해서는 이렇게 대답한다: 내게 참된 믿음이 있다는 것을 그 결과들을 통해서 분명히 안다. 나의 양심이 하나님과 평화를 누리며 또한 주님을 믿고 순종하고자 하는 진정한 열망과 의지가 내게 있기 때문이다.

8. 하지만 네 믿음은 연약하고 네 회심은 불완전하다. 이에 대해서는 이렇게 대

답한다: 물론 연약하고 불완전하지만, 그럼에도 불구하고 내 믿음은 참되고 거짓이 없으며, 또한 내게는 "무릇 있는 자는 받겠고"(눅 19:26), "내가 믿나이다 나의 믿음 없는 것을 도와주소서"(막 9:24)라는 복된 확신이 내게 있다.

하나님의 모든 자녀들에게는 이처럼 극심하고 위험한 갈등 속에서도 그리스도인의 위로가 흔들림없이 그대로 남아 있으며, 그리하여 마침내 "그리스도와 그가 베푸시는 모든 은택들이 내게도 해당되도다"라고 결론짓는 것이다.

4. 어째서 이런 위로가 필요한가?

앞에서 말씀한 대로, 이 위로가 우리에게 필수적이라는 것이 분명히 드러난다. 첫째로, 우리의 구원을 위함이다. 온갖 유혹과 갈등 속에서도 낙망하거나 넘어지지 않고 그리스도인으로 서기 위함이다. 그리고 둘째로, 하나님을 찬양하고 경배하기 위해서도 위로가 필요하다. 이 세상에서와 미래의 삶에서 하나님께 영광을 돌리기 위해서는(우리가 이를 위하여 창조함 받았다) 우리가 죄와 죽음으로부터 구원받아야 하며, 또한 다시 절망 속에 빠지지 않고 마지막까지 견고한 위로와 더불어 그대로 유지되어야 하는 것이다.

5. 그 위로를 얻기 위해서는 어떤 것들이 필요한가?

이에 대해서는 다음의 요리문답에서 다루게 될 것이다.

2문　이러한 위로 가운데 복되게 살고 죽기 위해서는 어떤 것들을 알아야 합니까?

답　세 가지를 알아야 합니다. 첫째로 나의 죄와 비참함이 얼마나 큰가 하는 것이요, 둘째로 나의 모든 죄와 비참함에서 어떻게 구원을 받는가 하는 것이요, 셋째로 그 구원에 대해서 내가 얼마나 하나님께 감사해야 하는가 하는 것입니다.

[해 설]

이 질문은 요리문답 전체의 진술과 내용을 포함하고 있으며 동시에 율법과 복음으로 구분된 성경의 내용과도 일치하며, 또한 앞에서 이미 설명한 대로 그 두 부분의 차이점도 여기서 드러나고 있다.

1. 우리가 위로를 갖기 위해서는 우리의 비참한 처지를 아는 것이 필요한데, 이는 그 자체가 무슨 위로를 주기 때문이 아니라 (그 자체는 위로를 주기보다는 오히려 경각심을 갖게 하므로) 다음과 같은 이유 때문이다.

첫째로, 우리의 비참한 처지에 대한 지식이 우리 속에서 구원을 얻고자 하는 열망을 불러일으키기 때문이다. 이는 마치 질병에 걸린 사실을 앎으로써 그 질병에서 놓임 받게 해 주는 치료약을 간절히 바라게 되는 것과도 같은 이치이다. 우리 자신의 비참한 처지에 대한 지식이 없으면, 구원을 바라고 구하게 되지도 않는다. 이는 자신의 질병에 대해 무지한 사람은 절대로 의사에게 진단을 받지 않는 것과도 같다. 구원을 바라지 않으면 그것을 구하지도 않는다. 그리고 그것을 구하지 않으면, 절대로 그것을 얻을 수가 없다. 다음의 말씀들처럼 하나님께서는 오로지 구하고, 문을 두드리는 자에게 구원을 주시기 때문이다: "구하라 그리하면 너희에게 주실 것이요, 찾으라 그리하면 찾아낼 것이요, 문을 두드리라 그리하면 너희에게 열릴 것이니"(마 7:6), "의에 주리고 목마른 자는 복이 있나니"(마 5:6), "수고하고 무거운 짐 진 자들아 다 내게로 오라"(마 11:28), "내가 … 통회하고 마음이 겸손한 자와 함께 있나니"(사 57:15). 우리 속에 구원을 바라는 마음을 불러일으키는 데에 필요한 그것이 또한 우리의 위로를 위해서도 필요하다. 구원을 바라는 심정이 우리 속에 불러일으켜지기 위해서는 우리의 비참한 처지에 대한 지식이 필요하다. 그러므로 우리의 위로를 위해서는 그 지식이 필요한 것이다. 그 지식이 본질상 그 위로를 불러일으키는 원인은 아니지만 그 위로의 동기가 되므로, 그것이 없이는 그 위로를 구하려 하지를 않는 법이다. 그 지식이 끔찍한 두려움을 가져다주지만, 그 두려움이 믿음을 갖는 데로 이어지므로 그것이 오히려 유익이 되는 것이다.

둘째로, 우리의 구원에 대해 하나님께 감사하게 되기 위함이다. 우리가 벗어난 바 그 비참한 처지가 정말로 처절하게 악하다는 것을 모르고서는 우리가 받은 구원에 대해 감사의 마음이 생길 수가 없다. 그것을 모르고서는 우리가 받은 축복이 얼마나 큰가를 올바로 가늠할 수가 없고, 따라서 구원을 얻지 못하게 될 것이기 때문이다. 오직 감사하는 자에게만 구원이 베풀어지기 때문이다.

셋째로, 우리의 죄악성과 비참함에 대한 지식이 없이는 복음을 들어도 전혀 유익이 없기 때문이다. 죄와 하나님의 진노에 대해 다루는 율법을 선포함으로써 은혜의 선포를 위하여 준비를 갖추도록 하지 않으면, 육신적인 안일함이 뒤따르게 되고, 그리하여 우리의 위로가 불안정하게 되고 말기 때문이다. 확고한 위로는 육신적인 안일함으로는 도저히 설 수가 없는 것이다. 그러므로 선지자들과 사도들의 모범을 좇아서 율법을 선포하는 일부터 시작하여야 한다는 것이 분명하다. 그래야만 사람들이 자기 자신의 의에 근거한 교만을 내어 던지게 되고, 자기 자신의 정확한 처지를 알게 되어 참된 회개로 이어지게 되는 것이다. 이렇게 하지 않고 그냥 은혜만을 선포하면, 사람들이 더 부주의하고 더 완악해지게 되고, 그리하여 마치 진주를 돼지에게 던져서 발로 밟게 하는 꼴이 되고 말 것이다.

2. 참된 위로를 위해서는 다음과 같은 점에서 우리의 구원을 아는 지식이 필요하다:

첫째로, 우리가 낙망에 빠지지 않도록 하기 위함이다. 우리의 비참한 처지를 알았으나 구원의 길을 제시받지 못하면, 우리가 낙망에 빠지게 될 것이다.

둘째로, 이 구원을 바라도록 하기 위함이다. 아무리 선한 것이라도 모르면 바라게 되지 않는다. 알지 못하는데 어떻게 바랄 수가 있겠는가? 그러므로 우리의 구원의 은택에 대해 무지하면, 그것을 사모하지도 않을 것이고, 그것을 얻지 못하게 될 것은 물론이고, 혹시 그것이 우리에게 베풀어진다 해도, 혹은 그 구원 앞에 우리가 엎드러진다 해도, 그것을 받아들이지 않을 것이다.

셋째로, 그것이 우리에게 위로를 주도록 하기 위함이다. 아무리 선한 것이라도 알지 못하면 그 어떠한 위로도 줄 수가 없다.

넷째로, 우리 스스로 다른 구원의 방도를 만들어 내거나 다른 이들이 만들어낸 것을 채용하여 하나님의 이름을 욕되게 하고 우리의 구원을 위험에 빠뜨리지 않도록 하기 위함이다.

다섯째로, 그 구원을 믿음으로 받아들이도록 하기 위함이다. 그런데 지식이 없이는 믿음이 불가능하다. 구원은 오직 믿음으로만 얻는 것이다.

여섯째로, 하나님께 감사하는 마음을 갖도록 하기 위함이다. 아무리 선한 것이라도 그것을 알지 못하면 바라지 않으며, 그것에 대해서 감사의 마음을 가지지도 않는 법이다. 그러나 감사하지 않는 자에게는 구원의 은택이 베풀어지지 않는다. 하나님께서는 오직 감사를 통하여 정당한 결과가 나타나는 자들에게만 구원을 베풀기를 기뻐하시는 것이다. 이런 이유들로 해서, 우리가 참되고 견고한 위로를 누리기 위해서는 반드시 우리의 구원에 대한 지식이 필요하며, 과연 그것이 무엇이며, 어떤 방식으로, 또한 누구로 말미암아 베풀어지는가 하는 것을 알 필요가 있는 것이다. 이 지식은 복음에서 얻어진다. 복음을 듣고 읽고 믿음으로 깨달음으로써 얻어지는 것이다. 오직 복음만이 그리스도를 믿는 자들에게 구원을 약속해 주기 때문이다.

3. 감사를 아는 것이 다음과 같은 점에서 우리의 위로에 필수적이다:

첫째로, 하나님께서는 감사하는 자들에게만 구원을 베풀기를 기뻐하시기 때문이다. 그의 목적이 이루어지는 것은 오직 우리편에서 그에게 감사하고 영광을 돌리게 하기 위함이다. 그러므로 감사야말로 우리의 구원의 주된 목적이요 의도인 것이다: "하나님의 아들이 나타나신 것은 마귀의 일을 멸하려 하심이라"(요일 3:8), "그 기쁘신 뜻대로 우리를 예정하사 예수 그리스도로 말미암아 자기의 아들들이 되게 하셨으니 이는 … 그의 은혜의 영광을 찬송하게 하려는 것이라"(엡 1:5, 6).

둘째로, 하나님께 합당한 감사를 돌려드리게 하기 위함이다. 하나님께서는 우리가 오직 그의 말씀 속에서 지정해 놓으신 방식으로만 감사하기를 원하신다. 그러므로 참된 감사란 우리 자신의 생각대로 드리는 것이 아니라, 하나님의 말씀으로부터 배워야 하는 것이다.

셋째로, 우리가 하나님과 이웃을 위하여 어떤 의무를 행하든지 간에, 그것이 우리의 공로를 위한 것이 아니라, 우리의 감사를 선포하는 것임을 알게 하기 위함이다. 감사로 행하는 것이라면, 우리의 공로를 주장할 것이 아니라는 것을 아는 것이다.

넷째로, 우리의 믿음과 위로가 증가되도록 하기 위함이다. 혹은, 감사를 통하여 우리의 구원에 대해 우리 스스로 확신을 갖도록 하기 위함이다. 결과를 통해서 그 원인들을 알 수 있게 되기 때문이다. 감사의 마음을 갖는 자들은 그들이 받은 것들이 선하다는 것을 분명히 알고 있다는 것을 그 감사를 통해서 시인하고 드러내는 것이다. 참된 감사가 무엇인지를 복음에서 알 수 있다. 왜냐하면 구원받기 위해서는 믿음과 회개가 있어야 한다는 것을 복음이 요구하기 때문이다: "하나님의 나라가 가까이 왔으니 회개하고 복음을 믿으라"(막 1:15). 그러나 율법에서도 그것을 구체적으로 가르친다. 하나님께서 어떤 행위를 기뻐하시며 또한 어떤 순종을 기뻐하시는지를 명확하게 선포하기 때문이다. 그러므로 요리문답에서 필수적으로 감사를 다루어야 하는 것이다.

반론. 자동적으로 뒤따라오는 것을 구태여 가르칠 필요가 없다. 우리의 비참한 처지와 구원에 대해 알게 되면, 자연스레 감사가 이어진다. 그러므로 구태여 그것을 가르치지 않아도 무방한 것이다.

답변. 그러한 추론은 부정확한 것이다. 부분적인 것을 보편적인 것으로 간주하기 때문이다. 즉, 비참한 처지로부터 구원받았음을 아는 데에서 감사가 이어진다고 해서 참된 감사가 반드시 이어지는 것은 아니라는 것이다. 그러므로 우리는 하나님께서 기뻐 받으시는 참된 감사의 본질과 그것을 표현하는 바른 방식을 성경에서 배워야 하는 것이다. 뿐만 아니라, 반론의 주 명제도 보편적으로 적용되는 진리가 아니다. 자동적으로 뒤따라오는 것이라 하더라도, 우리의 지식을 증가시키고 그것을 확증시킬 목적으로 얼마든지 가르칠 수 있는 것이다. 하나님께서는 그렇게 가르치는 방식을 통해서, 즉 하나님의 말씀의 계시와 지식을 통해서, 참된 감사를 우리 속에 불러일으키시고 증가시키시고 확증시키시는 것이다.

제1부

사람의 비참함에 관하여

〉〉〉〉〉〈〈〈〈〈

3문   그대의 비참함을 어디에서 압니까?

답   하나님의 율법에서 압니다.

[해 설]

제1부에서는 사람의 비참한 처지를 다루는데, 여기서는 주로 죄와, 또한 죄의 결과와 죄에 대한 형벌의 주제를 논하게 된다. 그리고 사람의 창조, 사람에게 있는 하나님의 형상, 사람의 타락과 최초의 죄, 원죄, 의지의 자유, 고난 등 이에 부속되는 다른 주제들이 이것과 연관된다. 우리의 비참함에 대해서는 그것이 무엇이며, 그것을 어디에서 알며 어떻게 아는지를 일반적으로 생각해야 한다.

　"비참"이라는 용어는 죄책(罪責)과 형벌의 악을 포함하기 때문에 "죄"라는 용어보다 더 포괄적인 의미를 지닌다. 죄책의 악이란 모든 죄요, 형벌의 악이란 모든 괴로움과 고통과 우리의 이성적 본성의 파괴이며 또한 형벌로서 후에 발생하는 모든 죄들을 뜻한다. 예를 들어서 다윗이 이스라엘 자손을 계수한 일이 그 자체가 하나의 죄였고 동시에 그 이전에 범한 죄에 대한 형벌이었던 것이다. 즉, 다윗이 그 전에 범한 간음과 살인에 대한 형벌로 주어진 것이었다는 말이다. 그러므로 그 일에는 죄책과 형벌의 악이 동시에 포함되어 있었던 것이다. 그러므로 사람의 비참함이란 타락 이후의 사람의 처절한 상태로서 두 가지 큰 악으로 이루어져 있으니, 첫째는 인간 본성이 부패하고 죄악되며 하나님으로부터 멀어져 있다는 것이요, 둘째는 이 부패성으로 인하여 인류가 영원한 정죄 아래 있으며, 하나님으로부터 거부되어 마땅한 상태라는 것이다.

이러한 우리의 비참함을 아는 지식은 하나님의 율법에서부터 얻어진다. "율법으로는 죄를 깨달음이"기 때문이다(롬 3:20). 율법은 "이 율법의 모든 말씀을 실행하지 아니하는 자는 저주를 받을 것이라"고 말씀하는 것이다(신 27:26). 율법이 어떻게 우리의 비참함을 알게 해 주는지에 대해서는 다음에 이어지는 요리문답의 두 질문이 가르쳐 준다.

4문   하나님의 율법이 우리에게 요구하는 것은 무엇입니까?

답   그리스도께서는 다음과 같이 요약하여 가르치십니다(마태복음 22:37-40): "네 마음을 다하고 목숨을 다하고 뜻을 다하고 힘을 다하여 주 너의 하나님을 사랑하라 하셨으니 이것이 크고 첫째 되는 계명이요, 둘째도 그와 같으니 네 이웃을 네 자신 같이 사랑하라 하셨으니 이 두 계명이 온 율법과 선지자의 강령이니라."

[해 설]

그리스도께서는 신명기 6:5과 레위기 19:8에 나타나는 바 율법의 골자를 되풀이하여 말씀하신다(마 22:37; 눅 10:27). 그는 "이 율법의 모든 말씀을 실행하지 아니하는 자는 저주를 받을 것이라"는 선언이 무슨 의미인지를 설명하시는 것이다. 곧, 마음을 다하고 목숨을 다하고 뜻을 다하고 힘을 다하여 하나님을 사랑하지 않고, 또한 이웃을 자기 자신 같이 사랑하지 않는 사람들은 저주를 받으리라는 뜻이라는 것이다. 여기 나타나는 세부적인 내용들에 대해 좀 더 상세히 설명할 필요가 있을 것이다.

주 너의 하나님을 사랑하라. 마음을 다하여 하나님을 사랑한다는 것은 그의 무한히 선하심을 정당하게 인정하며, 그를 우리의 최고선으로 여기고 높이 우러르며, 최고로 그를 사랑하며, 오직 그의 안에서만 즐거워하고 그에게만 신뢰를 두며, 다른 모든 것보다 그의 영광을 사모하여, 그를 불쾌하시게 하는 생각이나 성향이나 욕망이 우리에게 조금도 없도록 하는 것이요, 아니, 우리가 극진히 아끼는 모든 것들을 다 잃어버리거나 극심한 재난을 당할지언정 그분과의 교제로부터 분리되거나 아무리 사소한 문제일지라도 그를 거스르는 일은 결코 행하지 않는 것이요, 또한 마지막으로, 우리로 말미암아 오직 그분만이 영광을 받으시도록 모든 일을 도모하는 것이다.

주 너의 하나님. 이는 마치 너의 주시요 너의 하나님이신 바로 그 하나님, 곧 그 자신을 네게 계시하셨고, 그의 은택들을 네게 베푸시며, 따라서 네가 섬겨야 마땅한 바로 그 하나님을 사랑하라는 말씀과도 같다. 그리스도께서는 여기서 참되신 하나님을 거짓 신들과 대비시키시는 것이다.

네 마음을 다하고. 마음이란 애착과 욕망과 성향들을 뜻한다. 그러므로 하나님께서 우리의 마음 전체를 요구하신다면, 그것은 바로 다른 무엇보다도 오직 그만을 사랑할 것을 원하신다는 뜻이다. 곧, 우리 마음이 일부는 그에게로 가 있고, 또 일부는 다른 존재에게로 가 있어서는 안 되고, 온 마음이 전적으로 그에게로 향해 있어야 한다는 것이다. 요컨대, 다른 어떤 것을 그분보다 더 선호하지 말아야 하는 것은 물론, 다른 어떠한 것도 그와 동등하게 만들어서도 안 된다는 것이다. 그러므로 하나님을 사랑한다는 것은 성경이 "전심으로 하나님 앞에 행하는 것"이라 부르는 바로 그것이다(참조. 왕하 20:3; 사 38:3). 그리고 이것의 반대는 전심으로 하나님 앞에 행하지 않는 것이요, 이는 곧 그에게 전인(全人)을 굴복시켜 드리지 않는 것이다.

반론. 오직 하나님만을 사랑해야 하므로, 우리의 이웃과 부모와 친족들을 사랑해서는 안 된다.

답변. 이러한 논지는 그릇된 것이다. 왜냐하면 태도를 부인하는 데에서 출발하여, 사랑 그 자체까지도 부인하는 데로 나아가기 때문이다. 다른 무엇보다 오직 하나님만을 최고로 사랑해야 한다. 즉, 그보다 더 사랑한다든가 그와 동등하게 사랑한다든가 하는 것이 절대로 없도록 그렇게 사랑해야 한다는 뜻이다. 그러나 또한 우리의 이웃과 부모와 다른 이들도 사랑해야 한다. 단, 다른 무엇보다도 귀하게 최고로 사랑해서는 안 되고, 하나님을 거스를지언정 부모를 거스르지는 않는 그런 태도로 그들을 사랑해서도 안 된다. 오직 하나님께 굴복하여, 하나님의 명령에 따라서 그들을 사랑해야 하는 것이다.

네 목숨을 다하고. 목숨("soul". 이는 "혼"을 뜻한다: 역자주)이란 우리의 존재 중에서 의지를 담당하는 부분을 뜻한다. 그러므로 이는 의지 작용과 더불어서 사랑하라는 뜻이다. 이는 마치 너의 모든 의지와 목적을 다 드려서 하나님을 사랑하라는 말씀과도 같다 할 것이다.

네 뜻을 다하고. 뜻("mind". 이는 "정신" 혹은 "지성"을 뜻한다: 역자주)이란 깨달음 혹은 지각하는 작용을 의미한다. 그러므로 이는 네가 하나님에 대해 아는 것만큼 그를 사랑하라는 뜻이다. 즉, 하나님을 진정으로 온전히 알도록 네 모든 생각을 기울이고, 그리고 그를 진정으로 사랑하라는 뜻이다. 우리는 하나님을 아는 만큼만 그를 사랑할 수 있다. 지금 우리는 그를 불완전하게밖에는 사랑하지 못한다. 그를 부분적으로밖에는 모르기 때문이다. 그러나 장차 올 세상에서는 그를 완전히 알게 될 것이요, 따라서 그를 완전히 사랑하게 될 것이다. "온전한 것이 올 때에는 부분적으로 하던 것이 폐"할 것이기 때문이다(고전 13:10).

네 힘을 다하여. 이는 겉과 속의 모든 행위들과 활동들을 다 포괄하는 것이다. 그 모든 것이 하나님의 율법에 일치하도록 그를 사랑하라는 것이다.

이것이 크고 첫째 되는 계명이요. 하나님을 사랑하는 것을 첫째 되는 계명이라 부르는데, 이는 이 계명이 다른 모든 계명들의 근원이며, 다른 모든 계명들이 이 계명에서 나오기 때문이다. 이 계명은 다른 모든 계명들에 순종하도록 만드는 유효적이며 최종적인 원인인 것이다. 이웃을 사랑하는 것은 우리가 하나님을 사랑하기 때문이요, 또한 이웃을 향한 사랑에서 하나님을 향한 우리의 사랑을 드러내기 위하여 이웃을 사랑하는 것이다. 이것을 가리켜 가장 큰 계명이라 부르는 것은 다음의 이유들 때문이다. 1. 그 직접적인 대상이 가장 크신 하나님 자신이시기 때문이다. 2. 다른 모든 계명들이 바라보는 목표이기 때문이다. 우리의 모든 순종이 하나님을 향한 우리의 사랑을 드러내 보이고 또한 그의 이름을 존귀하게 하기 위한 것이기 때문이다. 3. 그것이 하나님께 드리는 주된 예배요, 의식법이 이를 보조했고 또한 그것에 자리를 내어주었기 때문이다. 바리새인들은 의식법과 의식적인 예배를 도덕법보다 우위에 두었으나, 그리스도께서는 사랑을 가장 큰 계명이라 부르시며, 도덕법과 도덕적인 예배를 우위에 두신다. 왜냐하면 의식 체계 아래서 제정된 모든 것이 사랑을 위하여 제정된 것이요, 또한 그것에 자리를 내어주도록 의도된 것이었기 때문이다.

반론. 하나님을 사랑하는 것이 가장 큰 계명이다. 그러므로 하나님을 사랑하는 것이 믿음보다 더 크며, 따라서 믿음보다 오히려 그 사랑이 의롭다 하심을 얻게 하는 것이다.

답변 .여기서 말씀하는 사랑이란 우리가 하나님께 드려야 마땅한 순종 전체를 다 포함하는 것으로 이해해야 한다. 그러므로 거기에는 의롭다 하심을 얻게 하는 믿음도 포함된다. 믿음 그 자체는 하나의 덕으로서 의롭다 하심을 얻게 하는 것이 아니고, 그리스도의 공로를 깨닫고 받아들이는 것이다. 그러나 사랑을 믿음과 대비시키는 의미로 사용할 때에는 사랑은 의롭다 하심을 얻게 하는 것이 아니다. 왜 냐하면 그리스도의 의를 취하는 것은 사랑으로 되는 것이 아니라 오직 믿음으로 만 되는 것이기 때문이다. 그렇다 사랑은 믿음에서 샘솟아 나는 것이다. 믿음이 다른 모든 덕들의 원인이기 때문이다.

둘째도 그와 같으니 네 이웃을 네 자신 같이 사랑하라. 네 이웃을 네 자신 같이 사랑하는 것은 네가 하나님을 사랑하는 데서 나오는 것이다. 네가 하나님을 사랑 하니 하나님의 모든 계명에 따라서 이웃에게도 잘 대하라는 것이다. 이웃에게 대 접을 받고자 하는 대로 이웃에게 행하라는 것이다. 그런데 모든 사람 하나하나가 다 우리의 이웃이다.

이 계명을 가리켜 **둘째** 계명이라 부르는데 그 이유는 두 가지다. 1. 이 계명이 십 계명의 둘째 돌판의, 혹은 우리 이웃을 향하여 행하여야 할 의무들의 골자를 이루 기 때문이다. 네 이웃을 네 자신 같이 사랑하면 살인하지도 않을 것이요 해치지도 않을 것이다. 2. 이웃을 향한 사랑이 하나님을 향한 사랑에서 우러나와야 하기 때 문이다. 그러므로 이웃을 향한 사랑은 하나님을 향한 사랑의 자연스러운 결과로 나타나는 것이다.

다음 세 가지 점에서 이 계명을 가리켜 **그와 같다**고, 즉 첫째 계명과 같다고 말 씀한다. 1. 그것을 요구하는 예배가 도덕적이며 영적인 예배라는 점에서. 첫째 돌 판에서는 물론 둘째 돌판에서도 이 예배를 요구하고 규정하고 있다. 어디서도 그 저 형식뿐인 예배를 반대하기 때문이다. 2. 그것을 범하는 자들에게 부과되는 형 벌의 종류에서. 두 계명 모두 영원한 형벌이 부과된다. 첫째 돌판을 어기는 경우 는 물론 둘째 돌판을 어기는 경우에도 똑같이 하나님께서 영원한 형벌을 부과하 시는 것이다. 3. 두 돌판 사이의 연관성에서. 둘 중의 어느 하나도 나머지 하나가 없이는 유지될 수가 없기 때문이다.

이 둘째 계명은 또한 다음과 같은 점에서 첫째 계명과는 다르다. 1. 그 직접적인 대상이 다르다. 첫째 계명은 하나님이요, 둘째 계명은 이웃이다. 2. 원인과 결과의 순서에서. 이웃을 향한 사랑은 하나님을 향한 사랑에서 비롯되는 것이요, 그 역은 성립하지 않는다. 3. 사랑의 정도(程度)에서. 하나님은 최고로 사랑해야 하나, 이 웃에 대한 사랑은 다른 무엇보다 큰 것이어서도 안 되며, 하나님을 향한 사랑보다 강해서도 안 되고, 다만 우리 자신을 사랑하는 것과 같은 정도여야 하는 것이다.

지금까지의 내용을 잘 숙지한다면, 이에 대해 간혹 제기되는 반론을 능히 반박하고도 남을 것이다. 곧, 둘째 계명이 첫째 계명과 같으므로 첫째 계명이 가장 큰 것이 아니며, 혹은 이웃을 향한 사랑을 하나님을 향한 사랑과 동등하게 여겨야 하고, 이웃을 하나님과 똑같이 섬겨야 한다는 식의 논지가 그것이다. 이에 대해서 우리는, 둘째 계명이 첫째 계명과 같다는 것은 절대적인 의미가 아니고, 다만 특정한 몇 가지 점에서 그렇다는 것이다. 그 다른 점에 대해서는 위에서 이미 해명한 바 있다.

이 두 계명이 온 율법과 선지자의 강령이니라. 즉, 율법과 선지자들의 가르침 전체가 이 두 계명으로 축약된다는 뜻이다. 모세와 선지자들이 가르친 율법에 대한 모든 순종이 하나님을 향한 사랑과 이웃을 향한 사랑에서 생겨난다는 것이다.

반론. 그러나 선지자의 글들에 복음에 대한 약속들도 많이 있으니, 선지자의 가르침이 이 두 계명들로 축약된다는 것은 적절치 못하다.

답변. 그리스도께서는 복음에 대한 약속들이 아니라 율법의 가르침에 대해 말씀하시는 것이다. 이는 바리새인의 질문에서 분명히 드러난다. 그는 율법 중에서 어느 약속이 가장 크냐고 물은 것이 아니라, 어느 계명이 가장 크냐고 물었던 것이다.

5문   그대는 이 모든 것을 완전하게 지킬 수 있습니까?

답   절대로 지킬 수 없습니다. 나는 본성적으로 하나님과 나의 이웃을 미워하는 성향이 있기 때문입니다.

[해 설]

이 질문은 앞의 질문과 연결되는 것으로서, 우리의 비참함을 율법에서 알 수 있는 방법이 두 가지임을 가르친다. 첫째는 우리 자신을 율법에 비추어보는 것이요, 그리고 둘째는 율법의 저주를 우리 자신에게 적용시키는 것이다.

우리 자신을 율법에 비추어 본다는 것은 율법이 요구하는 순결함이 과연 우리 속에 있는가를 살피는 것이다. 이렇게 비추어보면 우리의 모습이 율법이 요구하는 상태가 아니라는 것이 분명하게 입증된다. 율법은 하나님을 향한 완전한 사랑을 요구하는데, 우리에게는 하나님을 향한 반감(反感)과 미움 이외에는 아무것도 없기 때문이다. 또한 율법은 이웃을 향한 완전한 사랑을 요구하나, 우리에게는 이웃에 대한 적의(敵意)가 있는 것이다. 그러므로 이렇게 해서, 성경의 여러 곳에서 우리를 정죄하는 바 우리의 비참함의 첫 부분, 즉 우리의 부패성에 대한 지식을 얻게 되는 것이다(롬 8:7; 엡 2:3; 딛 3:3 등).

실천적인 삼단논법을 통해서 율법의 저주를 우리 자신에게 적용시킨다. 여기서 대전제(大前提)는 바로 "누구든지 율법 책에 기록된 대로 모든 일을 항상 행하지 아니하는 자는 저주 아래에 있는 자라"는 율법의 음성이다(신 27:26; 갈 3:10). 그리고 소전제(小前提)는 양심이 확증해 준다: "나는 율법 책에 기록된 대로 모든 일을 항상 행하지 못했다." 그리고 결론은 율법의 선고를 그대로 확정짓는 것이다: "그러므로 나는 저주 아래에 있는 자다."

각 사람의 양심은 이러한 삼단논법을 인정할 수밖에 없다. 이 실천적 삼단논법의 대전제는 하나님의 율법이요, 소전제는 우리가 행한 일에 대한 지식이요, 결론은 죄로 인하여 우리를 정죄하는 율법의 선고를 인정하는 것인데, 양심이란 다른 것이 아니라 이 삼단논법이 마음에 형성되는 것이다. 율법의 선고로 말미암아 슬픔과 절망이 우리에게 생기게 되는데, 복음의 위로가 우리에게 베풀어지고 우리의 중보자이신 하나님의 아들로 말미암아 죄 씻음을 받기 전에는 그 문제가 해결되지 않는다. 이로써 우리는 우리 자신의 죄악된 상태를 알게 되며, 또한 우리가 영원한 정죄 아래 있음도 알게 되는데, 이것은 우리의 비참함의 둘째 부분을 이룬다. 이 논지로 말미암아 모든 사람들이 죄를 깨닫게 되는 것이다. 율법은 모든 사람들에게 순종을 요구하며, 또한 이것을 이행하지 않을 시에는 영원한 형벌과 정죄를 선고한다. 그러나 그 어느 누구도 이 순종을 이행하지 못한다. 그러므로 율법이 모든 사람들을 영원한 정죄 아래 두는 것이다.

사람의 창조

6문   그러면 하나님께서 사람을 그렇게 악하고 패역한 상태로 창조하셨습니까?

답   절대로 그렇지 않습니다. 하나님은 사람을 선하게, 또한 그의 형상대로, 곧 참된 의와 거룩함으로 창조하셨습니다. 이는 사람으로 하여금 그의 창조주 하나님을 올바로 알고, 마음을 다하여 그를 사랑하며, 영원한 복락 가운데서 그와 함께 삶으로써 그에게 영광과 찬송이 되게 하기 위함이었습니다.

[해 설]

인간의 본성이 부패하며 죄악되다는 명제를 확고히 했으니, 이제는 하나님께서 과연 사람을 그렇게 창조하셨는지, 혹은 그렇게 창조하시지 않았다면 과연 어떤 본성으로 그를 창조하셨는지를 살펴보아야 할 것이다. 그러므로 이 문제는 사람의 창조와 또한 사람에게 있는 하나님의 형상의 주제에 속하는 것이다.

여기서 사람의 비참함을 그의 원시(原始)의 고귀함과 대비시키는 것이 합당할 것이다. 이는 첫째로, 우리의 비참함의 원인과 기원을 하나님께 돌리지 않도록 하기 위함이며, 둘째로, 우리의 비참함이 얼마나 심각한가를 더 분명하게 보도록 하기 위함이다. 이 두 상태를 서로 잘 대비하는 만큼 사람의 원시의 고귀함이 더 분명히 드러날 것이요, 또한 구원받기 이전의 우리의 악한 상태가 얼마나 위중한가를 깨닫게 되는 만큼 그 구원으로 얻은 유익이 그만큼 더 소중하게 될 것이다.

사람의 창조에 대하여

사람의 창조와 관련하여 다음의 질문들을 논의해야 할 것이다:

1. 하나님께서는 본래 사람을 어떤 상태나 조건으로 창조하셨는가?

2. 하나님께서는 어떤 목적으로 사람을 창조하셨는가?

1. 하나님께서는 본래 사람을 어떤 상태로 창조하셨는가?

이 문제를 다루는 목적은 다음과 같다: 1. 하나님께서는 사람을 죄 없는 상태로 창조하셨고, 따라서 하나님께서는 죄나 우리의 부패나 비참함을 생기게 한 장본인이 아니시라는 것이 분명히 드러나게 하기 위하여. 2. 죄로 말미암아 우리가 얼마나 높은 위엄의 자리로부터 깊은 비참함의 자리로 타락했는지를 깨닫게 하며, 그리하여 황송하게도 이러한 처참한 처지에 있는 우리를 구원해 주신 하나님의 긍휼하심을 인식하게 하기 위하여. 3. 우리가 받은 바 은덕이 얼마나 큰가를 깨닫게 되고, 또한 우리가 그런 호의를 받기에 얼마나 무자격한가를 깨닫게 하기 위하여. 4. 우리가 상실한 바 그 위엄과 복락을 회복하기를 그리스도 안에서 더욱 진정으로 사모하며 구하게 하기 위하여. 5. 이 회복에 대해 하나님께 감사하게 하기 위하여.

하나님께서 본래 사람을 창조하신 상태에 대해서, 이 요리문답의 제6문은 "하나님은 사람을 선하게, 또한 그의 형상대로, 곧 참된 의와 거룩함으로 창조하셨으니"라는 답변을 통해서 가르치는데, 이에 대해서 좀 더 상세히 설명할 필요가 있을 것이다.

하나님께서는 여섯째 날의 창조에서 사람을 창조하셨다. 사람의 몸은 땅의 흙으로 지어졌고, 만일 계속해서 의(義) 가운데 있으면 불멸(不滅: immortal)하나 타락하면 필멸(必滅: mortal)하도록 지어졌다. 필멸의 상태가 죄에 대한 형벌로 주어졌기 때문이다. 그의 영혼은 무(無)로부터 지음받았다. 그리고 즉시 전능하신 하나님께서 숨을 불어넣으셨고, 그러므로 영혼은 이성적이며 영적이며 불멸한 것이었다. "여호와 하나님이 … 생기를 그 코에 불어넣으시니 사람이 생령(生靈)이 되니라"(창 2:7). 하나님께서는 몸과 영혼을 창조하셔서 그 둘을 연합시키셔서 이 연합을 통해서 한 인격(person)을 이루도록 하셨고, 그리하여 사람은 인간 본성에 고유하며 또한 의롭고 거룩하며 하나님이 기뻐하시는 내적 외적 기능과 행위들을 수행하도록 하신 것이다. 사람은 또한 하나님의 형상대로 창조함을 받았으니, 곧 완전히 선하며 지혜로우며 의롭고 거룩하며 복되며 또한 다른 모든 피조물들의 주인으로서 창조함 받았다는 뜻이다. 그 하나님의 형상에 대해서는 잠시 후에 상세히 설명하게 될 것이다.

2. 하나님께서는 사람을 창조하실 때에 어떤 목표를 가지셨는가?

이에 대해 요리문답은 다음과 같이 답변하고 있다: "이는 사람으로 하여금 그의 창조주 하나님을 올바로 알고, 마음을 다하여 그를 사랑하며, 영원한 복락 가운데서 그와 함께 삶으로써 그에게 영광과 찬송이 되게 하기 위함이었습니다."

1. 그러므로 사람이 창조함 받은 첫째 되는 궁극적인 목적은 바로 **하나님의 영광**이다. 하나님께서 사람과 천사 등, 이성적이며 지적인 존재들을 창조하신 것은, 하나님을 알고서 그를 영원토록 찬송하게 하기 위함이었다. 그러므로 사람이 창조된 가장 주된 목적은 바로 하나님의 영광을 위한 것이다. 즉, 하나님의 거룩하신 이름을 고백하고 부르며, 찬송하고 감사하며, 사랑하고 순종하는 것이야말로 우리가 하나님과 이웃에게 드려야 마땅한 의무들인 것이다. 하나님의 영광이 이 모든 일들을 포괄하기 때문이다.

반론. 그러나 하늘과 땅과 다른 피조물들도 하나님께 영광을 돌린다고 말씀하고 있으니, 사람이 창조함 받은 목적은 이것이 아니었다.

답변. 이성이 없는 피조물들이 하나님을 찬송하고 영광을 돌린다고 말씀할 때에는, 그것들이 실제로 지각을 갖고서 하나님을 찬송한다는 뜻이 아니라, 그것들이 하나님께 영광을 돌릴 주제와 계기를 제공해줌으로써 이성적인 피조물들로 하여금 영광을 돌리도록 해 준다는 뜻이다. 천사들과 사람들은 하나님의 솜씨를 바라보면서 그의 지혜와 선하심과 능력을 깨달으며, 그리하여 그의 이름을 높이고 찬송할 마음이 생기게 되는 것이다. 그러므로 하나님께 영광을 돌리는 일은 이성과 지성을 소유한 피조물들의 행위다. 그러므로 만일 자연에서 드러나는 그 질서와 아름다움을 분별할 수 있는 이성과 지성을 소유한 피조물들이 존재하지 않는다면, 지성이 없는 피조 세계를 가리켜 더 이상 하나님을 찬송한다고 말할 수 없을 것이다. 그러므로 우리는 하늘과 땅과 바다들이 하나님을 찬송한다고 말씀하는 시편의 묘사들을 비유적인 표현들로 보아서, 시편 기자가 이성이 있는 피조물들에게 속하는 일들을 이성이 없는 피조물들에게 적용시키고 있는 것으로 이해해야 마땅한 것이다.

2. 사람이 창조함 받은 목적에는 하나님께 영광 돌리는 것에 종속되는 다른 목표들도 있다. 예를 들면, 하나님을 올바로 아는 것이 그에게 영광 돌리는 일을 위하여 필요하다. 올바로 알지 못하면 영광 돌릴 수도 없기 때문이다. 더욱이 하나님을 알고 그에게 영광 돌리는 것이 사람이 해야 할 정당한 일이다. 왜냐하면 영생

이 바로 거기에 있기 때문이다: "영생은 곧 유일하신 참 하나님 … 을 아는 것이니
이다"(요 17:3).

3. 하나님을 올바로 아는 일 다음에는 사람의 행복과 복락이 사람을 창조하신
목표인데, 이는 하나님과 하늘의 축복들을 누리는 데 있다. 하나님의 선하심과 긍
휼하심과 능력이 이것에서 드러나기 때문이다.

반론. 사람의 행복, 그의 지식, 그리고 하나님께 영광 돌리는 것은 사람이 창조
될 때에 이미 갖고 있던 속성이나 조건이다. 즉 그것들은 하나님의 형상의 일부라
는 것이다. 그러므로 그것들은 사람이 창조함 받은 목적이 아니며, 따라서 사람의
창조의 목적을 다루는 두 번째 질문이 아니라 우리가 이미 살펴본 바 있는 첫 번째
질문에 해당되는 것이다.

답변. 그것들이 물론 사람의 정당한 모습과 목적의 일부이지만, 다른 점에서 그
러하다. 하나님께서는 사람을 복되고 행복한 상태에서 하나님을 올바로 알고 그
에게 영광을 돌리는 존재로 지으셨다. 그리고 하나님은 사람으로 하여금 하나님
을 알고 그에게 찬양을 돌리게 하며, 또한 그가 친히 사람과 끊임없이 교통하시고
자 하는 목표를 갖고서 그를 창조하신 것이다. 그러므로 사람은 행복을 누리며 하
나님을 올바로 알고 그에게 영광을 돌리는 상태로 창조함 받았으며, 그것이 사람
이 창조 때에 이미 받은 상태였다. 그리고 동시에 하나님께서는 사람을 영원토록
그런 상태 속에 있도록 하시려는 목표를 갖고서 그를 창조하신 것이다. 그러므로
이 문제에 대해 논하면서 이 두 가지를 포함시키는 것이 옳다. 사람이 그런 존재로
창조되었으며, 또한 그런 목표를 갖고 창조되었기 때문이다. 전자는 애초에 어떤
상태로 창조되었느냐 하는 문제에 관한 것이요, 후자는 어떤 목적으로 창조되었
느냐 하는 문제, 즉 애초에 창조된 상태가 그대로 지속되고 보존되는 문제에 관한
것이다. 에베소서 4:24에서도, 의와 참된 거룩함이 새 사람의 존재 상태를 구성하
는 것인데도, 이것을 새 사람이 지향할 목적으로 말씀하는 것이다. 동일한 것을 각
기 다른 관점에서 상태와 목적으로 제시한다 해도 불합리한 것이라 할 수 없다. 왜
냐하면 피조물의 관점에서는 현재의 상태인 것이 창조주의 목적의 관점에서는 피
조물이 지향할 목표이기 때문이다.

4. 사람이 창조함 받은 네 번째 목표는, 택한 자의 구원에서는 하나님의 긍휼이,
또한 버림받은 자의 형벌에 나타나는 그의 공의하심이 드러나고 선포되도록 하는
데 있다. 이것은 하나님을 알고 누리는 일에 종속되는 것이다. 우리가 하나님을

알고 그와 교통할 수 있으려면, 하나님께서 자기 자신을 계시하시는 일이 필수적이기 때문이다.

5. 다섯째 목표는 인류 사회의 보존인데, 이 역시 하나님의 계시에 종속된다. 사람이 존재하지 않았다면, 하나님께서 자신을 계시하실 대상이 없었을 것이다. "내가 주의 이름을 형제에게 선포하리이다"(시 22:22).

6. 여섯째 목표는 사람들이 서로서로에게 의무들을 다하고 친절을 베풀며 유익을 끼치도록 하는 것인데, 이것은 다시 사회를 보존시키는 데에 기여한다. 인류가 지속되기 위해서는 평화와 상호간의 교류가 사람들 사이에 존재해야 하기 때문이다.

이러한 최초의 사람의 창조를 인류의 비참한 상태와 조심스럽게 비교해 봄으로써, 그리하여 우리가 과연 창조함 받은 상태에서 지향했어야 할 목표에서 얼마나 벗어나 있는지를 깨달아야 한다. 그렇게 비교해 보면, 우리의 비참함이 얼마나 큰지를 알 수 있다. 우리가 상실한 선한 상태가 얼마나 고귀하며 놀라웠는가를 깨닫게 되는 정도만큼, 우리가 타락으로 인하여 처하여 있는 악한 상태가 얼마나 악한가를 알게 되는 것이다. 이제는 우리가 하나님의 형상대로 창조함 받은 사실을 살펴보기로 하자.

사람에게 있는 하나님의 형상

이에 대해서 우리는 주로 다음과 같은 점들을 살펴보아야 할 것이다:

1. 하나님의 형상은 무엇이며, 그것에는 어떤 부분들이 있는가?
2. 그것이 어느 정도나 상실되었으며, 또한 사람에게 아직 남아 있는 것은 무엇인가?
3. 하나님의 형상을 어떻게 회복할 수 있는가?

1. 하나님의 형상은 무엇이며, 그것에는 어떤 부분들이 있는가?

사람에게 있는 하나님의 형상은 하나님의 본성과 뜻과 역사(役事)들을 올바로 아는 마음(mind)이요, 자유로이 하나님께 순종하는 의지요, 또한 모든 성향과 욕망과 행위들이 하나님의 뜻과 일치하는 것이며, 한 마디로, 영혼의 영적인 불멸의 본질이요, 전인(全人)의 순결함과 순전함이요, 사람의 완전한 복락과 기쁨이며, 또한 다른 모든 피조물들을 능가하며 그것들 위에 군림하는 사람의 위엄과 존귀다.

그러므로 하나님의 형상에는 다음과 같은 요소들이 포함된다: 1. 영혼의 영적인 불멸의 본질와 지식과 의지의 능력. 2. 하나님과 그의 뜻과 역사하심에 대하여 우리가 본성적으로 지니고 있는 개념들과 생각들. 3. 정의롭고 거룩한 행동, 성향, 의지 작용. 이는 의지와 마음과 겉으로 드러나는 행동들에서 나타나는 온전한 의와 거룩함과 동일하다. 4. 행복과 복락과 영광, 하나님 안에서 누리는 지극한 기쁨, 또한 동시에 비참함이나 부패함이 없이 모든 선한 것들이 충만함. 5. 물고기, 새 등 모든 피조물들에 대한 사람의 지배. 이 모든 점에서 우리의 이성적인 본성은 어느 정도 창조주를 닮았다 하겠다. 마치 형상이 원형(原型)을 닮듯이 말이다. 그러나 절대로 하나님과 동등해질 수는 없다.

바울은 하나님의 형상을 "의와 참된 거룩함"이라 부르는데(엡 4:24. 한글 개역 개정판은 "의와 진리의 거룩함"으로 번역됨: 역자주), 이는 이것들이 그것의 주된 부분들이기 때문이다. 그렇다고 해서 바울이 지혜와 지식을 제외시키는 것은 아니다. 오히려 그것들을 전제하고 있다고 보아야 한다. 하나님을 알지 못하면 아무도 그를 경배할 수 없기 때문이다. 또한 사도가 여기서 행복과 영광을 제외시키는 것도 아니다. 하나님의 정의의 순서에 따르면, 의와 참된 거룩함 뒤에 이것이 뒤따라오기 때문이다. 또한 어디든 의와 참된 거룩함이 있는 곳에는 거기에는 악이 없으며, 죄책이나 형벌도 없다. 하나님의 형상을 이루는 이 의와 참된 거룩함을 서로 동일한 것으로 볼 수도 있고, 이 둘이 서로 구별되는 것으로 볼 수도 있다. 곧, 의는 하나님의 율법과 조화를 이루는 내적 외적 행동과 움직임들, 또한 올바로 판단하는 능력을 지칭하는 것으로 보고, 거룩함은 이런 행동들이 지닌 갖가지 특질들을 지칭하는 것으로 이해할 수도 있을 것이다.

반론. 온전한 지혜와 의는 오로지 하나님께만 있으며, 세상의 그 어떤 피조물에게서도 찾아볼 수 없는 것이다. 왜냐하면 모든 피조물들의 지혜란, 심지어 거룩한 천사들의 지혜조차도, 증가할 수 있고 또 증가하는 것이기 때문이다. 그렇다면 어떻게 사람에게 있는 하나님의 형상이 완전한 의와 지혜를 포함할 수 있겠는가?

답변. 여기서 온전한 지혜라 부르는 그것은 무지(無知)가 전혀 없는 그런 지혜를 뜻하는 것이 아니라, 창조주께서 피조물 속에 있도록 의도하신 그런 상태대로, 또한 피조물의 행복을 위하여 충족하도록 온전하게 있는 것을 뜻한다. 예를 들어서, 천사들의 지혜와 행복은 완전하다. 왜냐하면 하나님이 의도하시고 뜻하신 바가 그런 상태이기 때문이다. 그러나 거기에 뭔가가 계속해서 덧붙여질 수 있다. 만일 그렇지 않다면 그것이 무한한 것이 되어버릴 것이다. 마찬가지로 사람도 완전히 의로운 상태였다. 그에게서 요구되는 모든 일에서 하나님의 뜻에 합당했기 때문이다. 그러나 그러면서도 그는 하나님과 동등하지도, 하나님이 의로우신 것만큼 그런 정도로 그의 의가 완전하지는 않았다. 그러나 하나님께서 사람을 창조하실 때에 의도하신 의에는 조금도 결핍이 없었다. 그 의는 피조물의 행복을 위하여 충족한 것이었다. 그러므로 온전하다거나 혹은 완전하다는 단어에는 애매한 부분이 있는 것이다. 그리고 성경은 지금까지 설명한 그런 의미에서 사람을 하나님의 형상이라 부르며, 그가 하나님의 모양대로 지음 받았음을 말씀하는 것이다.

그리스도를 가리켜서도 하나님의 형상이라 부르는데, 이것은 그 의미가 전혀 다르다:

1. **그의 신성(神性)에 관하여**, 그리스도는 영원하신 아버지의 형상이시요 그와 함께 영원하시며, 본질이 동일하시며, 그 본질적인 속성과 일에 있어서 아버지와 동등하시다. 그리고 창조에서와 또한 만물의 보존에서, 그러나 특히 아버지께서 영생에 이르도록 택하신 자들의 구원에서, 아버지께서 그를 통하여 자신을 계시하신다. 그리고 그를 가리켜 자신의 형상도, 성령의 형상도 아닌 아버지의 형상이라 부르는데, 이는 그가 자기 자신도 성령도 아닌 아버지께로부터 영원히 나셨기 때문이다.

2. **그의 인성(人性)에 관하여서도**, 그리스도는 하나님의 형상이시다. 그 형상은 창조된 것이지만, 지혜와 정의, 능력과 영광 등의 은사들의 정도와 수에 있어서 천사들과 사람들을 무한히 초월하며, 동시에 제자 중 하나에게 "나를 본 자는 아버지를 본 것이라"고 말씀하셨듯이(요 14:9) 그는 가르침과 덕과 행위에서 고유한 방식으로 아버지를 닮으셨다.

그러나 천사들과 사람들도 하나님의 형상이라 부르는데, "우리의 형상을 따라 우리의 모양대로 우리가 사람을 만들자"(창 1:26)라는 말씀에서 드러나는 것처럼, 이는 그들이 아버지의 형상이요 또한 아들과 성령의 형상이기도 하다는 것이다. 그러나 본질의 유사성(類似性)이나 동등성(同等性)을 뜻하는 것으로 이해해서는 안 되고, 다만 그 특정한 속성들이 신격을 닮았다는 뜻으로 보아야 한다. 정도나 본질의 유사성이 아니라 종류와 모방의 유사성이라는 말이다. 천사들과 사람들에게는 하나님에게서 발견하는 것과 어느 정도 유사하고 상응하는 점들이 있다. 하나님께서는 참으로 선한 모든 것과 친히 상응하시는 분이시니 말이다. 한편, 사람에게 있는 하나님의 형상에 관하여 전에 논의되었고 신인동형론자들(Anthropomorphites)과 최근의 오지안더(Osiander)가 부인했던 그런 점들에 대해서는 우르시누스의 저작 1권 154, 155면을 보라.

2. 그것이 어느 정도나 상실되었으며, 또한 사람에게 아직 남아 있는 것은 무엇인가?

자, 사람이 본래 그 가운데서 창조되었고 또한 타락 이전에 사람에게서 보였던 하나님의 형상은 그런 것이었다. 그러나 타락 이후 사람은 죄로 인하여 이 하나님의 영광스러운 형상을 상실하였고, 사탄의 혐오스러운 형상으로 변형되었다. 그러나 타락 이후에도 사람에게는 하나님의 형상의 잔재들이 남아 있으며 심지어 중생하지 않은 자들에게도 그대로 남아 있는데, 다음과 같은 것들을 그것에 속하는 것으로 언급할 수 있을 것이다.

1. 형체가 없고 이성적이며 불멸하는 영혼의 본질과 그 능력들이 그것에 속하는데, 이와 관련하여 우리는 그저 의지(意志)의 자유를 언급할 수 있을 것이다. 곧, 사람이 무엇을 뜻하든 자유로이 뜻한다는 것이다.

2. 사람의 지성에는 하나님과 자연에 관한 수많은 개념들과 사고들이 있고, 예술과 학문의 근본 원리를 이루는 고유한 사물들과 고유하지 않은 사물들의 상호 구별에 관해서도 많은 개념들과 사고들이 있다.

3. 도덕적인 덕목(德目)들의 흔적들과 잔재들이 있으며, 또한 겉으로 드러나는 품행을 제어하는 능력이 어느 정도 남아 있다.

4. 많은 세속적인 축복들을 누릴 줄 아는 것.

5. 다른 피조물들에 대한 어느 정도의 지배와 통치. 사람은 자기 아래에 맡겨진 각양 피조물들에 대한 지배권을 전적으로 상실하지는 않았다. 많은 피조물들이 아직도 사람에게 굴복하여 있어서, 그가 그것들을 다스리며 자신의 유익을 위하여 사용할 능력을 지니고 있기 때문이다. 사람에게 있는 하나님의 형상의 흔적들과 잔재들이 물론 죄로 인하여 크게 흐려졌고 손상되어 있으나 그럼에도 불구하고 여전히 어느 정도는 우리에게 보존되어 있는데, 이는 다음과 같은 목적을 위한 것이다.

1. 전혀 무가치한 우리를 향하신 하나님의 긍휼하심과 선하심을 증거하기 위하

여.

2. 우리 속에 그의 형상을 회복하셔서 그것들을 사용하시기 위함이다.

3. 악인들이 핑계를 삼을 거리가 없게 하기 위함이다.

그러나 하나님의 형상 가운데 가장 크고 가장 중요한 유익이 되는 부분들을 우리가 상실해 버리고 말았는데, 그 가운데 다음과 같은 것들을 언급할 수 있을 것이다.

1. 하나님과 하나님의 뜻에 대한 참되고 완전하고 구원 얻는 지식.

2. 하나님의 역사하심에 대한 올바른 생각과 지식과 깨달음. 이것 대신 지금 우리는 무지(無知)와 맹목(盲目)과 어둠 가운데 있다.

3. 모든 성향과 욕구와 행동들에 대한 제어와 지배, 의지와 마음과 외형적인 부분들에서 하나님의 율법에 일치함. 이것들 대신 지금 우리에게는 마음과 의지의 성향과 동기들의 끔찍한 혼란과 부패가 있어서 거기서부터 모든 실제의 죄가 나오고 있다.

4. 하나님의 각종 피조물들에 대한 참되고 완전한 지배. 처음에는 사람들을 두려워했던 짐승들이 이제는 사람을 대적하고 해치고 죽이려 하며, 사람으로 인하여 땅이 저주를 받아 가시와 엉겅퀴를 내고 있다.

5. 하나님께서 그의 자녀들에게 ─ 그의 원수들에게가 아니라 ─ 베푸신 것들에 대한 올바른 사용.

6. 현세와 내세의 행복. 이것 대신 지금 우리에게는 육체적이고 영원한 죽음이 있으며, 모든 가능한 재난이 닥치고 있다.

반론. 이교도들 중에도 많은 덕성이 나타났으며, 그들도 유명한 공적들을 세웠다. 그러므로 그들의 경우 하나님의 형상이 파괴된 것이 아닌 것 같아 보인다.

답변. 이교도들 중에서 볼 수 있는 탁월한 덕성과 고귀한 행위들은 사람의 본성 속에 여전히 보존되어 있는 하나님의 형상의 흔적 혹은 잔재에 속한다. 그러나 이 것은 최초에 사람에게 있었던 참되고 완전한 하나님의 형상에는 턱없이 모자라며, 이 덕성들은 그저 겉으로 좋아 보이는 것 뿐이요, 하나님께 마음으로 순종하는 데에서 나오는 것이 아니다. 그들은 하나님을 알지도 못하고 예배하지도 않는다. 그러므로, 이런 행위들은 하나님을 기쁘시게 하지 못한다. 왜냐하면 하나님을 올바로 아는 데에서 나오는 것도 아니요 하나님을 영화롭게 하고자 하는 의도에서 나오는 것도 아니기 때문이다.

3. 하나님의 형상을 어떻게 회복할 수 있는가?

사람 속에 있는 하나님의 형상을 회복하는 일은 오로지 최초에 사람에게 그것을 부여하신 그분으로 말미암아서만 이루어진다. 생명을 주시는 분과 그것이 상실되었을 때에 다시 회복시키시는 분이 동일한 분이시기 때문이다. 성부 하나님께서는 그 아들을 통하여 이 형상을 회복시키신다. 왜냐하면 그가 그 아들을 "우리에게 지혜와 의로움과 거룩함과 구원함"이 되게 하셨기 때문이다(고전 1:30). 아들은 성령을 통하여 우리를 변화시키신다: "그와 같은 형상으로 변화하여 영광에서 영광에 이르니 곧 주의 영으로 말미암음이니라"(고후 3:18). 그리고 성령께서는 말씀이신 그리스도로 말미암아, 또한 성례의 시행으로 말미암아, 시작된 그 일을 계속 수행하시며 완전케 하신다. "복음은 모든 믿는 자에게 구원을 주시는 하나님의 능력이 됨이라"(롬 1:16).

그러나 사람 속에 있는 하나님의 형상이 회복되는 일은 다음과 같은 방식으로 이루어진다. 곧, 영혼에 관하여는 현세에서는 믿는 자들에게 생이 끝나기까지 그저 시작되고 굳건해지고 계속 진행되어 가는 것뿐이고, 전인(全人)에 관하여는 몸이 부활할 때에 완성될 것이다. 그러므로 우리는 이 회복을 이루시는 주체가 누구시며, 그 방식이 어떤 것인가를 생각해야 할 것이다.

사람의 타락과 죄

7문   그러면, 사람의 이런 부패한 본성은 어디에서 오는 것입니까?

답   우리의 시조(始祖) 아담과 하와가 낙원에서 타락하고 불순종한 데서 옵니다. 그 일로 인하여 우리의 본성이 부패하여져서 우리 모두가 죄 가운데서 잉태되고 출생하는 것입니다.

[해 설]

여기서 우리는 먼저 인간 본성의 부패의 근원이 되는 사람의 타락과 첫 범죄를 살펴보아야 하며, 또한 죄 문제 전반에 대해, 특히 원죄(原罪)에 대해 살펴보아야 할 것이다.

사람의 타락과 첫 범죄에 대하여

이와 관련하여 살펴볼 것들은 다음과 같다:

 1. 우리의 시조들의 죄는 무엇이었는가?

 2. 그 원인들은 무엇이었는가?

 3. 그 결과들은 무엇이었는가?

 4. 하나님께서는 왜 그것을 허용하셨는가?

1. 우리의 시조들의 죄는 무엇이었는가?

 사람의 타락 혹은 첫 범죄는 우리의 시조인 아담과 하와가 낙원에서 불순종한 것, 혹은 하나님께서 금하신 열매를 먹은 일이었다: "동산 각종 나무의 열매는 네가 임의로 먹되, 선악을 알게 하는 나무의 열매는 먹지 말라. 네가 먹는 날에는 반드시 죽으리라"(창 2:16, 17). 사람은 마귀의 사주를 받아 하나님의 이 명령을 범하였고, 그로부터 우리의 부패와 비참함이 나온 것이다.

 하지만, 열매 하나를 따먹은 것이 그토록 크고 사악한 범죄란 말인가? 그것은 과연 지극히 사악한 범죄다. 다음과 같은 갖가지 끔찍한 죄들이 그것과 연결되어 있기 때문이다.

 1. **교만, 야망, 자기 칭찬**. 사람은 자기 자신의 위엄과 자신이 처한 상태에 만족하지 못하고 하나님과 동등해지려는 욕망을 가졌다. 하나님께서는 "보라 이 사람이 선악을 아는 일에 우리 중 하나 같이 되었으니"라는 말씀에서(창 3:22) 사람의 그런 죄악을 책하신다.

 2. **불신앙**. "네가 반드시 죽으리라"는 하나님의 말씀을 거짓말로 여겼다. 마귀는 "너희가 결코 죽지 아니하리라"고 말하여 하나님의 말씀을 부인하였고, 마치 하나님이 질투하시는 것처럼 이야기하였다: "너희가 그것을 먹는 날에는 너희 눈이 밝아져 하나님과 같이 되어 선악을 알 줄 하나님이 아심이니라"(창 3:5). 아담은 하나님보다 오히려 마귀를 믿었고, 금지된 열매를 먹었다. 또한 그 일에 대해 자기에게 형벌이 있을 것이라는 것도 믿지 않았다. 그러나 하나님을 믿지 않고 마귀를 믿는다는 것은 곧 하나님을 하나님이 아닌 것으로 간주하는 것이다. 그렇다. 그것은 마귀를 하나님의 자리에 놓는 것이다. 그러므로 이것은 한없이 무시무시한 죄였다.

3. **하나님에 대한 경멸과 불순종.** 이는 그가 하나님의 명령을 어기고 열매를 먹은 사실에서 나타난다.

4. **받은 바 은덕에 대해 감사치 않음.** 그는 하나님의 형상대로, 영생을 누리도록 창조함 받았다. 이런 은덕을 받고도 그는 하나님보다는 마귀의 말을 듣는 것으로 갚았다.

5. **부자연스러움, 후손들에 대한 사랑의 결핍.** 그는 정말 비참한 사람이었다! 이런 은사들을 자기 자신과 자기의 후손들을 위해서 받았으니, 죄를 지으면 자기 자신만이 아니라 자기의 후손들도 그것들을 상실하리라는 것을 생각하지 못했던 것이다.

6. **배도**(背道), 하나님으로부터 공공연히 떠나 마귀에게로 갔고, 하나님이 아니라 마귀를 믿고 순종하였으며, 하나님의 자리에 마귀를 가져다놓았고, 하나님과 스스로 멀어졌다. 그는 자신이 받게 되어 있던 것들을 하나님께 구하지 않았고, 오히려 마귀의 간계에 넘어가서 하나님과 동등하게 되기를 바랐다. 그러므로 사람의 타락은 하찮은 일도 아니었고, 단순한 범죄도 아니었다. 오히려 그것은 본질상 다양한 성격을 띤 무서운 죄악이었고, 하나님께서는 그 죄로 인하여 공의롭게 사람과 또한 그의 모든 후손들을 거부하신 것이다.

반론. 의로운 재판관이라면 작은 범죄에 대해 큰 형벌을 내리지 않는 법이다. 하나님은 의로우신 재판관이시다. 그러므로 그는 우리의 시조가 금지된 열매를 먹은 일에 대해서 그렇게 무거운 형벌을 내리시지 말았어야 옳다.

답변. 그러나 앞에서 살펴보았듯이 그 범죄는 작은 사소한 범죄가 아니었고, 교만과 감사치 않음과 배도 등을 다 포괄하는 지극히 심각한 죄였다. 그리하여 하나님께서는 이런 불순종의 행위에 대하여 공의롭게 무거운 형벌을 내리신 것이다. 또한 하나님께서는 친히 "아들은 아버지의 죄악을 담당하지 아니할 것이요"(겔 18:20)라고 선포하신 대로, 아담의 후손들은 원 상태 그대로 두셨어야 옳다는 반론이 제기될 수도 있다. 그러나 이에 대해서 우리는, 그것은 아들이 아버지의 사악함에 참여하지 않을 경우에만 해당되는데, 우리는 모두 아담의 죄에 참여한 자들이라고 답변할 것이다.

2. 그 원인들은 무엇이었는가?

사람의 첫 범죄의 기원은 하나님에게 있는 것이 아니고, 마귀의 사주와 사람의 자유 의지에 의하여 생겨난 것이다. 마귀는 사람으로 하여금 하나님으로부터 멀어지도록 유혹하였고, 사람은 이 유혹에 굴복하여 스스로 의도적으로 하나님을 멀리한 것이다. 물론 하나님께서 사람을 이 유혹 속에 홀로 두셨으나, 그는 타락이나 죄, 혹은 사람의 멸망의 원인이 아니시다. 왜냐하면 하나님께서는 그런 것들을 계획하신 것도 이루신 것도 아니기 때문이다. 그는 그저 사람을 시험 가운데 두셔서, 성령으로 말미암아 보존되고 통제되지 않으면 사람은 스스로 선한 일을 전혀 할 수 없다는 것을 보여주고자 하신 것뿐이다. 그리하여 사람의 시험과 더불어 하나님께서는 그의 의로우신 판단에 따라서 사람의 죄가 발생하는 것을 허용하신 것이다.

그러나 다음과 같은 **반론**에서 분명히 드러나듯이, 사람의 지혜는 이런 것과는 전혀 달리 생각하고 결론짓는다: 유혹의 때에 은혜를 — 이것이 없이는 타락을 방지하는 일이 불가능하다 — 거두어들이는 자가 바로 타락의 원인인데, 하나님께서는 사람이 시험을 당할 때에 그의 은혜를 사람에게서 거두어들이셨고, 그리하여 사람은 타락하지 않을 수가 없었다. 그러므로 하나님이 사람의 타락의 원인이셨다.

답변. 대전제는 은혜를 주관하는 자가 그것을 거두어들이지 말아야 할 의무를 지니고 있을 때에, 은혜를 바라고 의도적으로 거부하지 않는 자에게서 그것을 거두어들일 때에, 또한 악의로 그것을 거두어들일 때에만 해당된다. 그러나 처음에 베푼 은혜를 보존할 의무를 지니지 않은 자의 경우나, 은혜를 바라는 자에게서는 그것을 거두어들이지 않고, 그 은혜를 거두어들이기를 원하거나 그 은혜를 거부하는 자들에게서만 은혜를 거두어들이는 자의 경우나, 또한 죄인이 의와 영생을 얻는 것을 원하여 그 은혜를 거두어들이지 않는 자의 경우에는 해당되지 않는다. 이 경우 그런 식으로 하여 은혜가 거두어지고 누군가가 버려지는 결과가 초래된다 할지라도, 그렇게 버리는 자가 죄의 원인인 것이 아니다. 그런데 사람이 유혹을 당할 때에 하나님께서 그에게서 은혜를 거두어들이신 것은 전자의 경우가 아니라 후자의 경우에 해당되므로, 그는 사람의 죄와 멸망의 원인이 아니시고, 오로지 사람이 하나님의 은혜를 고의로 거부하는 죄를 범한 것이다.

또한 육신적인 사고를 가진 사람들은 다음과 같이 **반론**을 제기한다: 사람이 유혹을 받으면 반드시 타락할 것이라는 것을 확실히 알면서 그 사람을 유혹할 의도를 지닌 자는 타락하는 그 사람의 죄를 의도하는 것이다. 그런데 하나님께서는 사람이 타락할 것임을 아시면서도 사람으로 하여금 마귀에게 유혹을 받도록 의도하셨다. 하나님이 의도하지 않으셨다면, 사람은 유혹을 당하지 않았을 것이기 때문이다. 그러므로 하나님이 타락의 원인이다.

답변. 우리는 있는 그대로의 단순한 형식으로는 대전제를 부인한다. 타락할지도 모르는 사람을 시험에 집어넣어서 피조물의 연약함을 드러내실 목적으로 유혹받게 하기를 뜻하시는 자는 죄의 원인이라 할 수 없는데, 하나님께서 사람을 유혹받도록 허용하신 목적이 바로 그것이었다. 마귀는 사람으로 하여금 죄를 짓게 하고 그리하여 스스로 하나님으로부터 멀어지게 만들려는 의도를 갖고서 그를 유혹하였고, 사람은 자기 자신의 자유 의지로 하나님의 명령을 거역하고 이 유혹에 굴복하였다. 그러므로 이 둘이 죄의 원인이다.

3. 그 결과들은 무엇이었는가?

인류의 최초의 죄의 결과들은 다음과 같다: 1. 우리의 시조가 죽음에 노출되고, 그들 속에 있는 하나님의 형상이 상실되고 파괴될 처지에 있게 되었다. 2. 그 후손들에게 원죄가 있게 되었는데, 이 원죄에는 영원한 죽음의 처지, 우리의 본성 전체의 부패와 하나님을 향한 반감이 포함된다. 3. 원죄로부터 나오는 모든 자범죄(自犯罪)들. 원인의 원인이 되는 것은 또한 결과의 원인이기도 하기 때문이다. 최초의 죄는 원죄의 원인이요, 따라서 자범죄들의 원인이기도 한 것이다. 4. 죄에 대한 형벌로 사람들에게 부과되는 각종 모든 악한 것들. 그러므로 최초의 죄는 다른 모든 죄들의 원인이요, 인류에게 부과되는 형벌들의 원인인 것이다. 그러나 부모의 죄들에 대하여 후손을 벌하는 것이 과연 하나님의 정의에 일치하는가 하는 문제는 원죄를 다룰 때에 해명하기로 한다.

4. 하나님께서는 왜 그것을 허용하셨는가?

하나님께서는 자신이 원하시면 사람을 타락하지 않도록 보존하실 수 있는 능력을 지니고 계셨다. 그러나 그가 사람의 타락을 허용하신 것은, 즉 마귀의 유혹을 물리치도록 사람에게 은혜를 베풀지 않으신 것은, 다음 두 가지 목적 때문이었다. 첫째로, 창조주께서 원시의 의의 상태에 있도록 보존하시지 않고 피조물을 홀로 두시면, 피조물이 연약할 수밖에 없다는 것을 드러내시기 위함이었다. 그리고 둘째로, 이를 계기로, 믿는 모든 자들을 그리스도로 말미암아 구원하심으로써 하나님 자신의 선하심과 긍휼하심과 은혜를 드러내시며, 또한 악인과 버림받은 자들의 죄를 벌하시는 하나님의 정의와 능력을 드러내시기 위함이었다. "하나님이 모든 사람을 순종하지 아니하는 가운데 가두어 두심은 모든 사람에게 긍휼을 베풀려 하심이로다"(롬 11:32). "만일 하나님이 그의 진노를 보이시고 그의 능력을 알게 하고자 하사 멸하기로 준비된 진노의 그릇을 오래 참으심으로 관용하시고 또한 영광 받기로 예비하신 바 긍휼의 그릇에 대하여 그 영광의 풍성함을 알게 하고자 하셨을지라도 무슨 말을 하리요?"(롬 9:22-23).

죄에 관한 일반적인 논의

죄에 관한 전반적인 문제에 대해 보통 논의되는 문제들은 다음과 같다:

1. 죄가 세상에 있고 또한 우리에게도 있다는 것은 무엇에서 알 수 있는가?
2. 죄란 무엇인가?
3. 죄의 종류에는 어떤 것들이 있는가?
4. 죄의 기원, 혹은 죄의 원인은 무엇인가?
5. 죄의 결과들은 무엇인가?

1. 죄가 세상에 있고 또한 우리에게도 있다는 것은 무엇에서 알 수 있는가?

죄가 세상에 있고 또한 우리에게도 있다는 것은 여러 가지 논증들을 통해서 얼마든지 입증된다. 첫째로, 하나님께서는 우리 모두가 죄책(罪責)이 있음을 선포하시는데, 하나님께서는 마음을 살피시는 분이요 우리의 모든 행위들을 친히 보시는 분이시므로 이 선언은 마땅히 믿어야 할 것이다(창 6:5; 18:21; 렘 17:9; 롬 1:21; 3:10; 7:18; 시 14편; 53편; 사 59장). 둘째로, 요리문답 3문과 5문의 해설에서 이미 살펴본 대로 하나님의 율법이 죄를 인정하고 있다. 거기서는 율법에 대해 다음과 같은 선언들을 언급한 바 있다: "율법으로는 죄를 깨달음이니라"(롬 3:20), "율법은 진노를 이루게 하나니 율법이 없는 곳에는 범법도 없느니라"(롬 4:15), "율법이 들어온 것은 범죄를 더하게 하려 함이라"(롬 5:20), "율법으로 말미암지 않고는 내가 죄를 알지 못하였으니"(롬 7:7). 셋째로, 양심으로 죄를 인정하며 납득한다. 기록된 율법이 아니고라도 하나님께서는 우리 속에 본성적인 율법에 속한 전반적인 원리들을 보존해 놓으셨으므로 이것이 우리를 책하고 정죄하고도 남는다. "이는 하나님을 알 만한 것이 그들 속에 보임이라"(롬 1:19), "하나님 앞에서는 율법을 듣는 자가 의인이 아니요 오직 율법을 행하는 자라야 의롭다 하심을 얻으리니, 율법 없는 이방인이 본성으로 율법의 일을 할 때에는 이 사람은 율법이 없어도 자기가 자기에게 율법이 되나니, 이런 이들은 그 양심이 증거가 되어 그 생각들이 서로 혹은 고발하며 혹은 변명하여 그 마음에 새긴 율법의 행위를 나타내느니라"(롬 2:13-15). 넷째로, 형벌들과 사망이 있는데, 모든 사람들이 여기에 복속되어 있다. 우리의 묘지들과 화장터와 사형 집행장들이 모두 죄의 악한 결과들을 드러내는 설교들이다. 하나님은 의로우시므로 죄가 아니고서는 그의 피조물에게 형벌을 가하는 일이 절대로 없으시기 때문이다. "모든 사람이 죄를 지었으므로 사망이 모든 사람에게 이르렀느니라"(롬 5:12), "죄의 삯은 사망이요"(롬 6:23), "이 율법의 말씀을 실행하지 아니하는 자는 저주를 받을 것이라"(신 27:26).

이 질문이 주는 유익은 다음과 같다: 1. 언제나 낮아지고 회개하도록 만든다. 2. 하나님의 말씀이 "만일 우리가 죄가 없다고 말하면 스스로 속이고 또 진리가 우리 속에 있지 아니할 것이요"(요일 1:8)라고 명확히 선언하고 있고 또한 모든 경험들이 이를 확증하고 있음에도 불구하고, 스스로 죄가 있다는 것을 부인하는 재세례파들(Anabaptist)과 방종한 자들(Libertines)의 오류와 부패한 사상에 속지 않고 거기서 벗어나게 해 준다. 이들은 하나님께서 율법에서 죄로 선언하시는 많은 일들을 행하면서도, 그것들을 가리켜 성령의 역사하심으로 말미암는 것으로 거짓되게 선전하고 있다. 그들은 또한 다른 사람들에 못지않게 질병과 죽음에 종속되어 있는 비참한 처지에서 살고 있는데, 이는 그들이 죄인이라는 명백한 증거다. 만일 그들이 죄인이 아니라면, 죄가 없는 곳에는 사망도 없다는 원칙은 헛것이 되고 말 것이기 때문이다.

복음이 우리에게 우리 자신에게서가 아니라 우리 바깥에서 그리스도 안에서 의를 구하라고 말씀함으로써 우리를 죄인들로 규정하고 있으니, 복음에서도 죄에 대한 지식을 얻는 것이 아니겠느냐?라는 질문이 제기될 수도 있을 것이다. 이에 대해서 우리는, 복음이 과연 우리를 죄인들로 선언하기는 하지만, 율법이 하는 것처럼 구체적으로 선언하는 것은 아니라고 답변한다. 율법은 죄가 무엇이며, 어떤 종류가 있고, 그 결과가 무엇인지를 단호하게 가르치지만, 복음은 그렇게 하지 않고 다만 율법이 가르치는 바를 전반적으로 전제로 삼을 뿐이다. 마치 낮은 학문이 높은 학문에서 취하여 온 원리들을 전제로 삼듯이 말이다. 우리가 죄인이라는 것을 율법을 통해서 깨달은 후에, 복음이 이 원리를 기정 사실로 취하여, 우리 자신이 죄인이므로 우리가 구원받기 위해서는 마땅히 우리 바깥에서 그리스도에게서 의를 구해야만 한다고 결론짓는 것이다.

그러므로 우리는 다음의 다섯 가지 증거들을 볼 때에, 우리 모두가 하나님 보시기에 죄인들이라고 결론지을 수 있다. 곧, 하나님 자신의 증거, 하나님의 율법의 구체적인 증거, 복음의 일반적인 증거, 양심의 증거, 그리고 우리가 죄를 범하지 않았다면 우리에게 가해지지 않았을 하나님의 갖가지 형벌들의 증거.

2. 죄란 무엇인가?

죄란 율법을 범하는 것이요, 의(義)의 결핍이든 혹은 하나님의 율법을 거스르는 성향이나 행동이든, 무엇이든 간에 율법을 대적하는 것이요, 그리하여 하나님을 거스르며, 피조물을 하나님의 영원한 진노 아래 복속시키는 것이다. 죄의 **일반적인 본질**은 의의 결핍, 혹은 하나님의 율법에 화합하지 않는 성향 혹은 행위다. 그러나 좀 더 적절히 논하자면, 의의 결핍이 죄의 이러한 일반적인 본질이며, 그런 성향이나 행위들은 죄의 내용이라 할 수 있다. 죄의 형식적인 성격은 율법을 대적하는 데 있으며, 사도 요한은 이를 율법을 범하는 것(요일 3:4. 한글 개역개정판은 "죄는 불법이라"로 번역함: 역자주)이라 부른다. 죄와 필연적으로 결부되는 **속성**은 죄인이 죄책을 진다는 것인데, 이는 하나님의 정의의 질서에 따라서 현세적이며 영원한 형벌을 받아 마땅한 처지가 되는 것이다. 그러므로 죄에는 보통 이중적인 형태, 혹은 이중적인 본질이라 부르는 것이 있는데, 이는 율법에 대한 반대와 죄책에 있다고 말할 수 있고, 아니면 율법에 대한 반대와 형벌을 받아 마땅한 처지가 되는 것 등의 양면성이 있다고도 말할 수 있을 것이다. 죄의 **부수적인** 조건은 "죄 사함을 얻지 못하면"이라고 표현할 수 있다. 왜냐하면 그리스도를 믿는 자들이 영원한 죽음으로 형벌을 당하지 않는다는 것은 죄의 본질에 근거하는 것이 아니라 그 부수적인 조건에 근거하는 것이기 때문이다. 죄가 그들에게 전가되지 않고 그리스도로 말미암아 은혜로 용서되기 때문이다.

죄 속에 포괄되는 바 이 의의 결핍에는 정신에 관해서는 하나님과 그의 뜻에 대한 무지와 의심이 포함되며, 또한 마음에 관해서는 하나님과 이웃에 대한 사랑의 결핍, 하나님에 대한 기쁨과 그의 모든 계명들을 순종하고자 하는 열정적인 열심과 목적의 결핍이 포함되며, 또한 하나님의 율법이 우리에게 요구하는 그런 행위들을 행하지 않는 것이 거기에 포함된다. **왜곡된 성향**은 마음의 완악함과, 하나님의 율법을 따르기를 꺼리는 마음 상태와, 정당한 행동과 정당하지 못한 행동들에 대한 정신의 판단, 그리고 하나님께서 금하시는 일들을 행하고자 하는 본성적인 부패성과 습관— 이것을 정욕(concupiscence)이라 부른다 — 등에 있다.

이 의의 결핍과 이 왜곡된 성향이 죄요 또한 하나님께서 정죄하시는 것이라는 사실은 다음과 같은 증거들로써 입증된다: 첫째로, 하나님의 율법은 이 모든 것들을 명백하게 정죄한다: "이 율법의 말씀을 실행하지 아니하는 자는 저주를 받을 것이라"(신 27:26), "탐내지 말라"(출 20:17). 율법은 또한 하나님과 이웃을 완전히 알고 사랑하는 것 등, 이와 반대되는 은사들을 시행할 것을 요구한다. "너는 마음을 다하고 뜻을 다하고 힘을 다하여 네 하나님 여호와를 사랑하라"(신 6:5), "영생은 곧 유일하신 참 하나님과 그가 보내신 자 예수 그리스도를 아는 것이니이다"(요 17:3), "나 외에는 다른 신들을 네게 두지 말라"(출 20:3).

둘째로, 이 악행들을 죄로 정죄하는 성경의 여러 가지 증언들을 통해서도 입증된다: "그 마음으로 생각하는 모든 계획이 항상 악할 뿐임을 보시고"(창 6:5), "만물보다 거짓되고 심히 부패한 것은 마음이라"(렘 17:9), "율법이 탐내지 말라 하지 아니하였더라면 내가 탐심을(즉, 탐심이 죄라는 것을) 알지 못하였으리라"(롬 7:7). (요 3:5; 고전 2:14; 15:28을 보라.)

셋째로, 유아들에게도 형벌과 사망이 임하는데, 이는 그들이 아담의 범죄와 비슷한 방식으로 죄를 짓거나 선이나 악을 행하지도 않았음에도 불구하고 여전히 그들에게 죄가 있으며 그 때문에 사망이 그들에게도 임한다는 것을 증거한다. 이것은 바로 앞에서 언급한 바 있는 하나님에 대한 무지와 반감이다.

반론 1. 우리가 뜻하지 않는 것이나 또한 피할 수 없는 것은 죄가 아니다. 이러한 의의 결핍은 우리가 뜻한 바가 아니며, 또한 우리 속에 일어나는 왜곡된 성향도 우리가 피할 수 있는 것이 아니다. 그러므로 그것들은 죄가 아니다.

답변. 대전제는 시민 법정에서는 옳으나, 하나님의 심판 앞에서는 옳지 않다. 그 앞에서는 피할 수 있는 것이든 아니든 하나님의 율법을 반대하는 모든 것이 다 죄이며, 따라서 죄에 합당한 형벌을 받아 마땅하다. 성경은 육체의 지혜로는 하나님의 율법을 지킬 수가 없으며, 또한 율법을 지키지 않는 모든 자들은 율법의 저주 아래 있다는 두 가지 사실을 분명하게 가르치고 있는 것이다.

반론 2. 인간의 본성은 선한 것이다. 우리의 성향과 욕구들은 본성적이다. 따라서 그것들은 선한 것이다.

답변. 하나님께서 지으신 그대로의 상태에서는, 죄로 말미암아 부패해지기 전에는, 본성은 과연 선한 것이다. 하나님께서는 그가 지으신 모든 것들을 선하다고 선언하셨기 때문이다(창 1:31). 그리고 현재로서도 본성의 본질은, 그리고 하나님께서 지으신 대로는 선하다. 그러나 본성의 갖가지 특질들은 선한 것이 아니다. 죄로 말미암아 부패한 상태에 있기 때문이다.

반론 3. 형벌들은 죄가 아니다. 왜곡된 성향과 의의 결핍은 사람의 최초의 죄에 대한 형벌들이다. 그러므로 그것들은 죄가 아니다.

답변. 대전제는 시민 법정에서는 옳으나, 하나님의 심판 앞에서는 옳지 않다. 사도 바울이 분명하게 제시하는 바와 같이(롬 1:27; 살후 4:11) 하나님께서는 죄로써 죄를 벌하시는 경우가 많기 때문이다. 또한 하나님께서는 그의 피조물들에게서 그의 영을 제거하실 능력을 지니고 계신데, 그의 피조물들에게는 이런 능력이 없다.

3. 죄의 종류에는 어떤 것들이 있는가?

죄를 구분하는 방식에는 크게 다섯 가지가 있다. 그 첫째는 원죄(原罪: original sin)와 자범죄(自犯罪: actual sin)로 구분하는 것이다(롬 5:14; 7:20; 9:11 등을 보라).

원죄

원죄는 우리의 시조의 타락으로 인한 인류 전체의 죄책(罪責: guilt)이다. 이는 마음(mind)에 하나님과 그의 뜻에 대한 지식의 결핍과, 마음과 뜻을 다하여 하나님을 순종하고자 하는 성향의 결핍에 있다. 그 대신 사람에게는 하나님의 율법이 금하는 것들에게로 기울어지는 것과, 또한 율법이 명령하는 것들에 대한 반감이 있으며, 이는 우리의 시조인 아담과 하와의 타락과 그로 말미암아 그들의 모든 후손에게로 전해지는 바 인간 본성 전체의 부패함에서 비롯되는 것이다. 그러므로 이 부패로 인하여 모든 사람이 하나님의 영원한 진노 아래 있으며, 우리의 중보자이신 하나님의 아들로 말미암는 죄 용서를 얻고 또한 성령께서 우리의 본성을 새롭게 하지 않으시는 한 어느 누구도 하나님이 기뻐하시는 일을 행할 수가 없다. 이 원죄에 대하여 성경은 이렇게 말씀하고 있다: "아담의 범죄와 같은 죄를 짓지 아니한 자들까지도 사망이 왕 노릇 하였나니"(롬 5:14), "내가 죄악 중에서 출생하였음이여"(시 51:7). 그러므로 원죄는 두 가지를 포괄한다. 곧, 우리의 시조의 타락으로 인하여 영원한 정죄 아래 있는 것과, 또한 타락 이후 우리에게 있는 바 본성 전체의 부패성이 그것이다. 바울의 다음과 같은 진술에는 이 두 가지가 다 포함된다: "한 사람으로 말미암아 죄가 세상에 들어오고 죄로 말미암아 사망이 들어왔나니, 이와 같이 모든 사람이 죄를 지었으므로 사망이 모든 사람에게 이르렀느니라"(롬 5:12).

다소 희미한 점이 있기는 하지만, 안셀무스(Anselm: 1033경-1109)의 것으로 여겨지는 원죄에 대한 통상적인 정의에서도 동일한 사상이 표현되고 있다: "원죄란 우리 속에 마땅히 있어야 할 원시의의 결핍이다." 원시의(原始義: original righteousness)는 우리의 본성이 하나님의 율법에 일치하는 것임은 물론, 거기에는 하나님의 인정하심과 시인하심이 포함된다. 그러나 하나님의 율법에 일치하는 것 대신 지금 우리에게는 부패성이 있고, 이러한 하나님의 인정하심 대신 지금 우리에게는 타락으로 말미암은 하나님의 불쾌하심이 있는 것이다. 생빅토르의 위그(Hugh of St. Victor: 1096경-1141)의 정의도 마찬가지다: "원죄란 우리가 지성적인 무지(無知)와 육체적인 정욕(情慾)을 통하여 출생 시부터 물려받는 것이다."

이 원죄의 교의에 반대하여, 과거의 펠라기우스주의자들(the Pelagians)은 오늘날의 재세례파들처럼 원죄가 없다고 ─ 우리의 시조의 타락으로 인하여 그 후손이 죄책을 지는 것이 아니며, 죄가 생식(生殖)을 통해서 그들에게서 전해지는 것도 아니며, 각 사람이 다른 사람들의 악한 모범들을 모방함으로써 죄를 범하고 죄책을 지는 것일 뿐이라고 ─ 믿고 그렇게 가르쳤다. 아우구스티누스(Augustine: 354-430)는 여러 저작들에서 이 펠라기우스주의자들의 논지들을 반박하였다. 어떤 이들은 우리 모두가 우리의 시조의 타락으로 인하여 죄책을 진 상태에 있다는 것은 인정하면서도 정죄받아 마땅할 만큼 부패한 상태로 출생한다는 것은 부인한다. 우리 모두가 의의 결핍과 악에게로 기울어지는 성향을 본성적으로 지니고 있으나 이것들은 죄로 간주할 수 없다고 주장하는 것이다.

그러나 우리는 이 모든 이단적인 사상들을 대적하여 다음의 네 가지 사실들을 견지해야 한다: 1. 우리의 시조인 아담과 하와의 불순종으로 인하여 온 인류가 하나님의 영원한 진노 아래 있다는 것. 2. 우리도 출생하는 순간부터 의가 결핍되어 있으며 또한 하나님의 율법을 거스르는 성향을 지니고 있다는 것. 3. 출생 시부터 우리에게 있는 이 의의 결핍과 그런 성향은 죄요, 따라서 하나님의 영원한 진노를 받아 마땅하다는 것. 4. 이런 악들은 모방을 통해서만이 아니라 우리의 시조로부터 우리 모두가 — 그리스도는 제외하고 — 물려받은 부패한 본성이 퍼짐으로써 생겨난다는 것.

앞의 세 가지 사실들에 대해서는 이미 충분히 입증한 바 있고, 마지막 네 번째 사실에 대해서는 다음과 같은 증거들을 제시할 수 있다:

첫째로, 성경의 증언. "우리도 다 … 다른 이들과 같이 본질상 진노의 자녀이었더니"(엡 2:3), "한 범죄로 많은 사람이 정죄에 이르렀다"(롬 5:18), "한 사람이 순종하지 아니함으로 많은 사람이 죄인 되었다"(롬 5:19), "누가 깨끗한 것을 더러운 것 가운데에서 낼 수 있으리이까? 하나도 없나이다"(욥 14:4), "내가 죄악 중에서 출생하였음이여"(시 51:5), "사람이 물과 성령으로 나지 아니하면 하나님의 나라에 들어갈 수 없느니라"(요 3:5).

둘째로, 유아들이 죽으며, 세례를 받아야 한다. 그러므로 그들에게도 죄가 있는 것이 틀림없다. 그러나 유아들이 모방을 통해서 죄를 짓는 것일 수는 없다. 그러므로 그들이 죄 가운데서 출생하는 것이 분명하다: "모태에서부터 네가 배역한 자라 불린 줄을 내가 알았음이라"(사 48:8), "사람의 마음이 계획하는 바가 어려서부터 악함이라"(창 8:21). 암브로시우스(Ambrose: 339경-397)는 이렇게 말하고 있다: "난지 하루밖에 안된 갓난아기도 죄에서 자유롭지 못하다면, 하나님 앞에서 의로운 자가 누구이겠는가?"

셋째로, 출생하는 것은 무엇이든 그 부모의 본성을 지니며, 그 속한 종(種)의 본질과 성격을 지닌다. 우리는 모두 부패하고 죄악된 부모에게서 출생하였고, 따라서 우리는 모두 출생 시에 부모의 부패성과 죄책에 참여하며 그것들을 물려받는 것이다.

넷째로, 둘째 아담이신 그리스도의 죽으심으로 말미암아 우리는 칭의(稱義)와 중생(重生)의 이중적인 은혜를 얻는다. 그러므로 우리는 첫째 아담으로부터 죄책과 본성의 부패라는 이중적인 악을 물려받은 것이 분명하다. 그렇지 않다면, 이중적인 은혜와 치유가 필요 없었을 것이기 때문이다.

반론 1. 원죄가 부모로부터 자녀들에게로 전해진다면, 육체를 통하거나 영혼을 통해서 전해질 것이다. 그러나 육체를 통해서 전달되는 것일 수는 없다. 왜냐하면 육체에는 이성이 없기 때문이다. 또한 영혼을 통해서 전달되는 것일 수도 없다.

왜냐하면 그것은 부모의 영혼으로부터 전달받아 생겨나는 것이 아니기 때문이다. 그 본질이 영적이며 눈에 보이지 않는 것이니 말이다. 그렇다고 해서 영혼이 부패한 상태로 창조되는 것도 아니다. 하나님께서 죄를 일으키는 장본인이 아니시기 때문이다. 그러므로 원죄가 본성을 통해서 전달되는 것이 아닌 것이 분명하다.

답변. 여기서 소전제를 인정할 수 없다. 하나님께서 영혼을 순결하고 거룩하게 창조하셨으나, 그럼에도 불구하고 이성이 없는 육체와 결합함으로써 육체로부터 부패성을 물려받을 수도 있기 때문이다. 뿐만 아니라 육체의 부패한 본질은 악에게로 기울어지는 성향을 지닌 것으로 영혼의 선한 활동을 위해서는 부적절한 도구라고 말하거나, 아직 의(義) 안에서 세워지지 않은 상태인 영혼이 육체와 연합하게 되면 그 즉시 오염되어 그 자체의 순전함을 상실해 버린다고 말하는 것도 전혀 불합리한 것은 아니다. 우리는 또한 위의 삼단논법의 결론도 인정할 수 없다. 대전제에서 적절히 표현되지 않은 부분들이 결론 부분에 열거되어 있기 때문이다. 원죄는 육체를 통해서 전달되는 것도, 영혼을 통해서 전달되는 것도 아니며, 다만 우리의 시조의 범죄를 통해서 전달되는 것이다. 그렇기 때문에 하나님께서는 영혼을 창조하시면서 동시에 영혼에게서 원시의를 박탈하시며, 또한 우리의 시조들이 그것들을 보존하느냐 상실하느냐에 따라서 후손들에게 전달하거나 전달하지 못하거나 한다는 조건으로 그들에게 부여하신 기타 은사들을 박탈하시는 것이다. 그렇다고 해서 하나님께서 불의하시거나 죄의 원인이신 것도 아니다. 우리의 시조의 불순종으로 인하여 하나님께서 그 후손들에게 의의 결핍 상태를 부과하셨으나, 하나님 편에서 볼 때에 그 상태는 죄가 아니라 지극히 의로운 형벌이다. 그러나 우리의 시조는 자기들과 그 후손들에게 그런 상태를 초래하였으므로, 그들의 편에서는 그것이 죄인 것이다. 대전제를 다음과 같이 좀 더 충실하게 진술해 보면, 위의 반론의 허구성이 분명히 드러날 것이다: "원죄는 육체를 통해서나 영혼을 통해서, 혹은 우리의 시조들의 범죄와 의의 결핍 상태를 통해서 후손들에게 전달된다." 우리의 시조들의 범죄로 인하여 그들에게 원죄가 존재하게 된 것처럼, 그 동일한 범죄로 인하여 원죄가 후손에게 전달되는 것이다. 영혼이 부모로부터 생식을 통해서 부모로부터 전달되는지, 또한 영혼이 육체와 연합함으로써 부패하게 되는지 하는 문제는, 스콜라 신학자들이 그렇게 뜨겁게 논란을 벌였던 사소한 맹점이나 하찮은 문제가 아니다. 그것은 바로 원죄가 격렬하게 흘러 들어와 우리의 본성을 오염시키는 넓은 문(門)인 것이다. 바울도 "한 사람이 순종하지 아니함으로 많은 사람이 죄인이 되었다"(롬 5:19)라고 하여 이 점을 확증하고 있다.

이에 대해서 다음과 같은 **반론**이 다시 제기된다: "원시의의 결핍은 죄다. 하나님께서는 아담이 죄를 짓지 않았을 경우 그에게 베풀어졌을 그런 은사들이 결핍된 영혼을 우리 속에 창조하심으로써 이런 상태를 부과하셨다. 그러므로 하나님이 죄를 일으키는 장본인이다."

답변. 소전제에 우발적인 오류가 있다. 아담과 우리에게는 의의 결핍이 죄다. 아담의 과실과 또한 우리의 과실로 인하여 우리가 스스로 그것을 초래하였고, 이제 그것을 열렬히 받아들이기 때문이다. 피조물이 의와 하나님께 복종함이 결핍되어 있다는 것은 율법을 거스르는 것이요 따라서 죄다. 그러나 하나님께는 의의 결핍이야말로 불순종에 대한 지극히 정의로운 형벌이요, 또한 그 형벌은 하나님의 본성과 율법과 일치하는 것이다.

이에 대해 또다시 다음과 같은 **반론**이 제기된다: "하나님께서는 아담의 범죄에 대해서 사람의 본성 전체를 파괴시키는 결과를 초래하게 될 그런 형벌로 벌을 주시지 말았어야 옳다."

답변. 온 세상이 다 멸망하는 한이 있더라도 하나님의 정의가 반드시 만족되어야 한다. 더욱이 하나님은 지극히 정의로우시고 진실하시므로 사람의 완악함을 이런 식으로 보응하시는 것이 필요했다. 최고선을 대적하여 저지른 범죄는 피조물의 영원한 멸망이라는 가장 지극한 형벌을 받아 마땅하다. 하나님께서는 "네가 반드시 죽으리라"고 말씀하셨기 때문이다. 그러므로, 하나님께서 이런 전면적인 멸망에서 누군가를 구해 내시고 그리스도로 말미암아 그들을 구원하신다면 그것은 전적으로 그의 긍휼하심에 속하는 일인 것이다.

반론 2. 우리가 대상물들을 바라는 것은 본성적인 것이다. 그러므로 이 욕망들은 죄가 아니다.

답변. 하나님께서 정하시고 불러일으키시는 바 적절한 대상물들을 향한 욕망들은 죄가 아니다. 그러나 율법을 거스르는 제멋대로의 욕망은 죄다. 바라고 원하는 것 자체는 죄악된 것이 아니고 선한 것이다. 그것이 본성에 속하는 것이기 때문이다. 그러나 율법에 거스르는 것을 바라는 것은 죄인 것이다.

반론 3. 성인(聖人)들에 관한 한, 원죄가 제거된다. 그러므로 성인들의 경우는 그 후손들에게 그것이 전달되지 않는다.

답변. 경건한 자들이 그리스도로 말미암아 원죄의 죄책을 씻음 받음으로써 원죄의 죄책에서 구원받는 것은 사실이다. 그러나 원죄의 형식적인 성격과 본질은 — 즉, 하나님의 율법에 스스로 반대하는 하나의 악으로서는 — 그대로 남아 있는 것이다. 그리고 죄책을 씻음 받는 자들이 동시에 성령으로 말미암아 중생하기는 하나, 그들의 본성이 새롭게 되는 일은 현세에서는 완전해지지 않는다. 그러므로 경건한 자들이라도 자기들이 지닌 부패한 본성을 후손들에게 전달시키는 것이다.

이에 대해서 다음과 같은 **반론**이 제기된다: "부모가 소유하지 않은 것은 그 후손들에게 전달될 수가 없다. 중생함을 받은 모든 부모들에게서 원죄의 죄책이 제거되었다. 그러므로 최소한 죄책은 전달되지 않는다."

답변. 대전제를 구별해야 한다. 자기들이 본성적으로 소유하지 않은 것들은 부모가 자녀들에게 물려줄 수 없다. 그런데 부모가 죄책에서 자유를 얻은 것은 본성을 통해서가 아니라 그리스도의 은혜를 통해서 이루어진 일이다. 이와 같은 이유로, 부모는 은혜로 말미암아 그들에게 전가된 의(義)도 본성을 통해서 후손들에게 전달할 수가 없고, 오히려 그들이 본성적으로 지닌 부패와 정죄의 상태를 전달해 줄 뿐이다. 그리고 그들이 자기들의 의가 아니라 죄책을 전달해 주는 이유는, 그 자녀들이 은혜에 의해서가 아니라 본성에 의해서 출생하기 때문이다. 은혜와 칭의를 육체적인 생식에 의해서 전달되는 것으로 생각해서도 안 된다. 그것들은 오직 하나님의 지극히 자유로운 선택에 의해서 이루어지는 것이다. 야곱과 에서의 경우가 이 점을 보여주는 실례다. 아우구스티누스는 두 가지로 이를 예증하고 있다. 그 하나는 곡식의 낱알들이 타작을 통해서 껍질과 티눈이 분리된 상태로 땅에 심겨지는데, 여전히 그것들을 지닌 상태로 땅에서 돋아난다는 것이다. 그런 결과가 생기는 이유는 타작과 깨끗이 씻는 일이 그 곡식에 본질이 아니고, 인간이 그것에 가하는 수고이기 때문이다. 또 하나의 예증은, 아버지가 할례를 받아 생식기의 가죽이 없는데도 불구하고 그에게서 나는 아들에게는 여전히 생식기의 가죽이 있다는 것이다. 이 역시 할례가 아버지의 본성에 속하는 것이 아니라, 언약으로 그에게 가해진 것이기 때문에 생기는 현상이다.

반론 4. 뿌리나 나무가 거룩하면, 그 가지들도 거룩하다. 그러므로 거룩한 자들의 자녀들도 거룩하며 원죄가 없는 것이다(롬 11:16).

답변. 여기서는 의미가 애매모호한 용어들을 부정확하게 사용하고 있다. 여기서 사용되는 '거룩하다'는 용어는 죄에서 자유롭다거나 마음이 순결하다는 뜻이 아니라, 아브라함의 후손들에게 고유하게 있는 위엄과 특권을 뜻하는 것이다. 하나님께서는 아브라함과 맺으신 언약에 근거하여, 언제나 그의 뜻을 행하는 씨들을 남겨두시고 그들에게 참된 내적인 거룩함을 베푸실 것을 약속하셨기 때문이요, 또한 그 씨들이 교회의 권한과 칭호를 얻었기 때문이다.

반론 5. 고린도전서 7:14의 바울의 선언에 따르면 신자들의 자녀들이 거룩하다. 따라서 그들에게는 원죄가 없다.

답변. 이것은 본문에서 사용하는 비유적인 어법을 왜곡시키는 데서 비롯되는 부정확한 결론이다. "너희 자녀도 거룩하니라"라는 말씀은 신자들의 모든 자녀들이 중생하였다는 뜻도 아니요, 육신적인 생식을 통해서 그 자녀들이 거룩함을 얻었다는 뜻도 아니다. 로마서 9:11, 13에서 야곱과 에서에 대해서 말씀하기를, 그들이 출생하기도 전에, 혹은 선이나 악을 행하기도 전에 야곱은 사랑하고 에서는 미워하였다고 말씀하고 있기 때문이다. 그 말씀은 경건한 자의 자녀들이 교회의 외형적인 교제에 관하여 거룩하다 — 후에 성년이 되어 스스로 불경과 불신앙을 보임으로써 자기들의 모든 권리와 특권들을 저버렸음을 선포하지 않는 이상, 그들이 교회의 일원으로 인정받으며 부르심을 받아 거룩히 구별된 자들의 수에 속한다 — 는 뜻이다.

반론 6. 죄가 자연적인 출생을 통해서 후손에게 전달된다면, 인류 역사의 가장 후기에 살게 될 자들은 그 이전 세대들의 모든 죄들을 다 짊어져야 할 것이고, 그 이전에 산 자들은 일부 조상들의 죄만을 짊어지게 될 것이다. 그러므로 이 땅에서 마지막에 살게 될 자들이 가장 비참한 처지가 될 것인데, 이것은 지극히 불합리한 일이요 하나님의 정의와도 일치하지 않는다.

답변. 혹시 하나님께서 인류의 마지막 세대에게 더 무거운 형벌을 내리신다 할지라도 전혀 불합리한 일이 아닐 것이다. 왜냐하면 저질러진 죄들의 숫자가 커질수록, 또한 인류에게 쌓여지는 죄가 많을수록, 하나님의 진노도 더 맹렬하며, 그가 사람들에게 부과하시는 형벌도 더 위중해질 것이다: "아모리 족속의 죄악이 아직 가득 차지 아니함이니라"(창 15:16), "의인 아벨의 피로부터 성전과 제단 사이에서 너희가 죽인 바라갸의 아들 사가랴의 피까지 땅 위에서 흘린 의로운 피가 다 너희에게 돌아가리라"(마 23:35). 또한, 하나님께서 그의 정의 가운데 원죄 혹은 우리 본성의 부패와 죄책이 아담의 모든 후손들에게 전해지도록 허용하실지라도, 그는 동시에 긍휼을 베푸사 이 죄에 한계를 정하서서 후손들로 하여금 그 선조들의 자범죄들에 대한 형벌을 항상 당하도록 하지는 않으시며, 또한 악한 부모들의 자녀들을 반드시 그 부모보다 더 악하거나 더 비참하게 하지는 않으신다고 답변할 수도 있을 것이다.

반론 7. 그러나 에스겔 18:20은 "아들은 아버지의 죄악을 담당하지 아니할 것"이라고 말씀하며, 따라서 후손이 아담의 죄에 대한 형벌을 당한다는 것은 부당하다.

답변. 아들은 과연 아버지의 죄악을 담당하지도 않으며, 혹시 아버지의 범죄를 인정하거나 모방하지 않고 오히려 정죄하고 피한다 할지라도 그 범죄에 대해 보상할 수도 없다. 그러나 우리는 아담의 죄로 인한 결과를 정당하게 당하는 것이다. 1. 우리 모두가 그의 범죄를 인정하며 뒤따르고 있기 때문이다. 2. 아담의 과실이 우리의 것이기도 하기 때문이다. 이는 아담 안에서 모든 사람이 죄를 지었다는 사도의 말씀처럼(롬 5:12), 아담이 죄를 지을 때에 우리 모두가 아담 안에 있었기 때문이다. 3. 아담의 본성 전체가 죄악되었으므로, 우리가 그의 본질 자체에서 나왔으므로 ─ 이를테면 그의 일부이므로 ─ 우리 자신 역시 죄악될 수밖에 없기 때문이다. 4. 아담이 하나님으로부터 은사들을 받은 것은 만일 그 은사들을 보존하면 그것들을 우리에게도 베풀어주실 것이요, 만일 그가 그것들을 상실하면 우리에게서도 상실될 것이라는 조건하에서 된 일이기 때문이다. 그러므로 아담이 이 은사들을 상실했을 때에 그 자신만 그것들을 상실한 것이 아니요 그의 모든 후손들도 그것들을 상실한 것이다.

반론 8. 모든 죄는 의지의 작용을 시사한다. 그러나 유아들은 죄를 범하는 데에 필요한 의지의 작용을 위한 능력이 없다. 그러므로 그들에 대해서는 죄를 범했다고 말할 수가 없다.

답변. 자범죄에 관해서는 이 논지를 그대로 받아들일 수 있다. 그러나 원죄에 관해서는 그렇지 않다. 원죄는 우리의 본성의 부패에 있기 때문이다. 여기서 소전제에서 사실로 인정하는 바도 받아들일 수 없다. 왜냐하면 유아들에게 의지력이 없는 것이 아니기 때문이다. 실제적인 행위로 죄를 범할 의지를 시행할 수 없을지는 모르나, 그럼에도 불구하고 죄를 향한 성향은 그대로 발휘되기 때문이다.

반론 9. 우리 본성의 부패와 악들은 탄핵과 형벌을 받기보다는 불쌍히 여김을 받아야 마땅하다. 아리스토텔레스는 "우리 본성에 본래부터 결부되어 있는 결점들에 대해서는 아무도 책하지 않는다"고 선언하고 있다. 원죄는 우리 본성의 결점이요 부패다. 그러므로 그것은 형벌을 받을 대상이 아니다.

답변. 대전제는 우리의 부주의나 사악함과는 관계없이 우리에게 가해진 악들에 대해서는 옳다. 마치 나면서부터 맹인인 경우나, 질병에 의해서나 혹은 다른 사람에게 맞아서 맹인이 된 경우처럼 말이다. 그런 사람은 책망을 받을 것이 아니라 오히려 불쌍히 여김을 받아야 마땅하다. 그러나 원죄의 경우처럼 우리 모두가 스스로 사악하게 불러일으킨 악들은 정당하게 탄핵을 받아 마땅한 것이다. 아리스토텔레스는 또한 다음과 같이 말하기도 한다: "그러나 포도주를 과음했거나 기타 사악한 행위로 스스로 맹인이 된 자들에 대해서는 누구나 질책하는 법이다." 원죄에 대해서는 이 정도로 그치기로 하자.

자범죄, 그리고 죄에 대한 다른 구분법들

자범죄(自犯罪)에는 지성과 의지와 마음에 관계되는 것이든, 우리 삶의 외형적인 부분에 관계되는 것이든 간에, 하나님의 율법에 반하는 모든 행위들이 포함되며, 악한 일을 생각하고 뜻하고 따르고 행하는 모든 것이 거기에 해당되며, 또한 선한 것에 대해 무지하고 그것을 뜻하지 않고 행하지 않는 것 등, 하나님의 율법이 명령하는 일들을 행하지 않는 모든 것이 거기에 해당된다. 죄를 작위(作爲)의 죄와 부작위(不作爲)의 죄로 구분하는 것이 여기에 속한다.

죄에 대한 두 번째 구분법. 이는 지배하는 죄와 지배하지 않는 죄로 구분하는 것이다. **지배하는 죄**(reigning sin)란 죄인이 성령의 은혜로 말미암아 죄인이 저항하는 것이 아닌 그런 형태의 죄를 가리킨다. 그러므로 죄인은 회개하여 그리스도로 말미암아 죄 사함을 얻지 않는 한 영원한 죽음을 당할 처지에 있다. 혹은 이 죄에는 탄식하지 않고, 성령의 은혜가 저항하지 않는 모든 죄가 포함된다. 이 죄로 인하여 그 지배를 받는 당사자는 영원한 형벌을 받을 처지가 된다. 비단 하나님의 정의에 따라서만이 아니라 그 죄 자체의 본질에 따라서 그렇게 되는 것이다. 다음의 성경 본문들이 이 구분법을 시사하고 있다: "너희는 죄가 너희 죽을 몸을 지배하지 못하게 하라"(롬 6:12), "죄를 짓는 자는", 즉 습관적으로 고의적으로 기쁨으로 죄를 짓는 자는, "마귀에게 속하나니"(요일 3:8). 이것을 **지배하는 죄**라 부르는 것은 그 아래에 있는 자들을 부추기고 종으로 삼기 때문이요, 또한 그것에 지배받는 자들을 장악하여 영원한 정죄 아래 있게 만들기 때문이다. 중생하지 않은 상태에 있는 사람들의 모든 죄들이 이런 성격을 지닌다. 그러나 중생한 자들에게도 여기에 해당하는 죄들이 있는데, 믿음의 근본적인 토대에 관한 오류들이나 양심을 거스르는 과실들이 여기에 해당되는데, 이 죄들은 회개하지 않는 한 죄 사함의 확신은 물론 참된 그리스도인의 위로와도 모순이 된다. 중생한 자들도 이런 형태의 죄를 범할 수도 있다는 것은, 아론이나 다윗 등의 거룩한 인물들이 안타깝게도 타락한 실례들이 풍성하게 입증해 준다. 여기서 제시하는 논지들에 대하여 흔히 제기되는 반론들에 대해서는 우르시누스 제1권 207면을 참조하라.

지배하지 않는 죄는 죄인이 성령의 은혜로 저항하는 죄다. 그러므로 그 죄는 죄인을 영원한 죽음을 당할 처지에 있도록 만들지 않는다. 그가 회개했고 또한 그리스도로 말미암아 은혜를 입었기 때문이다. 그릇된 성향과 거룩하지 못한 욕망, 의의 결핍, 그리고 무지와 부작위와 연약함에 기인하는 많은 죄들이 여기에 속하는데, 이 죄들은 현세에서는 경건한 자들에게 계속해서 남아 있다. 그러나 그들은 이 죄들을 시인하고 탄식하며 미워하고 저항하며, "우리 죄를 사하여 주옵시며"라고 하며 중보자이신 그리스도로 말미암아 용서함 받기를 진정으로 기도하는 것이다. 그리하여 경건한 자들은 이 죄들에게서 자유하지 못하면서도 그들의 믿음과 위로를 유지하는 것이다. "만일 우리가 죄가 없다고 말하면 스스로 속이고 또 진리가 우리 속에 있지 아니할 것이요"(요일 1:8), "만일 내가 원하지 아니하는 그것을 하면 이를 행하는 자는 내가 아니요 내 속에 거하는 죄니라"(롬 7:20), "그러므로 이제 그리스도 예수 안에 있는 자에게는 결코 정죄함이 없나니"(롬 8:1), "자기 허물을 능히 깨달을 자 누구리요? 나를 숨은 허물에서 벗어나게 하소서"(시 19:12).

흔히 **대죄**(大罪)와 **소죄**(小罪)로도 구분하는데, 이것도 사실상 이런 구분법을 지칭하는 것이다. 모든 죄 하나하나가 다 본질상 치명적인 대죄로서 영원한 죽음을 당해 마땅하지만, 지배하는 죄를 치명적인 대죄라 할 수 있을 것이다. 왜냐하면 그 죄 가운데 있는 자는 결국 멸망을 당하고 말 것이기 때문이다. 그러나 중생한 자가 하나님의 은혜로 말미암아 저항함으로써 그 죄가 지배하지 못하게 되면, 그것은 **소죄**가 된다. 즉, 영원한 죽음을 불러일으키지 않는다는 것이다. 그런데 그렇게 되는 것은 그것 자체가 공로를 세워 용서를 얻기 때문이 아니라, 그리스도의 속죄를 믿는 자들에게는 값없는 용서가 주어지며 그리하여 그들이 정죄 아래 있게 되지 않기 때문이다: "이제 그리스도 예수 안에 있는 자에게는 결코 정죄함이 없나니"(롬 8:1). 이렇게 이해하면, 대죄와 소죄의 구분을 그대로 지속할 수도 있을 것이다. 그러나 이것을 로마 교회의 사제들이 사용하는 의미로 이해하게 되면 이런 구분법을 당장 버려야 한다. 그들은 대죄는 그것이 크고 위중하기 때문에 영원한 죽음을 당해 마땅하고, 소죄는 그것이 경미하기 때문에 영원한 죽음을 당할 정도가 아니고 그저 일시적인 형벌만으로 족하다고 보는 것이다. 그러므로 우리는 죄를 대죄와 소죄로 구분하는 것 대신 지배하는 죄와 지배하지 않는 죄로 구분하는 것이 합당할 것이다. 그 이유는 다음과 같다: 1. 대죄와 소죄라는 용어들은 애매모호하고 분명하지 못하기 때문이다. 모든 죄들은 본질상 죽어 마땅한 대죄다. 사도 요한 역시 성령을 거스르는 죄를 죽음에 이르는 치명적인 대죄로 규정하고 있다. 2. 성경이 그런 용어들을 ─ 특히 소죄의 경우 ─ 사용하지 않기 때문이다. 3. 교황주의자들이 영원한 죽음에 해당되지 않는 작고 경미한 죄를 소죄라 부르는 오류를 범하기 때문이다. 이에 반해서 성경은 다음과 같이 선포하고 있다: "이 율법의 말씀을 실행하지 아니하는 자는 저주를 받을 것이라"(신 27:26), "누구든지 온 율법을 지키다가 그 하나를 범하면 모두 범한 자가 되나니"(약 2:10), "죄의 삯은 사망이라"(롬 6:23), "누구든지 이 계명 중의 지극히 작은 것 하나라도 버리고 또 그같이 사람을 가르치는 자는 천국에서 지극히 작다 일컬음을 받을 것이요"(마 5:19). 한 마디로 말해서, 모든 죄는 본질상 다 치명적인 것이요 영원한 죽음을 당해 마땅한 것이다. 그러나 그것이 소죄가 되는 것은, 즉 중생한 자에게서 영원한 죽음을 이루지 않는 것은, 그들의 죄가 그리스도로 말미암아 값없이 용서함 받았기 때문인 것이다.

죄에 대한 세 번째 구분법. 양심을 거스르는 죄가 있고, 양심을 거스르지 않는 죄가 있다. **양심을 거스르는 죄**란 하나님의 뜻을 알면서도 계획과 목적을 갖고서 그것에 반하는 일을 행하는 경우에, 혹은 마치 다윗이 간음죄와 살인죄를 범했을 때처럼 알면서도 고의로 죄를 범하는 경우에 짓는 죄다. **양심을 거스르지 않는 죄**란 하나님의 율법에 반하는 일을 무지한 상태에서나 고의가 아니게 행할 경우에 범하는 죄다. 또한 죄인이 그것이 죄라는 것을 알고 또한 탄식하면서도 현세에서 완전히 피하지 못하는 그런 죄인데, 원죄와 무지의 죄, 부작위의 죄, 연약함의 죄 등이 이에 속한다. 선한 일들을 행하지 못하는 경우가 허다하며, 또한 악한 일들을 행하는 경우가 허다하고, 갑자기 연약함에 휩싸여 죄에 빠지는 경우도 허다하기 때문이다. 베드로는 유혹을 받을 때에 비록 원한 것은 아니지만 알면서도 그리스도를 부인하였다. 그리하여 그는 슬피 울었다. 그러나 "내가 너를 위하여 네 믿음이 떨어지지 않기를 기도하였노니"(눅 22:32)라고 하신 그리스도의 약속에 따라서 그의 믿음을 전적으로 상실하지는 않았다. 이것은 지배하는 죄도 아니었고, 성령을 모독하는 죄는 더더욱 아니었다. 그리스도를 부인했을 때에나 자기 죄에 대해 슬피 울었을 때에나 베드로는 그리스도를 사랑했기 때문이다. 다만 그때에 그가 처한 위험한 처지로 인하여 두려움이 생겨서 그 사랑이 겉으로 드러나지 않은 것뿐이었다. 바울도 그런 죄를 시인하고 다음과 같이 탄식하였다: "내가 원하는 바 선은 행하지 아니하고 도리어 원하지 아니하는 바 악을 행하는도다"(롬 7:19). 또한 그가 범한 신성모독의 죄와 교회를 박해한 죄 역시 무지에서 비롯된 죄였다: "내가 전에는 비방자요 박해자요 폭행자였으나 도리어 긍휼을 입은 것은 내가 믿지 아니할 때에 알지 못하고 행하였음이라"(딤전 1:13).

죄에 대한 네 번째 구분법. 사하심을 얻지 못하는 죄 ─ 즉, 성령을 모독하는 죄로서 사망에 이르는 죄 ─ 가 있고, 사하심을 얻을 수 있는 죄 ─ 즉, 성령을 모독하는 것이 아닌 죄로서 사망에 이르지 않는 죄 ─ 가 있다. 죄를 이렇게 구분하는 예가 성경에 언급되어 있다(마 12:31; 막 3:29; 요일 5:16). **사하심을 얻지 못하는 죄**, 혹은 성령을 모독하는 죄, 또한 사망에 이르는 죄는 하나님의 진리를 시인하고 또한 성령의 증언을 통하여 충실하게 빛을 받아 납득하였으면서도 자신의 뜻과 행위로서 사악하게 그 진리를 부인하고 대적하는 것을 뜻하는데, 거기서 나오는 모든 것들은 두려움이나 연약함에서 비롯되는 것이 아니라 진리에 대한 결연한 미움에서 비롯되는 것이요 또한 처절한 악의로 가득 찬 마음에서 비롯되는 것이다. 하나님께서는 이 죄를 영구한 무지(blindness)로 징벌하시므로, 이 죄를 범한 자는 절대로 회개하지 않으며 결국 사하심을 얻지 못하게 된다. 이 죄를 가리켜 **사하심을 얻지 못한다**고 말하는 것은 그것이 너무도 위중하여 그리스도의 공로의 가치를 뛰어넘기 때문이 아니라, 그것을 범하는 자가 전적인 무지를 형벌로 받고 회개의 은사를 받지 못하기 때문이다. 그것은 특별히 극심한 성격을 지니는 죄이며, 따라서 그 성격에 합당한 형벌이 뒤따르는데, 곧 최종적인 무지와 회개치 않음이 그 형벌인 것이다. 또한 회개가 없이는 죄 사함도 얻을 수 없는 것이다. "누구든지 말로 성령을 거역하면 이 세상과 오는 세상에서도 사하심을 얻지 못하리라"(마 12:32), "누구든지 성령을 모독하는 자는 영원히 사하심을 얻지 못하고 영원한 죄가 되느니라"(막 3:29).

그 죄를 가리켜 **성령을 모독하는 죄**라 부르는 것은, 성부와 성자를 모독하지 않고 유독 성령만을 모독하는 죄를 저지를 수 있다는 뜻이 아니라, 성령을 대적하는 특별한 방식으로, 즉 심령을 일깨우는 성령의 고유한 직분과 사역을 대적하여 현저한 말로써 모독하는 경우를 지칭하는 것이다.

사도 요한은 이것을 **사망에 이르는 죄**라 부르는데, 이는 유독 그 죄만이 죽음에 합당한 치명적인 죄이기 때문이 아니라, 이미 설명한 대로 그것이 특히 사망에 합당한 죄이기 때문이요, 그 죄를 범하는 자들은 절대로 회개하거나 죄 사함을 얻는 일이 없이 반드시 죽게 되어 있기 때문이다. 그러므로 사도 요한은 그 죄에 관하여는 위해서 기도하기를 바라지 않는다. 왜냐하면 그것을 사해 주시기를 하나님께 구해도 허사이기 때문이다. 성경은 또한 다른 곳에서도 이 죄에 대해 언급하고 있다(참조. 히 6:4-8; 10:26-29; 딛 3:10-11).

성령을 모독하는 죄와 관련하여 살펴야 할 법칙들

1. 성령을 모독하는 죄는 모든 악인에게서 나타나는 것이 아니고, 사울과 유다 등, 성령으로 말미암아 빛을 받았고 그리하여 진리를 충실히 납득했던 자들에게서만 나타난다.

2. 성령을 모독하는 모든 죄는 지배하는 죄요 양심을 거스르는 죄이지만, 그 역(易)은 성립하지 않는다. 누군가가 무지하여 ― 혹은 알면서도 고의적으로 ― 특정한 오류들을 주장하거나, 혹은 연약함 때문에나 혹은 환난이나 위험에 대한 두려움 때문에 하나님의 계명들을 범하면서도, 진리를 해치고자 하는 뚜렷한 목적이나 악의가 없이 그렇게 할 수도 있고, 거룩함에서 전적으로 타락하여 계속해서 쾌락을 추구하며 신성한 모든 것을 경멸하게 될 수도 있다. 그러나 이런 경우에는 다시 하나님께로 돌이킬 수도 있고, 죄를 회개할 수도 있다. 그러므로 이런 형태의 죄는 성령을 모독하는 죄와는 근본적으로 다른 것이다.

3. 택함 받은 자들이나 진정으로 회심한 자들은 절대로 성령을 모독하는 죄를 범하지 않는다. 그들은 결코 멸망될 수가 없다. 그리스도께서 그들을 안전히 보존하시고 구원하시기 때문이다. "내가 그들에게 영생을 주노니 영원히 멸망하지 아니할 것이요 또 그들을 내 손에서 빼앗을 자가 없느니라"(요 10:28. 또한 딤후 2:19; 벧전 1:5; 요일 5:15 등을 참조할 것).

4. 성령을 모독하는 죄에 관하여는 누구도 성급하게나 경솔하게 결정을 내려서는 안 된다. 어느 경우든 그 누구에 대해서든 다 겪어 본 후(a posteriori)가 아니면 판단을 해서는 안 된다. 사람의 마음의 상태가 어떤지를 우리가 알 수 없기 때문이다. 이 주제와 관련하여 많은 것들이 논란이 되고 있는데, 그에 대해서는 우르시누

스 제1권, 213면을 참조할 수 있을 것이다.

사하심을 받는 죄, 혹은 성령을 모독하는 것이 아닌 죄는 사람이 회개할 수 있고 또한 사하심을 얻을 수 있는 모든 죄를 가리킨다.

죄에 대한 다섯 번째 구분법. 본질적으로 죄인 것과 우발적으로 죄가 되는 것이 있다. **그 자체가 본질적으로** 죄인 것들은 하나님의 율법에 반하며 율법이 금하는 그런 성향들과 욕망들과 행위들이다. 그러나 그저 활동들인 한에는, 혹은 만물을 움직이시는 하나님의 편에서는, 그것들은 죄들이 아니다(움직임 그 자체는 선한 것이며 또한 하나님으로부터 오는 것이다. 우리는 하나님 안에서 우리가 살고 기동하며 존재하기 때문이다). 그러나 우리편에서는 그것들이 죄들이다. 하나님의 율법에 반하여 우리가 저지르는 것들이기 때문이다. 그런 의미에서 그것들은 본질상 죄악된 것이다.

우발적으로 죄가 되는 것들은 외식(外飾)하는 자들과 중생하지 않은 자들의 행동들이다. 그런 행동들 자체는 하나님께서 명령하신 것이요 규정하신 것이지만, 그럼에도 불구하고 하나님을 불쾌하게 만드는 것이다. 왜냐하면 그것들이 믿음에서나 하나님을 영화롭게 하고자 하는 열심에서 나오는 것이 아니기 때문이다. 마지못해서 부끄러움으로 행하는 중립적인 행위들에 대해서도 같은 말을 할 수 있다. "믿음을 따라 하지 아니하는 것은 다 죄니라"(롬 14:23), "깨끗한 자들에게는 모든 것이 깨끗하나 더럽고 믿지 아니하는 자들에게는 아무것도 깨끗한 것이 없고 오직 그들의 마음과 양심이 더러운지라"(딛 1:15), "믿음이 없이는 하나님을 기쁘시게 하지 못하나니"(히 11:6).

그러므로 스키피오(Scipio)의 선행이나 율리우스 카이사르(Julius Caesar)의 용기나 로물루스(Romulus)의 충실성이나 아리스티데스(Aristides)의 정의 등, 중생하지 못한 자들의 모든 덕성들은 그 자체로서는 선하고 또한 하나님께서 명령하신 것이기도 하지만, 그럼에도 불구하고 우발적으로 죄가 되며, 하나님께 미워하심을 받는다. 왜냐하면 그 행위들을 행하는 자들이 하나님을 기쁘시게 하지 못하고 하나님과 화목한 상태에 있지 못하기 때문이기도 하거니와, 또한 그 행동들이 하나님께서 요구하시는 방식과 의도로 행해진 것도 아니기 때문이다. 즉, 그 행동들이 믿음에서 나오는 것도 아니요, 하나님을 영화롭게 하고자 하는 목적에서 나오는 것도 아니라는 것이다. 모든 선행은 이 조건들이 충족되어야 한다. 그렇지 못하면 아무리 최선의 행동들일지라도 죄악된 것일 수밖에 없다. 외식하는 자들과 악인들이 기도나 구제나 제물들을 드려도, 그것이 믿음에서 샘솟아나는 것도 아니요 또한 하나님의 영광을 위하여 행해지는 것도 아니므로 죄가 되듯이 말이다. "구제할 때에 외식하는 자가 사람에게서 영광을 받으려고 회당과 거리에서 하는 것 같이 너희 앞에 나팔을 불지 말라. 진실로 너희에게 이르노니 그들은 자기 상을 이미 받았느니라"(마 6:2), "소를 잡아 드리는 것은 살인함과 다름이 없이 하고 … "(사 66:3).

　　그러므로 중생한 자들의 선행과 중생하지 않은 자들의 선행은 서로 큰 차이가 있다. 왜냐하면, 1. 중생한 자들의 선행은 믿음에서 나오며 하나님을 기쁘시게 하는 것이지만, 중생하지 않은 자들의 선행은 경우가 다르기 때문이다. 2. 중생한 자들은 모든 일들을 하나님의 영광을 위해 행하지만, 중생하지 않은 자들과 외식하는 자들은 자기들 자신의 영광을 위해 행하기 때문이다. 3. 중생한 자들의 행위들은 하나님께 순종하고자 하는 신실한 욕망과 관련된 것이지만, 중생하지 않은 자들과 외식하는 자들은 내적인 순종이 없이 그냥 외형적인 모습만 드러내기 때문이다. 그러므로 그들의 덕행들은 사실상 덕행이 아니고, 진정 선한 행위의 그림자들에 불과하며 그런 행위를 희미하게 모방한 것 이상 아무것도 아니다. 4. 중생한 자들의 경우는 불완전한 행위라 할지라도 그리스도의 보상을 통해서 덮어지며, 또한 그들에게 여전히 남아 있는 부패성도 그들에게 전가되지 않으며, 죄로 말미암아 그들이 하나님께서 베푸신 은사들을 더럽히는 일도 없으나, 중생하지 않은 자들의 덕행들은 그 자체로는 선하지만, 여전히 죄요 또한 여러 가지 다른 범죄들로 인하여 더러워지기 때문이다. 5. 중생하지 않은 자들의 선행은 세상적인 상급으로만 존귀를 받는다. 그러나 그것은 그것들이 하나님을 기쁘시게 하기 때문이 아니라, 그렇게 상급을 주심으로써 인류의 복지를 위하여 필요한 그런 정직함과 겉으로 드러나는 선한 행실을 장려하고자 하심이다. 그러나 의인의 선행들은 하나님께서 그리스도를 보시고 받아들이시며, 그것들에 대해서 세상적인 상급과 또한 영원한 상급을 은혜롭게 베풀어주시는 것이다: "경건은 범사에 유익하니 금생(今生)과 내생(來生)에 약속이 있느니라"(딤전 4:8). 마지막으로, 중생하지 않은 자들은 하나님께서 명하신 일들을 행함으로써 형벌이 완화되어, 다른 악인들처럼 금생에서 더 많은 괴로움을 당하지 않을 수도 있다. 그러나 의인들이 그런 일들을 행하면, 그들의 고난이 경감되기도 하고, 또한 전적으로 고난에서 자유를 얻게 되기도 하는 것이다.

반론. 죄악된 일은 행하지 않는 것이 마땅하다. 중생하지 않은 자들의 행위는 사람과 시민법 앞에서는 선하지만 사실은 죄악된 것들이다. 그러므로 그들은 선행을 하지 말아야 한다.

답변. 여기에는 오류가 있다. 대전제는 그 자체가 죄악된 일들의 경우에는 타당하다. 소전제는 우발적으로 죄악된 상태가 되는 행위들의 경우에 타당성을 지닌다. 그 자체가 죄인 행위들은 철저하게 금해야 마땅하다. 그러나 우발적으로 죄가 되는 행위들은 금지해서는 안 되고, 오히려 하나님께서 명하신 목적을 위하여 합당한 자세로 수정하여 행하여야 하는 것이다.

그러나 중생하지 않은 자들의 편에서도 이처럼 외형적인 규율이 필요하며 또한 율법에 일치하는 것이 필요하다. 1. 하나님의 명령 때문이다. 2. 외형적 타당성을 침해하는 데에 따르는 형벌을 피하기 위함이다. 3. 사회의 평화와 복지가 보존되도록 하기 위함이다. 마지막으로, 노골적인 범법 행위를 끈질기게 고집함으로써 회개의 길이 닫혀버리는 일이 없도록 하기 위함이다.

또한 마찬가지로, 중생한 자들의 죄와 중생하지 않은 자들의 죄는 서로 큰 차이가 있다. 이미 살펴본 바와 같이, 성령으로 말미암아 새로움을 받은 자들 속에도 여전히 죄의 잔재들이 많이 남아 있다. 원죄는 물론, 무지로 인하여, 행하지 않음으로 인하여, 연약함으로 인하여 범하는 많은 자범죄들이 있으나, 그들은 그 죄들을 깨닫고, 그것들에 대해 슬퍼하며 힘을 다해 그것들과 싸운다. 그리하여 선한 양심을 상실하지 않고, 하나님의 용서하심에 대한 신뢰도 상실하지 않는 것이다. 또한 중생한 자들 중에서 어떤 이들은 그들의 믿음의 터전 자체를 거스르는 오류에 빠지기도 하고, 양심을 거스르는 죄를 범하기도 하여 하나님께서 그들을 받으신다는 의식과 성령의 은사들을 상실하기도 하며, 생애 마지막까지 그 상태로 나아가면 하나님께 정죄를 받고 거부를 받게 될 그런 상태에 빠지기도 한다. 그러나 그런 사람일지라도 멸망하지는 않는다. 왜냐하면 그들의 길이 그릇되다는 것을 깨닫도록 인도함을 받아 회개에 이르게 되기 때문이다.

의인이나 악인이나 모두 죄를 범하지만, 그들은 세 가지로 구별된다. 1. 하나님께서는 그가 친히 부르셔서 섬기게 하시는 모든 자들을 구원하실 영원한 목적을 갖고 계신다. 2. 의인이 죄를 범할 때에는, 생애가 끝나기 전에 반드시 회개에 이르게 된다. 3. 중생한 자들은 죄에 빠지더라도 그들의 중생의 씨가 언제나 남아 있어서, 어느 때는 그 씨가 강하고 왕성하여 죄를 저항함으로써 소망의 뿌리를 뒤집어버리는 그런 오류에 빠지지 않게 되기도 하고 또 어느 때에는 왕성하지 못하여 일시적으로 유혹에 휩쓸리기도 하나, 결국 중생의 신적인 성격을 입증하게 된다. 그러므로 진정 하나님께 회심한 자들은 다윗이나 베드로의 경우에서 보듯이, 어느 누구도 최종적으로 타락하여 멸망에 빠지는 일이 없다. 그러나 중생하지 않은 자들이 죄를 범할 때에는 경우가 전혀 다르다. 위에서 말한 그런 일들이 그들에게는 전혀 해당되지 않기 때문이다.

4. 죄의 원인은 무엇인가?

하나님이 죄의 원인이 아니시라는 것은 다음의 사실에서 입증된다. 1. 성경의 증언에서: "하나님이 지으신 그 모든 것을 보시니 보시기에 심히 좋았더라"(창 1:31), "주는 죄악을 기뻐하는 신이 아니시니"(시 5:4). 2. 하나님은 친히 지존하시고 완전히 선하시고 거룩하시므로, 악을 지어낸 장본인이실 수가 없다. 3. 하나님께서는 그의 율법에서 모든 죄를 금하신다. 4. 하나님은 모든 죄를 극심하게 벌하시는데, 만일 죄의 기원이 하나님께 있다면 그렇게 하실 수 없을 것이다. 5. 하나님께서 사람에게 있는 그 자신의 형상을 파괴하려 하지는 않으실 것이다. 이런 사실들을 볼 때에 죄의 기원을 하나님께로 돌려서는 안 된다는 것이 분명하다.

죄의 동력인(動力因)은 마귀와 사람들의 의지에 있다. 그들이 그런 의지를 갖고서 하나님으로부터 자의로 타락하였고, 스스로 하나님의 형상을 상실한 것이다. "마귀의 시기 때문에 세상에 죽음이 들어왔다"(지혜서 2:24). 그러나 죽음은 죄에 대한 형벌이다. "너희는 너희 아비 마귀에게서 났으니 너희 아비의 욕심대로 너희도 행하고자 하느니라. 그는 처음부터 살인한 자요, 진리가 그 속에 없으므로 진리에 서지 못하고 거짓을 말할 때마다 제 것으로 말하나니, 이는 그가 거짓말쟁이요 거짓의 아비가 되었음이라"(요 8:44), "죄를 짓는 자는 마귀에게 속하나니, 마귀는 처음부터 범죄함이라. 하나님의 아들이 나타나신 것은 마귀의 일을 멸하려 하심이라"(요일 3:8), "한 사람으로 말미암아 죄가 세상에 들어 … 왔나니"(롬 5:12).

그러므로 우리의 시조들이 낙원에서 범한 최초의 죄, 혹은 타락의 원인은 사람을 유혹하고 부추겨 죄를 짓게 하는 마귀였으며, 또한 스스로 하나님으로부터 벗어나려 하여 유혹하는 자의 제의에 휩쓸려 들어간 사람의 의지였다. 아담의 이 타락이 그 자신과 그의 후손들의 원죄의 동력인이다: "한 사람이 순종하지 아니함으로 많은 사람이 죄인 된 것 같이"(롬 5:19). 그리고 아담의 후손들에게서 나타나는 모든 자범죄들의 원인은 원죄다: "이제는 그것을 행하는 자가 내가 아니요 내 속에 거하는 죄니라"(롬 7:17), "오직 각 사람이 시험을 받는 것은 자기 욕심에 끌려 미혹됨이니"(약 1:14). 사람들을 꾀어 죄를 범하게 만드는 대상물들을 원인적 동기들이라고 볼 수도 있을 것이다. "죄가 기회를 타서 계명으로 말미암아 내 속에서 온갖 탐심을 이루었나니"(롬 7:8). 마귀와 악인들이야말로 그들 자체가 죄의 원인인 것이다. 먼저 지은 자범죄들이 그 다음에 이어지는 죄들의 원인이 된다. 하나님께서는 죄를 죄로써 벌하시며 따라서 먼저 지은 죄들에 대한 형벌이 그 다음에 이어지는 죄로 나타난다는 것을 성경이 가르치기 때문이다: "하나님께서 그들을 마음의 정욕대로 더러움에 내버려 두사 그들의 몸을 서로 욕되게 하게 하셨으니"(롬 1:24), "남자들도 순리대로 여자 쓰기를 버리고 서로 향하여 음욕이 불일 듯 하매 남자가 남자와 더불어 부끄러운 일을 행하여 그들의 그릇됨에 상당한 보응을 그들 자신이 받았느니라"(롬 1:27), "이러므로 하나님이 미혹의 역사를 그들에게 보내사 거짓 것을 믿게 하심이라"(살후 2:11). 그러나 사람이 자기 지혜로(이 얼마나 심한 오만인가!) 온갖 논지들을 만들어내어 죄의 원인을 자기에게서 벗겨서 하나님께로 던져버리고 그리하여 스스로 책임을 면하려 하는 데에 익숙해져 있으므로, 죄의 원인들에 대해서 좀 더 상세하게 다룸으로써 사람들이 자기 자신을 정당화시키려고 제기하는 온갖 헛된 이론들을 반박할 필요가 있다.

어떤 이들은 죄의 기원을 별자리에서 나타나는 바 자기들의 운명에서 찾으려 하여, "우리가 죄를 지은 것은 우리가 불행한 행성(行星)에 태어났기 때문이다"라는 식으로 말한다. 또 어떤 이들은 죄에 대해 책망을 받을 때에, "우리가 저지른 악행의 원인은 우리가 아니고 마귀다"라고 답변한다. 어떤 이들은 모든 다른 변명거리들을 제쳐두고 직접 하나님께 그 책임을 돌리면서, "그것이 하나님의 뜻이다. 하나님의 뜻이 아니라면, 내가 죄를 짓지 않았을 것이다"라고 한다. 다른 이들은 자기들의 죄를 가볍게 하기 위하여, "그것이 잘못된 일이라면 내가 행하지 않도록 하나님께서 막으실 수 있었는데도 나를 막지 않으셨으니, 나의 죄의 원인은 하나님 자신에게 있다"는 식으로 말한다.

사람들은 이런 식으로 비슷한 헛된 논지들을 갖고서 하나님을 대적하여 망령된 혀를 놀리는 예가 허다했다(이것은 전혀 새로운 일이 아니다). 우리의 시조들도 죄를 범하고 나서 하나님께서 그들의 범죄를 추궁하시자, 자기들의 악행에 대한 책임을 자기가 아닌 남에게 돌리려 했고, 또한 정직하게 진실을 고백하지도 않았다. 아담은 자기 아내가 아니라 하나님 자신에게 그 책임을 돌렸다: "아담이 이르되, 하나님이 주셔서 나와 함께 있게 하신 여자, 그가 그 나무 열매를 내게 주므로 내가 먹었나이다"(창 3:12). 하와는 자기의 악행을 전적으로 마귀의 탓으로 돌리면서, "뱀이 나를 꾀므로 내가 먹었나이다"(창 3:13)라고 말했다.

이것이 원죄에 대해 악인들이 내리는 거짓되고 불경스러우며 가증스러운 결론들이다. 그들은 이것들을 통해서 하나님의 위엄과 진리와 정의를 크게 폄훼(貶毀)하는 것이다. 그렇다고 해서 사람의 본성이 죄의 원인인 것도 아니다. 하나님께서는 그것을 선하게 창조하셨기 때문이다: "하나님이 지으신 그 모든 것을 보시니 보시기에 심히 좋았더라"(창 3:13). 죄는 타락의 결과로 사람에게 결부되어 나타나는 하나의 우발적인 성질이지, 본래적인 속성이 아니다. 그러나 타락 이후 그것은 본성적인 것이 되었고, 또한 아우구스티누스도 올바로 그렇게 부르고 있다. 이제는 우리 모두가 죄 가운데서 출생하며, 다른 이들과 똑같이 진노의 자녀들이기 때문이다. 그러나 이 논지들에 대해서는 좀 더 상세히 살펴보아야 할 것이다.

1. **운명**을 죄에 대한 변명거리로 삼으려는 자들은 운명을, 하나님의 경륜에 따라서나 악한 별들에 따라서 영원을 통하여 함께 연결되어 있는 하나의 질서 혹은 사슬이요 또한 영구한 목적들의 필연성을 뜻한다고 정의한다. 그런데 그들에게 "이 별들을 누가 만들었느냐? 라고 물으면, 그들은 "하나님이다"라고 답한다. 그렇다면, 이 사람들은 결국 자기들의 죄의 책임을 하나님께 돌리는 것이다. 그러나 이러한 운명에 대해서는 지혜 있는 철학자들(그리스도인이냐 아니냐를 막론하고)이 한결같이 거부하고 있다.

아우구스티누스는 펠라기우스주의자들이 보니파키우스(Boniface)에게 보낸 두 편의 서신들에 반대하여 다음과 같이 말하고 있다: "운명을 죄의 원인으로 주장하는 자들은 행동들과 사건들만이 아니라 우리의 의지들 자체도 각자가 잉태된 때, 혹은 출생한 때의 별들의 위치에 좌우된다고 주장한다. 그러나 하나님의 은혜는 모든 별들과 모든 하늘을 초월할 뿐 아니라 모든 천사들까지도 초월하는 것이다."

우리는 이런 헛된 논지에 대해서 여호와께서 예레미야 선지자를 통해서 하신 말씀을 결론으로 삼을 수 있을 것이다: "여호와께서 이와 같이 말씀하시되, 여러 나라의 길을 배우지 말라. 이방 사람들은 하늘의 징조를 두려워하거니와 너희는 그것을 두려워하지 말라"(10:2). 별들은 선이나 악을 행할 능력이 없다. 그러므로 악인들의 범죄를 그것들의 탓으로 돌려서는 절대로 안 되는 것이다.

2. 마귀가 죄의 유일한 원인이 아니라는 것도 분명하다. 우리가 범죄할 때에 그것이 마귀의 탓만이 아니므로, 우리가 책임을 면할 수 있는 것이 아니다. 마귀는 악한 일을 행하도록 사람에게 제의하고 유혹할 수 있을 뿐, 강제로 그 일을 행하도록 만들 수는 없기 때문이다. 하나님께서 그의 권능으로 마귀를 제어하시므로, 마귀는 자기가 바라는 일을 할 수가 없고, 오로지 하나님께서 허락하시는 만큼만 그 일을 할 수 있는 것이다. 더러운 돼지 떼도 통제하지 못했으니, 사람의 고귀한 영혼들이야 어떻겠는가? 마귀는 사람을 교묘하게 꾀며 설득시키는 큰 힘을 지니고 있다. 그러나 하나님이 사탄보다 더 능력이 크시며, 따라서 사람에게 선한 생각들을 끊임없이 베풀어주시며, 우리에게 유익이 되는 정도만큼만 마귀에게 행동을 허용하시는 것이다. 저 지극히 거룩한 사람 욥의 경우에서, 그리고 바울에게서와 다음과 같은 그의 말씀에서 이 점을 볼 수 있다: "오직 하나님은 미쁘사 너희가 감당하지 못할 시험 당함을 허락하지 아니하시고"(고전 10:13). 그러므로 자기들의 죄를 사탄에게 떠밀어 놓으려 하는 자들은 잘못 생각하는 것이다.

3. 이제는 하나님이 죄의 원인이 아니시라는 것을 입증해야 한다. 어떤 이들은 이런 식으로 논지를 전개한다: "그것이 하나님의 뜻이다. 하나님의 뜻이 아니라면, 내가 죄를 짓지 않았을 것이다. 누가 그의 권능을 저항할 수 있겠는가?' 또한 이렇게도 주장한다: "그것이 잘못된 일이라면 내가 행하지 않도록 하나님께서 막으실 수 있었는데도 나를 막지 않으셨으니, 나의 죄의 원인은 하나님 자신에게 있다." 이것들이야말로 악인들의 꾀요, 거짓된 중상모략이요, 교묘한 궤변이다. 물론 하나님께서는 그의 절대적인 권능으로 악을 방지하실 수 있다. 그러나 그는 자신이 의롭고 거룩하게 창조하신 사람을 그릇되게 하거나 망가뜨리시지는 않는다. 그는 사람을 자신이 부여하신 그 본성에 합당한 방식으로 대하시는 것이다. 그리하여 그는 상급과 형벌을 덧붙여서 율법을 제시하신다. 선을 행하고 악을 삼가라고 명령하시고, 또한 우리로 하여금 그렇게 행하도록 하시기 위하여 그의 은혜를 — 이것이 없이는 우리가 아무것도 할 수 없다 — 베푸시며 또한 우리에게 근면과 수고를 장려하시는 것이다.

그러나 만일 사람이 자기가 마땅히 행하여야 할 바를 행하지 않을 시에는, 하나님께서 그것을 막을 수 있는 능력이 있으시면서도 막지 않으셨다 할지라도 그의 죄와 부주의는 하나님의 탓이 아니라 자기 자신의 탓인 것이다. 또한 하나님께서 악인의 악한 행위들을 직접적인 방식으로 금하시는 것도 합당하지 못하다. 만일 그렇게 하게 되면, 하나님 자신이 세워놓으신 질서를 하나님 스스로 훼방하게 되며, 그것을 완전히 파괴시키게 되기 때문이다. 그러므로 하나님은 죄의 원인도, 악의 원인도 아니신 것이다.

이제 우리는 이 문제에 관한 성경의 증언을 제시하고, 몇 가지 반론들을 반박하기로 하자.

성경은 하나님이 죄의 원인이 아니시라는 것을 여러 곳에서 가르치고 있다. 이 점이 분명하게 나타나는 몇 구절을 인용하는 것으로도 족할 것이다: "내가 어찌 악인이 죽는 것을 조금인들 기뻐하랴? 그가 돌이켜 그 길에서 떠나 사는 것을 어찌 기뻐하지 아니하겠느냐?"(겔 18:23), "주는 죄악을 기뻐하는 신이 아니시니 악이 주와 함께 머물지 못하며, 오만한 자들이 주의 목전에 서지 못하리이다"(시 5:4, 5), "하나님은 사람을 정직하게 지으셨으나 사람이 많은 꾀들을 낸 것이니라"(전 7:29), "우리 불의가 하나님의 의를 드러나게 하면 무슨 말 하리요?"(롬 3:5), "한 사람으로 말미암아 죄가 세상에 들어오고 죄로 말미암아 사망이 들어왔나니"(롬 5:12), "내 속 곧 내 육신에 선한 것이 거하지 아니하는 줄을 아노니"(롬 7:18).

이러한 성경의 명확한 선언들을 볼 때에, 우리는 하나님께서 죄의 원인이 아니시며, 죄의 기원은 사람과 그것을 조장하는 마귀에게서 찾아야 한다고 결론지어도 무방할 것이다. 그러나 동시에, 처음부터 부패하여 있는 마귀가 사람에게서 그의 본래의 거룩함을 빼앗아갔는데, 이는 사람이 자유 의지로 수락하지 않았다면 마귀 혼자서는 도저히 할 수 없는 일이라고 말할 수도 있을 것이다. 여기서 우리는 우리 조상 아담의 타락에 그 원인이 있었다고 보아야 한다. 하나님께서는 그의 형상대로 창조하셨으니, 이는 아담을 선하고 완전하며 거룩하고 정의롭고 불멸하도록 창조하셨으며 또한 그에게 지극히 고귀한 은사들을 부여하셔서 그것들을 충만하고도 완전하게 누리는 데에 부족함이 없게 하셨다는 뜻이다. 아담의 지성은 충만히 깨어 있었고, 그의 의지 역시 지극히 자유롭고 거룩하였으며, 그는 선이나 악을 행할 능력이 있었으며, 행할 바와 행하지 말아야 할 바를 규정해 주는 법이 그에게 있었다. 여호와께서는 "선악을 알게 하는 나무의 열매는 먹지 말라"(창 2:17)라고 말씀하신 것이다. 하나님께서는 아담으로 하여금 전적으로 그에게 의지하도록 하기 위하여 그에게 단순한 순종과 믿음을 요구하셨다. 그러나 강제로 어쩔 수 없이 순종하도록 만드신 것이 아니라, 자의에 의해서 기꺼이 그렇게 하도록 하신 것이다. "태초에 주님께서 인간을 만드셨을 때 인간은 자유 의지를 갖도록 하셨다. 네가 마음만 먹으면 계명을 지킬 수 있으며, 주님께 충실하고 아니하고는 너에게 달려 있다"(집회서 15:14, 15). 그러므로 뱀이 사람을 꾀어 금지된 나무의 열매를 맛보도록 회유했을 때에, 그는 뱀의 의도와 도모가 하나님의 명령에 어긋난다는 것을 모르는 상태가 아니었다. 여호와께서 그 전에 이미 "동산 중앙에 있는 나무의 열매는 … 너희는 먹지도 말고 만지지도 말라. 너희가 죽을까 하노라"라고 말씀하셨기 때문이다(창 3:3). 그러므로 그 열매를 먹거나 먹지 않거나 하는 일은 그의 손에 달려 있었다. 하나님께서는 그의 법을 선포하시되, 먹지 말라고 분명히 명령하셨고, 그 명령을 어길 시에 당할 형벌을 덧붙이심으로써("너희가 죽을까 하노라") 그렇게 하지 못하도록 억제하셨다. 사탄은 강제 수단을 동원하지 않았고(사실상 그렇게 할 능력이 없었다), 그저 권고하고 회유하기만 했고, 그리하여 마침내 그를 굴복시켰다. 여자의 의지가 마귀의 말에게로 기울어지자, 그녀의 생각이 하나님의 말씀에게서 멀어졌고, 하나님의 법을 거부함으로써 악행을 저지른 것이다. 그리고 그 다음 그녀는 남편에게 다가가 그를 자기편으로 끌어들였고, 남편은 거기에 동의함으로써 그녀의 죄에 함께 동참하였다. 성경이 이러한 사실을 가르치고 있다: "여자가 그 나무를 본즉 먹음직도 하고 보암직도 하고 지혜롭게 할 만큼 탐스럽기도 한 나무인지라. 여자가 그 열매를 따먹고 자기와 함께 있는 남편에게 주매 그도 먹은지라"(창 3:6).

악의 시초는 마귀에게 있다. 그리고 마귀의 거짓 칭찬과 부추김과 명백한 거짓말과, 또한 나무의 탐스러움이 사람의 의지를 움직였다. 그리하여 아담과 하와는 자의로 선택하여 행동하였고, 마귀가 거짓으로 약속했던 대로 더 크고 더 고귀한 지혜를 얻을 희망에 속아넘어간 것이다.

그러므로, 우리는 죄의 기원은 하나님에게 있지 않고 — 그는 악행을 금하시는 분이시다 — 마귀와 또한 사람의 자유로운 선택에 있었고, 사탄의 거짓을 통하여 부패하였다고 결론짓게 된다. 그러므로 마귀와 또한 그를 따르는 사람의 부패한 의지가 죄의 진정한 원인이라고 보아야 할 것이다. 이러한 악이 우리의 시조로부터 그들의 모든 후손들에게로 흘러 넘치므로, 죄는 다른 어떠한 근원에서 비롯되는 것이 아니라, 바로 우리 자신들에게서, 우리의 부패한 판단과 타락한 의지에게서, 또한 그와 더불어 마귀의 악한 제의에서 비롯되는 것이다. 우리의 시조의 타락 같은 악한 뿌리 혹은 원리는 그 자체가 그 본질과 일치하는 하나의 부패하고 썩은 가지를 내게 되며, 사탄은 지금 그의 사기(詐欺)와 거짓말로 나무처럼 그것들을 배양하고 있다. 그러나 우리가 사탄의 뜻에 따라 움직일 틈을 주지 않는다면, 아무리 그가 애써도 소용이 없는 것이다. 가장 근원적인 샘인 우리의 시조로부터 그 모든 후손들에게로 흘러나오는 그것을 원죄라 부른다. 우리는 어머니 뱃속에서부터 이 죄를 우리 본성 속에 지니고 출생한다: "내가 죄악 중에서 출생하였음이여 어머니가 죄 중에서 나를 잉태하였나이다"(시 51:5). 또한 그리스도께서도 마귀에 대해서 이렇게 말씀하신다: "그는 처음부터 살인한 자요 진리가 그 속에 없으므로 진리에 서지 못하고 거짓을 말할 때마다 제 것으로 말하나니 이는 그가 거짓말쟁이요 거짓의 아비가 되었음이라"(요 8:44).

반론 1. 사탄은 하나님이 창조하신 존재다. 그러므로 그의 악의(惡意) 역시 하나님으로부터 온 것이 틀림없다.

답변. 우리는 전제를 인정할 수 없다. 마귀가 사탄 혹은 대적자가 된 것은 하나님이 그렇게 만드셨기 때문이 아니다. 하나님은 그를 선한 천사로 창조하셨다. 그가 그렇게 된 것은 그 자신이 자의적으로 배반하였기 때문이다. 그러므로, 그가 진리 안에 거하지 아니하였다고 말씀하는데, 여기서 우리는 그가 타락하기 전에 진리 안에 있었던 것이 틀림없다고 추정할 수 있을 것이다.

반론 2. 하나님께서 아담을 창조하셨으므로, 아담의 죄도 창조하신 것이다.

답변. 선한 것을 대신하여 우발적으로 생겨난 악을 하나님께서 창조하신 것이라고 보는 것은 우발성을 보지 못하는 오류다. 죄는 본성적인 것이 아니고, 하나님께서 선하게 창조하신 사람의 본성이 부패한 것이다. 하나님께서는 사람을 선하게 만드셨는데, 사람이 마귀의 꾀임에 빠져서 하나님으로부터 받았던 은사들을 스스로 상실해 버리고 스스로를 부패시킨 것이다.

반론 3. 그러나 아담이 소유했던 의지와 능력은 하나님으로부터 온 것이며, 따라서 이 의지로 저지른 죄 역시도 하나님으로부터 온 것으로 보아야 한다.

답변. 여기서도 우발성을 보지 못하는 오류가 나타난다. 하나님으로부터 온 그대로의 상태에서는 아담의 의지는 죄의 원인이 아니었다. 다만 마귀의 말에 스스로 기울어진 상태에서 그 의지가 죄의 원인이었다. 하나님께서는 사람에게 악을 행하는 의지와 능력을 주신 것이 아니다. 그는 그의 법으로 그것을 철저하게 금하셨기 때문이다. 아담은 하나님으로부터 받은 바 의지와 능력을 본래 하나님께서 의도하셨던 목적을 위해 사용하지 않았고, 오히려 그것을 악용하여 악하게 만든 것이다. 탕자가 아버지께로부터 돈을 받은 것은 방탕한 생활을 통해서 탕진하도록 하기 위함이 아니라, 필요한 일에 적절히 사용하도록 하기 위함이었다. 그런데 그는 아버지로부터 받은 돈을 사악하게 탕진해버리고 굶어죽을 처지가 되었다. 그러나 그것은 아버지의 잘못이 아니었고, 오로지 그 자신이 받은 돈을 악용한 데서 비롯된 결과였던 것이다.

반론 4. 하나님께서는 사람이 타락할 수 있도록 지으셨고, 또한 애초에 창조하신 선한 상태를 그대로 유지하도록 세우지도 않으셨다. 그러므로 사람이 죄를 범한 것은 하나님의 뜻대로 된 일이었다.

답변. 성경은 다음과 같은 말씀들로써 사람의 사악하고 완악한 이러한 호기심을 책망하며 잠잠케 하고 있다: "네가 누구이기에 감히 하나님께 반문하느냐?"(롬 9:20), "질그릇 조각 중 한 조각 같은 자가 자기를 지으신 이와 더불어 다툴진대 화 있을진저"(사 45:9). 사람이 타락할 수 있도록 창조되지 않았다면, 사람의 수고나 덕성에 대해 칭송하는 일도 없었을 것이다. 그리고 사람이 그렇게 창조된 것이 적절한 일이었다면 어찌하겠는가? 하나님의 본성 자체가 일이 그렇게 되는 것을 요구하였다. 하나님께서는 그의 영광을 다른 어느 피조물에게 주시지 않는다. 아담은 사람일 뿐이었고, 하나님이 아니었다. 그리고 하나님은 선하기도 하시지만, 의롭기도 하시다. 그는 사람에게 선을 행하시지만, 그들이 자신에게 순종하고 감사하기를 뜻하신다. 그는 사람에게 무수한 은덕을 베푸셨고, 그러므로 하나님께서 "선악을 알게 하는 나무의 열매는 먹지 말라 네가 먹는 날에는 반드시 죽으리라"(창 2:17)고 말씀하셔서 자신이 기뻐하시는 일과 그렇지 않은 일을 법으로 선포하셨다 할지라도, 사람으로서는 그 하나님께 감사하고 순종하고 굴복하는 것이 마땅한 일인 것이다. 그 말씀은, 마치 "너는 나를 받들어야 하고, 나를 섬기고 순종해야 하리라. 선과 악의 규범들을 다른 어느 누구에게도 말고 오직 내게 묻고 내게서 구해야 하리라. 그렇게 네 스스로 내게 대한 순종을 보여야 하리라"는 식의 말씀과도 같다.

반론 5. 곧, 하나님께서는 사람의 타락을 미리 아셨고, 그것을 원하지 않으셨다면 미리 막으실 수도 있었다. 그러나 그는 막지 않으셨다. 그러므로, 아담은 하나님의 뜻과 그의 잘못으로 인하여 죄를 지은 것이다.

답변. 이 반론에 대해서는 이미 답변한 바 있으나, 하나님께서 사람의 타락을 미리 아셨다고 해도 그가 사람을 강제로 타락하게 만드신 것이 아니라는 점을 덧붙일 수 있을 것이다. 어느 지혜로운 아버지가 몇 가지 징후들을 근거로, 자기의 타락한 아들이 얼마 후에 칼에 찔려 죽을 것을 예견하였는데, 그 예견이 그대로 적중하였다. 그 아들이 간음하다가 칼에 찔려 죽은 것이다. 이 경우에 그 아들이 그렇게 살해당한 것이 아버지가 그런 비참한 죽음을 미리 예견했기 때문이라고 믿는 사람은 아무도 없다. 그 아들이 죽은 것은 그의 간음 행위 때문이었던 것이다. 암브로시우스는 가인의 살인에 대해 다음과 같이 말하고 있다: "하나님께서는 가인이 격분한 상태에서 어떤 일을 저지를지를 분명 미리 아셨다. 그러나 하나님께서는 가인이 자의로 범한 그 죄악된 행위를 행하도록 그를 부추기신 것이 아니다. 하나님께서는 그의 미리 아심에 속임을 당하실 수가 없기 때문이다." 그리고 아우구스티누스는 이렇게 말하고 있다: "하나님은 자신이 사악하게 범하신 일이 없는 그런 악행들에 대해 정의롭게 보응하시는 분이시다."

5. 죄의 결과들은 무엇인가?

죄가 무엇이며, 그 원인이 어디에 있는지를 명확히 살펴보았으니, 이제는 신적인 법을 어기는 데에서 필연적으로 따라오는 결과들이 무엇인지를 살펴볼 준비가 되었다. 그 결과들을 잘 아는 것이 죄가 얼마나 극악한 것인지를 적절히 이해하는 데에 매우 중요하다. 이 결과들은 일시적이며 영원한 형벌들이다. 그리고 하나님께서는 죄를 죄로써 벌하시는 경우가 많기 때문에, 후속적인 범죄들이 그 이전에 범한 죄들의 결과들이라고 말할 수도 있을 것이다(롬 1:24; 살후 2:11; 마 13:12). 이 점을 더 잘 이해하기 위해서는 특히 다음의 설명들이 필요하다.

1. 앞에서 설명한 그런 의미의 원죄, 혹은 사람의 본성 전체의 부패, 혹은 사람 속에 있는 하나님의 형상의 파괴가 낙원에서 일어난 우리의 시조의 타락의 결과다(롬 5:19).

2. 모든 자범죄들이 원죄의 결과들이다. "이제는 그것을 행하는 자가 내가 아니요 내 속에 거하는 죄니라"(롬 7:17).

3. 후속적인 자범죄들 모두가 다 그 이전의 죄들의 결과들이요, 또한 죄를 가중시키는 것이다. 바울이 로마서 1장에서 이방인들에 관하여 가르치듯이, 하나님의 의로우신 심판에 따라서 사람들이 흔히 한 죄에서 또 다른 죄로 달려가기 때문이다.

4. 다른 사람들의 죄들 역시 흔히 자범죄들의 결과들이다. 다른 사람들의 손가

락질과 악한 모범들을 통해서 많은 사람들이 더 악하게 되고, 그리하여 죄를 범하도록 유혹과 부추김을 받기 때문이다: "속지 말라 악한 동무들은 선한 행실을 더럽히나니"(고전 15:33).

5. 악한 양심과 또한 하나님의 심판에 대한 두려움이 범죄 행위 다음에 반드시 뒤따라온다(롬 2:15; 사 57:21).

6. 금생의 온갖 재난들과 육체적인 죽음 자체가 죄의 결과들이다. 하나님께서 "네가 먹는 날에는 반드시 죽으리라"(창 2:17)는 선언에 따라서, 죄로 인하여 이 모든 것들을 인류에게 부과하셨기 때문이다.

7. 영원한 죽음이 죄의 마지막 가장 극심한 결과인데, 그리스도의 죽으심과 그의 공로로 말미암아 구원받지 못한 모든 사람들에게 이것이 임한다: "이 율법의 말씀을 실행하지 아니하는 자는 저주를 받을 것이라"(신 27:26), "땅의 티끌 가운데에서 자는 자 중에서 많은 사람이 깨어나 … 수치를 당하여서 영원히 부끄러움을 당할 자도 있을 것이며"(단 12:2), "저주를 받은 자들아 나를 떠나 … 영원한 불에 들어가라"(마 25:41).

그러므로 어떤 성격이든지 간에 모든 죄는 그 본질상 영원한 죽음을 당해 마땅한 것이요, 이것이야말로 하나님의 말씀이 가장 명확하게 선언하는 것이다: "이 율법의 말씀을 실행하지 아니하는 자는 저주를 받을 것이라"(신 27:26), "누구든지 온 율법을 지키다가 그 하나를 범하면 모두 범한 자가 되나니"(약 2:10), "네가 한 푼이라도 남김이 없이 다 갚기 전에는 결코 거기서 나오지 못하리라"(마 5:26).

그러나 모든 죄들이 다 동등한 것은 아니다. 심지어 하나님의 심판에서도 그 정도가 다르다: "사람의 모든 죄와 모든 모독하는 일은 사하심을 얻되, 누구든지 성령을 모독하는 자는 영원히 사하심을 얻지 못하고 영원한 죄가 되느니라"(막 3:28, 29), "나를 네게 넘겨준 자의 죄는 더 크다"(요 19:11).

그러므로 지옥 형벌에도 정도가 각기 다를 것이다. 버림받은 자들의 형벌이 그들이 범한 죄에 비례할 것이기 때문이다. 그러나 이 형벌들이 지속되는 기간에 대해서는 모두가 영원할 것이다:

"주인의 뜻을 알고도 준비하지 아니하고 그 뜻대로 행하지 아니한 종은 많이 맞을 것이요"(눅 12:47), "심판 날에 두로와 시돈이 너희보다 견디기 쉬우리라"(마 11:22).

인간의 자유

8문 그렇다면 우리가 과연 선은 조금도 행할 능력이 없고 모든 악에게로 기울어지는 성향을 지녔을 만큼 부패해 있습니까?

답 예, 정말 그렇습니다. 하나님의 성령으로 거듭나지 않는 한, 그럴 수밖에 없습니다.

[해 설]

하나님께 순종하고 선한 일을 행하는 의지의 자유, 혹은 인간 의지의 능력의 문제가 사람의 비참함이라는 주제와 긴밀하게 연관되어 있으므로, 곧바로 이 문제에 대해 관심을 갖게 된다. 또한 타락 이전에는 사람이 무슨 능력을 소유했으며 타락 이후에는 무슨 능력을 소유하고 있는지를 아는 것도 필요하다. 그렇게 되면, 최초의 죄의 결과들에 대해 올바른 지식을 가진 상태에서 우리가 더욱 낮아지게 되고 또한 하나님의 은혜와 인도하심을 간절히 바라게 되며, 또한 하나님께 진정 감사하게 될 것이다. 의지의 자유에 관한 가르침이 사람의 능력과 탁월함을 생각하게 만드는 것이 아니라, 오히려 사람의 연약함과 비참함을 보게 만들기 때문이다.

자유 의지에 관하여

이 논의에 속하는 주요 질문은 다음과 같은 것이다: 사람이 과거에 스스로 하나님으로부터 멀어졌듯이, 지금도 그와 똑같은 방식으로 자기 자신의 힘으로 그에게로 돌아가는 일이 ─ 하나님께서 그에게 베푸신 은혜를 받아들이고 죄로 말미암아 상실된 지위를 스스로 회복하는 일이 ─ 과연 가능한가? 그리고 어떤 이들은 회심하는 반면에 어떤 이들은 여전히 죄 가운데 있으며, 또한 회심한 자들과 회심하지 않은 자들 중에서 다른 이들보다 나은 이들이 있는 주원인이 사람의 의지에 있는가? 한 마디로 말해서, 사람이 이런저런 식으로 선이나 악을 행하는 원인이 과연 사람의 의지에 있는가?

펠라기우스주의자들이나 그들과 비슷한 성격을 지닌 자들은 이 질문에 대해 다음과 같이 답변한다. 곧, 하나님께서 모든 사람들에게 많은 은혜를 주셨고 또한 그 은혜가 본성적으로 남아 있으므로, 사람들 스스로 하나님께로 돌아가 그에게 순종할 수 있다고 한다. 그들은 주장하기를, 죄를 저버리게 하기 위해 하나님께서 베푸신 도움을 어떤 이들은 받아들이고 어떤 이들은 저버리고 거부하며, 이런저런 방식으로 자기들의 생각대로 처신하는 현상이 나타나는 원인을 오로지 사람의 의지에서 찾아야 한다고 한다.

그러나 성경은 이와는 전혀 다른 사실을 가르치고 있다. 우리가 이해하는 바대로 보면, 성령의 중생케 하심과 그의 특별한 은혜가 없이는 그 누구도 하나님께서 기뻐 받으실 만한 행위를 행할 수가 없으며, 하나님께서 그의 값없는 은혜로 사람들 속에 있게 하시기로 정하시는 것 이외에는 그 어느 누구에게서도 선한 생각들과 행위들이 나올 수가 없으며, 하나님의 영원하고도 은혜로운 작정에 선하게 여겨지는 쪽 이외에는 그 어떠한 피조물이라도 그 뜻을 다른 쪽으로 지향할 수가 없다. 그러나 그럼에도 불구하고 피조물의 의지에서 나오는 행위들은 선하든 악하든 간에 모두가 자유로이 행해지는 것이다. 이 사실을 더 잘 이해하기 위해서 다음의 내용들을 살펴보기로 하자:

1. 의지의 자유, 혹은 자유로운 선택의 능력이란 무엇인가?

2. 하나님께 있는 자유와, 천사와 사람 등 그의 이성적 피조물들에게 있는 자유는 서로 어떻게 구별되는가?

3. 인간의 의지에 자유가 있는가?

4. 사람에게 어떤 종류의 의지의 자유가 있는가, 혹은 사람의 사중 상태에 따라 자유 의지의 정도가 얼마나 있는가?

1. 의지의 자유, 혹은 자유로운 선택의 능력이란 무엇인가?

자유(freedom, 혹은 liberty)라는 용어는 때때로, 사람이 그의 의지로나 혹은 본성으로, 자기 스스로 선택하여 행하고자 하는 목적으로나, 혹은 정의로운 법에 대한 두려움에서나 사람의 본성에 맞는 질서를 지키고자 하는 목적으로, 혹은 우리에게 합당하고 어울리는 유익들을 누리고자 하는 목적으로, 또한 우리의 본성에 합당치 않은 부담이나 결핍 상태를 견디는 데에서 놓임을 받고자 하는 목적으로, 다른 사람에 대해서나 어떤 사물에 대해서 갖는 하나의 관계, 능력, 혹은 권리를 의미한다. 이것을 가리켜 속박과 비참함으로부터의 자유라 부를 수 있을 것이다. 이것은 노예 상태와 반대되는 것이다. 이런 의미에서 하나님이야말로 가장 자유로우신 분이시다. 그는 아무에게도 매여 계시지 않기 때문이다. 또한 유대인들과 로마인들도 자유로운 상태였다. 다른 나라의 통치에 얽매이지 않기 때문이다. 마찬가지로 국가나 도시도 시민의 자유를 누리는 동안 폭정과 노예 상태에서 자유롭다. 우리도 믿음으로 말미암아 의롭다 하심을 얻어, 그리스도로 말미암아 하나님의 진노와 율법의 저주와 모세가 제정한 의식들로부터 자유롭다. 그러나 이런 의미는 의지의 자유에 대한 논의에는 해당되지 않는다. 왜냐하면 우리가 하나님의 종들이요 또한 율법이 복종 아니면 형벌로 우리를 얽어매고 있다는 것이 자명하고 또한 모든 사람들이 다 인정하고 있기 때문이다. 또한 우리의 의지가 자유로이 선택하지만 그럼에도 불구하고 그것을 행할 능력이나 힘이 없는 것들도 많은 것이다.

둘째로, 자유는 억압과 반대되는 것이요, 지성 있는 피조물의 의지의 질(質), 혹은 의지와 일치하는 본성적인 능력이다. 즉, 오성(悟性: understanding)이 제시하는 하나의 대상을 전혀 강요받지 않은 상태에서 자의로 선택하거나 거부하는 능력이다. 이때에 의지의 본질은 동일한 상태 그대로 있고, 이것저것을 자유로이 선택할 수 있고 적절하다고 판단되는 대로 행동을 자유로이 미룰 수도 있다. 마치 사람이 걷고 싶어할 수도 있고 또 걷기를 원치 않을 수도 있는 것처럼 말이다. 이는 심사숙고한 결과에 따라서 행동하는 것이요, 심사숙고한다는 것은 의지를 시행하는 고유한 방법인 것이다.

이러한 의지의 자유는 하나님, 천사들, 그리고 사람들에게 있으며, 그들과 관련하여 생각할 때에 이를 자유로운 선택의 능력이라고 부른다. 원하고 원치 않을 능력 혹은 자유를 부여받은 것이니 이를 **자유롭다**고 말하는 것이며, 또한 **선택의 능력**은 선택 시에 지성이 행하는 판단을 따르거나 거부하는 의지 그 자체다. 왜냐하면 그것이 지성의 두 가지 기능, 즉, 판단과 의지를 모두 포괄하기 때문이다.

그러므로, **자유로운 선택의 능력이란 오성이 제시하는 하나의 대상을 전혀 강요받지 않은 상태에서 자의로 원하거나 원치 않으며, 혹은 선택하거나 거부하는 기능 혹은 능력을 가리킨다.** 선택하든지 거부하든지 하도록 대상물을 의지에게 제시하는 정신과 관련해서는 이 기능을 선택의 능력이라 부르고, 그 의지가 그 어떠한 강요도 없이 자의로 정신의 판단을 따른다는 점과 관련해서는 이것을 자유로운 능력이라 부른다. 자의적인 것을 가리켜 자유롭다고 부르며, 또한 자의가 아니고 강요된 것과 반대되는 것을 가리켜 자유롭다고 부른다. 그러나 필연적인 것과 반대되는 것을 가리켜 자유롭다고 말하지는 않는다. 왜냐하면 자의적인 것은 필연적인 것과 일치하고 서로 조화를 이룰 수도 있으나, 자의가 아니거나 강요된 것과는 일치할 수가 없기 때문이다. 마치 하나님과 거룩한 천사들이 필연적으로 선하지만, 자의가 아니거나 강요에 의해서 선한 것이 아니고 지극히 자유로운 상태에서 선한 것처럼 말이다. 그들의 선함의 시초와 원인이 그들 자신에게, 즉 그들의 자유로운 의지에 있는 것이다. 어떤 활동에 외형적인 시작과 원인은 있으나 동시에 그렇게 활동하게 되는 데에 내적인 원인이 없을 경우에는 그것을 가리켜 강요된 것이라 말할 수 있을 것이다.

그러므로 필연적인 것과 강요된 것 사이에는 일반적인 것과 구체적인 것 사이에 존재하는 것과 같은 차이가 있다. 강요된 것은 무엇이든 필연적이다. 그러나 필연적인 것이라 해서 모두가 강요된 것은 아닌 것이다. 그러므로 이중적인 필연성이라 부르는 것이 — 즉, 불변성의 필연성(necessity of immutability)과 강요에 의한 필연성(necessitiy of constraint)이 — 있는 법이다. 이 중에서 전자는 자의적인 것과 더불어 존재할 수도 있으나, 후자는 그럴 수가 없다.

자유로운 것과 우발적인 것 사이에도 동일한 차이가 존재한다. 자유로운 것은 모두가 우발적이다. 그러나 그 역(易)은 성립하지 않는다. 그러므로 자유로운 것은 우발적인 것에 속하는 한 종(種)이며, 우연히 발생하는 것도 마찬가지로 우발적인 것의 한 종(種)인 것이다.

2. 하나님께 있는 자유와, 천사와 사람 등 그의 이성적 피조물들에게 있는 자유는 서로 어떻게 구별되는가?

의지의 자유에 관하여 하나님과 이성적 피조물은 서로 두 가지 공통점이 있다. 그 하나는 하나님과 지성 있는 피조물들은 생각하고 고려하여 행동한다는 점이다. 즉, 이성과 의지를 시행하여 대상물을 선택하거나 거부하거나 한다는 것이다. 또 하나는 아무런 강요도 받지 않고 그들 자신의 적절한 내적 활동에 의해서 대상물들을 선택하거나 거부하거나 한다는 것이다. 이는 의지가 그 본질상 그 원하는 바와 반대되는 것을 뜻하거나 혹은 행동하기를 미룰 수 있는 능력이 있음에도 불구하고 그것이 선호하는 방향으로 기운다는 말과 같은 것이다(시 104:24; 115:3; 창 3:6; 사 1:19, 20; 마 23:37).

그러나 하나님이 소유하시는 자유와 그의 피조물들에게 속한 자유는 서로 세 가지 차이가 있다.

그 첫 번째는 **이해**(理解)와 관련된 것이다. 하나님께서는 영원 전부터, 최소한의 무지나 판단의 실수가 없이 모든 일을 지극히 완전한 방식으로 친히 보시고 이해하신다. 그러나 피조물들은 스스로는 아무것도 알지 못하며, 또한 모든 일을 다 알지도 못하고, 언제나 동일한 것들을 알지도 못하며, 오로지 하나님께서 기뻐하시는 대로 특정한 때에 그들에게 계시하시는 정도만큼만 알 뿐이다. 그러므로 그들은 많은 일들에 대해 무지하며, 또한 오류를 범하는 때가 많다. 이해와 관련해서 우리가 제시한 이런 구분을 다음의 성경 본문들이 확증해 준다: "그러나 그 날과 그 때는 아무도 모르나니 하늘의 천사들도, 아들도 모르고 오직 아버지만 아시느니라"(마 24:36), "그는 … 지혜자에게 지혜를 주시고 총명한 자에게 지식을 주시는도다"(단 2:21), "누가 여호와의 영을 지도하였으며 그의 모사가 되어 그를 가르쳤으랴?"(사 40:13), "지으신 것이 하나도 그 앞에 나타나지 않음이 없고"(히 4:13), "참 빛 곧 세상에 와서 각 사람에게 비추는 빛이 있었나니"(요 1:9).

두 번째 차이는 **의지**와 관련된 것이다. 하나님의 의지는 그 자신 이외에는 그 어떠한 것에도 지배도 받지 않고 의존하지도 않는다. 천사들과 사람들의 의지들도 그들 자신의 행위들의 원인인 것은 사실이다. 그러나 그것들은 하나님의 은밀하신 작정과 섭리에 영향을 받고 그것의 통제를 받는다. 하나님께서 직접 베푸시는 것이든 아니면 특정한 것들을 도구로 베푸시는 것이든, 선한 것이든 악한 것이든, 하나님께서 적절히 여기서서 베푸시는 것들을 선택하거나 거부하는 일에서 하나님의 작정과 섭리에 영향을 받고 통제를 받는 것이다. 그러므로 그들로서는 하나님의 영원하고 불변한 작정에 어긋나는 일은 아무것도 행할 수가 없다. 그러므로 헬라의 신학자들이 자유로운 선택의 능력을 표현하면서 사용하는 "아우텍수시온"이라는 헬라어 용어(이는 절대적으로 그 자신의 뜻에 따라 그 자신의 능력으로 행하는 그의 일이라는 뜻이다)는 오히려 하나님께 속하는 것으로 보는 것이 타당하다. 그분이야말로 그 어느 누구에게도 매여 계시지 않고 스스로 완전하게 절대적으로 자신을 통제하시는 분이시기 때문이다. 그리고 "엑수시온"(이는 "자의의" 혹은 "자유로운"의 뜻이다)은 피조물들에게 사용하는 것이 올바르다 할 것이다. 빌 5:14, 히 10:26, 벧전 5:2 등에서도 그런 의미로 적용시키고 있다. 하나님의 말씀에 근거하여 이러한 구분의 확실성에 대해 갖가지 논지들과 증언들을 제시할 수 있으나, 그 일은 후에 하나님의 섭리의 교의를 논할 때까지 미루기로 한다.

그러나 하나님의 작정들의 근본적인 원인이 바로 하나님 자신이라는 사실은 그의 말씀의 다음과 같은 선언들이 명확히 보여주고 있다: "오직 우리 하나님은 하늘에 계셔서 원하시는 모든 것을 행하셨나이다"(시 115:3), "하늘의 군대에게든지 땅의 사람에게든지 그는 자기 뜻대로 행하시나니"(단 4:35). 또한 피조물들의 의지와 행위들이 하나님의 허락하심과 그의 뜻에 의존한다는 사실도 다음과 같은 성경 본문들에서 입증할 수 있다: "그가 그 사자를 너보다 앞서 보내실지라"(창 24:7), "너는 가서 이스라엘의 장로들을 모으고 그들에게 이르기를 … 내가 너희를 돌보아 너희가 애굽에서 당한 일을 확실히 보았노라"(출 3:16), "그가 하나님의 정하신 뜻과 미리 아신 대로 내준 바 되었거늘"(행 2:23), "하나님이 모든 선지자의 입을 통하여 자기의 그리스도께서 고난 받으실 일을 미리 알게 하신 것을 이와 같이 이루셨느니라"(행 3:18), "과연 헤롯과 본디오 빌라도는 이방인과 이스라엘 백성과 합세하여 하나님께서 기름 부으신 거룩한 종 예수를 거슬러 하나님의 권능과 뜻대로 이루려고 예정하신 그것을 행하려고 이 성에 모였나이다"(행 4:27, 28), "여호와여, 내가 알거니와 사람의 길이 자신에게 있지 아니하니 걸음을 지도함이 걷는 자에게 있지 아니하니이다"(렘 10:23), "왕의 마음이 여호와의 손에 있음이 마치 봇물과 같아서 그가 임의로 인도하시느니라"(잠 21:1). 그러므로 천사들과 사람들의 의지와 다른 모든 이차적 원인들은 모두 하나님의 지배 아래 있다. 그것들이 모두 그 근본적인 주원인이신 하나님으로부터 오기 때문이다. 그러나 하나님의 의지는 그 어떤 피조물에게서도 지배를 받지 않는다. 그는 자기 자신 외에는 동력인(動力因)이 없으며, 그를 움직이는 다른 원인도 없기 때문이다. 만일 그렇지 못하다면 그는 하나님이 아니실 것이요, 그의 모든 역사(役事)들의 근본적인 위대한 원인이실 수도 없고, 결국 피조물들이 하나님의 자리를 대신하게 되어버릴 것이다. 하나님께서는 강요하시거나 억지로 밀고 가시는 것이 아니라 그의 피조물들의 의지를 움직이시고 지도하신다. 다시 말해서, 하나님은 정신에 대상물들을 제시하심으로써, 의지가 그때에 오성(이해력)이 선하다고 판단하는 바를 선택하고 그것이 악하다고 보는 바를 거부하는 쪽으로 기울도록 역사하시는 것이다.

세 번째 차이는 **동시에 이해와 의지**와 관련된 것이다. 하나님은 모든 일들을 불변하게 아시므로 영원 전부터 그 일들을 작정하셨고, 모든 선한 일들은 이루어지도록 뜻하시고, 죄악된 일들은 허용하신다. 그러나 피조물들이 사물에 대해 갖는 개념들과 판단들은 가변적이며, 따라서 그들의 의지 역시 가변적이다. 그들은 전 같으면 뜻하지 않았을 일들을 뜻하며, 전에는 기뻐하던 일들을 선택하기를 거부 하기도 한다. 그리고 더 나아가서 하나님의 모든 작정들이 지극히 선하며 의롭고 지혜로우므로 그는 절대로 그것들을 버리시는 일도 없고, 그것들을 교정하시거나 변경하시지도 않는다. 그러나 사람들은 뭔가를 지혜롭지 못하게 결정했다고 생각 되면 즉시 그것들을 버리는 예가 많다. 성경의 다음과 같은 선언들이 이러한 차이 를 잘 보여준다: "하나님은 사람이 아니시니 거짓말을 하지 않으시고 인생이 아니 시니 후회가 없으시도다"(민 23:19), "나 여호와는 변하지 아니하나니"(말 3:6), "만일 하나님이 그의 진노를 보이시고 그의 능력을 알게 하고자 하사, 멸하기로 준비된 진노의 그릇을 오래 참으심으로 관용하시고 … "(롬 9:22).

반론 1. 자기의 작정한 바를 변경할 수 없는 자는 자유 의지가 없는 것이다. 하나 님은 그의 작정을 변경하실 수 없다. 그러므로 그의 의지는 자유롭지 못하다.

답변. 이 삼단논법의 주 전제에 대해서 다음과 같이 구분해야 한다. 자신의 목적 을 변화시킬 수 없는 자가 의지의 자유가 없는 자가 아니고, 어떤 외적인 원인의 방해를 받아 자신의 도모를 변화시키고 싶어도 그것을 변경할 수 없는 자가 의지 의 자유가 없는 자라는 것이다. 그러나 하나님은 자신의 작정을 변경하시지도 않 을 뿐더러 그것을 변경하실 수도 없다. 그러나 그것을 변경하시지 않는 것은 어떤 외적인 원인에 방해를 받아서도 아니요, 그의 본성이나 능력의 불완전함 때문도 아니요, 오직 그의 뜻의 불변하는 공명정대함 때문에, 거기에 추호의 오류도, 변경 해야 할 그 어떤 이유도 존재하지 않기 때문이다.

반론 2. 하나님의 불변하는 뜻에 의해서 통제되고 다스림 받는 것은 자유로이 행동하지 못한다. 천사들과 사람들의 의지는 자유로이 행동한다. 그러므로 그것 은 하나님의 불변하는 뜻에 의해서 다스림 받지도 않고 그것이 행하는 선택도 그 것에 매여 있는 것이 아니다.

답변. 앞의 반론의 경우와 마찬가지로 여기서도 주 전제에 대해서 다음과 같이 구분해야 한다. 자기 스스로 생각도 선택도 하지 못하도록 그렇게 하나님의 뜻에 의해서 통제 받고 다스림 받는 자라면 자유로이 행동하지 못하는 것이 분명하다. 그러나 하나님께서는 그런 식으로 천사들과 사람들의 의지에 영향을 미치시는 것 이 아니다. 그는 오성에게 대상물들을 제시하시고, 또한 이 대상물들을 통하여 의 지를 효력 있게 움직이시고 이끌리게 하시며, 그리하여 그들이 하나님이 뜻하시는 바를 선택하지만 그럼에도 불구하고 그들은 그들 자신의 생각과 선택에 근거하여 행하는 것이며, 따라서 그들은 자유로이 행하는 것이다. 그러므로 피조물들이 모든 형태의 통제와 다스림을 제거하고 무시할 때에 그들이 자유로이 행동한다고 말할 수 있는 것이 아니라, 오히려 그들이 스스로 생각하여 행동할 때에, 또한 의지가 자기 자신의 자유로운 판단에 따라 어떤 대상물들을 선택하거나 거부할 때에 ─ 비록 그런 판단이 다른 누군가에 의해서 생겨나거나 통제를 받는다 할지라도 ─ 그들이 자유로이 행동한다고 말할 수 있는 것이다.

반론 3. 하나님께서 바꾸시고 다른 대상물들을 향하게 하실 때에 의지가 그것을 저항할 수 없다면, 그 의지는 전적으로 수동적일 수밖에 없다. 그러나 사람의 의지는 수동적이 아니다. 그러므로 그 의지는 그렇게 영향을 받고 통제를 받을 수가 없다.

답변. 여기 제시된 결론이 옳지 않다. 의지에게 가능한 행동들에 대한 주 전제에 충분하고도 확실한 내용이 제시되어 있지 않기 때문이다. 의지는 하나님께서 행사하시는 영향을 저항할 수 있을 뿐 아니라, 또한 그 자신의 결정을 통하여 하나님께 복종하고 그의 성령의 제의와 영향력에 동의할 능력도 있기 때문이다. 그러나 이를 행함에 있어서, 의지는 수동적일 뿐 아니라 능동적이기도 하며, 동의하고 복종하는 힘이 그 자체로부터 오는 것이 아니라 성령의 은혜로부터 오는 것일지라도, 의지가 자기 스스로 행동하는 것이다.

반론 4. 하나님의 뜻을 저항하는 것은 그 뜻에 다스림을 받지 않는다. 사람의 의지는 여러 가지 일들에서 하나님을 거역하고 저항한다. 그러므로 그 의지는 하나님의 다스림을 받는 것이 아니다.

답변. 주 전제를 하나님의 은밀하신 뜻과 계시된 뜻 모두를 다 포함하는 의미로 본다면, 주 전제는 참이다. 그러나 소 전제는 표현되고 계시된 하나님의 뜻만을 포괄할 뿐이다. 하나님의 뜻의 은밀한 작정들은 심지어 하나님의 계명들을 지극히 격렬하게 저항하는 자들까지도 포함하여 모든 사람들이 언제나 복종하고 이행하는 것이다.

반론 5. 만일 악한 자들까지도 포함하여, 사람의 모든 결정들이 하나님의 뜻에서 비롯되고 그 뜻의 통제를 받는다면, 그리고 그런데도 불구하고 많은 사람들이 죄악되다면, 하나님께서 죄의 원인인 것 같아 보인다.

답변. 소 전제에 우발성의 오류가 있다. 악인들의 결정들이 죄악된 것은 그것들이 하나님의 뜻에 의해서 정해지고 그 뜻에게서 나오기 때문이 아니라, 그것들이 마귀들과 사람들에게서 오는 것들이기 때문이다. 마귀들과 사람들은 하나님의 뜻을 알지 못하는 상태로 그런 결정들을 하기도 하거니와, 하나님께 복종하고 그를 영화롭게 하고자 하는 의도를 갖고서 그런 결정을 행하는 것이 아닌 것이다.

3. 인간의 의지에 자유가 있는가?

사람에게 의지의 특정한 자유가 있다는 것은 다음의 사실들에서 입증된다: 1. 사람이 하나님의 형상대로 창조되었으며, 자유 의지가 그 형상의 일부라는 사실에서: "하나님이 이르시되, 우리의 형상을 따라 우리의 모양대로 우리가 사람을 만들고"(창 1:26), "태초에 주님께서 인간을 만드셨을 때 인간은 자유 의지를 갖도록 하셨다"(집회서 15:14). 2. 사람에게 속한 자유의 정의에서. 사람은 자신이 생각하여 행동하며, 이것저것들을 자유로이 알고 바라거나 거부하기 때문이다. 이 정의가 사람의 본성과 일치한다면, 그 정의로써 표현되고 정의되는 그것 역시 사람에게 속하는 것이 분명하다.

반론 1. 사람이 의지의 자유를 소유한 것이라면, 원죄의 교리가 무너진다. 사람이 하나님께 복종할 능력이 없다고 말하면서 동시에 그에게 의지의 자유가 있다고 주장하는 것은 모순이기 때문이다.

답변. 이것은 합당치 않은 논리다. 왜냐하면 타락 이후 사람은 부분적으로만 의지의 자유를 소유하고 있으며, 타락 이전과 같은 종류의 자유를 같은 정도로 지니고 있는 것이 아니기 때문이다.

반론 2. 선과 악을 동등한 상태에서 선택할 수 있는 의지가 없는 자는 자유 의지를 소유한 것이 아니다. 그런데 타락 이후 사람에게는 선과 악을 동등하게 선택할 수 있는 의지가 없다. 그러므로 사람은 의지의 자유를 소유한 것이 아니다.

답변. 우리는 주 전제를 받아들일 수 없다. 자유의 정의가 올바르지 않기 때문이다. 그 정의에 따르면, 하나님 자신도 의지의 자유를 소유하시지 못한 것이 되기 때문이다.

반론 3. 다른 존재에게 의존하는 것은 자유로운 것이 아니다. 우리의 의지는 다른 존재에게 의존한다. 그러므로 그것은 자유롭지 못하다.

답변. 주 전제를 다음과 같이 세분해야 한다. 다른 존재에게 의존하며 다스림을 받으면서, 동시에 자기 자신에게도 의존하고 다스림 받지 않는 것은 자유로운 것이 아니다. 그러나 사람의 의지는 다른 존재에게 다스림을 받고 동시에 자기 자신에게도 다스림을 받는다. 하나님께서는 사람에게 영향을 미치시되, 억지로 강요하여 끌려가도록 하시는 것이 아니라 지극히 자유롭게 따르도록 하시므로, 사람이 스스로 움직인다고 말할 수 있다. 오직 자기 자신에 의해서만 움직이는 존재나 의지는 오직 하나님께만 있다. 하나님만이 무한한 자유를 소유하시는 것이다. 그러나 동시에 사람에게 속한 자유에 대해서도, 그가 무엇을 뜻하든 그가 자유롭게 뜻하며, 자기 자신의 적절한 결정에 의해서 그렇게 하는 것이라고 말할 수 있는 것이다.

반론 4. 뭔가에 속박을 받는 것은 자유롭지 못하다. 우리의 선택 능력은 타락 이후 속박을 받는 상태다. 그러므로 그것은 자유롭지 못하다.

답변. 여기서 **자유롭다**는 것이, 선하고 하나님을 기쁘시게 하는 것을 선택하는 능력을 지닌 상태를 의미한다면, 이 반론을 받아들일 수 있다. 왜냐하면 현재 인간의 의지가 속박 상태에 있어서 오로지 악한 것만을 뜻하고 선택할 수 있기 때문이다. "나는 육신에 속하여 죄 아래에 팔렸도다"(롬 7:14). 그러나 만일 **자유롭다**는 것이 "자의적이다", 혹은 "자신의 의도대로 행한다"는 뜻이라면, 주 전제는 그릇된 것이다. 의지가 속박을 받기 때문에 자유가 없는 것이 아니고, 의지 자체가 스스로를 제한시켜 자유를 시행하지 못하게 하는 것이기 때문이다.

4. 사람에게 어떤 종류의 의지의 자유가 있는가, 혹은 사람의 사중 상태에 따라 자유 의지의 정도가 얼마나 있는가?

우리가 우리 자신에 대해 정당한 지식을 갖기 위해서는, 이 주제를 논할 때에 다음의 질문들에 대해 살펴보는 것이 필요하다. 사람이 타락 이전에 소유했던 의지의 자유는 무엇이었고 또한 그것은 얼마나 컸는가? 타락 이후에는 과연 의지의 자유가 사람에게 있는가, 아니면 전혀 없는가? 있다면 무엇이 있는가? 그것이 우리에게 회복되는가? 회복된다면 어떤 식으로, 어느 정도까지 회복되는가? 사람의 사중(四重) 상태 — 타락하지 않은 상태, 타락한 상태, 중생(重生)한 상태, 영화(榮化)된 상태 — 에 따라서 자유 의지의 정도를 논하고 또한 그것에 따라 구분하는 것이 가장 정확하다는 증거가 어디에 있는가? 즉, 타락 이전에는 의지의 자유가 어떤 종류가 있었고 또한 얼마나 컸으며, 타락 이후 중생 이전에는 이 자유가 어떤 상태이며, 중생한 자에게는 어떤 의지의 자유가 있으며, 또한 장차 영화롭게 된 상태에서는 그 자유가 어떻게 될 것인가 하는 것이다.

먼저 자유의 **첫째 단계**로서 타락 이전에 사람에게 속해 있던 자유에 대해 살펴보기로 하자. 이것은 하나님을 완전히 아는 지식으로 각성되어 있는 정신과, 또한 자의적인 행위와 경향으로 하나님께 전적으로 복종하고자 하는 의지에 있었다. 그러나 그 의지는 이런 지식과 복종이 확고한 것이 아니어서, 사람을 속여 타락에 이르게 할 목적으로 겉보기에 선한 것을 제시하면 언제든 자의로 타락할 소지가 있는 것이었다. 즉, 사람의 의지는 선과 악을 선택할 자유가 있었다. 아니면 자유로이 선을 택할 수 있으나, 동일한 방식으로 악을 택할 수도 있었다. 하나님의 보존하심을 받아 계속해서 선한 상태 속에 있을 수도 있으나, 또한 하나님께서 버리시면, 악한 상태로 기울어져 거기에 떨어질 수도 있었다. 계속해서 선한 상태 속에 있을 수도 있었다는 것은 사람이 창조 때에 부여받은 하나님의 형상의 완전함을 생각함으로써 확증된다. 그리고 악한 상태로 기울어져 거기에 떨어질 수 있었다는 것은 타락의 사건 그 자체에서, 그리고 다음의 성경의 증언에서 분명히 드러난다: "하나님은 사람을 정직하게 지으셨으나 사람이 많은 꾀들을 낸 것이니라" (전 7:29), "하나님이 모든 사람을 순종하지 아니하는 가운데 가두어 두심은 모든 사람에게 긍휼을 베풀려 하심이로다" (롬 11:32). 방금 인용한 그 본문에서 바울은 하나님께서 그 깊으신 지혜로 첫 사람을 타락의 가능성을 뛰어넘는 상태에 두지 않으셨고, 마귀에게 유혹을 받지 않아 죄를 범하는 일이 없을 정도로 은혜의 큰 분량을 사람에게 베풀지도 않으셨고, 오히려 그가 유혹을 받아 죄와 사망에게로 타락하도록 허용하셨고, 그리하여 이 전면적인 멸망에서 구원받을 모든 사람들이 오직 하나님의 긍휼하심으로 말미암아 구원함을 받도록 하셨음을 확증하고 있는 것이다. 이러한 사실은 다음의 명백한 논지로도 입증된다. 곧, 하나님의 영원하고도 지극히 지혜로우신 작정이 없이는 아무 일도 행해질 수 없다면, 우리의 시조들의 타락도 분명 그 작정 속에 있었을 것이라는 것이다. 하나님께서 태초부터 그가 지으신 피조물 가운데 가장 중요한 부분인 인류에 관하여 자신이 행하실 일을 완전히 결정해 놓으셨으니 말이다.

둘째 단계는 부패한 부모에게서 출생하여 아직 중생하지 않은 상태에 있는 타락한 사람에게 속한 자유로운 선택의 능력이다. 이 상태에서는 의지가 자유로이 행동하지만, 그러나 오로지 악한 것에게로만 이끌리고 그것만을 지향하며, 죄밖에는 아무것도 행할 수가 없다. 그 이유는 타락으로 인하여 하나님을 아는 지식과 복종에 이끌리는 모든 경향이 사라졌기 때문이며, 또한 게다가 하나님에 대한 무지 (無知)와 그를 향한 반감(反感)이 이어져서, 성령으로 말미암아 중생하지 않는 한 사람이 그 상태로부터 벗어날 수가 없게 되었기 때문이다. 요컨대, 타락 이후 중생하지 않은 상태에서는 사람에게 악한 것만을 선택하는 성향이 있다는 것이다. 타락 이후의 이러한 인간 본성의 무지와 부패에 대해서 성경은 이렇게 말씀하고 있다: "사람의 죄악이 세상에 가득함과 그의 마음으로 생각하는 모든 계획이 항상 악할 뿐임을 보시고"(창 6:5), "구스 인이 그의 피부를, 표범이 그의 반점을 변하게 할 수 있느냐? 할 수 있을진대 악에 익숙한 너희도 선을 행할 수 있으리라"(렘 13:23), "그는 허물과 죄로 죽었던 너희를 살리셨도다. … 우리도 … 다른 이들과 같이 본질상 진노의 자녀이었더니"(엡 2:1, 3), "못된 나무가 아름다운 열매를 맺을 수 없느니라"(마 7:18), "우리가 무슨 일에든지 우리에게서 난 것 같이 스스로 만족할 것이 아니니"(고후 3:5). 이러한 하나님의 말씀의 명백한 증언들은 사람의 모든 경험과 완전히 일치한다. 중생하지 않은 상태에 있는 한, 선한 일을 행하고자 하는 의지의 자유도, 거기에 이끌리는 것도 우리에게 없으며, 그 대신 악한 것에게로 항상 이끌린다는 것을 양심이 선언하는 것이다. "나를 이끌어 돌이키소서 그리하시면 내가 돌아오겠나이다"(렘 31:18). 그러므로, 본질상 그 어느 누구에게도 하나님을 향한 사랑이 없으며, 이런 상태에서는 그 어느 누구도 하나님을 섬기고자 하는 바람도 그것에 기울어지는 것도 없는 것이다.

반론 1. 에라스무스(Erasmus)가 루터(Luther)에게 말한 것처럼, 도둑질하지 못하도록 손을 금하는 것처럼 쉬운 일이 없다. 또한 소크라테스나 아리스티데스 (Aristides) 등 탁월한 일들을 많이 행했고 많은 덕성을 보여준 인물들이 많다. 그러므로 그런 사람들의 경우에는 중생하기 이전이라도 선한 것을 자유로이 행할 수 있는 선택의 능력이 있었던 것이 분명하다.

답변. 이것은 자유로운 선택의 능력에 대한 불완전한 정의이며, 선행의 본질에 대해서나 혹은 선한 일을 행하는 자유, 즉 하나님께서 받으실 만한 복종을 드리는 능력에 대한 정의로서 불완전한 것이다. 중생하지 못한 자들에게는 그런 능력이 없다. 그러므로 겉으로 드러나는 행위로는 그들이 도둑질을 금할지 모르나, 마음의 욕망과 성향으로는 그들이 여전히 도둑질의 죄를 짓고 있는 것이다. 뿐만 아니라, 이처럼 겉으로 드러나는 덕성조차도 하나님으로부터 비롯된 것이다. 그는 자신의 섭리로 심지어 악인들의 마음까지도 통제하시며, 본성적으로 죄를 범하도록 되어 있는 그들을 억제시키심으로써 그런 일이 발생하지 않도록 하시는 것이다. 그러나 그렇다고 해서, 그들이 하나님께서 기뻐하시는 진정한 내적인 순종을 시작하는 일이 쉬운 것처럼 생각한다면, 그것은 그릇된 것이다. 그러한 순종은 오직 성령으로 말미암아 중생한 자들만이 행할 수 있는 것이다.

반론 2. 율법이 지정하고 명령하는 행위들은 선한 것들이다. 이교도들도 이런 행위들 가운데 많은 것들을 행한다. 그러므로 그들이 중생하지 않았는데도 그들의 행위는 선하며, 따라서 그들은 선을 선택할 수 있는 자유를 소유한 것이 틀림없다.

답변. 다음과 같이 구분하여 생각해야 한다. 율법이 지정하고 명령하는 행위들은 그것들 자체로 보면 선한 것들이다. 그러나 중생하지 않은 자들이 그 행위들을 행할 때에는 우발적으로 그것들이 악하게 된다. 왜냐하면 하나님께서 요구하시는 방식과 의도를 갖고 행하는 것이 아니기 때문이다.

반론 3. 하나님께서 우리가 무슨 일을 행하기를 바라신다면, 우리가 그 일을 행할 능력이 우리에게 있는 것이 된다. 하나님께서는 우리가 우리의 복지에 도움이 될 일을 행하기를 바라신다. 그러므로, 우리는 스스로 선한 일을 행할 능력이 있는 것이요, 따라서 성령의 은혜와 영향력이 필요 없다.

답변. 이 삼단논법에는 부정확한 추론들이 나타나며, 이는 "바란다"는 단어의 애매함에서 비롯되는 것이다. 주 전제에서는 그 단어가 일상적인 의미로 사용되고, 소 전제에서는 부당하게 사용된다. 여기서 하나님께서 바라신다고 말씀하는데, 이는 물론 비유적인 표현이기는 하나, 그가 사람의 방식에 영향을 받는 것처럼 묘사하고 있기 때문이다. 그러므로 주 전제의 명제와 소 전제의 명제는 서로 종류가 다른 것이다. 하나님께서는 두 가지에 대해서 바라신다. 첫째로, 그 자신의 계명들과 초청들에 대해서 바라시며, 둘째로, 그가 그의 피조물들을 향하여 지니신 사랑에 대해서와 또한 멸망할 자들의 고통들에 대해서 바라신다. 그러나 그의 정의의 시행에 대해서 바라시는 것은 아니다.

재반론. 다른 이들더러 선한 일을 행하라고 초청하며 또한 그들의 선한 행실에 대해 기뻐하는 자는 그런 일을 행하는 능력이 그들에게 있고 초청하는 자신에게 있지 않다는 것을 선언하는 것이다. 그런데 하나님께서는 우리더러 선한 일을 행하라고 초청하시며, 또한 우리가 그렇게 행할 때에 우리의 행실을 인정하신다. 그러므로, 선을 행하는 능력이 우리에게 있는 것이다.

답변. 우리는 소 전제를 인정할 수 없다. 하나님께서는 초청하시기만 하는 것이 아니기 때문이다. 우리의 의지가 선을 행하는 일에 동의하는 것이 필수적인데, 하나님께서 그 의지를 그런 방향으로 기울도록 하시지 않는 한 의지는 그런 일에 동의하지 않는 법이다.

반론 4. 중생하기 전에는 사람이 죄를 행할 수밖에 없다면, 하나님께서는 우리를 부당하게 벌하시는 것 같다.

답변. 필연에 의해서 죄를 범하는 자를 벌한다는 것은 부당한 일이다. 단, 이것은 이처럼 죄를 범하는 필연성을 그 자신이 초래한 것이 아닐 경우에만 해당된다. 그런데 이처럼 죄를 범하는 필연성을 우리 스스로 우리의 시조 안에서 초래하였고 또한 그들의 모범을 그대로 따라서 동일한 일을 행하고 있으니, 우리가 형벌을 받는 것은 정당한 일이다.(자유 의지를 주장하는 자들이 흔히 제기하는 다른 반론들에 대해서는 우르시누스, 제1권 245면을 보라.)

자유로운 선택의 능력의 **셋째 단계**는 중생하였으나 아직 완전한 영화된 상태에 있지 않은 사람에게 속한다. 이 상태에서도 의지가 그 자유를 사용하는데, 중생하기 이전의 사람의 경우와 똑같이 악한 일을 행할 뿐 아니라, 선한 일도 행한다. 의지가 선한 일을 행하는 것은, 성령께서 그의 특별하신 은혜로 하나님의 말씀을 통하여 사람의 본성을 새롭게 하셨고, 지성 속에 새로운 빛과 지식을 밝히셨고, 마음과 의지 속에 하나님의 법과 조화를 이루는 새로운 소원과 성향을 일깨우셨기 때문이요, 또한 성령께서 이러한 지식과 또한 이러한 소원과 성향에 일치하는 일들을 행하도록 의지를 효과적으로 기울게 하시기 때문이다. 이렇게 해서 의지가 하나님께서 받으실 만한 것을 뜻하는 능력을 회복하며, 또한 그 능력을 사용하여 하나님께 순종하기를 시작하는 것이다. 다음의 말씀들이 이를 선언하고 있다: "네 하나님 여호와께서 네 마음과 네 자손의 마음에 할례를 베푸사 네게 마음을 다하며 뜻을 다하여 네 하나님 여호와를 사랑하게 하사 네게 생명을 얻게 하실 것이며"(신 30:6), "새 영을 너희 속에 두고 새 마음을 너희에게 주되 너희 육신에서 굳은 마음을 제거하고 부드러운 마음을 줄 것이며"(겔 36:26), "주는 영이시니 주의 영이 계신 곳에는 자유가 있느니라"(고후 3:17), "하나님으로부터 난 자마다 죄를 짓지 아니하나니"(요일 3:9). 이 셋째 단계에서 의지가 선한 일과 악한 일을 모두 선택하고 행하는 이유들은 다음과 같다: 1. 중생한 자들의 정신과 의지가 금생에서는 완전하게 새로워지지 않기 때문이다. 아무리 훌륭한 신자라도 육체를 입고 있는 한 그들에게는 부패성의 잔재들이 많이 남아 있으므로, 그들이 행하는 행위들이 불완전하며 죄로 얼룩져 있는 것이다. "내 속 곧 내 육신에 선한 것이 거하지 아니하는 줄을 아노니"(롬 7:18). 2. 중생한 자들이 항상 성령의 지배를 받는 것이 아니고, 때로는 그들을 시험하시거나 그들을 낮추시기 위하여 하나님께서 일시적으로 그들을 버려 두기도 하시기 때문이다. 그러나 그렇게 한동안 그들 스스로 내버려져 있더라도, 최종적으로 멸망하는 법은 없다. 왜냐하면 하나님께서 그의 정하신 때와 방법에 따라서 그들을 다시 부르사 회개하게 하시기 때문이다. "주의 성령을 내게서 거두지 마소서"(시 51:11), "여호와여 어찌하여 우리로 주의 길에서 떠나게 하시며 우리의 마음을 완고하게 하사 주를 경외하지 않게 하시나이까? 원하건대, 주의 종들 곧 주의 기업인 지파들을 위하사 돌아오시옵소서"(사 63:17). 요컨대, 중생 후에는 사람에게 부분적으로는 선을 택하고 부분적으로는 악을 택하는 성향이 있게 된다. 정신과 의지가 조명을 받고 변화되기 때문에 선을 지향하는 성향이 어느 정도 돌아오기 시작하며, 그리하여 새로운 순종이 시작된다. 또한 금생에서는 성도들이 불완전한 상태로밖에는 새로워지지 않기 때문에, 악을 향하는 성향이 남아 있고, 원죄로 인한 갖가지 연약함과 악한 정욕들이 여전히 그들에게서 나타난다. 그러므로 그들이 행하는 선행들은 완전히 선한 상태가 아니다.(재세례파들(Anabaptists)과 그 비슷한 아류들이 여기서 제시하는 바 의인들의 거룩함과 선행들의 불완전함에 대해 흔히 제기하는 반론들에 대해서는 앞에서 언급한 우르시누스의 저작 1권 256면을 참조할 수 있고, 또한 본 요리문답 114문답 해설도 참조할 수 있을 것이다.)

자유로운 선택의 능력의 **넷째 단계**는 이 세상의 삶 이후에 영화(榮化)의 상태에 있는, 혹은 완전히 중생된, 사람에게 속하는 것이다. 이 상태에서는 사람의 의지가 악이 아니라 선만을 선택할 자유를 갖게 된다. 이것은 인간의 의지의 최고의 완전한 자유이며, 이때에 우리는 영원토록 하나님께 완전한 순종을 드릴 것이다. 이 상태에서는 우리가 죄를 범하지 않을 뿐더러 그것을 다른 무엇보다도 혐오하게 될 것이다. 그렇다, 더 이상 우리가 죄를 지을 수 없게 될 것이다. 이에 대해서는 다음과 같은 이유들을 제시할 수 있을 것이다: 첫째로, 하나님을 아는 완전한 지식이 정신 속에 밝아올 것이요, 하나님께 순종하고자 하는 의지의 소원과 마음이 지극히 강하고도 열정적으로 생겨나며, 그리하여 하나님에 대한 무지나 의심이나 최소한의 멸시조차도 존재할 여지가 없어질 것이기 때문이다. 둘째로, 내세(來世)에서는 성도들이 잠시라도 홀로 버려지지 않고 끊임없이 영원토록 성령의 지배를 받게 되므로, 올바른 상태에서 조금이라도 흐트러진다는 것이 불가능하게 될 것이기 때문이다. 그리하여 성경은 "부활 때에는 … 하늘에 있는 천사들과 같으니라"(마 22:30), "우리가 그와 같을" 것이라(요일 3:2)고 말씀하는 것이다. 선한 천사들은 그들이 선하기 때문에 오직 선한 것에게만 이끌린다. 반면에 악한 천사들은 그들이 악하기 때문에 오로지 악한 것에게만 이끌린다. 그러나 우리는 선한 천사들과 같이 될 것이다. 그러므로 우리의 상태는 타락하기 이전의 아담의 상태보다도 훨씬 더 탁월한 상태가 될 것이다. 사실 아담은 완전하게 하나님께 굴복하여 있었다. 그러나 그는 선과 악 모두를 행할 능력을 지니고 있었고, 그리하여 모든 은사들을 받았으나, 하나님으로부터 타락하여 그 은사들을 상실할 가능성이라는 특정한 연약함이 그에게 있었다. 그는 선하였으나, 언제든지 변할 수 있는 상태였던 것이다. 그러나 우리는 오직 선한 것 이외에는 행할 수 없게 될 것이다. 악인들이 악하기 때문에 오로지 악만을 행하게 되는 것처럼, 우리는 불변하도록 선하게 될 것이므로, 오직 선한 것에게만 이끌리며 그것만을 사랑하고 선택하게 될 것이다. 그때에 우리는 의 가운데 완전히 세움 받아 하나님께 완전히 굴복하게 될 것이므로, 하나님으로부터 타락한다는 것이 불가능한 상태가 될 것이다. 그렇다. 그때에는 우리가 악한 일은 결코 뜻할 수 없도록 될 것이다. 왜냐하면 하나님의 은혜로 말미암아 우리의 의지가 선한 것만을 선택하는 그런 완전한 자유의 상태 속에 보존함을 받을 것이기 때문이다.

인간의 자유와 관련하여 지금까지 논의한 사실들을 볼 때에, 우리가 의지의 자유를 빼앗아버린다는 말은 사악한 비방이라는 것이 분명히 드러난다. 그리고 새로움을 입고 영화의 상태에 있는 자들은 오로지 선한 것 외에는 뜻할 수가 없게 되지만, 그들의 선택의 능력은 지금 현재보다도 그 자유의 범위가 훨씬 더 넓어질 것이다. 하나님께서도 오직 선한 것 외에는 뜻하실 수 없지만, 그는 완전한 의지의 자유를 소유하고 계시기 때문이다. 그러므로, 불경건한 자들이나 중생하지 않은 자들이 악한 것 외에는 아무것도 뜻할 능력이 없다고 말한다고 해서, 그것이 그들에게서 선택의 능력을 제거시키는 것이 아닌 것이다. 그들은 자유롭게, 지극히 자유롭게 악을 뜻하고 선택하기 때문이다. 그들의 의지는 오로지 악을 향해서만 기울며 또한 그것만을 지극한 맹렬함으로 행한다. 왜냐하면 그들의 마음속에서 하나님께 대한 미움이 계속해서 작용하기 때문이다. 그러므로, 이미 죄론을 다룰 때에 살펴본 바와 같이, 그들이 아무리 외형적으로 도덕적인 성격을 띤 행위들을 행한다 할지라도 그것들은 모두 하나님 보시기에 악할 뿐이다. 사람에게 속한 자유로운 선택의 능력에 대해서는 이 정도로 그치기로 하자.

9문   하나님께서 사람이 행할 수 없는 것을 그의 율법에서 요구하신다면 그것은 부당한 것이 아닙니까?

답   전혀 그렇지 않습니다. 하나님께서는 그것을 이행할 수 있도록 사람을 지으셨으나, 사람이 마귀의 꾀임에 빠져 고의적으로 불순종함으로써 그 스스로 이 은사들을 빼앗겼으며, 또한 그로 인하여 그 모든 후손도 이 은사들을 빼앗긴 것입니다.

[해 설]

요리문답의 이 부분에는 앞의 질문에서 말하는 바에 대하여 인간의 이성이 제기하는 반론이 들어 있다. 곧, 사람이 중생하기 전에 선한 일을 전혀 할 수 없을 만큼 그렇게 부패한 상태라면, 하나님께서 그의 율법에서 사람에게 완전한 순종을 요구하신다는 것이 부당해 보이기도 하고 또한 헛된 일처럼 보이기도 한다는 것이다. 이러한 반론을 좀 더 충실하게 진술한다면 다음과 같을 것이다: 불가능한 일을 요구하거나 명령하는 자는 부당하다. 하나님께서는 그의 율법에서 사람에게 완전한 순종을 요구하시는데, 이는 사람으로서는 행할 수 없는 것이다. 그러므로 하나님이 부당하신 것처럼 보인다.

이러한 반론에 대해 우리는 다음과 같이 답변할 수 있다. 불가능한 일을 요구하는 자는 부당하다. 그러나 단, 그 요구하는 바를 행할 수 있는 능력을 먼저 주지 않는 경우에 이에 해당되며, 둘째로, 사람이 탐욕을 부려서 그 스스로 이런 불가능의 상태를 초래했을 경우에 이에 해당되며, 마지막으로, 사람이 이행하기에 불가능한 그 요구 사항들이 사람으로 하여금 자신의 무능력을 인정하고 탄식하도록 만들게 하기 위하여 계획된 것일 경우에 이에 해당된다 할 것이다.

그러나 하나님은, 사람을 그의 형상대로 창조하심으로써 그의 율법에서 사람에게 정당하게 요구하시는 그 순종을 행할 능력을 사람에게 주셨다. 그러므로, 사람이 그 자신의 과오와 자유 의지로 자신이 부여받은 이 능력을 저버렸고, 또한 스스로 하나님의 율법에 완전히 순종할 수 없는 그런 상태에 빠져버렸다고 해서, 하나님께서 사람에게 그런 순종을 요구할 권리를 상실하시는 것은 아닌 것이다. 그러므로 하나님께서 우리를 벌하시는 것이 정당한 것이다. 왜냐하면 우리가 그의 명령들을 범함으로써 이 선을 버렸기 때문이요, 또한 하나님께서는 그의 율법을 범할 경우 벌하실 것을 경고하셨기 때문이다.

반론 1. 그러나 우리가 우리 스스로 이 죄를 가져온 것이 아니다.

답변. 우리의 시조가 타락했을 때에, 그들 자신은 물론 그의 모든 후손들이 이 능력을 상실한 것이다. 이는 우리의 시조들이 그들 자신을 위해서와 그들의 후손들을 위해서 그 능력을 부여받은 것과 같은 이치다. 왕이 한 귀족에게 봉토(封土)를 주었는데 그 귀족이 그 왕을 대적하여 반역했을 경우, 그 귀족 자신은 물론 그의 후손들까지도 그 봉토를 상실하고 만다. 이때에 그 왕이 그 귀족의 자녀들에게 그 아버지의 반역으로 인하여 상실한 그 봉토를 돌려주지 않는다고 해서 그것이 그 자녀들을 부당하게 대우하는 것이 아닐 것이다. 그리고 만일 왕이 봉토를 돌려준다면, 그것은 오로지 그 왕의 자비와 긍휼 때문일 것이다.

반론 2. 불가능한 일을 명령하는 자는 헛되이 명령하는 것이다. 하나님께서는 타락 이후 사람이 행하기가 불가능한 일을 명령하신다. 그러므로 그는 헛되이 명령하시는 것이다.

답변. 첫째로, 그가 명령하시는 바를 우리가 이행하지 않는다 할지라도 하나님께서는 헛되이 명령하시는 것이 아니다. 왜냐하면 그의 명령들은 의인들에게와 악인들에게 각기 다른 목적을 지니기 때문이다. 의인들에게 하나님의 명령을 순종하도록 요구하시는 것은 다음의 목적들을 위한 것이다:

1. 그들이 자기들의 연약함과 무능력함을 시인하도록 하기 위함이다: "율법으로는 죄를 깨달음이니라" (롬 3:20).

2. 타락하기 이전의 그들의 상태를 알도록 하기 위함이다.

3. 하나님께 가장 우선적으로 구해야 할 바가 무엇인지를 ─ 즉 그들의 본성을 새롭게 해주시기를 구하여야 한다는 것을 ─ 알도록 하기 위함이다.

4. 그리스도께서 우리를 대신하여 행하신 일을 ─ 즉 그가 우리를 위하여 죄를 보상하셨으며 또한 우리를 중생케 하신다는 것을 ─ 깨닫도록 하기 위함이다.

5. 우리가 하나님께 새롭게 순종하기를 시작하도록 하기 위함이다. 구속의 은택을 보게 하여 우리가 하나님을 향하여 어떻게 행하여야 할 것을 율법이 가르쳐 주기 때문이다.

악인들에게 순종을 요구하시는 것은 다음의 목적들을 위함이다:

1. 그들을 정죄하는 데에서 하나님의 정의가 드러나도록 하기 위함이다. 왜냐하면 그들이 행하여야 할 바를 스스로 알면서도 행하지 않으므로 그들이 정죄를 당하는 것이 정당하기 때문이다. "주인의 뜻을 알고도 준비하지 아니하고 그 뜻대로 행하지 아니한 종은 많이 맞을 것이요"(눅 12:47).

2. 외형적인 선한 모습과 질서가 보존되도록 하기 위함이다.

3. 하나님께서 구원하고자 계획하신 자들로 하여금 회심하도록 하기 위함이다.

둘째로, 우리의 답변은 이 삼단논법의 주 전제에 다음과 같은 단서를 붙여야 한다는 것이다: 불가능한 일들을 명령하는 자는 헛되이 명령하는 것이라는 명제는, 그 명령하는 자가 동시에 능력을 주지 않을 경우에만 해당된다는 것이다. 그러나 하나님께서는 택한 자들에게 명령하실 때에 그들에게 순종할 수 있는 능력을 베풀어주시며 또한 복음으로 말미암아 그들 속에서 순종이 시작되도록 하시고, 또한 결국 그 순종을 완성시키시는 것이다.

아우구스티누스는 이렇게 말한다: "주여, 주께서 명령하시는 바를 주시며, 주께서 뜻하시는 바를 명령하시며, 그리하여 주께서 헛되이 명령하시지 마옵소서"(*De bono persever.* cap. 10). 그러므로 이 불가능한 요구야말로 가장 큰 은덕이다. 그것이 우리로 하여금 우리에게 요구되는 바에 순종할 수 있는 능력을 갖도록 이끌어 주기 때문이다.

────────

10문 하나님께서는 그런 불순종과 배도(背道)를 범하지 않은 채로 그냥 두시겠습니까?

답 결코 그렇지 않습니다. 하나님은 우리의 원죄(原罪)와 자범죄(自犯罪)에 대해 심히 진노하시며, 그리하여 그가 친히 "누구든지 율법 책에 기록된 대로 모든 일을 항상 행하지 아니하는 자는 저주 아래에 있는 자라"고 선언하신 대로, 이 땅에서 그리고 영원토록 의로운 심판으로 그들을 벌하실 것입니다.

[해 설]

이 질문에 대해 해설할 때에, 사람의 비참함의 다른 이면(裏面)이 되는 형벌의 지극함을 살펴보아야 한다. 이와 관련해서 우리는 하나님께서 죄를 지극히 심하게, 정의롭게, 확실하게 벌하신다는 것을 배우게 된다. 그는 죄를 **지극히 심하게** 현재의 형벌과 영원한 형벌로써 벌하신다. 죄란 무한히 선하신 그분을 대적하여 저지른 것으로 위중하고도 큰 것이기 때문이다. 그는 죄를 **지극히 정의롭게** 벌하신다. 왜냐하면 지극히 사소한 범죄를 포함하여 모든 죄는 하나님의 율법을 거스르는 것이며, 따라서 하나님의 정의로운 질서에 따라 영원한 형벌과 하나님으로부터 내어쫓김을 당해 마땅하기 때문이다. 그는 죄를 **지극히 확실하게** 벌하신다. 하나님은 진실하시므로 그의 율법이 선언하는 다음의 선고를 변경하시지 않기 때문이다: "누구든지 율법 책에 기록된 대로 모든 일을 항상 행하지 아니하는 자는 저주 아래에 있는 자라"(갈 3:10).

반론 1. 그러나 악인이 금생에서 번영을 누리며, 형벌을 받지 않고 많은 일들을 행하는 경우가 많다. 그러므로 모든 죄가 형벌을 받는 것이 아니다.

답변. 결국에는 그들이 형벌을 받을 것이다. 심지어 금생에서도 형벌을 받는다. 1. 악인이 양심의 찔림으로 고통을 당한다. 2. 또한 가장 열심히 기쁨으로 사용하는 것들에서 벌을 받는다. 이것을 덜 알수록, 또한 그들 스스로 형벌을 받는다는 것을 덜 인정할수록, 그 형벌이 더하다. 3. 또한 다른 무거운 형벌들을 받는 경우도 많다. 그러나 내세에서 받을 형벌이 더욱더 처참하다. 거기서는 영원한 죽음으로 형벌을 받게 될 것이다.

반론 2. 하나님께서는 악도 죽음도 창조하지 않으셨다. 그러므로 그는 죄를 그렇게까지 극심하게 벌하지 않으실 것이다.

답변. 물론 하나님께서 태초에 그것들을 창조하지는 않으셨다. 그러나 사람이 죄를 범하자, 그는 그의 정의로운 심판의 일환으로 죄인들에게 죽음을 부여하셨다. 그리고 이는 다음과 같은 경고에 근거한 것이었다: "네가 먹는 날에는 반드시 죽으리라"(창 2:17), "여호와의 행하심이 없는데 재앙이 어찌 성읍에 임하겠느냐?"(암 3:6).

반론 3. 하나님께서 죄를 현재의 형벌과 영원한 형벌로 벌하신다면, 그는 동일한 범죄에 대해 두 번씩이나 벌하시는 것이며, 이는 정의롭지 못한 것이다. 그러나 그는 정의로우사 동일한 범죄를 두 번씩 벌하지 않으신다. 그러므로 그는 현재의 형벌과 영원한 형벌로 벌하지 않으실 것이다.

답변. 우리는 주 전제를 받아들일 수 없다. 하나님께서 악인에게 금생과 내생에서 가하시는 형벌은 여러 부분들로 되어 있으나 모두가 하나의 형벌이기 때문이다. 현재의 형벌은 영원한 형벌의 시작 이외에 아무것도 아니다. 그 형벌이 영원한 형벌과 분리되거나, 그 자체로서 완전한 것이 아니다. 왜냐하면 그것으로 하나님의 정의를 만족시키기에 충족하지 못하기 때문이다.

반론 4. 성격이 다른 죄들은 동등한 형벌로 벌받지 않는 법이다. 그러므로 모든 죄들이 다 영원한 형벌로 벌을 받는 것이 아니다.

답변. 전제의 내용이 결론 부분에서 과도하게 비약되고 있다. 오히려 "그러므로 모든 죄들이 다 동등한 형벌로 벌받지 않는다"고 해야 옳다. 그러나 모든 죄는, 지극히 사소한 죄라도, 영원한 형벌을 받아 마땅하다. 왜냐하면 모든 죄들이 무한히 선하시고 영원히 선하신 하나님을 거역하는 것이기 때문이다. 그러므로 모든 죄들이 그 기간에 있어서는 동등하게 형벌을 받는다. 그러나 그 형벌의 경중(輕重)에는 차이가 있다. 무거운 죄들은 극심한 형벌을 영원토록 받을 것이나, 가벼운 죄들은 좀 더 가벼운 형벌을 영원토록 받을 것이다.

반론 5. 그러나 만일 하나님이 영원한 형벌로 죄를 벌하신다면, 우리 모두가 멸망하든지 아니면 하나님의 정의가 만족되지 못하든지 둘 중의 하나의 결과밖에는 없을 것이다.

답변. 만일 하나님께서 죄를 우리에게 벌하신다면, 우리 모두가 반드시 영원토록 멸망하게 되는 것이 사실이다. 그러나 하나님께서는 우리의 죄에 대해서 우리에게 영원한 형벌로 벌하지 않으시며, 그러면서도 그의 정의를 해치지도 않으신다. 하나님께서는 영원한 형벌과 동등한 형벌을 그리스도께 가하심으로써 그리스도 안에서 우리 죄에 대해 보상을 받으셨기 때문이다.

반론 6. 그러나 만일 하나님께서 우리 죄를 그리스도에게 지우시고 그를 벌하셨다면, 그가 과연 정의로우시다면 우리에게는 더 이상 형벌을 가하시지 말아야 옳을 것이며, 따라서 의인이 금생에 환난을 당하는 것은 부당하다.

답변. 의인이 금생에 당하는 환난은 죄에 대한 형벌이나 배상으로 보아서는 안 된다. 그것은 그들을 낮추시기 위하여 아버지께서 베푸시는 징계인 것이다. 그러므로 이제 다음 요리문답을 해설하는 중에 환난에 대해서 논할 필요가 생기는 것이다.

환난에 대하여

11문   그러나 하나님은 자비로우신 분이 아니십니까?

답   물론 하나님은 자비로우신 분이지만, 그는 또한 공의로우신 분입니다. 그러므로 하나님의 지극히 높으신 위엄을 거슬러 범하는 죄를 극형으로, 즉 몸과 영혼을 영원히 벌하는 것으로 다스릴 것을 그의 공의가 요구하는 것입니다.

[해 설]

여기서 앞의 질문에서 가르치는 사실, 즉 하나님께서 모든 죄를 영원한 형벌로 벌하신다는 가르침에 대해 하나의 반론이 제기된다. 그 반론은 곧, 지극히 자비로우신 하나님께서는 그의 정의를 지나치게 심하게 요구하실 리가 없다는 것이다. 하나님은 가장 자비로우신 분이다. 그러므로 그는 그의 극심한 정의의 요구들을 모두 관철시키지 않으실 것이며, 따라서 죄를 영원한 형벌로 벌하지 않으실 것이라는 것이다.

이 반론의 주 전제에 대해서 우리는 다음과 같이 답한다: 하나님께서 자비로우시니 그의 요구 사항들에서 관대하신 것이 당연한 일이다. 그러나 그는 동시에 무한히 정의로우시므로 그의 정의를 그르치시는 법이 없다. 그는 무한히 자비로우신 만큼 그는 무한히 정의로우신 것이다. 그러므로 그는 자신의 정의를 거스르지 않도록 하는 방식으로 그의 자비하심을 발휘하실 것이다. 그런데, 죄는 하나님의 지극히 높으신 위엄을 거슬러 저질러진 것이므로 하나님의 정의는 그것을 극심한 형벌로, 즉 몸과 영혼 모두에 대한 영원한 형벌로 벌할 것을 요구하며, 또한 범죄와 그 형벌이 서로 균형이 맞도록 벌할 것을 요구하는 것이다. 범죄는 모두가 큰 것이요, 또한 그것이 하나님의 위엄을 거슬렀으니 거기에 걸맞도록 형벌을 받아 마땅한 것이다. 이에 대해서 다음의 반론을 주목할 필요가 있다.

반론. 자신의 권리를 철저하게 따지는 자에게서는 관용을 기대할 여지가 전혀 없다. 하나님께서는 자신의 권리를 철저하게 따지신다. 그러므로 그에게는 관용이란 없다. 혹은 이 반론을 다음과 같이 진술할 수도 있을 것이다: 자신의 권리에 대하여 아무것도 양보하지 않는 자는 자비로운 자가 아니고, 오로지 정의롭기만한 자다. 하나님께서는 자신의 권리에 대하여 아무것도 양보하지 않으신다. 그는 모든 죄를 정의가 요구하는 바와 일치하는 형벌로써 벌하시기 때문이다.

답변. 우리는 소 전제를 인정할 수 없다. 물론 하나님께서 죄를 영원한 형벌로 벌하시기는 하지만, 자신의 권리에 대해서 많은 것을 양보하시기 때문이다. 예를 들어서, 그는 유기(遺棄)된 자들에 대해서 큰 관용을 베푸신다. 그들이 받아 마땅한 형벌을 뒤로 미루시고 그들이 회개하도록 강력하고도 힘있는 동기들로써 그들을 초청하시기 때문이다. 그리고 내세에서 그들에게 가해질 형벌도 그들에게 합당한 것보다는 가벼울 것이다. 마찬가지로 하나님께서는 신실한 자들에 대해서도 큰 자비를 베푸신다. 어떤 법에 매이거나 혹은 우리편에서 제시하는 공로에 근거하지 않고 오직 그의 자비하심으로 말미암아, 그의 아들을 주사 우리를 대신하여 그에게 형벌을 지우셨기 때문이다.

또한 만일 주 전제가, 자신의 정의를 손상하지 않고도 자비를 베푸는 방법을 발견할 만한 지혜가 있으신 분에게나 혹은 자신의 정의를 시행할 때에 사람의 멸망을 기뻐하지 않고 오히려 구원받기를 바라시는 분에게도 적용된다면, 그것도 인정할 수 없다. 마치 재판관이 형벌을 받아 마땅한 강도에게 벌을 선고하면서도 그가 형벌을 받는 것을 기뻐하지 않고, 법의 요구를 정확하게 집행하는 것처럼 보이면서도 크게 관용을 베풀 듯이, 하나님께서도 죄를 심판으로 벌하시면서도 훨씬 더한 관용을 베푸시는 것이다. 그는 악인의 멸망을 기뻐하지 않으시고(겔 18:23; 33:11), 우리가 당해 마땅한 형벌을 그의 아들에게 담당시키심으로써 우리를 향하여 그의 자비와 긍휼을 보여주신 것이다.

환난과 관련하여 다음 세 가지 질문에 특별히 주의를 기울여야 할 것이다:

1. 환난에는 몇 가지 종류가 있는가?
2. 환난의 원인들은 무엇인가?
3. 환난을 당할 때에 어떤 위로들이 있는가?

1. 환난에는 몇 가지 종류가 있는가?

환난에는 두 종류가 있다. 일시적인 것과 영원한 것이 그것이다. **영원한 환난**은 몸과 영혼에게 임하는 영구한 고통들로서, 마귀들과 또한 금생에서 하나님께 회심하지 않은 악인들이 당할 최종적인 몫이다. 이를 가리켜 성경은 지옥, 고통, 꺼지지 않는 불, 죽지 아니하는 벌레, 영원한 죽음 등으로 부르는데, 이는 그 고통들이 영원히 지속되며 또한 절대로 죽지는 않으면서도 항상 죽어가는 자들이 그런 고통을 경험하기 때문이다. 영원한 죽음의 성격이 바로 항상 죽어가면서도 절대로 죽지 않는 것에 있으며, 혹은 죽음의 상태가 영원히 계속되면서 지옥의 괴로움과 고통들이 무한히 가중되는 것에 있게 될 것이다. 영원한 형벌에 대한 성경의 몇 가지 선언들을 들어보면 다음과 같다: "그 벌레가 죽지 아니하며 그 불이 꺼지지 아니하여"(사 66:24), "장애인으로 영생에 들어가는 것이 두 손을 가지고 지옥 곧 꺼지지 않는 불에 들어가는 것보다 나으니라"(막 9:43), "저주를 받은 자들아 나를 떠나 마귀와 그 사자들을 위하여 예비된 영원한 불에 들어가라"(마 25:41), "또 의인이 겨우 구원을 받으면 경건하지 아니한 자와 죄인은 어디에 서리요?"(벧전 4:18).

이런 형태의 형벌이 필수적인 이유는 다음의 사실에서 분명히 드러난다: 무한히 선하신 하나님을 거슬러 저지른 죄에 대해서는 무한한 형벌과 보상이 요구되며, 이는 금생에서 당하는 환난만으로는 충족될 수 없다. 그런 것으로는 하나님의 무한하고 영원한 정의를 만족시킬 수 없는 것이다.

영원한 형벌이 영혼과 몸 모두를 포함한다는 사실을 그리스도께서는 분명하게 단언하신 바 있다: "오직 몸과 영혼을 능히 지옥에 멸하실 수 있는 이를 두려워하라"(마 10:28). 영혼은 죄의 원천이요, 이성이 없는 몸은 영혼의 지시대로 시행한다. 그러므로 영혼과 몸 모두가 죄를 범하는 일에 개입된다. 영혼은 죄를 범하는 장본인이요 몸은 영혼의 도구로서 범죄에 가담하는 것이다.

반론. 지극히 자비로우신 분은 그의 피조물들에게 영원한 고통을 가하시기는커녕 피조물들이 그런 고통을 당하는 것을 바라보실 수도 없다. 하나님의 자비하심은 무한히 크고 우리의 죄를 능가한다. 그러므로 그는 그의 피조물들에게 영원한 고통을 가하실 수도, 그것을 바라보실 수도 없다.

답변. 무한히 정의롭지는 않으시고 그저 무한히 자비롭기만 하신 분에 대해서라면 이 반론이 그대로 성립할 것이다. 그러나 하나님의 속성에는 이 두 가지 모두가 포함되므로, 하나님께 관한 한 이 반론은 힘을 잃어버린다.

질병, 가난, 치욕, 비방, 압박, 유배, 전쟁, 그리고 금생의 기타 비참한 현상 등이 일시적인 죽음 그 자체와 더불어 **일시적인 환난**에 속하는데, 이 환난은 의인과 악인 모두에게 공통적으로 찾아온다. 이 환난들은 형벌일 수도 있고, 혹은 십자가일 수도 있다.

금생의 환난이 **형벌**로서 오는 경우도 있는데, 이는 죄책을 진 자들에게 파멸과 고난들이 형벌로 부과되는 것이다. 그러나 형벌로서의 환난은 유기된 자들에게만 부과되는데, 이는 그 형벌이 하나님의 정의를 그들에게 보상하고자 하는 목적으로 부과되는 것이기 때문이다. 순종하든지 아니면 형벌을 당하든지 둘 중의 하나에 해당할 수밖에 없도록 율법이 모든 사람을 매어놓기 때문이다.

반론. 그러나 악인이 금생에서 당하는 악한 일들은 하나님의 정의를 만족시키기에 충족하지 못하다.

답변. 그것들이 악인이 당할 형벌의 전부가 아니다. 그것들은 그저 일부에 지나지 않으며, 영원토록 그들에게서 요구될 충만한 배상의 시작에 지나지 않는다. 공기(空氣)의 각 부분을 가리켜 공기라 부르듯이, 형벌의 각 부분 역시 형벌이라 부르는 것이다.

그러나 형벌들마다 각기 단계가 있다. **제1단계**의 형벌은 금생에서 당하는 것이다. 양심이 찌르고 책망할 때에 이미 절대로 죽지 않는 벌레의 갉아먹는 일이 시작되는 것이다. **제2단계**의 형벌은 육신적인 죽음에서 경험하게 된다. 이때에 영혼이 몸으로부터 분리되어 소망이 없는 고통의 자리로 떨어지면서 악인이 하나님의 진노를 느끼기 시작하는 것이다. **제3단계**의 형벌은 마지막 심판 때에 가해질 형벌이다. 이때에 악인의 영혼과 몸이 모두 지옥에 던져져서 마치 홍수 속에 있는 것처럼 사방에서 영원한 괴로움들이 밀려오게 될 것이다.

십자가는 경건한 자들에게만 고유하게 있는 환난인데, 이는 형벌이 아니다. 왜냐하면 하나님의 정의를 배상하기 위한 목적으로 가해지는 것이 아니기 때문이다. 십자가에는 네 종류의 환난이 포함되며, 각기 그 목적이 다르다.

첫 번째 종류의 십자가는 하나님께서 의인들에게 그들의 죄로 인하여 부과하시는 징계다. 이때에 하나님께서는 그의 자비하심을 따라 마치 아버지가 아들의 잘못을 온유함과 관용으로 교정시키시듯 그렇게 하신다. 그러므로 이것들은 형벌이 아니라 아버지의 사랑이 담긴 징계로서, 이를 통하여 경건한 자들이 자기들의 순결하지 못함과 특정한 죄들과 타락의 모습들에 대해 교훈을 받고, 자극을 받아 회개하게 되며, 그리하여 다시 거룩함과 의의 길로 돌아서게 되는 것이다. 다윗도 그의 타락으로 인하여 그의 왕국에서 내어쫓기고 버림받았다. 성도의 경우에도 특별한 죄에는 특별하고도 극심한 징계가 뒤따르는 법이다. 그러나 이 징계들을 죄를 배상하는 것으로 보아서는 안 된다. 그것들은 하나님의 정의의 결과들로서 하나님께서는 그것들을 통해서 우리나 다른 이들로 하여금 하나님의 성품의 공명정대함을 접하게 하시고, 그가 죄에 대해서 크게 진노하시며 따라서 회개하여 그에게로 돌아가지 않으면 결국 금생과 내생에서 죽음으로 벌하시리라는 것을 깨닫게 하시는 것이다.

두 번째 종류의 십자가에는 성도들의 믿음, 소망, 인내 등에 대해 행해지는 증거들 혹은 시험들이 포함되는데, 이는 이 덕목들이 성도들에게서 강화되고 확증되도록 하며 또한 그들의 연약함이 그들에게와 다른 이들에게 드러나게 하기 위한 것이다. 욥이 당한 환난의 본질이 바로 그런 것이었다.

세 번째 종류의 십자가는 순교인데, 이는 성도들이 그들이 소유하고 있는 복음의 도리를 피를 흘림으로써 확증하고 인치는 것인데, 그들은 그렇게 피를 흘림으로써 그것이 진리임을 선포하며, 그들의 가르침 속에서 다른 이들에게 약속한 위로를 그들 스스로 죽음 속에서 경험한다는 것을 선포하며, 또한 금생 후에 다른 생이 있으며 심판이 있다는 사실을 선포하는 것이다.

네 번째 종류의 십자가에는 그리스도의 구속, 혹은 순종이 포함되는데, 이것은 우리 죄에 대한 배상이요, 잉태되실 순간부터 십자가상에서 마지막 고뇌를 당하시기까지 그리스도의 낮아지심 전체가 여기에 포함된다.

사람이 당하는 환난

환난
- 1. 일시적인 환난
  - 1) 악인에게 속한 환난: 이는 죄에 대한 적절한 형벌들임
  - 2) 경건한 자에게 속한 환난: 이는 십자가이며, 여기에는 다음이 포함된다.
    - 징계,
    - 시험,
    - 순교,
    - 속전
- 2. 영원한 환난: 여기에는 정죄 받은 자들의 영구한 고통이 포함됨

2. 환난의 원인들은 무엇인가?

악인들의 경우 형벌의 원인들은 다음과 같다: 1. 죄. 이는 형벌을 재촉하는 원인이 된다. 악인들이 고통을 당하는 것은, 그렇게 해서 죄에 대한 정의로운 형벌로써 만족이 이루어지도록 하고자 함이다. 2. 하나님의 정의. 이는 죄에 대해 형벌을 가하는 주요 동력인(動力因)이다. 3. 도구가 되는 원인들은 매우 다양하다. 악하거나 선하거나 간에 천사들과 사람들, 그리고 다른 피조물들이 도구로 사용되는데, 이들 모두가 하나님의 깃발 아래에서 죄인을 대적하여 무장하고 싸우는 것이다.

경건한 자들에게만 해당되는 십자가의 원인들은 다음과 같다:

1. 죄. 그러나 경건한 자들의 경우는 악인들의 경우와는 달리 보아야 한다. 경건한 자들도 죄로 인하여 괴로움을 당하지만, 그들의 경우는 하나님의 정의를 만족시키고자 하는 목적이 아니고, 그들이 죄를 시인하고 십자가를 통하여 죄를 제거하고자 하는 목적을 위한 것이다. 그들은 자기들의 과오를 깨닫게 되도록 하기 위하여 아버지의 사랑어린 징계를 받는 것이다. 이 징계들이 그들에게는 설교가 되며, 회개하라는 부르심이 된다: "우리가 판단을 받는 것은 주께 징계를 받는 것이니 이는 우리로 세상과 함께 정죄함을 받지 않게 하려 하심이라"(고전 11:32), "고난당한 것이 내게 유익이라 이로 말미암아 내가 주의 율례를 배우게 되었나이다"(시 119:71).

그러나 악인들의 경우에는 그들이 멸망을 향해 달려가도록 느슨하게 통치하신다. 그들에게 금생의 복락들을 베푸셔서 잠시 동안 안정과 즐거움을 누리게 하시는 것은, 그들도 그의 피조물들이기 때문이요, 또한 그들의 감사치 않음이 백일하에 드러나도록 하여 도무지 핑계하지 못하도록 하시기 위함이다. 그러나 경건한 자들의 경우에는 하나님께서 십자가를 통하여 그들을 교정하셔서 성격을 개선시키시는 것이다.

2. 죄와 마귀와 세상을 미워하기를 배우도록 하기 위함. "너희가 세상에 속하였으면 세상이 자기의 것을 사랑할 것이나"(요 15:19), "우리의 씨름은 혈과 육을 상대하는 것이 아니요 통치자들과 권세들과 이 어둠의 세상 주관자들과 하늘에 있는 악의 영들을 상대함이라"(엡 6:12), "이 세상이나 세상에 있는 것들을 사랑하지 말라"(요일 2:15).

3. 우리가 시험을 받고 연단을 받음으로 우리의 믿음과 소망과 인내와 기도와

순종이 강화되고 확증되도록 하기 위함. 혹은 시험을 통하여 우리 자신을 연단하고 입증할 계기로 삼고, 그리하여 우리의 믿음과 소망과 인내가 우리 자신들과 다른 이들에게 드러나도록 하기 위함. 모든 일이 잘 되면, 우리의 믿음에 대해 쉽게 영광을 돌리게 된다. 그러나 어려움 중에 있을 때에는 은혜 혹은 덕의 아름다움이 더 잘 드러나게 된다. 시험을 받아보지 않은 사람을 어떻게 알겠는가? "연단은 소망을 이루는 줄 앎이로다"(롬 5:4).

4. 성도들의 특수한 과오와 실수들. 므낫세는 그 자신의 특수한 과오가 있었고, 여호사밧도 그 자신의 특별한 과오가 있었고, 다른 성도들도 그들 자신에게만 해당되는 특수한 과오와 죄들이 있다. 그러므로 하나님께서는 여러 가지 다양한 징계들을 통해서 자신이 성도들의 죄를 불쾌히 여기시며, 그리하여 그들이 회개하지 않으면 더욱 극심하게 보응하시리라는 것을 보여주시는 것이다. "주인의 뜻을 알고도 준비하지 아니하고 그 뜻대로 행하지 아니한 종은 많이 맞을 것이요"(눅 12:47).

5. 교회와 경건한 자들을 구하심으로써 하나님 자신의 영광을 드러내시기 위함. 하나님께서는 그의 교회와 백성들을 극심한 위험 속에 있게 하셔서 그가 행하시는 구원의 역사가 더욱 영광스럽게 드러나도록 하시는 때가 많다. 이스라엘 자손들이 애굽에서 종노릇하던 일이나 바벨론에서 포로로 잡혀 있던 일 등이 여기에 속한다. 이런 경우에 하나님께서 행하시는 구원은 진정 영광스러운 것이었고, 그 어떤 피조물도 소망을 찾을 수 없는 곳에서 피할 길을 발견하게 하시는 그의 지혜로우심이 확실하게 드러났다. "여호와는 죽이기도 하시고 살리기도 하시며 스올에 내리게도 하시고 거기에서 올리기도 하시는도다"(삼상 2:6).

6. 성도들로 하여금 환난을 당하시고 영광에 들어가신 그들의 머리이신 그리스도와 일치하게 하심. "참으면 또한 함께 왕 노릇할 것이요"(딤후 2:12), "하나님이 미리 아신 자들을 또한 그 아들의 형상을 본받게 하기 위하여 미리 정하셨으니"(롬 8:29), "제자가 그 선생보다, 또는 종이 그 상전보다 높지 못하나니"(마 10:24).

7. 성도들이 고난과 죽음을 통해서 복음의 도리가 진리임을 증거하도록 하시기 위함. 신실한 자들이 그들의 기독교 신앙을 위하여 온갖 형태의 고통을 견디고 심지어 죽음까지도 당하게 되면, 그들 자신이 그 신앙의 진리성을 충실하게 납득하고 있으므로 결코 그것을 포기할 수 없다는 사실을 지극히 만족스럽게 증언하게 되며, 그것이 심지어 죽임을 당하는 순간에도 그들에게 진정으로 견고한 위로를

주며, 따라서 그것이 반드시 진리임을 드러내는 것이다. "베드로가 어떠한 죽음으로 하나님께 영광을 돌릴 것"이 미리 예언되었다(요 21:19).

8. 경건한 자들의 환난은 다가올 심판과 영생의 증거다. 결국 의인이 잘 되고 악인이 못 되는 것을 하나님의 진리와 정의가 요구한다. 그러나 금생에서는 그것이 완전히 이루어지지 않는다. 그러므로 하나님께서 그의 정의로우신 처사에 따라 각 사람에게 보응하실 내생이 금생 이후에 반드시 있어야만 하는 것이다. "이는 하나님의 공의로운 심판의 표요 너희로 하여금 하나님의 나라에 합당한 자로 여김을 받게 하려 함이니, 그 나라를 위하여 너희가 또한 고난을 받느니라"(살후 1:5).

경건한 자들의 환난에 대해 이런 점들을 살펴보았으니, 이제는 세상 사람들이 하나님의 섭리를 대적하여 흔히 제기하는 반론에 쉽게 답변할 수 있을 것이다. 그들은 말하기를, 온 세상을 통틀어 보아도 교회가 압박을 당하고 모든 사람들의 발에 짓밟히니, 그러므로 그것은 참된 교회도 아니요, 하나님께서 돌보시는 것도 아니라고 한다.

그러나 이것은 교회를 대적하는 논지를 입증해 주는 것이 아니라, 오히려 교회를 위하는 논지를 입증해 주는 것이다. 만일 교회가 세상에 속하여 있다면, 이런 반대와 박해가 사라질 것이다. 세상은 자기 것을 사랑하기 때문이다. 그러므로 교회가 환난을 당하는 이유가 분명히 드러난다. 그리고 모든 것의 종말이 세상을 정죄할 것이다.

3. 환난을 당할 때에 어떤 위로들이 있는가?

환난을 당하는 교회에게만 고유하게 있는 위로들이 있고, 또한 교회와 철학 모두에게 공통적인 위로들도 있다. 그러나 그것들이 공통적이라고 말할 수는 있으나, 겉으로 드러나는 모양만 그렇고, 본질적으로는 그렇지 않다. 이 위로들을 다음과 같은 순서로 제시하고자 한다:

1. **죄 씻음**. 이것이 순서상 첫 번째로 오는 위로요 다른 모든 위로의 밑바닥에 있는 것이다. 죄 사함과 하나님과의 화목에 대한 확신이 없으면, 다른 모든 위로들이 소용이 없기 때문이다. 그렇게 되면 은혜의 약속이 과연 우리에게 있는지 없는지를 항상 의심하게 될 것이니 말이다. 그러나 이 위로가 확실한 근거 위에 세워지게 되면, 다른 모든 위로들이 자연히 뒤따르게 된다. 하나님께서 우리의 아버지시라

면, 그가 우리에게 해로운 것은 보내지 않으실 것이요 또한 금생의 모든 악한 것들에서 우리를 보호하실 것임을 확신하게 될 것이기 때문이다. "만일 하나님이 우리를 위하시면 누가 우리를 대적하리요?"(롬 8:31). 그 이유는 원인이 제거되면 결과도 제거되기 때문이다. 그러므로 죄가 제거되면, 형벌과 죽음도 제거되는 것이다.

2. **하나님의 뜻과 섭리**, 혹은 역경에서든 순경에서든 하나님께 순종해야 할 필요성. 하나님께서 모든 일들을 뜻하시고 지도하시기 때문이다. 이렇게 순종해야 하는 것은 우리가 하나님을 저항할 수 없기 때문이기도 하거니와, 더욱이 다음의 이유들 때문이다: 1. 그가 우리의 아버지시므로. 2. 우리가 그를 위하여 지극히 큰 악들도 기꺼이 견딜 정도로 그에게 순종하는 것이 합당하므로. 3. 그가 보내시는 악한 일들이 아버지의 사랑에서 나오는 징계들이므로, 이 위로가 마음을 안돈케 한다. 우리가 이런 일들을 당하는 것이 하늘 아버지의 뜻이라는 것을 확신하게 해주기 때문이다. "그가 나를 죽이실지라도 나는 그를 의뢰하리니"(욥 13:15, 난외주), "주신 이도 여호와시요 거두신 이도 여호와시오니 여호와의 이름이 찬송을 받으실지니이다"(욥 1:21). 철학자들은 우리 힘으로 변경하거나 피할 수 없는 것은 인내로 견뎌야 한다고 말한다. 그들은 운명적인 필연성을 제시하고, 그 다음 그것을 저항하는 것을 어리석은 것으로 돌린다. 그러나 재난을 당하면서도 그들은 하나님께 굴복하지도 않고, 하나님의 진노도 인정하지 않으며, 하나님께 순종하고자 하는 의도로 역경을 견디지도 않으며, 다만 그런 일들을 피할 수 없기 때문에 그냥 견디는 것뿐이다. 그러니 그들이 제시하는 위로는 비참할 뿐이다.

3. **덕, 혹은 하나님께 드리는 순종의 탁월함**. 이것이야말로 진정한 덕이요, 이로 인하여 십자가 아래에서 낙심하지 않게 된다. 하나님께서 우리에게 베푸시는 세상적인 축복들도 큰 유익이 된다. 그러나 순종, 믿음, 소망 등이 그보다 훨씬 더 유익이 된다. 그러므로 더 큰 유익을 마다하고 더 작은 유익을 취하는 것이나, 더 작은 것을 잃어버리지 않기 위해 더 큰 유익을 던져버리는 일은 우리에게는 어울리지 않는 것이다. "아버지나 어머니를 나보다 더 사랑하는 자는 내게 합당하지 아니하고"(마 10:37), "누구든지 제 목숨을 구원하고자 하면 잃을 것이요"(마 16:25). 철학자들은 덕의 존귀함에 대해 많은 말들을 하지만, 그런 말들은 하찮은 것에 불과하다. 그 덕 자체가 진정한 덕성이 결핍되어 있기 때문이다.

4. **선한 양심**. 이것은 경건한 자들에게만 존재한다. 그들은 중보자이신 그리스도로 말미암아 하나님께서 자기들과 화목한 관계 속에 계시다는 것을 잘 알고 있

기 때문이다. 그러니, 만일 하나님께서 우리를 위하시면, 우리는 마음의 평온을 누리지 않을 수가 없다. 그런데 철학자들은 이런 방식으로 그 추종자들을 위로하지 않는다. "선한 양심을 가졌는데도 어째서 행운이나 번영이 뒤따르지 않는가?"라고 물으면 그들은 답변하지 못하고 난감해진다. 그리하여 그들은 카토(Cato) 등이 과거에 행한 것처럼 불평하고 투덜거리는 것이다.

5. **최종적 원인들, 혹은 목적들**. 그것들은 다음과 같다: 1. 하나님의 영광. 이는 우리를 구원하시는 데에서 잘 드러난다. 2. 우리의 구원. "우리가 판단을 받는 것은 주께 징계를 받는 것이니 이는 우리로 세상과 함께 정죄함을 받지 않게 하려 하심이라"(고전 11:32). 3. 다른 사람들의 회심과 교회의 확장. 사도들은 자기들이 믿음을 위해서 부끄러움 당함으로써 다른 이들이 회심하게 되고 또한 믿음 안에서 굳건히 세워진다는 사실에 즐거워하였다. 철학자들은 말하기를, 누구든 자기 나라를 구하기 위해 고난을 당하여 영원한 영광과 명성을 얻고자 하는 것이 선한 목적이라고 한다. 그러나 이 얼마나 비참한 모습인가! 사람이 죽게 되면 이런 것들이 무슨 유익이 있겠는가!

6. **사건들의 비교**. 잠시 동안 주께 징계를 받는 것이 지극히 풍부한 중에 살다가 결국 하나님으로부터 내어쫓겨 영원한 멸망에 던져지는 것보다 낫다. 철학자들은 서로의 악한 처지들을 비교하지만 거기서 거의 유익을 얻지 못하며, 세상의 온갖 악한 것들을 다 당하고도 반드시 얻기를 바라야 할 그 가장 좋은 것에 대해 전연 무지한 것이다.

7. 금생과 내생에서의 **상급에 대한 소망**. "기뻐하고 즐거워하라 하늘에서 너희의 상이 큼이라"(마 5:12). 금생에서 당하는 환난과 결코 비교할 수 없는 다른 축복들이 우리에게 주어진다는 것을 우리는 잘 알고 있다. 금생에서도 경건한 자들은 그렇지 않은 사람들보다 더 큰 축복을 누린다. 그들에게는 하나님과의 평화가 있고 기타 영적인 은사들이 있기 때문이다. 세상적인 축복들이 의인들에게는 작지만, 그럼에도 불구하고 그 축복들이 그들에게 유익을 준다. "나와 복음을 위하여 집이나 형제나 자매나 어머니나 아버지나 자식이나 전토를 버린 자는 … 내세에 영생을 받지 못할 자가 없느니라"(막 10:29-30), "의인의 적은 소유가 악인의 풍부함보다 낫도다"(시 37:16), "우리가 환난 중에도 즐거워하나니"(롬 5:3). 가벼운 환난을 당할 때에는 철학자들이 상급에 대한 소망에서 조금 위로를 얻지만, 극심한 환난을 겪는 자들은 아무런 위로도 얻지 못한다. 상급을 얻기 위하여 큰 고통을 감

내하는 것보다는 차라리 상급이 없는 것이 더 낫다고 생각하기 때문이요, 또한 그 미래의 상급을 불확실하고 작고 덧없는 것으로 생각하기 때문이다.

8. **그리스도와 그의 성도들의 모범.** "제자가 그 선생보다, 또는 종이 그 상전보다 높지 못하나니"(마 10:24). 하나님께서는 우리가 그의 아들의 형상을 본받기를 바라신다. 그러므로 우리는 치욕을 당할 때나 영광을 누릴 때나 그리스도를 따르는 것이다. 그리스도께서 우리의 구원을 위해 죽으셨으니 감사한 마음으로 그렇게 해야 마땅한 것이다. 거룩한 순교자들이 고난을 당하였으나, 환난 중에도 그들은 망하지 않았다. 우리는 그들이 당한 몫보다 더 나은 것을 구해서는 안 된다. 우리가 그들보다 더 낫지 못하고 오히려 훨씬 더 못하기 때문이다. 그들은 고난을 당하였고 또한 하나님으로 말미암아 구원을 받았다. 그러므로 그와 비슷한 일을 구해야 한다. 그 백성을 향한 하나님의 사랑이 불변하기 때문이다. "너희 전에 있던 선지자들도 이같이 박해하였느니라"(마 5:12), "너희는 믿음을 굳건하게 하여 그를 대적하라. 이는 세상에 있는 너희 형제들도 동일한 고난을 당하는 줄을 앎이라"(벧전 5:9).

9. **환난 중에 하나님이 계셔서 도우심.** 하나님께서 그의 성령으로 우리와 함께 계시사 십자가를 지는 우리를 강건케 하시고 위로하신다. 그는 우리가 감당할 수 있는 한계를 넘어서는 시험을 당하도록 허락하시지 않고, 시험을 당할 때마다 피할 길을 여시며, 또한 언제나 우리가 당하는 환난을 우리의 능력에 맞추셔서 우리가 거기에 넘어지지 않도록 하시는 것이다. "성령의 처음 익은 열매를 받은 우리"(롬 8:23), "그들이 환난 당할 때에 내가 그와 함께 하여 그를 건지고"(시 91:15), "그가 또 다른 보혜사를 너희에게 주사 영원토록 너희와 함께 있게 하리니"(요 14:16), "내가 너희를 고아와 같이 버려두지 아니하고"(요 14:18), "여인이 어찌 그 젖 먹는 자식을 잊겠으며 자기 태에서 난 아들을 긍휼히 여기지 않겠느냐? 그들은 혹시 잊을지라도 나는 너를 잊지 아니할 것이라"(사 49:15).

10. **완전한 최종적인 구원.** 이것이야말로 모든 안식의 절정이다. 최초의 구원은 다른 모든 구원들의 주된 위로요 기초다. 그리고 이 구원은 모든 구원들의 완성이다. 형벌에도 여러 정도가 있는 것처럼, 구원에도 여러 정도가 있는 법이다. 첫 번째 정도는 금생에서 주어지며, 이로써 영생이 시작된다. 두 번째 정도는 육신적인 죽음에 있는데, 이때에 영혼이 아브라함의 품에 안기게 된다. 그리고 세 번째 정도는 죽은 자의 부활과 그들이 영화롭게 되는 데에 있는데, 이때에 우리는 몸과 영혼

모두가 완전한 복락 가운데 있을 것이다. "하나님이 모든 눈물을 그 눈에서 닦아 주시니"(계 21:4).

제 2 부

사람의 구원에 관하여

〉〉〉〉〈〈〈〈

12문 하나님의 의로운 심판으로 말미암아 우리가 이 땅에서, 또한 영원토록 형벌을 받아야 마땅하다면, 우리가 그 형벌을 피하고 다시 하나님의 은혜를 받을 수 있는 길은 없습니까?

답 하나님께서는 그의 공의가 만족되기를 원하십니다. 그러므로 우리는 우리 스스로든 다른 이를 통해서든 그것을 완전히 만족시켜야 합니다.

[해 설]

하나님의 율법이 요구하는 순종을 드리지 않음으로써 모든 사람이 영원한 정죄의 상태에 있음을 제1부에서 살펴보았으니, 이제는 이러한 비참함과 죽음의 상태를 피하거나 거기서 구원받을 길이 과연 있는지를 살펴보아야 할 차례가 되었다. 이 질문에 대해서 요리문답은, 사람이 범한 죄에 충족한 형벌을 통해서 하나님의 율법과 정의에 대해 만족이 이루어질 경우에는 구원이 베풀어질 수 있다고 답변한다. 율법은 모든 이들에게 적용되며, 따라서 순종하지 않으면 형벌을 받게 되어 있다. 그리고 완전한 의로 율법에 순종하거나 그렇지 않을 때에는 그 의가 지불되어야만 하나님께서 인정하시는 것이다.

형벌을 통해서 만족시키는 방법에는 두 가지가 있다. 그 하나는 우리 자신이 만족시키는 것이다. 이것은 율법이 가르치는 방법이요 하나님의 정의가 요구하는 방법이다. "누구든지 율법 책에 기록된 대로 모든 일을 항상 행하지 아니하는 자는 저주 아래에 있는 자라" (갈 3:10). 이것은 법적인 방법이다.

또 다른 만족의 방법은 다른 이가 대신 만족시키는 것이다. 이것은 복음이 계시해 주는 방법이요, 또한 하나님의 긍휼하심이 허용하는 방법이다. "율법이 육신으로 말미암아 연약하여 할 수 없는 그것을 하나님은 하시나니 곧 죄로 말미암아 자기 아들을 죄 있는 육신의 모양으로 보내어 육신에 죄를 정하사 육신을 따르지 않고 그 영을 따라 행하는 우리에게 율법의 요구가 이루어지게 하려 하심이니라"(롬 8:3, 4), "하나님이 세상을 이처럼 사랑하사 독생자를 주셨으니 이는 그를 믿는 자마다 멸망하지 않고 영생을 얻게 하려 하심이라"(요 3:16).

이것은 복음적인 방법이다. 이 방법은 사실 율법에서는 가르치지 않으나, 또한 어디서도 정죄되거나 배제되지도 않으며, 하나님의 정의를 거스르지도 않는다. 왜냐하면 사람의 편에서 자신의 불순종에 대해 충족한 형벌을 당함으로써 만족이 이루어지기만 하면 율법이 만족하며, 또한 그 당사자를 자유롭게 하며 사랑으로 받아들일 것을 하나님의 정의가 요구하기 때문이다. 이것이 내용의 핵심이요 골자다.

이 질문에서 가르치는 것은 두 가지다. 이 구원이 과연 가능한가 하는 것과, 그것이 어떻게 이루어지느냐 하는 것이 그것이다. 이 점들을 잘 이해하기 위해서, 다음의 점들을 살펴보기로 하자:

1. 사람의 구원이란 무엇인가?
2. 그런 구원이 과연 가능한가?
3. 그 구원이 과연 필연적이며 또한 확실한가?
4. 완전한 구원을 기대할 수 있는가?
5. 그 구원이 어떻게 이루어지는가?

1. 사람의 구원이란 무엇인가?

구원이라는 단어는 상대적이다. 구원이란 예컨대 포로 상태로부터 자유의 상태로 구원하듯이, 어떤 상태로부터 어떤 상태로 바꾸어 놓는 것이다. 모든 사람이 본성적으로 죄와 사탄과 사망의 종이므로, 사람의 구원을 이해하고자 할 때에 현재 사람의 비참함이 어떠한가를 생각하는 것보다 더 나은 것은 없다. 사람의 비참함은 첫째로, 원시의의 상실과, 타고나는 부패 혹은 죄에 있으며, 둘째로, 죄에 대한 형벌에 있다. 그러므로 이런 비참함으로부터 구원받는다는 것은 첫째로, 죄 용서와 죄의 제거, 그리고 잃어버린 원시의의 회복이며, 둘째로, 모든 형벌과 비참함으로부터의 해방이다. 그런데 사람의 비참함에 두 부분 — 죄와 죽음 — 이 있듯이, 사람의 구원에도 두 부분이 있으니, 곧 죄로부터의 구원과 죽음으로부터의 구원이 그것이다. 죄로부터의 구원에는 죄를 용서하여 죄가 우리에게 전가(轉嫁)되지 않도록 하는 것과, 또한 우리의 본성을 새롭게 함으로써 죄를 제거하여 그것이 우리를 지배하지 못하도록 하는 것이 포함된다. 죽음으로부터의 구원은 절망과 하나님의 진노에 대한 두려움으로부터의 구원이며, 금생의 재난들과 비참함으로부터의 구원이요, 또한 육신적인 죽음과 영적인 죽음으로부터의 구원이기도 하다.

이런 사실들을 볼 때에 사람의 구원에 대해서 우리가 무엇을 깨달아야 할 것인가 하는 것을 쉽게 알 수 있다. 사람의 구원은 타락으로 인하여 사람에게 드리워진 죄와 죽음의 모든 비참함으로부터의 완전한 구출에 있으며, 또한 그리스도로 말미암아 의와 거룩함과 생명과 영원한 복락을 완전히 회복하는 데에 있다. 이러한 구원은 모든 신실한 자들에게 금생에서 시작되며, 또한 내생에서 완전히 실현된다.

2. 그런 구원이 과연 가능한가?

타락의 황폐함으로부터 사람을 구원해 내는 일이 가능했다는 것은 다음과 같은 점들에서 추정해 낼 수 있다:

1. 하나님의 무한하신 선하심과 긍휼하심이 온 인류 전체가 영원토록 멸망하도록 내버려두지 않을 것이다.

2. 하나님께 오류 없는 지혜가 있으므로, 우리는 그가 인류를 향하여 긍휼하심을 드러내시면서도 그의 정의를 손상시키지 않는 방법을 얼마든지 도모하실 수 있을 것임을 기대하게 된다.

3. 하나님의 권능을 생각해도, 무(無)로부터 사람을 자신의 형상대로 창조하신 그가 사람을 타락의 패망, 그리고 죄와 죽음에서 구원하실 수 있다는 결론에 이르게 된다. 그러므로, 사람의 구원 가능성을 부인한다는 것은 곧, 하나님의 선하심, 지혜, 권능을 부인하는 것과 같다. 그러나 하나님께서는 결코 부족함이 없는 지혜와 선하심과 권능이 있는 것이다. "여호와는 죽이기도 하시고 살리기도 하시며"(삼상 2:6), "사망에서 벗어남은 주 여호와로 말미암거니와"(시 68:20), "여호와의 손이 짧아 구원하지 못하심도 아니요, 귀가 둔하여 듣지 못하심도 아니라"(사 59:1).

그러나 우리는 구체적으로 다음과 같은 질문들을 생각해야 한다: 이 구원이 가

능하다는 것을 무엇을 근거로 해서 아는가? 하나님의 말씀이 없이 인간의 이성만
으로도 이 지식에 도달할 수 있는가? 아담은 타락 이후 과연 그 구원을 알 수 있었
고, 그것을 소망할 수 있었는가?

우리의 구원이 가능했다는 것은 사건 그 자체로부터와 복음으로부터, 혹은 하나
님께서 베푸신 계시로부터 알 수 있다. 그러나 인간의 이성 그 자체만으로는 이 구
원에 대해서나 그 구원이 이루어지는 방식에 대해서 아무것도 알 수가 없다. 그러
나 그 구원이 전혀 불가능하다고는 생각하지 않을 수도 있을 것이다(물론 이것도
매우 의심스럽기는 하다). 사람 같은 영광스러운 피조물이 영원한 비참함을 위해
서 창조되었다고 보는 것도 그럴듯하지 않고, 또한 하나님께서 절대로 이행할 수
없는 율법을 주셨으리라고 생각할 수도 없으니 말이다. 이 두 가지 논지들은 그 자
체가 매우 강력하지만, 인간의 이성이 부패하여 있으므로 그것들에 동의하지 않
는 것이다. 그러므로 교회 바깥에 있어서 복음에 대해 무지한 자들이 구원에 대한
지식이나 소망을 가질 수 없듯이, 타락 이후 특별한 약속과 계시가 없는 상태에 있
던 아담도 그 자신의 이성을 발휘하는 것만으로는 그 구원에 대해서 알거나 소망
을 가질 수가 없었을 것이다.

일단 죄를 범한 다음에는 사람의 정신은 죄를 벌하지 않은 채 내버려두지 않는
하나님의 처절한 정의와 또한 "네가 먹는 날에는 반드시 죽으리라"(창 2:17)고 선
언한 하나님의 불변하는 진리 이외에는 생각할 수가 없었다. 죄인이 영원토록 멸
망함으로써 하나님이 이 정의와 진리를 만족시켜야 한다는 것을 아담은 너무도
잘 알고 있었고, 따라서 그는 자신의 경우에 구원에 대한 소망을 가질 수가 없었던
것이다. 어쩌면 하나님의 정의와 진리에 대해 어떤 식으로든 보상이 이루어질 수
만 있다면, 구원이 베풀어질 수 있다고 생각했을지도 모른다. 그러나 그는 그런 것
을 소망할 수도 없었고, 그 보상을 이룰 방법도 생각할 수가 없었다. 그렇다. 천사
들조차도 결코 이런 구원의 방법을 고안해낼 수 없었다. 하나님께서 그의 무한한
지혜와 선하심으로 그 방법을 마련하셔서 복음을 통해서 알게 하지 않으셨다면,
그 누구도 알 수 없는 것이었다.

그런데 어떤 이들은 이에 대해서 다음과 같이 반론을 제기한다. 곧, 만일 하나님
의 정의와 진리로 인하여 아담에게 구원이 불가능해 보였다면, 지금도 역시 불가
능해 보일 것이다. 하나님의 정의와 진리를 범하는 일은 과거 그때나 지금이나 마
찬가지로 일어날 수가 없기 때문이다. 그런데 죄인이 형벌을 피한다는 것은 하나

님의 이러한 속성을 범하는 것이다. 이에 대하여 우리는 다음과 같이 답변한다. 만일 죄인이 자신이 범한 죄에 대해 충족한 보상을 하지도 않고 그냥 형벌을 피하는 일이 있다면, 이것은 과연 하나님의 정의와 진리를 범하는 일이 될 것이다. 아담이 만일 이 문제에 대해 만족스러운 해결을 보았더라면, 구원에 대한 소망을 충분히 가졌을 것이다. 동시에 하나님의 본성과 그의 무한한 선하심과 지혜와 권능, 그리고 그가 사람을 창조하신 목적을 생각했더라면, 또한 사람처럼 영원한 비참함을 견딜 고귀한 능력을 지닌 존재를 창조하는 일이 지극히 지혜로우시고 선하시며 권능이 충만하신 하나님의 성품에 어긋나는 일이 아니라는 것을 생각했더라면, 혹은 그가 사람이 결코 완전히 순종할 수 없는 그런 법을 사람에게 주시지 않으시리라는 것을 생각했더라면, 구원에 대한 소망을 가질 충분한 이유가 그에게 있었을 것이다. 그러나 이미 언급한 바와 같이 복음이 공포되기 전에는 그가 그런 식의 소망을 가질 수가 없었다. 아담은 물론 다른 어떠한 피조물도 하나님의 정의와 조화를 이루게끔 형벌을 피하는 방법을 볼 수도, 고안할 수도 없었으며, 또한 하나님께서 그의 아들을 통하여 계시하지 않으셨다면, 어느 누구도 피할 길을 생각할 수가 없었을 것이다.

자, 지금까지 말한 내용의 골자는 바로 이것이다: 타락한 상태에 있는 사람으로서는 여인의 후손이 뱀의 머리를 상하게 하리라는 기쁜 약속을 듣기 전에는 죄와 죽음에서부터의 구원에 대해 결코 소망을 가질 수가 없었다. 그러나 동시에 구원이 전적으로 불가능한 것처럼 그저 절망에 빠져 있어서는 안 되었고, 또한 거기에 빠져 있을 수도 없었다. 물론 미래에 자기에게 구원이 있으리라고 결론짓거나 자기를 위해 보상이 이루어질 수 있는 길을 이해할 만한 어떤 필연적인 이유는 생각할 수 없었지만, 피조물이 그 길을 발견하지 못한다고 해서 하나님께서도 그 길을 찾지 못하시는 것은 아니었기 때문이다.

그러므로 그는 자기 자신을 바라보던 데에서 돌이켜 하나님의 지혜와 선하심과 권능을 바라보아야 했고, 그리하여 마치 모든 일이 가망이 없는 것처럼 실망하지 말아야 했던 것이다. 그러나 복음의 음성이 아직 그의 귀에까지 들리지 않았다면, 그가 당하고 있던 그 시험에서 그 어떠한 것도 충족한 위로를 줄 수가 없었을 것이다. 그러나 그 약속이 일단 제시되어 알게 되었고, 또한 그리스도로 말미암는 구속의 방법을 깨닫게 된 다음에는 자신의 구원을 확실히 소망할 수 있을 뿐 아니라 갖가지 의심들과 반론들에 대해서도 다 해결할 수 있었을 것이다. 그런 반론들 중에

서 다음과 같은 것들을 언급할 수 있을 것이다:

반론 1. 영원한 정죄를 받아 마땅한 자들이 형벌을 받지 않은 채로 있는 것을 하나님의 정의가 용납하지 않는다. 우리는 모두 영원한 정죄를 받아 마땅한 자들이다. 그러므로 하나님의 정의 때문에 우리의 구원은 불가능하다.

답변. 아담은 이 삼단논법의 첫째 명제에 대해 어떻게 답변할 수 있는지를 알고 있었다. 곧, 하나님의 정의는 영원한 정죄를 받아 마땅한 자들을 묵인하지도 사면하지도 않으나, 단 과실과 일치하는 형벌을 통해서 보상이 이루어지지 않을 경우에만 그렇다는 것이다.

반론 2. 하나님의 정의가 요구하고 그의 진리가 경고하는 바를 이행하지 않을 때에는 그 정의와 진리 모두를 범하는 것이 된다. 그런데 만일 영원한 형벌과 죽음이 사람에게 가해지지 않는다면, 그것은 하나님의 정의가 요구하고 또한 그의 진리가 경고하는 그것이 시행되지 않는 것이다. 그러므로 사람이 형벌을 받지 않는 이상 그 둘을 범하는 것이 되는데, 이것은 불가능한 일이다.

답변. 여기서도 아담은 죄인 자신에게나 혹은 그 죄인을 대신하는 대리자에게나 형벌이 전혀 가해지지 않았을 경우에만 소 전제가 성립한다는 것을 보았다. 그러나 하나님께서 그에게 계시하신 약속을 통해서 그는 여자의 후손인 그리스도께서 사람의 대리자가 되어 뱀의 머리를 상하게 하시리라는 사실을 접하게 되었던 것이다.

반론 3. 하나님의 불변하는 진리와 정의가 요구하는 것은 필연적이며 변경이 불가능하다. 그런데 하나님의 불변하는 진리와 정의는 죄인이 영원한 형벌을 당할 것을 요구한다. 그러므로 죄인이 배척당하는 것이 필연적이며 불변의 사실이다.

답변. 그는 또한 이 반론의 주 전제에 대한 답변도 보았다. 곧, 하나님의 정의가 절대적으로 요구하는 것은 불변하지만, 그 정의가 조건적으로 요구하는 것은 — 즉 범죄자 자신의 영원한 형벌이나 그리스도를 통한 보상이나 둘 중의 하나를 요구하는 것은 — 그렇지 않다는 것이다.

반론 4. 피할 능력이 우리에게 없는 일은 우리에게는 불가능한 일이다. 우리는 죄와 죽음을 피할 능력이 없다. 그러므로 우리가 이 악들을 피하는 일은 불가능하다.

답변. 여기서도 아담은 이런 악들에서 피하는 일이 불가능해지는 것은 오로지 하나님께서 구원의 길을 알지 못하시거나 혹은 계시하지 않으셔서 인간의 이성이 모든 피조물들이 그 길을 알지도 못하고 또한 그 길을 발견하지 못했을 경우에만 해당된다는 것을 알고 있었다.

아담에게는 여자의 후손이 뱀의 머리를 상하게 하리라는 약속이 주어져 있었으므로, 이런 비슷한 반론들을 얼마든지 거부하고 극복할 수가 있었다. 그러나 오늘날 우리는 아담보다도 이런 난점들을 해결하는 길을 훨씬 더 명확하게 이해하고 있다. 복음과 그 사건 자체로부터, 또한 우리 자신의 의식으로부터, 사람의 구원이 가능할 뿐 아니라, 아담 자신이 바라본 것처럼 미래의 어느 시점에 일어나리라는 것만이 아니라 그 일이 그리스도로 말미암아 이미 성취되었다는 것을 알고 있기 때문이다. 그러므로 하나님께서는 사람의 구원이 가능하며, 또한 언제나 가능했던 것이다.

3. 그 구원이 과연 필연적이며 또한 확실한가?

하나님께서는 사람을 죄의 비참함에서 구원하셔야 할 의무가 조금도 없으셨고, 모든 사람들을 죽음 가운데 내버려두시고 아무도 구원하지 않으실 자유가 있으셨다. 왜냐하면 "누가 주께 먼저 드려서 갚으심을 받겠느냐"(롬 11:35). 그러나 사람의 구원이 필연적이었고 지금도 필연적이라고 말하는 것이 올바를 것이다 — 필연적이라는 용어가 절대적인 필연성이 아니라 조건적인 필연성을 의미한다면 그럴 것이다. 이는 다음의 사실들에서 입증된다:

1. 하나님께서 지극히 자유롭게 또한 불변하도록 그것을 작정하셨고 또한 제시하셨기 때문이다. 그리고 그가 거짓말을 하신다거나 속임을 당하신다는 것은 불가능한 일이다. "내가 어찌 악인이 죽는 것을 조금인들 기뻐하랴?"(겔 18:23).

2. 하나님께서는 사람에게서 영원토록 찬송과 영광을 받기를 바라시기 때문이다. "이는 … 그의 은혜의 영광을 찬송하게 하려는 것이라"(엡 1:6), "주께서 모든 사람을 어찌 그리 허무하게 창조하셨는지요!"(시 89:47).

3. 하나님께서 그의 아들을 세상에 헛되이 보내신 것도 아니요, 또한 그리스도께서 헛되이 죽으신 것도 아니기 때문이다. "내가 하늘에서 내려온 것은 내 뜻을 행하려 함이 아니요 나를 보내신 이의 뜻을 행하려 함이니라. 나를 보내신 이의 뜻은 내게 주신 자 중에 내가 하나도 잃어버리지 아니하고 마지막 날에 다시 살리는 이것이니라"(요 6:38, 39), "나는 … 죄인을 부르러 왔노라"(마 9:13), "예수는 우리가 범죄한 것 때문에 내줌이 되고 또한 우리를 의롭다 하시기 위하여 살아나셨느

니라"(롬 4:25), "만일 의롭게 되는 것이 율법으로 말미암으면 그리스도께서 헛되이 죽으셨느니라"(갈 2:21).

4. 하나님께서는 진노보다는 긍휼하심에로 더 기울어지시기 때문이다. 그러나 악인의 형벌에서 그의 진노가 지속된다. 그러므로 의인의 구원에서 그의 긍휼하심이 훨씬 더 밝히 드러날 것이다.

4. 완전한 구원을 기대할 수 있는가?

사람의 구원은 그 시작에 있어서 금생에서 완전하다. 그러나 내생에서는 그 완성에 있어서도 완전해질 것이다. 그런데 그 구원은 죄책과 형벌의 악으로부터의 구원으로서 그 모든 부분들에 있어서 완전하다. 그러므로 모든 눈물이 우리 눈에서 씻겨지고 하나님의 완전한 형상이 우리 속에 회복되며 하나님께서 만유 안에 만유가 되실 그때가 되면 그 정도(程度)에 있어서도 완전해질 것이다. 이는 다음의 사실에서 입증된다:

1. 하나님께서는 우리를 부분적으로만 구원하시는 것이 아니고, 완전하게 구원하시고 사랑하시기 때문이다: "그 아들 예수의 피가 우리를 모든 죄에서 깨끗하게 하실 것이요"(요일 1:7).

2. 하나님께서는 악인을 극심하게 벌하실 것이며, 그리하여 이 형벌들로써 그의 정의를 충족히 만족시키실 것이기 때문이다. 그러므로 경건한 자들을 구원하시는 하나님의 역사도 완전할 것이다. 그는 진노보다는 긍휼로 더 기우시는 분이기 때문이다. 그리스도의 구원의 은택은 아담의 죄를 완전히 보상해 준다. 그러나 그가 만일 우리를 완전히 구원하지 못하셨다면, 그의 은택이 불완전한 것이 될 것이다. 우리가 아담 안에서 모든 의와 구원을 상실했기 때문이다. 그러므로 우리는 그리스도 안에서 완전한 구원을 기대한다. 그러나 앞에서 살펴본 바와 같이 그 구원은 점진적으로 완성된다. 금생에서도 그 구원은 완전하다. 그리고 부활 시에는 그것이 더 완전해질 것이고, 영화롭게 될 때에는 가장 완전해질 것이다.

5. 그 구원이 어떻게 이루어지는가?

지금까지 말씀한 그 구원은 다음과 같은 방식으로 이루어진다:

1. 죄에 대한 완전하고도 충족한 보상을 통하여. 죄로 인하여 부과되는 형벌이 영원한 형벌과 동등할 때에 그것에 대한 보상이 이루어지는 것이다.

2. 죄를 제거하고, 우리의 본성을 새롭게 함으로써. 이는 우리가 상실한 상태에 있는 의와 하나님의 형상을 우리 속에 회복시킴으로써, 혹은 우리의 본성을 완전히 중생케 함으로써 이루어진다. 율법에 대해서는 순종 아니면 형벌 외에는 없다. 그러나 순종을 통해서는 보상이 이루어질 수가 없다. 우리의 과거의 순종은 이미 손상되어 버렸고, 그 이후에 오는 순종도 과거의 과실들에 대해 보상할 수가 없기 때문이다. 우리는 매 순간마다 율법에 정확한 순종을 행해야 할 의무를 지고 있다. 그러므로 한 번이라도 순종이 손상되면, "네가 먹는 날에는 반드시 죽으리라"(창 2:17)는 경고에 따라 형벌 이외에는 그것을 보상할 길이 없게 된다. 그러나 충족한 형벌을 당하여 율법을 만족시키면, 하나님께서 화목되시고 구원이 가능해지는 것이다.

이와 마찬가지로, 죄를 제거하고 우리의 본성을 새롭게 하는 일도 필수적이다. 왜냐하면 하나님께서 이러한 보상을 기꺼이 받아들이시는 것은 우리가 죄를 범하여 하나님을 거역하기를 중단하고 우리의 화목에 대해 하나님께 감사한다는 것을 조건으로 하기 때문이다. 하나님께서 사랑으로 받아주시기를 바라면서도 죄를 버리기를 바라지 않는다면, 그것은 하나님을 조롱하는 것이다. 그런데 우리의 본성이 새로워지지 않는 이상, 우리가 죄를 버리고 죄와 단절하는 것이 불가능한 것이다. 그러므로 사람의 구원은 이런 방식으로 가능해지는 것이다.

13문　　하지만 과연 우리가 스스로 이를 보상할 수 있습니까?
답　　　절대로 보상할 수 없습니다. 아니 우리는 날마다 우리의 빚을 더 늘려갈 뿐입니다.

[해 설]

우리의 구원이 이루어지는 방식에 대해 설명했으니, 이제는 이 보상과 죄의 제거를 누가 이룰 수 있는지를 살펴보아야 하겠다. 우리 자신이 이룰 수 있는가, 아니면 다른 누가 이루어야 하는가? 다른 누군가가 이루어야 한다면 그저 피조물에 불과한 존재가 그 일을 이룰 수 있는가? 혹시 그저 피조물로서는 이룰 수 없다면, 누가 그 일을 이룰 수 있으며, 어떤 종류의 중보자가 그 일을 이룰 수 있는가? 이 질문들 중 첫 번째는 13문에서 답변되며, 나머지 두 질문은 14문과 15문에서 답변된다.

　　우리 스스로는 순종으로도 형벌로도 결코 보상할 수가 없다.

　　순종으로도 보상할 수가 없다. 우리가 아무리 선을 행해도 하나님께 현재의 의무를 빚으로 지기 때문이다. 그러므로 우리로서는 현재에 하나님의 율법에 대해 순종한다 해도 과거의 과실들에 대해서는 보상할 수가 없다. 현재에 대해서는 물론 미래에 대해서도 하나님의 손에서 아무것도 받을 자격이 없기 때문이기도 하거니와, 한 번의 보상이 이중적인 공로, 즉 현재와 미래를 위한 공로를 발휘할 수도 없기 때문이다.

　　좀 더 일상적이고 대중적인 이유가 본 요리문답에 제시되어 있다. 곧, **우리가 날마다 우리의 빚을 늘려가고 있기 때문**이라는 것이다. 우리는 계속해서 죄를 짓고, 또한 죄를 지으면서 우리의 죄책과 우리를 향한 하나님의 불쾌하심을 더욱 증가시켜간다. 마치 빚진 자가 과거에 진 빚에다 계속해서 새로운 빚을 늘려간다면 그 사람은 절대로 자신의 빚에서 헤어나오지 못한다. 이와 마찬가지로 끊임없이 과실을 범하는 자는 그 과실을 당하는 편에게 절대로 보상을 해 줄 수가 없는 것이다.

　　우리가 우리의 죄에 대해 형벌을 받는다 해도 그것으로도 하나님께 보상을 해드릴 수가 없다. 우리의 죄책이 무한하며, 따라서 무한한 형벌, 즉 영원한 형벌을 받아 마땅하기 때문이다. 죄는 곧 최고선을 거슬러 저지른 잘못이므로, 영원한 정죄를 받아 마땅하며, 아니면 최소한 영원한 형벌과 동등한 일시적인 형벌을 받아야 한다. 그러나 우리는 영원한 형벌을 한 번 받는 것으로도 보상을 할 수가 없다. 한 번 영원한 형벌을 받게 되면 절대로 거기서 벗어나지 못할 것이기 때문이다. 하나님의 정의에 대해 항상 보상을 하려고 하지만, 절대로 그것이 완전히 보상되지 못하는 것이다. 우리의 보상은 절대로 완전해질 수가 없다. 죄와 죽음에 대한 완전한 승리일 수가 없고, 마귀들과 악한 영들의 보상처럼 영원토록 불완전한 상태대로 계속 있을 수밖에 없다. 또한 죽음을 극복하는 데에 반드시 필요한 영원한 형벌과 동등한 그런 일시적인 형벌을 받아서 보상을 할 수 있는 사람도 아무도 없다. 그런 형벌은 피조물들로서는 당할 수 없는 것이다. 왜냐하면 그들에게는 온갖 불완전함이 있기 때문이다.

　　그러므로, 우리 스스로는 보상을 할 수가 없으니, 우리의 비참한 상태에서 구원받기 위해서는 반드시 다른 누군가가 보상을 해야만 하는 것이다.

다음과 같은 반론이 가끔씩 제기된다: 우리는 형벌로도 순종으로도 절대로 율법을 만족시킬 수가 없다. 그러므로 달리 보상을 통하여 구원의 방법을 모색해도 전혀 소용이 없다. 그러나 이에 대해서는 쉽게 답변을 할 수 있다. 순종을 통해서는 보상을 할 수가 없으나, 그럼에도 불구하고 충족한 형벌을 받음으로써 보상을 할 수가 있다. 곧, 우리 자신이 형벌을 받는 것이 아니라, 그리스도 안에서 형벌을 받는 것이다. 그는 순종과 형벌 모두를 통해서 율법을 만족시키셨다. 이에 대해서 다음과 같은 반론들이 제기되어왔다:

반론 1. 율법은 우리 자신의 순종이나 형벌을 요구한다. "이를 행하는 자는 그로 말미암아 살리라", "율법 책에 기록된 대로 모든 일을 항상 행하지 아니하는 자는 저주 아래에 있는 자라"고 기록되었기 때문이다.

답변. 율법이 우리의 순종이나 형벌을 요구하는 것은 사실이나, 오로지 우리의 순종이나 형벌만을 요구하는 것은 아니다. 왜냐하면 우리를 대신하는 다른 이의 보상을 절대로 배제하거나 정죄하지 않기 때문이다. 율법이 그것을 가르치는 것은 아니지만 그것을 무시하지도 않는다. 그러나 복음이 그리스도 안에서 그것을 우리에게 계시하고 보여주는 것이다.

반론 2. 죄책을 진 자 대신 다른 이에게 형벌을 부과한다는 것은 부당하다. 그러므로 그리스도께서 우리를 대신하여 형벌을 받으실 수가 없다.

답변. 다음의 조건들이 성립할 경우에는 죄책을 진 자를 대신하여 다른 이가 형벌을 받는 것은 하나님의 정의와 모순된 것이 아니다. 1. 형벌을 받는 자가 무죄할 경우. 2. 그가 죄책을 진 자들과 동일한 본성을 지녔을 경우. 3. 그가 자의(自意)로 자기 자신을 보상으로 드릴 경우. 4. 그 자신이 이 형벌을 능히 견디며 나올 수 있을 경우. 사람들이 다른 사람을 대신하여 한 사람을 벌할 수 없는 것은, 그 사람이 형벌을 받다가 멸망하지 말아야 하는데 그렇게 될 수가 없기 때문이다. 5. 그리스도께서 염두에 두신 목적, 즉 하나님의 영광과 사람의 구원을 그가 이룰 경우에.

14문   우리를 위하여 보상해 줄 수 있는 자를 과연 그저 피조물에 불과한 존재 중에서 찾을 수 있습니까?

답   그런 존재는 하나도 없습니다. 하나님께서는 사람이 저지른 죄에 대해 다른 피조물을 벌하기를 원치 않으실 것이며, 더 나아가서 그저 피조물에 지나지 않는 존재는 죄를 향한 하나님의 영원한 진노의 짐을 감당할 수도 없고, 다른 이들을 거기에서 구원해 낼 수도 없습니다.

[해 설]

이 질문에서 "그저 피조물에 불과한 존재"라는 표현을 쓴 것은 이에 대해 부정적인 대답이 참이 되도록 하기 위함이다. 피조물의 죄에 대해서 피조물이 보상을 해야 마땅하나, 그저 피조물에 불과한 존재는 그렇게 할 수가 없다. 다음의 사실에서 나타나듯이 율법이 요구하는 보상을 할 수가 없기 때문이다.

보상이 다른 존재를 통해서 이루어져야 하므로, 사람 이외에 다른 피조물이 대신 보상을 해 줄 수 있으며, 그저 피조물에 불과한 존재가 그런 보상을 할 수 있는지를 따져보아야 한다. 그러나 둘 다 성립되지 않는다. 사람 이외에 다른 피조물이 대신 보상을 해 줄 수 없는 이유는 하나님께서는 사람이 범한 죄를 다른 피조물에게 벌하시지 않기 때문이다. 이것은 그의 정의의 질서에 따른 것이다. 하나님의 정의는 한 사람이 죄를 짓고 또 다른 사람이 형벌을 당하는 것을 허용하지 않는 것이다. "범죄하는 그 영혼이 죽을지라"(겔 18:20). 그렇기 때문에 사람 이외의 그 어떠한 피조물도 사람을 위해 보상할 수가 없다. 사람의 죄를 위하여 하늘과 땅과 천사들과 다른 모든 피조물들이 다 영원히 멸망한다 해도 하나님께서는 만족하실 수가 없는 것이다.

또한 그저 피조물에 불과한 존재가 보상을 할 수 없는 이유는 다음과 같다: 1. 그 어떠한 피조물이라도 사람의 무한한 죄책에 대해 보상할 목적으로 영원한 형벌과 동등한 그런 유한한 형벌을 감당할 능력이 없기 때문이다. 그저 피조물에 불과한 존재는 하나님께 보상을 해드리기도 전에 다 타버려서 무(無)가 되어 버릴 것이다: "네 하나님 여호와는 소멸하는 불이시요 질투하시는 하나님이시니라"(신 4:24), "여호와여 주께서 죄악을 지켜보실진대 주여 누가 서리이까?"(시 130:3), "율법이 육신으로 말미암아 연약하여 할 수 없는 그것을 하나님은 하시나니 곧 죄로 말미암아 자기 아들을 죄 있는 육신의 모양으로 보내어 육신에 죄를 정하사"(롬 8:3). 그러므로 온 우주 안에 있는 그 어떠한 피조물도 사람의 죄에 대해 형벌을 받아서 하나님께 보상을 해드리고 다시 그 형벌의 상태로부터 돌아와 우리를 구원할 수가 없다. 그러므로 피조물의 연약함으로 인하여, 이런 식으로는 죄가 형벌로써 보상될 수가 없는 것이다.

2. 그저 피조물에 불과한 존재가 형벌을 받는다 해도 그것이 우리를 구속할 만큼의 충족한 위엄과 가치를 지닐 수가 없기 때문이다.

3. 그저 피조물에 불과한 존재는 우리의 본성을 새롭게 하고 거룩하게 할 수가 없고, 또한 우리로 하여금 더 이상 죄를 범하지 않도록 할 수도 없는데, 우리를 구속하기 위해서는 그 모든 일이 필수적이기 때문이다.

15문 그렇다면 우리는 과연 어떤 중보자와 구원자를 찾아야 합니까?

답 참 사람이시고, 의로운 분이면서도 모든 피조물보다 더 능력이 있는 분, 즉 참 하나님이신 분을 찾아야 합니다.

[해 설]

그러므로 우리 스스로가 우리의 죄에 대해 하나님께 보상을 해드릴 수가 없고, 따라서 우리를 대신하여 보상할 다른 중보자가 반드시 있어야 하므로, 이제 그 중보자가 어떤 유의 구원자여야 하는가를 살펴보아야 한다. 이에 대해서 우리는, 그 중보자는 그저 피조물이든가, 아니면 그저 하나님이시든가, 아니면 둘 다인 존재이든가 할 것이라고 대답할 수 있을 것이다. 그러나 그저 피조물에 불과한 자일 수는 없다. 이에 대해서는 이미 해명한 바 있다. 또한 그저 하나님이신 자도 될 수 없다. 왜냐하면 하나님이 아니라 사람이 죄를 범했기 때문이고, 따라서 중보자는 사람의 죄를 위하여 고난당하고 죽어야 했기 때문이다. 그러나 하나님 자신은 고난을 당할 수도, 죽을 수도 없으신 분이다. 그러므로 그런 중보자는 반드시 하나님이시며 동시에 사람이신 분이어야 한다. 이에 대한 이유는 다음의 질문들에서 살펴보기로 하자.

제6주일

16문 　중보자는 왜 참 사람이셔야 하고, 또한 완전히 의로운 분이셔야 합니까?

답 　죄를 범한 동일한 인간 본성이 죄에 대해 보상할 것을 하나님의 공의가 요구하기 때문이요, 또한 스스로 죄인인 자는 다른 이들을 대신하여 보상해 줄 수가 없기 때문입니다.

[해 설]

우리의 중보자는 반드시 사람이셔야 한다. 그것도 참 사람이셔야 하고 완전히 의로운 사람이셔야 한다.

　첫째로, **그는 반드시 사람이셔야 했다.** 1. 죄를 지은 것이 사람이기 때문이다. 그러므로 사람이 죄에 대해 보상을 해야 하는 것이 필수적이었다. "한 사람으로 말미암아 죄가 세상에 들어오고 죄로 말미암아 사망이 들어왔나니"(롬 5:12), "사망이 한 사람으로 말미암았으니 죽은 자의 부활도 한 사람으로 말미암는도다"(고전 15:21). 2. 그가 죽을 수 있어야 하기 때문이다. 그가 친히 죽음으로써, 또한 피를 흘림으로써, 우리를 위하여 보상을 해야 하는 것이 필수적이었다. 성경이 다음과 같이 선언하고 있기 때문이다: "네가 먹는 날에는 반드시 죽으리라"(창 2:17), "피 흘림이 없은즉 사함이 없느니라"(히 9:22).

　둘째로, **그는 참 사람이셔야 했다.** 그는 죄를 범한 동일한 인간 본성을 지니신 분이셔야 했고, 사람의 모든 연약함에 속하였으나 죄는 없으신 분이셔야 했다. 1. 죄를 범한 인간의 본성과 동일한 본성이 죄에 대해 보상해야 할 것을 **하나님의 정의가 요구했기 때문이다:** "범죄하는 그 영혼은 죽을지라"(겔 18:20), "네가 먹는 날에는 반드시 죽으리라"(창 2:17). 그러므로 사람을 위하여 보상을 하려는 자는 그 자신이 참 사람으로서 죄를 범한 아담의 후손에서 나온 자여야만 했다. 다음의 성경 본문들이 이 점을 보여준다: "사망이 한 사람으로 말미암았으니 죽은 자의 부활도 한 사람으로 말미암는도다"(고전 15:21), "하나님은 한 분이시요 또 하나님과 사람 사이에 중보자도 한 분이시니 곧 사람이신 그리스도 예수라"(딤전 2:5), "이는 … 오직 아브라함의 자손을 붙들어 주려 하심이라. 그러므로 그가 범사에 형제들과 같이 되심이 마땅하도다"(히 2:16, 17). 그리하여 사도 바울은 "우리가 그의 죽으심과 합하여 세례를 받음으로 그와 함께 장사되었나니 이는 … 그리스도를 죽은 자 가운데서 살리심과 같이 우리로 또한 새 생명 가운데서 행하게 하려 하심이라" 고도 말씀한다(롬 6:4; 골 2:12). 그리고 아우구스티누스는 참 신앙에 관한 그의 저서에서 말하기를, "구원함을 받을 본성과 동일한 바로 그 본성을 입으셔야 했다"고 한다. 2. **하나님의 진리가 그것을 요구했기 때문이다.** 성령의 감동하심을 받아 말씀한 선지자들이 우리의 중보자를 가련하고 연약하며 멸시를 당하는 자로 자주 묘사하였다. 이사야 52장이 충격적인 실례를 제공해 준다. 3. **우리의 위로를 위함이다.** 그가 아담의 자손으로 오셨다는 것을 알지 못하면, 그를 약속하신 메시야로, 또한 우리의 형제로 받아들일 수 없었을 것이다. 성경이 다음과 같이 약속하고 있기 때문이다: "여자의 후손은 네(뱀의) 머리를 상하게 할 것이요"(창 3:15), "네 씨로 말미암아 천하 만민이 복을 받으리니"(창 22:18). 사도 바울도 이와 관련하여 이렇게 말씀한다: "거룩하게 하시는 이와 거룩하게 함을 입은 자들이 다 한 근원에서 난지라. 그러므로 형제라 부르시기를 부끄러워하지 아니하시고"(히 2:11). 그가 우리의 형제가 되시기 위해서는 반드시 아담으로부터 나셔야만 했던 것이다: "자녀들은 혈과 육에 속하였으매 그도 또한 같은 모양으로 혈과 육을 함께 지니심은"(히 2:14). 4. 시험 받는 자들을 구원할 수 있는 **신실한 대제사장이 되시기 위함이다.** "그러므로 그가 범사에 형제들과 같이 되심이 마땅하도다. 이는 하나님의 일에 자비하고 신실한 대제사장이 되어 백성의 죄를 속량하려 하심이라. 그가 시험을 받아 고난을 당하셨은즉 시험 받는 자들을 능히 도우실 수 있느니라"(히 2:17, 18).

셋째로, **그는 완전히 의로운 사람이셔야 했다.** 우리의 구주가 되시기에 합당하려면, 또한 그의 희생이 자기 자신을 위해서가 아니라 우리를 위해서 역사하려면, 그는 원죄와 자범죄(自犯罪)의 흔적조차 없이 완전무결한 분이셔야 했다. 만일 그 자신이 죄인이었다면, 그 자신의 죄를 위해 보상해야 했을 것이니 말이다. "나의 **의로운** 종이 자기 지식으로 많은 사람을 의롭게 하며"(사 53:11), "그는 죄를 범하지 아니하시고 그 입에 거짓도 없으시며"(벧전 2:22), "그리스도께서도 단번에 죄를 위하여 죽으사, **의인**으로서 불의한 자를 대신하셨으니"(벧전 3:18).

만일 중보자 자신이 죄인이었다면 그 자신도 하나님의 진노를 면치 못했을 것이고, 다른 이들을 위하여 하나님의 호의를 확보하고 형벌을 면하게 해 준다는 것은 더더욱 불가능한 일이었을 것이다. 그리고 의인으로서 당한 것이 아니었다면, 그의 고난과 죽음이 다른 이들의 죄를 위한 속량물이 될 수도 없었을 것이다. 그러므로 "하나님이 죄를 알지도 못하신 이를 우리를 대신하여 죄로 삼으신 것은(즉, 죄를 위한 희생 제물로 삼으신 것은) 우리로 하여금 그 안에서 하나님의 의가 되게 하려 하심이라"(고후 5:21), "이러므로 대제사장은 우리에게 합당하니 거룩하고 악이 없고 더러움이 없고 죄인에게서 떠나 계시고 하늘보다 높이 되신 이라. 그는 저 대제사장들이 먼저 자기 죄를 위하고 다음에 백성의 죄를 위하여 날마다 제사 드리는 것과 같이 할 필요가 없으니 이는 그가 단번에 자기를 드려 이루셨음이라"(히 7:26, 27).

사람이신 그리스도는 다음의 네 가지 점에서 완전히 의로우셨고, 율법을 이루셨다: 1. **그 스스로 의로우셨으므로.** 그리스도께서만이 홀로 율법이 요구하는 대로 완전한 순종을 이행하셨다. 2. 우리의 죄를 대신하기에 충족한 **형벌을 당하셨으므로.** 율법의 이중적인 성취가 반드시 그리스도께 있어야 했다. 그의 의가 충만하고 완전하지 않았다면, 다른 이들의 죄를 보상할 수가 없었을 것이며, 또한 앞에서 설명한 그런 형벌을 당하지 않으셨다면, 그로써 우리를 영원한 형벌에서 구원하실 수가 없었을 것이다. 전자를 가리켜 순종을 통하여 율법을 이루신 것이라 부르며, 후자를 가리켜 형벌을 통하여 율법을 이루신 것이라 부른다. 그가 우리를 위하여 고난을 당하심으로써 우리가 영원한 정죄 아래 있지 않도록 하신 것이다. 3. 그리스도께서는 **그의 성령으로 말미암아** 우리 속에서 율법을 성취하신다. 곧, 그가 그 동일한 성령으로 말미암아 우리를 중생시키시며 율법으로 말미암아 우리에게 요구되는 그 순종에로 우리를 인도하시는데, 이 순종은 외형적인 동시에 내면적이며, 또한 금생에서 시작되고 내생에서 완전하게 완성될 것이다. 4. 그리스도께서는 율법을 가르치심으로써 율법을 성취시키시며, 율법의 참된 의미를 회복시키심으로써 온갖 오류로부터 해방시키신다: "내가 율법이나 선지자를 폐하러 온 줄로 생각하지 말라. 폐하러 온 것이 아니요 완전하게 하려 함이라"(마 5:17).

17문   중보자는 왜 동시에 참된 하나님이셔야 합니까?

답   그것은 그의 신성(神性)의 능력으로 하나님의 진노의 짐을 그의 인성(人性)에 짊어지시기 위함이며, 또한 우리를 대신하여 의와 생명을 얻으사 우리에게 회복시키기 위함입니다.

[해 설]

우리의 중보자는 참 사람이시며 완전히 의로운 사람이셔야 할 뿐 아니라, 동시에 이단들의 생각처럼 그저 상상 속의 어떤 신적인 존재나, 천사들과 사람보다 뛰어난 탁월한 능력들을 보유한 어떤 존재가 아니라 참되고 전능하신 하나님이셔야만 했다. 그 이유는 다음과 같다:

1. 그의 신성의 권능으로 말미암아 그의 인성이 죄에 대한 하나님의 무한한 진노를 감당하시고, 또한 죄에 대한 형벌을 당하시기 위함이다. 그 형벌은 기간에 있어서는 일시적이지만 그 중함과 위엄과 가치에 있어서는 무한한 것이었다. 우리의 중보자께서 그저 사람에 불과했고, 그런 상태로 하나님의 진노의 짐을 스스로 짊어지셨다면, 그는 그 무게에 눌려 뭉개졌을 것이다. 그러므로, 그가 절망 가운데 빠지거나 뭉개지지 않고 무한한 형벌을 감당하시기 위해서는 반드시 무한한 힘을 소유한 분이셔야 했고, 그렇기 때문에 하나님이셔야 했던 것이다.

죄와 또한 그것에 대한 형벌이 형평이 맞기 위해서는 중보자가 당할 형벌이 무한한 가치를 지녀야만 했고, 또한 영원한 형벌과 동등한 것이어야만 했다. 세상의 시작부터 마지막까지 저질러지는 모든 죄들 가운데, 영원한 죽음을 당해 마땅하지 않을 만큼 작은 죄는 단 하나도 없기 때문이다. 하나하나의 죄가 다 지극히 죄악되므로, 피조물이 영원한 멸망을 당하는 것으로는 보상될 수가 없는 것이다.

그러나 이 형벌이 그 기간에 있어서는 유한한 것이 합당하였다. 왜냐하면 중보자가 영원토록 죽음의 상태에 있을 필요가 없었기 때문이다. 오히려 그가 죽음에서 살아 나오셔서 우리의 구속의 은택을 이루시고, 완전한 공로를 세우시고, 또한 그 공로를 우리에게 적용시키셔서 그가 우리를 대신하여 값 주고 사신 그 구원을 우리에게 베푸시는 것이 합당한 일이었다. 그가 공로에 있어서나 효능에 있어서 완전한 구주가 되시기 위해서는 우리의 중보자께서 공로를 세우시고 또한 의를 베푸시는 것이 필요했던 것이다. 그러나 아무리 큰 능력을 소유했다 할지라도 그저 사람만으로는 이런 일들을 이룰 수 없었다. 그저 사람에 불과했다면 죽음에서 살아 나올 능력이 없었을 것이다. 그러므로 다른 이들을 죽음에서 구원하셔야 할 그분이 그 자신의 능력으로 죽음을 극복하셔야 했고, 그 자신이 먼저 죽음을 던지고 일어나셔야 했다. 그러나 그가 하나님이 아니셨다면, 이런 일은 불가능했을 것이다.

2. 구속자가 지불한 속량금이 무한한 가치를 지녀야만 했다. 우리의 영혼의 구속을 위하여 충족한 위엄과 공로를 소유하기 위해서는, 그리고 하나님의 심판에

서 우리의 죄를 속하고 우리가 잃어버렸던 의와 생명을 우리 속에 회복시키는 목적을 위하여 효용이 있기 위해서는, 그것이 무한한 가치가 있는 것이라야만 했다. 그러므로 그분이 우리를 위하여 이런 보상을 할 수 있고, 또한 무한한 위엄을 소유하신 분이신 것이, 즉 하나님이신 것이 합당했다. 그러므로 우리의 구속자의 보상은 두 가지 점에서 하나님께서 받으실 만큼 위엄이 있고 또한 무한한 가치가 있는 것이었다. 즉 그분 자신의 위엄과 그 형벌의 위중함이 그것이다.

형벌을 받으신 그분의 위엄은 다음에서 나타난다. 곧, 세상의 죄를 위하여 죽으신 분은 하나님이셨고 창조주 자신이셨다는 것이다. 그러므로 그의 죽음은 모든 피조물들의 멸망보다 무한히 더한 것이요, 모든 천사들과 사람들의 거룩함보다 더 효용이 있는 것이었다. 그러므로 사도들은 그리스도의 고난에 대해 말씀할 때에 거의 언제나 그의 신성을 언급하는 것이다: "하나님이 자기 피로 사신 교회를 보살피게 하셨느니라"(행 20:28), "그 아들 예수의 피가 우리를 모든 죄에서 깨끗하게 하실 것이요"(요일 1:7), "보라, 세상 죄를 지고 가는 하나님의 어린양이로다"(요 1:29). 그렇다. 하나님께서는 낙원에서 친히 이 둘을 하나로 합치셨다: "여자의 후손은 네 머리를 상하게 할 것이요 너는 그의 발꿈치를 상하게 할 것이니라"(창 3:15).

그리스도께서 당하신 형벌의 위중함은 다음에서 나타난다. 곧, 그는 지옥의 끔찍한 고통들과 또한 온 세상의 죄들을 대적하는 하나님의 진노를 당하셨다는 것이다. "사망의 줄이 나를 두르고 스올의 고통이 내게 이르므로"(시 116:3), "네 하나님 여호와는 소멸하는 불이시요 질투하시는 하나님이시니라"(신 4:24), "여호와께서는 우리 모두의 죄악을 그에게 담당시키셨도다"(사 53:6). 바로 그렇기 때문에 우리는, 수많은 순교자들은 지극히 큰 용기와 침착함으로 죽음을 맞았는데 어째서 그리스도께서는 죽음을 앞두시고 그렇게 괴로움을 드러내셨는지를 알 수 있는 것이다.

반론. 순종을 통하여 율법을 완전히 이루었다면 그것이 우리의 죄에 대한 보상이 되었을 것이다. 그러나 그저 사람이라도 완전히 의롭기만 하다면, 순종으로 율법을 이룰 수가 있었을 것이다. 그러므로, 그저 사람이라도 완전히 의롭다면, 우리의 죄를 보상할 수 있었을 것이고, 따라서 구태여 우리의 중보자가 하나님이셔야 할 필요는 없었다.

답변. 1. 우리는 주 전제를 인정할 수 없다. 순종이 한 번 손상을 받으면 충족한 형벌을 통하지 않는 한 하나님의 정의가 보상될 수가 없다는 것을 — "네가 먹는 날에는 반드시 죽으리라"(창 2:17)고 하나님께서 이미 경고하셨기 때문에 — 이미 입증한 바 있기 때문이다.

2. 혹시 소 전제를 받아들여서, 그저 사람이라도 순종을 통해서 율법을 완전히 이룰 수가 있다는 것을 인정한다 할지라도, 이 순종은 다른 사람의 죄에 대한 보상이 될 수가 없다. 왜냐하면 모든 사람이 다 율법을 순종해야 하기 때문이다. 그러므로 중보자께서 우리를 위하여 충족한 형벌을 받으셔야 했으며, 그렇기 때문에 그가 신적인 권능을 소유하셨던 것이다. 마귀들이라도 죄에 대한 하나님의 진노의 짐을 감당할 수가 없으니, 사람은 더더욱 감당할 수가 없기 때문이다. 만일, 마귀들과 악인들은 하나님의 영원한 진노를 당하며 또한 강제로 당하지 않느냐고 반론을 제기한다면, 우리는 그들이 과연 하나님의 진노를 감당하지만, 하나님의 정의를 만족시켜서 그 형벌의 상태에서 벗어나게 되는 것이 아니라고 답변하고자 한다. 그들의 형벌은 영원토록 지속될 것이기 때문이다. 그러나 중보자께서 하나님의 진노의 짐을 감당하셔야 했다. 그렇게 하여 보상을 치르신 다음, 그 자신이 그 짐에서 벗어나시고 그리하여 우리도 그 짐에서 벗어나도록 하셔야 했던 것이다.

3. 중보자께서 인류의 구속에 관한 하나님의 은밀하신 뜻을 계시하시기 위해서는 그가 하나님이셔야 했다. 그저 사람뿐인 존재로서는 그런 일을 행할 수가 없었기 때문이다. 하나님의 아들께서 계시하지 않으셨다면, 우리의 구속에 관한 하나님의 뜻을 그 어떠한 피조물도 알거나 발견하지 못했을 것이다. "본래 하나님을 본 사람이 없으되 아버지 품 속에 있는 독생하신 하나님이 나타내셨느니라"(요 1:18).

4. 중보자께서 성령을 주시고 교회를 모으시며 거기에 임재하시고, 또한 그의 죽음을 통해 값 주고 사신 은택들을 베푸시고 보존하실 수 있으려면, 그가 반드시 하나님이셔야 했다. 그가 희생 제물이 되시고, 그 스스로 죽음을 던져 버리시고, 또한 우리를 위하여 하나님께 간구하시는 일이 그에게 합당한 일이었지만, 동시에 우리가 더 이상 우리의 죄로 하나님을 거스르지 않으리라는 확신을 주시는 것도 그에게 합당한 일이었다. 그러나 우리가 부패한 상태에 있으므로, 어느 누구도 우리를 대신하여 이를 약속할 수가 없었다. 오직 성령을 주실 능력을 지니시고, 또한 그를 통하여 마음을 중생시키시는 분만이 그것을 약속하실 수 있는데, 그 일은

오로지 하나님께만 해당되는 일이었다. "내가 아버지께로부터 너희에게 보낼 보혜사"(요 15:26). 오직 본성을 다스리시는 주님이신 그분만이 그 본성을 변화시키실 수 있는 것이다.

5. 마지막으로, 메시야께서는 "여호와 우리의 공의"(렘 23:6)이셔야 했다.

반론. 해(害)를 받은 당사자는 메시야가 될 수 없다. 그리스도는 메시야다. 그러므로 그는 해를 받은 당사자일 수가 없고, 따라서 하나님일 수가 없다.

답변. 주 전제는 해를 받은 당사자가 위격적인 구별을 용납하지 않을 존재일 경우에만 참이다. 그러나 하나님은 이 경우에 해당되지 않으신다.

중보자, 하나님의 언약

18문 그러나 과연 누가 참 하나님이요 동시에 참 사람이시며 의로우신 중보자이십니까?

답 우리 주 예수 그리스도이시니, 그는 우리에게 하나님으로부터 오는 지혜와 의로움과 거룩함과 구속이 되셨습니다.

[해 설]

지금까지 우리는 어떤 종류의 중보자가 우리에게 필요한가를 살펴보았다. 이제 그 다음 주목해야 할 질문은, 이 중보자가 누구냐 하는 것이다. 이 중보자께서 육체로 나타나신 하나님의 아들 예수 그리스도시라는 것이 다음의 논의에서 입증된다:

1. 이미 지적한 바와 같이 중보자께서 참 하나님이신 것이 합당했다. 그러나 성부 하나님은 중보자가 되실 수 없었다. 그는 자기 자신이 아니라 아들과 성령을 통해서 일하시기 때문이다. 또한 성부는 사자(使者)도 아니시다. 왜냐하면 그는 아무에게도 보내심을 받지 않으며, 오히려 그가 친히 중보자를 보내시기 때문이다. 또한 성령도 중보자이실 수가 없었다. 그는 중보자에게서 택한 자들의 마음속에 보내심을 받으셨기 때문이다. 그러므로 오직 아들만이 이 중보자이시다.

2. 중보자께서는 그 자신이 우리에게 베푸실 것을 친히 지니고 계셔야 했다. 그런데 그는 우리가 버렸던 하나님의 아들들의 권한과 칭호를 우리에게 베푸시는

것이 합당했다. 즉, 하나님께서 그 아들을 위하여 우리를 그의 자녀로 삼으시는 일이 일어나도록 하시는 것이 그에게 합당했다는 말이다. 그러나 이 일은 오로지 그리스도만이 하실 수 있는 일이었다. 오직 그만이 그럴 권한을 지니셨기 때문이다. 성령은 이 권한을 지니지 않으셨다. 그는 아들이 아니시기 때문이다. 또한 성부께도 그런 권한이 없었다. 그 역시 아들이 아니시기 때문이며, 또한 그로서는 아들을 통하여 우리를 그의 자녀로 입양시키시는 일이 합당했기 때문이다. 그러므로 하나님의 본성적인 아들이신 그 "말씀"만이 우리의 중보자시요, 그 독생자 안에서 우리가 하나님의 자녀로 입양되는 것이다: "아들이 너희를 자유롭게 하면 너희가 참으로 자유로우리라"(요 8:36), "영접하는 자 곧 그 이름을 믿는 자들에게는 하나님의 자녀가 되는 권세를 주셨으니"(요 1:11), "그 기쁘신 뜻대로 우리를 예정하사 예수 그리스도로 말미암아 자기의 아들들이 되게 하셨으니, 이는 그가 사랑하시는 자 안에서 우리에게 거저 주시는 바 그의 은혜의 영광을 찬송하게 하려는 것이라"(엡 1:5-6).

3. 오직 아들만이 "말씀"이시요, 성부의 사신이시요, 또한 하나님의 뜻을 계시하기 위하여 인류에게로 보내심을 받은 자요, 그를 통해서 성부께서 역사하시며 또한 성령을 주시는 분이시며, 또한 그를 통해서 두 번째 창조가 완수되는 분이시다. 우리가 새로운 피조물들이 되는 것이 바로 아들을 통한 일이기 때문이다. 그렇기 때문에 성경은 도처에서 첫 번째 창조와 두 번째 창조를 합쳐서 말씀한다. 두 번째 창조도 첫 번째 창조를 이루신 바로 그 동일하신 분을 통해서 이루어지기 때문이었다. "만물이 그로 말미암아 지은 바 되었으니"(요 1:3). 중보자는 또한 사신이시요, 하나님과 우리 사이를 화목케 하는 자요, 성령으로 우리를 중생케 하는 분이셔야 했다. 그러므로 오직 아들만이 이 중보자시다.

4. 성령을 직접 보내는 일이 중보자께 속한 일이다. 그러나 그렇게 성령을 보내시는 분은 오직 아들밖에는 없다. 물론 성부께서도 성령을 보내시지만, 그것은 어디까지나 아들을 통해서 하시는 일이다. 아들이 성부로부터 직접 성령을 보내신다: "내가 아버지께로부터 너희에게로 보낼 보혜사"(요 15:26).

5. 중보자는 고난을 받고 죽으시는 것이 합당했다. 그러나 신격에 속하신 각 위들이 고난을 받고 죽으신다는 것은 불가능했고, 오로지 우리의 본성을 취하신 아들만이 그 일이 가능했다. "그는 육신으로 나타난 바 되시고"(딤전 3:16), "그리스도께서 … 육체로는 죽임을 당하시고"(벧전 3:18). 그러므로 아들이 중보자시다.

6. 아들이 중보자시라는 것은 구약의 예언들과 신약의 그 성취와 비교해 보아도 입증된다.

7. 그리스도의 행하신 일들과 이적들이 그가 중보자이심을 확증해 준다. "아버지께서 내게 주사 이루게 하시는 역사, 곧 내가 하는 그 역사가 아버지께서 나를 보내신 것을 나를 위하여 증언하는 것이요"(요 5:36), "내가 행하거든 나를 믿지 아니할지라도 그 일은 믿으라"(요 10:38), "그리스도께서 오실지라도 그 행하실 표적이 이 사람이 행한 것보다 더 많으랴?"(요 7:31), "너희는 가서 듣고 보는 것을 요한에게 알리되, 맹인이 보며 못 걷는 사람이 걸으며 나병환자가 깨끗함을 받으며 못 듣는 자가 들으며 죽은 자가 살아나며 가난한 자에게 복음이 전파된다 하라"(마 11:4-5).

8. 아들이 중보자시라는 것은 성경의 명백한 증언들로써 입증된다: "하나님은 한 분이시요 또 하나님과 사람 사이에 중보자도 한 분이시니 곧 사람이신 그리스도 예수라"(딤전 2:5), "예수는 하나님으로부터 나와서 우리에게 지혜와 의로움과 거룩함과 구원함이 되셨으니"(고전 1:30), 즉 예수께서 우리에게 지혜의 교사가 되셨고, 의롭다 하시는 자요, 거룩하게 하시는 자요, 또한 구속자가 되셨다는 뜻인데, 이는 그가 자신의 공로와 효능으로 말미암아 중보자요 구주시라는 말과 동일한 것이다. 사도는 이 선언에서 구체적인 것을 추상적인 것으로 표현하고 있기 때문이다.

이 본문에서 주목할 것은 중보자를 가리켜 "하나님으로부터 나와서 우리에게 … 되셨으니"라고 말씀한다는 점이다. 이는 곧 그가 지명을 받아 우리에게 주어지셨음을 뜻하는 것이다. 중보자는 우리로 말미암아 주어지신 바 되셨어야 하고, 또한 우리로부터 나아가셨어야만 한다. 우리가 죄를 지은 것이기 때문이다. 그러나 우리는 중보자를 제시할 능력이 없었다. 우리 모두가 진노의 자식들이었기 때문이다. 그러므로 그가 하나님으로부터 우리에게 주어지셔야 했던 것이다.

또한 이 본문에서 주목할 점은 타락 이전에는 의로움과 거룩함이 우리에게서 서로 동일한 것이었다는 점이다. 즉, 하나님과 그의 율법이 서로 본래 일치하였던 것이다. 지금도 거룩한 천사들에게서는 그 둘이 서로 일치하는 것처럼 말이다. 그러나 타락 이후에는 그것들이 우리에게서 동일하지 않다. 이제 그리스도께서 우리의 의로움이시다. 우리의 칭의(稱義)는 그의 의로움의 전가(轉嫁)에 있으며, 전가를 통해서 우리가 하나님 앞에서 의로운 자들로 인정받는 것이기 때문이다. 거룩함은 우리가 하나님을 따르기 시작하는 것이요, 성화(聖化)는 이러한 하나님을 따르는 일이 계속 진행되는 것인데, 금생에서는 그것이 불완전하나 내생에서는 완전해질 것이며, 그때에는 의로움과 거룩함이 다시 우리에게서 동일한 것이 될 것이다. 현재 거룩한 천사들의 경우처럼 말이다. 중보자의 교리 전체의 골자는 다음에 이어지는 내용에 포함되어 있다.

중보자에 관하여

중보자에 관한 교리는 하나님의 영광과 또한 우리의 위로와 긴밀하게 연결되어 있는 것으로, 조심스럽게 살펴야 한다. 그 목적은 다음과 같다: 1. 그 아들을 우리의 중보자로 주시고 우리의 죄를 위하여 희생 제물이 되게 하신 하나님의 긍휼하심을 깨닫고 높이기 위함이다. 2. 죄를 그냥 용서하지 않으시는 하나님의 정의를 알게 하기 위함이다. 그는 죄를 가증스럽게 여기사 그냥 절대로 용서하지 않으시고, 그의 아들의 죽음을 통하여 보상을 받게 하신 분이시다. 3. 우리에게 영생을 주시기를 원하시며 또한 주실 능력이 있는 중보자가 우리에게 있다는 사실을 통해서 영생을 확신하기 위함이다. 4. 중보자론은 교회론의 터전이요 골자이기 때문이다. 5. 이단들이 항상 격렬하게 이 교리를 대적하기 때문이다. 그러므로 이 교리를 올바로 알고서 그들의 공격을 막기 위함이다.

중보자의 교리는 칭의(稱義)와 관련되는 것 같아 보인다. 거기서도 중보자의 직분이 설명되기 때문이다. 그러나 칭의란 무엇이며, 그것이 어떤 종류의 유익을 주며 그것을 어떻게 받는지를 가르치는 것 — 이것은 칭의론을 다룰 때에 다루는 문제들이다 — 과, 또한 칭의가 누구의 은덕이며 또한 누구로 말미암아 주어지는지를 가르치는 것은 서로 전혀 별개의 것이다.

중보자와 관련해서 중요하게 살펴야 할 문제들은 다음과 같다:

1. 중보자란 무엇인가?
2. 우리에게 과연 중보자가 필요한가?
3. 그의 직분은 무엇인가?
4. 그는 어떤 종류의 중보자여야 하는가?
5. 그는 누구인가?
6. 중보자가 한 분 이외에 더 있을 수 있는가?

1. 중보자란 무엇인가?

중보자(a mediator)란 일반적으로 서로 반목하는 상태에 있는 두 편을 서로 화해시키는 자를 뜻한다. 그 두 편 사이에 서서, 간청하고 보상하며 또한 다시는 그런 해를 끼치지 않겠다는 것을 보장함으로써 피해자 편을 누그러뜨리는 것이다. 독일어로는 중보자를 "ein schiedmann"이라 한다. 화해시키는 일에는 다음과 같은 조건들이 포함된다: 1. 가해자를 위하여 피해자에게 간청한다. 2. 손해에 대해 보상한다. 3. 가해자가 다시 그 가해 행위를 반복하지 않을 것을 약속한다. 4. 가해자와 피해자 사이의 반목을 해소한다. 이 조건들 중 어느 하나가 결핍되어도 진정한 화해는 있을 수 없다.

그러나 특별히 여기서처럼 그리스도께 적용될 경우에는, 중보자란 죄에 대해 진노하시는 하나님과 죄로 인하여 영원한 죽음을 당할 처지에 있는 인류를 화목시키시는 분이다. 그는 자신이 죽으심으로써 하나님의 정의를 만족시키시고, 죄인들을 위해 간구하시고, 동시에 자신의 공로를 믿는 자들에게 적용시키시며 그의 성령으로 말미암아 그들을 중생케 하시고, 그리하여 그들이 더 이상 죄를 짓지 않도록 하시고, 또한 그에게 부르짖는 자들의 탄식과 기도를 들으심으로써 그 일을 행하시는 것이다. 혹은 중보자란 하나님과 사람들 사이에 평화를 이루시는 분이다. 죄인들의 죄를 위하여 간구하시며 또한 그 죄에 대해 보상하심으로써 하나님의 진노를 가라앉히시고, 사람들로 하여금 하나님의 호의를 받도록 회복시키시고, 하나님께서 사람들을 사랑하시도록 하고 또한 사람들이 하나님을 사랑하도록 하여 둘 사이에 끊임없는 영원한 평화가 지속되도록 하시는 것이다.

중간자(中間者: a middle person)와 중보자(a mediator)는 서로 다르다. 전자는 사람을 지칭하는 것이고, 후자는 직분을 지칭하는 것이다. 그리스도께서는 중간자이시며 동시에 중보자이시다. 그는 중간자이시다. 그의 안에 양편의 본성 ― 즉, 하나님의 본성과 사람의 본성 ― 을 지니셨기 때문이다. 또한 그는 우리를 하나님과 화목시키시므로 중보자이시다. 그는 어느 정도까지는 중간자이시지만, 중간자이신 만큼 그는 중보자이시다. 그의 안에서 두 편이, 곧 하나님과 사람이 연합하기 때문이다.

때때로 아담이 타락 이전에도 과연 중보자가 필요했겠느냐는 질문이 제기된다. 이에 대해서는 중보자라는 용어를 어떤 의미로 취하느냐에 따라 답변이 달라질 것이다. 여기서 만일 중보자라는 용어를, 그의 중보를 통하여, 혹은 그를 통하여,

하나님께서 그의 은택들을 베푸시고 그 자신을 우리에게 전해 주시는 그런 분이라는 의미로 취한다면, 아담이 타락 이전에도 중보자가 필요했었을 것이다. 왜냐하면 그리스도께서는 언제나 아버지께서 만물을 창조하시고 이루신 분이셨기 때문이다. "그 안에 생명이" — 즉 자연의 생명과 영적 생명 모두가 — "있었으니 이 생명은 사람들의 빛"이었기 때문이다(요 1:4). 그러나 중보자라는 용어를 그 직분에 속한 기타의 모든 임무들을 수행하는 분으로 이해한다면, 타락 이전에는 아담에게 중보자가 필요 없었다고 답변해야 할 것이다. 그러나 성경은 그리스도께서 인간의 타락 이전에 중보자이셨다는 것에 대해 아무런 언급도 하지 않는다는 점을 주지해야 할 것이다.

2. 우리에게 과연 중보자가 필요한가?

우리에게 중보자가 필요하다는 사실은 다음의 이유들에서 분명히 드러난다:

1. 하나님이 베푸신 호의에 대해 뭔가 응답이 없이는 하나님의 정의가 그 어떠한 화목도 용인하지 않기 때문이다. 그러므로 대언자(代言者: an advocate)가 반드시 필요하다. 또한 우리를 대신하여 간구가 드려지지 않으면 우리가 하나님과 화목될 수도 없다. 그러므로 간구자가 필요하다. 또한 보상이 요구된다. 그러므로 보상을 해 줄 분이 있어야 한다. 그리고 그 은택(恩澤)의 적용이 있어야 한다. 그 은택이 받아들여져야 하기 때문이다. 그러므로 구속의 은택을 적용시켜 줄 분이 반드시 있어야 한다. 또한 마지막으로, 죄가 제거되고 또한 우리 속에 하나님의 형상이 회복되지 않고서는 하나님을 거슬러 죄 짓는 행위를 중지할 수가 없다. 그러므로 우리를 죄로부터 구해내고 우리의 본성을 새롭게 해 줄 누군가가 필요한 것이다. 그러나 우리 스스로는 이런 일들을 이룰 능력이 없다. 진노하시는 하나님을 진정시킬 수도 없고, 우리 자신을 그의 보시기에 합당하게 만들 수도 없다. 그러므로 다른 분이 우리를 위해 중보자의 역할을 담당하셔서 우리를 대신하여 이런 일들을 행하셔야 하는 것이다.

2. 하나님께서는 과실을 범한 편에게서 중보자를 요구하셨다. 그는 하나님이시니 자기 자신에게서 보상을 받으실 수가 없었다. 과실을 범한 편에서 반드시 보상을 하거나, 혹은 그 정의를 완전히 보상할 능력이 있는 그런 중보자를 통해서 호의를 얻어 하나님의 임재에서 내어쫓김을 당하지 않을 만큼 합당하게 되거나, 둘 중의 하나를 이행할 것을 그의 정의가 요구하였다. 또한 그 중보자는 우리를 대신하

여 보상하고 간청하고 간구함으로써 우리를 하나님과 능히 화목시킬 수 있는 그런 분이어야 했다. 그러나 그런 중보자를 우리 스스로 찾는다는 것은 전적으로 불가능한 일이었다. 우리 모두가 진노의 자녀들이었기 때문이다. 그러므로 누군가 제삼자가 중보자로 오셔야만 했고, 또한 그 중보자는 반드시 하나님으로부터 오셔야 했고, 또한 참 사람이며, 동시에 하나님께서 인정하시는 자라야 했던 것이다.

3. 구원을 얻고자 하는 자들은 자기들 스스로 혹은 다른 분을 통해서 하나님의 정의에 대해 보상해야 한다. 스스로 보상을 할 수 없는 자들에게는 중보자가 필요하다. 지금의 우리도 죄로부터 구원을 얻으려면 우리 스스로든 혹은 다른 분을 통해서든 하나님의 정의를 보상해야 한다. 그러나 우리 스스로는 이를 이룰 능력이 없다. 그러므로 우리에게는 중보자가 필요하다.

반론. 보상을 하는 방법이 한 가지밖에 없다면, 다른 방법을 제시하거나 찾아서는 안 된다. 율법은 우리 스스로 보상하는 방법 한 가지만을 인정한다. 그러므로 우리는 다른 방법을 찾아서는 안 되며, 또한 "우리 스스로든 혹은 다른 분을 통해서든"이라고 말해서도 안 된다.

답변. 율법에 관해서는 이 모든 내용을 인정할 수 있다. 율법은 보상의 방법을 한 가지만 규정하고 있기 때문이다. 따라서 다른 방법을 아무리 찾아도 소용이 없다. 그러나 율법에 관해서는 이것이 사실이지만, 그렇다고 해서 율법이 모든 다른 방법을 다 거부하는 것은 아니다. 보상이 우리 자신들을 통해서 이루어져야 한다고 말씀하는 것은 사실이다. 그러나 결코 "오직 우리 자신들을 통해서만"이라고 말씀하지는 않는다. 그러므로 다른 분을 통해서 보상하는 방법이 배제되는 것이 아니다. 그리고 율법에서는 이 다른 방법을 표현하지 않았으나, 그의 은밀한 역사하심 속에서는 그 방법이 있었고, 후에 그 방법이 복음에서 계시된 것이다. 그러므로 율법은 이 방법을 설명하지 않고 후에 복음이 제시하도록 남겨두고 있는 것이다. 율법과 복음 사이에 모순이 있다거나 혹은 견해의 차이가 있는 것도 아니다. 이미 언급한 바와 같이 율법은 어디에서도 "오직"이라는 단어를 사용하여, 오직 우리 자신이 보상해야 한다는 식으로 말하지 않기 때문이다.

4. 우리에게 중보자가 필요하다는 사실은 다른 많은 논의들을 통해서도 입증될 수 있는데, 그 중에서 다음의 몇 가지를 언급할 수 있을 것이다: 1. 양심의 질책과 회한. 2. 악인들의 형벌. 3. 하나님께서 제정하신 제사들. 이는 그리스도의 완전한 제사를 미리 보여주는 것이다. 4. 이교도들의 제사들과 교황주의자들의 제사들.

그들은 이 제사들로 하나님을 기쁘시게 하기를 바랐는데, 이것은 하나님께서 우리를 받아주시기 위해서는 뭔가 보상이 필요하다는 느낌 혹은 의식에서 비롯된 것이다.

3. 그의 직분은 무엇인가?

중보자가 가해자와 피해자 모두를 대하는 것이 합당하다. 그리하여 그리스도께서는 양편 모두를 대하심으로써 중보자의 직분을 수행하셨다.

피해자인 **하나님에 대해서는** 다음의 일들을 행하신다: 1. 우리를 위하여 아버지께 간구하시며, 우리의 죄가 우리의 책임으로 지워지지 않기를 기도하신다. 2. 자기 자신을 우리를 대신하여 보상으로 드리신다. 3. 우리를 위해 죽으심으로, 또한 시간적으로는 유한하나 그 위엄과 가치 면에서는 무한한 형벌을 우리를 대신하여 당하심으로 이 보상을 행하신다. 4. 우리가 다시는 죄로 하나님을 거스르지 않으리라는 보장이 되신다. 이 보장이 없이는 간구가 아무런 소용이 없다. 사람 사이에도 그런데, 하물며 하나님과의 관계에서야 두말할 것도 없다. 5. 그의 성령과 영생을 우리에게 주심으로써 이 약속을 우리 속에서 이행하신다.

가해자인 **우리에 대해서는** 다음의 일들을 행하신다: 1. 우리에게 그 자신을 아버지의 사자로 제시하시고, 그의 뜻을, 즉 자신을 우리의 중보자로 제시하셔야만 한다는 것과 또한 아버지께서 그의 보상을 받으신다는 것을 계시하신다. 2. 보상을 하시고, 그것을 우리에게 베푸시고 적용시키신다. 3. 성령을 우리에게 주심으로써 우리 속에 믿음을 일으키시고, 그리하여 우리로 하여금 우리에게 베풀어지는 이 은택을 거부하지 않고 받아들이도록 하신다. 양편 모두 동의하지 않으면 화목도 있을 수 없기 때문이다: "자기의 기쁘신 뜻을 위하여 너희에게 소원을 두고 행하게 하시나니"(빌 2:13). 4. 동일한 성령으로 말미암아 우리가 죄를 버리고 새 생명을 시작하도록 하신다. 5. 우리가 믿음과 새로운 순종으로 이 화목의 상태 속에 보존되도록 하시며, 또한 우리가 타락하지 않도록 마귀들과 모든 원수들과 심지어 우리 자신까지도 대적하여 우리를 보호하신다. 6. 마지막으로, 우리를 죽은 자 가운데서 살리시고 우리를 영화롭게 하실 것이다. 즉, 시작된 구원을 완성시키시며, 아담 안에서 잃어버린 그 선물들과 또한 그의 공로로 말미암아 우리의 것이 된 축복들을 누리게 하실 것이다.

그리스도께서는 이 모든 것들을 그의 공로뿐 아니라 그의 효력(efficacy)으로도 행하시고 이루시고 완성시키신다. 그러므로 그가 공로에서와 효력에서 중보자시라고 말한다. 그의 희생으로 우리를 위해 공로를 세우실 뿐 아니라 그의 성령으로 말미암아 그의 은택을 ― 이 은택은 의와 영생에 있다 ― 우리에게 효력 있게 베푸시기 때문이다. 성경은 이에 대해 다음과 같이 말씀하고 있다: "나는 양을 위하여 목숨을 버리노라"(요 10:15), "내가 그들에게 영생을 주노니"(요 10:28), "아버지께서 죽은 자들을 일으켜 살리심 같이 아들도 자기가 원하는 자들을 살리느니라"(요 5:21), "아버지께서 자기 속에 생명이 있음 같이 아들에게도 생명을 주어 그 속에 있게 하셨고"(요 5:26).

중보자 직분에는 많은 은택들이 있다. 하나님께서 교회에게 복을 베푸실 목적으로 그 직분을 세우셨기 때문이다. 바울은 이 복들을 네 가지 일반적인 용어들로 포괄하여 표현하고 있다: "너희는 하나님으로부터 나서 그리스도 예수 안에 있고 예수는 하나님으로부터 나와서 우리에게 지혜와 의로움과 거룩함과 구원함이 되셨으니"(고전 1:30). 그는 우리에게 **지혜**가 되셨다. 1. 그리스도께서 우리가 소유하고 있는 지혜의 문제와 주제이시기 때문이다. "내가 너희 중에서 예수 그리스도와 그가 십자가에 못 박히신 것 외에는 아무것도 알지 아니하기로 작정하였음이라"(고전 2:2), "우리는 십자가에 못 박힌 그리스도를 전하니 유대인에게는 거리끼는 것이요 이방인에게는 미련한 것이로되, 오직 부르심을 받은 자들에게는 유대인이나 헬라인이나 그리스도는 하나님의 능력이요 하나님의 지혜니라"(고전 1:23, 24). 2. 그가 다음 세 가지 면에서 우리의 지혜의 원인이시기 때문이다. 곧, 그 지혜를 아버지의 품으로부터 가져오셨고, 말씀의 사역을 제정하시고 보존하시며, 또한 그 사역을 통해서 아버지의 뜻과 중보자로서의 그의 직분에 관하여 우리를 교훈하시기 때문이며, 또한 마지막으로, 택한 자들의 마음속에서 효력 있게 역사하셔서 그들이 가르침에 동의하고 하나님의 형상 안에서 새로워지도록 하시기 때문이다. 한 마디로 말해서, 그리스도께서 지혜의 주제이시요, 주인이시요, 또한 매개체이시므로 그는 과연 우리의 지혜이시다. 그는 우리의 **의로움**이시다. 즉, 우리를 의롭다 하시는 분이시다. 우리의 의는 그의 안에 있으며, 그 자신이 그의 공로와 효력으로 말미암아 우리에게 주시는 것이다. 그는 우리의 **거룩함**(혹은, 성화: sanctification)이시다. 즉, 우리를 거룩하게 하시는 분이시다. 이는 그가 우리를 중생케 하시고 그의 성령을 통하여 우리를 거룩하게 하시기 때문이다. 그는 우리의 **구원함**(혹은, 구속: redemption)이시다. 즉, 구속자이시다. 이는 그가 최종적으로 우리를 구원하시기 때문이다. 여기서 "구원함"이라 번역된 그 단어는 몸값을 의미할 뿐 아니라, 우리의 구속의 효과와 완성을 의미하기도 하기 때문이다.

4. 그는 어떤 종류의 중보자여야 하는가?

이 질문은 앞의 질문과 밀접하게 연결되어 있다. 보상이 이루어져야만 하고, 그것도 다른 분을 통해서 이루어져야 하며, 또한 이미 설명한 바와 같이 그것이 중보자의 보상이어야 한다면, 그 중보자가 과연 어떤 종류의 중보자인가?라는 의문이 생기게 될 것이다.

이 질문에 대해서 우리는, 우리의 중보자는 사람이어야 하며 — 인류로부터 본성을 받으셨고 또한 그것을 영원토록 유지하실 참 사람이요 또한 완전히 의로운 사람이어야 하며 — 동시에 참 하나님이어야 한다고 답변할 것이다. 한 마디로 말해서, 그는 신인적(神人的: theanthropic)인 분이셔야 한다. 즉, 신성과 인성을 그의 인격 속에 지니셔서 하나님과 사람 사이의 참된 중간자시요 중보자이실 수 있는 분이셔야 한다는 말이다.

중보자의 위격(位格: person)에 관한 증거들이 그의 직분에서 나타난다. 그는 이러한 중보자의 직분 속에 포함되었던 모든 사실에 합당한 자여야 하고, 또한 그 모든 사실들을 소유한 자여야 했기 때문이다. 이 증거들에 대해서는 본 요리문답 제15문, 16문, 17문 해설에서 이미 설명한 바 있다.

5. 하나님이요 동시에 사람이신 이 중보자는 과연 누구인가?

본 요리문답 제18문에서 보았듯이, 지금까지 중보자를 하나님의 아들로, 우리 주 예수 그리스도로 말해왔다. 이 문제와 관련해서 우리가 믿어야 할 내용의 골자는 이것이니, 곧 성경이 그리스도께, 오직 그에게만 다음 세 가지 사실을 적용시킨다는 것이다:

첫째로, 그가 하나님이시라는 것. "말씀은 곧 하나님이시니라"(요 1:1), "하나님이 자기 피로 사신 교회"(행 20:28), "성결의 영으로는 죽은 자들 가운데서 부활하사 능력으로 하나님의 아들로 선포되셨으니 곧 우리 주 예수 그리스도시라"(롬 1:4), "증언하는 이가 셋이니, 성령과 물과 피라. 또한 이 셋은 합하여 하나이니라"(요일 5:7). 성경의 이러한 선언들 이외에 하나님께 드리는 예배와 기원과 기도를 들으시는 사역, 그리고 오직 하나님께만 해당되는 일들을 그리스도께 적용시키는 선언들을 덧붙일 수 있을 것이다. 그리스도께 여호와의 이름을 붙이는 본문들도 있다(렘 23:6; 슥 2:10; 말 3:1). 또한 구약에서 여호와에 대해 말씀한 내용들을 그리스도께 적용시키는 성경의 선언들도 들 수 있을 것이다(사 9:6; 요 12:40, 등).

둘째로, 그가 참 사람이시라는 것. 그리스도의 인성(人性)은 그가 사람이셨고, 인자이셨고, 다윗의 자손이셨고, 아브라함의 자손이셨음을 확증하는 성경 본문들을 통해서 입증된다(딤전 2:5; 마 1:1; 9:6; 16:13). 또한 성경은 그가 육신으로는 다윗의 혈통에서 나셨다고 말씀하며(롬 1:3), 그에게 육체가 있고 또한 그가 육체로 오셨음을 말씀한다(골 1:22; 요일 4:2). 사람에게만 고유한 일들을 그리스도께 적용시키는 본문들에서도 이 점이 입증된다. 곧, 자라고, 먹고, 마시고, 알지 못하고, 피곤함을 느끼시고, 쉬시고, 할례를 받으시고, 세례를 받으시고, 우시고, 기뻐하신다는 등의 표현들이 그것이다.

셋째로, 그리스도의 이 두 본성이 한 위격을 이룬다는 것. 신성에게나 인성에게 고유한 것들을 속성들의 교류를 통해서 그리스도의 위격에 적용시키는 성경의 선언들에서 이 점이 입증된다. "말씀이 육신이 되어 우리 가운데 거하시매"(요 1:14), "그도 또한 같은 모양으로 혈과 육을 함께 지니심은"(히 2:14), "아브라함이 나기 전부터 내가 있느니라"(요 8:58), "내가 세상 끝날까지 너희와 항상 함께 있으리라"(마 28:20), "이 모든 날 마지막에는 아들을 통하여 우리에게 말씀하셨으니 … 그로 말미암아 모든 세계를 지으셨느니라"(히 1:2), "예수 그리스도께서 육체로 오신 것을 시인하는 영마다 하나님께 속한 것이요"(요일 4:3), "그는 만물 위에 계셔서 세세에 찬양을 받으실 하나님이시니라 아멘"(롬 9:5), "만일 알았더라면 영광의 주를 십자가에 못 박지 아니하였으리라"(고전 2:8).

6. 중보자가 한 분 이외에 더 있을 수 있는가?

하나님과 사람 사이에는 오직 한 분의 중보자 외에는 없다. 그 이유는 오직 하나님의 아들만이 중보자의 직분을 수행할 수 있기 때문이며, 하나님의 아들은 오직 한 분밖에 없으시므로, 그분 외에는 중보자가 더 있을 수 없는 것이다.

반론 1. 그러나 성인(聖人)들도 우리를 위해 간구한다. 그러므로 그들 역시 중보자들이다.

답변. 그리스도께서 하시는 간구와 이 세상에 사는 성인(곧, 성도[聖徒])들이 자기 자신과 다른 이들을 위하여, 심지어 박해하는 자들과 원수들을 위해서 하는 간구는 서로 크나큰 차이가 있다. 성인들은 그들의 간구가 효용이 있기 위해서는 그리스도의 공로에 의존해야 하는 반면에, 그리스도께서는 자기 자신의 공로에 의존하시기 때문이다. 그리고 더욱이, 오직 그리스도만이 자기 자신을 거룩하게 하사 우리를 위하여 보증물로, 보상으로 드리셨다. 즉, 하나님의 심판대 앞에서 우리를 대신하여 자기 자신을 제공하신 것인데, 성인들에 대해서는 그런 말을 할 수가 없는 것이다.

반론 2. 수단이 여러 가지일 경우에는 중보자가 한 분 이상 있어야 한다. 우리의 구원의 수단이 많다. 그러므로 중보자가 한 분 이상 있어야 한다.

답변. 주 전제를 인정할 수 없다. 구원의 수단과 구원의 중보자는 결코 동일한 것이 아니기 때문이다.

하나님의 언약에 관하여

이미 살펴본 바와 같이 중보자는 하나님과 사람 등, 서로 어긋나 있는 양편을 화해시키는 자다. 이 화해(혹은, 화목)를 성경에서는 언약(言約: a Covenant)이라 부르는데, 이것은 구체적으로 중보자와 관계가 있다. 중보자라면 누구나 어떤 언약의 중보요, 서로 반목하는 양편 사이의 화해자이기 때문이다. 그렇기 때문에 하나님께서 사람과 맺으신 언약의 교리가 중보자의 교리와 밀접한 관련을 맺는다. 이 주제를 다루면서 우리가 주목해야 할 주요 문제들은 다음과 같다:

1. 이 언약이란 무엇인가?
2. 이것은 중보자가 없이도 가능한가?
3. 이 언약은 한 가지인가, 아니면 한 가지 이상인가?
4. 옛 언약과 새 언약은 어떤 점에서 서로 일치하며 또한 어떤 점에서 서로 다른가?

1. 이 언약이란 무엇인가?

언약이란 일반적으로 두 당사자 상호간의 약정(約定), 혹은 계약(契約)으로서, 한 당사자가 스스로 상대방에게 특정한 조건하에서 뭔가를 주거나 받는 등의 어떤 일을 이행하기로 약속하는 것인데, 이때 그 약속을 엄숙하게 인준하고 또한 그것을 깨지 않고 반드시 준수할 것을 확증하기 위하여 특정한 외형적인 표징들과 상징물들이 거기에 수반된다. 언약에 대한 이런 일반적인 정의를 볼 때에, 하나님과 사람 사이의 상호간의 약속과 약정이라 정의할 수 있는 성경의 언약을 어떻게 이해해야 할지를 쉽게 가늠할 수 있을 것이다. 이 언약에서 하나님께서는 사람들에게 그들에게 자비를 베푸시며 그들의 죄를 씻으시며, 그의 아들이신 우리의 중보자로 말미암아 그들에게 새로운 의와 성령과 영생을 주실 것이라는 확신을 주신다. 그리고 이 언약에서 사람은 회개와 믿음을 발휘할 것임을 약속하며, 하나님께서 베푸시는 이 큰 은택을 참된 믿음으로 받아 하나님께서 받으실 만한 순종을 드릴 것을 약속하는 것이다. 하나님과 사람 상호간의 이 약정은 성례라 부르는 외형적인 표징들을 통해서 확증되는데, 성례는 거룩한 표징들로서 하나님의 선하신 뜻과, 우리의 감사함과 순종을 우리에게 선포하며 인치는 것이다.

유언(a testament)은 유언자가 마지막 남기는 말인데, 이것을 통해서 유언자는 자신이 사망 시에 자기의 재산이나 소유물의 처리와 관련하여 자신이 바라는 바를 선포하는 것이다.

성경에서는 언약과 유언이라는 용어들이 하나님의 이 언약이라는 사상을 더 풍성하고도 명확히 설명하기 위하여 동일한 의미로 사용되고 있다. 두 용어 모두 하나님과의 화목이나 혹은 하나님과 사람 상호간의 약정을 지칭하기 때문이다.

이 약정, 혹은 화목을 가리켜 **언약**이라 부르는 것은, 하나님께서 우리에게 특정한 복들을 약속하시고, 또한 그 대신 우리에게서 순종을 요구하시며, 특정한 의식들을 통해서 확증하시기 때문이다.

이것을 가리켜 **유언**이라 부르는 것은, 이 화목이 유언자(testator)이신 그리스도의 죽음의 개입으로 말미암아 이루어졌기 때문이다. 혹은 그리스도께서 그의 죽으심으로 말미암아 이 화목을 얻으셨고, 그리하여 마치 부모가 죽으면서 자기들의 소유들을 자녀들에게 남겨주듯이 그것을 우리에게 남겨주셨기 때문이다. 사도 바울은 히브리서에서 이 이유를 다음과 같이 제시하고 있다: "이로 말미암아 그는 새 언약의 중보자시니 이는 첫 언약 때에 범한 죄에서 속량하려고 죽으사 부르심을 입은 자로 하여금 영원한 기업의 약속을 얻게 하려 하심이라. 유언은 유언한 자가 죽어야 되나니 유언은 그 사람이 죽은 후에야 유효한즉 유언한 자가 살아 있는 동안에는 효력이 없느니라"(히 9:15-7). 유언자가 살아 있는 동안에는 그가 그 유언을 바꾸거나 뭔가를 거기에 더 첨가할 수 있는 권한이 있다. 히브리어 단어 **베리트**는 유언이 아니라 오로지 언약만을 의미하나, 히브리서에서 사용되고 있는 헬라어 단어 **디아떼케**는 언약과 유언 모두를 의미한다. 이로 보건대 히브리서는 히브리어가 아니라 헬라어로 기록된 것으로 추정된다.

반론. 유언은 유언자의 죽음으로 성립된다. 그러나 하나님은 죽으실 수 없다. 그러므로 그의 유언은 비준되지 않거나, 혹은 이 화목을 가리켜 유언이라 부를 수가 없다.

답변. 우리는 소 전제를 인정할 수 없다. 하나님께서 그 자신의 피로써 교회를 구속하셨다고 말씀하기 때문이다. 그러므로 그는 반드시 죽으셔야 했다. 그러나 사도 베드로의 증언에 따르면 그 죽음은 인성으로 되어진 일이었다. 그는 하나님이시요 사람이셨던, 유언자이신 그리스도께서 육체로 죽임을 당하셨음을 말씀하고 있다(벧전 3:18).

2. 하나님과 사람 사이의 언약은 어떻게 맺어질 수 있었는가?

이 언약은 오로지 중보자만이 맺으실 수 있었다. 이는 한 쪽 당사자인 우리로서는 우리의 죄에 대하여 하나님께 보상하여 그의 호의를 회복할 능력이 없었다는 사실에서 얼마든지 추정할 수 있다. 그렇다. 다른 분이 값을 주고 사신 구속의 은택을 받아들이지 않았을 정도로 우리가 비참한 처지에 있었던 것이다. 그런데 다른 쪽 당사자이신 하나님께서는 그의 정의로 인하여, 충족한 보상이 없이는 우리를 그의 호의에로 받아들이실 수가 없었다. 우리는 하나님의 원수들이었고, 따라서 그에게 나아갈 길이 없었고, 오로지 중보자이신 그리스도의 간구를 통하는 것밖에는 없었다. 이는 앞에서 "중보자가 왜 필요한가?" 라는 질문을 다루면서 이미 충분히 언급한 바 있다. 그러므로 우리는 이 화목이 오직 중보자이신 그리스도의 보상과 죽으심을 통해서만 가능했다고 결론지을 수 있을 것이다.

3. 이 언약은 한 가지인가, 아니면 한 가지 이상인가?

이 언약은 본질은 하나요, 그 양상에서는 둘이다. 하나님께서 우리와, 또한 우리가 하나님과, 계약에 들어가시는 일반적인 조건에 있어서는 하나요, 또한 덜 일반적인 조건에 있어서는 혹은 어떤 이들의 말처럼 그 운영의 양식에 있어서는 둘이다.

언약은 본질상 하나다. 1. 하나님도 한 분이시요, 하나님과 사람 사이의 중보자도 예수 그리스도 한 분이며, 화목의 길도 하나요, 믿음도 하나요, 처음부터 구원받은 모든 자들의 구원의 길도 하나이기 때문이다. **고대의 선조들은 과연 우리와**

다른 방도로 구원받았는가 하는 것은 큰 문제요 이에 대해 많은 논란이 있어왔다. 이 문제를 올바로 해명하지 않으면 복음 주위에 어둠이 드리워지게 된다. 다음의 성경 본문들은 이 문제에 대해 우리가 어떻게 믿어야 할지를 가르쳐 준다: "예수 그리스도는 어제나 오늘이나 영원토록 동일하시니라"(히 13:8), "그를 만물 위에 교회의 머리로 삼으셨느니라"(엡 1:22), "그에게서 온 몸이 각 마디를 통하여 도움을 받음으로 연결되고 결합되어 각 지체의 분량대로 역사하여 그 몸을 자라게 하며 사랑 안에서 스스로 세우느니라"(엡 4:16), "본래 하나님을 본 사람이 없으되 아버지 품 속에 있는 독생하신 하나님이 나타내셨느니라"(요 1:18), "다른 이로써는 구원을 받을 수 없나니 천하 사람 중에 구원을 받을 만한 다른 이름을 우리에게 주신 일이 없음이라"(행 4:12), "아버지 외에는 아들을 아는 자가 없고 아들과 또 아들의 소원대로 계시를 받는 자 외에는 아버지를 아는 자가 없느니라"(마 11:27), "나는 길이요 진리요 생명이니" — 곧, 나는 심지어 아담이 구원을 얻은 그 길이라는 뜻이다 — "나로 말미암지 않고는 아버지께로 올 자가 없느니라"(요 14:6), "많은 선지자와 임금이 너희가 보는 바를 보고자 하였으되 보지 못하였으며 너희가 듣고자 하는 바를 듣고자 하였으나 듣지 못하였느니라"(눅 10:24), "너희 조상 아브라함은 나의 때 볼 것을 즐거워하다가 보고 기뻐하였느니라"(요 8:56). 그러므로 율법 아래에서나 복음 아래에서나 구원받은 모든 자들이 유일한 중보자이신 그리스도를 통하여 하나님과 화목되었고 또한 구원을 받은 것이다. 그러므로 오로지 하나의 언약밖에는 없는 것이다.

2. 언약의 골자라 불리는 주요 조건들이 그리스도의 성육신 이전이나 이후나 동일하기 때문이다. 구약에서나 신약에서나 하나님께서는 회개하고 믿는 자들에게 죄 씻음을 약속하시며, 사람들은 하나님을 믿는 믿음을 시행하며 자기들의 죄를 회개할 것을 약속하는 것이다.

그러나 **두 언약이 있다고 말씀한다.** 곧, 옛 언약과 새 언약이 그것이다. 형식이나 운영의 양식을 이루는 일반적 성격이 덜한 정황들과 조건들 — 이는 주요 조건들을 도움으로써 신자들이 그 도움을 받아 일반적인 조건들을 얻도록 해 준다 — 에 관해서는 두 가지의 언약이 있다고 말할 수 있다.

4. 옛 언약과 새 언약은 어떤 점에서 서로 일치하며 또한 어떤 점에서 서로 다른가?

언약은 오직 하나 뿐인데, 성경은 그것이 마치 둘인 것처럼 말씀하기 때문에, 옛 언약과 새 언약이 어떤 점에서 서로 일치하며 어떤 점에서 서로 다른지를 살펴보아야 할 것이다.

이 둘은 다음과 같은 점에서 서로 일치한다:

1. **하나님이 그 주인이시고 그리스도께서 중보자이시라는 점에서.** 그러나 어떤 이들은 모세가 옛 언약의 중보자였다고 말한다. 이에 대해서 우리는 그가 중보자였던 것은 다만 그리스도의 모형이었을 뿐이었다고 답하고자 한다. 그리스도께서는 그때에도 이미 중보자이셨고, 이제는 모형이 없는 유일한 중보자이시다. 그리스도께서 친히 육체로 오셨으므로 모형은 사라졌기 때문이다.

2. **은혜에 대한 약속에서.** 그리스도를 믿는 자들에게 값없이 죄 씻음과 영생을 주실 것이 약속되었는데, 이 약속은 옛 언약 아래서 살았던 자들에게나 우리에게나 공통적인 것이다. 다만 지금 우리에게는 더욱 선명하게 그 약속이 제시되고 있을 뿐이다. 하나님께서는 중보자를 믿는 모든 자들에게 동일한 은혜를 약속하시기 때문이다: "여자의 후손은 네(뱀의) 머리를 상하게 할 것이요"(창 3:15), "내가 내 언약을 나와 너 및 네 대대 후손 사이에 세워서 영원한 언약을 삼고 너와 네 후손의 하나님이 되리라"(창 17:7), "아들을 믿는 자에게는 영생이 있고"(요 3:36), "그러나 우리는 그들이 우리와 동일하게 주 예수의 은혜로 구원받는 줄을 믿노라"(행 15:11). 여기서 우리는 일반적인 은혜의 약속을 거론하는 것이요, 은혜의 구체적인 정황을 거론하는 것이 아니다.

3. **우리 자신들과 관련된 조건에서.** 매 언약마다 하나님께서는 사람들에게 믿음과 순종을 요구하신다: "너는 내 앞에서 행하여 완전하라"(창 17:1), "회개하고 복음을 믿으라"(막 1:15). 그러므로 새 언약은 하나님 편에서나 사람 편에서나 주요 조건들에 있어서 옛 언약과 일치한다.

두 언약은 다음과 같은 점에서 서로 다르다:

1. **일시적인 축복의 약속들에서.** 옛 언약에는 가나안 땅에 대한 약속(이는 교회에게 주어질 것이었다), 의식적인 예배 형식과 모세 시대의 신정 체제(이는 메시야의 시대까지 그 땅에서 보존될 것이었다), 그 백성에게서 메시야가 나신다는 것 등, 일시적인 성격을 띤 여러 가지 특별한 약속들이 들어 있었다. 그러나 새 언약에는 일시적인 축복들에 대한 그런 특별한 약속들이 없고, 일반적인 약속만 있다. 하나님께서는 마지막 종말에 이르기까지 그의 교회를 보존하실 것이고 또한 언제

나 교회의 특정한 안식처를 베푸실 것이기 때문이다.

2. **은혜의 약속의 정황에서.** 옛 언약에서는 믿는 자들이 장차 오실 메시야로 말미암아, 또한 그가 드리실 희생 제사로 말미암아, 하나님의 사랑에로 받아들여졌으나, 새 언약에서는 이미 오신 메시야로 말미암아, 그리고 그가 이미 우리를 대신하여 드리신 제사로 말미암아 동일한 축복을 얻는다.

3. **은혜의 약속에 첨가된 의식들 혹은 표징들에서.** 옛 언약에서는 할례, 유월절, 결례, 제사 등, 갖가지 성례들이 있었다. 그러나 새 언약에서는 세례와 성찬의 두 가지 성례 외에는 없고, 둘 다 모두 간결하고 의미가 깊다.

4. **그 선명함에서.** 옛 언약에는 장차 올 좋은 것들의 모형들과 그림자들이 있었다. 제사장들이나 희생 제사 등 모든 것이 모형적인 성격을 띠었고, 따라서 모든 것이 희미했고 선명하지 않았다. 그러나 새 언약에서는 이 모든 모형들이 성취되어, 성례들이나 계시되는 교리나 모든 것이 더 선명하고 더 잘 이해할 수 있게 되었다.

5. **언약이 주는 은사들에서.** 옛 언약에서는 성령의 부으심이 제한적이고 적었으나, 새 언약에서는 그것이 크고도 충만하다. "내가 … 새 언약을 맺으리라"(렘 31:31), "돌에 써서 새긴 죽게 하는 율법 조문의 직분도 영광이 있어 … 모세의 얼굴의 없어질 영광 때문에도 그 얼굴을 주목하지 못하였거든, 하물며 영의 직분은 더욱 영광이 있지 아니하겠느냐?"(고후 3:7-8), "그 후에 내가 내 영을 만민에게 부어 주리니"(욜 2:28).

6. **그 지속 기간에서.** 옛 언약은 메시야가 오시기까지만 지속되는 것이었으나, 새 언약은 영원토록 지속될 것이다. "내가 … 영원한 언약을 그들에게 세우고"(렘 32:40).

7. **그 의무에서.** 옛 언약은 백성을 도덕법, 의식법, 시민법 등 율법 전체에게 의무를 지웠으나, 새 언약은 오로지 도덕법에만 의무를 지우고, 그리스도의 성례만을 시행하게 한다.

8. **그 범위에서.** 옛 언약에서는 교회가 유대 민족에게만 제한되었고, 구원받을 자들은 모두가 그 민족에게 연합하였다. 그러나 새 언약에서는 교회가 모든 민족들 가운데에 세워지며, 또한 모든 민족, 계층, 조건, 언어에서 모든 사람들이 믿도록 개방되어 있다.

논평. 옛 유언, 혹은 옛 언약은 성경에서 제유법(提喩法: synecdoche. 부분으로 전체를 뜻하는 수사법)적으로 율법을 뜻하는 것으로 사용되는데, 이는 옛 언약에서 율법이 더욱 강력하게 강화되었고, 또한 거기에 많은 부분들이 있었으므로, 복음이 그만큼 더 희미한 상태였다. 그러나 반면에 새 유언, 혹은 새 언약은 대부분이 복음에 할애되고 있다. 새 언약에서는 율법의 대부분이 폐지되며, 따라서 복음이 더 선명하게 계시되는 것이다.

복음

19문 그대는 이 사실을 어디에서 압니까?

답 거룩한 복음에서 압니다. 이 복음은 하나님께서 친히 낙원에서 처음 계시하셨고, 후에는 거룩한 족장들과 선지자들을 통해서 선포하셨으며, 또한 율법의 희생 제사들과 기타 의식들로 예표하셨고, 마지막에는 그의 독생하신 아들로 말미암아 성취하신 것입니다.

[해 설]

이 질문은 본 요리문답의 제3문("그대의 비참함을 어디에서 압니까?" "하나님의 율법에서 압니다")과 상응하는 것인데, 여기서는 "그대의 구원을 어디에서 압니까?"라고 묻고, 이에 대해서 "복음에서 압니다"라고 답하는 것이다. 그러므로, 중보자에 대해서 논의하였으니, 이제는 그 중보자를 계시하고 묘사하고 우리에게 제시하는 교리에 대해서 논해야 하는데, 바로 복음이 그것이다. 그리고 복음에 대해 다룬 다음에는, 우리가 중보자와 그의 은택에 참여자들이 되는 길 — 이는 믿음으로 말미암는 것이다 — 에 대해서 다루어야 할 것이다. 그러면 먼저 복음에 대해 말하기로 하자. 복음은 지극히 타당한 것으로 중보자의 교리와 언약의 교리에 뒤따라오도록 되어 있다. 그 이유는 다음과 같다: 1. 중보자가 복음의 주제이기 때문이다. 복음은 그가 과연 누구시며 어떤 종류의 중보자이신가를 가르친다. 2. 그가 복음의 주인(author)이기 때문이다. 복음을 계시하는 것이 중보자 직분의 일부다: "아버지 품 속에 있는 독생하신 하나님이 (그를) 나타내셨느니라"(요 1:18). 3. 복음이 언약의 일부이기 때문이다. 복음이 새 언약이라는 의미로 자주 사용된다.

복음과 관련해서 논의할 주요 질문들은 다음과 같다:

1. 복음이란 무엇인가?

2. 그것은 새로운 교리인가?

3. 그것은 어떤 점에서 율법과 다른가?

4. 그 효과들은 무엇인가?

5. 복음이 참이라는 것이 어디에서 나타나는가?

1. 복음이란 무엇인가?

"복음"이라는 용어는 다음과 같은 의미를 지닌다. 1. 기쁜 메시지, 혹은 좋은 소식. 2. 이 좋은 소식을 위하여 하나님께 드려지는 희생 제사. 3. 이 기쁜 소식을 선포하는 자에게 주어지는 상급. 여기서는 그것이 그리스도께서 육체로 나타나셨다는 교리 혹은 기쁜 소식을 의미한다: "보라 내가 온 백성에게 미칠 큰 기쁨의 좋은 소식을 너희에게 전하노라. 오늘날 다윗의 동네에 너희를 위하여 구주가 나셨으니 곧 그리스도 주시니라"(눅 2:10-11).

헬라어 **에팡겔리아**와 **유앙겔리아**는 서로 의미가 다소 다르다. 전자는 장차 중보자가 오시리라는 약속을 뜻하며, 후자는 그 중보자가 이미 오셨다는 선언을 뜻한다. 그러나 이런 구분이 항상 지켜지는 것은 아니다. 둘 다 메시야의 동일한 은택들을 지칭하므로, 오로지 시간의 정황과 그 나타나는 방식에 있어서만 구분이 될 뿐이다. 다음의 성경의 선언들에서 이 점이 분명히 드러난다: "너희 조상 아브라함은 나의 때 볼 것을 즐거워하다가 보고 기뻐하였느니라"(요 8:56), "나로 말미암지 않고는 아버지께로 올 자가 없느니라"(요 14:6), "나는 양의 문이라 … 나로 말미암아 들어가면 구원을 받고 또는 들어가며 나오며 꼴을 얻으리라"(요 10:7, 9), "[하나님이] 그를 만물 위에 교회의 머리로 삼으셨느니라"(엡 1:22), "예수 그리스도는 어제나 오늘이나 영원토록 동일하시니라"(히 13:8).

그러므로 복음이란 우리의 중보자이신 하나님의 아들이 타락 직후에 낙원에서 하늘로부터 계시하신 교리요, 영원하신 아버지의 품에서 제시하신 교리요, 회개하고 믿는 모든 자들에게 하나님의 값없는 은혜와 자비로 죄와 죽음과 정죄와 하나님의 진노로부터 구원받을 것을 약속하고 선언하는 교리요, 이는 복음이 중보자이신 하나님의 아들로 말미암아 죄 씻음과 구원과 영생을 약속하고 선포한다는 말과 동일한 것이다. 성령께서는 복음을 통하여 신자들의 마음속에서 효력 있게 역사하셔서 그들 속에서 믿음과 회개를 일깨우시고, 그리하여 영생을 시작하게 하시는 것이다. 혹은, 본 요리문답 제18문, 19문, 20문에 따라서, 우리는 복음을, 하나님께서 먼저는 낙원에서 계시하셨고 그 다음에는 족장들과 선지자들을 통해서 공포하신 교리요, 그가 희생 제사들과 기타 율법의 의식들의 그림자들을 통해서 제시하기를 기뻐하신 교리요, 또한 그의 독생자를 통해서 성취하신 교리로서, 하나님의 아들이신 우리 주 예수 그리스도께서 우리에게 지혜와 의로움과 거룩함과 구원함이 되심을 — 이는 곧, 그가 완전한 중보자로서 인류의 죄를 보상하시고, 참된 믿음을 통하여 그에게 접붙임을 받고 그의 은택들을 받아들이는 모든 자들에게 의로움과 영생을 회복시키신다는 말과 같다 — 가르치는 것이라고도 말할 수 있을 것이다.

다음의 성경 본문들이 복음에 대한 이러한 정의를 확증해 준다: "내 아버지의 뜻은 아들을 보고 믿는 자마다 영생을 얻는 이것이니 마지막 날에 내가 이를 다시 살리리라"(요 6:40), "또 그의 이름으로 죄 사함을 받게 하는 회개가 예루살렘에서 시작하여 모든 족속에게 전파될 것이 기록되었으니"(눅 24:47), "율법은 모세로 말미암아 주어진 것이요, 은혜와 진리는 예수 그리스도로 말미암아 온 것이라"(요 1:17).

2. 교회는 항상 복음을 알아왔는가, 아니면 복음이 전혀 새로운 교리인가?

복음은 때로는 은혜의 약속과, 또한 장차 오실 메시야의 희생으로 말미암아 값없이 베풀어지는 바 죄 씻음에 관한 교리를 의미하고, 그 다음에는 이미 오신 메시야의 교리를 의미하기도 한다. 후자의 의미는 신약과 더불어 시작된다. 그러나 전자의 의미는 교회 안에 항상 있어왔다. 타락 직후에 낙원에서 우리의 시조들에게 계시되었고, 그 후에는 족장들과 선지자들에 의해서 선포되었으며, 마침내 그리스도 자신을 통해서 완전히 성취되고 계시되었다. 이에 대한 증거들은 다음과 같다:

1. 사도들의 증언. 베드로는 "그에 대하여 모든 선지자들도 증언하되 그를 믿는 사람들이 다 그의 이름을 힘입어 죄 사함을 받는다 하였느니라"(행 10:43), "이 구원에 대하여는 너희에게 임할 은혜를 예언하던 선지자들이 연구하고 부지런히 살폈느니라"(벧전 1:10)라고 말씀한다. 바울은 복음에 대해서 "하나님의 선지자들을 통하여 … 이미 약속하신 것이라"(롬 1:2)고 말씀한다. 또한 그리스도께서도 친히 말씀하시기를, "모세를 믿었더라면, 또 나를 믿었으리니 이는 그가 내게 대하여 기록하였음이라"(요 5:46)고 하셨다.

2. 메시야에 관한 약속들과 예언들도 동일한 사실을 입증해 준다. 그러므로 이것은 조심스럽게 주목해야 한다. 왜냐하면 하나님께서는 세상의 시작부터 종말까지 오로지 한 교리, 즉 그리스도를 통한 구원의 길밖에는 없다는 것을 알게 하시기 때문이다. "예수 그리스도는 어제나 오늘이나 영원토록 동일하시니라"(히 13:8), "내가 곧 길이요 진리요 생명이니 나로 말미암지 않고는 아버지께로 올 자가 없느니라"(요 14:6), "모세를 믿었더라면 또 나를 믿었으리니 이는 그가 내게 대하여 기록하였음이라"(요 5:46). 모세가 어떻게 그리스도에 대해 기록하였느냐고 묻는다면, 우리는 이렇게 답변할 것이다. 1. 메시야에 관하여 주어진 약속들을 열거하여 답변할 것이다. "땅의 모든 족속이 너로 말미암아 복을 얻을 것이라"(창 12:3), "네 하나님 여호와께서 너희 가운데 … 선지자 하나를 일으키시리니"(신 18:15), "한 별이 야곱에게서 나오며 한 규가 이스라엘에게서 일어나서"(민 24:47), "규가 유다를 떠나지 아니하며 통치자의 지팡이가 그 발 사이에서 떠나지 아니하기를 실로가 오시기까지 이르리니 그에게 모든 백성이 복종하리로다"(창 49:10). 2. 하나님께서는 이 약속들을 메시야가 탄생하게 될 특정한 한 가문에게 제한시키셨고, 후에 그 약속이 더 빈번하게 언급된다. 3. 레위 제사장 직분 전체와, 희생 제사와 제단, 성전 등 모세가 묘사하는 의식적인 예배 전체가 그리스도를 미리 바라보는 것이었다. 왕과 유다 민족의 왕국은 그리스도와 그의 나라의 모형이었다. 그러므로 모세는 그리스도에 대해 많은 것들을 기록한 것이다.

반론 1. 바울은 복음이 선지자들을 통하여 약속되었다고 선포하고, 베드로는 선지자들이 우리에게 임할 은혜에 대해 예언하였다고 말씀한다. 그러므로 복음이 항상 있어온 것이 아니다.

답변. 만일 복음을 그리스도께서 육체로 나타나심을 통해서 성취된 은혜의 약속의 교리로 이해한다면, 복음이 항상 있었던 것이 아니라는 것을 인정해야 할 것이다. 그 옛날에는 복음이 없었고, 다만 선지자들이 다음과 같은 점들을 약속한 것일 뿐이기 때문이다: 1. 구약에서 메시야에 관해 예언된 일들의 성취에 관하여. 2. 은혜의 약속에 대한 더 선명한 지식에 관하여. 3. 성령의 은사를 더욱 풍성히 부어주실 것에 관하여. 즉, 그때에 복음은 이미 오셔서 죽으시고 다시 사시고 아버지의 우편에 앉으신 그리스도에 대한 선언이 아니었고, 다만 미래의 어느 시점에 오셔서 이 모든 일들을 이루실 그리스도를 선포하는 것이었다. 그러나 그때에도 복음이 있었다. 즉, 장차 메시야가 오셔서 고대의 선조들을 구원하기에 충족한 은택들을 베푸실 것에 대한 기쁜 선언들이 있었다는 말이다. "'너희 조상 아브라함은 나의 때 볼 것을 즐거워하다가 보고 기뻐하였느니라"(요 8:56), "그에 대하여 모든 선지자들도 증언하되"(행 10:43), "그리스도는 … 율법의 마침이 되시니라"(롬 10:4).

반론 2. 사도 바울은, 복음이 세상이 시작된 이래 은밀하게 감추어진 비밀이었으며, 다른 시대에는 사람들에게 알려지지 않았다고 말씀한다(롬 16:25; 엡 3:5).

답변. 이 반론에는 잘못된 구분이 포함되어 있다. 삭제해서는 안 될 것들을 삭제하고 있기 때문이다. 사도는 이 말씀에 이어서, "이제 … 나타내신 것 같이"라고 덧붙이는데, 이것을 삭제해서는 안 된다. 왜냐하면 이 문구는 과거 시대에도 복음이 알려졌으나, 지금보다는 덜 분명하고 더 적은 사람들에게 알려졌음을 보여주기 때문이다. 이 반론은 또한 매우 약하다. 특정한 점에서만 그렇다고 선포하는 것을 전면적으로 그렇다고 보기 때문이다. 지금은 복음이 더 분명하게 인지되고 또한 더 많은 이들이 안다고 해서, 그 전에는 복음이 전혀 알려져 있지 않았다는 것은 아닌 것이다. 선조들에게도 복음이 알려졌었다. 다만 우리들처럼 선명하지 못했을 뿐이다. 그러므로 앞에서 언급한 대로 **에쾅겔리아**와 **유앙겔리아**의 구별이 중요해지는 것이다.

반론 3. 율법은 모세로부터 왔고, 은혜와 진리는 예수 그리스도로부터 왔다. 그러므로 복음은 항상 알려진 것이 아니다.

답변. 은혜와 진리가 과연 그리스도를 통하여 왔다. 즉, 모형들의 성취와 과거 구약에서 약속되었던 것들이 충만히 드러나고 풍성하게 적용되는 점에서 그렇다는 말이다. 그러나 그렇다고 해서, 고대의 선조들에게 이 은혜가 전혀 없었던 것은 아니다. 후에 육체로 나타나실 그리스도로 말미암아 그들에게도 동일한 은혜가 ─ 물론 오늘 우리에 비하면 그 정도가 매우 미약했지만 ─ 적용되었기 때문이다. 하나님의 은혜와 참된 지식이 사람에게 주어질 때에는 언제나 반드시 그리스도를 통해서 주어졌기 때문이다. 다음의 말씀이 이를 입증해 준다: "아버지 품 속에 있는 독생하신 하나님이 [그를] 나타내셨느니라"(요 1:18), "나로 말미암지 않고는 아버지께로 올 자가 없느니라"(요 14:6), "나를 떠나서는 너희가 아무것도 할 수 없음이라"(요 15:5).

반론 4. 율법이 모세로 말미암아 왔다고 말씀하는데, 이는 복음이 그로 말미암은 것이 아니라는 뜻이다.

답변. 그렇게 선포한 것은 율법을 공포하는 것이 모세의 주요 임무였기 때문이다. 그러나 모세는 또한 복음도 가르쳤다. 왜냐하면 비록 희미하긴 했으나, 그는 앞에서 언급한 바와 같이 그리스도에 대해 기록하고 말씀했기 때문이다. 그러나 복음을 공포하는 일은 그리스도의 고유한 직무였다. 그러면서도 그는 동시에 율법도 가르쳤다. 물론 모세처럼 율법을 주로 가르친 것은 아니지만 말이다. 그는 도덕법으로부터 거짓 교사들의 부패와 악행들을 이끌어내셨기 때문이다. 그는 의식법을 성취하셨고, 또한 시민법과 더불어 그것을 폐지하셨다.

3. 복음은 어떤 점에서 율법과 다른가?

복음과 율법은 둘 다 하나님으로부터 온 것이며, 또한 하나님의 본성과 뜻과 일에 관하여 둘 다 뭔가를 계시한다는 점에서 서로 일치한다. 그러나 이 둘은 서로 크나큰 차이가 있다:

1. **그것들 속에 담긴 계시들에서.** 혹은, 각자에게 고유한 계시가 알려지는 방식에서. 율법은 창조 때에 사람의 마음에 새겨졌고, 따라서 다른 계시가 주어지지 않았더라도 모든 사람들에게 본성적으로 알려져 있다. "[이방인들은] 그 마음에 새긴 율법의 행위를 나타내느니라"(롬 2:15). 그러나 복음은 본성적으로 아는 것이 아니라, 오직 중보자이신 그리스도로 말미암아 교회에게 신적으로 계시된 것이다. 만일 하나님의 아들께서 계시하지 않으셨더라면, 그 어떠한 피조물도 다른 중보자를 통해 우리의 죄에 대해 보상하는 일에 관하여 율법이 완화되는 것을 볼 수도 없었고 그럴 소망을 가질 수도 없었을 것이다. "아들의 소원대로 계시를 받는 자 외에는 아버지를 아는 자가 없느니라"(마 11:27), "이를 네게 알게 한 이는 혈육이 아니요 하늘에 계신 내 아버지시니라"(마 16:17), "아버지 품 속에 있는 독생하신 하나님이 [그를] 나타내셨느니라"(요 1:18).

2. **각자에게 고유한 교리나 주제에서.** 율법은 우리가 해야 할 바와 하나님께서 우리에게 요구하시는 바를 가르치지만, 그것이 우리에게 그것을 행할 능력을 주지도 않을 뿐더러, 그 금하는 바를 피할 수 있는 길을 지시해 주지도 않는다. 그러나 복음은 우리가 어떻게 해서 율법이 요구하는 그런 자들이 될 수 있는지를 가르쳐 준다. 왜냐하면 복음은 은혜의 약속을 우리에게 제시해 주기 때문이다. 복음은, 믿음으로 말미암아 그리스도의 의를 우리에게 전가시키고 그리하여 그 의를 마치 우리의 것처럼 만들며, 그리하여 그리스도의 의의 전가로 말미암아 우리가

하나님 앞에서 의롭다고 가르치는 것이다. 율법은 "빚을 갚으라"(마 18:28), "이를 행하라 그러면 살리라"(눅 10:28)고 말한다. 그러나 복음은, "믿기만 하라"(막 5:36)고 말한다.

3. **그 약속들에서**. 율법은 그 스스로 의로운 자들에게나 혹은 의와 완전한 순종의 조건을 충족시키는 자들에게 생명을 약속한다. "너희는 내 규례와 법도를 지키라. 사람이 이를 행하면 그로 말미암아 살리라"(레 18:5), "네가 생명에 들어가려면 계명들을 지키라"(마 19:17). 그러나 복음은 그리스도 안에서 믿음으로 말미암아 의롭다 하심을 받는 자들에게, 혹은 믿음으로 말미암아 우리에게 적용되는 그리스도의 의를 조건으로 하여, 생명을 약속한다. 그러나 이런 점들에서 율법과 복음은 서로 대립되는 것이 아니다. 율법이 우리에게 생명에 들어가려면 계명들을 지키라고 요구하지만, 그러면서도 다른 분이 우리를 위하여 이것들을 지킬 경우 우리를 생명에서 배제시키지는 않기 때문이다. 사실 율법은 우리 자신들을 통하는 보상의 길을 제시하지만, 그럼에도 불구하고 위에서 본 바와 같은 다른 길을 금지하지는 않는 것이다.

4. **그 효과들에서**. 복음이 없이는 율법이 죽이는 조문이요 죽음의 직분이다: "율법으로는 죄를 깨달음이니라"(롬 3:20), "율법은 진노를 이루게 하나니"(롬 4:15), "율법 조문은 죽이는 것이요"(고후 3:6). 우리가 반드시 해야 할 바에 대한 외형적인 설교와 단순한 지식은 율법 조문을 통해서 안다. 그것이 우리의 의무를 선포하며, 또한 하나님이 요구하시는 의를 선포하기 때문이다. 그러므로 그것을 이행할 수 있는 능력을 주는 것도 아니요, 또한 그것을 얻을 수 있는 길을 지적해 주지도 않고, 우리의 의를 트집잡고 정죄하는 것이다. 그러나 복음은 생명의 직분이요 영의 직분이다. 즉, 거기에 성령의 역사하심이 연합되어 있으며, 따라서 죄 가운데서 죽어 있는 자들을 살린다는 것이다. 성령께서 택한 자들에게서 믿음과 생명을 일으키시는 것이 바로 복음을 통해서 되어지는 일이기 때문이다. "복음은 모든 믿는 자에게 구원을 주시는 하나님의 능력이 됨이라"(롬 1:16).

반론. 복음에는 교훈이나 명령이 없고, 오직 율법에게만 있다. 회개의 설교는 하나의 교훈이다. 그러므로 회개의 설교는 복음에 속한 것이 아니라 율법에 속한 것이다.

답변. 주 전제를 전반적인 의미로 취하면 그것을 받아들일 수 없다. 이 교훈은 우리더러 믿으라 하고, 그리스도의 은택들을 받아들이라 하며, 새로운 순종을, 혹은 율법이 요구하는 바 의를 행하기 시작하라고 명령하는 것으로, 복음에 고유한 것이기 때문이다. 율법 역시 우리에게 하나님을 믿으라고 명령한다고 반론을 제기한다면, 우리는 율법이 명령하는 것은 그저 일반적으로만 그렇게 하는 것일 뿐이요, 하나님의 약속들과 교훈들과 명령들을 모두 인정할 것을 요구하며, 거기에 그렇게 하지 않으면 형벌을 받으리라는 경고를 덧붙이는 것이다. 그러나 복음은 우리에게 분명하고도 구체적으로 믿음으로 은혜의 약속을 받아들이라고 명령하며, 또한 성령과 말씀으로 말미암아 우리가 받은 바 하늘의 부르심에 합당하게 행하라고 권고하는 것이다. 그러나 복음은 구체적인 의무를 명시하지 않고 일반적으로 권고하기만 하고, 구체적인 의무들에 대해서는 율법에게 남겨둔다. 이는 마치 복음이 "하나님의 모든 약속들을 다 믿으라"고 일반적으로 말씀하지 않고 그 문제는 율법에게 남겨두고서, 구체적으로 "이 약속을 믿으라", "그리스도께로 피하라, 그러면 너희의 죄가 사함 받을 것이라"고 말씀하는 것과도 같은 것이다.

4. 복음의 효과들은 무엇인가?

복음의 정당한 효과들은 다음과 같다:

1. 믿음. "믿음은 들음에서 나며 들음은 그리스도의 말씀으로 말미암았느니라" (롬 10:17), "영의 직분" (고후 3:8), "구원을 주시는 하나님의 능력" (롬 1:16).

2. 믿음을 통하여, 하나님을 향한 우리의 회심과 칭의와 중생과 구원이 이루어진다. 믿음을 통해서 우리가 그리스도와 그의 모든 은택들을 받기 때문이다.

5. 복음이 진리라는 것이 어디에서 나타나는가?

복음이 진리라는 사실은 다음에서 나타난다:

1. 성령의 증언에서.
2. 선지자들이 행한 예언들에서.
3. 신약 시대에 일어난 이 예언들의 성취에서.
4. 복음의 교리를 확증한 이적들에서.
5. 복음 그 자체의 증언에서. 오직 그것만이 죄에게서 피할 길을 보여주며, 또한 상한 양심에게 견고한 위로를 주기 때문이다.

제**7**주일

20문 그렇다면, 아담을 통하여 모든 사람이 멸망했듯이, 그리스도로 말미암아 모든 사람들이 구원을 받습니까?

답 아닙니다. 참된 믿음을 통하여 그리스도에게 접붙임을 받아 그의 모든 은택들을 받는 자들만 구원을 받습니다.

[해 설]

그리스도로 말미암는 우리의 구원의 양상을 설명했으니, 이제는 누가 이 구원에 참여하는 자가 되며, 그 일이 어떤 식으로 되는지, 모든 사람이 이 구원에 참여하게 되는지 아니면 일부만 참여하는지를 조심스럽게 살펴보아야 하겠다. 아무도 그 구원에 참여하게 되지 않는다면, 전연 헛된 일이 이루어진 것일 것이다. 그러므로 이 제20문은 믿음의 교리를 예비하는 것이다. 믿음이 없이는 중보자도, 복음의 선포도 아무런 유익이 없어질 것이다. 동시에 이 질문은 육신적인 안일함에 대해 치료책을 제공해 주며, 그리스도를 죄의 사역자로 만드는 비열한 비방에 대해 답변해 준다.

이 질문에 대한 답변은 두 부분으로 되어 있으니, 하나는 그리스도로 말미암는 구원은 아담 안에서 멸망한 모든 자들에게 다 베풀어지지 않는다는 것이요, 또 하나는 그 구원이 참된 믿음을 통하여 그리스도께 접붙임을 받고 그의 은택들을 다 받는 자들에게만 베풀어진다는 것이다.

이 답변의 첫 부분은 경험을 통해서도, 하나님의 말씀을 통해서도, 분명히 입증된다. "아들을 믿는 자에게는 영생이 있고 아들에게 순종하지 아니하는 자는 영생을 보지 못하고 도리어 하나님의 진노가 그 위에 머물러 있느니라"(요 3:36), "사람이 거듭나지 아니하면 하나님의 나라를 볼 수 없느니라"(요 3:3), "나더러 주여 주여 하는 자마다 다 천국에 들어갈 것이 아니요"(마 7:21). 그리스도를 통하여 모든 사람이 다 구원받지 못하는 이유는 그에게 공로와 은혜가 부족하기 때문이 아니요 ─ 그리스도의 속죄는 온 세상의 죄를 위한 것으로 그가 행하신 보상은 위엄과 충족함이 있는 것이다 — 불신앙 때문이다. 사람들이 복음에서 제시되는 그리스도의 은택들을 거부하며, 그리하여 그들 자신의 과오로 멸망하는 것이지, 그리스도의 공로에 부족함이 있어서 멸망하는 것이 아니다.

이 답변의 둘째 부분 역시 성경에서 분명히 나타난다: "영접하는 자 곧 그 이름을 믿는 자들에게는 하나님의 자녀가 되는 권세를 주셨으니"(요 1:12), "나의 의로운 종이 자기 지식으로 많은 사람들을 의롭게 하며"(사 53:11). 믿는 자들만 구원을 받는 이유는 오직 그들만이 그리스도의 은택을 붙잡고 받아들이기 때문이요, 오직 그들에게서만 하나님께서 은혜로 그의 아들을 죽음에 내어주신 그 목적을 이루시기 때문이다. 오직 믿는 자들만 하나님의 긍휼하심과 은혜를 알고 그에 합당한 감사를 그에게 돌리기 때문이다.

그러므로 이 문제 전체를 다음과 같이 정리할 수 있을 것이다: 우리의 죄를 위한 중보자이신 그리스도의 보상이 완전하지만, 모두가 그것으로 말미암아 구원을 얻는 것이 아니고, 오직 복음을 믿고 참된 믿음으로 그리스도의 공로들을 자기 자신에게 적용시키는 자들만 구원을 얻는 것이다.

반론 1. 은혜는 죄를 능가한다. 그러므로 모든 사람이 아담의 죄로 인하여 멸망하였다면, 그리스도의 은혜를 통해서 모두가 구원받는 것이 마땅하다.

답변. 주 전제에 대해서 우리는 이렇게 답변하고자 한다. 은혜는 보상에 있어서는 죄를 능가하나, 그 적용에 있어서는 그렇지 않다는 것이다. 그러므로 그리스도의 은혜를 통하여 모든 사람들이 구원받지 못하는 것은 값없이 베풀어지는 그 은혜를 거부하는 자들의 불신앙 때문인 것이다.

반론 2. 그리스도께서 그 허물에 대해 충족한 보상을 행하신 사람들은 모두가 그 은혜에로 받아들여져야 마땅하다. 그리스도께서는 모든 사람들의 허물에 대하여 충족한 보상을 행하셨다. 그러므로 모든 사람이 하나님의 은혜에로 받아들여져야 마땅하다. 그렇지 않다면, 하나님이 사람들에게 불의하시거나 혹은 그리스도의 공로에 뭔가 결점이 있거나 둘 중의 하나다.

답변. 주 전제는 참이다. 그러나 그 보상에 단서가 붙여져야 한다. 곧, 그 보상을 믿음으로 자기에게 적용시키는 자들만이 그것을 통하여 구원을 받는다는 것이다. 성경은 이러한 단서를 분명히 덧붙이고 있다: "하나님이 세상을 이처럼 사랑하사 독생자를 주셨으니 이는 그를 믿는 자마다 멸망하지 않고 영생을 얻게 하려 하심이라"(요 3:16).

반론 3. 아담은 모든 인류를 정죄 아래 있게 만들었는데, 그리스도는 인류 가운데 일부만을 구원하신다. 그러므로 정죄 아래 있게 하는 아담의 죄가 구원을 베푸는 그리스도의 보상보다 능력이 더 크다.

답변. 여기서 제시하는 결론은 받아들일 수 없다. 그리스도의 보상의 능력과 탁월함과 효력은 그것을 통하여 구원받는 자들의 숫자로 가늠할 것이 아니라, 그 은택 자체의 고귀함으로 가늠할 것이기 때문이다. 심지어 단 한 사람 혹은 몇 사람이라도 영원한 죽음에서 구원해 내는 일이 모든 사람이 죄로 말미암아 그 영원한 죽음 아래 있는 것보다 더 크고 귀중한 일인 것이다. 뿐만 아니라, 그리스도의 은택에 속한 그 효력이 모든 사람들에게 전해지지 않는 것은, 아담의 죄의 권세가 그의 모든 후손들에게 미치는 것과 마찬가지로 사람들 자신의 과오다. 아담의 죄 가운데서 나고 그 죄를 모방하는 것처럼, 그리스도의 공로들을 믿음으로 자기들에게 적용시키지도 않는 것이다. 그러나 어째서 모든 사람들이 다 믿지 않고, 또한 모든 사람들이 다 그리스도의 은택들을 자기들에게 적용시키지 않느냐 하는 문제는 더 높고 더 깊은 문제이므로 여기서 다루기에는 적절하지 않다. "그런즉 하나님께서 하고자 하시는 자를 긍휼히 여기시고, 하고자 하시는 자를 완악하게 하시느니라"(롬 9:18). 또한 하나님께서는 그의 정의가 시행되도록 그렇게 그의 긍휼하심을 나타내시는 것이다.

믿음

21문　참된 믿음이란 무엇입니까?

답　참된 믿음이란 하나님께서 그의 말씀 속에서 우리에게 계시하신 모든 것을 진리로 여기는 확실한 지식인 동시에, 하나님께서 값없이 은혜로 오직 그리스도의 공로로 말미암아 죄 사함과 영원한 의와 구원을 다른 이들에게만이 아니라 나에게도 베풀어 주셨다는 견고한 신뢰로서, 성령께서 복음을 통하여 나의 마음 속에서 일으키시는 것입니다.

[해 설]

이제 믿음이라는 주제가 이어진다: 1. 믿음이 우리가 중보자께 참여하는 자가 되는 수단이기 때문이다. 2. 믿음이 없으면 복음의 선포가 아무런 유익이 없기 때문이다. 믿음에 대해 다루면서 우리는 다음과 같은 점들을 살펴보아야 할 것이다:

1. 믿음이란 무엇인가?
2. 성경은 몇 가지 종류의 믿음을 말씀하는가?
3. 믿음이 소망과 다른 점은 무엇인가?
4. 의롭다 함을 얻게 하는 믿음의 동력인(動力因)들은 무엇인가?
5. 믿음의 효과들은 무엇인가?
6. 믿음은 누구에게 주어지는가?

1. 믿음이란 무엇인가?

키케로(Cicero)에 따르면, "믿음"을 뜻하는 영어의 "faith"는 라틴어 "fiendo"에서 파생되었는데, 이 단어는 행위(doing)를 의미한다. 선포되는 것은 이행되기 때문이다. 그에 의하면, 믿음이란 확신이요, 계약들과 입으로 발설될 수 있는 모든 사실들의 진실성이요, 또한 정의의 근본이다.

통상적인 정의에 따르면, 믿음이란 하나님이든 천사든 사람들이든 경험이든 간에 신빙성 있는 신실한 증인들의 증언에 근거하여 특정한 사실들이나 결론들에 대해 갖는 지식이다. 그러나 지극히 일반적인 구분에 따르면, 신적인 사안들에 대한 믿음이 있고, 또한 인간적인 사안들에 대한 믿음도 있으므로, 여기서는 신적인 사안들에 대한 믿음이 무엇인지, 혹은 신학적 믿음이 무엇인지를 살펴야 할 것이다. 그러므로 일반적으로 취할 수 있는 믿음의 정의는 이보다는 좀 더 구체적이면서도 성경에서 말씀하는 믿음의 갖가지 형태들을 다 포괄할 수 있는 것이어야 한다.

성경에서 언급하는 믿음은 일반적으로 하나님과 그의 뜻과 역사와 은혜에 관하여 계시되는 내용에 대한 동의 혹은 특정한 지식이며, 우리는 믿음으로 신적인 증언에 대해 신뢰하는 것이다. 아니면, 믿음은 율법과 복음 안에서 교회에 전해지는 하나님의 말씀을 하나님 자신의 선언으로 간주하여 그 하나하나에 동의하는 것이다.

또한 "기독교 신앙"(믿음), 혹은 "사도적 신앙"(믿음)이라는 용어들에서 나타나듯이, 믿음이 교회의 교리, 혹은 하나님의 말씀이 우리에게 전해 주는 바 믿음에 필수적인 사실들을 지칭하기도 한다. 또한 다음의 본문의 경우처럼 고대의 약속들의 성취를 뜻하는 것으로나 혹은 믿는 사실들 자체를 뜻하는 것으로도 쓰인다: "믿음이 오기 전에 우리는 율법 아래에 매인 바 되고 계시될 믿음의 때까지 갇혔느니라"(갈 3:23).

2. 성경은 몇 가지 종류의 믿음을 말씀하는가?

성경은 네 가지 종류의 믿음을 말씀한다. 곧, 역사적 믿음, 일시적 믿음, 이적을 행하는 믿음, 그리고 의롭다 하심을 얻는 믿음 혹은 구원 얻는 믿음이 그것이다. 이네 종류의 믿음들을 하나씩 정의하면, 그것들이 서로 어떤 차이가 있느냐 하는 것이 드러날 것이다.

역사적 믿음(historical faith)은 음성으로든 신탁으로든 이상으로든 하나님의 뜻이 우리에게 알려지는 계시의 방법을 통해서 신적으로 제시되고 계시되는 모든 하나님의 말씀이 참이라는 것을 하나님 자신의 권위와 그의 선포에 근거하여 알고 믿는 것이다. 이것을 역사적이라 부르는 것은 그 믿음이 하나님께서 행하셨다거나 혹은 지금 행하신다거나 혹은 장차 행하실 것이라고 말씀하는 그것들에 대한 하나의 지식에 지나지 않기 때문이다. 성경은 여러 곳에서 이러한 역사적 믿음에 대해 말씀하고 있다: "내가 … 산을 옮길 만한 모든 믿음이 있을지라도"(고전 13:2)라고 말씀하는데, 여기서 말씀하는 믿음은 의롭다 하심을 얻게 하는 믿음 이외의 다른 모든 종류의 믿음을 일컫는 것으로 이해할 수 있다. "네가 하나님은 한 분이신 줄을 믿느냐? 잘하는도다. 귀신들도 믿고 떠느니라"(약 2:19), "시몬도 믿고"(행 8:13), 곧 베드로가 가르치는 교리가 참이라는 것을 믿었다는 뜻이다. 그러나 의롭다 하심을 얻는 믿음은 그에게 없었다.

일시적 믿음(temporary faith)은 교회의 교리들에 동의하는 것으로, 고백과 기쁨이 수반되나, 우리가 하나님의 은혜의 대상이라는 의식에서 나오는 것 같은 참된 영속적인 기쁨이 없으며, 뭔가 다른 원인들에서 나오는 믿음이어서 그저 일시적으로만 지속되다가 어려움이 있으면 사그라져 버리는 것이다. 혹은 일시적 믿음이란 선지자들과 사도들이 전한 가르침에 동의하고, 고백하고, 그것을 자랑하고, 그것을 아는 데에서 일시적으로 기뻐하지만, 그 약속을 자기 자신에게 적용시키거나 하나님의 은혜를 마음으로 지각하는 데에서 비롯되는 것이 아니라, 다른 원인들에서 비롯되는 것이다. 이러한 정의는 그리스도께서 씨 뿌리는 자의 비유의 설명에서 말씀하신 내용에 근거한 것이다: "돌밭에 뿌려졌다는 것은 말씀을 듣고 즉시 기쁨으로 받되, 그 속에 뿌리가 없어 잠시 견디다가 말씀으로 말미암아 환난이나 박해가 일어날 때에는 곧 넘어지는 자요"(마 13:20-21). 이 기쁨의 원인들은 무수하며 각 개인마다 다르다. 그러나 모두가 일시적인 기쁨이며, 그것이 사라질 때에 그 위에 세워진 믿음도 함께 사라지고 만다.

외식자(外飾者)들도 복음을 들을 때에 기쁘게 받으나, 그들의 경우는, 복음이 ─ 그리스도인의 자유의 교리나 칭의의 교리 등의 경우에 ─ 그들이 전통적으로 져 왔던 짐을 벗어나게 해주므로 그것을 새롭게 여기거나 혹은 그것에서 마음에 안정을 얻어서 그것을 기뻐하는 것뿐이다. 혹은, 믿음을 고백함으로써 자기들의 죄를 덮고, 부귀, 명예, 영광 등, 사적(私的)이며 공적(公的)인 상급과 이익을 얻고자 하는 희망을 추구하는 것뿐이다.

그러나 십자가를 지라는 부름을 받으면 여지없이 그 본색이 드러난다. 뿌리가 없어서 떨어지고 마는 것이다. 외식자들은 참된 신자들처럼 하나님의 은혜를 감지하고서, 또한 하나님의 말씀에 제시되어 있는 은택들을 자기 자신에게 적용하고서 기뻐하는 것이 아니다. 그러나 하나님의 은혜를 깨닫는 것과 은택들을 자기에게 적용시키는 것이야말로 신실한 자에게서 나타나는 참된 본질적인 기쁨의 원인이며, 이 가운데 한 가지 원인만 빠져도 일시적인 믿음이 되기에 충분한 것이다.

이 일시적 믿음이 역사적 믿음과 다른 것은 거기에 기쁨이 수반된다는 점뿐이다. 역사적 믿음은 그저 지식 이외에는 아무것도 없다. 그러나 일시적 믿음에는 이러한 지식에 기쁨이 함께 수반되는 것이다. 이 사람들은 말씀을 "기쁨으로 받는" 것이다. 마귀들도 역사적인 사실들을 믿고 떤다. 그러나 그런 지식에 기쁨은 없고, 오히려 기쁨이 사라지기를 바란다. 그들은 하나님의 교리가 참이라는 것을 알면서도 그것을 추종하는 자들로 치부하지 않는다. 오히려 그것을 극히 맹렬하게 대적하는 것이다. 그러나 사람들에게 있어서는, 역사적 믿음이 고백과 연결되는 경우도 있고 연결되지 않는 경우도 있다. 사람들은 원인이 어떻든지 간에 자기들이 미워하는 진리와 신앙을 고백하는 경우가 많기 때문이다. 교리가 참이라는 것을 알면서도 그것을 대적하는 자들도 많다. 그러나 이들은 성령을 거스르는 죄를 범하는 것이다.

반론. 그러나 마귀도 자주 그리스도를 고백했다. 그러므로 마귀가 이 교리를 미워한다고 말할 수가 없다.

답변. 그러나 마귀는 그리스도의 가르침을 기리고자 하는 열심에서 그를 고백한 것이 아니다. 오히려 그리스도의 가르침을 자기 자신의 거짓과 뒤섞어서 그것이 의심받도록 만들고자 그렇게 한 것이다. 그렇기 때문에 그리스도께서는 마귀더러 조용히 하라고 명령하시며, 또한 사도 바울도 사도행전 16:18에서 그렇게 명령하는 것이다.

이적을 행하는 믿음은 뭔가 놀라운 일을 행하거나 신적인 계시를 통해서 특정한 사건을 미리 예언하는 특별한 은사다. 혹은, 미래에 자신이 이루기를 바라며 또한 그럴 것으로 예언하는 바 어떤 이적적인 일의 성취에 대한 확고한 신념으로서 모종의 신적 계시나 특별한 약속에 의해서 생겨나는 것을 지칭하기도 한다. 이 믿음은 단순히 하나님의 일반적인 말씀에서 이끌어내지는 것은 아니다. 반드시 그 말씀과 관련하여 어떤 특별한 약속이나 계시가 있어야 한다. 사도는 "산을 옮길 만한 모든 믿음이 있을지라도"(고전 13:2)라고 말씀하는데, 여기서 바로 이 종류의 믿음을 논하는 것이다. 이 선언은 물론 의롭다 하심을 얻는 믿음을 제외한 다른 모든 종류의 믿음을 의미하는 것으로 이해할 수도 있으나, 특히 이적을 행하는 믿음을 거론하고 있는 것이다.

이 믿음이 믿음의 하나의 별개의 종류라는 것은 다음의 사실들에서 입증된다:

1. 그리스도의 선언에서. "만일 너희에게 믿음이 겨자씨 한 알만큼만 있어도 이 산을 명하여 여기서 저기로 옮겨지라 하면 옮겨질 것이요 또 너희가 못할 것이 없으리라"(마 17:20). 아브라함, 다윗 등 많은 거룩한 사람들도 강한 믿음을 가졌으나, 산을 옮기지는 않았다. 그러므로 이 종류의 믿음은 모든 참된 신자들이 소유하는 의롭다 하심을 얻는 믿음과는 별개다.

2. 스게와의 일곱 아들들은 귀신을 내어쫓을 은사도 능력도 없으면서 귀신을 내어쫓으려 했다가, 악령이 그들에게 임할 때에 완전히 압도당하고 상하였다(행 19:14-16).

3. 마술사 시몬도 믿었다고 하나, 이적을 행할 능력이 없었다. 그리하여 그는 이 은사를 돈으로 사려고 하였다(행 8:13-24).

4. 마귀는 역사적인 일에 대한 지식은 있으나 이적을 행하지는 못한다. 왜냐하면 창조주 외에는 아무도 자연의 질서를 변화시킬 능력이 없기 때문이다.

5. 유다도 다른 사도들과 마찬가지로 이적을 행하였다. 그러므로 그는 역사적인 믿음을 지녔고(또한 일시적인 믿음도 지녔었다), 또한 이적을 행하는 믿음도 지녔었다. 그러나 의롭다 함을 얻는 믿음은 없었다. 그리스도께서 그에 대해, "마귀"라

고 말씀하셨기 때문이다(요 6:70).

6. 그리스도께서는, "많은 사람이 나더러 이르되 주여 주여 우리가 … 주의 이름으로 귀신을 쫓아내며 주의 이름으로 많은 권능을 행하지 아니하였나이까? 하리니 그 때에 내가 그들에게 밝히 말하되 내가 너희를 도무지 알지 못하니 불법을 행하는 자들아 내게서 떠나가라 하리라"고 말씀하셨다(마 7:22-23).

7. 마지막으로, 다른 종류의 믿음들은 하나님의 말씀이 계시하는 모든 일들에 관한 것으로 우리로 하여금 그것들을 다 믿을 것을 요구한다. 그러나 이적을 행하는 믿음은 오로지 특정한 일들과 놀라운 사건들과만 관련되는 것이다. 그러므로 그것은 믿음의 하나의 별개의 종류다.

의롭다 하심을 얻는 믿음은 본 요리문답에서 정당하게 정의되는 것인데, 이 정의에 따르면, 구원 얻는 믿음의 **일반적인 본질**은 지식과 확신 있는 신뢰에 있다. 전혀 알지도 못하는 교리에 대해서는 믿음이 있을 수 없기 때문이다. 그러므로 우리는 믿음을 시행하기에 앞서서 먼저 믿어야 할 내용에 대한 지식을 습득하는 것이 합당하다. 그러므로 교황주의자들이 가르치는 맹목적인 믿음(implicit faith)은 어리석은 것이다. 구원 얻는 믿음의 **차이** 혹은 형식적인 성격은 그리스도로 말미암아 값없이 죄 사함을 받는 사실을 신뢰하고 자신에게 적용시키는 데 있다. 또한 구원 얻는 믿음의 **속성** 혹은 특유한 성격은 그리스도의 큰 은택으로 인하여 하나님을 신뢰하고 기뻐하는 데에 있다. 의롭다 하심을 얻는 믿음, 혹은 구원 얻는 믿음의 **동력인**(動力因)은 성령이시다. 그 **수단**은 복음이요, 거기에 성례의 시행도 포함된다. 이 믿음의 **주체**는 사람의 의지와 마음이다.

그러므로 의롭다 하심을 얻는 믿음 혹은 구원 얻는 믿음은 다른 종류의 믿음과는 다르다. 오직 그것만이 우리 자신에게 그리스도의 공로를 적용시키는 확신 있는 신뢰이며, 그리스도의 의가 우리에게 베풀어지고 전가되어 우리가 하나님 보시기에 의로운 자로 인정받는다는 것을 확고히 믿을 때에 이 믿음이 시행되는 것이기 때문이다. 신뢰는 의지와 마음의 작용 혹은 움직임이요, 거기에는 뭔가 선한 것, 곧 안식과 기쁨이 뒤따르는 것이다. 헬라어 **피스티스**는 믿음(belief)을 가리키고, **피스듀에인**은 동사로 "믿다"라는 뜻인데, 둘 다 "강하게 설득되다"는 뜻의 **페페이스마이**에서 온 것이다. 또한 **피스듀에인**은 세속의 저술가들 사이에서는 "신뢰를 증대시키다", 혹은 "뭔가에 의지하다"라는 뜻으로 쓰인다. 포실리데스(Phocilides)에도 "사람을 믿지 말라. 대다수가 거짓되니라"라는 구절이 있고, 데

모스테네스(Demosthenes)에도, "네 자신을 신뢰하라" 라는 구절이 나타난다.

의롭다 하심을 얻는 믿음은 역사적인 내용을 언제나 포괄하지만, 역사적 믿음과는 다르다. 역사적 믿음으로는 의롭다 하심을 얻기에 충분하지 못하다. 나머지 두 종류의 믿음에 대해서도 동일한 말을 할 수 있을 것이다. 의롭다 하심을 얻는 믿음은 또한 오직 그것을 통해서만 우리가 의(義)를 얻고 성도들의 기업을 상속받을 권리를 얻는다는 점에서, 나머지 모든 종류의 믿음과 다르다. 사도의 말처럼, 만일 우리가 믿음으로 말미암아 의롭다 하심을 받으며, 또한 믿음이 의(義)로 전가되며, 또한 성도의 기업이 믿음으로 말미암는다면, 이 믿음은 우리가 말한 네 가지 종류의 믿음 가운데 하나여야만 한다. 그러나 이 믿음은 역사적 믿음은 아니다. 만일 역사적 믿음이라면 마귀도 의로운 것으로 인정될 것이요 약속의 상속자가 될 것이기 때문이다. 또한 일시적 믿음도 아니다. 그리스도께서 이를 거부하시기 때문이다. 그렇다고 해서 이적을 행하는 믿음도 아니다. 만일 그 믿음이 이적을 행하는 믿음을 뜻한다면, 가룟 유다도 상속자가 될 것이기 때문이다. 그러므로 우리가 의를 얻고 성도들의 기업을 얻는 것은 오직 의롭다 하심을 얻는 믿음으로만 되는 것이요, 성경은 바로 이 믿음을 가리켜 정당한 의미로 믿음이라 부르며, 이 믿음이야말로 택한 자들에게만 고유한 것이다.

그러나 믿는 자나 혹은 그 믿음을 소유한 자 외에는 아무도 의롭다 하심을 얻는 믿음이 무엇인지를 진정으로 알 수가 없다. 이는 마치 꿀을 보거나 맛본 적이 없는 자에게는 꿀의 달콤함에 대해 아무리 많은 것들을 이야기해 주어도 그 질(質)이나 맛에 대해 아무것도 모르는 것과 같은 이치이다. 그러나 참으로 믿는 자는 이것들을 스스로 체험하며, 또한 그것들을 다른 이들에게 설명해 줄 수 있다.

1. 그는 성경에 포함된 모든 내용이 참되며 하나님으로부터 온 것임을 믿는다.

2. 그는 그 내용들을 확고히 믿고 받아들이지 않을 수 없는 심정이 된다. 그 내용들이 참되며 하나님으로부터 온 것임을 고백한다면, 그것들에 동의하는 것이 당연한 일이기 때문이다.

3. 그는 은혜의 약속, 혹은 그리스도로 말미암는 값없는 죄 사함과 의와 영생에 대한 약속을 받아들이며 자기 자신에게 구체적으로 적용시킨다: "아들을 믿는 자에게는 영생이 있고"(요 3:36).

4. 이런 확신을 갖고서 그는 현재의 하나님의 은혜를 신뢰하며 누리며 기뻐하며, 그리하여 미래의 선(善)에 대해서도 다음과 같이 신뢰하게 된다: "지금 하나님

께서 나를 사랑하시사 그런 큰 축복들을 베푸시니, 영생에 이르도록 나를 끝까지 보존하실 것이다. 하나님은 불변하시고 그의 은혜 베푸심에는 후회가 없기 때문이다."

5. 그런 은택들을 바라볼 때에, 마음속에서 기쁨이 일어나며, 또한 모든 지각에 뛰어난 양심의 평안이 이어진다.

6. 그리고 그는 단 하나의 예외도 없이 하나님의 모든 계명들을 순종하기를 진정으로 사모하게 되며, 또한 하나님께서 그로 하여금 무슨 일을 당하게 하시든지 기꺼이 인내로 견디기를 원하게 된다. 그러므로 의롭다 하심을 얻는 믿음을 소유한 자는 세상과 마귀의 반대에 전혀 굴하지 않고 자기에게 요구되는 일을 이행한다. 참되게 믿는 자는 이 모든 일들을 스스로 체험하며, 또한 이런 일들을 스스로 체험하는 자는 참되게 믿는 것이다.

3. 믿음이 소망과 다른 점은 무엇인가?

의롭다 하심을 얻는 믿음과 소망 모두 동일한 복에 관련된 것이나 이 둘을 서로 혼동해서는 안 된다. 믿음은 현재의 선을 붙잡는 것인 반면에 소망은 미래에 속한 일에 관한 것이기 때문이다.

반론. 하지만 우리는 영생을 믿는데, 영생이란 미래에 속한 것이다. 그러므로 믿음이 미래의 선에 관한 것이기도 하다.

답변. 영생은 그 전달에 있어서는 미래의 선이다. 그리고 그런 점에서 우리는 그것을 그냥 믿기만 하는 것이 아니고 그것에 대해 소망을 갖기도 한다. "우리가 소망으로 구원을 얻었으매"(롬 8:24), "우리가 지금은 하나님의 자녀라. 장래에 어떻게 될지는 아직 나타나지 아니하였으나"(요일 3:2). 그러나 영생이 또한 하나님의 뜻에 있어서는 현재의 선이기도 하다. 하나님께서는 지금 우리에게 그것을 베푸시고 금생에서 그 시작을 누리게 하시는데, 이런 점에서는 그것이 소망의 대상이 아니라 믿음의 대상인 것이다: "내 말을 듣고 또 나 보내신 이를 믿는 자는 영생을 얻었고 심판에 이르지 아니하나니 사망에서 생명으로 옮겼느니라"(요 5:24), "영생은 곧 유일하신 참 하나님과 그가 보내신 자 예수 그리스도를 아는 것이니이다"(요 17:3). 그러므로, 이 은택들이 하나님의 약속이어서 아직 받지 않았으나 믿음으로 말미암아 이 은택들이 우리 것임을 납득하며, 또한 소망으로 말미암아 이것들의 충만한 완성을 신뢰하며 기다리는 것이다. 그런 의미에서 바울은 믿음을 가리켜 "믿음은 바라는 것들의 실상이요"(히 11:1)라고 말한다. 곧, 이 바라는 것들을 현재에 실존하는 것으로 만드는 것이 바로 믿음이며, 또한 아직 완성되지 않은 것들의 증거가 되는 것도 바로 믿음이라는 것이다.

믿음과 소망을 다음과 같이 구별하는 이들도 있다. 곧, 믿음은 신조(信條) 속에 포함되어 있는바 장래에 올 것들에 관한 약속들을 받아들이며, 소망은 미래에 속한 그것들 자체를 깨닫는 것이라고 말이다. 그러나 이러한 구별은 대중적이지 못하고, 또한 앞의 구분보다 이해하기가 더 어렵다.

4. 의롭다 함을 얻게 하는 믿음의 원인들은 무엇인가?

역사적이며 일시적인 믿음과 또한 이적을 행하는 믿음의 첫째가는 주요 동력인(動力因)은 성령이시다. 그는 그의 일반적인 영향력과 역사하심을 통해서 이런 다른 종류의 믿음들이 생기게 하신다. 그러나 의롭다 하심을 얻는 믿음의 경우는 성령께서 그의 특별하신 역사하심으로 생기게 하시는 것이다. "너희는 그 은혜에 의하여 믿음으로 말미암아 구원을 받았으니 이것은 너희에게서 난 것이 아니요 하나님의 선물이라"(엡 2:8).

반론. 마귀는 역사적 믿음을 지녔다. 그러므로 성령께서는 마귀에게도 역사하신다.

답변. 마귀에게 있는 믿음도 성령께서 생기게 하신 것이나, 그것은 이미 언급한 것처럼 그의 일반적인 역사하심으로 말미암은 것이다. 그의 특별한 역사하심으로는 오직 택한 자들에게만 임하시고 그들에게 구원 얻는 믿음을 일으키신다. 마귀들과 외식자들이 무슨 지식을 소유하든 간에, 그 지식은 하나님께서 그의 성령을 통해서 그들에게 베푸신 것이다. 그러나 그것은 택한 자들을 중생케 하시고 그들을 의롭다 하시는 방식과는 전혀 다르다. 이 선물을 주시는 주인이신 하나님을 인정하고 찬양하는 자세에 있어서도 전혀 다른 것이다.

일반적으로 믿음을 일으키는 도구는 하나님의 말씀인 신구약 성경인데, 그 속에는 말씀이신 그리스도 외에도 많은 신적인 역사들과 이적들이 포함되어 있다. 의롭다 하심을 얻는 고유한 도구는 복음의 선포다. "이 복음은 모든 믿는 자에게 구원을 주시는 하나님의 능력이 됨이라"(롬 1:16), "믿음은 들음에서 나며 들음은 그리스도의 말씀으로 말미암았느니라"(롬 10:17). 그러므로 성인(成人)의 경우, 복음의 선포가 없이는 의롭다 하심을 얻는 믿음이 생겨나지 않는 것이 보통이다.

이적을 행하는 믿음의 원인은 단순한 하나님의 말씀이 아니다. 그것은 특별한 약속 혹은 계시를 요구하는 것이다.

의롭다 하심을 얻는 믿음의 형식적인 원인은 구원 얻는 믿음에만 고유한 것으로, 하나님께서 계시하신 모든 내용에 대한 특정한 지식과 또한 마음에서 우러나오는 확신 있는 신뢰다.

구원 얻는 믿음의 대상은 그리스도요, 또한 은혜의 약속이다.

구원 얻는 믿음의 주체는 지성과 의지와 마음이다.

구원 얻는 믿음의 목표, 혹은 최종적 원인은 하나님의 영광이요, 혹은 그의 의로우심과 선하심과 긍휼을 드러내는 것이며, 그 다음 둘째로 우리의 구원이다.

5. 믿음의 효과들은 무엇인가?

의롭다 하심을 얻는 믿음의 효과들은 다음과 같다: 1. 하나님 앞에서 의롭다 하심을 얻음. 2. 하나님을 기뻐하는 것과 양심의 평안. "우리가 믿음으로 의롭다 하심을 받았으니 우리 주 예수 그리스도로 말미암아 하나님과 화평을 누리자"(롬 5:1). 3. 회심, 중생, 그리고 전적인 순종. "믿음으로 그들의 마음을 깨끗이 하사"(행 15:9). 4. 세상적인 은사들과 영적인 은사들의 증가와 이 은사들을 믿음으로 받아들이는 것 등, 믿음의 효과들에 속한 결과들.

그러므로 의롭다 하심을 얻는 믿음의 첫 번째 효과는 우리가 의롭다 하심을 얻는 것이다. 일단 이것을 얻은 다음에는 믿음에 이어서 다른 모든 은택들이 우리에게 주어지는데, 이 은택들은 믿음으로 말미암아 우리에게 주어진다. 믿음이 그것들의 원인이기 때문이다. 한 원인의 원인인 것은 또한 그 결과의 원인이기도 하니 말이다. 그러므로 만일 믿음이 우리가 의롭다 하심을 받는 최종적인 원인이라면, 믿음은 또한 의롭다 하심을 얻은 다음에 이어지는 것들의 원인이기도 한 것이다. "네 믿음이 너를 구원하였으니"(눅 8:48). 요컨대, 믿음의 효과는 의롭다 하심과 중생인데, 이는 금생에서 시작되고 내생에서 완성될 것이다(롬 3:28; 10:10; 행 13:39).

6. 믿음은 누구에게 주어지는가?

의롭다 하심을 얻는 믿음은 모든 택한 자들에게만 고유한 것이다. 심지어 유아들까지도 포함하여 오직 택한 자들에게만 주어지기 때문이다: "나를 보내신 아버지께서 이끌지 아니하시면 아무도 내게 올 수 없으니"(요 6:44), "천국의 비밀을 아는 것이 너희에게는 허락되었으나 그들에게는 아니되었나니"(마 13:11), "영생을 주시기로 작정된 자는 다 믿더라"(행 13:48), "미리 정하신 그들을 또한 부르시고 부르신 그들을 또한 의롭다 하시고 의롭다 하신 그들을 또한 영화롭게 하셨느니라"(롬 8:30), "너희는 그 은혜에 의하여 믿음으로 말미암아 구원을 받았으니 이것은 … 하나님의 선물이라"(엡 2:8), "그러나 그들이 다 복음을 순종하지 아니하였도다. 이사야가 이르되, 주여 우리가 전한 것을 누가 믿었나이까 하였으니"(롬 10:16), "믿음은 모든 사람의 것이 아니니라"(살후 3:2).

일시적 믿음과 이적을 행하는 믿음은 가시적 교회의 일원들에게만, 즉 외식자들에게만 주어진다: "우리가 주의 이름으로 많은 권능을 행하지 아니하였나이까?"(마 7:22). 초기 교회에서는 이적을 행하는 믿음을 가진 자들이 많았으나, 지금은 교회에서 사라졌다. 복음의 교리가 이적을 통해서 이미 충족하게 확증되었기 때문이다.

역사적 믿음은 교회 바깥에 있는 자들도, 또한 마귀도 소유할 수 있다.

반론 1. 역사적 믿음은 선행이다. 마귀들도 이 믿음을 소유하고 있다. 따라서 마귀들에게도 선행이 있다.

답변. 역사적 믿음은 그것이 아는 일들을 적용하고 동시에 거기에 신뢰가 있을 경우는 그것이 선행이 된다. 또한 이 믿음이 성령의 역사하심의 결과요 따라서 그 자체가 선행이라고 반론을 제기한다면, 우리는 그것 자체가 선행인 것은 사실이나 버림받은 자들이 그들이 참이라고 아는 그 일들을 받아들이고 적용시키지 않음으로써 악한 것이 된다고 답변할 것이다. 그러므로 마귀들이 두려워 떤다고 말씀하는 것이다. 그들은 자기들이 하나님에 대해 아는 바를 자기 자신들에게 적용시키지 않기 때문이다. 즉, 하나님의 말씀에 근거하여 알고 있는 하나님, 곧 은혜로우시고 자비하신 하나님의 모습이 자기들에게 해당되는 것으로 믿지 않는다는 것이다.

반론 2. 많은 유아들이 택한 자들에 속해 있으나, 그들에게는 믿음이 전혀 없다. 그러므로 택함받은 자들이 다 믿음을 소유한 것이 아니다.

답변. 유아들은 과연 성인들처럼 실질적인 믿음이 없다. 그러나 그럼에도 불구하고 성령께서 믿음에로 기우는 힘 혹은 성향을 그들에게 주시므로 그들의 능력이나 상태에 맞게 그런 힘과 성향이 있는 것이다. 유아들에게도 성령이 약속되므로, 그가 그들 속에서 활동하지 않으실 수가 없기 때문이다. 그러므로 모든 택한 자들에게 구원 얻는 믿음이 베풀어진다는 우리의 진술은 참인 것이다.

여기서 덧붙일 것은 믿음이 모든 택한 자들에게 필수적이며, 또한 이해력을 지 닌 연령에 이른 자들에게서는 믿음뿐 아니라 믿음의 고백도 필수적이라는 사실이 다. 그 이유는 다음과 같다: 1. 하나님의 명령 때문이다. "너는 네 하나님 여호와의 이름을 망령되게 부르지 말라"(출 20:7), "누구든지 사람 앞에서 나를 시인하면 나 도 하늘에 계신 내 아버지 앞에서 그를 시인할 것이요"(마 10:32). 2. 하나님의 영 광 때문이다. "너희 빛이 사람 앞에 비치게 하여 그들로 너희 착한 행실을 보고 하 늘에 계신 너희 아버지께 영광을 돌리게 하라"(마 5:16). 3. 믿음이 무활동적인 것 이 아니라 마치 열매 있는 나무와 같아서 고백이나 시인을 통해서 그 자신을 드러 내기 때문이다. 4. 우리의 안전 때문이다. "사람이 마음으로 믿어 의에 이르고 입 으로 시인하여 구원에 이르느니라"(롬 10:10). 5. 다른 이들을 그리스도께로 인도 하고자 함이다. "너는 돌이킨 후에 네 형제를 굳게 하라"(눅 22:32).

우리에게 믿음이 있다는 것을 다음의 사실들로 알 수 있다: 1. 성령의 증거를 통 해서, 그리고 그리스도께서 우리에게 베푸시는 은택들을 받아들이고자 하는 참되 고 흔들림 없는 열심을 통해서. 믿는 자는 자신의 믿음이 존재한다는 것을 의식한 다: "내가 믿는 자를 내가 알고"(딤후 1:12), "내가 믿었으므로 말하였다 한 것 같 이 우리가 같은 믿음의 마음을 가졌으니 우리도 믿었으므로 또한 말하노라"(고후 4:13), "하나님의 아들을 믿는 자는 자기 안에 증거가 있고"(요일 5:10). 2. 우리가 신실한 자들에게 속한 자들이라면, 우리가 경험하는 의심과 갈등을 통해서도 우 리에게 믿음이 있다는 것을 알 수 있다. 3. 믿음의 효과를 통해서 알 수 있는데, 그 것은 곧 순전한 목적과 또한 하나님의 모든 명령에 순종하고자 하는 열심이다.

반론 3. 사람이 생이 끝나기 전에 타락하여 하나님의 은혜를 상실할 수도 있는 데, 이런 사람들의 경우에는 영생을 확신할 수 없다. 구원에 대해 확신하면서도 하 나님의 은혜를 상실한 가능성을 완전히 초월하지 못한다는 것은 모순이다. 그러 므로 우리는 구원에 대해 확신할 수도 없고, 따라서 의롭다 하심을 얻는 믿음이 의 와 영생에 대한 확신 있는 신뢰라는 진술은 그릇된 것이다.

답변. 최종적으로 타락하는 자들에게는 주 전제가 참이다. 타락할 수 있다는 것 은 구원의 확신과 모순되기 때문이다. 그러나 하나님께서 한 번 참된 믿음을 베푸 신 자들은 결코 최종적으로 타락하지 않는다.

응답 1. 연약한 자들은 누구나 최종적으로 타락할 수 있다. 우리는 모두 연약하다. 그러므로 우리 모두가 하나님의 은혜에서 타락할 수 있다.

답변. 만일 의인이 자기 자신의 힘으로 유지된다면, 그들이 과연 타락할 수 있고 하나님의 은혜를 상실할 수도 있다. 그러나 그들은 신적인 은혜로 말미암아 끊임없이 뒷받침을 받고 있는 것이다: "그는 넘어지나 아주 엎드러지지 아니함은 여호와께서 그의 손을 붙드심이로다" (시 37:24).

응답 2. 하나님께서는 어디에서도 우리를 끝까지 그의 사랑 가운데 보존하시겠다고 선언하신 일이 없다.

답변. 바로 앞에서 인용한 본문을 비롯해서 여러 곳에서 그렇게 선언하신 바 있다: "내가 그들에게 영생을 주노니 영원히 멸망하지 아니할 것이요 또 그들을 내 손에서 빼앗을 자가 없느니라. 그들을 주신 내 아버지는 만물보다 크시매 아무도 아버지 손에서 빼앗을 수 없느니라" (요 10:28, 29), "내가 확신하노니 사망이나 생명이나 천사들이나 권세자들이나 현재 일이나 장래 일이나 능력이나 높음이나 깊음이나 다른 어떤 피조물이라도 우리를 우리 주 그리스도 예수 안에 있는 하나님의 사랑에서 끊을 수 없으리라" (롬 8:38, 39).

응답 3. 그러나 "선 줄로 생각하는 자는 넘어질까 조심하라" (고전 10:12)고도 말씀한다. 그러므로 하나님께서는 마지막까지 보존하실 것을 약속하시는 것이 아니라 우리의 구원을 우리 자신에게 의존시키시는 것이요, 따라서 우리의 최종적인 구원은 의심스러운 것이다.

답변. 이런 논지에는 이유가 아닌 것을 이유로 제시하는 오류가 있다. 하나님께서는 이 권면을 통하여 신자들에게 그들의 의무를 일깨우셔서 그들을 양육하고 보존하며 또한 그들의 구원을 완성시키기를 바라시는 것이지, 그들의 구원을 그들 자신의 힘과 의지에 맡겨두고자 하시는 것이 아닌 것이다. 그러므로, 우리가 현재 진정으로 믿는다면, 우리는 하나님께서 또한 장래에도 우리를 보존하실 것임을 확신하여야 한다. 하나님께서 우리가 현재의 은혜에 대해서 확신하기를 바라신다면, 장래에 대해서도 확신하기를 바라실 것이다. 그는 변함이 없으신 분이시기 때문이다.

응답 4. 그러나 또한 "사랑을 받는지 미움을 받는지 사람이 알지 못하는 것은 모두 그들의 미래의 일들임이니라" (전 9:1)고도 말씀한다. 그러므로 현재의 하나님의 은혜에 대해서도 확신할 수가 없고, 따라서 아직 미래에 있는 것에 대해서도 아무것도 확신할 수가 없다.

답변. 1. 제이차적 원인들에 근거해서는 아무도 뭔가를 확실히 알고 판단할 수가 없다. 사람이 당하는 외적인 조건은 하나님의 사랑이나 미움의 안전한 판단 기준이 아니기 때문이다. 2. 사람이 자기 스스로는 알 수 없을지도 모르나, 하나님께서 그에게 그것을 계시하기를 기뻐하시면, 그가 그것을 알 수도 있다. 그러므로 제이차적 원인들에 의존해서는 우리의 구원에 대해 알 수 없을지 모르나, 하나님께서 그의 말씀과 성령으로 말미암아 우리에게 계시하기를 기뻐하시는 한 우리는 그것을 알 수 있는 것이다.

응답 5. "누가 주의 마음을 알았느냐?" (롬 11:34).

답변. 계시되기 전에는 아무도 주의 마음을 모른다. 그러나 하나님께서 그것을 계시한 다음에는 우리의 구원에 필요한 만큼은 그것을 알 수 있다: "우리가 다 수건을 벗은 얼굴로 거울을 보는 것 같이 주의 영광을 보매 그와 같은 형상으로 변화하여 영광에서 영광에 이르니 곧 주의 영으로 말미암음이니라" (고후 3:18).

반론 4. 바울은 고린도 사람들에게 "하나님의 은혜를 헛되이 받지 말라"고 권면하며 (고후 6:1), 또한 그리스도께서도 우리에게 "깨어 기도하라"고 말씀하신다 (마 26:41).

답변. 그러나 이 권면들이 주어진 것은 육신적인 안일함을 막고 깨어 기도하는 일에 충실하도록 일깨움으로써 신자들의 구원의 확실성이 보존되도록 하기 위함이다.

반론 5. 사울은 최종적으로 넘어졌다. 그는 경건한 사람 중의 하나였다. 그러므로 의인도 최종적으로 넘어질 수 있다.

답변. 사울은 참된 경건한 사람이 아니라 외식자였다. 그러므로 우리는 소 전제를 인정할 수 없다. 그도 성령의 은사들을 받지 않았느냐고 반론을 제기한다면, 우리는 그런 은사들은 경건한 자들과 불경건한 자들 모두에게 주어지는 것이요, 중생과 양자됨의 은사는 오직 경건한 자들에게만 주어지는 것이라고 답변할 것이다.

반론 6. 최종적 견인(堅忍)의 교리, 즉 우리의 구원의 확실성의 교리는 안일함을 조장한다.

답변. 이 교리는 택함 받은 자들에게는 영적인 안정을 일으키며, 외식자들에게는 육신적인 안일함을 일으킨다.

22문   그러면 그리스도인이 믿어야 할 것은 무엇입니까?

답   복음에서 우리에게 약속된 모든 것을 믿어야 하는데, 우리의 보편적이며 의심의 여지 없는 기독교 신앙의 조목들(즉, 사도신경)이 이것을 요약하여 가르쳐 줍니다.

[해 설]

믿음에 대해 논의했으니, 이제는 믿음의 대상에 대해서, 혹은 우리가 믿어야 할 것들의 요지가 무엇인지를 살펴보아야 할 것이다. 이미 제시한 정의에서 분명히 드러나듯이, 믿음이란 일반적으로 하나님의 말씀 전체를 받아들이며, 그 말씀에 전적으로 동의하는 것이다. 그러나 의롭다 하심을 얻는 믿음은 특히 복음의 약속, 혹은 그리스도로 말미암는 은혜의 선포와 관계가 있다. 그러므로 복음이 의롭다 하심을 얻는 믿음의 대상이라 할 것이다. 그렇기 때문에 복음을 우리가 믿어야 할 일들에 관한 교리라 부르고, 한편 율법을 우리가 행하여야 할 일들에 관한 교리라 부르는 것이다.

그러므로 교황들의 인간적인 전통들과 규정들과, 각양 교회회의들의 교령(敎令)들은 믿음의 대상에서 제외되는 것이다. 왜냐하면 믿음은 그 흔들리지 않는 기초인 하나님의 말씀 이외에는 그 어떠한 것에게도 반응할 수가 없기 때문이다. 사람들의 교령들은 불확실하다. 모든 사람이 다 거짓되고 그릇되기 때문이다. 오직 하나님만이 참되시며, 그의 말씀만이 진리다. 그러므로 그리스도인들이 자기들 스스로 믿음의 문제나 내용을 작성하거나 만들어내는 것도 정당치 못하며, 또한 다른 이들이 만들어낸 것을 받아들이는 것도 정당치 못한 것이다. 그리스도인들은 오직 복음만을 받아들이고 믿어야 한다. "회개하고 복음을 믿으라"(막 1:15), "너희 믿음이 사람의 지혜에 있지 아니하고 다만 하나님의 능력에 있게 하려 하였노라"(고전 2:5). 복음, 혹은 우리가 믿어야 할 일들의 요지와 실체는 사도신경이다.

사도신경

23문 이 조목들은 무엇입니까?

답 1. 전능하신 아버지 하나님, 천지의 창조주를 내가 믿사오며,

2. 그의 독생자 우리 주 예수 그리스도를 내가 믿사오니,

3. 그는 성령으로 잉태되사 동정녀 마리아에게서 나셨고,

4. 본디오 빌라도 아래에서 고난을 받으사, 십자가에 못 박히시고 죽으시고 장사지낸 바 되셨고, 지옥에 내려가셨고,

5. 사흘 만에 죽은 자 가운데서 다시 살아나셨고,

6. 하늘로 오르사 전능하신 아버지 하나님의 우편에 앉아 계시며,

7. 거기로부터 오사 산 자들과 죽은 자들을 심판하실 것입니다.

8. 성령을 내가 믿사오며,

9. 거룩한 보편적 교회와 성도의 교제를 믿사오며,

10. 죄 사함과

11. 몸의 부활과

12. 영생을 믿사옵나이다. 아멘

[해 설]

일반적으로 "symbol"(신조: 信條) 혹은 "creed"(신경: 信經)라는 용어는 어떤 사람이나 사물을 다른 사람이나 사물과 구별하는 하나의 증표 혹은 표시를 의미한다. 군사적인 "symbol"이 아군과 적군을 구별하는 하나의 증표를 뜻하는 것처럼 말이다. 교회적인 의미에서는, 그것은 교회와 그 회원들을 온갖 다양한 이단들과 구별해 주는 간결한 요약된 형태의 기독교 신앙을 뜻한다. 어떤 이들은 기독교 신앙의 이 요약을 가리켜 신조라 부르는 것은 사도들이 한 사람씩 특정한 일부분을 작성하여 한데 모아놓은 것이기 때문이라고 생각하기도 한다. 그러나 그 사실 여부는 입증할 수가 없다. 이를 신조라 부르는 것은 이 조목들이 모든 정통 그리스도인들이 동의하고 받아들이는 신앙의 특정한 형식 혹은 규칙을 이루기 때문이라고 보는 것이 더 타당할 것이다. 이를 **사도적**(apostolic) 신조라 부르는 것은 이것이 초신자들이 믿고 고백해야 할 사도들의 가르침의 골자를 포함하기 때문이요, 혹은 사도들이 이 기독교 교리의 요지를 그 제자들에게 전해 주었고, 그 후 시대의 교회

가 그것을 받았기 때문이다. 이를 가리켜 **보편적**(Catholic) 신조라 부르는 것은, 이 것이 모든 그리스도인의 유일한 신앙이기 때문이다.

여기서 우리가 살펴보아야 할 것은, 사도신경 이후에 교회에서 니케아 신조(the Nicene Creed), 아타나시우스 신조(the Athanasian Creed), 에베소 신조(the Ephesian Creed), 칼케돈 신조(the Chalcedon Creed) 등 다른 신조들이 작성되고 받아들여진 이유는 무엇인가? 하는 것이다. 이에 대해서 우리는, 이 다른 신조들이 사도신경과 본질상 다른 것이 아니고, 사도신경의 간결함을 이용하여 그것을 왜곡시킨 이단들로 인하여 그 의미를 좀 더 분명하게 선언하고 설명하기 위하여 덧붙이지만 결국 그 내용을 반복하는 것이라고 답변할 것이다. 그러므로 사도신경이 다루는 문제와 그 골자는 후대에 가서도 바뀌지 않고, 다만 그 교리들을 표현하는 형식만 달라질 뿐인 것이다.

고대 교회의 감독들과 교사들이, 특히 교회가 증가하고 각 곳에서 이단들이 생겨날 때에, 이러한 간결한 신앙고백을 작성하게 된 데에는 다른 중요한 이유들이 있는데, 그 중에서 다음과 같은 것들을 언급할 수 있을 것이다: 1. 장년들은 물론 모든 젊은이들로 하여금 기독교 신앙의 주요 요점들을 기억할 수 있도록 하기 위함이다. 2. 모든 신자들이 끊임없이 눈으로 그들의 신앙고백을 보게 하고, 그리하여 그들이 어떤 교리 때문에 박해를 받도록 부름받았는지를 알게 하기 위함이다. 하나님께서도 과거에 이처럼 율법과 약속들의 골자를 간결한 형태로 표현하셔서 모든 사람들이 삶의 특정한 규칙과 또한 끊임없는 위로의 근거를 바라볼 수 있도록 하신 바 있다. 3. 그때에나 장래에나 신자들이, 선지자들과 사도들의 글들을 간교하게 왜곡시키는 이단들과 또한 불신자들과 구별되는 특정한 표지를 갖도록 하기 위함이다. 이 고백들을 가리켜 신조 혹은 신경이라 부른 것이 바로 그 때문이기도 했다. 4. 뭔가 짧고 간결하여 모든 사람들이 쉽게 이해할 수 있는 영구한 규범을 마련하여, 그것으로 성경에 관한 모든 교리와 해석을 시험하여 일치할 때에는 받아들이고 믿고, 또한 그것과 다를 때에는 배격하도록 하기 위함이다.

다른 신앙고백들이 작성되었으나, 사도신경은 다음과 같은 점에서 그 중요성과 권위가 다른 모든 것들보다 월등하다: 1. 거의 전부가 성경 자체의 언어로 표현되어 있다는 점. 2. 시기가 가장 오랜 것이라는 점. 사도신경은 사도들 자신 혹은 그들의 제자들이나 청취자들에게서 전해져서 오늘날에 이르기까지 정상적으로 전수되고 있다. 3. 온 교회의 동의로 작성되어온 기타 다른 신조들의 모체가 된다는 점. 다른 신조들은 사도신경을 토대로 하여 이단들의 왜곡과 거짓된 이론들을 방지하고 반박하기 위하여 작성된 것으로, 사도신경의 의미를 보다 충실하게 해명하고 있다.

　그러나 다른 신조들의 진리성 여부는 사람들이나 공의회들의 권위나 교령에 있는 것이 아니고, 그것이 과연 성경과 또한 사도 시대로부터 전해온 온 교회의 가르침들과 영구히 일치하느냐, 또한 그 전해 받은 교리를 수호하고 견지하며 동시에 그들이 사도들과 그들에게서 가르침 받은 자들에게서 이 교리를 전수 받았음을 후대에 증거하느냐 하는 데 있다. 하나님을 예배하는 문제나, 양심에게 새로운 믿음의 강령을 제시하는 문제에 관해서 새로운 법들을 제정할 권한은 사람이나 천사들의 회의가 아니라 오직 하나님께만 있는 것이다. 우리가 하나님을 믿어야 하는 것은 교회의 증언 때문이 아니다. 오히려 하나님의 증언 때문에 교회를 믿는 것이다. 여기서 간략한 도표를 제시하자면 다음과 같다:

교회의 교리에 관한 저술들은 다음 두 가지 중 하나임.

{

1. 신적인 저술들: 선지자들과 사도들이 하나님의 직접 영감을 받아 기록한 것. 여기에는 신구약 정경이 포함된다. 오직 이것들만이 그 언어와 사상에서 신적으로 영감받은 것으로 유일한 권위를 지닌다. 그러므로 이것들이 다른 모든 저술들의 기준이다.

2. 교회적인 저술들: 교회의 신학자들이 저술한 것들. 이는 다음 두 가지 중 하나임.

{

1) 공적인 저술: 온 교회의 이름으로 기록된 저술들로서 이는 두 가지로 구분된다.

(1) 보편 교회의 저술: 온 교회 전체의 동의 아래 온 교회의 이름으로 작성되었고, 또한 온 교회가 받아들인 신조와 신앙고백들로서, 사도신경, 니케아 신조, 콘스탄티노플 신조, 칼케돈 신조, 아타나시우스 신조 등이 이에 속한다.

(2) 특정 교회의 저술: 특정한 교회들과 교회회의들의 신앙고백들로서, 본 요리문답과 아우크스부르크 신앙고백 등이 이에 속한다.

2) 사적인 저술: 신학 저술이나 주석 등 사람들에게 사사로운 교훈을 주기 위해 기록된 것들.

제8주일

24문 이 조목들은 어떻게 나뉘어집니까?

답 세 부분으로 나뉘어지는데, 첫째는 성부 하나님과 우리의 창조에 관한 것이요, 둘째는 성자 하나님과 우리의 구속에 관한 것이요, 셋째는 성령 하나님과 우리의 성화에 관한 것입니다.

[해 설]

사도신경은 다음의 세 가지 주요 부분으로 이루어져 있다:

첫째로, 성부 하나님과 우리의 창조,

둘째로, 성자 하나님과 우리의 구속,

셋째로, 성령 하나님과 우리의 성화(聖化).

반론 1. 여기서 창조는 성부 하나님이, 구속은 성자 하나님이, 성화는 성령 하나님이 하시는 일로 제시되고 있다. 그러므로 성자와 성령은 천지를 창조하신 것이 아니며, 성부와 성령은 인류를 구속하신 것이 아니며, 성부와 성자는 신자를 거룩하게 하시는 것이 아니다.

답변. 여기서 제시하는 결론을 받아들일 수 없다. 성부께서 창조를 행하시고, 성자께서 구속을 행하시고, 성령께서 성화를 행하시는 것으로 말씀하나, 이는 배타적인 의미가 아니다. 즉, 삼위 가운데 다른 위들의 개입이 없다는 뜻이 아니라는 말이다. 성부께서도 우리를 구속하신다: "자기 아들을 아끼지 아니하시고 우리 모든 사람을 위하여 내주신 이"(롬 8:32), "하나님이 그 아들을 세상에 보내신 것은 … 그로 말미암아 세상이 구원을 받게 하려 하심이라"(요 3:17). 바울의 말에 의하면, 성부께서는 또한 거룩하게도 하신다: "하나님이 그 아들의 영을 우리 마음 가운데 보내사 아빠 아버지라 부르게 하셨느니라"(갈 4:6), "평강의 하나님이 친히 너희를 온전히 거룩하게 하시고"(살전 5:23). 또한 성자께서도 우리를 창조하신다: "만물이 그로 말미암아 지은 바 되었으니"(요 1:3). 그는 또한 우리를 거룩하게 하신다: "예수는 … 우리에게 … 거룩함 … 이 되셨으니"(고전 1:30). 그는 "물로 씻어 말씀으로 깨끗하게 하사 거룩하게 하시고"(엡 5:26). 그는 성령을 주신다: "하나님이 오른손으로 예수를 높이시매 그가 약속하신 성령을 아버지께 받아서 너희가 보고 듣는 이것을 부어 주셨느니라"(행 2:33). 성령도 천지를 창조하셨다. "하나님의 영이 수면 위에 운행하시니라"(창 1:2), "여호와의 말씀으로 하늘이 지음이 되었으며 그 만상을 그의 입 기운으로 이루었도다"(시 33:6).

그러나 이런 논의를 할 때에 우리는 삼위 하나님이 고유한 사역을 담당하신다는 점을 간과해서는 안 된다. 창조의 사역을 성부의 일로 말하는데(물론 전적으로 그 혼자서 그 일을 이루신 것은 아니지만), 이는 그분이야말로 신성의 근원이시요 또한 모든 신적인 일들의 근원이시며, 따라서 창조 사역의 근원이시기 때문이다. 그는 성자와 성령을 통하여 만물을 그 스스로 창조하신 것이다. 구속을 성자의 사역으로 말하는데(물론 전적으로 그 혼자서만 그 사역을 담당하신 것은 아니다), 이는 성자께서 직접 구속의 사역을 행하신 분이시기 때문이요, 오직 성자만이 우리 죄를 위하여 속량물이 되셨기 때문이다. 십자가에서 죽으심으로 우리를 값 주고 사신 것은 성부나 성령이 아니라 성자이셨던 것이다. 이와 마찬가지로 성화를 성령의 사역으로 말하는 것은(물론 전적으로 그 혼자서만 그 사역을 행하시는 것은 아니다) 바로 성령께서 우리를 직접 거룩하게 하시는 분이시요, 우리가 거룩하게 되는 일이 직접적으로 이루어지는 것이 바로 그분을 통해서 되는 일이기 때문이다.

반론 2. 삼위 하나님이 스스로 행하시는 일들, 즉 피조물들과 관계하여 행하시는 일들은, 눈에 보이지 않는 것이요, 따라서 삼위 중의 다른 위들과 관계 없이 어느 한 위의 고유한 사역이라고 말할 수가 없다. 창조, 구속, 그리고 성화는 삼위 하나님께는 외부적인 사역들이다. 그러므로 그것들은 눈에 보이지 않고, 따라서 이런 구분 자체가 필요 없다.

답변. 주 전제에 대해서는 이렇게 응답하고자 한다. 즉, 삼위 하나님의 일들은 눈에 보이지 않는다. 그러나 각 위에게 고유한 질서나 양식까지 파괴시키는 그런 의미는 아니다. 삼위 하나님의 각 위마다 피조물들에 대하여 특정한 사역을 행하시지만, 다음의 질서는 그대로 보존된다. 즉, 성부께서는 성자와 성령을 통하여 스스로 모든 일들을 행하시고, 성자께서는 성령을 통하여 성부의 모든 일들을 행하시며, 성령께서는 성부와 성자의 모든 일들을 자기 자신을 통해서 행하신다는 것이다. 그러므로 이렇게 해서 삼위의 모든 위들이 다 창조하시고 구속하시고 거룩하게 하시는 것이다. 성부께서는 성자와 성령을 통하여 간접적으로 행하시고, 성자께서는 성령을 통하여 간접적으로 행하시며, 성령께서는 자기 자신을 통해서 직접적으로 행하시되, 성자를 통하여 간접적으로도 행하신다. 성자께서 중보자이시기 때문이다. 그러나 외부적이며(*ad extra*) 내부적인(*ad intra*) 하나님의 사역들에 대해서는 하나님에 대해 논하는 다음 요리문답의 일곱째 항에서 설명할 것이다.

25문 신적인 분은 오직 한 분이신데, 어째서 그대는 성부, 성자, 성령의 삼위를 말합니까?

답 이 구별된 삼위께서 한 분이시며 참되고 영원하신 하나님이시라는 것을 하나님께서 친히 그의 말씀 속에 계시하셨기 때문입니다.

[해 설]

우리는 이 질문에다 유일하시고 참되신 하나님과 또한 삼위에 관한 교회의 교리를 포함시켰다. 이 주제와 관련하여 우리가 주목해야 할 주요 질문들은 다음과 같다:

1. 하나님이 계시다는 것이 어디에서 입증되는가?

2. 교회가 인정하고 예배하는 하나님의 성격은 무엇이며, 그가 이방의 우상들과 다른 점은 무엇인가?

3. 그는 과연 한 분뿐이신가, 그렇다면 성경은 어떤 의미로 피조물들을 신들이라 부르는가?

4. 본질, 위, 그리고 삼위일체 등의 용어는 무슨 의미이며 어떤 점에서 서로 다른가?

5. 교회가 이런 용어들을 사용하는 것이 합당한가?

6. 신격에는 몇 위가 계신가?

7. 그 각 위들은 서로 어떻게 구별되는가?

8. 교회가 삼위일체의 교리를 견지하는 것은 왜 필요한가?

1. 하나님이 계시다는 것은 어디에서 입증되는가?

하나님이 계시다는 것은 철학과 신학 모두에 공통적인 여러 가지 논증들을 통해서 입증되는데, 그것들은 다음과 같다:

1. 자연의 어느 곳에서나 볼 수 있는 질서와 조화가 하나님의 존재하심을 증명해 준다. 누구나 감지하듯이, 자연의 각 부분의 지혜로운 정렬, 특정한 법칙에 따라 끊임없이 이어지는 변화와 작용 등은 뭔가 지성적이며 전능한 존재를 상정하지 않고서는 존재할 수도, 보존될 수도 없는 것이다. 성경은 여러 곳에서 상당히

길게 이런 논증을 언급하고 있다(시 8, 19, 104, 135, 136, 147, 148편; 롬 1장; 행 14, 17장).

2. 뭔가 원인을 갖고 있는 이성적인 본성은 뭔가 지성적인 존재로부터 나오지 않고서는 존재할 수가 없다. 원인이란 그것이 산출하는 결과보다 더 저급한 성격의 것이 아니기 때문이다. 인간의 정신에는 이성이 있고 또한 뭔가 원인이 있다. 그러므로 인간의 정신은 뭔가 지성적인 존재로부터 나온 것이요, 그 존재는 바로 하나님이시다. "사람 속에는 영이 있고 전능자의 숨결이 사람에게 깨달음을 주시나니"(욥 32:8), "[그들이] 말하기를, 여호와가 보지 못하며 야곱의 하나님이 알아차리지 못하리라 하나이다"(시 94:7), "우리가 그를 힘입어 살며 기동하며 존재하느니라"(행 17:28).

3. 정당한 일들과 정당치 못한 일들 사이의 차이 등, 우리에게 자연스러운 일반적인 원칙에 대한 생각들이나 개념들은 그저 우연의 결과이거나 이성이 없는 본성에서 나온 것일 수가 없고, 반드시 뭔가 지성적인 원인에 의해서 우리 마음에 본성적으로 심어진 것일 수밖에 없는데, 그 원인이 바로 하나님이시다. "율법 없는 이방인이 본성으로 율법의 일을 행할 때에는 이 사람은 율법이 없어도 자기가 자기에게 율법이 되나니"(롬 2:14).

4. 신이 존재한다는 것을 우리 모두가 지각하고 알고 있다. 아무리 야만적이고 교양이 없는 민족도 뭔가 종교의 관념과 체계가 다 있는데, 이는 신에 대한 믿음이 있다는 증거인 것이다. "이는 하나님을 알 만한 것이 그들 속에[즉, 사람들의 정신 속에] 보임이라. 하나님께서 이를 그들에게 보이셨느니라"(롬 1:19).

5. 불경건한 자들이 죄를 범한 다음에 겪는 양심의 가책과 마음의 시달림은 어떤 지성적인 존재 말고는 가져다 줄 수가 없다. 곧, 정당한 일과 정당치 못한 일을 구별할 줄 알며, 사람의 생각과 마음을 알며, 악인의 마음에 그런 두려움과 불길함이 생겨나게 할 수 있는 자가 없이는 그런 일이 일어날 수가 없는 것이다. "그 벌레가 죽지 아니하며"(사 66:24), "악인에게는 평강이 없다"(사 57:21), "네 하나님 여호와는 소멸하는 불이시요"(신 4:24), "이 사람은 율법이 없어도 자기가 자기에게 율법이 되나니 이런 이들은 그 양심이 증거가 되어 그 생각들이 서로 혹은 고발하며 혹은 변명하여 그 마음에 새긴 율법의 행위를 나타내느니라"(롬 2:15).

첨언. 하나님이 존재한다는 사실을 대적하기 위하여, 양심의 가책은 철학자들과 입법자들이 범죄 행위를 억제하기 위하여 만들어내어 유포한 간교한 책략에 지나지 않는다는 식의 반론이 제기되어왔으나, 이 양심의 가책이야말로 모든 사람들에게 공통적인 것으로 그 반론에 대한 충족한 답변이라 할 것이다. 만일 그것이 간교한 책략에 지나지 않는다는 것이 사실이라면, 그것이 책략이라는 것을 간파한 사람들이 그들의 망령된 행실과 기타 범죄들 때문에 양심에 찔림을 받는지 묻고 싶다. 몇몇 개인들이 꾸며낸 책략에 불과한 것이 어떻게 인류 전체를 설득시켜서 그런 믿음을 갖게 하고, 후 세대에까지 그것이 지속되도록 할 수 있었단 말인가? 그리고 이런 논지의 힘을 약화시키기 위하여, 하나님을 믿지도 않고 양심에 가책을 받지도 않는 사람들이 있다고 주장한다면, 그들의 그런 주장은 지극히 거짓된 것이라고 답변할 수밖에 없다.

악인들 중에서도 양심의 찔림을 전혀 받지 않는 사람은 하나도 없으며, 아무리 하나님을 멸시하고 모든 형태의 종교를 경멸하며, 또한 그들의 두려움을 억누르려고 노력해도, 그만큼 더 고통을 받게 되고, 또한 하나님을 언급하고 그에게 다가갈 때마다 두려워 떨게 되기 때문이다. 그렇기 때문에, 평생토록 악하고 세속적인 삶을 산 자들이 죽을 때에 하나님의 심판에 짓눌려 절망 속에 빠지는 것을 그렇게도 자주 보게 되는 것이다.

6. 노아의 홍수, 소돔의 멸망, 홍해에서의 바로의 몰락, 여러 왕국들의 흥망성쇠 등 의인에 대한 상급과 악인에 대한 형벌이 하나님의 존재를 증명해 준다. 악인과 악한 나라에게 가해지는 이 심판들이 온 세상의 전능한 심판자가 존재하는 것이 틀림없음을 증거해 주기 때문이다. "여호와께서 자기를 알게 하사 심판을 행하셨음이여"(시 9:16), "진실로 땅에서 심판하시는 하나님이 계시다"(시 58:11).

첨언. 일시적으로 악인이 흥왕하고 경건한 자들이 억압을 받는 경우도 많으나, 그런 예들이 간혹 나타난다고 해서 대부분의 경우에 적용되는 일반적인 법칙이 약화되는 것은 아니다. 그리고 만일 악인들이 의인들만큼 형벌을 당하는 경우가 적다손 치더라도, 이런 실례들 자체가 하나님이 계시며 또한 그렇게 심하게 형벌을 받지 않는 것 같은 다른 이들에 대해 불쾌히 여기신다는 것을 입증해 준다. 악인이 금생에서 형벌을 받지 않는다는 것은 사실이 아니다. 회심하지 않은 모든 자들이 언젠가는 형벌을 받게 될 것이기 때문이다. 그들이 절망 중에 죽는 경우가 다반사인데, 이것이야말로 다른 어떠한 형벌보다 극심한 것이요, 그것은 바로 영원한 형벌의 시작이요 또한 그것의 증거인 것이다. 악인이 금생에서 당하는 형벌이 그들이 지은 죄에 합당한 것만큼 크지는 않지만, 그럼에도 불구하고 불경건한 자들의 지극히 비극적인 범죄들과 일치하는 점이 있으므로, 교회의 교리를 통해서 우리는 하나님께서 여기서 악인들에게 은전(恩典)을 베푸시고 또한 의인들에게는 가혹함을 보이시는 것 같을지라도 그의 섭리와 정의가 약화되는 것이 아니고, 오히려 그것이 하나님의 선하심을 선포해 준다는 것을 배우게 된다. 그는 그런 은전을 통해서, 또한 형벌을 연기시키심으로써 악인들에게 회개할 기회를 주시며, 의인들에게는 십자가와 징계들을 사용하셔서 그들의 구원을 온전케 하시는 것이다.

7. 정의롭고 순전한 법들을 통해서 지혜롭게 다스림을 받는 사회적 질서와 통치는 뭔가 지성적인 존재가 이런 질서를 승인하지 않고서는 사람에게서 시행될 수가 없다. 그리고 마귀들과 악인들이 일반적으로 이런 질서를 싫어하고 반대하는 것을 보건대, 필시 하나님께서 이를 보존해오신 것이 틀림없다. "나로 말미암아 왕들이 치리하며 방백들이 공의를 세우며"(잠 8:15).

8. 아킬레스(Archilles)나 알렉산더(Alexander), 아르키메데스(Archimedes), 플라톤(Plato) 등에게서 나타나는 것처럼, 넘치는 기예(技藝)와 통치력, 예술적인 능력 등의 영웅적인 공적들이나, 혹은 일상적인 사람의 능력을 능가하는 일들을 처리하며 완수하는 놀라운 지혜와 탁월한 덕성들은 모두가 이런 일들을 사람들에게 불러일으키고 장려해 줄 어떤 우월하며 전능한 원인이 반드시 있다는 증거들이다. 여호수아에 대해 성경은 이렇게 말씀하고 있다: "여호와 그가 네 앞에서 가시며 너와 함께 하사 너를 떠나지 아니하시며 버리지 아니하시리니"(신 31:8), "여호와께서 … 고레스의 마음을 감동시키시매"(스 1:1), "여호와의 영이 삼손에게 갑자기 임하시매"(삿 14:19).

9. 노아 홍수나 아브라함의 후손이신 메시야의 강림 등에 대한 예언들은 인간의 영민함으로도, 자연적인 원인들이나 표징들로도 미리 알 수 없는 것이었고, 따라서 오직 사람들과 만물을 완전히 손에 쥐고 계시며 그의 뜻이 아니고서는 아무 일도 일어날 수 없는 그분께서 계시하셔야만 알 수 있는 것이다. 장차 일어날 일을 미리 말씀하실 수 있는 그분은 과연 참된 하나님이신 것이다: "뒤에 올 일을 알게 하라. 그리하면 너희가 신들인 줄 우리가 알리라"(사 41:23).

10. 만물의 목적과 사용은 일반적으로 그저 우연에 의한 것도, 이성이 결핍된 상태에서 오는 것도 아니요, 지혜롭고도 전능한 원인이신 하나님으로부터 나오는 것이다. 만물이 그들 나름대로의 고유한 목적들에 맞도록 지혜롭게 정리되어 있는 것이다.

11. 원인과 결과의 순서는 유한한 것이요, 또한 효력을 미치는 원인들의 사슬이 무한정의 범위까지 이어지는 일은 있을 수가 없다. 그러므로 간접적으로나 직접적으로나 나머지 모든 원인들을 발생하게 만들며, 또한 다른 모든 원인들이 의존하는 뭔가 최초의 원인이 있을 수밖에 없다. 어떤 질서든 유한한 것에는 반드시 다른 모든 것에 앞서는 최초의 것이 있기 마련이기 때문이다.

2. 하나님은 누구시며 어떤 분이신가?

하나님은 정의할 수가 없다. 그는 광대무변(廣大無邊)한 분이시며 또한 우리가 그의 본질에 대해 무지하기 때문이다. 그러나 그가 자신에 대해 행하신 계시를 근거로 하여 어느 정도까지 그를 묘사할 수는 있을 것이다. 그러나 하나님을 묘사할 때에도 우리는 모든 거짓 신들과 그를 구별시켜 주는 그의 속성들과 고유한 사역들을 그 속에 조심스럽게 포함시켜야 할 것이다.

철학적으로는 하나님을 "스스로 모든 복이 충만한 영원한 정신 혹은 지성이요, 최고의 존재요, 자연에 나타나는 선의 원인"이라고 묘사한다. 신학적으로 좀 더 완전하게 묘사하자면, 하나님은 교회가 받아들이는 분으로서 다음과 같은 분이시다: "하나님은 영적인 본질로서 지성이 있으시며 영원하시며, 모든 피조물들과 다르시며, 불가해하시며, 그 스스로 지극히 완전하시고, 불변하시며, 권능과 지혜와 선하심이 무한하시며, 의로우시고, 참되시며, 정결하시고, 자비로우시며, 긍휼이 풍성하시며, 지극히 자유로우시며, 죄를 미워하시는 분이시니, 곧 영원 전에 아들을 자기의 형상대로 낳으신 성부시요, 성부와 함께 영원한 형상이신 성자시요, 성부와 성자로부터 나오시는 성령이시니, 이 하나님은 선지자들과 사도들이 전한 확고한 말씀과 또한 신적인 증언들로 말미암아 신적으로 계시되셨으며, 영원하신 성부께서 성자 및 성령과 더불어 천지와 그 만물을 창조하셨고, 모든 만물들에게 임재하사 그의 섭리로 그것들을 보존하시고 다스리시며, 그것들 속에 모든 선한 일들을 이루시며, 그 자신의 형상을 따라 지음 받은 인류 중에서 성자로 말미암아 영원한 교회를 택하시고 자기에게로 모아 들이사 이 교회로 말미암아 이 한 분이신 참되신 하나님께서 하늘로부터 계시된 말씀을 따라 이 땅에서 알려지시고 찬송을 받으시며 또한 내생에서 영광을 받으실 것이요 또한 의인과 악인의 심판주가 되실 것이다."

교회가 제시하는 하나님에 대한 신학적인 묘사는 다음과 같은 점에서 철학적인 묘사와 다르다.

1. **완전함에서.** 삼위 하나님 사이의 구별, 선택, 그리고 성자를 통하여 교회를 모아들이는 일 등, 본질상 사람에게는 전혀 알려져 있지 않은 내용들이 포함되어 있기 때문이다. 또한 자연에서 알려지는 것들을 더욱 충분하게 해명해 주기도 한다.

2. **그 효과에서.** 본성의 빛만으로는 사람이 하나님에 대한 참된 지식에 이를 수도 없고, 하나님을 사랑하고 경외하거나 거룩한 방향으로 나아갈 수가 없다.

신학적인 묘사는 또한 교회가 예배하는 참된 하나님이 **그의 속성**과 **위격적인 구별**과 **사역** 등 세 가지로 거짓 신들과 구별된다는 점을 가르쳐 준다. 하나님께서는 본성적으로 그의 속성들이 드러내는 바로 그런 분이심을 그의 사역을 통해서 선포하셨다. 그는 또한 신적인 본질에 삼위가 계시다는 것을 보여주신다. 창조의 사역에서나 구속의 사역에서나 성화의 사역 등, 그의 사역들에 따라서 그에게 다른 칭호들이 붙여지고, 또한 신격의 삼위들 각각에게 고유한 이름이 적용되기 때문이다. 그러므로 하나님은 다음과 같은 점에서 우상들과는 다른 분이시다.

첫째로, **그의 속성들에서.** 교회를 떠나서는 하나님의 속성 중 어떠한 것도 올바로 충분히 알 수가 없다. 그의 긍휼하심조차도 교회 바깥에 있는 자들은 정당하게 알 수가 없다. 왜냐하면 성자를 알지 못하거나 그에 관한 가르침이 부패한 상태에 있기 때문이다. 하나님의 정의(正義)도 알 수가 없다. 악인들은, 하나님께서 죄에 대하여 그렇게 크게 진노하시므로 그에 대한 보상이 필요하다는 것이나, 오로지 성자의 죽으심을 통해서만 구속이 이루어질 수 있었다는 것을 믿지 않기 때문이다. 또한 교회가 없이는 하나님의 지혜도 알 수가 없다. 그 지혜의 주된 부분이 그의 말씀에 있는데, 이방인들에게는 그 말씀이 없기 때문이다. 하나님의 신실하심 역시 마찬가지다. 자연으로부터는 하나님의 약속들에 대한 지식을 얻지 못하기 때문이다. 하나님의 모든 속성들이 다 그런 것이다. 교회는 이처럼 하나님께 최고의 의와 진리와 선하심과 긍휼하심과 인자하심을 돌린다. 그러나 여러 이단 분파들은 하나님의 속성들을 완전히 무시해 버리든가, 혹시 그것들에 대해 뭔가 지식이 있다 하더라도 왜곡시켜 버리는 것이다.

둘째로, **삼위 하나님의 위격적인 구별에서.** 이교도 철학자들과 이단 분파들은 한 신적 본질에 삼위가 계시다는 것을 알지도 못하고, 인정하지도 않는다. 그러나 교회는 성부, 성자, 성령을 시인하며 예배하며, 그의 말씀 속에서 친히 계시하신 대로 이 세 분이 한 하나님이심을 믿는 것이다.

셋째로, **그의 사역들에서**. 교회 바깥에 있는 자들은 만물의 창조와 운행에 대하여 바른 지식이 없고, 성자와 성령을 통한 구속과 성화의 사역에 대해서는 더더욱 올바른 지식이 없다. 참되신 하나님은 이런 점들에서 우상들과 구별되신다. 하나님의 말씀이 교회에게 계시하는 바 하나님에 대한 지식은 이교도들이 본성의 빛에 의존하여 얻은 지식과는 다른 것이다.

교회가 제시하는 하나님 묘사에 대한 간략한 설명

하나님은 하나의 **본질**(an essence)이시다. 즉, 다른 어느 것에게서 비롯되거나 다른 어느 것에 의존하지 않고 스스로 홀로 존재하며 또한 다른 모든 것의 존재의 원인이 되는 존재이시다. 이 때문에 하나님이 **여호와**로 불려지시는데, 이는 곧 그가 스스로 존재하시며, 그가 다른 모든 것들을 존재하게 하신다는 말과도 같다 할 것이다.

영적이심. 즉, 형체가 없으시고, 눈에 보이지 않으시며, 감각으로 지각할 수 없으며, 스스로 존재하시고 다른 모든 것들에게 생명을 주신다.

반론 1. 그러나 하나님은 자주 사람들에게 나타나시며, 따라서 그의 본성은 방금 설명한 그런 의미에서 영적일 수가 없다.

답변. 그렇게 나타나실 때에는 하나님께서 그저 일시적으로 육체의 모양을 취하시는 것뿐이요, 그의 본질을 드러내시는 것은 아니다. 그의 본질은 아무도 본 사람이 없고 볼 수도 없다.

반론 2. 그러나 그는 얼굴을 직접 마주하는 상태로 보이기도 했다.

답변. 그러나 이는 하나님께서 사람의 육안으로 지각할 수 있는 분이라는 뜻이 아니고, 영적으로 그를 선명하게 지각하였다는 뜻이다.

반론 3. 그러나 성경은 하나님께 인간의 몸의 여러 기관들을 지니신 것으로 말씀하는 예가 허다하다.

답변. 하나님에 대한 이런 표현들은 사람의 표현 방식을 따라 비유적인 의미로 이해해야 한다.

반론 4. 그러나 사람이 하나님의 형상대로 지음 받았다고 말씀하니, 결국 하나님은 위에서 설명한 것처럼 영적일 수가 없다.

답변. 사람이 하나님의 형상대로 지음 받았으나, 그 하나님의 형상은 육체의 형체나 모양에 있는 것이 아니라 영혼의 본질과, 영혼의 능력과 순전한 모습에 있는 것이다.

지성적이심. 인간의 정신에게는 개념들이나 일반적인 사고들이 있는데, 이것들은 하나님으로부터 온 것으로서 하나님이 이런 속성을 지니고 계심을 입증해 준다. "귀를 지으신 이가 듣지 아니하시랴? 눈을 만드신 이가 보지 아니하시랴?"(시 94:9).

영원하심. 즉, 그의 존재가 시작이나 끝이 없다. "영원부터 영원까지 주는 하나님이시니이다"(시 90:2).

모든 피조물들과 구별되심. 하나님은 자연 그 자체도 아니시고, 물질도 아니시며, 형체도, 자연의 어느 한 부분도 아니시고, 모든 만물을 존재케 하신 원인이시다. 그의 본질이 다른 것들과 혼합되거나 뒤섞인 것도 아니요, 다른 모든 것들과는 전적으로 다르며 구별되는 분이시다.

반론 1. 만물이 하나님으로부터 오므로, 그것들은 하나님과 다를 수가 없다.

답변. 만물이 과연 하나님으로부터 오나, 하나님께서 무(無)에서 그것들을 창조하신 것일 뿐이다.

반론 2. 우리는 하나님의 소생들이다.

답변. 그러나 속성이 유사하다는 점과 그로부터 창조함 받았다는 점에서만 그렇다.

반론 3. 성도들은 하나님으로부터 난 자들이다.

답변. 그러나 이는 성령으로 말미암아 중생함으로써 되는 것이다.

반론 4. 사도 베드로의 말에 따르면, 우리는 신의 성품에 참여한 자들이다(벧후 1:4).

답변. 이것은 하나님께서 우리 속에 거하시며 우리가 하나님께 복종한다는 뜻 이상 아무것도 아니다.

반론 5. 그리스도는 하나님이시요 신적인 몸을 지니셨다.

답변. 그러나 이는 위격적 연합(hypostatical union)과 영화(榮化)를 통하여 된 것이다.

불가해(不可解)하심. 하나님은 불가해한 분이시다. 1. 하나님에 대한 우리의 생각이나 지식의 면에서. 2. 그의 본질이 광대무변(廣大無邊)하시므로. 3. 그의 본질의 전달에 있어서.

스스로 지극히 완전하심. 1. 그의 완전하심에 필요한 모든 것을 홀로 지니고 계시므로, 그의 영광이나 복락을 증가시키기 위해 그에게 아무것도 덧붙일 필요가 없다. 2. 그 스스로 이 모든 것들을 지니고 계시므로. 3. 그가 또한 다른 모든 피조물들의 행복을 위하여 충족하시므로.

반론 1. 그러나 하나님께서 그 자신을 위하여 만물을 지으셨다고도 말씀한다.

답변. 하나님께서 만물을 창조하셨으나, 이는 스스로 유익을 얻기 위함이 아니라 자기 자신을 피조물들에게 전하기 위함이었다.

반론 2. 그러나 하나님은 그의 계획들을 이루기 위하여 그의 피조물들을 사용하신다.

답변. 이것은 그에게 무슨 결핍이나 필연성이 있어서가 아니라, 피조물들을 그의 자비의 분배자들로 삼으시고 그 자신의 동역자들로 세우셔서 그들을 존귀하게 하시기 위함이다.

반론 3. 우리는 하나님을 예배할 의무가 있다.

답변. 이는 우리가 하나님께 드려야 할 마땅한 의무이며, 그 결과가 우리에게 유익을 준다.

반론 4. 자기에게 합당한 것을 받는 자에게는 뭔가가 덧붙여지는 것이다.

답변. 그러나 정의의 질서에 따라 정당한 경우와, 또한 주는 자에게 행복을 가져다주는 경우는 이에 해당되지 않는다.

반론 5. 하나님은 우리의 순종을 기뻐하신다.

답변. 그러나 우리의 순종은 기쁨의 대상이지, 하나님의 기쁨의 동력인(動力因)은 아니다.

불변하심. 하나님은 불변하시다. 1. 그의 본질에서. 2. 그의 뜻에서. 3. 위치에 있어서. 그가 광대무변하시기 때문에.

반론 1. 그러나 하나님께서 자신이 행한 일들에 대해 후회하신다는 말씀들이 있다.

답변. 그것은 비유적인 표현들이다.

반론 2. 하나님은 약속이나 경고를 하시고 그대로 이행하지 않으시는 경우가 많다.

답변. 이런 약속들과 경고들은 언제나 조건적이었다.

반론 3. 그러나 하나님은 그의 교훈들과 일들을 바꾸신다.

답변. 그는 자신의 영원한 작정에 따라 그것들을 바꾸시는 것이다.

전능하심. 1. 하나님은 자신이 행하고자 하시는 모든 일들을 다 하실 수 있다. 2. 그는 아무런 어려움 없이 오직 그의 뜻에 따라서 그 일들을 행하신다. 3. 그는 만물을 그의 권능 가운데 지니시고 그 일들을 행하신다.

반론. 죄를 짓는 일이나 거짓말하는 일이나, 자신을 부인하는 일 등, 하나님이 하지 못하시는 일들이 많다.

답변. 그러나 그런 일들은 연약함과 불완전함을 보여주는 것들이다.

무한히 지혜로우심. 1. 자기 자신과 또한 자기로부터 비롯된 만물들을 단번에 완전하게 항상 보시고 이해하시는 데에서. 2. 천사들과 사람들에게 있는 모든 지식의 원인이신 데에서.

무한히 선하심. 그의 무한히 선하심은 다음의 사실들에서 드러난다. 1. 하나님의 본성은 율법과 복음에 계시된 그대로임. 2. 그는 그의 피조물들의 모든 선의 원인이요 원형이심. 3. 그는 최고선(最高善)이심. 4. 그는 본질적으로 선하심.

의로우심. 그의 의로우심은 다음과 같은 사실들에서 드러난다. 1. 그의 일반적인 정의에서, 또한 그가 율법에 제정하신 것들을 불변하게 원하시고 시행하시는 데에서. 2. 그의 구체적인 정의에서, 그는 그것에 따라서 적절한 상급과 형벌을 불변하게 분배하신다. 3. 그가 그의 피조물들의 의로움의 표준이요 원형이 되신다는 점에서.

반론 1. 하나님은 의인들에게 악을 보내시고 악인들에게 선을 보내신다.

답변. 그러나 언제나 그런 것은 아니고, 또한 결국에는 의인에게 선이 되고, 악인에게 악이 되게 하신다.

반론 2. 하나님은 악인들을 즉각적으로 벌하지 않으신다.

답변. 그런 경우에는 여러 가지 이유들로 형벌을 미루시는 것뿐이다.

반론 3. 선한 자에게 악한 일이 닥쳐서는 절대로 안 된다.

답변. 완전히 선한 자의 경우에는 안 된다. 그러나 금생에서는 어느 누구도 그렇지 못하다.

반론 4. 하나님은 율법에 어긋나는 일들을 행하기도 하신다.

답변. 그는 그의 특별한 뜻에 의하여, 그의 일반적인 뜻에 해당되는 것들을 취해가기도 하시는데, 그는 아무에게도 얽매이지 않으시니 그렇게 하실 권리가 그에게 있는 것이다.

반론 5. 하나님은 비슷한 처지에 처한 사람들에게 동등하지 못한 상급을 베푸신다.

답변. 그러나 하나님은 누구에게든지 그의 정의의 처분대로 갚지 않으신다.

참되심. 1. 하나님은 만물에 대하여 참되고 확실한 지식을 갖고 계시다. 2. 그는 모순된 것을 뜻하거나 말씀하지 않으신다. 3. 그는 속이지 않으신다. 4. 그는 절대로 마음을 바꾸지 않으신다. 5. 무엇을 말씀하시든 그대로 행하신다. 6. 그는 모든 사람에게 참된 것을 명령하신다.

반론 1. 그러나 하나님은 일어나게 하신 의도가 없으신 일들을 미리 예언하셨다.

답변. 그것들은 조건적으로 말씀하신 것이다.

반론 2. 하나님은 선지자들을 속이셨다.

답변. 그는 자신의 정의로운 판단에 따라 그들이 속임을 당하도록 마귀에게 내버려두신 것이다.

순결하심. 1. 그의 본성은 지극히 순결하시다. 2. 그는 순결한 것을 사랑하시고 또한 그것을 명하신다. 3. 그는 겉으로나 속으로나 순결하지 못한 모든 것을 극히 역겨워하시고 심하게 벌하신다. 4. 그는 바로 이런 표징으로써 자기 자신을 마귀들과 악령들과 구별하신다. "하나님의 뜻은 이것이니, 너희의 거룩함이라. 곧 음란을 버리고 각각 거룩함과 존귀함으로 자기의 아내 대할 줄을 알고"(살전 4:3, 4), "너희는 이 모든 일로 스스로 더럽히지 말라. 내가 너희 앞에서 쫓아내는 족속들이 이 모든 일로 말미암아 더러워졌고"(레 18:24).

긍휼하심. 하나님의 긍휼하심은 다음의 사실에서 잘 나타난다. 1. 모든 사람의 구원을 뜻하신다는 것. 2. 형벌을 미루시고, 모든 이들에게 회개할 것을 촉구하신다는 것. 3. 우리의 연약함에 자기 자신을 맞추신다는 것. 4. 그를 섬기도록 부르심 받은 자들을 구속하신다는 것. 5. 자신의 독생자를 주시고 죽음에 내어주셨다는 것. 6. 값없이 순전히 자신의 긍휼하심에서 이 모든 일들을 약속하시고 행하신다는 것. 7. 그의 원수들에게와 또한 전혀 무가치한 자들에게 은택을 베푸신다는 것.

반론 1. 그러나 하나님은 불경건한 자들에게 복수하시는 데에서 기쁨을 취하시는 것 같다.

답변. 그것이 그의 정의를 시행하는 것인 한도에서만 그렇다.

반론 2. 그는 불경건한 자들에게 긍휼을 베풀기를 거부하신다.

답변. 회개하지 않는 자들에게만 그렇다.

반론 3. 권능이 있으시면서도 모든 이들을 구원하지 않으신다.

답변. 하나님은 그의 긍휼하심과 더불어 그의 의로우심을 드러내시기 위해 그렇게 행하시는 것이다.

반론 4. 그는 충족한 보상이 없이는 긍휼을 행하지 않으신다.

답변. 그러나 그는 전혀 값없이 그 아들을 주셨고, 그의 죽으심으로 보상이 되게 하셨다.

너그러우심. 하나님이 너그러우시다고 말하는 근거는 다음과 같다. 1. 만물을 창조하시고 보존하시므로. 2. 모든 사람들에게, 심지어 악인들에게까지도, 은택을 베푸시므로. 3. 그의 피조물들, 특히 사람들에게 값없이 한량없는 사랑을 베푸시므로. 4. 교회를 향하여 사랑을 베푸시고, 그의 백성들에게 영생과 영광을 주시므로.

반론 1. 그러나 성경은 하나님께서 화를 발하시는 것으로 말씀한다.

답변. 그가 화를 발하시는 것은 그의 피조물들에 대한 것이 아니라 죄와 부패에 대한 것이다.

반론 2. 하나님께서 그의 피조물들에게 형벌을 가하시는 경우가 많다.

답변. 회개치 않는 자들에게만 형벌을 가하시는 것이다.

지극히 자유로우심. 하나님은 지극히 자유로우시다. 1. 모든 죄책, 비참함, 의무, 굴종, 억제로부터 자유로우시다. 2. 그는 지극히 자유롭고도 의롭게 모든 일들을 뜻하시고 행하시며, 또한 그가 기뻐하시는 때에 그가 기뻐하시는 방법으로 그 일들을 뜻하시고 행하신다.

반론 1. 제이 원인들이 필연적으로 작용하게 되는데, 그것들은 하나님이 없이는 작용하지 않는다.

답변. 여기서 말하는 필연성이란 제일 원인에 의존하는 결과의 필연성이다.

반론 2. 그러나 하나님은 변함없이 선하시다.

답변. 하나님은 강제에 의해서가 아니라 그의 불변하심의 필연성에 의하여 변함없이 선하신 것이다.

반론 3. 그러나 하나님이 일단 작정하신 바는 그가 필연적으로 뜻하실 수밖에 없다.

답변. 그가 그것들을 불변하게 뜻하시나, 강제에 의한 것은 아니다.

반론 4. 언제나 하나님이 스스로 뜻하신 바를 행하시는 것은 아니다. "내가 너희의 자녀를 모으려 한 일이 몇 번이냐?"(눅 13:34).

답변. 이런 비슷한 선언들은 하나님이 기뻐하시는 일을 보여주는 것이지, 그가 충만한 목적을 가지고 행하시고자 하는 일을 보여주는 것은 아니다.

죄를 미워하심. 하나님은 죄를 끔찍이도 미워하시며, 따라서 일시적으로도 벌하시고 영원하게도 벌하실 것이다.

3. 하나님이 한 분이시라는 것은 어디에서 나타나는가?

하나님이 한 분이시라는 것은 무엇보다도 성경의 명백한 증언을 통해서 입증된다. "이스라엘아 들으라. 우리 하나님 여호와는 오직 유일한 여호와이시니"(신 6:4), "이제는 나 곧 내가 그인 줄 알라. 나 외에는 신이 없도다"(신 32:39), "나는 처음이요 나는 마지막이라. 나 외에 다른 신이 없느니라"(사 44:6), "하나님은 한 분밖에 없는 줄 아노라"(고전 8:4), "하나님은 한 분이시요 또 하나님과 사람 사이에 중보자도 한 분이시니 곧 사람이신 그리스도 예수라"(딤전 2:5). 또한 신 4:35; 시 18:31; 사 37:16; 45:21; 호 13:4; 말 2:10; 막 12:32; 롬 3:20; 갈 3:20 등을 보라.

둘째로, 하나님이 한 분이시라는 것은 다음과 같은 여러 가지 견고한 논증들을 통해서 입증될 수도 있다:

1. 교회가 예배하는 하나님, 곧 이적과 예언 등의 분명하고도 확고한 증언들을 통해서 계시되신 하나님은 오직 한 분밖에 없다. 그런 역사(役事)들은 오직 전능하신 한 존재만이 행할 수 있는 것이다. "내가 영원한 백성을 세운 이후로 나처럼 외치며 알리며 나에게 설명할 자가 누구냐?"(사 44:7), "주여 신들 중에 주와 같은 자 없사오며 주의 행하심과 같은 일도 없나이다"(시 86:8).

2. 홀로 만물을 통치하시고 다스리시며 또한 최고의 권능과 위엄을 소유하신 분이라면 한 분 이상일 수가 없다. 그러나 그렇게 지고(至高)하시고 위대하신 하나님 외에는 그만큼 위대한 존재가 있을 수도 없고, 생각할 수도 없다. 그러므로 오직 그 하나님만이 하나님이시요, 그 이외에는 다른 하나님이 있을 수 없다. "나는 여호와이니 이는 내 이름이라 나는 내 영광을 다른 자에게, 내 찬송을 우상에게 주지 아니하리라"(사 42:8), "영원하신 왕 곧 썩지 아니하고 보이지 아니하고 홀로 하나이신 하나님께 존귀와 영광이 영원무궁하도록 있을지어다 아멘"(딤전 1:17),

"우리 주 하나님이여 영광과 존귀와 권능을 받으시는 것이 합당하오니 주께서 만물을 지으신지라"(계 4:11).

3. 최고로 완전하신 분은 오직 한 분이실 수밖에 없다. 오직 그만이 각 부분이 절대적으로 완전하기 때문이다. 그런데 하나님께서 그렇게 완전하시다. 그는 본성적으로 선한 모든 것들의 원인이시기 때문이다. 그러므로 최고가 아니고 완전하지도 않은 존재를 하나님으로 여기는 것처럼 어리석은 것이 없는 법이다. "여호와 만군의 하나님이여 주와 같이 능력 있는 이가 누구리이까?"(시 89:8).

4. 전능한 존재는 한 분 이상 있을 수 없다. 만일 그런 존재가 여럿이 있다면 서로 방해하고 대적하여 결국 전능하지 않게 될 것이기 때문이다. 다니엘은 그의 예언에서 "그의 손을 금하든지 혹시 이르기를 네가 무엇을 하느냐고 할 자가 아무도 없도다"(단 4:35)라고 하여, 그러한 전능한 통치권이 하나님께 있음을 천명하고 있다.

5. 여러 신들이 존재한다고 가정하게 되면, 그들 중 어느 하나도 나머지 모든 신들을 홀로 다스릴 수가 없게 되고 결국 모두가 불완전하게 되고 따라서 하나님이 아닌 것이 되거나, 혹은 나머지 신들이 쓸데없는 존재들이 되어 버릴 것이다. 그러나 하나님이 모든 것들을 다스리는 충족한 권능을 지니지 못한 분으로 생각한다는 것은 어리석은 일이다. 그러므로 모든 것들을 위하여 충족한 하나님은 오직 한 분뿐일 수밖에 없다.

6. 무한하거나 광대무변한 존재는 하나 이상일 수가 없다. 하나 이상이라면 그중 어느 누구도 무한할 수가 없기 때문이다. 그러므로 신들이 여럿일 수 없고, 오직 무한하신 한 분 하나님밖에는 없는 것이다.

7. 만물의 제일 원인은 하나밖에는 없다. 하나님이 바로 그 제일 원인이시다. 그러므로 그는 다른 모든 것들을 배제하시는 유일한 하나님이시다.

8. 최고선은 오로지 하나밖에는 없다. 최고선이 둘 이상 있다면, 그 중에 어떤 것이 다른 것보다 더 위대하거나 더 열등하고, 혹은 서로 동등하게 될 것이다. 그러나 더 위대하다면 첫 번째 최고선은 최고선일 수가 없으면서도 하나님이라 하여 결국 신성을 모독하는 것이 될 것이요, 더 열등하다면 이것은 최고선일 수가 없고 따라서 하나님일 수도 없을 것이며, 동등할 경우는 둘 다 최고선일 수도, 하나님일 수도 없을 것이다.

이런 논증의 유익은 하나님이 오직 한 분밖에는 없다는 것을 직시하고서 그 하나님 외에는 그 어느 누구도 예배하거나 경배해서는 안 된다는 것이요, 또한 모든 선한 것들에 대해서 이 한 분 하나님 외에 다른 어떠한 것도 바라보아서는 안 되며, 우리가 받은 것들에 대해 오직 그분께만 감사를 드려야 한다는 것이다.

반론. 그러나 성경은 여러 신들이 있음을 선포하고 있다: "내가 말하기를 너희는 신들이며 다 지존자의 아들들이라 하였으나"(시 82:6), "비록 하늘에나 땅에나 신이라 불리는 자가 있어 많은 신과 많은 주가 있으나"(고전 8:5). 모세도 바로에게 신 같이 되었다고 말씀한다(출 7:1). 그렇다. 마귀도 "이 세상의 신"이라 일컬어진다(고후 4:4).

답변. "하나님"이라는 단어는 이중적인 의미로 사용된다. 때로는 그것이 본성에 의해서 하나님이시며 또한 아무에게서 그 존재가 비롯되지 않고 스스로 홀로 존재하시는 그분을 뜻하기도 한다. 그러한 존재는 바로 살아 계시고 참되신 하나님이시다. 그런가 하면 그 단어가 위엄과 직분에서 뭔가 그 참되신 하나님을 닮은 점이 있는 존재들을 지칭하기도 한다. 다음과 같은 자들이 그런 존재들이다: 1. 통치자들과 재판관들. 이들은 그들의 위엄과 그들이 하나님의 이름으로 담당하는 직분으로 인하여 신이라 불린다. "나로 말미암아 왕들이 치리하며"(잠 8:15). 그러므로 하나님께서 통치자들과 재판관들을 땅 위의 종들로 사용하사 그들을 통하여 통치하시는 것처럼, 그는 그들에게 자기 자신의 이름의 존귀를 부여하셔서 그들을 신들이라 부르시며, 그리하여 그들 아래에 있는 자들로 하여금 그들이 통치자들에게 복종하든 하지 않든 그것은 바로 하나님 자신께 대하여 그렇게 하는 것임을 알게 하셨다. 그리하여 성경은 "권세를 거스르는 자는 하나님의 명을 거스름이니 거스르는 자들은 심판을 자취하리라"고 말씀하는 것이다(롬 13:2). 2. 천사들도 신들이라 불리는데, 이는 그들의 본성과 능력과 지혜의 위엄과 탁월함 때문이며, 또한 경건한 자들을 보호하고 악인들을 벌하기 위하여 하나님께서 지정해 주신 그들의 직분 때문이기도 하다. "그를 신들보다 조금 못하게 하시고"(시 8:5. 여기서 "신들"이란 곧 "천사들"을 지칭한다), "모든 천사들은 섬기는 영 … 이 아니냐?"(히 1:14). 3. 마귀를 가리켜 이 세상의 신이라 부르는데, 이는 그가 하나님의 의로우신 판단에 따라 사람들과 기타 피조물들 위에 큰 권세를 갖고 있기 때문이다. 4. 특정한 사물들과 피조물들을 신들로 여기고 경배하는 자들의 생각에는 많은 것들이 신들이다. 그리하여 우상도 신으로 불린다. "너희는 이같이 그들에게 이르기를, 천지를 짓지 아니한 신들은 땅 위에서, 이 하늘 아래에서 망하리라 하라"(렘 10:11), "그들의 신은 배요"(빌 3:19). 그러나 여기서 우리가 문제 삼는 분은 바로 참되신 하나님 — 본성적으로 하나님이시요 그 권능이 다른 누구도 아닌 그 자신에게서 비롯되신 바로 그분 — 이시다. 그런 하나님은 오직 한 분밖에는 없는 것이다.

4. 본질, 위격, 그리고 삼위일체 등의 용어는 무슨 의미이며 어떤 점에서 서로 다른가?

본질(essence)은 헬라어로는 **우시아**인데, 이는 그 자체로서 존재하는 — 다른 어떤 것의 도움으로 지탱되는 것이 아닌, 그러나 다른 것들이 공유(共有)할 수는 있는 — 하나의 사물을 의미한다. 여럿에게 공통적이거나 여럿이 함께 공유할 수 있는 본질에 대해서는, 공유적(共有的)이라거나 공유된다고 말한다. 그리고 다른 것이 함께 참여할 수 없는 본질에 대해서는 비공유적(非共有的)이라고 말한다. 사람의 본질은 공유적이며, 여러 사람들에게 공통적이다. 하나님의 본질을 가리켜 공유적이라 할 수 있으나, 이는 다만 신성 혹은 하나님의 본성이 신격의 삼위(三位) 모두에게서 동일하고 완전하기 때문이다.

위격(位格: person)이란 실재하는 것으로(subsisting), 개별적이며, 살아 있고, 지성적이며, 비공유적이다. 또한 이것은 다른 것 속에서 지탱되거나 다른 것의 일부가 아니다. **실재한다**는 것은 그것이 생각이나 결정이나 사라지는 소리나 혹은 어떤 창조된 특질이나 움직임이 아니라는 것을 뜻한다. **개별적**이라는 것은 총칭적이 아니라, 개체적이라는 뜻이다. **살아 있다**는 것은 돌처럼 생명이 없는 것과 다른 것을 뜻한다. **지성적**이라는 것은, 생명과 감각은 있으나 인격성이 결핍되어 있는 동물처럼 비이성적이 아니라는 뜻이다. **비공유적**이라는 것은, 삼위 안에서 공유가 가능한 하나님의 본질와는 달리, 위격은 공유가 불가능하다. **다른 것 속에서 지탱되지 않는다**고 하는데, 이는 그 자체에 의해서 지탱되기 때문이다. 그리스도의 인성은 실재하며 개별적이고 비공유적이며 지성적이지만, 그것은 위격이 아니다. 왜냐하면 그것이 말씀에 의해서 지탱되기 때문이다. 이와 마찬가지로 사람의 영혼도 그 자체로 실재하며, 지성적이며, 다른 것에 의해서 지탱되지 않으나, 그럼에도 불구하고 그것은 위격(位格: person)이 아니다. 왜냐하면 실재하는 또 다른 개체의 일부분이기 때문이다. 그렇기 때문에 **다른 것의 일부가 아니다**라는 정의가 덧붙여지는 것이다.

이제는 하나님의 본질과 또한 그 본질 속에서 존속하는 위격들 사이의 차이를 쉽게 감지할 수 있을 것이다. **본질**이라는 용어는, 영원하신 성부, 성자, 성령께서 절대적으로 그들 자신 속에 계신 것으로 간주되고 또한 그렇게 선포되는 그것으로서 세 분에게 공통되는 것을 의미한다. 그러나 **위격**들이란 신격의 삼위를 각기 개별적이며 관계적으로 생각하고 선포하는 것이요, 혹은 각 위에게 고유한 존재의 양식을 따라 서로를 비교하는 그것을 의미한다. 혹은, 본질을 하나님의 존재 그 자체 ― 바로 그 영원하고 유일한 신격 ― 로 정의하고, 한편 위격은 하나님의 존재 혹은 신적 본질이 이 세 분 속에 존속하는 바 양상 혹은 방식을 지칭하는 것으로 볼 수 있을 것이다. **성부** 하나님은 그 스스로 존재하시고 다른 것으로부터 말미암지 않은 존재이시다. **성자**는 그 동일한 존재 혹은 본질로서, 스스로 존재하지 않고 성부께 속하여 계신 분이시다. **성령**도 마찬가지로 그 동일한 존재이신데, 스스로 존재하지 않고 성부와 성자께 속하여 계신 분이시다. 그러므로 신격의 삼위들의 존재 혹은 신적 본질은 하나요 동일하다. 그러나 스스로 존재하신다거나 혹은 다른 분에게서 ― 한 분에게서나 혹은 두 분에게서 ― 비롯되신다거나 하는 표현은 이 하나의 신적 본질을 스스로 지니고 계시다거나 혹은 그것을 다른 분에게서 ― 한 분에게서나 혹은 두 분에게서 ― 전해 받으신다거나 한다는 뜻인데, 이는 바로 삼중적이면서도 구별된 존재의 양상을 표현해 주는 것이다. 즉, 세 분이 각기 스스로 계시거나, 혹은 나시거나 출생하시거나, 또는 나오신다고 하는데, 이러한 삼위의 존재 양상을 삼위일체라는 용어로 표현하는 것이다.

본질과 위격이라는 용어들을 하나님께 적용시킬 때에, 그 중요한 차이는 다음과 같다. 곧, 본질은 절대적이며 공유적이나, 위격은 상대적이며 비공유적이라는 것이다. 이것은 다음의 예를 통해서 설명할 수 있을 것이다. 사람이라는 것과 아버지라는 것은 서로 별개다. 그러나 동시에 사람이고 또한 아버지이다. 그는 자신의 본성에 따라 절대적으로 사람이며, 그는 다른 사람, 즉 그의 아들과의 관계에서 보면 아버지다. 이와 마찬가지로 하나님이시라는 것과 성부, 성자, 성령이라는 것은 서로 별개다. 그러나 동시에 하나님이시요 또한 성부, 성자, 성령이시다. 자기 자신에 관해서는 하나님이시요, 서로서로와의 관계에서는 성부, 성자, 성령이신 것이다.

첨언. 사람이 아들을 낳을 때에 그 사람의 본질은 그 출생하는 아들에게 전달된다. 그러나 그 사람의 인격(person)은 전달되지 않는다. 아들을 낳는 그 사람이 자기 자신을 출생시키는 것이 아니라 자기와는 별개의 또 다른 사람을 출생시키는 것이기 때문이다. 그러므로 아들은 아버지가 아니며, 아버지도 아들이 아니다. 그러나 그 둘 다 진짜 사람들이다. 이와 마찬가지로, 영원하신 성부께서는 영원한 출생을 통하여 성자에게 자신의 본질은 전달하셨으나, 그의 위격(person)은 전달하지 않으셨다. 즉, 성부께서는 성부가 아니라 성자를 낳으신 것이요, 성부께서 성자이신 것도 아니고, 성자께서 성부이신 것도 아니다. 그러나 두 분 모두 참 하나님이시다. 이처럼 사람의 경우와 하나님의 경우가 서로 비슷하기도 하나, 동시에 거기에 크나큰 차이가 있다는 점을 잊지 말아야 한다. 무한한 신적인 본질과, 또한 창조함을 받은 유한한 인간의 본질은 그 전달되는 방식에서 서로 현격한 차이가 있는 것이다.

첫째로, 사람의 경우, 아버지와 아들에게는 본질도 인격도 모두 다르다. 아버지와 아들은 두 인격일 뿐 아니라 본질이 서로 구별되는 두 사람인 것이다. 그러나 하나님의 경우는 위격은 구별되나, 본질은 하나이며, 따라서 세 분의 하나님이 계신 것이 아니라, 성부와 성자와 성령이 한 분의 하나님이신 것이다. 둘째로, 창조함 받은 사람들의 경우는, 아들을 낳는 자는 자신의 본질 전부를 자신이 낳는 아들에게 전달하는 것이 아니라 — 그렇게 되면 그 사람은 사람으로 남아 있을 수가 없게 될 것이다 — 그 본질의 일부만을 그 낳는 아들에게 전달하며, 그리하여 자기와는 별개인 또 다른 개체의 본질을 이루게 하는 것이다. 그러나 하나님의 경우는, 성자를 낳으시고 성령을 나오게 하시는 성부께서는 자신의 본질 전부를 성자에게나 성령에게 전달하시며, 그렇게 하시면서도 성부 자신은 동일한 전체로 남아 계시는 것이다. 이렇게 되는 이유는 사람의 본질은 유한하며 가시적인 반면에, 하나님의 본질은 무한하며 불가시적이기 때문이다. 그러므로 영원하신 성부, 성자, 성령께서 유일하고 참되신 하나님을 이루시며, 그러면서도 성부는 성자나 성령이 아니시며, 성령은 성자가 아니시다. 곧, 세 분이 아니라 한 분 하나님이 계시며, 그 한 분의 신격 내에 삼위께서 계시는 것이다.

그러므로 참되신 하나님의 유일성을 손상하지 않고, 위격들의 구별을 망가뜨리지 않고, 또한 위격이라는 용어를 하나님의 말씀이 선포하는 진리 이외에 다른 것으로 오해하지 않도록 하기 위해서는, 본질과 위격이 이렇게 다르다는 사실을 유념해야만 하는 것이다. 그러므로 다음과 같은 유의 사항들을 부지런히 유념해야 할 것이다:

1. 위격은 이 문제와 관련하여 결코 그저 하나의 관계나 직분 같은 것을 뜻하지 않는다는 것. 라틴 교부들이 흔히 *Principis personam tueri*, 즉 "왕의 인격을 보존함"이라는 말을 썼고, 과거에 사벨리우스(Sabellius)도 위격을 하나의 관계나 직분 같은 것으로 잘못 가르쳤으나, 그것은 옳지 않다. 또한 위격이라는 용어가, 마치 무대의 배우가 다른 사람의 역할을 연기하듯이 다른 존재의 형태나 제스처 등을 나타내는 모양이나 가시적인 형체를 뜻하는 것은 더더욱 아니다. 후에 세르베투스(Servetus)가 위격이라는 말을 이런 식으로 하찮게 만들었다. 위격이라는 단어는, 자신이 관계를 맺고 있는 다른 것들과 비공유적 속성을 통해서 진정으로 별개로 존속하는 어떤 것을 뜻한다. 즉, 낳거나 낳아지거나 나오는 자의 직분이나 위엄이나 계급이 아니라, 낳거나 낳아지거나 나오는 그 존재 자체를 지칭하는 것이다.

2. 위격들이 그들이 공통적으로 지니고 있는 본질로부터 뭔가 분리된 것도 아니고, 본질이 세 위격들과 분리된 모종의 네 번째 것인 것도 아니다. 세 위격들 각자가 신격의 동일한 본질인 것이다. 그러나 위격들은 각기 다른 위격들과 별개이나, 본질은 세 위격들 모두에게 공통적이라는 차이점이 있다.

3. 본질이라는 단어에 대해서도 유념할 점은, 하나님 혹은 신격, 혹은 신성이 위격들에 대해서 마치 물질이 형체에 대해 갖는 것과 동일한 관계를 갖는 것이 아니라는 점이다. 하나님은 물질과 형체가 복합된 존재가 아니시기 때문이다. 그러므로 삼위가 한 본질이라거나 한 본질로 되어 있다는 말은 정확한 것이 못된다. 또한 위격은 부분들이요 본질은 전체라고 말할 수도 없다. 하나님은 눈에 보이지 않기 때문이다. 그러므로 위격이 본질의 일부라거나 본질이 삼위로 구성되어 있다는 말도 정확한 것이 못된다. 각 위께서 전체의 신적 본질이시기 때문이다. 또한 본질은 일반적인 것을 지칭하며, 위격은 구체적인 것을 지칭한다고 할 수도 없다. 왜냐하면 본질은 세 위격들의 속(屬: genus)이 아니고, 위격이 본질에 속하는 종(種: species)이 아니기 때문이다. 그러나 하나님은 좀 더 공통성을 띠는 이름이다. 신격의 본질은 세 위격들에게 공통적이며, 따라서 세 위격들 모두 하나님이라는 이름으로 불릴 수 있기 때문이다. 그러나 성부, 성자, 성령이라는 이름들은 똑같은 일반적인 방식으로 적용되지 않는다. 왜냐하면 그분들이 진정 서로 별개이시기 때문이다. 그러므로, 하나님 혹은 신적 본질이 성부이시고, 성자이시고, 성령이시며, 세 위격들이 한 하나님이시라거나 혹은 한 하나님 안에 계시며, 또한 마찬가지로 그들이 하나의 동일한 본질, 본성, 신성으로 되어 있다고 말하는 것이 옳을 것

이다. 그러나 그들이 한 하나님에 속하여 있다고 말하는 것은 적절치 못하다. 왜냐하면 이 세 위격들 중에 스스로 완전한 하나님 전체가 아니신 분이 없기 때문이다. 그러므로 신적 본질과 위격의 관계는 특별한 방식으로 전달되는 것과 공통적인 것들 사이의 관계와 같다 할 것이다. 창조함 받은 것들 중에서는 이와 비슷하거나 정확한 전달의 실례를 찾을 수가 없다.

삼위일체(Trinity)는 헬라어 **트리아스**에서 온 것으로, 이 세 위격들이 세 가지 존재 양상에서 구별되고 그러면서도 신격의 한 본질 속에 존재하신다는 것을 뜻한다. 그러나 "Trinity"(삼위일체)와 "triplicity"(삼중성), "trinal"(삼위일체의), "triple"(삼중적)은 서로 다르다. 세 개의 본질들로 되어 있는 것을 가리켜 "triple" (삼중적)이라 부르며, 본질은 하나인데 세 가지 존재 양상을 지닌 것을 가리켜 "trinal"(삼위일체적)이라 부른다. 그러므로 하나님은 삼위일체적이시나 삼중적이신 것은 아니다. 그는 본질에 있어서는 오직 하나요, 그러면서도 세 위격이 존재하시기 때문이다.

5. 교회가 이런 용어들을 사용하는 것이 합당한가?

이단들은 과거에 이미 이 용어들의 사용을 반대했다. 그 용어들이 성경에 없기 때문이라는 것이다. 그러나 우리는 교회가 더 순결했던 초기에 사용했던 표현 양식을 그대로 좇아서 이 용어들을 사용하는 것이 올바르다 할 것이다.

1. 그 용어들 자체는 성경에 나타나지 않으나, 그 용어들과 아주 흡사하며 사실상 동일한 것을 뜻하는 표현 형식들은 성경에 나타나기 때문이다: "나는 스스로 있는 자이니라. 또 이르시되 너는 이스라엘 자손에게 이같이 이르기를, 스스로 있는 자가 나를 너희에게 보내셨다 하라"(출 3:14). 또한 여호와라는 이름이 본질이라는 단어와 일치한다는 것을 부인할 수가 없다. 또한 **휘포스타시스**라는 단어는 본체(위격)를 뜻하는 것으로 사용되고 있다: "그 본체(person)의 형상이시라"(히 1:3). 또한 교회는 위격들과 삼위일체를 다음과 같은 사도 요한의 말씀과 동일한 의미로 사용한다: "증언하는 이가 셋이니 성령과 물과 피라 또한 이 셋은 합하여 하나이니라"(요일 5:7-8).

2. 해석의 목적이 무식한 자들에게 성경의 의미를 설명해 주고자 하는 데 있는 만큼, 성경의 단어들을 일상적으로 사용하는 다른 단어들을 통해서 설명하는 것이 필요하다. 그렇게 하지 않고 성경에 나타나는 단어들만을 사용한다면, 모든 해

석 자체가 사라지고 말 것이다. 그러므로 교회로서는 성경을 올바로 이해하기 위하여 성경의 의미를 잘 나타내 주는 표현 형식들을 만들어내고 사용하는 것이 합당한 일이다.

3. 이단들이 성경의 단어들을 사용하여 거짓말과 궤변들을 늘어놓기 때문에, 동일한 내용들을 다른 단어들로 표현한다면 그들의 궤변들을 보다 쉽게 분별하고 가려낼 수 있다. 그리고 그 단어들과 문구들이 간단명료하기 때문에, 이단들이 그들의 숨은 의도와 궤변들을 감출 수가 없게 된다. 단어로 표현하는 사물 그 자체에 대하여 완전한 동의와 견해의 일치가 있다면, 단어의 사용 문제에 대해서는 어려운 점이 없을 것이다. 말장난이나 말싸움은 혐오스럽기 그지없다. 교회도 이단들과 분파주의자들과 더불어 그저 단어에 대해서만 논쟁을 벌이는 것이 아니다. 영원하신 성부, 성자, 성령께서 한 분 하나님이시며, 그러면서도 성부나 성자가 성령이 아니시고, 성령이 성부나 성자가 아니시고, 성자가 성부나 성령이 아니시라는 교리가 논쟁의 쟁점인 것이다. 이단들이 이 교리를 혐오하지 않고 받아들인다면, 단어에 대해서도 쉽게 용인할 것이다. 그러나 그들이 그 단어들의 사용을 반대하는 것은 그들이 그 단어들이 표현하고 의미하는 바로 그 내용물을 받아들이지 않기 때문인 것이다.

반론. 성경에 없는 단어들은 교회에서 사용되어서는 안 된다. 본질 등의 용어들은 성경에 없다. 그러므로 그것들을 사용해서는 안 된다.

답변. 주 전제에 대해서는 다음과 같이 답변할 수 있다. 단어 자체도, 그것이 의미하는 내용도, 모두 성경에 없는 것들은 사용해서는 안 될 것이다. 그러나 본질, 위격, 삼위일체 등의 용어들의 경우는 그것들이 의미하는 내용 자체는 이미 밝힌 바와 같이 성경에 나타난다. 또한 어떤 용어들이 성경에 나타나지 않을 경우에 그것들을 삭제해도 그것들을 통해서 표현되는 내용에 무리가 가지 않는다면, 그 용어들을 사용하지 말아야 한다. 그러나 이단들은 용어들을 반대함으로써 그것들이 표현하는 교리를 거부하고 혹은 부패시키려 하는 것 외에 다른 의도가 없는 것이다.

또한 그 용어들이 논쟁을 불러일으키기 때문에 그것들을 사용하지 말아야 한다는 반론도 제기된다. 이에 대해서는 그 용어들이 논쟁을 불러일으키는 것은 그저 우연한 일이요, 또한 논쟁을 일삼는 이단들에게만 논쟁을 불러일으킨다고 답변할 수 있을 것이다.

6. 신격에는 몇 위가 계신가?

하나님의 한 본질 안에 세 위격이 존재하시니, 곧 그들의 고유한 속성들로 진정 서로 구별되시는 성부, 성자, 성령이시다. 이 세 분은 동일 본질(co-substantial)이시며, 동일하게 영원하시며(co-eternal), 모두가, 그리고 각자가, 한 분의 참되고 영원하신 하나님이시다. 이는 다음의 증거들을 통해서 입증된다:

1. 신구약 성경의 명백한 여러 선언들에서. "하나님의 영은 수면 위에 운행하시니라"(창 1:2), "하나님이 이르시되 빛이 있으라"(창 1:3), "여호와의 말씀으로 하늘이 지음이 되었으며 그 만상을 그의 입 기운으로 이루었도다"(시 33:6). 신약 성경은 가장 명확하고도 가장 만족스러운 증언을 제시해 준다: "너희는 가서 모든 민족을 제자로 삼아 아버지와 아들과 성령의 이름으로 세례를 베풀고"(마 28:19), "보혜사 곧 아버지께서 내 이름으로 보내실 성령, 그가 너희에게 모든 것을 가르치고"(요 14:26), "내가 아버지께로부터 너희에게 보낼 보혜사 곧 아버지께로부터 나오시는 진리의 성령이 오실 때에 그가 나를 증언하실 것이요"(요 15:26), "증언하는 이가 셋이니 성령과 물과 피라 또한 이 셋은 합하여 하나이니라"(요일 5:7), "[그가] 우리를 구원하시되 … 오직 그의 긍휼하심을 따라 중생의 씻음과 성령의 새롭게 하심으로 하셨나니 우리 구주 예수 그리스도로 말미암아 우리에게 그 성령을 풍성히 부어 주사 우리로 그의 은혜를 힘입어 의롭다 하심을 얻어 영생의 소망을 따라 상속자가 되게 하려 하심이라"(딛 3:5-7), "이는 그[그리스도]로 말미암아 우리 둘이 한 성령 안에서 아버지께 나아감을 얻게 하려 하심이라"(엡 2:18), "주 예수 그리스도의 은혜와 하나님의 사랑과 성령의 교통하심이 너희 무리와 함께 있을지어다"(고후 13:14), "너희가 아들이므로 하나님이 그 아들의 영을 우리 마음 가운데 보내사 아빠 아버지라 부르게 하셨느니라"(갈 4:6).

2. 성부, 성자, 성령, 이 세 분에게 여호와와 참되신 하나님의 이름을 부여하는 성경 본문들도, 또한 여호와에 대해서 특정한 일들을 말씀하는 구약의 본문들과, 그 일들을 분명하게 아무런 제한 없이 성자와 성령께 관련짓는 신약의 본문들이 이를 입증해 준다.

3. 신격의 세 위격들에게 동일하고 완전한 신적 본질을 부여하는 구절들과, 성자께서 성부의 유일한 독생자이시며, 또한 성령께서 성부의 영이시며 성자의 영으로서, 두 분 모두에게서 나오신다는 것을 가르치는 본문들도 이를 입증해 준다.

4. 신격의 이 세 위격들에게 영원하심, 광대무변하심, 전능하심 등, 동일한 속성

과 완전성들을 부여하는 성경의 선언들도 이를 입증해 준다.

5. 창조, 보존, 세상의 통치, 또한 이적, 교회의 구원과 보존 등, 하나님께 고유한 동일한 사역들을 이 세 위격들에게 부여하는 본문들도 이를 입증해 준다.

6. 동등한 존귀, 기도, 예배 등 참 하나님께만 속하는 것들을 세 위격들에게 부여하는 본문들도 이를 입증해 준다.

이러한 신구약 성경의 가르침들을 통해서 우리는 한 분 하나님께서 진정 구별되시는 세 위격들이시며, 이 세 위격들이 한 분 하나님이시라는 것을 알고 또한 입증한다. 그러므로 성부는 성자와 성령과 다르시며, 성령은 성부와 성자와 다르시다고 말하는 것도 옳다.

이제 우리는 신격의 삼위와 관련하여, 사모사테누스(Samosatenus)와 세르베투스(Servetus)를 반대해서는 그들이 진정으로 실재하는 자들(subsistents)이심을, 사벨리우스(Sabellius)를 반대해서는 그들이 구별된 실재 혹은 위격들이심을, 아리우스(Arius)와 유노미우스(Eunomius)와 마케도니우스(Macedonius)를 반대해서는 그들이 동등하심을, 또한 동일한 이단들을 반대하여 그들이 동일 본질이시라는 것을 입증해야 할 것이다. 성부의 위격에 대해서는 논쟁의 여지가 없다. 그리고 성자와 성부의 인격성에 대적하여 제기된 반론들에 대해서는 후에 적절한 곳에 가서 다루게 될 것이다.

7. 신격의 세 위격들은 어떻게 구별되는가?

여기서 우리는 첫째로 성경이 성부 성자 성령의 삼위 하나님께 공통적으로 돌리는 것을 살펴보아야 하고, 둘째로 각 위격에게 고유하게 돌리는 것을 살펴보고 또한 각 위격이 서로 어떻게 구별되는지를 살펴보아야 할 것이다.

신격의 삼위들에게 공통적인 것들에는 다음과 같은 것들이 있다: 1. 영원하심, 광대무변하심, 전능하심, 지혜, 선하심, 스스로 하나님이심 등, 신격의 단일한 이름에서 우리가 깨닫는 바 모든 하나님의 본질적인 속성들. 2. 창조, 보존, 세상의 통치, 교회를 모으심과 보존하심 등, 하나님이 그의 피조물들을 향하여, 피조물들 속에서 혹은 피조물들을 통하여 행하시는 모든 외적인 행위들 혹은 사역들.

세 위격들은 두 가지로 서로 구별된다. 1. 그들의 내적인(ad intra) 사역들로써. 2. 그들의 외적인(ad extra) 사역 혹은 활동 양식으로써. 그 첫째는 신성의 내적인 사역 혹은 활동이라 불리는데, 이는 세 위격들이 서로 상대방에게 행하는 것들이기 때문이다. 세 위격들은 이 내적인 사역들 혹은 활동들로써 서로서로 구별된다. 성부는 스스로 존재하시며, 다른 누구에게서 비롯되지 않으신다. 성자는 영원히 성부로부터 나신다. 즉, 그는 설명할 수 없는 어떤 방식으로 성부로부터 신적 본질을 전달받으신다. 성령은 성부와 성자로부터 영원히 나오신다. 즉, 그는 설명할 수 없는 어떤 방식으로 성부와 성자로부터 동일한 신적 본질을 전달받으시는 것이다.

이에 대한 증거들은 다음과 같다: "태초에 말씀이 계시니라 이 말씀이 하나님과 함께 계셨으니 이 말씀은 곧 하나님이시니라"(요 1:1), "말씀이 육신이 되어 우리 가운데 거하시매 우리가 그의 영광을 보니 아버지의 독생자의 영광이요 은혜와 진리가 충만하더라"(요 1:14), "아버지 품 속에 있는 독생하신 하나님이 나타내셨느니라"(요 1:18), "내가 아버지께로부터 너희에게 보낼 보혜사 곧 아버지께로부터 나오시는 진리의 성령이 오실 때에 그가 나를 증언하실 것이요"(요 15:26).

그러므로 신격의 세 위격들이 존재하시는 순서는 다음과 같다: 성부께서 제 일 위격이시요, 또한 이를테면, 성자와 성령의 신성의 근원이시다. 왜냐하면 성부의 신성은 그 누구에게서 전달받으신 것이 아니요, 그가 성자와 성령께 신성을 전달하시기 때문이다. 성자께서 제이 위격이시다. 왜냐하면 성부로부터 영원한 출생을 통하여 신성을 전달받으시기 때문이다. 성령께서 제삼 위격이시다. 왜냐하면 성부와 성자로부터 영원히 나오심을 통하여 신성을 전달받으시기 때문이다. 다음의 성경 본문에서도 이러한 순서로 신격의 각 위격들을 말씀하고 있다: "너희는 가서 모든 민족을 제자로 삼아 아버지와 아들과 성령의 이름으로 세례를 베풀고"(마 28:19). 그러나 성부께서 성자와 성령보다 시간적으로 먼저 존재하시는 것이 아니며, 성자가 성령보다 시간적으로 먼저 존재하시는 것도 아니다. 다만 존재의 논리적 순서상 그렇다는 것뿐이다. 시간적으로나 위엄에 있어서나 권위에 있어서 어느 한 위격이 다른 위격들보다 앞서는 것이 아니고, 그들이 존재하는 순서가 그렇다는 것뿐이다. 성부께서는 절대로 성자가 없이 계신 적이 없고, 성자께서도 성령이 없이 계신 적이 없다. 신격은 불변하기 때문이다. 이런 방식으로 하나님께서는 영원토록 그 자신 안에서 존재해오셨고, 또한 그의 말씀 속에서 그렇게 자신을 계시하신 것이다.

이단들은 이 문제와 관련하여 흔히, 성자의 영원한 출생(eternal generation)이 무엇이며, 성령의 나오심(혹은 발출[發出]: procession)이 무엇이며, 이것들이 서로 어떤 차이가 있느냐고 질문한다. 영원한 출생과 나오심의 방식에 대해서는 — 이 둘 사이의 형식적이며 본질적인 구별에 대해서도 마찬가지지만 — 사람으로서는 설명이 불가능하다는 것을 고백할 수밖에 없고, 과거의 정통 교부들도 이를 고백한 바 있다. 그러나 성경은 그 내용 자체를 분명 가르치고 있다. 즉, 출생이란 신적인 본질이 전달되는 것으로서 오로지 신격의 제2위께서 제1위로부터 취하시는 것이요, 마치 아들이 아버지로부터 취하듯, 동일한 완전한 본질 전체를 취하시는 것이다. 그리고 나오심이란 마치 영이 그 영의 주인에게서 받듯이, 신격의 제3위께서 성부와 성자로부터 신적인 본질을, 곧 성부와 성자가 지니고 계신 바 그 동일한 본질 전체를 전달받으시는 것이다.

영원한 출생과 나오심은 창조와는 다르다. 창조란 하나님의 명령과 뜻에 의하여 무로부터 뭔가를 생산해 내는 것을 시사하지만, 잉태되고 출생하는 것과, 나오는 것이나 발출하는 것은 낳는 분이나 혹은 발출의 출처가 되시는 분의 본질로부터 뭔가 다른 인격체가 영원 전부터 만들어지는 것인데, 어떻게 그렇게 되는지는 우리의 이해의 한계를 뛰어넘는 것이다. 성자께서는 출생하심으로써 존재하시고, 성령은 나오심으로써 존재하시는 것이다. 그러므로 하나님께서 이 위대한 신비를 우리에게 계시하신 정도만큼만 그 내용을 감지하게 되며, 어떻게 해서 그렇게 되는지에 대해서는 결코 알 수 없는 것이다.

성령께서 성부와 성자로부터 나오시느냐, 아니면 성부로부터만 나오시느냐 하는 문제가 헬라 교회와 라틴 교회 사이에 그렇게도 뜨겁게 논쟁이 되었었는데, 이에 대해서는 성령에 관한 교리를 다룰 때에 가서 논의하기로 하자.

여기서 우리는 신격의 세 위격들 사이의 구별에 관하여 성경에서는 물론 고대의 교회에서 사용된 문구들이나 표현 형식을 주목해야 할 것이다. 하나님이 하나님을 낳으셨다는 말은 옳으나, 하나님이 또 다른 하나님을 낳으셨다거나 하나님이 자기 자신을 낳으셨다는 말은 옳지 않다. 성부께서 다른 분을 낳으셨다는 말은 옳으나, 성부께서 다른 것을 낳으셨다거나 다른 하나님을 낳으셨다는 말은 옳지 않다. 성자께서 성부와 동등하시다는 말은 옳으나, 성자께서 성부와 동일한 위격(혹은, 인격)이시라는 말은 옳지 않다. 성자께서 낳은 바 되시며 성령께서 성부로부터 나오신다는 말도, 성자께서 성부로부터 말미암으셨고, 성령께서 성부와 및 성자로부터 말미암으셨다는 말도, 무엇이든 성자께서 지니신 것은 성부께로부터 낳은 바 되심으로써 받으신 것이요, 무엇이든 성령께서 지니신 것은 성부와 및 성자로부터 나오심으로써 받으신 것이라는 말도, 성자와 성령께서는 그들의 위격에 관해서는 하나의 시작이 있으며 또한 그들의 본질이 다른 분으로부터 전달되었다는 말도 모두 옳다.

그러나 성자와 성령께서 그들의 본질에 관하여 시작이 있다거나, 그들의 본질이 성부나 혹은 다른 위격으로부터 만들어졌다는 말은 옳지 않다. 신격의 제1위께서 그 자신의 본질로 제2위를 낳으셨다는 말이나, 제3위께서 제1위와 제2위로부터 나오신다는 말은 옳으나, 신적 본질이 신적 본질을 낳았다거나, 본질로부터 위격이 낳은 바 된다거나 나온다는 말은 옳지 않다. 신적 본질이 전달된다는 말은 합당하나, 신적 본질이 낳은 바 된다거나 나온다는 말은 합당치 못하다. 전달된다는 것과 낳은 바 된다는 것은 동일한 것이 아니기 때문이다. 낳은 바 되는 자에게 전달되는 모든 것이 다 낳은 바 되는 것이 아니고, 낳는 자의 본질이 낳은 바 되는 자에게 전달되는 것이니 말이다.

신격의 위격들 사이에 또 다른 구별이 있는데, 이는 신격의 각 위격들이 외적으로(ad extra) 활동하시는 질서에서 비롯되는 것이다. 곧, 피조물들을 향하여, 피조물들 속에서, 또한 피조물들을 통하여 행하시는 하나님의 역사하심의 질서에서 위격들 사이의 구별이 나타난다는 것이다. 이 역사들은 성부와 성자와 성령의 공통적인 뜻과 능력으로 말미암아 이루어진다. 그러나 여기서 신격의 삼위들 사이에 그들의 존재의 질서와 동일한 질서가 작용한다는 것이다. 성부께서는 성자와 성령의 위격의 근원이시며 동시에 그들의 사역의 근원이시기도 하며, 그는 다른 누구의 사용함을 받아 역사하시지도 않고, 다른 누구의 뜻에 의하여 자신의 사역이 가로막히는 법도 없으시고, 누구에게서 능력이나 효력을 전달받는 법도 없으시고, 오직 스스로 존재하시며 또한 스스로 아시고 스스로 역사하시는 분이시다. 그러나 성자와 성령은 그들 스스로 역사하시지 않는다. 즉, 성자께서 역사하실 때에는 성부의 뜻이 그보다 먼저 나아가며, 성령께서 역사하실 때에는 성부와 성자의 뜻이 먼저 나아가신다. 성부께서는 성자와 성령을 통하여 역사하시고, 그들을 보내시지만, 그 자신은 성자와 성령에 의해서 보내심을 받지 않으신다. 성자께서는 성령을 통하여 역사하시고 그를 성부께 받아 믿는 자들의 마음속에 보내시지만, 성자께서는 성령에게서 보내심을 받지 않으시고, 오직 성부에게서 보내심을 받으시는 것이다. 성령께서는 성부와 성자로부터 보내심을 받아 역사하시며, 자기 스스로 역사하시는 법이 없다. "만물이 그로 말미암아 지은 바 되었으니"(요

1:3), "아들이 아버지께서 하시는 일을 보지 않고는 아무것도 스스로 할 수 없나니 아버지께서 행하시는 그것을 아들도 그와 같이 행하느니라"(요 5:19), "내가 하나님으로부터 나와서 왔음이라. 나는 스스로 온 것이 아니요 아버지께서 나를 보내신 것이니라"(요 8:42), "보혜사 곧 아버지께서 내 이름으로 보내실 성령"(요 14:26), "내가 아버지께로부터 너희에게 보낼 보혜사 곧 아버지께로부터 나오시는 진리의 성령"(요 15:26).

그러나 성자와 성령이 보내심을 받는다고 할 때에, 그것을 지역적인 움직임을 뜻하는 것으로나 혹은 마치 하나님 자신에게 무슨 변화가 있다는 식으로 이해해서는 안 되고, 오히려 성자와 성령께서 뭔가를 이행하실 것에 대한, 또한 성자와 성령의 역사를 통하여 그의 뜻이 실행되고 나타날 것에 대한, 성부의 영원하신 뜻과 작정으로 이해해야 할 것이다. 그렇기 때문에 성자께서는 자신이 성부로부터 세상으로 보내심을 받았다고 말씀하시며, 자신이 하늘로부터 오셨다고 하시며, 자신이 땅에 계시면서도 하늘에 계시다고 말씀하신 것이다. 이와 마찬가지로 성령께서도 과거에 존재하셨고, 사도들에게도 거하셨으면서도, 그가 오순절에 그들에게 부어지셨다고 말씀하는 것이다.

그러므로 성자와 성령께서 세상에 보내심을 받았다는 것은, 그 이전에는 존재하지 않다가 그때에 비로소 존재하게 되셨다는 뜻이 아니다. 그들이 보내심을 받으셨다는 것은 그들이 성부의 뜻을 세상에서 이루셨고, 또한 성부의 뜻에 따라 그 자신들을 보이셨고 역사하셨다는 것이다. 그리하여 성경은 이렇게 말씀하고 있다. "때가 차매 하나님이 그 아들을 보내사 여자에게서 나게 하시고"(갈 4:4), "너희가 아들이므로 하나님이 그 아들의 영을 우리 마음 가운데 보내사 아빠 아버지라 부르게 하셨느니라"(갈 4:6).

8. 교회가 삼위일체의 교리를 견지하는 것이 왜 필요한가?

삼위일체의 교리는 다음과 같은 이유에서 반드시 가르치고 견지해야 한다: 1. **하나님의 영광을 위하여.** 그가 우상들과는 다른 분이심이 드러나고, 그들과 뒤섞이지 않도록 하며, 그리하여 그 자신이 계시하신 바 자신의 모습 그대로 알려지시고 경배를 받으시도록 하기 위함이다. 2. **우리의 위로와 구원을 위하여.** 성부 하나님을 알지 않고서는 아무도 구원받을 수 없다. 그러나 성자가 없이는 성부를 알 수가 없다. "본래 하나님을 본 사람이 없으되 아버지 품 속에 있는 독생하신 하나님이

[그를] 나타내셨느니라"(요 1:18), "아들을 부인하는 자에게는 또한 아버지가 없으되 아들을 시인하는 자에게는 아버지도 있느니라"(요일 2:23). 또한 우리의 중보자이신 성자 하나님을 믿는 믿음이 없이는 아무도 구원을 받을 수 없다. "그의 아들 예수 그리스도 안에 있는 것이니 그는 참 하나님이시요 영생이시라"(요일 5:20), "그런즉 그들이 믿지 아니하는 이를 어찌 부르리요, 듣지도 못한 이를 어찌 믿으리요, 전파하는 자가 없이 어찌 들으리요?"(롬 10:14). 이와 마찬가지로 성령을 알지 못하고서는 아무도 거룩하게 되지 못하고 구원받지 못한다. 성령을 받지 않는 자는 구원받은 자가 아니기 때문이다. "누구든지 그리스도의 영이 없으면 그리스도의 사람이 아니라"(롬 8:9). 그런데 성령에 대해 무지한 자는 아무도 성령을 받을 수가 없다. "그는 진리의 영이라. 세상은 능히 그를 받지 못하나니 이는 그를 보지도 못하고 알지도 못함이라"(요 14:17). 그러므로 성령을 알지 못하는 자는 구원받을 수가 없는 것이다. 그렇다면, 구원받을 자들은 반드시 영원하신 성부와 동일하게 영원하신 성자, 그리고 동일하게 영원하신 성령을 반드시 알아야 하는 것이다. 하나님이 계시하신 대로 그를 알지 못하면, 하나님께서 그 자신을 우리에게 전해 주시지 않으며, 그로부터 오는 영생도 기대할 수가 없는 것이다.

삼위일체에 대한 이단들의 반론들

반론 1. 한 본질은 세 위격이 아니다. 하나가 셋이라는 것은 모순이기 때문이다. 여호와는 한 본질이시다. 그러므로 세 위격이 아니다.

답변. 창조함 받은 유한한 본질의 경우에는 주 전제가 옳다. 유한한 본질은 하나가 세 인격의 동일 본질일 수가 없다. 그러나 신격의 본질의 경우는 그렇지 않다. 그것은 무한하며, 개별적이며, 지극히 단순하다.

재반론. 지극히 단순한 본질은 세 위격들의 본질일 수가 없다. 위의 답변에서 인정한 대로 하나님은 지극히 단순한 본질이시다. 그러므로 그 본질은 세 위격일 수가 없다.

답변. 본질의 특정한 일부분이 다른 인격(혹은, 위격)을 구성하거나 혹은 여러 인격들로 늘어날 수 있는 경우에는 주 전제가 옳다. 그러나 하나의 본질이 단일 인격(혹은, 위격)에 동일하고 전체일 경우에는 해당되지 않는다. 그 경우에는 본질이 단순하지만 그럼에도 불구하고 인격(혹은, 위격)들의 숫자나 구별로 인해서 그 단순함이 조금도 손상되지 않는다.

반론 2. 셋이 있고 또 하나가 있다면, 서로 구별되는 것들이 넷이 된다. 하나님께는 세 위격들과 한 본질이 있다. 그러므로 결국 하나님께 네 가지 구별되는 것들이 있게 되는데, 이는 모순이다.

답변. 셋이 있고 또한 그것과 분명히 구별되는 하나가 있다면, 넷이 있는 것이 된다. 그러나 하나님의 경우에는 위격들이 사실 본질과 구별되는 것이 아니다. 신격의 세 위격들이 하나의 동일한 신적 본질이기 때문이다. 위격들은 본질과 다르고 또한 위격들끼리도 서로 다르나, 다만 존재하는 양식에 있어서만 다른 것이다.

반론 3. 한 본질(substance)에다 세 가지 이름을 붙이는 것은 사벨리우스주의(Sabellianism)다. 삼위일체의 교리는 한 본질에다 세 가지 이름을 붙인다. 그러므로 그것은 사벨리우스의 이단이다.

답변. 이 삼단논법에는 네 가지 용어들이 있다. substance라는 용어가 주 전제에서는 위격을 지칭하고 또한 소 전제에서는 본질(essence)을 지칭하든지, 아니면 주 전제와 소 전제 중 어느 하나가 그릇된 것이든지 둘 중의 하나다.

반론 4. 완전한 신격이신 자는 그 이외에 또 완전한 신격이 있는 다른 위격이 있을 수가 없다. 성부는 완전한 신격이시다. 그러므로 다른 위격들에게는 완전한 신격이 없다.

답변. 우리는 주 전제를 받아들일 수가 없다. 하나님의 본질이 광대무변하므로 성부와 성자와 성령 모두에게 동일한 신격이 완전하며, 각 위격에게 있는 본질이나 두 위격들, 혹은 세 위격들에게 있는 본질이 더함도 덜함도 없기 때문이다.

반론 5. 인격(혹은, 위격)들의 활동이 구별될 경우에는 본질도 반드시 구별된다. 성부와 성자와 성령의 내적인 활동들이 서로 구별된다. 그러므로 그들의 본질들도 서로 구별된다.

답변. 유한한 본질을 지닌 인격들의 경우에는 주 전제가 해당된다. 그러나 신적인 위격들은 이에 해당되지 않는다.

반론 6. 신적 본질이 육신을 입으셨다. 세 위격들은 신적 본질이다. 그러므로 세 위격들이 육신을 입으신 것인데, 이는 사실이 아니다.

답변. 주 전제는 일반적인 신적 본성에 대해 아무것도 말씀하는 것이 없다. 신적 본질은 성자의 위격의 경우에만 육신을 입으셨기 때문이다. 그러므로, 이런 특정적인 사실을 갖고서는 아무것도 결론지을 수가 없는 것이다.

반론 7. 여호와 혹은 참되신 하나님은 삼위일체시다. 성부는 여호와시다. 그러므로 그가 삼위일체 즉 세 위격 모두이시다.

답변. 여기서도 주 전제는 일반적인 사실에 대해 아무것도 말하는 것이 없다. 무턱대고 여호와께서 삼위일체이신 것이 아니기 때문이다. 그러므로 이 반론에서는 아무것도 추리해 낼 것이 없다.

반론 8. 추상적인 용어로는 본질을 나타내지 못한다. 삼위일체는 그런 추상적인 용어다. 그러므로 그것은 본질을 나타내지 못한다.

답변. 주 전제는 그릇된 것이다. 왜냐하면 신성이나 인간성 등의 용어들도 추상적인 것들이지만, 그것들은 본질을 나타내기 때문이다.

성부 하나님

제9주일

26문 "전능하신 아버지 하나님 천지의 창조주를 내가 믿사오며"라고 말할 때에 그대는 무엇을 믿습니까?

답 우리 주 예수 그리스도의 영원하신 아버지께서 하늘과 땅과 그 가운데 있는 모든 것들을 무(無)로부터 지으셨고 또한 그의 영원한 작정과 섭리로 그것들을 지탱시키시고 다스리시는 것을 믿으며, 그가 그의 아들 그리스도로 말미암아 나의 하나님과 나의 아버지가 되심을 믿으며, 그가 몸과 영혼에 필요한 모든 것들로 내게 채워 주실 것을 믿어 의심치 않으며, 이 눈물의 골짜기를 지나는 동안 내게 어떠한 악을 보내신다 할지라도 그가 그것을 나의 선으로 바꾸실 것임을 믿으니, 이는 그가 전능하신 하나님이시므로 그 일을 하실 수 있으며, 또한 신실하신 아버지이시므로 기꺼이 그리하시기 때문입니다.

[해 설]

"하나님을 … 내가 믿사오며." 하나님의 존재 사실을 믿는 것(to believe God)과 하나님을 믿는 것(to believe in God)은 서로 전혀 다른 것이다. 전자는 역사적인 신념을 표현하는 것이요, 후자는 참된 믿음 혹은 확신을 표현하는 것이다. 하나님의 존재를 믿는다는 말은, 하나님이라는 어떤 존재가 계시며, 그가 그의 말씀에서 자신을 계시하신 그런 존재, 즉 영적인 본질이시요, 전능하시며 영원하신 성부 성자 성령이시라는 말이다. 그러나 "내가 하나님을 믿는다"는 말은 그가 **나의** 하나님이시라는 것을 믿는다는 뜻이다. 즉, 그 하나님 자신과 또한 그가 가지신 모든 것이 다 **나의** 구원을 위한 것임을 믿는다는 뜻이다. 아니면, **하나님의 존재 사실을 믿는 것**은, 적절히 말하자면, 특정한 인격자가 그의 모든 속성대로 하나님이시라는 것을 믿는 것이고, **하나님을 믿는 것**은 그 하나님께서 그에게 속한 모든 것들로 그의 아들로 인하여 나의 구원을 이루시리라는 것을 확신하는 것이다.

하나님을. 여기서 하나님이라는 이름은 본질적으로 성부, 성자, 성령 하나님을 뜻한다. 왜냐하면 **내가 믿사오며**라는 문구는 ─ 영어로는 "in"이라는 전치사와 더불어 ─ 동일한 방식으로 신격의 세 위격들 모두에게 다 해당되기 때문이다. 우리는 성부에 못지않게 성자와 성령도 믿는 것이다.

아버지. 아버지(혹은, 성부)라는 이름이 아들(혹은, 성자)과 대비되어 나타날 때에는, 위격의 의미로, 즉 신격의 제1위 하나님을 뜻하는 것으로, 취한다. 그러나 이것이 피조물들과 대비될 때에는 본질을 의미하는 것으로 이해해야 마땅할 것이다. 즉, 주님 가르치신 기도의 "하늘에 계신 우리 아버지"에서처럼 신적 본질 전부를 의미하는 것으로 보아야 하는 것이다. 이사야서에서는 이런 의미에서 아들을 가리켜 "영존하시는 아버지"라고 분명하게 부르고 있다(9:6). 신격의 제1위를 가리켜 아버지라 부른다: 1. 그의 독생자이신 그리스도와의 관계에서. 2. 모든 피조물들과의 관계에서. 그가 그 모든 피조물들의 창조자이시며 보존자이시기 때문이다. 3. 택한 자들과의 관계에서. 그가 그들을 자기의 자녀로 입양하셨고, 그의 사랑하시는 아들 안에서 그들을 받아들이셨기 때문이다.

아버지 하나님을 내가 믿사오며. 우리 주 예수 그리스도의 아버지이신 하나님을 내가 믿는다는 뜻이요, 또한 그가 나의 아버지시요 그리스도로 인하여 나를 그의 자녀로 입양하셨고 또한 나에게 아버지의 사랑을 주시는 그런 분이시라는 것을 믿는다는 뜻이다. 한 마디로, 이 말은, 1. 그가 우리 주 예수 그리스도의 아버지이시며, 2. 그가 그리스도로 인하여 내게 아버지가 되신다는 것을 믿는다는 뜻이다.

반론. 나는 아버지 하나님을 믿는다. 그러므로 성자와 성령은 하나님이 아니고, 오직 아버지만 하나님이시다.

답변. 이것은 구성과 구분의 오류다. 하나님이라는 단어는 성부와 성령과 분리되지 않는 방식으로 아버지(혹은, 성부)와 연결되기 때문이다. "아버지" 다음에 쉼표를 삽입시켜서 **아버지, 하나님을 내가 믿사오며** 라고 해야 옳을 것이다. 이는 다음의 사실들에서 입증된다: 1. 여기 사도신경에서 사용되는 하나님의 이름은 본질을 지칭하는 것으로 세 위격들 모두를 포괄하기 때문이다. 하나님이라는 이름이 아버지와 동격으로 표현되어, 결국 다음과 같은 순서로 제시되어 있다: **아버지이신 하나님을, 또한 그의 독생자 예수 그리스도를, 또한 성령을 내가 믿사오며.** 곧, 내가 한 분이시며 참되신 하나님을 믿는데, 그는 성부 성자 성령이시나 성부는 성자가 아니시고 성령은 성자나 성부가 아니시라는 것이다. 2. 우리는 아버지이신 하나님에 못지않게 성자도, 또한 성령도 믿는다고 명확히 고백한다. 그러나 그러면서도 유일하시며 참되신 하나님 이외에 그 어느 누구도 믿지 않는 것이다. 3. 여러 헬라어 사본들에는 **한 하나님, 즉 성부, 성자, 성령을 내가 믿사오며**로 되어 있다. 그러므로 우리가 성부를 믿는 것은 그가 하나님이시기 때문이요, 또한 성자와 성령을 믿는 것은 그들이 하나님이시기 때문이다. 하나님의 이름이 사도신경에 단 한 번만 사용된 것은 하나님이 오직 한 분이시기 때문이지, 결코 성부 혼자만 하나님이라 불리기 때문이 아닌 것이다.

전능하신. 전능하신 하나님을 믿는 것은 다음과 같은 하나님을 믿는 것이다: 1. 무엇이든 그가 뜻하시는 바를, 심지어 그가 뜻하지 않으시지만 그의 본성에 반(反)하지 않는 일들 ― 그리스도를 죽음에서 건지실 수도 있었으나 그렇게 뜻하지 않으셨다 ― 을 이루실 수 있는 하나님. 2. 아무런 어려움 없이 단 한 번의 명령으로 모든 일을 이루실 수 있는 하나님. 3. 홀로 모든 일을 행하는 권능을 지니고 계시며, 또한 그 권능을 그의 모든 피조물들에게 시행하시는 하나님. 4. 나의 유익을 위하여도 전능하시며, 나의 구원에 관계되는 모든 일들을 지도하시고 이루실 수 있고 또한 이루실 하나님.

반론. 하나님은 거짓말하시거나 죽으시거나 한 번 이루어진 일을 돌이키실 수 없다. 그러므로 그는 모든 일을 다 하실 수 있는 것이 아니다.

답변. 그는 권능이 결부되는 모든 일들을 하실 수 있다. 그러나 거짓말하는 것이나 죽는 것 등은 권능의 표현이 아니라 권능의 결핍 혹은 흠을 보여주는 것이다.

그런 결점들은 피조물들에게는 있으나 하나님께는 없다. 그러므로 그것들은 하나님의 본성에 반하는 것들이며, 따라서 거꾸로 뒤집어서 추리해 보면, 하나님은 연약함을 드러내거나 그의 본성에 반하는 일들은 행하실 수도 없고 행하시지도 않으신다. 그러므로 그는 전능하시다.

천지의 창조주. 창조주를 믿는다는 것은 다음의 사실들을 믿는 것이다: 1. 그가 만물의 창조주시라는 것. 2. 그가 자신이 창조하신 만물들을 그의 섭리로 지탱시키시고 다스리신다는 것. 3. 그가 또한 나를 창조하셨고, 나를 그의 긍휼하심의 그릇으로 만드사 그리스도 안에서 구원을 얻게 하셨다는 것, 또한 그가 그의 특별하신 섭리와 은혜로 그의 백성들에게 베푸시는 바 그 구원에로 나를 이끄시리라는 것. 4. 그가 우리를 위하여 다른 모든 것들을 창조하셔서 교회의 구원에 기여하게 하고, 그리하여 그의 영광의 찬송이 되게 하셨다는 것. 요컨대, 창조를 믿는다는 것은, 하나님께서 나를 창조하사 그의 영광에 기여하도록 하셨으며, 또한 그가 다른 모든 것들을 창조하사 나의 구원에 기여하도록 하셨다는 것을 믿는 것이다. "다 너희의 것이요 너희는 그리스도의 것이요 그리스도는 하나님의 것이니라"(고전 3:22-23). 바울은 만물이 우리를 위해 창조되었으며, 또한 우리는 하나님을 위해 창조되었음을 말하는 것이다.

세상의 창조

하나님의 역사하심을 다루는 교리가 하나님에 관한 교리 다음에 이어지는 것이 합당한데, 사도신경에서도 그렇게 정렬되어 있다. 하나님의 역사하심에는 일반적으로 다섯 가지가 있다: 1. **창조**의 역사. 이는 창세기에 기록되어 있으며, 엿새만에 그 일이 이루어졌음을 알게 된다. 2. **보존**의 역사. 하나님께서는 그가 창조하신 천지와 만물들을 이로써 지탱시키시서 멸망에 빠지지 않도록 하신다. 3. **통치**의 역사. 하나님은 위대한 지혜로써 세상의 만물들을 지도하시고 다스리신다. 4. **복원**(restitution)의 역사. 하나님께서는 사람의 죄로 인하여 부패 아래 종노릇하는 만물들을 그리스도 안에서 복구하신다. 5. **완성**의 역사. 그는 만물이 지정한 종국(終局)에 이르게 하신다. 그러나 특별히 그의 교회를 완전히 구원하시고 영화롭게 하신다. 그러면 이제 창조, 혹은 세상 창조의 역사에 대해 논의하기로 하자. 여기서 우리는 다음과 같은 질문들을 살펴볼 것이다:

1. 하나님께서 과연 세상을 창조하셨는가?
2. 그는 세상을 어떻게 창조하셨는가?
3. 그는 무엇 때문에, 혹은 무슨 목적으로 세상을 창조하셨는가?

1. 하나님께서 과연 세상을 창조하셨는가?

우선 여기서 사용되는 용어들이 무슨 의미인지를 정의하고 이해하는 일부터 해야할 것이다. **창조하다**는 무로부터 뭔가를 만들어낸다는 뜻이다. **세상**이라는 용어는 성경에서 다음과 같이 네 가지 다른 의미로 사용된다: 1. 천지와 거기에 속한 만물들을 다 포괄하는 우주 전체의 구조 혹은 틀. "세상은 그로 말미암아 지은 바되었으되"(요 1:10). 2. 세상적인 정욕. 3. 세상에 있는 불경건한 자들, 혹은 중생하지 않은 자들(요 17:9). 4. 세상에서 택하여 낸 자들. "세상으로 아버지께서 나를보내신 것을 믿게 하옵소서"(요 17:21), "하나님이 세상을 이처럼 사랑하사 독생자를 주셨으니"(요 3:16).

하나님께서 세상을 창조하셨다는 것을 우리는 이 사실들에 근거하여 안다:

첫째로, 성경의 증언에 근거하여. 특히 모세가 기록한 창조의 역사에 근거하여. 또한 성경의 다른 본문들, 특히 다음의 본문들에 근거하여: "여호와의 말씀으로하늘이 지음이 되었으며 그 만상을 그의 입 기운으로 이루었도다"(시 33:6), "그가말씀하시매 이루어졌으며, 명령하시매 견고히 섰도다"(시 33:9). 시편을 비롯한다른 여러 본문들에서도 하나님의 놀라운 역사들이 거론되며, 하나님께서 창조하신 세상의 주요 부분들이 거론되므로, 그것들을 정당하게 고려함으로써 하나님을신뢰하도록 만든다(시 104, 113, 124, 136, 146편). 하나님께서는 욥에게 하늘과 땅에 나타나는 그의 기이한 역사들을 보여주시며, 그가 창조하신 다른 것들과 함께하늘과 땅에 나타나는 그의 기이한 불가해한 역사들을 보여주셔서, 그의 공의와권능과 섭리를 선포하신다(욥 38, 39장).

둘째로, 성경의 증언 외에도, 하나님께서 세상을 창조하셨다는 사실을 지극히만족스럽게 입증해 주는 여러 가지 다른 논증들이 있다. 그 가운데 다음과 같은 것들을 언급할 수 있을 것이다: 1. 모세가 제시하는 민족들의 기원이 이를 보여주는데, 이 기사는 모세가 만들어낸 것일 수가 없다. 그 당시에 여러 사람들의 뇌리에그것에 대한 어느 정도의 기억이 남아 있었을 것이기 때문이다. 그러나 그 기억은세월이 흐르면서 사라졌다. 2. 다른 모든 역사들은 성경의 역사의 고대성(古代性)

과 비교가 되지 않는다. 3. 사람의 수명이 줄어드는 사실은, 최초에는 자연에 더 큰 힘이 있었는데 그것이 지금까지 계속 줄어든 것에 뭔가 최초의 원인이 없지 않다는 것을 보여준다. 4. 세상의 시작에서부터 메시야의 강림에 이르기까지의 특정한 시간의 경로. 5. 국가들의 조직과 보존. 6. 자연에 속한 사물들의 질서. 이는 만물보다 우월한 뭔가 지성적인 존재에 의해서 만들어진 것이 분명하다. 7. 사람과 천사들의 정신의 탁월함. 이 지성적인 존재들에게는 시작이 있다. 그러므로 이들은 뭔가 지성적인 원인에서부터 나온 것이 틀림없다. 8. 우리의 마음에 새겨져 있는 본성적인 원리들과 개념들. 9. 불경건한 자들에게서 나타나는 양심의 찔림과 가책. 10. 만물들이 지혜롭게 정렬되어 있음. 11. 마지막으로, 하나님이 존재한다는 것을 입증해 주는 다른 모든 논증들이 세상이 그로 말미암아 창조되었다는 것도 입증해 준다.

셋째로, 또한 세상이 창조되었고, 그것도 하나님에 의해서 창조되었음을 입증해 주는 — 물론 언제 세상이 창조되었는지는 입증하지 못하지만 — 철학적인 논증들도 있다. 1. 자연에는 원인과 결과의 무한한 진보란 없다. 만일 그런 것이 있다면, 자연은 절대로 그 종국에 도달하지 못할 것이다. 그러므로 세상은 그 시초가 있다. 2. 세상은 모든 효과들 가운데 최초의 것이요 또한 가장 탁월한 것이다. 그러므로 그것은 최초의 가장 탁월한 원인으로부터 온 것인데, 그는 바로 하나님이시다.

그러나 다음과 같은 다른 의문점도 있다: 하나님께서 영원 전에 세상을 창조하셨는가, 아니면 시간 속에서 창조하셨는가? 즉, 세상이 하나님 자신의 대의(大義)와 동등한 영원성을 지닌 결과인가, 아니면 세상이 어느 시점에서 시발되었고 그 이전에는 존재하지 않았던 것인가? 또한, 만일 세상이 존재하지 않았던 때가 있었다면, 하나님이 과연 세상을 창조하시는 것이 필요했는가? 또한 세상이 영원토록 존재할 것인가, 만일 그렇다면, 그것이 동일하게 남아 있을 것인가, 아니면 변할 것인가?

이런 유의 의문점들은 철학으로는 답변할 수가 없다. 이 모든 일들은 최초의 동자(動者), 곧 필연에 의해서가 아니라 완전한 자유로 행동하시는 하나님의 뜻에 의존하기 때문이다. 그러나 하나님께서 스스로 뜻을 계시하시지 않으면, 그 어떠한 피조물도 그 뜻을 알 수가 없다. 그러므로 이교도 철학자들은 그것에 대해 무지하며, 오직 교회에서만 그것을 찾을 수 있다. 후천적인(*a posteriori*) 추론을 통해서는, 즉 결과들을 통해서 계속 원인을 따져 들어가는 식으로는, 그것에 대한 지식에 이를 수 없기 때문이다. 물론 현재의 결과들에는 특정한 원인이 있기 마련이다. 그러나 이 결과들이 이때나 혹은 저때에, 혹은 영원 전에, 이 원인에 의해서 생겨난 것이라고 말할 수가 없다. 왜냐하면 자유로이 행동하는 그 최초의 동자가 그의 뜻에 따라서 행동을 했을 수도 있고, 아니면 행동을 유보했을 수도 있기 때문이다. 결국 총체적인 증거는 다음과 같다: 자유로이 행동하는 그런 원인에 따라 좌우되는 결과는 그 원인에 의해서 증명될 수가 없다는 것이다. 세상의 창조는 그런 결과다. 그러므로 세상이 영원 전에 창조되었는가, 아니면 그것이 시간 속에서 이루어졌는가 하는 것은 최초의 동자, 곧 하나님의 뜻에 의해서 입증될 수가 없다.

세상의 창조에 반대하여 철학자들이 어떠한 논지들을 제시하든 간에, 하나님께서 자연 속에 세워 놓으신 사물들의 생성과 변화의 질서를 창조와 구별하게 되면, 그들이 참된 철학에 근거해서가 아니라 그저 사람들의 상상에 따라서 논지를 제시하는 것이라는 것이 쉽게 드러난다.

반론 1. 철학자들이 하는 말대로 하나님이 아무것도 하지 않고 그냥 계시다는 것은 어리석은 생각이다.

답변. 세상을 통치하시는 자가 아무것도 하지 않고 그냥 있다는 말은 분명 어리석은 것이다. 그리고 이에 대해서, 세상이 아직 존재하지 않았을 때에는 세상을 통치하실 수가 없었고, 따라서 만물을 창조하시기 전에는 그가 아무것도 하지 않고 그냥 계셨을 수밖에 없다는 식으로 반론을 제기할 수 있으나, 이에 대해서 우리는 그 결론을 부인하여 반박할 것이다. 만일 하나님께서 영원 전부터 세상을 통치하지 않으셨더라도, 그는 아무것도 하지 않고 그냥 계셨던 것이 아니다. 그는 창세 전에 그리스도 안에서 우리를 택하셨고, 지극히 높으신 하나님의 은밀하신 계획들을 건방지게 훔쳐보려고 애쓰는 악인들과 헛된 호기심을 지닌 자들을 위하여 지옥을 지으셨기 때문이다. 아우구스티누스는 어느 아프리카 사람이 하나님께서는 세상을 창조하기 이전에 무엇을 하셨느냐는 질문을 하자, 다음과 같이 재치 있게 답변하였다: "그는 호기심 많고 꼬치꼬치 캐묻는 사람들을 위하여 지옥을 지으셨다."

반론 2. 시작이 있는 것은 무엇이든 끝이 있다. 세상은 끝이 없다. 그러므로 세상은 시작도 없다.

답변. 주 전제에는 단서가 필요하다. 자연적인 발생을 통하여 시작을 지닌 것은 무엇이든 끝이 있다. 창조에는 부패가 없으나, 다른 것에서 자연의 질서에 따라 생성되는 것에는 부패가 따르는 법이기 때문이다. 그리고 하나님의 권능이 충족하여, 그는 무(無)로부터 지으신 것들은 물론 다른 것에서 생겨나게 하신 것들까지도 동일한 상태로 보존하실 수도 있고, 변화시키실 수도 있고, 무(無)로 돌아가게 하실 수도 있는 것이다.

2. 그는 세상을 어떻게 창조하셨는가?

1. 성부 하나님은 성자와 성령을 통하여 세상을 창조하셨다. 성자에 대하여는, "만물이 그로 말미암아 지은 바 되었으니"(요 1:3)라고 말씀하며, 성령에 대해서는 "하나님의 영이 수면 위에 운행하시니라"(창 1:2)라고도 말씀하고, "하나님의 영이 나를 지으셨고"(욥 33:4)라고도 말씀한다.

2. 하나님께서는 전혀 강압에 의해서가 아니라 지극히 자유로운 상태에서 세상을 창조하셨다. 하나님 자신의 영원하고 불변하며 지극히 자유로운 뜻의 작정의 결과 이외에는 세상을 창조하셔야 할 그 어떠한 필연성도 없었다. "그가 말씀하시매 이루어졌으며 명령하시매 견고히 섰도다"(시 33:9), "오직 우리 하나님은 하늘에 계셔서 원하시는 모든 것을 행하셨나이다"(시 115:3).

3. 하나님께서는 그 어떠한 수고나, 노력이 없이 단 한 번의 명령, 말씀, 그리고 뜻으로 세상을 지으셨는데, 이는 최고의 형태의 활동이다. 활동 혹은 작용에는 다섯 가지 종류가 있다: 1. 자연의 활동. 이는 지성이나 의지가 전혀 개입되지 않고 자연의 힘에 따라서 나타나는 활동인데, 불의 작용, 물의 작용, 약용 식물들이나 보석들의 작용이 이에 속한다. 2. 자연에 의해서 크게 통제를 받으면서도 자체의 뜻과 의지가 없지 않은 ― 물론 이성의 작용은 없으나 ― 그런 활동이나 작용들이 있다. 이 활동들은 그 자체의 의지를 거슬러 작용하는 경우가 많은데, 짐승들의 활동이 이에 속한다. 3. 부패한 정욕과 성향에 따라서 행동하는 사람들의 활동이 있다. 4. 또한 천사들이라 불리는 선한 영들의 활동들이 있는데, 이들은 사람들처럼 이성에 따라서 의지를 갖고서 행동하나 부패성이 없다. 5. 최고의 가장 완전한 종류의 활동은 가장 순결하고 거룩한 이해와 의지에서 비롯되는 것이며, 따라서 이 것은 모든 활동들 가운데서 가장 자유롭고 지혜로우며 선하며, 또한 진정으로 무한하여 다른 모든 존재들이 오직 그것에 의존하는 것이다. 이는 바로 하나님의 활동 혹은 역사다. "여호와의 말씀으로 하늘이 지음이 되었으며 그 만상을 그의 입

기운으로 이루었도다"(시 33:6), "그가 말씀하시매 이루어졌으며 명령하시매 견고히 섰도다"(시 33:9), "하나님은 죽은 자를 살리시며 없는 것을 있는 것으로 부르시는 이시니라"(롬 4:17).

4. 하나님께서는 무(無)로부터 만물을 창조하셨다. 그러므로 하나님께서는 신격의 본질로부터나 그 자신과 동등한 어떤 기존의 물질로부터 천지를 창조하신 것이 아니다. 하나님께서 만물을 창조하셨다면 창조주 자신 이외에는 아무도 없는 것이다.

반론. 무(無)로부터 나온 것은 무(無)일 수밖에 없다.

답변. 현재에 드러나 있는 자연의 질서에 따르면, 어떤 하나의 존재가 다른 존재로부터 생겨난다는 것이 사실이다. 또한 사람으로서는 무(無)로부터 무(無)밖에는 아무것도 만들어낼 수 없다는 것도 사실이다. 그러나 사람에게 불가능한 것이 하나님께는 가능하다. 그러므로 무로부터 나온 것은 무일 수밖에 없다는 명제는 하나님께는 적용되지 않는다. 최초의 창조에도 적용되지 않고, 하나님의 특별하신 역사에도 적용되지 않으며, 다만 현재의 자연 질서에만 적용되는 것이다. 하나님께서 만물을 무로부터 창조하셨다는 사실은 우리에게 큰 위로가 된다. 하나님이 진정 만물을 무로부터 창조하셨다면, 그는 능히 우리를 보존하실 것이요, 악인의 악한 도모와 계교들을 무로 돌리실 수 있을 것이기 때문이다.

5. 하나님께서는 지극히 지혜롭게 또한 지극히 선하게 만물을 창조하셨으니, 곧 만물을 그 종류와 정도에 따라서 완전하게 지으셨다. "하나님이 지으신 그 모든 것을 보시니 보시기에 심히 좋았더라"(창 1:31). 만물은 결함 있는 상태와 죄, 그리고 모든 형태의 악이 전혀 없는 상태로 창조된 것이다.

반론. 그러나 죽음은 악하다.

답변. 하나님께서는 죽음을 창조하신 것이 아니요, 죄로 인하여 피조물에게 정의로운 형벌로서 가하신 것이다.

재반론. 그러나 성경은, "나는 빛도 짓고 어둠도 창조하며 나는 평안도 짓고 환난도 창조하나니"(사 45:7), "여호와의 행하심이 없는데 재앙이 어찌 성읍에 임하겠느냐?"(암 3:6)라고 말씀한다.

답변. 이것들은 형벌의 재앙을 지칭하는 것이요, 죄책을 지칭하는 것이 아니다. 하나님은 형벌을 행하시는 분이시다. 그는 세상의 심판자이시기 때문이다. 그러나 죄를 만들어내신 분은 아니시다. 다만 그것을 허용하시는 것뿐이다.

6. 하나님께서는 세상을 창조하시되, 갑자기 한순간에 하시지 않고 엿새 동안에 하셨다. "하나님이 그가 하시던 일을 일곱째 날에 마치시니"(창 2:2). 하나님께서는 한순간에 만물을 창조하실 권능을 지니신 분인데, 어째서 그렇게 하지 않으셨는가? 1. 물질의 창조가, 그 물질들로 이루어지는 세계의 육체들의 형성과 구별되도록 계획하셨기 때문이다. 2. 무엇이든 그가 뜻하시는 바를 자연적인 원인들의 도움이 없이 만들어내심으로써 그의 권능과 자유를 드러내고자 하셨기 때문이다. 3. 그의 피조물들이 생기기도 전에 그들에게 필요한 것들을 마련해 놓으심으로써 그의 선하심과 섭리를 드러내고자 하셨고, 이를 위하여 땅에 짐승들을 내심은 물론 땅을 식물들과 푸른 초장으로 덮으셨고, 사람을 세상에 내실 때에도 그에게 필요하며 또한 그에게 위로를 줄 모든 것들을 지극히 풍성하게 공급하신 것이다. 4. 하나님께서 만물을 순차적으로 창조하신 것은, 우리가 게으름 속에 있지 않고 하나님의 역사하심을 생각할 기회를 갖고 그리하여 그의 지혜와 선하심과 권능을 분별하도록 하기 위함이었다.

7. 마지막으로, 하나님께서는 세상을 영원 전에 창조하신 것이 아니요, 특정한 시점에, 즉 시간의 시초에 창조하셨다. "태초에 하나님이 천지를 창조하시니라" (창 1:1). 공통적인 추론에 따르면 주후 1616년으로부터 계산하여 현재 세상 창조 이후 5534년이 흘렀다. 세상 창조로부터 그리스도의 탄생까지,

> 멜란히톤의 계산에 따르면 3,963년이며,
>
> 루터의 계산에 따르면 3,960년이며,
>
> 제네바의 계산에 따르면 3,943년이며,
>
> 베로알두스(Beroaldus)의 계산에 따르면 3,929년이다.

그러므로 세상이 존재한 기간은,

> 멜란히톤에 의하면 5,579년이며,
>
> 루터에 의하면 5,576년이며,
>
> 제네바 사람들에 의하면 5,559년이며,
>
> 베로알두스에 의하면 5,545년이다.

이 계산들은 작은 숫자에 있어서는 약간 다르나 큰 숫자에 있어서는 충분하게 일치한다. 이 시대의 가장 학식 있는 사람들이 제시한 이 네 가지 계산을 서로 비교하면, 하나님께서는 5,559년 혹은 5,579년 전에 창조하셨다는 결론이 도출된다. 그러므로 세상은 영원 전에 창조된 것이 아니라, 분명한 시작이 있는 것이다.

3. 하나님께서는 무슨 목적으로 세상을 창조하셨는가?

하나님께서 세상을 창조하신 목적들에는 일반적인 목적들과 특별한 세부적인 목적들이 있다.

1. 하나님께서 만물을, 특히 천사들과 사람들을 창조하신 가장 궁극적인 목적은 하나님의 영광과 찬송이다. "여호와께서 온갖 것을 그 쓰임에 적당하게 지으셨나니"(잠 16:4), "여호와의 지으심을 받고 그가 다스리시는 모든 곳에 있는 너희여 여호와를 송축하라"(시 103:22), "만물이 주에게서 나오고 주로 말미암고 주에게로 돌아감이라. 그에게 영광이 세세에 있을지어다"(롬 11:36).

2. 창조된 만물에서 드러나는 신적인 지혜와 권능과 선하심을 알고 생각하게 하심. 하나님이 찬송받으시려면, 그를 아는 능력을 지녔고 또한 그를 알고 그에게 찬송과 존귀를 돌릴 수 있는 이성적인 지성적 존재들을 창조하셔야 했다. 또한 찬송할 거리를 제공할 수 있는 이성이 없는 것들도 창조하셔야 했다. "하늘이 하나님의 영광을 선포하고 궁창이 그의 손으로 하신 일을 나타내는도다"(시 19:1).

3. 세상을 다스리고자 하심. 하나님이 세상을 창조하신 것은 그의 섭리로 언제나 그것을 다스리시고 창조하시고 보존하시며, 그리하여 그의 놀라운 역사들을 계속 드러내게 하고자 하심이다. 그는 지금도 다스리시고 보존하시며, 앞으로도 그러하실 것이다. 그러나 그는 특히 천사들과 사람들로 이루어진 교회를 다스리실 것이다. 이 목적은 2의 목적에 종속되는 것이다. "너희는 눈을 높이 들어 누가 이 모든 것을 창조하였나 보라"(사 40:26).

4. 인류 중에서 하나님을 창조주로 알고 찬양할 영원한 교회를 자신에게로 모으시려 하심이다.

5. 만물이 사람의, 특히 택한 자들의, 행복과 위로와 구원에 기여하도록 하며, 그것들이 각기 특정한 영역에서 도움과 도구들이 되어 그들로 하여금 하나님께 찬송을 돌리게 하기 위함이다. "땅을 정복하라, 바다의 물고기와 하늘의 새와 땅에 움직이는 모든 생물을 다스리라"(창 1:28), "주의 손으로 만드신 것을 다스리게 하시고 만물을 그의 발 아래 두셨으니"(시 8:6), "세계나 생명이나 사망이나 지금 것이나 장래 것이나 다 너희의 것이요"(고전 3:22). 그러므로 하나님께서는 자기 자신을 위하여 사람을 창조하셨고, 또한 사람을 위하여 다른 만물들을 창조하셔서, 그것들이 사람을 섬기게 하시며, 또한 사람을 통하여 하나님을 섬기도록 하신 것이다. 그러므로, 피조물들을 하나님의 위치에 놓게 되면, 우리가 우리 자신을 하나

님께서 할당하신 그 위치에서 벗어나게 만들게 되는 것이다.

　세상 창조의 교리를 우리에게 다음과 같이 적용할 수 있을 것이다: 1. 하나님께 모든 영광을 돌리며, 그의 지으신 세계로부터 그의 지혜와 권능과 선하심을 알고 인정하여야 한다. 2. 창조된 모든 만물들에게서 우리의 신뢰를 거두어들이고, 오직 구원의 주인이신 하나님만을 신뢰하여야 한다.

27 문 　하나님의 섭리란 무슨 뜻입니까?

답 　섭리란 어디에나 있는 하나님의 전능하신 능력인데, 그는 이를 통하여 마치 그의 손으로 붙잡으시듯이 하늘과 땅과 모든 피조물들을 지탱시키시고, 식물들과 풀들, 비와 가뭄, 풍작(豊作)과 흉작(凶作), 먹을 것과 마실 것, 건강과 질병, 부와 가난, 양식과 음료 등 모든 것들이 우연이 아니라 그의 아버지다우신 손길로 임하도록 그렇게 그것들을 다스리십니다.

[해 설]

세상 창조의 교리와 직결되는 것이 하나님의 섭리의 교리인데, 이는 창조의 계속 이상 아무것도 아니다. 세상을 다스리시는 일은 바로 하나님께서 창조하신 것들을 보존하는 일이기 때문이다. 그러므로 세상의 창조를 마치 배를 건조하는 일과도 같은 것으로 보아서 배가 완성되면 즉시 선장에게 맡겨서 운영하게 하고 자신은 물러나는 것처럼 생각해서는 안 된다. 오히려 우리는 하나님의 창조의 능력이 없었다면 아무것도 존재할 수가 없었던 것처럼 하나님의 다스리시며 보존하시는 역사가 없이는 아무것도 한순간도 존재할 수가 없다는 것을 가장 확실한 진리로 붙들어야 한다. 그렇기 때문에 성경은 만물을 보존하고 계속 운영하는 일을 세상 창조와 연결짓는 것이다. 그러므로 하나님의 섭리의 교리를 깨닫지 않고서는 창조에 대해서도 충만하고도 올바른 지식을 얻을 수가 없는 것이다. 이제 하나님의 섭리에 대해서 구체적으로 살펴보기로 하자.

1. 과연 하나님의 섭리가 있는가?

2. 섭리란 무엇인가?

3. 섭리는 우리에게 무슨 유익을 주는가?

첫째 질문과 둘째 질문은 여기서 살펴보고, 셋째 질문은 28문답을 다룰 때에 살펴볼 것이다.

1. 과연 하나님의 섭리가 있는가?

하나님의 섭리에 대하여는 철학자들 가운데 세 가지 견해가 있다: 1. 에피쿠로스 철학자들은 사람들의 문제에 관하여, 혹은 세상에서 이루어지는 일들에 관하여 무슨 섭리가 있다는 것을 부인한다. 2. 스토아 철학자들은 신적인 섭리 대신 만물의 본질 자체에 존재하는 절대적 필연성과 변화를 제시하며, 만물이, 심지어 하나님 자신도 그것의 지배를 받는다고 본다. 그들은 이 필연성을 운명이라 부른다. 3. 아리스토텔레스학파 철학자들은 하나님이 만물을 바라보고 알기는 하나 그것들을 인도하고 다스리지는 않는다고 보며, 다만 천체들의 운행을 유지하고 그것들을 통하여 영향력을 미쳐서 자연의 낮은 부분들에 어떤 능력이나 덕을 미칠 뿐이며, 그런 영향력을 통해서 일어나는 작용과 운동들은 전적으로 물질과 또한 사람의 의지에 달려 있다고 본다.

이 오류들에 반대하여, 교회는 하나님의 말씀에 근거하여, 하나님의 지극히 자유롭고 선하며 동시에 분명하고도 확실한 역사하심이 없이는 온 세상에 아무것도 존재할 수 없고 또한 생겨날 수도 없음을 가르친다.

하나님의 섭리의 교리를 확증해 주는 증거들이 두 가지이다. 그 하나는 성경의 증언들이요, 또한 논리의 힘이다.

성경이 섭리의 교리를 뒷받침하여 제시하는 증거는 다음과 같은 본문들에서 나타난다: "만민에게 생명과 호흡과 만물을 친히 주시는 이"(행 17:25), "우리가 그를 힘입어 살며 기동하며 존재하느니라"(행 17:28), "너희 아버지께서 허락하지 아니하시면 그 하나도 땅에 떨어지지 아니하리라. 너희에게는 머리털까지 다 세신 바 되었나니"(마 10:29, 30), "모든 일을 그의 뜻의 결정대로 일하시는 이"(엡 1:11). 이 외에도 하나님의 일반 섭리와 특별 섭리를 입증해 주는 성경의 비슷한 증언들도 많다. 하나님의 섭리 교리보다도 더 자주 더 부지런히 제시되는 교리는 거의 없다. 한 가지 예를 들면, 예레미야 27:5, 6에서 하나님께서는 일반 섭리와 특별 섭리를, 섭리 그 자체와 그 실례를 모두 말씀하신다. "나는 내 큰 능력과 나의 쳐든 팔로 땅과 지상에 있는 사람과 짐승들을 만들고 내가 보기에 옳은 사람에게 그것을 주었노라." 그리고 이어서 구체적인 실례를 말씀하신다: "이제 내가 이 모든 땅을 내 종 바벨론의 왕 느부갓네살의 손에 주고 또 들짐승들을 그에게 주어서 섬기게 하였나니."

하나님의 섭리를 입증해 주는 논지는 두 종류다. 그 하나는 후천적인(a posteriori) 논지인데, 하나님의 효과들 혹은 역사들에서 이끌어낸 논리가 이에 속한다. 그리고 선험적인(a priori) 논지인데, 하나님의 본성과 속성들에서 이끌어낸 것이다. 둘 다 분명히 입증될 수 있는 것들이요, 교회가 철학보다 하나님의 속성들과 역사들을 더 완전하게 이해하기는 하지만 이는 철학과 신학에 공통적인 것이다. 그러나 하나님의 역사들에서 이끌어내는 논지들이 더욱 분명하다. 왜냐하면 선험적인 것들에 대해 지식을 얻게 되는 것이 바로 후천적인 논지를 통해서 이루어지는 일이기 때문이다.

하나님의 섭리를 증거해 주는 – 하나님의 역사들에서 이끌어낸 – 논지들

1. 비이성적인 원인으로부터는 질서가 나올 수 없다. 질서가 있는 곳에는 질서를 세우고 인도하는 누군가가 반드시 있는 법이다. 사물의 본질에는 질서가 있다. 자연 각 부분이 지극히 사려 깊게 정리되어 있고, 계절들과 날의 변화가 이어져서 전체의 유지와 보존에 기여하고 있다. 그러므로 이 질서가 존재하며 보존되고 있는 것은 뭔가 지성적인 정신에 의한 것이며, 또한 그 질서가 지극히 지혜롭게 이루어져 있는 것을 볼 때에 그렇게 만물을 정돈시켜 놓고 또한 그의 섭리로 다스리는 자는 지극히 지혜로운 분이실 수밖에 없다. "그가 별들의 수효를 세시고 그것들을 다 이름대로 부르시는도다"(시 147:4).

2. 이를테면 작은 세계라 할 수 있는 사람은 정신과 지성의 다스림을 받는다. 그러니 세계가 신적인 섭리에 의하여 지배를 받는다는 것은 더더욱 확실하다: "귀를 지으신 이가 듣지 아니하시랴?"(시 94:9).

3. 본성적인 법과, 사람에게 본성적인 일반 원리들에 대한 지식, 선하고 악한 것들의 차이에 대한 지식 등이 우리의 마음에 새겨져 있다는 사실은 섭리가 있다는 것을 가르쳐 준다. 사람의 삶을 규정하기 위하여 마음에 법칙 혹은 법을 새겨주신

분이라면 당연히 사람의 행위들을 돌아보시기 때문이다. 그런데 하나님께서는 사람의 마음에 그런 법칙을 새겨 주셨고, 우리가 그 법칙에 따라 살기를 바라신다. 그러므로 그는 그의 피조물들의 삶과 행위와 사건들을 다스리시는 것이 틀림없다. "그 양심이 증거가 되어 그 생각들이 서로 고발하며 혹은 변명하여 그 마음에 새긴 율법의 행위를 나타내느니라" (롬 2:15). 플라우투스(Plautus)는 말하기를, "우리가 행하는 것들을 보고 들으시는 하나님이 진정 존재한다"고 하였고, 호메로스(Homer)는 또한 "하나님께는 정의로운 눈이 있다"고 하였다.

4. 악인이 죄를 범한 후에 양심에 가책을 느낀다는 사실이, 사람의 은밀한 것들을 아시며 그들의 죄를 벌하시며 그들의 사악함에 대해 갚으시며 또한 그런 내적인 두려움이 마음속에서 우러나오도록 하시는 하나님이 반드시 계시다는 것을 입증해 준다: "그 양심이 증거가 되어 그 생각들이 서로 혹은 고발하며 혹은 변명하여 그 마음에 새긴 율법의 행위를 나타내느니라" (롬 2:15), "하나님의 진노가 불의로 진리를 막는 사람들의 모든 경건하지 않음과 불의에 대하여 하늘로부터 나타나나니" (롬 1:18).

5. 사람들의 행위들에 상급과 형벌이 있다는 사실은 자연의 법들을 시행하는 자가 반드시 있다는 것을 증거해 준다. 교회 바깥에 있을지라도 온화한 삶을 사는 자들에게는 방탕한 삶을 사는 자들의 경우보다 더 즐겁고 복된 일들이 생기고, 흉악한 범죄들 뒤에는 대개 극심한 형벌이 따른다. 그러므로 사람들의 행위들을 보시고 그것들에 대해 벌하시고 상주시는 어떤 심판자가 계시는 것이 틀림없다: "의인이 악인의 보복 당함을 보고 기뻐함이여 그의 발을 악인의 피에 씻으리로다. 그 때에 사람의 말이 진실로 의인에게 갚음이 있고 진실로 땅에서 심판하시는 하나님이 계시다 하리로다" (시 58:10, 11), "뭇 백성을 징벌하시는 이 곧 지식으로 사람을 교훈하시는 이가 징벌하지 아니하시랴?" (시 94:10).

6. 하나님의 섭리의 큰 부분은 나라들과 제국들의 흥망성쇠에서 나타난다. 그러나 만일 하나님이 계시지 않는다면 그런 일들이 일어날 수가 없다: "나로 말미암아 왕들이 치리하며 방백들이 공의를 세우며" (잠 8:15), "그 때에 지극히 높으신 이가 사람의 나라를 다스리시며 자기의 뜻대로 그것을 누구에게든지 주시는 줄을 아시리이다" (단 4:25). 키케로(Cicero)는 말하기를, "국가는 사람들의 생각과 도모에 의해서 움직이기보다는 오히려 하나님의 도우심과 능력에 의해서 움직인다"고 하였다. 선한 사람보다는 언제나 악한 사람의 숫자가 훨씬 더 많으며, 법의 권위를

유지하고자 하는 이들보다는 법의 권위를 무너뜨리려는 자들이 훨씬 더 많다. 그런데도 시민의 질서가 보존되고 있고, 국가들이 영구히 지속된다. 그러므로 누군가 모든 악인들과 폭군들보다 더 위대한 분이 계셔서 이 질서를 항상 보존해 가시는 것이 분명하다.

7. 일반 사람들의 능력을 훨씬 더 능가하는 몇몇 영웅들의 탁월한 덕성과 공적들과 성공이 있고, 또한 훌륭한 은사들과 탁월한 재능들이 특정한 개인들에게 부여되어 있어서 인간 사회에 유익을 주고 또한 사회를 보존해 가는 것을 보면, 인류를 보살피시는 하나님이라는 존재가 있다는 것이 분명히 입증된다. 이런 것들은 그저 감각적인 것에서 나올 수 있는 것보다 훨씬 더 위대한 것들이며, 인간의 근면함으로 성취할 수 있는 것보다 훨씬 더 탁월한 것들이기 때문이다. 그러므로 하나의 하나님이 계셔서, 인류의 안전을 위하여 큰 일들을 이루기를 원하실 때에 사람들에게 영웅적인 덕목들을 부여받은 자들과 예술적인 재능들을 받은 자들과, 용감하고 선하며 사려 깊은 군주들과, 기타 그의 목적을 수행하는 데에 합당한 도구들을 일으키시는 것이다. 그리고 사람들의 죄악을 벌하고자 하실 때에는 인류의 안전을 위해 일으켜 세우셨던 그 도구들을 거두어 가시는 것이다. "여호와께서 … 바사 왕 고레스의 마음을 감동시키시매"(스 1:1), "주 만군의 여호와께서 예루살렘과 유다가 의뢰하며 의지하는 것을 제하여 버리시되 곧 그가 의지하는 모든 양식과 … 용사와 전사와 재판관과 선지자와 복술자와 장로 … 를 그리하실 것이며"(사 3:1-3), "그는 … 왕들을 폐하시고 왕들을 세우시며 지혜자에게 지혜를 주시고 총명한 자에게 지식을 주시는도다"(단 2:21).

8. 장차 일어날 사건들에 대한 예언에서도 섭리를 볼 수 있다. 아직 미래에 있는 일들을 사람들에게 선포하실 수 있고 또한 그 예언들로 속임을 당하실 수 없는 분이 바로 하나님이시다. 그러므로 그는 미래의 사건들을 예견하실 뿐 아니라, 친히 역사하심으로나 혹은 허용하심으로나 그 일들이 일어나도록 만드시며, 그렇게 인간사(人間事)에 관여하시고 그의 섭리로써 세상을 다스리시는 것이다. "하나님은 사람이 아니시니 거짓말을 하지 않으시고 인생이 아니시니 후회가 없으시도다. 어찌 그 말씀하신 바를 행하지 않으시며 하신 말씀을 실행하지 않으시랴?"(민 23:19). 키케로는 "장차 될 일들을 선언하지 않는 자들은 신이 아니다"라고 하였다.

9. 세상의 모든 일들이 끊임없이 특정한 목표를 향하여 나아간다. 그러므로 자

신의 섭리로 모든 일들을 끊임없이 지도하며 각기 그 정해진 목표를 이루도록 하는 지극히 지혜롭고 능력 있는 어떤 존재가 있는 것이다. "사람이 떡으로만 사는 것이 아니요 여호와의 입에서 나오는 모든 말씀으로 사는 줄을 네가 알게 하려 하심이니라"(신 8:3).

하나님의 본성과 속성들에서 이끌어낸 논지들

1. 하나님이 계시다. 그러므로 섭리가 있다. 이는 하나님이 없으면 섭리도 없다는 말만큼이나 참된 말이다. 세상을 다스리지 않는 하나님을 상정한다는 것은 사실상 하나님을 부인하는 것이기 때문이다. 하나님이 존재한다고 생각하면서도 그가 세상을 다스리시지는 않는다고 한다면, 그것은 하나님의 본성에 정면으로 반대되는 것이다. 하나님이 없이는 세상이 창조될 수도 없었을 뿐더러 존재할 수도 없기 때문이다.

2. 하나님은 전능하셔서 그가 원하지 않으시는 일은 무엇이든 일어날 수가 없고, 그가 원하지 않으시는 방식으로도 일어날 수가 없다. 일어나는 일은 무엇이든 반드시 하나님의 뜻과 지도하심에 따라서 일어나는 것이다. 그러므로 일상적으로 일어나는 이런 일들은 전능하신 하나님의 뜻에 따라서 일어나는 것이요 따라서 그의 섭리로 일어나는 것이다.

3. 자기 나라에서 자기의 뜻과 지시가 없이는 그 어떤 일도 허용하지 않는 것은 지혜로운 군주가 하는 일이다. 하나님은 지극히 지혜로우시며 모든 일들에 함께 하실 수 있다. 그러므로 하나님의 섭리가 없이는 그 어떤 일도 세상에서 일어나지 않는다.

4. 하나님은 지극히 정의로우시며, 동시에 세상의 재판관이시다. 그러므로 선한 자들에게는 그가 친히 상을 베푸시고, 악한 자들에게는 그가 친히 형벌을 가하시는 것이다.

5. 하나님은 지극히 선하시다. 그러나 지극히 선하신 자는 또한 모든 것을 전해 주신다. 그러므로 하나님께서는 그의 무한한 선하심으로 세상을 창조하시면서, 세상에게 자기 자신을 전해 주시고 그리하여 자신이 선하심으로 창조하신 세상을 보존하시고 운영하시고 다스리시는 것이다.

6. 모든 일들의 목표들은 선하며, 하나님께서 정하신 것이다. 그러므로 그 목표들에 이르는 데에 필수적인 수단들 역시 하나님께서 영원 전부터 정해 놓으셨다.

7. 하나님은 만물의 최초의 원인이시다. 그러므로 모든 이차적인 원인들은 그에게 의존한다.

8. 불변하는 예지(豫知)는 불변하는 목적에 의존한다. 하나님은 영원 전부터 모든 일들을 불변하게 미리 아신다. 그러므로 그는 불변하는 목적에 따라 그것들을 미리 아시니, 그것은 바로 그의 영원하신 작정과 계획들이다. 요컨대, 하나님은 전능하시며 무한히 지혜로우시며 의로우시며 선하시다. 그러므로 그는 특별한 목적과 목표를 지니시고서 만물을 창조하시고 정하셨으며, 그가 정하신 그 목적을 향하여 모든 일이 진행되도록 끊임없이 인도하신다. 그는 어떠한 일도 우연에 의해서 이루어지게 내버려두지 않으시고, 자신이 지으시고 정하신 그것들이 하나님 자신의 영광을 드러내게 하시는 것이다. "네가 이 일을 행하여도 내가 잠잠하였더니 네가 나를 너와 같은 줄로 생각하였도다"(시 50:21), "하나님이 그가 베푸실 은혜를 잊으셨는가, 노하심으로 그가 베푸실 긍휼을 그치셨는가 하였나이다"(시 77:9), "내가 나의 모든 기뻐하는 것을 이루리라"(사 46:10).

2. 섭리란 무엇인가?

예지(豫知: foreknowledge)와 섭리, 그리고 예정(豫定: predestination)은 서로 다르다. **예지**란 하나님 자신이 행하실 것은 물론 다른 존재들이 그의 허용하심을 받아 행하게 될 것들까지도(예컨대, 죄를 짓는 일) 영원 전부터 미리 아시는 하나님의 지식을 뜻한다. **섭리**와 **예정**은 모두 하나님께서 친히 행하실 일들에 관한 것이지만, 섭리는 하나님께서 지으신 모든 만물에 다 해당되나 예정은 오직 이성적인 피조물들에만 해당된다는 점에서 서로 다르다. 그러므로 **예정**이란 하나님께서 각 사람이 창조되기 전부터 그 각 사람에 대하여 특정한 용도와 목적을 정해 놓으신 지극히 지혜롭고 영원하며 불변하는 하나님의 작정인데, 이에 대해서는 후에 더 분명하게 살펴보게 될 것이다. 그러나 **섭리란 하나님께서 그의 피조물들에게서 모든 선한 일들을 이루시며, 악한 일들이 행해지는 것을 허용하시고, 선하고 악한 모든 것들에 역사하사 그 자신의 영광과 그의 백성들의 구원을 이루도록 하시는 영원하고 지극히 자유로우며 불변하고 지혜롭고 의롭고 선한 하나님의 계획이다.**

이 정의에 대한 설명과 확증

계획(counsel). 성경에서는 하나님의 섭리를 가리켜 하나님의 계획이라 부른다.

"여호와의 계획은 영원히 서고 그의 생각은 대대에 이르리로다"(시 33:11), "나의 뜻[계획]이 설 것이니"(사 46:10), "하나님은 … 그 뜻[계획]이 변하지 아니함을 충분히 나타내시려고 그 일을 맹세로 보증하셨나니"(히 6:17). 또한 사 14:26; 19:17; 28:29; 렘 32:19 등을 보라. 이 선언들에서 분명히 드러나듯이, 섭리라는 용어는 현재와 미래의 일들에 대한 지식만이 아니라 하나님의 계획 혹은 뜻과 효력 있는 역사를 뜻하는 것이다. 계획이라는 용어는 행해질 일들 혹은 아직 미래에 있는 일들에 대한 이해 혹은 예지를 포괄하는 것이며, 또한 특정한 목적들을 갖고서 뭔가를 결정하는 의지를 뜻하는 것이다. 그러므로 섭리는 그저 하나님의 미리 보심 혹은 예지만을 뜻하는 것이 아니라, 하나님의 뜻까지도 포함하는 것이다. 이는 섭리로 번역되는 헬라어 **프로노이아**가 일들에 대한 지식과 처리 모두를 의미하는 것과 마찬가지다.

영원한. 하나님께는 무지(無知)도, 지식의 증가도, 뜻의 변화도 있을 수 없으므로, 그는 모든 일들을 영원 전부터 아시고 작정하셨을 수밖에 없다. "여호와께서 그 조화의 시작 곧 태초에 일하시기 전에 나를 가지셨으며"(잠 8:22), "내가 시초부터 종말을 알리며 아직 이루지 아니한 일을 옛적부터 보이고"(사 46:10), "창세 전에 그리스도 안에서 우리를 택하사"(엡 1:4), "오직 … 하나님의 지혜를 말하는 것으로서 … 하나님이 우리의 영광을 위하여 만세 전에 미리 정하신 것이라"(고전 2:7).

지극히 자유로운. 하나님께서 달리 계획하시거나 계획하지 않으시거나 혹은 그것과는 달리 일을 이루실 충만한 권능을 지니고 계신데도, 그 자신이 기뻐하시는 대로 그의 무한하신 지혜와 선하심에 따라 영원 전에 그렇게 작정하셨기 때문이다. "오직 우리 하나님은 하늘에 계셔서 원하시는 모든 것을 행하셨나이다"(시 115:3), "이스라엘 족속아 진흙이 토기장이의 손에 있음같이 너희가 내 손에 있느니라"(렘 18:6).

불변하는. 하나님께는 실수나 변화가 일어날 수 없으며, 그가 영원 전에 한 번 계획하신 것이야말로 지극히 선하고 의로운 것으로 그가 영원토록 그것을 뜻하시고 결국 이루실 것이기 때문이다. "나 여호와는 변하지 아니하나니"(말 3:6), "이스라엘의 지존자는 거짓이나 변개함이 없으시니"(삼상 15:29), 또한 민 23:19; 욥 23:13; 시 33:11; 잠 19:21 등을 보라.

지극히 지혜로운. 이는 세상에서 벌어지는 일들이 진행되는 놀라운 경로에서 분명히 드러난다. "능력과 지혜가 그에게 있고"(욥 12:16), "깊도다 하나님의 지혜와 지식의 풍성함이여"(롬 11:33). 또한 삼상 16:7; 왕상 8:39; 욥 36:23; 시 33:15; 119:2-6 등을 보라.

지극히 정의로운. 하나님의 뜻이야말로 정의의 근원이요 패턴이기 때문이다. "우리의 하나님 여호와께서는 사람들 앞에서 불의함도 없으시고 치우침도 없으시고 뇌물을 받는 일도 없으시니라"(대하 19:7). 또한 느 9:33; 욥 9:2; 시 36:7; 119:137; 단 9:7, 14 등을 보라.

모든 선한 일들을 이루시는. 이 문구를 덧붙인 것은 하나님의 계획이 무기력한 것이 아니라 효력 있는 것임을 알게 하기 위함이다. 그리스도께서는 "내 아버지께서 이제까지 일하시니 나도 일한다"라고 선언하셨다(요 5:17).

하나님의 역사하심은 두 가지이니, 일반 역사와 특별 역사가 그것이다. 하나님의 **일반** 역사는 만물을, 특히 인류를 지탱시키고 다스리시는 역사다. 그리고 **특별** 역사는 금생에서 그의 백성의 구원을 시작하시고 또한 내생에서 그 구원을 완성시키시는 역사다. 이 두 가지 역사에 대해 성경은 이렇게 말씀한다: "우리 소망을 살아 계신 하나님께 둠이니 곧 모든 사람 특히 믿는 자들의 구주시라"(딤전 4:10), "무릇 하나님의 영으로 인도함을 받는 사람은 곧 하나님의 아들이라"(롬 8:14), "여호와의 눈은 의인을 향하시고 그의 귀는 그들의 부르짖음에 기울이시는도다"(시 34:15). 하나님께서는 또한 직접적인 방식과 간접적인 방식으로 역사하신다. 하나님께서 자신의 뜻하신 바를 수단을 사용하지 않으시고, 혹은 그가 자연 속에 세우신 질서와는 다른 방식으로 행하시는 경우는 그가 **직접적으로** 역사하시는 것인데, 이적적인 방식으로 생명을 지탱시키시는 경우가 이에 해당한다. 또한 하나님께서 자연에 세워진 질서를 따라 피조물들이나 이차적인 원인을 통하여 어떤 일을 행하시는 경우는 그가 **간접적으로** 역사하시는 것이며, 음식으로 우리를 지탱시키시고 약으로 질병을 치유하시는 경우가 이에 해당한다. "한 뭉치 무화과를 가져다가 종처에 붙이면 왕이 나으리라"(사 38:21). 하나님께서 자기 자신과 자신의 뜻을 읽혀지고 선포되는 성경을 통해서 우리에게 계시하시는 것이 바로 이런 방식을 통한 것이다. "그들에게 모세와 선지자들이 있으니 그들에게 들을지니라"(눅 16:29).

이러한 하나님의 간접적인 활동 혹은 역사는 때로는 자연스럽고 자발적인 것들을 포함한 선한 도구들을 통해서 이루어지고, 때로는 악하고 죄된 도구들을 통해서 이루어지지만, 하나님께서 그 도구들을 통하여 행하시는 일이 언제나 지극히 거룩하고 의롭고 선하게 되는 방식으로 이루어진다. 하나님의 역사의 선하심이 도구에 달려 있는 것이 아니고, 하나님의 자비하심과 지혜와 의로우심에 달려 있기 때문이다. 하나님께서 선한 도구들을 통하여 역사하신다는 것은 경건한 자들이 일반적으로 인정하는 사실이다. 그러나 악한 도구들을 통하여 역사하시는 문제에 대해서는 다양한 견해들이 있다.

그러나 악인들을 통하여 이루어지는 바 의인들의 시련과 채찍들, 그리고 악인들의 형벌들이 하나님의 뜻과 권능에서 오는 것으로 정의롭다는 것을 부인하지 않는다면, 그리고 인류의 복지에 기여해온 악인들의 덕목들과 행위들이 하나님께서 주신 선물들이라는 것을 부인하지 않는다면, 하나님께서 악하고 죄 된 도구들을 사용하사 그의 의롭고 거룩한 심판과 역사들을 시행하신다는 것을 인정하지 않을 수가 없는 것이다. 요셉이 악한 형제들과 미디안 상인들을 통하여 애굽에 간 일이나, 선견자 발람을 통하여 이스라엘을 축복하게 하신 일이나, 거짓 선지자들을 통하여 그 백성을 시험하신 일이나, 사탄을 통하여 사울을 괴롭게 하신 일이나, 압살롬과 시므이의 망령된 처신을 통해서 다윗을 벌하신 일이나, 여로보암의 반역을 통해서 솔로몬을 채찍질하신 일이나, 사탄을 통하여 욥을 시험하신 일이나 느부갓네살의 손에 의하여 유다와 예루살렘을 포로로 끌려가게 하신 일 등이 모두 이에 속하는 것이다.

모든 선한 일들을 이루시며. 그는 그의 뜻과 계획이 없이는 크고 작은 어떠한 피조물도 존재하거나 움직이거나 행하거나 당하지 못하도록 하는 방식으로 이 일을 행하신다. 선한 일들이란 사물들의 본질은 물론 그 수량과 질, 움직임까지도 다 포함하는 것이다. 만물이 하나님으로 말미암아 창조된 것들이고 따라서 만물이 그의 섭리 속에 포함되기 때문이다.

악한 일들이 행해지는 것을 허용하시고. 악한 일들이란 두 가지다. 그 하나는 죄책의 악인데 이것은 모두가 죄이며, 또 하나는 형벌의 악인데 여기에는 하나님께서 죄 때문에 그의 이성적인 피조물들에게 부과하시는 모든 환난과 파멸, 혹은 괴로움 등이 포함된다. 예레미야 18:8에서 이 두 가지 형태의 악의 실례를 볼 수 있다: "만일 내가 말한 그 민족이 그의 악에서 돌이키면 내가 그에게 내리기로 생각하였던 재앙에 대하여 뜻을 돌이키겠고."

형벌의 악(the evil of punishment)은 하나님께서 시행하시는 것인데, 그것은 특정한 행위 혹은 움직임일 뿐 아니라, 악인들의 파멸 혹은 환난이라는 점에서 그러하다. 이는 다음 몇 가지 사실로 입증된다. 1. 하나님이 모든 선한 일의 주된 원인이시며 또한 동력인(動力因)이시기 때문이다. 현재의 모든 형벌은 도덕적으로 선한 것이다. 왜냐하면 그것은 신적인 정의의 선언이요 시행이기 때문이다. 그러므로 하나님은 형벌의 주인이시다. 2. 하나님은 세상의 심판주이시며 그 자신의 영광을 이루시는 분이시며, 또한 그런 분으로 인정받기를 바라신다. 그러므로 그는 상급과 형벌을 베푸시는 분이시다. 3. 성경에 도처에서 이구동성으로 악인의 형벌들과 성도들의 채찍과 시련과 순교들을 하나님의 유효적인 뜻으로 말씀하기 때문이다. "나는 빛도 짓고 어둠도 창조하며 나는 평안도 짓고 환난도 창조하나니 나는 여호와라"(사 45:7), "여호와의 행하심이 없는데 재앙이 어찌 성읍에 임하겠느냐?"(암 3:6), "오직 몸과 영혼을 능히 지옥에 멸하실 수 있는 이를 두려워하라"(마 10:28).

죄책의 악(the evil of guilt)이 죄인 이상 거기에는 선한 본질이 없다. 그러므로 하나님께서는 그것들을 뜻하지도 않으시고, 사람들을 유혹하여 그것들을 행하도록 하시지도 않고, 그것들을 친히 이루시지도 않으신다. 다만 그는 마귀와 사람들이 그것들을 행하는 것을 허용하시며, 친히 그것을 막으실 권능이 있으시면서도 그것들을 막지 않으시는 것뿐이다. 그러므로 이런 일들 역시 하나님의 섭리 아래에 드는 것이지만, 그가 행하시는 것이 아니라 다만 허용하실 뿐이다. 그러므로 **허용하다**라는 낱말을 거부해서는 안 된다. 성경에도 가끔씩 이런 사상이 나타나고 있으니 말이다. "너를 **막아** 내게 범죄하지 아니하게 하였나니"(창 20:6), "그는 사람이 그들을 억압하는 것을 **용납하지** 아니하시고"(시 105:14), "하나님이 지나간 세대에는 모든 민족으로 자기들의 길들을 가게 **방임하셨으나**"(행 14:16). 그러나 세상과 인간사의 통치의 상당한 부분을 하나님으로부터 빼앗는 잘못을 저지르지 않으려면, 이 단어를 올바로 이해해야 한다. 이러한 허용이란 악인의 행동들에 관하여 하나님께서 무관심으로 그의 섭리와 역사를 유보시키셔서 그런 악인의 행동들이 하나님과 관계없이 그저 피조물들의 의지에 따라서만 좌우되도록 하시는 것이 아니다. 그것은 하나님께서 (그의 뜻의 작정들을 이성적인 피조물들을 통해서 이루시는 동안) 은혜를 거두어 가시는 것으로서, 하나님께서 이루어지기를 바라시는 바를 그 행동하는 피조물이 알게 하지 않으시거나 혹은 그 피조물로 하여금 순종하여 하나님의 뜻에 합당한 바를 이행하도록 하는 의지를 갖도록 하지 않으시는 것이다. 그럼에도 불구하고 하나님께서는 시종일관 그 피조물을 통제하시고 영향을 주셔서 그로 하여금 하나님께서 목적하신 바를 이루도록 계속해서 죄를 짓도록 버려 두시는 것이다.

선하고 악한 모든 것들에 역사하사. 세상의 창조로부터 있는 과거의 모든 일들은 물론 현재의 일들과 미래의 일들, 심지어 영원 후까지의 모든 일들을 다 포함한다. "너희는 옛적 일을 기억하라. 나는 하나님이라. 나 외에는 다른 이가 없느니라. 나는 하나님이라. 나 같은 이가 없느니라. 내가 시초부터 종말을 알리며 아직 이루지 아니한 일을 옛적부터 보이고 이르기를 나의 뜻이 설 것이니 내가 나의 모든 기뻐하는 것을 이루리라 하였노라"(사 46:9, 10).

그 자신의 영광. 즉, 하나님의 신적인 정의와 권능과 지혜와 자비와 선하심을 인정하도록 한다는 뜻이다.

그의 백성들의 구원. 즉, 교회의 생명, 기쁨, 의, 영광, 그리고 영원한 복락이 되게 하신다는 뜻이다. 하나님의 모든 역사와 계획들은 바로 이 목적들, 즉 하나님의 영광과 교회의 구원과 결부되어야 마땅하다. 왜냐하면 그 모든 것들이 하나님의 영광을 드러내며 교회에 대한 하나님의 관심을 드러내기 때문이다. "하늘이 하나님의 영광을 선포하고"(시 19:1), "내 영광을 위하여 내가 참고 너를 멸절하지 아니하리라"(사 48:9), "우리가 알거니와 하나님을 사랑하는 자 … 들에게는 모든 것이 합력하여 선을 이루느니라"(롬 8:28), "이 사람이나 그 부모의 죄로 인한 것이 아니라 그에게서 하나님이 하시는 일을 나타내고자 하심이라"(요 9:3).

하나님의 섭리에 대해서 제시한 정의에 대해 짧게나마 설명을 했는데, 이로부터 다음과 같은 의문이 자연히 일어나게 된다: **섭리란 모든 것들을 다 포함하는 것인가, 다시 말해서 모든 만물에까지 퍼지는 것인가?** 이 질문에 대한 대답은 자명하다. 모든 것들이, 지극히 사소한 것조차도, 하나님의 섭리 내에 속하므로, 선하든 악하든 무슨 일이 일어나든 그것은 우연에 의해서가 아니라 하나님의 영원한 계획에 의해서 일어나는 것이다. 그러나 이 교리에 대해서 무지한 자들도 있고, 또한 갖가지 방식으로 이를 반대하는 자들도 있고 조롱하는 자들도 있으므로, 이 문제에 대해 좀 더 상세히 설명하고 또한 이것이 하나님의 말씀의 가르침들과 완전히 일치한다는 것을 입증할 필요가 있다.

모든 일들이 하나님의 섭리에 포섭된다는 것을 입증해 주는 증언들의 일부는 **일반적인** 증언으로서 일반적으로 모든 것들과 사건들이 하나님의 섭리에 종속되어 있음을 가르쳐 주는 것이요, 일부는 **특별한** 증언으로서 하나님께서 특정한 모든 것 하나하나를 특별히 인도하시고 다스리신다는 것을 입증하는 것이다. 전자는 일반 섭리를 입증하고 확립시키며, 후자는 특별 섭리를 입증하고 확립시키는 것이다. 특별한 증언들은 피조물들에 관계되는 것이거나 아니면 날마다 일어나는 사건들에 관계되는 것이다. 피조물들에 관계되는 경우는, 생명 있는 것이든 생명이 없는 것이든 비이성적인 피조물들에 관계되거나, 아니면 선한 일이나 악한 일을 행하는 이성적이며 자발적인 활동자들에 관계되거나 둘 중의 하나다. 사건들에 관계되는 경우는, 우연하거나(casual) 우발적이거나(contingent) 혹은 필연적이다(necessary). 일어나는 일들은 우발적이고 돌연한 일이거나 ─ 그 참된 원인에 대해 무지한 우리가 보기에 ─ 아니면 본질상 필연적으로 작용하는 원인들을 지닌 점에서 필연적이거나 둘 중의 하나다. 그러나 하나님께는 우발적이거나 우연한 것이 하나도 없고, 모든 일이 다 필연적인 것이다. 물론 선한 행위와 악한 행위에 관해서는 그 방식이 다르기는 하지만 말이다.

하나님의 섭리에 속한 것들

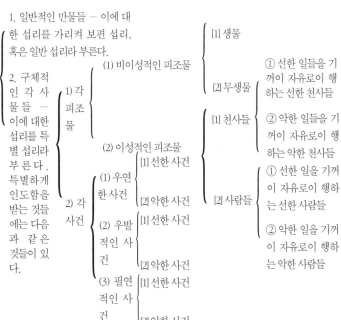

위의 도표의 각 부분들에 대해 분명하고도 충실한 증거들을 덧붙여서 위에서 제시한 진리에 대해 추호도 의심이 없도록 하는 것이 합당할 것이다.

1. 하나님의 일반 섭리는 하나님의 말씀의 다음과 같은 증언들에 의해서 입증된다: "모든 일을 그의 뜻의 결정대로 일하시는 이"(엡 1:11), "이는 만민에게 생명과 호흡과 만물을 친히 주시는 이심이라"(행 17:25), "어찌 그 말씀하신 바를 행하지 않으시며 하신 말씀을 실행하지 않으시랴?"(민 23:19), "오직 주는 여호와시라 하늘과 하늘들의 하늘과 일월 성신과 땅과 땅 위의 만물과 바다와 그 가운데 모든 것을 지으시고"(느 9:6), "나는 빛도 짓고 어둠도 창조하며 나는 평안도 짓고 환난도 창조하나니 나는 여호와라"(사 45:7).

2. 요셉의 이야기는 이성적 피조물들에 대한 특별 섭리에 대한 놀라운 증거를 제시해 준다. "그런즉 나를 이리로 보낸 이는 당신들이 아니요 하나님이시라"(창 45:8), "당신들은 나를 해하려 하였으나 하나님은 그것을 선으로 바꾸사"(창 50:20). 출애굽기에 기록된 바로의 이야기도 동일한 증거를 제시해 준다: "누가 사람의 입을 지었느냐? 누가 말 못 하는 자나 못 듣는 자나 눈 밝은 자나 맹인이 되게 하였느냐? 나 여호와가 아니냐?"(출 4:11), "여호와께서 여호수아에게 이르시되 그들로 말미암아 두려워하지 말라. 내일 이맘때에 내가 그들을 이스라엘 앞에 넘겨 주어 몰살시키리니"(수 11:6), "그가 저주하는 것은 여호와께서 그에게 다윗을 저주하라 하심이니 네가 어찌 그리하였느냐 할 자가 누구겠느냐?"(삼하 16:10), "여호와께서 말씀하시기를 누가 아합을 꾀어 그를 길르앗 라못에 올라가서 죽게 할꼬?"(왕상 22:20), "왕의 마음이 여호와의 손에 있음이 마치 봇물과 같아서 그가 임의로 인도하시느니라"(잠 21:1), "여호와께서 그들을 즐겁게 하시고 또 앗수르 왕의 마음을 그들에게로 돌려 이스라엘의 하나님이신 하나님의 성전 건축하는 손을 힘 있게 하도록 하셨음이었더라"(스 6:22). 여호와께서는 또한 앗수르 왕을 "내 진노의 막대기"라 부르시며, 또한 "주께서 주의 일을 시온 산과 예루살렘에 다 행하신 후에 앗수르 왕의 완악한 마음의 열매와 높은 눈의 자랑을 벌하시리라"고 덧붙이신다(사 10:5, 12). "주의 명령이 아니면 누가 이것을 능히 말하여 이루게 할 수 있으랴?"(애 3:37), "하늘의 군대에게든지 땅의 사람에게든지 그는 자기 뜻대로 행하시나니 그의 손을 금하든지 혹시 이르기를 네가 무엇을 하느냐고 할 자가 아무도 없도다"(단 4:35), "헤롯과 본디오 빌라도는 이방인과 이스라엘 백성과 합세하여 하나님께서 기름 부으신 거룩한 종 예수를 거슬러 하나님의 권능과 뜻대로

이루려고 예정하신 그것을 행하려고 이 성에 모였나이다"(행 4:27, 28).

3. 생물이든 무생물이든 비이성적인 피조물들에 대한 하나님의 섭리에 관해서는 다음의 증거들을 제시할 수 있다: "그의 뼈를 보호하심이여 그 중에서 하나도 꺾이지 아니하도다"(시 34:20), "하나님이 노아와 그와 함께 방주에 있는 모든 들짐승과 가축을 기억하사 하나님이 바람을 땅 위에 불게 하시매"(창 8:1), "들짐승과 우는 까마귀 새끼에게 먹을 것을 주시는도다"(시 147:9), "오늘 있다가 내일 아궁이에 던져지는 들풀도 하나님이 이렇게 입히시거든"(마 6:30). 또한 욥 37장; 시 104편을 보라.

4. 우연히 일어나는 일들에 대해서는 이렇게 말씀한다: "만일 사람이 고의적으로 한 것이 아니라 나 하나님이 사람을 그의 손에 넘긴 것이면 내가 그를 위하여 한 곳을 정하리니 그 사람이 그리로 도망할 것이며"(출 21:13), "너희 아버지께서 허락하지 아니하시면 그 하나도 땅에 떨어지지 아니하리라. 너희에게는 머리털까지 다 세신 바 되었나니"(마 10:29, 30), "주신 이도 여호와시요 거두신 이도 여호와시오니 여호와의 이름이 찬송을 받으실지니이다"(욥 1:21), "제비는 사람이 뽑으나 모든 일을 작정하기는 여호와께 있느니라"(잠 16:33).

5. 하나님의 말씀을 통하여 계시된 하나님의 계획에 따라 일어나는 필연적인 사건들에 대해서는 다음의 증언들을 참조할 수 있을 것이다: "이 일이 일어난 것은 그 뼈가 하나도 꺾이지 아니하리라 한 성경을 응하게 하려 함이라"(요 19:36), "또 이르시되 이같이 그리스도가 고난을 받고 제 삼일에 죽은 자 가운데서 살아날 것과"(눅 24:46), "거짓 그리스도들과 거짓 선지자들이 일어나 큰 표적과 기사를 보여 할 수만 있으면 택하신 자들도 미혹하리라"(마 24:24), "내가 그들에게 영생을 주노니 영원히 멸망하지 아니할 것이요 또 그들을 내 손에서 빼앗을 자가 없느니라"(요 10:28). 혹은 하나님께서 자연 속에 세우신 질서에 의해서나 자연적인 원인에 의해서 필연적으로 일어나는 사건들에 대해서는 다음의 증언들을 참조할 수 있을 것이다: "바람의 무게를 정하시며 물의 분량을 정하시며 비 내리는 법칙을 정하시고 비 구름의 길과 우레의 법칙을 만드셨음이라"(욥 28:25, 26), "눈을 명하여 땅에 내리라 하시며 적은 비와 큰 비도 내리게 명하시느니라"(욥 37:6-7), "그가 그의 누각에서부터 산에 물을 부어 주시니 주께서 하시는 일의 결실이 땅을 만족시켜 주는도다. 그가 가축을 위한 풀과 사람을 위한 채소를 자라게 하시며 땅에서 먹을 것이 나게 하셔서 사람의 마음을 기쁘게 하는 포도주와 사람의 얼굴을 윤택

하게 하는 기름과 사람의 마음을 힘있게 하는 양식을 주셨도다"(시 104:13-15).

하나님의 섭리가 만물들과 모든 사건 하나하나에 미친다는 것을 보여주는 이와 비슷한 성격의 증언들의 숫자는 성경에서 거의 무한대에 가깝다. 그러나 우리의 현재의 목적에는 이 정도만으로도 충족하다. 지금까지 제시한 내용에서, 선한 것이나 악한 것이나, 작은 것이나 큰 것이나 만물들이 하나님의 섭리로 말미암아 인도함 받고 다스림 받되, 선한 것들은 하나님의 섭리가 원인이 되어, 즉 하나님께서 뜻하시고 명하시고 이루심으로 말미암아 이루어지고, 또한 악한 것들은 하나님의 섭리가 원인이 되지는 않으나 그 섭리에 따라서, 즉 하나님께서 뜻하시고 명령하시고 이루시는 것이 아니라 그것들을 허용하시고 인도하셔서 그 정해진 목적을 이루도록 하심에 따라서 이루어진다는 것이 명백하게 드러나기 때문이다.

하나님의 섭리가 모든 것들 하나하나에 다 미친다는 것을 증명해 주는 논지들은 섭리가 있다는 것을 증명해 주는 논지들과 거의 동일하다.

1. 전능하신 그분의 뜻이 없이는 아무것도 행해질 수가 없다. 그러므로 하나님께서 뜻하지 않으실 때에는 무슨 일이 일어난다는 것이 불가능한 것이다. 그러나 무슨 일이 행해지기 위해서는 반드시 하나님께서 그 일을 뜻하시든, 아니면 그 일이 하나님의 뜻에 부합되든지 해야만 한다.

2. 지혜로운 군주라면 자신의 권세 안에서는 자신의 뜻과 계획이 없이는 그 어떠한 일도 일어나는 것을 허용하지 않는 법이다. 그리고 그 군주가 지혜로운 자일수록 그의 통치의 범위도 더 넓다. 그러나 하나님의 지혜는 무한하며, 만물이 그의 권세 안에 있다(사 40:27). 그러므로 온 세상에서 하나님께서 뜻하시고 계획하시지 않는 것은 그 어떠한 일도 일어날 수가 없다.

3. 모든 것들에는 참으로 선한 특정한 목적들이 있다. 그런데 모든 것들은 하나님으로부터 온 것으로 그가 그것들을 뜻하시고 지도하신다. 그러므로 그는 사물들의 목적들을 뜻하시고 지도하신다. 그러나 목적들을 뜻하시는 자는 또한 그 목적들에 도달하기 위한 수단들까지도 뜻하신다. 그러므로 하나님께서는 그 수단들을 뜻하시며, 그것들이 선할 경우에는 그냥 뜻하시고, 그것들이 악할 경우에는 특정한 방식으로 뜻하신다. 그러므로 존재하고 일어나는 모든 것들이 그 목적들이거나 혹은 그 목적들에 이르는 수단들이라는 사실을 볼 때에 하나님께서 모든 것들을 뜻하시고 다스리시는 것이 분명한 것이다.

4. 다른 어떠한 것에도 의존하지 않고 오히려 다른 모든 것들의 근거가 되는 뭔

가 최초의 원인이 있다. 하나님이 바로 이 최초의 원인이시다. 그러므로 모든 제 이차적인 원인들은 하나님의 뜻에 의존한다.

5. 하나님께서는 영원 전부터 모든 것들을 불변하게 미리 아신다. 그는 자신의 예지(豫知)에서 속임을 당하실 수도 실수를 하실 수도 없기 때문이다. 그러므로 하나님의 예지는 모든 것들에 대한 확실하고도 오류 없는 지식이며, 따라서 모든 것들은 하나님께서 미리 아시는 대로 일어난다. 그의 예지가 창조된 것들에 의존 하지 않고 하나님 자신에게 의존하기 때문이다. 그러므로 모든 사건들은 하나님 의 예지에 의존하며 또한 그 예지로부터 변함없이 나아온다.

6. 모든 선한 것들은 최초의 원인이신 하나님으로부터 말미암은 것들이다. 본질, 욕망, 행위 등 자연 속에 지어지고 세워진 모든 것들은 그 상태로 그대로 있는 한 선하다. 그러므로 그것들은 하나님께로 말미암은 것들이요, 그의 섭리에 따라 이루어진다

하나님의 섭리에 대한 특정한 반론들에 대한 반박

첫 번째 반론: 세상의 혼란과 무질서

혼란의 상태에 있는 것들은 하나님의 지배를 받는 것이 아니다. 하나님은 혼란을 일으키시는 분이 아니시기 때문이다. 세상에는 많은 혼란이 있다. 그러므로 하나님의 섭리의 다스림을 받는 것이 하나도 없거나, 아니면 최소한 모든 것이 다 그 섭리의 다스림을 받는 것은 아니다.

답변 1. 혼란의 상태 속에 있는 것들이 많지만, 천체(天體)들의 운행이나 인류 중 여러 종족들과 동물들의 다른 종들의 보존, 국가의 보존, 악인의 형벌 등, 지혜롭게 정돈되어 있고 질서가 유지되는 것도 많다. 그러므로 하나님의 섭리의 다스림을 받는 것이 하나도 없다는 식으로 결론지을 수는 없다.

답변 2. 혼란 가운데 있는 것들에 대해서도, 마귀와 사람들의 악의에 의하여 생겨나는 혼란은 하나님으로부터 오는 것이 아니다. 그러므로 주 전제와 결론은 서로 부합되지 않는다.

답변 3. 주 전제에 대해서는, 혼란 중에 있는 것들은 그 혼란에 관한 한 하나님의 다스림을 받지 않으나 이 혼란 가운데 어떤 질서가 있다면 그 점에 있어서는 하나님의 다스림을 받는다고 답할 것이다. 하나님의 지혜와 권능과 정의에 속한 질서

의 흔적이 전혀 나타나지 않을 만큼 그렇게 혼란스러운 것은 이 세상에 없고 일어나지도 않는다. 아무리 큰 혼란 중에 있다 할지라도 언제나 그러한 질서가 반드시 분명하게 드러나기 때문이다. 예를 들어서, 사람들의 뜻과 행위들에도, 유대인들에게 십자가에 못 박히신 하나님의 아들의 죽음에도 큰 혼란이 있다. 또한 요셉이 애굽에 팔려간 사건에도, 압살롬의 반역 사건에도 혼란이 있다. 그러나 동시에 하나님의 뜻과 계획의 견지에서 보면 크나큰 질서가 그 속에 있었다. 하나님께서는 우리의 죄를 위하여 그 아들을 내어주신 것이요, 요셉을 애굽에 보내신 것도 다윗과 압살롬을 징벌하신 것도 그러한 질서에 의한 것이었다. 그러므로 다른 각도에서 볼 때에 동일한 사건에 혼란과 질서가 공존하는 것이다. 그러므로 혼란 가운데 있는 것들은 하나님으로부터 비롯되는 것이 아니며, 그것들이 죄악되고 혼란스러운 것이 하나님의 지배를 받기 때문인 것도 아니다. 그러나 그것들이 하나님의 지혜와 정의의 질서와 일치한다는 면에서 그것들은 하나님의 지배를 받는 것이다.

재반론. 하나님의 뜻을 거스르는 것은 하나님께 다스림을 받는 것이 아니다. 마귀들과 사람들의 뜻은 하나님의 뜻을 거스르는 것이다. 그러므로 그것은 하나님의 다스림을 받지 않는다.

답변. 이 삼단논법에는 네 가지 조건이 들어 있다. 주 전제는 하나님의 은밀한 뜻과 계시된 뜻 모두에 다 해당되지만, 소 전제는 계시된 하나님의 뜻에만 해당된다

하나님의 섭리에 대한 두 번째 반론: 죄의 원인

모든 행위들과 욕망들과 움직임들은 하나님으로부터 온다. 많은 행위들은 죄악된 것들이다. 그러므로 죄는 하나님으로부터 오며, 따라서 결국 보편적인 섭리의 교리는 하나님을 죄의 주인으로 만들어 버린다.

답변. 소 전제에 오류가 있다. 악인들의 행위들은 죄들이지만, 그 행위들 자체가 죄악된 것이 아니라 거기에 의가 결핍되어 있고 또한 하나님의 뜻을 행동으로 따르지 않는 불경건한 자들의 뜻이 사악하기 때문에 죄악된 것이기 때문이다. 의의 결핍과 사악함이 피조물의 뜻과 행위에 결부되는데, 하나님께서는 부패한 의지로 하여금 이를 이루도록 계획하시는 것이다.

반론 1. 그러나 그 본질 자체가 죄악된 행위들도 많다. 그러므로 그 행위들은 그 자체로서도 죄악된 것들이다.

답변. 하나님께서 금하시는 행위들과 피조물들이 하나님의 뜻에 반하여 저지르는 행위들에 대해서는 이 반론을 인정할 수 있다. 그런 점에서는 그것들이 죄악되다. 그러나 하나님께서 그것들을 뜻하신다는 점에서나 그것들이 행해지도록 하신다는 점에서는 죄악된 것이 아니다. 하나님의 뜻이 그것들을 촉발시킨다거나 생기게 한다는 점에서는 그것들이 언제나 지극히 의로운 하나님의 판단이기 때문이다. 그러나 그러면서도 죄의 이름 아래에서 하나님을 노골적으로 멸시하는 것이 없지 않으며, 따라서 그것들은 죄악된 것에 포함되는 것이다. 그러므로 이 반론은 그릇된 것이다.

반론 2. 그 자체로서 죄악된 행위를 뜻하는 자는 또한 죄도 뜻하는 것이다. 하나님께서는 요셉을 애굽에 판 일이나, 압살롬의 반역 사건이나, 거짓 선지자들의 거짓말들이나 앗수르 사람들의 잔인함이나 그리스도의 십자가에 죽으심 등, 그 자체로서 죄악된 행위들을 뜻하신다. 그러므로 그는 죄를 뜻하시는 것이다.

답변. 주 전제는 스스로 죄악된 뜻을 갖고서 죄악된 행위를 뜻하는 자나 혹은 죄를 짓는 자와 동일한 목적을 갖고서 어떤 행위를 뜻하는 자에게는 그대로 적용된다. 그러나 다른 이가 죄악된 뜻을 갖고서 죄악된 행위를 하는 것을 뜻하고 이루는 자나, 혹은 다른 목적을 갖고서 특정한 일을, 즉 그것이 하나님의 본성 및 율법과 일치하므로 선한 일을 뜻하는 자에게는 적용되지 않는다. 그런데 하나님께서 앗수르 사람들과 기타 죄인들에게서 유효적으로 뜻하시는 그 행위들은 죄악된 것들이지만, 그것들이 하나님의 뜻이라는 점에서가 아니라 그것이 죄를 짓는 사람의 뜻이라는 점에서 그렇다. 하나님께서는 가장 선한 목적을 갖고서 그 모든 일들을 뜻하셨으나, 사람들은 가장 악한 목적으로 그것들을 뜻하였기 때문이다. 이 답변을 보다 잘 이해하고 또한 이런 비난들을 더 강력하게 반박하기 위해서는, 다음의 일반적인 법칙을 주지할 필요가 있다. 이 법칙은 도덕 철학과 자연 철학에서만이 아니라 신학에서도 분명한 사실로 드러난다: "하나의 동일한 결과에 선하고 악한 여러 가지 원인들이 있을 때에 선한 원인들과 관계되는 결과는 선하나 악하고 죄악된 원인들과 관계되는 결과는 악하다. 그리고 선한 원인들은 그 자체가 선의 원인들이지만, 우발적으로 그것들이 악하고 죄악된 결과들의 원인이 되기도 하고, 혹은 특정한 죄악된 원인 때문에 결과적으로 죄악된 것이 되기도 하며, 반대로, 죄악된 원인들이 그 자체로서는 악의 원인들이나 우발적으로 그것들이 선한 결과들의 원인이 되기도 한다는 것이다." 동력인과 최종적 원인이 행위를 다르게 만든다는 것이 보편적으로 인정되는 사실이다. 그렇기 때문에, 예를 들어서 요셉을 애굽에 판 하나의 행위가 그의 형제들에게는 지극히 악한 일이었으나 동시에 하나님께는 다른 동력인과 최종적 원인으로 인하여 지극히 선한 일이었던 것이다. 하나님의 선하신 뜻을 요셉의 형제들에게 적용시킬 수 없듯이, 그들의 사악한 행위를 하나님의 탓으로 돌려서도 안 되는 것이다.

반론 3. 하나님이 절대적으로 금지하시므로 도저히 일어날 수 없는 일도, 하나님이 뜻하시면 일어날 수도 있다. 죄는 그것이 죄라는 점에서는 도저히 범해질 수가 없다. 하나님께서 그것을 뜻하시지 않으며 또한 그는 전능하시기 때문이다. 그러므로 하나님께서 뜻하지 않으시면 죄가 범해질 수 없다.

답변. 결론을 인정할 수 없다. 주 전제에 결함이 있기 때문이다. 진술해야 할 모든 내용을 다 진술하지 않기 때문이다. **하나님이 허용하실 때에는**이라는 문구가 빠져있는 것이다. 하나님께서 죄를 뜻하시는 것이 아니라 그것을 기꺼이 허용하실 때에도 죄가 범해질 수 있기 때문이다. 혹은 **하나님께서 뜻하시지 않으면**이라는 문구가 애매하다고 말할 수도 있다. 이는 때로는 인정하지 않고 막는 것을 뜻하기도 하는데, 이런 의미로 보면 하나님께서 뜻하시지 않으면 그 어떠한 일도 일어날 수가 없다. 그렇지 않으면 그가 전능한 분이 아닌 것이 될 것이다. 그러나 이 문구는 그저 인정하지 않는 것만을 뜻하기도 한다. 그렇게 인정하지 않으면서도 막지는 않고 허용한다는 뜻이기도 한데, 이런 의미로 보면 하나님께서 죄를 뜻하시지 않을 때에도 — 즉, 그가 죄를 인정하지 않으시나 악인의 범죄 행위를 막지 않고 허용하실 때에도 — 죄가 범해질 수 있는 것이다.

반론 4. 사람이 의가 결핍된 것은 하나님으로부터 말미암는 것이다. 의의 결핍은 죄다. 그러므로 죄는 하나님으로부터 말미암는 것이다.

답변. 이 삼단논법에는 네 가지 조건이 있다. 주 전제에서는 의의 결핍이 능동적으로 하나님께서 은혜를 거두어 가시는 것을 뜻하는데 이는 죄를 범하는 피조물에 대한 지극히 의로운 형벌로서 하나님으로부터 말미암는 것이다. 그러나 소 전제에서는 의의 결핍을 수동적인 의미로 이해해야 한다. 곧, 당연히 우리에게 있어야 할 의가 결핍되었다는 의미로 보아야 한다는 것이다. 사람들이 기꺼이 그런 상태에 있고 그리하여 하나님의 율법을 거스르면 그것은 하나님이 행하시는 것도 바라시는 것도 아닌 죄의 상태가 되는 것이다. 이러한 의의 결핍은 그것이 형벌인 한에서는 하나님으로부터 말미암는 것이요, 그것이 죄인 한에서는 혹은 율법을 거스르는 것인 한에서는 하나님으로부터 말미암는 것이 아니다.

반론 5. 죄인들은 하나님의 다스림을 받는다. 죄인들의 행위들은 죄다. 그러므로 죄는 하나님으로부터 말미암는다.

답변. 결론과 전제가 일치하지 않는다. 정당하게 진술하자면 결론을 "그러므로 죄들은 하나님의 다스림을 받는다"라고 해야 할 것이다. 그것들이 정욕과 행위들로서 하나님의 영광을 지향하는 한에서는 이런 결론이 옳다. 소 전제에도 우발적인 오류가 나타난다. 행위들이 죄가 되는 것은 사람들이 율법을 거슬러 행하기 때문이지, 하나님께서 사람들에게 영향을 미쳐서 그것들을 행하도록 만드시기 때문이 아닌 것이다. 그러므로 그 행위들이 악한 것은 그것들 자체가 악하기 때문이 아니라 그 행위들을 하는 사람의 부패성 때문에 악하게 되는 것이다. 이는 마치 깨끗한 물이 불결한 수로를 흐르면서 더러워지는 것과도 같고, 순결한 포도주를 불결한 통에 부으면 시어지는 것과도 같고, 말(馬)이 절름발이이면 아무리 좋은 마부(馬夫)라도 달릴 수 없게 되는 것과도 같다. 이 모든 간단한 실례들에서 드러나듯이 그 자체로서는 선한 것이 우발적인 사고에 의해서 부패한 것이 되는 것이다.

반론 6. 하나님은 신적인 섭리에 의해서 행해지는 일들의 주인이시다. 모든 악들이 신적인 섭리의 결과로 나타난다. 그러므로 하나님이 그 악들의 주인이시다.

답변. 형벌의 악(the evil of punishment)에 관한 한 논지 전체를 인정할 수 있다. 그러나 죄책의 악(the evil of guilt)에 대해서는 주 전제는 다음과 같은 식으로 구별되어야 한다: 그것들을 이루는 하나님의 섭리로 말미암아 행해지는 일들이나 혹은 하나님의 섭리가 하나의 동력인이 되어 그것으로부터 일어나는 일들의 경우는 하나님께서 그 주인이시다. 그러나 그저 허용하는 하나님의 섭리로부터 나오는 결과들은 그렇지 않다. 이는 하나님께서 최상의 목적을 위하여 허용하시고 결정하시고 인도하시는 것인데, 죄책의 악 혹은 범죄가 이에 해당된다. 죄책의 악 혹은 죄는 형벌의 악과는 달리 선의 본질이 없다. 그러므로 하나님께서 죄악된 것들을 뜻하시지도 않을 뿐더러 그것들을 인정하시지도 않고, 그것들을 산출해내시지도 않고, 조장하시거나 바라시지도 않는다. 그는 다만 그런 일들이 행해지는 것을 허용하실 뿐이며, 그런 일들이 범해지는 것을 방지하지 않으실 뿐이다. 이는 마땅히 형벌받을 자들에게 그의 정의를 시행하시기 위함이기도 하며, 또한 다른 이들을 용서하는 데에서 그의 자비하심을 드러내시기 위함이기도 하다. "성경이 모든 것을 죄 아래에 가두었으니 이는 예수 그리스도를 믿음으로 말미암는 약속을 믿는 자들에게 주려 함이라"(갈 3:22), "성경이 바로에게 이르시되, 내가 이 일을 위하여 너를 세웠으니 곧 너로 말미암아 내 능력을 보이고 내 이름이 온 땅에 전파되게 하려 함이라"(롬 9:17). 그렇기 때문에 하나님의 섭리 교리의 정의에서 하나님이 악이 행해지는 것을 허용하신다고 선언하는 것이다. 그러나 이 허용에는 이미 살펴본 대로 하나님께서 신적인 은혜를 거두어들이는 역사가 포함되어 있다. 1. 하나님께서는 그러한 그의 뜻을 사람에게 알리지 않으신다. 2. 그는 사람으로 하여금 그에게 순종하고 그를 존귀히 여기는 방향으로, 또한 계시된 하나님의 뜻에 따라 행하게끔 뜻을 갖도록 영향을 미치지 않으신다. "너희 중에 선지자나 꿈 꾸는 자가 일어나서 이적과 기사를 네게 보이고 … 너는 그 선지자나 꿈 꾸는 자의 말을 청종하지 말라. 이는 너희의 하나님 여호와께서 … 너희를 시험하심이니라"(신 13:1, 3), "여호와께서 다시 이스라엘을 향하여 진노하사 그들을 치시려고 다윗을 격동시키사, 가서 이스라엘과 유다의 인구를 조사하라 하신지라"(삼하 24:1). 하나님께서는 이 일 후에 왜 다윗을 벌하셨는가? 회개에 이르도록 하기 위해서 그렇게 하신 것이다. 3. 그럼에도 불구하고 하나님께서는 그렇게 버려지는 자들에게 영향을 주시고 그들을 통제하셔서 그들을 통하여 자신의 의로운 심판을 이루신다. 그는 선한 자들을 통해서는 물론 악한 도구들을 통해서도 선한 일들을 이루시는 것이다. 도구가 탁월하다고 해서 하나님의 일이 그 때문에 더 나아지는 것이 없는 것처럼, 도구가 악한 성격을 지녔다고 해서 그 일이 더 나빠지는 법도 없다. 하나님께서는 악한 행위들을 뜻하시지만, 오로지 악인들을 벌할 때에만 그렇게 하신다. 모든 선한 것들이 하나님으로부터 말미암는다. 그러므로 모든 형벌들도 의롭고 선하다. 그 형벌들은 하나님으로부터 말미암는 것이다: "여호와의 행하심이 없는데 재앙이 어찌 성읍에 임하겠느냐?"(암 3:6). 이것은 형벌의 악으로 이해해야 한다. 사도 야고보는 죄책의 악에 대해서, "사람이 시험을 받을 때에(즉, 악에게 유혹을 받을 때에) 내가 하나님께 시험을 받는다 하지 말지니"(약 1:13)라고 말한다. 그러므로 성도들의 징계와 순교 등 오직 형벌의 악만이 하나님으로부터 말미암으며, 그가 친히 그것들을 뜻하시고 이루시는 것이다. "당신들이 나를 이곳에 팔았다고 해서 근심하지 마소서. 한탄하지 마소서. 하나님이 생명을 구원하시려고 나를 당신들보다 먼저 보내셨나이다"(창 45:5).

재반론. 그러나 하나님께서 죽음을 뜻하신 것은 아니다.

답변. 피조물에게 고통을 주고 파괴시키는 한에서는 그것을 뜻하지 않으셨다.

그러나 그것이 죄를 형벌하시고 심판을 시행하시는 한에서는 얼마든지 그것을 뜻하셨다: "그들이 자기 아버지의 말을 듣지 아니하였으니 이는 여호와께서 그들을 죽이기로 뜻하셨음이더라" (삼상 2:25).

하나님의 섭리에 관한 세 번째 반론: 모순된 의지

은밀한 계획 가운데서 그의 법으로 동일한 역사를 뜻하기도 하고 금지하기도 하는 자는 모순된 뜻을 지니는 것이다. 그러나 하나님께서는 모순된 뜻이 결코 없다. 그러므로 그는 강도질, 살인, 음욕, 도둑질 등, 자신의 법에서 금지하시는 일들을 그의 은밀한 결정으로 뜻하시지 않는다.

답변 1. 피조물들이 율법에 반하여 그런 일들을 행하는 경우에는 반론을 전적으로 받아들일 수 있다. 그러나 하나님께서는 이런 의미에서는 그것들을 뜻하지도 인정하지도 않으시고, 다만 그것들이 악인들의 특정한 행위요 그들이 당하는 형벌인 한에서만 그것들을 뜻하시고 인정하시는 것이다.

답변 2. 주 전제에 단서를 붙여야 한다. 왜냐하면 동일한 목적으로 동일한 점에서 동일한 일을 뜻하기도 하고 금하기도 한다는 말은 모순된 것이기 때문이다. 하나님께서는 동일한 일을 뜻하기도 하시고 금하기도 하신다. 그러나 둘 다 목적이 다르고 정황이 다르다. 예를 들어서 그는 요셉을 파는 일을 뜻하셨는데, 이는 그를 높이시고 야곱의 가문을 보존하시며, 또한 아브라함의 자손이 애굽에서 종노릇하리라는 예언들을 성취시키기 위함이었다. 그러나 그의 형제들의 미움 때문에 팔려갔다는 점에 대해서는 그가 그것을 승인하신 것이 아니고, 끔찍한 동족살인 행위로서 탄핵하시고 정죄하셨다. 다른 실례들에 대해서도 똑같은 논지를 제시한 바 있다.

하나님의 섭리에 대한 네 번째 반론: 자유와 우발성

하나님의 불변하는 작정으로 행해지는 일은 우연히 자유로이 행해질 수가 없고 오로지 필연적으로만 행해질 뿐이다. 그러나 많은 일들이 우연히 자유로이 행해진다. 그러므로 하나님의 불변하신 작정과 섭리에 의해서 행해지지 않는 일이 많은 것이다. 그렇지 않으면 자유와 우발성이 사라지고 만다.

답변 1. 주 전제에 대해서는 다음과 같이 답변하고자 한다. 하나님의 불변하는 작정에 의해서 행해지는 일은 우발적으로 행해질 수 없는데, 즉 최초의 원인과 관

련해서는, 혹은 동일한 불변하는 신적 작정들과 관련해서는 그렇다. 그러나 이차
적인 원인들이나 최종적인 원인들과 관련해서는 얼마든지 우발적으로 행해질 수
있다. 필연성이 필연적인 원인과 그 결과 사이의 질서이듯이, 우발성이란 가변적
인 원인과 그 결과 사이의 질서이기 때문이다. 그러므로 원인은 반드시 그 결과와
성격이 동일해야만 하는 것이다. 그러나 하나님께서 그의 피조물들을 통하여 행
하시는 모든 일들의 경우 — 이 경우 하나님과 그의 피조물이 동시에 원인이 된다
— 가 그렇듯이, 다른 면에서 가변적이며 필연적인 원인으로부터도 동일한 결과
가 얼마든지 나올 수 있다. 그리하여 하나님께는 원인과 결과 사이에 불변하는 질
서가 있으나, 피조물에게는 원인과 그 동일한 결과 사이에 가변적인 질서가 있다.
그러므로 하나님께는 그 결과가 필연적이지만, 피조물에게는 그 동일한 결과가
우발성을 띠는 것이다. 그러므로 동일한 결과에 대해서 그 다른 원인들에 따라서
필연적이라고도 말하고 동시에 우발적이라고 말해도 — 즉, 불변하는 최초의 원
인에 대해서는 필연적이라고 하며, 가변적인 이차적인 원인에 대해서는 우발적이
라고 해도 — 전혀 모순이 아닌 것이다.

답변 2. 하나님의 불변하는 작정에 의해서 행해지는 일은 자유로이 행해지는 것
이 아니요 또한 자유로이 행해지는 것일 수도 없다는 주 전제의 진술을 인정할 수
없다. 왜냐하면 그것은 불변성이 아니라 강제성이요, 혹은 불변성의 필연이 아니
라 자유를 빼앗는 강제성의 필연이기 때문이다. 하나님은 불변하게 필연적으로
선하시다. 그러나 동시에 가장 자유롭게 선하시기도 하다. 마귀는 불변하게 필연
적으로 악하다. 그러나 그들은 악하며, 따라서 지극히 자유로운 자신의 의지를 갖
고서 악을 행하는 것이다.

하나님의 섭리에 대한 다섯 번째 반론: 수단의 무용성

하나님의 불변하는 뜻과 섭리에 의해서 행해지는 일들을 막거나 촉진시킬 목적
으로 수단들을 — 하나님의 권면, 명령, 가르침, 교훈, 약속, 경고 등과 또한 성도들
의 수고, 노력, 기도 등— 사용하는 것이 헛된 일이다. 그러나 이 수단들은 헛되이
사용되는 것이 아니다. 왜냐하면 그것들은 하나님께서 명령하신 것들이기 때문이
다. 그러므로 하나님의 불변하는 계획과 섭리에 의해서 모든 일이 다 행해지는 것
이 아니다.

답변 1. 우리는 주 전제를 인정할 수 없다. 최초의 원인을 생각할 때에는 이차적

이고 수단적인 원인을 배제시킬 필요가 없기 때문이다. 그 이유는 하나님께서 자신이 정하신 목적과 결과를 이루실 목적으로 수단과 이차적인 원인들을 사용하기로 결정하기도 하시며, 또한 그의 말씀 속에서, 또한 자연의 질서 속에서 그가 그것들을 사용하기를 뜻하신다는 것을 보여주시며 또한 우리에게도 그것들을 사용할 것을 명령하시기 때문이다. 그러므로, 하나님께서 빛과 어둠을 창조하시며, 곡식이 땅에서 돋아나도록 하시며, 우리의 삶의 기한을 정하시지만, 그럼에도 불구하고 태양이 날마다 뜨고 지는 것이 헛된 일이 아니며, 밭에 씨를 뿌리는 것이나 물을 주는 것이나, 우리의 육체에 음식을 공급하여 힘을 얻게 하는 것이 결코 헛된 일이 아니다. 그러므로 우리의 복지를 증진시키는 행위들과 사건들이 오직 하나님으로부터 나오는 것이지만, 또한 사람들이 가르침을 받는 것도, 사람들이 특정한 습관이나 교리에 합당한 삶을 살도록 공부하는 것도 헛된 일이 아닌 것이다. 그러므로 다음의 일들을 위하여 수단들을 사용하는 것은 지극히 합당한 일이다. 1. 하나님께서 우리를 그에게 순종하게 하고자 하는 목적과 또한 그 일을 이루는 수단을 정해 놓으셨고, 그것들을 우리들에게 부과하셨으므로, 우리가 하나님께 순종하게 되도록 수단을 사용하는 것은 합당하다. 그렇지 않으면 우리는 헛되이 하나님을 시험하는 것이 된다. 2. 우리에게 약속된 선한 것들을 얻기 위해서도 수단을 사용하는 것이 합당하다. 3. 이런 수단들을 사용하여 이루고자 하는 것들을 항상 이루지는 못하나, 선한 양심을 유지하기 위하여 수단을 사용하는 것이 합당하다.

답변 2. 특정한 한 가지 점에서만 진리인 것을 전반적으로 진리인 것처럼 선언하는 것은 그릇된 것이다. 혹시 수단을 통해서 이루어지는 것이 아무것도 없을 경우에도, 악인으로 하여금 핑계하지 못하도록 만든다는 점에서는 그 수단들이 유익한 것이기 때문이다.

하나님의 섭리에 대한 여섯 번째 반론: 상급과 형벌

필연적인 것들에 대해서는 상급이나 형벌을 베푸는 것이 합당하지 못하다. 그러나 모든 선행은 상급을 받을 자격이 있고, 악행은 형벌을 받아 마땅하다. 그러므로 선행과 악행은 필연적으로 일어나는 것이 아니고, 가변적으로 일어나는 것이다.

답변 1. 이차적인 원인들과 관련해서는 이 반론 전체를 인정할 수 있다. 이차적인 원인들에 의해서는 많은 일들이 가변적으로 발생하며 따라서 가변적인 결과들을 낳는 것이다.

답변 2. 선행이 하나님 앞에서 상급을 받을 자격이 있다는 소 전제의 진술은 인정할 수 없다. 그것이 사람 사이에서는 상급 받을 자격이 있을 수 있다. 아브라함에 대해서 성경은 이렇게 말씀한다: "만일 아브라함이 행위로써 의롭다 하심을 받았으면 자랑할 것이 있으려니와 하나님 앞에서는 없느니라"(롬 4:2).

답변 3. 모든 악행 전부를 다 의미한다면, 주 전제를 받아들일 수 없다. 왜냐하면 악행은 형벌을 받아 마땅하다는 것은, 그 행위들이 필연적으로 행해지든 아니든 상관없이 사람의 부패성과 부패한 뜻이 충족히 증거해 주기 때문이다. 아리스토텔레스 자신도 그의 윤리학에서 이 주제를 다루면서 말하기를, 술 취한 자는 그 사람이 술 취한 것 때문에 죄를 범할 경우에도 그 죄를 면할 수 없으며, 또한 육체적으로나 정신적으로 악행을 범할 경우 그 악행을 피할 수도 없고 혹은 벗어날 수도 없다 할지라도 그 당사자 자신이 이 일을 자초한 것이므로 그는 이에 대해서 형벌을 받고 징계를 받아야 마땅하다고 하였다.

28문 하나님께서 만물을 창조하셨고 그것들을 그의 섭리로 여전히 지탱시키신다는 것을 아는 것이 우리에게 무슨 유익이 됩니까?

답 역경(逆境) 중에서 인내하고, 순경(順境) 중에 감사하며, 장래 일에 대해서도 우리의 신실하신 하나님을 든든히 신뢰하며, 그 어떠한 피조물이라도 우리를 하나님의 사랑에서 끊을 수 없으리라는 것을 확신하게 되는 유익이 있습니다. 이는 모든 피조물들이 완전히 그의 손에 달려 있어서 그의 뜻이 없이는 아무것도 움직일 수가 없기 때문입니다.

[해 설]

창조 교리와 하나님의 섭리 교리를 알고 견지하는 것은 다음과 같은 점에서 필수적이다:

1. **하나님의 영광을 위하여.** 하나님의 창조와 섭리를 부인하는 자들은 그의 속성들도 부인하며, 그런 가운데 하나님을 높이 기리지도 않고 찬양하지도 않고, 오히려 그를 부인한다. 만물을 창조하시고 보존하시고 다스리시는 데에서 나타나는

하나님의 영광과 권능과 지혜와 선하심과 의를 그에게 돌리기 위해서, 섭리의 교리를 알아야만 한다.

  2. **우리의 위로와 구원을 위하여. 첫째로**, 이 수단을 통해서 역경 중에 인내하기 위함이다. 하나님의 뜻과 계획에 의하여 일어나는 일은 무엇이든 우리에게 유익하므로 우리로서는 반드시 인내로 견뎌야 한다. 그런데 모든 일이, 심지어 악한 일이라도, 하나님의 계획과 뜻에 의하여 일어나며 따라서 우리에게 유익한 것이다. 그러므로 우리는 이 일들을 인내로 감당해야 하며, 또한 모든 일에서 우리를 향하신 하나님의 아버지다우신 뜻을 바라보고 인정해야 하는 것이다. **둘째로**, 순경 중에 받는 은택들에 대해서 하나님께 감사하기 위함이다. 물질적인 것이든 신령한 것이든, 큰 것이든 작은 것이든 좋은 것들을 받을 때에는 누구든지 그것들을 주는 자에게 반드시 감사해야 하는 법이다. 그런데 우리가 소유하고 누리는 모든 것이 모든 선한 선물들의 주인이신 하나님으로부터 오는 것이다. 그러므로 그에게 감사해야 한다. 즉, 그의 은택들을 인정하고 그를 높이 기려야 하는 것이다. 감사란 하나님의 뜻과 정의에 기초하며, 따라서 우리에게 베푸신 은택들을 인정하고 기리며, 적절하게 보답하는 데 있는 것이다. **셋째로**, 차후로 우리에게 닥치는 모든 일에 대해서 선한 소망을 가짐으로써, 하나님께서 그의 섭리로 지금까지 우리를 과거의 역경에서 구해내셨다면 앞으로도 우리의 구원에 합당하게 모든 일들을 이루어 가실 것이요 우리를 절대로 버려 두셔서 망하게 하지 않으실 것이라는 것을 완전히 확신하기 위함이다. 요컨대, 하나님의 섭리 교리의 목적은 하나님께 영광을 돌리는 데 있다. 그리하여 역경 중에는 인내하며, 순경 중에는 감사하며, 미래의 일에 대해서는 소망을 갖는 것이다.

  이런 점들을 볼 때에, 앞에서 정의하고 해명한 하나님의 섭리가 유지되지 않으면, 신앙의 모든 진리 전체와 경건의 기반 자체가 뒤집어지고 말 것이다. 왜냐하면 1. 역경이 올 때에 그것들이 하나님 우리 아버지로부터 온 것이라는 것을 모르면 그 가운데서 인내하려 하지 않을 것이기 때문이다. 2. 우리에게 베풀어지는 은택들이 위로부터 오는 것임을 모른다면, 그것들에 대해서 감사하는 마음이 없을 것이기 때문이다. 3. 우리를 비롯한 하나님의 모든 백성들의 구원에 관한 하나님의 뜻이 불변하다는 것을 확신하지 않는다면, 미래의 일에 대해서도 확고한 소망을 갖지 못할 것이기 때문이다.

성자 하나님

제11주일

29문 하나님의 아들을 왜 예수, 즉 구주(救主)라 부릅니까?

답 그가 우리의 모든 죄에서 우리를 구원하시기 때문이요, 또한 다른 어느누구에게서 구원을 찾아서도 안 되며 발견할 수도 없기 때문입니다.

[해 설]

사도신경의 두 번째 부분은 중보자에 대해 다루는데, 중보자 교리는 두 부분으로 되어 있으니, 중보자의 위격(位格: person)과 중보자의 직분(職分: office)이 그것이다. **그의 독생자 우리 주 예수 그리스도를 내가 믿사오니, 그는 성령으로 잉태되사 동정녀 마리아에게서 나셨고**라는 조항들은 그의 위격에 관한 내용이며, 그 다음 성령에 관한 조항에 이르기까지의 내용은 중보자의 직분에 관한 것이다. 중보자의 직분은 두 부분으로 이루어져 있는데, 그의 낮아지심 혹은 공로와, 그의 영광을 입으심 혹은 효력이 그것이다. 그의 낮아지심을 보면 그리스도께서는 공로가 있으시고, 그의 영광을 입으심을 보면 그는 효력이 있으시다.

본디오 빌라도 아래에서 고난을 받으사, 십자가에 못 박히시고 죽으시고 장사지 낸 바 되셨고, 지옥에 내려가셨고라는 네 번째 조항은 그리스도의 낮아지심을 다룬다. 다섯 번째와 여섯 번째 조항은 그리스도의 영광을 입으심을 다룬다: **사흘 만에 죽은 자 가운데서 다시 살아나셨고, 하늘로 오르사 전능하신 아버지 하나님의 우편에 앉아 계시며.** 일곱 번째 조항은 그가 오셔서 세상을 심판하실 일을 다루는데, 그때에 그리스도의 영광이 완성되고, 또한 그때에 하나님께서 만유(萬有) 안에 만유가 되실 것이다.

사도신경의 조항들이 얼마나 지혜롭게 작성되었으며 또한 그것들이 중보자의 문제에 관하여 그 내용들이 얼마나 잘 정리가 되어 있는가 하는 것이 지금까지 다룬 내용에서 잘 드러난다. 중보자의 직분의 첫 부분을 이루는 그의 낮아지심에는 다음과 같은 발전이 있다: **고난을 받으사 십자가에 못 박히시고 죽으시고 장사지 낸 바 되셨고 지옥에 내려가셨고.** 지옥에 내려가셔서 그의 낮아지심이 절정에 이 르기까지 그는 점진적으로 한 단계씩 낮아져 가신 것이다. 그의 직분의 둘째 부분 인 영광을 입으심에서도 이러한 점진적인 발전이 나타난다. 그는 점진적으로 여 러 단계들을 거쳐서 결국 최고의 절정인 하나님 우편에 앉으심에 이르시는 것이 다.

동일한 질서와 지혜가 사도신경의 첫째 부분에도 나타나고 또한 그리스도께서 값 주고 사시고 성령으로 말미암아 우리에게 적용시키시는 은덕들을 지극히 아름 답게 진술하는 둘째 부분에도 나타난다. 이 둘째 부분은 말하자면 그 앞의 조항들 의 열매라 하겠다. 그리스도의 직분은 그의 은덕들과 다르다. 전자는 원인이요 후 자는 그 결과인 것이다. 은덕들이란 죄 사함, 영원한 의, 구원 등, 그리스도께서 우 리를 위하여 값 주고 사시사 우리에게 베푸시는 것들이며, 그의 직분이란 이런 것 들을 이루고 베푸는 일인 것이다.

예수 그리스도를 내가 믿사오니. 성부 하나님을 믿는 것처럼 또한 하나님의 아 들도 믿는다: "하나님을 믿으니 또 나를 믿으라"(요 14:1), "내가 아버지 안에 거하 고 아버지께서 내 안에 계심을 믿으라"(요 14:11), "나와 아버지는 하나이니라"(요 10:30), "하나님께서 보내신 이를 믿는 것이 하나님의 일이니라"(요 6:29), "아들을 믿는 자에게는 영생이 있고"(요 3:36), "모든 사람으로 아버지를 공경하는 것 같이 아들을 공경하게 하려 하심이라"(요 5:23). 이것은 성자의 진정한 신성을 뒷받침 하는 견고하고도 근거가 확실한 논지인 것이다. 이런 형식의 믿음은 오직 하나님 께만 합당한 예배이기 때문이다.

예수라는 이름에 대해서도, 그 뜻이 무엇인지 그 어원에 대해서만 관심을 가질 것이 아니라 특히 이 이름 속에 나타나 있는 중보자의 직분에 대해서 관심을 가져 야 할 것이다. **예수**(히브리어 형태로는 **여호수아** 혹은 **예수아**)라는 단어는 구주 혹은 구원을 베푸는 자를 뜻하며, 신약에서 하나님께서 친히 중보자에게 붙이시 는 이름이다. 이 이름의 진정한 어원 혹은 의미는 다음과 같은 천사의 말에서 잘 드러난다: "그가 자기 백성을 그들의 죄에서 구원할 자이심이라"(마 1:21). 그러므 로 하나님의 아들이 예수라 불리는데, 이는 직분 상 그가 구주이심을 나타내는 것 이다. 그가 우리의 중보자시요 우리를 죄책과 형벌의 악으로부터 구원하시는 자 이시며, 그분이야말로 유일하고 완전한 구주이시라는 것이다. 그가 베푸시는 구원은 의(義)와 영생이다. **예수**라는 이름 자체가 이를 보여준다. 그가 실체가 없는 헛된 이름을 지니셨을 리가 없고, 그의 직분 때문에 그 이름을 지니신 것이기 때문이다.

반론. 그러나 이스라엘 자손의 지도자 여호수아처럼 다른 많은 사람들도 예수라는 이름을 가졌었다. 그러므로 그 이름 자체를 근거해서는 아무것도 추론하거나 논증할 수가 없다.

답변. 다른 사람들이 이 이름을 가졌던 것은 그들이 참 구주를 그림자로 보여주는 모형적인 구원자들이었기 때문이다. 또한 여호수아의 부모가 그 아들에게 이 이름을 주었을 때에 그를 통하여 이스라엘에게 임하게 될 미래의 구원을 기대했을 수가 없다고 반론을 제기한다면, 우리는 하나님께서 그것을 아셨고 그리하여 부모의 뜻을 지도하셔서 그 아들에게 그 이름을 주도록 하셨다고 답변할 것이다. 그러나 다른 구원자들과 중보자 예수 사이에는 크나큰 차이가 있다. 1. 다른 이들의 경우에는 사람들의 뜻에 의하여 예기치 않게 그 이름이 주어졌으나, 예수님의 경우에는 천사들이 그 이름을 주었다. 2. 다른 사람들은 모형적이었으나, 예수님은 참된 구주로 지명되신 분이시다. 3. 다른 구원자들을 통해서는 하나님께서 그의 백성들에게 일시적인 축복들만 베푸셨으나, 예수님은 육체적 세상적 악들로부터만이 아니라 죄책의 악과 형벌의 악에서 우리를 자유케 하신다. 4. 다른 구원자들은 하나님께서 이런 일시적인 축복들을 베푸시는 데에 사용하신 도구들이요 사역자들에 불과했으나, 예수님은 육체와 금생과 관련되는 모든 좋은 것들뿐 아니라 영혼과 내생과 관련되는 모든 고귀한 것들을 베푸시는 주인이시다.

그러므로 하나님의 아들을 특별히 탁월한 의미로 예수라 부르시는 것은 그가 참되신 구주이심을 드러내기 위함인 것이다. 이는 다음과 같은 점에서 분명하다.

1. 그가 죄책의 악과 형벌의 악에서 우리를 구원하시기 때문이다. 그가 죄책의 악에서 우리를 구원하신다는 사실은 "그가 자기 백성을 그들의 죄에서 구원할 자이심이라"는 천사의 말에서 확증된다. 또한 그가 형벌의 악에서 우리를 자유케 하신다는 것은, 죄가 제거되면 죄의 결과인 형벌 또한 제거되어야 한다는 사실에서 추정할 수 있다. 원인이 제거되면 결과 역시 제거되어야 하기 때문이다. 예수께서 구원하시는 백성들은 모두가 믿는 자들이며, 오직 믿는 자들뿐이다. 그는 그런 믿는 자들만의 구주이시다. 오직 그들에게서만 그의 목적이 이루어지기 때문이다. 그는 사람들을 모으고 구원하시기 위해 세상에 교회를 세우셨다. 그러나 거기에

는 조건이 있으니, 그가 베푸시는 은덕들을 깨닫고 그것들에 대해서 그에게 감사한다는 것이 그것이다.

2. 그가 유일하신 구주이시기 때문이다. 우리의 중보자가 오직 한 분이시므로, 예수님이 우리의 유일한 구주이셔야만 한다. 이 사실은 성경 여러 곳에서 선포되고 있다: "다른 이로써는 구원을 받을 수 없나니 천하 사람 중에 구원을 얻을 만한 다른 이름을 우리에게 주신 일이 없음이라"(행 4:12), "그를 믿는 자는 심판을 받지 아니하는 것이요 믿지 아니하는 자는 하나님의 독생자의 이름을 믿지 아니하므로 벌써 심판을 받은 것이니라"(요 3:18), "증거는 이것이니 하나님이 우리에게 영생을 주신 것과 이 생명이 그의 아들 안에 있는 그것이니라"(요일 5:11), "하나님과 사람 사이에 중보자도 한 분이시니 곧 사람이신 그리스도 예수라"(딤전 2:5), "나 곧 나는 여호와라 나 외에 구원자가 없느니라"(사 43:11).

반론. 성부와 성령도 우리를 구원하신다. 그러므로 성자가 유일한 구주이신 것이 아니다.

답변. 삼위 모두가 우리를 구원하시는 역사에 개입하시는 것은 사실이다. 그러나 그들이 우리를 구원하시는 양상에는 구별이 있다. 성부께서는 구원의 근원(the fountain)으로서 성자를 통하여 우리를 구원하신다. 성령은 우리의 중생의 직접적인 시행자 혹은 성취자로서 우리를 구원하신다. 그러나 성자는 유일한 구원자가 되사 그의 공로로 말미암아 우리를 구원하시되, 우리를 위해 죗값을 지불하시고 성령을 주사 우리를 중생시키시고 영생에 이르도록 우리를 살리신다. 그러므로 우리의 구원의 효력은 삼위 하나님 모두에게 공통적이지만, 그러한 구원의 방식은 성자에게만 고유한 것이다. 또한 성자를 가리켜 유일한 구주라 부르는 것은 모든 피조물에 대해서 그렇게 부르는 것이다. 그러므로 모든 피조물들이 구원자가 아니라는 것이며, 성부와 성령이 구원자가 아니시라는 것은 아니다. "하나님의 일도 하나님의 영 외에는 아무도 알지 못하느니라"(고전 2:11)고 말씀했는데, 여기서 우리는 성부와 성자가 그들 자신에 대해 아무것도 모른다는 식으로 생각해서는 안 된다. 여기서는 성령을 피조물들과 비교하는 것이지, 성부와 성자와 비교하는 것이 아닌 것이다.

3. 그는 그의 공로와 효력 등 두 가지 면에서 구주이시다. 그는 그의 공로 혹은 보상을 통해서 우리를 구원하신다. 그가 순종, 고난, 죽으심과 간구하심으로 공로를 세우사 우리를 위하여 죄 사함과 하나님과의 화목, 성령, 그리고 구원과 영생을

획득하셨기 때문이다: "그는 우리 죄를 위한 화목 제물이니 우리만 위할 뿐 아니요 온 세상의 죄를 위하심이라"(요일 2:2). 즉 연령이나 신분이나 장소를 막론하고 각양각색의 사람들의 죄를 위한 화목 제물이시라는 뜻이다. "그 아들 예수의 피가 우리를 모든 죄에서 깨끗하게 하실 것이요"(요일 1:7), "이 예수를 하나님이 그의 피로써 믿음으로 말미암는 화목 제물로 세우셨으니 이는 하나님께서 길이 참으시는 중에 전에 지은 죄를 간과하심으로 자기의 의로우심을 나타내려 하심이니"(롬 3:25), "한 사람이 순종하심으로 많은 사람이 의인이 되리라"(롬 5:19), "여호와께서는 우리 모두의 죄악을 그에게 담당시키셨도다"(사 53:6).

그는 또한 그의 효력을 통해서도 우리를 구원하신다. 그는 그의 공로로 우리를 위하여 죄 사함과 의와 또한 우리가 잃어버린 생명을 획득하셨을 뿐 아니라, 그의 성령을 통하여 믿음으로 구속의 모든 은덕을 우리에게 허락하시고 적용시키시기 때문이다. 그는 그의 죽으심을 통해서 공로를 세우신 그것을 자기 홀로 보유하시지 않고, 우리에게 베푸시는 것이다. 그는 자기 자신을 위해서가 아니라 우리의 중보자로서 우리를 위하여 구원과 영생을 값 주고 사신 것이다. 그러므로 그는 아버지 하나님의 뜻을 우리에게 계시하시며, 그 사역을 제정하시고 보존하시며, 이를 통하여 성령을 주시고 사람들을 회심시키시며, 교회를 모으시고, 금생에 필요한 모든 선한 것들을 베푸시고, 모든 원수들에게서 그의 교회를 지키시고, 그를 믿는 모든 자들을 결국 마지막 날에 영생에로 일으키시며, 그들을 모든 악에게서 구원하시며, 또한 그와 그들의 원수들을 영원한 형벌에 던지실 것이다. 이 모든 일들을 이루는 것이 바로 참되고 홀로 전능하신 하나님의 일인 것이다. 요컨대, 금생에서는 그의 효력이 그의 말씀과 성령을 통하여 우리를 중생시키시고, 또한 새로움을 얻는 자들을 보존하사 다시 넘어지지 않게 하시고 결국 영생에 들어가게 하신다.

다음의 성경 본문들이 이러한 계시와 중생에 대해 말씀해 준다: "아버지 외에는 아들을 아는 자가 없고 아들과 또 아들의 소원대로 계시를 받는 자 외에는 아버지를 아는 자가 없느니라"(마 11:27), "본래 하나님을 본 사람이 없으되 아버지 품 속에 있는 독생하신 하나님이 [그를] 나타내셨느니라"(요 1:18), "그는 성령과 불로 너희에게 세례를 베푸실 것이요"(마 3:11), "내가 아버지께로부터 너희에게 보낼 보혜사 곧 아버지께로부터 나오시는 진리의 성령이 오실 때에 그가 나를 증언하실 것이요"(요 15:26), "그가 위로 올라가실 때에 사로잡혔던 자들을 사로잡으시고 그 사람들에게 선물을 주셨다 … 내리셨던 그가 곧 모든 하늘 위에 오르신 자니

이는 만물을 충만하게 하려 하심이라. 그가 어떤 사람은 사도로, 어떤 사람은 선지자로, 어떤 사람은 복음 전하는 자로, 어떤 사람은 목사와 교사로 삼으셨으니"(엡 4:8-11), "하나님의 아들이 나타나신 것은 마귀의 일을 멸하려 하심이라"(요일 3:8). 믿는 자들을 보존하시는 일에 대해서는 다음의 본문들을 인용할 수 있을 것이다: "너희는 마음에 근심하지 말라 하나님을 믿으니 또 나를 믿으라"(요 14:1), "볼지어다 내가 세상 끝날까지 너희와 항상 함께 있으리라"(마 28:20), "내 아버지께서 그를 사랑하실 것이요 우리가 그에게 가서 거처를 그와 함께 하리라"(요 14:23). 영생에로 우리를 살리시는 일에 대해서는 다음의 성경 본문들을 인용할 수 있을 것이다: "내 살을 먹고 내 피를 마시는 자는 영생을 가졌고 마지막 날에 내가 그를 다시 살리리니"(요 6:54), "내가 그들에게 영생을 주노니 영원히 멸망하지 아니할 것이요 또 그들을 내 손에서 빼앗을 자가 없느니라 … 아무도 아버지 손에서 빼앗을 수 없느니라"(요 10:28, 29), 만물을 자기에게 복종하게 하실 때에, 그리스도께서 세상의 시작부터 끝까지 모으신 영광된 교회를 하나님 앞에 드리실 것이다(참조. 고전 15:28; 엡 5:27). 지금까지 말한 사실에 근거할 때에, 우리는 성령을 주시는 일도 우리의 구원의 일부이며 또한 이 일이 반드시 중보자를 통해서 이루어져야 마땅하다는 것을 깨달을 수 있을 것이다. 성령께서는 죄를 제거하심으로 마음을 새롭게 하시는데, 죄가 제거되면 또한 죽음도 제거되어야 마땅한 것이다. 바로 죄와 사망을 제거하는 일을 위하여 그리스도께서 세상에 오신 것이다.

4. 그는 금생에 우리 속에 구원을 시작하시고, 또한 마지막에 내생에서 그 구원을 완성하심으로써 우리를 충만하고도 완전하게 구원하신다. 그가 이를 행하시는 것은 그의 공로가 지극히 완전하기 때문이다. 그의 공로가 지극히 완전한 이유는 이미 설명한 바와 같이 두 가지인데, 첫째는 그가 하나님이시기 때문이다: "하나님이 자기 피로 사신 교회"(행 20:28)라고 했는데, 그가 베푸신 보상이 모든 천사들의 형벌과 보상을 능가한다는 것이 이로써 드러난다. 그리고 둘째는 그가 우리를 위하여 당하신 형벌이 크기 때문이다. 그는 그렇게 큰 형벌을 당하심으로써 우리를 구원하시며, 그렇기 때문에 그가 우리에게 베푸시는 구원이 지극히 충만하며 완전한 것이다: "너희도 그 안에서 충만하여졌으니"(골 2:10), 즉 너희가 영원한 복락에 속한 모든 것들을 가졌고, 예수 그리스도로 말미암아 하나님의 완전한 복된 자녀들이 되었다는 뜻이다. "아버지께서는 모든 충만으로 예수 안에 거하게 하시고"(골 1:19), "그 아들 예수의 피가 우리를 모든 죄에서 깨끗하게 하실 것이

요"(요일 1:7), "그러므로 이제 그리스도 예수 안에 있는 자에게는 결코 정죄함이 없나니"(롬 8:1), "그러므로 자기를 힘입어 하나님께 나아가는 자들을 온전히 구원하실 수 있으니"(히 7:25).

예수라는 이름에 대하여 지금까지 논의한 모든 내용을 다음과 같은 문답들로 간략하게 정리할 수 있을 것이다: 1. 우리를 구원하는 자는 누구인가? 하나님의 아들께서 우리의 예수, 혹은 구주시다. 2. 그는 누구를 구원하시는가? 그의 백성들, 즉 아버지께서 그에게 주신 모든 택한 자들이다. 3. 그가 우리를 어떤 악에서 구원하시는가? 모든 죄와 또한 죄에 대한 형벌에서 구원하신다. 4. 그가 우리를 어떻게 구원하시는가? 두 가지이니, 곧 그의 공로와 효력으로 구원하시며, 두 경우 모두 지극히 완전하게 우리를 구원하신다.

그렇다면, **예수 그리스도를 믿사오니라는** 조항은 무슨 뜻인가? 1. 인류를 구원하시는 특별한 분이 계시다는 것을 내가 믿는다는 뜻이다. 2. 이분, 곧 동정녀 마리아에게서 나신 예수가 바로 그 구주이시며, 아버지께서 하늘로부터 "이는 내 사랑하는 아들이요 내 기뻐하는 자라"(마 3:17)고 선포하신 바로 그분이시며, 또한 하나님께서는 그가 경배와 존귀를 받으시기를 원하신다는 것을 믿는다는 뜻이다: "이는 모든 사람으로 아버지를 공경하는 것 같이 아들을 공경하게 하려 하심이라"(요 5:23). 3. 이 예수가 그의 공로와 효력으로 우리를 모든 악에서 — 죄책의 악과 형벌의 악에서 — 구원하시되, 금생에서는 이 구원을 우리 속에서 시작하시고 또한 내생에서 그 구원을 완성시키신다는 것을 믿는다는 뜻이다. 4. 그가 그를 섬기도록 부르심을 받은 다른 이들의 구주이실 뿐 아니라 또한 나의 유일하고도 완전한 구주가 되셔서 이 땅에서 내 속에서 구원을 효과적으로 행하시며, 또한 그가 시작하신 그 일을 충만한 구속의 날까지 이루어 가신다는 것을 믿는다는 뜻이다.

————

30문 그렇다면, 성인(聖人)들에게서나 자기 자신에게서나 혹은 다른 데에서 자신의 구원과 복락을 찾는 사람들도 유일하신 구주 예수를 믿는 것입니까?

답 아닙니다. 그들은 말로는 유일하신 구주 예수를 자랑하나, 행위로는 그분을 부인합니다. 예수가 완전한 구주가 아니시든가, 아니면 참된 믿음으로 이 구주를 영접하는 자들이 그들의 구원에 필요한 모든 것들을 그에게서 찾든지, 둘 중의 하나만 사실인 것입니다.

[해 설]

이 질문을 제기하는 것은, 예수의 이름에 영광을 돌리면서도 동시에 자기들의 구원을 전적으로 혹은 부분적으로 성인들의 공로나 교황의 면죄부나 자기들 자신의 헌물이나 행위나 금식이나 기도 등, 예수님 이외에 다른 곳에서 찾는 자들이 있기 때문이다. 교황주의자들이나 예수회 사람들(Jesuits)이나 기타 유사한 외식자들이 이에 속한다. 그러므로 이들이 과연 예수를 유일한 구주로 믿는지 믿지 않는지를 살펴야 할 것이다. 요리문답은 이에 대해, 그들이 아무리 말로 예수를 자랑한다 할지라도 사실은 그를 믿는 것이 아니며 사실상 그들의 행위로 그를 부인하는 것이라고 답변하고 있다.

이 답변의 골자는 유일하고 완전한 구주에 대한 묘사에서 이끌어낸 다음과 같은 삼단논법에 포함되어 있다: 누구든지 완전하고 유일한 구주이신 분은 구원을 다른 이들에게 넘기거나 부분적으로만 구원을 베풀지 않는다. 앞의 질문에 대한 해설에서 이미 밝혀진 바와 같이 예수님은 완전하고도 유일한 구주이시다. 그러므로 그는 구원을 다른 이들에게 넘기시거나 혹은 부분적으로만 구원을 베푸시는 법이 없고, 그가 홀로 그 구원 전체를 지극히 완전한 방식으로 베푸신다.

그러므로 자기들의 구원을 전적으로나 부분적으로나 다른 곳에서 찾는 자들은 모두 실상 그가 유일하고도 완전한 구주이심을 부인하는 것이라고 정당하게 결론지을 수 있다. 혹은 이를 다음과 같이 표현할 수도 있을 것이다: 성인에게서든 자기들 자신에게서든 그리스도 이외의 다른 곳에서 구원을 찾는 자들은 그리스도를 유일한 구주로 믿는 것이 아니다. 자기들의 행위들에 공로가 있는 것으로 보는 교황주의자들과 예수회 사람들이 이에 속하며, 따라서 그들은 예수를 그들의 유일한 구주로 믿는 것이 아니다. 소 전제는 그들도 인정한다. 그리고 대 전제는 완전한 구주에 대해 우리가 제시한 묘사에서 명백하게 드러난다.

반론. 하나님께서는 우리가 서로를 위해 기도할 것을 바라시며 또한 그렇게 하라고 명령하신다. 그러므로 우리의 구원의 일부를 성인들의 간구의 덕택으로 본다고 해도 유일하신 구주의 직분과 영광을 손상시키는 것이 아니다.

답변. 그리스도의 간구하심과 성인들의 간구 사이에는 큰 구별이 있다. 그리스도께서는 자신의 고유한 위엄과 공로에서 나오는 효력으로 아버지께 우리를 위하여 간구하시며, 그 자신 덕분에 그 간구가 응답되며 또한 그 구하시는 바가 이루어진다. 성인들도 금생에서 서로를 위해 기도하고 간구하며 그들 자신과 다른 이들을 위하여 구하는 선한 것들을 얻지만, 그것들을 얻는 것은 그들 자신이 가치 있는 존재이기 때문이 아니고, 중보자의 위엄과 공로를 근거로 한 것이다. 그러므로 성인들 자신이 그들의 공로와 가치 때문에 하나님께 사랑을 입고 또한 선한 것들을 얻는 것으로 생각하는 교황주의자들은 예수님의 직분과 영광을 노골적으로 욕되게 하는 것이요, 또한 그가 유일한 구주이심을 부인하는 것이다.

그리스도의 이름

제12주일

31문   그를 가리켜 왜 그리스도, 즉 기름 부음을 받은 자라 부릅니까?

답   그분은 성부 하나님으로부터 정하심을 받고 성령으로 기름 부음을 받아, 우리의 큰 선지자요 교사가 되사 우리의 구원에 관한 하나님의 은밀한 작정과 뜻을 충만히 계시하셨기 때문이요, 또한 우리의 유일한 대제사장이 되사 그의 몸을 단번에 제물로 드리사 우리를 구속하셨고 우리를 위하여 아버지께 끊임없이 간구하시기 때문이요, 또한 우리의 영원한 왕이 되사 그의 말씀과 성령으로 우리를 다스리시고, 우리를 위해 얻으신 구원을 누리도록 우리를 보호하시고 보존하시기 때문입니다.

[해 설]

예수는 중보자의 고유한 이름이며, 그리스도는 말하자면 그것에 첨가된 명칭이다. 그는 예수이시며 동시에 그리스도, 즉 약속된 구주요 메시야이시다. 이 두 가지 이름이 모두 그의 직분을 지칭하나 그 선명도에 있어서는 서로 다르다. 예수라는 이름은 그의 중보자의 직분을 일반적인 방식으로 지칭하나, 그리스도라는 이름은 더욱 충실하고도 분명하게 지칭하는 것이다. 그리스도라는 이름은 그의 직분의 세 가지 부분들 ─ 즉, 선지자직(職)과 제사장직과 왕직 ─ 을 표현하는 것이다. 그리스도라는 이름은 기름 부음을 받은 자라는 뜻이다. 그러므로, 그는 구주 예수시며, 동일한 방식으로 그리스도 혹은 기름 부음을 받은 자로서 세 부분으로 되어있는 기름 부음 받은 자의 직분을 지니시는 분이시다. 이 세 가지 직분이 그리스도라는 이름 속에 포괄되어 있는 이유는, 선지자들과 제사장들과 왕들이 기름 부음을 받은 자들이었기 때문인데, 기름 부음을 받는 것은 바로 그 직분을 공식으로 부여받는 것이요 그때에 또한 그 해당 임무들을 적절히 수행하는 데 필요한 은사들이 주어졌던 것이다.

그러므로 우리는 이렇게 결론지을 수 있다. 곧, 선지자요 제사장이요 왕이 되며 또한 기름 부음을 받은 자로 불리는 자는 바로 그 세 가지 직분 때문에 그렇게 불리는 것이다. 그리스도께서는 선지자가 되시며 제사장이 되시며 왕이셨고, 그렇기 때문에 기름 부음을 받은 자라 불리시는 것이다. 그러므로 중보자의 직분의 이 세 부분이 메시야, 그리스도, 기름 부음을 받은 자라는 칭호 속에 표현되어 있는 것이다. 요리문답의 이 질문을 논의하면서, 우리는 다음과 같은 사항들을 살펴보아야 할 것이다:

1. 그리스도의 기름 부음이란 무슨 뜻인가?
2. 그리스도의 선지자직은 무엇인가?
3. 그리스도의 제사장직은 무엇인가?
4. 그리스도의 왕직은 무엇인가?

1. 그리스도의 기름 부음이란 무슨 뜻인가?

기름을 붓는 일은 선지자들과 제사장들과 왕들을 그 직분으로 세우는 하나의 의식이었는데, 이때에 일반 기름을 사용하기도 했고 특별한 종류의 기름을 사용하기도 했다. 이 기름 부음은 1. 하나의 임직 혹은 그 직분에의 부름을 뜻하였다. 기름 부음을 통해서 그 당사자를 구별하여 세웠던 것이다. 2. 해당 직분에 부과된 임무를 시행하기에 필요한 은사들이 베풀어질 것에 대한 약속을 뜻하였다. 또한 표징 혹은 외적인 기름 부음과, 그 행위를 통해서 의미하는 그것 사이에 유비가 있었다. 기름이 육체의 메마르고 연약한 지체들을 강화시키고 힘을 주며 활력을 주고 든든하게 하여 그것들이 그 기능을 능동적으로 발휘하도록 해 주듯이, 본래 선한 일을 이루기에 부적절한 상태에 있는 우리의 본성을 새롭게 하시며, 힘과 능력을 부으사 하나님께서 받으실 만한 일을 행하고 또한 우리가 그를 섬기는 중에 갖는 모든 관계들 속에서 부과되는 각종 의무들을 적절히 수행하게 하시는 것이다.

더욱이, 구약 아래에서 기름 부음을 받은 자들은 그리스도의 모형들이었다. 그러므로 그들의 기름 부음은 그림자일 뿐이었고 따라서 불완전하였다고 말할 수 있을 것이다. 그러나 그리스도의 기름 부음은 완전한 것이었다. "그 안에는 신성의 모든 충만이 육체로 거하시"(골 2:9)기 때문이다. 오직 그만이 성령의 모든 은사들을 한량없이 받으셨다.

또 한 가지 다른 점은, 구약 아래에서 기름 부음을 받은 자들 중에는 모든 은사들을 다 받은 자가 하나도 없었고, 또한 그 은사들을 동일한 정도로 받은 사람도 없었다는 점이다. 그러나 그리스도는 가장 충만하고 가장 고귀한 의미에서 이 모든 은사들을 받으신 것이다. 그러므로 이 기름 부음이 구약에 속한 자들에게와 그리스도께 모두 합당하였으나, 그리스도 이외에는 그 누구에게도 완전한 것이 아니었던 것이다.

반론. 그러나 그리스도의 기름 부으심은 성경 어디에도 나타나지 않는다.

답변. 그리스도께서 기름 부음의 의식을 치르셨다는 내용은 그 어디에도 나타나지 않는 것은 사실이다. 그러나 그는 진정으로 영적으로 기름 부음을 받으셨다. 즉, 기름 부음을 통해서 표징되는 바 그것, 곧 성령을 받으셨다는 뜻이다. "그러므로 하나님 곧 왕의 하나님이 즐거움의 기름을 왕에게 부어 왕의 동료보다 뛰어나게 하셨나이다"(시 45:7; 히 1:9), "주 여호와의 영이 내게 내리셨으니 이는 여호와께서 내게 기름을 부으사"(사 61:1). 그러므로 구약과 신약 모두에서 그리스도의 기름 부음을 언급하고 있는 것이다. 그리스도께서는 모형적인 선지자, 제사장, 왕이 아니라 다른 모든 이들이 그 그림자에 지나지 않는 참되신 선지자, 제사장, 왕이신 것이 합당하다. 그러므로 그는 모형으로서가 아니라 그 실체에 합당하게 기름 부음을 받으시는 것이 합당하다. 직분과 기름 부음 사이에는 반드시 유비가 있는 것이요, 따라서 결과적으로 그의 기름 부음이 성례적인 것이 아니라 영적인 것이어야 했고, 모형적인 것이 아니라 그 실체에 속한 것이어야 마땅했던 것이다.

그러므로 그리스도께서 기름 부음을 받으신 것은, 1. 그가 하늘 아버지의 뜻에 따라 중보자의 직분을 받으셨기 때문이다. "내가 스스로 온 것이 아니니라 나를 보내신 이는 참되시니 너희는 그를 알지 못하나 나는 아노니 이는 내가 그에게서

났고 그가 나를 보내셨음이라"(요 7:28, 29), "하나님이 이 모든 날 마지막에는 아들을 통하여 우리에게 말씀하셨으니 이 아들을 만유의 상속자로 세우시고 또 그로 말미암아 모든 세계를 지으셨느니라"(히 1:2). 2. 그의 인성(人性)이 성령의 은사를 한량없이 받아, 그의 교회를 회복시키고 다스리고 보존시키는 일과 또한 온 세상을 통치하고 하나님께 영광 돌리고 그 백성들의 구원을 이루는 일을 위하여 필요한 모든 은사들과 은혜들을 지니셨기 때문이다. "하나님이 보내신 이는 하나님의 말씀을 하나니 이는 하나님이 성령을 한량없이 주심이니라"(요 3:34). 그러므로 그리스도의 기름 부음의 이 두 부분은 서로 다르다. 은사를 한량없이 받는 것은 그의 인성에만 관계되나, 중보자의 직분에 세워지시는 것은 신성과 인성 모두에게 관계된다.

　　반론. 하나님께서는 기름 부음을 받으실 수 없다. 그리스도는 하나님이시다. 그러므로 그는 기름 부음을 받으실 수 없다.

　　답변. 그리스도께서 하나님이신 그 본성에 대해서는 그가 기름 부음을 받으실 수 없다는 것을 인정한다. 1. 신격의 정의, 지혜, 권능에 다른 무엇을 첨가시킬 수가 없기 때문이다. 2. 기름 부음을 시행하시는 성령께서 하나님의 영이실 뿐 아니라 그에 못지않게 그리스도의 영이시기 때문이다. 그러므로 아무도 그대가 이미 소유하고 있는 그대의 영을 그에게 줄 수 없는 것처럼, 그 누구도 하나님께 성령을 주실 수가 없다. 왜냐하면 성령은 하나님 안에 계시고 하나님으로부터 말미암은 자로서 하나님의 영이시며, 하나님이 그를 다른 사람들에게 주시기 때문이다.

　　반론. 그러나 만일 그리스도께서 그의 신성에 대하여 기름 부음을 받으실 수 없다면, 그는 그의 인성에 대해서만 선지자요 제사장이요 왕이실 것이다. 기름 부음을 받을 수 있는 본성에 대해서만 중보자이실 것이기 때문이다. 그러나 그는 오직 그의 인성에 대해서만 기름 부음을 받으실 수 있었다. 그러므로 그는 그의 인성에 대해서만 중보자이시다.

　　답변. 이 주장은 인정할 수 없다. 왜냐하면 여기서 제시되는 기름 부음의 정의(定義)가 명확하지도 않고 충족되지도 않기 때문이다. 기름 부음에는 은사를 받는 일 ― 이것은 그리스도의 인성에만 관계된다 ― 만이 아니라 중보자의 직분에 세워지는 일이 포함되는데, 이는 신성과 인성 모두에 관계되는 것이다. 그러므로, 물론 그리스도의 인성만이 성령을 받으실 수 있었으나 그렇다고 해서 그의 신성이 기름 부음에서 배제되었다고 볼 수는 없다. 아니면 부정적으로 생각해 보면 문제를 더 분명하게 볼 수 있다: 그리스도께 기름 부음을 받지 않으신 본성이 있다면, 그 본성에 따라서는 중보자가 아니시다. 그는 그의 신성에 대해서는 기름 부음을 받지 않으셨다. 그러므로 그는 그의 신격에 있어서는 중보자가 아니시다.

답변. 그러나 여기에는 네 가지 조건이 있다. 주 전제에서는 기름 부음이 직분에 세워지는 것과 은사를 받는 것 모두를 지칭한다. 그러나 소 전제에서는 그 기름 부음의 한 부분만을 고려하고 있다. 그러므로 그리스도께서는 신성과 인성에 따라 기름 부음을 받으셨으나, 각기 다른 방식으로 받으셨다는 것이 된다. 그러므로 그리스도는 신성과 인성 모두에 따라서 선지자이시며 제사장이시며 왕이시며, 하나님의 말씀에 나타나는 다음 두 가지 근본적인 법칙이 이를 확증해 준다:

1. 중보자의 한 본성의 속성들이 속성의 교류에 따라 그의 위격 전체에 속하지만, 그 속성들은 그 고유하게 해당되는 본성에만 관계된다. 즉, 화를 발하시고 고난당하시고 죽으시는 것은 그의 인성에 따른 것이고, 사람이신 그리스도께서 전능하시고 영원하시고 편재하시는 것은 그의 신성에 따른 것이다.

2. 중보자 직분의 명칭들 또한 두 본성과 관련하여 위격 전체에 속하지만, 각 본성의 속성들과 또한 각 본성의 고유한 사역들의 차이점들이 그대로 보존된다. 신성과 인성은 물론 그 각각의 활동들까지도 중보자 직분을 수행하는 데에 필수적이기 때문이다. 그러므로 각 본성이 자기에게 합당한 일을 수행하지만, 다른 본성과의 연관 속에서 수행하는 것이다.

이레나이우스(Irenaeus)는 이 문제에 관하여 말하기를, 이 기름 붓는 일은 삼위 하나님 모두를 포괄하는 것으로 이해하여야 한다고 하였다. 곧, 성부는 기름 붓는 자시요, 성자는 기름 부음을 받는 자시며, 또한 성령은 그 부어지는 기름으로 이해해야 한다는 것이다.

2. 그리스도의 선지자직은 무엇인가?

그리스도의 기름 부음 받으심을 어떻게 이해해야 하는지를 살펴보았으니, 이제는 그리스도께서 기름 부음을 통해 세움받으신 삼중직(三重職), 혹은 중보자 직분의 세 부분에 대해 간략하게 논의할 차례가 되었다. 이 문제를 적절히 이해하기 위해서는 선지자, 제사장, 왕의 용어들이 의미하는 바를 정의해야 하는데, 이는 이 직분들을 받았던 자들이 수행했던 일들에 근거해서 할 수 있을 것이다.

선지자를 뜻하는 영어의 "prophet"은 헬라어 **프로페미**에서 비롯된 것인데, 이 단어는 장차 올 일들을 공포한다는 의미를 지닌다. 일반적으로 선지자란 현재나 미래의 일들에 관하여 ─ 이 일들은 다른 방도로는 알 수가 없다. 왜냐하면 선지자가 드러내는 진리들은 사람들이 그들의 지식으로 깨닫거나 파악할 수 있는 것이 절대로 아니기 때문이다 ─ 사람들에게 하나님의 뜻을 선포하고 설명하도록 하나님으로부터 부르심을 받은 자를 지칭한다. 선지자는 하나의 사역자(a minister)이거나, 아니면 선지자들의 우두머리, 즉 그리스도이거나 둘 중의 하나다. 사역자인 선지자들 가운데 어떤 이들은 구약에 속하고 어떤 이들을 신약에 속하였다. 신약에 속한 선지자들 중에 어떤 이들은 일반적인 의미에서 선지자라 불렸고, 어떤 이들은 특별한 의미에서 그렇게 불렸다.

구약의 선지자들은 하나님으로부터 직접 부르심을 받아 그의 백성들에게로 보내심을 받아, 백성들의 오류와 죄를 책망하고 형벌을 경고하고 회개를 촉구하며, 참된 교리와 하나님께 드리는 예배를 선포하고 해명하며, 거짓과 부패에서 그것을 보호하며, 메시야에 대한 약속과 그의 나라의 은덕들을 알리고 예증하고 장차 임할 일들을 미리 예언하며, 이적을 베푸는 은사와 다른 분명한 신적인 증언들을 지니고 있어서 그 선포하는 교리에서 실수가 없었고 동시에 국가와 특정한 관계들을 유지하며 시민적인 성격을 지닌 의무들을 수행하였다.

신약 시대에 특별한 의미로 선지자로 불린 자는 하나님으로부터 직접 부르심을 받은 사람으로서 장차 올 일을 미리 전하는 목적을 위하여 예언의 은사를 받은 사람이었다. 바울, 베드로, 아가보 등이 이에 속한다. 성경을 이해하고 설명하며 적용시켜 교회와 개인을 강건케 하는 은사를 지닌 자는 누구든지 일반적인 의미에서 선자자라 불린다(고전 14:3, 4, 5, 29).

그리스도께서는 가장 위대하신 선지자로서 하나님으로부터 직접 세우심을 받았고, 낙원에서 교회가 시작되던 때부터 그로부터 보내심을 받았으니, 곧 하나님의 뜻을 인류에게 알리며, 말씀과 성례의 사역을 제정하며, 결국 육신으로 자신을 드러내시고 그의 신적인 가르침과 행위로써 자신이 성부와 본질이 동일하신 영원하신 아들이시요 복음의 도리의 주인이심을 입증하시고, 그것을 통해서 성령을 보내사 사람들의 마음에 믿음을 일깨우시고, 사도들을 보내시며, 인류로부터 교회를 자신에게로 모으사 그들에게서 순종 받으시고 높임을 받으시며 경배를 받으시기 위함이다.

그러므로 그리스도의 선지자직은, 1. 하나님과 그의 온전한 뜻을 천사들과 사람들에게 나타내는 데에 있다. 이 일은 오직 아들을 통하여 특별한 계시에 의해서만 알려질 수 있다. "아버지 품 속에 있는 독생하신 하나님이 [그를] 나타내셨느니라" (요 1:18), "내가 그에게 들은 그것을 세상에 말하노라" (요 8:26). 또한 율법을 선포하며 사람들의 오류와 부패에서 그것을 보존시키는 것도 그리스도의 직분이었다. 2. 복음의 사역을 제정하고 보존하며, 선지자들과 사도들과 교사 등을 교회 안에서 일으키고 보내며, 그들에게 예언의 은사를 베풀고, 그 소명에 필요한 은사들을 베푸는 데에 있다. "그가 어떤 사람은 사도로, 어떤 사람은 선지자로, 어떤 사람은 복음 전하는 자로, 어떤 사람은 목사와 교사로 삼으셨으니" (엡 4:11), "그러므로 하나님의 지혜가 일렀으되 내가 선지자와 사도들을 그들에게 보내리니" (눅 11:49), "내가 너희의 모든 대적이 능히 대항하거나 변박할 수 없는 구변과 지혜를 너희에게 주리라" (눅 21:15), "자기 속에 계신 그리스도의 영이 … 누구를 또는 어떠한 때를 지시하는지 상고하니라" (벧전 1:11). 3. 그의 사역을 통하여 듣는 자들의 마음속에 효력을 발생케 하며, 그의 영을 통하여 내적으로 그들을 가르치며, 그들의 마음을 밝히며, 복음으로 말미암아 마음을 감동시켜 믿음과 순종에 이르게 하는 것도 그리스도의 선지자직에 해당한다. "그는 성령과 불로 너희에게 세례를 베푸실 것이요" (마 3:11), "이에 그들의 마음을 열어 성경을 깨닫게 하시고" (눅 24:45), "곧 물로 씻어 말씀으로 깨끗하게 하사 거룩하게 하시고" (엡 5:26), "제자들이 나가 두루 전파할새 주께서 함께 역사하사 그 따르는 표적으로 말씀을 확실히 증언하시니라" (막 16:20), "주께서 그 마음을 열어 바울의 말을 따르게 하신지라" (행 16:14), "주께서 그들의 손으로 표적과 기사를 행하게 하여 주사 자기 은혜의 말씀을 증언하시니" (행 14:3).

요컨대, 그리스도의 선지자직은 세 부분으로 되어 있는데, 아버지의 뜻을 나타내시고, 사역을 제정하시고, 또한 그 사역을 통하여 내적으로 혹은 효력 있게 가르치는 것이다. 그리스도께서는 교회의 시초부터 그의 권세와 능력과 효능으로 말미암아 이 세 가지를 시행하셨고 또한 세상 끝까지 행하실 것이다. 그러므로 그리스도를 가리켜 **말씀**이라 부르는데, 이는 자기 자신을 바라보며 자신의 형상을 ― 이는 사라지는 것이 아니요 성부 자신과 본질이 동일하며 또한 동일하게 영원하다 ― 생각하여 자기를 낳으신 성부와 관련짓는 것만이 아니라, 우리와 관련짓는 것이기도 하다. 왜냐하면 그는 조상들에게 말씀하신 자요 또한 성부의 품으로부터 살아 있는 말씀 혹은 복음을 가져오신 분이시기 때문이다.

그러므로, 그리스도와 다른 선지자들 사이의 차이가 무엇이며 또한 그가 어째서 가장 위대한 교사로 불려지며 또한 모든 선지자들 가운데 가장 뛰어난 분으로 불려지는가 하는 것이 지금까지 논의한 내용에서 드러난다. 1. 그리스도는 하나님의 아들이시요 만유(萬有)의 주(主)이시나, 다른 선지자들은 사람에 불과하며 그리스도의 종들일 뿐이다. 2. 그리스도께서는 성부로부터 직접 말씀을 받아 사람들에게 전하셨으나, 다른 선지자들과 사도들은 그리스도로부터 부르심을 받고 보내심을 받은 자들이다. 3. 그리스도의 예언적 지혜는 무한하다. 그의 인성에 따라 보더라도 그는 모든 은사에서 다른 모든 이들을 훨씬 뛰어넘는 분이시다. 4. 그리스도는 모든 진리의 근원이시고 사역의 주인이시나, 다른 선지자들은 그저 그리스도로부터 받는 바를 선포하고 드러낼 뿐이다. 그러므로 그리스도께서 선지자들을 통하여 말씀하셨다고 이야기하는 것이다. 또한 그는 선지자들에게만이 아니라 모든 경건한 자들에게 자신의 가르침을 계시하신다. 그러므로 "우리가 다 그의 충만한 데서 받으니"(요 1:16)라고 말씀하는 것이다. 5. 그리스도께서는 자신의 겉으로 드러나는 사역을 통해서, 또한 그가 부르사 섬기게 하신 자들의 사역을 통해서 효력 있게 선포하시는데, 이는 사람들의 마음에 역사하시는 성령으로 말미암아 이루어지는 것이다. 그러나 다른 선지자들은 그리스도께서 사용하시는 도구들이요 또한 그와 더불어 일하는 동역자들이다. 6. 그리스도의 가르침은 모세를 비롯한 다른 모든 선지자들의 가르침보다 더 명확하고 완전하다. 7. 그리스도는 스스로 권위를 지니셨으나, 다른 이들의 권위는 그리스도께 의존하는 것이다. 그리스도께서 자기 자신에 근거하여 말씀하실 때에 우리는 그를 믿는다. 그러나 다른 이들의 말을 믿는 것은 그리스도께서 그들 속에서 말씀하시기 때문이다.

3. 그리스도의 제사장직은 무엇인가?

일반적으로 제사장이란 예물과 희생 제사를 드리며 다른 이들을 가르치고 그들을 위하여 간구하는 목적을 위하여 하나님으로부터 지명받은 사람을 가리킨다. 제사장의 자격으로 섬기는 자들을 모형적인 제사장과 실질적인 제사장으로 구분하여 말할 수 있을 것이다. 모형적인 제사장은 모형적인 제사를 드리고, 자기 자신과 다른 이들을 위하여 간구하며, 하나님의 뜻과 장차 오실 메시야에 관하여 사람들을 가르치도록 하나님으로부터 정하심을 받은 사람이다. 구약의 모든 제사장들이 이에 속했는데, 그들 중 가장 큰 자를 보통 대제사장이라 부르며 다른 제사장들은 그의 밑에 있었다. 대제사장은 다음과 같은 점에서 독특하였다. 1. 오직 대제사장만이 매년 한 차례 성소, 혹은 지성소에 들어가서 자기 자신과 백성을 위하여 피를 드렸고 향을 피웠고 간구하였다. 2. 그의 복장은 다른 제사장들의 복장보다 더 화려하고 더 찬란하였다. 3. 그는 다른 제사장들보다 상위(上位)에 있었다. 4. 그는 제사를 드렸고, 자기 자신과 백성을 위하여 간구하였다. 5. 의심쩍고 무게 있고 애매한 문제들에 대해 상담하며 하나님께서 지시하신 답변을 백성들에게 주었다. 다른 모든 제사장들은 그보다 하위(下位)에 속한 자들로서 그들의 임무는 제사를 드리고 율법과 메시야에 관한 약속들을 가르치며 또한 그들 자신과 다른 이들을 위하여 간구하는 일이었다. 그러므로, 구약의 모든 제사장들이 그리스도의 모형이었으나, 대제사장의 모형적 성격이 가장 두드러졌다. 왜냐하면 교회의 참되고 위대한 대제사장이신 그리스도를 나타내는 많은 것들이 그에게 있었기 때문이다.

　반론. 선지자들과 제사장 모두가 가르친다면, 서로 다른 점이 없을 것이다.

　답변. 그들 모두 백성들을 가르쳤으나, 여러 가지 차이가 있었다. 선지자들은 어느 지파에서든 하나님께서 직접적으로 세우셨으나, 제사장들은 레위 지파 중에서 간접적으로 세움 받았다. 선지자들은 비범한 방식으로 가르쳤으나, 제사장들은 일상적인 방식으로 가르쳤다. 선지자들은 하나님으로부터 직접 가르침을 받았으나, 제사장들은 율법에 근거하여 가르침을 배웠다. 선지자들에게는 신적인 증언이 있었으므로 오류를 범할 수 없었으나, 제사장들은 가르침에서 실수를 할 수 있었고, 실제로 그런 실수를 범하여 선지자들에게서 책망을 받는 경우가 자주 있었다.

　이 모형을 통해서 예표된 참된 제사장은 하나님의 아들이신 그리스도이시다. 그는 성부에게서 직접적으로 세움 받으셨고 이 직분을 위하여 성령으로 말미암아 기름 부음 받으셨다. 그는 인성을 취하사 하나님의 은밀하신 뜻과 작정을 우리에게 계시하시고, 우리를 위하여 자기 자신을 화목 제물로 드리시며, 또한 그가 우리를 위하여 간구하시는 모든 간구들이 언제나 반드시 응답된다는 약속을 지니셔서 그 제사를 우리에게 적용시키시며, 또한 우리를 위하여 죄 사함을 얻으시며, 또한 마지막으로 말씀과 성령의 사역을 통하여 그의 교회를 모으시고 조명하시고 거룩하게 하신다.

　그러므로 그리스도의 제사장직에는 네 가지 주요 부분이 있다: 1. 제사장들로서 행하도록 부르심을 받은 다른 모든 자들과는 전혀 다른 방식으로 사람들을 가르치는 일. 그는 말로써 귀에다 이야기만 하는 것이 아니라 그의 성령으로 말미암아 효력 있게 마음을 움직이신다. 2. 세상의 죄를 위하여 자기 자신을 희생 제물로 드리는 일. 3. 성부께서 그의 간구와 뜻에 따라서, 또한 그의 희생 제사의 영구한 효능에 따라서 우리를 받아주시도록 우리를 위하여 성부께 끊임없이 간구하고 기도하며, 또한 그가 구하시는 일들에 대해 응답을 받으리라는 약속을 지니는 일. 4. 그의 희생 제사를 그의 간구하시는 자들에게 적용시키는 일. 이는 믿는 자를 하나님의 은혜로 영접받게 하기 위함이며 또한 성부께서 그들을 받으시고 또한 믿음이 그들의 마음속에서 역사하여 그리스도의 공로가 그들에게 전가되게 하고 그리하여 그들이 성령으로 말미암아 영생에로 중생하도록 하기 위함이다.

지금까지 논의한 내용으로 볼 때에 그리스도와 다른 제사장들 사이의 차이를 쉽게 간파할 수 있을 것이다. 1. 다른 제사장들은 외형적인 음성으로만 가르치나, 그리스도께서는 성령의 효력 있는 내적인 역사하심을 통하여 가르치신다. 2. 다른 제사장들은 끊임없이 간구하지도 않고 또한 간구하는 바를 언제나 받지도 않는다. 3. 그들은 자기들 자신의 은덕들을 다른 이들에게 적용시키지 않는다. 4. 그들은 자기들 자신을 다른 이들을 위한 희생 제물로 드리지 않는다. 이 모든 일들은 오직 그리스도께만 속하는 것이다.

4. 그리스도의 왕직은 무엇인가?

왕이란 하나님께서 세우셔서 특정한 백성들을 정의로운 법에 따라 다스리게 하시고, 선한 자들을 상주고 악한 자들을 벌하는 권세를 갖게 하시고, 또한 백성들을 보호하게 하신 자로서 그의 위에 아무도 높은 자가 없다. 그리스도께서는 하나님께서 직접 세우신 왕 중의 왕으로서 그가 자기 피로 값 주고 사신 교회를 그의 말씀과 성령으로 다스리시고 모든 원수들로부터 교회를 보호하시고, 그 원수들을 영벌(永罰)에 던지실 것이며 또한 그의 백성들을 영생으로 상주실 것이다.

그러므로 그리스도의 왕직은 다음과 같다: 1. 그의 말씀과 성령으로 교회를 다스리시되, 그가 우리 속에서 이루셨음직한 것을 그저 보여주기만 하시는 것이 아니라 그의 성령으로 마음을 움직이셔서 그의 인도하심을 따르게 하신다. 2. 우리의 외적이며 내적인 원수들에 대항하여 우리를 보존하시며 보호하시되, 그의 전능한 권세로 우리를 보호하시고 그의 성령으로 말미암아 우리를 무장시켜서 모든 원수들을 대적하고 이기기에 필요한 전신갑주를 입게 하신다. 3. 그의 교회에 은사들과 영광을 베푸시며, 또한 최종적으로 교회를 모든 악에게서 해방시키시며, 그의 권능으로 모든 원수들을 통제하시고 무찌르시며, 결국 그들을 완전히 진압하신 후 그들을 상상을 초월하는 비참한 버려진 상태 속에 던져 넣으신다.

————————

32문 그러면 그대는 왜 그리스도인이라 불립니까?

답 내가 믿음으로 그리스도의 지체가 되었고 또한 그의 기름 부으심에 참여한 자가 되어 그의 이름을 고백하고, 나 자신을 감사의 산 제물로 그에게 드리며, 또한 이 땅에 사는 동안 자유롭고 선한 양심으로 죄와 마귀를 대적하여 싸우며, 그 이후로는 그와 함께 영원히 모든 피조물들을 통치할 것이기 때문입니다.

[해 설]

이 질문에서는 그리스도인들의 존엄성과 또한 그들의 머리이신 그리스도와의 연합된 교제(communion)에 대해서, 또한 그리스도의 지체들로서 그들이 행하는 의무들에 대해서 생각해야 한다. **그리스도인**이라는 명칭은 사도 시대에 안디옥에서 처음 그리스도의 제자들에게 주어졌다. 그 이전에는 그들을 가리켜 **형제들**, 혹은 **제자들**이라 불렀다. **그리스도인**이라는 명칭은 그리스도에서 파생된 것으로서 그리스도의 제자인 자를 지칭한다. 곧, 그의 가르침과 삶을 따르며, 또한 그리스도께 접붙임 받아 그와 연합된 교제를 갖는 자를 뜻하는 것이다. 그리스도인에는 두 종류가 있다. 하나는 겉으로만 그렇게 보이는 자들이요, 또 하나는 진정으로 그리스도인인 자들이다. 겉모양뿐인 그리스도인들은 세례를 받아 부르심을 받은 자들과 한 무리 속에 있으나 회심하지 않은 상태에 있는 자들로서 외식자들 이상 아무것도 아닌 자들이다. "청함을 받은 자는 많되 택함을 입은 자는 적으니라"(마 22:14), "나더러 주여 주여 하는 자마다 다 천국에 들어갈 것이 아니요"(마 7:21). 참된 그리스도인들은 세례를 받고 그리스도의 가르침을 고백할 뿐 아니라 참된 믿음을 소유하였고 또한 이 사실을 회개의 열매들로써 드러내는 자들이거나, 아니면 참된 믿음으로 말미암아 그리스도의 지체들이 되었고 또한 그의 기름 부으심에 참여한 자들이다. 참된 그리스도인들은 모두 겉으로도 그리스도인의 모습이 있다. 왜냐하면 성경이 다음과 같이 말씀하기 때문이다: "이같이 너희 빛이 사람 앞에 비치게 하여 그들로 너희 착한 행실을 보고 하늘에 계신 너희 아버지께 영광을 돌리게 하라"(마 5:16), "나는 행함으로 내 믿음을 네게 보이리라"(약 2:18). 그러나 반대로 겉으로 그리스도인의 모습을 지닌 사람들이 모두 실제로 그리스도인인 것은 아니다. 왜냐하면 주님께 "내가 너희를 도무지 알지 못하니"(마 7:23)라는 말씀을 들을 자들이 많을 것이기 때문이다.

여기서 참된 그리스도인인 자들에 대해 논의하면서, 우리가 어째서 그리스도인이라, 즉 기름 부음 받은 자들이라 불리는가 하는 문제를 다루지 않을 수 없다. 이 문제에 대해서는 두 가지로 답할 수 있다. 우리가 믿음으로 말미암아 그리스도의 지체들이 되었으며 또한 그리스도의 기름 부으심에 참여한 자들이 되었기 때문이다. 곧, 우리가 그리스도인이라 불리는 것은 그리스도의 품성과 직분과 위엄이 우리에게 전해졌기 때문이다.

그리스도의 지체가 되었다는 것은 그에게 접붙인 바 되었다는 것이며, 또한 그의 속에와 우리 속에 거하시는 동일한 성령으로 말미암아 그와 연합되었다는 것이며, 또한 이 성령으로 말미암아 그리스도 안에 있는 의와 생명을 소유한 자가 되었다는 것이며, 따라서 믿음으로 말미암아 우리에게 전가된 그리스도의 의(義)로 인하여 — 물론 이 의가 이 세상의 삶에서는 불완전하게 나타나지만 — 하나님께 받으실 만하게 되었다는 것이다. 그리스도와의 이러한 연합된 교제에 대해서 성경의 다음 본문들이 말씀하고 있다: "우리 많은 사람이 그리스도 안에서 한 몸이 되어 서로 지체가 되었느니라"(롬 12:5), "너희 몸이 그리스도의 지체인 줄을 알지 못하느냐?"(고전 6:15), "몸은 하나인데 많은 지체가 있고 몸의 지체가 많으나 한 몸임과 같이 그리스도도 그러하니라"(고전 12:12), "범사에 그에게까지 자랄지라 그는 머리니 곧 그리스도라"(엡 4:15).

머리와 몸의 지체들 사이의 관계에 대한 비유적인 표현은 그리스도와 우리 사이의 긴밀하고도 도저히 분리될 수 없는 연합을 보여주는 지극히 적절하고도 충격적인 표현이라 하겠다. 첫째로, 몸의 지체들에게 하나의 동일한 머리가 있어서 그것을 통해서 서로 연결되어 있듯이, 또한 외부적 감각과 내부적 감각이 머리에 자리를 잡고 있어서 온 몸과 각 지체의 생명이 거기에 달려 있듯이, 그리고 다른 지체에게서가 아니라 오직 머리에게서 각 지체들에게 생명이 전달되듯이, 그리스도께서 살아 계신 머리이시며 그로부터 성령이 각 지체들에게로 전해지며, 그로부터 모든 지체들의 생명이 비롯되며, 그에게와 우리에게 거하시는 성령으로 말미암아, 또한 믿음을 통하여, 그에게 연합되어 있는 한 그에게서 다스림을 받는다. 우리가 그리스도의 지체가 되는 것은 믿음으로 되는 일이다. 왜냐하면 이 연합을 이루는 성령을 받는 것이 믿음을 통하여 되는 것이기 때문이다. 그러나 각 지체들은 또한 서로서로 상호간의 사랑으로 연합되어 있다. 우리가 머리와 연결되어 있다면 이런 상호간의 연합이 없을 수가 없다. 왜냐하면 몸이 머리와 연결되어 있고, 그 연합이 몸의 각 지체들 사이의 연합의 원인이 되기 때문이다.

둘째로, 인간의 몸에 각양 은사들이 있고 또한 지체들이 서로 다른 직분들을 수행하면서도 하나의 생명이 그 모든 지체들을 살아 움직이게 하듯이, 하나의 몸인 교회에도 각양 은사들과 직분들이 있으나 성령이 한 분이셔서 그로 말미암아 각 개개인 지체들이 자신의 합당한 직분을 수행하게 되는 것이다.

셋째로, 머리가 최고의 위치를 차지하며 따라서 최고의 존귀를 누리기에 합당하며, 또한 모든 생명의 근원이듯이, 그리스도께서도 교회에서 최고의 위치를 차지하신다. 이는 그에게는 성령이 한량없이 거하시며 또한 우리가 누리는 온갖 선한 은사들이 다 그의 충만하심에서 비롯되나, 그리스도의 지체들인 우리 그리스도인들에게는 일정한 분량의 은사밖에는 없으며 유일한 머리이신 그리스도께로부터 그것들이 주어지기 때문이다. 그러므로 스스로 교회의 머리라고 선언하는 로마 교황의 처사가 거짓이라는 것이 명확히 드러나는 것이다.

그리스도께서는 다음 세 가지 점에서 우리의 머리이시다: 1. **그의 품성이 완전하시다는 점에서.** 그는 하나님이시고 사람이시며 심지어 그의 인성에 있어서도 모든 피조물보다 은사가 탁월하시기 때문이다. "그 안에는 신성의 모든 충만이 육체로 거하시고"(골 2:9). 오직 그만이 성령을 주신다: "그는 성령과 불로 너희에게 세례를 베푸실 것이요"(마 3:11). 2. **위엄과 차서에 있어서.** 그는 영광과 존귀하심으로 스스로 왕이시며, 주이시며, 만물의 상속자이심을 선언하신다. 하나님께서 그를 통하여 만물을 창조하신 것처럼, 또한 그를 만물의 상속자로 또한 그의 집의 다스리는 자로 삼으셨기 때문이다. 3. **그의 직분에서.** 그는 교회의 구속자요 거룩하게 하시는 자시며, 교회의 각 지체와 함께 하시며 그들을 다스리시고 통치하시고 일깨우시고 양육하시며 세우셔서, 마치 머리가 온 몸을 다스리고 움직이게 하듯이, 그들로 하여금 그와 연합한 상태로 남아 있게 하신다.

또한 우리도 세 가지 점에서 그리스도의 지체들이다: 1. 지체들이 머리와 연결되어 있고 또한 다른 지체들과도 연결되어 있듯이, 우리가 믿음과 성령으로 말미암아 그와 연합하였고 또한 우리들 스스로도 연합되었기 때문이다. 교회의 안전을 위해서는 온 몸이 그 머리이신 그리스도와 연결되어 있는 것 못지않게 그리스도의 지체들이 서로 연결되는 것도 절실하다. 손을 팔에게서 분리시키면 결국 손을 몸에게서 분리시키게 되고 따라서 손이 생명을 잃게 되고 말 것이다: "믿음으로 말미암아 그리스도께서 너희 마음에 계시게 하시옵고"(엡 3:17). 2. 우리가 그리스도로 말미암아 일깨움 받고 다스림 받으며 그에게서 모든 선한 것들을 부여받으므로, 우리가 계속해서 그의 안에 있지 않으면 몸에게서 잘려나간 지체들이 생명을 잃는 것처럼 우리도 생명을 잃고 말 것이기 때문이다. "사람이 내 안에 거하지 아니하면 가지처럼 밖에 버려져 마르나니"(요 15:6). 3. 몸의 각 지체들마다 각기 다른 능력과 기능을 소유하고 있듯이 그리스도의 교회의 지체들에게도 각기 다른 은사와 직분들이 있기 때문이요, 또한 몸의 각 부분들의 모든 활동들이 몸을 보존하는 데에 기여하듯이 그리스도의 모든 지체들도 무슨 일을 하든 그리스도의 몸인 교회의 보존과 유익을 항상 염두에 두어야 마땅하기 때문이다. "우리가 한 몸에 많은 지체를 가졌으나 모든 지체가 같은 기능을 가진 것이 아니니"(롬 12:4), "각 사람에게 성령을 나타내심은 유익하게 하려 하심이라"(고전 12:7).

그리스도의 지체가 된다는 것이 무엇이며 우리가 어떤 식으로 그의 지체들인가를 설명했으니, 그리스도의 기름 부으심에 참여한 자들이 된다는 것이 무엇인가 하는 것에 대해서도 더 분명히 보게 될 것이다. **기름 부음**은 그리스도의 은사들과 직분들을 함께 공유하는 것(communion)을 의미한다. 혹은 그리스도의 모든 은사들에 참여하는 것을 뜻하며, 그리스도의 왕직, 제사장직, 선지자직에 참여하는 것을 뜻한다. 그러므로 그리스도의 기름 부으심에 참여한다는 것은, 1. 성령과 그의 은사들에 참여한다는 것이다. 그리스도의 영께서는 우리 속에서 아무 일도 하지 않고 한가히 계시는 것이 아니라 그리스도 안에서 역사하시는 것과 마찬가지로 우리 속에서도 역사하시기 때문이다. 다만 그리스도께서는 우리 모두들보다 더 많은 은사를 더 크고 더 높게 지니실 뿐이다. 2. 그리스도께서 그의 선지자직과 제사장직과 왕직을 우리에게 전해 주신다는 뜻이다.

그리스도인들에게 있는 선지자적 위엄은 우리의 구원에 필수적인 하나님의 참된 교리를 깨닫고 시인하며 고백하는 데 있다. 혹은 우리의 선지자직은 1. 하나님과 그의 뜻을 정당하게 아는 데 있다. 2. 각기 자기의 처지와 상태에서 그 교리를 고백하며, 이로써 하나님께서 높임을 받으시며 그의 진리가 생명력 있게 드러난다는 것을 올바로 신실하게 담대하게 깨닫는 데 있다. "누구든지 사람 앞에서 나를 시인하면 나도 하늘에 계신 내 아버지 앞에서 그를 시인할 것이요"(마 10:32).

제사장직은 가르치고 간구하며 제사를 드리는 일이다. 그러므로 우리의 제사장직은, 1. 다른 이들을 가르치는 데 있다. 즉, 참되신 하나님을 아는 지식을 그들에게 보여주고 전달해 주는 것이다. "너는 돌이킨 후에 네 형제를 굳게 하라"(눅 22:32). 2. 하나님을 아는 올바른 지식을 갖고서 그의 이름을 부르는 데 있다. 3. 적절한 감사와 예배와 순종을 하나님께 드리는 데 있다. 혹은, 그리스도의 희생 제사로 말미암아 거룩하게 되었으므로 하나님께서 기뻐 받으실 만한 감사의 제사를 드리는 데 있다. 여기에는 다음과 같은 것들이 포함된다: 1. 우리의 옛 사람을 죽이며 우리 지체를 의의 병기로 하나님께 드림으로써 우리 자신들을 드리는 것. 2. 우리의 기도들. "우리는 예수로 말미암아 항상 찬송의 제사를 하나님께 드리자. 이는 그 이름을 증언하는 입술의 열매니라"(히 13:15). 3. 우리의 구제. "네 기도와 구제가 하나님 앞에 상달되어 기억하신 바가 되었으니"(행 10:4). 4. 복음 증거. "하나님의 복음의 제사장 직분을 하게 하사 이방인을 제물로 드리는 것이 성령 안에서 거룩하게 되어 받으실 만하게 하려 하심이라"(롬 15:16). 5. 하나님께서 우리에게 보내시는 각양 재난들과 십자가를 모두 기쁨과 인내로 견디는 것. "만일 너희 믿음의 제물과 섬김 위에 내가 나를 전제로 드릴지라도 나는 기뻐하고 너희 무리와 함께 기뻐하리니"(빌 2:17), "전제와 같이 내가 벌써 부어지고 나의 떠날 시각이 가까웠도다"(딤후 4:6).

더 나아가서, 그리스도께서는 다음과 같은 방식으로 그의 제사장직을 우리에게 전해 주신다: 1. 우리로 하여금 위에서 언급한 감사의 제사를 드리게 하심으로. 2. 그 제사들을 하나님께서 기뻐 받으실 만하게 만드심으로.

그러므로 그리스도의 희생 제사는 구약의 제사장들의 희생 제사와 다르며, 마찬가지로 우리의 제사와도 다르다. 1. 그리스도께서는 감사의 제사와 속죄의 제사를 동시에 드리셨으나, 우리는 오로지 감사의 제사밖에는 드리지 못한다. 구약의 제사장들도 감사의 제사를 드렸다. 왜냐하면 그 제사는 세상의 시초부터 마지막까지 온 교회에 속하는 것이기 때문이다. 더 나아가서 그들이 드린 희생 제사는 모형적인 제사였을 뿐이고 더 이상 그 제사가 드려지지 않는다. 모든 모형들과 그림자들이 그리스도로 말미암아 사라졌기 때문이다. 그리스도께서는 모형적인 제사가 아니라 구약의 모든 희생 제사들이 모형으로 제시해 온 진정한 제사를 드리셨으니, 이는 그가 모형적인 제사장이 아니라 다른 모든 제사장들이 지향하는 교회의 참되고 위대하신 대제사장이셨기 때문이다. 2. 그리스도의 희생 제사는 완전한 것이었으나, 우리의 제사는 불완전하며 갖가지 죄들로 더러워져 있다. 3. 그리스도의 희생 제사는 그 자체가 공로를 세우는 것으로서 그 자체의 가치로 인하여 하나님 앞에서 효력이 있으나, 우리의 제사들은 아무것도 아니요 오직 그리스도의 제사로 인하여서만 하나님께서 기뻐 받으시는 것이 된다.

그리스도인들의 왕직은, 1. 믿음으로 마귀와 세상과 모든 원수들을 대적하고 이기는 데 있다. 2. 우리의 모든 원수들을 이긴 다음, 동일한 믿음을 통하여 마침내 영생과 영광을 얻는 것이다. "내 아버지께 복 받을 자들이여 나아와 창세로부터 너희를 위하여 예비된 나라를 상속받으라"(마 25:34). 그러므로 우리는 왕들이다. 1. 우리가 그리스도 안에서 모든 피조물들을 다스리는 자들이기 때문이다. 사도는 "만물이 다 너희 것임이라"(고전 3:21)고 말씀한다. 2. "우리에게 승리를 주시는"(고전 15:57) 그리스도 안에서 믿음으로 우리의 모든 원수들을 이기기 때문이다. "세상을 이기는 승리는 이것이니 우리의 믿음이니라"(요일 5:4).

그러나 그리스도의 왕직은 그리스도인들의 왕직과 다음과 같은 점에서 다르다. 1. 그리스도의 왕권은 유업으로 물려받은 것이다. 그는 본래부터 하나님의 아들이시기 때문이다. 그러나 우리는 하나님의 자녀로 입양된 자들이다. "그리스도는 하나님의 집을 맡은 아들로 그와 같이 하셨으니"(히 3:6), "이 아들을 만유의 상속자로 세우시고"(히 1:2). 2. 그리스도는 모든 피조물들의, 특히 교회의 왕이시다. 그러나 우리는 천사들과 교회의 왕은 아니고, 오로지 다른 피조물들의 왕일 뿐이다. 우리가 영광과 위엄과 위대한 은사들로 면류관을 쓸 것이므로, 하늘과 땅과 거기에 속한 만물들이 우리를 섬길 것이다. 그리하여 우리는 하나님께서 마귀들과 악인들에게 행하시는 정죄의 심판을 기쁘게 받아들이고 굴복함으로써 그들을 정죄할 것이다. 그러므로 우리는 교회를 다스리는 왕이 아니고 그 외의 모든 피조물들의 왕이다. 그러나 그리스도께서는 온 교회뿐 아니라 모든 피조물들을 다스리는 완전한 권세를 지니고 계신다. "너희도 열두 보좌에 앉아 이스라엘 열두 지파를 심판하리라"(마 19:28), "성도가 세상을 판단할 것을 너희가 알지 못하느냐?"(고전 6:2). 3. 그리스도께서는 그 자신의 권능으로 원수들을 정복하시지만, 우리는 그의 안에서, 또한 그를 통하여 — 그의 은혜와 도우심으로 말미암아 — 원수들을 정복한다. "담대하라 내가 세상을 이기었노라"(요 16:33). 4. 그리스도께서는 그의 말씀과 성령으로 세상을 통치하시고 우리의 마음을 움직이시고 잃어버려진 그의 형상을 우리 속에 회복시키신다. 이는 오직 그리스도께만 고유한 것이다. 우리는 성령을 줄 수도 없고, 외형적인 말씀과 의식들을 수종드는 사역자들 이상 아무것도 아니기 때문이다. 세례 요한은 이렇게 말씀했다: "나는 너희로 회개하게 하기 위하여 물로 세례를 베풀거니와 내 뒤에 오시는 이는 나보다 능력이 많으시니 … 그는 성령과 불로 너희에게 세례를 베푸실 것이요"(마 3:11), "그런즉 아볼로는 무엇이며 바울은 무엇이냐? 그들은 주께서 각각 주신 대로 너희로 하여금 믿게 한 사역자들이니라"(고전 3:5).

이 교리는 매우 유용하고 중요하다. 1. 위로를 위하여. 우리는 믿음으로 말미암아 그리스도께 접붙임을 받아 그의 지체들이 되었으므로 그로 말미암아 계속해서 지탱되고 다스림 받고 활력을 얻기 때문이며, 또한 그가 우리를 그의 기름 부음에 참여하게 하심으로써 우리를 그의 아버지 하나님께 선지자와 제사장과 왕으로 삼으시기 때문이다. 이것은 과연 그리스도인들에게 부여되는 말할 수 없는 위엄이 아닐 수 없다. 2. 교훈과 가르침을 위하여. 우리 모두가 하나님의 선지자들이요 교사들이므로 우리는 마땅히 끊임없이 그를 높이 기리며 찬양해야 하기 때문이며, 우리가 제사장들이므로 우리 자신을 온전히 하나님께 살아있는 찬송과 감사의 제물로 드려야 마땅하기 때문이며, 또한 우리가 왕들이므로 죄와 세상과 마귀를 대적하여 용맹스럽게 싸워서 그리스도와 함께 왕 노릇 하는 것이 합당하기 때문이다.

하나님의 독생자, 그리스도의 신성

제13주일

33문 우리도 하나님의 자녀인데, 왜 그를 하나님의 독생자라 부릅니까?

답 오직 그리스도만이 하나님의 영원하신 본성적인 아들이시며, 우리는 그리스도로 말미암아 은혜로 입양된 하나님의 자녀이기 때문입니다.

[해 설]

이 질문에서는 하나님의 아들의 신성을 가르치며, 따라서 여기서 이 주제를 좀 더 충실하게 살펴보는 것이 합당할 것이다. 그런데 이 질문이 취하는 방식에서 한 가지 반론이 제기되는데 이것을 주목하는 것이 좋을 것이다. 그 반론은 이런 것이다. 곧, 독생자에게는 형제가 없는 법인데 그리스도께는 형제들이 있다. 왜냐하면 우리도 하나님의 자녀들이기 때문이다.

그러므로 그는 하나님의 독생자가 아니라는 것이다. 이에 대해서 우리는 그리스도께서 하나님의 아들이신 것과 우리가 하나님의 자녀들인 것이 서로 근본적으로 차이가 있음을 지적한다. 그리고 이 주제를 다룰 때에 이러한 차이를 염두에 두는 것이 필요하다. 그리스도께서는 하나님의 독생자시요 영원하며 정당한 친아들이시지만, 우리는 그리스도로 말미암는 은혜로 성부께 입양된 하나님의 자녀들이다.

이 사실들이 분명히 드러나게 하기 위하여, 자녀라 불리는 자들이 누구이며 또한 이 칭호가 얼마나 많은 방식으로 사용되는지에 대해, 또한 누가 하나님의 자녀들이며 또한 하나님의 자녀들이라 불리는지에 대해 설명이 필요할 것이다.

자녀이며 또한 자녀라 불리는 자들은 자녀로 출생하였거나 아니면 자녀로 입양되었거나 둘 중의 하나다.

자녀로 출생한 자들은 출생한 때부터 자녀들이다. 이들은 부모에게서 출생한 자녀이거나 은혜로 말미암은 자녀이거나 둘 중의 하나다. 부모에게서 출생한 자녀들은 친자녀들로서 부모의 본질과 본성을 전적으로 혹은 부분적으로 전달받은 자들이다. 우리의 부모의 본질과 본성은 우리에게 **부분적으로** 전달되었다. 그러나 그리스도의 경우는 그의 신성에 따라서 성부의 신적 본질이 그에게 **전적으로** 전달되었다.

그러므로 우리가 우리 부모의 친자녀들이듯이, 그리스도도 그의 신성에 따라서 하나님의 본성적인 독생자시요 성부와 본질과 본성이 동일하시다. 그는 성부의 본질로부터 영원 전에 나셨으며, 그 나신 방식은 우리의 이해를 초월하는 것이다. "아버지께서 자기 속에 생명이 있음 같이 아들에게도 생명을 주어 그 속에 있게 하셨고"(요 5:26). 그러므로 성부께서 그에게 생명을 전해 주셨고, 그리하여 그리스도는 스스로 사시며 또한 그 생명으로 말미암아 모든 피조물들을 살리시는

데, 그 생명은 곧 만물이 말미암은 바 영원한 신성이시다.

은혜로 말미암은 자녀들은 존재하기 시작한 것과 하나님의 자녀가 된 것이 시기적으로 일치한다. 그들이 자녀가 되는 것은 창조의 은혜로 말미암거나 아니면 성령으로 말미암아 잉태되고 말씀으로 연합되는 은혜로 말미암거나 둘 중의 하나다.

천사들과 타락 이전의 아담은 창조의 은혜로 말미암은 하나님의 자녀들이다. 하나님께서는 그들이 자녀가 되고 또한 하나님을 은혜로우신 아버지로 인정하고 찬양을 돌리게 하기 위하여 그들을 창조하셨다. 사실 이들을 은혜로 출생한 자녀들이라 부르는 것은 적절치 않으나, 그럼에도 불구하고 그들이 존재하고 자녀들이 되기 시작한 때로부터 은혜로 말미암은 자녀들이다.

오직 그리스도만이 그의 인성에 따라 하나님의 아들이시니, 이는 성령으로 말미암은 잉태의 은혜와 또한 말씀(the Word)과의 연합의 은혜로 말미암은 것이다. 왜냐하면 이에 따르면 그는 심지어 사람이 되시고 출생하신 그 순간부터 은혜로 말미암은 하나님의 아들이셨기 때문이요, 또한 성령으로 말미암아 그만이 동정녀의 본질을 취하사 모든 흠과 부패에서 순결하셨으며 또한 말씀과 인격적으로 연합되셨기 때문이다.

존재하기 시작한 때와 자녀가 된 때가 일치하지 않는 자들은 입양된 자녀들이다. 이들은 입양되기 전에 이미 존재하고 있던 자들이다. 이들은 법에 의해서, 또한 그들을 입양하여 자녀의 권리를 부여한 자의 뜻에 의해서 자녀들이 되었고, 그리하여 친자녀와 동일한 지위를 갖게 되었다. 그러므로 타락 이후의 아담과 또한 중생하는 모든 자들이 하나님의 친아들이신 예수 그리스도로 인하여 하나님의 사랑으로 영접함을 받은 그의 입양된 자녀들이다. 그리스도의 권속과 교회로 입양되기 전, 이들은 모두 진노의 자녀들이었다.

지금까지 논의한 내용을 볼 때에, 우리는 입양을 통해서 하나님의 자녀들이 되었으며, 또한 그리스도께서는 두 가지 방식으로 하나님의 독생자시라는 것이 분명히 드러난다. 첫째로, 그의 신성에 따라서. 그는 영원 전부터 성부의 본질로부터 나셨기 때문이다: "우리가 그의 영광을 보니 아버지의 독생자의 영광이요"(요 1:14). 둘째로, 그의 인성에 따라서. 그는 다른 모든 사람과는 달리 성령의 능력으로 순결하고 정숙한 동정녀에게서 나셨기 때문이다.

또한 그리스도를 가리켜 처음 나신 자라 부르는 것은, 1. 그의 신성에 따라서는 시간과 위엄에 관한 것이며, 2. 그의 인성에 따라서는 위엄에만 관한 것으로, 이는 그의 잉태의 이적적인 독특한 방식 때문이요, 또한 그의 은사가 다른 모든 천사들과 사람들보다 뛰어나기 때문이다. 맏아들은 두 배의 유업을 받을 권리가 있고, 나머지 자녀들은 그 절반만을 받았다. 그 이유는 맏아들이 행하는 직분 때문이었다. 그는 나머지 모든 자녀들 위에서 그들을 다스렸기 때문이다. "그는 모든 피조물보다 먼저 나신 이시니 … 그가 근본이시요 죽은 자들 가운데서 먼저 나신 이시니 이는 친히 만물의 으뜸이 되려 하심이요"(골 1:15, 18).

또한 그리스도께서는 하나님의 친아들이라 일컬어지시니, 이는 그가 입양된 아들이 아니라 나신 아들이시기 때문이다: "자기 아들을 아끼지 아니하시고 우리 모든 사람을 위하여 내주신 이"(롬 8:32).

그리스도의 아들 되심과 우리의 아들 됨을 논할 때에 주의 깊게 살펴야 할 표현의 형식들이 있다. 그리스도의 신성에 따라서는 그를 가리켜 하나님의 본성적인 아들이라 부르는데, 이는 그가 영원 전부터 성부로부터 나셨기 때문이다. 그러나 그의 인성에 따라서는 그를 그렇게 부르지 않고 은혜로 말미암은 하나님의 아들이라 부르는데, 이는 그가 입양의 은혜를 입었다는 뜻이 아니라 성령으로 말미암아 잉태되신 것과 말씀과 연합되신 것을 뜻한다.

그리스도께서 그의 인성에 따라서는 하나님의 본성적인 아들이 아니신 이유는 그의 인성에 있어서는 그가 성부의 본질로부터 나신 것이 아니기 때문이다. 그리고 그가 그의 인성에 있어서 입양된 하나님의 아들이 아니신 이유는 그가 아들이 아니신 상태에서 아들이 되신 것이 아니라 처음부터 그가 아들이셨기 때문이다. 천사들도 하나님의 본성적인 아들들이라 불리지만, 이는 타락 이전 사람이 그랬던 것처럼 그들이 창조의 은혜로 말미암았기 때문이다. 이생에서 중생한 자들도 하나님의 자녀라 불리지만, 이는 창조의 은혜가 아니라 입양의 은혜로 말미암은 것이다.

그러므로 입양이 은혜에 속한다. 말하자면 은혜에는 서너 가지 종류가 있다. 즉, 창조의 은혜, 성령으로 말미암는 잉태의 은혜, 말씀과의 연합의 은혜, 그리고 입양의 은혜가 그것이다.

하나님의 자녀들 (도표 1)

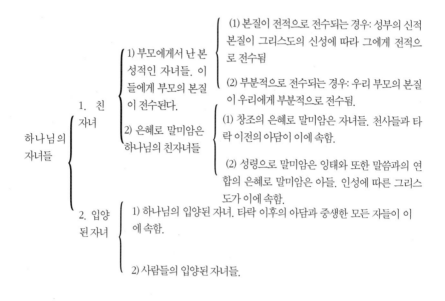

하나님의 자녀들
  1. 친자녀
    1) 부모에게서 난 본성적인 자녀들. 이들에게 부모의 본질이 전수된다.
      (1) 본질이 전적으로 전수되는 경우: 성부의 신적 본질이 그리스도의 신성에 따라 그에게 전적으로 전수됨
      (2) 부분적으로 전수되는 경우: 우리 부모의 본질이 우리에게 부분적으로 전수됨.
    2) 은혜로 말미암은 하나님의 친자녀들
      (1) 창조의 은혜로 말미암은 자녀들. 천사들과 타락 이전의 아담이 이에 속함.
      (2) 성령으로 말미암은 잉태와 또한 말씀과의 연합의 은혜로 말미암은 아들. 인성에 따른 그리스도가 이에 속함.
  2. 입양된 자녀
    1) 하나님의 입양된 자녀. 타락 이후의 아담과 중생한 모든 자들이 이에 속함.
    2) 사람들의 입양된 자녀들.

하나님의 자녀들 (도표 2)

하나님의 자녀들
  1. 본성적인 아들: 즉, 영원하신 성부의 말씀.
  2. 다른 모든 자녀들은 은혜로 말미암은 자들임.
    1) 창조의 은혜로 말미암은 자들: 천사들과 타락 이전의 아담.
    2) 성령으로 말미암은 잉태와 또한 말씀과의 연합의 은혜로 말미암은 아들: 인성에 따른 그리스도.
    3) 입양의 은혜로 말미암은 자녀들: 타락 이후의 아담과 모든 중생한 자들.

앞에서 "형제가 있는 자는 독생자가 아니다. 그리스도께는 형제가 있다. 그러므로 그는 독생자가 아니시다"라는 반론을 언급했는데, 그것에 대한 답변이 이런 논의를 통해서 분명히 드러난다. 이 반론의 주 전제는 좀 더 명확히 구별하여 제시되

어야 마땅하다. 곧, 형제가 있는 자, 즉 동일한 출생과 동일한 본성을 지닌 형제가 있는 자는 독생자가 아니라고 해야 할 것이다. 그러나 그리스도와 형제의 관계를 가진 자들은 그와 동일한 출생과 동일한 본성을 지닌 자들이 아니다. 그들은 성부 하나님의 본질로부터 나지 않았고 오로지 은혜로 말미암아 그에게 입양된 자들이기 때문이다.

그렇다면 어떻게 우리가 그리스도의 형제인가?라는 의문이 제기될 수 있을 것이다. 우리가 그리스도와 형제라는 것에는 다음 네 가지 사실이 포함되어 있다: 1. 인성(人性)의 유사성. 우리가 모든 사람의 공통적인 조상인 아담으로부터 났기 때문이다. 2. 우리를 향하신 그의 형제적인 사랑. 3. 우리가 그리스도를 닮아감. 이는 완전한 의와 복락에 있다. 4. 그리스도의 은덕의 완성.

반론 2. 출생이 다른 아들과 다른 자는 그 점에서 독생자라 할 것이다. 그리스도는 그의 인성에 따라 다른 자녀들과 출생이 다르시다. 오직 그만이 성령으로 잉태되사 동정녀에게서 나셨기 때문이다. 그러므로 그리스도는 그의 인성에 따라 독생자라 불려지시는데 이는 동정녀에게서 나신 사실과 연관되는 것이지, 그의 신성에 따라 성부로부터 영원 전에 나셨기 때문이 아니다.

답변. 주 전제는 온 인류와 출생이 — 출생의 본질과 그 양상이 — 다른 자에게만 성립한다. 그러나 그리스도의 출생은 그의 인성에 따라 온 인류의 출생과 다르되, 본질이 다른 것은 아니고 다만 출생의 양상만 다를 뿐이다. 인성에 따라서 그는 우리와 본질이 동일하시고, 우리와 동일한 유의 인간 본성을 지니셨기 때문이다. 다만 그가 동정녀에게서 잉태되시고 출생하신 그 이적적인 양상에 있어서만 우리와 다를 뿐이다. 그러므로 그가 이 출생과 관련하여 독생자이시지만, 성경에서나 신조에서 그를 가리켜 그의 인성에 따라서가 아니라 그의 신성에 따라서 하나님의 독생자라 불리시는 것이다. 인성에 따라서는 그리스도께 형제들이 있다. 그러나 그의 신성에 따라서는 형제들이 없다. 그는 영원 전부터 성부의 본질로부터 나셨기 때문이다. 다른 어느 누구에 대해서도 "아버지께서 그 안에 생명을 주셨으니"라거나 "그 안에 신성의 충만함이 육체로 거하시며"라고 말씀하지 않는다. 그러므로 그의 모친이 아니라 그를 가리켜 분명하게 **아버지의 독생자**라 부르는 것이다. **독생자**라는 문구는 그의 이적적인 잉태가 아니라 그의 본성과 본질과 관련되는 것이며, 또한 이 문구는 특별한 방식으로 출생한 자를 지칭하는 것이 아니라 홀로 나신 자를 지칭하는 것이다.

반론. 아들이라면 본성적인 아들이거나 입양된 아들이거나 둘 중의 하나다. 그의 신성에 따라서는 그리스도께서 하나님의 본성적인 아들이 아니시다. 그러므로 그는 입양된 아들이시다.

답변. 이 삼단논법의 주 전제는 명확하지 않다. 왜냐하면 은혜로 말미암은 하나님의 자녀들도 있기 때문이다. 이미 살펴보았듯이 천사들은 입양된 아들들이 아니다.

지금까지 논의한 내용에 근거해서 이제 우리는 **그의 독생자 우리 주 예수 그리스도를 내가 믿사오니**라는 조목이 무슨 의미인지를 묻게 된다. 이는 다음과 같은 의미다: 1. 예수께서 하나님의 독생자이심을 내가 믿는다는 뜻이다. 즉, 그가 하나님의 본성적인 정당한 아들이시요, 형제가 없으시며, 영원 전부터 성부의 본질로 나신 자로서 참 하나님의 참 하나님(very God of very God)이시라는 것이다. 2. 그가 내게 대하여, 구체적으로 나의 구원에 대하여, 하나님의 독생자이심을 내가 믿는다는 뜻이다. 아니면, 그가 하나님의 아들이셔서 나를 입양시키사 아들로 삼으시며, 나와 모든 택한 자들에게 하나님의 자녀의 권리와 위엄을 전수해 주시리라는 것을 내가 믿는다는 뜻이다. "우리가 그의 영광을 보니 아버지의 독생자의 영광이요"(요 1:14), "이는 내 사랑하는 아들이요 내 기뻐하는 자라"(마 3:17), "그 기쁘신 뜻대로 우리를 예정하사 예수 그리스도로 말미암아 자기의 아들들이 되게 하셨으니"(엡 3:5).

그리스도의 신성에 관하여

하나님의 독생자에 관한 교리는 우리의 구원의 기반인데, 이것이 여러 시기에 갖가지로 부패되어왔고 또한 이단들에 의해 반대를 받아왔다. 그러므로 여기서 이 교리를 좀 더 충실하게 설명하고 세우는 것이 중요하다. 하나님의 아들 그리스도의 신성에 관하여 특별히 고려해야 할 점은 다음 네 가지다:

1. 그리스도께서 그의 영혼과 육체와 관계 없이도 하나의 개체 혹은 인격자이셨으며 지금도 그러하신가?

2. 그가 성부와 성령과는 구별된 하나의 인격(a person: 혹은 위격)이신가?

3. 그가 성부와 및 성령과 동등하신가?

4. 그가 성부와 및 성령과 본질이 동일하신가?

그러므로 각종 이단들의 주장들에 대적하여 다음과 같은 명제들을 입증하고 세워야 한다:

   1. 동정녀에서 나신 그리스도께서는 그의 영혼과 육체와 관계 없이도 하나의 인격자이시다.

   2. 그는 성부와 및 성령과는 구별된 하나의 위격이시다.

   3. 그는 성부와 및 성령과 동등하시다.

   4. 그는 성부와 및 성령과 본질이 동일하시다(con-substantial).

성자의 신성과 성령의 신성을 뒷받침하는 논지들을 성경에서부터 모으는 데에는 두 가지 방법이 있다. 하나는 성경의 각 책들의 순서에 따라서 논지들을 모으는 방법인데, 이는 굉장한 수고를 요하는 방법이다. 이보다 손쉬운 또 하나의 방법은 기억을 돕는 것인데, 성경의 갖가지 증언들과 논지들을 특정한 부류에 따라 분류하여 정리하는 방법이다. 우리는 후자의 방법을 취할 것이다.

1. 말씀이신 하나님의 아들은 그가 육체를 입으시기 전부터, 그것과는 관계없이 하나의 개체요 하나의 위격이셨고, 지금도 그러하시다.

에비온(Ebion), 케린투스(Cerinthus), 사모사테누스(Samosatenus), 포티누스(Photinus), 세르베투스(Servetus) 등의 고대와 현대의 이단들이 이 명제를 반대해 왔으므로, 그들의 논지들을 반박하고 이 명제의 정당성을 입증해야 한다. 말씀이 육신을 입으시기 전 그것과는 관계없이 그가 인격적으로 존재하셨다는 가설을 입증하는 논지들은 여덟 가지 혹은 아홉 가지로 압축시킬 수 있을 것이다.

  1. 그리스도의 두 가지 본성들을 명확히 구별하여 가르치는 성경 본문들과 또한 말씀이 육신을 입어 사람이 되셨음을 확증하는 본문들이 이에 속한다: "말씀이 육신이 되어 우리 가운데 거하시매"(요 1:14), "오직 아브라함의 자손을 붙들어 주려 하심이라"(히 2:16), "그는 육신으로 나타난 바 되시고"(딤전 3:16), "예수 그리스도께서 육체로 오신 것을 시인하는 영마다 하나님께 속한 것이요"(요일 4:2), "하늘에서 내려온 자 곧 인자 외에는 하늘에 올라간 자가 없느니라"(요 3:13), "내가 이를 위하여 태어났으며 이를 위하여 세상에 왔나니"(요 18:37), "자녀들은 혈과 육에 속하였으매 그도 또한 같은 모양으로 혈과 육을 함께 지니심"(히 2:14), "아브라함이 나기 전부터 내가 있느니라"(요 8:58). 그러므로 육신으로 나타났고,

우리의 본성을 취하였고, 하늘에서 세상으로 내려왔고, 혈과 육에 참여한 바 되었고, 또한 아브라함 이전부터 존재한 한 본성이 있다. 그리고 그가 취하시고 오셨고 또한 나타나신 또 하나의 본성이 있다. 취하는 것과 취함 받는 것은 동일한 것이 아니기 때문이다. 그러므로 말씀이 인성을 취하였으므로, 그는 반드시 그 인성과 다를 수밖에 없으며, 그가 인성을 취하기 이전에 존재하고 있었을 수밖에 없다. 말씀이 인성으로 변화된 것이 아니라, 그가 취하신 육신과 다르고 또한 그것과 구별된 하나의 개체 혹은 본질을 지니고 있었던 것이다. 이 논지의 근거는 다음과 같다. 곧, 취하는 자는 취함을 당하는 그것보다 먼저 존재한다는 것이다. 말씀 혹은 성자는 우리의 본성을 취하셨고 육신이 되셨다고 말씀한다. 그러므로 그는 그가 취하신 우리의 본성 혹은 육신보다 먼저 존재하신 것이다.

우리의 본성을 취하신 말씀과 또한 그가 스스로 취하신 우리의 본성을 서로 구별하는 하나님의 말씀의 모든 증언들이 이를 잘 드러내 준다: "그의 아들에 관하여 말하면 육신으로는 다윗의 혈통에서 나셨고 성결의 영으로는 죽은 자들 가운데서 부활하사 능력으로 하나님의 아들로 선포되셨으니 곧 우리 주 예수 그리스도시니라"(롬 1:3, 4), "육신으로 하면 그리스도가 그들에게서 나셨으니 그는 만물 위에 계셔서 세세에 찬양을 받으실 하나님이시니라 아멘"(롬 9:5), "그리스도께서 … 육체로는 죽임을 당하시고 영으로는 살리심을 받으셨으니"(벧전 3:18). 그러므로 그리스도 안에는 다윗과 조상들의 혈통에 속하지 않는 뭔가가 있으며, 또한 죽임을 당하지 않은 뭔가가 있는 것이다. "너희가 이 성전을 헐라. 내가 사흘 동안에 일으키리라"(요 2:19). 그러므로, 그리스도께는 헐어지는 본성이 있고 또한 헐어진 것을 다시 일으키는 또 다른 본성이 있으니, 곧 요한이 "독생자"라 부르는 "말씀"이 그것이다.

반론 1. "말씀"이란 이 전도자 예수를 뜻하는 것으로, 그 "말씀"이 육체가 되었다는 것은 곧 죽을 인간이 되었다는 뜻이다.

답변. 이것은 하나님의 말씀의 의미를 대담하고도 노골적으로 부패시키는 것이다. "말씀"은 우리의 육신을 취하시기 전부터 이미 하나님이셨고(그로 말미암아 만물이 지어졌다), 자기 백성에게 오셨고, 세상에 오는 각 사람에게 빛을 비추었으며, 또한 육신이 되셨고, 그의 충만함을 우리 모두에게 베푸셨다고 말한다. 그러므로 이 "말씀"은 모든 사람들보다 먼저 계셨고, 심지어 아담보다도 먼저 계셨으며, 아브라함과 모세가 그에게서 빛을 받았다. "나는 하늘에서 내려온 살아 있는 떡이니 사람이 이 떡을 먹으면 영생하리라"(요 6:51), "그가 또한 영으로 가서 옥에 있는 영들에게 선포하시니라. 그들은 전에 노아의 날 방주를 준비할 동안 하나님이 오래 참고 기다리실 때에 복종하지 아니하던 자들이라"(벧전 3:19, 20). 그러나 이 전도자 예수의 인성은 하늘로서 내려온 것도 아니요 노아의 시대에 존재했던 것도 아니다.

반론 2. 신약에서는 사람이신 그리스도를 가리켜 하나님이라 부른다. 그러므로 이 사람에게 불가시적인 본성이 있다고 주장하는 자들은 성경을 왜곡시키는 것이다. 가령 어떤 사람을 가리켜 학자라고 말할 때에 그것은 그 사람에게 학자가 있다는 뜻이 아니기 때문이다.

답변. 1. 사도는 그리스도를 가리켜 영에 따라서는 하나님의 아들이시라고 부른다. 성경은 이 사람이 하나님이시며 또한 "그의 안에 신성의 충만함이 육체로 거하신다"고 선언한다. 그리스도께서도 자기 자신에 대하여 "이 몸을 멸하라"고 말씀하신다. 히브리서 저자는 인성(人性)의 장막을 언급하고, 그의 육체를 장막, 즉 그의 신성(神性)의 장막이라 부른다: "그리스도께서 이미 육체의 고난을 받으셨으니"(벧전 4:1), "말씀이 육신이 되어 우리 가운데 거하시매"(요 1:14). 그러므로 육체에 또 하나의 본성이 있어야만 하는 것이다. 2. 성경은 그리스도께 동시에는 발견될 수 없는 정반대의 속성들이 있음을 분명하게 가르친다. 또한 성경은 그리스도께 유한한 본성이 있고 또한 무한한 본성도 있음을 선언하고 있다. "아브라함이 나기 전부터 내가 있느니라"(요 8:58). 그러므로, 이것을 속성들 간의 교류를 통한 서로 다른 본성들에 관한 말씀으로 이해해야 할 것이다. 그리스도는 지음 받은 하나님으로 묘사되는 법도 없고, 그의 탁월한 은사들 덕분에 사람들의 마음속에서 효력 있게 역사하는 하나님으로 묘사되지도 않는 것이다.

2. 두 번째 논지는 그리스도를 하나님의 정당한 아들로 부르는 – 그가 입양되셨기 때문이 아니라 성부의 본질로부터 나셨기 때문에 – 성경의 선언들에서 드러난다. "자기 아들을 아끼지 아니하시고 우리 모든 사람을 위하여 내주신 이"(롬 8:32). 유대인들은 빌라도 앞에서 그리스도를 대적하여 "그가 자기를 하나님의 아들이라 함이니이다"(요 19:7)라고 소리쳤다. 즉, 그리스도께서 스스로 하나님의 정당한 본성적인 아들이라 하였다는 것이다. 그렇지 않다면 유대인 자신들도 자기들이 그리스도께 씌우는 신성모독의 죄를 범한 것이 되었을 것이다. 왜냐하면 그들도 자기들을 하나님의 아들들로 알고 있었기 때문이다. 그리고 이 사실은 다

른 곳에서 더 분명하게 드러난다. 유대인들이 그리스도를 죽이고자 했는데, 이는 그가 "하나님을 자기의 친아버지라 하여 자기를 하나님과 동등으로 삼으심"(요 5:18) 때문이었다. 곧, 그가 하나님을 자기의 정당하고도 고유한 아버지로 삼으셨고 이는 곧 하나님께만 고유한 그 권능을 자기도 지니고 있다는 식으로 주장하는 것이었기 때문이었다. 그러므로 유대인의 말들에서 우리는 그리스도께서 자기 자신을 하나님의 정당한 본성적인 아들로, 곧 본성적으로 아들의 권리를 지닌 그런 아들로 부르셨다고 결론짓게 된다. 다른 이들은 그리스도로 말미암는 은혜로 이 아들의 권리를 얻는다. 만일 그리스도께서 자기 자신을 입양을 통해서나 은혜로 말미암아 된 하나님의 아들이라 부르셨다면, 유대인들이 그에게 신성모독의 죄를 씌우지 못했을 것이다. 만일 그랬다면 그것은 자기들이 신성모독의 죄를 범한 자들임을 자인하는 꼴이 되었을 것이기 때문이다. 그들 역시 자기들을 하나님의 자녀라고 자랑하였던 것이다. 그리고 더 나아가서, 만일 이것이 유대인들의 비방에 불과했더라면, 그리스도께서는 분명 그런 비방을 반박하셨거나 아니면 최소한 자기 자신에 대해서만큼은 이를 배격하셨을 것이다. 그러나 그리스도께서는 그렇게 하시지 않고, 그들이 말한 내용을 인정하셨고, 자신이 과연 그런 분이시라는 견고한 이유들을 제시하셨다. 그러므로 그리스도께서는 하나님의 정당한 아들이시며, 그의 안에는 그가 취하신 본성 이외에 또 다른 본성이 있으며, 그 본성에 따라서 그가 하나님의 정당한 아들이신 것이다.

세르베투스(Servetus)의 **반론 1.** 그리스도께서 하나님의 정당한 아들이라 불리는 것은 그가 하나님에 의하여 지음 받았기 때문이다. 이는 교회가 하나님의 고유한 백성이라 불리는 것과 같은 이치다.

답변. 이것은 왜곡된 논리다. 사도는 앞에서 인용한 본문에서 우리와 천사들이 하나님의 정당한 아들이라는 것을 반대하고 있다. 천사들은 창조의 은혜로 말미암은 하나님의 아들들이요 우리는 입양의 은혜로 말미암은 하나님의 아들들이기 때문이다. 하나님의 정당한 본성적 아들은 오직 그리스도뿐이다. 오직 그만이 성부의 본질에서 나셨기 때문이다.

반론 2. 그러나 성경 어디에서도 그리스도가 하나님의 본성적인 아들이심을 말씀하지 않는다. 그러므로 그런 개념은 사람들이 만들어낸 것 이상 아무것도 아니다.

답변. 성경 어디에서도 그리스도께서 하나님의 본성적인 아들이심을 말씀하지 않는다는 것은 사실이다. 그러나 그와 비슷하며 동일한 의미를 지닌 표현들은 많이 나타난다. 즉, "하나님의 친아들", "독생자" 등이 그것이다. 그리고 로마서에 나타나는 사도의 논지와 요한복음에 나타나는 유대인들의 논지를 통해서도 동일한 결론에 이를 수밖에 없다.

반론 3. "말씀"이 항상 하나님께 있었던 것은 사실이나, 아들에게는 항상 있었던 것이 아니다. 그리스도는 그가 취하시는 육체 안에서 장차 아들이 되실 것이기 때문에 아들이라 불리신 것이다. 그러므로 그는 하나님의 본성적인 아들이 아니다.

답변. 1. 그는 그런 식으로 하나님의 아들이라 불리신 것이 아니다. 그의 인성은 성부의 본질로부터 나온 것이 아니기 때문이다. 2. "말씀"은 아버지께서 생명이 그의 안에 있게 하신 그런 아들로 불린다. 3. 위의 반론대로라면 성부와 성자 사이에 위격적인 구별이 없었을 것이다. 왜냐하면 세르베투스에 의하면 "말씀"은 본질 혹은 위격이 아니었기 때문이다. 그러므로 성부께 성자가 없었거나 아니면 세르베투스가 그릇 가르친 것처럼 성부가 성자와 동일하게 되셨을 것이다.

3. 그리스도를 가리켜 하나님의 독생자라 부르는 성경의 선언들이 이 논지들에 포함된다. "우리가 그의 영광을 보니 아버지의 독생자의 영광이요"(요 1:14), "하나님이 세상을 이처럼 사랑하사 독생자를 주셨으니"(요 3:16). 그리스도를 가리켜 독생자라 부르는 것은 그에게 다른 형제가 없기 때문이다. 그러나 그의 인성에 따라서는 그에게 형제들이 있다: "그가 범사에 형제들과 같이 되심이 마땅하도다"(히 2:17), "그러므로 형제라 부르시기를 부끄러워하지 아니하시고"(히 2:11). 그러므로 그리스도께는 자신이 성부의 독생자이신 그런 또 다른 본성이 있으며, 그 본성에 따라서는 그에게 형제가 없는 것이다.

반론. 그리스도를 가리켜 독생자라 부르는 것은 인간 예수가 성령으로 말미암아 동정녀에게서 출생한 유일한 자이기 때문이다.

답변. 이것은 성경의 언어에 대한 그릇된 해석이다. 1. 그리스도만이 성부의 본질에서 나신 유일한 독생자이시기 때문이다. 2. 성부로부터의 "말씀"의 출생과 동정녀로부터의 그리스도의 나심을 성경이 자주 구별하기 때문이다. 지혜에 대하여 말씀하기를, "산이 세워지기 전에, 언덕이 생기기 전에 내가 이미 났으니"라고 하며(잠 8:25), "우리가 그의 영광을 보니 아버지의 독생자의 영광이요"(요 1:14)라고 한다. 그리고 마태복음에서는 그리스도라 불리는 예수께서 동정녀 마리아에게서 나셨다. 3. 독생자는 천사들과 사람들과 구별된다. 그리스도는 사람들처럼 입

양의 은혜로 말미암거나 천사들처럼 창조의 은혜로 말미암은 아들이 아니라, 본
성으로 말미암은 아들이시기 때문이다. 그러나 어떤 이들은 여기서 "우리가 그의
영광을 보니"라고 말씀할 때에 그것이 인간 예수의 영광을 뜻한다고 반론을 제기
한다. 그러나 이것은 부정확한 이해다. 왜냐하면 본문에는 "말씀" 외에는 달리 선
행사가 나타나지 않기 때문이다. 바로 그 앞의 말씀들을 주의 깊게 주목해야 할 것
이다: "말씀이 육신이 되어 우리 가운데 거하시매 우리가 그의 영광을 보니." 따라
서 여기의 영광이란 "말씀"의 영광을 의미하는 것이다. 그러므로 "말씀"이 여기
서 독생자라 불린다면, 여기서 **독생**이란 마리아에게서 나신 사실을 뜻하는 것이
아니라 영원 전에 성부로부터 나신 것을 뜻하는 것이다.

4. 그리스도께서 육신을 입기 전에도 그의 신성에 따라 하나님의 아들이라는 칭
호를 그에게 적용시키는 성경의 모든 증언들이 이 논지에 속한다. "땅의 모든 끝
을 정한 자가 누구인지, 그의 이름이 무엇인지, 그의 아들의 이름이 무엇인지 너는
아느냐?"(잠 30:4), "이 모든 날 마지막에는 아들을 통하여 우리에게 말씀하셨으니
이 아들을 만유의 상속자로 세우시고 또 그로 말미암아 모든 세계를 지으셨느니
라"(히 1:2), "하나님이 그 아들을 세상에 보내신 것은 세상을 심판하려 하심이 아
니요"(요 3:17). 성부께서 그의 아들을 세상에 보내셨다. 그러나 인성이 세상 속으
로 나시는 것이다. 그러므로 그 아들은 세상에 보내심을 받기 전부터 계셨다.

또한 육신을 입으시기 이전의 성자께 신적인 활동을 부여하는 성경의 모든 증
언들도 이 논지에 포함된다: "만물이 그에게서 창조되되 하늘과 땅에서 보이는 것
들과 보이지 않는 것들과 혹은 왕권들이나 … 만물이 다 그로 말미암고 그를 위하
여 창조되었고"(골 1:16), "내 아버지께서 이제까지 일하시니 나도 일한다"(요
5:17), "아버지께서 행하시는 그것을 아들도 그와 같이 행하느니라"(요 1:19). 그
러나 그리스도의 인성은 아버지께서 행하시는 그것을 다 행하지 않으며, 아버지
께서 행하시는 것과 동일한 방식으로 어떤 일을 행하지도 않는다. 지금 육신을 취
하신 때에도 그러하니 그 이전의 태초에는 말할 것도 없다. 그러므로, 성자께서는
태초로부터 그의 신성에 따라 모든 일을 행하신 것인데, 이는 그가 육체를 취하신
이후와는 매우 다른 것이다. "아버지 외에는 아들을 아는 자가 없고 아들과 또 아
들의 소원대로 계시를 받는 자 외에는 아버지를 아는 자가 없느니라"(마 11:27).
아들이 자신이 우리의 본성을 취하시기 전에 살았던 자들에게 성부 하나님을 계
시하셨다면, 그는 그 이전에 존재하셨을 수밖에 없는 것이다.

더욱이 그리스도의 신성에 따라서 하나님의 이름을 그리스도께 명확하게 적용시키는 증언들도 있다. 이 증언들도 부지런히 살펴야 한다. 왜냐하면 그리스도의 신성을 대적하는 원수들이 하나님의 이름이 그리스도의 인성에 관계해서만 그에게 적용된다고 강력하게 주장하기 때문이다. "이 말씀은 곧 하나님이시니라"(요 1:1), "하나님이 육신으로 나타난 바 되시고"(딤전 3:16), "하나님의 아들이 나타나신 것은 마귀의 일을 멸하려 하심이니라"(요일 3:8). 그러므로 그리스도 안에는 그가 육체가 되시기 이전부터도 하나님의 아들이라 불려진 본성이 있는 것이다. 그러므로 이단들은 그리스도께서 성령으로 말미암아 이적적으로 잉태되신 이후에야 비로소 하나님의 아들로 불려지신다고 말할 수 없는 것이다.

5. 이 논지에는 "말씀"에 대해 말하는 성경 본문들도 해당된다. 요한이 언급하는 "말씀"은 인성을 취하기 이전부터도 하나의 인격(a person)이셨다. 아들이 그 "말씀"이시다. 그러므로 아들은 육체를 입으시기 전부터 그것과는 관계없이 하나의 인격이시다. 요한복음 1장에 나타나는 "말씀"에 대한 묘사의 모든 부분들이 합쳐져서 위의 삼단논법의 주 전제의 진실성을 확립시켜 준다. 그리하여 그가 태초부터 계셨고 참으로 하나님이셨으며, 그로 말미암아 모든 피조물이 지음 받았고, 그가 사람의 모든 생명과 빛의 주인이셨고, 그가 태초부터 세상에 계셨다고 말씀하는 것이다. 살아 있고 지성이 있는 인격적인 존재에게 해당되는 이 모든 사실들이 "말씀"에게 적용되고 있다는 사실은 그가 하나의 인격이셨으며, 인간 예수가 동정녀에게서 나시기 이전부터도 하나의 인격으로 존재하셨다는 사실을 가장 분명하게 입증해 준다 하겠다. 소 전제는 요한복음 1:14에서 입증된다: "우리가 그의(즉, 육신을 입으신 '말씀'의) 영광을 보니 아버지의 독생자의 영광이요." 또한 "말씀"이라 불리는 그분이 같은 장에서 또한 "아버지 품 속에 있는 독생하신 하나님"이라 불리기도 한다(18절). 또한 요한은 하나님께서 만물을 창조하신 것이 "말씀"으로 말미암았다고 하고, 바울은 그것이 아들로 말미암았다고 한다. 그러므로 "말씀"과 하나님의 아들로 불리는 자는 예수께서 나시기 전에 존재하셨고, 이제는 그가 취하신 인성 속에 인격적으로 거하시는 하나의 인격(a person: 혹은 위격)이신 것이다.

6. 또한 그리스도께서 하나님의 지혜이심을 증언하는 성경의 증언들도 여기서 살펴보아야 할 것이다. 그 논지는 이것이다. 곧, 만물이 하나님의 지혜로 지은 바 되었는데, 그 지혜가 영원하다. 아들이 바로 그 지혜다. 그러므로 아들은 영원하

시며, 따라서 인성을 입으시기 이전부터 존재하셨다. 주 전제는 잠언 8:22에 나타나는 바 지혜에 대한 내용에서 입증된다: "여호와께서 그 조화의 시작 곧 태초에 일하시기 전에 나를 가지셨으며." 소 전제는 다음과 같이 입증된다: 1. 방금 인용한 그 본문에서 지혜가 난 바 되었음을 말씀한다(24절). 그러나 난다는 것은 하나의 지적인 본성에 대해서 이 말을 할 때에는 아들이 된다는 것 이외에 다른 뜻일 수가 없다. 2. 그리스도는 자기 자신을 가리켜 하나님의 지혜라 부르신다: "그러므로 하나님의 지혜가 일렀으되 내가 선지자와 사도들을 그들에게 보내리니 그 중에서 더러는 죽이며 또 박해하리라 하였느니라"(눅 11:49). 3. 바울 역시 그리스도를 하나님의 지혜라 부른다: "그리스도는 하나님의 능력이요 하나님의 지혜니라"(고전 1:24). 4. 솔로몬도 성경 다른 곳에서 성자의 고유한 활동으로 돌리는 것을 지혜에게 돌리고 있다. 그러므로 지혜는 하나님의 아들이시다.

7. 온 교회를 자신의 공로와 효력으로 모으고 보존하는 중보자의 직분에 관한 성경의 증언들도 여기에 속한다. 교회가 완전히 구속되기 위해서는 중보자가 있어야만 했다. 중보자를 통해서 교회가 모아지고 보호를 받기 때문이다. 이 중보자는 성부도 성령도 아니다. 그러므로 그리스도께서 창세로부터 이미 존재해온 온 교회의 중보자이신 것이다. 구약의 교회는 장차 오실 그리스도로 말미암아 은혜를 입었다. 그러나 그때에 그가 존재하시지 않았다면 그런 일이 있을 수 없었을 것이다. 존재하지 않는 자에게서는 공로나 효력이 나올 수가 없기 때문이다. 그러므로 성육신하시기 전에 이미 그리스도께서 존재하셨다는 것이 분명하다. 중보자가 존재하지 않았다면 하나님과 사람 사이에 화목도 있을 수 없었을 것이기 때문이다. 하나님과 구약의 신실한 자들 사이에 화목된 상태가 있었으므로, 교회의 중보자가 반드시 있었어야 했던 것이다.

그런데 성경은 하나님과 사람 사이에 중보자가 어제나 오늘이나 영원토록 동일하신 예수 그리스도 한 분밖에는 없다고 가르친다. 그러므로 육체로 나타나시기 이전에도 그리스도께서 존재하신 것이 분명한 것이다. 중보자의 직분에는 간구와 희생 제사를 통하여 성부 하나님을 무마시키는 일뿐 아니라, 자신이 능력과 효력으로써 획득한 모든 선한 것들을 믿는 자들에게 베풀어주고 하나님의 뜻을 사람들에게 알게 하며, 봉사의 일을 하게 하며, 교회를 온전히 모으고 보존하는 등의 일도 있는데, 이런 직분에서도 동일한 사실이 입증된다. "아버지 외에는 아들을 아는 자가 없고 아들과 또 아들의 소원대로 계시를 받는 자 외에는 아버지를 아는 자가 없느니라"(마 11:27). 그러므로 아담도 구약의 어떠한 신자도 아들로 말미암지 않고는 하나님을 알 수가 없었다. 그러므로 그때에 성자께서 반드시 존재하셨던 것이 틀림없는 것이다.

뿐만 아니라 그리스도의 효력에 대해 말씀하는 성경의 증언들도 여기서 언급해야 할 것이다. "만물을 그의 발 아래에 복종하게 하시고 그를 만물 위에 교회의 머리로 삼으셨느니라"(엡 1:22), "너희는 사도들과 선지자들의 터 위에 세우심을 입은 자라. 그리스도께서 친히 모퉁잇돌이 되셨느니라"(엡 2:20). 그러므로 그리스도께서 교회의 기초시요 머리이시며, 교회를 지탱하며 다스리시는 분이시다. 따라서 그는 교회가 있기 전부터 존재하신 것이다. "내가 곧 길이요 진리요 생명이니 나로 말미암지 않고는 아버지께로 올 자가 없느니라"(요 14:6), "내가 그들에게 영생을 주노니"(요 10:28), "그 안에 생명이 있었으니 이 생명은 사람들의 빛이라"(요 1:4), "참 빛 곧 세상에 와서 각 사람에게 비추는 빛이 있었나니"(요 1:9), "이는 그로 말미암아 우리 둘이 한 성령 안에서 아버지께 나아감을 얻게 하려 하심이라"(엡 2:18), "그가 어떤 사람은 사도로, 어떤 사람은 선지자로, 어떤 사람은 복음 전하는 자로, 어떤 사람은 목사와 교사로 삼으셨으니"(엡 4:11). 사도 베드로는, 그리스도의 영이 선지자들에게 있어서 그리스도에게 임할 고난을 미리 예언하였다고 말씀한다(벧전 1:10, 11). 그러므로 그리스도께서 하나님의 뜻을 계시하셨고, 사역을 하게 하셨고, 교회를 세우시고 다스리신 것이며, 또한 이런 모든 일을 교회의 시초부터 행해 오셨으니, 그가 항상 존재하고 계셨다는 것이 의심의 여지 없는 사실인 것이다. "나를 보내신 이의 뜻은 내게 주신 자 중에 내가 하나도 잃어버리지 아니하고 마지막 날에 다시 살리는 이것이니라"(요 6:39). 그러므로 그가 교회를 보존하시는 것이요, 또한 언제나 그렇게 교회를 보존해 오신 것이다. 교회가 언제나 보존되어왔기 때문이다.

말라기 3:1의 예언에 놀라운 증언이 나타난다: "만군의 여호와가 이르노라. 보라. 내가 내 사자를 보내리니 그가 내 앞에서 길을 준비할 것이요 또 너희가 구하는 바 주가 갑자기 그의 성전에 임하시리니 곧 너희가 사모하는 바 언약의 사자가 임하실 것이라." 이 말씀은 그리스도께서 친히 선지자를 통하여 말씀하신 것이다. 사자가 길을 준비하는 그는 바로 그리스도이시며, 또한 그 약속을 하시는 자도 사자가 길을 준비하는 그분이시다. 그러므로 이 약속을 하시는 분은 바로 그리스도이시다. 여기서 주 전제는 분명히 드러난다. 성부가 아니라 그리스도께서 세례 요한 다음에 오실 것이기 때문이다. 소 전제도 본문에서 입증된다: "보라 내가 내 사자를 보내리니 그가 내 앞에서 길을 준비할 것이요." 그러므로 그리스도께서는 우리의 본성을 취하시기 전에 이미 계셨다. 그가 그의 사자를 보내셨기 때문이다. 그리고 그는 육체로 나타나시기 전에 참 하나님이셨다. 왜냐하면 그가 "그의 성전"에 임하실 것이라고 말씀하기 때문이다. 성전은 누구의 것도 아닌 하나님의 것이요 오직 그를 예배하기 위하여 세워진 것이다. 그러므로 육체를 입으시기 전에는 그리스도께서 존재하지 않았다는 말은 신성모독인 것이다. 여기서, "주가 갑자기 그의 성전에 임하시리니"라고 하여 삼인칭을 사용하고 있다는 것을 근거로 반론을 제기할 수는 없다. 여기서 "주"란 곧 성자를 지칭한다는 것을 선지자가 분명히 보여주고 있기 때문이다. 내가 바로 내 앞에 요한을 보낸 주(主)요, 또한 내가 곧 언약의 사자라는 것이다. 그러므로 선지자가 여기서 화자(話者)를 바꾸어서 성부께서 그의 아들을 보내시는 일에 대하여 말씀하시는 것으로 묘사하는 것이 얼마든지 가능한 것이다.

8. 구약 시대에 족장들에게 하나님의 사자로 나타난 천사와 관련한 증언들도 이 논지에 포함된다. "나를 모든 환난에서 건지신 여호와의 사자께서 이 아이들에게 복을 주시오며"(창 48:16). 교회는 구약에 여러 차례 나타나심이 기록되어 있는 이 여호와의 사자가 하나님의 아들이셨음을 항상 고백해왔다. 그 이유는 다음 세 가지다: 1. 성경 전체가 하나님의 아들이 교회를 향한 성부의 사자이심을 가르치며 또한 그가 중보자의 직분을 수행하심을 가르치기 때문이다. "너희가 구하는 바 주가 갑자기 그의 성전에 임하시리니 곧 너희가 사모하는 바 언약의 사자가 임하실 것이라"(말 3:1), "아들에 관하여는, 하나님이여 주의 보좌는 영영하며 주의 나라의 규는 공평한 규이니이다"(히 1:8), "예수 그리스도는 어제나 오늘이나 영원토록 동일하시니라"(히 13:8). 2. 모세가 이 사자에 관하여 한 말씀을 바울이 그리스도에 관하여 말씀하기 때문이다. 곧, 그가 광야에서 이스라엘 자손들에게 시험을 받으셨다는 것이 그것이다. 이런 사실에 근거하여 우리는 다음과 같은 논지를 제시할 수 있을 것이다: 천사, 혹은 성부의 사자가 성육신 이전에 계셨다. 그 천사는 성부도 성령도 아니셨고 성자이셨다. 왜냐하면 성자만이 성부의 사자요 또한 중보자이시기 때문이다. 그러므로 성자는 우리의 본성을 취하시기 전에 이미 한 위격으로 존재하고 계셨다.

9. 성경에서 그리스도를 가리켜 참되신 하나님으로 분명하게 지칭하는 모든 본

문들이 여기에 포괄된다. "그리스도가 그들에게서 나셨으니 그는 만물 위에 계셔서 세세에 찬양을 받으실 하나님이시니라 아멘"(롬 9:5), "그는 참 하나님이시요 영생이시라"(요일 5:20). 이 본문들은 인간 예수 그리스도를 가리켜 명확하게 참 하나님이라 부르고 있다. 그러므로 만일 그가 참 하나님이시라면 그는 언제나 존재하신 것이 된다. 유일하고 참되신 하나님은 영원 전부터 계시기 때문이다. "하나님이 육신으로 나타난 바 되시고"(딤전 3:16). 여기서도 그리스도를 가리켜 하나님으로 부르고 있다.

또한 그리스도께서 창조, 이적, 구속, 중생, 보호, 영화 등의 일과 또한 온 세상을 다스리는 일을 행하심을 말하는 모든 증언들도 이 논지들에 속한다. 그 일들에는 무한한 지혜와 권능과 지식과 편재(遍在)가 필수적인데, 이에 대해서는 이미 여러 차례 증거들을 제시한 바 있다. 이로 보건대, 참 하나님의 이름만이 아니라 그의 속성들까지도 인간 그리스도에게 속한 것으로 제시되고 있다는 것이 분명히 드러난다. 참 하나님의 속성들이 그리스도께 있다는 것이야말로 그의 신성에 대한 가장 강력한 증거라 하겠다. 왜냐하면 참 하나님의 칭호들이 그리스도께 적용되는 경우들은 특정한 방식에 따라서 은유적인 의미로 해석될 수도 있으나, 신적인 속성들은 결코 그런 식으로 뒤틀려져서 그 합당한 무게를 상실하게 될 수가 없기 때문이다. 이런 논지들로 무장하게 되면, 우리의 반대자들의 논지들은 무너져버리고, 그리하여 그리스도께서 성육신 이전에도 존재하셨다는 것을 인정하지 않을 수 없을 것이다.

성자께서 육체로 나타나시기 전부터 존재하셨다는 것이 이제 확고히 세워졌으니, 그러면 그가 어떤 분이셨는가, 창조자이셨는가 아니면 피조물이셨는가에 대해서 살펴보아야 하겠다. 그는 하나님과 동일하게 영원하신 하나의 영이셨는가, 아니면 시간 속에서 창조함 받은 영이셨는가? 이에 대해 답변하기 위해서는 요한복음 1장의 "말씀"에 대한 묘사와 또한 솔로몬의 잠언 8장에 나타나는 "지혜"에 대한 묘사로 되돌아가지 않을 수 없다.

2. 성자는 성부와 성령과는 진정 구별된 하나의 인격이시다

노에투스, 사벨리우스와 그들의 추종자들이 성부, 성자, 성령의 본질이 동일 위격이며, 그 셋이 한 위격이며 다만 서로 직분이 다르기 때문에 성부, 성자, 성령이라는 다른 이름들을 지닐 뿐이라는 식으로 주장하고 있으므로, 우리는 성자의 위격이 성부의 위격과 구별된다는 사실을 반드시 주장하고 가르쳐야 한다.

　성자께서 성부와 직분에서 뿐 아니라 인격성에서도 구별된다는 사실은 다음의 논지들만으로도 충분히 입증되고 남는다:

　1. 누구도 자기 혼자서 아들인 자는 없고, 아들이라면 누구나 아버지가 있고, 그 아버지는 그 아들과는 구별되는 존재다. 그렇지 않으면 아버지와 아들이 동일한 존재가 되는데 이는 우스꽝스러운 논리다. 그러므로 "말씀"은 곧 성부의 아들이시며, 성부 자신이 아니신 것이다.

　2. 성경은 신격에 서로 구별된 삼위가 계시다는 것을 가르친다. "증언하는 이가 셋이니"(요일 5:7), "하나님이 이르시되 우리의 형상을 따라 우리의 모양대로 우리가 사람을 만들고"(창 1:26, "내가 사람을 만들리라"고 말씀하지 않는다), "나와 아버지는 하나이니라"(요 10:30), "보혜사 곧 아버지께서 내 이름으로 보내실 성령 그가 너희에게 모든 것을 가르치고 내가 너희에게 말한 모든 것을 생각나게 하리라"(요 14:26), "내가 아버지께로부터 너희에게 보낼 보혜사 곧 아버지께로부터 나오시는 진리의 성령이 오실 때에 그가 나를 증언하실 것이요"(요 15:26), "너희는 가서 모든 민족을 제자로 삼아 아버지와 아들과 성령의 이름으로 세례를 베풀고"(마 28:19). 또한 성자께서 요단강에서 세례를 받으실 때에 성령이 비둘기 모양으로 내려오셨고, 성부의 음성이 하늘로부터 들려왔다: "이는 내 사랑하는 아들이요 내 기뻐하는 자라"(마 3:16, 17).

　3. 성부와 성자와 성령이 각기 구별되신다는 사실을 보여주는 성경의 분명한 증언들이 있다. "나를 위하여 증언하시는 이가 따로 있으니"(요 5:32), "나를 보내신 아버지께서 친히 나를 위하여 증언하셨느니라"(요 5:37), "내 교훈은 내 것이 아니요 나를 보내신 이의 것이니라"(요 7:16), "아들이 아버지께서 하시는 일을 보지 않고는 아무것도 스스로 할 수 없나니"(요 5:19), "내가 아버지께 구하겠으니 그가 또 다른 보혜사를 너희에게 주사"(요 14:16).

　4. 삼위 하나님 각각에게 돌려지는 구별된 속성들이 있다. 성부는 성자를 낳으셨고, 성자는 나신다. 성부는 보내셨고, 성자는 보내심을 받는다. 육신이 되신 것은 성부가 아니라 오직 성자뿐이시다. 성부가 아니라 성자께서 아브라함의 씨를 스스로 취하셨다. 성자는 간구자, 제사장, 선지자, 왕, 중보자가 되셨으나, 성부는 그렇지 않다. 그러므로 성부와 성자는 서로 다르다. 성부는 스스로 계시며 또한 성자로 말미암아 계시나, 성자는 스스로 계시지 않고, 성부로 말미암아 계시지도

않고, 오직 자기 자신으로 말미암아 성부로부터 나셨다. 마지막으로, 그리스도는 세례를 받으셨으나 성부나 성령은 그렇지 않다. 그러므로 그리스도는 성부와 및 성령과 구별되신다.

3. 성자는 성부와 및 성령과 동등하시다

성자는 참 하나님이시요 성부와 및 성령과 동등하시다는 것이나, 또한 아리우스(Arius)나 유노미우스(Eunomius)나 사모사테누스(Samosatenus)나 세르베투스(Servetus)나 그와 비슷한 이단들이 상상하듯이 그가 지음 받으시거나 모든 피조물보다 먼저 창조되신 것도 아니요 또한 신격의 다른 위격들보다 열등하신 것도 아니시며, 성부와 및 성령과 더불어 그가 본성적으로 하나님이시라는 것은 다음의 증거들로써 입증된다:

1. 성경의 명확한 증언들: "이는 모든 사람으로 아버지를 공경하는 것 같이 아들을 공경하게 하려 하심이라"(요 5:23). 그런데 아버지는 그저 상상 속의 어떤 신으로가 아니라 참되신 하나님으로 공경해야 마땅하다. 그러므로 아들 역시 그렇게 공경해야 마땅한 것이다. "아버지께서 행하시는 그것을 아들도 그와 같이 행하느니라"(요 5:19), "아버지께서 자기 속에 생명이 있음 같이 아들에게도 생명을 주어 그 속에 있게 하셨고"(요 5:26), "그리스도가 그들에게서 나셨으니 그는 만물 위에 계셔서 세세에 찬양을 받으실 하나님이시니라 아멘"(롬 9:5), "그는 참 하나님이시요 영생이시라"(요일 5:20), "둘째 사람은 하늘에서 나셨느니라"(고전 15:47), "그 안에는 신성의 모든 충만이 육체로 거하시고"(골 2:9), "그는 근본 하나님의 본체시나"(빌 2:6).

2. 그는 성부의 본질로부터 나신 참되시고 정당하신 본성적인 하나님의 아들이시다. 그리고 그가 하나님의 본질로부터 나신 분이시라면, 하나님의 본질이 그에게 완전히 전달된 것이다. 신적 본질은 무한하며, 불가시적이며, 또한 부분적으로 전달되지 않기 때문이다. 그러므로 아들에게 완전한 본질이 전달되었으므로, 그 때문에라도 그는 아버지와 동등하며 따라서 참된 하나님이신 것이다.

3. 성경은 신성의 본질적인 모든 속성들을 성부에 못지않게 성자에게도 돌린다. 그는 영원하시다: "산이 세워지기 전에, 언덕이 생기기 전에 내가 이미 났으며"(잠 8:25), "태초에 말씀이 계시니라"(요 1:1). 그는 무한하시다: "하늘에서 내려온 자 곧 인자 외에는 하늘에 올라간 자가 없느니라"(요 3:13), "믿음으로 말미암아 그리

스도께서 너희 마음에 계시게 하시옵고"(엡 3:17). 그는 전능하시다: "아버지께서 행하시는 그것을 아들도 그와 같이 행하느니라"(요 5:19), "그는 만물을 자기에게 복종하게 하실 수 있는 자의 역사로"(빌 3:21), "그의 능력의 말씀으로 만물을 붙드시며"(히 1:3). 그의 지혜는 무한하다: "그의 이름은 … 모사라"(사 9:6), "사람에 대하여 누구의 증언도 받으실 필요가 없었으니 이는 그가 친히 사람의 속에 있는 것을 아셨음이니라"(요 2:25), "우리가 지금에야 주께서 모든 것을 아시고 또 사람의 물음을 기다리시지 않는 줄 아나이다"(요 16:30). 그는 교회를 거룩하게 하시는 자시다: "남편들아 아내 사랑하기를 그리스도께서 교회를 사랑하시고 그 교회를 위하여 자신을 주심 같이 하라 이는 곧 물로 씻어 말씀으로 깨끗하게 하사 거룩하게 하시고 자기 앞에 영광스러운 교회로 세우사 티나 주름 잡힌 것이나 이런 것들이 없이 거룩하고 흠이 없게 하려 하심이라"(엡 5:25-27). 그는 불변하시다: "천지는 없어질지언정 내 말은 없어지지 아니하리라"(마 24:35). 그는 진리의 근원이시요 진리 그 자체이시다: "내가 나를 위하여 증언하여도 내 증언이 참되니"(요 8:14), "내가 곧 길이요 진리요 생명이니"(요 14:6). 그의 긍휼이 말할 수 없이 풍성하다: "그는 우리를 위하여 자신을 버리사 향기로운 제물과 희생 제물로 하나님께 드리셨느니라"(엡 5:2). 그는 죄에 대해 진노하시고, 은밀하게 범한 죄들까지도 벌하신다: "아들에게 순종하지 아니하는 자는 영생을 보지 못하고 도리어 하나님의 진노가 그 위에 머물러 있느니라"(요 3:36), "보좌에 앉으신 이의 얼굴에서와 그 어린 양의 진노에서 우리를 가리라"(계 6:16). 그러므로 성자께서는 본성적으로 하나님이시며, 성부와 동등하시다.

4. 성경은 이와 비슷하게 모든 신적인 역사들을 성부와 성자에게 동등하게 돌린다. 성자께서는 만물의 창조주이시다. 요한복음에서는 "만물이 그로 말미암아 지은 바 되었으니"(1:3)라고 말씀한다. 그는 만물을 보존하시고 다스리시는 분이시다: "그의 능력의 말씀으로 만물을 붙드시며"(히 1:3). 또한 특별히 교회의 구원에 관한 일들을 그리스도께 돌린다: "아버지께서 나를 보내신 것 같이 나도 너희를 보내노라"(요 20:21), "그가 어떤 사람은 사도로, 어떤 사람은 선지자로, 어떤 사람은 복음 전하는 자로, 어떤 사람은 목사와 교사로 삼으셨으니"(엡 4:11). 그는 사역자들에게 필요한 은사와 은혜를 베풀어주신다: "내가 너희의 모든 대적이 능히 대항하거나 변박할 수 없는 구변과 지혜를 너희에게 주리라"(눅 21:15). 그는 구원의 도리를 우리에게 계시하신다: "아버지의 품 속에 있는 독생하신 하나님이 나타내

셨느니라"(요 1:18). 그는 이적들로써 이 교리를 확증하신다: "주께서 함께 역사하사 그 따르는 표적으로 말씀을 확실히 증언하시니라"(막 16:20). 그는 성례를 제정하셨다: "내가 너희에게 전한 것은 주께 받은 것이니"(고전 11:23), "너희는 가서 모든 민족을 제자로 삼아 아버지와 아들과 성령의 이름으로 세례를 베풀고"(마 28:19). 그는 미래의 일을 계시하신다: "나 예수는 교회들을 위하여 내 사자를 보내어 이것들을 너희에게 증언하게 하였노라"(계 22:16), "그가 내 영광을 나타내리니 내 것을 가지고 너희에게 알리시겠음이라"(요 16:14). 그는 교회를 모으신다: "나는 선한 목자라 나는 내 양을 알고 양도 나를 아는 것이"(요 10:14), "또 이 우리에 들지 아니한 다른 양들이 내게 있어 내가 인도하여야 할 터이니 그들도 내 음성을 듣고 한 무리가 되어 한 목자에게 있으리라"(요 10:16). 그는 사람의 생각을 조명하신다: "아들과 또 아들의 소원대로 계시를 받는 자 외에는 아버지를 아는 자가 없느니라"(마 11:27), "이에 그들의 마음을 열어 성경을 깨닫게 하시고"(눅 24:45). 그는 중생시키시고 거룩하게 하신다: "그가 곧 성령으로 세례를 베푸는 이인 줄 알라"(요 1:33), "그가 우리를 대신하여 자신을 주심은 모든 불법에서 우리를 속량하시고 우리를 깨끗하게 하사 선한 일을 열심히 하는 자기 백성이 되게 하려 하심이라"(딛 2:14). 그는 경건한 자들의 삶과 행위들을 다스리신다: "나를 떠나서는 너희가 아무것도 할 수 없음이라"(요 15:5), "그런즉 이제는 내가 사는 것이 아니요 오직 내 안에 그리스도께서 사시는 것이라"(갈 2:20). 그는 시험 중에 있는 경건한 자들을 위로하신다: "수고하고 무거운 짐 진 자들아 다 내게로 오라 내가 너희를 쉬게 하리라"(마 11:28), "평안을 너희에게 끼치노니 곧 나의 평안을 너희에게 주노라"(요 14:27). 그는 회심한 자들을 마귀의 시험에서 보호하시고 끝까지 참된 믿음으로 그들을 보존하신다: "너희가 환난을 당하나 담대하라 내가 세상을 이기었노라"(요 16:33), "내가 그들에게 영생을 주노니 영원히 멸망하지 아니할 것이요 또 그들을 내 손에서 빼앗을 자가 없느니라"(요 10:28). 그는 그를 부르는 자의 말을 들으신다: "내 이름으로 무엇이든지 내게 구하면 내가 행하리라"(요 14:14), "이것이 내게서 떠나가게 하기 위하여 내가 세 번 주께 간구하였더니 나에게 이르시기를 내 은혜가 네게 족하도다 이는 내 능력이 약한 데서 온전하여짐이라 하신지라"(고후 12:8, 9). 그는 죄를 용서하시고, 의롭다 하시고 우리를 하나님의 자녀로 입양하신다: "나의 의로운 종이 자기 지식으로 많은 사람을 의롭게 하며 또 그들의 죄악을 친히 담당하리로다"(사 53:11), "인자가 세상에서 죄를 사하는 권능이 있는 줄을 너희로 알게 하려 하노라"(마 9:6), "영접하는 자 곧 그 이름을 믿는 자들에게는 하나님의 자녀가 되는 권세를 주셨으니"(요 1:12). 그는 영생과 구원을 주신다: "내가 그들에게 영생을 주노니"(요 10:28), "그는 참 하나님이시요 영생이시라"(요일 5:20). 그는 세상을 심판하실 것이다. "하나님이 살아 있는 자와 죽은 자의 재판장으로 정하신 자가 곧 이 사람인 것을 증언하게 하셨고"(행 10:42), "이는 정하신 사람으로 하여금 천하를 공의로 심판할 날을 작정하시고 이에 그를 죽은 자 가운데서 다시 살리신 것으로 모든 사람에게 믿을 만한 증거를 주셨음이니라"(행 17:31). 결과가 원인과 다르듯이, 이처럼 성자에게 돌려지는 신적인 역사들은 역시 그에게 돌려지는 신적인 속성들과는 다르다.

5. 성경에서는 성부와 성자께 동등하고도 공통적인 존귀와 경배가 돌려지는데, 이러한 존귀와 경배의 동등함은 본질과 활동의 동등함에서 비롯되는 것이다. 천사들과 교회가 그리스도께 경배한다: "하나님의 모든 천사들은 그에게 경배할지어다"(히 1:6), "모든 사람으로 아버지를 공경하는 것 같이 아들을 공경하게 하려 하심이라"(요 5:23). 또한 믿음과 신뢰가 그에게 돌려진다: "하나님을 믿으니 또 나를 믿으라"(요 14:1). 그를 가리켜 성부와 마찬가지로 절대적인 의미로 하나님이라 부른다: "그는 참 하나님이시요 영생이시라"(요일 5:20). 자신이 경배를 받으시는 성례를 그리스도께서 친히 제정하셨다. 그는 하나님의 우편에, 그의 아버지의 보좌에 앉으셨고, 아버지와 동등한 권능으로 다스리신다. 그는 승리하는 교회에게서 성부와 동등한 존귀를 얻으신다: "보좌에 앉으신 이와 어린 양에게 찬송과 존귀와 영광과 권능을 세세토록 돌릴지어다"(계 5:13). 마지막으로, 그는 교회의 신랑이시며, 남편이시며 머리이시요 왕이시며, 교회는 그의 집이며 성전이다.

반론 1. 다른 이에게서 모든 것을 얻은 자는 그에게 그것들을 준 자보다 열등하다. 성자는 성부로부터 모든 것을 얻으셨다. 그러므로 그는 성부보다 열등하다.

답변. 주 전제는 주는 자의 은혜로 어떤 것을 얻은 자에게만 해당된다. 그가 그것들을 얻지 못할 수도 있으니, 본질상 열등한 것이다. 그러나 하나님의 아들의 경우처럼 출생에 의해서, 혹은 본성적으로 그 모든 것들을 얻으시는자에게는 해당되지 않는다. "아버지께서 자기 속에 생명이 있음 같이 아들에게도 생명을 주어 그 속에 있게 하셨고"(요 5:26), "내 것은 다 아버지의 것이요 아버지의 것은 내 것이온데"(요 17:10).

반론 2. 무엇이든 그보다 앞선 다른 자의 뜻에 따라 행하는 자는 자신을 통제하는 자보다 열등하다. 성자는 그보다 앞서 가시는 성부의 뜻에 따라 행하신다. 그러므로 그는 성부보다 열등하다.

답변. 삼위 하나님 편에서 행하시는 순서가 있다고 해서 그것 때문에 그들의 동등성이 손상받는 것은 아니다. 하나님께서 그의 말씀 속에서 자기 자신을 그렇게 계시하시기 때문이다. 성부께서는 성자와 성령을 통하여 모든 일을 행하시고, 성자께서는 성부로 말미암아, 성령을 통하여 모든 일을 행하시기 때문이다. 이것은 시간 혹은 위엄, 혹은 본성의 순서가 아니고, 오로지 위격의 순서일 뿐이다. 그러므로 성자께서는 성부께서 뜻하시고 행하시는 그것들만을 뜻하시고 행하시며, 또한 성부와 동일한 능력과 권세로 그렇게 하시는데, 이 때문에 그들의 동등성이 제거되는 것이 아니라 오히려 더욱 충만히 세워지는 것이다.

4. 성자는 성부와 및 성령과 본질이 동일하시다

앞의 명제들을 입증했으니, 이제는 자연히 성자께서 성부와 본질이 동일하시다는 것을 입증할 차례가 되었다. 이단들은 성자께서 성부와 본질이 유사(類似)하시다고(of like substance) 고백하고 싶어한다. 그러나 이것은 이 문제에 관한 모든 진리를 완전히 표명하는 것이 아니다. 두 사람은 서로 본질이 유사하지만 본질이 동일하지는 않다. 그러나 성부와 성자는 본질이 유사할 뿐 아니라 본질이 하나요 동일하며, 한 하나님이시다. 동일한 신적 본질은 하나밖에는 없으며, 또한 신격의 각 위마다 완전하게 있기 때문이다. 성부는 한 위격이시고 성자는 또 다른 위격이시다. 그러나 그러면서도 성부가 한 하나님이시고 성자가 또 다른 한 하나님이신 것은 아니다. 요한은 말씀하기를, "하늘에 증거하는 이가 셋이니"라고 말씀하는데, 이는 세 위격을 말하는 것이지 세 하나님을 말하는 것이 아니다. "이 셋은 합하여 하나이니라"고 말씀하기 때문이다(요일 5:7, 8). 그러므로 우리는 아리우스의 논지에 대항하여, 그리스도께서는 성부와 본질이 유사할 뿐 아니라 본질이 동일하시다고 선언한다. 이 선언은 다음 몇 가지 논지들로써 확증된다:

1. 아들을 가리켜 여호와라 부르니 이는 오직 한 본질이라는 증거다. 또한 여호와께만 해당되는 속성들을 그리스도께 적용시키기도 한다: "그의 이름은 여호와 우리의 공의라 일컬음을 받으리라"(렘 23:6), "이는 우리의 하나님이시라 우리가 그를 기다렸으니 그가 우리를 구원하시리로다 이는 여호와시라"(사 25:9). 이스라엘 백성이 기다리는 바 이 하나님과 구주는 바로 메시야이며, 그는 동일한 의미에

서 "모든 나라의 보배" 시다(학 2:7).

여호와의 사자를 가리켜 여호와 자신이라 부르는 본문들과, 또한 구약에서는 여호와에 대해 말씀하는데 신약에서는 이를 그리스도께 적용시키는 본문들도 이에 해당된다: "주께서 높은 곳으로 오르시며 사로잡은 자들을 취하시고 선물을 사람들에게서 받으시며"(시 68:18; 엡 4:8). 또한 여호와께서 광야에서 시험을 받으셨는데, 그리스도에 대해서도 동일한 사실이 언급되고 있다. "너희 신들아 여호와께 경배할지어다"(시 97:7; 히 1:6), "주께서 옛적에 땅의 기초를 놓으셨사오며 하늘도 주의 손으로 지으신 바니이다"(시 102:25; 히 1:10).

2. 그를 가리켜 오직 한 분뿐이신 참 하나님이라 부른다: "그는 참 하나님이시요 영생이시라"(요일 5:20), "그는 만물 위에 계셔서 세세에 찬양을 받으실 하나님이시니라 아멘"(롬 9:5).

3. 성부와 성자 모두에게서 나오셔서 역사하시는 한 분 동일한 성령이 계시기 때문이다. 그러므로 이 두 분은 본질에서는 구별되지 않고 다만 위격에 있어서만 구별되신다. 그렇지 않다면 성부의 영이 따로 계시고 성자의 영이 따로 계실 것이다.

4. 그리스도께서 성부의 독생하신 정당한 아들로서 성부의 동일한 본질을 완전히 전달받으셨기 때문이다. 신격은 늘어날 수도 없고 나뉠 수도 없으니 말이다.

이런 논지들에 근거하면 이단들의 궤변들에 대해 쉽게 답변할 수 있다. 특히 그들의 궤변의 근원이 어디에 있는지를 생각하면 더욱 그러하다. 그들의 결론들은 거짓된 원리들에 근거하든지, 아니면 피조물들에게 고유한 것들을 창조주에게 전가시키든지, 혹은 그리스도의 인성에 관한 것들을 그의 신성에게로 돌리든지, 아니면 중보자의 직분을 그의 본성 혹은 위격과 혼동하든지, 아니면 성자와 성령의 모든 신적인 역사들의 근원으로 성부께 돌리는 것들에게서 성자와 성령을 제외시키든지, 혹은 성부의 신성을 피조물들과 우상들에게서 구별짓는 것들을 성자와 성령에게서 제외시키든지, 아니면 성경의 언어를 혼동하든지 할 것이기 때문이다.

이단들의 주된 주장들과 반론들에 대해 답변을 제시하는 일반적인 법칙들

1. 이단들은 만일 하나님이 한 아들을 낳으셨다면, 아들을 더 낳으실 수 있었을 것이고, 그 아들 역시 또 다른 아들을 낳을 수 있었을 것이라는 식으로 주장하는데, 이는 그릇된 원리에 근거한 것이다. 우리는 다음과 같은 법칙을 확고히 함으로써 이러한 반론에 답변할 수 있다: **우리는 이단들의 사고에 따라서가 아니라 하나님께서 그의 말씀 속에 베푸신 계시에 따라서 하나님을 판단해야 한다.** 그러므로, 하나님께서 그의 말씀에 자신을 오직 한 아들만을 낳으실 수 있었고 또한 오직 한 아들만을 원하고 가지신 분으로 계시하셨으니 우리는 이것으로 만족해야 하고, 그가 계시하기를 기뻐하신 것 이상 넘어가서는 안 되는 것이다.

2. 그들은 유한한 것들에 대해서는 사실이지만 무한하신 하나님께 적용하면 거짓인 것들을 많이 가정한다. 예를 들면, 셋은 하나일 수가 없다, 진정 구별된 인격이라면 한 본질일 수가 없다, 낳는 자와 낳아지는 자는 동일한 본질이 아니다, 무한한 인격은 또 하나의 무한한 인격을 낳을 수가 없다, 한 본질은 여럿에게 전달될 수 없다, 자신의 본질을 전적으로 완전하게 다른 이에게 전달하는 자는 그 이전과 같은 상태로 남아 있을 수가 없다, 등이다. 성자와 성령의 신성 교리를 반대하는 자들이 주로 이런 비슷한 반론들을 제기하는데, 이에 대해서 우리는 그들의 주장을 그저 부인만 하는 것이 아니라 다음과 같은 법칙에 따라 구분함으로써 답변할 수 있다: **유한한 본성에 관하여 참인 원리들을 하나님의 무한한 본질에게로 전이시켜서는 안 된다. 그렇게 하면 그것이 거짓이 되기 때문이다.**

3. 그들은 그리스도께서 고난당하시고 죽으셨다는 등의 인성에게만 고유하게 해당되며 하나님에 대해서는 말할 수 없는 일들을 근거로 주장하나, 우리는 이에 대해서 다음과 같은 법칙에 따라서 그리스도의 신성과 인성을 서로 구별함으로써 답변할 수 있다: **그리스도의 인성에 합당한 것들은 그의 신성에게로 전이시킬 수 없다.**

4. 그들은 중보자의 직분에 고유하게 해당되는 일들을 근거로 하나님께서 하나님을 보내실 수는 없다고 결론짓는데, 이에 대해서 우리는 다음과 같은 키릴루스(Cyril)의 법칙에 따라서 답변해야 할 것이다: **보내고 순종하는 일은 능력이나 혹은 본질의 동등성을 해치거나 그것과 모순을 일으키지 않는다. 혹은 직분이 동등하지 않다고 해서 본성의 혹은 위격의 동등성이 손상되는 것이 아니다.** "아버지는 나보다 크심이라"(요 14:28)라는 그리스도의 선언도 이 법칙에 따라서 설명해야 할 것이다. 이는 중보자의 직분과 인성에 관하여 그렇다는 말이지, 그의 신적 본질

에 관하여 그렇다는 말은 아니다.

5. 성경에서 그리스도께서 자기 자신의 일을 아버지의 것으로 — 모든 신적 활동들의 근원으로서 — 돌리는 경우가 가끔 있기 때문에(예컨대, "아버지께서 내 안에 계셔서 그의 일을 하시는 것이라", 요 14:10) 이단들은 성자가 하나님이 아니시라거나 그가 성부보다 열등하시다고 결론짓지만, 우리는 다음의 법칙에 따라서 답변해야 할 것이다: **성부를 근원으로 보아 그에게 적용시키는 일들을 마치 성자는 거기에 참여하시지 않는 것처럼 오로지 성부에게만 속한 것으로 보아서는 안 된다. 그 일들이 성자에게도 전달되어 그것들이 성자 자신의 일이 될 수도 있는 것이다.** 성부께서 무슨 일을 행하시든 성자께서도 그와 같이 행하시기 때문이다.

6. 그러므로 그들은 성부께서 거짓 신들을 대적하시는 것을 말씀하는 성경 본문들에서 성자에 대해 언급하지 않는다는 것을 근거로 하여, 성자가 언급되지 않는다는 것이야말로 성자가 그 한 하나님이 아니라는 분명한 증거라고 주장하지만, 이에 대해서도 다음의 법칙에 따라서 쉽게 답변할 수가 있다: **어떤 사실을 삼위 하나님의 어느 한 분에게 돌려서 하나님을 피조물들이나 거짓 신들과 구별할 때에 나머지 위격들이 거기서 배제되는 것이 아니다. 다만 비교를 행하는 그것과 관계되는 사실만을 언급하는 것뿐이다.** 혹은 가령 성부 등 신적인 분을 피조물이나 우상들과 대비시켜서 그에게 영광과 존귀를 돌린다고 해서 성자와 성령이 그 성부와 동일한 신적 본질에 속하지 않는다거나 그와 동등한 존귀와 영광을 소유하지 않는 것이 되는 것이 아니다. 혹은, 신적인 속성들과 활동들과 존귀를 삼위의 어느 한 분에게 돌릴 때에는 오로지 피조물들만이 거기서 배제되는 것이고, 삼위의 다른 분들은 거기서 배제되는 것이 아니다. 혹은, 삼위의 한 분에 대해서 최상급의 언어로 묘사한다고 해서 삼위의 다른 분들이 거기서 배제되는 것이 아니다. 이때에는 참되신 삼위 하나님을 피조물들과 거짓 신들과 대비시키는 것뿐이다. "내 아버지는 만물보다 크시매"(요 10:29), 즉 성자나 성령보다 크시다는 것이 아니라 모든 피조물보다 크시다는 뜻이다. "그 날과 그 때는 아무도 모르나니 하늘의 천사들도, 아들도 모르고 오직 아버지만 아시느니라"(마 24:36). 그러므로 "영생은 곧 유일하신 참 하나님과 그가 보내신 자 예수 그리스도를 아는 것이니이다"(요 17:3)라는 선언에 대해서도 답변이 제시되는 것이다. 여기서 성자가 마치 참 하나님이 아니신 것처럼 배제되는 것이 아니다. 다만 참되신 하나님이신 성부와 대조를 이루는 우상들과 거짓 신들이 배제되는 것일 뿐이다.

7. 그들은 성경 본문들과 성경의 언어를 왜곡시키는데, 이에 대해서는 그 해당 본문들과 관련된 정황들에 따라서, 또한 다른 본문들과 비교하여 판단해야 할 것이다. 예를 들어서, "그가 모든 통치와 모든 권세와 능력을 멸하시고 나라를 아버지 하나님께 바치시리라"(고전 15:24)는, 곧 아버지께 바치신다 해도 성자 자신이 그 나라를 그대로 보유하실 수 있는 그런 방식으로 바치신다는 뜻이다. 이는 마치 성부께서 그 나라를 성자에게 주셨으나 그러면서도 그가 그 나라를 잃어버리신 것이 아닌 것과 같은 이치다. "아들이 … 아무것도 스스로 할 수 없나니"(요 5:19)라는 말씀은, 그가 앞서서 아버지의 뜻이 없이는 그 스스로 아무것도 하지 않으신다는 뜻이다. 그러나 그는 성부에게 의존하여 그 스스로 행하시는 것이다.

이단들의 궤변들을 반박하며 또한 성경을 이해하는 데에 필수적인 특별한 법칙들

1. 본성적으로는 동등한 자들이 직분에 있어서는 동등하지 않을 수도 있다는 발언은 반대할 것이 하나도 없다.

2. 성부께서 성자에게 주셔서 보유하게 하신 것은 다시는 그에게서 취하여 가시지 않는다. 그러나 그에게 일정한 기간 동안 맡겨두신 것은 반드시 도로 취하여 가실 것이다.

3. 상대적인 것에서 이끌어 내어 절대적인 것에게 적용시켜 생기는 결과는 아무런 힘이 없다.

4. 자신의 인격을 다른 이에게서 받았다고 해서 반드시 그의 본질도 다른 이에게서 받았다고 볼 수는 없다.

5. 한 본성에만 합당한 것이 인격에 구체적으로 적용되나, 그 합당한 본성과 관련해서만 적용된다.

6. 지혜는 두 종류다. 하나는 피조물들에게 있는 것으로 자연의 사물들의 질서가 지혜롭게 구성되어 있는 것이며, 또 하나는 하나님께 있는 지혜인데, 피조물과 구별하여서는 이것을 하나님의 생각 그 자체, 혹은 성부 성자 성령의 영원한 작정이라 할 것이다. 그러나 하나님께 있는 지혜를 하나님과 구별할 때에는 하나님의 아들이라 보는 것이 합당하다. 전자의 지혜는 창조되는 것이요, 후자의 지혜는 창조되지 않은 것이다.

7. 성경에서 삼위 하나님 중 어느 분을 피조물이나 거짓 신과 대비시키고 그들

과 구별지을 때에는 이로써 다른 위들이 배제되는 것이 아니고, 다만 참되신 하나님과 대비되는 그 피조물만이 배제되는 것이다. 성경의 모든 배타적인 선언들과 최상급을 사용한 선언들에서도 동일한 현상을 간파해야 한다.

8. 성경에서 하나님을 절대적인 의미로 거명할 때에는 언제나 참되신 하나님을 지칭하는 것으로 이해해야 한다.

9. 성자와 성령께서 성부로 말미암으며 또한 성부께서 성자와 성령을 통하여 일하시며, 또한 성자처럼 자신을 낮추지 않으셨으나, 성경은 ─ 특히 그리스도의 강화에서 ─ 성부의 이름으로 성자와 성령까지도 지칭하는 경우가 많다.

10. 하나님을 절대적으로, 혹은 그 자신에 따라서, 혹은 피조물들과 대비하여 거론할 때에는 삼위 모두가 거기에 포함된다. 그러나 그를 성자와 대비하여 거론할 때에는 삼위 하나님 중 제 1위이신 성부 하나님을 지칭한다.

11. 성경은 삼위들을 서로 대비하거나, 혹은 하나님이라는 이름이 공통으로 적용되는 삼위 각각의 속성들을 다룰 때에는 각 위들을 서로 구별한다. 그러나 참 하나님을 피조물들이나 거짓 신들과 대비할 때에나 혹은 그 하나님을 그의 본성에 따라 절대적으로 논의할 때에는 삼위 하나님 모두를 포괄하여 지칭한다.

12. 성자께서는 성부와 자신이 공통으로 지니신 것을 성부의 것으로 말씀하시는 예가 많은데, 이는 그가 중보자의 위격으로 말씀하시기 때문이다.

13. 성자께서는 그의 신성과 인성 모두와 관련하여 성부로 말미암아 보고 배우고 듣고 일하신다고 말씀하나, 거기에 정당한 구별이 있다. 하나님의 뜻이 계시를 통해서 그의 인간적인 이해력에 알려지기 때문이다. 그러나 그의 신격 자체는, 그리고 그 자신의 본성에 있어서는, 영원 전부터 성부의 뜻을 지극히 완전하게 알고 또한 보고 있는 것이다.

14. 삼위들의 외형적인 활동들이 서로 구별된다면, 그 본질들도 서로 구별되는 것이다. 왜냐하면 한 분이 일하실 때에 다른 분이 쉬신다면, 그 두 분의 본질이 서로 다른 것이기 때문이다.

15. 하나님을 가리켜 그리스도의 아버지요 또한 신자들의 아버지라 부른다고 해서, 하나님께서 동일한 의미에서 신자들의 아버지시요 또한 그리스도의 아버지이신 것은 아니다.

16. 성부는 절대로 성자가 없이 계신 적이 없고, 성부와 성자께서도 성령이 없이 계신 적이 절대로 없다. 왜냐하면 신격은 증가할 수도, 감소할 수도, 변할 수도 없

기 때문이다.

성자의 영원한 신성을 반대하는
이단들의 특정한 궤변들에 대한 간략한 반박

1. 삼위는 본질상 하나가 아니시다. 여호와는 한 본질이시다. 그러므로 신격에 삼위가 계실 수 없다.

답변. 주 전제는 오로지 유한한 것들과 창조된 것들에게만 해당되며, 창조되지 않고 무한하며, 지극히 단순하고 개별적인 신격의 본질에는 해당되지 않는다.

2. 시작이 있는 자는 영원한 존재가 아니다. 성자에게는 시작이 있다. 그러므로 그는 성부이신 영원한 여호와가 아니시다.

답변. 본질과 시간에 있어서 시작이 있는 자는 영원하지 못하다. 그러나 성자는 시작이 있다고 말씀하나 그것은 본질과 시간상의 시작이 아니고, 오로지 위격 혹은 질서 혹은 존재 양식상의 시작일 뿐이다. 그는 시간상으로가 아니라 영원한 출생을 통하여 성부와 하나요 동일한 본질을 지니시기 때문이다. "그의 근본은 상고에, 영원에 있느니라"(미 5:2), "아버지여 창세 전에 내가 아버지와 함께 가졌던 영화로써 지금도 아버지와 함께 나를 영화롭게 하옵소서"(요 17:5), "아버지께서 자기 속에 생명이 있음 같이 아들에게도 생명을 주어 그 속에 있게 하셨고"(요 5:26). 이에 대해서, 성자처럼 위격의 시작이나 기원의 시작이 있는 자는 여호와가 아니라고 반박한다면, 우리는 보편적으로 이해하면 이 명제는 그릇된 것이라고 답할 것이다. 왜냐하면 성경은 성자께서 여호와이시라는 것과 또한 그가 나셨다는 것, 즉 그의 위격이 성부로부터 기원되었다는 것 모두를 분명하게 가르치기 때문이다.

3. 하나님과 우리의 연합은 뜻이 동일하다는 데 있다. "우리와 같이 그들도 하나가 되게 하옵소서"(요 17:11)라고 말씀하는 것처럼 성자와 성부의 연합도 그와 같은 성격이다. 그러므로 성자와 성부의 연합은 본질의 연합이 아니라 그저 뜻이 동일하고 서로 일치한다는 것을 의미할 뿐이다.

답변. 전제는 특수성을 띠는데 결론은 보편성을 띠므로, 결론에 논리적인 비약이 있다. 신자가 하나님의 뜻과 일치하는 것 이외에 성자와 성부의 연합이, 즉 본질상의 연합이 별도로 있는 것이다. 성부와 성자는 한 하나님이시기 때문이다. "나와 아버지는 하나이니라"(요 10:30), "내가 아버지 안에 거하고 아버지는 내 안에 계신 것"(요 14:9, 10), "이는 하나님의 영광의 광채시요 그 본질의 형상이시라"
(히 1:3).

4. 신격의 전체가 그 속에 존재하는 그분 이외에는 그와 같은 다른 분이 없다. 신격의 전체가 성부 안에 있다. 그러므로 신격은 성자에게는 없는 것이다.

답변. 우리는 주 전제를 인정할 수 없다. 성부께 있는 동일한 본질이 성자와 성령께도 전체로 있기 때문이다.

5. 신적 본질은 낳은 바 되는 것이 아니다. 그러나 성자는 낳은 바 되셨다. 그러므로 그는 성부와 동일한 신적 본질이 아니다.

답변. 특수한 사항들을 근거로는 아무 결론도 내릴 수 없다. 신적 본질은 낳은 바 되는 것이 아니라는 주 전제는 일반적으로 적용시키면 그릇된 것이 되고 말기 때문이다.

6. 서로 구별되는 활동들이 있을 경우에는 ─ 최소한 내적인 활동들의 경우에는 ─ 서로 구별되는 다른 본질들이 있는 것이다. 서로 구별되는 내적인 활동들이 성부, 성자, 성령께 있다. 그러므로 그들의 본질은 서로 구별되는 다른 것이다.

답변. 주 전제는 유한한 본성을 지닌 인격체들에게는 적용된다. 그러나 무한한 본질을 지닌 인격자들에 대해서는 해당되지 않는다. 서로 구별되는 내적인 활동들이 있어도 그것들이 본질의 교류에서 비롯되는 것일 경우에는 하나의 동일한 완전한 본질이 있는 것이기 때문이다.

7. 그리스도는 성경에서 아들이라 불리는 그 본성에 따라서 하나님의 아들이시다. 그런데 그리스도는 오로지 그의 인성에 따라서만 아들이라 불리신다. 그러므로 그는 인성에 따라서만 하나님의 아들이시며, 따라서 완전한 하나님이 아니시다.

답변. 소 전제는 그릇된 것이다. 왜냐하면 아들이 하늘로부터 임하셨고 그의 육체가 땅에 있을 때에도 하늘에 계심을 성경이 말씀하기 때문이다. 성부께서는 성자를 통하여 만물을 창조하셨다고 말씀한다. 만일 성자께서 인성에 따라서만 아들이시라면 그에 대해서 이런 말씀을 하지 않았을 것이다.

8. 성자는 머리가 있고 따라서 성부보다 열등한 존재다. 그러므로 그는 성부와 동일 본질이 아니다.

답변. 성자가 머리가 있는 것은 그의 인성에 관한 문제요, 중보자로서의 그의 직분에 관한 문제다. 그러나 이런 것들이 있다 해도 그의 신성은 조금도 손상되지 않는다.

9. 신적 본질이 육체를 입으셨다. 성부, 성자, 성령이 신적 본질이시다. 그러므로 세 분이 육체를 입으신 것이다.

답변. 결론을 받아들일 수 없다. 특수한 것을 근거해서는 아무런 결론을 얻을 수 없기 때문이다. 주 전제는 보편적으로 적용될 수 없다. 신적 본질인 존재라고 해서 모두가 육체를 입는 것이 아니기 때문이다. 삼위 하나님의 신적 본질이 육체를 입으신 것이 아니고, 오직 성자의 신적 본질만이 육체를 입으신 것이다.

10. "유일하신 참 하나님 …을 아는 것"(17:3)이라고 말씀했듯이, 오직 성부만이 참 하나님이시다. 그러므로 성자는 참 하나님이 아니다.

답변 1. 여섯 번째 일반적인 법칙에 따르면, 여기서는 성부와 성자와 성령이 서로 대비되는 것이 아니라 참 하나님이 우상과 피조물들과 대비되는 것이다. 그러므로 "유일하신"이란 성자와 성령을 신격에서 제외시키는 것이 아니라 우상과 피조물들을 제외시키는 것이다.

답변 2. 상호 일관성과 필수적인 연관성을 띤 문구들을 서로 분리시키는 오류가 여기에 있다. 이 말씀은 "그가 보내신 자 예수 그리스도를"이라는 문구와 연결되는 것이기 때문이다. 그러므로 영생이란 성부께서 보내신 예수 그리스도도 참 하나님이시라는 것을 아는 데 있는 것이다.

답변 3. 또한 "유일하신"이라는 단어를 "당신"이라는 주어와 연결시키는 것도 오류다. 헬라어의 정관사가 분명하게 보여주듯이 "유일하신"은 "참 하나님"과 연결되어야 마땅하다. 본문의 의미는 "당신이", 즉 "아버지"께서 홀로 참 하나님이신 바로 그 하나님이시라는 것을 그들이 알게 하려 하심이라는 뜻이기 때문이다.

11. 그리스도께서는 "내 아버지는 나보다 크시니"라고 말씀하셔서 자기 자신을 성부와 구별지으신다. 그러므로 그는 성부와 동등하지도, 본질이 동일하지도 않다.

답변. 그는 다음과 같은 점에서 자기 자신을 성부와 구별지으신다. 1. 그의 인성과 관련하여. 2. 중보자의 직분과 관련하여. 그러므로 성부는 성자보다 크시다. 그러나 이는 그의 본질에 관한 발언은 아니다. 그는 본질에 있어서 성부와 동등하시다. 이는 그의 직분과 인성을 지칭하는 것이다. 이는 네 번째 일반적인 법칙에 따라 해결된다.

12. 하나님과 사람 사이의 중보자는 하나님 자신은 아니다. 그러나 성자는 하나

님과 사람 사이의 중보자다. 그러므로 그는 하나님이 아니다.

답변. 주 전제는 오류다. 왜냐하면 하나님과 사람 사이의 중보자가 사람이 아니라는 것도 동일한 근거에서 추론할 수 있기 때문이다.

재반론 1. 주 전제는 다음과 같은 논지로 입증된다. 하나님은 자기 자신보다 열등하지 않으시다. 하나님에 대한 중보자는 하나님보다 열등하다. 그러므로 그는 하나님이 아니다.

답변. 소 전제는 그리스도의 직분에 대해서는 옳다. 그런 의미에서는 그가 하나님보다 열등하다. 그러나 그의 본성에 대해서는 옳지 않다. 이에 대해서는 네 번째 일반적인 법칙이 적용된다. 곧, 직분이 동등하지 않다고 해서 본성 혹은 위격의 동등성이 제거되는 것은 아니라는 것이다.

재반론 2. 성자는 여호와에 대해 중보자다. 그러나 성자가 그 자신에 대해 중보자인 것은 아니다. 그러므로 그는 여호와가 아니다.

답변. 그저 특수한 예에 근거해서는 어떠한 결론도 도출할 수가 없다는 사실이 여기서도 적용된다. 주 전제는 일반적으로 적용되는 것이 아니다. 왜냐하면 성자는 여호와이신 자에 대해서는 누구든지 중보자가 되시는 것이 아니고, 오로지 성부에 대해서만 중보자가 되시기 때문이다.

재반론 3. 그렇다면 성자와 성령은 서로 진정 화목된 것이 아니거나, 아니면 그들은 중보자가 없이 화목된 것이 된다.

답변. 이런 결론은 받아들일 수 없다. 동일한 것이 삼위 모두에게 해당될 것이기 때문이다. 성부께서 진정되시면, 성자와 성령도 역시 화목되는 것이다.

재반론 4. 성자는 그가 화목하시는 그분에 대해 중보자시다. 그러나 성자는 성부만 화목시키는 것이 아니라 자기 자신도 화목시킨다. 그러므로 그는 자기 자신에 대해서도 중보자가 되는데, 이는 우스꽝스런 일이다.

답변. 주 전제에 대해서는 다음과 같이 답변할 수 있다. 곧, 성자는 그의 보상을 통해서 진정시키는 그분에 대해서 중보자시라고 말할 수 있으며, 속죄의 작정과 목적이 본래 그로부터 비롯되었을 수도 있다고 말할 수 있다. 그러나 오직 성부만이 이에 해당된다. 그러므로 성자는 이런 의미에서 자기 자신에 대해서는 중보자가 아니며 오직 성부에 대해서만 중보자이시다. 또한, 성자께서 자기 자신에 대해 중보자시라고 말해도 우스꽝스러운 것이 아니다. 왜냐하면 그가 화목을 받아들이시는 하나님의 직분을 수행하시고 또한 화목을 시행하는 중보자의 직분을 수행하신다는 것이 우스꽝스런 일이 아니기 때문이다. 전자의 직분은 그의 신성 때문에 수행하시는 것이요, 후자는 중보자의 직분 때문에 수행하시는 것이다.

이 반론들을 삼위일체에 대하여 제기되는 반론들과 비교하는 것이 적절하다. 신적 본질과 삼위일체 자체를 반대하여 제기되는 반론들과 궤변들이 삼위 하나님 각자에게 대해서도 제기되기 때문이다. 하나님의 한 위격에 대해 제기되는 반론들이 하나님의 본질에 대해서도 제기되는 것이다. 이 문제에 대해 좀 더 상세한 내용은 우르시누스의 첫 권 115면부터 125면까지를 참조하라.

주님이라는 이름

34문 그대는 왜 그를 "우리 주님" 이라 부릅니까?

답 그가 금이나 은이 아니라 그의 보혈로 우리의 몸과 영혼을 우리의 모든 죄로부터 구속하셨으며, 또한 마귀의 모든 권세로부터 구원하사 우리를 그 자신의 소유로 삼으셨기 때문입니다.

[해 설]

여기서 두 가지를 고찰해야 한다:

1. 어떤 의미로 그리스도를 가리켜 주(主: the Lord)라 부르는가?
2. 어떤 원인들에 의해서, 또한 어떤 점들에서, 그가 우리의 주이신가?

1. 어떤 의미로 그리스도를 가리켜 주라 부르는가?

주(主)가 된다는 것은 어떤 사물이나 사람에 대해 권리를 갖고 있다는 것이다. 그러므로 그리스도께서는 다음과 같은 의미에서 우리의 주이며 만물의 주이다.
1. 우리와 만물에 대해 통치권을 갖고 계시기 때문이다. 그는 만물을, 특히 그의 피로 값 주고 사시고 구속하신 자들을 보살피시고 지키시고 보존하시는 것이다.
2. 만물이 그에게 종속되기 때문이다. 따라서 우리는 영혼과 육체로 그를 섬겨 그에게 영광을 돌려야 할 의무가 있다.

주라는 이름은 마치 선지자, 제사장, 왕 등의 칭호의 경우와 마찬가지로 그리스도의 신성과 인성 모두에 해당된다. 우리를 향한 그리스도의 직분, 은덕, 위엄의 이름들은 그의 위격 전체에 해당된다. 그러나 이는 그리스도의 두 본성과 속성들의 명칭들의 경우처럼 속성의 교류에 의한 것이 아니라, 각 본성과 관련하여 적절히 이루어진다. 그리스도의 신성과 인성 모두가 우리의 구속을 이루고 확보할 것이기 때문이다. 인성은 우리를 위해 죽으심으로 우리의 구속의 값을 지불하였으며, 신성은 성부께 이 값을 드리고, 또한 그 구속을 성령으로 말미암아 우리에게 적용시키는 것이다. 그러므로 그리스도는 그의 신성과 관련해서만 우리의 주가 되시는 것이 아니라, 그의 인성과 관련해서도 주가 되신다. 그가 사람인 한에 있어서조차도, 그리스도의 인격은 여전히 모든 천사들과 사람들 위에 다스리시는 주이신 것이다.

2. 어떤 원인들에 의해서, 또한 어떤 점들에서, 그가 우리의 주이신가?

그리스도께서는 여러 가지 점에서 우리의 주이시다.

1. 창조와 보존과 일반적인 통치의 권한을 통해서. 또한 성부와 및 성령과 함께 지니신 권한을 통해서. 그렇기 때문에, "내 것은 다 아버지의 것이요 아버지의 것은 내 것이온데"(요 17:10)라고 말씀하는 것이다. 그리스도의 전반적인 통치는 우리들에게만이 아니라 모든 사람들에게 — 악인들과 마귀들에게까지도 — 적용된다. 그러나 물론 우리들에게와 다른 모든 사람들에게 그 통치가 동일한 양상을 띠는 것은 아니다. 왜냐하면, 1. 우리는 영생에로 창조함을 받았고, 그들은 멸망에로 창조함을 받았기 때문이다. 2. 그는 악인들과 마귀들을 그가 기뻐하시는 대로 행하도록 하실 권한과 능력을 지니고 계시므로, 그의 뜻이 없이는 그들이 전혀 움직일 수조차 없기 때문이다. 그리고 그가 원하시면 그는 그들을 무(無)로 돌리실 능력이 있다. 복음서에 나타나듯이 귀신 들린 자들의 사례에서 이것이 충족히 입증된다. 그러나 그가 우리를 향하여 지니신 이런 권한 이외에도, 그는 또한 우리 주라 불리시는데, 이는 그가 우리를 그가 피로써 값 주고 사신 고유한 백성으로서 보호하시고 또한 그의 성령으로 거룩하게 하시며, 더 나아가 이 성령으로 말미암아 우리를 다스리고 통치하시며, 우리의 마음속에서 믿음과 순종을 이루시기 때문이다.

2. 그 자신에게 고유한 구속의 권한을 통해서. 오직 그만이 중보자가 되셔서 그의 피로 우리를 죄와 사망에서 구속하셨고, 마귀의 권세로부터 우리를 구하시고 그 자신을 위하여 우리를 구별하여 세우셨기 때문이다. 우리가 구속받은 방식은

지극히 고귀하다. 왜냐하면 그의 피로써 우리를 구속하는 것이 돈으로 사는 것보다 훨씬 더 크고 귀하기 때문이다. 그러므로 그가 우리에 대해 지니신 소유권 역시 가장 막강한 것이다. 그러나 그가 우리를 구속하신 사실을 볼 때에, 우리가 종들이었던 것이 분명하다. 우리는 과연 마귀의 종들이요 노예들이었는데, 그 마귀의 압제로부터 그리스도께서 우리를 구해내신 것이다. 그러므로 이제 우리는 그리스도의 종들이다. 우리가 본질상 그의 원수들이어서 멸망을 당해 마땅한 자들임에도 불구하고 그가 우리를 보존하시고 구속하셨기 때문이다. 로마인들은 종들을 가리켜 "servi"라 불렀는데, 이는 보존되었음을 뜻하는 "servando"에서 파생된 것이다. 원수들에게 사로잡혀서 죽을 수도 있는 상태에서 보존함을 받았기 때문이다. 우리를 향한 그리스도의 통치권은 특별한 것이다. 오직 교회에만 적용되기 때문이다.

반론. 우리가 마귀의 권세로부터 구속함을 받았다면, 우리의 구속에 대한 값이 마귀에게 지불되었을 것이다. 우리에 대해 권세를 갖고 있던 자에게 속량금이 지불되어야 했을 것이기 때문이다. 그러나 우리의 구속에 대한 값은 사탄에게 지불된 것이 아니다. 그러므로 우리는 사탄의 권세로부터 구속받은 것이 아니다.

답변. 우리의 구속에 대한 값은 우리에 대해 권세를 지닌 자에게 합당한 것이다. 단, 그가 지극히 높으신 주로서 우리를 합법적으로 소유하신 분이실 경우에는 그렇다. 그러나 사탄이 아니라 오직 하나님만이 우리의 지극히 높으신 주시요 또한 정당하게 우리에 대해 통치권을 지니고 계신다. 그러므로 우리의 구속에 대한 값은 마귀에게가 아니라 하나님께 드려야 마땅하다. 하나님의 의로운 심판으로 말미암아 우리가 사탄에게 종노릇하며, 죄 때문에 우리가 강제로 끌려가 그의 소유가 되었던 것은 사실이다. 그러나 저 더 크고 강하신 그리스도께서 우리의 죄에 대해 보상하셨고, 그리하여 마귀의 권세를 깨뜨리셨고, 우리를 그의 폭정으로부터 해방시키셨다. 그러므로 그리스도께서 하나님 앞에서 우리를 구속하신 것이다. 왜냐하면 그가 우리의 속량금을 하나님께 지불하셨기 때문이다. 그리고 그리스도께서는 마귀에 대해서도 우리를 구속하셨다. 그가 마귀로부터 우리를 해방시키셨고, 우리의 자유를 보장하셨기 때문이다.

3. **우리를 보존하시는 것 때문에도** 그리스도는 우리의 주가 되신다. 우리를 끝까지 보호하시고 영생에 이르도록 우리를 지키시기 때문이다. 그는 우리의 육체를 상하지 않도록 보존하실 뿐 아니라 우리의 영혼도 죄로부터 보존하게 하신다.

우리를 보존하신다는 것은 우리를 마귀의 권세로부터 구해내시는 것만이 아니라 계속해서 우리를 보존하시고 그의 은덕들을 완성하게 하신다는 것을 뜻한다. 그리스도께서 친히 이러한 보존에 대해서 말씀하신다: "내가 그들과 함께 있을 때에 내게 주신 아버지의 이름으로 그들을 보존하고 지키었나이다. 그 중의 하나도 멸망하지 않고 다만 멸망의 자식뿐이오니"(요 17:12), "또 그들을 내 손에서 빼앗을 자가 없느니라"(요 10:28). 악인은 멸망에 이르도록 보존하신다. 그러나 일시적으로 보호하실 뿐이다.

4. **예정의 면에서.** 성부께서 말씀을, 곧 그리스도를 정하셔서 그를 통하여 하늘과 땅의 모든 일을 이루고자 하셨기 때문이다. 그리스도께서는 우리를 마귀의 권세로부터 구해내셔서 하나님의 자녀가 되게 하심으로써 우리를 보존하셨다는 점에서 우리의 주가 되실 뿐 아니라, 성부께서 우리를 그에게 주셨고, 그를 우리의 왕이요 머리로 세우셨다는 점에서도 우리의 주가 되신다. "이 아들을 만유의 상속자로 세우시고"(히 1:2), "세상 중에서 내게 주신 사람들에게 내가 아버지의 이름을 나타내었나이다. 그들은 아버지의 것이었는데 내게 주셨으며"(요 17:6), "아버지께서 내게 주시는 자는 다 내게로 올 것이요"(요 6:36), "만물을 그의 발 아래에 복종하게 하시고 그를 만물 위에 교회의 머리로 삼으셨느니라"(엡 1:22), "그를 오른손으로 높이사 임금과 구주로 삼으셨느니라"(행 5:31).

그러므로 그리스도께서 다른 이들보다 훨씬 더 높고 귀한 방식으로 우리의 주님이시니, 우리가 그에게 순종을 드릴 의무가 더욱더 강력한 것이다. 그는 우리의 주시요 따라서 그의 뜻대로 우리에게 아무 일이라도 행하실 수 있고 또한 우리에게 절대적인 권한을 갖고 계신데도 그는 그 권한을 오직 우리의 구원을 위해서만 사용하시기 때문이다. 우리는 그에게서 가장 크고 무한한 은덕을 받는 것이다. 그러므로 우리는 언제나 그리스도께서 우리에 대해 지니신 그 통치권을 인정해야 한다.

이를 온전히 인정하려면, 1. 그리스도께서 자신을 낮추사 우리의 주가 되시는 이 사실이 주는 이러한 큰 은덕을 고백해야 한다. 2. 우리가 그를 향하여 지닌 의무를 — 이는 그를 섬기고 예배하며 사랑하는 데 있다 — 고백해야 한다.

그렇다면 **우리 주 그리스도를 내가 믿사오니라는** 조목의 의미는 무엇인가? 여기서 세 가지를 주목해야 한다: 1. **그리스도께서 주이심을 믿는다는 것.** 그러나 이것만으로는 부족하다. 왜냐하면 우리는 마귀가 주(lord)라는 것도 또한 믿기 때문이다. 2. **그리스도께서 모든 이들의 주이시며 또한 우리의 주이심을 믿는다는 것.**
그러나 믿어야 할 것이 이것이 전부가 아니다. 마귀도 그리스도께서 자기들의 주
이심을 믿기 때문이다. 그리스도께서 그들을 다스리는 권세를 지니고 계신 것이
분명하기 때문이다. 3. **그리스도를 우리의 주로 믿는다는 것.** 즉, 그가 과연 우리
가 신뢰하고 의지할 주이심을 믿는다는 것이다. 이것이 특히 우리가 믿어야 할 사
항이다.

그러므로 우리가 우리 주를 믿는다고 말할 때에는, 1. 하나님의 아들이 만물의
창조주시요 따라서 모든 피조물들에 대해 권한을 갖고 계시다는 것을 믿는 것이
다. "아버지의 것은 다 내 것이온데." 2. 그가 고귀한 방식으로 교회의 주시요 보
호자요 보존자이심을 믿는 것이다. 그가 그의 피로써 교회를 구속하셨기 때문이
다. 3. 하나님의 아들께서 또한 나의 주시요, 내가 그의 신복이요, 내가 그의 피로
구속함을 받았고 그로 말미암아 계속해서 보존함을 받으므로 그에게 감사해야 할
의무가 내게 있다는 것을 믿는 것이다. 그리고 더 나아가서, 나를 향한 그의 통치
권이 나의 선을 증진시키기 위한 것이요 또한 내가 그로 말미암아 지극히 고귀한
소유물로, 가장 고귀한 값을 지불하고 얻은 값진 재산으로 구원함을 받았다는 것
을 믿는 것이다.

그리스도의 잉태와 탄생

제14주일

35문   "그는 성령으로 잉태되사 동정녀 마리아에게서 나셨고"라는 말은 무슨
뜻입니까?

답   하나님의 영원하신 아들은 참되고 영원하신 하나님이시요 또한 계속해
서 그런 하나님이신데, 그가 성령의 역사하심으로 말미암아 친히 동정녀 마리아
의 살과 피로부터 진정한 인성(人性)을 취하셨고, 그리하여 또한 다윗의 참된 후
손이 되사 범사에 그의 형제들과 같이 되셨으나 죄는 없으시다는 뜻입니다.

[해 설]

고대와 현대에 그리스도의 육체가 동정녀의 실체로부터 취해졌다는 것을 부인하는 이단들이 고대에도 있었고 현대에도 있는데, 이 이단들 때문에 이 질문에 대한 해설이 필수적이다. 유티케스주의자들(the Eutychians)은 이렇게 주장한다. 그리스도께서는 성령으로 말미암아 잉태되셨으니, 그리스도의 육체는 신성의 실체로부터나 혹은 성령의 본질로부터 산출되었다. 곧 신성이 변하여 인성을 입은 것이라는 것이다. 이러한 오류는 비유적인 화법을 부정확하게 사용한 데에서 연유하는 것이다. 성령**으로 말미암아**(by), 성령**으로부터**(from), 성령**에게서**(of)라는 용어들은 질료인(質料因: material cause)이 아니라 동력인(動力因: efficient cause)이요, 성령의 능력, 효능, 역사하심을 뜻한다. 하나님의 아들께서 동정녀의 뱃속에 잉태되신 것이 성령의 덕분으로, 혹은 성령의 역사하심으로 말미암아 되어진 일이라는 것이다. 천사의 말처럼 "성령이 네게 임하시고 지극히 높으신 이의 능력이 너를 덮으시리니"(눅 1:35). 그리스도는 또한 아브라함의 자손으로, 다윗의 자손으로도 불려지신다. 그러므로 그는 성령으로부터가 아니라 이 조상들로부터 육체를 취하신 것이다. 하나님께서 우리를 지으셨기 때문에 우리가 하나님으로부터 난 것처럼, 그리스도께서도 성령으로 말미암아 잉태되신 것이다. 그가 잉태되신 것이 성령의 덕분이요 또한 그의 역사하심으로 말미암았기 때문이지, 그가 성령의 본질로부터 형성되셨기 때문이 아닌 것이다.

반론. "으로 말미암아" 혹은 "에게서" 등의 단어가 성령에 대해 사용될 때에 질료인을 의미하지 않는다면, 그리스도께서 동정녀 마리아**에게서** 나셨다고 말할 때에도 질료인을 뜻할 수가 없다.

답변. 이 두 경우는 서로 정확히 일치하는 것이 아니다. 후자의 경우에는 그리스도께서 다윗의 씨에게서 나시는 것이 합당했다. 그러나 그가 성령**으로 말미암아**, 혹은 성령**에게서** 잉태되셨다고 말할 때에는 "으로 말미암아" 혹은 "에게서"라는 단어는 질료인을 지칭할 수가 없다. 그 이유는 다음과 같다: 1. 만일 질료인을 지칭한다면, 그 다음에 바로 이어지는 내용, 즉 그가 동정녀 마리아에게서 나셨다는 것이 참일 수가 없게 되고 말기 때문이다. 2. 하나님께는 그 어떠한 변화도 없으며, 따라서 하나님이 육체로 변화하실 수는 없기 때문이다. 3. "말씀"이 육체를 입으신 것이지, 육체로 변화하신 것이 아니기 때문이다.

그렇다면, 그리스도께서 성령으로 말미암아 잉태되셨다는 것은 무엇을 뜻하는 것인가?

1. 성령의 직접적인 활동 혹은 역사하심으로 말미암아 남자의 씨와 실체가 없이 그리스도께서 이적적으로 동정녀의 뱃속에 잉태되셔서, 하나님께서 자연 속에 세우신 질서와는 상반되게 그의 인성이 오직 그의 어머니로부터 형성되었다는 뜻이다. "지극히 높으신 이의 능력이 너를 덮으시리니"(눅 1:35). 이에 대해서 만일 하나님께서 우리도 형성시키셨다고 반론을 제기한다면, 우리의 경우는 간접적으로 형성되었고 그리스도처럼 직접적으로 형성된 것이 아니라고 답할 것이다.

2. 동정녀의 뱃속에서 잉태된 그것을 성령께서 이적적으로 거룩하게 하사 원죄가 그 형성된 것에 연루되지 않도록 하셨다는 뜻이다. "말씀" 곧 하나님의 아들이 죄에 오염된 본성을 취하신다는 것은 합당치 않기 때문이었다. 그 이유는 다음과 같다: 1. 그가 순결한 희생 제물이 되시기 위하여. 그는 죄를 보상하셔야 하기 때문이었다. 2. 또한 그의 순결함으로 말미암아 다른 이들을 거룩하게 하시기 위하여. 3. 아들께서 하시는 말씀이 진리임을 우리로 하여금 알게 하기 위하여. 죄악되고 정결하지 못한 육체에서 나는 것은 육체요 거짓이요 헛됨이기 때문이다.

반론. 그러나 그리스도께서는 죄인인 어머니에게서 나셨다. 그러므로 그 자신에게도 죄가 있었다.

답변. 성령께서는 사람의 본성으로부터 죄를 구별하고 분리시키는 방법을 가장 잘 알고 계신다. 죄는 사람의 본성으로부터 오는 것이 아니라 마귀로부터 사람의 본성에게 첨가된 것이기 때문이다.

3. 그리스도께서 잉태되시는 그 순간 성령으로 말미암아 동정녀의 뱃속에서 신성과 인성 사이의 본질적 연합이 이루어졌다는 뜻이다.

그러므로 **그는 성령으로 잉태되사**라는 조목의 의미는, 곧 성령께서 그리스도의 육체의 이적적인 잉태를 이루신 직접적인 장본인이시라는 것이요, 성령께서 그렇게 잉태된 그것에게서 원죄의 모든 불결함을 분리시키셨고 그 잉태의 순간에 그 육체를 말씀과 본질적으로 연합시키셨다는 것이다.

동정녀 마리아에게서 나셨고. 메시야는 선지자들의 예언에 따라 동정녀에게서 나셔야 했다. 그래야만 죄 없으신 대제사장이 되시며 또한 우리의 영적 중생의 예표 혹은 모형이 되실 수 있었다. 영적 중생은 육체의 뜻이 아니라 하나님의 뜻에 의하여 되는 것이다. 그러므로 사도신경에 그리스도께서 **동정녀 마리아**에게서 나셨다는 조목이 덧붙여진 것이다. 이는 다음과 같은 목적을 지니고 있다.

1. 하나님의 아들이 인성을 취하셨다는 진리를 나타내고자 함이다. 곧, 그리스도께서 성령의 능력으로 말미암아 잉태되셨고 또한 그의 모친 마리아의 본질로부터 참 사람으로 나셨다는 것이며, 혹은 그리스도의 육체가 비록 이적적으로 잉태되었으나 그럼에도 불구하고 동정녀에게서 취하여졌고 그녀에게서 낳은 바 되었다는 것이다.

2. 그리스도께서 마리아의 조상들의 혈통에서 나셨다는 것을 알게 하고자 함이다. 곧, 예언들과 약속들에 따라서 그가 아브라함의 씨로부터 나신 자로서 그의 참된 자손이셨으며 또한 다윗의 딸들로부터 출생한 다윗의 자손이셨다는 것을 알게 하고자 함이다.

3. "보라 처녀가 잉태하여 아들을 낳을 것이요"(사 7:14), "여자의 후손은 네 머리를 상하게 할 것이요"(창 3:15)라고 선언하는 성경들이 성취된다는 것을 알게 하기 위함이다. 그리스도께서 다윗 가문의 한 동정녀에게서 나실 것이라는 예언들이 이렇게 성취되어, 선지자들이 예언한 그대로 이적적으로 잉태되셨다는 사실에서, 동정녀에게서 나신 이 사람 예수가 과연 약속된 메시야 혹은 그리스도, 인류의 구속자시라는 것이 지극히 분명하게 드러나는 것이다.

4. 그리스도께서 성령의 능력으로 말미암아 동정녀의 뱃속에서 거룩하게 되셨고, 따라서 순결하시며 죄가 없으시다는 것을 알게 하고자 함이다.

5. 그리스도의 탄생과 신자의 중생 사이에 유비가 있다는 것을 알게 하고자 함이다. 그리스도께서 동정녀에게서 나심은 우리의 영적 중생을 보여주는 하나의 표징이기 때문이다. 우리의 중생은 혈통으로나 육정으로나 사람의 뜻으로 된 것이 아니라 오직 하나님으로부터 된 것이다(요 1:13).

그리스도의 두 본성

36문 그리스도의 거룩한 잉태와 탄생에서 그대는 어떤 유익을 얻습니까?

답 그는 우리의 중보자시며, 따라서 내가 잉태되고 출생할 때부터 지니고 있는 나의 죄를 그가 하나님 앞에서 그의 무죄하심과 완전한 거룩하심으로 가려 주시는 유익을 얻습니다.

[해 설]

그리스도의 거룩한 잉태와 탄생으로부터 비롯되는 유익에는 두 가지가 있다. 첫째로, 그리스도께서 중보자시라는 우리의 믿음이 확증된다는 것과, 둘째로, 우리가 그를 통하여 하나님 앞에서 의롭다 하심을 얻는다는 위로가 그것이다. 그 이유는 다음과 같은 사실에서 비롯된다. 곧, 그 스스로가 완전히 의로운 참 사람이 아니며 또한 "말씀"과 연합하지 않은 자는 하나님과 사람 사이의 중보자이실 수가 없다는 사실이 그것이다. 중보자는 본성적으로 참 하나님이요 참 사람이셔야만 한다. 그래야만 우리를 위하여 값 주고 사신 구원을 보존하실 수가 있는 것이다. "이러한 대제사장은 우리에게 합당하니 거룩하고 악이 없고 더러움이 없고 죄인에게서 떠나 계시고 하늘보다 높이 되신 이라"(히 7:26).

그렇다면, **우리 주 예수 그리스도를 내가 믿사오니 그는 성령으로 잉태되사 동정녀 마리아에게서 나셨고**라는 조목은 무슨 의미인가?

첫째로, 이 하나님의 본성적인 아들께서 이적적인 방식으로 참 사람이 되신 한 분 그리스도시요, 또한 그가 위격적인 연합을 통하여 하나로 합쳐진 신성과 인성의 두 본성을 지니셨고, 또한 그가 그의 모친의 뱃속에서 성령으로 말미암아 거룩하게 되셨다는 것을 내가 믿는다는 뜻이다.

둘째로, 그가 참 하나님이시요 참 사람이시면서도 오직 한 분 그리스도이시며, 또한 그가 그의 모친의 뱃속에서부터 거룩하게 되사 우리를 구속하시고 거룩하게 하실 수 있으며(그가 먼저 거룩하게 되지 않으셨다면 이런 일을 행하실 수가 없다), 또한 내가 하나님의 자녀로 입양될 권리가 내게 있는데 이를 위하여 그의 아들이 방금 언급한 그런 방식으로 잉태되시고 나셨다는 것을 내가 믿는다는 뜻이다.

그리스도의 두 본성에 대하여

이제 성육신, 혹은 그리스도의 두 본성과 그 위격적 연합에 관한 조목을 살펴보아야 할 차례가 되었다. 여기서 해설할 문제들은 다소 광범위한데, 곧 다음과 같은 것들이다:

1. 과연 중보자에게 두 본성이 있는가?
2. 이 본성들이 한 위격을 이루는가, 아니면 두 위격을 이루는가?

3. 한 위격을 이룬다면 이 연합의 본질은 무엇인가?

4. 위격적 연합이 이루어져야 할 필수적인 이유는 무엇이었는가?

1. 과연 중보자에게 두 본성이 있는가?

그리스도께서 신성을 지니셨다는 것은 이미 입증한 바 있다. 그가 인성을 지니셨다는 것은 예전에는 마르키온(Marcion)이 부인하였고, 오늘날에는 슈벵크펠트주의자들(the Swenckfieldians)이 부인하는데, 이들은 그리스도께서 그저 이름뿐인 사람이시라고 주장한다. 그러므로 이단들에 대항하기 위해서, 그리스도께서 완전히 참되게 육체와 영혼으로 이루어진 참되며 본성적인 사람이시며, 또한 모든 연약함에 종속되시되 죄는 없으시다는 것을 입증해야 할 필요가 있다. 이에 대한 증거들은 다음과 같다:

1. 성경의 증언들. 성경은 그리스도께서 인성의 모든 부분들을 지니셨으며 또한 그가 모든 일에서 우리와 같이 되셨으나 오직 죄만 없으셨다는 것을 가르친다. "거룩하게 하시는 이와 거룩하게 함을 입은 자들이 다 한 근원에서 난지라. 그러므로 형제라 부르시기를 부끄러워하지 아니하시고 이르시되, 내가 주의 이름을 내 형제들에게 선포하고 내가 주를 교회 중에서 찬송하리라 하셨으며, 또 다시 내가 그를 의지하리라 하시고 또 다시 볼지어다 나와 및 하나님께서 내게 주신 자녀라 하셨으니 자녀들은 혈과 육에 속하였으매 그도 또한 같은 모양으로 혈과 육을 함께 지니심은 죽음을 통하여 죽음의 세력을 잡은 자 곧 마귀를 멸하시며 또 죽기를 무서워하므로 한평생 매여 종 노릇 하는 모든 자들을 놓아 주려 하심이니, 이는 확실히 천사들을 붙들어 주려 하심이 아니요 오직 아브라함의 자손을 붙들어 주려 하심이라. 그러므로 그가 범사에 형제들과 같이 되심이 마땅하도다. 이는 하나님의 일에 자비하고 신실한 대제사장이 되어 백성의 죄를 속량하려 하심이라. 그가 시험을 받아 고난을 당하셨은즉 시험 받는 자들을 능히 도우실 수 있느니라"(히 2:11-18), "우리에게 있는 대제사장은 우리의 연약함을 동정하지 못하실 이가 아니요 모든 일에 우리와 똑같이 시험을 받으신 이로되 죄는 없으시니라"(히 4:15).

우리 주께서 친히 부활 이후에 그의 인성의 사실을 확정하셨음을 가르쳐 주는 성경 본문들도 이를 증거해 준다: "내 손과 발을 보고 나인 줄 알라. 또 나를 만져 보라. 영은 살과 뼈가 없으되 너희 보는 바와 같이 나는 있느니라. 이 말씀을 하시고 손과 발을 보이시나"(눅 24:39, 40).

그리스도의 신성이 그의 육체의 영혼을 이루었다고 주장하는 자들이 있었다. 아폴리나리우스는 그리스도께서 참된 인성을 지니셨으나, 그리스도께서는 영혼의 자리에 "말씀"이 연합되었다고 가르쳤다. 이 이단은 그리스도 자신의 다음과 같은 말씀으로 쉽게 반박할 수 있다: "내 영혼이 매우 고민하여 죽게 되었으니"(마 26:38. 한글 개역개정판은 "내 마음이"로 번역함: 역자주). 육체에 대해서는 매우 고민한다는 말을 쓸 수가 없다. 또한 신성에 대해서는 슬프다고 말할 수가 없다. 신성에게는 감정이 없기 때문이다. "아버지 내 영혼을 아버지 손에 부탁하나이다 하고 이 말씀을 하신 후 숨지시니라"(눅 23:46).

여기서 영혼이란 신성을 뜻하는 것이 아니다. 왜냐하면 신성이 인성으로부터 떠나간 것이 절대로 아니기 때문이다. 또한 바울도 말하기를, "그가 범사에 형제들과 같이 되심이 마땅하도다"(히 2:17)라고 한다. 그런데 영혼이 없다면, 그는 범사에 형제들과 같이 되실 수 없었을 것이다. 영혼이 없이는 참 사람이실 수 없었을 것이기 때문이다. 그러므로 그리스도께서는 반드시 인간의 영혼을 지니셔야 했던 것이다.

2. 하나님의 약속들과 예언들이 동일한 교리를 확증해 준다. 메시야가 여자의 후손이 될 자이며, 아브라함의 자손이요 다윗의 자손이요 동정녀에게서 날 자라고 약속되었기 때문이다. "여자의 후손은 네 머리를 상하게 할 것이요"(창 3:15), "보라 처녀가 잉태하여 아들을 낳을 것이요"(사 7:14), "아브라함과 다윗의 자손 예수 그리스도의 계보라"(마 1:1), "여자 중에 네가 복이 있으며 네 태중의 아이도 복이 있도다"(눅 1:42), "그의 아들에 관하여 말하면 육신으로는 다윗의 혈통에서 나셨고"(롬 1:3). 메시야에 대하여 행해진 이런 선언들에 근거한 논지는 지극히 설득력이 있다. 그가 취하신 인성이 아브라함과 다윗의 혈통에서 났다면, 그는 진정 인간 본성을 지니신 것이 되는 것이다.

3. 중보자의 직분이 우리의 구원자이신 그리스도께 우리에게서 취하여진 참된 인성이 ─ 죄를 범하였고 따라서 그를 통하여 구속받아야 할 ─ 있어야 할 것을 요구한다. 왜냐하면 죄를 범한 것과 동일한 본성이 고난을 당하여 죄를 보상하는 것이 합당했기 때문이다. 그러므로 우리의 본성이 죄를 범했으므로, 무로부터 창조되거나 하늘로부터 내려온 것이 아닌 우리와 동일한 본성을 그리스도께서 친히 취하신 것이다. 또한 우리의 중보자께서 그저 우리의 본성을 스스로 취하시기만

하면 되는 것이 아니었다. 더 나아가 그가 그 본성을 보유하시고 영원토록 지니셔야 했다. 왜냐하면 성부께서는 오직 우리가 그의 아들에게 접붙여진 상태 속에 있는 조건에 의해서만 우리를 그의 사랑에로 영접하시기 때문이다. 또한 그리스도께서 우리의 형제이시며, 그가 우리의 본성을 취하고 계시며, 우리의 뼈 중의 뼈요 살 중의 살이시라는 위로가 우리에게 끊임없이 심지어 영원 속에서도 필요하다. 그리스도께서 진정 우리의 본성을 취하지 않으셨고 그 본성을 영원토록 보유하지 않으신다면, 이런 위로가 상실되고 말 것이다. 이것이 없다면 그는 우리의 형제이실 수가 없으니 말이다.

반론 1. 아담의 육체는(즉, 출생을 통하여 그의 후손에게까지 전달된) 죄악되다. 그러나 그리스도의 육체는 죄악되지 않다. 그러므로 그리스도의 육체는 아담의 육체에 속하지 않는다.

답변. 여기에는 우유성(偶有性: accident)의 오류가 있다. 곧, 오로지 우유성에 의해서만 참인 그런 실체에만 해당되는 것을 논증하는 것이다. 아담의 육체 그 자체가 죄악된 것이 아니고, 다만 우유성에 의해서 그렇게 된 것일 뿐이다. 그러므로 그리스도의 육체는 우유성과 관련해서만은 아담의 육체가 아니며, 본질에 따라서는 아담과 동일한 육체인 것이다. 그러므로 이 논지는 다음과 같이 바꾸어야 옳을 것이다. 아담의 육체는 참된 육체다. 그리스도의 육체는 아담의 육체다. 그러므로 그리스도의 육체는 참된 육체다.

반론 2. 그리스도는 성령으로 말미암아 잉태되셨다. 그러므로 그의 육체는 성령의 본질로부터 산출되고 생겨났으며, 그렇기 때문에 그의 육체는 피조물이 아니다.

답변. 이에 대해서는 본 요리문답 35문에서 제기된 반론과 동일하게 답변하고자 한다. 곧, 비유적인 화법을 오해하는 오류를 범하고 있다는 것이다. 성령**으로 말미암아**란 질료인이 아니라 동력인을 의미하는 것이기 때문이다.

반론 3. 하나님께는 두 본성이 없다. 그리스도는 하나님이시다. 그러므로 그리스도께는 두 본성이 없다.

답변. 특수한 내용으로는 아무 결론도 제기할 수 없다. 주 전제는 보편적으로 해당되는 것이 아니고, 오로지 성부와 성령 하나님께만 해당되는 내용을 표현하는 것이다. 이것은 성육신하신 성자께는 해당되지 않는다. 그는 육체로 나타나신 하나님이신 것이다.

재반론 1. 그러나 하나님은 완전하시므로 그에게는 아무것도 덧붙일 수가 없다. 성자는 하나님이시다. 그러므로 그의 신성에 인성을 덧붙인다는 것은 불가능하다.

답변. 하나님의 본질을 변경시킨다거나 완전하게 할 목적으로는 그에게 아무것도 덧붙일 수가 없다는 것은 인정한다. 그러나 결합 혹은 연합을 통해서는 그에게 뭔가가 덧붙여질 수 있다. 그는 아브라함의 씨를 친히 취하셨기 때문이다.

재반론 2. 하나님께서는 가까이 가지 못할 빛에 거하신다. 그러므로 인간의 본성은 그에게 가까이 나아갈 수가 없다.

답변. 물론 인간 본성은 하나님께 가까이 갈 수 없으며, 게다가 그에게 인격적으로 연합되는 일은 더더욱 불가능하다. 하나님께서 가까이 오사 인간 본성을 스스로 취하시고 자신과 연합시키실 때에는 얼마든지 가능하다.

재반론 3. 하나님이 피조물이 되신다는 것은 그에게는 치욕스런 일이다.

답변. 만일 하나님께서 피조물로 변화되신다면 그것은 과연 그에게 치욕스런 일일 것이다. 그러나 그가 자신의 본질이 변화되지 않는 상태에서 창조된 본성과 연합되신다는 것은 하나님께 존귀한 일이다. 이것이야말로 온 세상에게 그의 무한하신 지혜와 선하심과 권능을 드러내 보이는 것이기 때문이다.

2. 이 본성들이 한 위격을 이루는가, 아니면 두 위격을 이루는가?

그리스도께는 온전하며 서로 구별된 두 가지 본성이 있으나 위격은 오직 하나밖에 없다. 마르키온은 그리스도가 두 분 계셨다고 가르쳤다. 그 중 한 분은 십자가에 달리셨고 또 한 분은 달리시지 않았다고 하며, 한 분이 십자가에 달리신 다른 분에게 오사 그를 도우셨다고 한다. 그러나 그리스도는 한 분이셔야 한다. 왜냐하면 한 분이 공로와 효능을 통해서 중보자가 되셔야 했기 때문이다. 그러므로 그리스도는 오직 한 분밖에 없는 것이다.

반론 1. 온전한 두 인격을 구성하는 두 가지 것들이 속에 있는 자에게는 또한 두 인격이 있는 것이다. 그리스도께는 온전한 두 인격을 구성하는 두 본성이 있다. "말씀"이 하나의 완전한 인격이요, 육체와 영혼도 한 인격을 구성하기 때문이다. 그러므로 그리스도께는 두 인격이 있는 것이다.

답변. 영혼과 육체가 "말씀"과 연결되어 하나의 인격을 구성한다는 소 전제의 일부를 우리는 인정할 수 없다. 인격(혹은 위격)에 대해서 우리가 제시한 정의에 따르면 이것은 그릇된 것으로 보인다. "말씀"이 취하신 인성에게는 그것이 속하지 않기 때문이다. 왜냐하면 그것은 그 자체로서 존재하지 않으며, "말씀" 속에서 또한 "말씀"으로 말미암아서 지탱되기 때문이다. 그것은 형성됨과 동시에 "말씀"에 의해서 취하여졌으며, "말씀"에 의해서 취하여지지 않았더라면 존재하지도 않았을 것이고, 또한 "말씀"으로 말미암아 지탱되지 않았더라면 존재할 수도 없었을 것이다. 그것은 또한 다른 이, 즉 중보자의 일부이기도 하다. 그러나 우리가 제시한 정의에 따르면 인격이란 개별적이요 지성적이며 스스로 존재하는 무엇으로서, 다른 것에 의해서 지탱되지도 않고 다른 것의 일부도 아닌 것이다. 그러므로 그리스도의 인성은 물론 그리스도의 본질에 속하며 따라서 그의 일부라고 말할 수는 있으나 그 자체가 정당한 인격(혹은, 위격)은 아니라는 것이 자명해진다. 그러나 "말씀"은 하나의 인격이었고 또한 현재도 하나의 인격이며, 그러면서도 그가 그 인격을 스스로 취하셨으므로 우리의 본성과 관계를 갖는 것이다. 그러므로, 인격이 본성을 취하였고, 본성이 한 본성을 입었다고 말하는 것은 옳을 것이다. 그러나 인격이 한 인격을 취하였다거나 본성이 한 인격을 취하였다고 말하는 것은 옳지 않다. 왜냐하면 그리스도 안에 있는 인성은 다른 것의 일부가 되기 위하여 창조되었고, 따라서 그것이 다른 것의 일부라고 말하는 것이 합당할 것이다. 그러나 그렇게 말할 때에 모든 불완전한 것들은 조심스럽게 배제해야 할 것이다. 그러나 이런 언어는 위험스럽고 잘못 오용될 소지가 많으므로, 대개는 사용하지 않는다. 그러나 다마스케누스(Damascenus) 등은 이런 화법을 자주 사용하기도 한다.

반론 2. 그러나, 이런 논지에 따르면 "말씀"은 하나의 인격일 수가 없다. 왜냐하면 그는 인격의 일부이며, 인격의 일부에 지나지 않는 것은 하나의 인격일 수가 없기 때문이다.

답변. 인격의 일부에 (그리고 그 자체가 인격이 아닌 그런 일부분에) 지나지 않는 것은 인격이 아니다. 아니면, 인격의 일부인 것은 그것이 일부가 되는 그 인격이 아니다. 그러므로 "말씀"에 대해서도, 올바로 이해한다면, 그가 중보자의 완전한 인격(혹은, 위격)이 아니라고 말할 수 있을 것이다. 그가 신격에 관해서는 그 자체로서 완전한 한 인격이시지만 말이다.

반론 3. 하나님과 사람은 두 인격이다. 그리스도는 하나님과 사람이시다. 그러므로 그리스도에게는 두 인격이 있는 것이다.

답변. 하나님과 사람이 연합이 없이 별도로 분리된 상태로 존재한다고 이해하면 주 전제는 참이다. 그러나 그리스도는 하나님과 사람이 연합한 상태이다. 그러므로 여기에는 구성과 분리의 오류가 있는 것이다. 주 전제에서는 하나님과 사람을 별개로, 혹은 분리되어 존재하는 것으로 취하며, 소 전제에서는 서로 연결되어, 혹은 서로 합쳐진 상태로 취하기 때문이다.

재반론 1. 그러나 "말씀"은 영혼과 육체를 자기 자신에게 연합시켰다. 그러므로 하나의 인격인 것이다.

답변. 그가 영혼과 육체를 자기 자신에게 연합시켰다는 것은 참이다. 그러나 그 것은 인격적인(혹은, 위격적인) 연합을 통해서 이루어져서, 그리스도께서 취하신 육체와 영혼이 그것들 자체로 존재하지 않고 "말씀"의 인격(혹은, 위격) 속에서 존재하도록 된 것이다.

재반론 2. 그러나 그는 인격의 본질적인 부분들을 자기 자신에게 연합시켰고, 따라서 그는 또한 한 인격을 연합시킨 것이 틀림없다.

답변. 이는 그 자체로 존재하는 그런 부분들에 대해서만 참이다. 그런데 그리스 도의 육체와 영혼은 이 연합이 없이는 존재하지도 않고 존재할 수도 없었다.

3. 한 위격을 이룬다면 이 연합의 본질은 무엇인가?

그리스도의 두 본성 사이에 존재하는 연합은 그의 잉태의 순간에 성령의 역사하심으로 이루어진 것으로, 칼케돈 신조(the Calcedonian creed)에 표현되어 있듯이 두 본성들이 혼동도 없고 변화도 없고 나뉠 수도 없고 분리될 수도 없도록 그리스도의 단일 위격 속에 존재하도록 된 것이다. 이것을 가리켜 위격적(hypostatical) 혹은 인격적 연합이라 부른다. 왜냐하면 서로 다른 두 본성들이 신비한 방식으로 한 인격으로 연합되어 있으면서도 각 본성의 본질적인 속성들은 완전하게 유지되기 때문이다. 바로 이러한 연합 때문에 그리스도가 그 구별된 본성에 관계하여 참 하나님이요 참 사람이라 불리는 것이다. 그는 신성에 따라서는 참 하나님이시요, 인성에 따라서는 참 사람이신 것이다. "이러므로 나실 바 거룩한 이는 하나님의 아들이라 일컬어지리라"(눅 1:35), "그 안에는 신성의 모든 충만이 육체로 거하시고"(골 2:9), "말씀이 육신이 되어 우리 가운데 거하시매"(요 1:14), "오직 아브라함의 자손을 붙들어 주려 하심이라"(히 2:16), "그는 육신으로 나타난 바 되시고"(딤전 3:16).

4. 위격적 연합이 이루어져야 할 필수적인 이유는 무엇이었는가?

중보자가 참 사람으로서 완전히 의로우시고, 동시에 참 하나님이셔야 하는 이유들은 본 요리문답 제16문답과 제17문답에서 제시하고 해명한 바 있으므로 여기서 다시 반복할 필요가 없다. 중보자의 두 본성들 사이에 위격적 연합이 이루어져야만 하는 이유들은, 그가 동시에 참 사람이시며 또한 참 하나님이 되셔서 우리가 상실한 그 의와 생명을 우리를 위하여 회복하실 수 있도록 하시기 위함이다. 이 두 본성들이 "말씀"의 위격 속에서 서로 만나 합치되지 않았다면, 그는 우리를 구속하는 일을 이루실 수가 없었을 것이다.

그리스도의 고난

제15주일

37문   "고난을 받으사"란 말은 무슨 뜻입니까?

답   이 땅에 사셨던 기간 내내, 특히 그리스도의 생애 마지막 시기에, 그가 몸과 영혼으로 온 인류의 죄에 대한 하나님의 진노를 짊어지셨으니, 이는 유일한 속죄의 제물로서 고난을 당하심으로 그가 우리의 몸과 영혼을 영원한 저주로부터 구원하시고, 우리를 위하여 하나님의 은혜와 의와 영생을 얻으시기 위함이었다는 뜻입니다.

[해 설]

지금까지는 사도신경 둘째 부분을 논평하면서 중보자의 **위격**(인격: person)에 대해서만 논의하였다. 이제는 그의 **직분**(職分: office)에 대한 내용으로 넘어갈 것이다. 이는 사도신경 둘째 부분 중에 **성자이시며 우리의 구속이신 하나님**에 대해서 다루는 나머지 부분에 포함되어 있다. 우선 그리스도의 낮아지심(그의 직분의 첫 부분)에 대해 논의할 것인데, 이는 사도신경 네 번째 조목에 포괄하여 제시되고 있다: **본디오 빌라도 아래에서 고난을 받으사, 십자가에 못 박히시고 죽으시고 장사**

지낸 바 되셨고, 지옥에 내려가셨고. 그리스도의 고난 혹은 수난이 그의 잉태와 출생 직후에 제시되고 있다. 이는 1. 우리의 구원 전체가 그의 고난과 죽으심에 있기 때문이다. 2. 그의 전 생애는 고난과 궁핍의 연속이었기 때문이다. 그리스도께서 이 땅에서 보내신 생애의 역사, 곧 그 사실들의 목격자 된 자들이 기록한 역사에는 잘 살피고 관찰하여 유익을 얻을 수 있는 것들이 많다. 그 역사는 그가 약속된 메시야이심을 입증해준다. 선지자들의 모든 예언들이 그에게서 완전히 성취되기 때문이다. 그뿐만 아니라 그 역사는 그가 성부께 드리신 낮아지심과 복종을 드러내 보여주는 것이기도 하다.

그리스도의 고난과 관련하여 살펴보아야 할 것들을 여기서 다룰 것이다. 곧, 과거에 예언된 모든 내용들과 일치하여 이루어지는 그리스도의 고난의 역사와, 거기에 이어지는 놀라운 사건들, 그리고 그의 고난의 원인들과 은덕들과 또한 우리 역시 고난을 통하여 영광에 들어가야 할 것을 가르치시기 위해 그리스도께서 우리에게 제시하시는 모범 등이 그것들이다.

그러나 이 조목을 좀 더 완전하게 해설하기 위해서는 다음의 내용들을 좀 더 상세하게 살펴보아야 할 것이다:

1. 고난이라는 용어를 어떻게 이해하여야 하는가, 혹은 그리스도께서 고난을 당하셨다는 것은 무엇인가?
2. 그가 신성과 인성 모두에 따라서 고난당하셨는가?
3. 그의 고난의 직접적인 원인은 무엇이었는가?
4. 그의 고난의 최종적인 원인과 결과는 무엇이었는가?

1. 고난이라는 용어를 어떻게 이해하여야 하는가, 혹은 그리스도께서 고난을 당하셨다는 것은 무엇인가?

고난(passion)이라는 용어는 그리스도의 낮아지심 전체, 혹은 그의 낮아지심 전체의 순종으로 이해해야 하며, 여기에는 그의 출생의 순간부터 그의 죽으심의 순간까지 그가 우리를 위하여 육체와 영혼으로 당하신 모든 비참, 연약함, 괴로움, 고통, 치욕 등이 다 포함된다. 그의 슬픔과 고뇌의 주요 부분은 영혼의 고통들이었다. 이로써 그는 모든 인류의 죄를 대적하여 내리시는 하나님의 진노를 느끼셨고 감내하신 것이다. 그러나 우리는 고난이라는 용어를 특히 그리스도의 생애의 마지막 장, 즉 그가 우리 죄 때문에 육체와 영혼의 극심한 고통들을 당하신 그 마지막 국면을 뜻하는 것으로 이해해야 할 것이다. "내 영혼이 매우 고민하여 죽게 되었으니"(마 26:38), "나의 하나님, 나의 하나님, 어찌하여 나를 버리셨나이까?"(마 27:46), "그는 실로 우리의 질고를 지고 우리의 슬픔을 당하였거늘 … 그가 찔림은 우리의 허물 때문이요"(사 53:4-5), "여호와께서 그에게 상함을 받게 하시기를 원하사"(사 53:10).

그렇다면 그리스도는 어떤 고난을 당하셨는가? 1. 그가 누리셨을 모든 선한 것들과 더불어 최고의 행복과 기쁨을 잃는 고난. 2. 죄만을 제외한 우리의 본성의 모든 연약함들. 그는 주리셨고 목마르셨고 피로를 느끼셨고 슬픔과 괴로움을 당하셨다. 3. 극도의 궁핍함. "인자는 머리 둘 곳이 없다"(마 8:20). 4. 무한한 모욕, 치욕, 비방, 중상, 조롱, 시기, 신성모독, 거부, 배척을 당함. "나는 벌레요 사람이 아니라 사람의 비방거리요 백성의 조롱거리니이다"(시 22:6), "그는 … 고운 모양도 없고 풍채도 없은즉 우리가 보기에 흠모할 만한 아름다운 것이 없도다"(사 53:2). 5. 마귀의 시험. "모든 일에 우리와 똑같이 시험을 받으신 이로되 죄는 없으시니라"(히 4:15). 6. 가장 치욕스러운 십자가의 죽음. 7. 영혼의 가장 쓰라린 고뇌. 이는 온 인류의 죄에 대한 하나님의 진노에 대한 자각이었음이 분명하다. 바로 이러한 자각 때문에 그는 십자가에서 큰 목소리로 "나의 하나님, 나의 하나님, 어찌하여 나를 버리셨나이까?"라고 외치셨는데, 이는 마치 "어째서 그처럼 극심한 고뇌와 고통을 내게서 제거해 주시지 않습니까?"라고 말씀하시는 것과도 같다. 그러므로 우리는 그리스도께서 우리를 대신하셔서 어떤 고난을 얼마나 극심하게 받으셨는지를 알게 된다.

그러나 신성이 인성과 연합하였다는 사실을 생각할 때에, 그가 그런 고뇌에 가득 찬 외침을 발하실 정도로 그렇게 눌리고 연약해지셨다는 것이 어떻게 가능한가? 그보다 훨씬 더 담대하고 용기 있게 죽음을 맞은 순교자들도 많지 않은가? 이는 그리스도께서 당하신 형벌과 순교자들의 고난이 서로 차이가 있는 데에서 연유하는 것이다. 성 라우렌티우스(St. Lawrence)는 격자로 된 형틀 위에 누워 있었으나, 자기 자신에 대해서나 인류의 죄에 대해 임하는 하나님의 처절한 진노를 경험하지 못했다. 그러나 하나님의 아들에게는 그 처절한 진노의 형벌이 송두리째 가해졌다. 이사야의 말씀처럼, 그는 우리 죄를 위하여 하나님께 맞으며 징계를 당하신 것이다. 그러므로 성 라우렌티우스는 하나님의 진노의 채찍이 자신을 때리는 것을 느끼지 못했고 다만 하나님께서 그와 화평한 가운데 있는 것을 느꼈을 뿐이다. 또한 그는 그리스도께서 당하신 죽음과 지옥의 공포를 경험하지 못했고, 오히려 큰 위로를 경험하였다. 왜냐하면 그는 복음을 증거하는 것 때문에 고난을 당하였고 또한 그의 죄가 하나님의 아들로 말미암아 씻음 받았다는 확신이 있었던 것이다. 그러나 하나님의 아들은 온 세상의 죄를 다 짊어지셨다: "보라 세상 죄를 지고 가는 하나님의 어린양이로다"(요 1:29). 그러므로 성 라우렌티우스가 그리스도보다 오히려 순교 시에 더 많은 용기와 평정을 가졌던 것처럼 보이는 이유를 쉽게 알 수 있다. 그렇기 때문에, 그리스도께서는 그의 인성이 비록 신격에 연합하여 있었으나, 동산에서 땀이 피가 되어 흐르도록 고민하셨고 또한 십자가 위에서 "나의 하나님, 나의 하나님, 어찌하여 나를 버리셨나이까?"라고 외치셨던 것이다. 그리스도의 신성과 인성이 서로 분리된 상태였다는 것이 아니고, 그의 인성이 일시적으로 신성에 의해서 버린 바 되었기 때문에 "말씀"이 안식의 상태 혹은 고요한 상태에 있었고(이레나이우스[Irenaeus]의 말처럼) 충족한 고난을 다 견디고 다 이루시기까지 괴로움 당하는 인성을 돕거나 구하지 않은 것이다.

그러므로 그리스도께서 행하신 보상, 혹은 그가 당하신 고난은 다른 사람들의 고통과는 다르다. 1. **형식에서.** 그리스도께서는 육체와 영혼으로 하나님의 진노를 완전히 느끼셨고 감내하셨다. 이는 다른 어느 누구도 경험하지 못한 것이다. 2. **직접적인 원인에서.** 그리스도께서는 자기 자신의 죄가 아니라 다른 이들의 죄를 위하여 고난당하신 것이다. 3. **최종적 원인 혹은 목적에서.** 그리스도의 고난은 우리의 죄를 위한 속량이요 유일한 대속적인 희생 제사다. 그러나 다른 사람들의 고난에는 이런 성격이 전혀 없고, 그저 형벌이거나 시험이거나 혹은 복음 진리에 대한 확증일 뿐이다.

반론 1. 신적 정의의 질서에 따르면 무죄한 자는 죄 범한 자를 위하여 고난을 당해서는 안 된다. 정의란 죄 범한 자의 형벌을 요구하기 때문이다. 그런데 그리스도는 무죄한 분이셨다. 그러므로 그의 형벌 당하심은 정의의 법칙에 어긋나는 것이다. 그가 무죄한 자로서 죄 범한 우리를 위해 고난을 당하셨기 때문이다.

답변. 무죄한 자가 죄 범한 자를 위해서 고난을 당해서는 안 된다는 주 전제에 대해 다음과 같이 답변할 수 있을 것이다. 1. 그 무죄한 자가 죄 범한 자를 대신하여 기꺼이 자기 자신을 내어 줄 경우. 2. 그렇게 자발적으로 고난을 당하는 자가 충족한 보상을 할 능력이 있을 경우. 3. 그가 이 고난을 당한 후에 그 상태에서 멸망하는 것이 아니라 자신을 회복시킬 수 있을 경우. 4. 그가 위하여 보상을 제공하는 그 자들이 후에 다시 형벌을 당하지 않도록 할 수 있을 경우. 5. 그가 자신이 위하여 보상을 제공하는 그 자들과 동일한 본성을 지닌 경우. 만일 여기에 해당되는 자가 범죄한 자들을 대신하여 보상할 경우에는 신적 정의의 질서에 어긋나는 점이 없다. 그렇게 함으로써 고난을 당하는 자나 그가 대신하여 고난을 당하는 그 자들이나 모두 구원을 받기 때문이다. 그런데 그리스도께서는 바로 그런 보상자이시다. 그는 이 모든 일들을 이루셨으며, 그가 우리와 본성이 동일하신 분이실 뿐아니라 우리가 그의 지체들이기 때문이다. 그리고 우리가 이렇게 우리의 머리이신 그리스도와 연합하여 있기 때문에 그가 당하신 형벌이 참으로 우리의 것이 되며, 또한 사도들이 어디서나 우리 모두가 그리스도 안에서 고난당하였고 죽었다고 가르치는 것이다. 몸이 괴로움을 당하면 모든 지체들이 그와 함께 괴로움을 당하는 법이기 때문이다. 그러나 이 점에 대해서는 죄 사함의 조목에 대해 논의할 때에 가서 더 상세히 다루게 될 것이다.

이 문제 전체를 정리하자면, 누구든지 다른 이들을 위하여 보상을 할 수 있으려면 다음과 같은 점들이 있어야 하고 조화를 이루어야 한다. 곧, 그 보상이 충족한 보상이어야 하고, 또한 자발적이어야 하며, 그 보상을 받아야 할 그분을 만족시키는 것이어야 한다는 것이다. 그런데 그리스도의 보상에서 이 모든 조건이 충족되는 것이다.

반론 2. 보상과 범죄 사이에 비율이 맞아야 한다. 그러나 한 사람의 고난과 무수한 사람들의 죄는 서로 비율이 맞지 않는다. 그러니 그리스도께서 홀로 지불하시는 속량금이 무수한 사람들의 죄에 합당할 수 있겠는가?

답변. 다음 두 가지 이유에서 얼마든지 합당하다. 첫째로, 그리스도의 위엄 때문에, 둘째로, 그가 당하신 형벌의 위중함 때문에. 그는 우리가 영원토록 당해 마땅할 그런 고난을 당하셨기 때문이다. 그러므로 그의 고난은 영원한 형벌과 동등하다. 아니 그것을 훨씬 넘어서는 것이다. 왜냐하면 하나님께서 고난당하신다는 것은 모든 피조물이 다 멸망한다는 것보다 훨씬 더한 것이기 때문이다. 하나님의 아들께서 "나의 하나님, 나의 하나님, 어찌하여 나를 버리셨나이까?"라고 외치셨다는 것은 가장 큰 기적이 아닐 수 없었다.

재반론 1. 하나님께서는 고난당하시거나 죽으실 수 없다. 그런데 그리스도는 고난당하시고 죽으셨다. 그러므로 그는 하나님이 아니다.

답변. 주 전제에 대해서는 다음과 같이 답변할 수 있을 것이다. 곧, 오직 하나님이기만 한 분은 그가 하나님이시기 때문에 고난당하실 수가 없다. 그러나 그리스도는 하나님이실 뿐 아니라 동시에 사람이시다. 혹은 재반론의 논지 전체를 올바른 의미로 이해한다면 그것을 인정할 수도 있을 것이다. 그리스도는 하나님이 아니시다. 곧, 그리스도는 그가 고난당하시고 죽으신 그 점에 대해서는, 즉 그의 인성에 대해서는 하나님이 아니시기 때문이다.

재반론 2. 만일 그리스도께서 그가 고난당하신 그 점에 대해서는 하나님이 아니시라면, 하나님이 그의 피로 교회를 값 주고 사셨다는 말은 그릇된 것이다.

답변. 하나님이 그의 피로 교회를 값 주고 사셨다는 발언은 속성의 교류에 따라서, 혹은 제유법(提喩法: synecdoche)이라 불리는 비유적인 어법을 사용하여 하는 말로서 오로지 구체적인 것에만 해당되는 것이다. 하나님, 즉 하나님이요 동시에 사람이신 그분께서 그의 피로 값 주고 교회를 사셨고, 그의 인성에 따라서 피를 흘리신 것이다. 이러한 속성의 교류를 통해서 한 본성에만 고유하고 또한 구체적으로만 적용되는 것을 위격 전체와 관련시키는 것이다. 구체적이라는 용어는 신성과 인성을 지닌 위격을 지칭하며, 또한 이것이 서술되는 그 본성의 속성을 지칭하는 것이다. 그러므로 위격 전체를 인정한다 할 때에 속성이 위격 속에 거하는 한 어느 한 본성에 고유한 것은 거기에 하나도 없는 것이다. 반대로, 추상적이라는 용어는 그 본성의 고유한 속성들만을 지칭하는 것이다.

반론 3. 일시적인 형벌과 영원한 형벌은 서로 정당한 비율이 맞지 않는다. 그리스도께서는 오로지 일시적인 형벌만을 당하셨다. 그러므로 그는 영원한 형벌들에 대해서는 보상을 하실 수 없었다.

답변. 주체가 동일할 경우에는 일시적인 형벌과 영원한 형벌이 서로 비율이 맞지 않는다. 그러나 주체가 서로 다를 경우에는 비율이 맞을 수도 있다. 하나님의 아들의 일시적인 형벌은 그 위엄과 가치에 있어서 온 세상의 영원한 형벌을 능가한다. 그 이유들은 이미 설명한 바 있다.

반론 4. 그리스도께서 모든 사람을 위하여 보상을 하셨다면, 모든 사람이 다 구원받아야 옳다. 그러나 모든 사람이 다 구원받는 것이 아니다. 그러므로 그리스도께서는 완전한 보상을 하신 것이 아니다.

답변. 그가 행하신 보상의 충족성을 따지면 그리스도께서 모든 사람을 위하여 보상하신 것이다. 그러나 그 적용을 따지면 모든 사람을 위하여 보상하신 것이 아니다. 그는 율법을 이중적인 면에서 성취하셨기 때문이다. 첫째로, 그 자신의 의로 말미암아, 둘째로, 우리의 죄를 위하여 보상하심으로 성취하셨는데, 이 두 경우 모두 그의 보상은 지극히 완전한 것이다. 그러나 그 보상은 적용을 통해서 우리의 것이 되는데, 그 적용 또한 이중적이다. 첫째는, 하나님께서 그 아들의 공로로 말미암아 우리를 의롭다 하시고 또한 우리로 하여금 죄를 짓지 않도록 하실 때에 하나님께서 행하시는 적용이요, 둘째는, 믿음을 통해서 우리가 행하는 적용이다. 참된 믿음으로 말미암아 우리가 하나님께서 그 아들의 보상으로 인하여 우리의 죄를 사하신다는 것을 충만히 납득할 때에, 우리가 그리스도의 공로를 우리 자신에게 적용시키기 때문이다. 이런 적용이 없이는 그리스도의 보상이 우리에게 아무런 유익이 되지 못한다.

반론 5. 그러나 모세의 율법 아래에도 대리적인 희생 제사가 있었다.

답변. 이 제사들 자체는 속죄의 성격을 띤 것이 아니었고, 다만 유일하게 속죄의 성격을 띤 그리스도의 희생 제사를 예표하는 성격밖에는 없었다: "이는 황소와 염소의 피가 능히 죄를 없이 하지 못함이라"(히 10:4), "그 아들 예수의 피가 우리를 모든 죄에서 깨끗하게 하실 것이요"(요일 1:7), "그는 우리 죄를 위한 화목 제물이니 우리만 위할 뿐 아니요 온 세상의 죄를 위하심이라"(요일 2:2).

2. 그리스도께서는 신성과 인성 모두에 따라서 고난당하셨는가?

그리스도께서는 신성과 인성 모두에 따라서나 혹은 신성에 따라서 고난당하신 것이 아니라, 오로지 인성에 따라서만 육체와 영혼으로 고난을 당하셨다. 신성은 불변하며 고난당할 수 없으며, 불멸하며, 생명 그 자체이어서 죽을 수도 없기 때문이다. 그러나 그는 그의 인성에 따라서 고난당하시고 죽으심으로 말미암아 사람들의 죄에 대하여 보상하셨다. 신성이 슬픔과 고통 가운데 있는 인성을 지탱시켰고 또한 인성이 죽었을 때에 다시 생명으로 부활시켰다. "육체로는 죽임을 당하시고 영으로는 살리심을 받으셨으니"(벧전 3:18), "그리스도께서 이미 육체의 고난을 받으셨으니"(벧전 4:1), "이 성전을 헐라 내가 사흘 동안에 일으키리라"(요 2:19), "살아 있는 자라. 내가 전에 죽었었노라. 볼지어다 이제 세세토록 살아 있어 사망과 음부의 열쇠를 가졌노니"(계 1:18), "나는 [내 목숨을] 버릴 권세도 있고 다시 얻을 권세도 있으니"(요 10:18). 이러한 성경의 선언들은 그리스도께 고난당하지도 죽지도 않은 다른 본성이 육체 이외에 있었음을 입증해 준다. 이레나이우스는 이렇게 말하고 있다: "그리스도께서 사람이어서 시험을 받으실 수 있었던 것처럼,

그는 말씀이셔서 영광을 받으실 수 있었다. 말씀이 그의 안에 참으로 거하므로 그가 시험받으시고 십자가에 달리시고 죽으시는 일이 가능할 수 있었고, 그러면서도 그의 인성과 연합하여 시험과 죽으심을 이기실 수 있었다."

반론. 그러나 하나님께서 그의 피로 값 주고 교회를 사셨다고 말씀한다. 따라서 신성이 고난당한 것이 틀림없다.

답변. 다른 어법이 사용되므로, 이는 성립하지 않는다. 하나님께서 죽으셨다고 말할 때에는 이미 설명한 바와 같이 제유법을 통해서나 아니면 속성의 교류를 통해서 비유적으로 말하는 것이다. 그러나 신성이 고난당하였다는 말은 비유가 없는 직설적인 어법이다. 왜냐하면 주어가 추상적인 의미로 취해지기 때문이다. 다시 말하지만, 구체적인 것에서 추상적인 것에게로 비약하는 것은 아무런 설득력이 없다. 구체적인 것(곧, 하나님)은 주어가 형식을 지니고 있음을 의미하며, 추상적인 것(곧, 신성)은 형식이 없거나 아니면 본성만 있는 것을 의미한다. 그러므로 이 교리에서 구체적인 것은 위격의 이름이요, 추상적인 것은 본성의 이름이다. 그러므로, "사람이 여러 요소들로 이루어져 있고 형체가 있다. 그러므로 영혼도 여러 요소들로 이루어져 있고 따라서 형체가 있다"라는 논지가 성립하지 않듯이, "하나님이신 그리스도께서 죽으셨다. 그러므로 그리스도의 신성이 죽은 것이다"라는 논지도 성립하지 않는 것이다.

3. 그의 고난의 직접적인 원인은 무엇이었는가?

하나님께서 우리를 위하여 그의 아들을 주시게 된 원인은 다음과 같다: 1. 인류를 향한 그의 사랑. "하나님이 세상을 이처럼 사랑하사 독생자를 주셨으니"(요 3:16). 2. 죄와 사망 가운데 타락해 있는 자들을 향한 하나님의 연민. "우리를 구원하시되 우리가 행한 바 의로운 행위로 말미암지 아니하고 오직 그의 긍휼하심을 따라"(딛 3:5). 3. 하나님을 조롱하며 욕되게 하는 중에 우리를 지극히 높으신 하나님으로부터 돌아서게 하고 우리 속에 있는 하나님의 형상을 망가뜨린 마귀에게 복수하고 그 상해(傷害)를 복구하고자 하시는 하나님의 열정과 목적.

4. 그의 고난의 최종적인 원인과 결과는 무엇이었는가?

그리스도의 고난의 최종적인 원인과 결과도 동일하다. 그러나 그리스도에 대해서와 우리에 대해서가 서로 다르다. 고난당하신 그리스도께는 그것들이 최종적인 원인들이다. 그러나 우리에게 그것들은 결과들이다. 그리스도의 고난의 주요 최종적 원인들은 하나님께서 우리를 위하여 그의 아들을 아끼지 않고 우리의 죄를 위한 충족한 속량물로 내어주시는 데에서 그의 사랑과 긍휼과 공의를 드러내시고 나타내시는 데 있다. 그러므로 하나님의 영광과 우리의 구원이라는 두 가지 주요 최종적 원인이 있는 셈이다. 죄의 극심함을 아는 지식은, 곧 죄가 얼마나 위중하며 악하며 그 형벌이 어떠한지를 지각하는 것은, 하나님의 영광과 관련된 것이다. 우리의 의롭다 하심은 구원과 관련된 것이다. 곧 그리스도께서 그의 죽으심으로 말미암아 얻으셨고 죽은 자 가운데서 살아나심으로 말미암아 우리에게 베풀어주시는 모든 은덕들을 그것으로 깨닫는 것이다. 그러므로 우리는 경건한 자들에게는 죽음이 아무런 해가 되지 않으며, 따라서 두려워할 것이 아니라는 것을 아는 것이다.

38문 그는 왜 "본디오 빌라도 아래에서" 고난을 당하셨습니까?
답   그 자신은 무죄(無罪)하셨으나 친히 이 땅의 재판관에게 정죄를 받으사 우리에게 임할 하나님의 처절한 심판으로부터 우리를 해방시키기 위하여 그렇게 하셨습니다.

[해 설]

그리스도의 고난과 관련하여 빌라도가 언급되고 있다. 이는 1. 그리스도께서 이 재판관으로부터 그의 무죄함에 대한 증언을 얻으셨기 때문이다. 2. 그가 이 재판관으로 말미암아 무죄를 선언받으셨으나, 그럼에도 불구하고 정규적인 재판을 통해서 정죄를 받으셨다는 것을 우리로 알게 하고자 함이다. 3. 예언의 성취로 말미암아 감동을 받게 하고자 함이다: "내가 엎드러뜨리고 엎드러뜨리고 엎드러뜨리려니와 이것도 다시 있지 못하리라 마땅히 얻을 자가 이르면 그에게 주리라"(겔 21:27), "규가 유다를 떠나지 아니하며 통치자의 지팡이가 그 발 사이에서 떠나지 아니하기를 실로가 오시기까지 이르리니"(창 49:10). 빌라도의 이름이 언급되는 것은 우리로 하여금 예수께서 장차 오시리라고 한 그 메시아이시라는 것을 확실히 알게 하기 위함이다. 그때는 규가 떠났으니 이는 그가 로마의 재판관에게 정죄를 받았기 때문이다.

그러나 어째서 그리스도께서 한 재판관 아래에서 고난을 당하시고 일상적인 법적 절차에 따라 정죄를 받으셔야 했는가?

1. 그가 우리 죄로 인하여 하나님으로부터 정죄를 받으셨고 그리하여 그가 우리를 위하여 하나님께 보상을 행하셨으므로 우리가 그의 극심한 심판으로 다시 정죄를 받지 않으리라는 것을 ― 그가 우리를 위해 고난당하셨으니 우리가 정죄로부터 구원받았기 때문에 ― 우리로 하여금 알게 하기 위함이었다. 일상적인 재판을 지도하시고 주관하시는 분이 바로 하나님 자신이시기 때문이다.

2. 그리스도께서 그를 정죄한 바로 그 재판관으로부터 그의 무죄함에 대한 증언을 얻으시기 위함이었다. 그러므로 그가 은밀하게 유대인들에게 끌려가시는 것도, 폭동에 의해서 죽임을 당하시는 것도 합당치 않은 일이었다. 그러나 합법적인 절차와 심문이 있고 모든 혐의점들에 대한 조사가 있었으니 이는 성부께서 첫째로, 그리스도께서 조사를 받으셔서 그의 무죄하심이 선명히 드러나게 되기를 원하신 것이요, 둘째로, 그가 먼저 무죄하다는 선언을 받고 그 다음 다시 정죄를 받으심으로써 그가 자기 죄가 아니라 우리의 죄를 위하여 정죄를 받으시는 것이요 따라서 그가 부당하게 사형 선고를 받으신 것이 우리가 받은 지극히 의로운 정죄를 대신한다는 것이 드러나기를 원하신 것이다. 셋째로, 그가 죽임을 당하심으로써 예언들이 성취되는 것은 물론 유대인과 이방인들이 모두 이 악행을 저지른 장본인들이라는 사실이 명백히 드러나기를 원하신 것이다. 그러므로 그리스도의 고난과 관련한 이런 정황을 조심스럽게 살펴야 한다. 그래야만 빌라도에게서 정죄를 받은 예수께서 과연 메시야이시며 또한 우리가 그로 말미암아 하나님의 극심한 심판에서 구원받는다는 사실을 알게 되는 것이다.

그러므로 이제 우리는 다음과 같은 질문을 하게 된다: 본디오 빌라도 아래에서 고난당하신 예수 그리스도를 믿는다는 것은 과연 무엇인가? 이는 그저 역사적인 사실에 대한 믿음만이 아니라 그리스도의 고난을 신뢰하도록 이끄는 그런 믿음을 갖는다는 것이다. 그러므로 그것은 첫째로, 그리스도께서 그의 탄생의 순간부터 온갖 종류의 비참함을 견디고 인내하셨다는 것과, 또한 그가 특히 그의 생애의 마지막 기간에 빌라도 아래에서 육체와 영혼의 가장 극심한 고통을 당하셨다는 것과, 또한 그가 온 세상의 죄를 보상하며 죄로 인하여 촉발된 하나님의 진노를 누그러뜨리시는 중에 하나님의 처절한 진노를 느끼셨다는 것을 믿는 것이다. 그것은 또한 둘째로, 그리스도께서 나를 위하여 이 모든 일을 당하셨고, 그리하여 그의 고난으로 말미암아 나의 죄를 보상하셨고, 나를 위하여 죄 사함과 성령과 영생을 공로로 획득하셨다는 것은 믿는 것이다.

39문 그가 "십자가에 못 박히신 것"에는 혹시 그가 다른 죽음을 죽으셨을 경우보다 더 특별한 의미가 있습니까?

답 예, 그렇습니다. 십자가의 죽음은 하나님께 저주받은 것이므로, 내가 당할 저주를 그가 대신 당한 것임을 그것으로 확신하게 되기 때문입니다.

[해 설]

십자가의 죽음은 그리스도의 형벌의 극악함이요 또한 우리의 믿음의 확증이다. 그리스도께서 십자가에 달리셨다면, 그가 친히 저주를 지신 것이 된다. 십자가의 죽음은 저주의 상징이요 표징이었기 때문이다. 또한 그뿐만 아니라 그는 우리를 위하여 저주를 당하신 것이 된다. 그는 스스로 의로우신 분이셨기 때문이다.

그러므로 하나님께서는 그의 아들이 그토록 치욕스런 죽음의 형벌을 당하기를 원하셨다. 이는 다음과 같은 지극히 만족스런 이유들 때문이었다:

1. 그에게 지워진 저주가 우리의 죄 때문이었다는 것을 우리로 알게 하시기 위함이었다. 십자가의 죽음은 하나님께 저주받은 죽음이었기 때문이다: "나무에 달린 자는 하나님께 저주를 받았음이니라"(신 21:23).

2. 그렇게 하여 형벌이 더 위중하게 되게 하며, 그리하여 우리가 그리스도께서 그의 죽으심으로 우리의 죄책을 스스로 지셨고 우리를 대신하여 저주를 당하심으로써 우리를 그 저주로부터 구원하셨음을 확실히 믿고, 그리하여 믿음 안에서 확신을 갖게 하기 위함이다. 바울은 다음의 본문에서 이 사실을 가르치고 있다: "그리스도께서 우리를 위하여 저주를 받은 바 되사 율법의 저주에서 우리를 속량하셨으니 기록된 바 나무에 달린 자는 저주 아래에 있는 자라 하였음이라"(갈 3:13).

3. 죄가 얼마나 처참한 것인가를 — 하나님의 독생자의 가장 쓰라리고 치욕적인 죽음이 아니고서는 그것을 속죄할 수가 없다는 것을 — 생각하여 더 큰 감사가 우리에게서 나오도록 하기 위함이다.

4. 진리와 그 모형들 사이에 상응이 있도록 하기 위함이다. 모형들이 모두 그리스도 안에서 성취되었음을 알기 위해서는 이것이 필요했다. 고대의 희생 제물들은 그리스도의 희생 제물을 그림자로 보여주는 것들로서 나무에 달려졌고, 태워지기 전에 제사장이 그것들을 높이 들어올려서 그리스도께서 십자가에 달리셔서 우리를 대신하여 아버지께 자기 자신을 제물로 드리셔야 할 것을 나타내었다. 똑같은 사실이 이삭에게서도 묘사되었다. 그도 아버지에게서 희생 제물로 드려질 목적으로 나무 위에 달렸던 것이다. 마지막으로, 모세가 광야에서 장대 위에 높이 들어올린 놋뱀도 그리스도의 모형이었다. 이는 그리스도께서 친히 하신 다음의 적용에서 분명히 드러난다: "모세가 광야에서 뱀을 든 것 같이 인자도 들려야 하리니"(요 3:14), "내가 땅에서 들리면 모든 사람을 내게로 이끌겠노라"(요 12:32).

그렇다면, 십자가에 달리신 그리스도를 믿는다는 것은 무엇인가? 그것은 곧 그리스도께서 나를 위해서 저주를 받으셨고 그리하여 그가 나를 구원하셨다는 것을 믿는 것이다.

그리스도의 죽음과 장사

40문   그리스도는 왜 "죽으시기" 까지 낮아지셔야 했습니까?

답   하나님의 공의와 진리로 인하여, 하나님의 아들의 죽음 이외에는 우리의 죄에 대한 보상을 치를 방도가 없었기 때문입니다.

[해 설]

여기서는 다음과 같은 점들을 살펴보아야 할 것이다:

1. 그리스도께서 어떻게 죽으셨다고 말씀하는가?
2. 그리스도께서 죽으시는 것이 과연 필요했는가?
3. 그는 누구를 위해 죽으셨는가?

1. 그리스도께서 어떻게 죽으셨다고 말씀하는가?

이 조목의 의미를 왜곡시켜온 이단들이 있으므로 이 질문을 올바로 해명하는 것이 필수적이다. 마르키온은 그리스도께서 참으로 죽으셨다는 것을 부인하였고, 또한 "말씀"이 육체를 입고서 행하신 모든 일들이, 그리스도께서 우리를 위해서 당하신 모든 일들이 상상에 속한 것이라고 주장하였으며, 그리스도께서는 그저 사람의 모양으로 나타나셨을 뿐 참 사람은 아니었다고 주장하였다. 네스토리우스(Nestorius)는 그리스도의 신성과 인성을 서로 분리시키고서, 하나님의 아들이 십자가에 못 박혀 죽으셨다는 것은 인정하지 않고 다만 인간 그리스도만이 그렇게 죽은 것이라고 하였다. 그는 이렇게 말하고 있다: "오 유대인이여, 기뻐 뛰고 자랑하지 말지니, 그대는 하나님이 아니라 사람을 십자가에 못 박은 것이라." 신성편재론자들(the Ubiquitarians)은 그리스도의 성육신의 순간부터 그의 인성이 신성의 모든 속성들을 부여받았으므로 그의 인성과 그리스도의 신격(the Godhead)의 유일한 차이는 그의 신격이 그 자체로서 지닌 것을 그의 인성은 우유성(偶有性)에 의해서 지니게 되었다는 사실에 있다고 믿는다. 그러므로 그들은 그리스도께서 죽으실 때에, 또한 그가 동정녀의 뱃속에 계실 때에도, 그의 신격과 또한 그의 육체가 하늘에 계셨고 또한 어느 곳에나 계셨다고 상상하는 것이다. 그들은 이것이 바로 사도 바울이 빌립보서 2:6에서 말씀하는 "하나님의 본체"라고 본다.

1. 그러나 이런 모든 그릇된 주장들에 반대하여, 우리는 사도신경에서 제시하는 내용을 믿는다. 곧, 그리스도는 참으로 죽으셨으며, 또한 그때에 그의 영혼과 육체의 분리가 진정으로 일어났고, 그리하여 그의 영혼과 육체가 함께 어디나 계신 것이 아니었으며 영혼과 육체가 동시에 한 곳에 있지 않았다는 것이 그것이다. 그의 육체가 계신 곳에 그의 영혼이 계시지 않았고, 그의 영혼이 계신 곳에는 그의 육체가 계시지 않았던 것이다. "예수께서 다시 크게 소리 지르시고 영혼이 떠나시니라"(마 27:50), "예수께서 큰 소리를 지르시고 숨지시니라"(막 15:37), "예수께서 큰 소리로 불러 이르시되 아버지 내 영혼을 아버지 손에 부탁하나이다 하고 이 말씀을 하신 후 숨지시니라"(눅 23:46), "예수께서 신 포도주를 받으신 후에 이르시되 다 이루었다 하시고 머리를 숙이니 영혼이 떠나가시니라"(요 19:30).

반론. 그러나 그의 영혼이 떠나갔으니, 이는 그의 신성이 그에게서 사라졌다는 뜻이다.

답변. 우리가 반드시 주목해야 할 차이가 여기에 있다. 신성은 인성과 연합하여 있으면서도 인성을 넘어서서, 또한 인성이 없이도 활동하였으나, 영혼은 육체로부터 떠나간 것이다. 이런 차이가 있는 이유는 신성은 창조되지 않은 무엇이며 따라서 무한한 반면에, 영혼은 창조된 것으로서 유한하기 때문이다.

2. 지금까지 논의한 내용에 다음과 같은 사실을 덧붙여야 하겠다. 곧, 그의 영혼이 그의 육체로부터 진정 분리되었으나, "말씀"은 그 영혼과 육체를 버리지 않았고 그 영혼과 육체와 인격적으로 연합해 있는 상태 그대로 남아 있었으며, 그리하여 영혼과 육체가 이처럼 분리된 상태에서도 그리스도의 인성과 신성이 서로 이탈되거나 단절된 것이 아니라는 것이다.

반론. 그리스도의 신성과 인성이 서로 그렇게 분리되지 않았다면, 그는 어째서 "나의 하나님, 나의 하나님, 어찌하여 나를 버리셨나이까?"라고 외치셨는가?

답변. 그런 외침은 하나님의 아들의 고난에서 나온 것으로, 신성과 인성의 분리 때문이 아니라 그를 돕는 도움이 없기 때문에 나온 것이다. 그리스도의 두 본성은 결코 분리되어서는 안 되는 것이었다. 왜냐하면 "하나님이 자기 피로 교회를 사셨다"(행 20:28)라고 기록하고 있기 때문이다. 그리고 그가 우리 죄를 대신하여 죽으시는 것이므로 그는 하나님의 아들이셔야 했고, 그래야만 그의 죽음이 충족한 보상이 될 수 있었던 것이다. 그러므로 분명히 단언하건대, 그리스도의 두 본성의 연합은 편재성(遍在性: ubiquity)을 지니지 않는다. 그의 영혼은 그의 육체와 분리된 상태에서 그의 육체와 함께 무덤 속에 있지 않았고, 따라서 어디에나 있었던 것이 아니기 때문이다. 어디에나 있는 것은 결코 분리될 수가 없는 것이다. 그러나 그럼에도 불구하고 두 본성의 연합은 심지어 그리스도의 죽음에 있어서도, 또한 무덤에서도, 완전한 상태 그대로 남아 있었던 것이다.

2. 그리스도께서 죽으시는 것이 과연 필요했는가?

보상을 하기 위해서는 그리스도께서 고난당하실 뿐 아니라 또한 반드시 죽으셔야 했다:

1. **하나님의 공의로우심 때문에.** 죄는 그야말로 위중한 악이므로 정의의 질서에 따라 그 죄인이 반드시 멸망하여야 한다. 그 때문에 최고선을 대적하여 저지른 과실은 오로지 가장 극심한 형벌과 죄인의 처절한 멸망으로만 보상될 수 있다. 그리고 그 죄인의 처절한 멸망은 죽음으로 되는 것이다. "죄의 삯은 사망"이라고 기록되었기 때문이다(롬 6:23). 그런데 그리스도께서 우리의 처지를 대신하시고 친히

죄 지은 자들의 입장이 되셔서 일시적인 죽음뿐 아니라 영원한 죽음을 받아 마땅한 상태가 되셨다. 영혼과 육체가 와해되며 또한 그 일이 일어나면 육체 자체도 무너지게 되는 그 멸망을 우리가 자초하였기 때문이다. 그러므로 하나님의 아들께서는 그 어떠한 피조물도 할 수 없는 그 충족한 보상을 행하시기 위하여 친히 죽으셔야 했던 것이다.

반론. 그러나 우리는 영원한 죽음을 자초하였다. 그러므로 우리의 영혼이 육체와 분리되어서는 안 되고, 육체와 영혼이 함께 영원한 정죄를 당하여야 마땅하다.

답변. 이것은 온당한 결론이 아니다. 왜냐하면 우리의 영혼과 육체가 다시 연합되어 영원한 죽음을 당하는 일이 반드시 일어나리라는 것 이상 다른 추론이 합당치 않기 때문이다. 그러므로 그리스도께서는 우리를 위하여 죽으셔야 했고, 또한 그의 영혼이 그의 육체와 분리되어야 했다.

2. **하나님의 신실하심 때문에.** 하나님께서는 죄를 멸망으로, 또한 범죄자의 죽음으로 벌하실 것임을 선언하셨기 때문이다: "네가 먹는 날에는 반드시 죽으리라" (창 2:17). 일단 죄가 범해진 후에는 이런 하나님의 선언이 반드시 시행되어야 했던 것이다.

반론. 그러나 아담은 곧바로 죽지 않았다.

답변. 그가 육체의 죽음을 곧바로 당하지 않은 것은 사실이다. 그러나 그는 곧바로 죽을 처지가 되었고(became mortal), 또한 조금씩 죽는 상태에 있었고, 그동안 그는 이미 영원한 죽음의 시작을 경험하였다. 아담은 이렇게 말하였다: "내가 동산에서 하나님의 소리를 듣고 내가 벗었으므로 두려워하여 숨었나이다"(창 3:10). 곧, 그에게 두려움과 하나님의 진노에 대한 자각이 있었고, 죽음과의 갈등이 있었으며, 또한 하나님께서 사람에게 베푸신 모든 선한 은사들이 상실된 상태였다. 그러나 복음의 너그러움과 연민이 없지 않았다. 하나님께서는 아담이 즉시 완전히 죽으리라고 분명히 선포하시지 않았기 때문이다. 만일 복음의 너그러움과 연민이 없었다면, 그는 영원토록 멸망했을 것이다. 하나님의 아들께서 보상을 행하셨고, 사람을 새 생명에로 다시 살게 하셨으므로, 육체적인 죽음에 여전히 종속되어 있으나 사람이 그것으로 인하여 치명적인 손상을 입지 않게 된 것이다.

3. **조상들에게 선지자들로 하신 약속들 때문에.** 이사야 53:7에서 선지자는 이렇게 약속하고 있다: "그가 … 마치 도수장으로 끌려 가는 어린 양과 털 깎는 자 앞에서 잠잠한 양 같이 그의 입을 열지 아니하였도다." 또한 그리스도께서 세상의 죄

에 대한 충족한 보상이 되는 그런 죽음을 죽으셔야 한다는 것을 하나님께서 보여 **주신 그 모형들과 희생 제사들 때문에.** 그런 보상은 피조물로서는 할 수 없는 것이었고, 오직 하나님의 아들만이 하실 수 있는 것이었다. 그러므로 그가 우리를 대신하여 고난의 죽음을 죽으시는 일이 합당했던 것이다.

4. 마지막으로, **그리스도께서 친히 그의 죽으심이 필요하다고 예언하셨기 때문에.** "내가 떠나가지 아니하면 보혜사가 너희에게로 오시지 아니할 것이요"(요 16:7), "내가 너를 씻어 주지 아니하면 네가 나와 상관이 없느니라"(요 13:8), "내가 땅에서 들리면 모든 사람을 내게로 이끌겠노라"(요 12:32). 그러므로 이 질문에는 세 가지가 결부된다. 하나님의 정의와 진리에 대한 보상이 필요하며, 이 보상은 오로지 죽음으로만 행해질 수 있으며, 또한 하나님의 아들의 죽으심으로만 행해질 수 있다는 것이다.

지금까지 논의한 내용으로부터 다음과 같은 결론을 얻을 수 있다: 1. 우리는 특히 죄를 피해야만 한다는 것. 왜냐하면 죄는 하나님의 아들의 죽음을 통해서가 아니고서는 속해질 수가 없기 때문이다. 2. 하나님의 아들께서 그의 크신 선하심으로 우리에게 이처럼 큰 은덕을 베푸셨으니 우리는 마땅히 그에게 감사해야 한다는 것. 3. 죄가 아무리 크고 많고 위중하다 할지라도, 우리의 모든 죄는 오직 그리스도의 죽음으로만 속해진다는 것.

3. 그는 누구를 위해 죽으셨는가?

이 질문에 대해 답하기 위해서는, 서로 모순된 교리들을 가르치는 듯한 성경의 본문들을 조화시킬 수 있도록 하나의 단서를 제시해야 할 것이다. 어떤 곳에서는 그리스도께서 모든 사람을 위하여, 온 세상을 위하여 죽으신 것으로 말씀한다. "그는 우리 죄를 위한 화목 제물이니 우리만 위할 뿐 아니요 온 세상의 죄를 위하심이라"(요일 2:2), "이를 행하심은 하나님의 은혜로 말미암아 모든 사람을 위하여 죽음을 맛보려 하심이라"(히 2:9), "그가 모든 사람을 대신하여 죽으심은"(고후 5:15), "그가 모든 사람을 위하여 자기를 대속물로 주셨으니"(딤전 2:6). 또한 반대로 성경은 여러 곳에서 그리스도께서 많은 이들, 택한 자들, 자기 백성, 교회, 자기 양 떼만을 위하여 죽으시고 기도하셨고 자신을 드리셨다고 말씀하기도 한다. "내가 비옵는 것은 세상을 위함이 아니요 내게 주신 자들을 위함이니이다. 그들은 아버지의 것이로소이다"(요 17:9), "인자가 온 것은 … 자기 목숨을 많은 사람의 대속물로 주려 함이니라"(마 20:28), "나는 이스라엘 집의 잃어버린 양 외에는 다른 데로 보내심을 받지 아니하였노라"(마 15:24), "이는 그가 자기 백성을 그들의 죄에서 구원할 자 이심이라"(마 1:21), "이와 같이 그리스도도 많은 사람의 죄를 담당하시려고 단번에 드리신 바 되셨고"(히 9:28), "나의 의로운 종이 자기 지식으로 많은 사람을 의롭게 하며 또 그들의 죄악을 친히 담당하리로다"(사 53:11), "그리스도께서 교회를 사랑하시고 그 교회를 위하여 자신을 주심"(엡 5:25).

이처럼 서로 상반된 것처럼 보이는 성경의 진술들을 어떻게 대해야 하겠는가? 하나님의 말씀이 서로 모순이 된단 말인가? 절대로 그렇지 않다. 어느 곳에서는 그리스도께서 모든 사람들을 위해 죽으신 것으로 가르치고, 다른 곳에서는 그가 일부의 사람들만을 위해 죽으신 것으로 가르치는 이런 현상은 적절히 조화될 수가 있다. 이는 두 가지를 통해서 조화된다.

어떤 이들은 전체를 나타내는 이런 선언들을 모든 신실한 자들 혹은 모든 믿는 자들의 총수(總數)를 가리키는 것으로 해석한다. 복음의 약속들은 믿는 모든 자들에게 속한 것이기 때문이며, 또한 성경이 다음과 같은 발언을 자주 하기 때문이기도 하다: "누구든지 그를 믿으면 멸망치 않고"(요 3:16), "예수 그리스도를 믿음으로 말미암아 모든 믿는 자에게 미치는 하나님의 의니 차별이 없느니라"(롬 3:22). 암브로시우스는 그리스도의 죽으심이 모든 사람들에게 미치는 것으로 말하는 본문들을 이런 방식으로 해석한다. 그는 이렇게 말한다: "하나님의 백성은 그들의 충만한 수가 있고, 따라서 비록 수많은 사람들이 구주의 은혜를 무시하고 거부하기도 하지만, 반드시 택한 자들의 특별한 보편성이 있는 법이다. 그들은 모든 사람들 가운데서 미리 아신 바 되고 구별되고 분리된 자들이므로, 온 세상이 온 세상으로부터 구원받는 것 같고, 또한 모든 사람들이 모든 사람들 중에서 구속함을 받는 것 같아 보이는 것이다." 이렇게 보면 모순이나 자가당착은 없다. 믿는 모든 자들이 많은 자들이요, 특별한 백성이요, 교회요, 양 떼요, 택한 자요, 또한 그리스도께서 그들을 위하여 죽으시고 자기를 주신 것이다.

또 어떤 이들은 성경의 이 모순처럼 보이는 본문들을 그리스도의 죽으심의 충족성(充足性: sufficiency)과 유효성(有效性: efficiency)을 구별함으로써 조화시킨다. 논쟁을 좋아하는 어떤 이들 중에는 일반적인 언어로 말하는 이런 본문들이 믿는 자들에게만 한정된다는 것을 부인하는 자들이 있다. 곧, 성경의 표현이나 언어 그 자체가 그런 제한을 하지 않는다고 주장하면서, 구원이 믿는 자들에게 뿐 아니라 외식자들과 배도자들에게도 베풀어지는 것처럼 가르치는 그런 본문들을 증거로 제시하는 것이다. 즉, "자기들을 사신 주를 부인하고"(벧후 2:1), "그의 옛 죄가 깨끗하게 된 것을 잊었느니라"(벧후 1:9) 등이 그것이다. 그러나 이런 유의 선언들은 그저 겉으로만 구속이나 성화의 모습을 지닌 상태에 관한 것으로나, 아니면 그리스도의 공로의 충족성과 위대성에 관한 것으로 이해해야 한다는 것이 명백하다. 그러므로 우리는 일반적인 언어로 말씀하는 본문들의 제한성에 대해서 이 논쟁을 좋아하는 사람들의 편에 서서 주장할 필요가 없을 것이다. 외식자들의 구원에 대해 말씀하는 것 같은 이 본문들은 그보다 더 쉽게 조화될 수도 있고, 어떤 이들은 언뜻 보기에 모순인 것처럼 보이는 이 선언들을 일부는 그리스도의 죽으심의 충족성에 속하는 것으로 해석하고, 또 일부는 그 죽으심의 적용과 유효성에 관한 것으로 해석하기를 선호하는데, 필자의 판단에는 충분히 일리가 있어 보인다.

그러므로 그들은 그리스도께서 모든 사람을 위해 죽으셨다고 주장하고, 동시에 그가 모든 사람을 위해 죽으신 것이 아니라고 주장한다. 그러나 이 두 가지가 방면이 서로 다르다. 그리스도께서 치르신 보상의 충족성과 관련해서는 그리스도께서 모든 사람을 위해 죽으신 것이지만, 그 보상의 적용과 유효성과 관련해서는 오직 택한 자들과 믿는 자들을 위해서만 죽으신 것이다. 전자에 대한 근거는, 그리스도의 속죄가 모든 사람들 혹은 온 세상의 모든 죄의 값으로 충족하다는 사실에 있다. 모든 사람이 믿음으로 말미암아 그 값을 자기들에게 적용시키기만 하면 되는 것이다.

어떤 이들의 끔찍한 신성모독처럼(절대로 그런 짓을 해서는 안 된다!) 불경건한 자들의 멸망이 중보자 그리스도의 공로에 뭔가 결함이 있어서 야기되는 것처럼 주장하지 않는 한, 그리스도의 속죄에 대해서 충족하지 못하다고 말할 수가 없기 때문이다. 후자에 대한 근거는, 모든 택한 자들 혹은 믿는 자들이 ― 그리고 오직 그들만이 ― 믿음으로 그리스도의 죽으심의 공로와 또한 그 유효성을 자기들에게 적용시키며, 그로 말미암아 의를 얻고 영생을 얻기 때문이다: "아들을 믿는 자에게는 영생이 있고"(요 3:36). 그 나머지는 그들 자신의 불신앙으로 인하여 이 그리스도의 죽으심의 유효성에서 제외된다: "아들에게 순종하지 아니하는 자는 영생을 보지 못하고 도리어 하나님의 진노가 그 위에 머물러 있느니라"(요 3:36). 그러므로 성경이 그리스도의 죽으심의 유효성에서 제외시키는 자들은 그리스도의 죽으심의 유효성과 관련하여 그리스도께서 위하여 죽으신 숫자에 포함된다고 말할 수 없고, 다만 그의 죽으심의 충족성에만 포함된다고 말할 수 있을 것이다. 왜냐하면 그리스도의 죽으심은 또한 그들의 구원을 위해서도 충족하기 때문이다. 그들도 믿기만 하면 얼마든지 구원을 얻는다. 그들이 제외되는 유일한 이유는 바로 그들의 불신앙뿐인 것이다.

그리스도께서 과연 모든 사람을 위해 죽으실 뜻을 가지셨는가?라는 그리스도의 목적에 관한 질문에 대해서도 똑같은 방식으로 구분함으로써 답변할 수 있다. 그리스도께서 죽으셨다면 그것은 그리스도께서 죽으실 뜻을 가지신 것이다. 그러므로 그의 구속의 충족성에 대해서는 모든 사람들을 위해 죽으셨고, 동시에 그의 구속의 유효성에 대해서는 오직 믿는 자들을 위해서만 죽으셨듯이, 그는 자신의 공로의 충족성에 대해서는 모든 사람을 위해서 죽기를 뜻하셨다. 즉, 자신의 죽으심으로 말미암아 모든 사람들을 위하여 은혜와 의와 생명을 지극히 풍성하게 얻으시려는 뜻을 가지신 것이다.

그는 멸망받을 모든 악인들이 핑계치 못하도록 그와 그의 공로에 관한 한 조금도 부족함이 없기를 바라셨기 때문이다. 그러나 그의 죽으심의 유효성에 관해서는 오직 택한 자들만을 위하여 죽기를 뜻하셨다. 곧 그들을 위하여 그저 은혜와 생명을 충족히 얻으시기만 하는 것이 아니라 그 은혜와 생명을 그들에게 유효적으로 부여하시고 믿음과 성령을 베푸시며, 그리하여 그들이 스스로 믿음으로 그의 죽으심의 은덕들을 자기들 자신에게 적용시켜서 그들 스스로 그의 공로들의 유효성을 누리는 일이 일어나도록 하기를 뜻하셨다는 말이다.

이런 의미에서 볼 때에, 그리스도께서는 신자들과 불신자들을 위하여 각기 다른 식으로 죽으셨다고 말하는 것이 정확하다 하겠다. 이런 발언은 어려움이나 불편함이 없다. 성경은 물론 우리의 경험과도 조화를 이루기 때문이다. 복음이 죄와 죽음에 대한 해결책을 모든 사람들에게 충족하고도 풍성하게 제시하고 있으나, 오로지 믿는 자들에게만 유효적으로 적용된다는 것을 성경과 우리의 경험이 모두 증언하고 있기 때문이다. 또한 성경 도처에서 구속의 유효성을 그리스도의 양들, 택한 자들, 믿는 자 등, 특정한 사람들에게만 제한시키며, 반면에 유기(遺棄)된 자들과 믿지 않는 자들을 그리스도의 은혜에서 분명히 제외시키고 있는 것이다. "그리스도와 벨리알이 어찌 조화되며 믿는 자와 믿지 않는 자가 어찌 상관하며 하나님의 성전과 우상이 어찌 일치가 되리요?" (고후 6:15-16. 또한 마 20:28; 26:28; 사 53:11; 요 10:15; 마 15:24 등을 보라).

더 나아가서 그리스도께서는 이미 그의 제자가 된 자들과 또한 후에 그의 이름을 믿을 자들을 포함하여 오직 택한 자들만을 위하여 기도하셨다. 그리하여 그는, "내가 비옵는 것은 세상을 위함이 아니요 내게 주신 자들을 위함이니이다"(요 17:9). 그러므로 만일 그리스도께서 세상 — 이는 믿지 않는 자들을 뜻하는 것으로 보아야 한다 — 을 위하여 기도하시지 않는다면, 그들을 위하여 그가 죽으신다는 것은 — 즉, 그의 죽으심의 유효성이 그들에게 미친다는 것은 — 어불성설이다. 누군가를 위하여 죽는다는 것은 그를 위하여 기도한다는 것보다 더 큰 일이기 때문이다. 또한 그리스도의 희생 제사에는 두 가지 서로 분리될 수 없는 부분이 있는데, 곧 중보(intercession)와 죽으심이 그것이다. 그러므로 만일 그 자신이 그 한 부분을 불경건한 자들에게 적용시키지 않으신다면, 그 나머지 부분을 그들에게 적용시키지도 않으시는 것이다.

마지막으로, 정통 교부들과 스콜라 신학자들도 위에 열거한 성경 본문들을 구별하고 제시한다. 특히 아우구스티누스와 키릴루스(Cyril)과 프로스페르(Prosper)가 그렇다. 롬바르두스(Lombard)는 이렇게 쓰고 있다: "그리스도께서는 삼위일체 하나님께 자신을 드리시되, 그 값의 충족성에 관해서는 모든 사람을 위하여 드리셨으나 그 유효성에 관해서는 오직 택한 자들만을 위하여 드리셨다. 이는 오직 예정된 자들만을 위하여 그가 구원을 값 주고 사서서 베푸셨기 때문이다." 토마스(Thomas)는 이렇게 진술한다: "그리스도의 공로는 그 충족성에 있어서는 모든 사람에게 동등하게 적용되나 그 유효성에 있어서는 그렇지 않으니, 부분적으로는 자유 의지 때문이요 부분적으로는 하나님의 선택 때문인데, 그 선택으로 말미암아 그리스도의 공로의 효과들이 일부 사람들에게 은혜로 베풀어지나 하나님의 정의로운 판단에 따라 다른 이들에게는 베풀어지지 않는다." 다른 스콜라 신학자들 역시 같은 식으로 진술하고 있다. 이로 볼 때에 그리스도께서 모든 사람을 위하여 죽으셨으나, 동시에 그의 죽으심의 은덕들이 믿는 자들에게만 해당되며 오직 그들에게만 유익이 되도록 하는 방식으로 되어진 것이다.

반론 1. 그리스도에게로 나아와 영생을 얻으라고 모든 사람들을 초청하는 선언들에서 드러나듯이 복음의 약속들은 보편적이다. 그러므로 그것은 믿는 자들에게만 해당되는 것이 아니다.

답변. 회개하고 믿는 자들에 관해서는 그 약속이 과연 보편적이다. 그러나 그것을 유기된 자들에게까지 확대시키는 것은 신성모독이다. 암브로시우스는 "모든 사람들과는 구별되고 미리 아신 바 된 택한 자들의 특별한 보편성이 있는 법이다"
라고 말하였다. 이렇게 그 약속들이 믿는 자들에게 제한된다는 것은 그 분명하고
도 확실한 표현에서부터 입증된다. "그를 믿는 자마다 멸망하지 않고 영생을 얻게
하려 하심이라"(요 3:16), "곧 예수 그리스도를 믿음으로 말미암아 모든 믿는 자에
게 미치는 하나님의 의니 차별이 없느니라"(롬 3:22), "수고하고 무거운 짐 진 자
들아 다 내게로 오라 내가 너희를 쉬게 하리라"(마 11:28), "누구든지 주의 이름을
부르는 자는 구원을 받으리라"(행 2:21), "자기에게 순종하는 모든 자에게 영원한
구원의 근원이 되시고"(히 5:9), "거룩한 것을 개에게 주지 말며 너희 진주를 돼지
앞에 던지지 말라"(마 7:6).

　반론 2. 그리스도께서는 모든 사람을 위해 죽으셨다. 그러므로 그의 죽으심은
믿는 자들에게만 적용되는 것이 아니다.

　답변. 그리스도께서는 그가 지불하신 값의 공로와 유효성에 대해서는 모든 사람
을 위해 죽으셨으나, 그 죽으심의 적용과 유효성에 대해서는 오직 믿는 자들만을
위해 죽으셨다. 그리스도의 죽으심이 믿는 자들에게만 적용되고 그들에게만 유익
이 되는 사실을 볼 때에, 위에서 이미 밝힌 바와 같이 그의 죽으심이 오직 그들에
게만 해당된다고 말하는 것이 옳다.

41문　그는 왜 "장사지낸 바" 되셨습니까?

답　그가 참으로 죽으셨음을 그로써 입증하기 위함이었습니다.

[해 설]

그리스도께서 장사지낸 바 되신 데에는 여러 가지 이유들이 있다:

　1. 그가 진정 죽으셨다는 것이 분명히 드러나도록 하기 위하여 그가 장사지낸
바 되셨다. 반드시 죽은 상태라야만 장사지낸 바 되기 때문이다. 그러므로 부활하
신 후 그가 눈에 보이고 또 손으로 잡히도록 나타나셔서 그의 몸이 죽은 자 가운데
서 다시 사셨다는 분명한 증거가 되도록 하셨던 것처럼, 그가 죽으신 이후에도 그
는 자신이 진정 시체의 상태에 계셨다는 것이 분명히 드러나도록 장사되신 것이
다. 그리스도의 죽으심에 관계되는 몇 가지 사실들이 이와 관계가 있다. 즉, 그가

죽으셨을 때에 창에 찔리셨고, 그의 시체를 십자가에서 내렸고, 기름을 발랐고, 세마포로 쌌다. 이런 사실들도 그가 과연 죽으셨음을 입증해 준다. 그러므로 우리는 그의 장사되심을 통해서 그가 과연 참으로 죽으셨다는 사실과 또한 우리의 구속이 확실하다는 사실을 확신하게 된다. 우리의 구원이 그의 죽으심에 있으며, 그의 장사되심이 바로 그 죽으심의 증거이기 때문이다.

2. 그의 낮아지심의 마지막 부분에 도달하기 위하여. 장사되심은 우리가 자초한 형벌과 저주와 치욕의 일부였다. "너는 흙이니 흙으로 돌아갈 것이니라"(창 3:19). 죽은 몸에게는 느낌도 이해도 없다. 그러나 그렇다 하더라도 그의 몸이 시체가 되어 땅 속에 뉘어진다는 것은 분명 치욕이었다. 그러므로, 그리스도께서 무덤에서 부활하신 일이 그의 영광의 일부인 것처럼, 그가 장사되어 죽은 자들과 함께 묻히신 일은 그가 우리로 인하여 당하신 낮아지심과 치욕의 일부인 것이다. 그는 우리를 위하여 시체가 되시는 것도 마다하지 않으신 것이다.

3. 그가 장사지낸 바 되신 것은 우리로 하여금 무덤을 두려워하지 않고 오히려 그리스도께서 그 자신의 장사되심을 통하여 우리의 무덤을 거룩하게 하셨으므로 이제는 더 이상 우리에게 무덤이 없고 다시 생명에로 부활하기까지 고요히 평화롭게 안식할 수 있는 안식의 처소만 있다는 것을 알게 하기 위함이었다.

4. 그가 장사지낸 바 되신 것은, 그의 부활하심을 볼 때에 그가 친히 자신의 몸으로 죽음을 진정 이기셨다는 사실과, 또한 그 자신의 능력으로 그 죽음을 던져버리셨음을 분명히 드러내사, 그의 부활하심이 상상에서 이루어진 것이 아니라 시체가 다시 생명을 얻는 진정한 부활이라는 사실이 밝히 나타나게 하시기 위함이었다.

5. 우리도 그의 모범을 좇아 장사될 것이요 또한 그의 능력으로 말미암아 다시 부활하게 될 것이므로 우리가 부활의 소망을 확고히 갖도록 하기 위함이었다. 우리의 머리이신 그리스도께서 무덤에서 영광에 이르는 길을 열어 놓으셨음을 우리가 다 알기 때문이다.

6. 우리가 영적으로 죽으나 죄로부터 벗어나 쉬도록 하기 위함이었다. "우리가 그의 죽으심과 합하여 세례를 받음으로 그와 함께 장사되었나니 이는 아버지의 영광으로 말미암아 그리스도를 죽은 자 가운데서 살리심과 같이 우리로 또한 새 생명 가운데서 행하게 하려 함이라"(롬 6:4).

7. 요나의 모형과 진리가 일치하도록 하며, 또한 메시야의 장사되심과 관계되는

예언들이 성취되도록 하기 위함이었다. "이는 주께서 내 영혼을 스올에 버리지 아니하시며"(시 19:10), "그의 무덤이 악인들과 함께 있었으며"(사 53:9).

42문   그리스도께서 우리를 위해 죽으셨는데, 여전히 우리도 죽어야 합니까?

답   우리의 죽음은 우리 죄를 위한 보상이 아니요, 죄에 대하여 죽는 것이요 영생에 들어가는 것일 뿐입니다.

[해 설]

이 답변은 우리가 흔히 접하는 다음과 같은 반론에 대해 해명하는 것이다: **반론.** 다른 이가 위하여 이미 죽었을 경우에는 그 자신이 다시 죽을 필요가 없다. 그렇지 않다면 하나님께서 한 범죄에 대해 이중의 보상을 요구하시는 것이 될 것이다. 그리스도께서 우리를 위해 죽으셨다. 그러므로 우리는 죽어서는 안 된다. **답변.** 보상을 하기 위해서라면 우리가 죽어서는 안 된다. 그러나 우리가 죽어야 할 이유는 그 외에도 많다. 우리는 하나님의 정의를 만족시킬 목적으로 죽는 것이 아니고, 다른 이의 죽으심으로 말미암아 값 주고 사신 은덕들을 우리가 진정으로 받기 위해서 죽는 것이요, 또한 죄가 제거되고 변화되어 영생에 들어가기 위하여 죽는 것이다. 그러므로 우리의 육체적인 죽음은 죄를 보상하기 위한 것이 아니라, 1. 우리 속에 죄의 잔재가 남아 있음에 대해 교훈하는 것이요, 2. 죄가 얼마나 위중하며 악한지에 대해 교훈하는 것이요, 3. 죄의 잔재를 제거하는 것이요, 4. 영생에로 옮겨가는 것이다. 왜냐하면 신자들이 영생에로 옮겨가는 일이 육체적인 죽음으로 말미암아 일어나기 때문이다.

재반론. 원인이 제거되면 결과는 더 이상 힘을 발휘할 수가 없다. 죽음의 원인인 죄가 우리에게서 제거되었다. 그러므로 그 죄의 결과인 죽음도 당연히 제거되어야 옳다. **답변.** 원인이 완전히 제거되면 그 결과도 당연히 제거된다. 그러나 죽음의 원인인 죄가 우리 속에서 완전히 제거된 것이 아니고, 그저 죄가 사해진 것일 뿐이다. 혹은, 죄책은 제거되었으나, 죄 그 자체는 완전히 제거되지 않고 우리 속에 남아 있어서 점차적으로 제거되는 과정에 있으므로, 내생에서 모든 죄의 잔재들에게서 완전히 자유함을 얻기까지 회개를 시행해야 하고 열심히 기도해야 하는 것이다.

43문 그리스도께서 십자가에서 드리신 제사와 죽으심에서 우리는 또 어떤 유익을 받습니까?

답 그의 공효(功效)로 우리의 옛 사람이 그와 함께 십자가에 못 박히고 죽고 장사되어, 육체의 악한 정욕들이 더 이상 우리를 지배하지 못하게 되며, 우리 자신을 감사의 제사로 그에게 드리게 되는 유익을 받습니다.

[해 설]

이 질문은 그리스도의 죽으심의 결과 혹은 유익들에 관한 것이다. 그리스도의 고난에서와 마찬가지로 여기서도 목적과 열매들이 서로 방면은 다르지만 결국 동일한 것으로 보아야 한다. 그리스도께서 친히 목적으로 제시하신 것들은 우리에게는 열매들로서 우리가 받아들이고 우리 자신에게 적용시키는 것들이다. 그러므로 그리스도의 죽으심의 유익들은 우리의 구속의 역사 전체를 포괄하는 것이요, 그 중에는 다음과 같은 열매들이 있다:

1. **칭의**, 혹은 **죄 사함**. 죄인이 두 번 형벌을 받지 말아야 할 것을 하나님의 정의가 요구한다. 그러므로 하나님께서 우리 죄를 그리스도 안에서 벌하셨으므로, 우리에게는 동일한 죄에 대해 벌하지 않으신다. 그의 아들 예수 그리스도의 피가 모든 죄에서 우리를 씻되, 원죄는 물론 자범죄(自犯罪)도 씻고, 작위(作爲)의 죄는 물론 부작위(不作爲)의 죄까지도 씻는다. 그러므로 그리스도의 죽으심으로 말미암아 우리가 의롭다 하심을 받는다. 즉, 형벌의 악과 죄책의 악에서 자유함을 얻는다는 뜻이다.

2. **중생**, 혹은 **성령으로 말미암아 우리 본성이 새로워짐**. 그리스도께서는 그의 죽으심으로 말미암아 우리를 위하여 죄 사함은 물론 죄의 제거와 성령을 공로로 얻으셨다. 혹은, 그리스도는 그의 죽으심으로 말미암아 죄 사함뿐 아니라 우리 속에 하나님의 거하심을 벌어 놓으셨다. "내가 떠나가지 아니하면 보혜사가 너희에게로 오시지 아니할 것이요"(요 16:7), "너희도 그 안에서 충만하여졌으니"(골 2:10), "예수는 하나님으로부터 나와서 우리에게 지혜와 의로움과 거룩함과 구원

함이 되셨으니"(고전 1:30).

　그러나 그리스도의 죽으심은 두 가지 점에서 우리의 칭의와 우리의 중생의 동인(動因: the efficient cause)이다. 1. **하나님께 대하여**: 그는 그리스도의 공로와 죽으심으로 말미암아 우리 죄를 사하시고 우리에게 성령을 베푸시며, 우리 속에 그의 형상을 새롭게 하신다. "우리가 그의 피로 말미암아 의롭다 하심을 받았으니"(롬 5:9), "그의 아들의 죽으심으로 말미암아 하나님과 화목하게 되었은즉"(롬 5:10), "너희가 아들이므로 하나님이 그 아들의 영을 우리 마음 가운데 보내사 아빠 아버지라 부르게 하셨느니라"(갈 4:6). 2. **우리에 대하여**도 그리스도의 죽으심이 동인이다. 그리스도께서 우리를 위하여 의와 성령을 획득하셨음을 믿는 우리로서는 그에게 감사하지 않을 수 없고, 그에게 존귀를 돌리는 삶을 살기를 진정 사모하지 않을 수가 없기 때문이다. 그리스도의 죽으심이 우리에게 적용되어 우리가 그것을 정당하게 생각하게 되면 감사치 않은 상태로 있을 수가 없고, 그리스도를 사랑하고 그 한량없는 은덕에 대해 깊은 감사를 돌리지 않을 수가 없는 것이다. 그러므로 중생이 없이 죄 사함만 받을 수 있다는 상상을 해서는 안 된다. 중생하지 않은 자는 아무도 죄 사함을 얻을 수가 없기 때문이다. 그러므로 그리스도의 죽으심을 믿음으로 자기 자신에게 적용시켰다고 자랑하면서도 거룩하고 경건한 삶을 살아서 구주를 존귀하게 하고자 하는 열망이 없는 자는 거짓말하는 자요, 또한 자기 속에 진리가 없다는 것을 결정적으로 증거하는 것이다. 의롭다 하심을 받은 자들은 모두가 하나님을 기쁘시게 하는 일들을 행하기를 기꺼이 바라기 때문이다. 하나님께 순종하고자 하는 열심은 그리스도의 죽으심을 적용시키는 일과 결코 분리될 수가 없으며, 또한 칭의의 은덕이 없이는 중생의 은덕도 누릴 수가 없다. 의롭다 하심을 얻은 자들은 모두가 다 중생함을 얻으며, 또한 중생함을 얻는 자들은 모두가 의롭다 하심을 얻는 것이다.

　반론. 베드로전서 1:3에서 사도 베드로는 우리의 중생이 그리스도의 부활로 말미암는 것임을 증언하고 있다. 그렇다면 여기서 중생이 그리스도의 죽으심으로 말미암는 것이라는 말은 어찌된 것인가? **답변.** 중생은 그리스도의 죽으심과 부활 모두로 말미암는 것이다. 그의 공로에 관해서는 그의 죽으심으로 말미암는 것이다. 왜냐하면 그가 죽으심으로 말미암아 우리를 위하여 중생을 벌어 놓으셨기 때문이다. 그리고 그 공로의 적용에 관해서는 그의 부활로 말미암는 것이다. 왜냐하면 그는 죽은 자 가운데서 다시 사심으로써 중생을 우리에게 적용시키시고 성령을 주시기 때문이다.

3. **영생**도 그리스도의 죽으심의 열매다. "하나님이 세상을 이처럼 사랑하사 독생자를 주셨으니(곧, 그를 죽게 하셨으니) 이는 그를 믿는 자마다 멸망하지 않고 영생을 얻게 하려 하심이니라"(요 3:16), "증거는 이것이니 하나님이 우리에게 영생을 주신 것과 이 생명이 그의 아들 안에 있는 그것이니라"(요일 5:11).

그러면 그리스도께서 죽으셨음을 믿는다는 것은 무엇인가? 그것은 곧 그가 가장 극심한 고통과 괴로움을 당하셨을 뿐 아니라 죽음까지도 당하셨음을 믿는 것이요, 또한 죽으심으로 말미암아 그가 나를 위하여 죄 사함과 하나님과의 화목을 벌어 놓으셨음을 믿는 것이요, 또한 내 속에 새 생명을 시작하시는 성령을 베푸사 내가 하나님의 성전이 되고 결국 영생에 이르게 되어 나로 말미암아 하나님께서 영원토록 찬송과 존귀를 받으시게 될 것을 믿는 것이다.

그리스도가 지옥에 가심

44문　거기에 "지옥에 내려가셨고"라는 말이 왜 덧붙여져 있습니까?

답　내가 크나큰 시험을 받을 때에라도, 나의 주 예수 그리스도께서 고난을 당하시는 동안 내내, 특히 십자가에 달려 계시는 동안, 말할 수 없는 고뇌와 고통과 공포와 지옥의 괴로움을 친히 당하심으로써 지옥의 고뇌와 고통으로부터 나를 구원하셨다는 것을 확신하고, 이로써 전적으로 위로를 얻도록 하기 위함입니다.

[해 설]

사도신경의 이 조목과 관련하여 우리는 다음과 같이 두 가지를 생각하는 것이 합당하다. 곧, 그 의미 혹은 의의는 무엇인가 하는 것과 또한 그 용도가 무엇인가 하는 것이 그것이다.

1. "지옥에 내려가셨고"의 진정한 의미는 무엇인가,
혹은 그리스도의 지옥 강하는 무엇을 뜻하는가?

"지옥"이라는 용어는 성경에서 세 가지 다른 의미로 사용된다. 1. 무덤을 지칭하는 뜻으로 사용된다. "너희가 내 흰 머리를 슬퍼하며 스올로 내려가게 함이 되리라"(창 42:38), "이는 주께서 내 영혼을 스올에 버리지 아니하시며"(시 19:10). 2. 부자와 나사로의 비유에서처럼 버림받은 자들의 처소를 지칭하는 뜻으로 사용된다. "그가 음부에서 고통 중에 눈을 들어 멀리 아브라함과 그의 품에 있는 나사로를 보고"(눅 16:23). 3. 지극히 심한 괴로움과 고뇌를 지칭하는 뜻으로 사용된다. "사망의 줄이 나를 두르고 스올의 고통이 내게 이르므로"(시 116:3), "여호와는 죽이기도 하시고 살리기도 하시며 스올에 내리게도 하시고 거기에서 올리기도 하시는도다," 즉 지극히 심한 고통 속에 있게 하시기도 하고 후에 거기에서 건지기도 하신다는 뜻이다(삼상 2:6).

이 조목에서는 지옥이라는 용어를 세 번째 의미로 이해해야 한다. 이 용어를 무덤의 뜻으로 볼 수 없다는 것은 분명히 드러난다: 1. 사도신경에서 **장사지낸 바 되시고** 라고 이미 선언하고 있기 때문이다. 혹 이 조목이 그 앞의 조목을 부연 설명하는 것이라고 주장한다해도 실제로는 아무것도 주장하는 것이 못된다. 동일한 내용을 표현하는 두 가지 선언이 함께 연결되어 서로를 설명할 경우, 마지막의 선언이 그 앞의 선언보다 더 분명하고 더 쉽게 이해할 수 있어야 하는 것이 정상이다. 그런데 여기서는 거꾸로 되어 있다. 지옥에 내려간다는 것이 장사지낸 바 된다는 것보다 훨씬 더 의미가 희미하기 때문이다. 2. 이토록 짧고 간명한 신경에서 동일한 조목을 두 번씩 표현한다거나 혹은 동일한 내용을 다른 말로 두 번씩 반복한다는 것은 개연성이 없기 때문이다. 또한 그리스도께서 지옥에 내려가셨다는 말을 두 번째의 의미를 따라 버림받은 자들의 처소에 내려가셨다는 의미로 볼 수도 없다. 그의 신성은 내려가시지 않았다. 왜냐하면 신성은 어디에나 계시기 때문이다. 그렇다고 해서 그의 몸도 지옥에 내려가신 것이 아니다. 왜냐하면 그의 몸은 요나의 모형을 따라 사흘 동안 무덤 속에 안치되어 계셨고, 또한 다른 어느 곳도 아닌 바로 무덤에서 다시 살아나신 것이기 때문이다.

그렇다고 해서 그리스도의 영혼이 내려가신 것도 아니다:

1. 성경의 그 어느 곳에서도 이를 증언하지 않기 때문이다.

2. 그리스도께서 십자가 위에 죽으시면서 이에 관하여 하신 말씀 때문이다. "아버지 내 영혼을 아버지 손에 부탁하나이다"(눅 23:46). 또한 그는 함께 십자가에 달린 행악자를 향하여 "내가 진실로 네게 이르노니 오늘 네가 나와 함께 낙원에 있으리라"고 말씀하셨다(눅 23:43). 그러므로 그리스도의 영혼은 그가 죽으신 후 낙원에서 그의 아버지 손에 계셨지, 지옥에 계셨던 것이 아니다. 어떤 이들은 "내

가 … 스올에 내 자리를 펼지라도 거기 계시니이다"라는 시편의 말씀(시 139:8)에 근거하여 그가 지옥에서 아버지의 손에 계셨다는 — 그가 거기서도 신적인 보살핌 속에 계셔서 멸망하지 않도록 보호받으셨다는 — 궤변을 늘어놓으나 이 역시 설득력이 없다. 그리스도께서는 "내 영혼을 아버지 손에 부탁하나이다"라고 말씀하셨고, 또한 "오늘 네가 나와 함께 낙원에 있으리라"라고 말씀하셨는데, 여기서 말하는 낙원의 복락과 구원은 지옥에는 전혀 없는 것이다. 이 말씀은 오늘 고난을 당하고 죽는 너와 내가 함께 낙원에, 즉 이런 고통에서 완전히 자유로운 영원한 구원과 복락의 장소에 있으리라는 뜻이다. 그러나 낙원은 지옥이 아니요 낙원이 지옥 속에 있는 것도 아니다. 그러므로 그리스도께서 행악자에게 하신 이 말씀은 그의 신성에 관한 말씀이 아니라 그의 몸과 더불어 고난을 받으시는 그의 영혼에 관한 말씀이었음이 분명하다. 왜냐하면 그의 신성이 현재 행악자와 함께 계셨으나, 그는 자신의 신성에 따라서가 아니라 자신의 영혼에 따라서 고난당하셨고 구원받으신 것이기 때문이다.

3. 만일 그리스도께서 그의 영혼으로 지옥에 내려가셨다면, 거기서 뭔가 고난을 당하시기 위함이었든지, 아니면 교황주의자들의 주장처럼 거기서 조상들을 해방시키기 위함이었든지 둘 중의 하나였을 것이다. 그러나 그는 무슨 고난을 당하실 목적으로 내려가신 것은 아니다. 왜냐하면 십자가에 달리실 때에 "다 이루었다"(요 19:30)고 말씀하셨기 때문이다. 그렇다고 해서 조상들을 해방시키기 위하여 내려가신 것도 아니다: 1. 그는 땅 위에서 그들을 위하여 고난당하심으로 이 일을 이루셨기 때문이다. 2. 그는 그의 신격의 권능과 공효로 창세로부터 이 일을 이루신 것이지, 그의 몸이나 영혼으로 지옥에 내려가심으로써 이 일을 이루신 것이 아니다. 3. 조상들은 지옥에 있지 않았다. 그러므로 그들은 그곳에서 해방될 수도 없었다. 의로운 자들의 영혼은 하나님의 손에 있으며, 고통을 당하지도 않는다. "너희와 우리 사이에 큰 구렁텅이가 놓여 있어 여기서 너희에게 건너가고자 하되 갈 수 없고 거기서 우리에게 건너올 수도 없게 하였느니라"(눅 16:26). 나사로는 죽은 후 천사들에 의하여 선조 림보(Limbus Patrum)가 아니라 아브라함의 품에 있게 된 것이다.

어떤 이들은 그리스도의 영혼이 지옥에 내려가신 것이 고난을 당하기 위함도, 조상들을 해방시키기 위함도 아니었고, 그의 승리를 밝히 드러내시고 마귀들을 공포에 질리게 하시기 위함이었다고 믿기도 한다. 그러나 성경은 어디에서도 그리스도께서 그런 목적으로 지옥에 내려가셨음을 증언하지 않는다.

　이 견해를 주장하는 자들과 또한 그리스도의 지옥 강하에 관한 우리의 논지에 반대하는 자들은 베드로전서 3:19, 20("그가 또한 영으로 가서 옥에 있는 영들에게 선포하시니라 그들은 전에 노아의 날 방주를 준비할 동안 하나님이 오래 참고 기다리실 때에 복종하지 아니하던 자들이라")을 그 증거로 제시한다. 마치 그 본문이 우리가 제시한 견해와 반대되는 것이기라도 한 것처럼 말이다. 그러나 이 본문의 의미는 그들이 생각하는 것과는 다르다. 사도는 그리스도께서 가셨다고 말씀한다. 즉, 그리스도께서 태초부터 아버지께로부터 교회에게로 보내심을 받으셨다는 뜻이다. 또한 **영으로**는 "그의 신성으로"라는 뜻이요, 지금 옥에 있는 영들이란 지옥에 있는 자들을 뜻한다. "그가 전에 선포하셨다"는 것은 과거 그때에 그가 계셔서 그렇게 하셨다는 것이요, 복종하지 아니하던 자들은, 즉 홍수 전에 복종하지 아니하였다는 뜻이다. 그 당시에 그들이 복종하지 않았고, 그가 이런 상태에서 그들에게 선포하셨던 것이다. 그들이 복종하지 않은 것은 노아의 때였다. 그러므로 그때에 그리스도께서 조상들을 통해서 선포하셨고, 불순종하는 자들에게 회개를 촉구하신 것이다. 게다가, 베드로가 그리스도의 지옥 강하에 대해 말하기는 하나, 우리가 반대하는 자들의 논지는 이것이 아니고, 오히려 그리스도께서 지옥에서 조상들에게 선포하시고 그들을 구원하셨다고 주장하는 교황주의자들이 이를 근거로 삼는 것이다.

　그들은 또한 베드로의 다른 말씀도 근거로 제시한다: "죽은 자들에게도 복음이 전파되었으니"(벧전 4:6). 그러나 그들의 주장대로 이 본문을 이해하면, 거기서 사용되고 있는 표현의 의미가 완전히 무시되고 만다. 왜냐하면 여기서 죽은 자들이란 현재나 혹은 베드로가 이 본문을 기록할 당시에는 죽은 상태이나 복음이 전파될 당시에는 살아 있던 자들이기 때문이다.

　위의 견해를 주장하는 자들은 에베소서 4:9의 사도 바울의 말씀도 그 정당한 의미를 왜곡시켜 이해한다: "올라가셨다 하였은즉 땅 아래 낮은 곳으로 내리셨던 것이 아니면 무엇이냐?" 여기서 "땅 아래 낮은 곳"을 그들은 지옥을 뜻하는 것으로 이해하는 것이다. 그러나 이 역시 여기서 사용되는 비유적인 표현법을 무시하는 것이다. "땅 아래 낮은 곳으로 내리셨다"는 것은 세계의 가장 낮은 부분인 땅으로 내리셨다는 뜻이다. 여기서는 땅의 일부분을 다른 부분과 대비시키는 것이 아니고, 땅을 하늘과 대비시켜서 그리스도의 낮아지심을 표현하고 있는 것이다. 이는 사도의 목적과 의도에서도 분명히 드러난다. 그는 여기서 그리스도의 최고의 영광과 가장 깊은 낮아지심을 서로 대비시키고 있기 때문이다. 그리하여 그리스도께서 모든 하늘 위에 오르셨다고 말씀하는 것이다.

그러므로 이 본문들은 그리스도의 영이 지옥에 내려가신 것과는 아무런 관계가 없는 것이다. 그리고 설사 그들이 이를 가장 강력한 증거로 삼는다 하더라도 이미 말한 바와 같이 그들이 제시하는 증언은 여기서 우리가 지칭하는 자들을 뒷받침하는 것이 아니라 오히려 그리스도께서 지옥에서 선포하셨고 조상들을 해방시키셨다고 가르치는 교황주의자들에게나 소용이 될 것이다. 그리고 이 본문들에서 모은 증거들이 교황주의자들의 견해를 가로막는 난제들도 제거해주지 못한다면, 이 사람들의 주장에 대해서는 더욱더 뒷받침을 해 줄 수가 없는 것이다. 그리스도께서 사망과 마귀에게 공포를 주고자 하는 목적으로 지옥에 내려가셨다는 논지는 그 본문들을 통해서도 전혀 입증될 수 없는 것이 분명하기 때문이다. 그러나 그리스도께서 지옥에 내려가셨다는 이 견해 자체는 전혀 불경한 것이 아니며, 따라서 많은 교부들도 이를 승인하고 지지하여왔다. 그러므로 이 견해를 가졌다고 해서 누구를 공박하고 질책하는 것은 합당한 일이 아니다.

그러나 그럼에도 불구하고, 이 견해는 성경에서도 그 분명한 증거가 드러나지 않으며, 또한 견고한 논증을 통해서 확고하게 세워지지도 않고, 오히려 반대 논지가 설득력을 얻는다. 그리스도께서는 십자가에서 다 이루었다고 말씀하시고 죽으신 후, 그의 부탁대로 그의 영혼이 아버지의 손에서 안식하셨기 때문이다. 그리고 만일 그의 지옥 강하의 목적이 그의 원수들에게 승리를 선포하시기 위함이었다면, 이 조목은 그리스도의 높아지심, 혹은 영화(榮化: glorification)의 시작이 되어야 옳을 것이다. 그러나 그리스도의 영화가 지옥에서 시작된다는 것은 개연성이 없다. 사도신경의 그 앞의 모든 조목들이 그리스도의 낮아지심의 여러 단계들을 말씀하는 중에 가장 낮은 극한 낮아지심을 그의 지옥 강하로 제시하므로 이는 그런 논지와 모순이 되기 때문이다. 그렇기 때문에 우리가 이 견해에 반대하는 것이다. 그러나 그리스도께서 마귀들에게 크나큰 공포와 두려움을 주셨다는 것은 우리도 인정한다. 그러나 그리스도께서는 그의 죽으심을 통해서 이 일을 행하신 것이다. 그가 죽으심으로써 마귀와 죄와 사망을 물리치셨으므로, 마귀는 자신이 그리스도의 죽으심으로 말미암아 완전히 무장해제를 당했고 정복당했다는 것을 보았을 것이 틀림없는 것이다.

그렇다면, **그리스도께서 지옥에 내려가셨다는 것은 무슨 의미인가?** 1. 이는 버림받은 자들이 현세와 내세에서 당하는 극한 고통과 고뇌를 그리스도께서 그의 영혼으로 친히 당하셨음을 의미한다. 2. 또한 그리스도께서 그의 고난의 전 과정에서 크고도 극심한 치욕을 당하셨음을 의미한다. 그리스도께서 지옥에 내려가셨다는 표현이 이러한 의미라는 것은 이미 인용한 성경의 증언들이 충분히 가르치고 증언해 준다: "사망의 줄이 나를 두르고 스올의 고통이 내게 이르므로"(시 116:3), "여호와는 죽이기도 하시고 살리기도 하시며 스올에 내리게도 하시고"(삼상 2:6).

다윗의 동일한 증언은 또한 그리스도께서 이런 일들을 당하셔야만 했다는 것도 입증해 준다: "스올의 고통이 내게 이르므로." 이는 다윗이 자신과 결부시켜서 그리스도에 대해 말씀하는 것이다. 또한 이와 유사한 증언을 하는 다른 본문들이 성경에 있다: "여호와께서 그에게 상함을 받게 하시기를 원하사 질고를 당하게 하셨은즉"(사 53:10), "내 마음이 매우 고민하여 죽게 되었으니"(마 26:38). 동산에서 그가 핏방울을 흘리시면서 슬픔과 고통을 견디신 사실도 동일한 것을 증거해 준다. 왜냐하면 "여호와께서는 우리 모두의 죄악을 그에게 담당시키셨"기 때문이다(사 53:6). 또한 그는 십자가상에서 "나의 하나님, 나의 하나님, 어찌하여 나를 버리셨나이까"라고 외치셨다(마 27:46). 또한 다음의 논지들도 동일한 사실을 입증해 준다:

1. 그리스도께서는 우리의 몸만이 아니라 우리의 영혼도 구속하셔야 했다. 그러므로 그가 몸으로만이 아니라 영혼으로도 고난을 당하시는 것이 합당했다.

2. 그리스도께서는 우리를 지옥의 고뇌와 고통에서 구원하셔야 했다. 그러므로 그가 이것들을 당하시는 것이 합당했다. 그리고 그는 죽으시기 전에나 아니면 죽으신 후에 이를 행하셨다. 죽으신 이후가 아니었다는 것은 교황주의자들 스스로도 고백한다. 그러므로 그의 죽으심 이전에 행하신 것이 된다. 또한 그는 몸으로 이런 일을 당하신 것이 아니다. 몸의 고난은 외형적인 것일 뿐이기 때문이다. 그러므로 그는 영혼으로 그 일들을 당하신 것이다.

3. 영혼의 극심한 고통과 고뇌를(이것이 그의 고난 가운데 가장 무거운 부분이었다) 사도신경이 주목하지 않는다면 그것은 합당치 못하다. 그러나 그리스도께서 지옥에 내려가셨다는 조목이 그것을 지칭하는 것이 아니라면, 사도신경은 결국 그 고통과 고뇌를 무시해 버리는 것이 된다. 그 앞의 조목은 그리스도께서 몸으

로 당하신 외형적인 고난에 대해서만 언급하기 때문이다. 그러므로 이 조목이 그의 영혼의 고뇌와 고통을 의미한다는 것이 분명해지는 것이다.

이것이야말로 그리스도의 진정한 지옥 강하(降下)다. 그러므로 우리는 교황주의자들에 대항하여, 그리스도께서 지옥에 내려가셨다는 것이 여기서 설명한 그런 의미라는 것이 확실하다는 것을 주장하고 변호해야 할 것이다. 그리스도께서 다른 의미로 지옥에 내려가셨음을 변호하고 확실히 입증할 수 있는 사람이 있다면 좋겠으나, 나 자신은 그렇게 할 수가 없다.

반론 1. 사도신경의 이 조목은 그 적절한 자연적인 의미로 이해해야 하며, 비유적인 의미를 용인해서는 안 된다.

답변. 만일 사도신경의 조목들의 적절한 의미가 성경의 다른 본문들과 상충되지 않는다면, 이런 주장이 옳다 할 것이다. 그러나 그리스도께서 지옥에 내려가셨다는 조목을 그렇게 해석하게 되면, "다 이루었다"는 그리스도의 십자가상의 선언과 여러 가지 모순을 일으키게 된다. 만일 그가 구속의 모든 일을 십자가상에서 다 이루셨다면, 저주받은 자들의 처소인 지옥에 내려가셔야 할 이유가 없었기 때문이다.

반론 2. 그리스도께서 경험하신 고통과 두려움은 그의 장사되심 이전에 이루어졌다. 그러나 그의 지옥 강하는 그 이후에 이루어진 것이다. 그러므로 그 일은 그리스도께서 당하신 영혼의 고뇌를 지칭하는 것일 수가 없다.

답변. 여기 소 전제에는 오류가 있다. 의도하지도 않은 원인을 갖다 붙이기 때문이다. 사도신경에서는 지옥에 내려가셨다는 조목이 그리스도의 장사되심 다음에 이어지는데, 그것은 그 일이 장사되심 이후에 일어났기 때문이 아니라 그것이 그의 고난과 죽으심과 장사되심에 관한 그 앞의 내용을 해명해 주는 것이기 때문이다. 곧, 그가 육체로만 고난당하신 것이 아니며, 그가 육체적인 죽음을 죽으신 것만도 아니고 또한 그저 장사되신 것만도 아니며, 영혼으로도 불신자가 영원히 당하게 될 그런 가장 극심한 고통과 지옥의 고뇌를 당하셨음을 설명해 주는 것이다. 사도신경의 순서에 따르면 그리스도의 고난의 가장 주된 부분이요 또한 가장 극심한 부분이 가장 나중에 진술되며, 이것이 옳다. 마치 가벼운 고통에서 더 무거운 고통으로 나아가는 것처럼, 그리스도의 육체의 고통에서부터 영혼의 고통에로 나아가며, 눈에 보이는 고통에서부터 눈에 보이지 않는 고통에로 나아가는 것이다.

2. 그리스도의 지옥 강하의 열매들은 무엇인가?

그리스도께서 지옥에 내려가신 것은 1. 우리를 그리로 내려가지 못하게 하시고, 우리를 지옥의 영원한 고뇌와 고통에서 구원하시기 위함이었다. 2. 우리를 그와 더불어 하늘로 데려가시기 위함이었다.

그러므로 그리스도께서 지옥에 내려가셨다는 것을 믿는 것은, 곧 그가 그의 영혼으로 지옥의 고뇌와 고통들을 우리를 위해 당하셨고, 또한 불경한 자들이 당하는 극심한 치욕을 우리가 지옥에서 당하지 않도록 하시며, 모든 마귀들과 유기된 자들이 영원토록 지옥에서 당할 그 모든 고통과 고뇌를 당하지 않도록 하시고, 오히려 그 반대로 우리가 그와 더불어 하늘에 올라가 거기서 그와 함께 크나큰 복락과 영광을 영원토록 누리게 하셨다는 것을 믿는 것이다. 이것이 그리스도의 지옥 강하의 열매요, 이 조목이 주는 유익이다.

그리스도의 부활

제17주일

45문　그리스도의 부활은 우리에게 어떤 유익을 줍니까?

답　첫째로, 그는 부활로 죽음을 이기셔서, 우리로 하여금 그가 죽으심으로 우리를 위하여 얻으신 의(義)에 참여하게 하십니다. 둘째로, 그의 능력으로 말미암아 우리 역시 새로운 생명으로 살리심을 받습니다. 셋째로, 그리스도의 부활이 우리의 복된 부활에 대한 확실한 보증이 된다는 것입니다.

[해 설]

지금까지는 그리스도의 지옥 강하에서 그 절정에 이르는 그리스도의 낮아지심에 대해 논의하였다. 이제는 그의 높아지심, 혹은 영화(榮化)에 대해 논의하게 되는데, 이는 사흘만에 그가 죽은 자 가운데서 부활하신 사실에서 시작된다. 중보자의 낮아지심은 영원히 계속될 것이 아니었다. 그가 한 번 고난당하시고 죽으시는 것으로 족했다. 그러나 그리스도의 낮아지심으로부터 흘러나오는 복들을 보존시키는 그의 공효와 능력은 영원토록 지속될 것이다.

그리스도의 부활에 관한 이 조목을 다루면서 우리가 주목해야 할 것들은 두 가지, 곧 그 역사와 유익들이다. 그리스도의 부활의 역사를 논의할 때에 우리는 다음의 문제들을 살펴야 한다: 1. **누가 죽은 자 가운데서 살아나셨는가?** 동일한 육체로 다시 살아나신 것은 하나님이요 사람이신 그리스도였다. 이 사실을 말씀이 분명히 증거하고 있다. 2. **그는 어떤 식으로 다시 살아나셨는가?** 진정 죽은 상태에 계시던 그가 그의 영혼을 다시 그의 육체에 불러오셨고 그리하여 그의 육체가 놓여 있던 무덤으로부터 성경대로 사흘만에 영광스럽게 살아나셨고, 또한 성부의 힘과 능력으로, 또한 그 자신의 특별한 힘과 능력으로, 즉 그의 인성의 능력이 아니라 신성의 능력으로 살아나셨다. 그는 성부로 말미암아 자기 자신을 통해서 다시 사신 것이다. 성부께서는 성자를 통해서 일하시기 때문이다. 3. **그의 부활의 증거들은 무엇인가?** 그리스도의 부활의 증거들은 곧, 그가 많은 여자들과 제자들에게 공개적으로 친히 나타나셨다는 것, 천사가 부활을 증언하였다는 사실 등이다. 그리스도의 부활의 **유익**은 본 문답에 열거되어 있는 그대로인데, 이에 대해서는 좀 더 충실하게 설명할 필요가 있으며, 이를 위하여 다음과 같은 질문들을 특별히 주목해야 할 것이다:

1. 그리스도는 과연 죽은 자 가운데서 살아나셨는가?
2. 그는 어떻게 살아나셨는가?
3. 그가 살아나신 목적은 무엇인가?
4. 그의 부활의 유익 혹은 열매들은 무엇인가?

1. 그리스도는 과연 죽은 자 가운데서 살아나셨는가?

불신자들은 그리스도께서 죽으셨다는 것은 믿으나, 그가 죽은 자 가운데서 살아나신 것은 믿지 않는다. 그러나 그리스도께서 죽은 자 가운데서 다시 사셨다는 사실은 천사들과 여인들과 복음서 기자들과 사도들과 기타 성도 등, 부활하신 그를 보았고 느꼈고 그와 대화를 나눈 자들의 증언이 입증해 준다. 그리고 설사 사도들이 부활하신 그리스도를 본 일이 없었다 해도, 우리는 여전히 그들의 신적인 권위를 인정하고 그들의 증언을 믿어야 마땅한 것이다.

2. 그는 어떻게 살아나셨는가?

다음의 사실들이 그리스도의 부활의 정황을 설명해 준다:

1. 그리스도께서는 진정 살아나셨다. 즉, 죽음으로 육체와 분리되었던 그의 영혼이 진정으로 그의 육체에 돌아왔다. 그리고 파수병들이 철야하며 지켰으나 그는 그의 육체가 누워있던 그 무덤으로부터 진정 살아나셨다. 그는 심지어 그들을 놀라움과 경이에 질리게 하기까지 하셨다.

2. 그는 죽으셨던 예수 그리스도, 참 하나님이시요 참 사람이신 그 상태로 살아나셨다. 그는 고난당하신 그의 참된 인성에 따라서 살아나셨다. 본질과 속성이 동일한 상태로 살아나셨고, 신격화되신 것이 아니라 이전의 모든 연약함들을 다 벗으신 상태로 영화롭게 되신 것이다. "내 손과 발을 보고 나인 줄 알라. 또 나를 만져 보라. 영은 살과 뼈가 없으되 너희 보는 바와 같이 나는 있느니라"(눅 24:39). 죽었던 것과 다른 존재는 다시 살아날 수 없었다. 그러므로 죽음을 당했던 바로 그 동일한 육체가 다시 살아난 것이요, 바로 이것이 우리에게 큰 위로를 주는 것이다. 우리가 죄로 인하여 잃어버린 그 축복들을 우리를 위해서 공로로 얻으시고 또한 그것들을 우리 각자에게 적용시키사 회복시키실 바로 그 동일하신 중보자께서 다시 살아나셔야만 하기 때문이다. 그렇다. 그리스도의 육체가 다시 살아나지 않으셨다면, 우리의 육체도 다시 살 수 없는 것이었다.

3. 그는 자기 자신의 능력으로 다시 살아나셨다. 즉, 그는 죽음을 제거하셨고, 그것을 친히 던지시고 그의 죽은 육체를 살리셨고, 그의 영혼과 다시 연합시키셨고, 복된 하늘의 영광스러운 생명을 자기 자신에게 회복시키셨는데, 이 모든 일이 바로 그 자신의 신적인 권능으로 된 것이다. "너희가 이 성전을 헐라 내가 사흘 동안에 일으키리라"(요 2:19), "나는 [내 목숨을] 버릴 권세도 있고 다시 얻을 권세도 있으니"(요 10:18), "아버지께서 죽은 자들을 일으켜 살리심 같이 아들도 자기가 원하는 자들을 살리느니라"(요 5:21).

반론. 그러나 그리스도는 성부께서 일으키셨다. "예수를 죽은 자 가운데서 살리신 이의 영이 너희 안에 거하시면"(롬 8:11)이라고 말씀하기 때문이다. 그러므로 그리스도는 자기 스스로 다시 사신 것이 아니다.

답변. 성부께서는 성자 자신을 통하여 성자를 살아나게 하셨다. 그를 도구로 사용하신 것이 아니라 자기 자신과 본질이 동일하신 또 다른 위격을 통하여 또한 무한한 능력으로 살리셨다. 성부께서는 보통 그를 통하여 일하시는 것이다. 성부께서 성자 자신을 통하여 성자를 일으키신 것이요, 또한 그 자신이 그의 성령으로 자기 자신을 일으키신 것이다. "아버지께서 행하시는 그것을 아들도 그와 같이 행하느니라"(요 5:19).

4. 그는 사흘만에 방금 언급한 그런 식으로 다시 살아 나셨는데 그 이유는, 1. 메시야와 관련된 모든 예언들과 모형들을 포함하고 있는 성경들이 그가 사흘만에 다시 사실 것을 선언하기 때문이다(예. 요나의 모형). 2. 그의 육체가 썩지 않고 다시 살아나는 것이, 또한 그러면서도 그가 진정 죽으셨다는 사실에 대해 의심이 없을 만큼의 시일이 흐른 후에 다시 살아나는 것이 합당했기 때문이다. 이런 이유로 그는 하루만이 아니라 사흘만에 다시 살아나신 것이다. 그러므로 사건의 실체가 그 모형과 일치하도록, 또한 예수께서 조상들에게 약속하신 메시야이심을 우리가 알게 하기 위하여, 그가 사흘만에 다시 살아나신 그 정황이 사도신경에 덧붙여진 것이다.

3. 그가 살아나신 목적은 무엇인가?

그리스도께서 살아나신 목적은, 1. 그 자신의 영광과 그의 아버지의 영광을 위함이었다. "성결의 영으로는 죽은 자들 가운데서 부활하사 능력으로 하나님의 아들로 선포되셨으니"(롬 1:4), "아버지여 때가 이르렀사오니 아들을 영화롭게 하사 아들로 아버지를 영화롭게 하게 하옵소서"(요 17:1). 성자의 영광은 곧 성부의 영광이다.

2. 그리스도의 죽으심과 부활에 관하여 선포되었던 예언들을 이루기 위함이었다. "이는 주께서 내 영혼을 스올에 버리지 아니하시며 주의 성도를 멸망시키지 않으실 것임이니이다"(시 16:10; 참조. 행 2:27), "그의 영혼을 속건제물로 드리기에 이르면 그가 씨를 보게 되며 그의 날은 길 것이요 또 그의 손으로 여호와께서 기뻐하시는 뜻을 성취하리로다 그가 자기 영혼의 수고한 것을 보고 만족하게 여길 것이라"(사 53:10, 11), "악하고 음란한 세대가 표적을 구하나 선지자 요나의 표적밖에는 보일 표적이 없느니라"(마 12:39), "그들은 성경에 그가 죽은 자 가운데서 다시 살아나야 하리라 하신 말씀을 아직 알지 못하더라"(요 20:9). 이런 예언들을 볼 때에, 그리스도께서는 반드시 죽으시고 다시 살아나셔서 성경의 예언들이 성취되도록 하셔야 했다: "내가 만일 그렇게 하면 이런 일이 있으리라 한 성경이 어떻게 이루어지겠느냐"(마 26:54). 곧, 하나님께서 성경에 계시해 놓으신 그의 불

변하는 작정들 때문에 그는 그대로 그것들을 성취하셔야 했던 것이다. 이는 사도 행전 4:27, 28에서도 말씀하고 있다: "과연 헤롯과 본디오 빌라도는 이방인과 이스라엘 백성과 합세하여 하나님께서 기름 부으신 거룩한 종 예수를 거슬러 하나님의 권능과 뜻대로 이루려고 예정하신 그것을 행하려고 이 성에 모였나이다." 그리스도께서 친히 자신의 죽으심과 부활에 대해 말씀하신 예언들도 여기에 포함된다: "인자가 장차 사람들의 손에 넘겨져 죽임을 당하고 제삼일에 살아나리라"(마 17:22, 23), "너희가 이 성전을 헐라 내가 사흘 동안에 일으키리라"(요 2:19).

3. 다시 사신 그분의 위엄과 권능 때문이다. 사도 베드로는 이것을 염두에 두고서 그리스도께서 사망 권세 아래 붙잡혀 계실 수 없다고 선언하고 있다: 1. 그는 하나님의 사랑하시는 자요 그의 독생자이시기 때문이다. "하나님이 세상을 이처럼 사랑하사 독생자를 주셨으니"(요 3:16), "아버지께서 아들을 사랑하사 만물을 다 그의 손에 주셨으니"(요 3:35). 2. 그리스도께서 참 하나님이시며 생명의 주인이시요 근원이시기 때문이다. "나는 부활이요 생명이니 나를 믿는 자는 죽어도 살겠고"(요 11:25), "아버지께서 죽은 자들을 일으켜 살리심 같이 아들도 자기가 원하는 자들을 살리느니라"(요 5:21), "아버지께서 자기 속에 생명이 있음 같이 아들에게도 생명을 주어 그 속에 있게 하셨고"(요 5:26), "내가 그들에게 영생을 주노니 영원히 멸망하지 아니할 것이요"(요 10:28). 만일 그리스도께서 사람들에게 생명을 주시는 분이시라면, 그가 사망의 권세 아래 매여 있고 다시 사시지 못한다는 것은 모순일 것이다. 3. 그리스도 자신은 의로우신 분이셨고, 그의 죽으심으로 말미암아 그에게 전가되었던 우리의 죄들을 다 보상하셨다. 그러나 죄가 없는 곳에는 사망이 더 이상 왕 노릇하지 못하는 법이다. "그가 거룩하게 된 자들을 한 번의 제사로 영원히 온전하게 하셨느니라"(히 10:14), "그가 죽으심은 죄에 대하여 단번에 죽으심이요 그가 살아 계심은 하나님께 대하여 살아 계심이니"(롬 6:10).

4. 그리스도께서 살아나신 것은 중보자의 직분을 계속 수행하시기 위함이었다. 계속 사망 아래 매여 계셨더라면 그는 그 직분을 수행하지 못하셨을 것이다. 1. 참 하나님이시며 참 사람이신 중보자로서는 영원히 다스리시는 것이 합당했다. "하나님이여 주의 보좌는 영원하며 주의 나라의 규는 공평한 규이니이다"(시 45:6), "나는 그의 나라 왕위를 영원히 견고하게 하리라"(삼하 7:13), "그의 후손이 장구하고 그의 왕위는 해 같이 내 앞에 항상 있으며 또 궁창의 확실한 증인인 달 같이 영원히 견고하게 되리라"(시 89:36, 37), "그들은 내 백성이 되고 나는 그들의 하나

님이 되리라 내 종 다윗이 그들의 왕이 되리니 그들 모두에게 한 목자가 있을 것이라"(겔 37:23, 24), "나라와 권세와 온 천하 나라들의 위세가 지극히 높으신 이의 거룩한 백성에 붙인 바 되리니 그의 나라는 영원한 나라이라 모든 권세 있는 자들이 다 그를 섬기며 복종하리라"(단 7:27), "그 정사와 평강의 더함이 무궁하며 또 다윗의 왕좌와 그의 나라에 군림하여 그 나라를 굳게 세우고 지금 이후로 영원히 정의와 공의로 그것을 보존하실 것이라"(사 9:7), "영원히 야곱의 집을 왕으로 다스리실 것이며 그 나라가 무궁하리라"(눅 1:33). 그러므로 다윗의 씨로 된 인성이 죽은 자 가운데서 다시 살아나셔서 다스리셔야 했던 것이다. 2. 우리의 형제요 참 사람이신 중보자께서 계속해서 우리를 위하여 간구하시며 또한 영원한 제사장으로서 우리 대신 하나님 앞에 나타나셔야 했다. "너는 멜기세덱의 서열을 따라 영원한 제사장이라"(시 110:4), "죽으실 뿐 아니라 다시 살아나신 이는 그리스도 예수시니 그는 하나님 우편에 계신 자요 우리를 위하여 간구하시는 자시니라"(롬 8:34). 3. 참 사람이신 중보자로서는 공로와 공효 모두를 통해서 중보자가 되시는 것이 합당했다. 그저 죽으시는 것만으로는 충족하지 못했다. 자신의 죽으심으로 우리를 위해 값 주고 사신 은덕들을 그의 능력으로 교회에게와 우리 모두에게 베푸시는 것이 합당했다. 이 은덕들은 의와 성령과 영생과 영광이다. 이런 축복들을 공로로 벌으셔서 베푸시는 것이 중보자의 임무였던 것이다. 그런데 그가 사망의 권세 아래 그대로 계시고 죽은 자 가운데서 다시 살아나지 않으셨다면, 우리에게 그런 은덕들을 베푸실 수가 없었을 것이며, 따라서 우리를 위해서 아무것도 이루지 못하셨을 것이다. 그렇기 때문에 이런 축복들이 그리스도 안에 저장되어 있어서 그가 우리를 그것들에 참여하게 하시는 것이다: "우리가 다 그의 충만한 데서 받으니 은혜 위에 은혜러라"(요 1:16). 또한 그리스도께서 자신의 죽으심으로 하나님으로부터 우리를 위하여 벌어놓으신 동일한 축복들을 우리에게 베푸신다는 것이 이상스런 일이 아니다. 사람이 누군가에게 어떤 것을 얻을 수도 있고 또한 그것을 다른 이에게 줄 수도 있기 때문이다. 예를 들어서, 어떤 사람이 다른 사람을 위하여 왕에게 1천 달러를 선물로 줄 것을 간청할 수도 있다. 그때에 그 왕이 그 간청하는 자를 생각하여 그 간청을 수락하여 그 사람에게 그 금액을 주어서 그로 하여금 그 다른 사람에게 전해 주도록 할 수도 있다. 이 경우 그 사람은 왕으로부터 선물을 받아 곧바로 그것을 전해 주게 된다. 그리스도의 경우도 마찬가지다. 우리가 그리스도의 신격의 능력으로 중생되고 의롭다 함을 얻으므로 그 능력으로 우리에게 그의 은덕들을 베푸실 수도 있었으나, 하나님께서 사람을 통하여 죽은 자를 살리시기로 작정하셨고(또한 죽은 자의 부활도 사람으로 말미암음으로) 또한 사람으로 세상을 심판하도록 작정하셨으므로, 이런 동일한 은덕들도 사람이신 예수로 말미암아 베푸시기로 작정하셨고, 그리하여 그가 참 하나님이시요 동시에 참 사람이신 중보자로 계속 있게 하신 것이다. 바로 그렇기 때문에 그리스도께서는 영원토록 우리의 형제요 우리의 머리로 남아 계셔야 하며, 또한 우리는 참된 믿음으로 그에게 접붙임을 받아 계속해서 그의 지체들이 되어야 하는 것이다: "내 안에 거하라 나도 너희 안에 거하리라"(요 15:4). "그는 내 종 다윗이라 그가 그들을 먹이고 그들의 목자가 될지라"(겔 34:23)라는 말씀처럼, 우리의 구원은 다윗의 자손에게 그 기초가 있는 것이다. 그러나 만일 그의 인성이 사망의 권세 아래 그대로 있었다면, 그는 우리의 형제도 아니요 우리가 그의 지체도 아닌 것이 되고 말았을 것이다.

반론. 그러나 그리스도는 성육신 이전 구약 아래에서 그의 인성이 없이도 신약 아래에서 우리에게 베푸시는 것과 동일한 축복들을 조상들에게 베푸셨고, 그가 우리의 본성을 취하시기 전에도 취하신 후와 마찬가지로 중보자이셨다. 그러므로 그리스도께서 반드시 사람이 되시고 죽으셔야 할 필요는 없었다.

답변. 그리스도께서 후에 사람이 되셔서 그대로 남아 계시지 않았더라면, 그는 구약 아래에서 행하신 그 일들을 하실 수 없었을 것이다. 또한 그가 죽은 자 가운데서 다시 살아나지 않았더라면, 혹은 자신이 취하신 우리의 본성을 영원토록 보유하지 않으신다면, 그는 현재도 그 일들을 하실 수가 없을 것이다: "아버지께서 … 또 인자됨으로 말미암아 심판하는 권한을 주셨느니라"(요 5:27).

5. 그리스도께서는 다음 세 가지 점에서 우리의 구원을 위하여 다시 살아나셨다: 1. **우리의 의롭다 하심을 위하여**. "예수는 … 우리를 의롭다 하시기 위하여 살아나셨느니라"(롬 4:25). 우리의 의롭다 하심을 위하여는 중보자의 부활이 필수적이었다. 이는 첫째로, 부활이 없이는 그의 보상이 완전한 것이 못되었을 것이고 따라서 그가 당하신 형벌도 유한한 것이 되었을 수밖에 없었을 것이기 때문이다. 그리고 그런 보상과 형벌이 없이는 우리가 영원한 죽음에서 자유함을 얻을 수 없었을 것이다. 중보자께서 그 죽음을 완전히 극복하셔야 비로소 그가 우리를 거기에서 구해내실 수가 있는 것이다. 그러나 그가 우리 속에서 죽음을 몰아내시기 위해서는 그가 먼저 그 죽음을 이기시고 그리하여 다음의 예언의 말씀을 성취하셔야

하는 것이다: "사망아 네 재앙이 어디 있느냐? 스올아 네 멸망이 어디 있느냐?"(호 13:14; 고전 15:55). 그는 십자가에 달리셨을 때에 "그가 남은 구원하였으되 자기는 구원할 수 없도다"(마 27:42)라고 그를 모욕한 자들을 그의 부활로써 무너뜨리셨다. 더 나아가서, 만일 그가 사망을 정복하지 않으셨더라면, 그의 죽으심으로 말미암아 우리를 위하여 얻으신 은덕들을 우리에게 베푸실 수도 없었을 것이다. 이미 지적한 바와 같이 그 은덕들을 얻으시는 것과 베푸시는 것이 모두 중보자의 직분에 속하는 일이었다. 그가 죽은 자 가운데서 다시 살아나지 않으셨다면, 우리는 그가 우리를 위해 보상을 치르셨다는 것도 알지 못했을 것이다. 그가 보상을 치르지 못하시고 오히려 사망과 죄의 짐에 삼킨 바 되었다는 것이 분명한 주장이 되었을 것이다. 사망이 있는 곳에는 죄가 있기 마련이기 때문이다. 혹은 만일 그가 우리를 위해 보상을 하시고 나서 사망의 권세 아래 그냥 그대로 계셨다면, 그것은 하나님의 정의와 모순되는 일이었을 것이다. 그러므로 우리를 위하여 완전한 보상을 치르기 위해서는 물론 그가 이 일을 완전히 이루시고 우리에게 은덕을 베푸셨음을 우리로 알게 하기 위해서도, 또한 그가 친히 이 은덕들을 우리에게 적용시키시고 그리하여 우리가 그의 공로와 공효로 말미암아 의롭다 하심을 받고 구원을 얻을 수 있기 위해서도, 그리스도께서 다시 살아나시는 것이 필수적이었던 것이다. 2. **그리스도께서는 우리의 중생을 위하여 다시 살아나셨다.** 의롭다 하심이나 죄 사함은 중생, 그리고 새 생명이 없이는 충족하지 못한 것이다. 3. 그리스도께서는 그가 자신의 죽으심을 통하여 우리를 위해 값 주고 사신 그 은덕들을 보존시키고, 그리하여 **우리의 부활과 영화를 보장하시기 위하여** 다시 살아나셨다. 하나님께서는 우리를 살리시고 영화롭게 하시기를 영원 전부터 목적하셨고, 우리로 하여금 그의 아들의 몸 혹은 인성에 접붙인 바 되어 그로 말미암아 나고 그로부터 생명을 누리기를 원하신 것이다. "사망이 한 사람으로 말미암았으니 죽은 자의 부활도 한 사람으로 말미암는도다"(고전 15:21). 그리스도께서는 이런 필수적인 이유들 때문에 다시 살아나신 것이다. 곧, 죽으심으로 말미암아 육체로부터 분리되었던 그의 영이 다시 그의 육체와 연합한 것이다. 부활이란 동일한 육체와 동일한 영혼이 재결합하는 것 이상 다른 것이 아니기 때문이다.

4. 그의 부활의 유익 혹은 열매들은 무엇인가?
그리스도께서 어떤 목적으로 다시 살아나셨는가라는 질문과 **그의 부활의 열매들**

은 무엇인가라는 질문은 서로 다른 것이다. 그의 부활의 목적이 다 열매는 아니기 때문이다. 그의 부활의 목적들과 또한 그 부활의 열매들은 서로 방면이 다른 것이다. 또한 그리스도께서 그의 부활로 말미암아 우리를 위하여 확보하신 은덕들은 그것이 필수적으로 수반된다는 점에서 부활의 목적들이라 하겠다. 그의 부활의 능력으로 이 은덕들이 반드시 베풀어지기 때문이다.

그리스도의 부활의 열매는 두 가지인데, 각기 그리스도와 우리에게 관계된다.

그리스도에 관해서는, 그는 죽은 자 가운데서 부활하심으로써 하나님의 아들로, 하나님의 독생자로 선포되셨으며(롬 1:4) 그 자신이 하나님이시다. 그는 자신의 능력으로 다시 살아나셨는데, 이는 오직 하나님께만 있을 수 있는 일이기 때문이다. "그 안에 생명이 있었으니"(요 1:4), "아버지께서 자기 속에 생명이 있음 같이 아들에게도 생명을 주어 그 속에 있게 하셨고"(요 5:26). 그리고 더 나아가서, 부활로 말미암아 그리스도의 인성이 하늘의 은사들과 영원불멸과 또한 하나님의 아들의 본성에 합당한 영광을 부여받으셨다. "너희 마음의 눈을 밝히사 그의 부르심의 소망이 무엇이며 성도 안에서 그 기업의 영광의 풍성함이 무엇이며 그의 힘의 위력으로 역사하심을 따라 믿는 우리에게 베푸신 능력의 지극히 크심이 어떠한 것을 너희로 알게 하시기를 구하노라. 그의 능력이 그리스도 안에서 역사하사 죽은 자들 가운데서 다시 살리시고 하늘에서 자기의 오른편에 앉히사 모든 통치와 권세와 능력과 주권과 이 세상뿐 아니라 오는 세상에 일컫는 모든 이름 위에 뛰어나게 하시고 또 만물을 그의 발 아래에 복종하게 하시고 그를 만물 위에 교회의 머리로 삼으셨느니라. 교회는 그의 몸이니 만물 안에서 만물을 충만하게 하시는 이의 충만함이니라"(엡 1:18-23).

우리와 관계되는 그리스도의 부활의 열매는 여러 가지다. 일반적으로 말하자면, 그리스도의 죽으심의 모든 은덕들이 그의 부활의 열매들이라 할 수 있을 것이다. 왜냐하면 그의 죽으심이 목적한 바 효과들을 그의 부활이 확보해 주기 때문이다. 그리스도께서는 그가 우리를 위해 얻으신 은덕들을 그의 부활로 말미암아 우리에게 적용시키신다. 이렇게 보면, 그의 죽으심과 부활의 은덕들이 같은 것이 된다. 그의 죽으심으로 우리를 위해 얻어진 것들이 그의 부활로 말미암아 우리에게 베풀어지는 것과 다르지 않다면 말이다. 은덕들을 공로로 얻는(meriting) 그 행위가 구약의 교회와 신약의 교회 전 기간 동안 계속되어야 할 필요는 없었다. 그러나 그 행위는 그 은덕들을 베풀고 적용시키는 행위와는 다른 것이었다. 이 행위는 영원히 계속되는 행위였던 것이다. 그러므로, 중보자는 교회의 매 시기마다 반드시 계셔야만 했다. 그래야만 그가 단번에 얻으신 그 축복들을 항상 베풀어주실 수가 있기 때문이었다. 중보자가 계시지 않는다면 그 축복들을 베푸시는 일도 불가능한 것이었다. 그리스도의 성육신 이전에 존재한 교회에 관해서는, 중보자는 아직 일어나지 않은 그의 죽으심의 은덕들을 장차 일어날 그의 부활의 능력과 공효로 말미암아 베푸신 것이다. 그러나 지금 그는 이 은덕들을 이미 일어난 그의 부활의 능력으로 말미암아 우리에게 베푸시는 것이다.

이제는 그리스도의 부활이 우리를 위하여 확보해 주는 주요 열매들을 구체적으로 살펴볼 차례가 되었다.

1. 그리스도의 부활은 **그의 공로**를, 즉 그가 우리 죄를 완전히 보상하셨음을 증언해 준다. 단 하나의 죄가 속해지지 않았더라도, 그는 사망의 권세 아래 있을 수밖에 없었을 것이다. 왜냐하면 그는 털끝만큼도 모자람이 없이 완전히 죄의 값을 치르기 전에는 절대로 빠져 나올 수 없는 그런 감옥에 던져지신 것이기 때문이다. 그러나 그는 이 감옥에서 나오셨다. 그러므로 그는 조금도 부족함 없이 완전히 값을 지불하신 것이 분명한 것이다. 이러한 그의 공로로 말미암아 우리가 죄 사함을 얻고 하나님 앞에서 의롭다 하심을 얻는 것이다. 그리스도의 부활은 또한 우리에게 **그의 은덕들이 적용된다는 사실**을 확신하게 해 준다. 그가 부활하지 않으셨다면 그 은덕들을 우리에게 베푸실 수가 없었을 것이니 말이다. 이미 살펴본 대로 사람인 동일한 중보자께서 그 은덕들을 공로로 얻으시고 또한 베푸시는 것이 합당하며, 바로 이런 이유로 그가 죽은 자 가운데서 다시 사신 것이다. 그러므로 그가 다시 사셨으니, 우리는 그가 그의 죽으심의 은덕들을 공로로 얻으셨을 뿐 아니라 또한 그 은덕들을 우리에게 베푸실 수 있다는 확신을 갖게 되는 것이다. 사도 바울은 "예수는 우리를 의롭다 하시기 위하여 살아나셨느니라"(롬 4:25)라고 말씀하는데, 이는 곧 부활로 말미암아 예수님 자신의 의를 우리에게 베푸시고 적용시키신다는 의미인 것이다.

2. 그리스도의 부활의 결과로 우리에게 주어지는 또 하나의 은덕은 **성령을 주심**인데, 이를 통하여 그리스도께서는 우리를 중생케 하시고 우리를 영생에로 살게 하신다. 그 자신이 먼저 사망을 던져버리시고 그 다음에 우리에게서 사망을 던져버리시는 것이 합당했다. 성령께서 우리에게 임하시기 위해서는 우리가 그와 연합하여 그를 우리의 머리로 삼아야 할 필요가 있다. 그리하여 그는 죽은 자 가운데

서 부활하심으로써 성령을 우리에게 베푸시며, 또한 그를 통하여 우리를 자기 자신과 연합시키시며, 우리를 중생케 하시고 살리시는 것이다. 구약 시대의 교회에서도 경건한 자들이 성령을 부여받고 성령으로 말미암아 중생을 얻은 것은 사실이다. 그러나 그때에는 지금 신약 아래에서 우리가 누리는 만큼은 성령의 영향력을 누리지 못했다. 우리는 오직 성령으로 말미암아 중생함을 얻는데, 그 성령은 그리스도의 부활과 승천이 없이는 베풀어질 수가 없었던 것이다. 그리하여 "예수께서 아직 영광을 받지 않으셨으므로 성령이 아직 그들에게 계시지 아니하시더라"(요 7:39)라고 말씀하는 것이다.

3. **우리의 육체의 부활**이 그리스도의 부활의 또 하나의 열매다. 그리스도의 부활은 다음과 같은 점에서 우리의 부활의 보증이다. 1. 그가 우리의 머리시요 우리는 그의 지체들이기 때문이다. 우리의 머리이신 그의 영광의 많은 부분이 그의 지체들의 영광과 위엄에 따라 좌우되며 거기서 비롯된다. 그리스도의 지체들이 사망의 권세 아래 그대로 있다 할지라도 그리스도께서 그 스스로 영광 가운데 계실 수 있는 것은 사실이다. 그러나 이 경우 그는 머리나 왕이 되실 수가 없다. 왜냐하면 지체들이 없는 머리도 있을 수 없고, 왕국이 없는 왕도 있을 수 없기 때문이다. 그러므로 그의 지체들이 있어야만 비로소 그리스도께서 그들의 머리가 되시는 것이다. 2. 그리스도께서 다시 살아나셨다면, 그는 죄를 제거하신 것이다. 그 자신의 죄를 제거하신 것은 아니다. 그는 그 어떠한 죄도 없으신 분이기 때문이다. 그렇다면 그것은 바로 우리의 죄를 제거하신 것이 된다. 그런데 그가 우리의 죄를 제거하셨다면, 우리의 사망도 제거하신 것이다. 원인을 제거하셨으니 동시에 그 결과도 제거하신 것이기 때문이다. "죄의 삯은 사망이요"(롬 6:23). 그리고 더 나아가서, 그의 부활이 충만히 증언하듯이 그가 우리의 죄에 대해 완전히 보상하심으로써 사망을 제거하셨다면, 그의 부활은 우리의 부활의 확실한 증거요 보증이다. 그리스도께서 우리를 대신하여 완전히 보상하셨으므로 우리가 사망 가운데 계속 있는 것이 불가능하기 때문이다. 3. 첫 아담이 자기 자신과 그 모든 후손을 위하여 은덕을 받았다가 그의 모든 후손들을 위하여 그 동일한 은덕을 상실해 버린 것처럼, 둘째 아담이신 그리스도도 그 자신과 우리를 위하여 생명과 영광을 받으셨고, 따라서 이 생명과 기타 다른 모든 은사들을 우리에게 전해 주실 것이다. 4. 그리스도의 부활이 우리의 부활의 보증이라는 사실은, 그리스도 안에 거하셨던 그 동일한 성령이 우리 안에 거하시며 우리의 머리이신 그리스도 안에서 행하신 것과 동

일한 일을 우리 속에서 행하실 것이라는 사실에서 유추할 수가 있다. 누구에게 거하시든 성령은 언제나 동일하시다. 머리에게는 유효적으로 일하시면서 그 지체들에게서는 잠자고 계시지 않는 것이다. 그러므로 그리스도께서 그의 성령을 통하여 죽은 자 가운데서 스스로 살아나신 것이 분명하니, 그가 또한 우리도 반드시 다시 살리실 것이다. "예수를 죽은 자 가운데서 살리신 이의 영이 너희 안에 거하시면 그리스도 예수를 죽은 자 가운데서 살리신 이가 너희 안에 거하시는 그의 영으로 말미암아 너희 죽을 몸도 살리시리라"(롬 8:11). 5. 그리스도는 우리의 형제요 따라서 우리를 향하여 부드러운 사랑과 연민이 있으므로 사망의 권세 아래 우리를 내버려두시지 않을 것이다. 권세와 영광이 그에게 있으니 더더욱 그러하다. 그가 죽으셨을 때에 자기 자신을 살리셨다면, 우리를 살리실 수 있는 것은 두말할 것도 없다. 특히 현재 그가 살아 계시니 더더욱 그러하다. 낮아지심의 상태에 계실 때에 자기 자신을 죽은 자 가운데서 살리실 능력이 있었다면, 그가 현재 성부 하나님의 우편에서 영광스럽게 통치하고 계시니 더더욱 우리를 살리실 수 있는 것이다. 그러나 이 세 가지 외에도 그리스도의 부활이 우리에게 확보해 주는 다른 열매들이 있는데, 곧 다음과 같은 것들이다.

4. 그리스도의 부활은 그가 메시야이심을 확증해 준다. 갖가지 예언들의 그의 부활을 통해서 가장 완전하고도 정확하게 성취되었기 때문이다.

5. 그가 현재 중보자의 직분의 다른 부분들을 이행하신다는 것을, 즉 그가 구속의 은덕을 우리에게 적용시키시며 그가 우리에게 전가시키신 그의 안에 우리를 끊임없이 보존시키시고 우리 속에 새 생명을 시작하게 하시며 그리하여 영생의 완성에 대해 우리에게 확신을 주신다는 것을, 그리스도의 부활이 확증시켜 준다. 그의 부활이 없었다면 그 모든 것이 불가능한 것이다.

6. 그리스도께서 지금 살아서 영원토록 다스리시는 것을 볼 때에, 그가 그의 교회를 보존하시고 보호하시리라는 것을 우리가 확신하게 된다.

7. 그리스도의 부활로부터 나오는 마지막 은덕은 그의 모든 은덕들의 완성과 교회의 영화(glorification)다. 그리스도께서 죽으시고 다시 살아나시고 우리를 죄로부터 완전히 구원하신 것은 바로 그의 나라와 영광 가운데서 그와 함께 상속자들이 되도록 하시기 위함이었던 것이다. "그는 죽은 자들 가운데 먼저 나신 이시니"(골 1:18), "자녀이면 또한 상속자 곧 하나님의 상속자요 그리스도와 함께 한 상속자니"(롬 8:17). 그가 우리를 자기 자신과 같이 되게 하실 것이다. 그와 우리가 동

일한 성령으로 말미암아 살기 때문이다. 그리고 이 성령은 그리스도 자신과 다르지 않다. "예수를 죽은 자 가운데서 살리신 이의 영이 너희 안에 거하시면 그리스도 예수를 죽은 자 가운데서 살리신 이가 너희 안에 거하시는 그의 영으로 말미암아 너희 죽을 몸도 살리시리라"(롬 8:11), "내가 다시 와서 너희를 내게로 영접하여 나 있는 곳에 너희도 있게 하리라"(요 14:3).

그리스도의 부활의 열매들에 관하여 지금까지 논의한 바를 정리하면, 그가 죽은 자 가운데서 다시 살아나신 것을 볼 때에 그가 하나님의 아들로 선포되셨고 또한 그의 인성이 하나님의 아들의 본성에 합당한 영광을 부여받았으며 또한 그가 우리에게 그의 의를 베푸시고 그의 성령으로 말미암아 우리를 중생케 하시며 또한 그가 우리 속에서 시작하신 그 새 생명을 완전하게 하시고 그와 더불어 그의 영광과 복락과 영생에 참여하게 하실 것이라는 것이 분명하다는 것이다.

반론 1. 지금까지 논의한 바에 따르면 그리스도의 부활은 악인의 부활을 뒷받침하는 논지도 될 수 없고 그들의 부활의 원인이 될 수도 없다. 그들은 그리스도의 지체들이 아니기 때문이다. 그러므로 악인은 부활하지 않을 것이다.

답변. 악인이 부활하는 것은 그리스도의 부활 때문이 아니라 다른 원인들 때문이다. 곧, 하나님의 의로우신 심판 때문이다. 그들은 영원토록 형벌을 받기 위해서 죽은 자 가운데서 부활할 것이다. 결과는 같아도 원인이 다를 경우가 얼마든지 있을 수 있는 것이다.

반론 2. 그러나 지금까지 명시한 것들은 그리스도의 죽으심의 은덕들이며 따라서 그의 부활의 열매들로 볼 수가 없다.

답변. 그것들은 그리스도께서 죽으심으로 말미암아 공로로 얻으신 것들이라는 점에서는 그의 죽으심의 은덕들이며, 또한 그가 그것들을 그렇게 공로로 얻으셨다는 것이 부활로 말미암아 분명하게 드러났다는 점에서는 그의 부활의 열매들이라 할 수 있다. 그가 우리를 위하여 이 은덕들을 값 주고 사셨다는 것을 그의 부활을 통해서 선포하셨기 때문이다. 자신이 당하신 형벌의 상태로부터 나오심으로써 그는 그가 우리의 죄를 완전히 보상하셨음을 선포하신 것이다. 그리고 그리스도께서 다시 살아나셔서 그 은덕들은 적용시키신다는 점에서 그것들은 그의 부활의 열매들이다. "부요하신 이로서 너희를 위하여 가난하게 되심은 그의 가난함으로 말미암아 너희를 부요하게 하려 하심이라"(고후 8:9).

반론 3. 원인은 결과보다 앞선다. 여기서 그리스도의 부활이 이 은덕들의 원인이라고 말씀하나, 그 부활은 구약 시대의 조상들의 의롭다 하심과 성도들의 부활보다 앞선 것이 아니었다. 그러므로 이 은덕들을 포괄하는 그 결과가 그 자체의 원인일 수는 없는 것이다.

답변. 소 전제를 인정할 수 없다. 그 원인이 물론 그 완성된 상태로는 존재하지 않았으나 그 공효와 덕성에 있어서는 구약 시대에도 하나님의 경륜 속에 존재했기 때문이다. 구약 시대에도 조상들이 장차 세상에 오사 자기를 낮추시고 영광을 받으실 중보자를 통하여 하나님의 은혜 속으로 받아들여졌고 또한 성령의 영향력과 기타 다른 은사들을 어느 정도 받았기 때문이다.

그렇다면 그리스도께서 **사흘 만에 죽은 자 가운데서 다시 살아나셨음**을 믿는다는 사도신경의 조목의 의미는 무엇인가? 그것은 다음과 같은 사실을 믿는 것이다: 1. 그리스도께서 그의 영혼을 죽은 상태에 있는 그의 육체와 진정으로 연합시키셨고 그리하여 다시 살아나셨다는 것. 2. 그가 참된 영혼과 육체를 보유하셨다는 것과, 또한 그의 영혼과 육체가 모두 현재 영광된 상태에 계시고 모든 연약함에서 자유한 상태에 계시다는 것. 3. 그가 자신의 신적인 능력으로 다시 살아나셨다는 것. 4. 그가 우리를 위해 값 주고 사신 의와 거룩함과 영화에 참여하게 하실 목적으로 다시 살아나셨다는 것.

그리스도의 승귀

제18주일

46문 그리스도께서 "하늘에 오르사" 라는 말을 그대는 어떻게 이해합니까?

답 그리스도께서 제자들이 보는 가운데서 땅으로부터 하늘로 취하여지셨고, 우리의 유익을 위하여 거기에 계속 계시며, 장차 산 자와 죽은 자들을 심판하기 위하여 다시 오신다는 뜻입니다.

[해 설]

그리스도의 승천(昇天)은 그의 육체와 영혼이 땅으로부터 하늘로 가시적으로 장소적으로 진정 옮아가신 사건인데, 그 하늘은 눈에 보이는 모든 하늘들보다 높은 하나님의 우편이다. 그리하여 그는 가까이 가지 못할 빛 가운데 계시고 앞으로 심판을 위하여 다시 오시기까지 거기에 계속 계실 것이다. 그리스도의 부활에 관한 조목에서처럼 이에 대해서도 우리는 주로 두 가지 것을 주목해야 하는데, 그 되어진 역사와 그 열매가 그것이다.

그리스도의 승천의 역사에 대해서는, 다음의 것들을 논의하여야 한다: 1. **누가 올라가셨는가?** 고난당하시고 다시 살아나신 바로 그분이 올라가셨다. 2. **그가 무엇을 따라 올라가셨는가?** 그의 인성을 따라 올라가셨다. 3. **그가 어디로 올라가셨는가?** 하늘로, 눈에 보이는 하늘들 위로 올라가셨다. 4. **어떤 수단을 통해서 올라가셨는가?** 그의 신격의 고유한 능력으로 올라가셨다. 5. **그가 올라가신 목적은 무엇이었는가?** 하늘에서 우리의 머리요 대제사장이 되시기 위함이었다. 6. **그가 어떻게 올라가셨는가?** 눈에 보이도록, 제자들이 그를 바라보는 중에 진정으로 그의 육체가 점점 땅에서부터 들려서 하늘로 올라가셨다. 7. **언제 그가 올라가셨는가?** 부활하신 지 40일째 되는 날에 올라가셨다. 8. **그가 어느 장소에서 올라가셨는가?** 베다니 감람산 위에서 올라가셨다. 승천의 열매들에 대해서는 본 요리문답 49문답을 다룰 때에 논의하기로 한다.

그리스도의 승천에 관하여 여기서 제시한 모든 질문들은 다음과 같이 정리할 수 있을 것이다:

1. 그리스도는 어디로 올라가셨는가?
2. 어떤 식으로 올라가셨는가?
3. 무슨 목적으로 올라가셨는가?
4. 그리스도의 승천은 우리의 승천과 어떤 점에서 다른가?
5. 그리스도의 승천의 열매들은 무엇인가?

1. 그리스도는 어디로 올라가셨는가?

그리스도께서는 그가 죽은 자 가운데서 다시 살아나신 것에 대해서와 또한 그의 참된 인성에 대해 사도들에게 갖가지 무오한 증거들을 주신 후, 사십 일째 되는 날 제자들과 함께 베다니에 계실 때에 그들이 보는 앞에서 하늘로 올라가셨다. **하늘**이라는 용어는 성경에서 세 가지 뜻으로 사용된다. 첫째는 공중을 뜻한다: "공중의 새를 보라"(마 6:26). 둘째로, 눈에 보이는 하늘의 영역을 뜻한다: "주의 손가락으로 만드신 주의 하늘과 주께서 베풀어 두신 달과 별들을 내가 보오니"(시 8:3), "내리셨던 그가 곧 모든 하늘 위에 오르신 자니"(엡 4:10). 셋째로, 축복받은 자들의 장소를 뜻하는데, 이는 이 세계와 눈에 보이는 하늘 바깥의 광활하고 밝고 깨끗하고 영광된 공간으로서 하나님과 축복받은 자들의 거소로서 하나님께서 영원토록 자기 자신을 직접적으로 영광스럽게 드러내시며 복된 천사들과 사람들에게 자기 자신을 전하시는 곳이요 또한 그리스도와 거룩한 영들과 더불어 우리의 복락의 좌소가 마련되는 곳이다. 하나님은 바로 이 하늘에 거하신다고 말씀한다. 그가 그 속에 포함되어 계시다거나 어느 장소에 제한되어 계시다는 것이 아니라, 그가 특별히 거기서 자신의 영광을 복된 천사들과 사람들에게 나타내시고 전해 주신다는 뜻이다.

성경은 이를 새 세상, 새 하늘, 하늘의 예루살렘, 낙원, 아브라함의 품 등으로 부른다. 이 하늘은 어디에나 있는 것이 아니고 땅과 지옥 위에 있으며 그것과 구별되어 있다. "너희와 우리 사이에 큰 구렁텅이가 놓여 있어 여기서 너희에게 건너가고자 하되 갈 수 없고 거기서 우리에게 건너올 수도 없게 하였느니라"(눅 16:26), "하늘은 나의 보좌요 땅은 나의 발판이니"(사 66:1). 엘리야가 취하여간 곳이 바로 이 하늘이었다. 성령께서도 바로 이곳으로부터 오순절에 임하신 것이다. 바울은 이를 삼층천(三層天)이라 불렀다. 그리스도께서 올라가신 곳을 말할 때에는 바로 이 세 번째 의미로 이해해야 하는 것이다.

그러므로 그리스도께서는 축복받은 자들의 거소인 바로 그 하늘로 올라가신 것이다. 이는 하나님의 말씀의 갖가지 분명한 증언들을 통해서 확증되는 것으로서 마귀 자신도 영원토록 왜곡시킬 수 없는 것이다: "그들이 보는데 올려져 가시니 구름이 그를 가리어 보이지 않게 하더라. 올라가실 때에 제자들이 자세히 하늘을 쳐다보고 있는데 흰 옷 입은 두 사람이 그들 곁에 서서 이르되 갈릴리 사람들아 어찌하여 서서 하늘을 쳐다보느냐? 너희 가운데서 하늘로 올려지신 이 예수는 하늘로 가심을 본 그대로 오시리라 하였느니라"(행 1:9-11), "내가 너희를 위하여 거처를 예비하러 가노니"(요 14:2), "축복하실 때에 그들을 떠나 하늘로 올려지시니"(눅 24:51), "주 예수께서 말씀을 마치신 후에 하늘로 올려지사 하나님 우편에 앉으시니라"(막 16:19), "보라 하늘이 열리고 인자가 하나님 우편에 서신 것을 보노라"(행 7:56), "위의 것을 찾으라 거기는 그리스도께서 하나님 우편에 앉아 계시느니라"(골 3:1), "내리셨던 그가 곧 모든 하늘 위에 오르신 자니"(엡 4:10), "우리에게 큰 대제사장이 계시니 승천하신 이 곧 하나님의 아들 예수시라"(히 4:14), "이러한 대제사장은 우리에게 합당하니 거룩하고 악이 없고 더러움이 없고 죄인에게서 떠나 계시고 하늘보다 높이 되신 이라"(히 7:26), "그리스도께서는 참 것의 그림자인 손으로 만든 성소에 들어가지 아니하시고 바로 그 하늘에 들어가사 이제 우리를 위하여 하나님 앞에 나타나시고"(히 9:24), "우리의 시민권은 하늘에 있는지라 거기로부터 구원하는 자 곧 주 예수 그리스도를 기다리노니"(빌 3:20). **반론**. 그러나 마지막 본문에서 언급되는 우리의 시민권은 땅 위에 있다. 그러므로 하늘은 땅 위에 있는 것이다.

답변. 우리의 시민권은 하늘에 있다. 첫째는 우리가 그것에 대해서 갖고 있는 소망과 확실성에서 그러하며, 둘째는 우리가 그 하늘의 생명의 시초를 소유하고 있다는 점에서 그러하다.

그러므로 하나님의 말씀의 증언에 따르면, 그리스도께서는 하나님과 축복받은 자들의 거소인 이 하늘로 올라가셔서 지금 거기 계신 것이요, 또한 그리로부터 세상을 심판하시기 위해 다시 오실 것이다.

그리스도께서 올라가신 곳을 하나님께서 우리에게 알게 하시는 것은, 1. 그리스도께서 사라지시지 않고 참 사람으로 계속 계시며, 하늘에서 사람으로 영원토록 계시리라는 것이 분명히 드러나도록 하기 위함이며, 2. 우리의 생각이 어느 곳으로 나아가야 그에게로 가까이 가며 그리하여 온갖 우상숭배를 피하게 될 지를 알게 하시기 위함이며, 3. 우리의 본향, 혹은 그리스도께서 우리를 데려가사 그와 더불어 거하게 하실 그 본향을 알게 하시기 위함이다.

2. 그리스도께서는 어떤 식으로 하늘로 올라가셨는가?

1. 그의 인성(人性)에 따라서 하늘로 올라가셨다. "나는 항상 있지 아니하리라"(마 26:11). **반론**. 항상 하늘에 계신 자는 그리로 올라가신 것이 아니다. 인자는 하늘에 계셨다. 그러므로 그리로 올라가신 것이 아니다.

답변. 항상 하늘에 계신 분이 그의 신성에 따라서 그리로 올라가신 것은 아니다. 왜냐하면 그의 승천 이전에서 그의 신성은 이미 하늘에 계셨기 때문이다. 그렇기 때문에 그리스도께서 땅에 계실 때에도 그의 신성은 하늘을 떠나신 것이 아닌 것처럼, 그가 지금 하늘에 계시지만 그의 신성은 우리를 떠나 계신 것이 아니다. 키프리아누스는, "주께서 하늘에 올라가셨으나, 그곳은 하나님의 '말씀'이 한 번도 계셔본 일이 없는 곳이 아니었다. 왜냐하면 그는 언제나 하늘에 계셨고 아버지 안에 계셨기 때문이다. 오히려 그 하늘은 육신이 되신 '말씀'이 전에 계셔본 적이 없는 곳이었다"고 말하였다. **재반론.** 내려온 것이라야만 올라가는 법이다. 그의 신성이 내려왔으므로 다시 올라간 것이다.

답변. 여기서 사용되는 표현법은 직설적인 의미로 이해해서는 안 된다. 그의 신성이 내려왔다고 말할 때에는 전에 나타난 일이 없는 곳에 그것이 나타났다는 뜻인 것이다.

2. 그는 국지적으로(locally) 육체적으로 올라가셨다. 곧, 그는 진정한 곳에서 다른 곳으로 옮아가셨다는 뜻이다. 그는 진정한 이동 혹은 변화를 통해서 자신의 인성을 낮은 곳으로부터 더 높은 곳인 하늘로 옮겨가셨다. 만일 그가 육체로 어디에나 계셨다면 그런 일이 불가능했을 것이다. 그리스도께서 진정 국지적으로 승천하셨다는 사실은 다음의 성경 본문들에서 입증된다: "가난한 자들은 항상 너희와 함께 있거니와 나는 항상 있지 아니하리라"(요 12:8), "내가 떠나가는 것이 너희에게 유익이라 내가 떠나가지 아니하면 보혜사가 너희에게로 오시지 아니할 것이요 가면 내가 그를 너희에게로 보내리니"(요 16:7), "내가 아버지에게서 나와 세상에 왔고 다시 세상을 떠나 아버지께로 가노라"(요 16:28), "그러면 너희는 인자가 이전에 있던 곳으로 올라가는 것을 본다면 어떻게 하겠느냐?"(요 6:62), "그러므로 너희가 그리스도와 함께 다시 살리심을 받았으면 위의 것을 찾으라 거기는 그리스도께서 하나님 우편에 앉아 계시느니라"(골 3:1), "승천하신 날까지의 일"(행 1:2), "그들이 보는데 올려져 가시니 구름이 그를 가리어 보이지 않게 하더라"(행 1:9).

3. 그리스도께서는 눈에 보이도록 하늘로 올라가셨다. 그의 육체가 하늘로 올라가는 모습이 제자들에게 보였고, 그들이 이를 증언하였다. "그들이 보는데 올려져 가시니"(행 1:9). 그들이 더 이상 볼 수 없을 때까지 그는 계속 올라가셨다. 그들은 구름이 가려 모습이 보이지 않게 되기까지 그를 바라보았다.

4. 그는 자기 자신의 능력으로 올라가셨다. 즉, 그를 죽은 자 가운데서 다시 살리신 그의 신격의 능력으로 올라가신 것이다. "내가 내 아버지 곧 너희 아버지, 내 하나님 곧 너희 하나님께로 올라간다 하라"(요 20:17), "내가 너희를 위하여 거처를 예비하러 가노니"(요 14:2), "하나님이 오른손으로 예수를 높이시매"(행 2:33).

5. 그는 부활 후 사십 일째 되는 날에 올라가셨다. 어째서 그보다 빨리 부활하신 직후에, 혹은 그보다 늦게 승천하지 않으시고 하필 그날에 승천하셨는가? 라고 묻는다면, 우리는 그가 승천을 그렇게 늦추신 것은 그의 부활에 대하여와 그의 인성에 대해 흔들림 없는 확고한 증거들을 주시기 위함이었으며("그가 고난 받으신 후에 또한 그들에게 확실한 많은 증거로 친히 살아 계심을 나타내사", 행 1:3) 또한 제자들에게 그의 나라에 관하여 교훈을 주시고 ― 그가 죽으시기 전에 그들에게 말씀하신 것들을 다시 생각나게 하시고 ― 그리하여 그들뿐 아니라 우리까지도 그의 부활과 인성의 진리에 대해 확신을 갖게 하시기 위함이었다고 답할 것이다: "사십 일 동안 그들에게 보이시며 하나님 나라의 일을 말씀하시니라"(행 1:3).

6. 그는 심판의 날 이전에는 다시 돌아오지 않으시기 위하여 하늘로 올라가셨다. "너희 가운데서 하늘로 올려지신 이 예수는 하늘로 가심을 본 그대로 오시리라"(행 1:11), "가서 너희를 위하여 거처를 예비하면 내가 다시 와서 너희를 내게로 영접하여 나 있는 곳에 너희도 있게 하리라"(요 14:3), "너희가 이 떡을 먹으며 이 잔을 마실 때마다 주의 죽으심을 그가 오실 때까지 전하는 것이니라"(고전 11:26), "만물을 회복하실 때까지는 하늘이 마땅히 그를 받아 두리라"(행 3:21).

반론 1. 하늘 저 너머에는 아무 곳도 없다. 그러므로 그리스도의 승천은 장소적인 이동이 아니다.

답변. 물론 하늘 너머에는 자연적인 장소는 없다. 그러나 형이상학적이며 초자연적인 장소, 혹은 천상(天上)의 장소는 있다. 그러나 그곳이 어디며 어떤 식의 장소인지는 우리의 현재의 지식으로는 이해할 수가 없다. 그러나 우리로서는 성경의 선언들에 따라서 **그런 곳이 있다는 것**을 알고 믿는 것으로 족하다. "내가 너희를 위하여 거처를 예비하러 가노니 가서 너희를 위하여 거처를 예비하면 내가 다시 와서 너희를 내게로 영접하여 나 있는 곳에 너희도 있게 하리라"(요 14:2, 3), "아버지여 내게 주신 자도 나 있는 곳에 나와 함께 있어 아버지께서 창세 전부터 나를 사랑하시므로 내게 주신 나의 영광을 그들로 보게 하시기를 원하옵나이다"(요 17:24), "승천하신 날까지의 일"(행 1:2), "위의 것을 찾으라 거기는 그리스도께서 하나님 우편에 앉아 계시느니라"(골 3:1), "우리의 시민권은 하늘에 있는지라 거기로부터 구원하는 자 곧 주 예수 그리스도를 기다리노니"(빌 3:20). 성경의 이러한 선언들은 그리스도께서 올라가신 그 하늘이, 이 눈에 보이는 하늘 위에 있는 그 하늘이, 진정한 장소라는 것을 가르쳐 준다. **위의**, **그리로** 등의 단어는 장소의 관념을 전달해 주는 것이다. 그러나 아리스토텔레스는 성경에 대해 무지하였으므로, 이 장소에 대해서 무지하였고 믿지도 않았다.

이에 대해서 그리스도 편재론자들(the Ubiquitarians)은, 그렇다면 그리스도께서는 한 장소에서 실제로 아무 곳도 아닌 장소로 이동하신 것이 된다는 식으로 반박한다. 그리고는 이에 근거하여 다음과 같은 **반론**을 제기한다: "특정한 어느 곳에서 있지 않은 것은 어느 곳에나 있다. 그리스도는 특정한 어느 곳에 계시지 않다. 그는 눈에 보이는 하늘 그 너머로 올라가셨는데, 그 너머에는 아무 곳도 없기 때문이다. 그러므로 그는 어디에나 계시다."

답변. 어느 특정한 곳에 있지 않은 것은 어디에나 있다고 주장하는 주 전제를 인정할 수 없다. 만일 이 주장이 옳다면 가장 높은 하늘이 어디에나 있는 것이 될 것이다. 그 하늘은 어느 특정한 곳에 있는 것이 아니지만, 그러면서도 어디에나 있는 것도 아니기 때문이다. 또한 소 전제는 자연적인 장소에만 해당된다. 그리스도께서는 자연적인 장소가 없는 곳으로 올라가셨고 지금 그런 자연적인 장소가 아닌 곳에 계시기 때문이다. 그러나 그곳은 형이상학적이며 초자연적인 장소요 그 주변의 모든 것을 포함하면서도 그 자체는 그것들에 포함되지 않는 그런 장소인 것이다. 성경에 따르면, 지금 그리스도께서는 눈에 보이는 하늘 너머에 있는 이런 곳에 계시는 것이다. 더욱이 그리스도의 인성이 유한하며 어디에나 계시는 것이 아니라는 사실은 그가 한 장소에서 다른 장소로 — 혹은 장소가 아닌 곳으로 — 올라가심으로써 그의 인성이 사라지셨다는 사실에서도 얼마든지 추론할 수가 있다. 어느 곳에나 있는 것과 장소를 이동한다는 것은 서로 모순이기 때문이다. 무한하고 영원하며 어디에나 있는 그의 신성에 대해서는 장소를 이동한다고 말할 수가 없는 것은 바로 이런 이유 때문이기도 하다.

그러나 여기서 그리스도 편재론자들은 이런 논지 — 장소를 이동하는 것은 어디에나 있는 것이 아닌데, 그리스도의 몸은 그 장소를 이동하며, 따라서 어디에나 있는 것이 아니라는 논지 — 가 자기들의 입장을 무너뜨릴 수 없다고 주장한다. 그들은 이 논지의 주요 명제를 인정하면서도, 그 문구들을 정당한 의미와는 다른 의미로 받아들인다. 곧, 그리스도의 몸은 그 위엄의 양상(the manner of majesty)에 따라서는 어디에나 있으며, 그 자연적인 육체의 양상을 따라서는 그 장소를 이동한다는 것이다. 그러나 이렇게 한다고 해도 그들의 입장의 모순이 제거되는 것이 아니다. 모순을 제거하려는 목적으로 다른 표현을 사용할 때에는 동일한 것을 그 서술하는 내용으로 표현해서는 안 된다. 만일 그렇게 하면 그저 하나마나 한 이야기가 되어 버리기 때문이다. 이는 마치 이런 식의 말과도 같다: 공중은 빛의 양상에 따라서는 빛이요, 어둠의 양상에 따라서는 어둠이다. 그 사람은 빈곤의 양상에 따라서는 빈곤하며, 풍부의 양상에 따라서는 풍부하다. 이런 어법을 취하면 동일한 것에 대해서 동일한 것을 서술하게 된다. 빈곤의 양상은 빈곤과 다를 것이 없으며, 풍부의 양상은 풍부와 다를 것이 없기 때문이다. 그런데 그리스도 편재론자들이 이 삼단논법의 주 전제에 대하여 사용하는 어법이 바로 그와 같다. 설명해야 하는 단어들을 그저 동일한 것으로 표현하는 것에 불과하며, 따라서 모순이 제거되지를 않는 것이다. 그들의 주장에 따르면 그리스도의 몸은 위엄의 양상에 따라서는 어디에나 있다고 한다. 위엄이 무슨 뜻이냐는 질문을 받으면, 그들은 대답하기를 그것은 전능(omnipotency)과 광대무변함(immensity)이라고 답한다. 그러므로, 그리스도의 몸이 위엄의 양상에 따라서는 어디에나 있고, 자연적인 육체의 양상을 따라서는 그렇지 않다는 말은, 그들 자신의 의미에 따르면, 그리스도의 몸이 광대무변함의 양상에 따라서는 어디에나 있고 유한함의 양상을 따라서는 그렇지 않다는 뜻 이외에 아무것도 아닌 것이다. 그들은 이렇게 구분함으로써 그들의 그릇된 입장으로 생겨나는 모순을 제거한다고 생각하지만, 사실 그들이 얻은 승리는 참 초라한 것에 불과한 것이다. 광대무변함의 양상이란 광대무변함 그 자체가 아니고 무엇이란 말인가? 그러니 광대무변함과 광대무변하다는 것은 동일한 것을 서술하는 것이다. 그러므로, 동일한 것에 대해서 그것이 어디에나 있고 또한 장소를 이동한다고 말하는 것이 모순인 것처럼, 동일한 몸이 광대무변하고 또한 유한하다거나, 혹은 동일한 몸이 어디에나 있거나 혹은 광대무변함이나 위엄의 양상에 따라서는 광대무변하며 또한 유한함의 양상에 따라서는 장소를 이동하며 유한하다는 주장도 모순이다. 그러므로 이미 우리가 입증한 사실, 곧 그리스도께서 장소적으로 승천하셨다는 사실은 분명하다. 그러므로 이 조목은 장소적인 승천을 의미하는 것으로 이해해야 하는 것이다.

반론 2. 반대 명제들은 항상 동일한 방식으로 설명해야 한다. 그렇지 않으면 그 반대의 사실이 상실되어 버리고 만다. 그리스도께서 하늘에 올라가셨다는 조목과 그가 지옥에 내려가셨다는 조목은 서로 반대되는 것이다. 따라서, 그리스도께서 지옥에 내려가셨다는 조목을 비유적인 뜻으로 취하여 그의 낮아지심의 마지막 단계를 표현하는 것으로 이해해야 한다면, 그가 하늘에 올라가셨다는 조목 역시 비유적인 뜻으로 취하여, 어떤 장소적인 이동을 의미하는 것이 아니라 최상의 위엄에 오르셨다는 의미로 이해해야 할 것이다.

답변. 주 전제에 대해서는 단서를 붙여야 마땅하다. 반대 명제들은 동일한 방식으로 설명해야 한다. 단, 이때에 제시되는 설명이 믿음의 조목들과, 또한 성경의 다른 부분들과 모순을 일으키지 말아야 한다. 그러나 여기서는 그런 모순이 생기게 된다. 성경은 이 조목을 국지적인 승천을 가르치는 것으로 설명하기 때문이다. "너희 가운데서 하늘로 올려지신 이 예수는 하늘로 가심을 본 그대로 오시리라"(행 1:11). 그러나 이미 논의한 바와 같이 성경은 그리스도의 지옥 강하에 관한 조목에 대해서는 하나의 영적 강하로 이해한다. 그리고 뿐만 아니라 신앙의 유비 역시 그런 해석을 요한다. 또한, 소 전제도 받아들일 수 없다. 이 두 조목들은 서로 반대되는 것이 아니기 때문이다. 그리스도의 지옥 강하는 그의 낮아지심의 마지막 단계이지만, 그리스도의 승천은 그의 영광의 최상의 단계가 아닌 것이다. 그리스도의 영광의 최상의 단계는 성부의 우편에 앉으심이다. 그러므로 만일 주 전제가 그리스도께서 성부 하나님의 우편에 앉으심을 지칭하는 것이라면 우리는 기꺼이 그것을 받아들일 것이다. 왜냐하면 그리스도의 지옥 강하에 관한 조목이 바로 이것의 반대가 되기 때문이다. 성경 또한 이 두 조목들 ― 그리스도의 지옥 강하와 성부의 우편에 앉으심 ― 을 모두 비유적인 뜻으로 해석하고 있는 것이다. 마지막으로, 만일 그리스도의 승천을 그의 신성과 인성을 동등하게 놓는 것으로 이해한다면, 그의 참된 인성에 관한 다른 모든 조목들이 완전히 무너져버리고 말 것이다.

그리스도 편재론자들이 그리스도의 참된 승천을 대적하여 제기하는 두 가지 다른 궤변들은 다음 문답들에서 다룰 것이다. 그러므로 그것들에 대한 설명을 하고 난 후에 그리스도의 승천의 목적과 열매들에 관한 내용들을 설명할 것이다.

47문 그렇다면, 그리스도께서는 그가 약속하신 대로 세상 끝날까지 우리와 함께 계시지 않는 것입니까?

답 그리스도는 참 사람이시요 참 하나님이십니다. 그러므로 그의 인성(人性)과 관련해서는 더 이상 땅에 계시지 않으나, 그의 신성(神性)과 위엄과 은혜와 성령과 관련해서는 어느 때도 우리에게서 떠나 계시지 않습니다.

[해 설]

이 질문은 그리스도 편재론자들 편에서 제기하는 다음과 같은 **반론**을 예상하는 것이다: 그리스도는 세상 끝날까지 항상 우리와 함께 계실 것을 약속하셨다. 그러므로 그가 하늘로 올라가셨다고 해서 그가 그의 인성으로 더 이상 이 땅의 모든 곳에 계시지 않는 것이 아닌 것이다.

답변. 결론이 전제로부터 정당하게 이어지는 내용 이상으로 비약되고 있다. 그리스도께서는 그의 위격에 대해 말씀하시면서 신성에 합당하게 속하는 바를 그것과 결부시키신다. 그리하여 그는 그의 승천 이전에도 자신이 하늘에 계시는 것으로 말씀하시기도 했다. 이와 마찬가지로 그는 고난당하시기 전 아직 제자들과 함께 이 땅에 계실 때에, "사람이 나를 사랑하면 내 말을 지키리니 내 아버지께서 그를 사랑하실 것이요 우리가 그에게 가서 거처를 그와 함께 하리라"(요 14:23)고 말씀하셨다. 이 말씀은 그의 신성에 대해서 하시는 말씀으로, 그는 신성에 따라서 하늘을 비롯하여 어디에나 계시며, 또한 성부께서 우리와 함께 계시는 것과 동일한 방식으로 그 신성으로 말미암아 우리와 함께 계시는 것이다. 그러므로 우리는 그들에게 다음과 같은 논지를 되돌려 제시할 수 있을 것이다: 그리스도께서는 "내가 간다"(요 14:28), "세상을 떠난다"(요 16:28), "나는 항상 너희와 함께 있지 아니하리라"(마 26:11)고 말씀하셨다. 그러므로 그는 우리와 함께 계시지 않는 것이 분명하다. 그러나 이것은 그의 다른 본성, 즉 그의 인성에게 부적절한 의미를 부과하는 것이다. 그의 인성은 그리스도의 신성과 인성 사이의 위격적 연합 덕분에 우리와 함께 있는 것이다. 그 연합은 이 두 본성들이 한 위격 속에 신비스럽고도 놀랍고, 또한 분리되지 않도록 연합되어 있는 것이요, 이렇게 연합된 두 본성들이 그리스도의 위격의 본질을 이루는 것이다. 그러므로 두 본성 중 어느 하나가 다른 하나와 분리되면 그것은 파괴되고 만다. 그러나 그러면서도 이 각 본성은 그 자체의 고유한 속성을 그대로 보유하고 있어서 서로 구별되는 것이다.

아우구스티누스는 이 문제에 대해 이렇게 설명하고 있다: "'보라 내가 세상 끝날까지 너희와 항상 함께 있으리라' 라고 하신 그리스도의 약속은 그의 위엄과 섭리와 말할 수 없는 은혜에 따라서 성취된다. 그러나 '말씀' 이 취하셨고, 그것에 따라서 그가 동정녀 마리아의 몸에서 나셨고, 유대인들이 붙잡았고, 십자가에 못 박았고, 십자가에서 끌어내렸고, 세마포로 감싸서 무덤에 장사지냈고, 또한 부활 이후에 여러 사람들에게 보인 바 된 그의 인성에 따라서는, 그가 우리와 항상 함께 계시지 않으실 것이다. 왜 그런가? 사십 일 동안 제자들과 함께 육체로 거하시며 함께 지내신 후에 그가 하늘로 올라가셔서 더 이상 이 땅에 계시지 않게 되신 것을 그들이 몸소 보았기 때문이다. 그는 지금 하늘에서 하나님 우편에 앉아 계시며, 또한 그의 위엄의 임재에 따라서 여기 계신다. 그의 위엄의 임재는 우리에게서 떠나지 않은 것이다. 아니면 다음과 같이 표현할 수도 있을 것이다: 그리스도는 그의 위엄에 따라서는 우리와 항상 함께 계시지만, 그의 인성의 임재에 있어서는 '나는 항상 너희와 함께 있지 아니하리라' 라는 그의 말씀이 진정 옳다 할 것이다. 교회는 그의 인성의 임재에 있어서는 단 며칠 동안만 그렇게 있었고, 이제는 오직 믿음으로만 그를 감지하며 육체의 눈으로는 그를 보지 못하는 것이다."

그러므로 그리스도께서는 다음과 같은 방식으로 우리와 함께 계신다: 1. 그의 영과 신격으로. 2. 우리의 믿음과, 또한 우리가 그를 바라보는 바 신뢰로. 3. 상호 간의 사랑으로. 우리가 그를 사랑하며 그가 우리를 사랑하사 우리를 잊지 않으시도록 함이기 때문에. 4. 그의 인성과 연합함으로. 우리 속에 계신 성령과 그의 안에 계신 성령이 동일하여, 그가 우리를 그와 연합시키시므로. 5. 완성에 대한 소망 가운데서. 이것이야말로 그에게 나아오는 확실한 소망이다.

48문 그러나 어디든 그리스도의 신성이 있는 곳마다 그의 인성이 있는 것이 아니라면, 그리스도의 이 두 본성들이 서로 분리되는 것이 아닙니까?

답 결코 그렇지 않습니다. 신성은 제한을 받지 않고 편재(遍在)하므로 그가 취하신 인성의 영역을 뛰어넘으나, 그럼에도 불구하고 신성이 이 인성 속에 있고 또한 인격적으로 인성과 연합한 상태로 남아 있습니다.

[해 설]

이 질문에도 그리스도 편재론자들이 제기하고 싶어하는 또 하나의 논지 혹은 **반론**이 담겨 있다. 그들은 말하기를, 그리스도의 위격 안에 있는 두 본성은 불가분리의 관계로 연합되어 있다고 한다. 그러므로 그리스도의 신격이 어디에 있든 거기에는 반드시 그의 인성이 있는 법이라는 것이다.

답변. 이 두 본성들이 연합되어 있으나, 각자의 속성들은 여전히 구별된 상태로 있다. 그러므로 만일 둘 다 무한하여 어디든지 있다면, 인성의 속성이 신성의 속성으로 변화하는 것이 되고 말 것이다.

이런 답변에 대해 그들은 다음과 같은 반론들을 제기한다.

반론 1. 두 본성 중에 어느 하나는 있고 다른 하나는 없는 곳이 있다면, 그 두 본성은 서로 분리된 것이요 위격적으로 연합한 상태에 있는 것이 아니다. 그러므로 그리스도의 인성은 그의 신성이 있는 곳이면 어디에나 있어야 하며, 만일 그렇지 못하면 이 연합이 깨어져 버리는 것이다.

답변. 두 본성이 동등할 경우에는, 즉 둘 다 유한하거나 아니면 둘 다 무한할 경우에는 주 전제가 참이라 할 수 있다. 그러나 두 본성이 동등하지 않아서 그 중 하나는 유한하고 나머지 하나는 무한할 경우에는 이것이 해당되지 않는다. 유한한 본성은 동시에 여러 곳에 있을 수가 없으나, 무한한 본성은 유한한 본성 속에서도 완전히 존재하며 그 바깥에서도 완전히 존재하는 것이다. 그리스도의 경우도 이와 같다 할 것이다. 유한한 그의 인성은 어느 한 곳밖에는 있지 못한다. 그러나 무한한 그의 신성은 그의 인성 속에 있으며 그 바깥에도 있고, 또한 어디에나 있는 것이다.

반론 2. 물론 그리스도의 인성이 있는 곳에는 분리가 없겠으나, 최소한 그의 인성이 있지 않은 곳에는 그리스도의 이 두 본성 사이에 분리가 있는 것이 틀림없다.

답변. 절대로 그렇지 않다. 그의 신성은 인성 속에서나 인성 바깥에서나 완전하며 동일하기 때문이다. 나지안주스의 그레고리우스에 따르면, "말씀이 그 자신의 성전 안에 있고 또한 어디든지 있다. 그러나 특별한 방식으로 그 자신의 성전 안에 있는 것이다."

반론 3. 그리스도의 인성에 신적 속성들이 없다면, 그와 성도들 사이에 차이가 전혀 없는 것이 된다. 그리스도의 인성이 그의 신성과 동등하지 않다면, 그리스도와 베드로가 서로 다른 점이 없을 것이기 때문이다.

답변. 주 전제가 그릇된 것이다. 왜냐하면 그리스도와 성도들 사이에는 여기서 제시하는 것 외에도 갖가지의 차이가 있기 때문이다.

반론 4. 그리스도와 성도들 사이의 차이는 본질상의 차이이거나 아니면 속성과 은사의 차이이거나 둘 중의 하나다. 본질상의 차이는 아니다. 왜냐하면 온전한 신성이 그리스도에게는 물론 성도들에게도 거하기 때문이다. 그러므로 그 차이는 속성과 은사의 차이다.

답변. 그리스도와 성도들 사이의 차이가 본질상의 차이이거나 속성과 은사의 차이이거나 둘 중의 하나라는 논지를 인정할 수 없다. 이것은 지극히 불충분한 논지이기 때문이다. 이 논지에서 제시하지 않는 제삼의 차이가 있다. 그것은 신성과 인성의 두 본성 간의 신비한 위격적인 연합이다. 그리스도께는 이것이 있으나 베드로를 비롯한 성도들에게는 이것이 없다. 그리스도 안에는 신성의 충만함이 육체로 거하여, 그리스도-인간이 하나님이시며 동시에 그리스도-하나님이 인간이신 것이다. 그러나 베드로나 기타 성도들에게 신성이 그런 식으로 거한다고는 말할 수가 없다.

반론 5. 그러나, "하나님이 그를 지극히 높여 모든 이름 위에 뛰어난 이름을 주사"(빌 2:9)라고 말씀한다.

답변. 하나님께서는 그리스도에게 그의 신격과 더불어 이 이름을 주신 것이다. 즉, 두 본성이 서로 동등하기 때문이 아니라 그리스도 안에 두 본성이 위격적으로 연합하여 있기 때문에 그 이름을 주신 것이다. 신성이 그리스도께 주어졌으니, 그 속성들도 그에게 주어지는 것이다.

이런 반론들을 제기하는 그리스도 편재론자들은 다음과 같은 세 가지 지독한 오류를 범하고 있는 셈이다. 1. 네스토리우스(Nestorius)와 더불어, 그들은 그리스도의 두 본성을 서로 분리시킨다. 이 두 본성들의 연합 대신, 한 본성이 다른 본성을 동등하게 만들거나 그 본성에 작용하는 것으로 보는 것이다. 두 가지 것들이나 두 영이나 두 본성들은 위격적인 연합이 없이도 얼마든지 서로 동등할 수도 있고 서로에게 작용할 수도 있기 때문이다. 2. 유티케스(Eutyches)와 더불어, 그들은 이 두 본성들을 동등한 것으로 만듦으로써 그 둘을 서로 뒤섞어 버린다. 3. 그들은 아리우스주의자들과 사벨리우스 이단들을 대적하고 공박하는 데 사용하는 우리의 무기들을 빼앗아 간다. 그들은 그 무기들을 그리스도의 인성이 그의 신성과 동등하다는 논지를 확립시키는 데 이용하려 함으로써, 그리스도의 신성을 확증하는 모든 성경 본문들의 증거들을 약화시키기 때문이다.

3. 그리스도께서는 무슨 목적으로 하늘로 올라가셨는가?

그리스도께서는 아버지의 영광과 그 자신의 영광을 위하여 하늘로 올라가셨다. 그에게 천상의 나라가 있는 것이 합당하며 또한 필수적이었다. 그러므로 그가 이 땅에 계속 계시는 것은 정당한 일이 아니었다. "내리셨던 그가 곧 모든 하늘 위에 오르신 자니 이는 만물을 충만하게 하려 하심이라"(엡 4:10), "이러므로 하나님이 그를 지극히 높여 모든 이름 위에 뛰어난 이름을 주사 하늘에 있는 자들과 땅에 있는 자들과 땅 아래에 있는 자들로 모든 무릎을 예수의 이름에 꿇게 하시고"(빌 2:9-10). 또한 머리이신 그는 모든 지체들보다 뛰어나고 높은 은사로 영광을 받으시는 것이 합당한데, 그가 땅 위에 남아 계셨다면 이것이 불가능했을 것이다. 또한 그리스도께서는 다음 세 가지 점에서 우리의 유익을 위하여 하늘에 올라가셨다.

1. 하늘에서 우리를 위하여 간구하시기 위함이었다. "예수 그리스도시니 그는 하나님 우편에 계신 자요 우리를 위하여 간구하시는 자시니라"(롬 8:34). 그는 다음과 같은 것을 통해서 우리를 위해 간구하신다. 첫째로, 그가 우리를 위하여 이미 드리신 **그의 희생 제사의 가치를 통해서.** 그 희생 제사는 성부께서 그것으로 인하여 우리를 영접하시고 은혜를 베푸실 만큼 큰 가치가 있는 것이다. 둘째로, **그 자신의 의지를 통해서.** 그는 성부께서 그가 몸으로 행하신 그 희생 제사를 기억하셔서 우리를 영접하사 은혜 베푸시기를 계속해서 바라신다. 셋째로, **성부의 동의를 통해서.** 성부께서는 성자의 뜻과 바람을 승인하시고 그의 희생 제사의 가치를 우리 죄에 대한 충족한 보상으로 받아들이시고, 성자와 더불어 우리를 사랑 가운데로 받아들이신다. 그리스도께서는 이런 식으로 우리를 위해 간구하심으로써 그의 죽으심의 은덕과 공로를 우리에게 적용시키시는 것이다. 또한 이런 적용이 우리에게 이루어지기 위해서는, 그의 부활과 승천, 그리고 아버지의 우편에 앉으시는 일을 통하여 중보자께서 완전히 영광을 받으시는 일이 필수적이었다. 그러나 이에 대해 다음과 같이 반박할 사람들이 있을지도 모른다: 그리스도께서는 이 땅에 계실 때에 이미 우리를 위해서 간구하시지 않았던가? 이에 대한 우리의 답변은 이렇다: 그리스도께서 이 땅에서 하신 간구는 아직 미래에 있는 일과 상관되는 것이었다. 왜냐하면 그 간구는 중보자께서 이 땅에서 희생 제사를 완수하신 후에 영원토록 하늘의 성소에 나타나신다는 조건하에서 행해진 것이었기 때문이다.

2. 우리 역시 하늘에 올라가게 하기 위함이요, 또한 그 일에 대해서 우리로 하여금 확신을 갖게 하기 위함이었다. 그리스도께서는 요한복음에서 친히 "내가 너희를 위하여 거처를 예비하러 가노니", "내 아버지 집에 거할 곳이 많도다"(요 14:2)라고 말씀하셨다. 여기서 그는 우리가 그 거처에서 영원토록 거할 것을 말씀하시는 것이다. 그리스도께서 하늘에 올라가셨고, 따라서 우리도 하늘에 올라갈 것이다. 이 결론은 정당하며 강력한 힘을 지닌다. 그리스도께서 머리이시요 우리가 그

의 지체들이며, 그는 또한 여러 형제들 가운데 먼저 나신 자이시기 때문이다.

3. 성령을 보내시고 그를 통하여 세상 끝날까지 그의 교회를 모으시고 위로하시고 보호하기 위함이었다. 그렇기 때문에 그는, "내가 떠나가지 아니하면 보혜사가 너희에게로 오시지 아니할 것이요"(요 16:7)라고 말씀하셨다. "우리 구주 예수 그리스도로 말미암아 우리에게 그 성령을 풍성히 부어 주사"(딛 3:6).

반론. 그리스도께서는 그의 부활 이전에도 이후에도 성령을 주셨다. 그러므로 그가 승천하신 것은 성령을 보내시기 위함이 아니었다.

답변. 물론 그리스도께서 승천하시기 이전에도 성령을 베푸셨으나, 오순절에 있었던 것과 같은 정도로 풍성하게 베푸신 것은 아니었다. 얼마든 창세로부터 성령의 영향이 교회에 베풀어진 것은, 바로 육체로 나타나시고 후에 인성으로 다스리시고 성령을 우리에게 풍성하게 부어주실 그리스도로 말미암아 베풀어진 것이다. 그러므로 성령께서는 하나님의 작정에 따라 그리스도의 승천 이전에는 그렇게 대대적으로 베풀어지지 않으셨다. 하나님께서는 그렇게 하셔서 사람으로 말미암아 영광을 받으시기로 작정하셨기 때문이다. 성령의 주요 임무는 그리스도의 영광을 드러내는 것이었다. 그리하여 요한복음 7:39은 "예수께서 아직 영광을 받지 않으셨으므로 성령이 아직 그들에게 계시지 아니하시더라", 즉 성령께서 놀랍고도 풍성하게 부어지지 않으셨다는 뜻이다. "내가 떠나가지 아니하면 보혜사가 너희에게로 오시지 아니할 것이요"(요 16:7). 그렇기 때문에 성령의 부어지심이 그리스도의 승천 이후까지 연기되었던 것이다.

4. 그리스도의 승천은 우리의 승천과 어떤 점에서 다른가?

그리스도의 승천과 우리의 승천은 첫째로, 그와 우리가 모두 동일한 곳으로 올라간다는 점에서 일치하고, 둘째로, 그와 우리가 영광에 들어간다는 점에서도 일치한다. "아버지여 내게 주신 자도 나 있는 곳에 나와 함께 있어 아버지께서 창세 전부터 나를 사랑하시므로 내게 주신 나의 영광을 그들로 보게 하시기를 원하옵나이다"(요 17:24).

그러나 그리스도의 승천과 우리의 승천은 다음과 같은 점에서 차이가 난다: 1. 그리스도께서는 그 자신의 고유한 능력과 덕으로 승천하셨다. "하늘에서 내려온 자 곧 인자 외에는 (그 자신의 고유한 능력으로) 하늘에 올라간 자가 없느니라"(요 3:13). 반면에 우리의 승천은 그리스도로 말미암아 그 덕분에 이루어지는 것이다.

"내가 너희를 위하여 거처를 예비하러 가노니"(요 14:2), "내게 주신 자도 나 있는 곳에 나와 함께 있어"(요 17:24). 2. 그리스도께서는 승천하셔서 우리의 머리가 되셨고, 우리는 승천하여 그의 지체가 될 것이다. 그는 머리에 합당한 영광에로 승천하셨으나 우리는 지체들에게 합당한 영광에로 승천할 것이다. 그는 아버지 우편에 앉으시기 위하여 승천하셨으나, 우리는 그의 보좌와 그의 아버지의 보좌에 앉기 위하여 승천할 것이다. 그와 동일한 위엄을 갖는 것이 아니라, 그 영광에 함께 참여하는 자가 되는 것일 뿐이다. "이기는 그에게는 내가 내 보좌에 함께 앉게 하여 주기를 내가 이기고 아버지 보좌에 함께 앉은 것과 같이 하리라"(계 3:21). 그러므로 우리는 그의 영광에 함께 참여하는 자가 될 것이다. 그러나 지체들과 그 머리 사이의 정당한 간격은 그대로 보존될 것이다. 3. 그리스도의 승천이 우리의 승천의 원인이다. 그러나 우리의 승천이 그리스도의 승천의 원인인 것은 아니다. 4. 그리스도께서 완전히 승천하셨으나, 그리스도의 전부가 승천하신 것은 아니다. 그는 오직 그의 인성에 관해서만 승천하신 것이요, 그의 신성에 관해서는 승천하시지 않고 땅에 계시기 때문이다. 그러나 우리는 전체가 다 승천할 것이다. 우리에게는 오로지 한 가지 유한한 본성밖에는 없기 때문이다.

———

49문   그리스도의 승천은 우리에게 어떤 유익을 줍니까?

답   첫째로, 그는 하늘에서 그의 아버지의 임재 앞에서 우리의 대언자(代言者)가 되십니다. 둘째로, 우리의 몸이 그리스도 안에서 하늘에 있는데 이는 머리이신 그리스도께서 그의 지체들인 우리를 취하여 자기 자신에게로 올리시리라는 확실한 보증입니다. 셋째로, 그리스도께서 보증으로 그의 성령을 우리에게 보내시고, 성령의 능력으로 말미암아 우리가 그리스도께서 하나님의 우편에 앉아 계시는 저 위의 것을 구하고 땅의 것들을 구하지 않습니다.

[해 설]

5. 그리스도의 승천의 열매들은 무엇인가?

그리스도의 승천의 열매들 혹은 유익들은 주로 다음과 같은 것들이다:

1. **그가 우리를 위하여 아버지께 간구하심.** 이미 논한 바와 같이, 여기에는 그리

스도의 희생 제사의 영구한 능력과 공로, 그의 희생 제사로 말미암아 우리가 아버지께 영접받기를 바라시는 그리스도의 신적이며 인간적인 뜻, 그리고 그 아들의 보상을 우리 죄에 대한 충족한 속죄로 인정하시고 그 아들의 뜻을 받아들이시는 성부 하나님의 동의 등이 포함된다. 한 마디로 말해서, 그리스도의 희생 제사가 영원토록 우리에게 소용이 되도록 하는 것이 성부와 성자의 뜻이다.

반론. 그러나 그리스도의 승천 이전에도, 아니 그의 강림하심 이전에도 간구가 행해졌다. 그러므로 그것은 그의 승천의 열매에 속하는 것이 아니다.

답변. 그리스도의 승천 이전에도 간구가 행해진 것은 사실이다. 그러나 그 간구는 그의 승천 이후에 행해질 간구에 의존하는 것이었다. 즉, 창세 이후로 조상들이 하나님의 은혜에로 영접함을 받은 모든 일이 그러했듯이, 그 간구도 장차 행해질 간구에 근거하여 행해진 것이었다는 말이다. 또한 그리스도의 승천 이전에 행해진 간구는 지금 행해지는 간구와는 같은 것이 아니다. 구약 아래서도 중보자께서는 장차 이루어질 그의 희생 제사의 가치에 근거하여 간구를 드리셨고, 성부께서도 장차 베풀어질 희생 제사의 가치에 근거하여 구약의 성도들을 은혜 가운데로 영접하신다. 그러나 지금은 하나님께서 그리스도께서 이미 행하신 보상에 근거하여 우리를 영접하시는 것이다. 이와 마찬가지로 구약 교회에서는 미래의 희생 제사에 근거하여 죄가 씻음 받았고, 성령이 베풀어졌으나, 지금은 이미 행해진 이 희생 제사에 근거하여 죄가 씻음 받고 성령이 베풀어지는 것이다. 그러나 그리스도께서 한 번 드리신 희생 제사의 가치는 영원토록 계속된다. 왜냐하면 "그가 거룩하게 된 자들을 한 번의 제사로 영원히 온전하게 하셨"기 때문이다(히 10:14). 그리스도께서 더 이상 희생 제사를 드리지 않으신다는 것이 그의 제사가 불완전하다는 증거인 것도 아니다. 오히려 그것은 그 제사가 완전하다는 것을 입증해 주는 것이다. 만일 그가 레위 지파의 제사장들처럼 자주 희생 제사를 드리셔야 했다면, 그것은 그가 하나님께 나아오는 자들을 한 번의 제사를 통해서 온전하게 하실 수 없었다는 증거일 것이다. 그러나 그는 거룩하게 된 자들을 한 번의 제사로 영원히 온전하게 하셨다. 그러므로 이제 그는 제사를 자주 드리시거나 혹은 우리를 위해 다시 공로를 쌓으심으로써가 아니라, 그가 한 번 행하신 희생 제사의 영구하고도 무한한 가치와 위엄을 통하여 우리에게 은혜와 의와 성령을 적용하심으로써 그의 제사장직을 시행하시는데, 이것은 희생 제사를 반복할 경우보다 훨씬 더 크고 고귀한 일인 것이다.

2. **우리가 영화롭게 됨.** 우리의 머리이신 그가 승천하셨다면, 그의 지체들인 우리 역시 분명히 승천하게 될 것이다. 그래서 그리스도께서는 친히, "내가 너희를 위하여 거처를 예비하러 가노니 가서 너희를 위하여 거처를 예비하면 내가 다시 와서 너희를 내게로 영접하여 나 있는 곳에 너희도 있게 하리라"(요 14:2, 3).

반론. 그러나 엘리야와 에녹이 그리스도보다 먼저 승천했다. 그러므로 그리스도의 승천은 우리의 승천의 원인이 아니다.

답변. 그들이 승천한 것은 장차 미래에 이루어질 그리스도의 승천에 근거한 것이요 또한 그 승천 덕분에 된 것이다. 그리스도의 승천과 영화롭게 되심은 우리의 승천과 영화롭게 됨의 모형일 뿐 아니라 그 원인이기도 하다. 만일 그가 영화롭게 되지 않으셨다면, 우리도 영화롭게 될 수 없을 것이기 때문이다. 성부께서는 메시야를 통하여 우리에게 모든 것을 주시기로 작정하셨고, 모든 것들을 그의 손에 두셨다. 만일 맏아들이신 그리스도께서 먼저 나라를 소유하지 않으셨다면, 그가 어떻게 그 나라를 우리에게 주실 수 있었겠는가? 그런데 그가 승천하셨고 거기서 지금 다스리시므로, 그의 나라의 시민들인 우리를 그곳으로 데려가실 것이다. "나 있는 곳에 나를 섬기는 자도 거기 있으리니"(요 12:26), "내가 다시 와서 너희를 내게로 영접하여 나 있는 곳에 너희도 있게 하리라"(요 14:3).

3. 그리스도의 승천의 세 번째 열매는 **성령을 주심**이다. 그는 성령으로 말미암아 세상 끝날까지 그의 교회를 모으시고 위로하시고 보호하신다. 그리스도의 강림과 승천 이전에 율법 아래에서도 성령께서 베풀어지신 것이 사실이다. 그러나 이미 지적한 바와 같이, 그것은 장차 미래에 이루어질 그리스도의 승천과 영화롭게 되심에 근거하는 것이요, 또한 그의 승천과 영화롭게 되심의 열매일 뿐 아니라 그 일부였던 것이다. 오순절에 있었던 일처럼, 그리스도께서 영화롭게 되신 이후에는 성령께서 더욱 풍성하게 베풀어지셨다. 이는 선지자 요엘을 통해서 미리 예언되었던 것이다: "그 후에 내가 내 영을 만민에게 부어 주리니"(욜 2:28). 우리가 위의 것들을 찾는 것이 바로 이 성령의 공효와 영향력으로 말미암는 것이다. 왜냐하면 우리의 보배가 거기에 있고 거기에 우리의 재화가 있기 때문이요, 그리스도께서 그 선한 것들을 우리 것으로 만드시려는 목적으로 승천하셨기 때문이다. 사도께서 골로새서 3:1에서 제시하는 논지가 바로 이것이다.

그리스도의 승천의 다른 열매들이 또 있는데, 이것들은 지금까지 제시한 것보다는 덜 중요한 것들이다. 곧, 다음과 같은 것들이다:

4. 그리스도의 승천은 믿는 모든 자들에게 죄 사함이 충만히 베풀어진다는 증거다. 왜냐하면 우리 죄가 요구하는 형벌을 그가 당하지 않으셨다면 그가 하나님의 보좌에 앉으실 수가 없었을 것이기 때문이다. 죄가 있는 곳에는 사망도 있는 법이니 말이다. "의에 대하여라 함은 내가 아버지께로 가니 너희가 다시 나를 보지 못함이요"(요 16:10).

5. 그리스도의 승천은 그가 과연 사망과 죄와 마귀의 정복자이시라는 증거다.

6. 그리스도의 승천은 우리가 결코 위로가 전혀 없는 상태로 내버려둠을 당하지 않으리라는 증거다. 그리스도의 승천의 한 가지 큰 목적이 바로 성령을 보내시는 일이기 때문이다. "내가 떠나가지 아니하면 보혜사가 너희에게로 오시지 아니할 것이요 가면 내가 그를 너희에게로 보내리니"(요 16:7), "그가 위로 올라가실 때에 사로잡혔던 자들을 사로잡으시고 그 사람들에게 선물을 주셨다"(엡 4:8).

7. 그리스도의 승천은 그가 우리를 영원토록 보호하시리라는 확신을 갖게 해 준다. 그가 영원토록 우리의 영광된 머리이시며 모든 통치와 권세들 위에 높이 계신 분이심을 우리가 알기 때문이다.

그렇다면, 예수 그리스도께서 **하늘로 오르사**라는 조목을 우리는 무슨 뜻으로 이해해야 할까? 그것은 첫째로, 그리스도께서 그저 겉모양이 아니라 진정으로 하늘로 오르셨고 지금 거기 하나님 우편에 계시며, 후에 거기서부터 세상을 심판하시러 다시 오실 것임을 믿는다는 뜻이다. 그리고 둘째로, 그가 나를 위하여 너를 위하여 승천하셨고, 하나님의 임재 속에 나타나셔서 우리를 위하여 간구하시며 성령을 우리에게 보내신다는 것을 믿는다는 뜻이요, 또한 장차 우리를 자기 자신에게로 데려가사 그가 계신 곳에서 그와 더불어 있게 하시고 그와 함께 영광 가운데서 다스리게 하시리라는 것을 믿는다는 뜻이다.

성부의 우편에 앉으심

제19주일

50문   "하나님의 우편에 앉아 계시며"라는 말은 왜 덧붙여졌습니까?

답   그리스도께서 승천하신 것이 그가 그의 교회의 머리로서 거기 나타나시기 위함이며, 성부께서는 그로 말미암아 만물을 다스리시기 때문입니다.

[해 설]

하늘로 오르시는 것과 하나님의 우편에 앉으시는 것은 같은 것이 아니다. 둘 중 하나만 있을 수도 있기 때문이다. 그리스도께서 하나님의 우편에 앉아 계심에 대한 이 조목은 다음 세 가지 구체적인 사항에 있어서 그리스도의 승천과 다르다: 1. 이 조목은 바로 그 앞의 조목의 목적을 표현해 준다. 그리스도께서 승천하신 것이 하나님의 우편에 앉으시기 위함이었기 때문이다. 2. 그리스도께서는 성부의 우편에 영원토록 앉아 계신다. 그러나 그가 하늘에 오르신 것은 단 한 번뿐이었다. 3. 천사들도 승천하였고, 우리도 장차 승천할 것이다. 그러나 천사도 우리도 성부의 우편에 앉게 되지는 않는다. "어느 때에 천사 중 누구에게, 내가 네 원수로 네 발등상이 되게 하기까지 너는 내 우편에 앉아 있으라 하셨느냐?"(히 1:13). 천사들도 그렇거든 하물며 사람이야 더 하지 않겠는가?

하나님의 우편에 앉아 계심에 대하여 우리는 다음의 문제들을 살펴봐야 한다.

1. 하나님의 우편이란 성경에서 무엇을 의미하는가?
2. 하나님의 우편에 앉는다는 것은 무엇인가?
3. 그리스도께서는 과연 하나님의 우편에 항상 앉아 계시는가?
4. 그리스도께서 성부의 우편에 앉아 계심에서 비롯되는 열매들은 무엇인가?

1. 하나님의 우편이란 성경에서 무엇을 의미하는가?

우리 몸의 우편을 하나님께 적용시킬 때에는 거기에 중요한 의미가 있다. 성경의 용례를 보면 **하나님의 우편**이라는 문구는 두 가지 의미를 지닌다. 첫째로, 하나님의 지극하신 권능과 덕, 혹은 전능하심을 의미한다. "그를 오른손으로 높이사 임금과 구주로 삼으셨느니라"(행 5:31), "여호와의 오른손이 높이 들렸으며 여호와의 오른손이 권능을 베푸시는도다"(시 118:16), "여호와여 주의 오른손이 권능으로 영광을 나타내시니이다 여호와여 주의 오른손이 원수를 부수시니이다"(출 15:6). 둘째로, 하나님의 지극하신 존엄과 영광 혹은 위엄을 의미한다. 여기서는 이 두 번째 의미로 사용되는 것으로 이해해야 할 것이다.

2. 하나님의 우편에 앉는다는 것은 무엇인가?

하나님의 우편에 앉는다는 것은, 권능과 영광이 하나님과 동등하여 성부께서 그를 통하여 직접적으로 만물을 다스리시는 그런 분이 되신다는 것이다. 흔히 이 문구에 대해 주어지는 정의에 따르면, 이것은 성부 하나님과 동등한 권능과 영광으로 다스리는 것을 뜻한다. 그리스도께서 과연 그러하시다. 그는 성부 하나님이 행하시는 대로 똑같이 모든 일들을 행하시며 또한 성부와 동등한 권능을 부여받으셔서 그것을 시행하시기 때문이다. 그러나 성자께서는 언제나 이런 식으로 통치해오셨다. 성령께서도 마찬가지다. 그러나 성경은 그에 대해서 하나님 우편에 앉아 계신다는 식의 표현을 사용하지 않는다. 이는 성부께서 성령을 통해서가 아니라 성자를 통해서 만물을 다스리시고 특히 교회를 다스리시기 때문이다. 그러므로 흔히 제시하는 이런 정의는 충족하지 못하다. 또 어떤 이들은 하나님 우편에 앉으시는 것을 그리스도의 승천과 혼동하여, 이 둘이 똑같은 것을 표현한다고 말하기도 한다. 그러나 이 둘이 서로 다른 점들을 이미 구체적으로 제시한 바 있다. 더구나 그렇게 간결하고도 압축된 형태의 신경에 동일한 내용이 두 번씩 반복된다는 것은 전혀 개연성이 없는 것이기도 하다.

하나님의 우편에 앉아 계신다는 문구는 왕과 군주들의 관습에서 빌려온 것이다. 그들은 존귀하게 하고자 하는 자들을 자기들의 우편에 앉혀 자기들의 모사(謀士)로 삼고 그들에게 통치의 특정한 분야를 맡기는 것이다. 그리스도께서 성부 하나님의 우편에 앉으신다는 말은 바로 이런 의미다. 왜냐하면 성부께서는 그리스도로 말미암아 하늘과 땅에 있는 만물을 직접 다스리시고 통치하실 것이기 때문이다. 그러므로 하나님의 우편에 앉는 것이야말로 그리스도의 승천 이후 성부께서 그에게 주신 지극한 위엄과 영광이요, 중보자의 왕권과 제사장권이 가장 높이 올라간 상태인 것이다. 이것은 오직 그리스도께만 해당되는 것이다. 오직 그리스도만이 아버지께서 그를 통하여 만물과 교회를 직접 다스리시는 전능하신 중보자이시기 때문이다. 그리스도께서 아버지의 우편에 앉으시는 이 영광스러운 사실은 다음 네 가지에 근거한 것이다:

1. **그리스도의 신성의 완전함**, 혹은 "말씀"이 성부와 동등함. 이는 그가 그때에 받으신 것이 아니라 항상 지니셨던 것이다. 그리스도의 낮아지심의 기간 내내 그의 신성이, 말하자면 감추어져서 드러나지 않았으나, 그 이후에는 권능과 위엄으로 드러난 것이다.

2. **그리스도의 인성의 완성과 높아짐.** 이런 존귀함은 첫째로, 인성이 "말씀"과 인격적으로 연합하는 데 있다. "그 안에는 신성의 모든 충만이 육체로 거하시고" (골 2:9). 그리고 둘째로, 지혜와 능력과 영광과 위엄 등의 은사들의 탁월함에 있다. 그에게는 이것들이 천사들이나 사람들이 받은 것보다 더 크고 더 많다. 그리고 이로써 그는 또한 하늘과 땅의 모든 피조물들 위에 무한히 뛰어나시다. "우리가 다 그의 충만한 데서 받으니 은혜 위에 은혜러라"(요 1:16), "이는 하나님이 성령을 한량없이 주심이니라"(요 3:34).

3. **중보자 직분의 완전함과 탁월함.** 이는 선지자적이요 제사장적이요 왕적인 직분으로서 그리스도께서 지금 영광을 입으신 교회의 머리로서 하늘에서 그의 인성으로 영광스럽게 수행하고 계시는 직분이다. 그가 영광 중에 간구하시고, 성령을 베푸시며, 그의 교회를 영광스럽게 보존하시고 보호하시기 때문이다. 그리스도의 직분의 이러한 탁월함은 그의 나라와 제사장직에서 그가 높아지신 사실 그자체에 있는데, 이는 그리스도께서 그의 인성의 연약함을 벗으시고, 선지자와 제사장과 왕으로서의 그의 직분으로 인해서와 또한 하나님이신 그의 위격으로 말미암아 그가 마땅히 받으실 영광을 얻으셨다는 말과도 같은 것이다. "하늘과 땅의 모든 권세를 내게 주셨으니"(마 28:18).

4. **존귀와 경외와 예배의 완전함.** 천사들과 사람들은 성부 하나님과 동등하게 그리스도께도 존귀와 경외와 예배를 올리는데, 이는 모든 이들이 그를 만유의 주(主)요 머리로 인정하고 앙모하며 높이기 때문이다. "하나님의 모든 천사들은 그에게 경배할지어다"(시 97:7; 히 1:6), "어느 때에 천사 중 누구에게 내가 네 원수로 네 발등상이 되게 하기까지 너는 내 우편에 앉아 있으라 하셨느냐?"(히 1:13), "하나님이 그를 지극히 높여 모든 이름 위에 뛰어난 이름을 주사"(빌 2:9). 사도가 여기서 언급하는 이름은 바로 그리스도의 위격과 직분의 탁월함에 있으며, 또한 이이름은 그리스도께서 하나님께서 만물을 다스리게 하시는 바로 그 왕이심을 모든 사람이 인정하고 고백하지 않을 수 없도록 그의 눈에 보이는 위엄으로 그의 위격과 직분을 선포하는 것이다. 그리하여 스데반은 그리스도께서 눈에 보이도록 위엄과 영광을 덧입으시고 하나님의 우편에 서 계시는 것을 보고서 그를 찬송하였던 것이다. 과연 그리스도께서는 높아지시기 이전에도 아버지의 우편에 계셨었다. 그 사실이야말로 그의 위격과 직분의 탁월함의 일부였던 것이다. 그러나 지금 그는 그의 영광의 완성에 이르신 것이다.

지금까지 논의한 내용을 토대로, 그리스도께서 아버지의 우편에 앉아 계심에 대해 좀 더 완전한 정의를 제시할 수 있을 것이다. 그것은 성부 하나님과 동일하며 동등한 권세를 지니시는 것이며, 그에게 베풀어진 은사들의 숫자와 탁월함에 있어서 또한 눈에 보이는 영광과 위엄에 있어서 그의 인성이 모든 천사들과 사람들보다 뛰어나시는 것이며, 그리스도 자신을 천사들과 사람들의 주(主)로, 창조함을 받은 만물들의 주로 선포하는 것이며, 성부의 이름으로 하늘에서 그의 나라와 온 세상을 직접 다스리시며 특히 그의 권세로 교회를 다스리시는 것이요, 또한 마지막으로 모든 사람에게서 만유의 주요 머리로 인정받으시고 찬송받으시는 것이다. 그러나 그리스도께서 어떻게 어떤 식으로 우리의 머리가 되시는지는 이미 본 요리문답 32문답 해설에서 설명한 바 있다.

그러므로 하나님의 우편에 앉으시는 이 사실과 결부되는 존귀함은 성부나 성령께는 해당되지 않고 오직 그리스도께만 해당되며, 또한 그 존귀는 성자께서 이루시는 존귀의 가장 최고의 완성의 상태로서 그의 신성과 인성 모두에 해당되는 것이다. 그의 인성에 관해서 그 존귀는 그의 승천 이전에는 지니지 못하셨던 하늘의 은사들 혹은 완전한 영광의 진정한 완성이다. 그러나 그의 신성에 관해서는 이 하나님 우편에 앉으시는 존귀가 그의 신성에 무슨 변화를 가져오는 것이 아니고 그저 그의 낮아지심의 상태를 접어두는 것이요, 또한 창세 전에 그가 성부와 함께 지니셨었으나 그의 낮아지심의 기간 동안 감추어졌던 그 영광을 다시 드러내는 것이요, 그의 신성이 우리의 본성을 취하시면서 제쳐 두셨던 바 그 권한과 권리를 완전히 충만히 소유하시는 것이다. 신격이 자신을 낮추셨으므로, 그것이 다시 아버지의 우편에 놓여지는 것이요, 곧 그것이 육체 가운데서 영광스럽게 나타나는 것이다. "아버지여 창세 전에 내가 아버지와 함께 가졌던 영화로써 지금도 아버지와 함께 나를 영화롭게 하옵소서"(요 17:5).

사도신경의 이 조목에 대해 우리가 제시한 이 해설로써, 이 문제와 관련하여 제시되어온 여러 가지 반론들이 무너진다. 그 중에 몇 가지를 언급한다:

반론 1. 성령 또한 성부와 동등하시다. 그러므로 그도 역시 성부의 우편에 앉아 계신다고 말하는 것이 옳을 것이다.

답변. 여기 제시된 결론은 인정할 수 없다. 이 논지가 부정확한 정의에 근거하기 때문이다. 성령께서 성부와 마찬가지로 하나님이시요 모든 교회의 주(主)시요 통치자이시나, 성부의 우편에 앉는 일은 그에게 속하지 않고 오직 그리스도께만 속하기 때문이다. 이는 그리스도께서 인성을 취하셨고 자신을 낮추시고 죽으시고 다시 살아나시고 하늘에 오르셨으며, 또한 그가 중보자이시기 때문이다. 뿐만 아니라 성부께서는 오직 그리스도를 통하여 직접적으로 일하시고, 성령을 통해서는 간접적으로 일하신다. 삼위의 각 위들 사이에 존재하는 동일한 질서가 그들의 활동에서도 그대로 보존되기 때문이다. 성부께서는 다른 누구에 의해서 일하시지 않고 스스로 일하신다. 그는 아무에게도 속하지 않으시기 때문이다. 성자께서는 성부로 말미암아 일하시고 스스로 일하시지 않는다. 왜냐하면 그는 성부에게서 나셨기 때문이다. 성령께서는 그 스스로 일하시나, 그가 나오시는 바 성부와 성자 모두에 따라서 일하신다. 그러므로 성부께서는 아들로 말미암아 직접적으로 일하시고, 동시에 성령으로 말미암아 간접적으로 일하시는 것이다. 왜냐하면 존재와 사역의 질서로 볼 때에 ─ 시간적으로가 아니라 ─ 성자께서 성령보다 앞서시기 때문이다. 그렇기 때문에 중보자이신 성자께서 성부의 우편에 앉아 계신다고 말하는 것이 옳은 것이다.

반론 2. 그리스도께서는 언제나, 심지어 승천하시기 이전에도, 교회의 영광스러운 머리시요 또한 왕이셨다. 그러므로 그가 성부의 우편에 앉으신 일은 그가 하늘에 오르신 일보다 이전에 있었다.

답변. 바로 앞의 반론과 마찬가지로 이것도 완전치 못한 정의에 근거하는 것이다. 그리스도께서는 과연 언제나 영광을 입으신 상태에 계셨다. 그러나 언제나 그가 그의 중보자 직분에서, 그의 나라와 제사장직에서 높아지신 상태에 계셨던 것은 아니다. 그의 영광이 완성되는 일은 ─ 이는 하늘에서 그의 나라와 제사장직을 시행하는 일에 있다 ─ 그가 아버지의 우편에 오르신 일로 시작된 것이다.

반론 3. 그러나 그리스도께서는 "이기는 그에게는 내가 내 보좌에 함께 앉게 하여 주기를 내가 이기고 아버지 보좌에 함께 앉은 것과 같이 하리라"(계 3:21)라고 말씀하신다. 그러므로 우리도 하나님의 우편에 앉게 될 것이다.

답변. 우리는 그리스도와 함께 그의 영광에 참여함으로써 보좌에 앉을 것이다. 또한 아버지의 보좌와 아들의 보좌가 동일하다는 것도 인정한다. 이 보좌에 많은 이들이 앉을 것이다. 어떤 이들은 더 높은 자리에, 어떤 이들은 더 낮은 자리에 앉을 것이다. 그러나 그 위엄은 각각 다르다. 많은 신하들이 왕 가까이에 앉을 수 있으나 오직 수상(chancellor)만이 왕의 우편에 앉는 법이다. 그리스도께서는 아버지께서 그에게 주신 그 최고의 위엄과 영광을 다른 이에게 주시는 법이 없는 것이다.

3. 그리스도께서는 과연 하나님의 우편에 항상 앉아 계시는가?

사람에게 호기심이 있어서 모든 문제에 대해 꼬치꼬치 캐들어가는 경향이 있으므로, 이 질문에 대해서도 뭔가 설명이 필요할 것이라 여겨진다. 그러나 이에 대해 논할 때에 그리스도의 두 본성에 대한 것과 시간에 대한 것을 서로 구분해야 할 것이다.

첫째로, 그리스도의 신격(Godhead)을 곧 그가 성부와 동등한 권세로 다스리시며 또한 그가 동등한 존귀와 영광을 부여받으신다는 것을 뜻하는 것으로 이해한다면, 그리스도께서는 그의 신성에 있어서 언제나 성부의 우편에 앉아 계셨다 할 것이다. 그의 신성은 영원 전부터 존귀와 권세에 있어서 성부와 동등했기 때문이다. **하나님의 우편에 앉아 계시다**는 문구를 그리스도께서 교회의 머리이시라는 뜻으로 이해해도 마찬가지다. 성부께서는 바로 성자로 말미암아 태초부터 만물을 다스리셨고, 또한 그로 말미암아 만물을 창조하셨기 때문이다. 이런 의미로 보면, 그리스도께서는 그의 영원하신 출생으로 말미암아 성부의 우편에 놓여지신 것이다. 둘째로, 그리스도께서는 그의 신성에 따라 언제나 하나님의 우편에 앉아 계셨으니, 이는 영원 전에 그가 중보자 직분을 부여받으신 덕분이다. 셋째로, 그리스도의 신격에 대해서도 마찬가지다. 그가 태초에 중보자 직분을 시행하기 시작하셨고, 또한 그 직분을 계속 시행해오고 계시기 때문이다.

그러나 그리스도의 낮아지심의 기간 동안에는 그의 신격이 감추어져 있다가 그의 승천 이후에 그의 인성에서 영광스럽게 나타나기 시작했다는 점에서는, 그리스도께서 하늘에 오르신 이후에 그의 신성에 따라 아버지의 우편에 앉으셨다 할 것이다. 이는 그리스도께서 이 땅에 사시는 동안 그의 신격 역시 자신을 낮추었었기 때문이다. 신격이 연약해진 것이 아니라 스스로 가려져서 공공연히 드러나지 않은 것이다. 그러므로 이런 의미에서 보면 그리스도께서는 그의 신성에 관해서도 역시 그의 승천 이후에 아버지의 우편에 앉으신 것이다. 그가 우리를 위해 스스로 취하셨던 그 낮아지심의 상태를 그때에 비로소 벗어 버리셨고 또한 그가 창세 전부터 성부와 함께 지니셨던 그 영광을 공개적으로 드러내신 것이다. 그러므로 우리는 이렇게 말한다. 그가 높아지셨다는 것은 그가 전에 소유하지 않았던 그 무엇을 그의 신격에다 첨가시키는 것도 아니었고, 그 신격을 더 능력 있고 더 영광스러운 것으로 만든 것도 아니었고, 혹은 하나님 앞에서 그 신격을 선포하는 것도 아니었다. 오히려 그것은 그의 신격을 사람 앞에서 선포하는 것이었고, 또한 그가 우리의 본성을 취하시면서 그의 신성이 포기했었던 그 자신의 권세를 충만히 자유로이 주장하는 것이었던 것이다. 그리하여 그는, "아버지여 창세 전에 내가 아버지와 함께 가졌던 영화로써 지금도 아버지와 함께 나를 영화롭게 하옵소서"(요 17:5)라고 말씀하시는 것이다. 여기서 그리스도께서 말씀하시는 영광은 사람과 함께 나누시는 것이 아니었다. 그리하여 그는 그가 이 영광을 아버지와 함께 항상 가지셨으니, 그것을 사람들에게도 드러내시기를 구하시는 것이다. 그러나 이를 마치 "말씀"이 그의 신성에 관하여 뭔가 변화를 겪는다는 뜻으로 이해해서는 안 되고, 앞에서 이미 설명한 그런 의미로 보아야 한다.

그러나, 그의 인성에 관해서는 그리스도께서 그의 승천 후에 비로소 처음 아버지의 우편에 앉으셨다 할 것이다. 그가 영광을 입으신 것이 바로 이때였고, 전에 지니지 않으셨던 것을 그때에 얻으신 것이다. "그리스도가 이런 고난을 받고 자기의 영광에 들어가야 할 것이 아니냐?"(눅 24:26).

반론 1. 하나님 우편에 앉아 있는 자는 어디에나 있는 것이다. 그리스도는 하나님 우편에 앉아 계시다. 그러므로 그는 어디에나 계시는 것이다.

답변. 그리스도의 위격에 대해서는 속성의 교류에 따라서 그렇다고 할 수 있다. 그러나 그리스도의 인성에 대해서도 동일한 추론을 제기한다면, 결론이 전제에서 매우 비약하는 것이라 할 것이다.

반론 2. 하나님의 우편이란 모든 곳을 다 포괄한다. 그리스도의 인성은 하나님의 우편에 계시다. 그러므로 그의 인성은 어디에나 계신 것이다.

답변. 여기의 결론을 인정할 수 없다. 이 삼단논법에는 네 가지 조건이 있기 때문이다. 하나님의 우편과 그의 우편에 앉는 것은 동일한 것이 아니다. 소 전제는 다음과 같이 표현되어야 마땅하다: 그리스도의 인성은 하나님의 우편이다. 그러나 그렇게 표현하면 그것은 참이 아니다. 뿐만 아니라 주 전제는 절대적으로 참은 아니다. 그리스도께서 하나님 우편에 앉아 계심에는 그의 인성이 눈에 보이는 영광과 위엄을 부여받는 것이 포함되는데, 스데반은 그가 하늘에서 그런 영광의 상태에 계신 것을 보았기 때문이다. 이는 모든 곳을 다 포괄하는 것이 아니고, 오로지 그의 몸이 계신 그곳만을 지칭하는 것이다.

반론 3. 그리스도께서는 그의 인성의 임재로 만물을 충만케 하시기 위하여 모든 하늘 위로 오르셨다.

답변. 이것은 에베소서 4:10의 사도의 말씀을 그릇되게 해석한 것이다. 그가 승천하신 것은 그의 은사와 은혜들로 만물을 충만케 하시기 위함이었지, 그의 육체로, 그의 살과 뼈로 그렇게 하시기 위함은 아니었다. 만일 그렇다면 그것은 괴상망측하며 도저히 생각할 수 없는 일이 될 것이고, 마귀로 하여금 하나님의 영광을 조롱할 기회를 갖게 해 줄 뿐이다.

반론 4. 전능을 부여받은 본성은 어디든지 존재한다. 그리스도의 인성은 전능을 부여받았다. 그러므로 그것은 어디든지 존재한다.

답변. 전능을 부여받은 본성은 과연 어디든지 존재한다. 그러나 이는 전능을 부여받는 일은 진정한 주입(注入)이나 속성의 교류를 통해서 되는 것이지, 위격적인 연합을 통해서 되는 것이 아니다. 그러나 낮아지심의 상태에서와 십자가에 달리셨을 때에 지니셨던 것과는 다른 것들이 그리스도의 인성에 진정으로 주입되어 그 인성이 많은 것들을 부여받았다. 천사들이나 사람들에게 부여된 것보다 훨씬 더 많고 큰 은사들이 그의 승천 이후에 그의 인성에게 부여되었기 때문이다. 그리스도께서 그의 인성에 따라서 하나님 우편에 앉으셨다고 말씀하는 것은 바로 이런 은사들이 부여된 사실과 관계되는 것이다. 그러나 그의 신성에 따라서는 그가 하나님 우편에 앉으셨다는 것은 그의 신성이 영광을 입었다는 것이요, 그가 하늘에 올리신 바 되고 그 사실을 육체로 드러내사 앞에서 설명한 대로 완전한 영광을 입으셨다는 것을 의미하는 것이다.

51문 우리의 머리이신 그리스도의 영광은 우리에게 어떤 유익을 줍니까?

답 첫째로, 그가 그의 성령으로 말미암아 그의 지체인 우리에게 하늘에 속한 은사들을 부어 주신다는 것이요, 둘째로, 그가 그의 능력으로 우리를 모든 원수들에게서 보호하시고 보존하신다는 것입니다.

[해 설]

4. 그리스도께서 성부의 우편에 앉아 계심에서 비롯되는 열매들은 무엇인가?

그리스도께서 성부의 우편에 앉아 계심에서 비롯되는 열매들은 영광을 입으신 그리스도의 나라와 제사장직의 모든 은덕들을 다 포괄한다. 그것들은 다음과 같다: 1. 우리를 위하여 간구하심. 2. 그의 말씀과 성령으로 말미암아 교회를 모으시고 다스리시고 보존하심. 3. 모든 원수들에게서 교회를 보호하심. 4. 교회의 원수들을 배척하시고 멸망시키심. 5. 교회가 영광을 입음, 그리고 이 땅에 속한 모든 연약함들이 제거됨. 그리스도께서 하나님 우편에 앉으심에서 비롯되는 이 열매들은 그가 유지하시는 직분에서 자연적으로 나오는 것들이다. 영광을 입으신 그리스도의 나라의 은덕들은, 곧 그가 그의 말씀과 성령의 사역을 통하여 우리를 다스리시는 것이요, 그가 그의 사역을 보존시키시고 그의 교회에 안식처를 주시는 것이요, 그의 말씀을 통하여 택한 자들의 회심을 유효적으로 일으키시고 그들을 죽은 자 가운데서 살리시고 그들의 모든 연약함에서 구해내시고 그들을 영화롭게 하시고 그들의 눈에서 모든 눈물을 씻기시고 그의 보좌에 두시고 그들을 그의 아버지께 왕들과 제사장들로 삼게 하시는 것이다.

영광을 받으신 그리스도의 제사장직의 열매는 그가 하늘에서 우리를 위하여 나타나사 간구하시므로 성부께서 그의 간구하심의 덕성과 힘으로 인하여 어떤 것이라도 거부하지 않으시고 다 들으시는 것이다.

그러므로 우리는 다음과 같은 고귀한 위로를 얻는다. 곧, 우리의 왕이시요 머리시요 우리의 형제이신 그가 아버지의 우편에 앉아 계시므로 아버지께서 그의 지체인 우리에게 모든 선한 것을 다 베푸실 것이라는 것이다. 그리스도께서는 우리에게 성령을 주시고, 그리하여 우리가 살아나 영광을 입을 것이다. 그가 우리에게 하나님을 아는 참된 지식과 믿음과 회개와 모든 그리스도인의 덕 등 하늘의 은사들을 베푸실 것이며, 또한 이 모든 일을 우리를 위해서 이루실 것이다. 그가 우리의 머리로서 시행하시는 직분 때문에는 물론이요 우리를 향하여 가지신 그의 형제적인 사랑 때문에도 이 일을 완전히 이루실 것이다. 그리고, 아버지의 우편에 앉아 계신 그런 대제사장이 우리에게 있으므로 우리의 구원에 대해서 하등 의심할 이유가 없다. 왜냐하면 그가 우리를 위하여 그 구원을 보존하실 것이요 결국 우리에게 그것을 베푸실 것이기 때문이다. "그들을 내 손에서 빼앗을 자가 없느니라" (요 10:28), "아버지여 내게 주신 자도 나 있는 곳에 나와 함께 있 … 게 하시기를 원하옵나이다"(요 17:24).

그러면 그리스도께서 아버지의 우편에 앉아 계심에 관한 이 조목을 우리는 어떻게 적용시키는 것이 합당할까? 바로 이렇게 적용하는 것이 합당할 것이다: 나는 지극한 신적인 위엄을 지니신 그리스도께서 나와 모든 택한 자들을 위하여 간구하심을 믿으며, 또한 그가 그의 희생 제사를 우리에게 적용시키시는 것과, 성부께서 그로 말미암아, 우리에게 영생을 베푸실 것을 믿으며, 또한 그가 금생에서 나를 다스리시고 마귀와 그의 모든 수족들로부터 보호하신다는 것과, 그가 결국 나를 영화롭게 하시고 내게 영생을 베푸실 것을 믿는다.

심판을 위한 그리스도의 재림

52문　그리스도께서 "그리로부터 오사 산 자들과 죽은 자들을 심판하실 것"이라는 말은 그대에게 어떤 위로를 줍니까?

답　온갖 슬픔과 박해 중에서도, 전에 나를 위하여 하나님의 심판대 앞에 자기 자신을 드리셨고, 그리하여 내게서 모든 저주를 제거하신 바로 그분께서 하늘로부터 심판자로서 임하시기를 머리를 들어 기다립니다. 그는 그와 나의 모든 원수들을 영원한 정죄로 던지실 것이며, 그의 택하심을 받은 모든 자들과 함께 나를 그에게로 취하여 가사 하늘의 기쁨과 영광을 누리게 하시리라는 것입니다.

[해 설]

그리스도의 재림과 세상의 종말, 그리고 마지막 심판은 서로 다소 다르지만 이 조목은 이 모든 것을 포괄한다. 이 모든 것들이 서로 긴밀하게 연관되어 있으므로 이것들을 함께 다룰 것이다. 그러나 마지막 심판에 대해 특별히 주목할 것이다. 왜냐하면 그리스도께서 다시 오시는 목적을 생각하지 않고서는 그의 재림에 대해 생각하고 논의하는 것이 별 의미가 없을 것이기 때문이다.

　마지막 심판과 관련하여 특별히 주목해야 할 사항들은 다음과 같다:

　　1. 과연 미래에 심판이 있을 것인

　　2. 마지막 심판이란 무엇인가?

　　3. 누가 심판할 것인가?

　　4. 그는 어디서부터 어디로 오시는가?

　　5. 그는 어떤 방식으로 오시는가?

　　6. 그 심판의 대상자들은 누구인가?

　　7. 심판의 성격은 어떤 것이며 또한 어떻게 시행될 것인가?

　　8. 그 심판의 원인은 무엇인가?

9. 그 심판은 언제 이루어질 것인가?

10. 그 심판을 기대해야 할 이유는 무엇인가

11. 하나님께서는 왜 그 심판의 때를 분명히 알리지 않으셨는가?

12. 그 심판은 왜 연기되고 있는가?

13. 그 심판을 사모할 수도 있는가?

1. 과연 미래에 심판이 있을 것인가?

이 질문은 필수적이다. 성경은 마지막 때에 이 조목을 헛된 이야기 이상 아무것도 아닌 것으로 취급하고 다음과 같이 빈정대는 조롱하는 자들이 있을 것을 미리 예언하고 있다: "주께서 강림하신다는 약속이 어디 있느냐? 조상들이 잔 후로부터 만물이 처음 창조될 때와 같이 그냥 있다"(벧후 3:4). 철학으로는 마지막 심판 교리를 완전히 분명하게 제시할 수 없고, 반대로 그것을 부정하는 확실한 논지도 제시할 수 없는 것이 분명하다. 이 교리의 확실성은 교회와 하나님의 말씀의 가르침에 의존하는 것이다. 물론 철학자들이 희미한 빛을 받아서, 선한 자들은 좋게 되고 악한 자들은 나쁘게 되어야 마땅하며 또한 사람이 그저 금생의 악과 비참한 것들을 당하기 위해서만 창조된 것이 아닐 것이라고 생각할 수도 있고, 또한 이성도 이에 동의할 수도 있을 것이다.

그러나 사람은 하나님의 의와 선하심과 진리에 대한 지식을 상실했으므로 혼자서는 미래에 심판이 있을 것인지 혹은 언제 그 심판이 있을 것인지에 대해 분명하게 결론을 내릴 수가 없고, 그 심판 때에 어떤 일이 있을지에 대해서는 더욱더 오리무중일 수밖에 없다. 그러므로 우리는 이 교리의 확실성에 대해서 오로지 성경의 증언에 의존할 수밖에 없는 것이다. 철학이 제시하는 논지들은 사실 그 자체로는 힘이 있기도 하다. 그러나 신학과 결부시키지 않고서는 분명하게 해명할 수가 없고, 따라서 초자연적인 계시의 유익을 누리는 자들만이 그 힘을 느낄 수 있는 것이다. 신학이, 혹은 복음의 교리가 제시하는 증거들은 다음과 같다:

1. 이 주제와 관련되는 신구약 성경의 선언들은 미래에 심판이 있을 것을 분명하고도 확실하게 가르치고 있다. 다니엘서의 증언을 실례로 들어보자: "내가 또 환상 중에 보니 인자 같은 이가 하늘 구름을 타고 와서 옛적부터 항상 계신 이에게 나아가 그 앞으로 인도되매 그에게 권세와 영광과 나라를 주고 모든 백성과 나라들과 다른 언어를 말하는 모든 자들이 그를 섬기게 하였으니 그의 권세는 소멸되

지 아니하는 영원한 권세요 그의 나라는 멸망하지 아니할 것이니라"(단 7:13-14). 그리고 몇 절 앞에서는 이렇게 증언하고 있다: "내가 보니 왕좌가 놓이고 옛적부터 항상 계신 이가 좌정하셨는데 그의 옷은 희기가 눈 같고 그의 머리털은 깨끗한 양의 털 같고 그의 보좌는 불꽃이요 그의 바퀴는 타오르는 불이며 불이 강처럼 흘러 그의 앞에서 나오며 그를 섬기는 자는 천천이요 그 앞에서 모셔 선 자는 만만이며 심판을 베푸는데 책들이 펴 놓였더라"(단 7:9-10). 유다가 인용한 에녹의 예언도 이와 비슷하게 증언한다: "보라 주께서 그 수만의 거룩한 자와 함께 임하셨나니 이는 뭇 사람을 심판하사 모든 경건하지 않은 자가 경건하지 않게 행한 모든 경건하지 않은 일과 또 경건하지 않은 죄인들이 주를 거슬러 한 모든 완악한 말로 말미암아 그들을 정죄하려 하심이라"(유 14-15). 그리스도의 가르침도, 특히 마태복음 24장과 25장의 가르침도, 이 점에서 매우 분명하며, 사도들의 글들 역시 분명하게 말씀하고 있다: "이는 정하신 사람으로 하여금 천하를 공의로 심판할 날을 작정하시고 이에 그를 죽은 자 가운데서 다시 살리신 것으로 모든 사람에게 믿을 만한 증거를 주셨음이니라"(행 17:31), "주께서 호령과 천사장과 소리와 하나님의 나팔 소리로 친히 하늘로부터 강림하시리니 그리스도 안에서 죽은 자들이 먼저 일어나고 그 후에 우리 살아 남은 자들도 그들과 함께 구름 속으로 끌어올려 공중에서 주를 영접하게 하시리니 그리하여 우리가 항상 주와 함께 있으리라"(살전 4:16), "한번 죽는 것은 사람에게 정해진 것이요 그 후에는 심판이 있으리니"(히 9:27), "또 내가 크고 흰 보좌와 그 위에 앉으신 이를 보니 땅과 하늘이 그 앞에서 피하여 간 데 없더라. 또 내가 보니 죽은 자들이 큰 자나 작은 자나 그 보좌 앞에 서 있는데 책들이 펴 있고 또 다른 책이 펴졌으니 곧 생명책이라 죽은 자들이 자기 행위를 따라 책들에 기록된 대로 심판을 받으니"(계 20:11, 12). 하나님의 말씀의 명확한 선언들에서만 미래의 심판의 확실성이 나타나는 것이 아니고, 성경의 다른 부분들에서도 분명하게 드러난다. 이로써 우리는 다음과 같은 정당한 결론을 도출할 수가 있다:

2. **하나님의 작정에 근거하여.** 하나님께서는 그의 작정을 통해서 죽은 자를 살리시기를 친히 영원 전부터 정하셨다. 하나님이 불변하시므로 이 목적은 절대로 변경될 수가 없다. 이 작정의 문서를 에스겔 37장에서 볼 수 있고, 에녹, 엘리야, 그리고 그리스도가 그 실례다.

3. **하나님의 전능하심에 근거하여.** 하나님께서는 이성의 판단으로는 불가능한

일들을 얼마든지 행하실 수 있다. 그리스도는 이 논지를 사용하여 사두개인들의 논지를 반박하셨다: "너희가 성경도, 하나님의 능력도 알지 못하는고로 오해하였도다"(마 22:29).

4. **하나님의 공의에 근거하여.** 하나님의 공의는 선한 자들이 완전히 잘되고 악한 자들이 완전히 못되어야 할 것을 요구한다. 그러나 금생에서는 그대로 되지 않는다. 그러므로 하나님께서 각 사람에게 완전한 공의를 시행하실 내생이 반드시 있는 것이다. 바울과 또한 모든 경건한 자들이 이를 근거로 스스로 위로를 얻는다. "너희로 환난을 받게 하는 자들에게는 환난으로 갚으시고 환난을 받는 너희에게는 우리와 함께 안식으로 갚으시는 것이 하나님의 공의시니 주 예수께서 자기의 능력의 천사들과 함께 하늘로부터 불꽃 가운데에 나타나실 때에 하나님을 모르는 자들과 우리 주 예수의 복음에 복종하지 않는 자들에게 형벌을 내리시리니 이런 자들은 주의 얼굴과 그의 힘의 영광을 떠나 영원한 멸망의 형벌을 받으리로다"(살후 1:6-9), "애, 너는 살았을 때에 좋은 것을 받았고 나사로는 고난을 받았으니 이것을 기억하라 이제 그는 여기서 위로를 받고 너는 괴로움을 받느니라"(눅 16:25).

5. **하나님께서 인류를 창조하신 목적에 근거하여.** 하나님의 목적은 결코 무너지지 않으며 언제나 반드시 이룬다. 하나님께서 사람을 창조하신 목적은 사람이 하나님께서 거하실 성전이 되고 그리하여 그가 사람에게 기쁨과 복락을 주시기 위함이었다. 그러나 이것은 금생에서는 일어나지 않으며 또 일어날 수도 없다. 하나님께서 사람 같은 탁월한 피조물을 영원히 비참함 속에 있도록 창조하신 것이 아니므로, 우리는 변화가 있을 것임을 확실히 추정할 수 있다. 하나님께서는 그의 목적을 못 이루시는 법이 없고, 또한 성령의 전(殿)이 영원한 부패 속에 내버려지도록 허용하지도 않으신다. 이 복락 역시 사람이 창조함 받을 때에 부여받은 하나님의 형상의 일부다. 그것이 마귀에 의해서 파괴되었으나, 마귀보다 크신 하나님께서 그것을 회복시키실 것이다. 그러므로 사람이 이런 악을 당하기 위해 창조된 것이 아니고 그보다 더 나은 목적을 위해 창조된 것이라는 사실이 철학자들의 추론처럼 그저 가능한 것만이 아니라 지극히 확실한 것이다. 그 목적이 비록 금생에서는 여러 가지 방해거리 때문에 이루어지지 않으나 그럼에도 불구하고 결국 반드시 이루어질 것이다. 우리의 육체의 부활과 행복이 또한 이 논지에 의해서 확증된다. 사도 바울은 이렇게 말씀한다: "너희 몸은 너희가 하나님으로부터 받은 바 너

희 가운데 계신 성령의 전인 줄을 알지 못하느냐?" (고전 6:19).

6. **하나님의 영광에 근거하여.** 하나님께서는 영원토록 그를 찬양하고 영광을 돌리게 하기 위하여 사람을 창조하셨는데, 이는 부활과 심판이 없이는 이루어질 수가 없다. 다른 모든 논지들도 이것과 결부시킬 수 있을 것이다.

2. 마지막 심판이란 무엇인가?

인간 사회의 재판에는 피고, 원고, 재판관이 있고, 소송 사건, 심문, 그리고 판결을 위한 법이 있고, 무죄 혹은 유죄의 선고가 있고, 법에 따르는 판결의 집행이 있다. 그러므로 인간의 재판에는 대체로 소송 사건에 대한 정상적인 재판관의 정당한 법에 따른 심사가 있고, 또한 피고에 대한 무죄 혹은 유죄의 선고와 그에 따르는 집행이 있는 것이다.

하나님께서 그리스도를 통하여 시행하실 그 마지막 심판도 이에 근거하여 쉽게 정의할 수가 있다. 이 경우 심판자에게는 고소인 혹은 증인이 필요 없을 것이다. 그 자신이 마음을 살피는 자이므로 모든 사람의 행위들을 낱낱이 드러나게 할 것이기 때문이다. 그러므로 그 심판에는 심판자와 피고인, 그리고 법과 선고와 집행만이 있을 것이다. 그러므로 마지막 심판은, 심판자이신 그리스도께서 하늘로부터 구름을 타고 그의 아버지와 거룩한 천사들의 영광과 위엄으로 강림하사 세상의 시초부터 살았던 모든 사람들이 부활하고 그때에 살아 있는 자들은 갑자기 변화하여 그 모든 사람들이 그리스도의 심판대 앞에 서며, 그리스도께서는 모든 이들에게 선고를 내리시고, 악인은 마귀와 함께 영원한 형벌에 던지시고, 경건한 자들은 자기에게 영접하서서 그와 및 복된 천사들과 더불어 하늘에서 영원한 복락과 영광을 누리게 하실 세상의 마지막에 행해질 그 심판을 가리키는 것이다. "너희 가운데서 하늘로 올려지신 이 예수는 하늘로 가심을 본 그대로 오시리라" (행 1:11). 아니면, 마지막 심판을, 모든 마음들이 드러나고 사람들이 행한 모든 일들이 드러나며, 하나님께서 그리스도를 통하여 의인과 악인을 구별하시고 율법과 복음의 교리에 따라 모든 사람에게 선고를 내리시고 시행하셔서 교회를 완전히 구원하시고, 악인과 마귀들을 영원한 형벌에 처하시는 것으로 정의할 수도 있을 것이다.

성경은 이 정의의 모든 상세한 부분들을 다음과 같이 확증해 준다. 1. 사람의 모든 생각과 행위들이 드러날 것이다. 책들이 펼쳐져 마음의 은밀한 것들이 밝히 드러날 것이기 때문이다(계 20:12). 2. 의인과 악인이 서로 분리될 것이다. "인자가 자기 영광으로 모든 천사와 함께 올 때에 자기 영광의 보좌에 앉으리니 모든 민족을 그 앞에 모으고 각각 구분하기를 목자가 양과 염소를 구분하는 것 같이 하여 양은 그 오른편에 염소는 왼편에 두리라"(마 25:31-33). 3. 하나님께서 친히 이 분리의 역사를 행하실 것이요, 따라서 이는 지극히 거룩하고 의로운 일이 될 것이다. "하나님이 불의하시냐? 결코 그렇지 아니하니라 만일 그러하면 하나님께서 어찌 세상을 심판하시리요"(롬 3:5, 6). 그 일은 그리스도를 통하여 이루어질 것이다. "아버지께서 아무도 심판하지 아니하시고 심판을 다 아들에게 맡기셨으니"(요 5:22), "이는 정하신 사람으로 하여금 천하를 공의로 심판할 날을 작정하시고 이에 그를 죽은 자 가운데서 다시 살리신 것으로 모든 사람에게 믿을 만한 증거를 주셨음이니라"(행 17:31). 4. 또한 선고가 내려질 것이다. "그 때에 임금이 그 오른편에 있는 자들에게 이르시되 내 아버지께 복 받을 자들이여 나아와 창세로부터 너희를 위하여 예비된 나라를 상속받으라"(마 25:34), "또 왼편에 있는 자들에게 이르시되 저주를 받은 자들아 나를 떠나 마귀와 그 사자들을 위하여 예비된 영원한 불에 들어가라"(마 25:41). 5. 그 집행이 영원할 것이다. "그들은 영벌에, 의인들을 영생에 들어가리라"(마 25:46). 6. 의인과 악인이 율법과 복음에 따라 심판을 받을 것이다. 즉, 그들이 그리스도의 심판대 앞에서 의인으로 혹은 악인으로 선언될 것이다. 의인은 근본적으로 복음에 따라 무죄 선고를 받을 것이나, 이는 율법에 의하여 확증될 것이다. 악인들에게는 그들의 행위에 따라 선고가 내려질 것이나, 의인에게는 그리스도의 공로에 따라 선고가 내려질 것이다. 그들의 믿음으로 말미암아 그리스도의 공로가 그들에게 적용되기 때문이다. 이것이 사실이라는 것은 그 때에 밝히 드러나게 될 그들의 행위들에서 분명히 나타날 것이다. 의인들 스스로가 그때에 자기들에게 주어지는 상급이 그들의 공로에 의한 것이 아니라 은혜로 말미암는 것임을 고백하게 될 것이다: "주여 우리가 어느 때에 주께서 주리신 것을 보고 음식을 대접하였으며 목마르신 것을 보고 마시게 하였나이까?"(마 25:37). 우리는 모두가 본질상 하나님의 진노 아래에 있다. 그러나 우리는 그리스도로 말미암아 복된 자들로 선언 받을 것이다. 아담 안에서가 아니라 복된 자손이신 그리스도 안에서 그렇게 선언 받는 것이다. 그렇기 때문에 의인에 대한 선고는 복음에 따라 이루어지는 것이다.

반론. 그러나 각 사람이 자기의 행위에 따라 받을 것이다. 그러므로 복음에 따라 선고를 받는 것이 아니라, 오직 율법에 따라서 선고를 받는 것이다.

답변. 물론 하나님께서 택한 자들에 대해서도 그들의 행위에 따라 상급을 내리시리라는 것은 사실이다. 그러나 그것은 그들의 행위에 공로가 있기 때문이 아니라 그것들이 믿음의 결과들이기 때문이다. 그러므로 그들은 자기들의 행위에 따라 상급을 받을 것인데, 그 행위가 믿음의 결과들이므로 결국 그들은 그들의 믿음에 따라 심판을 받는 것이며, 이것은 복음에 따라 심판을 받는 것과 동일한 것이다. 그리스도께서 시행하실 심판은 믿음에 따라서라기보다는 오히려 믿음의 결과들에 따라서 이루어질 것이다. 왜냐하면 그는 자신이 어째서 그렇게 심판하시는지를 모든 사람들에게 분명히 드러내서, 믿는 자들에게 불의하게 영생을 베푸시기라도 한 것처럼 악인이 그의 의를 비난하지 못하도록 하실 것이기 때문이다. 그는 그들이 소유한 것이 참된 믿음이었고, 따라서 그들이야말로 약속에 따라 영생을 정당하게 받을 자들이라는 사실을 그들의 믿음의 열매들로써 증명하실 것이다. 그러므로 그는 악인에게 의인의 행위들을 드러내시며 그것들을 증거로 내세우셔서 의인들이 그리스도의 공로를 자기들에게 적용시킨 것임을 불경건한 자들로 하여금 납득하도록 하시는 것이다. 하나님께서는 우리가 하나님의 우편에 앉게 되리라는 확신을 갖게 하심으로써 금생에서 위로를 얻게 하시고자, 믿는 자들에게 그들의 행위에 따라 상급을 내리실 것이다.

3. 누가 심판할 것인가?

심판자는 그리스도시니, 이는 중보자이신 그분과 동일하신 분이시다. "아버지께서 아무도 심판하지 아니하시고 심판을 다 아들에게 맡기셨으니"(요 5:22), "또 인자됨으로 말미암아 심판하는 권한을 주셨느니라"(요 5:27). 그러나 그렇다고 해서 성부와 성령께서 이 심판에 전혀 관여하지 않으시고 그 일이 오직 그리스도께만 맡겨졌고 그리하여 그가 오셔서 그의 인성으로 선고를 내리실 것이라는 식으로 이해해서는 안 된다. 그가 말씀하실 때에는 하나님이 말씀하시는 것이요, 그가 심판하실 때에는 하나님께서 심판하시는 것이다. 그가 친히 하나님이시기 때문이기도 하지만 또한 성부께서 그리스도를 통하여 말씀하시고 심판하시기 때문이기도 하다. "우리에게 명하사 백성에게 전도하되 하나님이 살아 있는 자와 죽은 자의 재판장으로 정하신 자가 곧 이 사람인 것을 증언하게 하셨고"(행 10:42), "정하신 사람으로 하여금 천하를 공의로 심판할 날을 작정하시고"(행 17:31). 그러므로 이 심판은 그 동의와 권위에 있어서 삼위 하나님 모두에게 속하는 일이다. 그러나 눈에 보이는 면에서는, 즉 선고를 내리며 집행하는 일에 있어서는 그리스도께 속하는 일이다. 그리스도께서 모든 사람에게 눈에 보이는 방식으로 선고를 내리시고 집행하실 것이기 때문이다. 교회 역시 심판자의 결정에 동의를 표시함으로써 함께 심판할 것이다. 그리스도께서 사도들이 열두 보좌에 앉아서 이스라엘 열두 지파를 심판할 것이라고 말씀하시는 것도 그런 이유 때문이다. 그렇다. 그리스도께서 그때에 행하실 그 선고에 대해 우리도 찬동하고 동의할 것이다.

사람이신 그리스도를 심판자로 정하신 이유는 다음과 같다 할 것이다. 1. 사람을 심판하는 일에는 눈에 보이는 심판자가 필요할 것이기 때문이다. 그러나 하나님은 눈에 보이지 않는다. 2. 교회를 의롭다 하시고 구원하신 그 동일하신 중보자가 또한 교회를 영화롭게 하시는 것이 하나님의 선한 기쁨이기 때문이다. "정하신 사람으로 하여금 천하를 공의로 심판할 날을 작정하시고"(행 17:31), "그들이 인자가 구름을 타고 능력과 큰 영광으로 오는 것을 보리라"(마 24:30), "또 인자됨으로 말미암아 심판하는 권한을 주셨느니라"(요 5:27). 3. 우리로 하여금 이 심판자가 우리의 형제요 우리의 머리이시며 우리의 구속자이시므로 우리에게 은혜로우실 것이요 자신의 피로 값 주고 사셨고 또한 황송하게도 그의 형제요 지체로 삼으신 자들을 정죄하시지 않을 것이라는 위로를 갖게 하기 위함이다. 그리고 우리의 위로를 위하여 다음과 같이 선포하신 심판자의 약속에서 위로를 얻게 하기 위함이다: "아들을 믿는 자에게는 영생이 있고"(요 3:36), "내 말을 듣고 또 나 보내신 이를 믿는 자는 영생을 얻었고 심판에 이르지 아니하나니 사망에서 생명으로 옮겼느니라"(요 5:24). 그리고 마지막으로 그의 재림의 목적, 즉 그의 교회를 구원하시고 그와 우리의 모든 원수들을 영원한 정죄에 던지시는 목적에서 위로를 얻게 하기 위함이다. 4. 하나님의 공의 때문에도 사람이신 그리스도가 심판자가 되시는 것이 합당하다. 그리스도를 모욕하고 그의 은덕들을 거부한 자들이 그들이 찌른 그분을 직접 대면하고 또한 그들이 그렇게 강력하게 대적했던 그분을 대면하고, 그에게서 심판을 받게 될 것을 하나님의 공의가 요구하기 때문이다.

반론. 그러나 그리스도는 자신이 오시는 것이 세상을 정죄하기 위함이 아니라고 말씀하시지 않는가? 그런데 어떻게 그가 심판자가 될 수 있는가?

답변. 그의 오심이 세상을 심판하기 위함이 아니라 구원하기 위함이라고 하신 그 말씀은 그의 초림(初臨)에 관한 말씀이다. 그러나 여기서 우리가 논한 바 재림에서는 그는 산 자와 죽은 자들의 심판자가 되실 것이다.

4. 그는 어디서부터 어디로 오시는가?

우리의 심판자이신 그리스도께서는 하늘로부터 구름 속에서 오실 것을 기대한다. 그는 제자들이 그가 올라가시는 것을 본 그 동일한 곳으로부터 오실 것이다. "주 예수께서 자기의 능력의 천사들과 함께 하늘로부터 불꽃 가운데에 나타나실 때에"(살후 1:7), "이후에 인자가 권능의 우편에 앉아 있는 것과 하늘 구름을 타고 오는 것을 너희가 보리라"(마 26:64), "우리의 시민권은 하늘에 있는지라 거기로부터 구원하는 자 곧 주 예수 그리스도를 기다리노니"(빌 3:20). 성경의 선언에 따르면, 그리스도께서는 공중이나 바다나 땅으로부터가 아니라, 그가 하나님 우편에 앉아 계시는 그 하늘로부터 구름을 타고 강림하실 것이다. 그는 눈에 보이는 방식으로 하늘로부터, 그가 올라가실 때에 보인 이 공중의 영역으로 강림하실 것이다. "이 예수는 하늘로 가심을 본 그대로 오시리라"(행 1:11). 교회로 하여금 그 심판자와 구속자를 어디서 찾아야 할지를 알게 하기 위해서는 이런 점들을 반드시 설명해야 한다. 그리스도께서 자신이 어디로 올라가셨는지를 알게 하실 것이듯이, 또한 그가 어디로부터 재림하실지를 알게 하실 것이며, 그리하여 우리는 그가 자신이 취하셨던 인성을 제거하신 것이 아님을 확신하게 될 것이기 때문이다.

5. 그는 어떤 방식으로 오시는가?

첫째로, 그는 상상 속에서나 가상적으로가 아니라 진정으로 눈에 보이게 국지적으로 오실 것이다. 그는 하늘로 올라가신 것과 동일한 방식으로 재림하실 것인데, 이는 눈에 보이는 국지적인 방식이었다. "그들이 인자가 구름을 타고 능력과 큰 영광으로 오는 것을 보리라"(마 24:30). 그들은 눈에 보이는 그의 위엄을 보고서 그가 하나님이신 줄을 깨달을 것이다. "그들이 그 찌른 바 그를 바라보고"(슥 12:10). 둘째로, 그는 그의 아버지의 영광 가운데서 또한 신적인 위엄으로, 모든 거룩한 천사들과 더불어 천사장의 나팔 소리와 함께, 죽은 자를 일으키며 의인을 악인과 분리시키며 경건한 자를 구원하고 불경건한 자를 영벌에 처하는 신적인 권세를 지니시고 오실 것이다. "인자가 아버지의 영광으로 그 천사들과 함께 오리니"(마 16:27). 이는 그가 참되신 하나님께만 있는 그 영광으로, 천사들의 시종을 받아 영광 가운데서 오실 것을 의미한다. 셋째로, 그는 악인들이 그를 바라보지 않을 때에 갑자기 오실 것이다: "그들이 평안하다, 안전하다 할 그 때에 임신한 여자에게 해산의 고통이 이름과 같이 멸망이 갑자기 그들에게 이르리니 결코 피하지 못하리라(살전 5:3).

6. 그 심판의 대상자들은 누구인가?

그는 산 자든 죽은 자든, 의인이든 악인이든 상관없이 모든 사람을 심판하실 것이다. 그는 또한 악한 천사들도 심판하실 것이다. 심판 직전의 상태에 따라서 사람을 산 자라 부르기도 하고 죽은 자라 부르기도 할 것이다. 심판의 때에 살아 남아 있는 자들은 **산 자**요, 그 나머지는 모두 **죽은 자**에 속한다. 심판의 때에 죽은 자들은 살아날 것이요 산 자들은 변화되어 모두가 그리스도의 심판대 앞에 서게 될 것이다.

반론. 그러나 아들을 믿는 자는 심판에 이르지 않을 것이라고 말씀한다. 그러므로 모든 사람이 다 심판을 받는 것은 아니다.

답변. 하나님의 아들을 믿는 자는 정죄의 심판 아래 들지 않을 것이고 무죄 방면의 심판 아래에 있을 것이다. 그러므로 모든 사람들이 다 심판을 받을 것이다. 다만 심판이라는 단어를 정죄의 심판과 무죄 방면의 심판 모두를 포괄하는 넓은 의미로 이해해야 하는 것이다. 타락한 천사들에 대한 심판은 이미 그들에 대해 행해진 결정을 공적으로 선언하고 집행하는 것에 있다.

7. 심판의 성격은 어떤 것이며 또한 어떻게 시행될 것인가?

1. 죽은 자들이 그리스도의 신적인 권능과 덕으로 말미암아, 또한 그들을 부르시는 그의 인간적인 음성에 따라서 살아날 것이다. "무덤 속에 있는 자가 다 그의 음성을 들을 때가 오나니"(요 5:28). 산 자들은 변화될 것이며, 그들의 죽을 몸이 불멸한 상태가 될 것이다. 2. 그리스도께서 의인과 악인을 사방에서 모으시고 천사들의 사역을 통하여 그의 심판대 앞에 서게 하실 것이다. 그러나 그는 필연에 의해서가 아니라 그의 권세로 이 일을 행하실 것이다. 천사들의 사역이 필요해서가 아니라 그 자신이 천사들과 모든 피조물들의 주(主)이심을 선포하시기 위함이요, 또한 그것이 그의 위엄과 영광에 기여할 것이기 때문이다. 3. 세상이, 하늘과 땅이 불에 녹을 것이며, 사물의 현 상태에 변화가 생길 것이나, 멸절(滅絶)은 없을 것이다. 4. 의인과 악인이 서로 분리될 것이요, 그 각각에게 선고가 내려질 것이다. 악

인에게 내려질 선고는 이미 논한 대로 주로 율법에 따라 이루어지나 동시에 복음에 의해서 승인되는 그런 방식으로 이루어질 것이다. 그러나 의인에게 내려지는 선고는 주로 복음에 따라 이루어지나 율법에 의해 승인되는 그런 방식으로 이루어질 것이다. 그러므로 의인은 복음에 의거한 선고를 들을 것인데, 이는 그들이 믿음으로 ― 이 믿음은 행위를 통해 드러난다 ― 그리스도의 공로를 얻었기 때문이다. "내 아버지께 복 받을 자들이여 나아와 창세로부터 너희를 위하여 예비된 나라를 상속받으라"(마 25:34). 반대로 악인은 율법의 처절한 선고를 듣게 될 것이다: "저주를 받은 자들아 나를 떠나 마귀와 그 사자들을 위하여 예비된 영원한 불에 들어가라"(마 25:41). 5. 그 후에 의인이 완전한 영광을 얻게 되고, 악인이 영원한 벌에 던져질 것이다. 그때에 그리스도께서는 믿는 자들을 자기 자신에게로 취하실 것이다. "가서 너희를 위하여 거처를 예비하면 내가 다시 와서 너희를 내게로 영접하여 나 있는 곳에 너희도 있게 하리라"(요 14:3), "그 후에 우리 살아 남은 자들도 그들과 함께 구름 속으로 끌어 올려 공중에서 주를 영접하게 하시리니 그리하여 우리가 항상 주와 함께 있으리라"(살전 4:17). 그러나 불경건한 자들은 마귀들과 함께 던져져서 영원한 형벌을 받게 될 것이다.

반론. 그러나 믿지 않는 자들은 이미 정죄를 받은 것이고, 또한 이 세상 임금이 심판을 받은 것이라고 말씀한다. 그러므로 그들은 이미 정죄의 선고 아래 있는 것이요 따라서 마지막 심판에서 다시 심판을 받지는 않을 것이다.

답변. 마귀들과 믿지 않는 자들은 다음과 같은 점에서 이미 정죄를 받고 심판을 받은 것이다: 하나님의 작정에서, 그의 작정에 대한 계시를 포함하는 하나님의 말씀에서, 그들의 양심에서, 그들 자신의 정죄가 시작되었다는 점에서. 그러나 마지막 심판에서는 그들의 정죄가 공적으로 드러나며, 그때에는 다음과 같은 일들이 일어나게 된다: 1. 하나님의 심판에서 멸망하는 자들이 정의롭게 형벌을 받는다는 것이 드러난다. 2. 불경건한 자들이 지금 무덤에 누워 있는 그 몸으로 형벌과 고통을 당할 것이다. 3. 그들의 형벌이 크게 악화될 것이며, 그들이 더 이상 의인을 해치거나 하나님을 멸시하거나 교회를 조롱할 수 없도록 억제 아래 있게 될 것이다. 그들과 우리 사이에 크나큰 간격이 있어서 그들이 우리에게 영원히 해를 끼치지 못하게 될 것이다.

8. 그 심판의 원인은 무엇인가?

이 심판의 주요 원인은 하나님의 작정에 있다. 하나님께서는 심판이 있을 것을 작정하셨고 또한 선포하셨다. 그러므로 이 작정을 볼 때에, 심판은 반드시 일어나고야 말 것이다. 또한 하나님께서 사람을 창조하신 주된 목적을 이루시고 그의 백성들에게서 영원토록 찬양받으시는 것도, 그리하여 금생에서 온갖 시련과 환난을 당한 믿는 자들을 향하여 그의 크신 선하심과 자비를 선포하시는 일도, 또한 이 땅에서 번영을 누리는 악인들을 벌하심으로써 그의 공의와 진리를 드러내시는 일도 필수적이다. 결국 의인들이 잘 되고, 악인들이 육체와 영혼으로 악을 당하는 것이 반드시 있어야 하기 때문이다. 요컨대, 마지막 심판의 목적은 하나님께서 악인을 내어던지시고 교회를 구원하셔서 그가 우리 가운데 거하시고 만유 안에서 만유가 되시는 데에 있다 할 것이다.

9. 그 심판은 언제 이루어질 것인가?

미래의 심판은 마지막 때에, 혹은 세상의 종말에 이루어질 것이다. 세상의 기한은 세 시기로 이루어진다. 곧, 율법 이전의 시기와, 율법 아래의 시기와, 또한 그리스도 아래의 시기가 그것이다. 그리스도 아래의 시기를 가리켜 세상의 종말, 마지막 때, 마지막 날들, 마지막 시기라 부르는데, 이는 그리스도의 초림과 재림 사이의 세상의 역사를 포괄한다. 이 시기는 세상의 시작과 그리스도의 초림 사이의 기한만큼 길지는 않을 것이다. 왜냐하면 우리는 마지막 때에 있으며 그 심판과 관련되어 예언된 표적들을 날마다 보고 있기 때문이다. "아이들아 지금은 마지막 때라 적그리스도가 오리라는 말을 너희가 들은 것과 같이 지금도 많은 적그리스도가 일어났으니 그러므로 우리가 마지막 때인 줄 아노라"(요일 2:18). 마지막 심판이 이루어질 해와 달과 날과 시는 아무도 모르고, 천사도 모른다. 그리스도께서도 그의 인성과 그의 중보자 직분에 관해서는 이것에 대해 모르신다. 중보자로서는 그가 그 심판의 때를 우리에게 선포하실 필요가 없기 때문이다. "그러나 그 날과 그 때는 아무도 모르나니, 하늘에 있는 천사들도, 아들도 모르고 아버지만 아시느니라"(막 13:32).

10. 그 심판을 기대해야 할 이유는 무엇인가?

그 심판의 정확한 때에 대해서는 우리가 알지 못하나, 하나님께서는 다음 몇 가지 사실로써 그 심판의 확실성에 대해 확신을 갖게 해 주신다.

첫째로, 하나님의 영광을 위함이다. 미래의 심판을 그저 헛된 이야기 정도로 취급하며 또한 현재 세상이 혼란 가운데 있는 것을 보고서 하나님께서는 세상 일에 관심이 없으시다거나 혹은 관심이 있다 해도 그는 불의한 분이시라는 식으로 생각하는 모든 사람들의 주장을 이로써 반박할 수 있다. 의인이 잘 되어야 마땅한데 현실이 그렇지 않으니 하나님이 이를 이룰 능력이 없으시거나 아니면 그가 선하신 분이 못되거나 아니면 하나님의 섭리라는 것이 없는 것이라는 것이다. 그러나 우리는 이런 그릇된 주장에 대해서, 내생에서는 금생에서 보는 것과는 다른 질서가 이어질 것이라고 답할 수 있다. 금생에서 의인이 잘 되지 않으니 내생에서 잘 될 것이기 때문이다.

둘째로, 하나님께서는 우리를 위로하시기 위하여 미래의 심판의 확실성을 알게 하실 것이다. 금생의 비참한 것들로부터 장차 우리가 구원을 얻게 될 것임을 확신하도록 하신다는 것이다.

셋째로, 하나님을 경외하는 자세를 견지하고, 우리의 의무들을 적절히 수행하여 그 심판에서 능히 설 수 있도록 하시기 위함이다. "이러므로 너희는 장차 올 이 모든 일을 능히 피하고 인자 앞에 서도록 항상 기도하며 깨어 있으라"(눅 21:36), "이 모든 것이 이렇게 풀어지리니 너희가 어떠한 사람이 되어야 마땅하냐? 거룩한 행실과 경건함으로 하나님의 날이 임하기를 바라보고 간절히 사모하라"(벧후 3:11, 12).

넷째로, 악인이 핑계할 거리가 하나도 없게 하기 위함이다. 인자의 재림을 끊임없이 준비하는 일이 중요하다는 사실을 계속해서 권고 받았기 때문에 자기들이 모르는 사이에 갑자기 주께서 임하셨다는 식으로 둘러대지 못하게 하시는 것이다.

11. 하나님께서 심판의 때를 분명히 알리지 않으신 이유는 무엇인가?

미래의 심판이 있을 것이 확실하나, 그 정확한 때에 대해서는 아무도 전혀 알지 못한다. "그러나 그 날과 그때는 아무도 모르나니 하늘에 있는 천사들도, 아들도 모르고 아버지만 아시느니라"(막 13:32). 하나님께서 그 심판의 때를 우리에게 알리지 않으시는 이유는 다음과 같다: 1. 우리에게 믿음과 소망과 인내를 주셔서, 비록 우리의 구원이 이루어질 그때가 언제인지 모르더라도 하나님을 믿고 그의 약속의 성취를 기대하며 인내하게 하고자 하심이다. 2. 우리의 호기심을 억제하시기 위함이다. 3. 하나님을 경외하며 그리스도인의 의무들을 준수하는 자세를 견지하게 하셔서 우리가 육신의 안일함에 빠지지 않고 언제나 주께서 오실 때를 예비하게 하시기 위함이다. 4. 불경건한 자들이 그때를 알지 못하여 회개하기를 미루지 않게 하며, 그들이 준비하지 않은 상태로 이 날을 맞지 않도록 하시기 위함이다. "너희도 아는 바니 만일 집주인이 도둑이 어느 시각에 올 줄을 알았더라면 깨어 있어 그 집을 뚫지 못하게 하였으리라"(마 24:43), "그런즉 깨어 있으라. 너희는 그 날과 그 때를 알지 못하느니라"(마 25:13), "내가 돌아올 때까지 장사하라"(눅 19:13).

12. 그 심판은 왜 연기되고 있는가?

주께서는 다음과 같은 이유로 그의 오심을 연기하신다: 1. 경건한 자들을 믿음과 소망과 인내와 기도 가운데 있게 하시기 위함이다. 2. 모든 택한 자들을 교회 안에 모으시기 위함이다. 세상이 서 있는 것은 악인들 때문이 아니라 바로 택한 자들 때문이다. 창조 세계의 하등 질서들은 하나님의 자녀들을 위하여 지음받았다. 악인은 도둑과 강도처럼 그것들을 이용한다. 그러나 하나님의 백성의 충만한 수가 교회 안에 모이게 되면, 그때에 종말이 올 것이다. 하나님께서는 일상적인 수단으로도 그의 백성들이 들어오게 하신다. 그의 말씀을 듣게 하시고 이를 통하여 회심하고 거듭나게 하시는데, 이를 이루기 위해서는 시간이 필요할 것이다. 3. 노아의 때와 같이 회개할 시간의 여유를 충만히 주셔서 악인과 불순종하는 자들로 하여금 핑계할 거리가 없게 하시기 위함이다. "하나님이 … 멸하기로 준비된 진노의 그릇을 오래 참으심으로 관용하시고"(롬 9:22), "네가 하나님의 인자하심이 너를 인도하여 회개하게 하심을 알지 못하여"(롬 2:4).

13. 그 심판을 사모할 수도 있는가?

마지막 심판은 사모함으로 바라보아야 한다. 그 때에 의인과 악인이 분리되는데 이는 경건한 자가 진정 바라는 일이기 때문이다. 그들은 계속해서 바울과 더불어 "이 사망의 몸에서 누가 나를 건져내랴?"(롬 7:24), "그리스도와 함께 있는 것이 훨씬 더 좋은 일이라 그렇게 하고 싶으나"(빌 1:23)라고 외친다. 성령께서 이런 바람을 마음에 일으키시므로, 그들은 성령과 함께 "주 예수여 오시옵소서"라고 외친다.

　반대로 악인은 이 심판에 대한 이야기를 들을 때에 두려워 떤다. 이것이 불경건의 확실한 증표다. 교회의 지체도 아니요, 경건한 자에게 이런 심정을 갖게 하시는 그리스도의 영도 없는 자가 어떻게 "오시옵소서"라고 말할 수 있겠는가?

그렇다면 그리스도께서 오사 산 자들과 죽은 자들을 심판하실 것을 믿는다는 이 조목은 무슨 의미인가? 이는 다음의 사실들을 믿는다는 뜻이다: 1. 그리스도께서 반드시 오실 것이요, 또한 그의 재림의 때에 하늘과 땅이 새로워지리라는 것. 2. 우리를 위해 고난당하시고 죽으시고 부활하신 바로 그 그리스도께서 다시 오시리라는 것. 3. 그가 영광 가운데 눈에 보이도록 강림하셔서 내가 지체로 속해 있는 그의 교회를 구원하시리라는 것. 4. 그가 오셔서 악인을 영원한 형벌에 던지시리라는 것.

이런 것들을 생각함으로써 우리는 강하고 견고한 위로를 얻는다. 하늘과 땅이 새롭게 될 것임을 볼 때에, 우리의 조건도 장차 현재보다 더 낫게 변화되리라는 확신을 갖게 된다. 그리스도께서 오시리라는 것을 볼 때에, 우리의 심판자께서 은혜로우시리라는 확신을 갖게 된다. 우리에게 의를 전가시키신 분이시요 또한 친히 우리의 형제요 구속자요 보호자가 되시는 바로 그분이 심판자가 되실 것이니 말이다. 그가 영광 중에 오시리라는 것을 볼 때에, 그가 의로운 심판을 행하실 것이요 또한 그가 우리를 구원하실 만한 충족한 권세를 지니실 것임을 믿게 된다. 그가 오셔서 그의 교회를 자유케 하시리라는 것을 볼 때에, 기쁨으로 그를 구하게 된다. 그가 오셔서 악인을 영원한 형벌에 던지실 것을 볼 때에, 그들의 반대와 횡포를 인내로 견디게 된다. 그리고 마지막으로, 그가 의인을 구원하시고 악인을 버리실 것임을 볼 때에, 그가 우리도 구원하든지 혹은 버리든지 하실 것이므로 구원받는 자의 수에 포함되고자 회개하고 감사하는 자세를 갖고 육신적인 안일함을 버려야만 한다는 확실한 인식을 갖게 되는 것이다.

성령 하나님

제20주일

53문　"성령"에 대하여 그대는 무엇을 믿습니까?

답　첫째로, 그는 성부와 성자와 함께 참되고 영원하신 하나님이시라는 것이요, 둘째로, 그가 내게도 주신 바 되어 나로 하여금 참된 믿음으로 그리스도와 그의 모든 은덕에 참여하게 하시며, 나를 위로하시며, 또한 영원토록 나와 함께 거하신다는 것입니다.

[해 설]

사도신경의 이 부분에는 여섯 가지 조목이 포함되어 있다. 그 첫째는 성령의 위격을 다루며, 그 다음은 성령께서 모으시고 확정하시고 보존하시는 교회를 다루며, 그 다음 성도의 교제와 죄 사함과 몸의 부활과 영생은 성령께서 교회에게 베푸시는 그리스도의 은덕에 속하는 것이다.

성령에 대해서는 특별히 세 가지에 주의를 집중하게 된다. 곧, 그의 위격, 그의 직분, 그리고 그의 은사 혹은 활동이 그것이다. 그러나 이 주제를 좀 더 완전하게 해설하기 위해서는 다음의 질문들을 순서대로 살펴보아야 할 것이다:

1. 영이란 용어는 무슨 의미인가?
2. 성령은 누구신가?
3. 그의 직분은 무엇인가?
4. 그의 은사는 무엇이며 얼마나 되는가?
5. 누가 왜 성령을 주시는가?
6. 누구에게 어느 정도나 성령을 주시는가?
7. 언제 어떤 방식으로 성령을 주시며 또한 받는가?
8. 성령을 어떻게 보존할 수 있는가?
9. 성령을 상실할 수도 있는가, 있다면 어떻게 상실하는가?
10. 성령은 왜 반드시 필요한가?
11. 성령께서 우리 안에 거하시는 것을 어떻게 알 수 있는가?

1. 영이란 용어는 무슨 의미인가?

영(spirit: 이는 spirando에서 파생된 것이다)이라는 용어는 때로는 원인의 뜻으로, 때로는 결과의 뜻으로 쓰인다. 원인의 뜻으로 쓰일 때는, 뭔가를 움직이게 만드는 창조되지 않은 혹은 창조된 존재 혹은 힘(force)을 의미한다. 하나님께서 본질적

으로 인격적으로 하나의 영이시라는 의미에서 — 즉, 형체가 없으시고 눈에 보이
지 않으시며 영적인 본질을 지니고 계신다는 의미에서 — 는 그것은 창조되지 않
은 존재다. "하나님은 영이시니"(요 4:24). 창조된 존재로서의 영은 선한 천사나
악한 천사, 인간의 영 등 비물질적인 것을 뜻하기도 하고 — "영을 자기 천사로 삼
으시고"(시 104:4), "주께서 그들의 호흡을 거두신즉 그들은 죽어 먼지로 돌아가
나이다"(시 104:29) — 바람이나 수증기 등 물질적인 것을 뜻하기도 한다. "바람이
임의로 불매"(요 3:8). 그리고, 결과 혹은 움직임 그 자체를 뜻하는 경우에는 다음
과 같은 것을 의미한다: 1. 움직여지는 공기. 2. 공기의 충동과 움직임. 3. 갖가지
다른 방식으로 움직이는 바람과 수증기. 4. 선하든 악하든 영적인 영향력들. 두려
움의 영, 용기의 영, 혁명의 영 등에 대해서 말할 때에 이런 의미로 쓰인다. 5. 성령
의 은사들. "성령을 소멸하지 말며"(살전 5:19). 여기서는 영이라는 용어가 영향을
주거나 움직이는 원인을 뜻하는데, 이는 곧 사람들의 생각과 뜻에 유효적으로 역
사하시는 제삼위 하나님이시다.

삼위일체 중 제삼위를 가리켜 영이라 부르는 이유는 다음과 같다: 1. 그는 영적
인 본질로서 비물질적이고 눈에 보이지 않는 분이시기 때문이다. 2. 그는 성부와
성자에게서 영감을 받으시며, 택한 자들의 마음에 성부와 성자께서 그를 통하여
직접 영향을 미치는 분이시기 때문이거나, 혹은 그가 신적인 역사를 직접 행하시
는 분이시기 때문이다. 3. 그가 친히 감동하시며 하나님의 백성의 마음에 직접 영
향을 미치시며, 그렇기 때문에 그가 지극히 높으신 자의 능력이라 불려지시기 때
문이다. 4. 그가 성부 및 성자와 동등하시고 동일하신 하나님이시기 때문이요, 또
한 하나님이 영이시기 때문이다. 그를 가리켜 거룩하신 영, 즉, 성령이라 부르는
이유는 다음과 같다: 1. 그 자신이, 또한 그 자신의 본성이 거룩하시기 때문이다.
2. 그는 하나님의 백성들을 직접 거룩하게 하시는 분이시기 때문이다. 성부와 성
자께서는 성령을 통하여, 따라서 간접적으로 거룩하게 하신다.

2. 성령은 누구신가?

성령은 참되고 유일하신 신격 중 제삼위로서 성부와 성자에게서 나오시며, 성부
및 성자와 동일하게 영원하시며 동등하시며 본질이 동일하시며, 성부와 성자로부
터 믿는 자들의 마음에 보내심을 받아 그들을 거룩하게 하시고 영생을 받기에 합
당하게 하시는 분이다. 이러한 묘사 혹은 정의가 이단들의 공박을 이기고 든든히

서기 위해서는, 성자의 신성과 관련하여 이미 입증했던 것처럼 성령의 신성에 대해서도 입증하여야 할 것이다. 곧, 성령이 한 위격이시며, 성부 및 성자와 구별되시며, 그가 성부 및 성자와 동등하시며, 또한 성부 및 성자와 본질이 동일하시다는 것이다.

사도 바울의 다음과 같은 선언들이 이 명제들을 확증해 준다: "하나님의 일도 하나님의 영 외에는 아무도 알지 못하느니라 우리가 세상의 영을 받지 아니하고 오직 하나님으로부터 온 영을 받았으니 이는 우리로 하여금 하나님께서 우리에게 은혜로 주신 것들을 알게 하려 하심이라"(고전 2:11, 12), "이 모든 일은 같은 한 성령이 행하사 그의 뜻대로 각 사람에게 나누어 주시는 것이니라"(고전 12:11). 그러나 계속해서 이 명제들을 순서대로 각각 증명해야 할 것이다.

I. 성령께서 하나의 독자적인 존재요 인격자시라는 것은 다음에서 입증된다. 1. 그가 가시적인 형태로 나타나셨다는 기록들에서. "성령이 비둘기 같은 형체로 그의 위에 강림하시더니"(눅 3:22), "마치 불의 혀처럼 갈라지는 것들이 그들에게 보여 각 사람 위에 하나씩 임하여 있더니"(행 2:3). 그러나 정신이나 마음의 어떤 특질이나 기능은 육체의 형체를 취할 수가 없다. 그런 것은 구체적인 형체를 취할 수 없을 뿐 아니라 그 자체를 연루시키는 데에는 다른 무엇이 필요하다. 또한 공기(空氣)는 거룩함이나 경건, 혹은 하나님의 사랑이나 기타 영적인 기능의 주체가 될 수 없는 것이다. 2. 성령이 인격이시라는 것은 그가 하나님으로 불린다는 사실에서 분명히 드러난다. "너희가 하나님의 성전인 것과 하나님의 성령이 너희 안에 계시는 것을 알지 못하느냐?"(고전 3:16), "어찌하여 사탄이 네 마음에 가득하여 네가 성령을 속이고 땅 값 얼마를 감추었느냐? … 사람에게 거짓말한 것이 아니요 하나님께로다"(행 5:3, 4; 또한 사 40:7, 13; 행 28:25; 엡 4:4, 30 등을 보라). 성령께서 하나님으로 불린다는 사실을 이단들이 무슨 의미로 받아들이든 간에, 이 사실은 분명 그가 하나의 독자적인 존재 혹은 인격자이심을 드러내 준다. 하나님은 인격적으로 존재하시기 때문이다. 그러나 우리의 경건이나 선함, 종교적 정서, 기타 영적인 감정들은 하나님이라 부를 수가 없다. 3. 성령은 하나의 인격이시다. 왜냐하면 그는 우리의 세례의 주인이시기 때문이다. 성부와 성자의 이름과 더불어 성령의 이름으로 우리가 세례를 받는데, 이는 곧 그의 명령과 뜻과 권위에 의하여 세례를 받는다는 의미인 것이다. 그러나 죽은 사물이나 혹은 존재가 없는 어떤 것의 뜻과 권위로나, 혹은 어떤 은사들의 이름으로는 아무도 세례를 받지 않고, 오로지

하나님의 명령에 의해서만 세례를 받는 법이다. 4. 성령께서 하나의 독자적인 존재시라는 것은 인격의 속성들이 계속해서 성령께 돌려진다는 사실에서도 추정할 수 있다. 그렇기 때문에 성령께서 가르치시고 위로하시고 우리를 모든 진리 가운데로 인도하신다고 하며, 그의 뜻대로 은사들을 베푸신다고도 하며, 사도들을 부르시고 보내시며 그들 속에서 말씀하신다고 하는 것이다: "마땅히 할 말을 성령이 곧 그 때에 너희에게 가르치시리라"(눅 12:12), "주를 섬겨 금식할 때에 성령이 이르시되, 내가 불러 시키는 일을 위하여 바나바와 사울을 따로 세우라 하시니"(행 13:2), "무시아 앞에 이르러 비두니아로 가고자 애쓰되 예수의 영이 허락하지 아니하시는지라"(행 16:7). 또한 그가 장래 일을 선포하신다고도 말씀하고, 시므온의 죽음과 배반자 유다의 멸망을 예언하셨고, 베드로를 고넬료에게 가게 가셨고, 예루살렘에서 바울이 당할 환난을 예언하셨고, 마지막 날에 배도(背道)가 있을 것과 대제사장이 지성소에 들어가는 사실과 새 언약과 그리스도의 고난과 그 후에 있을 영광의 의미를 가르치셨고, 그가 말할 수 없는 탄식으로 우리를 위해 간구하시며 우리로 하여금 아바 아버지라고 부르게 하시고, 거짓말하는 자에게 거짓말을 들으시고, 또한 하늘에서 성부 및 성자와 더불어 증거하신다고 말씀하는 것이다. 이 모든 일들은 존재하시고 살아 계시고 뜻하시고 계획을 갖고 행하시는 인격에게 속하는 것이다. 5. 또한 성령이 하나님의 은사들과 분명히 구분되는데, 이 점 역시 그가 인격성을 지니고 계시다는 또 하나의 증거다. "은사는 여러 가지나 성령은 같고"(고전 12:4), "이 모든 일은 같은 한 성령이 행하사 그의 뜻대로 각 사람에게 나누어 주시는 것이니라"(고전 12:11). 그러므로 이 은사들은 성령 자신과 분명 다른 것이다.

반론. 하나님의 은사(gift: 혹은, 선물)는 인격이 아니다. 성령은 하나님의 은사라 불린다. 그러므로 그는 인격이 아니다.

답변. 주 전제는 일반적인 의미로 취하면 그릇된 것이다. 왜냐하면 성자께서도 선물로 주어지셨으니 그 역시 은사이지만 그는 인격이시다. 그러나 성령을 은사라 부르는 것은 그가 보내심을 받기 때문이다. 그는 성부 및 성자로부터 보내심을 받는 것이다. "내가 아버지께로부터 너희에게 보낼 보혜사 곧 아버지께로부터 나오시는 진리의 성령이 오실 때에 그가 나를 증언하실 것이요"(요 15:26). 그는 그의 나머지 다른 은사들에게 영향을 미치고 그것을 보장하시는 그런 은사이신 것이다.

II. 사벨리우스주의자들(Sabellians)은 성령이 성부의 실재(實在 : subsistence)라고 주장하나, 성령께서 성부 및 성자와 구별되신다는 것이 다음의 사실들에서 입증된다: 1. 그가 성부와 성자의 영으로 불린다는 사실에서. 그러나 자기가 자기의 아버지나 혹은 아들이 될 수 없는 것처럼, 자기가 자기의 영이 될 수는 없는 것이다. 그러므로 성령께서 성부와 성자의 영이시므로, 그는 성부 및 성자와 구별되시는 것이다. 2. 성경은 성령께서 성부 및 성자와 구별되신다는 것을 분명히 선언하고 있다. "내가 아버지께 구하겠으니 그가 또 다른 보혜사를 너희에게 주사 영원토록 너희와 함께 있게 하리니"(요 14:26), "내가 아버지께로부터 너희에게 보낼 보혜사 곧 아버지께로부터 나오시는 진리의 성령이 오실 때에 그가 나를 증언하실 것이요"(요 15:26), "증언하는 이가 셋이니 성령과 물과 피라"(요일 5:7). 여기서 성령이 성부 및 성자와 분명히 구별되어 제시되는 것이다. 3. 그가 성부와 성자로부터 보내심을 받으셨음을 말씀하고 있으니, 그는 반드시 다른 분이시다. 자기 자신에게 보냄을 받는 자는 아무도 없기 때문이다. 자기 스스로, 자신의 뜻대로 올 수는 있다. 그러나 자기가 자기를 보낼 수는 없는 것이다. "그가 또 다른 보혜사를 너희에게 주사"(요 14:26), "내가 아버지께로부터 너희에게 보낼 보혜사"(요 15:26). 4. 확실하게 구별된 속성들이 성령께 돌려진다. 오직 그만이 성부와 성자로부터 나오시며, 또한 비둘기 형체로, 또한 불의 모양으로 나타나셨다. 그리스도는 성부나 성자가 아닌 성령으로 말미암아 잉태되셨는데, 이는 성령의 직접적인 능력으로 잉태되셨음을 말하는 것이다. "성령이 네게 임하시고 지극히 높으신 이의 능력이 너를 덮으시리니"(눅 1:35). 그러므로 성령이 성부 및 성자와 구별되신다는 것이 분명하다. 이단들도 이러한 하나님의 말씀에 근거한 논지들을 납득하고서 성령께서 스스로 존재하신다는 것을 인정한다. 그러나 그들은 성령이 성부의 실재이심을 다음과 같은 방식으로 주장한다:

반론 1. 성부의 권능은 성부 자신이다. 성령은 하나님의 능력이라 불린다. 그러므로 성령은 성부 자신이다.

답변. 주 전제에는 네 가지 조건이 결부된다. 왜냐하면 여기서는 능력이라는 단어를 성부의 본성 혹은 능력이라는 뜻으로 취하고 있기 때문이다. 그러나 소 전제에서는 성부께서 그를 통하여 자신의 능력을 시행하시는 분을 뜻한다.

반론 2. 삼위 모두에게 공통적인 것을 그 중 한 분에게만 국한시켜서는 안 된다. 영이라는 단어는 삼위 모두에게 공통적이다. 그러므로 그것을 제삼위께만 국한시켜서는 안 된다.

답변. 영이라는 단어를 삼위일체의 각 위들의 본질을 뜻하는 것으로 이해하면 이 논지 전체를 받아들일 수 있다. 그러나 그 단어를 삼위의 존재와 활동의 질서를 뜻하는 것으로 이해하면 받아들일 수 없다. 숨을 내쉬는 자와 영은 서로 다르다. 나오시는 분과 그의 나오시는 근원이 되시는 분은 서로 다른데, 여기서 전자는 제삼위이신 성령이시요, 후자는 제일위이신 성부이시거나 제이위이신 성자이시다. 성령을 가리켜 제삼위 하나님이라 부르는 것은 (하나님에게 시간적으로 처음이신 분과 나중이신 분이 계시기 때문이 아니라 존재의 질서나 양상과 관련되어 그렇게 부르는 것이다) 성령께서 성부와 성자로부터 그의 본질을 취하시기 때문이다. 그는 성부와 성자로부터 영원히 나오시며, 그렇기 때문에 그는 또한 성부의 영이시며 동시에 성자의 영이신 것이다. 성자도 비슷한 이유로 삼위 하나님 중 제이위로 불려지시는데, 그는 성부께 속하시기 때문이다. 성부를 가리켜 삼위 하나님 중 제일위라 부르는 것은 그가 아무에게도 속하시지 않기 때문이다.

III. 성령께서 성부 및 성자와 동등하시다는 것은 다음의 논지들을 통해서 결정적으로 입증된다. 1. 성부와 성자의 본질(essence)이 성령께 전달된다. 그가 두 분으로부터 나오시며 따라서 그 두 분의 영이시기 때문이다. 그런데 하나님의 본질은 그에게 있는 모든 것을 다 포괄한다. 그리고 이것은 눈에 보이지 않기 때문에 필연적으로 전체가 그에게 전해질 수밖에 없고, 성부와 성자에게 있는 그대로 전해질 수밖에 없다. 사람에게 있는 영이 사람의 본질에 속하듯이, 하나님께 계신 영도 하나님의 본질에 속하기 때문이다. 그러므로 성령의 나오심을 어떻게 알아야 할지를 곧바로 알게 된다. 그것은 신적 본질의 전달이며, 이를 통해서 신격의 제삼위께서 성부와 성자로부터 그들이 소유하시고 보유하시는 동일한 본질 전체를 받으셨다. 이는 성자의 나심이 신적 본질의 전달이요 이로써 신격의 제이위이신 그가 성부께서 지니시는 동일한 본질 전체를 받으신 것과 같은 것이다.

성령이 성자께로부터도 나오신다는 사실은 다음의 논의를 통해서 확실히 드러난다. 첫째로, 그는 또한 성자의 영으로 불리시기도 하기 때문이다. "누구든지 그리스도의 영이 없으면 그리스도의 사람이 아니라"(롬 8:9), "너희가 아들이므로 하나님이 그 아들의 영을 우리 마음 가운데 보내사 아빠 아버지라 부르게 하셨느니라"(갈 4:6). 그가 성자의 영으로 불리는 것은 그가 성부로부터 성자에게 주어지시기 때문이 아니라, 그가 성부와 성자의 본질로부터 나오시기 때문이다. 성자께서 성부와 동등하시며 본질이 동일하시니 말이다. 둘째로, 성자께서 성부와의 관계 속에서 그를 주시기 때문이다. "내가 아버지께 구하겠으니 그가 또 다른 보혜사를 너희에게 주사"(요 15:16), "성령을 받으라"(요 20:22). 셋째로, 성자께서 우리에게 계시하시는 바 성자의 지혜를 성령께서 받으시기 때문이다. "그가 내 영광을 나타내리니 내 것을 가지고 너희에게 알리시겠음이라"(요 16:14). 이제 증거를 제시하겠지만 성령께서는 참 하나님이시요, 성부 및 성자와 본질이 동일하신 분이시므로, 그와 본질이 동일하신 그분에게서가 아니면 아무것도 받으실 수가 없다. 그러므로 그는 또한 성자로부터 나오시는 것이다.

2. 성령께서 성부 및 성자와 동등하시다는 것은 신적 본질에 속하는 모든 속성들이 그에게 돌려진다는 사실에서 입증된다. 영원성이 그에게 돌려진다. 그는 만물이 창조될 때에 존재하셨고, 또한 하나님께서는 한 번도 그의 영이 없이 계신 적이 없기 때문이다. "하나님의 영은 수면 위에 운행하시니라"(창 1:2). 광대무변하심도 마찬가지다. 그는 하나님의 모든 자녀들 속에 거하시기 때문이다. "하나님의 성령이 너희 안에 계시는 것을 알지 못하느냐?"(고전 3:16). 전능하심도 마찬가지다. 그가 성부 및 성자와 함께 만물을 창조하셨고 보존하시니 말이다. "여호와의 말씀으로 하늘이 지음이 되었으며 그 만상을 그의 입 기운으로 이루었도다"(시 33:6), "이 모든 일은 한 성령이 행하사 그의 뜻대로 각 사람에게 나누어 주시는 것이니라"(고전 12:11). 전지하심도 마찬가지다: "성령은 모든 것 곧 하나님의 깊은 것까지도 통달하시느니라"(고전 2:10). 성경은 또한 무한한 선하심과 거룩하심도 성령께 돌리며, 또한 선함과 거룩함을 피조물 속에서 산출하게 하는 일도 그에게 돌린다. "주의 영은 선하시니 나를 공평한 땅에 인도하소서"(시 143:10), "주 예수 그리스도의 이름과 우리 하나님의 성령 안에서 씻음과 거룩함과 의롭다 하심을 받았느니라"(고전 6:11).

불변하심의 속성에 대해서도 똑같이 말할 수 있을 것이다: "형제들아 성령이 … 미리 말씀하신 성경이 응하였으니 마땅하도다"(행 1:16). 또한 성령께서는 진리의 속성을 소유하시며, 진리의 근원이 되신다고 말씀한다: "보혜사 곧 아버지께로부터 나오시는 진리의 성령이 오실 때에"(요 15:26), "증언하는 이는 성령이시니 성령은 진리니라"(요일 5:6). 말할 수 없는 선하심도 성령께 돌려진다: "우리에게 주신 성령으로 말미암아 하나님의 사랑이 우리 마음에 부은 바 됨이니"(롬 5:5), "이와 같이 성령도 우리의 연약함을 도우시나니"(롬 8:26). 죄에 대한 불쾌함도 마찬

가지다: "그들이 반역하여 주의 성령을 근심하게 하였으므로"(사 63:10), "하나님의 성령을 근심하게 하지 말라"(엡 4:30), "너희가 어찌 함께 꾀하여 주의 영을 시험하려 하느냐?"(행 5:9), "성령을 모독하는 것은 사하심을 얻지 못하겠고"(마 12:31).

3. 온 세상의 창조와 보존, 그리고 운행 등, 성부 및 성자에게 돌려지는 동일한 신적인 역사들이 성령께도 돌려진다. "그의 영으로 하늘을 맑게 하시고"(욥 26:13, 한글 개역개정판은 "입김"으로 번역함: 역자주), "하나님의 영이 나를 지으셨고"(욥 33:4). 이적들도 성령께 돌려진다: "내가 하나님의 성령을 힘입어 귀신을 쫓아내면"(마 12:28), "은사는 여러 가지나 성령은 같고"(고전 12:4). 선지자들을 부르시며 보내시는 일 등, 교회의 구원에 속한 일들도 마찬가지다: "이제는 주 여호와께서 나와 그의 영을 보내셨느니라"(사 48:16), "성령이 이르시되 내가 불러 시키는 일을 위하여 바나바와 사울을 따로 세우라 하시니"(행 13:2), "성령이 그들 가운데 여러분을 감독자로 삼고 하나님이 자기 피로 사신 교회를 보살피게 하셨느니라"(행 20:28). 성령께서는 사역자들이 임무를 수행하기에 필요한 은사들을 베푸신다: "마땅히 할 말을 성령이 곧 그 때에 너희에게 가르치시리라"(눅 12:12), "각 사람에게 성령을 나타내심은 유익하게 하려 하심이라"(고전 12:7). 성령께서는 선지자들과 사도들을 영감하셨다: "예언은 언제든지 사람의 뜻으로 낸 것이 아니요 오직 성령의 감동하심을 받은 사람들이 하나님께 받아 말한 것임이라"(벧후 1:21). 성례의 시행도 성령과 연관되어 나타난다: "아버지와 아들과 성령의 이름으로 세례를 베풀고"(마 28:19), "성령이 이로써 보이신 것은 첫 장막이 서 있을 동안에는 성소에 들어가는 길이 아직 나타나지 아니한 것이라"(히 9:8). 장래 일을 예언하고 드러내는 일이 성령께 돌려진다: "그가 … 장래의 일을 너희에게 알리시리라"(요 16:13), "아가보라 하는 한 사람이 일어나 성령으로 말하되"(행 11:28), "그러나 성령이 밝히 말씀하시기를 후일에 어떤 사람들이 믿음에서 떠나 미혹하는 영과 귀신의 가르침을 따르리라 하셨으니"(딤전 4:1). 성령께서는 교회를 모으신다: "너희도 성령 안에서 하나님이 거하실 처소가 되기 위하여 그리스도 예수 안에서 함께 지어져 가느니라"(엡 2:22), "우리가 … 다 한 성령으로 세례를 받아 한 몸이 되었고"(고전 12:13). 성령께서는 마음을 조명하신다: "성령 그가 너희에게 모든 것을 가르치고 내가 너희에게 말한 모든 것을 생각나게 하리라"(요 14:26), "진리의 성령이 오시면 그가 너희를 모든 진리 가운데로 인도하시리니"

(요 16:13), "영광의 아버지께서 지혜와 계시의 영을 너희에게 주사 하나님을 알게 하시고"(엡 1:17). 성령은 중생과 성화를 이루시는 분이다: "사람이 물과 성령으로 나지 아니하면 하나님의 나라에 들어갈 수 없느니라"(요 3:5), "우리가 … 그와 같은 형상으로 변화하여 영광에서 영광에 이르니 곧 주의 영으로 말미암음이니라"(고후 3:18). 성령은 경건한 자들의 삶과 행위들을 다스리시고 통제하신다: "무릇 하나님의 영으로 인도함을 받는 사람은 곧 하나님의 아들이라"(롬 8:14), "성령이 아시아에서 말씀을 전하지 못하게 하시거늘"(행 16:6). 시험의 때에 위로를 주시는 분이 바로 성령이시다: "보혜사 곧 아버지께서 내 이름으로 보내실 성령"(요 14:26), "온 유대와 갈릴리와 사마리아 교회가 평안하여 든든히 서가고 주를 경외함과 성령의 위로로 진행하여 수가 더 많아지니라"(행 9:31), "내가 다윗의 집과 예루살렘 주민에게 은총과 간구하는 영을 부어 주리니"(슥 12:10. 한글 개역개정판은 "심령"으로 번역함: 역자주). 성령은 경건한 자들을 강건하게 하시며 시험의 능력을 대적하여 끝까지 보존하신다: "그의 위에 여호와의 영 곧 지혜와 총명의 영이요 모략과 재능의 영이요 지식과 여호와를 경외하는 영이 강림하시리니"(사 11:2), "그가 또 다른 보혜사를 너희에게 주사 영원토록 너희와 함께 있게 하리니"(요 14:16), "그 안에서 또한 믿어 약속의 성령으로 인치심을 받았으니"(엡 1:13). 성령은 죄를 용서하시고 우리를 입양하사 하나님의 가족의 일원이 되게 하신다: "너희는 다시 무서워하는 종의 영을 받지 아니하고 양자의 영을 받았으므로"(롬 8:15), "주는 영이시니 주의 영이 계신 곳에는 자유가 있느니라"(고후 3:17), "주 예수 그리스도의 이름과 우리 하나님의 성령 안에서 씻음과 거룩함과 의롭다 하심을 받았느니라"(고전 6:11). 성령은 생명과 영원한 구원을 베푸신다: "살리는 것은 영이니 육은 무익하리라"(요 6:63), "예수를 죽은 자 가운데서 살리신 이의 영이 너희 안에 거하시면 그리스도 예수를 죽은 자 가운데서 살리신 이가 너희 안에 거하시는 그의 영으로 말미암아 너희 죽을 몸도 살리시리라"(롬 8:11). 성령은 또한 죄에 대해 심판하신다: "그가 와서 죄에 대하여, 의에 대하여, 심판에 대하여 세상을 책망하시리라"(요 16:8), "성령을 모독하는 것은 사하심을 얻지 못하겠고"(마 12:31).

4. 성경은 성부 및 성자와 동일하고 동등한 존귀를 성령께 돌린다. 그러나 신적인 존귀는 오직 하나님께만 돌려질 수 있다. 그러므로 성령은 신격의 다른 위들과 동등하셔야만 하는 것이다. "증언하는 이가 셋이니 성령과 물과 피라 또한 이 셋

은 합하여 하나이니라"(요일 5:7, 8). 성령이 성부 및 성자와 동일하신 참된 하나님이시라는 것이 이로써 분명하게 드러난다. 우리는 성부 및 성자와 동일하게 성령의 이름과 믿음(faith)과 예배와 신앙(religion)으로도 세례를 받으며, 또한 성령은 세례와 사역을 주관하시는 분이시기도 하다: "그러므로 너희는 가서 모든 민족을 제자로 삼아 아버지와 아들과 성령의 이름으로 세례를 베풀고 내가 너희에게 분부한 모든 것을 가르쳐 지키게 하라"(마 28:19, 20). 그러므로 우리는 또한 성령을 믿고 그를 신뢰해야 한다: "내가 아버지께 구하겠으니 그가 또 다른 보혜사를 너희에게 주사 영원토록 너희와 함께 있게 하리라"(요 14:16). 성령을 거스르는 죄는 사하심을 받지 못한다. 그러므로 죄가 그를 거슬러 범해지는 것이다. 우리는 그의 성전이다: "너희가 하나님의 성전인 것과 하나님의 성령이 너희 안에 계시는 것을 알지 못하느냐?"(고전 3:16). 사도들은 여러 다른 교회들에게 보내는 서신들에서 성령으로부터 은혜와 평강이 그들에게 임하기를 기원하였다: "성령의 교통하심이 너희 무리와 함께 있을지어다"(고후 13:14).

반론 1. 다른 이에게서 받는 이는 주는 이와 동등하지 않다. 성령은 성부 및 성자에게서 받으신다. 그러므로 그는 그들과 동등하지 않다.

답변. 주 전제는 다른 이에게서 전체가 아닌 일부분을 받는 자의 경우나 혹은 차례로 하나씩 받는 자의 경우에만 해당되며, 따라서 이것은 성령께는 해당되지 않는다. 그리고 소 전제에 대해서는, 성령께서는 성부와 성자에게서 그의 직분과 우리에게 향한 사명을 받으사 직접 우리를 가르치신다고 말할 수 있는데, 이는 오히려 그가 성부 및 성자와 동등하심을 밝혀 준다. 왜냐하면 이런 형태의 가르침은 신적인 역사(役事)이기 때문이다.

반론 2. 보냄을 받는 자는 보내는 자와 동등하지 않다. 성령은 성부 및 성자에게서 보내심을 받는다. 그러므로 그는 그들과 동등하지 않다.

답변. 일반적으로 이해하면 주 전제는 그릇된 것이다. 왜냐하면 보냄을 받는 자가 보내는 자와 동등할 수도 있기 때문이다. 그러므로 키릴루스(Cyril)는 다음과 같이 적절히 말씀한다: "보내심을 받으시며, 복종하신다고 해도 동등함이 사라지는 것은 아니다."

IV. 성령이 성부 및 성자와 본질이 동일하시다는 것은, 즉 그가 성부 및 성자와 동일하신 참 하나님이시라는 것은 다음의 사실들에서 입증된다: 1. 그는 성부와 성자의 영이시며, 그 두 분에게서 나오시며, 하나님 안에 계시고 하나님으로부터 임하시는 하나님의 영이시다. 그러므로 그는 성부와 성자께 속하는 동일한 신적인 본질 전체를 받아 지니신다. 왜냐하면 신적인 본질은 증가시키거나 나눌 수도 없고, 또 다른 신적인 본질을 창조할 수도 없기 때문이다. 2. 오직 한 분 여호와만 계시다. 성령은 여호와이시다. 여호와에 대해서 말씀하는 내용들을 성경이 성령 께 그대로 적용시키기 때문이다(레 16:1, 34; 히 9:7-10; 레 26:11, 12; 고후 6:16; 신 9:24, 25; 사 63:10, 11; 시 95:7; 히 3:7; 사 6:9; 행 28:5 등을 참조하라). 3. 오직 한 분 참 하나님 외에는 없다. 성령은 성부나 성자에 못지않게 참 하나님이시다. 왜 냐하면 그는 여호와시요, 또한 절대적인 의미로 하나님이라 불리는 경우가 많기 때문이다. 사도 베드로는 아나니아에게 "사람에게 거짓말한 것이 아니요 하나님 께로다"라고 말씀한다(행 5:4). 그러므로 그는 성부 및 성자와 본질이 동일하시다.

반론. 누구든 다른 이에게 속하는 자는 그와 본질이 동일하지 않으며, 그와 동일 하지도 않다. 성령은 성부와 성자께 속한다. 그러므로 그는 그들과 본질이 동일하 지 않다.

답변. 주 전제는 피조물에 대해서는 참이다. 그러나 "다른 이에게 속하는"이라 는 표현에는 애매한 점이 있다. 동일한 본질 전체를 지니고 있지 않다는 의미에서 다른 이에게 속하는 자라면, 이는 본질이 동일하지 않은 것이다. 그러나 성령의 경 우는 그렇지 않다. 이 논지를 뒤집어서 우리는 성령이 성부와 성자께 속하시므로 그는 동시에 본질이 동일하신 것이라고 답할 수 있을 것이다.

3. 성령의 직분은 무엇인가?

성령의 직분(기능)은 하나님의 백성들에게서 성화(聖化: sanctification)를 산출하 는 것이다. 그는 성부와 성자로부터 직접 이 직분을 수행하신다. 그렇기 때문에 그를 가리켜 성결의 영이라 부르는 것이다(롬 1:4). 성령의 직분에는 다음과 같은 것들이 포함된다고 말할 수 있을 것이다: 교훈하심, 중생케 하심, 그리스도 및 하 나님과 연합시키심, 우리를 다스리심, 우리를 위로하심, 우리를 강건케 하심.

1. **성령은 우리를 조명하시고 가르치셔서,** 그리스도의 다음과 같은 약속에 따라 서 우리가 마땅히 깨달아야 할 바를 올바로 알고 깨닫게 하신다: "그가 너희에게 모든 것을 가르치고 내가 너희에게 말한 모든 것을 생각나게 하리라"(요 14:26), "그가 너희를 모든 진리 가운데로 인도하시리니"(요 16:13). 오순절 이전 사도들 은 그리스도의 죽으심과 그의 나라에 관한 교리에 대해 무지했으나, 오순절 이후

에 성령께서 이런 방식으로 그들을 가르치셨다. 그들의 마음에 새로운 빛을 심어 주셨고, 그들에게 놀라운 방언의 역사를 전해 주셨고, 그리하여 요엘의 예언을 성취하셨다. 그렇기 때문에 성령을 가리켜 성경은 진리의 스승이라 부르며, 또한 지혜와 총명의 영, 모략과 재능의 영, 지식의 영이라 부르는 것이다.

2. **성령은 우리를 중생케 하신다.** 그때에 그는 우리 마음에 새로운 느낌과 바람과 성향을 창조하시고, 우리 속에 믿음과 회개를 일으키신다. "사람이 물과 성령으로 나지 아니하면 하나님의 나라에 들어갈 수 없느니라"(요 3:5), "나는 너희로 회개하게 하기 위하여 물로 세례를 베풀거니와 내 뒤에 오시는 이는 나보다 능력이 많으시니 … 그는 성령과 불로 너희에게 세례를 베푸실 것이요"(마 3:11). 그리스도께서 행하시는 이 세례는 중생 그 자체요, 요한과 다른 사역자들의 외형적인 세례가 바로 이것을 의미하는 것이었다.

3. **성령은 우리를 그리스도와 연합하게 하셔서**, 우리가 그의 지체들이 되고, 또한 그로 말미암아 생명을 얻어 그의 모든 은덕에 참여하는 자들이 되게 하신다. "그 후에 내가 내 영을 만민에게 부어 주리니"(욜 2:28), "주 예수 그리스도의 이름과 우리 하나님의 성령 안에서 씻음과 거룩함과 의롭다 하심을 받았느니라"(고전 6:11), "우리가 … 다 한 성령으로 세례를 받아 한 몸이 되었고"(고전 12:13), "우리에게 주신 성령으로 말미암아 그가 우리 안에 거하시는 줄을 우리가 아느니라"(요일 3:24), "또 성령으로 아니하고는 누구든지 예수를 주시라 할 수 없느니라 은사는 여러 가지나 성령은 같고"(고전 12:3, 4).

4. **성령은 우리를 다스리신다.** 성령의 다스림을 받는다는 것은 곧 우리의 모든 행위들에서 그에게 지도와 인도를 받으며, 올바르고 선한 것을 따르도록 기울어지며 또한 하나님을 사랑하고 우리 이웃을 사랑하는 데에 필요한 그런 일들, 곧 십계명의 첫째 돌판과 둘째 돌판에 포괄되어 있는 모든 그리스도인의 덕들을 행한다는 것이다. "무릇 하나님의 영으로 인도함을 받는 사람은 곧 하나님의 아들이라"(롬 8:14), "그들이 다 성령의 충만함을 받고 성령이 말하게 하심을 따라 다른 언어들로 말하기를 시작하니라"(행 2:4).

5. **성령은 위험과 환난 중에 우리를 위로하신다.** 사도들은 처음에는 유대인들을 두려워하여 도망하였고 몸을 숨겼으나, 성령을 받은 다음 그들은 공개적으로 모습을 드러냈고, 복음 선포로 인하여 고난을 당할 때에 기꺼이 즐거움으로 감당하였다. "그가 또 다른 보혜사를 너희에게 주사 영원토록 너희와 함께 있게 하리니"

(요 14:16).

6. 성령은 믿음이 연약하고 흔들릴 때에 우리를 강건케 하시고 든든히 세워주시며, 우리의 구원에 대해 확신을 갖게 하시며, 혹은 그리스도의 은덕들을 마지막까지 우리 속에 보존시키신다. 사도들도 처음에는 매우 희미했고 온갖 의심들로 가득 차 있었으나 성령의 이러한 역사하심으로 말미암아 용기를 갖게 되고 담대해진 것이다. 오순절에 베드로가 행한 설교를 엠마오로 가던 두 제자의 대화와 비교해 보면 이 점을 볼 수 있을 것이다: "우리는 이 사람이 이스라엘을 속량할 자라고 바랐노라"(눅 24:21). 그리스도께서도 다음과 같은 말씀에서 이 점에 대해 말씀하신다: "지금은 너희가 근심하나 내가 다시 너희를 보리니 너희 마음이 기쁠 것이요 너희 기쁨을 빼앗을 자가 없으리라"(요 16:22), "영원토록 너희와 함께 있게 하리니"(요 14:16). 그러므로 성령을 가리켜 담대함의 영이요, 또한 우리 기업의 보증이라 부르는 것이다.

성경은 이러한 성령의 직분의 여러 다른 부분들을 염두에 두고서 그에게 각종 칭호를 부여한다. 그를 **양자의 영**이라 부르는데, 이는 그가 하나님께서 우리를 향하여 지니신 아버지의 애정에 대해 확신을 갖게 하시며 또한 우리에게 성부께서 그의 독생자 안에서 우리를 포용하시는 그 값없는 선하심과 사랑을 증언해 주시기 때문이다. 그러므로 그 성령을 통하여 우리가 **아빠 아버지**라 부르게 되는 것이다(롬 8:15, 16). 또한 그를 가리켜 우리 기업의 **인**(印)과 **보증**이라 부르는데, 이는 그가 우리의 구원에 대해 확신을 갖게 하시기 때문이다. "우리를 너희와 함께 그리스도 안에서 굳건하게 하시고 우리에게 기름을 부으신 이는 하나님이시니 그가 또한 우리에게 인치시고 보증으로 우리 마음에 성령을 주셨느니라"(고후 1:21, 22), "그 안에서 또한 믿어 약속의 성령으로 인치심을 받았으니 이는 우리 기업의 보증이 되사 그 얻으신 것을 속량하시고 그의 영광을 찬송하게 하려 하심이라"(엡 1:13, 14). 그를 가리켜 **생명**, 혹은 **생명의 영**이라 부르는데, 이는 옛 사람이 죽고 새 사람이 살리심을 받는 것이 그로 말미암음이기 때문이다. "이는 그리스도 예수 안에 있는 생명의 성령의 법이 죄와 사망의 법에서 너를 해방하였음이라"(롬 8:2). 또한 그를 가리켜 **물**이라 부르는데(사 44:3), 이는 죄로 말미암아 거의 기진 상태에 있는 우리를 새롭게 하시며, 죄의 권세에서 우리를 구원하시고 의의 일에 열매를 맺게 하시기 때문이다. 이와 비슷하게 그를 가리켜 **불**이라 부르는데(마 3:11), 이는 우리 마음속에서 타오르는 정욕과 악한 욕심들을 계속해서 태우시며, 우리 속에 하나님과 이웃을 향한 사랑을 지피시기 때문이다. 그를 **생명수 샘**이라 부르는데(계 7:17), 이는 모든 하늘의 풍성한 축복들이 우리에게 흘러 넘치는 것이 그로 말미암으며 그로부터 오기 때문이다. 그를 가리켜 **기도의 영**이라 부르는데, 이는 그가 우리를 자극하사 기도하게 하시며 또한 기도를 가르치시기 때문이다: "내가 다윗의 집과 예루살렘 주민에게 은총과 간구하는 영을 부어 주리니"(슥 12:10), "이와 같이 성령도 우리의 연약함을 도우시나니 우리는 마땅히 기도할 바를 알지 못하나"(롬 8:26). 그를 가리켜 **즐거움의 기름**이라 부르는데, 이는 그가 우리를 즐겁고 생기 있고 강하게 하시기 때문이다. "하나님 곧 왕의 하나님이 즐거움의 기름을 왕에게 부어 왕의 동료보다 뛰어나게 하셨나이다"(시 45:7). 그를 가리켜 **보혜사**라 부르는데, 이는 그가 우리 속에 믿음을 일으키시고 악한 양심에서 우리를 구하시며, 우리의 마음을 정결하게 하시며, 환난 중에도 용기를 갖도록 우리를 위로하시기 때문이다. 그를 가리켜 **대언자** 혹은 **간구하는 자**라 부르는데, 이는 그가 말할 수 없는 탄식으로 우리를 위하여 친히 간구하시기 때문이다(롬 8:26). 그리고 마지막으로, 그를 가리켜 진리와 지혜와 명철과 기쁨과 즐거움과 믿음과 담대함과 은혜 등의 영이라 부른다.

반론 1. 그러나 여기서 성령의 직분에 포함되는 것으로 열거한 이것들은 성부와 성자께도 해당된다. 그러므로 이것들은 성령께만 해당되는 것이 아니다.

답변. 그것들은 성부와 성자께는 간접적으로 해당되며, 성령께는 직접적으로 해당되는 것이다.

반론 2. 그러나 사울과 가룟 유다는 기업을 받지 못하였으면서도 성령은 받았다. 그러므로 성령은 우리 기업의 보증이 아니다.

답변. 그들은 성령의 몇 가지 은사는 받았으나, 양자의 영은 받지 못했다. 하지만 그들도 동일한 성령을 받은 것이 아니냐고 반론을 제기한다면, 우리는 다음과 같이 답변할 것이다: 그렇다. 그러나 성령께서는 모든 사람에게 동일한 일을 행하시는 것이 아니다. 회심과 양자 됨은 택한 자에게만 행해지는 것이다. 그러므로 우리는 성령의 은사들과 그 차이들에 대해서 논의해야 할 것이다.

4. 성령의 은사들은 무엇이며 얼마나 되는가?

성령의 은사들은 이미 열거한 성령의 직분의 여러 다른 부분들과 결부시킬 수 있을 것이다. 곧, 마음을 조명하심, 방언, 예언, 방언 해석, 이적 등의 은사, 믿음, 중생, 기도, 강건케 하심 등이 그것이다. 이 은사들은 두 가지로 나눌 수 있다. 경건한 자들과 불경건한 자들에게 공통적으로 주어지는 은사들과 경건한 자들에게만 고유하게 주어지는 은사들이 그것이다. 전자는 다시 두 부류로 나뉜다. 그 첫째는 특정한 시대에 특정한 개인들에게 주어진 은사들인데, 이는 다른 언어들을 말하는 능력, 예언의 은사, 이적 행하는 믿음 등이다. 이는 사도들에게 필요한 것들이었고, 또한 복음이 땅의 여러 민족들 가운데 처음 전파되던 초대 교회에게 필요한 것들이었다. 그러므로 이 은사들은 그들에게 이적적인 방식으로 베풀어졌다. 경건한 자들과 불경건한 자들에게 공통적으로 주어진 둘째 부류의 은사들에는 모든 시대에 교회의 모든 지체들에게 필요한 것들이다. 그것들은 방언, 방언 해석, 예술, 과학, 지혜, 지식, 언변의 은사 등 사역을 영구히 지속시키는 데에 관련된 것들이다. 이 은사들은 이제 성도들의 부르심의 필요에 따라서 그리스도의 모든 지체들에게 주어진다. 그것들은 사도들의 경우처럼 이적적인 방식으로는 아니지만, 수고와 근면함과 연구를 통해서 얻어진다. 그러나 경건한 자들에게만 고유하게 있는 은사들에는, 성화(聖化)와 양자 됨에 포괄되는 모든 것들로서 의롭다 하심을 얻는 믿음, 중생, 응답 얻는 기도, 하나님과 이웃을 향한 사랑, 소망, 인내 등 우리의 구원에 관한 것이 포함된다. 이 은사들은 택한 자들의 회심 시에 오직 그들에게만 주어진다. "세상은 능히 그를 받지 못하나니"(요 14:17), "성령이 친히 우리의 영과 더불어 우리가 하나님의 자녀인 것을 증언하시나니"(롬 8:16), "오직 성령이 말할 수 없는 탄식으로 우리를 위하여 친히 간구하시느니라"(롬 8:26). 바로 이 때문에 그가 양자의 영이라 불리는 것이다.

반론. 그러나 학문이나 언어 등에 탁월한 식견을 갖춘 이들이 교회 바깥에도 많았다. 그러므로 이것들은 성령의 은사에 속하는 것으로 보아서는 안 된다.

답변. 이 은사들은 교회 바깥에서도 발견될 수 있으나, 그럼에도 불구하고 이는 하나님의 일반적인 역사하심의 결과인데, 그런 역사는 하나님에 대한 올바른 지식이 없이도 존재할 수 있는 것이다. 그러나 교회 내에서는 그것들이 성령의 은사들로 인정받는다. 왜냐하면 그것들이 성령의 능력적인 역사하심의 결과로 인정되기 때문이다.

이미 논한 바와 같이 이 모든 은사들은 성령의 직분의 서로 다른 부분들과 결부시킬 수 있을 것이다. 언어나 학문에 대한 지식은 가르치는 직분과 결부될 수 있고, 기이한 이적적인 방언의 은사는 일부는 다스리는 직분과 결부되며(성령께서 말을 주실 때에 사도들이 말씀했으니) 일부는 가르치며 세우는 직분과 결부될 수 있을 것이다. 마찬가지로 예언과 방언 해석의 은사는 가르치는 직분에 속한다. 성령께서는 내적으로 마음을 조명하심으로나 외적으로 말씀을 통해 알리심으로써 가르치시기 때문이다. 믿음과 회심은 성령의 직분 중 우리의 중생과 그리스도와의 연합에 관계되는 부분과 결부된다. 그가 기도의 영이시며 기도를 가르치신다는 것은 우리를 인도하시고 지도하시는 그의 직분에 속한다. 성령의 다른 모든 은사들도 마찬가지로 그의 직분의 특정한 부분들과 결부시킬 수 있을 것이다.

5. 누가 왜 성령을 주시는가?

다음의 하나님의 말씀의 선언들이 충족히 확증해 주듯이, 성부께서 성자를 통하여 성령을 주신다. "내게서 들은 바 아버지께서 약속하신 것을 기다리라"(행 1:4), "말세에 내가 내 영을 모든 육체에 부어 주리니"(행 2:17), "내가 아버지께 구하겠으니 그가 또 다른 보혜사를 너희에게 주사"(요 14:16), "보혜사 곧 아버지께서 내 이름으로 보내실 성령"(요 14:26). 성자도 성령을 주신다. 그러나 그는 성부로부터 그를 보내신다: "내가 아버지께로부터 너희에게 보낼 보혜사"(요 15:26), "내가 … 가면 내가 그를 너희에게로 보내리니"(요 16:7), "하나님이 오른손으로 예수를 높이시매 그가 약속하신 성령을 아버지께 받아서 너희가 보고 듣는 이것을 부어 주셨느니라"(행 2:33). 이로부터 우리는 그리스도의 신성에 대한 강력한 논지를 연역해 낼 수 있다. 하나님 외에 하나님의 영에 대해 권한을 지니시고 또한 그 영을 주실 수 있는 분이 과연 누가 있겠는가? 그러므로 그리스도의 인성은 성령을 보내시거나 거룩하게 하신 것이 결코 아니다.

성부와 성자께서 성령을 주시는 일은 성부와 성자 모두 성령을 통해서 효과적으로 일하시며 또한 성령께서는 성부와 성자의 선행하는 뜻에 따라서 자신의 영향력을 발휘하신다는 식으로 이해해야 한다. 삼위 하나님 편에서 일하시는 질서는 그들의 존재의 순서와 동일한데, 이것이 조심스럽게 준수되는 것이기 때문이다. 성부의 뜻이 선행하며, 성자의 뜻이 그 다음에 이어지며, 성령의 뜻은 성부와 성자의 뜻을 따르되, 시간적으로가 아니라 질서상 그렇게 되는 것이다.

하나님께서 우리에게 성령을 주시는 이유는 하나님 자신의 기뻐하시는 선하신 뜻에서 찾을 수 있는데, 이 뜻은 성자의 공로와 간구하심으로 말미암아 시행된다: "우리 주 예수 그리스도의 아버지께서 그리스도 안에서 하늘에 속한 모든 신령한

복을 우리에게 주시되 곧 창세 전에 그리스도 안에서 우리를 택하사"(엡 1:3, 4),
"내가 아버지께 구하겠으니 그가 또 다른 보혜사를 너희에게 주사"(요 14:16). 그
러나 성자께서 성령을 우리에게 주시는 것은, 혹은 성령께서 성자에 의해서, 성자
때문에 우리에게 베풀어지시는 것은, 성자께서 그의 공로로 말미암아 우리를 위
하여 성령의 주심을 확보하시고 그 자신이 그의 간구하심을 통해서 성령을 우리
에게 베푸시기 때문인 것이다.

6. 누구에게 어느 정도나 성령을 주시는가?

성령의 은사들을 받고 그를 인정하는 자들에게 성령이 베풀어지신다고 말씀한다.
그러므로 그는 그의 갖가지 은사들에 따라 달리 베풀어지신다. 교회의 지체인 모
든 자들은, 참된 그리스도인이든 외식자(外飾者)들이든 간에 다소간 그의 은사들
에 참여하나 그 양상은 각기 다르다. 경건한 자들은 공통적인 은사들을 받을 뿐 아
니라 구원에 관계되는 특별한 은사들도 받기 때문이다. 그들은 하나님의 말씀의
교리에 대한 지식만이 아니라 중생한 자들로서 참된 믿음을 소유하는데, 이는 성
령께서 하나님의 뜻과 진리에 대한 지식을 일깨우심은 물론 그들을 중생시키시고
그들에게 참 믿음과 회심을 베푸시기 때문이다. 그리하여 그들에게는 성령께서
주신 바 되어 그들의 구원이 되는 그런 은사들을 그들 속에 산출해 내시며, 그들은
이 은사들을 통해서 성령께서 그들 속에 거하시는 것을 이 은사들을 근거로 알 수
있게 된다. 그러나 동시에 그는 오로지 그를 구하고 그를 받기를 원하는 자들에게
만 베풀어지시며, 그 때문에 환난 중에 인내하는 자들 속에 성령의 역사가 증가한
다.

반면에 외식자들은 하나님의 교리에 대한 지식과 공통적으로 주어지는 은사들
이상 아무것도 받지 못한다. "세상은 능히 그를 받지 못하나니 이는 그를 보지도
못하고 알지도 못함이라"(요 14:17).

이로 볼 때에, 언어와 학문에 대한 지식과 그 비슷한 은사 등 이교도들에게 부여
된 것들과 교회에 부여된 은사들이 얼마나 다른가 하는 것이 드러난다. 이교도들
가운데 언어나 예술이나 기타 유익한 것들에 대한 지식에 탁월한 자들은 하나님
의 은사들을 지녔으나, 성령은 그들에게 없는 것이다. 성령은 그로 말미암아 거룩
하게 되는 자들과 그를 자기들의 모든 은사들의 주인으로 인정하는 자들 이외에
는 아무도 받지 못하는 것이다.

7. 언제 어떤 방식으로 성령을 주시며 또한 받는가?

이미 살펴본 바와 같이 성령은 그가 그의 은사들을 전해 주실 그때에 주어진다. 그런데 은사들을 전해 주시는 일은, 특정한 외적인 표징들과 관련되는 은사들을 주시는 경우에는 그 일이 **눈에 보이는** 방식으로 이루어지며, 그런 표징이 없이 은사들을 주시는 경우에는 **눈에 보이지 않는** 방식으로 이루어진다.

성령은 언제나 눈에 보이는 방식으로 주어지신 것이 아니고, 특정한 시대에만 특정한 이유들로 인해서 그렇게 주어지셨다. 그리고 "말일에 내가 내 영을 만민에게 부어 주리니"라는 요엘의 예언에 따라서 구약 시대보다는 신약 시대에 더 대규모로 주어졌다. 그리하여 사도들을 비롯한 초대 교회의 사람들에게는 성령이 그런 식으로 눈에 보이도록 베풀어졌다. "마치 불의 혀처럼 갈라지는 것들이 그들에게 보여"(행 2:3), "성령이 말씀 듣는 모든 사람에게 내려오시니"(행 10:44), "내가 보매 성령이 비둘기 같이 하늘로부터 내려와서 그의 위에 머물렀더라"(요 1:32). 이 구절들은 표징이 나타내는 바 실체 자체의 이름을 취하여 결국 그 표징에 속한 내용을 그 실체에 대해서도 인정하는 것으로 설명해야 한다. 성령께서는 그가 채용하시는 표징을 통해서 자신의 임재와 능력을 증거하시기 때문이다. 그리하여 요한은 성령께서 그리스도께 비둘기 모양으로 임하시는 것을 본 것이다. 그는 비둘기 모양을 보았는데, 하나님께서는 그것을 통해서 그의 성령의 임재를 입증해 주신 것이다.

그러나 이것을 하나님께 있는 어떤 국지적인 움직임으로 이해해서는 안 되고, 그가 교회에 임재하시고 역사하시는 것으로 이해해야 할 것이다. 성령은 어디에나 계시고 하늘과 땅에 충만하시기 때문이다. 또한 성령께서 주신 바 되며, 보내심을 받으며, 부어지시는 것도 이런 의미이다. 그는 자신의 유효적인 임재하심을 통해서 교회의 지체들 속에 그의 은사들을 베푸시고 자극하시며 점진적으로 완전케 하시는 것이다. 성령께서는 태초부터 세상의 종말에 이르기까지 언제나 **눈에 보이지 않게** 교회에 계셨고 또한 교회에 베풀어지신다. 그는 선지자들을 통해서 말씀하셨기 때문이다. "누구든지 그리스도의 영이 없으면 그리스도의 사람이 아니라"(롬 8:9). 아니 성령이 없이는 교회도 없었고, 또한 있을 수도 없었다.

성령께서 베풀어지시는 일상적인 방식은 곧 말씀의 사역과 성례의 시행을 통한 방식이다. 그리고 이 일은 첫째로, 복음의 교리에 대한 공부를 통해서 그 자신을 우리에게 나타내셔서 우리로 하여금 그를 알게 하시는 식으로 이루어진다. 오순절에 베드로의 설교를 듣고서 회심한 자들의 마음에 성령께서 역사하신 것도, 또한 베드로의 말씀을 들은 고넬료와 그와 함께 있던 자들에게 성령께서 역사하신 것도 모두 이런 방식을 통해서 이루어진 것이다. 그러나 우리는 성령께서 오로지 말씀과 성례를 통하여만 역사하시며 그 이외의 형태로는 전혀 역사하실 수 없다는 식으로 생각해서는 안 된다. 성령께서는 복음을 듣는 모든 사람들을 다 회심시키시는 것도 아니며, 다른 방식으로 회심시키시는 경우도 있기 때문이다. 바울이 다메섹으로 가던 도중에 회심한 것이나, 세례 요한이 거룩하게 구별되고 모태에서 성령의 은사들을 받은 것이 이에 속한다. 그러므로, 성령이 말씀 사역과 성례의 시행을 통해서 베풀어지신다고 말할 때에, 우리는 성인(成人)의 경우와 성령이 베풀어지시는 일상적인 방식과, 그리고 성령을 눈에 보이도록 보내시는 경우를 상정하는 것이다: "하나님이 그 아들의 영을 우리 마음 가운데 보내사"(갈 4:6), "누구든지 그리스도의 영이 없으면 그리스도의 사람이 아니라"(롬 8:9).

둘째로, 성령께서는 믿는 자들의 마음에 그를 사모하는 마음을 일으키심으로써 베풀어지신다. 그는 구하고 찾는 자들에게 베풀어지시기 때문이다(눅 11:13). 이로써 우리는 성령의 신성을 뒷받침하는 강력한 논지를 이끌어낼 수 있다. 사역을 통해서 효과적으로 일하는 것은 오직 하나님께만 고유한 것이다. "심는 이나 물 주는 이는 아무것도 아니로되 오직 자라게 하시는 이는 하나님뿐이니라"(고전 3:7), "나는 너희로 회개하게 하기 위하여 물로 세례를 베풀거니와 내 뒤에 오시는 이는 … 성령과 불로 너희에게 세례를 베푸실 것이요"(마 3:11), 성령께서 효과적으로 복음을 통하여 역사하시므로 "복음은 … 하나님의 능력"(롬 1:16)이며 그렇기 때문에 복음을 가리켜 "영의 직분"(고후 3:8)이라 부르는 것이다.

또한, 성령은 믿음으로 받는다: "곧 너희의 구원의 복음을 듣고 그 안에서 또한 믿어 약속의 성령으로 인치심을 받았으니"(엡 1:13), "세상은 능히 그를 받지 못하나니 이는 그를 보지도 못하고 알지도 못함이라"(요 14:17).

반론. 그러나 믿음은 성령의 은사요 열매다: "너희는 그 은혜에 의하여 믿음으로 말미암아 구원을 받았으니 이것은 너희에게서 난 것이 아니요 하나님의 선물이라"(엡 2:8), "성령으로 아니하고는 누구든지 예수를 주시라 할 수 없느니라"(고전 12:3). 그렇다면 어떻게 성령을 믿음으로 받을 수 있겠는가?

답변. 성령의 역사하심은 그 본성의 질서상으로는 믿음에 앞서나, 시간상으로는 그렇지 않다. 성령을 받는 것이 믿음의 첫 시작이기 때문이다. 그러나 일단 마음에 믿음이 생겨난 다음에는 그 믿음을 통하여 성령을 더욱더 많이 받고, 그로 말미암아 우리 속에 다른 것들이 더 생겨난다: "사랑으로써 역사하는 믿음"(갈 5:6), "믿음으로 그들의 마음을 깨끗이 하사"(행 15:9).

8. 성령을 어떻게 보존할 수 있는가?

성령을 보존하는 일은 성령을 받는 것과 동일한 수단을 사용하여 이루어지는데, 그 가운데 다음과 같은 것들을 언급할 수 있을 것이다: 1. 전해지는 말씀에 부지런히 주의를 기울임: "그가 어떤 사람은 사도로, 어떤 사람은 선지자로, 어떤 사람은 복음 전하는 자로, 어떤 사람은 목사와 교사로 삼으셨으니, 이는 성도를 온전하게 하며 봉사의 일을 하게 하며 그리스도의 몸을 세우려 하심이라"(엡 4:11, 12). 2. 복음의 도리에 대한 진지한 묵상, 그리고 복음 지식에서 자라기를 간절히 사모함. "오직 여호와의 율법을 즐거워하여 그의 율법을 주야로 묵상하는도다. 그는 시냇가에 심은 나무가 철을 따라 열매를 맺으며 그 잎사귀가 마르지 아니함 같으니"(시 1:2), "그리스도의 말씀이 너희 속에 풍성히 거하여 모든 지혜로 피차 가르치며 권면하고"(골 3:16). 3. 끊임없는 회개, 그리고 양심을 거스르는 죄들을 피하기를 간절히 사모함: "무릇 있는 자는 받아 넉넉하게 되되"(마 13:12), "의로운 자는 그대로 의를 행하고 거룩한 자는 그대로 거룩되게 하라"(계 22:11), "하나님의 성령을 근심하게 하지 말라 그 안에서 너희가 구원의 날까지 인치심을 받았느니라"(엡 4:30). 여기에는 모든 악한 교제와 또한 죄 지을 기회들을 회피하고자 하는 자세도 포함될 것이다. 죄를 금하고자 하는 자는 죄에 빠지도록 유혹하는 모든 것들도 삼가기 마련이기 때문이다. 4. 꾸준하며 진지한 기도: "하물며 너희 하늘 아버지께서 구하는 자에게 성령을 주시지 않겠느냐?"(눅 11:13), "기도와 금식이 아니면 이런 유가 나가지 아니하느니라"(마 17:21. 참조. 개역개정판 난외주: 역자주), "나를 주 앞에서 쫓아내지 마시며 주의 성령을 내게서 거두지 마소서"(시 51:11). 이와 관련하여, 사도 바울이 묘사하는 그리스도인의 전신갑주도 여기서 참조할 수 있을 것이다. 5. 하나님의 은사들을 정당하게 사용함, 그리고 그것들을 전적으로 하나님의 영광과 이웃의 구원을 위하여 사용함. "너는 돌이킨 후에 네 형제를 굳게 하라"(눅 22:32), "내가 돌아올 때까지 장사하라"(눅 19:13), "무릇 있는 자는 받겠고 없는 자는 그 있는 것도 빼앗기리라"(눅 19:26).

9. 성령을 상실할 수도 있는가, 있다면 어떻게 상실하는가?

외식자(外飾者)들과 유기(遺棄)된 죄인들은 성령의 은사들을 전적으로 최종적으로 상실한다. 이는 곧 성령께서 마침내 그들을 완전히 떠나셔서 그들이 그의 은사들을 다시 회복하지 못하고 그의 고귀한 영향력들을 누리지 못한다는 뜻이다. 그러나 참으로 중생한 자들의 경우는 그렇지 않다. 그들 역시 성령의 은사들을 상당히 상실할 수도 있다. 그러나 그들은 그 은사들을 완전히 다 상실하는 법이 없다. 그들에게 언제나 어느 정도는 그 은사들이 남아 있다. 다윗의 실례가 이를 충실히 입증해 준다: "주의 성령을 내게서 거두지 마소서 주의 구원의 즐거움을 내게 회복시켜 주시고"(시 51:11, 12). 또한 그들은 최종적으로 타락에 빠지는 법도 없다. 결국에 가서 그들은 자기들의 죄와 타락의 상태를 보게 되고 회개하게 되기 때문이다.

반론. 그러나 성령은 사울에게서 떠났는데, 그는 택한 자였다. 그러므로 성령께서 다른 택한 자들에게서도 떠나실 수 있다.

답변. 사울에게서 떠난 것은 중생과 양자 됨의 영이 아니라 예언과 지혜와 용기의 정신 등 그가 부여받은 비슷한 성격의 다른 은사들이었다. 또한 그는 영생으로 택하심 받은 것이 아니었고 그저 왕으로 세움 받은 것뿐이었다. 이는 가룟 유다가 사도직을 부여받은 것과 마찬가지다. 또한 다음과 같은 반론도 제기된다. 곧, 중생의 영께서 택한 자들을 버리실 수도 있다는 것이다. 다윗이 "주의 구원의 즐거움을 내게 회복시켜 주소서"라고 기도했기 때문이라는 것이다. 이에 대해서 우리는 이렇게 답변할 수 있다. 곧, 경건한 자들도 중생의 영의 은사들의 많은 부분들을 상실할 수도 있고 또한 그렇게 상실하는 경우가 많다. 그러나 그것들 전부를 상실하는 경우는 없다. 그들은 사망에 이르는 죄를 범하지 않았으므로, 믿음의 모든 부분 하나하나를 다 상실할 수가 없기 때문이다. 다만 육체의 연약함 때문에 믿음의 여러 부분들을 상실할 수도 있고, 금생에서는 완전히 새로워지지 않는 것이다. 사도 요한은 이 점을 분명하게 확증해 준다: "하나님으로부터 난 자마다 죄를 짓지 아니하나니 이는 하나님의 씨가 그의 속에 거함이요 그도 범죄하지 못하는 것은 하나님으로부터 났음이라"(요일 3:9). 다윗은 타락할 때에 그의 영혼에서 전에 느꼈던 즐거움, 그의 양심의 순결함, 그리고 기타 다른 은사들을 상실하였고, 그 때문에 그것들이 회복되기를 위해 간절히 기도하였다. 그러나 그는 성령을 완전히 다 상실했던 것은 아니었다. 만일 그랬다면, 그는 "주의 성령을 내게서 거두지 마소서"(시 51:11)라고 말하지 않았을 것이다. 이로 보건대 그가 하나님의 영을 완전히 다 상실했던 것이 아니라는 것이 분명해지는 것이다. 베르나르(Bernard)는 말하기를, "사람은 절대로 동일한 상태 그대로 있지 않는다. 후퇴하든지 전진하든지 둘 중의 하나다"라고 한다. 이 문제를 해결하기 위해서는 이 점을 생각해야 한다. 경건한 자들도 성령을 상실할 수 있다는 것을 — 하나님의 영을 완전히 최종적으로 상실하는 경우는 절대로 없지만 — 볼 때에, **성도들은 과연 그들의 견인과 구원에 대해 확신할 수 있겠는가?**

성령을 여러 가지 방식으로 상실할 수도 있다. 그것들은 성령을 유지하는 것과 반대되는 것들이다. 1. 교회의 사역을 멸시함. 2. 복음의 도리에 대한 공부와 묵상을 소홀히 함. 그러므로 바울은 디모데에게 그의 속에 있는 하나님의 은사를 불러 일으키라고 명령하였고, 또한 그 일을 이룰 수 있는 방법에 대해서 교훈을 주기도 한다. 곧, 읽기와 권면과 가르침에 전념하라고 하였던 것이다. 3. 육신적인 안일함. 온갖 악한 일에 빠지고 양심을 해치는 죄악들에 빠짐. 4. 기도를 소홀히 함. 5. 성령의 은사들을 악용함. 그 은사들을 하나님의 영광과 이웃의 구원을 증진시키는 방식으로 사용하지 않을 때에 이런 일이 일어난다. "있는 자는 받을 것이요 없는 자는 그 있는 것까지도 빼앗기리라"(막 4:25).

10. 성령은 왜 반드시 필요한가?

성령이 반드시 필요한 이유들은 다음의 성경 본문들이 명확하게 가르쳐 준다: "사람이 물과 성령으로 나지 아니하면 하나님의 나라에 들어갈 수 없느니라"(요 3:5), "혈과 육은 하나님 나라를 이어 받을 수 없고"(고전 15:50), "우리가 무슨 일이든지 우리에게서 난 것 같이 스스로 만족할 것이 아니니 우리의 만족은 오직 하나님으로부터 나느니라"(고후 3:5), "누구든지 그리스도의 영이 없으면 그리스도의 사람이 아니라"(롬 8:9). 그러므로 우리는 이렇게 결론지을 수 있을 것이다. 그는 우리의 구원에 필수적이시다. 그가 없이는 선한 것을 하나도 생각할 수 없고, 선한 일을 행한다는 것은 더더욱 불가능하다. 성령이 없이는 우리가 중생할 수 없고, 하나님을 알고 그에게 순종할 수도 없으며, 천국의 기업을 얻을 수도 없다. 그런데 우리가 눈이 멀었고 우리의 본성이 부패하였으므로 성령이 아니고서는 이런 일이 이루어질 수가 없다. 그러므로 성령은 우리의 구원에 필수적이시다.

11. 성령께서 우리 안에 거하시는 것을 어떻게 알 수 있는가?

하나님의 성령께서 우리 안에 거하시는지를 그의 결과들 혹은 은사들로써 알 수 있는데, 하나님에 대한 바른 지식, 중생, 믿음, 양심의 평화, 하나님께 대한 새로운 순종의 시작 등이 여기에 포함된다. "우리가 믿음으로 의롭다 하심을 받았으니 우리 주 예수 그리스도로 말미암아 하나님과 화평을 누리자"(롬 5:1), "소망이 우리를 부끄럽게 하지 아니함은 우리에게 주신 성령으로 말미암아 하나님의 사랑이 우리 마음에 부은 바 됨이니"(롬 5:5). 또한 성령께서 우리 영과 더불어 우리가 하나님의 자녀임을 증거하시는 것으로도 그가 우리 안에 거하시는지를 알 수 있다. 또한 사망의 위험 중에서 위로가 있고, 환난 중에 즐거움이 있고, 믿음 가운데 끝까지 인내하고자 하는 견고한 목적이 있고, 말할 수 없는 탄식과 간절한 기도, 또한 기독교 신앙에 대한 신실한 고백 등도 성령께서 거하시는 지극히 확실한 증거들이다. "성령으로 아니하고는 누구든지 예수를 주시라 할 수 없느니라"(고전 12:3). 한 마디로 말해서, 성령이 우리 안에 거하시는지의 여부를 우리의 믿음과 회개로 알 수 있는 것이다.

교회, 하나님의 예정

제21주일

54문　"거룩한 보편적 교회"에 대하여 그대는 무엇을 믿습니까?

답　하나님의 아들이 창세로부터 세상 끝날까지 참된 믿음 속에서 일치하여 영생을 얻도록 온 인류 가운데서 택하신 교회를 그의 성령과 말씀으로 말미암아 그에게로 모으시고 보호하시고 보존하신다는 것과, 또한 내가 그 교회의 살아 있는 지체(肢體)이며 영원토록 지체로 있을 것이라는 것입니다.

[해 설]

교회라는 주제와 관련되는 주된 질문들은 다음과 같다:

1. 교회란 무엇인가?

2. 교회에는 어떤 종류들이 있는가?

3. 교회의 표지들은 무엇인가?

4. 교회를 하나의 거룩한 보편적 교회라 부르는 이유는 무엇인가?

5. 교회가 국가와 다른 점은 무엇인가?

6. 교회와 나머지 인류가 서로 차이가 있는 원인은 무엇인가?

7. 교회 밖에도 구원이 있는가?

1. 교회란 무엇인가?

교회란 무엇인가?라는 질문은 교회가 존재한다는 것을 전제한다. 그러므로 과연 **교회가 존재하는가?** 하는 질문은 제기할 필요가 없다. 그러나 교회원의 숫자가 많든 적든 교회는 언제나 존재해왔고 앞으로도 계속 존재할 것이라는 말은 할 수 있을 것이다. 넷째 항에서 논하게 되겠지만, 그리스도께서 교회의 왕이요 머리요 제사장으로 언제나 계셨고 또한 언제나 계실 것이기 때문이다.

교회라는 용어는 아테네 사람들(Athenians)이 에클레시아라는 단어로 표현하곤 했던 것과 동일한 것을 뜻한다. 이 단어는 "불러내다"라는 뜻의 동사 에칼레오에서 파생된 것인데, 그들은 이 단어를, 연설을 듣는다든지 혹은 특정한 주제에 대한 원로원(Senate)의 결정 사항을 알리기 위하여 공식 전령을 통하여 이름을 부르든지 아니면 수백 명씩 백성 중에서 불러내어 모인 시민들의 집회를 지칭하는 뜻으로 사용했다. 그리하여 사도들은 **에클레시아**라는 단어를 빌려와서 그들의 목적에 따라 교회라는 관념을 이 단어를 통하여 지극히 지성적인 방식으로 표현한 것이다. 교회란 불러냄을 받아 함께 모인 사람들의 모임체인데, 이 사람들은 그저 우연히 무질서하게 모여든 것이 아니라, 주의 음성을 통하여, 또한 하나님의 말씀을 듣고 받아들이게 하고자 하는 구체적인 목적으로 행해지는 복음 선포를 통하여, 사탄의 나라에서부터 불러냄을 받아서 함께 모인 것이기 때문이다. 그러므로 **에클레시아**라는 용어는 **쉬나고게**와는 다르다. **쉬나고게**는 어떤 식으로 모였든 상관없이 아무런 집회나 모임이든 다 포괄한다. 그러나 **에클레시아**는 어떤 구체적인 방식으로 구체적인 목적을 위하여 불러냄을 받아 모인 회중을 의미하며, 복음을 아는 지식을 위하여 하나님께 부르심을 받은 회중의 성격이 바로 이러한 것이다. 하나님께 부르심을 받은 이 회중을 라틴 사람들 역시 **에클레시아**라는 헬라어 단어로 표현한다. 독일어 "Kirche"는 "주의 집"을 뜻하는 헬라어 **퀴리아케**에서 파생된 것으로 보이는데, 이는 독일어 "Gotteshaus"와 동일한 뜻이라 하겠다.

본 요리문답은 교회를, "하나님의 아들이 창세로부터 세상 끝날까지 참된 믿음 속에서 일치하여 영생을 얻도록 온 인류 가운데서 택하셨고 또한 그의 성령과 말씀으로 말미암아 그에게로 모으시고 보호하시고 보존하시는 바" 하나님께 영원히 영생으로 택하심을 받은 사람들의 모임 혹은 회중으로 정의한다. 하나님께서는 결국 교회를 영생과 영광으로 영화롭게 하실 것이다. 사도신경이 언급하는 바 하나님의 참된 교회의 정의는 바로 이것이라 하겠다.

2. 교회에는 어떤 종류들이 있는가?

교회는 참되거나 거짓되거나 둘 중의 하나다. 그러나 **거짓** 교회에 대해서 논할 때에는 교회라는 용어를 정당하지 못하게 사용하는 것이며, 이때에 교회란 기독교 교회라는 이름을 사칭(詐稱)하며 참 교회를 따르지 않고 오히려 박해하는 모든 집회를 의미한다. 참 교회는 하늘의 복된 천사들과 더불어 지금도 승리하며 부활 이후에 마침내 완전한 승리를 얻게 될 **승리적** 교회(church triumphant)이거나, 혹은 이 세상에서 그리스도의 깃발 아래 마귀와 육체와 세상을 대적하여 싸우는 **전투적** 교회(church militant)이거나 둘 중의 하나다.

가시적(可視的: visible) 교회란 율법과 복음의 교리 전체를 부패하지 않은 상태로 포용하며 고백하는 자들과 또한 그리스도의 제정하심에 따라 성례를 시행하고 하나님의 말씀의 가르침들에 순종하기를 고백하는 사람들의 집회를 의미한다. 가시적 교회에는 영생에 이르는 말씀을 통하여 성령으로 말미암아 중생된 자들과 또한 외식자들과 중생하지 않았으면서도 교리에 동의하고 교회의 외형적인 예식들을 따르는 많은 자들이 함께 섞여 있다. 혹은 가시적 교회는 하나님의 말씀의 교리에 동의하는 자들의 집회인데, 그들 중에는 죽은 교회원들이나 중생하지 않은 교회원들이 많이 있다고 말할 수 있다. "나더러 주여 주여 하는 자마다 다 천국에 들어갈 것이 아니요"(마 7:21). 알곡과 가라지 비유와 좋은 것과 나쁜 것을 모조리 모아들이는 그물 비유가 여기에 잘 들어맞을 것이다.

불가시적(不可視的: invisible) 교회는 영생에 이르도록 택함받았고 중생하였으며 가시적 교회에 속하여 있는 자들로 구성되어 있다. 빛의 나라와 어둠의 나라 사이에 계속해서 있는 이 세상에서의 갈등과 싸움의 기간 동안, 이 교회는 가시적 교회 속에 숨겨져 있다. 이 교회를 성도들의 교회라 부르기도 한다. 이 교회에 속한 자들은 절대로 멸망에 이르지 않으며, 이 교회에는 외식자도 전혀 없다. 영생에 이르도록 택함받은 자들로만 구성되어 있기 때문이다. 이들에 대해 성경은 이렇게 말씀하고 있다: "그들을 내 손에서 빼앗을 자가 없느니라"(요 10:28), "하나님의 견고한 터는 섰으니 인침이 있어 일렀으되 주께서 자기 백성을 아신다 하며"(딤후 2:19). 이 교회를 불가시적이라 부르는 것은 이 교회에 속한 사람들이 눈에 보이지 않기 때문이 아니라 이 교회에 속한 자들의 믿음과 경건을 그것을 소유한 자들 이외에는 볼 수도 알 수도 없기 때문이요, 또한 가시적 교회 안에 있는 경건한 자들과 외식자들을 분명하게 구별할 수가 없기 때문이다.

더 나아가서 가시적 교회든 불가시적 교회든, 교회는 **보편적**(普遍的: universal)이거나 아니면 **특정적**이다(particular). **보편적 가시적 교회**는 세상의 어느 곳에 있든 하나님의 말씀의 교리를 고백하는 모든 자들로 이루어져 있다. **특정적 가시적 교회**는 특정한 장소에서 이 교리를 고백하는 자들을 포괄한다. 가시적 교회는 그리스도를 믿는 한 믿음과 한 교리와 예배를 고백한다는 점에서는 보편적이며, 또한 장소와 의식과 예식의 다양성을 고려할 때에는 특정적이다. 마찬가지로 불가시적 교회도 어느 곳에 있든 어느 시대에 있든 한 믿음을 지닌 모든 택한 자들로 이루어진다는 점에서는 보편적이며, 또한 이 장소 저 장소에서 동일한 믿음을 지녔다는 점에서는 특정적이다. 모든 특정적 교회들은 보편적 교회에 속하여 있다. 가시적 교회에 속한 여러 다른 부분들은 보편적 가시적 교회에 속하여 있고, 또한 불가시적 교회들도 보편적 불가시적 교회의 일부분들이다. 사도신경이 "거룩한 보편적 교회"를 믿는다고 말씀하는 것은 바로 이 보편적 불가시적 교회를 일컫는 것이다. 교회가 거룩함과 보편성을 지닌 것으로 말씀하는 것은 교회가 거룩하기 때문이요, 또한 바로 여기서 그리스도와 또한 모든 지체들과의 참된 교제를 찾기 때문이다. 가시적 교회와 불가시적 교회의 차이는 전체와 부분의 차이와 흡사하다. 마치 한 부분이 전체 속에 들어 있듯이, 불가시적 교회가 가시적 교회 안에 숨겨져 있기 때문이다. "미리 정하신 그들을 또한 부르시고"라는 사도의 말씀도 이를 확증해 준다(롬 8:30). 그러나 하나님께서 사람을 부르시는 이 부르심은 이중적이어서 내적인 부르심과 외적인 부르심으로 나뉜다. 바울은 내적인 부르심은 구원의 목적에 따라서 행해진다고 선언한다. 택함받은 자들은 내적인 부르심과 외적인 부르심을 모두 받으나, 외식자들은 외적인 부르심밖에는 받지 못한다. 가시적 교회를 부르심을 받은 자들의 교회라 지칭하는 것은 바로 이 외적인 부르심을 두고 하는 말이요, 그 교회에는 외식자들도 함께 들어 있는 것이다. 그러나 불가시적 교회는 택함받은 자들의 교회라 부르는 것이다.

반론 1. 만일 전체가 가시적이라면, 거기에 속한 부분도 가시적이다.

답변. 부르심을 받은 사람들 — 그들이 사람들이며 가시적 교회의 교리를 시인하고 고백하는 한 — 에 대해서는 가시적이라 할 수 있다. 그러나 그들의 경건이나 그들의 믿음이나 회개에 대해서는 불가시적일 수밖에 없다.

반론 2. 앞의 정의에 따르면 교회원인 자들은 멸망하지 않는다. 그러나 교회에는 많은 외식자들이 함께 속해 있다. 그러므로 외식자들도 멸망하지 않든지, 아니면 교회에 속한 자들에 대한 내용이 그릇된 것이든지 둘 중의 하나다.

답변. 불가시적 교회에 속한 자들은 멸망하지 않는다. 그리고 앞의 정의가 논하는 것도 바로 이 교회를 지칭하는 것이다. 소 전제는 가시적 교회를 지칭하고 있는데, 그 속에는 외식자들이 많이 속해 있다.

반론 3. 불가시적 교회가 없는 곳에는 가시적 교회가 있을 수 없다. 그러나 교황체제 아래에 있던 동안에는 불가시적 교회가 없었다. 그러므로 그때에는 가시적 교회가 없었던 것이다.

답변. 소 전제는 인정할 수 없다. 교회의 가장 부패한 시기에도 언제나 복음의 근본적인 원리들을 견고히 붙드는 사람들이 항상 어느 정도는 있었기 때문이다. 교회가 박해를 받았으나 파괴되어 사라진 것은 아니었다.

또한 교회를 구약 교회와 신약 교회로 구분하기도 한다. 구약 교회는, 모세와 선지자들의 교리를 받아들이고 모세의 의식들을 유대 민족 내에서 따르고 보존하기로 공언하며 또한 이러한 제도들을 통해서 나타내는 내용들이 장차 오실 메시야에 관한 것들임을 믿는 자들로 구성되었다. 신약 교회는 그런 식으로 구별되지 않는다. 메시야가 이미 오신 것을 모두 다 믿기 때문이다. 신약 교회는 복음의 교리를 받아들이며 그리스도께서 제정하신 성례들을 시행하며 그를 참 메시야로 믿는 자들의 회중이라 정의할 수 있을 것이다.

3. 교회의 표지들은 무엇인가?

언제나 참된 교회를 알 수 있는 세 가지 표지(標識) 혹은 증표들이 있다. 1. 율법과 복음의 참되고 순결하며 올바로 이해된 교리, 즉 선지자들과 사도들의 교리를 **고**

백함. 2. **성례를 올바로 정당하게 시행함.** 성례의 목적 중의 하나는 바로 하나님의 참된 교회를 각종 분파와 이단들과 구별하는 데 있다. 3. 이 교리 혹은 사역에 대한 **복종을 고백함.** 이 세 가지는 참된 교회에서 언제나 나타나는 것으로서 그리스도의 선언에도 포함되어 있다: "너희는 가서 모든 민족을 제자로 삼아 아버지와 아들과 성령의 이름으로 세례를 베풀고 내가 너희에게 분부한 모든 것을 가르쳐 지키게 하라"(마 28:19, 20). 그러므로 우리는 하나님의 영광을 위하여 이 표지들을 견고히 붙들어서 그의 원수들이 그의 자녀들과 구별되도록 해야 할 것이며, 또한 우리의 구원을 위해서도 이를 붙들어서 우리가 참된 교회와 결부되도록 해야 할 것이다.

반론 1. 그러나 교회에는 언제나 사적이며 공적인 큰 오류들이 있어왔다.

답변. 그러나 참된 토대는 언제나 보존되어왔고, 그 위에 어떤 이들은 금으로 집을 짓고, 또 어떤 이들은 지푸라기로 집을 지은 것이다. 또한 교회는 한 번도 이 오류들을 옹호한 일이 없다. 그러므로 교회 안에 오류들이 있어왔다는 사실만으로는 참된 교회의 표지들에 대하여 우리가 논의한 내용과 아무런 모순이 없다.

반론 2. 그러나 하나님의 말씀의 참된 교리를 고백하는 많은 교회들에서 크고 심각한 죄들을 범해왔다. 그러므로 복종은 참된 교회의 표지가 아니다.

답변. 그러나 이 동일한 교회들에는 하나님의 말씀의 요구들에 순종하며 또한 순종하기를 힘쓰며 또한 자기들의 죄를 시인하고 고백하는 자들이 많으며, 따라서 그런 것들을 교회가 옹호하는 것이 아니라 그것들에 대해 탄식하는 것이다. 하나님의 말씀의 요구들에 대한 순종을 참된 교회의 표지 중의 하나로 첨가하는 것이 필수적이다. 그렇게 하지 않으면 그리스도의 도리를 받아들인다고 말은 하면서도 그것에 따라 살기를 원치 않는 자들이 하나님을 조롱할 수도 있을 것이기 때문이다.

반론 3. 그러나 이단들과 분파주의자들도 참된 교회의 이러한 표지들을 스스로 드러내 보인다.

답변. 그러나 문제는 그들 스스로 그것들을 주장하느냐가 아니라 그들이 과연 그것들을 소유하고 있느냐 하는 것이다.

반론 4. 교회의 존재에 필수적인 것도 교회의 표지이다. 교회가 세상에 존재하는 데에는 사역자들의 일상적인 승계(承繼)가 필수적이다. 그러므로 이것도 참된 교회의 표지이다.

답변. 여기서 말하는 일상적인 승계가 교회의 동일한 참된 교리와 성례의 시행에서 사역이 승계되는 것을 뜻한다면 이 주장은 사실이다. 그런 승계라면 우리가 명시한 교회의 표지들과 다르지 않기 때문이다. 그러나 일상적인 승계가 동일한 교리를 가르치든 다른 교리를 가르치든 간에 동일한 장소에서 사역이 승계되는 것을 뜻한다면, 또한 교회를 특정한 장소나 도시나 지역 등에 한정짓는 것을 뜻한다면, 이 주장은 그릇된 것이다.

4. 교회를 하나의 거룩한 보편적 교회라 부르는 이유는 무엇인가?

교회는 **하나**다. 그러나 이는 교회원들이 함께 거주하기 때문도, 그들이 취하는 의식과 예식들이 동일하기 때문도 아니고, 교리와 신앙에서 하나이기 때문이다. 교회를 가리켜 **거룩하다**고 부르는 것은, 하나님께 일치하도록 ― 그 자체가 완전해짐으로써 아니라 그리스도의 의(義) 혹은 순종을 전가시킴으로써, 또한 거룩함의 원리를 소유함으로써 ― 그리스도의 피와 성령으로 말미암아 하나님께 거룩하게 구별되었기 때문이며, 또한 성령께서 교회를 새롭게 하시고 죄의 찌꺼기들에서 점진적으로 구해내서서 교회에 속한 모든 사람들이 순종의 모든 부분들을 시행하게 하시기 때문이다. 교회를 거룩하다고 부르는 또 하나의 이유는 그것이 거룩한 신적인 용도를 위하여 거룩하게 구별되었으며 또한 그 바깥에 있는 불경한 자들과 분리되었기 때문이다. 교회를 가리켜 **보편적**(catholic)이라 부르는 것은, 첫째로 장소적으로 교회가 어느 특정한 장소나 나라에 매여 있거나 거기에 한정되어 있지 않고 온 세상에 퍼져 있기 때문이다. 이런 점에서 교회의 보편성은 사도 시대에 시작되었다. 이 시대 전에는 교회가 유대 민족이라는 좁은 한계 내로 국한되었기 때문이다. 둘째로는 사람들과 관련하여 교회를 보편적이라 부른다. 교회는 모든 민족에 속한 모든 계층의 사람들로부터 모였기 때문이다. 셋째로는 시간적인 의미에서 교회를 보편적이라 부른다. 곧, 교회는 세상의 모든 시대를 통틀어 계속 이어질 것이기 때문이며 ― "내가 세상 끝날까지 너희와 항상 함께 있으리라"(마 28:20) ― 또한 모든 시대에 참된 교회는 오직 온 세상을 포괄하며 어느 특정한 한 장소에 매여 있지 않은 그런 특별한 구성을 지닌 교회 하나밖에 없기 때문이다.

창세로부터 세상 끝날까지 모든 시대에 교회가 하나밖에 없다는 것에 대해서는 의심이 있을 수 없다. 교회가 항상, 심지어 아브라함 시대 이전에도 존재했다는 것이 명백하기 때문이다. 아브라함이 부르심 받기 전에는 그의 가족이 하나님을 섬기지 않았고 오로지 그가 부르심을 받은 후에야 비로소 그가 지극히 높으신 하나님의 종이 되었다는 식으로 생각해서는 안 된다. 부르심을 받기 전에도 그는 참되신 하나님에 대한 교의의 근본적인 원리들을 붙들고 있었다. 물론 그 교의들이 그릇된 사고와 미신들과 뒤섞여 있어서 그것들을 분명히 깨닫고 있지는 못했지만 말이다. 지극히 높으신 하나님의 제사장 멜기세덱도 그 당시에 살고 있었다. 그러므로 아브라함 이외에도, 또한 아브라함 이전에도, 멜기세덱을 제사장으로 삼은 다른 사람들이 있어서 참되신 하나님을 섬겼던 것이다. 교회가 언제나 존재할 것이라는 것은 다음과 같은 성경의 선언들에서 분명히 드러난다: "내 위에 있는 나의 영과 네 입에 둔 나의 말이 이제부터 영원하도록 네 입에서와 네 후손의 입에서와 네 후손의 후손의 입에서 떠나지 아니하리라"(사 59:21), "너희가 능히 낮에 대한 나의 언약과 밤에 대한 나의 언약을 깨뜨려 주야로 그 때를 잃게 할 수 있을진대 내 종 다윗에게 세운 나의 언약도 깨뜨려 그에게 그의 자리에 앉아 다스릴 아들이 없게 할 수 있겠으며"(렘 33:20, 11), "내가 세상 끝날까지 너희와 항상 함께 있으리라"(마 28:20). 더욱이 그리스도께서 언제나 교회의 왕이시요 머리이시며 제사장이셨고 언제나 그러하실 것이다. 그러므로 언제나 교회가 있었고 또한 항상 교회가 있을 것이다.

따라서 구약 교회와 신약 교회가 하나요 동일한 교회라는 것도 분명하다. 이는 사도신경의 다음 조목에서도 확증된다. 그리스도께서 그의 교회를 거룩하게 하시는 분이시며 또한 각 경륜마다 그를 믿은 자들에게 공통적이기 때문이다.

교회의 권위에 관한 문제를 여기서 다루는 것이 합당할 것이다. 교황주의자들은 교회의 권위가 성경의 권위보다 높다고 말하나, 이것은 그릇된 것이다. 교회가 성경을 산출한 것이 아니고, 성경이 교회를 낳게 했기 때문이다. 교황주의자들은 아우구스티누스의 증언을 제시한다. 그는 마니교에 관한 서신 제5장에서 자신이 카톨릭 교회의 신앙을 포용하게 된 정황을 묘사하고 있다. 그는 말하기를 카톨릭 교도들의 "복음을 믿으라"는 말에 순종하였다고 한다. 그리고 동일한 책에는 널리 알려져 있는 다음과 같은 그의 선언도 들어 있다: "카톨릭 교회의 권위가 나를 감동시키지 않았다면, 나는 복음을 믿지 않았을 것이다." 그러므로 그가 복음서를 읽고 거기에 포함되어 있는 교리를 믿게 된 것은 바로 교회의 증언을 통해서 된 일이었다. 그러나 그 다음에는 어떤가? 그는 과연 복음을 믿은 다음, 복음보다는 교회에 대해 더 큰 믿음을 가지며, 만일 교회가 복음에 반하는 것이나 성경에서 입증되지 않는 어떤 것을 제시하거나 결정한다 해도 교회를 따르겠다고 스스로 약속한 적이 있는가? 아우구스티누스는 분명 이런 것에 절대로 동의하지 않았을 것이다. 아니다. 그의 저작 여러 곳에서 그는 율법과 복음의 기록들에서 우리가 받은 것과 다른 것을 가르치는 자들에게 저주를 공언하는 것이다. 또한 위에서 인용한 바로 그곳에서 그는 선언하기를, 자신은 복음을 믿기 때문에 마니를 믿을 수가 없다고 한다. 마니의 사도직에 대한 언급이 복음에 전혀 나타나지 않기 때문이라는 것이다. 그러므로 전통들은 우리를 성경으로 인도하며, 성경 속에서 말씀하는 그 음성에 귀를 기울이게 하는 것이다.

그러나 교황주의자들이 이 문제에서 과연 얼마나 정직하게 행동하는지를 관찰해야 할 것이다. 말로 전해지는 전통이 발견되면, 그들은 짧은 시간에 그것을 뒤틀어서 그 정당한 의미를 왜곡시키며, 거기에다 하나님의 말씀을 근거로 증명할 수 없는 자기들 자신의 전통을 가져다 붙이니 말이다. 예를 들어서 "내가 받은 것을 먼저 너희에게 전하였노니"(고전 15:3)라는 사도 바울의 말씀을 근거로, 그들은 "여기에 전통들에 대한 언급이 있지 않은가?"라고 소리친다. 물론 있다. 그러나 조금 더 읽어내려 가면, 바울은 자신이 받은 것이 무엇인지를 설명하고 있다: "내가 받은 것을 먼저 너희에게 전하였노니 이는 성경대로 그리스도께서 우리 죄를 위하여 죽으시고 장사 지낸 바 되셨다가 성경대로 사흘 만에 다시 살아나사"(고전 15:3, 4). 여기서 바울이 받은 전통들은 곧 **성경대로**라는 것을 보게 되는 것이다. 그 전통들은 처음에 구약 성경에서 취해졌고, 바울 자신에 의해서 기록되었던 것이다. 바울은 또한 주의 성찬에 대해서 다음과 같이 말씀한다: "내가 너희에게 전한 것은 주께 받은 것이니"(고전 11:23). 그런데 사도 자신이 받은 이런 전통이 복음서 기자들 이후에 기록된 것이다. 예수회 사람들(the Jesuits)도 이와 비슷하게 데살로니가후서 3:6의 사도 바울의 선언을 인용한다: "게으르게 행하고 우리에게서 받은 전통대로 행하지 아니하는 모든 형제에게서 떠나라." 그러나 조금 더 나아가면 동일한 장에서 그는 그 전통이 과연 무엇을 의미하는지를 선언하고 있는데, 본문을 조심스럽게 읽는 자들은 누구나 이것을 분명히 알 수가 있다. 그런데도 그들은 성경의 증언을 통해서 입증되지 않는 많은 것들도 믿어야 한다고 주장하는 것이다. 그들은 또 사도행전 16:4에 기록된 성경의 또 다른 선언에 대해서도 똑같은 주장을 늘어놓는다: "여러 성으로 다녀 갈 때에 예루살렘에 있는 사도와 장로들이 작정한 규례를 그들에게 주어 지키게 하니." 조금 앞에 나타나는 선언에 따르면, 이 규례들은 사도들이 편지로 기록하여 보낸 것들인데도 말이다.

교회는 오류를 범하지 않는다는 교황주의자들의 주장은 다음과 같은 점에서는 참이다: 1. 교회의 몇몇 구성원들이나 특정한 부분은 오류를 범할 수 있으나, 온 교회가 오류를 범하는 법은 없다. 2. 교리의 몇몇 특정한 점들에서는 교회가 오류를 범할 수 있으나, 모든 교리 전체에 대해서는 오류를 범하는 법이 없다. 3. 교회의 토대가 되는 교리에 있어서는 교회가 오류를 범하지 않는다.

5. 교회가 국가와 다른 점은 무엇인가?

교회와 국가 사이의 주요 차이점들은 다음과 같다: 1. 국가란 십계명의 두 돌판에 따라 외형적인 안녕 질서를 유지하기 위하여 특정한 시민법에 의하여 통제되는 하나의 사회다. 교회는 복음을 포용하고 신적인 제정에 따라 성례를 준수하며 성령과 하나님의 말씀의 다스림을 받아 내적으로 외적으로 순종하는 자들로 이루어져 있다. 2. 교회 안에는 언제나 거룩하고 경건한 사람들이 어느 정도는 있다. 그러나 국가의 경우는 반드시 그렇지는 않다. 3. 장소와 때와 법에 있어서 서로 구별되는 여러 다른 국가들이 있으며, 한 국가의 시민이 동시에 다른 국가의 시민일 수도 없고, 모든 국가들을 부분으로 포용하는 하나의 보편적인 국가란 존재하지 않는다. 그러나 교회는 모든 시기를 통틀어서 또한 모든 나라들 가운데 오직 하나였고 언제나 하나일 것이다. 그렇기 때문에 교회를 가리켜 여러 부분들을 지닌 보편적 교회라 부르는 것이다. 4. 교회의 머리는 한 분이요 하늘에 계신 그리스도가 바로 그분이시다. 국가들은 제각기 왕과 통치자들이 있고, 또 이들은 땅에 있는 자들이다. 5. 국가는 법을 제정할 권위와 권한을 지니고 있고, 따라서 우리는 양심적으로 이에 복종하는 것이 합당하다. 교회는 하나님의 말씀의 제한을 받으며, 새로운 신앙의 강령들을 제정할 권한이 전혀 없다. 질서와 덕을 위하여 법규들을 세울 수도 있으나 그것들이 양심을 묶어두지는 않는다. 그것도 강제적인 권위로가 아니라 자의적인 동의에 의해서 세워지는 것이다. 6. 국가는 완고한 범법자들에 대해 형벌을 가하고 그 법을 검(劍)으로 보존할 권력을 지니고 있다. 그러나 교회는 그저 말씀의 검만 있을 뿐이다. 말씀의 검은 곧 불순종하는 자들에 대한 하나님의 진노의 정죄다. 구약 시대의 선지자들과 제사장들처럼 동일한 한 사람이 시민적인 직분과 교회적인 직분을 동시에 지니고 활동할 수도 있다. 그러므로 이 둘은 조심스럽게 구분해야 마땅하다.

6. 교회와 나머지 인류가 서로 차이가 있는 원인은 무엇인가?

세상에는 세 부류의 사람들이 있는데, 이들은 각기 매우 다르다. 어떤 이들은 믿음과 회개의 필수성을 부인하며 공공연히 완전하게 교회에서 떠나 있으며, 따라서 이들은 하나님과 교회의 공공연한 원수들이다. 또 어떤 이들은 부르심을 받았으나 외식하는 자들로서 유효적인 부르심을 받지 못하여, 믿음을 공언하고 고백하나 하나님을 향한 참된 회심은 없는 자들이다. 마지막으로, 유효적으로 부르심을 받은 자들이요 택하심을 받은 자들인데, "청함을 받은 자는 많되 택함을 입은 자는 적으니라"(마 22:14)라는 그리스도의 선언에 따르면 이들은 비교적 숫자가 적다.

이런 차이가 있는 원인은 무엇인가? 이러한 차이의 유효적인 원인은, 이 세상에서 교회를 부르사 자신에게로 모으고자 하시는 하나님의 선택에 있다. 하나님의 아들은 성부의 그 뜻을 행하는 간접적인 수행자요, 성령은 그 직접적인 수행자이시다. 하나님의 말씀은 수단적인 원인이다: "하나님이 지나간 세대에는 모든 민족으로 자기들의 길들을 가게 방임하셨으나"(행 14:16), "하나님께서 하고자 하시는 자를 긍휼히 여기시고 하고자 하시는 자를 완악하게 하시느니라"(롬 9:18), "하나님이 미리 아신 자들을 또한 그 아들의 형상을 본받게 하기 위하여 미리 정하셨으니 … 또 미리 정하신 그들을 또한 부르시고 부르신 그들을 의롭다 하시고 또한 의롭다 하신 그들을 또한 영화롭게 하셨느니라"(롬 8:29, 30), "아버지께서 내게 주시는 자는 다 내게로 올 것이요"(요 6:37). 이 선언들에서 우리는 은혜의 약속은 믿는 자들에 대해서는 일반적이라는 것을 배우게 된다. 하나님께서는 모든 이들이 구원받아야 할 것을 뜻하시는데, 이는 모든 이들을 구원하고자 하는 그의 바람 때문이기도 하고, 그가 구원을 찾으라고 모든 이들을 초청하시기 때문이기도 하다. "오직 택하심을 입은 자가 (이 구원을) 얻었고 그 남은 자들은 우둔하여졌느니라"(롬 11:7).

7. 교회 밖에도 구원이 있는가?

교회 밖에서는 아무도 구원받을 수가 없다: 1. 교회 밖에는 구원자가 없고, 따라서 구원도 없기 때문이다. "나를 떠나서는 너희가 아무것도 할 수 없음이라"(요 15:5). 2. 하나님께서는 자신이 영생을 위하여 택하신 자들을 내적 부르심과 외적 부르심이라는 수단을 통하여 부르시기 때문이다. 그러므로 택함받은 자들이 항상 가시적 교회의 구성원인 것은 아니지만, 죽기 전에는 모두가 그 교회의 구성원이 되는 것이다.

반론. 그러므로 하나님의 선택은 자유로운 것이 못된다.

답변. 하나님의 선택은 자유롭다. 하나님께서는 그가 구원하기로 정하신 모든 자들을 자유로이 목적과 수단 모두를 지정하사 택하시기 때문이다. 그러나 선택하시고 또한 목적과 수단을 정하신 다음에는 그의 작정이 절대로 변하지 않는다. 재세례파들(Anabaptists)이 온갖 반론을 제기하지만, 교회 안에서 출생한 유아들도 교회에 속한다.

그렇다면 **거룩한 보편적교회**를 믿는다는 것은 무엇인가? 그것은 마지막 종말에 이르기까지 세상에 그런 교회가 언제나 존재했고 또한 언제나 존재할 것임을 믿는 것이요, 또한 가시적 교회를 구성하는 회중 가운데는 진정 회심한 자들이 항상 어느 정도는 있으며, 또한 내가 바로 그 중에 하나이며 따라서 가시적 교회와 불가시적 교회 모두의 일원이며 영원토록 그럴 것임을 믿는 것이다.

하나님의 영원한 예정에 관하여

하나님의 영원한 예정의 교리, 혹은 선택과 유기(遺棄)의 교리가 교회론에서 자연히 파생되어 나온다. 그렇기 때문에 예정론을 교회론과 연결되는 것으로 보는 것이 옳다. 예정론에 대해 논하자면 주로 다음과 같은 질문들을 다루어야 할 것이다.

1. 과연 예정이란 존재하는가?
2. 예정이란 무엇인가?
3. 예정의 원인은 무엇인가?
4. 예정의 결과는 무엇인가?
5. 예정은 불변한가?
6. 우리는 예정을 어느 정도나 알 수 있는가?
7. 택한 자들은 항상 교회원이며, 또한 유기된 자들은 절대로 교회원이 아닌가?
8. 택한 자들이 교회로부터 타락할 수 있으며, 또한 유기된 자들이 항상 교회 속에 남아 있을 수도 있는가?
9. 이 교리의 용도는 무엇인가?

1. 과연 예정이란 존재하는가?

과연 예정이라는 것이 존재하는가?라는 질문은, 어떤 이들은 구원받고 다른 이들은 정죄받도록 결정하신 어떤 도모나 작정이 과연 하나님께 있는가?라는 질문과 동일한 것이다. 어떤 이들은 성경에서 말하는 예정이란 마치 사람이 고귀한 말(馬)을 택하거나 순결한 금을 택할 때처럼 어떤 사람들에게는 **탁월함**(excellence)이 있어서 영생에 이르도록 택할 만한 가치가 있는 것으로 인정받는데 바로 그러한 탁월함을 가리키는 것으로 주장한다. 이들은 유기의 관념도 동일한 방식으로 설명한다.

그러나 이 견해는 그릇된 것이다. 선택이란 하나님의 영원한 도모하심이기 때문이다. 예정 혹은 하나님의 선택과 유기가 있다는 사실은 성경의 다음과 같은 선언들에서 입증된다: "청함을 받은 자는 많되 택함을 입은 자는 적으니라"(마 22:14), "너희가 나를 택한 것이 아니요 내가 너희를 택하여 세웠나니"(요 15:16), "이 우리에 들지 아니한 다른 양들이 내게 있어 내가 인도하여야 할 터이니"(요 10:16), "창세 전에 그리스도 안에서 우리를 택하사"(엡 1:4), "그 기쁘신 뜻대로 우리를 예정하사 예수 그리스도로 말미암아 자기의 아들들이 되게 하셨으니"(엡 1:5), "이 성중에 내 백성이 많음이라"(행 18:10), "영생을 주시기로 작정된 자는 다 믿더라"(행 13:48), "미리 정하신 그들을 또한 부르시고"(롬 8:30).

하나님의 말씀의 다음 구절들은 특별히 유기(遺棄)에 대한 것으로 간주할 수 있을 것이다: "만일 하나님이 그의 진노를 보이시고 그의 능력을 알게 하고자 하사 멸하기로 준비된 진노의 그릇을 오래 참으심으로 관용하시고"(롬 9:22), "내가 야곱은 사랑하고 에서는 미워하였다"(롬 9:13), "천국의 비밀을 아는 것이 너희에게는 허락되었으나 그들에게는 아니되었나니"(마 13:11), "이는 가만히 들어온 사람 몇이 있음이라 그들은 옛적부터 이 판결을 받기로 미리 기록된 자니"(유 4), "천지의 주재이신 아버지여 이것을 지혜롭고 슬기 있는 자들에게는 숨기시고 어린 아이들에게는 나타내심을 감사하나이다. 옳소이다 이렇게 된 것이 아버지의 뜻이니이다"(마 11:25, 26), "너희가 듣지 아니함은 하나님께 속하지 아니하였음이로다"(요 8:47), "너희가 내 양이 아니므로 믿지 아니하는도다"(요 10:26), "여호와께서 온갖 것을 그 쓰임에 적당하게 지으셨나니 악인도 악한 날에 적당하게 하셨느니라"(잠 16:4).

반론 1. 그러나 은혜의 약속은 보편성을 띤다.

답변. 그 약속은 믿는 자들에 대하여 보편성을 띤다. 즉, 모든 믿는 자들에게 적용된다는 뜻이다. 그리고 그 약속은 모든 사람들에 대해서는 특정성을 띤다. 그러나 우리를 반대하는 자들은 그 약속이 보편성을 띤다는 것을 부인한다. 그들에 따르면 회심한 자들이 다시 타락할 수도 있기 때문이라는 것이다. 그러나 이는 은혜의 약속의 보편성을 자기들 스스로 약화시키는 것이다.

이에 대해서, 하나님께서는 모든 사람이 구원받기를 뜻하신다고 반론을 제기한다. "하나님은 모든 사람이 구원을 받으며 진리를 아는 데에 이르기를 원하시느니라"(딤전 2:4). 이에 대해 우리는, 다른 본문들을 이 본문과 연관지어 보아야 한다고 답변한다: "청함을 받은 자는 많되 택함을 입은 자는 적으니라"(마 22:14), "이 백성들의 마음이 완악하여져서 그 귀는 듣기에 둔하고 눈은 감았으니 이는 눈으로 보고 귀로 듣고 마음으로 깨달아 돌이켜 내게 고침을 받을까 두려워함이라"(마 13:15). 여기서는 일부 사람들이 구원받지 않기를 하나님께서 뜻하신다는 것이 선언되고 있다.

그렇다면, 이런 신적 진리의 선언들이 서로 모순이 된단 말인가? 결코 그럴 수 없다! 하나님께서는 모든 사람의 구원을 기뻐하신다는 점에서 모든 사람들이 구원받기를 뜻하신다. 그리고 악인의 형벌을 기뻐하신다. 그러나 그의 피조물들의 고통을 기뻐하시는 것이 아니라 그의 정의가 실현되는 것을 기뻐하시는 것이다. 하나님께서는 모든 사람들을 회개하도록 초청하시고 부르시는 만큼, 그는 모든 사람이 구원받기를 뜻하신다. 그러나 이 부르심의 유효성에 관해서는 모든 사람의 구원을 뜻하시지 않는 것이다. "혹 하나님을 더듬어 찾아 발견" 하면 하나님께서 모든 이들에게 복 주신다(행 17:27). 그는 모든 사람들을 초청하시며, 모든 이들에게 "정직과 순종이 나를 기쁘게 하니 네가 마땅히 내게 이를 행할지라" 라고 말씀하신다. 그러나 "내가 이 정직과 순종을 네게 있게 하리라"라는 말씀은 모든 사람에게가 아니고 오직 택함받은 자들에게만 하시는데, 이는 그렇게 하시는 것이 영원 전부터 그의 기뻐하심이었기 때문이다. "오직 택하심을 입은 자가 얻었고 그 남은 자들은 우둔하여졌느니라"(롬 11:7).

반론 2. 동등한 자들에게 동등하지 않게 그의 은사들을 베푸시는 그분은 개인들을 존중하는 분이시다.

답변. 만일 어떤 외형적인 원인들을 조건으로 삼아 그것 때문에 동등한 상급이나 형벌을 베푸시기도 하고 베풀지 않으시기도 하며 또한 그 조건 때문에 은사들을 베푸신다면, 그는 과연 동등한 자들에게 동등하지 않게 베푸시는 자요 개인들을 존중하시는 분이시다. 그러나 하나님은 사람의 외형적인 사정을 돌아보지 않으시고 오히려 믿음과 회심을 요구하시며, 또한 그것들을 소유한 자들에게는 영생을 주시고 이 믿음과 회심이 없는 자들에게는 주시지 않는 분이신 것이다. 또한 모든 사람들에게 동등하게 줄 의무가 있을 때에, 동등한 자들에게 동등하지 않게 주는 자는 개인을 존중하는 자다. 그러나 하나님은 자신의 순전한 자비와 은혜로 말미암아 지극히 자유로이 베푸시며, 아무에게도 의무를 지지 않으신다. 우리는 모두 그의 원수들이었고, 따라서 하나님께서 우리 모두를 거부하신다 해도 지극히 정의로운 일일 것이다. 그리고 만일 하나님께 불의가 한 점이라도 있다면(우리는 절대로 이런 말을 해서는 안 된다), 그는 불의한 분이 되실 것이요, 또한 무엇이라도 주신다면 그는 개인을 존중하는 분이 되실 것이다. 그러므로, 하나님께서는 어떤 이들에게 긍휼을 베푸시고 다른 이들에게는 베풀지 않으시는데, 이는 마치 사람이 어느 거지에게는 자비와 동정을 베풀고 다른 거지에게는 베풀지 않는 경우와 마찬가지로, 개인을 존중하는 처사인 것이다. 그렇다면 어째서 하나님을 불의한 자로 비난하는가? 그가 원하는 자에게 긍휼을 베푸시고 원치 않는 자에게 긍휼을 베풀지 않으신다고 해서 그가 불의하시단 말인가? 그는 아무에게도 아무런 의무도 지지 않으시는 분이 아닌가? "내 것을 가지고 내 뜻대로 할 것이 아니냐? 내가 선하므로 네가 악하게 보느냐?"(마 20:15), "누가 주께 먼저 드려서 갚으심을 받겠느냐?"(롬 11:35). 이를 아는 것이 하나님께 영광을 돌리는 데에 중요한 역할을 하는 것이다.

반론 3. 모든 사람의 죄를 갚기에 충족한 속량금을 받았으면 모든 사람을 그의 사랑 안에 받아들이는 것이 정당하고 정의로운 일이다. 하나님께서는 그의 아들에게서 온 세상의 죄를 속하기에 충족한 속량금을 받으셨다. 그러므로 그는 모든 사람을 그의 사랑 안에 받아들일 의무를 지신 것이다.

답변. 모든 사람에게 충족하고 또한 모든 사람에게 적용될 속량금을 받은 자라면 모든 사람을 자기의 사랑 안에 받아들이는 것이 정당할 것이다. 그러나 그 속량금은 모든 사람에게 적용될 것이 아니다. 주께서는, "내가 비옵는 것은 세상을 위함이 아니요 내게 주신 자들을 위함이니이다"(요 17:9)라고 말씀하시기 때문이다. 그러나 우리의 반대자들은 모든 사람들에게 충족한 속량금이라면 당연히 모든 사람에게 적용되어야 한다고 말한다. 왜냐하면 그것은 모든 사람에게 선을 행하는 것이야말로 무한한 자비에 속하기 때문이라는 것이다. 그러나 무한한 자비란 구원받는 자의 숫자에 있다는 것을 우리는 인정할 수 없다. 무한한 자비란 오히려 그들이 구원받는 방식에 있는 것이다. 더욱이 하나님께서는 지극히 지혜로우시며 의로우신 분이시므로 이 축복을 모든 이들에게 다 베푸시지 않는다. 그는 그의 자비와 정의를 동시에 시행하실 수 있고 또 그렇게 시행하실 것이다. "하나님이 세상을 이처럼 사랑하사 독생자를 주셨으니 이는 그를 믿는 자마다 멸망하지 않고 영생을 얻게 하려 하심이라"(요 3:16), "믿지 아니하는 자는 하나님의 독생자의 이름을 믿지 아니하므로 벌써 심판을 받은 것이니라"(요 3:18).

재반론. 모든 사람을 위해 충족한 속량금을 받고도 모든 사람을 구원하지 않는 자는 불의하다. 베푸는 것보다 받은 것이 더 많기 때문이다. 그러나 하나님은 불의하지 않으시다. 그러므로 그는 모든 사람을 그의 사랑 안으로 받아들이신다.

답변. 물론 그렇게 처신하는 자는 불의하다. 그러나 속량금을 주는 자가 바로 자기 자신일 경우에는 그렇지 않다. 그런데 하나님께서는 자신이 직접 속량금을 주시는 분이시다. 그러므로 그는 우리에게 속한 것을 받으시는 것이 아니라 자기 자신의 것을 받으시는 것이다. 또한 하나님으로 하여금 모든 사람을 자기의 사랑 안으로 받아들이시도록 얽어매는 것은 이 속량금의 충족성이 아니라 적용이다. 그러나 그는 이 속량금을 모든 사람에게 적용시키도록 자기 자신에게 의무를 지우신 일이 없는 것이다.

반론 4. 자기 자신의 영광을 위하여 몇몇 사람들을 괴롭히는 자는 불의하다. 그러나 하나님은 불의하지 않으시다. 그러므로 그는 자기 자신의 영광을 위해서 아무도 괴롭게 하거나 던져버리시지 않는다.

답변. 주 전제가 일반적인 의미라면 주 전제를 인정할 수 없다. 피조물들에게는 그것이 해당되지만, 하나님께는 해당되지 않는다. 그는 최고선이시며 따라서 최고선에게 돌려야 할 최고의 존중을 그에게 돌려야 마땅하기 때문이다. 그러나 최고선 혹은 하나님의 영광은 하나님의 자비만이 아니라 그의 정의까지도 드러나는 것을 요구한다. 또한 죽을 만큼 죄를 범하지 않은 자들을 죽음으로 벌하는 경우처럼, 충족한 원인이 없이 공연히 자기의 영광을 위하여 괴로움을 가하는 자는 불의하다. 그러나 자기 자신의 영광으로 일부를 멸망하도록 허용하시는 하나님의 경우는 그렇지 않다. 왜냐하면 그들 스스로 기꺼이 죄에 빠지고 멸망하기 때문이다. 하나님께서 사람을 창조하실 의무가 없으셨던 것처럼 그들을 구원하셔야 할 의무도 없으신 것이다. 그는 사실 사람들이 죄에 빠지도록 허용하신다. 그러나 사람들이 자유로이 그렇게 되는 것이며, 하나님께서는 그 어떤 사람도 구원하셔야 할 의무가 없다. 그는 유기된 자들을 구원하기보다는 그 자신의 영광을 드러내는 더 큰 일에 매여 계신 것이다.

반론 5. 그러나 특정한 목적으로 예정하시는 자는 또한 그 목적에 도달하는 수단까지도 예정하신다. 이 교리에 따르면 하나님께서는 일부 사람을 정죄로 예정하신다. 그러므로 그는 그들을 죄에 빠지도록 예정하시는 것이요, 따라서 이들이 그 목적으로 이어지는 수단들까지도 예정하시는 것이다. 죄가 바로 그 목적에 도달하는 수단이라는 것은 오로지 죄책을 진 자들만이 정죄를 받는다는 사실에서 분명히 드러난다

답변. 수단에는 두 종류가 있다. 어떤 수단은 그것이 어떤 방식이든 간에 목적보다 선행하며, 또한 특정한 목적을 지향하는 자가 그것을 사용하고 또한 그것의 도움을 받아서 자신이 의도하는 그 목적에 이르며 그 목적을 이룬다. 또한 다른 수단이 있는데, 이는 특정한 목적에 이르도록 기여하기는 하지만 그 목적을 의도하는 그 당사자가 행하지 않고 그저 허용하기만 하는 수단인데, 이 경우 그 당사자가 반드시 그 수단을 원하는 것은 아니다. 그러므로 주 전제에 대해서는 이렇게 답할 수 있다. 곧, 목적을 뜻하시는 자는 또한 그 목적을 이루기 위하여 그 자신이 채용하는 수단까지도 뜻하신다. 그러나 그가 모든 수단들을 다 뜻하시는 것은 아니다. 만일 그렇지 않다면 결론에 전제와는 상관없는 내용이 더 많이 들어 있는 것이 될 것이다. 하나님께서는 그가 허용하시는 일들을 뜻하시지 않는다. 그는 다만 그의 목적이 방해를 받지 않는 한 그것들이 이루어지는 것을 막지 않으실 뿐이다.

반론 6. 모든 사람을 다 부르면서 그 중에 특정한 수만 구원하기를 뜻하는 자는 결국 속이는 것이다. 이 교리에 따르면 하나님이 그렇게 하신다. 그러므로 하나님은 속이는 분이시다.

답변. 특정한 사실들에서는 아무것도 추정할 수가 없다. 여기서는 원인이 아닌 것을 원인으로 삼는 부정확한 추론이 있다. 더욱이 보편적으로 이해하면 주 전제는 그릇된 것이다. 왜냐하면 다른 원인이 있을 수도 있기 때문이다. 하나님께서 모든 사람을 부르시는 것은 속이기 위함이 아니라 모든 사람들로 하여금 핑계하지 못하도록 하기 위함인 것이다. 그러므로 주 전제는 다음과 같이 되어야 마땅하다: 모든 사람을 부르면서도 속이고자 하는 의도로 그 중에서 특정한 수만 구원하

기를 뜻하는 자는 속이는 잘못을 저지르는 것이다. 차별 없이 그들을 부르며, 또한 모든 사람들에게 복종하도록 영향을 주고자 하는 의도가 없이 그들을 부르는 자는 분명 속이는 잘못을 저지르는 것이다. 그러나 하나님께서는 절대로 이렇게 행하실 것을 약속하신 일이 없다. 그러므로 "모든 사람이 반드시 이를 행해야 하는데 내가 특정한 이들에게서 그 일을 행하도록 할 것이라"는 선언에는 아무런 모순이 없다. 조건이 동일하지 않기 때문이다.

반론 7. 사람의 구원이 하나님의 은밀하신 작정에 달려 있다면 사람은 안심할 수가 없다. 우리의 구원은 하나님의 은밀하신 작정에 달려 있다. 그러므로 우리는 안심할 수가 없다.

답변. 하나님의 뜻이 우리에게 계시되기 전에는 분명 우리가 안심할 수 없다. 그러나 하나님께서는 그의 아들과 성령을 통하여 그의 은밀하신 작정을 알려 주셨고, 그 작정에 수반되는 결과들을 통해서도 그 작정을 알려 주셨다. "우리가 믿음으로 의롭다 하심을 받았으니 우리 주 예수 그리스도로 말미암아 하나님과 화평을 누리자"(롬 5:1), "그가 또한 우리에게 인치시고 보증으로 우리 마음에 성령을 주셨느니라"(고후 1:22), "성령이 친히 우리의 영과 더불어 우리가 하나님의 자녀인 것을 증언하시나니"(롬 8:16), "우리에게 주신 성령으로 말미암아 그가 우리 안에 거하시는 줄을 우리가 아느니라"(요일 3:24). 그러므로 하나님의 은밀하신 작정이 우리에게 알려지기 전에는 우리가 안심과 위로를 얻을 수가 없는 것이 사실이다. 그러나 그것이 알려진 이후에는 사정이 다른 것이다.

반론 8. 허사가 되고 말 일은 누구도 시도해서는 안 된다. 그런데 유기된 자의 경우에는 구원받는다는 것이 불가능한 일이므로, 그들은 아무리 회개해도 소용이 없다. 그러므로 그들은 회개를 시도해서는 안 된다.

답변. 만일 사람이 자기가 유기된 자에 속해 있다는 것을 안다면, 이것이 사실일 것이다. 그러나 하나님께서는 그 어느 누구에게도 이것을 계시하시지 않으셨다. 그러므로 이 반론은 모순이다. 회개하면서도 유기된 자에 속할 수 있다고 주장하기 때문이다. 그러나 누구든지 회개하면 그는 더 이상 유기된 자가 아니다. 그러므로 이런 우스꽝스런 논리에 대해 넘어갈 이유가 없는 것이다.

2. 예정이란 무엇인가?

마치 종(種: species)이 유(類: genus)와 다르듯이, 그처럼 예정도 섭리와는 다르다. 섭리는 모든 피조물들에 관한 하나님의 도모하심이다. 그러나 예정은 천사들과 사람들의 구원에 관한 하나님의 도모하심인 것이다. 그러므로 예정이란 사람의 창조, 죄와 영원한 죽음에로의 사람의 타락의 허용, 그의 아들을 육체로 보내사 희생 제물이 되게 하심, 그리고 중보자를 통하여 성령과 말씀을 통하여 참된 믿음과 회개로 말미암아 일부를 구원하시고 그 중보자로 인하여 의롭다 하심을 받고 영광에로 부활하며 영생을 상급으로 받게 하심, 그리고 그 나머지는 죄와 사망 가운데 내버려두시고 심판에로 부활하며 영벌에 던져짐에 관한 하나님의 영원하며 지극히 의로우며 불변하는 계획과 도모하심인 것이다. 예정에 대한 이 정의는 천사들은 제외하고 사람들에 관한 내용만 제시한 것인데, 이는 여기서 우리가 논하는 것이 사람의 구원 문제이기 때문이다.

예정에는 두 부분이 있는데, 곧 **선택**(election)과 **유기**(遺棄: reprobation)가 그것이다. **선택**이란 하나님의 영원하고도 불변하는 작정인데, 하나님께서는 이를 통하여 일부의 사람으로 하여금 그리스도께 회심하게 하며, 그들을 믿음과 회개로 보존시키시며, 그리스도를 통하여 그들에게 영생을 베푸시기를 은혜로이 작정하신 것이다. **유기**란 하나님의 영원하고도 불변하는 목적인데, 하나님께서는 이를 통하여 일부의 사람을 그들의 죄 가운데 버려 두시고 그들을 무지몽매(無知蒙昧)로 벌하시고 그들을 영원토록 정죄하사 그리스도와 그의 은덕들에 참여치 못하도록 하시기로 그의 지극히 의로운 판단으로 작정하신 것이다. 선택과 유기가 모두 하나님의 작정이라는 것은 다음의 성경들이 입증해 준다: "나는 내가 택한 자들이 누구인지 앎이라"(요 13:18), "하나님이 우리를 구원하사 거룩하신 소명으로 부르심은 오직 자기의 뜻과 영원 전부터 그리스도 예수 안에서 우리에게 주신 은혜대로 하심이라"(딤후 1:9), "하나님께서 하고자 하시는 자를 긍휼히 여기시고 하고자 하시는 자를 완악하게 하시느니라"(롬 9:18).

그러므로 선택과 유기에는 목적이 있었고, 따라서 선택과 유기가 모두 하나님의 작정이며 또한 다음과 같은 이유로 영원한 것이다. 하나님께서는 새로운 것이 하나도 없고 모든 것이 영원 전부터, 혹은 창세 전부터 있기 때문이다. 그가 우리를 택하셨으니 그 나머지는 거부하신 것이 분명한데, 이는 선택이라는 단어의 의미에서 더 확증된다. 무엇을 선택하면 그 나머지 것들은 그냥 버려 두는 것이기 때문이다.

3. 예정의 원인은 무엇인가

예정의 유효적 원인은 하나님의 기뻐하시는 선한 뜻이다. "옳소이다 이렇게 된 것이 아버지의 뜻이니이다"(마 11:26). 하나님께서는 우리 속에 뭔가 선한 것이 있는 것을 보시고 그것 때문에 우리를 택하신 것이 아니다. 우리 모두가 다른 이들과 마찬가지로 진노의 자식이었다. 그러므로 우리 속에 뭔가 선한 것이 있다면, 그것은 전적으로 하나님께서 이루신 것이다. 그러나 그가 우리 속에 이루시는 일은 모두가 영원 전부터 작정하신 것이다. 그러므로 하나님의 기뻐하시는 선한 뜻이 우리의 선택의 유효적 원인인데, 이 뜻만이 지극히 자유로우며 은혜로우며, 또한 지극히 자유로이 시행되는 하나님의 자비하심인 것이다. 우리를 선택하심은 우리 속에 무슨 선한 것이 보이기 때문이 아니라 전적으로 은혜로 되는 것이다. "하나님께서 하고자 하시는 자를 긍휼히 여기시고"(롬 9:18), "너희가 나를 택한 것이 아니요 내가 너희를 택하여 세웠나니"(요 15:16), "그 자식들이 아직 나지도 아니하고 무슨 선이나 악을 행하지 아니한 때에 택하심을 따라 되는 하나님의 뜻이 행위로 말미암지 않고 오직 부르시는 이로 말미암아 서게 하려 하사 리브가에게 이르시되 큰 자가 어린 자를 섬기리라 하셨나니 … 그런즉 원하는 자로 말미암음도 아니요 달음박질하는 자로 말미암음도 아니요 오직 긍휼히 여기시는 하나님으로 말미암음이니라"(롬 9:11, 12, 16), "우리로 하여금 빛 가운데서 성도의 기업의 부분을 얻기에 합당하게 하신 아버지께 감사하게 하시기를 원하노라"(골 1:12), "누가 너를 남달리 구별하였느냐? 네가 있는 것 중에 받지 아니한 것이 무엇이냐? 네가 받았은즉 어찌하여 받지 아니한 것 같이 자랑하느냐?"(고전 4:7), "하나님이 우리를 구원하사 거룩하신 소명으로 부르심은 우리의 행위대로 하심이 아니요 오직 자기의 뜻과 영원 전부터 그리스도 예수 안에서 우리에게 주신 은혜대로 하심이라"(딤후 1:9).

마찬가지로 유기의 유효적 원인 역시 지극히 자유로운 하나님의 기뻐하시는 선한 뜻이다. 우리 모두가 본질상 진노의 자식임을 볼 때에 만일 죄가 유기의 원인이라면 우리 모두가 멸망해야 마땅할 것이기 때문이다. 그러므로 유기의 원인은 사람에게 있는 것이 아니라 하나님께 있는 것이며, 또한 하나님의 자신의 영광을 드러내고자 하는 그의 뜻이 원인인 것이다. "하나님께서 … 하고자 하시는 자를 완악하게 하시느니라"(롬 9:18), "옳소이다 이렇게 된 것이 아버지의 뜻이니이다"(마 11:26). 그러므로 이 사람은 선택되고 저 사람은 유기되는 것은 하나님의 기뻐하시는 선한 뜻 이외에 다른 이유가 없는 것이다.

그러나 정죄(定罪: damnation)의 원인은 죄인데, 이는 전적으로 사람에게 있다. 하나님께서는 유기된 자들을 정죄하심으로써 그의 공의를 선포하실 것이다. 그러므로 죄 때문이 아니면 그는 아무도 정죄하지 않으시고 아무도 유기하지 않으신다. 하나님께서는 오직 공의로운 형벌로서만 사람을 정죄하고자 뜻하시는 것이다. 죄가 왕 노릇하는 경우가 아니고서는 형벌이 일어나지 않는 법이다. 그러므로 정죄의 주요 원인과 근원인 마귀들과 사람의 자유 의지에서 찾아야 할 것이다. 그들 스스로 하나님으로부터 분리되었기 때문이다. 그러나 구원의 주요 원인은 하나님의 영원하고도 지극히 자유로운 선택에 있다. 그는 다른 사람들이 아닌 우리를 그리스도께 회심하도록 하셔야 할 아무런 이유가 우리에게 없는데도 모든 사람이 죄로 인하여 당하게 될 멸망에서 우리를 구원하신 것이다.

예정의 가장 최종적 원인은 하나님의 영광을 드러내심에 있다. 선택의 마지막 최종적 원인은 택한 자들을 그의 은혜로 구원하시는 데에서 하나님의 선하심과 자비를 드러내시는 데 있다. 그리고 그 다음 최종적 원인은 택한 자의 의롭다 하심과 그리스도로 말미암는 그들의 구원이다. 사도는 다음의 말씀에서 이 원인들 하나하나를 포괄하여 제시하고 있다: "그 기쁘신 뜻대로 우리를 예정하사 예수 그리스도로 말미암아 자기의 아들들이 되게 하셨으니 이는 그가 사랑하시는 자 안에서 우리에게 거저 주시는 바 그의 은혜의 영광을 찬송하게 하려는 것이라"(엡 1:5, 6). 또한 반대로, 유기의 가장 최종적 원인은 정의의 선언에 있다. 유기된 자들에게 있는 죄를 향한 하나님의 맹렬한 미움을 드러내는 데 있는 것이다: "만일 하나님이 그의 진노를 보이시고 그의 능력을 알게 하고자 하사 멸하기로 준비된 진노의 그릇을 오래 참으심으로 관용하 … 셨을지라도 무슨 말을 하리요?"(롬 9:22, 23).

반론 1. 하나님께서는 우리의 행위를 미리 아시며, 따라서 그것들을 보시고 우리를 친히 택하신 것이다.

답변. 하나님께서는 그가 우리 속에서 이루기로 결정하신 바 선한 것들을 미리 아신 것이지, 우리 스스로 이룰 선한 것들을 미리 아신 것이 아니다. 그렇지 않았다면, 하나님께서는 우리에게서 그 어떠한 선한 것도 미리 아실 수 없었을 것이다. 이와 마찬가지로 하나님께서 악한 행위들을 허용하기로 정하지 않으셨다면, 그 어떠한 악행도 미리 보실 수가 없었을 것이다.

반론 2. 하나님께서는 그가 그리스도 안에서 택하신 자들을 그의 안에서 보셨다. 그의 은덕들을 오직 그리스도 안에 있는 자들에게만 베푸시기 때문이다. 하나님께서는 우리를 그리스도 안에서 택하셨다. 그러므로 그는 우리를 그리스도 안에서 보셨다. 즉, 그는 우리가 그리스도를 영접하고 그를 믿으며 다른 사람보다 나아질 것을 미리 보셨고, 그리하여 우리를 택하신 것이다.

답변. 주 전제는 인정할 수 없다. 왜냐하면 거기서 제시하는 이유는 선택의 원인이 아니라 선택의 결과들의 원인이요, 또한 그리스도의 은덕들의 완성의 원인인데, 그 은덕들은 믿음으로 말미암아 그리스도와 연합된 자가 아니고서는 아무에게도 적용되지 않는 것이다: "가지가 포도나무에 붙어 있지 아니하면 스스로 열매를 맺을 수 없음 같이 너희도 내 안에 있지 아니하면 그러하리라"(요 15:4). 그러나 그것을 우리의 구원의 일차적 원인인 선택에 적용시키면 그릇된 것이다. 이는 위의 반론이 지칭하는 바 사도의 선언(엡 1:4)에서 분명히 드러난다. 하나님이 우리를 창세 전에 택하셨는데, 이는 우리가 흠이 없고 거룩했기 때문이 아니었고, 오히려 우리가 흠이 없고 거룩하며 그리하여 다른 이들보다 낫게 되도록 하기 위함이었으며, 또한 우리가 이미 그리스도 안에 있었기 때문에 우리를 택하신 것이 아니고, 오히려 그가 우리를 그리스도께 접붙이시고 우리를 그의 양자로 삼아 그의 자녀들이 되게 하시기 위함이었다. 그러므로 하나님께서 미리 아신 우리의 믿음 혹은 거룩함은 그리스도 안에서 이루어진 우리의 선택의 원인이 아니라 결과인 것이다. 우리가 이미 자녀가 되어 있는 상태에서 우리를 택하신 것이 아니고, 우리를 양자로 삼아 자녀가 되게 하시기 위하여 택하신 것이다.

아우구스티누스는 다음과 같이 말하고 있다: "그가 우리를 택하신 것은 그때에 우리가 거룩한 상태에 있었다는 이유 때문도 아니고, 우리가 거룩해질 것이었기 때문도 아니다. 오히려 은혜의 날에 우리가 선행을 통하여 거룩해지도록 하시고자 하는 목적을 위하여 우리를 택하신 것이다." 그러므로 그가 우리를 택하신 것은 우리가 거룩하기 때문이 아니었고, 오히려 우리로 하여금 거룩하게 되도록 하기 위하여 우리를 택하신 것이다. 펠라기우스주의자들은 이 진리를 왜곡시키고서 말한다: 하나님께서는 누가 과연 자유의지의 선택으로 거룩하며 흠 없을지를 미리 아셨고, 그렇기 때문에 그의 예지(豫知: foreknowledge)로 그렇게 될 자들을 택하셨다. 그러나 사도는 앞에서 이미 인용한 본문에서 이런 입장을 반박하고 있다. 그는 하나님께서 우리를 택하신 것이 "그 앞에 거룩하고 흠이 없게 하시기" 위함이었음을 말씀하는 것이다(엡 1:4).

　　반론 3. 그러나 우리의 선택의 원인은 믿음으로 말미암아 우리에게 적용된 그리스도의 공로다. 그러므로 하나님의 기뻐하시는 선한 뜻이 그 원인이 아니다.

　　답변. 그리스도의 공로는 선택의 원인에 속하는 것이 아니고 선택의 결과에 속하며, 우리의 구원의 원인에 속하는 것이다. 하나님께서는 우리를 그리스도 안에서, 즉 머리 안에서 택하셨다. 그러므로 베드로의 증언처럼(벧전 1:20) 하나님은 먼저 머리를 택하사 그리스도를 중보자의 직분에 세우셨고, 그 다음 우리를 그 머리의 지체들로서 택하신 것이다. "하나님이 세상을 이처럼 사랑하사 독생자를 주셨으니 이는 그를 믿는 자마다 멸망하지 않고 영생을 얻게 하려 하심이라"(요 3:16). 그러므로 하나님의 사랑이 ― 이는 그의 값없는 선택이다 ― 그가 그의 아들을 보내신 원인이지, 그의 아들을 보내신 것이 그의 사랑의 원인이 아닌 것이다.

　　반론 4. 악행들이 유기의 원인이다. 그러므로 선행들은 선택의 원인이다.

　　답변. 주 전제를 인정할 수 없다. 악행은 유기의 원인이 아니라 정죄의 원인이며, 정죄는 유기에 뒤따르는 것이기 때문이다. 만일 죄가 유기의 원인이라면 우리 모두가 유기된 자들이어야 마땅할 것이다. 우리 모두가 동등하게 진노의 자식들이기 때문이다. "그 자식들이 아직 나지도 아니하고 무슨 선이나 악을 행하지 아니한 때에 택하심을 따라 되는 하나님의 뜻이 행위로 말미암지 않고 오직 부르시는 이로 말미암아 서게 하려 하사 리브가에게 이르시되 큰 자가 어린 자를 섬기리라 하셨나니"(롬 9:11,12). 아우구스티누스는 "선행이 의롭다 하심보다 앞서는 것이 아니라 그 뒤에 이어지는 것이다"라고 말하였다. 그러므로 선행은 의롭다 하심의 원인이 아니며, 우리의 선택의 원인은 더더욱 아닌 것이다. 선행은 오직 하나님의 은혜에서 비롯되며 그 은혜 속에서만 영구한 덕을 지니는 것이다.

4. 예정의 결과는 무엇인가?

선택의 결과는 우리의 구원의 모든 일들을 다 포괄하며, 또한 우리의 구속의 단계들은 다음과 같은 구체적인 내용들을 포괄한다고 말할 수 있을 것이다: 1. 교회가 세워지고 모이는 것. 2. 중보자 그리스도와 그의 희생의 은사와 사역. 3. 말씀과 하나님의 영으로 말미암아 택한 자들을 그리스도께로 유효적으로 부르심과 그들의 회심. 4. 믿음, 의롭다 하심, 중생. 5. 선행. 6. 최종적 견인. 7. 영광에의 부활. 8. 영화(榮化)와 영생.

유기의 결과들은 다음의 내용들을 포괄한다: 1. 유기된 자들의 창조. 2. 하나님의 은혜의 결핍. 3. 무지몽매와 완고함. 4. 죄 안에서의 견인. 5. 심판에의 부활. 6. 영벌에 버려짐.

반론 1. 원인이 다르면 결과도 다르다. 선택의 결과는 선행이다. 그러므로 유기의 결과는 악행이다.

답변. 특정한 사안에서는 아무것도 결정지을 수가 없다. 더욱이 주 전제는 자발적인 원인에 대해서는 항상 참이라 할 수 없다. 자발적인 원인들은 달리 작용할 수도 있고 그러면서도 상반되는 결과를 산출하지 않을 수도 있는데, 이 경우가 그에 속한다. 하나님께서는 택한 자들에게서 선행이 나타나도록 작정하셨고, 유기된 자들에게서 악한 결과가 나타나도록 작정하셨기 때문이다. 그러므로 마귀와 악인들이 악행의 정당한 원인은 아닌 것이다.

반론 2. 무지몽매는 유기의 결과다. 그러나 무지몽매는 죄다. 그러므로 죄는 유기의 결과다.

답변. 무지몽매는 그런 상태에 스스로 빠지는 사람에 대해서나 혹은 그것을 받아들이는 한에 있어서는 죄다. 그러나 악인이 진리를 거부할 때에 하나님께서 그것을 그들에게 가하시는 면에서 보면 그것은 정의로운 심판이며, 거기서부터 누군가를 구해내신다면 그것은 오직 그의 긍휼하심으로만 되는 것이다.

5. 예정은 불변한가?

예정은 확정된 것이요 따라서 불변하다. 이는 하나님이 불변하시며 또한 그의 작정은 세상에서 일어나는 온갖 변화에 의존하지 않고 불변하다는 일반적인 추론에서 분명히 드러난다. 그러므로 택한 자들의 구원에 관하여 영원 전에 하나님이 정하신 것은 불변하도록 작정된 것이다. 그러므로 선택과 유기 모두 확정된 것이요 불변한 것이다. 하나님께서는 친히 구원하시기로 영원 전부터 뜻하시고 정하신 자들을 지금은 물론 영원토록 구원하기를 바라시고 목적하신다. 유기에 대해서도 똑같이 말할 수 있다. 유기 역시 마찬가지로 불변하기 때문이다. 성경의 여러 선언들이 이를 입증해 준다: "나의 뜻이 설 것이니"(사 46:10), "나 여호와는 변하지 아니하나니"(말 3:6), "나를 보내신 이의 뜻은 내게 주신 자 중에 내가 하나도 잃어버리지 아니하고 마지막 날에 다시 살리는 이것이니라"(요 6:39), "너희가 내 양이 아니므로 믿지 아니하는도다"(요 10:26), "그들을 내 손에서 빼앗을 자가 없느니라"(요 10:28), "하나님의 견고한 터는 섰으니 인침이 있어 일렀으되 주께서 자기 백성을 아신다 하며"(딤후 2:19). 택한 자들의 구원에 관한 하나님의 작정이 앞에서 마지막으로 인용한 본문에서 바울이 말씀하는 바 "터"라는 사실은 그 작정이 우리의 구원과 또한 구원에 기여하는 모든 수단의 기원이요 터라는 사실에서 충분히 추리할 수 있다. 그리고 그 작정이 터와 같이 견고하고 확실하며 따라서 결코 무너지지 않기 때문이기도 하다. 우리가 확실한 위로를 갖고 또한 영생을 비롯한 신앙의 모든 조목들을 믿기 위해서는 이에 대한 지식을 갖는 것이 필수적이다. 이는 성경에서 자주 반복되어 나타나는 교훈이요 따라서 깊이 생각해야 마땅하다. 미래의 은혜에 대한 견고한 확신이 없는 자는 현재의 은혜에 대해서도 확신이 있을 수 없다. 하나님은 불변하시기 때문이다.

6. 우리는 하나님의 예정을 어느 정도나 알 수 있으며, 또한 우리가 예정에 대해 분명히 알 수 있으며 또한 분명히 알아야 하는가?

선택과 유기는 일반적으로는 분명히 알 수 있다. 택함받은 자들이 있고 유기된 자들이 있기 때문이다. 그러나 구체적으로는, 즉 이 사람이 혹은 저 사람이 택함받았는지 받지 않았는지는 알 수가 없다. 그러나 우리 자신의 선택에 대해서는, 우리가 알 수 있을 뿐 아니라 확실히 알아야 마땅하다. 이에 대한 지식은 후천적으로(*a posteriori*) 얻어진다. 즉, 하나님께로 향하는 우리의 회심, 혹은 참된 믿음과 회개 등 영생에로의 선택의 결과들에 근거해서 얻어지는 것이다. 우리가 분명 하나님의 택한 자들임을 알고 믿을 수 있으려면, 반드시 그리스도를 믿어야 하고 또한 영생을 믿어야 한다. 그러나 참된 믿음과 회개가 없이는 그렇게 할 수가 없다. 각자에게 이 믿음과 회개가 있어야 하는 것처럼, 각자가 자신이 택함받은 자의 수에 들어간다는 것을 분명히 믿어야 한다. 그렇지 않으면 하나님을 거짓말하는 자로 만드는 것이 된다. "우리가 … 하나님의 영광을 바라고 즐거워하느니라"(롬 5:2). 그리스도는 우리를 영원토록 보존하실 것을 우리를 위하여 간구하시며, 그의 이러한 간구는 반드시 그대로 이루어지는 것이다.

영생을 믿사옵나이다 라고 고백하는데, 이 영생은 영적일 뿐 아니라 영원한 생명인데, 이는 이 세상에서 시작되며 금생을 떠날 때에 계속 지니고 가는 것이다. 각 사람은 자신의 믿음과 회심에 근거하여 자기 자신의 선택을 알 뿐 아니라, 다른 이들도 선택받았다는 것을 일반적으로 알 수도 있다. 그리고 일반적으로 우리는 우리 자신 외에 다른 이들도 택함받았다는 것을 소망해야 할 뿐 아니라 굳게 믿어야 한다. 항상 존재해왔고 지금도 존재하는 교회에 관한 조목을 반드시 믿어야 하기 때문이다. 누구도 교회와 분리시켜서 생각해서는 안 되며, 또한 엘리야처럼 "오직 나만 남았거늘"(왕상 19:14)이라고 말해서도 안 된다. 그러나 각 개개인에 대해서 분별하는 일은 우리에게 속한 것이 아니다. 그러나 다른 이들의 선택에 대해서, 심지어 어느 개인의 경우에 대해서도 소망을 갖는 것은 합당한 일이다. 요컨대, 일반적인 선택의 사실은 우리가 알아야 하지만, 우리 자신의 경우와 다른 사람들의 경우에는 구체적으로 양상이 다른 것이다.

유기에 대해서는 생명이 다하기 전에는 어느 누구도 자기 자신에 대해서나 다른 이에 대해서 무엇을 확실하게 결정해서는 안 된다. 왜냐하면 아직 회심하지 않은 사람이 죽기 전에 회심할 수도 있기 때문이다. 그러므로 다른 이들에 대해서 그들이 유기된 자들이라고 결정해서는 안 되며 최상의 결과가 있기를 소망해야 마땅할 것이다. 그러나 자기 자신에 대해서는 각자가 택한 자들에 속한다는 것을 확실히 믿어야 한다. 회개하고 복음을 믿으라는 모든 사람을 향한 보편적인 명령을 우리가 받고 있기 때문이다.

7. 과연 택한 자들은 항상 교회의 일원이며, 또한 유기된 자들은 절대로 교회의 일원이 아닌가?

택함받은 자들이 언제나 교회의 일원인 것은 아니고, 다만 그들이 회심하고 성령으로 말미암아 중생할 때에 교회의 일원이 된다. "누구든지 그리스도의 영이 없으면 그리스도의 사람이 아니라"(롬 8:9). 교회도 마찬가지로 거룩하다 일컬음을 받는다. 그러나 택한 자들이라 할지라도 하나님께 회심하기 전에는 거룩하지 못하다. 바울이 다음과 같이 분명하게 선언하기 때문이다: "너희 중에 이와 같은 자들이 있더니 주 예수 그리스도의 이름과 우리 하나님의 성령 안에서 씻음과 거룩함과 의롭다 하심을 받았느니라"(고전 6:11), "그가 우리를 흑암의 권세에서 건져내사 그의 사랑의 아들의 나라로 옮기셨으니"(골 1:13). 어떤 이들은 교회에서 나서 그 속에서 살고 죽으며, 어떤 이들은 교회에서 나지 않았으나 혹은 일찍, 혹은 늦게 부르심을 받아 가시적 교회와 불가시적 교회의 일원이 된다. 십자가상의 강도가 그와 같다. "이 우리에 들지 아니한 다른 양들이 내게 있어 내가 인도하여야 할 터이니"(요 10:16), "이 성중에 내 백성이 많음이라"(행 18:10). 마찬가지로 유기된 자들도 항상 교회에서 떠나 있는 것은 아니다. 개중에는 교회에서 나기도 하고 가시적 교회의 일원이 되기도 하나 후에 거기서 떠나가는 것이다. "그들이 나간 것은 다 우리에게 속하지 아니함을 나타내려 함이라"(요일 2:19), "내가 떠난 후에 사나운 이리가 여러분에게 들어와서 그 양 떼를 아끼지 아니하며(행 20:29).

반론 1. 믿는 자들은 언제나 교회의 일원이다. 그런데 택함받은 자들은 모두 믿는다. 구원받은 자, 택함받은 자, 믿는 자가 서로 동일한 의미를 지닌 단어들이기 때문이다. 그러므로 택함받은 자들은 언제나 교회의 일원이다.

답변. 여기에 열거된 단어들은 물론 함께 혼용되는 단어들이지만, 그럼에도 불구하고 특정한 한계를 지닌 상태로 사용된다. 모든 믿는 자들과 구원받을 자들은 택함받은 자들이며 언제나 반드시 그러하다. 그리고 모든 택함받은 자들은 믿는 자들이며 구원받을 자들이지만 언제나 그런 것은 아니다. 어느 시점에서는 그들에 대해서 그들이 구원받아야 한다고 말할 수 있고, 또 어느 시점에서는 그들이 믿는다고 말할 수 있으며, 또 어느 시점에서는 그들이 구원받았다고 말할 수 있기 때문이다. 이런 관계 속에서 이 단어들은 서로 혼용이 가능하다. 모든 택한 자들은 믿거나 생명이 다하기 전에 믿을 것이기 때문이다. 지금은 은혜의 때요, 후에 심판의 때가 올 것이다.

반론 2. 그럼에도 불구하고 그리스도께서는 이방인들 중에서 아직 회심하지 않은 자들을 그의 양들이라 부르셨다. 그는 "이 우리에 들지 아니한 다른 양들이 내게 있다"고 하셨는데, 이는 그들이 유대인들 가운데서 모아질 교회의 일부에 속하지 않는다는 뜻이다. 그러므로 그 다른 양들은 전체의 양 떼에는 속하는 자들일 것이다.

답변. 하나님의 역사하심과 보살피심에 관해서는 그들은 그때에도 양들이었으나, 그의 작정의 성취에 관해서는 아직 양들이 아니었다. 요컨대, 택함받은 자들이 항상 교회의 일원인 것은 아니지만, 죽기 전에는 반드시 그들이 교회에로 들어오게 되어 있다는 것이다. 그렇기 때문에 우리는 모든 택한 자들이 반드시 금생에서 영생을 시작한다고 말하는 것이다. 유기된 자들도 한동안 가시적 교회의 일원들일 수 있고, 언제나 교회와 단절되어 있는 것은 아니다. 그러나 그들은 절대로 진정으로 교회에 속하지 않으며, 불가시적 교회의 일원이 아니다. 불가시적 교회는 성도들로 구성되어 있는데, 이는 그들과는 항상 거리가 멀기 때문이다.

8. 택한 자들이 교회로부터 타락할 수 있으며,
또한 유기된 자들이 항상 교회 속에 남아 있을 수도 있는가?

이 질문은 선택의 불변함과 성도의 견인에 대해서 논한 내용에서 이미 어느 정도는 답변된 것이다. 택함받은 자들이 성도의 교회에 일단 진정으로 속한 후에는 일시적으로 타락할 수는 있어도 완전히 최종적으로 교회에서 떠나는 일은 절대로 없다. 완전히 떠나는 일이 없는 것은 그들이 하나님과 교회의 원수가 될 정도로 그렇게 타락하는 일은 절대로 없기 때문이며, 최종적으로 떠나는 일이 없는 것은 그들이 배도의 상태 속에 계속 있지 않고 결국에는 반드시 회개하고 하나님께로 돌아오기 때문이다. "상한 갈대를 꺾지 아니하며 꺼져가는 등불을 끄지 아니하고 진실로 정의를 시행할 것이며"(사 42:3), "그들을 내 손에서 빼앗을 자가 없느니라"(요 10:28). 그러나 모든 유기된 자들과 외식자들은 결국 교회에서 떠나가며, 갖가지 은사들을 받고서도 그들이 갖고 있던 것 같은 것들까지도 다 잃어버리고 만다. "그들이 우리에게서 나갔으나 우리에게 속하지 아니하였나니 만일 우리에게 속하였더라면 우리와 함께 거하였으려니와"(요일 2:19).

반론. 다윗이나 베드로 등과 같이 성도들도 죄 가운데 타락하기도 한다.

답변. 그들이 타락하기도 하지만 전적으로 타락하거나 최종적으로 타락하지는 않는다. 베드로도 타락했으나 전적으로나 최종적으로 타락한 것이 아니다. 비록 위험에 처할까 두려워하여 그리스도를 부인하기는 했으나 그의 마음속에 그리스도를 향한 사랑이 남아 있었기 때문이다. 그는 후에 자신의 타락을 시인했고, 그것을 생각하고 슬피 울었다. 아우구스티누스는 "베드로가 입으로 고백하기를 중단했을 때에도 그의 믿음은 그의 마음속에서 무너지지 않았다"고 말한다. 다윗도 완전히 타락하지는 않았다. 선지자를 통하여 하나님께 책망을 받고서 진심으로 회개하였고, 그의 믿음이 일시적으로 잠자기는 했으나 완전히 상실된 것은 아니라는 증거를 드러내 보였다. 그리하여 그는 기도하기를, "주의 성령을 내게서 거두지 마소서"라고 하였다(시 51:11). 그러므로 성도는 절대로 완전히 타락하는 법이 없다. 그러나 외식자들과 유기된 자들은 결국 완전히 최종적으로 타락하며, 그 후에는 절대로 돌아와 회개하지 않는다. 하나님의 사랑이 그들 속에 전혀 없기 때문에 그들은 절대로 택한 자들의 수에 속하지 않았던 것이다. 그러므로 그들이 결국 교회로부터 완전히 타락한다 해도 놀랄 것이 하나도 없는 것이다.

9. 이 교리의 용도는 무엇인가?

이 교리의 용도는 첫째로 우리의 구원의 영광을 모두 하나님께 돌리는 데 있다. "네게 있는 것 중에 받지 아니한 것이 무엇이냐?"(고전 4:7). 그리고 둘째로, 우리가 확실하고도 분명한 위로를 얻는 데 있다. 여기서 가르치는 내용에 대해 의심이 없다면 이 위로가 끊이지 않을 것이다. 그리고 특히 택한 자들의 구원에 관한 하나님의 작정이 전적으로 불변하다는 것과, 또한 우리 각자가 택한 자에 속하며 불가시적 교회의 살아 있는 일원이라는 것과, 또한 우리 각자가 성도의 교제에서 절대로 떠나지 않을 것을 우리들 각자가 든든히 확신한다면, 반드시 위로를 얻게 될 것이다.

성도의 교제

55문　　"성도의 교제"를 그대는 어떻게 이해합니까?

답　　첫째로, 모든 신자들 개개인이 그리스도의 지체들로서 그리스도와 그의 모든 보화와 은사들에 참여하는 자들이라는 것입니다. 둘째로, 각 신자는 다른 지체들의 유익과 구원을 위하여 자신의 은사들을 기꺼이 기쁨으로 사용할 의무가 있습니다.

[해 설]

여기서 살펴보아야 할 조목은 성령으로 말미암아 교회에 베풀어졌고 또한 앞으로도 베풀어질 그리스도의 은덕을 다룬다. "교제"라는 용어는 어떤 동일한 것이나 소유를 공통으로 지닌 둘 이상의 사람들 사이의 관계를 나타내는 것이다. 이 교제의 기초 혹은 근거는 바로 그 공통이 되는 그것이다. 이 용어 자체가 한 가지나 혹은 여러 가지를 공통으로 지닌 여러 사람들을 상정하는 것이다. 그러므로 **성도의 교제**란 복음의 모든 약속들에 동등하게 참여하는 것, 혹은 그리스도와 그의 모든 은덕들과 또한 교회의 구원을 위하여 각 지체들에게 주어지는 은사들을 공통으로 소유하는 것이다. 그러므로 **성도의 교제**란 다음과 같은 의미를 지닌다:

1. **모든 성도들이 그리스도와 연합됨.** 몸의 지체들이 머리와 연합하듯이 성도들이 그리스도와 연합되어 있음을 의미한다. 그러한 연합은 성령으로 말미암아 이

루어지는데, 머릿속에 거하시는 성령께서 지체들 속에도 거하셔서 그들을 그 영광된 머리와 일치하도록 하시며, 그러면서도 그 머리와 지체들 사이의 적절한 차이를 보존하시는 것이다. 아니면, 이는 교회가 그리스도와 연합하는 것이며, 교회원들끼리 연합하는 것인데, 이는 그리스도와의 연합이 그의 신성과 인성 모두에게로 확대되는 것이다. 그리스도의 위격과의 교제는 그의 은덕들 가운데서 누리는 교제의 기초이기 때문이다: "나는 포도나무요 너희는 가지라 그가 내 안에, 내가 그 안에 거하면 사람이 열매를 많이 맺나니 나를 떠나서는 너희가 아무것도 할 수 없음이라"(요 15:5), "우리가 … 다 한 성령으로 세례를 받아 한 몸이 되었고"(고전 12:13), "누구든지 그리스도의 영이 없으면 그리스도의 사람이 아니라"(롬 8:9), "주와 합하는 자는 한 영이니라"(고전 6:17), "그의 성령을 우리에게 주시므로 우리가 그 안에 거하고 그가 우리 안에 거하시는 줄을 아느니라"(요일 4:13).

　2. **그리스도의 모든 은덕들에 참여함.** 동일한 화목, 구속, 칭의, 성화, 생명과 구원이 그리스도로 말미암아 모든 성도들에게 속한다. 성도들은 그들의 구원에 필요한 그 모든 은덕들을 공통으로 누리는 것이다. "몸이 하나요 성령도 한 분이시니 이와 같이 너희가 부르심의 한 소망 안에서 부르심을 받았느니라"(엡 4:4).

　3. **특별한 은사들의 분배.** 온 몸의 구원을 위하여, 성도들을 모으기 위하여, 사역의 일을 위하여, 또한 교회를 강건케 하기 위하여, 교회의 몇몇 지체들에게 주어지는 특정한 은사들은 또한 온 교회에게 공통이다. 그러나 동시에 그 은사들은 어떤 지체들은 특정한 은사들에 뛰어나고 다른 지체들은 다른 면에서 뛰어나도록 그런 식으로 모든 지체들에게 베풀어진다. 성령의 은사들이 다르며, 또한 "우리 각 사람에게 그리스도의 선물의 분량대로 은혜를 주셨"(엡 4:7)기 때문이다.

　4. **모든 지체들의 의무.** 모든 교회원들은 각자 자기들에게 베풀어진 모든 은사들을 그들의 머리이신 그리스도의 영광을 위하여, 온 몸의 구원을 위하여, 또한 각 지체들의 유익을 위하여 사용해야 한다.

　지금까지 논의한 내용을 볼 때에, 성도의 교제가 그리스도의 몸이 우리 몸 속에와 우리 몸과 더불어 존재한다는 데 있다고 보는 자들의 설명이 얼마나 헛된 것인가를 곧바로 볼 수 있을 것이다. 이런 견해는 자주 제기되는 바 머리와 지체의 비교를 통해서도 바로 반박된다. 머리와 지체는 가장 밀접한 방식으로 연합되어 있으면서도 서로 뒤섞이거나 혼동이 없이 존재하는 것이다. 이로써 우리는 성례에서 누리는 교제에 대해서도 쉽게 판단할 수 있다. 성례가 인치는 것은 다른 것이 아니라 오직 말씀이 약속하는 것뿐이다. 이 교제가 영원토록 계속되는 것이 필수적이라는 사실을 통해서도 동일한 오류를 반박할 수 있다. 그리스도께서 자기 자신을 우리에게 전해 주셔서 그가 우리 속에 거하시고 남아 계시는 것이 바로 이 목적을 위한 것이다. 그러므로 그리스도의 교제는 그의 우리 속에 거하심과 같은데, 그의 우리 속에 거하심은 영적인 성격을 띠며 영원토록 지속된다. 그러므로 그의 교제도 영속적이다. 이 논지는 결정적이며, 어떤 이들은 이를 뒤집어엎기 위하여 편재성(遍在性: ubiquity)라는 개념을 갖게 되었다. [그리스도와의] 다른 육체적인 교제를 주장하기 위해서는 그리스도께서 성도들 속에 계속해서 육체로 거하신다는 것을 주장하지 않을 수 없기 때문이다.

신자들을 가리켜 다음 세 가지 점에서 **성도**라 부른다: 1. 그리스도의 의가 전가되었다는 점에서. 2. 그들 속에서 율법에의 순종이 시작된다는 점에서. 3. 인류의 나머지와 구별되며, 하나님을 진정으로 알고 그를 경배하고자 하는 목적으로 하나님께 부르심을 받아, 나머지 사람들로부터 분리된다는 점에서.

이리하여 이제는 **성도의 교제를 믿사오며**라고 말할 때에 그 의미가 무엇인지를 이해할 수 있을 것이다. 그것은 곧, 모든 성도들이(내가 이 부류에 속해 있다고 확신하는데) 성령으로 말미암아 그들의 머리이신 그리스도와 연합하였고, 그 머리로부터 그들에게 은사들이 베풀어지는데, 그 은사들에는 구원을 얻는 데 필요한 모든 필수적인 동일한 은사들은 물론, 각 사람에게 다양하게 베풀어지며 또한 교회를 강건케 하는 데에 필수적인 은사들도 포함된다는 것이다.

죄 사함

56문 "죄 사함"에 대해서 그대는 무엇을 믿습니까?

답 하나님께서 그리스도의 보상을 받으시고, 내가 평생토록 싸워야 할 나의 죄들과 나의 죄악된 본성을 더 이상 기억하지 않으시며, 오히려 은혜로 내게 그리스도의 의를 베풀어 주셔서 내가 다시는 결코 정죄에 이르지 않는다는 것입니다.

[해 설]

죄 사함에 대해서는 다음과 같은 내용을 살펴보아야 한다:

1. 죄 사함이란 무엇인가?

2. 죄 사함은 누가 베푸시는가?

3. 죄 사함을 베푸는 근거는 무엇인가?

4. 죄 사함은 과연 하나님의 공의와 조화되는가?

5. 죄 사함이 공로에 의한 것인가?

6. 죄 사람은 누구에게 베풀어지는가?

7. 죄 사함은 어떻게 언제 베풀어지는가?

1. 죄 사함이란 무엇인가?

죄 사함은 믿는 자들의 죄를 그리스도의 보상으로 인하여 형벌하지 않으시는 하나님의 목적에 있다. 혹은, 죄 사함은 받아 마땅한 형벌의 사면이요 또한 그리스도의 의를 베푸심과 전가(轉嫁)하심이다. 이를 좀 더 충실히 정의하면 다음과 같다: 죄 사함이란, 우리의 중보자이신 예수 그리스도의 공로와 간구를 생각하사 택함받은 믿는 자에게 그 어떠한 죄도 전가시키지 않으시고, 죄책과 죄의 형벌을 면하게 하시고, 마치 그들이 죄를 범하지 않은 것처럼 그들을 사랑하시며, 죄의 모든 형벌에서 그들을 구하시고, 그들에게 값없이 영생을 베푸시는 하나님의 뜻이다. 그러나 하나님께서 아들의 공로를 보시고 우리 죄를 사면하시지만, 금생에서 여전히 우리에게 어려움을 가하신다. 그러나 이것은 우리를 벌하시기 위해서가 아니고 아버지로서 우리를 징계하시기 위함이다.

하나님께서 우리 죄를 벌하지 않으신다고 해서 우리가 그를 불쾌하시게 하는 것이 아니라고 생각해서는 안 된다. 그가 택한 자들의 죄에 대해 그 아들에게 벌을 내리셨으므로 그들의 죄에 대해 그들을 벌하시지는 않지만, 아무리 거룩한 사람이 범하는 죄라도 하나님께는 지극히 거스르는 것이기 때문이다. 하나님께서 죄를 용서하시지만, 그것은 그가 그 죄들을 죄로 간주하지 않으신다거나 죄를 불쾌하게 여기지 않으신다는 것이 아니다. 그가 죄를 사하시는 것은 그 죄들을 우리에게 전가시키셔서 우리에게 형벌을 가하시지 않기 때문이요, 또한 그가 다른 분이 행하신 보상으로 말미암아 우리를 의로운 자로 인정하시며 우리는 믿음으로 이를 누리기 때문인 것이다. 그러므로 죄 사함을 얻는다는 것은 의로움을 얻는다는 것과 동일한 것이다.

반론. 율법은 우리에게 죄를 피하는 것은 물론 선을 행하는 것도 요구한다. 그러므로 우리가 의롭기 위해서는, 죄를 사함 받는 것만으로는 안 되고 율법을 완전하게 순종해야 하는 것이다.

답변. 선을 행하지 않는 것도 죄다. 선을 행할 수 있는데도 행하지 않는 자는 죄인이요 저주받은 자이기 때문이다(약 4:17). 그런데 이와 같은 죄 사함이 우리에게 베풀어지는 것은 그리스도께서 우리의 모든 죄에 대해 충족히 보상하셨기 때문이다. 그러므로 우리는 그리스도 안에서 우리의 모든 죄에 대해 사면받았으므로, 오직 그리스도의 공로로 말미암아 하나님 앞에서 의로운 자로 인정받는 것이다.

2. 죄 사함은 누가 베푸시는가?

죄 사함은 오직 하나님께서 베푸신다. 선지자의 말씀처럼 하나님은 "네 허물을 도말하는 자" 이시다(사 43:25). 죄 사함은 성부, 성자, 성령께서 행하신다. 삼위 하나님의 이름으로 우리가 세례를 받기 때문이다. 우리가 죄 사함을 위한 세례를 받는다는 것은 요한의 세례에서 분명히 드러난다. 그리고 성경은 그리스도께 죄 사하는 권세가 있다는 것을 분명히 제시하고 있다(마 9:6). 또한 성령에 대해서도, 그가 죄로 인하여 불쾌해하시고 근심하신다는 것을 말씀한다. 그러므로 그는 죄를 사하는 권세를 지니셨다. 죄로 인하여 불쾌함을 받는 자 외에는 죄를 용서할 수가 없기 때문이다. 그리스도께서도 성령을 훼방하는 죄에 대해서 분명하게 말씀하신다. 성부, 성자, 성령 외에 아무도 죄를 사할 수 없는 이유는, 죄로 인하여 불쾌함을 당한 당사자 외에는 누구도 죄를 사할 수 없다는 사실에서 드러난다. 성부, 성자, 성령 하나님 외에는 아무도 죄로 인하여 불쾌함을 받지 않는다. 그러므로 삼위 하나님 외에는 아무도 죄를 사할 수 없으며, 결국 오직 하나님께만 속한 권세를 피조물이 행사할 수가 없는 것이다. 그리하여 다윗은, "내가 주께만 범죄하여 주의 목전에 악을 행하였사오니"(시 51:4)라고 말씀한 것이다.

반론. 그러나 사도들과 교회도 죄를 사한다. 다음과 같은 성경의 선언이 있기 때문이다: "무엇이든지 너희가 땅에서 매면 하늘에서도 매일 것이요 무엇이든지 땅에서 풀면 하늘에서도 풀리리라"(마 18:18), "너희가 누구의 죄든지 사하면 사하여질 것이요 누구의 죄든지 그대로 두면 그대로 있으리라"(요 20:23). 그러므로 오직 하나님 외에는 죄를 사하실 수 없다는 진술은 참이 아니다.

답변. 사도들이 죄를 사했다는 것은 그들이 하나님의 죄 사함을 선언했다는 뜻이다. 마찬가지로 교회도 하나님의 명령에 따라서 회개하는 자에게 죄 사함을 선언하며, 그런 의미에서 죄를 사하는 것이다. 또한 이와 비슷하게 이웃이 사사로운 과실을 용서할 때에, 다른 사람의 죄를 사하는 것이다. 그러나 오직 하나님만이 그 자신의 권세로 우리를 죄책에서 해방시키시며, 오직 그만이 그의 아들의 피로 말미암아 우리를 모든 허물에서 깨끗하게 하시며, 부작위(不作爲)의 죄든 무지에서 비롯된 죄든 간에 모든 죄들을 — 원죄(原罪)와 자범죄(自犯罪)를 모두 포함하여 — 사하시는 것이다. "그가 네 모든 죄악을 사하시며"(시 103:3), "그리스도 예수 안에 있는 자에게는 결코 정죄함이 없나니"(롬 8:1).

3. 죄 사함을 베푸는 근거는 무엇인가?

하나님께서는 그의 순전한 긍휼과 우리를 향하신 자유로운 사랑에서 우리 죄를 사하시며, 믿음으로 말미암아 우리에게 적용되는 바 그리스도의 간구와 보상에 근거하여 죄를 사하신다. 간구하심은 보상이 없이는 행해질 수 없었다. 보상이 없이 간구하셨다면 그것은 하나님께 그의 공의를 다소 양보하시기를 요구하는 것이 되었을 것이기 때문이다. "그리스도께서도 단번에 죄를 위하여 죽으사 의인으로서 불의한 자를 대신하셨으니 이는 우리를 하나님 앞으로 인도하려 하심이라"(벧전 3:18), "그 아들 예수의 피가 우리를 모든 죄에서 깨끗하게 하실 것이요"(요일 1:7), "아버지께서는 모든 충만으로 예수 안에 거하게 하시고 그의 십자가의 피로 화평을 이루사 만물 곧 땅에 있는 것들이나 하늘에 있는 것들이 그로 말미암아 자기와 화목하게 되기를 기뻐하심이라"(골 1:19, 20), "너희가 이른 곳은 … 새 언약의 중보자이신 예수와 및 아벨의 피보다 더 나은 것을 말하는 뿌린 피니라"(히 12:22, 24), "우리는 그리스도 안에서 그의 은혜의 풍성함을 따라 그의 피로 말미암아 속량 곧 죄 사함을 받았느니라"(엡 1:7).

4. 죄 사함은 과연 하나님의 공의와 조화되는가?

지극히 의로운 재판장이신 하나님으로서는 죄가 그냥 묵인되는 것을 허용하실 수가 없다. 그러므로 그는 뭔가 충족한 보상이 이루어지지 않고서는 죄를 사하실 수가 없는 것이다. 그러므로 하나님은 그저 아량만으로는 죄를 사하실 수가 없다. 그렇게 되면 죄를 벌하지 않고 그냥 지나가게 하는 것이 되어 그의 공의에 저촉되기 때문이다. 그러나 그는 그리스도로 하여금 그 죄에 대해 지극히 충족한 형벌을 받게 하셨다. 그리고는 우리를 의롭다고 선언하시며, 그리스도의 완전한 보상을 보시고서 우리를 형벌 받지 않을 자들로 간주하시는데, 이는 그의 공의와 성실하심과 모순을 일으키지 않는 것이다.

반론 1. 하나님의 공의는 죄를 범하는 그 당사자가 벌받을 것을 요구한다. 그러므로 그 죄인이 충족한 형벌을 받지 않은 상태에서 그에게 베풀어지는 죄 사함은 하나님의 공의와 모순을 일으킨다.

답변. 만일 하나님께서 죄를 범한 당사자에게나 혹은 그를 대신하여 형벌을 당할 다른 자에게나 전혀 죄에 대해 형벌을 가하지 않으셨다면, 그것은 하나님의 공의와 모순을 일으킬 것이다.

반론 2. 그러나 죄책을 진 자를 대신하여 무죄한 자를 벌한다는 것 역시 하나님의 공의에 어긋나는 것이다.

답변. 만일 다음과 같은 경우라면 이 반론이 무게가 있을 것이다. 1. 무죄한 자가 그 요구되는 바 형벌을 당하기를 원치 않았을 경우. 2. 형벌 받을 무죄한 자가 죄책을 진 자들과 동일한 본성을 지니지 않았을 경우. 3. 그가 충족한 형벌을 당할 수 없었을 경우. 4. 그가 이 형벌을 당하고 다시 본래의 상태로 회복될 수 없었을 경우. 하나님께서는 무죄한 자가 죄책을 진 자들을 위하여 멸망하기를 바라지 않으시므로. 5. 그가 죄인을 새롭게 하며 중생케 하고 믿음을 주어 그 은덕들을 누리게 할 수 없었을 경우. 그러나 이 모든 조건들이 그리스도에게서 충족되었다. 다음의 성경 본문들이 이를 분명히 증명해 준다: "그는 우리를 위하여 자신을 버리사 향기로운 제물과 희생제물로 하나님께 드리셨느니라"(엡 5:2), "나는 양을 위하여 목숨을 버리노라"(요 10:15), "그가 찔림은 우리의 허물 때문이요 그가 상함은 우리의 죄악 때문이라"(사 53:5), "그가 모든 사람을 대신하여 죽으심은 살아 있는 자들로 하여금 다시는 그들 자신을 위하여 살지 않고 오직 그들을 대신하여 죽었다가 다시 살아나신 이를 위하여 살게 하려 함이라"(고후 5:15), "너희가 이 성전을 헐라 내가 사흘 동안에 일으키리라"(요 2:10), "내가 내 목숨을 버리는 것은 그것을 내가 다시 얻기 위함이니"(요 10:17), "남편들아 아내 사랑하기를 그리스도께서 교회를 사랑하시고 그 교회를 위하여 자신을 주심 같이 하라"(엡 5:25), "그가 우리를 대신하여 자신을 주심은 모든 불법에서 우리를 속량하시고 우리를 깨끗하게 하사 선한 일을 열심히 하는 자기 백성이 되게 하려 하심이라"(딛 2:14).

5. 죄 사함이 공로에 의한 것인가?

하나님께서는 충족한 보상이 이루어지지 않고서는 우리의 죄를 사하지 않으시지만, 그는 값없이 죄 사함을 베푸신다. 우리에게 보상을 요구하시지 않고, 우리 대신 죄를 지신 그리스도께 보상을 요구하시기 때문이다.

반론. 그러나 만일 하나님께서 그리스도의 보상을 근거로 죄를 사하신다면, 이는 값없이 이루어지는 것이 아니다.

답변. 우리 편에서는 그것이 과연 값없이 이루어지는 것이다. 다른 분의 보상이 있기는 하나, 우리 편에서는 그 어떠한 보상도 치르지 않기 때문이다.

재반론. 이 조건으로 죄 사함을 베푸시는 그분으로서는 값없이 베푸시는 것이 아니다. 왜냐하면 "누구든 다른 이를 통하여 무슨 일을 행할 때에 그것은 그 자신을 통해서 행하는 것이기 때문이다"라는 원칙이 확정되어 있기 때문이다. 그러므로 우리 자신이 그리스도를 통하여 보상을 치르는 것이다.

답변. 그러나 하나님께서도 우리를 위해서 이 값을, 혹은 속량금을 지불하시는 것이다. 즉, 그리스도를 보상자요 중보자로 주신 것이요, 우리가 값을 주고 그를 산 것이 아닌 것이다. "하나님이 세상을 이처럼 사랑하사 독생자를 주셨으니"(요 3:16).

6. 죄 사함은 누구에게 베풀어지는가?

죄 사함은 택함받은 자 모두에게 베풀어진다. 오직 믿는 자에게만 죄 사함이 주어지기 때문이다. 유기된 자들은 진정으로 믿는 일이 절대로 없으므로, 그들은 죄 사함을 절대로 받지 못한다. "아들을 믿는 자에게는 영생이 있고"(요 3:36), "그를 믿는 사람들이 다 그의 이름을 힘입어 죄 사함을 받는다"(행 10:43). 그러나 택한 자들 모두가 항상 죄 사함을 누리는 것은 아니다. 그러나 믿는 자들은 모두 언제나 죄 사함을 누린다. 죄 사함 받았음을 믿는 자들 외에는 아무도 죄 사함이 없기 때문이다. 그러나 택한 자들 모두가 언제나 이것을 믿는 것은 아니고, 회심하고 참 믿음을 소유할 그때에 비로소 죄 사함을 누리는 것이다. 그러나 하나님의 목적의 관점에서 보면, 그들에게 언제나 죄 사함이 있는 것이다. 심지어 유아들도 비록 실제상으로는 아니지만 가능성과 성향의 면에서 믿음을 지니고 있다. 그러므로 그들에게도 역시 죄 사함이 있다.

7. 죄 사함은 언제 어떻게 베풀어지는가?

죄 사함은 오직 믿음으로만 베풀어지고 받는데, 성령께서 이 믿음을 우리 속에 일으키시고 일깨우신다. 그러므로 죄 사함은 그것을 믿음으로 받아들일 그때에 베풀어진다고 말할 수 있을 것이다. 하나님께서는 사실 그리스도 안에서 택하신 자들의 죄를 그의 보상에 근거하여 사하시기를 영원 전부터 작정하셨다. 그런데 그는 그리스도를 믿는 각 사람을 의롭다고 간주하실 때에, 또한 성령으로 말미암아 죄 사함에 대한 감각을 심어 주실 그때에 그들 각자의 죄를 사하시며, 그리하여 그들은 영원토록 죄 사함에 대해 확신을 갖게 되는 것이다. 그러므로 죄 사함에 관한 하나님의 작정은 영원하나, 그것이 시행되는 일은 복음이 우리에게 제시하는 죄 사함을 우리가 믿음으로 우리 자신에게 적용시킬 그때에 일어나는 것이다. 이는 하나님께서 항상 그 백성을 사랑하시지만, 그들이 회개하기 전에는 그들의 마음 속에 이 사랑을 비추지 않으시는 것과 마찬가지다. 그러나 진정으로 회개하는 자는 결국, 그들에게 베풀어지시는 성령으로 말미암아, 그들이 하나님의 사랑을 받으며 또한 죄 사함을 누린다는 증언을 그들의 양심으로부터 얻는 것이다.

육체의 부활

제22주일

57문   "몸의 부활"은 그대에게 어떤 위로를 줍니까?

답   이 생명이 끝나면 나의 영혼이 즉시 머리이신 그리스도께로 올려질 것이요, 또한 이 나의 몸도 그리스도의 능력으로 살리심을 받아 다시금 나의 영혼과 결합되어 그리스도의 영광된 몸처럼 될 것입니다.

[해 설]

사도신경의 이 조목에는 다음과 같은 문제들이 개입되어 있다:

1. 영혼은 불멸한가?
2. 영혼이 육체와 분리될 때에 그것은 어디 있게 되는가?

3. 부활이란 무엇이며, 그것과 관련되어 나타나는 오류들은 무엇인가?

4. 미래의 부활이 반드시 있을 것이라는 것은 무엇에서 드러나는가?

5. 부활 시에는 어떤 종류의 몸이 다시 살아나는가?

6. 그 일은 어떻게 이루어지는가?

7. 그 일은 언제 일어나는가?

8. 누구의 능력으로, 누구를 통해서 일어나는가?

9. 무슨 목적으로 미래의 부활이 일어나는가?

1. 영혼은 불멸한가?

영혼의 불멸의 문제가 이 조목과 관련하여 개입된다. 부활은 죽음을 전제로 하는 것이기 때문이다. 그러므로 우리는 육체와 마찬가지로 영혼도 죽었다가 다시 사는가? 하는 것을 살펴야 할 것이다. 이 문제에 대한 논의는 헛된 것이 아니라 유익이 있다. 왜냐하면 사람의 영혼이 멸해질 수 있는 것처럼 말씀하는 듯한 성경의 여러 본문들을 올바로 이해하도록 해주며, 또한 옛적부터 영혼의 불멸과 육체의 부활을 부인했던 에피쿠로스 학파와 사두개인들의 오류는 물론, 신자의 부활을 이미 과거에 일어난 것으로 보며 영적인 부활 이외에 다른 부활은 전혀 인정하지 않는 자들의 오류를 반박하게 해 줄 것이기 때문이다. 심지어 오늘날에도 몇몇 재세례파들은 육체로부터 분리된 후에는 영혼이 미래에 다시 부활하여 다시 육체와 재결합하기까지 무활동의 상태에 있다고 주장하기도 한다. 로마 교황 바오로 3세는 임종시에 이렇게 말하였다: "이제 평생토록 의심을 가져온 세 가지 의문의 진실성 여부를 알게 되었으니, 영혼이 과연 불멸한가, 지옥이 과연 있는가, 그리고 하나님이 과연 계신가 하는 것이 그것이다." 시편과 솔로몬의 기록들에도 다음과 같은 비슷한 성경의 선언들이 여럿 있다: "짐승이 죽음 같이 사람도 죽으니"(전 3:19), "죽은 자들은 여호와를 찬양하지 못하나니"(시 115:17). 그러므로 이 주제를 논하는 것이 정당하고 적절한 것이라 하겠다.

영혼의 불멸 교리는 다음과 같은 하나님의 말씀의 선언들에서 확증된다: "그가 죽으매 가져가는 것이 없고 그의 영광이 그를 따라 내려가지 못함이로다 그가 비록 생시에 자기를 축복하며"(시 49:17, 18), "내가 이 일을 행하지 아니하기로 왕의 살아 계심과 왕의 혼의 살아 계심을 두고 맹세하나이다"(삼하 11:11), "몸은 죽여도 영혼은 능히 죽이지 못하는 자들을 두려워하지 말고"(마 10:28), "죽은 자가 살아난다는 것을 말할진대 너희가 모세의 책 중 가시나무 떨기에 관한 글에 하나님께서 모세에게 이르시되 나는 아브라함의 하나님이요 이삭의 하나님이요 야곱의 하나님이로라 하신 말씀을 읽어보지 못하였느냐? 하나님은 죽은 자의 하나님이 아니요 산 자의 하나님이시라"(막 12:26, 27). 그리스도께서는 십자가상에서 강도에게 "오늘 네가 나와 함께 낙원에 있으리라"(눅 23:43)고 말씀하셨다. 그러므로 그의 영혼이 그리스도와 함께 낙원에 있었고, 따라서 그의 영혼은 죽음 이후에도 살아 있었던 것이 틀림없는 것이다. 바울은 "차라리 세상을 떠나서 그리스도와 함께 있는 것이 훨씬 더 좋은 일이라"(빌 1:23)고 말씀하였다. 그는 죽음 이후 그리스도와 함께 누릴 안식과 기쁨을 지칭한 것이다. 그런데 무의식의 상태에 있는 사람이라면 어떻게 기쁨이나 복락을 누릴 수 있겠는가? 그러므로 죽음 이후에 영혼이 잠잔다고 상상하면서 영혼의 불멸성을 부인하는 논리는 바로 이 성경의 본문에 의해서 무너지는 것이다. "아버지, 내 영혼을 아버지 손에 부탁하나이다"(눅 23:46), "주 예수여 내 영혼을 받으시옵소서"(행 7:59), "나는 부활이요 생명이니 나를 믿는 자는 죽어도 살겠고"(요 11:25), "우리가 담대하여 원하는 바는 차라리 몸을 떠나 주와 함께 있는 그것이라"(고후 5:8).

그러므로 영혼은 죽음 이후에 잠자는 것이 아니라 불멸의 생명을 누리며 또한 주님과 함께 하늘의 영광을 누리는 것이다. 요한계시록 6:10에서는 순교한 자들의 영혼이 제단 아래에서 큰 목소리로 외친다고 말씀한다: "거룩하고 참되신 대주재여 땅에 거하는 자들을 심판하여 우리 피를 갚아 주지 아니하시기를 어느 때까지 하시려 하나이까?" 그러니 그 영혼들은 살아 있는 것이 당연한 것이다. 누가복음 16:22에서도, 나사로는 죽은 후에 아브라함의 품에 들어가고 부자는 고통의 장소인 지옥에 보내졌다고 말씀한다. 이런 성경 본문들은, 몸이 없이 영혼이 어떤 식으로 활동하는지에 대해서는 물론 우리가 전혀 알 수 없으나, 죽기 전 몸 안에 있을 때와 몸의 부활 이후뿐만 아니라 죽음과 부활 사이의 그 긴 간격 동안에도 영혼이 몸이 없는 상태로 존재하며 살아 있고 느끼고 이해한다는 것을 가르치고, 지극히 결정적으로 입증해 주는 것이다. 마지막으로, 몸의 부활도 영혼의 불멸성을 전제하므로, 몸의 부활을 믿으면 영혼의 불멸성도 믿게 되며, 또한 영혼의 불멸성을 믿으면 몸의 부활도 믿게 되는 것이다. 다시 살아나게 될 몸이 그 전의 몸과 동일하므로, 과거에 지녔던 것과 동일한 영을 지니는 것이 필수적인 것이다. 형체가 바뀐다고 해서 반드시 다른 개체가 되는 것은 아니다. 동일한 본질적인 형체를 지니고 다시 살아나면 그 개체가 그대로 살아나는 것이다. 그러나 만일 영혼이 죽고, 그래서 하나님께서 다른 영혼을 창조하셔야 하고 그것을 몸에 넣어주셔야 한다면, 그것은 죽기 전과 동일한 개체가 아니라 그것과는 전혀 다른 새로운 개체가 될 것이다. 그러나 이 조목의 다섯째 질문을 논의하면서 보겠지만, 부활 시에는 동일한 몸이 살아나게 될 것이다.

반론 1. 그러나 전도서 3:19에서는 사람이 짐승보다 나은 게 없고 짐승과 똑같이 행한다고 말씀한다. 그러므로 영혼은 불멸한 것이 아니다.

답변. 결론이 부정확하다. 어느 특정한 점에서만 유사한 것을 모든 점에서 유사한 것으로 간주해 버리기 때문이다. 죽음의 필연성으로 보면 사람과 짐승은 똑같다. 사람도 짐승과 마찬가지로 언젠가는 죽어서 금생을 떠나게 되어 있기 때문이다. 한 번 죽는 것은 사람에게 정한 일이므로, 어느 누구도 금생에서 영구한 거처를 찾을 수가 없는 것이다. 그러나 죽음의 사건과 그 이후의 상태에 있어서는 사람과 짐승의 상태가 동일하지 않다. 짐승의 존재는 멸절되고 사라지는 반면에, 이미 살펴본 바와 같이 사람의 영혼은 죽음 이후에도 여전히 살아 있고 활동하기 때문이다. 또한 주 전제도 받아들일 수 없다. 전도자는 사람의 죽음에 대해 말하되, 자기 자신의 생각이 아니라 선인(善人)과 악인이 당하는 일들이 비슷하게 보인다는 대다수의 사람들의 정서와 생각에 근거하여 말하고 있는 것이다. 그는 사람의 판단에서 나오는 이런 불평을 하나님의 섭리와 심판의 교리와 연관지으면서, 결국 의인에게는 선이 베풀어지고 악인에게는 악이 베풀어진다고 말씀하는 것이다.

반론 2. 그러나 성경은 또 다음과 같이 말씀하고 있다: "죽은 자들은 여호와를 찬양하지 못하나니 적막한 데로 내려가는 자들은 아무도 찬양하지 못하리라"(시 115:17). **답변.** 죽은 영혼들은 우리가 금생에서 하듯 그렇게는 여호와를 찬양하지 않는다. 그러나 그렇다고 해서 영혼이 금생을 떠난 후에는 여호와를 전혀 찬양하지 않는다는 것은 아니다.

2. 영혼이 육체와 분리될 때에 그것은 어디 있게 되는가?

교황주의자들은, 롬바르두스(Lombard)의 말처럼, 육체로부터 분리될 때에 사람의 영혼들이 연옥(煉獄: purgatory)의 불 속으로 들어가고, 금생에서 이 세상의 썩어져갈 것들을 어느 정도나 사랑했느냐에 따라서 어떤 영혼은 일찍, 또 어떤 영혼은 늦게, 거기서 죄로부터 정결케 됨을 얻는다고 상상한다. 그러나 반대로 성경은 죽음 이후에는 영혼을 깨끗하게 하는 불이 없고, 오직 그리스도의 피가 금생에서 우리 영혼들을 모든 죄에서 정결케 한다고 가르친다. 성경은 또한, 믿는 자들은 죽을 때에 그들의 영혼이 고통의 장소에 들어가서 거기서 불로 정결케 되는 것이 아니라 아브라함의 품에서 그리스도께로 모여지며, 반면에 악인의 영혼들은 도저히 피할 길이 없는 지옥에 던져져 거기서 처참한 괴로움으로 고통을 받게 되며 그와 동시에 그리스도께서 이 세상의 종말에 시행하실 그 심판에서 하나님의 진노가 일으킬 그 영원한 불로 말미암아 당할 더 처절한 고통을 위하여 예비된 상태에 있다는 것을 가르치는 것이다.

성경은 여러 곳에서 죽음 이후의 믿는 자들의 영혼의 상태와 처지에 대해 다음과 같은 식으로 말씀한다: "아버지, 내 영혼을 아버지 손에 부탁하나이다"(눅 23:46), "주 예수여 내 영혼을 받으시옵소서"(행 7:59), "그 거지가 죽어 천사들에게 받들려 아브라함의 품에 들어가고"(눅 16:22). 이로 보건대, 경건한 자의 영혼은 죽음 이후 연옥에 있는 것이 아니라는 것이 확실한 것이다. 바울은 "차라리 세상을 떠나서 그리스도와 함께 있는 것이 훨씬 더 좋은 일이라"(빌 1:23)라고 말씀한다. 그러므로 그는 연옥에 대해 두려워한 적이 없었던 것이다. 경건한 자들은 "차라리 몸을 떠나 주와 함께 있는 그것"(고후 5:8)을 원한다. 그러므로 그들은 주의 임재 속에 나아가기 전에 연옥을 통과하는 것이 아닌 것이다.

하나님의 말씀의 다음 구절들은 죽음 이후 악인의 상태에 대해 말씀한다: "죄의 삯은 사망이요"(롬 6:23), "오직 몸과 영혼을 능히 지옥에 멸하실 수 있는 이를 두려워하라"(마 10:28). 부자는 죽어 장사된 직후 지옥의 고통 중에서 다음과 같이 소리쳤다: "내가 이 불꽃 가운데서 괴로워하나이다"(눅 16:24). 그러므로 그에게는 영원토록 구원이 없는 것이다. 그는 또한 그의 다섯 형제들도 똑같은 고통의 장소로 올 것을 두려워하였다. 그러므로 악인의 영혼들은 육체를 떠날 때에 연옥으로 들어갔다가 후에 거기서 나오기도 하는 것이 아니라 지옥의 꺼지지 않는 불 속으로 던져지는 것이다.

3. 부활이란 무엇이며, 그것과 관련되어 나타나는 오류들은 무엇인가?

부활이란 단어는 성경에서 때때로 사람의 죄로부터의 회심 혹은 부활을 뜻하기도 한다: "이는 첫째 부활이라"(계 20:5). 그러나 이 조목에서 말하는 육체의 부활이란 죽음 이후 우리 육체의 본질이 지금 현재 이루고 있는 그 동일한 물질로 회복되며, 지금 현재 지니고 있는 동일한 불멸하는 영혼에 의해서 그 동일한 육체들이 다시 살아나 썩지 않고 불멸하는 생명을 지니게 되는 것을 의미한다. 하나님께서는 세상의 종말에 그리스도를 통하여 그의 신적인 권능과 선하심으로 이를 이루실 것이며, 또한 그 결과, 택한 자들의 영원한 영광과 유기된 자들의 영원한 형벌이 이어질 것이다.

그러므로 부활은 첫째로, 동일한 몸의 회복에 있다. 혹은, 현재 우리의 육체를 구성하고 있으나 죽음 이후 흩어져서 다른 요소들 속에 용해되어 있는 그 물질들이 다시 육체를 이루는 것에 있다. 둘째로, 부활은 그 육체와 처음에 그것이 지녔던 그 동일한 영혼이 재결합하고, 그리하여 그 육체가 살아나 불멸한 상태가 되는 것에 있다. 마지막으로, 부활은 택한 자들이 영광을 입고, 악인이 하나님의 임재로부터 영원토록 내어쫓기는 일에 있다.

부활의 교리와 관련하여 세 가지 큰 오류들이 있다: 1. 부활 자체를 완전히 부인하면서 영혼이 육체와 함께 죽는다고 주장하는 자들이 있다. 사도행전 23:8에서 보듯이 사두개인들이 이런 견해를 가졌었다: "이는 사두개인은 부활도 없고 천사도 없고 영도 없다 하고." 2. 영혼의 불멸성은 인정하면서도 부활을 그저 중생 이상 아무것도 아닌 것으로 이해하는 자들이 있다. 그들은 죽음 이후 성도들의 영혼이 영원한 복락을 누린다는 것은 인정하면서도 육체들이 다시 살아난다는 것은 부인한다. 아마 바울이 말씀하는 바 후메내오와 빌레도가 이 이단에 속한 자들이었던 것 같다: "진리에 관하여는 그들이 그릇되었도다. 부활이 이미 지나갔다 함으로 어떤 사람들의 믿음을 무너뜨리느니라"(딤후 2:17, 18). 3. 또한 재세례파들처럼, 우리가 현재 지니고 있는 것과 동일한 육체가 다시 살아날 것이라는 것을 부인하고, 그리스도의 재림 시에 하나님께서 새로운 육체를 창조하실 것이라고 주장하는 자들이 있다. 우리로서는 이 모든 오류들에 반대하여, 죽은 자들이 반드시 다시 살아날 것이라는 이 주제에 관하여 성경이 가르치는 바를 믿는 것이 합당한 것이다.

4. 미래의 부활이 반드시 있으리라는 사실은 무엇에서 드러나는가?

철학도 미래의 어느 시점에 부활이 있을 개연성이 있다는 점을 입증할 수는 있을 것이다. 그러나 그것은 그 부활의 확실성을 확립시키지는 못한다. 우리가 하나님의 공의와 진리에 관하여 철학에서 이끌어내는 지식이란 부분적이며 불완전하기 때문이다. 그러나 부활의 교리를 뒷받침하기 위하여 성경에 제시하는 근거들은 견고하고도 설득력이 있다. 그러므로 미래의 부활의 확실성은 오직 신적인 계시에 근거해서만 입증되는 것이다. 그러므로 이 주제에 대해 논하면서, 먼저 부활의 확실성을 가르치는 성경의 몇 가지 본문들을 제시하고, 그 다음 이 교리의 진실성을 확증해 주는 성경적인 논지들을 제시하는 것이 합당할 것이다.

구약이나 신약이나 성경은 미래의 부활의 교리를 선명하게 계시하고 있다. "내가 알기에는 나의 대속자가 살아 계시니 마침내 그가 땅 위에 서실 것이라 내 가죽이 벗김을 당한 뒤에도 내가 육체 밖에서 하나님을 보리라"(욥 19:25, 26), "내 백성들아 내가 너희 무덤을 열고 너희로 거기에서 나오게 하고"(겔 37:12), "땅의 티끌 가운데에서 자는 자 중에서 많은 사람이 깨어나 영생을 받는 자도 있겠고 수치를 당하여서 영원히 부끄러움을 당할 자도 있을 것이며"(단 12:2), "무덤 속에 있는 자가 다 그의 음성을 들을 때가 오나니 선한 일을 행한 자는 생명의 부활로, 악한 일을 행한 자는 심판의 부활로 나오리라"(요 5:28), "마지막 날에 내가 이를 다시 살리리라"(요 6:40), "만일 죽은 자의 부활이 없으면 그리스도도 다시 살아나지 못하셨으리라. 그리스도께서 만일 다시 살아나지 못하셨으면 우리가 전파하는 것도 헛것이요 또 너희 믿음도 헛것이며"(고전 15:13, 14), "우리가 예수께서 죽으셨다가 다시 살아나심을 믿을진대 이와 같이 예수 안에서 자는 자들도 하나님이 그와 함께 데리고 오시리라"(살전 4:14), "내가 보니 죽은 자들이 큰 자나 작은 자나 그 보좌 앞에 서 있는데 책들이 펴 있고 또 다른 책이 펴졌으니 곧 생명책이라. 죽은 자들이 자기 행위를 따라 책들에 기록된 대로 심판을 받으니 바다가 그 가운데에서 죽은 자들을 내주고 또 사망과 음부도 그 가운데에서 죽은 자들을 내주고 각 사람이 자기의 행위대로 심판을 받고"(계 20:12, 13). 미래의 부활의 교리를 뒷받침해주는 이러한 성경의 증언들에다 하나님의 말씀에서 이끌어내는 몇 가지 논지들을 덧붙일 수 있을 것이다.

1. "나는 아브라함의 하나님이요 이삭의 하나님이요 야곱의 하나님이로라 하신 것을 읽어보지 못하였느냐? 하나님은 죽은 자의 하나님이 아니요 살아 있는 자의 하나님이시니라"(마 22:32). 그러나 아브라함의 육체가 미래의 어느 때에 죽은 상태에서 살아나지 않는다면, 하나님은 온전한 아브라함의 하나님도, 살아 있는 자의 하나님도 되실 수 없을 것이다. 하나님은 온전한 사람 전체의 하나님이시지, 그저 사람의 존재의 일부의 하나님이시기만 한 것이 아니다. 그러나 육체가 다시 살

아나는 일이 결코 없다면, 그는 전인(全人)의 하나님이 아니시고, 그저 사람의 일부를 주장하시는 하나님으로 그치실 수밖에 없는 것이다. 이것은 그리스도께서 사두개인들을 향하여 반박하시면서 사용하신 논지인 것이다.

2. 하나님께서는 의인에게 육체와 영혼 모두와 관계되는 영생을 약속하신다. 그리고 반대로 악인에게는 영벌이 있을 것을 경고하시는데, 이 역시 영혼과 육체 모두에게 관계되는 것이다. 하나님의 이러한 약속들과 경고들은 반드시 성취되고야 만다. 그 확실함이 변할 수 없기 때문이다. 그러나 만일 죽은 자가 다시 살아나지 않는다면 그것들은 성취될 수가 없을 것이다. 그러므로 하나님께서 그의 정하신 때에 의인들을 향한 약속들과 악인들을 향한 경고들을 반드시 이행하실 것이므로, 죽은 자는 필연적으로 다시 살아나고야 마는 것이다.

3. 전인(全人)이 죄를 범하였으므로, 상급과 형벌은 전인에게 해당된다. 그러므로 모든 사람들의 육체들이 살아날 것이다. 의인들은 하나님께서 값없이 주시는 영광과 복락을 누리기 위해서 살아날 것이고, 악인들은 그들의 악행에 따라 형벌을 받기 위하여 살아날 것이다.

4. 하나님의 긍휼은 완전하여 전인에게 적용되며, 긍휼의 하나님은 우리가 완전하게 구원받기를 바라신다. 그러므로 우리 육체들이 다시 살아날 것이다.

5. 의인을 향한 하나님의 사랑과 긍휼이 끊임없고 불변하므로, 그는 아버지의 사랑으로 그들을 향하여 뜻하신 바를 영원토록 뜻하신다. 그런데 그는 의인이 영혼과 육체로 완전히 구원받기를 뜻하신다. 그러므로 의인이 다시 살아나 완전히 구원받아 영혼과 육체로 영광을 누리게 되는 일이 필연적인 것이다.

6. 하나님의 완전한 공의가 불경한 자들이 그 죄에 따라 형벌을 받을 것을 요구한다. 그런데 그들은 영혼과 육체 모두로 죄를 범한다. 그러므로 그들의 육체가 다시 살아나 영혼과 육체로 형벌을 받게 되는 것이 필연적인 것이다.

7. 그리스도께서 살아나셨다. 그러므로 우리도 살아날 것이다. 이 결론은 정당하며 필연적이다. 1. 그리스도께서 다시 살아나신 것은 우리도 다시 살아나게 하시기 위함이었으므로. 2. 그리스도께서 머리이시며 우리는 그의 지체들이다. 그러므로 우리의 머리이신 그리스도께서 다시 살아나셨으니, 그의 지체들인 우리 역시 다시 살아날 것이 의심의 여지 없는 사실이다. 머리가 영광을 얻으셨으므로 그 지체들도 동일한 조건에서 머리와 더불어 영광을 누리는 것이 마땅하기 때문이다. 만일 지체들이 부패의 상태에 그냥 남아 있다면, 그 머리가 영광을 누리지

못할 것이다. 3. 그리스도 안에 거하시는 그 동일한 성령이 우리 속에도 거하셔서, 우리를 그리스도와 함께 연합시키시며, 그리스도 안에서 행하시는 일을 우리 속에서도 행하신다. 그는 언제나 동일하시기 때문이다. 그런데 그는 그리스도를 다시 살리셨다. 그러므로 그가 우리도 다시 살리실 것이다.

8. 성경은 그리스도께서 영원한 나라를 소유하실 것을 선언한다. 그러나 우리의 육체들이 영원토록 사망의 권세 아래 있게 된다면, 그가 그 나라를 소유하시는 것이 못될 것이다. 그렇다면 우리의 영혼이 불멸하다는 것만으로는 부족하다. 왜냐하면 그 그리스도의 나라는 영원할 것이므로 그에게는 영혼과 육체 모두가 영원한 신하들이 휘하에 있어야 하기 때문이다. 그러므로 이를 근거해서 보더라도 육체의 부활은 필연적이라 할 것이다.

9. 그리스도는 완전히 구원자이시다. 그가 전인을 구원하셨고 전인을 하나님과 화목시키셨기 때문이다. 그러므로 우리의 부패한 육체들도 그리스도를 통하여 다시 살아나게 될 것이다.

10. 그리스도께서는 아담이 파괴한 것을 구원하는 일보다 더한 일을 하실 수 있다. 과연 그렇다. 그는 그의 죽으심으로 말미암아 모두를 아담의 죄로 인하여 상실된 것 이상으로 회복시키셨다. 그는 그의 공로로 말미암아, 우리가 죄를 범하지 않았을 경우에 누리게 되었을 복락보다 무한히 더 큰 복락을 우리를 위해 벌어 놓으셨다. 아담은 영원한 생명과 몸의 구원을 기타 여러 은사들과 함께 상실하였다. 그러므로 그리스도께서는 이 상실한 것을 우리에게 회복시키셨고, 그러므로 우리의 육체가 다시 살아나게 될 것이라고 결론지을 수 있는 것이다.

11. 하나님께서는 타락 이후 사람에게 그의 법을 반포하셨다. 그러므로 하나님은 사람이 언젠가는 그것을 준수하게 되기를 뜻하신다. 그러나 금생에서는 그렇게 되지 않는다. 그러므로 내생에서 그렇게 될 것이며, 그러기 위해서는 반드시 죽은 자의 부활이 있어야 하는 것이다.

12. 죄의 삯은 사망이다. 그러므로 죄가 제거되면 사망 역시 제거될 것이며, 그렇게 되면 생명의 회복이 이어질 것이다.

13. 우리의 육체는 성령께서 영원토록 그 속에 거하시게 하며 그리하여 그의 성전이 되게 하고자 하는 목적으로 지음받았다. 그러므로 육체들이 다시 살아나고 영원토록 살 것이다.

5. 부활 시에는 어떤 종류의 몸이 다시 살아나는가?

부활 시에 다시 살아나게 될 몸은 인간의 몸일 뿐 아니라 우리가 현재 지니고 있는 바로 그 몸이며, 재세례파의 주장처럼 그리스도께서 창조하시는 다른 몸이 아니다. 욥은 "내가 육체 밖에서 하나님을 보리라"(욥 19:26)라고 말씀한다. 사도 바울은 이렇게 말씀한다: "각 사람이 무슨 선을 행하든지 종이나 자유인이나 주께로부터 그대로 받을 줄을 앎이라"(엡 6:8), "이 썩을 것이 반드시 썩지 아니함을 입고 이 죽을 것이 죽지 아니함을 입을 때에는 사망을 삼키고 이기리라"(고전 15:53). 그러므로 아프리카 교회들에서는 **이 육체의 부활을 믿나이다** 라고 가르쳤다. **부활**이라는 단어의 의미로부터도 동일한 것을 주장할 수 있다. 죽었던 것 말고는 아무것도 다시 살아날 수 없기 때문이다.

암브로시우스(Ambrose)는 이렇게 말하였다: "부활이라는 단어 그 자체의 의미에서 볼 때에도 부활이란 바로 넘어진 것이 일어나는 것이요 죽었던 것이 생명을 얻는 것이다." 하나님의 공의도 동일한 것을 제시한다. 암브로시우스는 또 이렇게 말한 바 있다: "이것이 공의의 질서요 경로이니, 곧 영혼이 충동하는 바를 육체가 시행하므로 모든 행위가 육체와 영혼에 공통된 것이므로, 둘 다 심판을 받는 것이 합당하며 또한 둘 다 형벌을 받거나 둘 다 영광의 면류관을 쓰거나 하는 것이 합당한 것이다."

선한 싸움을 싸운 성도의 육체들이 면류관을 쓰며, 또한 악인이 그들이 하나님을 대적하여 망령된 짓들을 범한 바로 그 육체로 형벌을 받아야 할 것을 하나님의 공의가 요구하는 것이다. 그러므로 부활 시에는 다른 이상한 육체가 아니라 그 본래의 합당한 육체가 — 금생에서 지녔던 육체가 — 각 영혼에게 회복될 것이며, 그런 상태로 영광의 면류관을 쓰게 되든지 수치로 형벌을 받든지 할 것이다. 마지막으로, 그리스도께서 죽으실 때에 지니셨던 바로 그 육체로 다시 살아나신 것처럼 우리도 현재 지니고 있는 바로 그 육체로 다시 살아날 것이다.

반론 1. 혈(血)과 육(肉)은 하나님 나라를 유업으로 받지 못한다. 우리의 육체는 혈과 육으로 되어 있다. 그러므로 그것들은 하나님 나라를 유업으로 받지 못한다. 그러므로 이 육체가 아니라 다른 육체들이 부활 시에 살아날 것이다.

답변. 주 전제에서는 사도께서 말한 혈과 육(고전 15:50)을 거론하고 있는데, 이는 육체의 본질과 결부되어 있는 어떤 악한 질(質), 혹은 이 악한 질의 본질을 의미한다. 그리고 소 전제에서는 혈과 육을 우리 육체의 본질 자체를 의미하는 것으로 사용하는데, 여기서 재세례파들이 이 주제에 대한 자기들의 결론을 이끌어내는 것이다. 그러므로 이 반론에는 부정확한 추론이 개입되어 있다. 부패한 본질에서 출발하여 순결하고 단순한 본질로 논리를 비약시키기 때문이다. 그들의 논리는 다음과 같다: 현재와 같이 죽을 처지의 부패한 상태로는 혈과 육이 하나님 나라를 유업으로 받을 수 없다. 그러므로 혈과 육은 하나님 나라를 유업으로 받을 수 없다. 그러나 이런 추론은 정당하지 못하다. 이들이 이해하는 대로 죄악되고 부패한 혈과 육은 하나님 나라를 유업으로 받을 수 없다. 그러나 영광을 얻은 불멸한 상태의 혈과 육은 그 나라에 들어가게 될 것이다. 사도는 이 점을 선명하게 가르치고 있다: "육의 몸으로 심고 신령한 몸으로 다시 살아나나니 육의 몸이 있은즉 또 영의 몸도 있느니라"(고전 15:44).

반론 2. 사도의 말씀에 따르면 우리는 신령한 몸으로 다시 살아날 것이다. 그러므로 그 몸은 육체의 속성들을 지닌 것이 아닐 것이다.

답변. 사도가 말씀하는 신령한 몸이란, 영으로 변화하는 몸도, 모든 속성이 영과 동등한 몸도 아니며, 하나님의 영의 다스림을 받는 몸이요, 불멸하고 모든 비참한 상태에서 자유로우며 찬란한 하늘의 영광과 힘과 생명과 거룩함을 지닌 그런 몸을 의미한다. 이것이 바울이 말씀하는 신령한 몸이라는 것은 다음과 같은 사실로 입증된다: 1. 그는 **신령한 몸**으로 다시 살아난다고 말씀하는데, 영이란 몸이 아니기 때문이다. 2. 그는 또한 "썩을 것으로 심고 썩지 아니할 것으로 다시 살아나며"라고 덧붙인다. 3. 부활하신 후의 그리스도의 몸은 살과 뼈를 지니고 있었다. 그러나 그러면서도 그의 몸은 지극히 신령하며 영광스러운 것이었다. 그러니, 우리의 신령한 몸이야 더 말할 것도 없이 살과 뼈를 지니게 될 것이다. 아우구스티누스가 사도의 이 말씀을 다음과 같이 해석하고 있다: "사도가 부활 시에 우리가 지니게 될 몸이 신령한 몸이라고 말씀한다고 해서 그것이 육체가 전혀 없이 순전히 영적이기만 할 것이라는 식으로 상상해서는 안 된다. 그는 그 몸을 가리켜 신령한 몸이라 부르는데, 이는 전적으로 성령께 굴복해 있고 또한 썩어짐과 사망에서 해방된 상태에 있는 것이다. 그는 또한 우리가 현재 지니고 있는 몸을 육의 몸이라 부르는데, 이것 역시 육체가 아니고 영이라는 식으로 생각해서는 안 되는 것이다. 그러므로 우리가 현재 지니고 있는 몸이 영에게 굴복되어 있으므로 육의 몸이라 부르기는 하나 아직 성령께 충만히 굴복해 있지 않고 썩어짐에 굴복해 있기 때문에 그것을 신령한 몸이라 부를 수 없는 것처럼, 그것이 썩어짐에서 해방되어 성령을 저항할 수 없게 되면 그때에 그것을 가리켜 신령한 몸이라 부르는 것이다."

6. 부활은 어떻게 이루어지는가?

부활은 은밀하게 혹은 황급하게 이루어지지 않고, 공개적으로 영광스럽게 이루어질 것이다. 그리스도께서 죽은 자 가운데서 살아나셨을 때에 특정한 사람들에게서 일어났던 것과는 전혀 다를 것이다. 천사들과 사람들과 마귀들이 보는 앞에서 일어날 것이며, 또한 의인에게는 말로 형언할 수 없는 기쁨의 광경일 것이요, 악인에게는 말할 수 없는 공포와 고뇌의 광경일 것이다. 그리스도께서 천사들과 함께 천사장의 큰 목소리와 하나님의 나팔 소리와 더불어 하늘로부터 강림하실 것이다. 그때에 그 소리에 죽은 자들이 모두 일어나 무덤에서 나와 예수 그리스도의 심판대 앞에 설 것이다. 그리스도의 재림 시에 살아 있는 자들은 불멸의 상태로 갑자기 변화될 것인데, 그들에게는 죽음과 부활 대신 그런 변화가 있을 것이다(살전 4:14, 18; 고전 15:50, 55).

7. 부활은 언제 일어나는가?

부활은 세상의 종말에, 마지막 날에 일어날 것이다. "오는 그를 내가 마지막 날에 다시 살리리라"(요 6:44), "마지막 날 부활 때에는 다시 살아날 줄을 내가 아나이다"(요 11:24). 그러나 그 마지막 날이 언제 올지는 아무도 모르고 오직 하나님만 아신다. 이 질문이 주는 큰 유익은 부활이 언제 일어날지에 대해 우리 스스로 그 시기를 상상하지 못하도록 하여 우리의 신앙이 방해를 받지 않게 하고 혹시 이런 헛된 추측에 속을 때에 그것에 대해 의심을 갖게 해 주는 것이다.

8. 부활은 누구의 능력으로, 누구를 통해서 일어나는가?

죽은 자의 부활은 중보자이신 그리스도의 능력으로 이루어진다: "그를 내가 마지막 날에 다시 살리리라"(요 6:44). 그리스도의 이 말씀은 몸을 다시 살리시리라는 뜻으로 이해해야 한다. 왜냐하면 영은 죽지 않으므로 다시 살리시지 않을 것이기 때문이다. 사람이신 그리스도께서 그의 인간적인 음성과 신적인 능력으로 우리를 다시 살리실 것이다: "무덤 속에 있는 자가 다 그의 음성을 들을 때가 오나니"(요 5:28), "이는 정하신 사람으로 하여금 천하를 공의로 심판할 날을 작정하시고 이에 그를 죽은 자 가운데서 다시 살리신 것으로 모든 사람에게 믿을 만한 증거를 주셨음이니라"(행 17:31). 이 질문의 유익은 이 조목에 관하여 우리의 신앙이 든든히 서게 해 준다는 것이다. 부활을 일으키시는 자가 충족한 능력을 소유하고 계시며, 그는 전능하신 하나님이시며 그가 또한 우리의 머리이시므로 기꺼이 부활을 일으 키시리라는 것을 확고히 알게 되기 때문이다. 이 질문은 또한 큰 위로를 가져다준 다. 그가 그의 지체들을 그냥버려 두지 않으시고 그들을 다시 살리사 영생에 이르 게 하실 것이니, 바로 이를 위하여 그가 인간의 몸을 입으셨고 우리를 구속하신 것 이다.

반론. 그러나 성부께서 우리를 다시 살리신다고 말씀한다. 그는 그리스도 자신 도 다시 살리신 분이시다. "예수를 죽은 자 가운데서 살리신 이의 영이 너희 안에 거하시면 그리스도 예수를 죽은 자 가운데서 살리신 이가 너희 안에 거하시는 그 의 영으로 말미암아 너희 죽을 몸도 살리시리라"(롬 8:11). 그러므로 죽은 자들은 그리스도가 다시 살리시는 것이 아니다.

답변. 피조물들에게 임하는 삼위 하나님의 외형적인 역사하심은 그들이 활동하 는 그 질서에 따라서 각 위들에게 공통되는 것이다. 그러므로 부활을 성자께서 이 루시는 것으로 말씀할 때에도 성부가 제외되시는 것이 아니고, 성부나 성령께서 죽은 자를 살리신다고 말씀할 때에도 성자가 제외되시는 것이 아닌 것이다. 성부 께서는 성자를 통하여 간접적으로 우리를 살리실 것이다. 성자께서는 우리의 구 속자요 심판자로서 성령으로 말미암아 직접적으로 우리를 살리실 것이다. "우리 의 시민권은 하늘에 있는지라 거기로부터 구원하는 자 곧 주 예수 그리스도를 기 다리노니 그는 만물을 자기에게 복종하게 하실 수 있는 자의 역사로 우리의 낮은 몸을 자기 영광의 몸의 형체와 같이 변하게 하시리라"(빌 3:20, 21), "아버지께서 죽은 자들을 일으켜 살리심 같이 아들도 자기가 원하는 자들을 살리느니라"(요 5:21). 성령께서는 그 자신으로 말미암아 직접적으로 우리를 살리실 것이다: "예 수를 죽은 자 가운데서 살리신 이의 영이 너희 안에 거하시면 그리스도 예수를 죽 은 자 가운데서 살리신 이가 너희 안에 거하시는 그의 영으로 말미암아 너희 죽을 몸도 살리시리라"(롬 8:11).

9. 죽은 자들의 부활이 일어나는 목적은 무엇이며, 또한 어떤 상태에로 부활하는가?

죽은 자의 부활의 궁극적인 목적은 **하나님의 영광**이다. 그때에 믿는 자들을 영화

롭게 하심으로써 그의 긍휼하심을 최상의 형태로 드러내시고 시행하시며, 또한
유기된 자들의 정죄로 말미암아 그의 공의가 완전히 드러나게 될 것이며, 그리하
여 그의 약속과 경고들의 확실함을 선포하실 것이니 말이다. 이 궁극적인 목적에
종속되는 그 다음의 목적은 택한 자들의 구원과 영광이며, 반대로 유기된 자들의
형벌과 내어쫓음이다. 택한 자들은 영생에로 부활하며, 유기된 자들은 영원한 형
벌에로 다시 살아날 것이기 때문이다: "땅의 티끌 가운데에서 자는 자 중에서 많
은 사람이 깨어나 영생을 받는 자도 있겠고 수치를 당하여서 영원히 부끄러움을
당할 자도 있을 것이며"(단 12:2), "무덤 속에 있는 자가 다 그의 음성을 들을 때가
오나니 선한 일을 행한 자는 생명의 부활로, 악한 일을 행한 자는 심판의 부활로
나오리라"(요 5:28, 29), "내가 내 보좌에 함께 앉게 하여 주기를"(계 3:21), "이 흰
옷 입은 자들이 누구며 어디서 왔느냐?"(계 7:13), "그때에 의인은 자기 아버지 나
라에서 해와 같이 빛나리라"(마 13:43), "저주를 받은 자들아 나를 떠나 마귀와 그
사자들을 위하여 예비된 영원한 불에 들어가라 … 그들은 영벌에, 의인들은 영생
에 들어가리라"(마 25:41, 46). 이것이 죽은 자들이 다시 살아날 때에 처하게 될 상
태와 조건이다.

반론. 사도는 그리스도의 부활이 우리의 부활의 원인이며 우리의 부활이 그리스
도의 부활의 결과 혹은 은덕으로 선언한다. 그러나 이 원인은 악인에게는 해당되
지 않는다. 그러므로 그들은 다시 살아나지 않을 것이다.

답변. 악인은 그리스도의 부활 때문에 다시 살아나지는 않을 것이나 하나님의
공의로운 심판으로 인하여 다시 살아날 것이요 그리하여 영원한 형벌에 처해질
것이다. 원인이 다양하고 다를 때에도 동일한 결과가 얼마든지 일어날 수 있는 것
이다. 경건한 자들의 경우는 부활의 원인이 그들의 머리이신 그리스도의 부활이
다. 그러나 악인의 경우는 그리스도의 부활이 그들의 부활의 원인이 아니다. 그들
은 그리스도의 지체들이 아니기 때문이다. 그들의 경우는 하나님의 공의와 그의
경고의 진실성이 원인이 되는 것이다. 요컨대, 악인이 죽은 자 가운데서 살아나는
것은 그리스도께서 살아나셨기 때문이 아니라 그들을 벌하시는 하나님의 공의 때
문인 것이다. 하나님께는 모든 사람의 부활의 목적이 바로 그의 영광에 있다. 그
러나 이 목적에 이르는 방식은 악인과 의인의 경우가 서로 다른 것이다.

영생

58문   "영생"의 조목에서 그대는 어떤 위로를 받습니까?

답   영원한 기쁨의 시작을 지금 내 마음으로 느끼고 있으니, 이 생명이 끝난 이후에는 내가 눈으로 본 적도 없고 귀로 들은 적도 없으며 사람이 마음으로 생각한 적도 없는 완전한 복락을 소유하게 될 것이며, 그 가운데서 영원토록 하나님을 찬양하리라는 것입니다.

[해 설]

이 조목은 사도신경의 마지막에 위치한다: 1. 그 완전한 성취가 그 나머지 조목들이 다 이루어진 후에 오기 때문이다. 2. 이것이 다른 모든 조목들의 결과이기 때문이다. 그 앞의 모든 조목들을 믿는 것이 바로 이 조목 때문이요, 다른 조목들에서 우리가 믿는 모든 것들이 이루어지는 것은 이 마지막 조목을 믿게 하고 영생을 누리게 하기 위함이기 때문이다. 그러므로 이 조목은 우리의 구원과 삶 전체의 면류관이라 할 것이다. 이 주제와 관련하여 우리가 주로 논의해야 할 질문들은 다음과 같다:

    1. 영생이란 무엇인가?
    2. 영생은 누가 주시는가?
    3. 영생은 누구에게 주어지는가?
    4. 무엇 때문에 영생을 주시는가?
    5. 영생은 어떻게 주어지는가?
    6. 영생은 언제 주어지는가?
    7. 금생에서 영생에 대해 확신을 가질 수 있으며, 있다면 어떻게 가질 수 있는가?

1. 영생이란 무엇인가?

이 질문은 언뜻 보면 답변하기 곤란한 것처럼 보인다. 특히 사도 바울이 이에 대해서 말씀한 바를 볼 때에 더 그러하다: "하나님이 자기를 사랑하는 자들을 위하여 예비하신 모든 것은 눈으로 보지 못하고 귀로 듣지 못하고 사람의 마음으로 생각하지도 못하였다"(고전 2:9). 그러나 생명의 유비에서 볼 때에 영생이 무엇인지에 대해서 뭔가 희미한 생각을 가질 수는 있을 것이다. 생명에 대해 철학자들은 별로 논란이 없고, 성경도 이에 대해서 말씀하기 때문이다. 철학자들은 생명이라는 용어를 여러 가지로 다양하게 정의한다. 하나님과 천사들, 그리고 생물들과 식물들에 대해 사용될 때에는 일반적으로 살아 있는 것의 존재 그 자체로 정의할 수 있을 것이다. 영들도 살아 있다. 그러나 살려주는 영으로부터 존재를 부여받은 것이 아니고 그들 자체의 본질 혹은 본성에 의거하여 살아 있는 것이다. 그러나 영을 소유하고 있는 피조물들에 있어서는 생명이란 살아 있는 것의 존재인데, 이는 영혼을 부여받거나 혹은 그 자체 속에 살아 있는 영혼을 지닌 그런 존재와 동일한 것이다. 그런 존재를 살아 있게 해 주는 것이 바로 영혼이기 때문이다. 아니면 영혼은 생명의 필수적인 형태라고도 할 것이다. 생명을 제1차적 행동과 제2차적 행동을 지칭하는 뜻으로도 사용한다. 즉, 존재나 행동 그 자체를 뜻하는 것으로도 사용되며, 살아 있는 존재의 행동을 뜻하는 것으로도 사용되는 것이다.

이제 생명을 다음과 같이 좀 더 충실하게 정의할 수 있을 것이다: 자연의 생명은 살아 있는 육체 속에 있는 영혼의 존재 혹은 내주(內住)요 또한 살아 있는 존재의 활동이다. 혹은 그것은 생명을 지닌 것에 합당한 일들을 수행하는 영혼의 완전성(헬라어로 **엔텔레스케이아**)이라고 정의할 수도 있다. 아니면 마지막으로, 살아 있는 존재가 그 자체에게 합당한 일들을 산출하게 해 주는 바 적응성이라고 정의할 수도 있고, 또한 영혼과 육체 사이에 존재하는 연합으로 말미암는 것들 자체라고 정의할 수도 있을 것이다.

영원하다고 부르는 것들은 다음과 같다: 1. 하나님처럼 시작이나 끝이 없는 것. 2. 하나님의 작정들처럼 끝은 있으나 시작이 없는 것. 3. 천사들처럼 시작은 있으나 끝이 없는 것. 우리의 하늘의 생명을 가리켜 영원하다고 하는 것은 바로 이 세 번째 의미다. 곧, 그 생명은 시작은 있으나 끝이 없을 것이라는 뜻이다. 그러므로 사람의 영생, 즉 영원한 생명이란, 중생을 얻고 영광을 얻은 사람의 영원한 존재인데, 이는 사람이 처음 창조되었을 때와 같이 하나님의 형상이 그에게서 완전히 회복되어 완전한 지혜와 의와 복락을 소유하고 있거나 영원한 기쁨과 하나님의 참된 지식과 사랑을 부여받은 상태에 있는 것이다. 그리고 의미를 분명하게 하기 위해서 우리는 이 행위들 가운데에 하나님을 알고 사랑하는 **능력들** 자체를 덧붙일 수 있을 것이다. 하나님을 올바로 알고 사랑할 수 있다는 것은 그를 알고 사랑하는 일임은 물론 신령한 삶에 속하는 것이기도 하기 때문이다. 자연인으로서는 하나님의 영의 일들을 받아들이지 않는 법이니 말이다(고전 2:14). 아니면, 이것을 다시 이렇게도 정의할 수 있을 것이다: 영생이란, 하나님 안에서의 영원한 즐거움과 기쁨, 하늘의 영광, 그리고 완전한 복락의 상태에 필요한 모든 선한 것들의 완전한 결실과 더불어 하나님의 형상이 완전히 회복되는 것이다.

한 마디로 말해서, 영생은 사람이 하나님과 완전히 화합하는 것으로, 하나님에 대한 참되고 완전한 지식과 사랑에 있고, 또한 사람의 영혼과 육체 모두의 영광에 있다 할 것이다. 그러므로 영생을 이루는 것이 무엇인지에 대해 정당한 사고를 갖기 위해서는 다음 두 가지를 반드시 생각해야 한다: 1. 우리의 육체와 영혼이 하나님과 연합함. 2. 하나님을 완전히 따름. 마치 결과가 원인에게서 나오듯이 이것은 하나님과의 연합에서 비롯된다. 이처럼 하나님을 완전히 따르는 것은 하나님은 물론 그의 뜻과 행하심에 대한 선명하고도 올바른 지식에 있으며, 의(義)와 하나님 안에서의 완전한 즐거움과 기쁨, 우리 육체가 얻게 될 마치 해처럼 빛나는 말할 수 없는 영광, 그리고 참되고 완전한 복락에 필요한 모든 선한 것들의 충족함에 있다 할 것이다. 이런 것들은 영생의 본질과 형태를 적게나마 표현한 것인데, 여기에 유효적 원인들과 최종적 목적들을 덧붙인다면 좀 더 완전하고 충실한 정의에 도달하게 될 것이다. 영생이란 하나님께서 성령을 통하여 신자들 속에 영원히 거주하시는 것에 있으며, 하나님과 그의 역사하심과 뜻을 아는 참되고 완전한 지식에 있는데 이 역시 동일한 성령으로 말미암아 직접적으로 마음에서 일깨워지며, 참되고 완전한 지혜와 의(義), 그리고 마음과 뜻의 모든 힘과 능력들이 하나님의 마음과 뜻과 완전히 일치하는 데에 있는데 이러한 기쁨은 그리스도로 인하여 하나님으로부터 값없이 주어지며 금생에서 이미 시작되며 내생에서 완전하게 되어 하나님께서 그의 성도들에게서 영원토록 찬양받으시고 영광받으시게 되는 것이다.

이 정의의 각기 다른 모든 부분들은 하나님의 말씀과 완전히 일치한다. 영생이 하나님께서 성령으로 말미암아 그의 백성 가운데 영원토록 거하시는 것을 뜻하는 부분은 다음의 본문들이 입증해 준다: "우리가 그에게 가서 거처를 그와 함께 하리라"(요 14:23), "그가 또 다른 보혜사를 너희에게 주사 영원토록 너희와 함께 있게 하리니"(요 14:16). 하나님에 대한 올바른 지식과 완전한 지혜가 거기에 포함된다는 것은 "영생은 곧 유일하신 참 하나님과 그가 보내신 자 예수 그리스도를 아는 것이니이다"(요 17:3)라는 말씀에서 드러난다. 영생은 완전한 의를 포괄하는 것이다. 왜냐하면 그 의를 소유할 자들은 "천사와 동등이요 부활의 자녀"들이기 때문이다(눅 20:36). 이와 마찬가지로 하나님 안에서 누리는 즐거움과 기쁨이 있을 것이다: "너희 기쁨을 빼앗을 자가 없으리라"(요 16:22). 또한 모든 선한 것들이 풍성할 것이다: "하나님이 만유의 주로서 만유 안에 계시려 하심이라"(고전 15:28), "성 안에서 내가 성전을 보지 못하였으니 이는 주 하나님 곧 전능하신 이와 및 어린 양이 그 성전이심이라. 그 성은 해나 달의 비침이 쓸데없으니 이는 하나님의 영광이 비치고 어린 양이 그 등불이 되심이라"(계 21:22, 23). 우리가 현재 부분적으로만 누리는 그 선한 것들이 그때에는 완전해 질 것이다: "온전한 것이 올 때에는 부분적으로 하던 것이 폐하리라"(고전 13:10). 마지막으로 그 어떠한 방해거리도 끝도 없을 것이다: "하나님은 친히 그들과 함께 계셔서 모든 눈물을 그 눈에서 닦아주시니"(계 21:3, 4), "영원히 야곱의 집을 왕으로 다스리실 것이며 그 나라가 무궁하리라"(눅 1:33), "나라와 권세와 온 천하 나라들의 위세가 지극히 높으신 이의 거룩한 백성에게 붙인 바 되리니 그의 나라는 영원한 나라이라"(단 7:27).

반론. 영생을 누린다는 것은 영원토록 산다는 것이다. 그러나 악인도 영원토록 산다. 그들도 불멸한 상태로 다시 살아날 것이기 때문이다. 그러므로 그들 역시 영생을 소유하게 될 것이다.

답변. 이 결론은 영생에 대한 불완전한 정의에서 이끌어낸 것이므로 힘이 없다. 영생이란 그저 불멸성이나 영혼이 육체 속에 계속해서 존재하는 것을 뜻하는 것이 아니라, 좀 더 구체적으로 성령께서 그의 특별한 역사하심을 통하여 신자들의 속에 역사하시는 신령한 생명이요 하늘의 영광과 복락이기 때문이다. 악인도 부활 이후에 불멸한 상태가 될 것이나 그들의 자연적인 생명은 생명이 아니라 영원한 사망일 것이다. 이 생명은 다음과 같은 것들과 결부될 것이기 때문이다. 1. 하나님으로부터 영원히 내어쫓김. 2. 하나님의 지식과 은혜가 없음. 3. 영원히 계속되는 말할 수 없는 고통. "거기에는 구더기도 죽지 않고 불도 꺼지지 아니하느니라"(막 9:48), "거기서 슬피 울며 이를 갈리라"(마 24:51). 이런 것들을 볼 때에 영원한 사망이 무엇인지를 이해할 수 있을 것이다. 그것을 그렇게 부르는 것은 악인이 한 번 죽음으로써 그 상태에서 벗어나기 때문이 아니라 그들이 영원토록 죽으며 끝이 없는 고통을 경험하게 될 것이기 때문이다.

2. 영생은 누가 주시는가?

오직 하나님만이 영생을 베푸신다: "하나님의 은사는 … 영생이니라"(롬 6:23). 모든 생명의 주인이시며 근원이신 성부 하나님께서 성자와 성령을 통하여 영생을 베푸신다. 그리고 성자는 성령을 통하여 영생을 베푸시며, 성령은 자기 자신을 통하여 영생을 베푸신다. 이러한 역사하심의 질서는 삼위 하나님께 자연스러운 것이다. 성부에 대해서는 성경이 다음과 같이 말씀한다: "아버지께서 죽은 자들을 일으켜 살리심 같이"(요 5:21), "아버지께서 자기 속에 생명이 있음 같이"(요 5:26). 성자에 대해서는 다음과 같이 말씀한다: "아들도 자기가 원하는 자들을 살리느니라"(요 5:21), "아들에게도 생명을 주어 그 속에 있게 하셨고"(요 5:26), "그 안에 생명이 있었으니"(요 1:4), "영존하시는 아버지라"(사 9:6), "내가 그들에게 영생을 주노니"(요 10:28). 성령에 대해서는 이렇게 말씀한다: "사람이 물과 성령으로 나지 아니하면 하나님의 나라에 들어갈 수 없느니라"(요 3:5), "그리스도 예수를 죽은 자 가운데서 살리신 이가 너희 안에 거하시는 그의 영으로 말미암아 너희 죽을 몸도 살리시리라"(롬 8:11). 이 증언들을 잘 주목해야 한다. 이것들은 성자와 성령의 신성을 확립시켜주며, 또한 그들이 성부와 동등하심을 입증해 주기 때문이다.

반론 1. 그러나 복음 사역자들도 영생을 준다. 왜냐하면 바울이 다음과 같이 말씀하기 때문이다: "그리스도 예수 안에서 내가 복음으로써 너희를 낳았음이라"(고전 4:15), "이것을 행함으로 네 자신과 네게 듣는 자를 구원하리라"(딤전 4:16). 그러므로 하나님 이외에 다른 이들도 영생을 주는 것이다.

답변. 동일한 결과에 대해서도 종속적인 원인들이 많이 있을 수 있다. 그리스도와 성령은 그들 자신의 능력으로 생명을 주신다. 그러나 사역자들은 그리스도께서 그의 영의 능력으로 역사하실 때에 사용되는 도구들에 지나지 않는다. "사람이 마땅히 우리를 그리스도의 일꾼이요 하나님의 비밀을 맡은 자로 여길지어다"(고전 4:1), "그런즉 아볼로는 무엇이며 바울은 무엇이냐? 그들은 주께서 각각 주신 대로 너희로 하여금 믿게 한 사역자들이니라"(고전 3:5).

반론 2. 그러나 그리스도께서는 또한 그에게 전해지는 능력으로 생명을 주신다. 그러므로 그것은 그 자신의 것이 아니다.

답변. 그리스도께서는 그에게 전해진 능력으로 생명을 주신다. 그러나 그것은 본성적이며 영원한 발생(낳음)을 통해서 전해진 것이다. 그러므로 우리는, 그가 성부로부터의 영원한 발생으로 말미암아 그에게 전해진 능력으로 생명을 주신다고 답변할 수 있을 것이다. 그러므로 그는 자기 자신의 능력으로 생명을 주시는 것이다. "아버지께서 자기 속에 생명이 있음 같이 아들에게도 생명을 주어 그 속에 있게 하셨고"(요 5:26).

3. 영생은 누구에게 주어지는가?

영생은 영원 전부터 택한 자들에게나 혹은 금생에서 회심하는 자들에게만 주어진다. "내가 그들에게 영생을 주노니"(요 10:28), "내가 그들을 위하여 비옵나니 내가 비옵는 것은 세상을 위함이 아니요 내게 주신 자들을 위함이니이다"(요 17:9), "내가 그들과 함께 있을 때에 내게 주신 아버지의 이름으로 그들을 보전하고 지키었나이다. 그 중의 하나도 멸망하지 않고 다만 멸망의 자식뿐이오니"(요 17:12), "내 아버지께 복 받을 자들이여 나아와 창세로부터 너희를 위하여 예비된 나라를 상속받으라"(마 25:34), "나를 보내신 아버지께서 이끌지 아니하시면 아무도 내게 올 수 없으니"(요 6:44), "미리 정하신 그들을 또한 부르시고 부르신 그들을 또한 의롭다 하시고 의롭다 하신 그들을 또한 영화롭게 하셨느니라"(롬 8:30). 믿음과 회개는 택한 자들에게만 고유한 것이다. 그런데 믿음과 회개는 영생의 시작을 이룬다. 그러므로 영생은 택한 자들에게만 해당되는 것이다. "오직 택하심을 입은 자가 얻었고 그 남은 자들은 우둔하여졌느니라"(롬 11:7).

영생이 누구에게 주어지는가?라는 질문에 대해 더 나은 답변은, 회심하는 자들에게 주어진다고 하는 것보다는 택함받은 자들에게 주어진다고 하는 것이다. 회심과 믿음은 영생의 시작에 지나지 않기 때문이다. 그러므로 영생이 회심한 자들에게 주어진다고 말하는 것은, 마치 살아 있는 자에게 생명이 주어진다고 말하는 것과 같은 것이 된다. 영생의 시작이 누구에게 주어지는가? 라고 묻는다면, 택함받은 자들에게 주어진다고 답하는 것이 옳을 것이다. 이에 대해서 회심한 자들에게 주어진다고 말하면, 그것은 다시 하나님은 누구를 회심하게 하시는가?라는 질문을 하게 만들 뿐이다.

4. 무엇 때문에 영생을 주시는가?

영생은 우리의 현재의 행위나 혹은 예견된 행위 때문에 주어지는 것이 아니다. 영생은 오직 인류를 향한 하나님의 값없는 긍휼과 사랑으로 주어지며, 또한 중보자이신 그리스도의 보상과 공로를 통하여 의인을 구원하는 데에서 그의 긍휼하심을 드러내시며 또한 믿음으로 말미암아 그의 공로를 우리에게 전가하사 우리를 구원하심으로써 하나님께서 우리에게서 영원토록 찬양을 받으시고자 하는 하나님의 뜻에서 비롯되는 것이다. "하나님의 은사는 그리스도 예수 우리 주 안에 있는 영생이니라"(롬 6:23), "너희는 그 은혜에 의하여 믿음으로 말미암아 구원을 받았으니 이것은 너희에게서 난 것이 아니요 하나님의 선물이라 행위에서 난 것이 아니니 이는 누구든지 자랑하지 못하게 함이라 우리는 그의 만드신 바라 그리스도 예수 안에서 선한 일을 위하여 지으심을 받은 자니 이 일은 하나님이 전에 예비하사 우리로 그 가운데서 행하게 하려 하심이니라"(엡 2:8-10), "하나님이 세상을 이처럼 사랑하사 독생자를 주셨으니 이는 그를 믿는 자마다 멸망하지 않고 영생을 얻게 하려 하심이라"(요 3:16).

영생이 우리에게 주어지는 원인은 현재의 것이든 미래의 예견된 것이든 우리의 행위가 결코 아니다. 영생이 시작되기 전, 혹은 하나님께 회심하기 전에는 우리의 모든 행위들이 영원한 사망을 받아 마땅한 것들이며, 또한 회심 이후의 우리의 행위들은 모두 영생의 결과들이다. 그러므로 우리의 행위가 영생이 주어지는 원인일 수는 없는 것이다. 우리는 여러 가지 수단들을 통해서 영생에로 이끌림을 받는다. 그러나 우리가 하나님께로 이끌림을 받는 수단들은 우리가 그에게로 이끌림을 받는 원인과 전혀 별개의 것이다. 영생이 주어지는 최종적 원인은 하나님의 긍휼하심을 찬양하고 높이 받들게 하시고자 하는 하나님의 뜻에 있다. "그가 사랑하시는 자 안에서 우리에게 거저 주시는 바 그의 은혜의 영광을 찬송하게 하려는 것이라"(엡 1:6). 하나님께서는 그가 우리를 택하신 것과 동일한 이유와 목적으로 우리에게 영생을 주시는 것이다.

5. 영생은 어떻게 주어지는가?

영생은 믿음을 통하여 우리에게 주어지며, 믿음은 복음의 도리와 성령의 내적인 유효적 역사하심으로 말미암아 주어진다. 성령께서는 말씀을 통하여 하나님과 그의 뜻에 대한 지식을 갖게 하시는데, 그 지식에는 더욱더 하나님을 친밀하게 알고자 하며 또한 하나님의 뜻에 따라 살고자 하는 간절한 열심이 수반된다. "주여 영생의 말씀이 주께 있사오니 우리가 누구에게로 가오리이까?"(요 6:68), "그리스도 예수 안에서 내가 복음으로써 너희를 낳았음이라"(고전 4:15), "복음은 모든 믿는 자에게 구원을 주시는 하나님의 능력이 됨이라"(롬 1:16), "믿음은 들음에서 나며 들음은 그리스도의 말씀으로 말미암았느니라"(롬 10:17). 영생의 시작을 얻는 일상적인 방법은 말씀의 사역을 통하는 것이다. 그러나 교회의 유아들과, 또한 십자가 상의 강도나 바울, 고넬료 등의 경우처럼 이적적인 방식으로 회심한 자들은 경우가 다르다. 여기서는 영생이 주어지는 일상적인 방법을 논하는 것인데, 이는 성인들에게만 해당되는 것이다.

6. 영생은 언제 주어지는가?

영생의 시작은 이 세상에서 이미 주어진다. 그러나 영생의 완성은 내생을 위하여 예비된 상태에 있는데, 그것은 이 세상에서 영생의 시작을 누리는 자들 외에는 아무도 얻을 수 없다. 그러므로 성경은 이렇게 말씀한다: "참으로 우리가 여기 있어 탄식하며 하늘로부터 오는 우리 처소로 덧입기를 간절히 사모하노라 이렇게 입음은 우리가 벗은 자들로 발견되지 않으려 함이라"(고후 5:2, 3), "무릇 있는 자는 받아 넉넉하게 되되 없는 자는 그 있는 것도 빼앗기리라"(마 13:12).

영생의 완성에는 두 단계가 있다. 그 하나는 육체로부터 해방된 의인의 영혼들이 즉시 하늘로 올려지는 것이다. 죽을 때에 그들이 금생의 모든 악한 것들에게서 구함을 얻기 때문이다. 또 하나는 우리의 육체가 부활할 때에 이르게 되는 더 크고 영광된 단계인데, 이때에는 완전히 구속함을 받고 영광을 입은 상태로 하늘에 올라가 하나님을 얼굴과 얼굴을 대면하여 보게 될 것이다. "내 말을 듣고 또 나 보내신 이를 믿는 자는 영생을 얻었고 심판에 이르지 아니하나니 사망에서 생명으로 옮겼느니라"(요 5:24), "사랑하는 자들아 우리가 지금은 하나님의 자녀라 장래에 어떻게 될지는 아직 나타나지 아니하였으나 그가 나타나시면 우리가 그와 같을 줄을 아는 것은 그의 참 모습 그대로 볼 것이기 때문이니"(요일 3:2).

7. 금생에서 영생에 대해 확신을 가질 수 있으며, 있다면 어떻게 가질 수 있는가?

영생에 대해 확신을 갖는 것은 가능할 뿐 아니라 우리의 의무이기도 하다. 왜냐하면 믿는 모든 자들에게 영생이 주어지기 때문이다. 뿐만 아니라 영생을 믿는다는 것은 다른 사람들이 영생에 참여하는 것은 물론 바로 내가 영생에 함께 참여할 것이라는 확신을 갖는 것인데, 우리는 교황주의자들의 불신과 불확실한 태도를 대적하고 이것을 든든히 붙들어야 하는 것이다. 우리는 우리의 최종적인 견인을 확실히 믿어야 한다. 성경이 다음과 같이 말씀하고 있기 때문이다: "우리가 믿음으로 의롭다 하심을 받았으니 우리 주 예수 그리스도로 말미암아 하나님과 화평을 누리자"(롬 5:1), "내가 그들에게 영생을 주노니 영원히 멸망하지 아니할 것이요 또 그들을 내 손에서 빼앗을 자가 없느니라"(요 10:28), "하나님의 은사와 부르심에는 후회하심이 없느니라"(롬 11:29), "너희 안에서 착한 일을 시작하신 이가 그리스도 예수의 날까지 이루실 줄을 우리는 확신하노라"(빌 1:6), "내가 믿는 자를 내가 알고 또한 내가 의탁한 것을 그 날까지 그가 능히 지키실 줄을 확신함이라"(딤후 1:12).

믿는 자는 자신이 믿는 바를 아는 법인데, 그런 확신은 다음과 같은 견고한 논지들에 근거하는 것이다: 1. 영생의 주인이신 하나님은 불변하시다. 2. 하나님의 터는 확실히 서 있으며, "주께서 자기 백성을 아신다"는 인침이 있다(딤후 2:19). 3. 그리스도께서는 아버지께 구하시는 모든 일들에서 응답을 받으신다. 그런데 그가 기도하시는 바는 아버지께서 그에게 주신 모든 자들을 지켜달라는 것이다. 4. 하나님께서는 우리 구원에 필요한 것들을 그에게 구하도록 만드시나, 조건적이 아니라 적극적으로 그렇게 하신다. 그가 그것을 친히 약속하셨기 때문이다. 그러므로 우리의 견인과 영생의 완성에 대해 의심한다면 그것은 하나님의 신실하심을 뒤엎는 것이요 또한 그리스도의 간구하심을 헛된 것으로 만드는 처사인 것이다.

그런데 어떻게 하면 영생의 완성에 대해 확신을 가질 수 있을까? 우리가 이미 영생의 시작을 누리고 있으니, 반드시 영생의 완성이 우리에게 주어질 것이다. 하나님의 은사에는 후회하심이 없다. 하나님은 신실하시며, 따라서 그가 시작하신 일을 반드시 완전히 이루실 것이다. 우리에게 참 믿음이 있다면 영생의 시작에 대해 확신을 갖게 된다. 그런데 그 참 믿음은 의심과 마귀의 시험들을 대적하면서도 "내가 믿나이다 나의 믿음 없는 것을 도와 주소서"(막 9:24)라고 외친다. 우리가 믿음으로 말미암아 의롭다 하심을 얻을 때에 하나님과 더불어 갖는 양심의 평안을 통해서도 동일한 확신을 갖게 된다. 또한 우리는 하나님의 모든 계명들을 참된 회개와 신실한 마음의 뜻으로 순종해야 하는데, 이러한 참된 회개와 신실한 마음의 뜻에서도 확신을 갖게 된다. "우리가 소망의 확신과 자랑을 끝까지 굳게 잡고 있으면 우리는 그의 집이라"(히 3:6), "우리가 시작할 때에 확신한 것을 끝까지 견고히 잡고 있으면 그리스도와 함께 참여한 자가 되리라"(히 3:14).

이 조목에 대해 지금까지 논의한 내용은 **영생**에 대해 믿어야 할 바를 충실하게 설명해 준다. 거기에는 다음과 같은 것들에 대한 견고한 확신이 포함된다: 1. 금생 이후에 교회가 영광을 받고 하나님이 영원토록 찬양받으실 또 다른 생이 있다는 것. 2. 나도 이 교회의 일원이니, 나도 영생에 참여하게 되리라는 것. 3. 내게도 금생에서 **영생의 시작**이 있다는 것.

칭의

59문 이 모든 것을 믿으므로 그대는 지금 무슨 유익을 얻습니까?

답 내가 그리스도 안에서 하나님 앞에서 의로우며, 또한 영생의 상속자라는 것입니다.

60문 그대는 어떻게 해서 하나님 앞에서 의롭게 됩니까?

답 오직 예수 그리스도를 믿는 참된 믿음으로만 의롭게 됩니다. 즉, 내가 하나님의 모든 계명들을 거슬러 극심한 죄를 범하였고 그것들을 하나도 지키지 않았으며 또한 여전히 모든 악에게로 기울어지는 성향이 있는 것을 나의 양심이 고소하지만, 하나님께서는 내게 공로가 전혀 없는 상태에서, 순전히 은혜로, 그리스도의 완전한 보상과 의와 거룩함을 내게 베푸시고 전가(轉嫁)시키셔서, 마치 내가 전혀 죄를 범한 적이 없고 그리스도께서 나를 위해 이루신 모든 순종을 나 스스로 이행한 것처럼 여기십니다. 나는 믿는 마음으로 그런 은덕을 받아들일 뿐입니다.

[해 설]

여기서 이어지는 의롭다 하심의 교리는 우리의 믿음의 주요 조목 가운데 하나인데, 이는 비단 그것이 근본적인 문제들을 다루기 때문만이 아니라 이단들이 그렇게도 자주 문제를 삼아왔기 때문이기도 하다. 교회와 이단들 사이의 논쟁들은 주로 두 가지 점에 관한 것인데, 그 하나는 하나님에 관한 것이요, 다른 하나는 하나님 앞에서 사람을 의롭다 하시는 것에 관한 것이다. 이 두 교리들이 너무도 중요하기 때문에 둘 중의 어느 하나가 뒤집어지면 우리의 믿음의 다른 부분들도 산산조각 나고 만다. 그러므로 우리로서는 특히 이 교리들과 관련한 이단들의 모든 공격들을 대항하여 우리 스스로 든든히 방비할 필요가 있는 것이다. 본 요리문답의 앞의 질문들이 다루는 의롭다 하심의 교리에 대해서는(하나님에 관한 교리에 대해서는 이미 다루었으므로) 다음의 문제들을 논의하여야 할 것이다:

1. 일반적인 의미에서 의(義)란 무엇인가?
2. 의는 몇 종류나 되는가?
3. 의는 어떤 점에서 칭의(의롭다 하심)와 다른가?
4. 하나님 앞에서의 우리의 의는 무엇인가?
5. 그리스도의 보상이 우리 외부의 것인데, 그것이 어떻게 우리의 의가 되는가?
6. 그 의는 왜 우리의 것이 되는가, 혹은 하나님께서는 무엇 때문에 그 의를 우리에게 전가시키시는가?

1. 일반적인 의미에서 의란 무엇인가?

영어의 "righteousness" (의)는 "right" (의로운)에서 파생되었는데, 마치 죄 혹은 불의(不義)가 법을 범하는 것인 것처럼, 이 의(義)는 법이며 또한 법에 일치하는 것이다. 이는 일반적인 의미로 하나님과 또한 신적인 법과 일치하는 데 있다고 정의할 수 있을 것이다. 그러나 하나님과 피조물 모두에 적절할 만큼 포괄적인 정의는 제시할 수 없을 것임은 물론이다. 창조되지 않은 의는 하나님 자신이요, 이는 모든 의의 토대요 규범 혹은 패턴이다. 창조된 의는 창조되지 않은 혹은 신적인 의가 이성적인 피조물들 속에 내는 하나의 효과다. 그러므로 일반적인 의미에서 의란, 피조물에 관한 한, 이성적 피조물들에 관련된 법들을 성취하는 데 있다 하겠다. 아니면 의란 이성적 피조물들의 편에서 그들에 관한 법들에 순응하는 것이라 할 수 있을 것이다. 마지막으로, 의는 법의 성취요 또한 법에 순응하는 것이야말로 의 그 자체다. 이 사실을 직시하고 든든히 붙들어야 한다. 왜냐하면 우리의 의롭다 하심은 오로지 율법을 성취함으로써만 이루어질 수 있는 것이기 때문이다. 복음적 의는 법의 성취요, 조금도 법에 저촉되지 않는 것이다. 복음은 율법을 폐지하는 것이 아니라 그것을 세우는 것이다.

2. 의는 몇 종류나 되는가?

일반적인 의미에서 의는 하나님 자신이 의로우시듯이 **창조되지 않은** 것이거나, 아니면 이성적 피조물들에 속한 의가 그러하듯이 **창조된** 것이거나 둘 중의 하나다. **창조된 의**는 율법적인 의이기도 하고 복음적인 의이기도 하다. **율법적인 의**(legal righteousness)란 한 사람이 율법을 성취하여 그로 말미암아 의롭다고 선언되는 것을 의미한다. 혹은 율법의 성취에 그 사람의 순종이 수반되는 것을 의미한다. 아니면 그것은 의롭다고 선언되는 그 사람에게 있는 바 율법에 대한 복종을 의미한다. 타락 이전의 아담의 의가 바로 이런 율법적인 의였으며, 천사들의 의와 사람이신 그리스도의 의가 바로 이런 율법적인 의다. **복음적 의**(evangelical righteousness)는 우리가 아니라 우리를 대신하여 다른 분이 율법을 성취하고 이행하며, 하나님께서 그것을 믿음으로 우리에게 전가시키신 것을 의미한다.

율법적인 의는 율법에 대한 순종으로나 형벌을 통해서 이행된다. 율법이 그것에 대한 순종이나 형벌 중 어느 하나를 요구하는 것이다. 순종으로 이행되는 의는 보편적이거나 특수하거나 둘 중의 하나다. **보편적인 의**는 우리와 관련되는 모든 율법들을 다 준수하는 것이다. 혹은 그것은 우리에게 관계되는 모든 율법들에 복종하는 것이다. 이 의는 다시 두 종류로 나뉘는데, 완전한 의와 불완전한 의가 그것이다. **완전한 의**는 우리와 관계되는 모든 율법들에 대한 내적인 순종과 외적인 순종으로 되어 있다. 혹은 그것은 율법을 완전히 준수하는 것으로 되어 있다: "이 율법의 말씀을 실행하지 아니하는 자는 저주를 받을 것이라"(신 27:26). **불완전한 의**는 율법을 준수하기를 그저 시작한 정도이며, 율법의 모든 요건들을 다 준수하지 않고 그것이 제시하는 방식으로 그 요건들을 지키지도 않는 것을 뜻한다. 이 불완전한 의는 다시 두 종류로 되어 있는데, 철학적인 의와 기독교적인 의가 그것이다. **철학적인 의**는 하나님의 율법과 덕에 대한 하나의 불완전하고도 명확하지 않은 지식이요, 지식의 범위 내에서 올바른 것으로 여겨지는 것들을 행하고자 하는 특정한 뜻과 마음의 목적이요, 율법과 일치하는 행실이다. **기독교적인 의**는 중생, 혹은 하나님과 신적인 율법에 대한 지식에 있는데, 이는 불완전한 것이지만 그러면서도 철학적인 의보다는 더 탁월하고 완전한 것으로 그 자체가 하나님에 대한 믿음과 사랑에 근거를 둔 것인데, 이는 성령께서 믿는 자의 마음속에 복음을 통해서 일으키는 것이며, 또한 동시에 하나님의 모든 계명들에 따라 그에게 순종하고자 하는 순전한 열심에 함께 결합되어 있는 것이다. 이 형태의 의는 중생한 자들에게

속한 것으로 의롭다 함을 얻게 하는 믿음에서 솟아나는 것이다

특수한 의는 각 사람에게 그 자신의 것을 돌리는 의로서 교환이 가능하거나 아니면 분배가 가능한 것이거나 둘 중의 하나다. 교환이 가능한 의는 사물을 그 값과 교환하는 데에서 혹은 거래에서 동등성을 유지하는 것이다. **분배적 정의**는 직분이나 명예, 재화, 상급과 형벌을 분배하는 데에서 일정 비율을 보존하여 각 사람에게 정당한 바를 그 사람에게 돌리는 것이다. 곧, 농부에게는 밭을 갈게 하고, 정치가에게는 국가의 일을 담당시키며, 신학자에게는 교회를 가르치게 하고, 선한 자에게 상급을 베풀고, 악한 자에게 형벌을 가하는 것이다. "모든 자에게 줄 것을 주되 조세를 받을 자에게 조세를 바치고 관세를 받을 자에게 관세를 바치고 두려워할 자를 두려워하며 존경할 자를 존경하라"(롬 13:7).

의는 또한 사람의 의와 원인의 의 등의 주제들과는 구별된다. 사람의 의(righteousness of the peron)는 어떤 사람이 정의로우며 법에 일치할 때에 적용되며, 대의의 의(righteousness of the cause)는 어떤 사람이 선하든지 악하든지 간에, 그 사람에게 정의롭고도 선한 대의(大義)가 있을 때에 적용된다. 다윗은 시편에서 자주 이것으로 자신을 위로한다. 이것은 달리 선한 양심의 의(righteousness of a good conscience)라고도 불린다.

3. 의와 칭의는 서로 어떻게 다른가?

의(義)는 율법에 일치하는 것이며, 혹은 율법을 성취하는 것이요, 혹은 우리로 하여금 하나님 앞에서 의롭다 하심을 얻게 하는 그것이다.

반면에 **칭의**(稱義. 혹은, 의롭다 하심)는 누구에게든 이 의를 적용하는 것을 뜻한다. 그러므로 형체와 그것을 어떤 대상물에게 적용시키는 것이 서로 다르듯이, 혹은 흰색과 희게 하는 것이 서로 다르듯이, 이 둘도 그렇게 서로 다르다. 의롭다 하심도 의와 마찬가지로 율법적인 칭의와 복음적인 칭의로 나뉘어진다. **율법적 칭의**는 하나님과 율법에 일치하는 일이 우리에게서 일어나는 데에 있다. 이것은 우리가 성령으로 말미암아 중생할 때에 우리에게서 시작된다. **복음적 칭의**는 복음적 의를 적용하는 것이다. 혹은 다른 이의 의를 적용하는 것인데, 곧 우리 바깥에 그리스도 안에서 이루어지는 것이다. 혹은 그리스도께서 그의 십자가의 죽으심과 또한 그의 부활로 말미암아 우리를 위해 이루신 의를 전가시키고 적용하는 것이다. 이것은 의나 혹은 의의 특질들을 주입시키는 것이 아니라, 다른 이의 의를

근거로 하여 우리를 사면하는 것이요 혹은 우리가 하나님의 판단에서 죄로부터 자유하다는 것을 선포하는 것이다. 그러므로 칭의와 죄 사함은 동일한 것이다. 의롭다 하는 것은 곧 하나님께서 죄를 우리에게 전가시키지 않으시고 우리를 받아들이시고 또한 우리를 의롭다고 선포하시는 것이기 때문이다. 혹은 의롭다 하는 것은 하나님께서 그리스도께서 우리에게 전가시키신 그리스도의 의를 근거로 우리를 의롭다고 선포하시는 것이다. 이것이 그 단어의 정당한 의미라는 것은 그 단어가 나타나는 다음의 성경 본문에서 분명히 드러난다: "주의 눈 앞에는 의로운 인생이 하나도 없나이다." 즉, 고유한 의로는 아무도 사면을 받거나 의롭다고 선언받을 수 없다는 뜻이다(시 143:2). "허물의 사함을 받고 자신의 죄가 가려진 자는 복이 있도다. 마음에 간사함이 없고 여호와께 정죄를 당하지 아니하는 자는 복이 있도다"(시 32:1, 2). 바울은 시편 기자의 이러한 선언과 일치하여, 칭의를 죄 사함으로 해석하며, 거기서 **전가하다**(impute: 한글 개역개정판에는 "여기시다"로 번역되어 있음: 역자주)라는 단어가 7회나 반복되고 있다(롬 4:7).

　반론. 의로운 자는 율법에 일치한다. 의롭다 하는 것은 의롭게 만드는 것이다. 그러므로 의롭다 하는 것은 그 대상자를 율법에 일치하도록 만드는 것이다.

　답변. 이 논지 전체를 인정한다. 의롭다 하는 것은 그 대상자 자신의 것이라 불리는 의, 고유한 의, 주입된 의, 율법적인 의로나, 아니면 다른 이의 의, 전가된 의, 믿음의 의, 복음의 의, 즉 우리에게 고유하게 있는 것이 아니라 그리스도 안에 있는 의로써 율법에 일치하도록 만드는 것이다. 의롭다 하는 것은 또한 율법에 일치하는 데에 있다. 왜냐하면 믿음이 율법을 헛된 것으로 만들지 않고 그것을 세우기 때문이다. 우리의 의와 칭의가 그러하다고 말할 수 있을 것이다. 왜냐하면 죄인인 우리를 금생에서 하나님 앞에서 의롭다 하심을 얻게 해 주는 바로 그 의에 대해서 논하는 것이지, 내생에서 우리를 의롭다고 인정받게 해 주거나, 혹은 우리가 죄를 범하지 않았을 경우에 우리를 의롭다고 인정받게 해 줄 그런 의에 대해 논하는 것이 아니기 때문이다.

4. 하나님 앞에서의 우리의 의는 무엇인가?

우리를 이 땅에서 하나님 앞에 의롭다 하심을 얻게 해 주는 그 의는 율법에 일치하는 것도, 우리의 선행도, 우리의 믿음도 아니다. 그것은 그리스도께서 우리를 대신하여 이루신 보상이요, 혹은 그가 우리를 대신하여 당하신 형벌이다. 그러므로, 인성을 입으심, 율법에 굴복하심, 가난, 수욕, 연약함, 고난, 죽으심 등 그가 기꺼이 행하신 모든 일들을 포함하여 ― 그렇다, 그가 하나님의 의로우신 아들로서 결코 당해야 할 의무가 없으면서도 기꺼이 행하시고 당하신 모든 일들을 포함하여 ― 그의 잉태의 순간에서부터 그가 영광을 입으시기까지의 그리스도의 낮아지심 전체가, 그가 우리를 위해서 이루신 보상에, 또한 하나님께서 은혜로 우리와 모든 신자들에게 전가하시는 바 의에 포함되는 것이다. 이러한 보상은 율법을 성취한 것과 동등한 것이요, 죄에 대한 영원한 형벌을 당하는 것과 동등한 것이다. 율법은 모든 사람에게 이 둘 중의 하나를 요구하는데, 그리스도께서 이를 이루신 것이다. "내가 너희 중에서 예수 그리스도와 그의 십자가에 못 박히신 것 외에는 아무것도 알지 아니하기로 작정하였음이라"(고전 2:2), "너희도 그 안에서 충만하여졌으니"(골 2:10), "한 사람이 순종하지 아니함으로 많은 사람이 죄인 된 것 같이 한 사람이 순종하심으로 많은 사람이 의인이 되리라"(롬 5:19), "그가 찔림은 우리의 허물 때문이요 그가 상함은 우리의 죄악 때문이라 그가 징계를 받으므로 우리는 평화를 누리고 그가 채찍에 맞으므로 우리는 나음을 받았도다"(사 53:5, 6), "이 잔은 내 피로 세우는 새 언약이니 곧 너희를 위하여 붓는 것이라"(눅 22:20), "그리스도 예수 안에 있는 속량으로 말미암아 하나님의 은혜로 값없이 의롭다 하심을 얻은 자 되었느니라. 이 예수를 하나님이 그의 피로써 믿음으로 말미암는 화목제물로 세우셨으니"(롬 3:24, 25), "불법이 사함을 받고 죄가 가리어짐을 받는 사람들은 복이 있고"(롬 4:7), "이제 우리가 그의 피로 말미암아 의롭다 하심을 받았으니 더욱 그로 말미암아 진노하심에서 구원을 받을 것이니 곧 우리가 원수 되었을 때에 그의 아들의 죽으심으로 말미암아 하나님과 화목하게 되었은즉"(롬 5:9, 10), "부요하신 이로서 너희를 위하여 가난하게 되심은 그의 가난함으로 말미암아 너희를 부요하게 하려 하심이라"(고후 8:9), "그리스도께서 우리를 위하여 저주를 받은 바 되사 율법의 저주에서 우리를 속량하셨으니"(갈 3:13), "우리는 그리스도 안에서 그의 은혜의 풍성함을 따라 그의 피로 말미암아 속량 곧 죄 사함을 받았으니라"(엡 1:7), "그 아들 예수의 피가 우리를 모든 죄에서 깨끗하게 하실 것이요"(요일 1:7).

그리스도께서는 그의 인성의 거룩하심으로써, 또한 십자가에서 죽기까지 하신 그의 순종으로써 율법을 성취하셨다. 그의 인성의 거룩하심은 그의 순종에 필수적이었다. 우리의 중보자께서 그 스스로 거룩하시고 의로우신 것이 합당하며, 그래야만 우리를 위해 순종을 행하시고 보상을 이루실 수가 있게 되는 것이다. "이러한 대제사장은 우리에게 합당하니 거룩하고 악이 없고 더러움이 없고 죄인에게서 떠나 계시고 하늘보다 높이 되신 이라"(히 7:28). 그런데 이제 이 순종이 우리의 의가 되며, 바로 이것을 근거로 하나님께서 우리를 기뻐 받으신다. 또한 그리스도의 피가, 하나님께서 우리를 향하여 사랑을 베푸시는 근거가 되는 보상이 되는 것이다. 그리하여 "그 아들 예수의 피가 우리를 모든 죄에서" — 작위(作爲)의 죄와 부작위(不作爲)의 죄를 다 포함하여 — "깨끗하게 하신다"고 말씀하는 것이다. 그의 피 흘리심이 그의 보상의 일부요, 그렇기 때문에 그것을 우리의 의라 부르는 것이다.

이성적 피조물이 어떻게 하나님 앞에서 의로울 수 있는가? 죄인인 사람이 어떻게 하나님 앞에서 의로울 수 있는가? 이성적 피조물이 과연 하나님 앞에서 뭔가 공로를 세울 수 있겠는가? 이런 질문들은 서로 구별되는 것들이다. 첫 번째 질문에 대해서는, 이성적 피조물은 천사들의 경우처럼 율법에 본래적으로 일치함으로써 하나님 앞에서 의로울 수 있다고 답할 수 있다. 두 번째 질문에 대해서는, 사람은 죄인이므로 오직 그리스도의 공로를 전가받는 것을 근거로 해서만 의롭다고 인정받을 수 있다고 답할 수 있는데, 이에 대해서는 칭의에 대해 다룰 때에 논하게 될 것이다. 사람이 자기의 행위를 근거로 해서는 의롭다고 선언받을 수 없다는 것은, 칭의를 받기 전에는 사람의 행위들이 거룩하지 못하며, 또한 칭의를 받은 후에도 그 행위들이 불완전하며, 내생에 가서야 비로소 완전해지며, 그때에 가서 완전해진다 해도 그 행위들이 과거의 죄와 지금 우리를 짓누르는 죄에 대해서 보상해 줄 수가 없다는 사실에서 분명히 드러난다. 세 번째 질문에 대해서는, 사람은 하나님께 아무런 공로도 세울 수가 없다고 답변할 것이다. "이와 같이 너희도 명령 받은 것을 다 행한 후에 이르기를 우리는 무익한 종이라. 우리가 하여야 할 일을 한 것뿐이라 할지니라"(눅 17:10)라고 말씀하기 때문이다. 또한 그리스도의 순종하심도 하나님께 뭔가를 첨가시킨다는 뜻에서는 공로를 세우는 것이라 할 수 없다. 그러나 그것을 공로를 세우는 것이라 하는 것은 그리스도의 위엄 때문이다. 고난 당하신 분이 바로 하나님의 아들이시기 때문인 것이다.

5. 그리스도의 보상이 우리 외부의 것인데, 그것이 어떻게 우리의 의가 되는가?

언뜻 보면, 우리가 우리 외부의 것으로나 다른 이에게 속한 것으로 의롭다 하심을 받는다는 것이 터무니없는 것처럼 여겨진다. 그러므로 그리스도의 보상 혹은 순종이 어떻게 해서 우리의 것이 되는지를 더 상세하게 설명할 필요가 있을 것이다. 그것이 우리의 것이 되고 우리에게 적용되지 않는다면, 우리가 그것으로 의롭다 함을 받을 수가 없기 때문이다. 이는 흰 페인트를 벽에다 바르지 않으면 벽이 흰색깔이 될 수가 없는 것과 같은 이치다. 그리스도의 보상이 우리의 것이 되는 방식은 두 가지가 있다: 1. 하나님께서 친히 그 보상을 우리에게 적용시키시는 것이다. 즉, 그리스도의 의를 우리의 것으로 만드시고, 마치 그 의가 우리의 것인 것처럼 그것을 근거로 우리를 의로운 자로 받아들이시는 것이다. 2. 우리가 믿음으로 그리스도의 의를 받아들여서 그 의를 우리 자신에게 적용시키는 것이다. 즉, 하나님께서 우리에게 그리스도의 의를 주시며 그것을 근거로 우리를 의롭다고 인정해 주시며 우리를 모든 죄책에서 해방시키시리라는 것을 우리가 확신하는 것이다. 전자는 그리스도의 의의 전가(轉嫁: imputation)인데, 하나님께서 그리스도께서 이루신 그 의를 받아들이시고 우리를 대신하여 소용이 되도록 하시며, 그것을 근거로 마치 우리가 전혀 죄를 범하지 않은 것처럼, 혹은 최소한 우리의 죄가 완전히 보상된 것처럼 우리를 의로운 자로 간주하시는 것이다. 우리와 관계되는 이 다른 쪽의 적용은 믿는 행위 그 자체인데, 우리는 이 믿는 행위로써 그리스도의 의가 우리에게 전가되고 주어진다는 것을 확신하게 되는 것이다. 우리의 칭의에서 이 적용의 양면이 함께 일치하여야 한다. 하나님께서는 우리가 믿음으로 그리스도의 의를 우리에게 적용시킨다는 것을 조건으로 하여 그 의를 우리에게 적용시키시는 것이기 때문이다. 어떤 사람이 다른 사람에게 유익을 베풀고자 하여도, 받는 사람 편에서 그것을 받아들이지 않으면, 그 유익이 그에게 적용되지 않으며 따라서 그의 것이 되지 않기 때문이다. 그러므로 이 후자의 적용이 없으면 전자는 아무 소용이 없는 것이다. 그런데 그리스도의 의를 우리 편에서 적용시키는 일은 하나님으로부터 말미암는 것이다. 왜냐하면 그가 먼저 그 의를 우리에게 전가시키시고 그 다음에 우리 속에 믿음을 일으키사 우리가 그 전가된 의를 그 믿음을 통하여 우리 자신에게 적용하게 되기 때문이다. 이로 보건대, 하나님의 적용하심이 믿음을 통한 우리의 적용보다 선행하며 그 원인이 된다 할 것이다. 그리스도께서 하신 말씀처럼 "너희가 나를 택한 것이 아니요 내가 너희를 택하여 세웠다"(요 15:16).

그리스도의 의의 적용 문제에 관하여 지금까지 논의한 바에 근거하면 다음과 같은 점들이 나타난다. **첫째로**, 우리가 다른 분의 의로 말미암아 의롭다 하심을 받는다는 말이 터무니없는 것이 아니라는 것. 믿음으로 말미암아 우리에게 적용되고 그로 말미암아 우리가 의롭다고 인정받는 그 의는 단순히 다른 분의 의가 아니고, 적용을 통해서 우리의 것이 되었기 때문이다. 이 의가 발견되는 주체는 과연 그리스도다. 그러나 그것이 우리에게 전가되므로 그것이 우리에게서도 발견되는 것이다. **둘째로,** "전가"라는 용어는 의미상 "적용"만큼 포괄적이지 못하다는 것. "전가"는 오직 하나님께만 관계되어 사용되며, "적용"은 우리와 관계해서도 사용되기 때문이다. **셋째로,** 하나님께서 그리스도의 의를 우리에게 적용시키시는 방식과 우리가 그 의를 우리에게 적용하는 방법이 서로 다르다는 것. 하나님께서는 "전가"를 통해서 적용시키시고, 우리는 믿음을 통해서, 혹은 그것을 받아들임으로써 적용시키는 것이다. **넷째로,** 교회가 사용하는 의미로는, 의롭다 하심이란 율법적인 의미가 아니다. 곧, 불의한 사람에게 의의 특질들을 주입시킴으로써 그 사람을 의롭게 만드는 것이 아니라는 뜻이다. 오히려 의롭다 하심이란 복음적인 의미를 지닌다. 곧, 불의한 자를 의로운 자로 간주하며 그를 죄책에서 사면시키고, 그에게 형벌을 주지 않는 것인데, 이 모든 것은 그에게 전가된 다른 분의 보상 때문에 이루어지는 것이다.

성경은 이 용어를 이런 의미로 사용한다. 거의 모든 언어에서도 이런 의미로 사용된다. 히브리어에서는 죄책을 진 자를 사면하거나 그를 무죄하다고 선포한다는 뜻을 지닌다. "나는 악인을 의롭다 하지 아니하겠노라"(출 23:7), "악인을 의롭다 하고 의인을 악하다 하는 이 두 사람은 다 여호와께 미움을 받느니라"(잠 17:15). 헬라어 **디카이오**는 한 사람을 의로운 자로 간주하거나 선포하다라는 뜻을 지니며, 또한 수이다스(Suidas)가 관찰하는 것처럼, 적절한 심문을 통해서 원인이 알려질 때에 형벌을 가하는 것을 의미하기도 한다. "네 말로 의롭다 함을 받고"라는 그리스도의 말씀은 이 마지막 의미이다(마 12:37). 전자의 의미로는 성경에서 두 가지로 사용된다. 심문을 한 후에 정죄하지 않고 사면하는 것을 의미할 수도 있다: "누가 능히 하나님께서 택하신 자들을 고발하리요? 의롭다 하신 이는 하나님이시니"(롬 8:33), "이 사람이 의롭다 하심을 받고 그의 집으로 내려갔느니라"(눅 18:14). 아니면 한 사람을 의롭다고 인정하고 선언하는 것을 의미할 수도 있다: "지혜는 자기의 모든 자녀로 인하여 옳다 함을 얻느니라"(눅 7:35), "주께서 말씀하실 때에 의로우시다 하고"(시 51:4). 그러나 이 두 가지 의미는 결국 같은 것이다. 라틴어를 사용하는 사람들은 "의롭다 하다"라는 용어를 한 번도 사용하지 않으며, 특히 라틴 교부들은 거룩하게 만든다거나 의를 주입시킨다는 의미로는 사용하지 않는다. 그리고 다음의 본문들이 분명히 입증하듯이, 성경에서는 다른 의미로 사용되는 것이 분명하다. 그러므로, 죄인을 사면하는 것과 죄인을 값없이 받아들이는 것 이외에는 다른 의미로 이해할 수가 없는 것이다. "누가 능히 하나님께서 택하신 자들을 고발하리요? 의롭다 하신 이는 하나님이시니"(롬 8:33), "이 사람이 의롭다 하심을 받고 그의 집으로 내려갔느니라"(눅 18:14), 즉, 그가 죄책을 벗고 하나님께서 인정하신 바가 되었다는 뜻이다. "모세의 율법으로 너희가 의롭다 하심을 얻지 못하던 모든 일에도 이 사람을 힘입어 믿는 자마다 의롭다 하심을 얻는 이것이라"(행 13:39). 이 마지막 구절에 나타나는 "의롭다 하심"은 사면받는 것, 혹은 죄 용서함을 받는 것을 뜻하는 것이 분명하다. "하나님의 은혜로 값없이 의롭다 하심을 얻은 자 되었느니라"(롬 3:24), "또한 예수 믿는 자를 의롭다 하려 하심이라"(롬 3:26), "사람이 의롭다 하심을 얻는 것은 율법의 행위에 있지 않고 믿음으로 되는 줄 우리가 인정하노라"(롬 3:28), "일을 아니할지라도 경건하지 아니한 자를 의롭다 하시는 이를 믿는 자에게는 그의 믿음을 의로 여기시나니"(롬 4:5), "이제 우리가 그의 피로 말미암아 의롭다 하심을 받았으니"(롬 5:9).

6. 그리스도의 보상이 왜 우리의 것이 되는가, 혹은 하나님께서는 무엇 때문에 그 보상을 우리에게 의로 전가시키시는가?

하나님께서는 순전히 그의 긍휼과 은혜로 그리스도의 의를 우리에게 전가시키시고 적용시키시는데, 이는 우리를 이 은혜에 이르도록 영원 전부터 예정하셨고 우리를 그리스도 안에서 값없이 택하사 그의 정하신 때에 이 의를 ─ 바울의 말씀처럼 "그 기쁘신 뜻대로" ─ 우리에게 적용시키고자 하신 것이요, 그가 우리 속에서 어떤 선이나 거룩함을 미리 예견하셨기 때문에 그렇게 하신 것이 결코 아니다. 그가 이렇게 하신 이유는, 하나님께서 먼저 심어주시지 않는 이상 우리 속에 선(善)이 있을 수가 없다는 사실에서 비롯된다. 그러므로 우리에게 공로가 있다는 모든 생각은 하나님의 은혜와 모순되며 또한 그 은혜를 부인하는 것이므로 완전히 제거되어야 마땅하다. 하나님의 긍휼과 은혜는 그리스도의 의를 적용시키는 모든 사실의 유일한 원인인 것이다. 하나님은 그의 무한하신 선하심으로 그리스도의 공로를 우리에게 적용시키사 우리로 하여금 그 공로를 우리 자신에게 적용시키게 하신다. 그러므로 이 적용이 이루어지는 원인은 오직 하나님께만 있으며 결코 우리에게 있는 것이 아니다. 우리에게 혹 선한 것이 있다 할지라도 그것은 모두 그리스도의 공로를 적용시킨 결과에 속하는 것이다. "네게 있는 것 중에 받지 아니한 것이 무엇이냐?"(고전 4:7), "너희는 그 은혜에 의하여 믿음으로 말미암아 구원을 받았으니 이것은 너희에게서 난 것이 아니요 하나님의 선물이라"(엡 2:8).

그리스도께서는 우리의 의롭다 하심을 위하여 갖가지 방식으로 자기 자신을 드러내신다: 1. 우리의 의의 주체요 근거로서. 2. 근원적인 원인으로서. 그가 그 의를 취득하시기 때문이다. 3. 주된 유효적 원인으로서. 그가 성부와 함께 우리를 의롭다 하시며 우리에게 믿음을 주사 우리로 하여금 그것을 믿고 받아들이게 하시기 때문이다. **하나님의 긍휼하심**이 하나님에 관한 한 우리의 칭의의 근원적인 원인이다. **그리스도의 보상**이 형식적 원인(formal cause)이며, 우리의 **믿음**이 그리스도의 의를 우리 자신에게 적용시키는 수단적 원인이다.

그러므로 우리가 의롭다 하심을 받는 것이 하나님의 은혜로 말미암는다는 것과, 그리스도의 공로로 말미암는다는 것과, 믿음으로 말미암는다는 것은 각기 다른 의미라는 것을 주지해야 한다. 첫 번째는 근원적 원인으로 이해해야 하고, 두 번째는 그리스도께 있는 형상적 원인으로 이해해야 하고, 세 번째는 우리에게 있는 수단적 원인으로 이해해야 하는 것이다. 우리는 주요 근원적 원인이 되는 바 하나님의 긍휼하심 혹은 은혜로 말미암아 의롭다 하심을 얻는다. 하나님께서는 이 근원적 원인에 의하여 우리를 의롭다 하시고 구원하시도록 이끌림을 받으신 것이다. 우리는 그리스도의 공로로 말미암아 의롭다 하심을 받는데, 이는 부분적으로는 우리의 칭의의 형식적 원인이요 ― 하나님께서 우리에게 적용되는 그리스도의 순종을 보시고 우리를 받아들이시고, 마치 옷을 입은 것처럼 그 순종이 우리를 덮고 있는 것을 보시고 우리를 의로운 자로 인정해 주시기 때문에 ― 부분적으로는 우리의 칭의의 근원적이며 공로가 되는 원인이 되는데, 이는 하나님께서 이를 근거로 우리를 율법의 정죄로부터 사면하시고 해방시키시기 때문이다. 우리는 믿음으로 말미암아 의롭다 하심을 받는데, 이는 수단적 원인이다. 우리가 우리에게 전가되는 바 그리스도의 의를 믿음을 통해서 깨닫기 때문이다.

흔히 우리가 믿음으로 말미암아 의롭다 하심을 받는 것이 상호관계적인 의미라는 말을 하는데, 이는 우리가 의롭다 하심을 받는 것이 믿음의 내용이 되는 그것 혹은 그 믿음이 깨닫는 그것으로 말미암아, 즉 그리스도의 공로로 말미암는다는 의미이다. 믿음과 그리스도의 보상은 서로 관계가 있기 때문이다. 믿음으로 그리스도의 공로를 받는 것이며, 그리스도의 공로는 믿음으로 말미암아 받아들여지는 그것이다. 이런 식의 어법은 올바른 것이다. 왜냐하면 믿음이란 우리의 칭의의 형식적 원인을 의미하는 것이며, 또한 그리스도의 공로가 우리를 의롭다 하심을 받게 하는 것이지, 믿음 그 자체가 그렇게 하는 것이 아니기 때문이다. 혹은 우리가 의롭다 하심을 받는 것은 우리가 믿음으로 받아들이는 그것으로 말미암는 것이지, 그것을 받아들이는 수단 그 자체로 말미암는 것이 아닌 것이다. 그러나 동시에 아무런 단서를 붙이지 않고 칭의를 믿음에 기인하는 것으로, 즉 칭의의 수단적 원인으로 말할 수도 있다. 우리가 믿음이라는 수단을 통해서 의롭다 하심을 받는다고 보는 것도 옳기 때문이다. 그러나 "그의 믿음을 의로 여기시나니"(롬 4:5) 등의 표현을 쓸 때에는, 반드시 상호관계적인 의미로 이해해야 한다. 왜냐하면 믿음이란 우리가 그리스도의 의를 깨닫는 수단이고, 혹은 그리스도의 의를 받기 위해 내미는 우리의 손이기 때문이다.

61문 그대는 왜 오직 믿음으로만 의롭게 된다고 말합니까?
답 나의 믿음이 가치가 있어서 그것 때문에 내가 하나님께 받으실 만한 자가 된다는 뜻이 아니고, 오직 그리스도의 보상과 의와 거룩함이 하나님 앞에서 나의 의(義)이기 때문이며, 또한 그 의를 받아 나의 것으로 삼는 데에는 오로지 믿음 이외에는 다른 길이 없기 때문입니다.

[해 설]

우리가 오직 믿음으로만 의롭다 하심을 받는다고 말하는 것은 다음의 이유들 때문이다:

1. 우리가 오직 믿음의 대상으로 말미암아서만 의롭다 하심을 받기 때문이다. 즉, 우리가 의롭다 하심을 받는 것이 오직 그리스도의 공로로 말미암는다는 것이다. 그 공로가 없이는 그 어떠한 의도 우리의 것이 될 수 없다. 우리가 그리스도를 근거로 해서 의롭다 하심을 받기 때문이다. 하나님 앞에서는 그리스도의 공로 이외에 그 어떠한 것도 우리의 의가 될 수 없다. 우리가 의롭다 하심을 받는 것은 오

직 다른 분의 의를 믿고 받아들임으로 말미암는 것이지, 우리 자신의 행위나 공로로 말미암는 것이 아니다. 우리의 칭의에 있어서는 모든 행위들이 배제된다. 그렇다. 믿음을 하나의 덕으로 혹은 행위로 본다면 믿음 그 자체도 배제되는 것이다.

2. 믿음이라는 행위가 그리스도의 의를 깨닫고 그 자신에게 적용시키기 위함이기 때문이다. 그렇다. 믿음이란 그리스도의 공로를 받아들이는 것, 혹은 깨닫는 것 그 자체 이상 아무것도 아닌 것이다.

3. 오직 믿음만이 그리스도의 보상을 깨닫고 취하는 유일한 수단이기 때문이다. 그러므로 본 요리문답에 "오직"이라는 단어가 반드시 첨가되어야 하며, 교황주의자들을 대적하여 반드시 주장되어야 하는 이유가 분명해진다. "오직"이라는 단어를 첨가시키는 목적은 다음과 같다: 1. "사람이 의롭다 하심을 얻는 것은 율법의 행위에 있지 않고 믿음으로 되는 줄 우리가 인정하노라"(롬 3:28)라는 바울의 말씀과 또한 "믿기만 하라"(막 5:36)는 그리스도의 말씀에 나타나는 사실을 명확하게 표현하고자 함이다. 2. 우리 자신이나 다른 사람들의 모든 행위와 공로를 우리의 칭의의 원인으로 완전히 배제시켜서, 믿음을 상호관계적인 의미로 이해하도록 하기 위함이다. 사람이 오직 믿음으로만 의롭다 하심을 얻는다는 말은 곧 오직 그리스도의 공로로만 의롭다 하심을 얻는다는 뜻인 것이다. 3. 우리의 모든 공로뿐만 아니라 심지어 믿음 그 자체도 우리가 믿음으로 말미암아 받는 그것에서 배제시키기 위함이다. 그러므로 오직 믿음으로만 의롭다 하심을 받는다는 말은, 그것이 공로를 세움으로써가 아니라 오직 받음으로써 이루어진다는 뜻을 담고 있는 것이다. 마치 이 거지는 오직 구제품을 받아서만 풍성해진다고 말할 때에 그 거지의 모든 행위와 공로들이 배제되는 것과 마찬가지다. 구제품을 받는 행위 그 자체를 하나의 공로로 본다면, 그 행위 역시도 배제되는 것이다. 그렇기 때문에 바울은 언제나 우리가 의롭다 하심을 받는 것이 "믿음으로 말미암아"(by faith), "믿음으로"(through faith) 된다고 말씀하여 믿음을 하나의 수단으로 제시하며, 교황주의자들이 주장하듯이 "믿음 때문에"(on account of faith) 된다고는 한 번도 말씀한 적이 없는 것이다. 교황주의자들은 이 두 가지 표현을 모두 인정함으로써, 마치 믿음이 그리스도의 의를 적용시키는 것일 수도 있고, 동시에 우리를 의롭다고 선언할 만한 값어치가 있는 존재로 간주하도록 해 주는 어떤 특정한 행위 혹은 공로일 수도 있는 것처럼 만들어 버리는데, 이는 믿음의 본질 그 자체와 정면으로 배치되는 것이다. 만일 우리가 우리의 믿음 때문에 의롭다 하심을 얻는다면, 믿음은 더

이상 다른 분의 의를 받아들이는 것이 아니며 오히려 우리 자신의 의의 원인이 되는 바 하나의 공로가 되어 버릴 것이고, 더 이상 다른 분의 보상을 받는 것이 아닐 것이다. 그렇게 되면 더 이상 다른 분의 보상이 필요 없어질 것이기 때문이다. 4. 우리의 칭의에 믿음이 필수적이라는 것을 이해하기 위함이요, 또한 우리가 믿음이라는 공로로 말미암아서가 아니라 믿음처럼 아무것도 아닌 것으로 그리스도의 의를 받음으로 말미암아 의롭다 하심을 받는다는 것을 알게 하기 위함이다. 그리스도의 의를 자신에게 적용시키는 것이 바로 믿음이기 때문이다. 5. 정통적인 교부들도 흔히 "오직 믿음으로만"이라는 표현을 사용한다. 오리게네스는 이렇게 말한다: "사도들은 말씀하기를, 오직 믿음으로 말미암는 의롭다 하심이 충족하니, 이는 누구든지 믿기만 하면 아무런 행위가 없다 할지라도 의롭다 하심을 얻을 수 있게 하기 위함이라고 하였다." 암브로시우스(Ambrose)는 이렇게 말한다: "행위나 갚음이 없이 오직 믿음을 하나님의 선물로 받아 그것으로 말미암아 의롭다 하심을 받는 자들은 값없이 의롭다 하심을 받는 것이다." 그는 또한 이렇게 말한다: "유대인들은 그들 이전에 아브라함이 율법의 행위로 말미암아서가 아니라 오직 믿음으로만 의롭다 하심을 얻은 사실을 보고 있으니, 어떻게 그들이 율법의 행위로 의롭다 하심을 받는다고 생각할 수가 있었겠는가? 그러므로 죄인이 하나님 앞에서 오직 믿음으로만 의롭다 하심을 받을 때에는 율법은 필요 없는 것이다." 또한 이렇게도 말한다: "하나님께서는 그리스도를 믿는 자가 행위가 없이 오직 믿음으로만 값없이 죄 사함을 받도록 작정하셨다."

우리는 다음과 같은 목적을 위하여 이것을 확고히 믿어야 할 것이다: 1. 하나님의 영광을 위하여. 그리스도의 희생이 손상되지 않도록 하기 위하여. 2. 우리의 위로를 위하여. 우리의 의가 우리의 행위에 의존하지 않고(그렇지 않다면 우리는 수천 번이라도 위로를 잃어버리고 말 것이다), 오직 그리스도의 희생과 공로에 의존한다는 것을 확신하기 위하여.

제24주일

62문 하지만 우리의 선행은 왜 전부든 일부든 하나님 앞에서 우리의 의가 될 수가 없습니까?

답 하나님의 심판대 앞에서 설 수 있는 의는 절대적으로 완전하며 하나님의 율법에 전적으로 일치하는 것이라야만 하는데, 우리가 아무리 고귀한 선행을 한다 할지라도 그것들은 모두 불완전하며 죄로 더러워져 있기 때문입니다.

[해 설]

지금까지 우리는 믿음으로 말미암는 칭의의 참된 교리를 설명하였다. 이제는 교황주의자들의 그릇된 교리를 반박할 차례가 되었다. 그들의 주장에 따르면, 우리는 행위로 말미암아 의롭다 하심을 받는다고 하며, 혹은 일부는 믿음으로 말미암아, 또한 일부는 행위로 말미암아 의롭다 하심을 받는다고 한다. 이에 대한 우리의 논지는 다음과 같다: 하나님의 판단 앞에 설 의(義)는 반드시 완전무결한 것이어야 하고 또한 모든 면에서 율법에 합치되어야 한다. 그러나 금생에서의 우리의 행위는 아무리 최상의 것이라도 불완전하며 죄로 얼룩진 것이다. 그러므로 우리의 최상의 행위들이라 할지라도 그것은 하나님 앞에서 우리의 의의 전부도, 심지어 그 일부도 될 수 없는 것이다.

이 삼단논법의 주 전제는 율법으로부터 입증된다. 율법이 "사람이 이를 행하면 그로 말미암아 살리라"(레 18:5), "이 율법의 말씀을 실행하지 아니하는 자는 저주를 받을 것이라"(신 27:26)라고 선언하기 때문이다. 소 전제는 너무도 분명하여 증거를 제시할 필요조차 없다: 해서는 안 될 일을 우리가 많이 하며, 반드시 해야 할 일들을 하지 않고 버려 두는 일들이 많기 때문이다. 우리가 행하는 선에 악이 언제나 섞여 있고, 우리가 선을 행하나 불완전하게 밖에는 하지 못하는 것이다. 성도들의 탄식과 일상적인 기도들이 이 점을 입증해 준다: "우리 죄를 사하여 주시옵고"(마 6:12), "주의 종에게 심판을 행하지 마소서 주의 눈 앞에는 의로운 인생이 하나도 없나이다"(시 143:2). 그러므로 불완전한 행위들은 완전한 의가 될 수 없는 것이다.

우리의 행위로 의롭다 하심을 받을 수 없는 첫 번째 이유는 우리의 행위가 불완전하므로 우리의 의가 불완전하기 때문이다. 여기에 다음과 같은 몇 가지 이유들을 덧붙일 수 있을 것이다: 2. 설사 우리의 행위가 완전하다 하더라도 그것은 우리에게 당연한 것이므로 우리를 사면시켜 줄 수 없고 과거의 잘못들에 대해 보상해 줄 수가 없기 때문이다. "이와 같이 너희도 명령 받은 것을 다 행한 후에 이르기를 우리는 무익한 종이라 우리가 하여야 할 일을 한 것뿐이라 할지니라"(눅 17:10). 3. 우리의 선행은 우리의 것이 아니라, 우리 속에서 그것들을 이루시는 하나님의 것이기 때문이다. 4. 그것들은 일시적인 것들이며, 따라서 영원한 상급에는 합당하지 못하기 때문이다. 공로와 상급은 서로 비율이 맞아야 하는 것이다. 5. 우리의 선행은 우리의 칭의의 결과들이요 따라서 칭의의 원인이 될 수가 없기 때문이다. 6. 만일 우리의 선행으로 우리가 의롭다 하심을 받는다면, 우리는 당연히 그것을 자랑하게 되는데, 이는 성경의 선언과 반대되기 때문이다: "행위에서 난 것이 아니니 이는 누구든지 자랑하지 못하게 함이라"(엡 2:9). 7. 양심의 평안과 위로가 사라질 것이기 때문이다. 8. 그렇게 되면 그리스도께서 헛되이 죽으신 것이 되기 때문이다. 9. 만일 아브라함은 오직 믿음으로만 의롭다 하심을 받았는데, 우리는 행위로나 혹은 행위와 믿음이 결합한 것으로 의롭다 하심을 받는다면, 결국 구약과 신약에서 제시하는 구원의 길이 서로 같지 않은 것이 될 것이기 때문이다. 10. 그리스도께서 완전한 구주가 되실 수 없을 것이기 때문이다. 의와 구원의 특정한 부분이 그리스도와는 상관없어질 것이니 말이다.

63문 하나님께서 이 세상과 미래의 세상에서 선행에 대해 상을 주실 텐데, 그래도 우리의 선행이 아무 공로가 없습니까?

답 이 상급은 공로에 속하는 것이 아니라 은혜에 속하는 것입니다.

[해 설]

이 질문은 우리의 행위와 공로에 근거하여 하나님 앞에서 의롭다 하심을 받는다고 믿는 교황주의자들의 편에서 제기할 반론을 예상하는 것이다. 그들은 말하기를, 상급이란 공로를 전제하는 것이요 따라서 상급이 있다면 반드시 공로가 있기 마련이라고 한다. 왜냐하면 이 둘은 서로 밀접한 관계를 맺고 있기 때문이라는 것이다. 그들은 영생을 선행에 대한 상급으로 제시한다. 그러므로 선행의 공로가 바로 영생이라는 것이다. 주 전제는 피조물의 경우에 때때로 들어맞기도 한다. 사람들은 서로에게서 뭔가를 받는 입장이 되기도 하기 때문이다. 그러나 사람들 사이에서도 항상 그런 것은 아니다.

반드시 공로가 있어야만 상급이 있는 것은 아니라는 것이다. 아무런 자격 조건이 없는데도 사람이 상급을 받는 경우가 자주 있는 것이다. 그러나 하나님께서 우리의 선행에 대한 상급으로 영생을 베푸신다는 말은 합당치 않다. 우리의 행위로서는 하나님 앞에서 그 어떠한 자격도 갖출 수가 없기 때문이다. 아니면 다음과 같이 반론을 제기할 수도 있을 것이다.

반론 1. 어떤 일에 대해서 상급이 제시된다면 그 일은 공로를 세우는 것이다. 선행에 대해서는 상급이 있다. 그러므로 정의의 질서에 따르면, 선행은 공로를 세우는 것이다.

답변. 상급이 의무적으로 주어지는 일은 공로를 세우는 것이다. 그러나 선행에 대한 상급은 은혜로 말미암는 것이다. 상급에서는 의무(obligation)와 보상(recompense)의 두 가지를 생각해야 한다. 그런데 여기에는 의무가 없다. 그러므로 우리의 선행에 뒤따라 주어지는 상급은 은혜를 따라 주어지는 상급이다. 하나님께서는 우리의 선행에 대해 상급을 베푸셔서 그 선행들을 그가 기뻐하신다는 것을 입증하시며, 또한 수고하고 애쓰는 자들에게만 영생이 약속되어 있다는 것을 가르치시며, 우리가 그렇게 수고하면 마치 우리가 공로를 세우기라도 한 것처럼 이 상급을 우리에게 베풀어주시리라는 것을 가르치고자 하시는 것이다. 우리의 선행이 공로를 세우는 것임을 입증하기 위하여 교황주의자들이 애써 제시하는 다른 모든 논지들을 여기서 다루는 것이 합당할 것이다.

반론 2. 우리는 믿음으로 말미암아 의롭다 하심을 받는다. 믿음은 하나의 행위다. 그러므로 우리는 행위로 의롭다 하심을 받는 것이다.

답변. 결론을 인정할 수 없다. 앞의 전제들에서 많이 비약되었기 때문이다. 우리가 믿음이라는 행위로 의롭다 하심을 받는다는 것은, 여기서 교황주의자들이 이해하는 그런 의미가 아니라 단순히 수단을 뜻하는 것이라면 얼마든지 인정할 수 있다. 우리가 믿음으로 말미암아 의롭다 하심을 받는다고 할 때에 여기서 믿음은 하나의 수단이지 그 원인이 아니기 때문이다. 또한 위의 삼단논법에는 다른 어법이 나타난다. 주 전제에서는 믿음을 상호관계적인 의미로 제시하고, 소 전제에서는 믿음을 그 정당한 의미로 제시하기 때문이다.

반론 3. 우리의 의는 우리가 그것으로 말미암아 공식적으로 의롭게 되는 바로 그것이다. 믿음이 우리의 의다. 그러므로 우리는 믿음으로 말미암아 공식적으로 의롭게 되는 것이다.

답변. 여기서 제시하는 결론은 인정할 수 없다. 이 삼단논법에서 믿음이라는 용어가 사용되지만, 주 전제와 소 전제에서 각기 다른 의미로 사용되기 때문이다. 만일 그렇지 않다면 이 삼단논법은 성립하지 않는다. 정당하게 진술하자면, 우리의 의가 되는 것은 믿음이 아니라 믿음의 대상이요, 아니면 믿음이 깨닫고 자신에게 적용시키는 것, 곧 그리스도의 공로이기 때문이다. 혹은, 이 삼단논법에는 네 가지 조건이 있다고 답변할 수도 있을 것이다. 주 전제는 율법적인 의를 논하고, 소 전제는 복음적인 의를 논하는 것이고, 그렇지 않다면 주 전제는 참이 아니기 때문이다. 마치 벽 자체가 흰 색이 아닌 것처럼, 복음적인 의는 공식적으로 우리 속에 있는 것이 아니다. 오히려 그것은 우리 바깥에 그리스도 안에 있으며, 믿음을 통한 전가와 적용으로 말미암아 우리의 것이 되는 것이다.

반론 4. 우리는 우리에게 의로 전가되는 그것에 근거하여 의롭다고 인정받는다. 믿음이 우리에게 의로 전가된다. 그러므로 우리는 믿음으로 말미암아서는 물론 믿음 때문에 의롭다고 인정받는 것이다.

답변. 이 삼단논법의 조건에는 주 전제는 그 자체가 정당하게 우리에게 의로 전가되는 그것에 대해서는 참이다. 그러나 소 전제는 상호관계적으로 우리에게 전가되는 것에 대해 참이다. 믿음으로 말미암는다 할 때에 그것은 믿음의 대상으로 말미암는다는 뜻인데, 믿음의 대상을 깨달을 때에 그것이 우리의 의의 형식적 원인이 되는 것이다. 유효적 원인은 그리스도의 공로를 우리에게 적용시키시는 하나님이시며, 믿음은 수단적 원인이다. 그러므로 교황주의자들이 이해하듯이 율법적인 의미로 이해하면, 우리가 믿음으로 말미암아 의롭다 하심을 얻는다는 선언은 참이 아니고 신성모독이 된다. 그러나 복음적인 의미로 이해하여 그리스도의 공로와 관계되는 것으로 보면, 그 진술은 참이다. 그리스도의 공로는 믿음과 상호관계를 맺으며, 믿음을 수단으로 하여 얻게 되는 것이기 때문이다.

반론 5. 악행은 정죄한다. 그러므로 선행은 의롭게 해 준다.

답변. 악행은 전적으로 악하나, 선행은 불완전하게만 선할 뿐이다. 그러므로 이 두 선언은 여기에 제시된 형태로 서로 대치될 수가 없다. 그리고 설사 우리의 선행이 완전히 선하다 할지라도 그것들이 영생을 얻을 공로를 세울 수는 없다. 우리가 마땅히 해야 할 것들이기 때문이다. 악행에게는 정의의 질서를 따라서 보응이 마땅히 주어진다. 그러나 선행에 대해서는 그렇지 않다. 선행은 하나님의 피조물들로서 우리가 당연히 해야 할 것이기 때문이다. 그러나 반면에 어느 누구도 행위로나 어떤 수단을 통해서 하나님께 유익을 끼쳐서 그로 하여금 상급을 베푸실 수밖에 없도록 만들 수는 없는 것이다. 악행은 그 의도 자체가 하나님을 대적하고 해를 끼치는 것이지만, 선행은 하나님께 아무런 유익도 더하지 못하는 것이다.

반론 6. 의롭게 행하는 자는 의롭다(요일 3:7). 그러므로 우리는 행위로 말미암아 의롭다 하심을 받는 것이다.

답변. 의를 행하는 자는 사람이 보기에는 의롭다. 그러나 하나님이 보시기에는 아무도 행위를 통해서 의롭지 못하며, 오로지 믿음으로만 의롭다. "율법의 행위로 그의 앞에 의롭다 하심을 얻을 육체가 없나니"(롬 3:20). 또한 요한은 우리가 의롭게 되는 방식에 대해서 말씀하는 것이 아니고, 누가 의로운지를 선포하는 것이다. 그의 말씀은 마치 이런 뜻이다: 중생받은 자는 또한 의롭다 하심을 얻는다. 왜냐하면 의를 행함으로써 자신이 의롭다 하심을 얻었다는 증거를 보여주기 때문이다. 그러므로 이 반론은 우리의 칭의의 원인이 아닌 것을 그 원인으로 만드는 오류를 범하는 것이다.

반론 7. 그러나 그리스도께서는 마리아에 대해서 말씀하시기를 그녀가 많이 사랑했기 때문에 많은 죄를 사함 받았다고 하신다(눅 7:47). 그러므로 사랑이 우리의 칭의의 원인이다.

답변. 그리스도께서는 여기서 결과에 근거하여 원인을 추론하시는 것이다. 그는, 마리아가 많이 사랑했고 또한 하나님의 긍휼하심에 대해 깊이 느끼고 있기 때문에, 그녀는 반드시 많은 죄를 사함 받은 것이 틀림없다고 결론짓고 계신 것이다. 그리스도의 말씀의 의미가 이것이라는 것은 비유 그 자체에서 분명히 드러난다. 뿐만 아니라 어떤 결과의 원인이 되는 것이라고 해서 모두가 그 결과 자체의 의도적인 원인은 아니다. "때문에"(혹은, 한글 개역개정판에 따르면 "이는": 역자주)라는 원인을 뜻하는 단어가 언제나 결과로 일어나는 일의 원인을 지시하는 것은 아니다. 예컨대, "낮이기 때문에 태양이 떠 있다. 그러므로 낮이 태양이 떠 있는 현상의 원인이다"라는 명제는 성립하지 않는다. 오히려 그 반대가 참인 것이다.

64문 하지만, 이 가르침이 사람들을 무관심하고 속되게 만들지 않을까요?

답   결코 그렇지 않습니다. 참된 믿음으로 그리스도에게 접붙임을 받은 자들로서는 감사의 열매를 맺지 않을 수가 없기 때문입니다.

[해 설]

교황주의자들은 믿음으로 말미암는 칭의의 교리를 대적하여 그것이 사람들을 무관심하고 속되게 만든다고 주장하는데, 이 질문은 그러한 비방에 대비하기 위한 것이다. 그러나 만일 믿음으로 말미암는 값없는 칭의를 설교함으로써 그런 효과가 나타난다면, 그것은 우연한 일일 뿐이다. 왜냐하면 하나님께 우리의 감사를 드리고자 하는 순전한 열심을 일으키는 것이 이 교리의 자연스런 효과이기 때문이다. 그리고 더 나아가, 만일 이런 일이 일어난다면, 그것은 부주의하고 속된 자들이 이 은혜의 교리를 자기들에게 적용시키기 때문이 아니라 오히려 그것을 적용시키지 않기 때문인 것이다. 이에 대해 다음과 같은 반론이 제기된다.

반론 1. 우연하게라도 악을 조장하는 것이 있다면 그것은 제거되어야 마땅하다. 그러므로 사람을 우연하게 더 나쁘게 만드는 이 교리는 배척해야 마땅하다.

답변. 우연하게라도 악을 조장하는 것들은 과연 제거되어야 마땅하다. 그러나 그것들을 제거하는 것보다 오히려 보존시키고 가르쳐야 할 더 크고 더 강력한 이유들이 있을 때에는 그렇지 않다. 사람들이 자기들 자신의 과오로 악이 되기 때문이다. 이 교리의 경우가 바로 그렇다. 하나님의 명령과 영광이 택한 자들의 구원과 더불어, 이 교리를 결코 제거하지 말고 꾸준히 가르칠 것을 요구하기 때문이다.

반론 2. 우리를 해칠 수 없는 것에 대해서는 두려워할 필요가 없다. 그런데 믿음으로 말미암는 칭의의 교리에 따르면 미래의 죄들이 우리를 해칠 수 없다. 그리스도께서 과거의 죄는 물론 미래의 죄까지도 포함하여 모든 죄를 위하여 보상을 치르셨기 때문이다.

답변. 이 삼단논법의 주 전제에 대해서는 다음과 같은 단서를 붙여야 마땅하다. 곧, 우리를 해칠 수 없는 것에 대해서 두려워할 필요가 없으나, 미래의 죄들은 참되게 회개한 자들에게는 해가 되지 않으나 무관심한 자들과 회개하지 않는 자들에게는 사정이 다르다. 그러므로 소 전제도 받아들일 수 없다. 하나님께는 언제나 죄가 불쾌함이 되며, 또한 죄는 가장 큰 과오이기 때문이다. 우리의 죄들은 또한 하나님께 순복하지도 못하게 하며, 심지어 믿는 자들도 세상에서 형벌을 당하게 만든다. 물론 영원한 형벌에서는 구함을 받지만, 세상에서는 그들도 일시적으로 형벌을 당할 수 있는 것이다. 교황주의자들이 믿음으로 말미암는 칭의의 교리를 대적하여 제기하는 다른 반론들도 여기서 다루어야 마땅할 것이다. 그 중에 다음과 같은 것들에 주목하고자 한다.

반론 3. 성경에 없는 것은 가르쳐서는 안 된다. 성경은 우리가 오직 믿음으로만 의롭다 하심을 받는다는 것을 가르치지 않는다. 그러므로 이 교리는 가르쳐서는 안 된다.

답변. 분명하고도 명확하게 성경에 없고, 그 의미도 없는 교리는 받아들여서는 안 된다. 그러나 성경은 우리가 오직 믿음으로만 의롭다 하심을 받는다는 것을 지극히 명확하게 가르친다. 성경은, 율법의 행위나 율법이나 우리 자신이나 우리가 행한 의의 행위로써가 아니라 예수 그리스도의 피가 우리를 모든 죄에서 깨끗이 씻으심으로 은혜로 말미암아 우리가 값없이 의롭다 하심을 받는다고 선언하기 때문이다. 그런데 오직 믿음으로만 의롭다 하심을 받는다는 것은 믿음으로 우리가 받아들인 바 그리스도의 피와 공로로 말미암아 의롭다 하심을 받는다는 것과 같은 것이다. 교황주의자들의 주장에 반대하여 "오직"이라는 단어를 반드시 유지해야 한다는 점에 대해서는 본 요리문답 제61문에서 제시한 이유들을 참조하기를 바란다.

반론 4. 혼자 있는 것이 아닌 것은 그 자체로 말미암아 의롭다 하심을 받게 하지 못한다. 믿음은 혼자 있는 것이 아니다. 그러므로 그것 혼자서 의롭다 하심을 받게 하는 것이 아니다.

답변. 전제의 결과로서, 믿음이 홀로 의롭다 하심을 받게 하지 못한다 ― 즉, 믿음만 혼자 존재하는 것이 아니라는 의미로 ― 고 이해한다면, 결론은 정당하다. 의롭다 하심을 얻게 하는 믿음은 절대로 그 결과나 열매가 없이 혼자 있지 않기 때문이다. 그러나 이를, 믿음만으로는 그리스도의 의를 받아들일 수 없다는 뜻으로 이해한다면, 주 전제가 오류이든지 아니면 결론에 비약이 있든지 둘 중의 하나다. 내 방에서 나 혼자 말을 할 수도 있고, 그러면서도 내가 혼자 있는 것이 아닐 수도 있다. 어떤 사물이 혼자 있지 않고 다른 사물과 함께 있을 수도 있으나, 그러면서도 오직 그것만이 이런저런 행동을 할 수도 있는 것이다. 예컨대 의지는 혼자 있지 않고 오성과 함께 결부되어 있으나, 오직 그것만이 홀로 뜻을 갖는다. 마찬가지로 사람의 영혼은 혼자 있지 않고 육체와 연합되어 있으나, 그러면서도 그 혼자서 지각한다. 또한 마찬가지로 칼날이 혼자 있지 않고 칼의 손잡이와 연결되어 있으나, 오직 칼날만이 물건을 자르는 것이다. 이것이 바로 흔히 올바로 구성의 오류(a fallacy of composition)라 부르는 그것이다. 왜냐하면 "오직"이라는 단어가 소 전제에서는 "있다"라는 동사와 맞물리는데, 결론 부분에 가서는 그것과 분리되어 "의롭다 하심을 받게 하다"라는 단어와 맞물리기 때문이다.

반론 5. 믿음은 의롭다 하심을 받는 자들에게서 요구되는 것들이 없이는 의롭다 하심을 받게 하지 않는다. 의롭다 하심을 받는 자들에게서 선행이 요구된다. 그러므로 믿음에는 선행이 없지 않은 것이요, 따라서 믿음 혼자서 의롭다 하심을 받게 하는 것이 아니다.

답변. 바로 앞의 반론에 나타나는 것과 동일한 오류가 여기에도 나타나는데, 이는 "없이"(without)라는 단어의 의심적은 구문 때문이다. 믿음은 물론 의롭다 하심을 받는 자들에게서 요구되는 것들이 없이는 의롭다 하심을 받게 하지 않는다. 그러나 비록 그것이 절대로 홀로 존재하지 않고, 또한 언제나 사랑과 함께 역사하지만, 그럼에도 불구하고 오직 믿음이 홀로 의롭다 하심을 받게 하는 것이다. 믿음이란 그리스도의 공로들을 받아들이고 자신에게 적용시키는 행위인 것이다. 소전제 역시 좀 더 충실하게 해명되어야 한다. 믿음과 선행이 의롭다 하심을 받는 자들에게서 요구되나, 그 의미가 서로 다르기 때문이다. 믿음은 그 자체의 특유한 행위와 더불어, 우리가 그리스도의 공로를 우리 자신에게 적용시키는 데 필요한 필수적인 도구로서 반드시 있어야 한다. 그러나 선행은 그리스도의 공로를 우리가 취하는 데에 요구되는 것도 아니요, 그것 때문에 의롭다 하심을 얻을 수 있는 것은 더더욱 아니다. 선행은 오히려 우리의 믿음을 증명해 주는 것이다. 선행이 없는 믿음은 죽은 것이요, 믿음은 선행의 존재를 통해서만 알 수 있는 것이기 때문이다. 선행은 우리의 믿음의 열매들로서, 또한 하나님을 향한 우리의 감사의 자세에 대한 증거들로서 요구되는 것이다. 그러므로 선행이 물론 믿음과 필연적으로 연관되지만, 그럼에도 불구하고 그리스도의 공로를 취하는 데에는 필요하지 않은 것이다.

반론 6. 여러 가지 것들이 요구될 경우에는 "오직"이라는 단어를 사용할 수 없다. 그런데 의롭다 하심을 받는 자들에게는 믿음 외에 선행이 요구된다. 그러므로 오직 믿음으로만이라고 말할 수 없다.

답변. 바로 앞에서 제시한 것과 동일한 답변이 여기서도 그대로 적용될 수 있을 것이다. 여러 가지 것들이 요구되지만, 다 같은 의미로 요구되는 것이 아니다. 믿음이란 그리스도의 의를 우리가 취하는 수단으로서 필수적인 반면에, 선행은 우리의 믿음과 감사의 증거들로서 필수적인 것이다.

반론 7. 두 가지 것들로 말미암아 의롭다 하심을 받는 자들은 오직 한 가지로 말미암아 의롭다 하심을 받는 것이 아니다. 우리는 믿음과 그리스도의 공로의 두 가지로 말미암아 의롭다 하심을 받는다. 그러므로 우리는 오직 믿음으로만 의롭다 하심을 받는 것이 아니다.

답변. 이 반론에 대해서도 동일한 답변을 제시할 수 있을 것이다. 우리는 믿음으로 그리스도의 의를 받아들이며, 그런 의미에서 믿음으로 말미암아 의롭다 하심을 받는 것이다. 그러나 그리스도의 공로는 우리의 의의 형식적 원인이다.

반론 8. 지식은 의롭다 하심을 받게 하지 못한다. 믿음은 지식이다. 그러므로 믿음은 의롭다 하심을 받게 하지 못한다.

답변. 그러나 의롭다 하심을 받게 하는 믿음에는 그저 특정한 지식만 포함되는 것이 아니다. 그리스도의 공로를 우리 자신에게 적용시키는 수단이 되는 바 확신 있는 신뢰도 거기에 포함되는 것이다. 또한 지식과 신뢰는 서로 매우 다르다. 지식은 이해에 있고, 신뢰는 의지에 있다. 그러므로 신뢰는 특정한 것에 대한 지식만이 아니라 의지도 포함하며, 우리가 아는 것을 행하거나 적용시키고자 하는 목적이요, 그 아는 것에서 안정을 찾고 그것에 대해 즐거워하기까지 그것을 신뢰하는 것이다. 하나님을 믿는다는 것은 그를 알 뿐 아니라 그를 신뢰하는 것이다. 마귀도 하나님과 그의 약속들에 대해서 지식이 있다. 그러나 마귀는 하나님을 신뢰하지 않는다. 그러므로 마귀의 지식은 의롭다 하심을 받게 하는 믿음이 아니요, "귀신들도 믿고 떠느니라"(약 2:19)라는 사도 야고보의 말씀이 지칭하는 바 그저 역사적인 믿음에 불과한 것이다. 그런 믿음에 대해서라면 교황주의자들의 논지를 인정하겠지만, 의롭다 하심을 받게 하는 믿음에 대해서는 그럴 수가 없는 것이다.

반론 9. 야고보는 "사람이 행함으로 의롭다 하심을 받고 믿음으로만은 아니니라"(약 2:24)고 말씀한다. 그러므로 오직 믿음만이 의롭다 하심을 받게 하는 것이 아니다.

답변. 이 논지는 두 가지 점에서 애매하다. 우선 사도 야고보는 우리로 하여금 하나님 앞에서 의롭다 하심을 받게 하는, 아니면 그것 때문에 하나님께서 우리를 의롭다고 여기시는 그런 의에 대해 말씀하는 것이 아니고, 우리가 우리의 행위로 사람들 앞에서 의롭다고 인정받는 그런 의에 대해 말씀하는 것이다. 이것이 사실이라는 것은 다음의 논지에서 분명히 드러난다. 18절에서 그는 "행함이 없는 네 믿음을 내게 보이라"고 말씀한다. 그의 말씀은, 사람인 내게 그것을 보이라는 것이다. 그러므로 그는 믿음과 의를 사람들 앞에 내어 보이는 것에 대해 말씀하는 것이다. 21절에서는 "우리 조상 아브라함이 그 아들 이삭을 제단에 바칠 때에 행함으로 의롭다 하심을 받은 것이 아니냐?"라고 말씀한다. 이 말씀은 하나님 앞에서 의롭다 하심을 받는 일에 관한 것으로는 이해할 수가 없다. 아브라함은 그의 아들을 드리기 훨씬 전에 이런 의미로 의롭다고 인정함을 받았기 때문이다. 바울도 말씀하기를, 아브라함은 하나님 앞에서 행위로가 아니고 믿음으로 의롭다 하심을 받았다고 한다. 그러므로 야고보가 이 장에서 말씀하는 바는 다음과 같다: 아브라함은 하나님 앞에서 믿음으로 말미암아 의롭다 하심을 받았다. 왜냐하면 "아브라함이 하나님을 믿으매 그것이 그에게 의로 여겨진 바 되었느니라"(롬 4:3)라고 기록되었기 때문이다. 그러나 아브라함은 사람들에게 자신의 선행과 하나님께 순종함으로 자신의 의를 증거한 것이다. 이것이 "의롭다 하심을 받게 한다"는 단어의 첫 번째 애매한 점이다. 두 번째 애매한 점은 "믿음"이라는 단어에 있다.

반론10. 의롭다 하심을 받기 위하여 요구되지 않는 일은 행할 필요가 없다. 그러나 선행을 행하는 일은 필요하다. 그러므로 선행은 의롭다 하심을 받는 데에 요구되는 것이다.

답변. 주 전제는 인정할 수 없다. 동일한 것이라도 갖가지 목적이 있을 수 있기 때문이다. 우리의 칭의를 위해서는 선행이 요구되지 않으나, 그럼에도 불구하고 우리의 감사와 하나님께 영광 돌리는 자세를 보이는 데에는 필요하다. 성경이 다음과 같이 말씀하기 때문이다: "너희 빛이 사람 앞에 비치게 하여 그들로 너희 착한 행실을 보고 하늘에 계신 너희 아버지께 영광을 돌리게 하라"(마 5:16). 선행을 행해야 하는 한 가지 이유가 바로 여기에 있다. 그리고 다른 이유들에 대해서는 감사의 주제를 다룰 때에 살펴보게 될 것이다.

반론11. 비느하스의 행위(시 106:30, 31)가 그에게 의로 여겨졌다고 말씀한다. 그러므로 우리가 행위로 의롭다 하심을 받는 것이다.

답변. 그러나 이것은 그 본문에 대한 그릇된 해석이다. 본문의 의미는 하나님께서 그의 일을 승인하셨다는 것이지, 그가 그 때문에 의롭다 하심을 받았다는 것이 아니기 때문이다. 율법의 행위로는 하나님 앞에서 의롭다 하심을 받을 육체가 없는 것이다.

반론 12. 10크라운은 100크라운의 빚의 일부다. 그러므로 선행도 하나님 앞에서 우리의 의의 특정한 부분이다.

답변. 여기서 제시하는 실례가 동일하지 않다. 10크라운은 무엇보다 100크라운의 온전한 한 부분이요 그 10배가 되면 빚의 완전한 금액이 된다. 그러나 우리의 행위는 온전하지 못하고 우리가 마땅히 드려야 할 순종의 불완전한 한 부분일 뿐이다. 그러므로 그것을 아무리 증가시킨다 해도 완전한 순종이 될 수는 없는 것이다. 또한 10크라운의 경우는 특정한 채권자에게 빚의 일부로 갚고 그 나머지는 후에 갚으리라는 소망을 가질 수도 있다. 그러나 하나님은 우리의 선행을 우리의 의의 일부로 받으실 수가 없다. 왜냐하면 우리가 완전한 보상을 드릴 소망이 없고 게다가 아무리 사소한 결함이라도 율법이 정죄하기 때문이다.

반론 13. 그리스도께서 이루신 의는 다니엘 선지자에 따르면(9:24) 영원한 의다. 그러나 우리에게 전가되는 의는 영원한 것이 아니다. 그러므로 그리스도의 의가 우리에게 전가되는 것이 아니다.

답변. 이 삼단논법의 소 전제를 인정할 수 없다. 우리에게 전가되는 의는 금생에서 전가가 영구하게 계속된다는 점에서도, 또한 우리 속에서 시작되는 그 의가 완성된다는 점에서도 영원한 것이기 때문이다. 우리에게 전가되는 그 의는 메시야의 의요, 따라서 영원할 것이다. 하나님께서 그의 아들 그리스도로 인하여 우리를 영원토록 즐거워하실 것이기 때문이다. 그러므로 전가도 계속될 것이고, 아니면 우리 자신의 의로 변화하게 될 것이다. 그러나 어떤 이들은 죄가 없는 곳에는 씻음도, 전가도 있을 수 없다고 반론을 제기할 수도 있을 것이다. 그러나 내생에서는 죄가 없을 것이다. 그러므로 그때에는 씻음도 전가도 없을 것이다. 정당한 의미에서라면 이 논지 전체를 인정할 수 있다. 내생에서는 죄 사함이 없을 것이다. 즉, 그때에 해당하는 죄에 대한 씻음이 없을 것이라는 뜻이다. 그러나 과거의 죄에 대한 씻음은 있을 것이다. 왜냐하면 여기서 인정하는 바 씻음은 영원토록 계속될 것이기 때문이다. 혹은 금생에서 사함받는 죄들은 결코 내생에서 우리에게 전가되지 않을 것이다. 내생에서 우리가 하나님께 드릴 순종은 지금 우리에게 전가되는 의의 결과인 것이다.

반론 14. 여호와는 우리의 의(義)이시다(렘 23:6). 그러므로 우리는 전가되는 의로 말미암아 의롭다 하심을 받는 것이 아니다. 우리 속에 친히 본질로 거하시는 하나님께서 우리의 의이시기 때문이다.

답변. 선지자의 이 선언에는 비유적인 표현법을 통하여 결과가 원인처럼, 추상적인 것이 구체적인 것처럼 제시되고 있다. "여호와는 우리의 의"라는 말씀은 그가 우리를 의롭다 하시는 분이시라는 뜻이다. 이는 그리스도께서 "하나님으로부터 나와서 우리에게 지혜와 의로움과 거룩함과 구원함이 되셨다"고 말씀하는 것과 같다(고전 1:30). 이는 그리스도께서 지혜의 교사요, 의롭다 하시는 자시요, 거룩하게 하시는 자시요 구속자시라는 뜻이다. 하나님께서 우리를 의롭다 하시는 근거가 되는 그 의는 우리 속에 있는 것도 아니고, 우리 속에 거하시는 하나님 자신도 아니다. 만일 그렇다면 하나님께서 피조물이 되시는 것이 되기 때문이다. 이것과 그 앞의 반론을 제기한 장본인인 오지안더(Osiander)는 원인을 결과와 구별하지 않고, 창조되지 않는 의와 창조되는 의를 구별하지 않는 것이다. 우리가 하나님의 본질로 말미암아 사는 것도 아니고 지혜로운 것도 아니듯이(만일 그렇다면 우리가 하나님과 똑같이 지혜롭다는 뜻이 되어버릴 것이다), 그의 본질로 우리가 의로운 것도 아닌 것이다. 그러므로 창조주의 본질적인 의가 피조물의 의라는 말처럼 불경한 발언이 없는 것이다. 이는 곧 우리가 하나님의 의, 아니 하나님의 본질 자체를 소유하고 있다는 뜻이 되기 때문이다.

성례

제25주일

65문   오직 믿음으로만 그리스도와 그의 모든 은덕에 참여하게 되는데, 그렇다면 이 믿음은 어디에서 옵니까?

답   성령으로부터 오는데, 그는 복음 선포를 통하여 우리 마음에 믿음을 일으키시고, 또한 성례의 시행을 통하여 그 믿음을 확증하게 하십니다.

[해 설]

이 질문은 믿음과 성례의 교리 사이의 연관성을 지적하는 것이다. 성령은 대개 교회의 사역을 통하여 우리에게 믿음을 일으키시는데, 그 사역은 **말씀**과 **성례**의 두 부분으로 되어 있다. 성령께서는 복음 선포를 통하여 우리 마음에 믿음을 일으키시고, 성례의 시행을 통하여 그 믿음을 보존하시고 확증하시고 인치신다. 말씀이 하나의 선언서라면 성례는 거기에 붙여지는 표징이라 할 것이다. 복음이 선언서라면, 성례는 거기에 붙여지는 신적인 뜻을 나타내는 인장(印章)이라 할 것이다. 말씀이 그리스도로 말미암는 우리의 구원에 관하여 무엇을 약속하든지 간에, 성례는 거기에 덧붙여지는 표징으로, 또한 인장으로서, 우리의 연약함을 돕고 우리의 믿음을 더욱더 확증케 해 주는 것이다. 그러므로 복음에 덧붙여지는 믿음의 인장인 성례에 대해 논의하는 것이 합당하다 할 것이다.

반론. 그러나 성령과 말씀이 우리 속에 믿음을 일으키며 성례가 그 믿음을 강건하게 한다고 말씀한다. 그렇다면 이 세 가지가 어떤 점에서 서로 차이가 있는가?

답변. 이 세 가지는 서로 매우 다르다. 1. 성령은 우리 속에 유효적 원인으로서 믿음을 일으키시고 확증케 하시며, 말씀과 성례는 수단적 원인으로서 그 일을 행한다. 2. 성령께서는 또한 말씀 및 성례와는 관계없이 우리 속에 믿음을 일으키실 수도 있다. 그러나 말씀과 성례는 성령을 떠나서는 아무런 일도 행할 수 없다. 3. 성령께서는 누구에게 거하시든지 그 사람에게서 유효적으로 일하시지만, 말씀과 성례는 그렇지 않다.

66문   성례란 무엇입니까?

답   성례란, 복음의 약속을 더욱 충만히 선포하시고 우리에게 인치시고자 하는 의도로 하나님께서 지정하신 바 눈에 보이는 거룩한 표(標)와 인(印)인데, 복음의 약속이란 그리스도께서 십자가에서 이루신 단 한 번의 제사에 근거하여 하나님께서 은혜로 우리에게 죄 사함과 영생을 베푸신다는 것입니다.

[해 설]

성례의 교리를 설명하면서, 우리는 먼저 성례 일반에 대해 논의하고, 그 다음에 세례와 성찬에 대해서 구체적으로 논의할 것이다. 성례 일반에 대해 논의할 때에는 다음의 질문들에 주목해야 할 것이다:

1. 성례란 무엇인가?

2. 성례의 목적은 무엇인가?

3. 성례는 어떤 점에서 희생 제사와 다른가?

4. 성례와 말씀이 서로 공통된 점은 무엇이며, 서로 다른 점은 무엇인가?

5. 구약과 신약의 성례들이 어떤 점에서 서로 다른가?

6. 성례에서 표징은 무엇이며, 또한 그 표징으로 나타내는 바는 무엇인가, 그것들은 서로 어떤 점에서 다른가?

7. 성례적인 연합이란 무엇인가?

8. 성례적인 어법은 무엇인가?

9. 성례의 정당한 용도는 무엇인가?

10. 성례의 시행에서 불경건한 자들은 무엇을 받는가?

11. 신약에는 몇 가지 성례가 있는가?

1. 성례란 무엇인가?

이 질문에 답하면서, 우리는 성례라는 용어의 뜻이 무엇이며 그것이 과연 무엇을 지칭하는가 하는 것을 살펴보아야 할 것이다. "sacramentum"이라는 라틴어 단어는 고대의 로마인들 사이에서, 소송 사건이 있을 때에 거기서 승리하는 자는 자기 몫을 되돌려 받고 패하는 자의 몫은 국가의 공금에 들어간다는 조건으로 쌍방이 합의하에 어떤 성스러운 장소에나 대사제의 손에 보관시켜놓는 일종의 공탁금을 지칭하였다. 그러나 이런 의미는 우리의 주제와는 관련이 없다. 이 단어는 또한 로마인들 사이에서 전쟁에서 행하는 엄숙한 맹세, 혹은 군사적 맹세를 지칭하기도 했다. 그런 맹세는 곧 오직 상관의 명령 외에는 절대로 누구에게도 복종하지 않겠다는 하나의 엄숙한 서약이었던 것이다. 이를 근거로 어떤 이들은 그런 맹세의 의식들을 성례라 부른다고 결론짓는다. 병졸들이 군사적인 맹세(sacramentum)로 상관에게 충성을 서약했듯이, 우리도 성례의 시행을 통하여, 혹은 엄숙한 맹세를 통하여 하나님과 천사들과 사람 앞에서 우리 자신을 우리의 대장이신 그리스도께 드린다는 것이다. 이것은 정말 아름답고도 의미 깊은 일이다.

그러나 "sacramentum"이라는 단어는 옛 라틴어 번역 성경에서 유래되었다고 보는 것이 더 개연성이 높다. 라틴어 번역 성경에서는 헬라어 원문에 "비밀"(mystery)라는 단어가 나오면 모두 다 라틴어로 "sacramentum"으로 번역하였다.

"비밀"이라는 단어는 헬라어 "뮈소"에서 파생된 것으로 "교훈하다" 혹은 "거룩한 일에서 누구를 모방하다"라는 의미를 지닌다. "뮈소"는 다시 "뮈오"에서 파생된 것인데, 이는 "입이나 입술을 닫다"라는 뜻을 지닌다. 유스타티우스(Eustathius)의 말처럼, "예식에 들어가 있는 자들은 입을 닫고서 비밀한 일들을 발설하지 않는 것이 합당하기" 때문이다. 비밀이란 보통 알려져 있지 않은 어떤 것, 혹은 알려져 있지 않은 어떤 것의 표(標: a sign, 표징, 표시), 혹은 내부자에게만 알려져 있는 어떤 은밀한 의미 등을 뜻하는 것으로 사용된다. 표란, 눈에 보이지 않는 영적인 어떤 것 — 헬라인들은 이를 "비밀"이라 부르고 라틴 신학자들은 이를 "*sacramentum*"이라 부른다 — 을 지시하는 가시적이며 물질적인 어떤 것을 뜻하는데, 곧 기독교 신앙의 주요 요점들에 대해 가르침을 받고 깨닫는 자들 외에는 아무도 이해할 수 없는 어떤 비밀한 의미를 지니는 하나의 표시를 의미하는 것이다. 하나님께서는 이런 표들이 교회 안에 항상 존재하도록 계획하시며, 그리하여 그의 선하신 뜻을 사람들에게 보이시고, 그들로 하여금 이 표들로써 하나님을 향한 믿음과 순종을 선포하게 하신 것이다.

그러나 신학자들은 성례라는 용어를 아주 다양한 의미로 사용한다. 때로는 어떤 외형적인 예식과 의식을 지칭하는 뜻으로 사용하기도 하고, 그런가 하면 상징물 그 자체를 의미하기도 하며, 혹은 그 상징물들을 통해서 나타내고자 하는 것 자체를 뜻하기도 하고, 또한 상징물과 또한 그것을 통해서 나타내고자 하는 것 모두를 뜻하기도 한다. 이제 성례라는 단어에 대해서는 이 정도로 그치기로 하고, 이제는 성례에 대한 정의 문제를 살펴보기로 하자.

성례란 하나님께서 언약의 표, 혹은 우리를 향하신 하나님의 선하신 뜻의 표, 그리고 교회가 마땅히 해야 할 회개와 믿음의 의무에 대한 표가 되도록 하는 목적으로 — 또한 그것들이 참된 교회를 다른 모든 종교들과 구별하여 알 수 있는 표지(標識: marks)가 되도록 하기 위하여 — 제정하신 예식 혹은 의식이다. 본 요리문답은 이를 이렇게 표현하고 있다: "성례란, 복음의 약속을 더욱 충만히 선포하시고 우리에게 인치시고자 하는 의도로 하나님께서 지정하신 바 눈에 보이는 거룩한 표(標: sign)와 인(印: seal)인데, 복음의 약속이란 그리스도께서 십자가에서 이루신 단 한 번의 제사에 근거하여 하나님께서 은혜로 우리에게 죄 사함과 영생을 베푸신다는 것입니다." 이 정의는 세 부분으로 되어 있다. 그 첫째는 성례의 종류에 관한 것이요, 나머지 두 부분은 그 차이에 관한 것이다. 첫째 부분에 관해서는

성례가 "눈에 보이는 거룩한 표와 인"이라고 하는데, 이는 성례가 신적인 것으로
서, 하나님께 드리는 예배와 사람의 구원에 관한 내용 등 거룩한 것들을 나타내는
것이라는 뜻이다. **표**란 아우구스티누스의 정의에 따르면, 감각에 드러나는 것과
는 뭔가 다른 것을 나타내므로 생각 속에 뭔가 다른 것이 일어나게 만드는 것이다.
아니면, 감각에 접촉되는 것과는 뭔가 다른 것을 오성이 인지하도록 만들어 주는
것이라 정의할 수도 있을 것이다. **표**와 **인**은 마치 유(類)와 속(屬)이 서로 다른 것
처럼 그렇게 서로 다르다. **인**은 모두가 **표**다. 그러나 **표**가 모두 **인**은 아니다. 표는
뭔가를 보여주고 선포하는 반면에, **인**은 그것을 확증하고 보증해주는 것이다. 표
에는 두 종류가 있다. 그저 나타내기만 하는 것이 있고, 또 확증하기도 하는 것들
도 있다. 즉, 그 나타내는 바를 이해하도록 해 주기만 하는 것이 아니라 그 선포하
는 것들에 대해서 논하고 추론함으로써 그것이 참인지 거짓인지에 대해 의심이
없도록 해 준다는 말이다. 다시 말하면, 나타내지는 그것을 인지하는 데에서 확증
을 갖게 해 준다는 것이다. 위의 성례의 정의에는 이 두 가지가 모두 포함되어 있
다. 성례는 복음에 약속되는 바를 나타낼 뿐 아니라 인치기도 하기 때문이다. 성
례는 고대 사람들이 부른 것처럼 상징적인 표, 기억나게 해 주는 것, 그림자만이
아니라 확신하게 해 주는 것이요 증거들인 것이다. 성례는 드러내 주는 표인 동시
에 진정한 의미에서 인이다. 믿는 자들에게 복음에 약속된 것들을 드러내 보여주
는 것인 동시에 또한 그것들을 확연히 제시하여 확증시켜 주는 인이기도 하기 때
문이다. 하나님께서는 할례에 대해서 "이것이 나와 너희 사이의 언약의 표징이니
라"(창 17:11)라고 말씀하신다. 또한 바울은 이렇게 말씀하고 있다: "그가 할례의
표를 받은 것은 무할례시에 믿음으로 된 의를 인친 것이니"(롬 4:11). 그러므로 성
례는 그 서원하는 바를 그대로 이룬다. 그것은 뭔가가 우리에게 약속되어 있다는
것을 나타내며, 동시에 바로 그 뭔가에 대해서 우리에게 확증해 주기 때문이다. 그
렇기 때문에 **인**이라는 용어가 그 정의에 덧붙여지는 것이다.

　이 표와 인을 가리켜 **거룩하다**고 부른다. 하나님으로부터 우리에게 주어졌고 또
한 거룩한 목적을 위하여 주어진 것이기 때문이다. 두 가지 경우에 사물들을 거룩
하다고 한다. 그것들이 하나님께서 우리에게 행하시는 것들이거나, 아니면 우리
가 하나님께 행해드리는 것들일 경우가 그것이다. 그것들을 **눈에 보이는** 표들이
라 부르는데, 이는 그것들이 나타내는 것들이 눈에 보이지 않기 때문이다. 그것들
이 우리의 믿음을 뒷받침하고 강건케 하려면, 그것들이 외적인 감각으로 인지되

어서 내적인 감각이 그로 인하여 움직여져야만 한다. 왜냐하면 볼 수 없는 것은 누구에게도 표가 될 수 없기 때문이다. 표를 눈에 보이지 않게 만든다는 것은 모순이며, 표를 아무것도 아닌 것으로 만들어버릴 뿐이다. 표를 통해서 나타내지는 것은 눈에 보이지 않으나, 표 자체는 그렇지 않다. 표가 눈에 보이지 않는다면 그것이 뭔가를 나타낸다고도 할 수 없고, 뭔가를 확증한다는 것은 어불성설이다. 만일 그렇게 된다면, 불확실한 것으로 그와 똑같이 불확실한 것을 확증하는 것밖에 아무것도 아닐 것이기 때문이다. 그러므로 교부들은 성례를 **눈에 보이지 않는 은혜를 나타내는 눈에 보이는 표**(a visible sign of an invisible grace)라고 정의하는 것이다.

성례가 다른 거룩한 것들과 다른 점들에 대해서, 본 요리문답이 제시하는 정의는 다음 두 가지 구체적인 점들을 제시한다: 1. 성례는 하나님께서 지정하신 것, 혹은 제정하신 것이다. 2. 성례는 구체적인 목적으로 제정된 것이니, 곧 그것들을 사용함으로써 하나님께서 복음의 약속을 우리에게 더욱 충만히 선포하시고 인치시고자 함이다. 첫 번째 차이는 **일반적인** 차이인데, 이는 성례가, 무지개처럼 보편적이거나 혹은 기드온의 양털이 이슬에 젖었다가 다시 마른 것이나 혹은 이사야의 혀에 핀 숯을 갖다댄 일 등, 하나님께서 주신 다른 표들과 공통으로 갖는 것이다. 두 번째 차이는 **특정적인** 차이인데, 이는 다른 모든 거룩한 표들의 경우와 달리 성례가 갖는 주요 목적에서 생겨나는 것이다.

이 표들이 오직 하나님께서 제정하신 것들이라는 것은 의심의 여지 없는 분명한 사실이다. 그 자신의 뜻을 계시하시며 그 안에서 우리를 가르치시고 우리에게 은혜의 약속을 주시는 분이 오직 하나님뿐이므로, 성례를 통해서 우리에게 이 약속을 확증하시는 분도 오직 하나님뿐이시기 때문이다. 그러므로 성례를 제정할 권한과 권세를 지니신 분은 하나님 외에 아무도 없다. 성례의 제정 사실은 두 가지를 시사해 준다. 곧, 교회에 특정한 의식과 예식을 주시는 것이요, 또한 거기에 은혜의 약속을 덧붙이시는 것인데, 하나님께서는 이를 통해서 그 표를 정당하게 사용하는 자들에게 그 표가 나타내는 그것을 베푸시리라는 것을 선포하시는 것이다. 그러나 이것들은 오직 하나님께만 속한 것이다. 하나님의 사랑에로 영접하는 행위와 죄를 사하는 행위가 하나님께 속한 것이듯이, 은혜의 약속 또한 오직 하나님께 속한 것이기 때문이다. 오직 하나님만이 공 예배를 제정하시듯이, 오직 그만이 말씀과 성례의 사역을 통하여 은혜의 약속을 확증하실 수 있는 것이다. 곧, 구원을 얻는 데에 필요하며 또한 성례의 예식들이 나타내고 확증해 주는 모든 은덕들을 받아 누린다는 약속을 확증해 주시는 분은 오직 하나님뿐이시라는 것이다.

복음의 약속을 은혜의 약속이라 부른다. 하나님께서는 주로 복음에서 그 약속을 우리에게 선포하시기 때문이다. 본 요리문답은 성례에 대해 정의하면서, 이 차이를 더 잘 이해하도록 하기 위해 이 복음의 약속을 언급한다. 하나님께서는 사람들에게 다른 것들도 약속하셨고 또한 표들로 그것들을 확증하셨다. 성례는 다른 무슨 약속에 대한 표가 아니고 은혜의 약속에 대한 표인데, 은혜의 약속은 선지자의 입술에 숯을 대는 것처럼 특정한 개인에게 해당되는 것이 아니라 교회 전체에 해당되는 것이다.

더 나아가서, 복음에 주어진 이 약속이 성례를 통해서 **더 충실하게 선포된다.** 이는 표와 그것들이 나타내는 실체와의 유비 (analogy)에 의해서 되는 것인데, 성례에 대해 적절히 이해하기 위해서는 이 유비를 잘 이해해야만 한다.

그러나 하나님께서는 성례를 통하여 복음의 약속을 선포하실 뿐 아니라, 우리에게 그 약속을 **인치기도 하신다**: 1. 말씀을 통해서 말씀하시든, 아니면 특정한 표를 통해서 말씀하시든 그는 언제나 동일하게 참되시기 때문이다. 그러므로 그는 또한 그의 말씀으로도, 성례로도 우리로 하여금 그의 뜻을 접하게 하시는 것이다. 2. 성례가 그 약속에 덧붙여진 인이요 보증이므로, 믿음으로 그것을 시행하는 자들에게 그들 자신이 그 약속된 바 선한 것들에 함께 참여하는 자가 될 것임을 증언해 주기 때문이다.

2. 성례의 목적은 무엇인가?

1. 성례의 주된 목적은 우리가 제시한 정의 속에 구체적으로 드러나 있다. 곧, 성례는 **언약의 표요 우리를 향하신 하나님의 선하신 뜻의 표**라는 것이다. 하나님께서는 성례를 올바로 시행할 때에 주시겠다고 약속하신 것들을 반드시 주신다는 것을 성례를 통해서 증거하신다. 혹은 하나님께서 성례를 통하여 그의 뜻에 관하여 우리를 가르치시며, 그리스도께서 우리를 대신하여 값 주고 사신 그 은덕들을 받아들이도록 우리를 권고하시며, 또한 그 동일한 성례로 말미암아 이러한 그리스도의 은덕들을 우리에게 인치신다고 말할 수도 있을 것이다. 성례가 이 축복들을 우리에게 인친다는 것은 그것들이 약속이 첨가된 표라는 사실에서 추정할 수 있을 것이다. 그렇기 때문에 성령께서 말씀 못지않게 이 신적인 은혜의 표와 보증

으로도 우리 마음에 유효적으로 영향을 미치시는 것이다.

2. 성례의 또 다른 목적은 하나님을 향한 우리의 감사와 의무를 고백하고 시인하는 데 있다. 아니면 우리를 하나님께 매이게 하여 믿음과 선한 양심을 유지하도록 하는 데 있다 할 것이다. 성례를 시행함으로써 우리는 우리 자신을 하나님께 매이게 하여, 그가 우리의 하나님이시듯이 우리가 그의 백성이 되며, 그를 믿고 그가 우리에게 베푸시는 바 은덕들을 받고 참된 회개를 시행하도록 하는 것이다.

3. 성례는 참된 교회를 모든 다양한 이단 분파들과 구별하는 표지(標識: marks)의 역할을 한다. 하나님께서는 그의 교회가 세상에서 눈에 보이는 방식으로 존재하도록 계획하시며, 또한 마치 군병들이 그들의 복장과 배지로 구별되고 또한 양들이 목자가 붙여놓은 표시들로 구별되듯이, 이러한 거룩한 표로써 교회를 알아보도록 하시는 것이다. 유대인들에게는 할례를 받도록 명령하셨고, 이방인들은 교회에서 제외시키셨고 또한 유월절에 먹지 않도록 금지시키셨다. 오늘날 그리스도께서는 그리스도인들에게 세례를 받고 성찬에 참여할 것을 명령하시며, 이로써 그의 나라가 사탄의 회(會)와 구별되도록 하시는데, 이렇게 구별하시는 것은 하나님의 영광을 위하며 우리의 위로와 구원을 위한 것이다. 하나님께서 우상들과 연관되지 않으시는 것처럼, 그의 백성도 마귀의 나라와 관련이 되게 하지 않으시는 것이다.

4. 성례는 복음의 도리의 보존과 전파에 기여한다. 하나님께서는 성례를 시행함과 더불어 말씀과 그 말씀의 적용이 있도록 하시기 때문이다. "후일에 네 아들이 네게 묻기를 이것이 어찌 됨이냐 하거든 너는 그에게 이르기를 여호와께서 그 손의 권능으로 우리를 애굽에서 곧 종이 되었던 집에서 인도하여 내실새"(출 13:14).

5. 성례는 상호 간의 사랑의 끈이다. 교회의 머리이신 그리스도와 연합 속에 들어간 자들은 서로서로와 어긋나서는 안 된다. "우리가 … 다 한 성령으로 세례를 받아 한 몸이 되었고"(고전 12:13). 성례는 교회로 함께 모이는 회중을 서로 묶는 끈이다. "내 형제들아, 먹으러 모일 때에 서로 기다리라"(고전 11:33), "떡이 하나요 많은 우리가 한 몸이니 이는 우리가 다 한 떡에 참여함이라"(고전 10:17), "평안의 매는 줄로 성령이 하나 되게 하신 것을 힘써 지키라. 몸이 하나요 성령도 한 분이시니 이와 같이 너희가 부르심의 한 소망 안에서 부르심을 받았느니라. 주도 한 분이시요 믿음도 하나요 세례도 하나요 하나님도 한 분이시니 곧 만유의 아버지시라"(엡 4:3-6). 그러나, 우리가 성례의 제도에 관하여 서로 적의를 갖고 싸우게

되면, 우리 스스로 이런 하나됨을 세울 수도 없고, 일단 그것을 세운 후에 보존할 수도 없고, 주님의 죽으심을 보여 유익을 끼칠 수도 없다. 왜냐하면 성례는 그리스도인들이 먼저는 그리스도와, 그리고 그 다음에는 서로서로 갖는 하나 된 교제의 보증이기 때문이다.

3. 성례는 어떤 점에서 제사와 다른가?

성례와 제사(sacrifice)는 서로 구별되어야 하며, 그런 구별이 반드시 지켜져야 한다. 이는 우리가 성례를 시행할 때에 과연 무엇을 하는 것인지를 알기 위함이기도 하며, 또한 성례 시에 자기 자신의 행위를 마치 제사처럼 드리고 그로써 하나님을 기쁘시게 하며 따라서 그런 행위로써 죄 사함을 받을 자격을 갖게 된다는 식으로 상상하는 교황주의자들의 뒤를 따르지 않도록 하기 위함이기도 하다. 성례와 제사는 주로 두 가지 점에서 서로 다르다. 1. **그 본질에서** 다르다. 성례는 그저 우리에게 하나님의 뜻을 증거해 주는 예식인데 반해서, 제사는 예식일 수도 있고, 도덕적 행위일 수도 있다. 감사와 찬송과 구제의 제사들이 일체의 예식이 없이 하나님께 합당한 순종과 존귀를 돌려드리는 도덕적인 행위들이기 때문이다. 2. **그 목적에서** 다르다. 성례에서는 하나님께서 우리에게 그의 은덕들을 베푸신다. 그러나 제사는 하나님을 향한 우리의 순종의 증거들이다. 성례와 제사를 정의하면 이런 차이가 선명하게 드러날 것이다. 성례란 그것이 나타내는 바 실체들과 더불어 특정한 표를 우리에게 주시는 것이다. 혹은 성례란 그것을 통해서 하나님께서 그의 은덕들을 우리에게 베푸신다는 것을 선포하시는 것이다. 반면에, 제사는 우리가 하나님께서 우리에게 요구하시는 바 순종과 예배를 그에게 드리는 것이다. 혹은 제사란 하나님께서 그에게 합당한 존귀와 순종을 받으시게 하고자 하는 구체적인 목적을 갖고서 우리가 믿음으로 행하는 하나의 행위다. 그러므로 이 둘은 주는 것과 받는 것이 서로 다른 것처럼 그렇게 서로 다르다. 하나님께서는 성례를 우리에게 주시고, 제사를 우리에게서 받으시는 것이다. 그러나 동일한 예식이 서로 다른 점에서 성례이기도 하고 동시에 제사이기도 하다는 점을 지적하는 것이 합당할 것이다. 하나님으로부터 주어진다는 점에서는 성례일 수도 있고, 경건한 자들이 하나님께 순종과 감사를 드러내는 수단으로 그것을 사용하는 점에서는 제사일 수도 있는 것이다. 그러므로 성례와 제사는 동일한 것일 경우가 많다. 그러나 항상 그 관점은 다른 것이다. 우리에게는 모든 성례가 동시에 감사의 제사들이다. 그러나 그런 제사들은 화목 제사는 아니다. 화목 제사(propitiatory sacrifice)는 십자가에서 우리를 위해서 드려지신 그리스도의 제사밖에는 없기 때문이다.

지금까지 논의한 내용을 볼 때에, 우리는 다음과 같은 반론에 대해 쉽게 답변할 수 있을 것이다. **반론.** 유월절을 비롯한 구약의 다른 의식들은 희생 제사들이요 동시에 성례였다. 그러므로 성례는 제사와 다르지 않다. **답변.** 결론이 전제를 지나치게 비약시키고 있다. 전제에서 정당하게 도출되는 것은 동일한 것이 성례일 수도 있고 제사일 수도 있다는 것이 전부인데, 이에 대해서는 이미 앞에서 인정한 바 있다. 그러므로 세례와 성찬은 보는 관점에 따라서 성례이기도 하고 제사이기도 하다. 그것들은 하나님께서 베푸시는 것이요 또한 그 속에서 우리에게 뭔가를 주시며 또한 그 주시는 바를 우리에게 선포하신다는 점에서는 성례들이다. 하나님께서 마치 그 자신의 입으로 말씀하시듯이 성례를 시행하는 사역자들을 통해서 말씀하시며, 동시에 그 사역자들의 손을 통해서 우리에게 성례물들을 주시며, 우리는 마치 하나님의 손에서 받듯이 그들의 손에서 그것들을 받기 때문이다. 그리고 하나님께서는 그저 외형적인 표만 주시는 것이 아니라 그보다 훨씬 더한 것들을 주신다. 그렇다. 성례를 정당하게 시행할 때에 그것들이 나타내는 바로 그것들을, 이를테면 그의 손으로 우리에게 가져다주시기까지 하시는 것이다. 우리가 경외함과 믿음으로 시행하기만 하면 말이다. 그러나 세례와 성찬은 우리가 하나님을 향하여 시행하는 점에 대해서만은, 혹은 우리가 이 상징물들을 마치 하나님의 손에서 받듯이 받아서 하나님을 향한 우리의 순종을 선포한다는 점에서만은 제사라 할 것이다.

4. 성례와 말씀이 서로 공통된 점은 무엇이며, 서로 다른 점은 무엇인가?

이 질문에 대해서는 본 요리문답 67문을 해설할 때에 다루기로 한다.

5. 구약과 신약의 성례들이 어떤 점에서 서로 다른가?

하나님께서 그 제정자시라는 점과 또한 그것들이 나타내는 실체들에 있어서는 그것들이 서로 일치한다. 구약의 성례들이나 신약의 성례들은 모두 동일한 축복의 약속과 제시를 나타낸다. 곧, 오직 그리스도로 말미암는 죄 사함과 성령 주심이 바로 그것이다. 이는 다음의 성경 본문들이 입증해 준다: "예수 그리스도는 어제나 오늘이나 영원토록 동일하시니라"(히 13:8), "우리 조상들이 … 모세에게 속하여

다 구름과 바다에서 세례를 받고 모두가 같은 신령한 음식을 먹으며 모두가 같은 신령한 음료를 뒤따르는 신령한 반석으로부터 마셨으니 그 반석은 곧 그리스도시라"(고전 10:1-4), "또 그 안에서 너희가 손으로 하지 아니한 할례를 받았으니 곧 육의 몸을 벗는 것이요 그리스도의 할례니라"(골 2:11), "우리의 유월절 양 곧 그리스도께서 희생되셨느니라"(고전 5:7).

아우구스티누스는 이렇게 말한다: "구약과 신약의 성례들은 표에서는 다르나 그 나타내는 것들에 있어서는 서로 일치한다. 조상들 모두가 동일한 신령한 음식을 먹었다. 그러나 그들이 먹은 이 땅의 음식은 우리가 먹는 것과는 달랐다. 그들은 만나를 먹었으나 우리는 그것을 먹지 않는다. 그러나 그들이 먹은 신령한 음식은 우리가 먹는 것과 동일한 것이다." 구약과 신약의 성례에서 나타낸 바 되는 그리스도가 없이는, 아무도 구원받지 않았을 뿐더러 구원받을 수도 없는 것이다. 그러므로 구약 시대에 살았던 조상들은 우리와 동일하게 그리스도와 하나된 교제를 가졌으며, 신약 시대에 사는 우리의 경우에 못지않게 말씀과 성례들로써 그 사실이 나타났던 것이다. 그러므로 성례에서 그의 말씀 속에 있는 그리스도와의 연합된 교제 외에 또 다른 교제를 구하는 것은 우상숭배이며, 동시에 신약의 성례에서 구약의 성례의 경우와 다른 연합된 교제를 구하는 경우에도 마찬가지로 우상숭배인 것이다.

구약과 신약의 성례는 다음과 같은 점에서 다르다: 1. **예식과 의식에서.** 구약의 성례에는 신약의 성례에 속하지 않은 의식들이 관련되어 있다. 그리스도께서 오셨을 때에, 외형적인 예식에 변화가 생겨서 새 경륜의 시작을 시사하게 되었다. 2. **숫자에서.** 과거에는 갖가지 고통스런 예식들이 있었다. 그러나 지금은 그 숫자가 줄어들었고 더 단순해졌다. 3. **그 나타내는 의미에서.** 구약의 성례는 장차 오실 그리스도를 나타내는 것이었고, 신약의 성례는 이미 일어난 그리스도의 죽으심을 보여주는 것이다. 4. **그 기한에서.** 구약의 성례들은 메시야가 오실 때까지만 계속되는 것이었고, 신약의 성례는 세상 끝까지 계속될 것이다. 5. 구약의 성례들은 유대인들에게만 해당되는 것이었고, 다른 민족들로부터 회심한 자들에게는 할례가 요구되지 않았다. 그러나 신약의 성례는 어느 민족에 속했든 온 교회 전체에 해당되는 것이다. "모든 민족을 … 세례를 베풀고"(마 28:19), "너희가 다 이것을 마시라"(마 26:27). 6. **그 선명도에서.** 구약의 성례들은 장차 올 일들을 미리 그림자로 보여주는 것이므로 더 희미했다. 그러나 신약의 성례들은 더 잘 이해할 수 있는 것들이다. 왜냐하면 그것들은 이미 그리스도 안에서 일어났고 성취된 일들을 선포하기 때문이다.

6. 성례에서 표는 무엇이며, 또한 그 표로써 나타내는 것들은 무엇인가, 그리고 그것들은 서로 어떤 점에서 다른가?

성례에는 반드시 두 가지가 있으니, 표와 그 표가 나타내는 그것이다. **표**에는 사용되는 물건과 외형적인 예식 전체가 포함된다. 표가 **나타내는 것**은 그리스도와 그가 베푸시는 모든 은덕들이다. 혹은 그리스도와의 연합된 교제와 그의 은덕에 참여함이다.

그러므로 표는 그 나타내는 것과 다음과 같은 점에서 다르다. 1. **그 본질에서.** 표는 물질적이며 가시적이며 땅에 속한 것이나, 그 나타내는 것은 신령하며 불가시적이고 하늘에 속한 것이다. **반론.** 그러나 그리스도의 살과 피는 물질적이며 땅에 속한 것으로 되어 있다. **답변.** 표가 나타내는 것들을 여기서 신령하다고 부르는 것은 그 본질에 대한 것이 아니고 그것들이 받아들여지는 방식에 관한 것이다. 왜냐하면 그것들이 우리 몸의 지체들에 의해서가 아니라 성령의 역사하심으로 말미암아 오직 믿음으로만 받아들여지기 때문이다. "신령하다"라는 용어는 때로는 성경에서 비물질적인 실체 혹은 성령을 지칭하나, 다른 때에는 성령의 역사하심의 효과를 지칭하기도 한다. 그리고 성령의 대상, 혹은 성령의 영향력으로 말미암아 받아들여지는, 혹은 성령께서 거하시는 사람들에게 주어지는 바 영적인 영향력의 대상을 지칭하기도 한다. "모두가 같은 신령한 음식을 먹으며." 그리스도의 살과 피를 성례에서 신령한 것이라 부르는 것은 바로 이런 의미인 것이다. 2. **그 받는 양상에서** 다르다. 표는 가시적으로, 입과 몸의 지체들로 눈에 보이도록 받으며, 따라서 불신자도 똑같이 받는다. 그러나 표가 나타내는 그것들은 오직 믿음으로, 성령으로 말미암아 받으며, 따라서 오직 신자들밖에는 받지 못한다. 3. **그 목적 혹은 용도**에서 다르다. 표가 나타내는 그것들은 영생을 얻게 하는 것을 목적으로 주어진다. 그것들이 영생 그 자체이며, 혹은 영생의 일부이며, 최소한 영생을 얻는 데에로 이어지기 때문이다. 표는 약속된 그것들을 믿는 우리의 믿음에 인을 치며 확증하고자 하는 목적으로 주어지는 것이다. 4. 표로써 나타내지는 그것들은 구원받게 될 모든 사람들에게 절대적으로 필요하다. 그러나 그 표는 모두에게 절대적으로 필요한 것은 아니고, 그것들을 사용할 능력이 있는 자들에게만 절대적

으로 필요하다. 정죄받을 것은 성례의 결핍이 아니라 성례를 모욕하는 것이기 때
문이다. 5. 마지막으로, 표는 성례에 따라서 달라지나, 표가 나타내는 그것은 모든
성례에서 언제나 동일하다.

7. 표와 그 표가 나타내는 것들 사이의 연합을 가리켜 성례적 연합이라 부르는데, 그것은 과연 무엇인가?

연합이란 일반적으로 말해서 두 가지 이상의 것들이 하나로 합쳐져서 이런저런
방식으로 하나가 되는 것을 뜻한다. 위격적 연합(the hypostatical union)은 그리스
도의 신성과 인성이 서로 합쳐져서 한 위격을 구성하는 것에 있다. 성례의 표와 그
표가 나타내는 그것 사이에 존재하는 연합을 가리켜서는 성례적 연합(a
sacramental union)이라 부르는데, 지금 논하고자 하는 것이 바로 그것이다. 교황
주의자들은 성찬을 기념하는 데에 사용되는 표가 그 표가 나타내는 그것으로 바
뀐다는 식으로 상상한다. 그러나 다른 무엇으로 바뀐다면 그것은 연합이 아니다.
또한 성례적 연합은 반드시 모든 성례들과 일치해야 하며, 그렇지 않으면 성례적
이 아니고 그저 세례에만 관계되거나 혹은 성찬에만 관계되는 것일 것이고, 결국
그 본질이 일반적이 아닌 것이 되어 버릴 것이다. 또 어떤 이들은 표와 그 표가 나
타내는 것 사이에 물질적 결합(corporal conjunction) 혹은 연합이 있다고 생각한
다. 마치 그 둘이 한 덩어리를 이루기라도 한 것처럼, 또한 그 둘이 동시에 같은 장
소에 존재하기라도 하는 것처럼 말이다. 그러나 이런 식의 병존(並存), 혹은 하나
가 다른 하나 속에 감추어져 있는 상태는 성례적 연합이 아니다. 왜냐하면 일반적
으로 모든 성례에서 다 일치하지 않기 때문이다. 그러므로 성례적 연합은 물질적
인 성격을 띤 것도 아니요, 표와 그 표가 나타내는 것이 한 장소에 함께 있는 데 있
는 것도 아니며, 화체(化體: trans-substantial), 혹은 공재(共在: con-substantial)에
있는 것은 더구욱 아니다.

오히려 성례적 연합이란 상호관계성을 띠며 다음 두 가지에 있는 것이다: 1. 표
와 그 표가 나타내는 것들 사이의 유사성 혹은 상응성에 있다. 이에 대해 아우구스
티누스는 이렇게 말한다: "성례가 만일 성례를 이루는 바 그것들과 특정한 유사성
이나 관계를 지니고 있지 않다면, 그것은 성례가 아닐 것이다." 2. 표와 그 나타내
는 것들을 함께 제시하는 데 있고 또한 적절한 시행을 통하여 그것들을 받아들이
는 데 있는데, 이는 믿음이 없이는 이루어질 수가 없다. 믿음이 있는 자 외에는 어

느 누구도 사역자로부터 표를 받고 또한 그리스도로부터 그 나타내는 것들을 받지 못한다. 그리고 그렇게 정당한 시행을 통해서 그 둘을 받을 때에, 우리는 그것을 가리켜 성례적 연합이라 부르는 것이다.

이 사실은 첫째로 성례의 본질로부터 입증된다. 성례라는 단어는 관계성을 띤다. 하나님께서 제정하신 예식과 의식들이 그 토대 혹은 기초를 이룬다. 그 용어는 그리스도와, 또한 그의 모든 은덕들을 그와 더불어 나누는 것을 포함한다. 관계는 곧, 예식들과 그것들이 나타내는 것들 사이에 존재하는 질서 혹은 연관성이다. 표와 그것들이 나타내는 것들은 서로 상호관계성을 지닌다. 이로 보건대, 성례적 연합이란 표가 그 나타내는 것들과 갖는 관계 이외에 아무것도 아니라는 것이 분명히 드러나며, 이로써 우리는 다음과 같은 오류 없는 법칙을 얻게 된다: "이 관계가 계속되는 한, 표와 그 나타내는 것은 서로 연합한 상태로 남아 있다. 그러나 그 관계가 사라지면, 그 둘은 더 이상 연합한 상태가 아니다." 이는 곧, 하나님께서 표와 그 나타내는 것들 사이에 세우신 질서가 유지되는 한, 그 나타내는 것이 그 표와 함께 제시되고 인쳐진다. 그러나 이처럼 신적으로 지정된 것이 사라지면, 표는 아무것도 우리에게 제시하거나 인치지 못하는 것이다.

방금 설명한 성례적 연합을 뒷받침해주는 두 번째 증거는 성례의 유비과 상응성에서 비롯되는 것이다. 그 연합은 모든 성례들과 조화를 이루는 그런 연합이어야 한다. 그러므로 그리스도와 구약의 성례들 사이의 연합이 어떠했는지를 묻고, 그다음 신약의 성례들에서 유지되는 그 연합의 본질이 무엇인가를 살펴보아야 할 것이다. 이런 점에서 반드시 유비과 상응성이 있어야만 된다. 그렇지 않으면 구약의 성례들은 성례가 아닌 것이 되며, 그 연합도 모든 성례에 일치하지 않으므로 성례적인 연합이 아닌 것이 되어 버릴 것이다. 그러면 구약의 성례들에 속한 연합은 오로지 상대적인 연합에 지나지 않게 될 것이다. 그러므로, 성례적 연합은 반드시 그런 본질을 지녀야 하는 것이다.

8. 성례와 관련하여 성경과 교회가 사용하는 어법은 무엇인가?

성례와 관련하여 사용되는 어법은 일부분은 직설적이고 일부분은 상징적이다. 성례를 가리켜 증표, 표, 인, 보증물 등으로 부를 때나 하나님께서 약속하신 것들의 확실성을 확증시켜주는 다른 표현들이 사용될 때에는 직설적이다. "할례의 표를 받은 것은 무할례시에 믿음으로 된 의를 인친 것이니"(롬 4:11), "너희는 포피를 베어라 이것이 나와 너희 사이의 언약의 표징이니라"(창 17:11). 이와 같이 떡은 그리스도의 몸의 표다. 또한 약속이 표와 분명하게 결합될 때에도 역시 어법이 직설적이다. 표를 받으면 그것이 나타내는 것들도 받는 것이라고 말씀하는 경우가 이에 해당된다: "믿고 세례를 받는 사람은 구원을 얻을 것이요"(막 16:16).

어법이 상징적이거나 성례적인 경우도 있다: 1. 나타내지는 것들의 명칭들이 표에게 돌려지는 경우. "우리의 유월절 양 곧 그리스도께서 희생되셨느니라"(고전 5:7), "이 반석은 곧 그리스도시라"(고전 10:4), "이것은 너희를 위하는 내 몸이니"(고전 11:24). 2. 표의 명칭이 그 나타내는 것에게 돌려지는 경우. "우리의 유월절 양 곧 그리스도"(고전 5:7). 3. 나타내지는 것들에게 속한 특성들이 표에게 돌려지는 경우. "우리가 떼는 떡은 그리스도의 몸에 참여함이 아니냐?"(고전 10:16). 그리하여 세례를 가리켜 죄를 씻고 구원하며 중생하는 것으로 말씀한다. 4. 표에 속한 특성들이 그 나타내는 것들에게 돌려지는 경우. "이것은 너희를 위하는 내 몸이니"(고전 11:24). 그리하여 우리가 그리스도의 피로 씻음 받고, 성령으로 세례를 받으며, 그리스도의 살과 피로써 공급함을 받는다고 말씀한다. 이 모든 어법들은 동일한 것, 곧 표가 나타내고 인친다는 것과 또한 신자가 성례를 정당하게 시행할 그때에 표와 그 나타내는 것들을 동시에 받는다는 것을 의미하는 것이다.

간단히 말해서, 성례적인 어법은 표의 명칭과 특성이 그 나타내는 것에게 돌려지거나 혹은 그 나타내지는 것의 명칭과 특성이 표에게 돌려지는 것이며, 또한 그 전달하는 뜻이 그 중 하나가 다른 하나에로 바뀌는 것이 아니라 표가 그 나타내는 것을 나타내며 인친다는 것이다.

이 어법이 사용되는 이유는 표와 그 나타내는 것 사이에 유비가 있다는 것 때문이다. 이에 대해서 아우구스티누스는 다음과 같이 말한다: "성례가 그 나타내는 것들과 특정한 상응성이 없다면, 그것은 성례가 아닐 것이다. 성례가 그 나타내는 그것들의 명칭들을 받는 것은 주로 이러한 상응성 때문이다. 그러므로 그리스도의 몸의 성례가 특정한 방식으로 그리스도의 몸이며, 또한 그리스도의 피의 성례가 그의 피인 것처럼 믿음의 성례도 믿음인 것이다." 그는 또한 이렇게도 말한다: "표는 대개 그것이 나타내는 그것의 명칭을 받는다. 그러므로 '이 반석은 그리스도시라'고 말씀한다. 사도는 그 반석이 그리스도를 나타낸다고 말씀하지 않고, 마치 그 반석이 그리스도신 것처럼 말씀하나, 실제로 그렇다는 것이 아니라 다만 그것을 나타낸다는 뜻이다."

9. 성례의 정당한 시행은 무엇인가?

신자나 혹은 회심한 자들이 하나님께서 은혜의 표로, 또한 그들을 향하신 그의 뜻에 대한 보증으로 제정하신 그 예식들을 준수하면, 성례를 정당하게 시행하는 것이라 하겠다. 성례의 정당한 시행은 다음 세 가지에 있다: 1. 하나님께서 제정하신 예식들을 순결하게 준수하는 경우. 적그리스도가 덧붙여 놓은 것들은 반드시 제거되어야 하며, 삭제된 것들은 반드시 회복되어야 한다. 그리스도께서 제정하신 그것이 순결하게 유지되어야 한다. 2. 하나님께서 위하여 성례를 제정하신 그 사람들이 이 예식들을 시행하는 경우. 믿음과 회개를 고백함으로써 교회원들이 된 그리스도인들 외에는 어느 누구도 성례에 참여해서는 안 된다. "네가 마음을 온전히 하여 믿으면 [세례 받는 것이] 가하니라"(행 8:37), "자기들이 죄를 자복하고 요단 강에서 그에게 세례를 받더니"(마 3:6). 3. 성례가 그 제정된 의도대로 시행되는 경우. 이 조건들 중 하나가 빠지거나, 예식 가운데 어느 하나라도 바뀌거나, 신적인 권위가 없이 그 의도가 뒤바뀌거나, 혹은 믿음이 없이 표를 받는 경우에는 표와 그 나타내는 바 그것이 하나님이 제정하신 대로 연합하지 못한다. 성례를 받는 자들에 대해서 이렇게 말씀한다: "네가 율법을 행하면 할례가 유익하나 만일 율법을 범하면 네 할례는 무할례가 되느니라"(롬 2:25). 성례의 시행에 악한 것이 연루될 때에 사도는 "너희가 함께 모여서 주의 만찬을 먹을 수 없으니"(고전 11:20)라고 말씀한다. 또한 성례가 부적절한 의도로 시행될 때에도 아무런 유익을 받을 수가 없다. 호세아 선지자는 다음과 같이 말씀한다: "그들이 양 떼와 소 떼를 끌고 여호와를 찾으러 갈지라도 만나지 못할 것은 이미 그들에게서 떠나셨음이라"(5:6). 하나님께서는 칭의와 구원을 얻게 하시려고 성례를 제정하신 것이 아니다. 또한 하나님께서 친히 성례에 지정하신 목적 이외에는 그 어떠한 목적도 거기에 가감할 수 없다. 그렇게 하는 것은 하나님께 불순종하는 것이요 그의 약속을 저버리는 것이다. 그러므로 지정된 대로 합당하게 시행되지 않는 성례는 성례가 아니요, 헛된 의식과 겉모양만 있는 형식에 지나지 않는 것이다. 성례의 정당한 시행은 참된 믿음과 회개에 있다. 그러므로 이 조건들에 해당되지 않는 자들에게는 성례가 성례가 아니다. 그러므로 불신자와 이교도들이 성례의 표를 받으면 그 나타내는 그것들도 함께 받는다고 주장하는 자들은 과연 정신나간 자들인 것이다.

10. 불경건한 자들이 성례를 시행할 경우 그들은 무엇을 받는가?

성례를 논의할 때에는 특별히 하나님께서 성례를 통해서 **무엇을, 누구에게, 어떻게** 베푸시고 전해 주시는가를 살펴보아야 한다. 악인의 경우에도 하나님께서는 성례에서 그의 은덕들을 그들에게 베푸시지만, 그들은 그저 껍데기뿐인 표 외에는 아무것도 받지 못하며, 또한 그것들이 그들 자신에게는 심판과 정죄가 된다. 그들에게 믿음이 없기 때문이다. 이는 다음과 같은 사실들에서 입증된다: 1. 그리스도의 은덕들은 오직 성례가 정당하게 시행될 때에만 받는 것이다. 그러나 악인은 성례를 정당하게 시행하지 못한다. 그들은 믿음이나 회개가 없이 무가치하게 받기 때문이다. 그러므로 사도 바울은 이렇게 말씀한다: "그러므로 누구든지 주의 떡이나 잔을 합당하지 않게 먹고 마시는 자는 주의 몸과 피에 대하여 죄를 짓는 것이니라"(고전 11:27). 불경건한 자는 무가치하게 먹고 마시므로 성례를 욕되게 하는 것이다. 2. 말씀에 아무것도 약속된 바가 없는 자들에게는 성례가 아무것도 인쳐주지 못한다. 악인에게는 말씀이 아무것도 약속하지 않는다. 복음의 모든 약속들은 회개와 믿음을 조건으로 주어지기 때문이다. 그러므로 성례는 불경건한 자들에 대해서 아무것도 인 쳐주거나 베풀어주지 못하는 것이다. 어떤 헌장이 오직 특정한 사람들에게만 특정한 것들을 약속하며, 또한 거기에 붙여진 표가 그 동일한 개개인들에게 동일한 것들을 약속해 주듯이, 하나님께서도 그가 약속하신 그 사람들에게만 동일한 방식으로 그의 은덕들을 베푸신다. 그러나 불경건한 자들이 그 불신앙 가운데 있는 한 하나님께서는 그들에게 아무것도 약속하지 않으신 것이다. 3. 신령한 것들은 믿음으로 받는다. 그러나 불경건한 자들에게는 믿음이 없다. 그러므로 그들은 신령한 것들을 전혀 받지 못한다. 4. 불경건한 자들이 성례의 표가 나타내는 그것들을 받는다는 것은 모순이다.

11. 신약에는 몇 가지 성례가 있는가?

이 질문에 대해서는 본 요리문답 68문 해설에서 다룰 것이다.

67문 그러면, 말씀과 성례는 모두가 우리의 믿음을 우리 구원의 유일한 근거가 되는 예수 그리스도의 십자가의 제사에게로 향하게 하기 위하여 제정된 것입니까?

답 예, 그렇습니다. 성령께서는 우리의 구원 전체가 그리스도께서 십자가 위에서 우리를 위하여 단번에 드리신 제사에 달려 있다는 사실을 복음 안에서 가르치시며 또한 성례로 확신시켜 주시기 때문입니다.

[해 설]

성례와 말씀은 서로 공통점도 있고 상이점도 있다. 그 **공통점**들은 다음과 같다:

1. 둘 다 하나님께서 그 주인이시다.

2. 하나님께서는 둘 다 교회의 사역자들을 통하여 시행하신다. 그의 사역자들을 통하여 그의 말씀을 전해 주시며, 또한 그들을 통하여 성례에서 사용되는 표를 베풀어주시는 것이다. 그러나 그 표가 나타내는 그것들은 하나님의 아들께서 우리에게 직접 베풀어주신다. 이는 그가 다음과 같이 말씀하시기 때문이다: "성령을 받으라"(요 20:22), "내가 줄 떡은 곧 세상의 생명을 위한 내 살이니라"(요 6:51). 세례 요한은 그에 대해서 이렇게 말씀한다: "나는 너희로 회개하게 하기 위하여 물로 세례를 베풀거니와 내 뒤에 오시는 이는 나보다 능력이 많으시니 나는 그의 신을 들기도 감당하지 못하겠노라 그는 성령과 불로 너희에게 세례를 베푸실 것이요"(마 3:11).

3. 둘 다 성령께서 우리 속에 믿음을 일으키시고 강건케 하시는 수단들이다. 그러므로 둘 다 믿음을 확인케 하고 강건케 한다.

4. 둘 다 우리에게 동일한 것들을 제시한다. 하나님께서는 둘 다를 통해서 그의 뜻을 선포하시며, 둘 다를 통해서 동일한 축복과 동일한 은혜와 동일한 그리스도를 제시하신다. 하나님께서 그의 말씀 속에서 약속하시는 것과 다른 것은 그 어떠한 것도 성례를 통해서 제시되거나 확증되지 않는다. 그러므로 무엇이든 하나님께서 그의 말씀 속에서 약속하지 않으신 것을 성례에서 찾으려 한다면, 그것은 성례를 우상화시키는 것이다.

성례는 다음과 같은 점에서 말씀과 **다르다**:

1. 그 **본질**에서. 말씀은 그것을 임의로 사용하는 사람들의 상태에 따라 특정한 내용을 뜻하고 표현한다. 그러나 성례는 표와 그 표들이 나타내는 것들 사이에 존재하는 유비에 따라서 특정한 내용을 제시한다. 말씀을 읽고 듣기도 하지만, 성례의 표는 느끼고 보고 맛보는 것으로 받는 것이다. 말씀은 특정한 내용을 제시하기만 한다. 그러나 표와 상징물들은 확증하기도 하는 것이다.

2. 그 **대상**에서. 말씀은 그 명령과 약속들과 더불어 구별이 없이 모든 사람들에게, 중생한 교회원들에게는 물론 중생하지 않은 자들에게까지도 선포된다. 중생하지 않은 자들에게는 중생하도록 하고 그리스도를 믿는 믿음을 갖게 하기 위해서, 혹은 완전히 핑계가 없도록 하기 위해서 선포되며, 중생한 자들에게는 그들의 믿음이 더욱더 견고하게 되도록 하기 위해서 선포되는 것이다.

반면에 성례는 회개와 믿음을 고백하는 교회원들에게만 해당되며, 그들의 믿음을 보존하고 강건케 하기 위한 목적으로 베풀어지는 것이다. 또한 말씀은 동시에 모든 사람 하나하나에게 다 전해지지만, 성례는 한 번에 한 사람에게 시행된다. 한 사람씩 차례로 세례를 받고, 성찬도 한 사람씩 차례로 받는 것이다.

3. 말씀은 성령께서 그것을 통해서 우리 속에 믿음을 일으키시고 확증하시는 것이며, 그렇기 때문에 성례보다 앞선다. 그러나 성례는 성령께서 이미 생겨난 믿음을 확증하시는 수단이며, 그렇기 때문에 말씀을 뒤따르는 것이다. 이러한 차이가 있는 이유는 성례는 그것들을 올바로 이해하지 않고서는 아무런 영향도 주지 못하기 때문이다. 모르는 것에 대해서는 열심도 있을 수 없는 것이다. 그러므로 성례가 시행되기 전에 말씀으로 성례의 의미를 설명하는 일이 필수적인 것이다. 그러나 교회의 유아들의 경우는 문제가 다르다. 그들에게는 성령께서 말씀을 수단으로 믿음을 생기게 하시는 것도 아니요 그 믿음을 확증하게 하시는 것도 아니다. 오히려 내적인 역사하심을 통해서 그렇게 하시는데, 이는 그들이 교회 안에서 출생한 자들로서 하나님의 언약과 약속에 포함되기 때문인 것이다.

4. 말씀은 오직 성인(成人)들에게만 전해진다. 그러나 성례에는 유아들에게도 해당되는 할례와 세례가 있다.

5. 말씀은 성인들의 구원을 위하여 충족하며 필수적이다. "믿음은 들음에서 나며 들음은 그리스도의 말씀으로 말미암았"기 때문이다(롬 10:17). 그러나 성례는 모든 사람들에게 적극적으로 절대적으로 필수적인 것도 아니요, 말씀과 별개로 그 자체가 구원을 위하여 충족한 것도 아니다. 인(印)이 있으나 그것이 보증하는 바 헌장 자체가 없다면, 그 인은 아무런 소용이 없다. 아우구스티누스의 다음과 같은 유명한 발언은 의심의 여지 없는 사실이라 하겠다: "정죄를 받는 것은 성례가 없기 때문이 아니라 성례를 모욕하기 때문이다."

6. 말씀은 공적이며 사적인 해명을 통하여 성례가 없이도 효력을 발생할 수 있다. 고넬료의 경우가 이에 해당한다. 그러나 성례는 말씀이 없이는 존재할 수도

없고, 아무런 효력도 낼 수가 없다.

7. 말씀은 성례의 표를 통해서 확증되며, 성례는 말씀을 확증시켜 주는 것이다.

마지막으로, 아우구스티누스는 말씀과 성례의 공통점과 차이점을 지극히 간단하게 표명해 주고 있다. 그는 성례를 "눈에 보이는 말씀"(a visible word)이라고 정의한다. 그는 성례를 "말씀"으로 정의함으로써 그 둘의 공통점, 즉 그 둘이 동일한 것을 가르친다는 사실을 나타내는 것이다. 그리고 거기에 "눈에 보이는"이라는 단어를 첨가시킴으로써 그 차이점을 나타내고 있다. 한 마디로 말해서, 표는 그 시행을 통하여 하나님의 뜻을 우리에게 선포하며, 반면에 말씀은 언어를 매개로 하여 그의 뜻을 선포하는 것이다. 말씀을 통해서 믿음이 시행되고 확증된다. 그러나 성례는 믿음을 확증하는 것 외에는 아무것도 하지 못한다. 또한 말씀은 성례가 없이도 효력을 발생한다. 그러나 성례는 말씀을 떠나서는 아무런 효력도 내지 못한다. 성인들은 지식이 없이는 구원받을 수 없다. 그러나 성례가 없어도, 그들이 그것을 멸시하지 않는 이상, 얼마든지 중생하고 구원받을 수 있다. 말씀은 모든 사람들을 대상으로 한다. 그러나 성례는 믿는 자들에게만 해당되는 것이다.

68문 그리스도께서 새 언약에서 제정하신 성례는 몇 가지입니까?

답 두 가지이니, 거룩한 세례와 성찬이 그것입니다.

[해 설]

신약 성경에는 오직 두 가지의 성례가 있는데, 이는 암브로시우스와 아우구스티누스의 증언에 따르면 영구한 것이요 교회에서 보편적으로 시행되는 것이다. 그 하나는 **세례**인데, 이것은 할례와 또한 율법이 명시한 각종 결례들을 대체시킨 것이다. 다른 하나는 **주의 성찬**인데, 이는 유월절 양을 비롯하여 율법의 각양 희생 제사들이 예시한 것이다. 이 두 가지만이 신약의 성례다. 그리스도께서 오직 이 두 가지만 제정하셨고 우리더러 지키도록 요구하시며, 또한 거기에 은혜의 약속을 덧붙이신 것이다. 다음의 논지는 결정적이다: 성례의 정의가 신약에 제시된 오직 두 가지 예식과만 일치하며, 따라서 우리에게는 오직 두 가지의 성례밖에는 없다.

　　교황주의자들은 이 두 가지 성례에 다섯 가지 다른 것들을 덧붙이는데, 견진성
사(堅振聖事: confirmation), 고해성사(告解聖事: penance), 신품성사(神品聖事:
ordination), 종부성사(終傅聖事: extreme unction), 혼인성사(婚姻聖事:
matrimony) 등이 그것이다. 그러나 이것들을 성례라 부르는 것은 정당치 못하다.
견진성사와 **종부성사**는 예식이기는 하나, 그리스도께서 온 교회를 위하여 제정하
신 것도 아니요 거기에 은혜의 약속이 덧붙여져 있는 것도 아니다. **견진성사**, 혹은
안수례(按手禮: the laying on of hands)는 초기 교회에서 성령의 이적적인 은사의
표이기도 했고 혹은 가르치는 직분에 임직시키는 표였으나, 곧 사라졌다. **종부성
사**가 나타내는 것은 다른 이적적인 은사들과 더불어 교회에서 그쳐졌다. **고해성
사**, 혹은 **사적인 사죄**(private absolution)는 복음 선포 이상 아무것도 아니며, 은혜
의 약속의 표와 혼동해서는 안 되는 것이다. **신품성사**, 혹은 **안수례**는 하나님께서
사역 가운데 임재하심을 선포하는 것이다. 그러나 하나님께서는 그 직분에 임직
한 사람들이 그를 기쁘시게 하지 않는다 해도 그들의 사역을 통해서 효과적으로
일하실 수도 있다. **혼인성사**는 의식이 아니고 하나의 도덕적인 행위이다. 교황주
의자들은 이것들을 성례에 속하는 것으로 보는데, 이는 이것들이 비밀이라 불리
기 때문이고, 또한 옛 번역 성경이 헬라어 **뮈스테리온**을 "*sacramentum*"이라 번역
하기 때문이다. 그러나 그들이 제시하는 권위보다 바울의 말씀을 귀담아 들어야
한다. 헬라인들에게 있어서 "비밀"(**뮈스테리온**)이란 라틴 사람들의 "*arcanun*"처
럼 그 의미가 폭넓은 것이라는 점을 모르는 사람은 아무도 없다. 그러므로 그들의
논지를 성립시키기 위해서는, 교황주의자들은 모든 "비밀" 하나하나가 다 성례
(*sacramentum*)라는 것을 인정할 수밖에 없다. 그렇다면 혼인이 일곱 번째 성례가
될 것이고, 하나님의 뜻이 여덟 번째 성례가 될 것이고(엡 1:9), 이방인들을 부르신
일이 아홉 번째 성례가 될 것이요(엡 3:3), 경건이 열 번째 성례가 될 것이고(딤전
3:16), 이런 식으로 더 다른 많은 것들이 계속 덧붙여질 것이다. 이 모든 본문에서
라틴어 번역 성경은 "비밀"이라는 단어를 *sacramentum*, 즉 성례로 번역하기 때문
이다. 그러나 바울은 에베소서 5:32에서 "비밀"이라는 단어를 남편과 아내 사이의
연합이 아니라 그리스도와 교회 사이의 연합을 지칭하는 뜻으로 사용하고 있는
것이다.

성례 일반에 관한 논지들

1. 하나님께서는 언제나 은혜와 영생에 대한 약속에다 특정한 표와 전례들을 결합시키셨는데, 교회는 이를 가리켜 성례라 부른다. 할례가 아브라함에게 주어졌다. 그리고 모세를 통하여 교회의 희생 제사들과 전례들이 크게 증가되었다. 이것이 그리스도의 강림까지 계속되었고, 그가 세례와 성찬을 제정하신 것이다.

2. 그러므로 성례는 하나님과 신자들 사이의 영원한 언약의 표다. 즉, 하나님께서 제정하셨고 또한 교회 안에서 시행할 것을 명하시는 전례들로서 은혜의 약속에 덧붙여진 것들인데, 이는 그렇게 함으로써 이를테면 눈에 보이는 표로서, 참된 믿음으로 이 상징물들을 사용하는 자들에게 그가 복음의 약속에 따라서 그리스도와 그의 모든 은덕들을 전해 주시며 그리하여 또한 하나님의 약속을 믿는 그들의 믿음을 견고하게 하시리라는 것을 선포하며 증언하시고자 함이다. 반면에 신자들은 이 표에 참여함으로써 그들의 믿음과 하나님을 향한 감사의 자세를 공적으로 표명하며, 그들 스스로를 그의 약속에 복속시키며, 그리스도의 은덕들에 대한 지식을 보존하며 널리 알리는 것이요, 이단들과 그들 자신을 구별하며, 교회의 머리이신 그리스도 아래서 서로 간의 사랑을 촉발시키고 증진시키는 것이다.

3. 하나님께서 명령하지 않으신 전례들이나, 혹은 은혜의 약속의 표들이 되는 그런 목적으로 제정되지 않은 것들은 교회의 표가 아니다. 표는 그것을 통해서 나타내지는 것들을 약속하시는 그분의 동의와 약속이 없는 것들은 아무것도 확증할 수가 없는 것이다. 그러므로 그 어떠한 피조물도 하나님의 뜻의 표를 제정할 수 없는 것이다.

4. 모든 성례에서 염두에 두어야 할 두 가지가 있다. 눈에 보이고 형체가 있고 이 땅에 속한 표들이 그 중 하나인데, 이는 전례들과 의식들로서 하나님께서 사역자를 통하여 우리에게 제시하시며 우리가 우리 몸의 지체들과 감각을 통해서 받는, 그런 눈에 보이고 형체가 있는 것들이다. 그 다음 하나는 그 표들이 나타내는 것들인데, 이는 눈에 보이지 않으며 하늘에 속하며 신령한 것들인데, 그리스도 자신과 그의 모든 은덕들이 여기에 포함된다. 이것들은 믿음을 통하여 하나님으로부터 신령하게, 즉 성령의 덕성과 능력을 통하여 우리에게 전달된다.

5. 표의 변화는 물질적이거나 본질적인 것이 아니라 그저 상대적일 뿐이다. 본질은 그대로 동일하게 남아 있고, 다만 그 용도만 바뀌는 것이다.

6. 표와 그 나타내는 것들 사이의 연합도 마찬가지로 본질적이거나 국지적인 것이 아니라 상대적이며, 하나님의 지정에 따라서 되는 것이다. 하나님의 지정에 따

라 눈에 보이지 않는 신령한 그것들이 눈에 보이며 형체가 있는 것들을 통해서 나타내지며, 또한 표들이 정당하게 사용될 때에 그 표와 더불어 드러나고 받아들여지는 것이다.

7. 표가 나타내는 것들의 명칭들과 속성들이 표에게 돌려지며, 또한 표의 명칭들이 그것이 나타내는 것들에게 돌려지는데, 이는 그 둘 사이의 유비 때문이며, 또한 표를 정당히 사용할 경우 표와 더불어 그것이 나타내는 것들을 함께 받게 되기 때문이다.

8. 성례의 정당한 시행은 신자가 하나님께서 성례를 제정하신 목적에 합당하도록 지정하신 예식을 그대로 준수하는 것에 있다. 제도는 전례와 사람과 목적으로 구성되어 있으니, 이것을 범하면 성례가 망쳐지는 것이다.

9. 표가 나타내는 것들은 언제나 성례의 정당한 시행을 통하여 표와 더불어 받게 된다. 그러므로, 표와 그것이 나타내는 것들을 받는 방식이 서로 다르지만, 표는 결코 헛되거나 하찮은 것이 아니다.

10. 하나님께서 지정하신 성례를 시행하지 않으면, 의식들이 성례의 본질을 지닐 수도 없고, 성례를 통하여 나타내는 바 하나님의 은덕들을 표와 더불어 받을 수도 없다.

11. 경건한 자들은 표를 받아 구원에 이르나, 불경건한 자들은 표를 받아 정죄에 이른다. 그러나 경건한 자가 구원에 이르도록 받을 수 있는 것은 오로지 표가 나타내는 것들뿐이다.

12. 그러나 택한 자들의 경우 회심한 후에 성례를 무가치하게 받더라도 결국에는 그 열매를 받게 된다. 그리고 그들이 자기들의 과오와 연약함 때문에 성례를 무가치하게 받게 되고 한동안 하나님께 징계를 받기도 하지만, 하나님께 용서받으므로 그러한 무가치함이 그들의 구원을 위협하지는 않는다.

13. 어떤 성례는 단 한 번만 받게 되어 있고, 어떤 성례는 자주 받게 되어 있다. 어떤 성례는 성인들에게만 베풀어지며, 어떤 성례는 유아들에게도 베풀어진다. 하나님께서 제정하신 성례 중에는 모든 택한 자들과 또한 교회원으로 받아들일 모든 자들과 단 한 번 행하는 언약으로 행할 것들이 있는데, 할례와 세례가 이에 속한다. 그리고 수많은 넘어짐과 갈등 후에 언약을 갱신하고 교회의 연합을 기리고 증진시키기 위해서 자주 행해지는 성례도 있는데, 유월절과 기타 희생 제사들과 또한 주의 성찬이 이에 속한다.

14. 정의에 포함된 내용들은 옛 언약과 새 언약의 성례들에 공통적으로 해당되지만, 다음과 같은 차이가 있다: 옛 언약은 장차 오실 그리스도를 그의 은덕들과 함께 제시했던 반면에, 새 언약은 이미 오신 그를 제시한다. 옛 언약의 의례들은 숫자도 많고 달랐다. 할례, 희생 제사, 제물, 유월절, 안식일, 언약궤 앞에서의 예배 등이 거기에 속했다. 그러나 그리스도인들에게는 오직 세례와 주의 성찬 두 가지 성례밖에는 없다. 옛 언약의 성례들은 희미한 것들이었고, 새 언약의 성례들은 보다 선명하고 더 확실하다. 옛 언약의 성례들은 아브라함의 자손들과 그 종들에게 해당되었으나, 새 언약의 성례들은 유대인과 이방인들 가운데서 모인 온 교회에 해당된다.

15. 성례와 복음 선포는 다음과 같은 점에서 일치한다: 둘 다 하나님께서 그의 사역자들을 통하여 교회를 향해서 행하시는 일이다. 그의 사역자들이 그리스도와 그의 모든 은덕들에 참여하도록 가르치고 약속하며 거기에 참여하도록 베푸는 것이다. 또한 성례와 복음 선포는, 성령께서 개개인의 마음에 역사하사 믿게 하시고 그리하여 믿음을 수단으로 우리를 그리스도와 그의 은덕들에 참여하도록 만드시는 외적인 수단이라는 점에서도 서로 일치한다. 그러나 그럼에도 불구하고, 성령의 역사하심은 이런 수단에 제한을 받지 않으시며, 말씀과 성례가 나타내는 바를 믿음으로 자신에게 적용시키지 않는 자들에게는 성례가 유익을 주지 못하고 오히려 해치는 결과를 낳는다.

16. 성례는 말씀이 언어로 나타내는 것을 행위와 제스처로 나타낸다는 점에서 말씀과 다르다. 말씀을 통해서는 믿음이 생겨나며 확증된다. 그러나 성찬의 경우에서처럼 성례를 통해서는 믿음이 확증될 뿐이다. 말씀은 성례가 없이도 가르치고 확증하나, 성례는 말씀이 없이는 안 된다. 성인들은 말씀에 대한 지식이 없이는 구원받지 못한다. 그러나 성례를 무시하여 시행하지 않는 경우가 아닌 한, 성례의 시행이 없이도 사람이 중생받고 구원받을 수도 있다. 말씀은 불신자들과 악인에게 선포된다. 교회는 하나님께서 우리로 하여금 그의 나라의 구성원들로 인정하게 하시는 그런 자들 이외에는 아무도 성례에 참여시켜서는 안 되는 것이다.

17. 성례는 하나님께서 믿음으로 시행하도록 명령하신 일들이라는 점에서 제사와 일치한다. 그러나 이 둘은 다음과 같은 점에서 서로 다르다. 하나님께서는 그가 우리에게 베푸시는 은덕들을 성례를 통해서 우리에게 나타내시고 선포하시는 반면에, 우리는 하나님께 제사로서 우리의 순종을 드리고 나타내 보인다는 것이

다.

18. 그러므로 동일한 의식을 성례와 제사로 간주할 수도 있다. 곧, 하나님께서 우리에게 눈에 보이는 상징물들을 베풀어주심으로써 그의 은덕들을 선포하신다는 점에서는 성례요, 또한 우리가 그것들을 받음으로써 하나님을 향한 우리의 의무를 확인한다는 점에서는 제사라 할 수 있는 것이다. 그러나 우리의 믿음과 감사의 이러한 선포는 성례의 시행의 주된 목적이 되는 하나님의 은덕들의 선포에 따라 좌우되며, 후자의 선포를 통해서 전자의 선포가 신자들의 마음에서 우러나오게 되는 것이다.

세례, 할례

제26주일

69문 그리스도께서 십자가 위에서 단번에 드리신 제사가 그대에게 유익이 됨을 거룩한 세례에서 어떻게 깨닫고 확신합니까?

답 그리스도께서 이렇게 물로 씻는 외형적인 의식을 제정하셨고, 또한 마치 몸의 더러운 것을 물로 씻어 깨끗하게 하듯이, 내가 그의 피와 성령으로 말미암아 나의 영혼의 오염, 즉 나의 모든 죄를 확실히 씻음받는다는 약속을 덧붙이셨습니다.

[해 설]

세례에 관하여 우리는 구체적으로 다음과 같은 점들을 논의하여야 한다:

1. 세례란 무엇인가?
2. 세례의 목적은 무엇인가?
3. 세례 제정시의 말씀은 무슨 의미인가?
4. 세례의 정당한 시행은 무엇에 있는가?
5. 세례와 관련하여 사용되는 어법

6. 세례의 적절한 주체

7. 세례는 무엇을 대체한 것인가?

8. 세례와 할례의 공통점과 차이점은 무엇인가?

앞의 두 가지 문제는 본 요리문답 69문과 70문에 속하는 것이며, 따라서 그 해당되는 곳에서 논의할 것이다. 세 번째와 네 번째 문제는 71문에 속하며, 다섯 번째 문제는 71문과 72문에 속하며, 여섯 번째 문제는 73문에 속하며, 일곱 번째와 여덟 번째 문제는 곧이어 할례의 주제를 다룰 때에 논의하게 될 것이다.

1. 세례란 무엇인가?

"세례"를 뜻하는 영어의 "baptism"이라는 단어는 헬라어 **밥티조**에서 온 것인데, 이는 "빠뜨리다", "담그다", "씻다", 혹은 "뿌리다" 등의 뜻을 지닌 **밥토**에서 파생되었다. 동방 교회에서는 보통 물에 담그는 방식으로 행해졌다. 그러나 북방의 추운 지방에 사는 자들 사이에서는 흔히 물을 뿌리는 방식이 사용되었다. 그러나 이것은 중요한 문제가 아니다. 씻는 일은 물에 담그는 방식으로도, 물을 뿌리는 방식으로도 행해질 수가 있기 때문이다. 세례란 씻는 것이다.

본 요리문답은 세례에 대해서 "그리스도께서 이렇게 물로 씻는 외형적인 의식을 제정하셨고, 또한 마치 몸의 더러운 것을 물로 씻어 깨끗하게 하듯이, 내가 그의 피와 성령으로 말미암아 나의 영혼의 오염, 즉 나의 모든 죄를 확실히 씻음받는다는 약속을 덧붙이셨다는 것"이라 정의한다. 세례를 또한 다음과 같이 정의할 수도 있을 것이다: 세례는 신약에서 그리스도께서 제정하신 거룩한 전례이니, 이로써 우리가 성부와 성자와 성령의 이름으로 물로 씻음받는데, 이는 하나님께서 그의 아들이 우리를 위해 흘리신 피로 인하여 우리를 그의 사랑에로 영접하신다는 것과 또한 그의 성령으로 말미암아 우리가 중생된다는 것, 또한 우리가 하나님을 믿는 믿음을 시행하며 또한 그에게 새로운 순종을 행할 것을 우리 스스로 서약하는 것을 의미한다.

혹 달리 정의하자면, 세례란 그리스도께서 제정하신 신약의 성례이니, 성부와 성자와 성령의 이름으로 세례를 받는 신자들에게 죄 씻음과 성령의 주심과 그리스도의 몸과 교회에로 접붙임을 인치는 것이며, 동시에 신자들로서는 그들이 그 축복들을 받는다는 것과 또한 그들이 그를 위하여 살아야 하며 또한 이제부터 그렇게 살리라는 것을 고백하는 것이다. 혹은 좀 더 간단히 정의하자면, 세례란 하나님의 아들께서 정하신 바 물로 씻음이니, 그때에 "내가 성부와 성자와 성령의 이름으로 그대에게 세례를 베푼다고 말씀하며, 물에 담금으로든 물을 뿌림으로든 그렇게 씻음받는 자가 믿음으로 하나님과 화목되었고 성령으로 말미암아 영생에 이르도록 거룩하게 되었음을 선포하는 것이다. 그리스도께서 십자가에서 죽으심으로 우리를 위하여 흘리신 피로 인하여 우리가 하나님의 사랑으로 영접받는다고 말씀하는데, 이는 우리가 그리스도의 낮아지심 전체가 믿음으로 우리에게 적용됨으로 말미암아 하나님과 화목된다는 말과 같은 것이다. 다음과 같은 세례 제정에 관한 주의 말씀이 이 정의를 확증해 준다: "너희는 가서 모든 민족을 제자로 삼아 아버지와 아들과 성령의 이름으로 세례를 베풀고"(마 28:19). 이는 곧, 그들이 성자로 인하여 성부께 영접을 받으며 또한 그의 성령으로 말미암아 거룩해진다는 것을 세례의 표로써 확증하는 것이다. "세례 요한이 광야에 이르러 죄 사함을 받게 하는 회개의 세례를 전파하니"(막 1:4), "믿고 세례를 받는 사람은 구원을 얻을 것이요"(막 16:16).

그러므로 세례에는 다음 세 가지가 포함된다: 1. 표. 이는 물이며 그것과 연관되는 의식이 있다. 2. 이로써 나타내지는 내용. 곧, 그리스도의 피를 뿌림, 옛 사람을 죽임, 새 사람을 살림 등이 이에 포함된다. 3. 그리스도의 명령과 약속. 이것이 세례의 표에게 권위와 확증의 능력을 부여한다.

반론 1. 세례를 가리켜 외적으로 물로 씻는 것이라 부른다. 그러므로 그것은 그저 표 이상 아무것도 아니다.

답변. 이 반론은 서로 분리해서는 안 될 것을 분리시킨다. 세례가 외적인 표라고 말할 때에 거기에는 그것이 나타내는 바 내용이 연관되어 있는 것이기 때문이다. 그러므로 여기에 "오직"이라는 단어를 첨가시키지 않는 것이다. 약속이 없다면 세례는 과연 텅 빈 표 이상 아무것도 아닐 것이다. 그리고 마술사 시몬의 경우처럼 믿음으로 약속을 받지 않는 불신자들에게는 세례가 과연 오직 외적으로 물로 씻는 것 이상 아무것도 아니다. 그러나 성례가 정당하게 시행될 때에는 외적인 표가 약속과 및 그것이 나타내는 내용과 하나로 합쳐지는 것이다.

반론 2. 구약 시대에도 세례 혹은 씻는 일들이 있었다. 그러므로 세례는 신약에만 특별히 해당되는 성례가 아니다.

답변. 율법이 제시하는 각종 씻는 일들과 우리의 세례는 서로 큰 차이가 있다. 1. 구약의 씻는 행위들은 세례와는 달리 교회에 입교하는 표가 아니었다. 2. 구약의 씻는 행위들은 의식적인 부정을 제거하고자 하는 목적으로 제정된 것으로, 시체나 부정한 것을 접촉함으로써 스스로를 부정하게 한 사람들에게 적용되었던 것이다. 그러나 세례는 도덕적 부정함, 혹은 죄를 씻고자 하는 목적으로 제정된 것이다. 그렇기 때문에 성경은 세례를 죄를 씻는 것이라고 선언한다. 3. 구약의 씻는 행위들은 장차 오실 그리스도로 말미암아 이루어질 씻음을 나타내는 것이었다. 그러나 세례는 이미 육체로 오신 그리스도로 말미암아 이루어진 씻음을 인치는 것이다. 4. 구약의 씻는 행위들은 오직 유대인들에게만 해당되었으나, 세례는 모든 민족에게, 혹은 온 교회에 해당된다. 마지막으로, 구약의 씻는 행위들은 그리스도로 말미암아 폐하여졌다. 그리스도께서 세상에 오셨을 때에 의식적인 부정함이 의식법 자체와 더불어 종결되었기 때문이다. 반면에 세례는 세상 끝날까지 계속될 것이다. "너희는 가서 … 세례를 베풀고 … 볼지어다 내가 세상 끝날까지 너희와 항상 함께 있으리라"(마 28:19, 20)고 말씀하기 때문이다. 그러므로 이 반론을 제기하는 자들은 "씻음"이라는 단어의 의미상의 애매함 때문에 속고 있는 것이다. 그 단어는 그 명칭 이외에는 세례와는 아무것도 동일한 것이 없는 것이다.

2. 세례의 목적은 무엇인가?

1. 세례의 주요 목적은 우리의 믿음의 확증이며, 혹은 그리스도께서 그의 피와 성령으로 우리를 씻으시며 죄 사함과 성령을 ― 그는 우리를 중생시키고 영생에 이르도록 거룩하게 하신다 ― 베푸신다는 것을 증언하는 엄숙한 선언이다. 혹은, 세례는 은혜의 약속을, 즉 우리의 칭의와 중생을 인치는 것이며, 세례를 받는 자들에게 이런 은사들을 베푸시며 또한 언제나 그것들을 베푸실 것이라는 하나님의 뜻을 선포하는 것이다. 하나님께서는 친히 사역자의 손을 통하여 우리에게 세례를 베푸시고, 우리에게 이러한 그의 뜻을 선포하시기 때문이다.

세례가 하나님께서 베푸신다고 약속하신 바 우리의 구원에 관한 하나님의 뜻을 선포하고 확증하는 것이라는 사실은 다음과 같은 것들에서 분명히 드러난다: 1. 세례 시에 사용되는 문구에서. 그 문구에 따르면 우리는 성부와 성자와 성령의 이름으로 세례를 받는 것이다. 세례를 통해서 우리는 성부와 성자와 성령께로 돌려지며, 그의 소유임이 선포되는 것이다. 2. 세례 의식에 덧붙여진 약속에서. "믿고 세례를 받는 사람은 구원을 얻을 것이요"(막 16:16). 그러므로 하나님께서는 믿고 세례를 받는 자들을 구원하시리라는 것을 이 전례를 통하여 선포하시는 것이다.

3. 세례를 구원을 베푸는 규례로 말씀하는 다른 성경 본문들에서. "일어나 주의 이름을 불러 세례를 받고 너의 죄를 씻으라"(행 22:16), "무릇 그리스도 예수와 합하여 세례를 받은 우리는 그의 죽으심과 합하여 세례를 받음으로 그와 함께 장사되었나니"(롬 6:3), "또 그 안에서 너희가 손으로 하지 아니한 할례를 받았으니 곧 육의 몸을 벗는 것이요 그리스도의 할례니라 너희가 세례로 그리스도와 함께 장사되고"(골 3:11, 12), "우리를 구원하시되 … 오직 그의 긍휼하심을 따라 중생의 씻음과 성령의 새롭게 하심으로 하셨나니"(딛 3:5).

세례가 반복될 것이 아닌 이유가 이로써 분명해진다. 세례는 우리가 하나님의 사랑과 언약에 받아들여졌음을 나타내는 표인데, 그것은 회개하는 자들의 경우에는 언제나 확실하고 효용성이 남아 있기 때문이다. 그러므로 죄에 빠짐으로써 하나님의 사랑하심에 대해 감각을 상실한 사람이라 해도 세례를 다시 받을 필요는 없고 다만 죄에 대해 회개가 필요할 뿐이다. 중생이 한 개인에게 단 한 번 이외에는 발생하지 않는다는 것에서도 동일한 사실이 분명히 드러난다. 우리는 단 한 번 출생하며 또한 새로워지는 일도 단 한 번뿐이다. 한 번 그리스도께 진정 접붙임을 받으면, 절대로 완전히 버림받는 법이 없다. 그리스도께서는 "내게 오는 자는 내가 결코 내쫓지 아니하리라"(요 6:37)고 말씀하시기 때문이다. 그러므로 중생의 씻음인 세례는 단 한 번 받는 것으로 족하다. 특히 중생과 구원이 절대로 세례에 의존하지 않기 때문에도 그렇다. 만일 세례에 의존한다면, 우리가 죄를 지을 때마다 계속해서 다시 세례를 받아야 할 것이다. 게다가 세례가 할례를 대체시킨 것이라는 점도 한 가지 이유가 될 것이다. 할례가 한 개인에게 단 한 번밖에는 시행되지 않았으니, 세례도 마찬가지인 것이다.

지금까지 논의한 내용에 근거하면, 요한의 세례도 그리스도인의 세례와 본질상 동일한 것이었다는 것이 분명해진다. 요한은 그의 말씀을 듣는 이들로 하여금 그보다 후에 오시는 예수 그리스도를 믿게 하기 위하여, 죄 사함을 위한 회개의 세례를 전파하였다. 우리가 받는 세례의 성격도 마찬가지다. 다만, 우리는 장차 오실 그리스도가 아니라 이미 오신 그리스도의 이름으로 세례를 받는다는 점이 다를 뿐이다. 그러므로 요한의 세례나 사도들의 세례나 또한 우리가 행하는 세례는 그 의미의 정황만 다를 뿐 본질에 있어서는 동일한 것이다. 요한은 장차 고난당하시고 다시 사실 그리스도의 이름으로 세례를 베풀었고, 사도들과 우리는 이미 고난당하시고 다시 사신 그리스도의 이름으로 세례를 베푸는 것이다. 만일 그렇지 않다면 우리의 세례는 요한에게 세례를 받으신 그리스도의 세례와 동일한 것이 아닌 것이 될 것이다.

반론. 요한은 "나는 물로 세례를 베풀거니와"라고 말씀했다. 그러므로 그의 세례는 그저 물로만 행한 세례였다.

답변. 요한이 이런 어법을 사용한 것은 그리스도께 세례를 베풀면서 자기 자신의 사역을 그리스도의 사역을 구별하고자 하는 목적 때문이었다. 만일 그렇지 않다면 그리스도께서는 그저 물로만 세례를 받으셨고 우리도 동일한 방식으로 세례를 받은 것이 되거나, 아니면 우리가 그리스도께서 받으신 세례와 다른 세례를 받는 것이 되어 버릴 것이다.

2. 세례의 또 다른 목적은 하나님을 향한 우리의 의무를 선포하며, 우리 자신과 교회를 감사, 혹은 믿음과 회개에 매이게 하는 데 있다. **믿음에** 매이게 하는 것은, 곧 우리 주 예수 그리스도의 아버지이신 이 유일하고 참되신 하나님과 아들과 성령을 인정하고, 또한 오직 그만을 경배하며 그가 베푸시는 은덕들을 믿음으로 받게 하기 위함이다. **회개에** 매이게 하는 것은, 곧 이 전례를 통해서, 우리가 그리스도의 피로 씻음받고 또한 그의 영으로 새롭게 되었음을 계속해서 교훈받아 새 생명 가운데 행하며, 그리하여 하나님께서 베푸시는 은덕들에 대해 감사를 드러내 보이게 하기 위함이다: "요한이 회개의 세례를 전파하니"(막 1:4), "주 예수 그리스도의 이름과 우리 하나님의 성령 안에서 씻음과 거룩함과 의롭다 하심을 받았느니라"(고전 6:11), "죄에 대하여 죽은 우리가 어찌 그 가운데 더 살리요? 무릇 그리스도 예수와 합하여 세례를 받은 우리는 그의 죽으심과 합하여 세례를 받은 줄을 알지 못하느냐? 그러므로 우리가 그의 죽으심과 합하여 세례를 받음으로 그와 함께 장사되었나니 이는 아버지의 영광으로 말미암아 그리스도를 죽은 자 가운데서 살리심과 같이 우리로 또한 새 생명 가운데서 행하게 하려 함이라"(롬 6:2-4). **그리스도의 죽으심과 합하여** 세례를 받는 것은, 마치 우리 자신이 죽기라도 한 것처럼 우리가 그의 죽으심의 모든 은덕들에 참여하는 자들이 되는 것이며, 또한 죄에 대하여 죽는 것이며, 혹은 그리스도의 죽으심 덕택에 육체의 정욕을 죽이며, 새 생명으로 살리심을 받는 것이다. 하나님께서는 우리의 세례에서 옛 사람이 죽는 이 일을 약속하시고 우리를 그것에 매이게 하시기 때문이다.

3. 세례는 우리가 교회에 들어가고 교회원으로 받아들여지는 표로 지정되었다. 하나님께서는 그의 교회의 구성원인 모든 자들이 이런 식으로 영접받게 하시며,

그리하여 충족한 기회가 있는데도 불구하고 세례를 받지 않는 자들은 교회에서 제외되도록 하실 것이다.

여기서 에디오피아 내시, 백부장 고넬료, 빌립보 간수, 루디아, 바울 등 그리스도 인이 된 모든 자들이 회심 이후 곧바로 세례를 받았음을 말씀하는 성경의 본문들을 언급하는 것이 합당할 것이다. 그렇기 때문에 주의 성찬이 세례를 받은 자들에게만 베풀어지는 것이다. 오직 그런 사람만이 교회에 받아들여지기 때문이다. 세례를 제정하시는 주의 말씀도 여기에 적용된다: "가서 모든 민족을 가르쳐(한글개역개정판은 "제자를 삼아"로 번역함 : 역자주) 세례를 베풀고"(마 28:19). 여기서 "가르쳐"로 번역된 헬라어 단어는 "제자를 삼아"로 번역하는 것이 더 타당할 것이다. 요한복음에서도 이 단어가 그런 의미로 사용되고 있다: "예수께서 제자를 삼고 세례를 베푸시는 것이 요한보다 많다 하는 말을 바리새인들이 들은 줄을 주께서 아신지라"(요 4:1). 또한 할례를 세례로 대체시킨 것에서도 동일한 사실이 확실해진다. 할례는 유대인 교회에 교회원으로 받아들이는 성례였던 것이다.

4. 세례는 세상에 존재하는 갖가지 분파들로부터 참된 교회를 구별해 내는 하나의 표지(標識: mark)의 역할을 한다. 이 목적은 바로 앞의 목적에서 자연스럽게 이어지는 것이다. 공적인 성례를 통해서 교회에 받아들여지는 자들은 이 사실이 마치 배지처럼 작용하여 나머지 사람들과 구별되는 것이다. "가서 모든 민족을 가르쳐 세례를 베풀고"라는 말씀은 곧 다음과 같은 의미다: "내 말씀으로 교회를 내게 모으라. 내 제자가 될 자들과 나를 전심으로 믿을 자들을 모으고, 오로지 그런 자들에게 세례를 베풀고, 나머지 모든 사람들에게서 나를 위해 그들을 분리시키라."

5. 세례가 제정된 것은 우리가 십자가를 지는 것을 나타내기 위하여, 또한 모든 환난 중에서도 교회를 보존하시며 구원하실 것에 관하여 위로를 베풀기 위함이었다. 세례를 받는 자들은 이를테면 환난 가운데 던져진다. 그러나 거기서 건져냄을 받을 충만한 확신이 주어지는 것이다. 그렇기 때문에 그리스도께서는 환난을 세례라는 이름으로 말씀하시는 것이다: "내가 받을 세례를 너희가 받을 수 있느냐?"(마 20:22. 한글 개역개정판은 "내가 마시려는 잔을 너희가 마실 수 있느냐?"로 번역함: 역자주). 세례와 관련하여 행해지는 의식이 우리가 당하는 갖가지 환난으로부터 구원받는 것을 시사한다. 우리가 물에 잠기지만, 물에 빠져 죽거나 질식하여 죽는 법은 없는 것이다. 바로 이런 점에서 세례가 홍수와 비교되는 것이다. 홍수

때에 노아와 그의 가족이 방주 속에서 구원을 받았으나 상당한 걱정과 위험을 당했으며, 반면에 나머지 사람들은 방주 바깥에서 멸망했던 것처럼, 교회 안에 있으면서 그리스도를 붙드는 자들은 반드시 적절한 때에 분명 구해냄을 받을 것이나 사방으로부터 어려움과 위험을 당할 수도 있다. 그러나 교회 바깥에 있는 자들은 죄와 멸망의 홍수에 완전히 사로잡혀 버리는 것이다. 여기서 사도 바울의 말씀을 언급하는 것이 적절할 것이다. 그는 이스라엘 백성이 홍해를 지난 일을 세례에 비하고 있다: "모세에게 속하여 다 구름과 바다에서 세례를 받고"(고전 10:2).

6. 세례의 또 다른 목적은 교회의 통일성을 선포하며, 사도신경의 다음과 같은 조목을 확실히 제시하는 것이다: **거룩한 보편적 교회와 성도의 교제를 믿사오며.** "우리가 … 다 한 성령으로 세례를 받아 한 몸이 되었고"(고전 12:13), "주도 한 분이시요 믿음도 하나요 세례도 하나요"(엡 4:5). 이 목적은 네 번째 목적에 포함될 수도 있을 것이다. 세례가 교회의 지체들을 나머지 사람들에게서 분리시키고 구별시킴으로써 그들을 교회와, 그리하여 그들끼리 연결시키고 연합시키기 때문이다.

7. 세례는 그리스도의 죽으심으로 말미암아 값없는 구원을 약속하는 교리의 보존과 확산에 기여한다. 세례는 세례를 받는 자들로 하여금 이 성례의 주인이 누구시며 또한 그 의미와 용도가 무엇인지를 배울 수 있는 적합한 기회를 제공해 주는 것이다.

70문   그리스도의 피와 성령으로 씻음받는다는 것은 무슨 뜻입니까?

답   그것은 그리스도께서 십자가 위에서 행하신 제사에서 우리를 위해 흘리신 그리스도의 피에 근거하여 하나님으로부터 은혜로 죄 사함을 받고, 또한 성령으로 새롭게 되고, 그리스도의 지체로 거룩하게 되어 점점 더 죄에 대하여 죽고 거룩하고 흠 없는 삶을 살게 된다는 뜻입니다.

[해 설]

세례에는 두 가지 씻음이 있다. 물로 하는 외적인 씻음과, 또한 그리스도의 피와 성령으로 하는 내적인 씻음이 그것이다. 내적인 씻음이 외적인 씻음으로 나타내지며 인쳐지며, 또한 세례를 정당하게 시행할 때에 언제나 이 내적인 씻음이 외적인 씻음과 함께 행해지는 것이다. 이 내적인 씻음도 두 가지인데, 그리스도의 피로 씻는 것과 성령으로 씻는 것이 그것이다. 본 요리문답의 답변에서 이 두 가지가 모두 명시되어 있으며, 이 두 가지가 동시에 일어난다 할 것이다. **그리스도의 피로** 씻음받는다는 것은 그가 흘리신 피로 인하여 죄 사함을 받고, 의롭다 하심을 받는다는 것이다. 그리스도의 성령으로 씻음받는다는 것은 성령으로 말미암아 중생을 얻는다는 것인데, 이는 악한 성향이 선한 성향으로 바뀌는데 있으며, 이 일은 죄에 대한 미움과 또한 하나님의 뜻에 따라 살고자 하는 열심이 생기도록 성령께서 우리의 의지와 마음에 역사하시는 것이다.

세례가 죄를 씻는 이러한 이중적인 역사를 나타낸다는 것은 다음의 성경의 선언들에서 분명히 드러난다: "세례 요한이 광야에 이르러 죄 사함을 받게 하는 회개의 세례를 전파하니"(막 1:4), "주 예수 그리스도의 이름과 우리 하나님의 성령 안에서 씻음과 거룩함과 의롭다 하심을 받았느니라"(고전 6:11), 우리가 세례를 통하여 "그와 함께 장사되었나니"(롬 6:4), "누구든지 그리스도와 합하기 위하여 세례를 받은 자는 그리스도로 옷 입었느니라"(갈 3:27), "곧 육의 몸을 벗는 것이요"(골 2:11)라는 성경의 선언들 역시 동일한 사실을 가르쳐 준다. 그러므로 세례는 죄 사함과 우리의 본성의 새로워짐을 포함한 이런 형태의 씻음 혹은 그리스도의 은덕들의 표다. 이 둘이 서로 유사하기 때문이기도 하지만, 이 두 가지 은덕들이 서로 불가분리의 관계로 연결되어 있기 때문이기도 하다. 만일 그리스도께서 우리를 씻지 않으신다면, 우리는 그와 아무런 관계가 없게 되며, 그리스도의 영이 없는 자는 그리스도의 사람이 아닌 것이다. 그러나 이 은덕들은 서로 다르다. 의롭다 하심은 그리스도의 피로 말미암는 것으로 전가(轉嫁)에 의하여 금생에서 완전하다. "이제 그리스도 예수 안에 있는 자에게는 결코 정죄함이 없나니"(롬 8:1)라고 말씀하기 때문이다. 반면에 중생은 그리스도의 영으로 말미암아 이루어지는 것으로 우리의 악한 본성이 선한 본성으로 변화되는 데 있는데, 이는 금생에서 완전하지 않으며 그저 시작되는 것뿐이다. 그러나 그럼에도 불구하고 이 시작은 모든 경건한 자들에게서 진정 일어나는 것이요, 금생에서 그들이 체험하는 것이다. 왜냐하면 그들은 모든 일에서 하나님께 순종하기를 전심으로 바라며 또한 그들의 결점들과 아직 남아 있는 부패성 때문에 크게 탄식하기 때문이다.

71문 그리스도께서는 세례의 물로 씻음받는 만큼 확실하게 그가 그의 피와 성령으로 우리를 씻으시리라는 확신을 어디에서 주셨습니까?

답 세례를 제정하시는 데에서 주셨는데, 그는 이렇게 말씀하십니다: "그러므로 너희는 가서 모든 민족을 제자로 삼아 아버지와 아들과 성령의 이름으로 세례를 베풀고"(마 28:19), "믿고 세례를 받는 사람은 구원을 얻을 것이요 믿지 않는 사람은 정죄를 받으리라"(막 16:16). 또한 성경이 세례를 "중생의 씻음"과 "죄를 씻음"이라 부른 곳에서도 이 약속이 거듭 나타납니다(딛 3:5; 행 22:16).

[해 설]

세례를 제정하시면서 그리스도께서 하시는 말씀이 마태복음과 마가복음에 기록되어 있는데, 이 말씀이 이미 우리가 설명한 세례의 정의와 주된 목적을 제시해 준다: "너희는 가서 모든 민족을 제자로 삼아 아버지와 아들과 성령의 이름으로 세례를 베풀고"(마 28:19), "믿고 세례를 받는 사람은 구원을 얻을 것이요 믿지 않는 사람은 정죄를 받으리라"(막 16:16). 이 말씀에 대해 짧게나마 설명이 필요할 것이다.

너희는 가서 모든 민족을 제자로 삼아: 이는 마치, 너희가 받은 교훈을 아브라함의 후손이나 특정한 민족들에게만 국한시키지 말고, 가서 온 세상을 가르치라는 말씀과도 같다. 그리스도께서는 여기서 그때까지 유대인들을 다른 모든 민족들과 분리시켰던 벽을 제거하시며, 또한 구약의 성례들과 신약의 성례를 구별지으시는 것이다. 구약의 성례는 유대인들만을 위하여 제정되었으나, 그리스도께서는 여기서 세례가 유대인들만이 아니라 모든 민족을 위한 것임을 선언하시는 것이다.

아버지와 아들과 성령의 이름으로: 이름으로란 다음과 같은 의미를 지닌다: 1. 세례는 삼위 하나님의 명령과 권위로 제정되었으며, 삼위 하나님께서 교회원이 될 자들에게 그렇게 세례를 베풀도록 명령하신다는 것. 목사가 세례를 베풀 때에 그의 행위는 마치 성부 성자 성령 하나님께서 시행하시는 것과 똑같이 당위성을 갖는다. 또한 이는 삼위께서 본질이 동일하신 하나님이시요, 그들이 그 이름으로 우리가 세례를 받는 바 유일하고 참되신 하나님이시라는 사실이 이어진다. 2. 우리가 믿으면 우리를 그들의 사랑에로 받아주시며 또한 세례를 통해서 나타내지는 바 모든 은덕들을 우리에게 진정으로 베푸시리라는 것을 이 삼위께서 그들 자신의 선언으로 우리에게 확증하신다는 것. 이것이야말로 세례의 주된 목적이라 할 것이다. 3. 아버지와 아들과 성령의 이름으로 세례를 받는 것은 그 세례받는 당사자를 아버지시며 아들이시며 성령이신 이 참되신 하나님에 대한 지식과 믿음과 예배와 신뢰와 존귀에 속하게 하는 것인데, 이것이 세례의 두 번째 목적이다. 바울은, "바울의 이름으로 너희가 세례를 받았느냐?"(고전 1:13)라는 말씀으로 이 점을 표현하고 있다. 이는 곧, "너희는 너희가 세례를 받은 그 이름의 주인이 되는 그분께 속해야 마땅하다"라는 뜻이다.

세례를 베풀고: 즉, 너희의 가르침을 통해서 내게 오는 모든 자들이 내 제자들이 된다는 뜻이다. 또한 그렇게 그리스도께 나아와 그의 제자들이 되는 자들의 자녀들도 세례의 정당한 대상에 포함된다. 이들 역시 교회 안에서 출생하였으므로 — 이는 유아들에게는 믿음의 고백과 동일하다 — 그리스도의 제자들이기 때문이다. 여기서 그리스도께서 제시하시는 순서를 준수해야 한다. 먼저 가르치고 그 다음에 세례를 베풀 것을 명령하신다. 그는 기독교로 회심하게 될 성인들에 대해 말씀하시는 것이요, 또한 성례가 홀로 행해지는 것이 아니라 반드시 말씀과 함께 가야 한다는 것을 선포하시는 것이다. 성인들의 경우에 말씀이 선행되어야 하고, 성례가 그 다음에 이어져야 하는 것이다.

믿고: 믿음이라는 조건이 약속에 덧붙여지고 있다. 믿음이 없으면 세례를 받는다 해도 그 세례를 통해서 약속되고 인쳐지는 것을 받지 못하며, 따라서 믿음이 없이는 그 약속이 확증되지 못하고 세례가 아무 유익이 없기 때문이다. 성례는 언제나 믿음으로 그것을 받는 자들에게 확증되며, 정당하지 못하게 시행하는 경우에는 성례가 성례가 아니며 아무런 유익도 주지 못한다는 것을 이 말씀에서 간결하게 선언하는 것이다.

세례의 정당한 시행은 다음과 같은 점에 있다:

1. 하나님께서 지정하신 의식과 전례들을 준수하며 그 외에 다른 모든 것들은 거부하는 데 있다. 그러므로 기름, 침, 제마 의식(exorcism), 양초, 소금 등 교황주의자들이 성례의 시행과 관련하여 사용해 온 갖가지 부패한 것들은 헛되이 만들어낸 것들로서 반드시 버려야 한다는 것이 분명하다. 교황주의자들은 이것들이 세례의 질서와 의미에 속한다고 하며 반론을 제기하나, 이에 대해서 우리는 다음과 같이 답변할 수 있을 것이다: 성령께서 세례의 질서를 위하여 필요한 것이 무엇

인지를 충만히 잘 아시는 분이신데 그가 그것들을 제정하지 않으셨으니, 그것들은 세례에 속하지 않는 것이 분명하다. 또한 그것들의 의미에 대해서도, 사람이 하나님의 뜻을 표현하는 표를 제정하는 것은 합당하지 못하다고 답변하는 것으로 족할 것이다. 이 비슷한 성격의 다른 모든 부패한 것들에 대해서도 동일하게 답변할 수 있을 것이다.

2. 세례의 올바른 시행은, 세례를 합당하게 받을 사람들에게, 즉 회심하여 교회원이 되는 자들에게 그들이 참 믿음으로 받을 때에 시행하는 데 있다. "네가 마음을 온전히 하여 믿으면 [세례 받는 일이] 가하니라"(행 8:37. 참조. 한글 개역개정판 난외주: 역자주).

3. 세례를 그 제정된 의도대로 시행하며, 소를 치료하거나 그 비슷한 성격의 남용을 위하여는 시행하지 않는 데 있다.

4. 여자들과 기타 하나님께서 보내지 않은 자들을 제외하고, 그리스도께서 가르치고 세례를 베푸는 일을 위하여 보내신 교회의 사역자들이 시행하는 데 있다.

세례를 받는 사람은: 그리스도께서는 이 표를 통해서 우리를 확증하고자 하신다. 그러므로 그는 **세례를 받는 사람은**이라는 말을 덧붙이심으로써, 우리로 하여금 믿음을 통해서는 물론 이처럼 외적으로 물로 씻음으로써 구원받을 자들에게 속하게 된다는 것을 알게 하시는 것이다.

구원을 얻을 것이요: 즉, 세례를 받는 자는 자신이 이 성례를 통해서 나타내지는 그 은덕들을 누린다는 것을 알게 될 것이라는 것이다. 곧, 믿으면 의롭다 하심과 중생의 은덕을 누리게 된다는 것을 알게 된다는 것이다 그 약속은 믿음이 없이는 확증되지 않으며, 믿음이 없이 받으면 세례도 아무런 유익이 없는 것이다. 구원의 약속이 믿음과 세례 모두에 덧붙여지는데, 각각 의미가 다르다. 믿음에 그 약속이 덧붙여지는 것은 믿음이 우리가 구원을 얻는 데에 필수적인 수단이기 때문이요, 세례에 그 약속이 덧붙여지는 것은 세례가 믿음이 받는 바를 인치는 표이기 때문이다.

믿지 않는 사람은 정죄를 받으리라: 즉, 세례를 받더라도 그렇게 된다는 뜻이다. 세례를 받아도 믿음이 없으면 구원받지 못한다. 세례를 멸시하는 것이 없다면, 세례를 받지 않아도 그것으로 정죄를 받지는 않는다. 성례의 결핍이 아니라 성례에 대한 멸시가 정죄의 조건이 되기 때문이다. 그러나 믿음이 있으면 성례에 대한 멸시는 결코 있을 수가 없다. 그렇기 때문에 그리스도께서는 세례의 결핍에 대해서는 언급하지 않으시고 그저 "믿지 않는 사람은 정죄를 받으리라"고만 말씀하시는 것이다. 그리스도께서 이렇게 말씀하시는 것은 믿음과 세례가 동일하게 구원에 필수적인 것이 아니기 때문이다. 믿음은 구원에 절대적으로 필수적이다. 믿음이 없이는 아무도 구원을 받지 못한다: "믿음이 없이는 하나님을 기쁘시게 하지 못하나니"(히 11:6). 그러나 성례는 하나님의 지정하심에 따라 시행될 때에 필수적이 된다.

그런 상황에서 성례를 멸시한다는 것은 믿음과 모순된 것이다. 그렇기 때문에 그리스도께서는 여기서 제시된 이런 구별의 사실을 염두에 두시고서, 믿고 세례를 받는 자들에게 구원을 약속하시는 것이다. 그러나 그렇다고 해서 부득이 하여 이 성례를 받지 못하는 자들에게 구원을 부인하지는 않으시는 것이다.

72문 그렇다면, 겉으로 물로 씻는 것 자체가 죄를 씻는 것입니까?

답 아닙니다. 오직 예수 그리스도의 피와 성령께서만 우리를 모든 죄에서 씻어 깨끗하게 하십니다.

[해 설]

성례 일반에 대해 논할 때에 언급한 내용이 세례에도 그대로 적용된다. 곧, 적절한 (proper) 어법이 있고, 부적절한(improper) 어법이 있다는 것이 그것이다. 이런 어법을 가리켜 성례적 어법이라 부른다. "믿고 세례를 받는 자는 구원을 얻을 것이요" 등의 말씀처럼, 표를 받는 자들이 그것이 나타내는 것을 받는다는 식으로 말하는 경우는 적절한 어법이다. "세례는 죄를 씻는 표니", "그들에게 할례를 베푸사 언약의 표징이 되게 하셨으니"라는 말씀의 경우처럼 표가 그것을 나타낸다고 말하는 경우도 마찬가지다. 부적절한, 혹은 비유적인 어법은 "세례는 중생의 씻음이다"라는 말씀처럼 표가 마치 그것이 나타내는 그것인 것처럼 말씀하는 경우나, 혹은 세례가 우리를 구원한다고 말할 때처럼, 성례가 그것이 나타내는 것이나 그것에 관계되는 것들을 베풀어준다는 식으로 말씀하는 경우는 부적절한 어법, 혹은 비유적인 어법에 해당된다. 이런 모든 어법에는 다음과 같은 한 가지 의미가 있다고 말할 수 있을 것이다. 곧, 세례는 믿는 자들에게 죄 사함과 영생의 표가 된다는 것이다. 성례와 관련하여 사용되는 비유적인 어법들도 제사와 관련되어 사용되는 비유적인 어법의 경우와 같은 방식으로 해석해야 한다. 제사들을 가리켜 죄를 제거하는 것으로 부르는데도, 사도 바울은 소와 염소의 피가 죄를 제거하지 못한다고 말씀하는 것이다. "세례가 우리를 구원한다"는, 곧 "중생의 씻음"과 "죄를 씻음"이라고 말할 때에도 마찬가지다. 이는 "세례는 이 모든 것들의 표다"라는 말과 같은 것이다.

73문   그렇다면 성령께서는 어째서 세례를 "중생의 씻음"과 "죄를 씻음"이라 부르십니까?

답   하나님께서 그렇게 말씀하시는 데에는 큰 이유가 있습니다. 하나님께서는 그런 말씀을 통해서, 몸의 더러운 것이 물로 씻겨지듯이 우리의 죄가 예수 그리스도의 피와 성령으로 말미암아 제거된다는 것을 가르치고자 하신 것은 물론, 특히 겉으로 물로 몸이 깨끗이 씻겨지는 것과 똑같이 우리 죄가 정말로 영적으로 깨끗이 씻겨진다는 것을 이러한 신적인 약속과 표를 통하여 확신시키고자 하신 것입니다.

[해 설]

성경이 이렇듯 표의 이름들과 그것들이 나타내는 것들의 이름들을 서로 혼용하는 것에 대해서 세 가지 이유를 제시할 수 있을 것이다. 그 **첫째** 이유는, 표와 그것이 나타내는 것들 사이에 유사점이 있다는 것이다. 표로써 나타내지는 것은 본질상 표의 본질과 유사하며, 그 반대도 그대로 성립한다. 물은 세례의 표인데, 이것은 몸의 더러운 것들을 씻어낸다. 이와 마찬가지로 물이 표로서 나타내는 바 그리스도의 피와 성령도 영혼의 얼룩진 것들을 씻어낸다. 목사가 표를 외적으로 베풀어주듯이, 하나님께서도 그 외적인 표를 참 믿음으로 받는 모든 자들에게 그 표가 나타내는 그것을 그의 성령을 통하여 내적으로 베풀어주시는 것이다. **둘째로**, 성령께서는 이렇게 해서 표의 사용을 통해서 우리의 믿음이 확증되는 사실에 대해 말씀하는 것이다. 성례에서 사용되는 표들이 거기에 붙여진 약속 때문에 우리에게 하나님의 뜻을 증거해 주기 때문이다: "믿고 세례를 받는 자는 구원을 얻을 것이니." 그런데 성령께서는 어째서 우리 믿음의 확증을 대변하시는가? 성례를 적절히 사용하면, 표와 그것이 나타내는 것들이 서로 불가분리의 관계로 나타나고 받아들여지기 때문이다. 그러므로 성령께서는 그 용어들을 혼용하시며, 표에 해당되는 것을 그것이 나타내는 것에게로 돌리시며, 표가 나타내는 것에 해당되는 것을 표에게로 돌리시며, 그리하여 그가 확신시키시는 바를 진정 주신다는 것을 가르치시는 것이다. 그러므로, 그런 어법을 사용하는 **셋째** 이유는 표가 나타내는 그것들이 제시되는 것이 성례에서 사용되는 표들과 불가분리의 관계로 연결되어 있다는 것이다.

74문   유아들도 세례를 받아야 합니까?

답   그렇습니다. 성인(成人)들뿐 아니라 유아들도 하나님의 언약과 교회에 포함되며, 또한 성인들 못지않게 유아들에게도 죄로부터의 구속과 또한 믿음의 주인이신 성령이 그리스도의 피로 말미암아 약속되어 있으므로, 유아들도 언약의 표인 세례를 통하여 기독교 교회에 받아들여지고 불신자들의 자녀들과 구별되어야 하는데, 구약에서는 이 일이 할례를 통해서 이루어졌으나 신약에서는 그 대신 세례가 제정되었습니다.

[해 설]

이 질문을 적절히 이해하기 위해서는 먼저 **누가 세례를 받아야 하며, 누가 세례를 받기를 바라야 하는가**를 살펴보아야 한다. 아직 그리스도의 제자가 아니며, 부르심을 받은 자에 속하지 않으며, 복음의 도리를 믿지 않고, 목회 사역에 복종하지 않는 자들은 세례를 받아서는 안 된다. 또한 그리스도의 제자가 아니라고 느끼는 자들도 세례를 바라서는 안 된다. 그들이 세례를 받아서도, 세례를 바라서도 안 되는 이유는 그리스도께서 말씀하시기를, 먼저 모든 민족을 가르쳐 그의 제자로 삼고, 그 다음에 그들에게 세례를 주라고 하시기 때문이다. 그러므로 회개와 믿음을 고백하는 성인이든 아니면 교회 안에서 출생한 유아든 간에, 가시적 교회의 구성원들로 간주되고 또한 그렇게 간주되어야 마땅한 모든 자들만이 그리스도의 명령에 따라 세례를 받을 수 있는 것이다. 유아도 이에 해당되는 것은, 믿는 자들의 모든 자녀들은 그들 자신이 스스로를 제외시키지 않는 한 언약과 하나님의 교회에 포함되기 때문이다. 그러므로 그들 역시 그리스도의 제자들이다. 왜냐하면 그들은 교회 혹은 그리스도의 학교 내에서 출생하였고 따라서 성령께서 그들의 능력과 연령에 맞게 그들을 가르치시기 때문이다.

이렇게 보면, 과연 유아들이 세례를 받아야 하는가 하는 문제가 쉽게 정리될 수 있을 것이다. 그들이 그리스도의 제자들이요 또한 교회에 포함되어 있다면 — 이는 언약 그 자체와 성경의 여러 다른 본문들에 근거하여 확실하게 입증할 수 있다 — 세례를 받기에도 합당한 것이다. 본 요리문답은 성인은 물론 유아도 세례를 받게 되어 있는 이유를 네 가지로 제시한다.

첫째로, 언약과 하나님의 교회에 속한 모든 사람들이 세례를 받도록 되어 있다. 성인은 물론 그리스도인의 자녀들도 언약과 하나님의 교회에 속하여 있다. 그러므로 성인과 함께 그 자녀들도 세례를 받아야 한다. 여기서 주 전제는 온 교회에게 세례받을 것을 요구하시는 그리스도의 명령에서 입증된다. "가서 모든 민족을 제자로 삼아 아버지와 아들과 성령의 이름으로 세례를 베풀고"(마 28:19). 또한 바울도 "우리가 … 다 한 성령으로 세례를 받아 한 몸이 되었고"(고전 12:13)라고 말씀한다.

소 전제는 하나님께서 선포하시는 언약의 내용 그 자체("내가 내 언약을 나와 너 및 네 대대 후손 사이에 세워서 영원한 언약을 삼고 너와 네 후손의 하나님이 되리라", 창 17:7)와 또한 그리스도의 말씀에서 분명히 드러난다: "어린 아이들을 용납하고 내게 오는 것을 금하지 말라 천국이 이런 사람의 것이니라"(마 19:14).

둘째로, 죄 사함과 중생의 은덕을 누리는 자들은 세례에서 제외되어서는 안 된다. 그런데 교회의 유아들도 이 은덕을 누린다. 믿음의 주인이신 그리스도의 피와 성령으로 말미암는 죄 사함은 성인에게는 물론 유아들에게도 약속되어 있기 때문이다. 그러므로 그들도 세례를 받아야 한다. 이 삼단논법의 주 전제는 베드로의 말씀에서 입증된다: "너희가 회개하여 각각 예수 그리스도의 이름으로 세례를 받고 죄 사함을 받으라 그리하면 성령의 선물을 받으리니, 이 약속은 너희와 너희 자녀와 모든 먼 데 사람 곧 주 우리 하나님이 얼마든지 부르시는 자들에게 하신 것이라"(행 2:38, 39), "이 사람들이 우리와 같이 성령을 받았으니 누가 능히 물로 세례

베풂을 금하리요"(행 10:47). 다음과 같은 논지를 통해서도 동일한 사실이 입증된
다: 표가 나타내는 것들이 해당되는 자들에게는 표도 해당된다. 혹은, 구약에서 여
자는 성(性) 때문에 할례를 받지 못한 것이나 신약에서 유아들은 주님의 죽으심을
증거할 능력이 없기 때문에 주의 성찬에서 제외되는 것 등, 표가 나타내는 것들에
해당될 수 없는 어떤 조건이 있거나 성례를 시행할 수 없는 어떤 정황이 있지 않는
한, 성례에 참여하게 되어 있는 것이다. 여기서 소 전제는 "너와 네 후손의 하나님
이 되리라"(창 17:7)는 언약의 언어에서와 다음의 성경 본문에서 분명히 입증된
다: "어린 아이들을 용납하고 내게 오는 것을 금하지 말라 천국이 이런 사람의 것
이니라"(마 19:14), "이 약속은 너희와 너희 자녀와 모든 먼 데 사람 곧 우리 하나
님이 얼마든지 부르시는 자들에게 하신 것이라"(행 2:39), "너희는 선지자들의 자
손이요 또 하나님이 너희 조상과 더불어 세우신 언약의 자손이라"(행 3:25), "너희
자녀도 … 이제 거룩하니라"(고전 7:14), "뿌리가 거룩한즉 가지도 그러하니라"
(롬 11:16). 세례 요한도 그의 모태에서부터 거룩히 구별되었다. 하나님의 말씀의
이러한 증언들을 면밀히 검토하면, 세례가 유아들에게도 시행되어야 마땅하다는
것이 합법적이라는 것을 알게 된다. 유아들이 거룩하며, 약속이 그들에게 주어져
있으며, 천국이 그들의 것이며, 또한 결코 악인의 하나님이 아니신 그 하나님께서
친히 그들의 하나님이 되실 것이라고 선언하시기 때문이다. 또한 세례의 시행을
금할 조건이 유아들에게 있는 것도 아니다. 유아들이 온 교회와 더불어 동일한 축
복에 참여할 자들이라는 사실이 분명한데, 과연 누가 그들을 세례에서 제외시킬
수 있단 말인가?

    셋째로, 하나님께서 교회에 받아들여지는 하나의 엄숙한 전례로 제정하셨고 또
한 모든 갖가지 분파들로부터 교회를 구별하도록 계획하신 성례라면, 마땅히 연
령이 어떻든 간에 언약과 교회에 받아들여질 권리를 정당하게 지닌 모든 사람들
에게 베풀어져야 마땅하다. 세례가 바로 그런 성례다. 그러므로 세례는 모든 연령
에 속한 사람들에게 시행되어야 하며, 따라서 유아들에게도 시행되어야 한다. 최
종적인 원인에 해당되는 사람에게는 결과에도 필수적으로 정당하게 해당되어야
마땅한 것이다.

    넷째로, 구약 시대에는 성인은 물론 유아도 할례를 받았다. 신약에서는 세례가
구약의 할례의 자리를 대치하며 할례와 동일한 용도로 사용된다. 그러므로 성인
은 물론 유아도 세례를 받아야 한다. 첫 번째 전제는 증명이 필요 없다. 두 번째 전

제는 사도 바울의 말씀으로 입증된다: "그 안에서 너희가 손으로 하지 아니한 할례를 받았으니 곧 육의 몸을 벗는 것이요 그리스도의 할례니라 너희가 세례로 그리스도와 함께 장사되고 또 죽은 자들 가운데서 그를 일으키신 하나님의 역사를 믿음으로 말미암아 그 안에서 함께 일으키심을 받았느니라"(골 2:11, 12). 그러므로 세례는 우리의 할례요, 구약 시대에 할례를 통해서 확증시켜준 것과 동일한 것들을 신약에서 확증시켜주는 성례인 것이다.

그러므로 재세례파들(the Anabaptists)은 교회의 자녀들에게 세례를 부인함으로써 그들의 권리를 빼앗는 것임은 물론 하나님의 은혜가 풍성하게 드러나는 것을 가로막는 것이다. 믿는 자들의 자녀들이 모태로부터 교회의 일원에 포함되어야 한다는 것이 하나님의 뜻이기 때문이다. 그들은 과연 새 언약의 은혜로부터 분명하게 손상시키는 것이요, 또한 옛 언약의 은혜를 좁히는 것이다. 왜냐하면 그 옛날 할례를 받았던 유아들에게 세례를 베풀기를 거부하기 때문이다. 그들은 교회의 위로와 신실한 부모의 위로를 약화시키며, 하나님께서 그 백성의 자녀들이 유아 시절부터 그에게 거룩하게 구별시키시며 세상과 구별하시고 분리시키시는 엄숙한 의무를 무시해 버리는 것이요, 부모와 자녀들의 감사하는 마음과 하나님께 의무를 행하리라는 열심을 약화시키며, 성령께서 베풀어지시는 자들에게 세례를 금하지 말아야 한다는 사도들의 선언을 대담하게 부인하는 것이요, 어린 아이들이 오는 것을 금하지 말라고 하신 그리스도의 명령을 무시하고 사악하게 어린 아이들을 금하는 것이요, 또한 마지막으로 모든 사람에게 세례를 베풀라는 그리스도의 보편적인 명령의 범위를 임의로 좁히는 것이다. 이 모든 사실들로 볼 때에, 유아 세례를 부인하는 것은 결코 하찮은 오류가 아니요, 하나님의 말씀과 교회의 위로에 정면으로 배치되는 심각한 이단이라는 것이 분명하다. 그러므로 재세례파의 이런 유사한 오류들을 조심스럽게 피해야 할 것이다. 그런 오류들은 마귀가 꾸며낸 것이 분명하며, 그들의 논리는 온갖 오류와 신성모독으로부터 조작해낸 몹쓸 이단 사설들인 것이다.

반론 1. 성경이 분명하게 가르치지도 않고 모범을 통해서도 가르치지 않는 교리는 받아들여서는 안 된다. 유아 세례의 교리는 성경이 그 어떠한 명령으로나 모범으로도 가르치지 않는다. 그러므로 교회는 그것을 받아들여서는 안 된다.

답변. 주 전제는 받아들일 수 없다. "모든 민족에게 세례를 베풀라"는 분명한 명령이 우리에게 있고 또한 그 명령에는 교회의 어린 아이들도 포함되기 때문이다.

또한 어린 아이들이 제외되었다는 시사가 전혀 없이 사도들이 온 가족에게 세례를 베푼 실례들도 성경에 기록되어 있다. 루디아의 경우: "그와 그 집이 다 세례를 받고"(행 16:15). 빌립보 간수의 경우: "자기와 그 온 가족이 다 세례를 받은 후"(행 16:33). 스데바나의 경우: "내가 또한 스데바나 집 사람에게 세례를 베풀었고"(고전 1:16).

반론 2. 그러나 그리스도께서는 유아들에게 세례를 베풀라는 분명한 명령을 하시지 않는다.

답변. 그리스도께서는 성인, 남자, 여자, 시민, 농부, 각종 기술자 등 대부분의 재세례파들을 구성하는 자들에 대해서도 그들에게 세례를 베풀라고 분명하게 명령하신 일이 없다. 그는 다만 언약과 하나님의 교회에 속한 모든 자들에게 연령과 성별과 계급에 상관없이 세례를 베풀 것을 명령하실 뿐이다. 일반적인 법과 명령에 각 연령과 계급에 대한 언급이 명확하게 있어야 할 필요도 없다. 그런 일반적인 명령은 모든 계층에 적용되는 것이요 따라서 전체를 구성하는 모든 별개의 부분들에 다 적용되기 때문이다. 재세례파들은 여자들을 주의 성찬에서 제외시키지 않는다. 그러나 성경에는 그것에 대한 명확한 명령이 없고, 그것을 시행한 실례도 전혀 나타나지 않는 것이다.

우리에게는 세례에 관하여 그저 일반적인 명령이 있을 뿐이다: "너희는 가서 모든 민족을 제자로 삼아 아버지와 아들과 성령의 이름으로 세례를 베풀라"(마 28:19). 이 명령은 제자들이 된 모든 자들에게 세례를 베풀 것을 요한다. 그런데 유아들도 제자들이다. 왜냐하면 그들은 교회 내에서 출생하였고 그들의 처지에 맞도록 가르침을 받기 때문이다. 이와 비슷하게 베드로도 동일한 것을 가르친다: "이 약속은 너희와 너희 자녀와 모든 먼 데 사람 곧 주 우리 하나님이 얼마든지 부르시는 자들에게 하신 것이라"(행 2:39), "이 사람들이 우리와 같이 성령을 받았으니 누가 능히 물로 세례 베풂을 금하리요"(행 10:47). 바울도 우리가 그리스도 안에서 할례를 받았고 세례로 말미암아 그와 함께 장사지낸 바 되었다는 말씀에서 동일한 사실을 가르친다. 그러므로, 우리의 세례는 할례를 대치한 것인데, 이러한 대치의 사실이 명확한 명령과 동등한 것이다.

반론 3. 세례를 받을 자들은 먼저 가르침을 받아야 한다. 모든 민족을 가르치고 그들에게 세례를 베풀라고 말씀하기 때문이다. 그러나 유아들은 가르침을 받을 수 없다. 그러므로 그들은 세례를 받기에 부적절하다.

답변. 주 전제는 성인들의 경우에는 주 전제가 옳다. 그들은 가르침을 받을 능력이 있으며, 처음 교회원들이 그 부류의 사람들로부터 모여졌다. 그리스도께서는 이들에게 먼저 가르침을 받고 그 다음에 세례를 받아 세상으로부터 구별될 것을 명령하신 것이다. 그러나 교회 내에서 출생한 유아들이나 혹은 그 부모들이 믿고 또한 그 신앙을 고백할 때에 함께 연루된 유아들에게 이를 적용시키는 것은 그릇된 것이다. 왜냐하면 그리스도께서는 유아들에 대해 말씀하시는 것이 아니고, 가르침을 받을 능력이 있는 성인들에 대해 말씀하시는 것이요, 그들의 경우에는 반드시 먼저 가르침을 받게 하고 나서 교회에 받아들일 것을 말씀하시는 것이다. 유아들은 언약에 포함되어 있다. 하나님께서는 "내가 내 언약을 나와 너 및 네 대대 후손 사이에 세워서 영원한 언약을 삼고 너와 네 후손의 하나님이 되리라"(창 17:7)라고 말씀하시는데, 이는 교육을 받을 능력이 아직 없는 유아들에게도 적용되기 때문이다. 그러므로, 유아들도 세례를 받아야 한다.

반론 4. 그러나, 온 가족이 세례를 받았다고 말씀하는 성경의 실례들에서, 온 가족이란 비유적인 표현으로서 일부를 뜻하는 것으로 보아야 하며, 따라서 이 실례들은 믿고 신앙을 고백한 자들이 세례를 받았다는 것을 가르치는 것뿐이다. 그러므로 이런 실례들은 유아 세례를 입증해 주는 것이 아니다.

답변. 이 논지는 받아들일 수 없다. 사도들은 이런 가족 전체의 세례를 기록하면서 그런 뜻을 전혀 시사한 바가 없고, 따라서 성경의 어느 본문이든 자연스런 해석을 거부할 하등의 이유가 없는 데도 그것을 비유적인 의미로 보는 것은 그릇된 것이다.

반론 5. 이 표현에 대한 제유법적(提喩法的)인 이해를 선호하게 만드는 두 가지 이유가 있다. 그 하나는 사도들이 그리스도의 명령과 제정에 반하는 일은 하나도 하지 않았다는 것이요, 또 하나는 이 모범들과 연관되는 정황들을 볼 때에 유아들이 제외된다는 것이다. 왜냐하면 "주의 말씀을 그 사람과 그 집에 있는 모든 사람에게 전하더라"(행 16:32), "그와 온 집안이 … 크게 기뻐하니라"(행 16:34)라는 말씀이 있는데, 이는 유아들에게는 적용될 수 없기 때문이다. 그러므로 유아들은 제외되는 것이다.

답변. 유아 세례가 그리스도께서 제정하신 것에 반하는 것임을 시사하는 첫 번째 이유는 그릇된 것이다. 왜냐하면 이미 지적한 바와 같이 그리스도께서는 그와 그의 교회에 속한 모든 자들이 세례로서 세상으로부터 분리되기를 뜻하시기 때문이다. 그러므로 사도들이 그리스도의 제정하신 바에 따라 유아 세례를 시행하기를 거부하였다는 논리는 사실이 아니다. 또한 두 번째 이유에 대해서 말하자면, 그것은 아무런 힘이 없다. 가족 중 부모와 기타 성인에 해당하는 자들만 사도들의 말씀을 듣고 그들을 섬겼을지라도 얼마든지 어린아이들이 부모와 함께 세례를 받았을 수도 있기 때문이다. 연령이 어려서 사도들의 가르침을 깨닫는 일이나 사도들을 섬기는 일에서는 제외되었을 수 있으나, 구원에서는 물론 세례에서도 제외되지 않았을 수도 있는 것이다. 그러므로 우리는 그런 헛된 속임수를 거부하고 유아세례가 그리스도의 명령이며 또한 사도들과 온 교회가 언제나 시행하였다는 사실을 굳게 견지해야 할 것이다. 아우구스티누스는 말하기를, "온 교회가 유아 세례의 교리를 전통으로 견지하고 있다"고 하며, 또한 다음과 같이 결짓는다: "그 어떠한 공의회를 통해서도 결의된 바 없음에도 불구하고 교회가 견지하고 언제나 유지해온 일은 사도적 권위로 전달되고 전수되어온 것과 똑같이 믿는 것이 적절한 일이다."

반론 6. 믿지 않는 자들은 세례를 받아서는 안 된다. "믿고 세례를 받는 자는"이라고 말씀하기 때문이다. 그런데 유아들은 믿지 않는다. 따라서 그들은 세례를 받지 말아야 한다. 세례의 시행에는 믿음이 필수적으로 요구된다. 믿는 자는 정죄를 받지 않기 때문이다. 그러나 그 은혜의 표는 정죄받는 자들에게는 베풀지 말아야 한다.

답변. 1. 주 전제는 일반적인 의미로 이해하면 사실이 아니다. 유아들은 믿을 능력이 없는데도 불구하고 할례가 그들에게 적용되었기 때문이다. 그러므로 주 전제는 성인들에 국한된 것으로 이해해야 한다. 성인들의 경우 믿지 않으면 세례를 베풀지 말아야 한다는 뜻이다. 또한 성인들의 경우도 분명 믿는다고 말할 수는 없다. 그러므로 유아들이 믿지 않는다고 하여 세례를 받지 말아야 한다면, 이해력을 지닌 연령에 이른 자들도 세례를 받지 말아야 한다. 그들이 믿음을 가졌는지 아닌지를 아무도 분명하게 알 수 없기 때문이다. 마술사 시몬은 세례를 받았으나, 그는 외식자였다. 그러나 우리의 반대자들은 주장하기를, 교회는 신앙의 고백으로 만족해야 한다고 한다. 이 점은 우리도 동의한다. 다만 거기에 다음과 같은 단서를 덧붙이는 것이 합당하다. 곧, 유아들에게는 교회 내에서 출생하였다는 사실이 신앙의 고백과 동일한 것이라는 것이다. 2. 세례를 시행할 때에 믿음이 필수적이나, 거기에는 다음과 같은 단서가 있다. 성인에게는 실질적인 믿음이 요구되며, 유아들에게는 믿음에로 기울어지는 성향이 요구된다는 것이다. 그러므로 이 삼단논법에는 일반적인 의미로 이해해야 할 내용을 특정적인 의미로 보는 오류가 있다. 믿지 않는 자들은, 즉 고백으로나 성향으로나 믿음이 전혀 없는 자들은 세례를 받지 말아야 한다. 그러나 믿는 부모에게서 출생한 유아는 믿음에로 기울어지는 성향이 있는 것이다. 3. 소 전제도 받아들일 수 없다. 유아들은 그들 나름대로의 방식으로, 혹은 그 연령의 조건에 따라서 믿는 것이요, 또한 믿음에로 기울어지는 성향이 있기 때문이다. 유아의 경우에는 비록 성인의 경우처럼 실질적인 믿음은 없으나 성향에 의해서 믿음이 있는 것이다. 교회 바깥에 있는 불경건한 부모에게서 출생한 유아들에게 실질적인 악이 없고 다만 악에게로 기우는 성향만 있을 뿐인 것처럼, 경건한 부모에게서 출생한 유아들은 실질적인 거룩함은 없고 다만 그리로 기울어지는 성향만 있다. 그러나 본성에 따라서가 아니라 언약의 은혜에 따라서 그런 것이다. 그리고 더 나아가서, 유아들에게는 성령이 있고, 그로 말미암아 중생받은 상태다. 세례 요한은 모태 중에 있을 때에도 성령으로 충만했고(눅 1:15), 예레미야는 모태에서 나오기 전부터 거룩하게 구별되었다고 말씀한다(렘 1:5). 만일 유아들에게 성령이 계시다면, 그는 분명 그들 속에서 중생과 선한 성향과 새로운 열심 등 그들의 구원에 필수적인 것들을 일으키시며, 혹은 최소한 세례를 받기에 필요한 모든 것들을 공급하실 것이다. 이는 베드로의 선언에서도 입증된다: "이 사람들이 우리와 같이 성령을 받았으니 누가 능히 물로 세례 베풂을 금하리요"(행 10:47). 그렇기 때문에 그리스도께서도 믿는 자들 가운데 어린 아이들을 포함시키시면서, "누구든지 나를 믿는 이 작은 자 중 하나를 실족하게 하면"(마 18:6)이라고 말씀하시는 것이다. 유아들이 세례를 받을 합당한 자격을 갖춘 자들이므로, 재세례파들이 사악하게 주장하는 것처럼, 그들은 세례를 더럽히지 않는 것이다.

반론 7. 그러나 만일 언약의 표가 그 언약의 약속에 해당되는 모든 자들에게 속한다면, 주의 성찬 역시 유아들에게 시행되어야 마땅할 것이다. 성찬 역시 언약의 표이기 때문이다. 그러나 유아들에게는 성찬이 시행되지 않는다. 그러므로 유아들은 세례를 받아서도 안 된다.

답변. 모든 표가 다 유아들에게 적용되어야 마땅하다고는 말하지 않는다. 다만 교회에 받아들여지는 어떤 표가 있는 법인데, 새 언약 아래서는 세례가 바로 그것이다. 이것은 유아들에게도 적용된다. 왜냐하면 "누가 능히 물로 세례 베풂을 금하리요"라는 베드로의 말씀에서 드러나듯이, 성령과 또한 실질적이든 잠재적이든 믿음만 있으면 그 표에 참여할 수 있기 때문이다. 위와 같은 반론에 대해서는, 우리는 결론을 받아들일 수 없다. 왜냐하면 세례와 주의 성찬은 서로 크게 다르기 때문이다. 세례는 입교(入敎)와 교회에 받아들여짐의 성례이므로, 먼저 세례를 받기 전에는 성찬에 참여할 수 없다. 그러나 성찬은 우리가 교회 안에 계속 거함을 나타내는 성례요, 혹은 우리의 입교를 확증하는 성례다. 하나님께서 성찬을 제정하신 것은 다음과 같은 진리를 선포하고 인치시기 위함이다. 곧 우리를 교회에로 받아들이신 다음에는 영원토록 우리를 보존하사 우리가 교회에서 떨어져 나가지 않도록 하시며, 우리에게 한 번 베푸신 은덕들을 계속해서 베푸실 것이며, 영생에 이르도록 그리스도의 살과 피를 통하여 우리를 먹이시고 양육하실 것이라는 것이다. 온갖 유혹과 시험에 휩싸여 있는 성인들에게는 이러한 뒷받침이 필요한 것이다. 뿐만 아니라, 세례의 경우는 성령으로 말미암는 중생과 믿음, 혹은 믿음과 회개에로 기우는 성향으로 족하다. 그러나 성찬의 경우는 유아들이 참여할 수 없도록 만드는 다른 조건들이 더 있다. 성찬에 참여하는 자들에게서는 그들이 주의 죽으심을 증거하는 일과, 또한 과연 회개와 믿음이 자신들에게 있는지를 점검하는 일이 요구되는 것이다. 그런데 유아들은 그 연령 때문에 그럴 능력이 없으므로, 그들은 세례는 받으나 성찬에는 참여하지 않는 것이 합당한 일이다. 그러므로 유아들이 세례를 받았다고 해서 성찬에도 참여해야 하는 것은 아니다. 유아들은 언약과 교회 속에 속하여 있다는 표가 되는 성례에만, 또한 연령 때문에 제외될 수밖에 없는 조건이 전혀 없는 성례에만 허용되기 때문이다. 신약에서는 세례가 그런 성례다. 그러나 세례는 성찬과는 다른 것이다.

반론 8. 그러나 만일 세례가 할례를 대신한 것이라면 오로지 남자만 세례를 받아야 할 것이요, 그것도 출생한 지 팔 일만에 받아야 할 것이다. 그러나 세례는 남자와 여자가 모두 받는다. 그러므로 세례는 할례를 대신하는 것이 아니다.

답변. 할례와 연관되는 정황들 모두가 세례를 통하여 계승된 것이 아니라, 그 나타내는 것과 또한 그 목적과 용도에서만 계승된 것이다. 이 두 성례는 목적과 용도에 있어서는 일치하나, 연령과 성별의 정황에서는 서로 다른 것이다. 할례의 경우는 분명 남자들에게만 제한되었고, 여자들은 거기서 제외되었다. 그러나 하나님께서는 여자들을 남자들 가운데 포함시키셨다. 여자들의 경우는 할례받은 부모에게서 출생한 사실이 할례를 대신했기 때문이다. 여자들은 남자들을 통해서 할례를 받은 것이요, 결국 동일한 것이지만, 그들 스스로 할례를 받은 것으로 간주되었던 것이다. 그렇기 때문에 한 여인을 "아브라함의 딸"이라 부르셨고, 또한 야곱의 아들들도 "우리는 할례받지 아니한 사람에게 우리 누이를 줄 수 없노니 이는 우리의 수치가 됨이니라"(창 34:14)라고 말하여, **우리의 누이**와 **할례 받지 아니한 사람**을 서로 구분하고 있는 것이다. 그러므로 하나님께서는 예전에는 여자들의 경우를 예외로 삼으셨고, 할례를 제팔일에 받도록 지정하셨다. 그러나 세례의 경우에는 이런 것들이 문제가 되지 않는다. 세례의 명령은 보편적인 것으로 믿는 자들의 모든 자녀들이 제팔일이든, 아니면 출생 직후든 관계없이 교회의 일원으로 인정되어야 할 것을 요구하는 것이다.

세례에 관한 논지들

1. 세례는 신약의 성례 가운데 하나로서, 그리스도께서는 성부와 성자와 성령의 이름으로 물로 세례를 받는 신자들에게 그들의 모든 죄가 사해졌음과 성령을 주심과 그의 몸된 교회에 받아들여짐을 증거하시며, 또한 신자들의 편에서는 하나님으로부터 그 은덕들을 받으며, 따라서 그때 이후로 그를 위하여 살며 그를 섬기며 또한 마땅히 섬겨야 한다는 것을 고백하는 것이다. 세례는 세례 요한으로 말미암아 시작되었고, 사도들에게로 전수되었다. 요한은 고난당하시고 다시 사실 그리스도의 이름으로 세례를 베풀었고, 사도들은 이미 고난당하시고 죽은 자 가운데서 다시 사신 그리스도의 이름으로 세례를 베풀었다.

2. 하나님께서 세례를 제정하신 목적은 첫째로, 하나님께서 그리스도의 피와 성령으로 말미암아 세례를 받는 자들을 그 모든 죄에서 깨끗이 씻으시며 그리하여 그들을 그리스도의 몸에게 접붙이시고 그의 모든 은덕들에 참여하게 하신다는 것을 선언하시고 증언하시고자 함이다. 둘째로, 세례가 각 사람을 가시적 교회에 받아들이는 엄숙한 입교 예식이 되게 하고, 또한 다른 모든 종교들로부터 교회를 구별하는 하나의 표지로 삼고자 함이다. 셋째로, 그리스도를 믿는 우리의 믿음과 또한 그리스도를 믿고 그에게 순종할 우리의 의무를 공적으로 엄숙하게 고백하는 것이 되게 하고자 함이다. 넷째로, 우리가 환난 중에 장사되었고 그것들로부터 부활하였고 구원받는다는 것을 교훈하고자 함이다.

3. 세례는 하나님의 명령과 또한 그리스도께서 그 정당한 시행에 결부시키신 약속에 따라서 선포하고 인치는 능력이 있다. 그리스도께서는 사역자들을 통해서 말씀하시듯이, 그의 사역자들의 손을 통해서 우리에게 세례를 베푸시기 때문이

다.

4. 그러므로 세례에는 두 가지 물(水)이 개입된다. 그 하나는 겉으로 볼 수 있는 물이요, 또 하나는 눈에 보이지 않는 내적이며 천상적인 물이니, 이는 그리스도의 피와 성령이다. 그러므로 세례의 씻음도 두 가지다. 그 하나는 외형적이요 눈에 보이는 뿌림이나 부음으로서 육체의 감각 기관을 통해서 인지되는 것이요, 또 하나는 내적이며 눈에 보이지 않는 씻음으로서 그리스도께서 우리를 위하여 흘리신 피로 인하여 죄를 씻음이며 또한 성령으로 말미암는 우리의 중생과 또한 그의 몸에 접붙임을 뜻하는데, 이는 오직 믿음과 성령으로만 인지되는 신령한 것이다. 마지막으로, 세례를 베푸는 자도 둘이다. 그 하나는 외형적인 물질을 외형적으로 나누어주는 자로서 손으로 물을 사용하여 세례를 베푸는 교회의 사역자요, 다른 이는 내적인 것을 내적으로 나누어주는 자로서 자신의 피와 성령으로 세례를 베푸시는 그리스도 자신이시다.

5. 그러나 물이 그리스도의 피나 성령으로 바뀌는 것도 아니고, 그리스도의 피가 물 속에나 물과 같은 곳에 존재하는 것도 아니다. 세례를 받는 자들의 몸이 눈에 보이는 방식으로 그리스도의 피와 성령으로 씻음받는 것도 아니요, 성령께서 그의 본질이나 덕성으로 다른 곳보다 물 속에 더 계신 것도 아니다. 다만 성령께서 정당한 세례의 시행을 통하여 세례받는 자들의 마음속에서 역사하시며, 그리스도의 피로써 영적으로 그들에게 뿌리시고 씻으시며, 동시에 이런 외형적인 상징물을 수단으로, 또한 눈에 보이는 말씀 또는 약속으로 사용하사 세례를 받는 자들의 믿음을 강건케 하시고 확증하시는 것이다.

6. 그러므로 세례가 중생의 씻음이요, 우리를 구원하는 것이요 죄를 씻어내는 것이라는 말씀은, 곧 외형적인 세례가 내적인 것, 즉 중생과 구원과 영적 죄 사함의 표라는 뜻이다. 그리고 외형적인 세례를 올바르고 적절히 시행할 때에 이런 내적인 세례가 함께 시행된다는 뜻이다.

7. 세례에서 죄가 씻음받으므로 우리는 하나님의 진노와 영원한 형벌의 정죄에서 구원받으며, 동시에 성령께서는 우리 속에서 중생과 하나님께 복종하도록 하는 역사를 시작하신다. 그러나 죄를 사하는 일은 금생이 끝나기까지 계속된다.

8. 새로워졌거나 새로워지고 있는 자들만이 세례를 정당하게 받는 것이요, 또한 그리스도께서 이 성례를 제정하신 바 목적에 합당하게 세례를 받는 것이다.

9. 교회는 중생한 자들이나 혹은 그리스도의 지체들에 속하는 것으로 마땅히 인

정해야 할 모든 사람들에게, 또한 오직 그들에게만 정당하게 세례를 시행한다.

10. 그리스도인들의 어린 자녀들도 교회에 포함되며, 그리스도께서는 그에게 속한 모든 자들이 세례를 받아 받아들여지고 교회의 일원이 되기를 바라시며, 또한 세례가 할례를 대신하여 제정되었고 이로써 (아브라함의 자손에 속하는 모든 성인들은 물론 유아들에게까지) 칭의와 중생과 교회에의 영접이 그리스도로 말미암아 인쳐졌으며, 또한 성령을 받아 마음이 정결케 된 자들에게 물로써 세례를 금할 자가 아무도 없으므로, 교회 안에서 출생하였거나 혹은 부모와 더불어 세상으로부터 교회 안으로 들어온 유아들도 마땅히 세례를 받아야 한다.

11. 복음의 약속과 마찬가지로, 세례의 경우도 회심하기 전에 무가치하게 받았을지라도 회개하는 자들에게는 그것이 확인되며 구원에 이르게 하므로, 과거에 부당하게 시행했던 것이 그로써 정당한 것이 되는 것이다.

12. 사역자, 혹은 목사가 불경하다고 해도, 그리스도의 약속과 믿음 안에서 시행되기만 하면 세례가 헛된 것이 되지는 않는다. 그렇기 때문에 참된 교회는 이단들에게서 세례를 받은 자들을 다시 세례하지 않고, 다만 그리스도와 세례에 관한 참된 도리를 그들에게 가르치는 것이다.

13. 믿는 자들의 경우에는 하나님과 한 번 맺은 언약이 죄를 범한 후에도 영원토록 확인되는 것처럼, 세례도 한 번 받은 후에는 죄 사함을 위하여 회개하는 모든 사람들에게 평생토록 확인된다. 그러므로 세례를 반복해서도 안 되고, 생의 마지막에 가서 세례를 받으면 그 이후에는 더 이상 죄를 짓지 않을 것이므로 그때에야 비로소 죄로부터 완전히 깨끗해지기라도 하는 것처럼 그때까지 세례를 미루어서도 안 된다.

14. 성인이든 유아든 물로 세례를 받는 모든 자들이 다 그리스도의 은혜에 참여하게 되는 것은 아니다. 하나님의 영원한 선택과 그리스도의 나라에로의 부르심은 자유로운 것이기 때문이다.

15. 세례를 받지 않은 모든 자들이 다 그리스도의 은혜에서 제외되는 것도 아니다. 왜냐하면 신자 및 그들의 자녀들과 맺으시는 하나님의 언약에서 사람을 제외시키는 것은 세례를 받지 않은 사실 그 자체가 아니라 세례를 멸시하는 것에 있기 때문이다.

16. 성례의 시행이 교회의 사역의 일부를 이루고 있으므로, 이 일에 부르심을 받지 않은 자들과 특히 여자들은 스스로 세례를 베푸는 권한과 권위를 취해서는 안

된다.

17. 물을 거룩하게 만드는 행위, 제마 행위, 기름을 붓는 행위, 소금을 뿌리는 행위, 십자가를 긋는 행위 등 사람들이 세례에 덧붙여 놓은 갖가지 의식들은 성례를 부패시키는 것으로서 그리스도의 교회에서 정죄하는 것이 합당하다.

할례에 관하여

세례와 관련하여 제시한 마지막 두 가지 일반적인 명제들은 할례의 교리와 밀접한 관계를 맺는다. 할례의 주제에 대하여 말할 수 있는 모든 내용이 세례와 밀접하게 관련되며, 따라서 여기서 논의하는 것이 적절할 것이다. 할례의 주제와 관련하여 특별히 주목해야 할 문제들은 다음과 같다:

1. 할례란 무엇인가?
2. 할례는 왜 제정되었는가?
3. 할례는 왜 폐지되었는가?
4. 할례는 무엇으로 대체되었는가?
5. 할례와 세례의 일치점과 차이점은 무엇인가?
6. 그리스도는 왜 할례를 받으셨는가?

1. 할례란 무엇인가?

할례는 아브라함의 후손과 맺으신 언약의 하나의 인(印)이 되게 하기 위하여, 하나님의 명령을 따라 이스라엘 자녀들 중 모든 남자 아이들에게 행하는 하나의 의식이었다. 또는 할례는 하나님의 명령에 따라 이스라엘 자손에 속한 모든 남자 아이들의 양피를 베는 의식인데, 이는 아브라함과 및 그의 후손들과 맺으신 언약의 표로서, 장차 출생할 약속의 후손을 위하여 마음의 양피를 베어 다른 모든 민족들로부터 그들을 구별하게 하며, 그리하여 하나님을 믿는 믿음과 그를 향한 순종에 그들을 매는 것을 나타내며 또한 그것을 인치는 것이라 하겠다. "너희 중 남자는 다 할례를 받으라. 이것이 나와 너희와 너희 후손 사이에 지킬 내 언약이니라"(창 17:10), "그가 할례의 표를 받은 것은 무할례시에 믿음으로 된 의를 인친 것이니"(롬 4:11), "네 하나님 여호와께서 네 마음과 네 자손의 마음에 할례를 베푸사 네게 마음을 다하며 뜻을 다하여 네 하나님 여호와를 사랑하게 하사 네게 생명을 얻게 하실 것이며"(신 30:6). 할례는 오직 유대인들에게만 해당되었다. 다른 민족들이 유대인의 종교를 받아들일 경우에 그들은 할례를 받지 않아도 무방했다.

유대 교회의 구성원은 세 가지 다른 부류의 사람들로 이루어져 있었다. 첫째는 아브라함의 자손에서 출생한 **이스라엘인들**인데, 이들은 율법으로 할례를 비롯한 기타 의식들을 반드시 준수하도록 되어 있었다. 그 다음에는 다른 민족에 속한 자들로서 유대인의 종교를 포용한 **개종자들**(proselytes)이 있었는데, 이들은 믿음의 확인을 위하여 할례와 모든 의식법을 준수하였다. 사도행전 2:10, 마태복음 23:15 등에 이 부류의 사람들이 언급되고 있다. 마지막으로 **종교인들**(religious men)이 있었는데, 이들은 이방인들 가운데서 유대인의 신앙에로 개종하여 하나님의 교리와 약속들을 받아들였으나 할례는 받지 않았고, 또한 의식법도 준수하지 않은 자들이었다. 이방인들의 경우는 유대인의 종교적 관습을 따르는 문제가 자유에 맡겨졌기 때문이다. 이 부류에 속하는 자들로는 아람의 군대장관 나아만과 에디오피아 내시와 사도행전 2:5에 언급되는 사람들을 들 수 있다.

반론. 남자밖에는 할례를 받지 않았다. 그러므로 여자들은 은혜의 언약에서 제외된 것이다.

답변. 여자들은 남자들의 할례 속에 포함되었다. 하나님께서는 연약한 여성을 제외시키셨기 때문이다. 그들로서는 할례받은 부모에게서 출생하였다는 사실만으로 족했고, 이를 근거로 그들이 언약과 아브라함의 후손에 포함되었던 것이다.

2. 할례는 왜 제정되었는가?

할례가 제정된 목적은 다음과 같다: 1. 아브라함의 후손들에게 하나님의 은혜의 표가 되도록 하기 위하여. 여기에는 다음과 같은 두 가지 이유가 있었다. 그 하나는 하나님께서는 장차 오실 메시야로 인하여 믿는 자들을 언약에 받아들이고자 하셨기 때문이요, 또한 그들에게 가나안 땅을 베푸시고 메시야가 강림하시기까지 그곳을 그의 교회에게 안전한 안식처로 주시고자 하셨기 때문이다. 2. 아브라함과 그의 후손들로 하여금 감사와 회개와 믿음을 갖도록 하고, 그리하여 율법 전체를 준수하도록 만드는 수단이 되게 하기 위하여. 3. 유대인과 다른 민족들과 종교들에게서 구별시키는 하나의 증표가 되게 하기 위하여. 4. 가시적인 교회에 입교시키는 성례가 되게 하기 위하여. 5. 모든 사람들이 자연적인 출생으로는 거룩하지 못함을 나타내고, 그들로 하여금 자기들의 본성적인 부정함과 또한 모든 형태의 죄에 대하여, 특히 순결의 법에 반하는 죄에 대하여 경계하는 일의 중요성을 상기하게 하기 위하여. "너희는 마음에 할례를 행하고 다시는 목을 곧게 하지 말라"(신 10:16), "너희는 스스로 할례를 행하여 너희 마음 가죽을 베고 나 여호와께 속하라"(렘 4:4). 6. 죄에서 구원받는 길이 아브라함의 후손에게서 나게 될 그리스도로 말미암는 길임을 그들에게 선포하는 하나의 표가 되게 하기 위하여. "네 씨로 말미암아 천하 만민이 복을 받으리니"(창 22:18)

3. 할례는 왜 폐지되었는가?

할례가 폐지된 것은 그것이 나타내던 것이 실재가 되었기 때문이며, 또한 할례는 유대인들을 다른 모든 민족들로부터 분리시키고자 하는 목적으로 제정되었는데 그리스도께서 오신 이후로 그것이 중단되었기 때문이기도 하다. 그러므로 메시야가 나타나시고 땅의 민족들이 더 이상 과거처럼 분리되지 말아야 할 때가 오자 할례라는 예표가 폐지될 필요가 있었던 것이다. 특정한 원인들이 바뀌어질 때에 얼마든지 그 원인들에 달려 있는 율법과 제도들을 바꾸시는 것이 율법의 제정자이신 지혜로우신 하나님께 달려 있는 것이다.

4. 할례는 무엇으로 대체되었는가?

할례는 신약의 세례로 대체되었다. 하나의 성례가 폐지되면, 다른 성례가 그것을 대신하게 되는데, 이때에 비록 의식이 다를지라도 폐지된 성례와 동일한 것을 나타내며 동일한 의도와 용도를 지니는 것이다. 세례가 이런 의미로 할례를 계승하였다는 것은 사도 바울의 다음과 같은 말씀에서 분명히 드러난다: "그 안에서 너희가 손으로 하지 아니한 할례를 받았으니 곧 육의 몸을 벗는 것이요 그리스도의 할례니라 너희가 세례로 그리스도와 함께 장사되고 또 죽은 자들 가운데서 그를 일으키신 하나님의 역사를 믿음으로 말미암아 그 안에서 함께 일으키심을 받았느니라"(골 2:11, 12). 사도는 이 말씀에서 두 가지 근거를 사용하여, 육체의 할례에서는 아무런 유익도 얻을 것이 없고 더 이상 기독교 교회에서 그 성례를 지키지 말아야 할 것임을 입증하고 있다. 그 첫째 근거는, 그리스도 안에 있는 우리에게 손으로 하지 아니한 신령한 할례가 있기 때문이며, 혹은 그리스도께서 이제 할례가 예표한 그것을 성취하셨기 때문이라는 것이다. 둘째 근거는, 세례가 이제 과거에 할례가 지녔던 것과 동일한 의의와 용도를 지니기 때문이라는 것이다. 그러므로 이 본문은 세례와 그리스도인의 관계가 할례와 유대인의 관계와 동일하다는 것을 가르쳐준다. 세례가 할례를 대체하였다는 것은 두 성례가 동일한 목적을 지녔다는 사실에서도 입증될 수 있을 것이다. 둘 다 우리가 입양되어 하나님의 가족의 일원이 되었다는 표인 것이다. 그러므로, 유대인과 유대교로 개종한 자들의 어린 자녀들이 제팔일에 할례를 받았고 성인들의 경우에는 유대교의 교리를 고백할 때에 할례를 받았듯이, 그리스도인들의 자녀들이 유아기에 세례를 받으며 이해력을 지닐 만한 연령에 이른 자들은 그리스도의 도리를 고백해야만 세례를 받게 되는 것이다.

5. 할례와 세례의 일치점과 차이점은 무엇인가?

할례와 세례의 일치점은 다음과 같다: 1. 그 주요 의도에서 서로 일치하는데, 그것은 곧 그리스도로 말미암아 우리에게 은혜의 약속을 인치고자 하는 것이며, 이 약속은 항상 동일한 것이다. 2. 둘 다 우리의 중생을 나타내며, 우리를 믿음과 순종에 매어둔다. 3. 둘 다 입교와 교회에 받아들이는 성례다.

할례와 세례의 차이점은 다음과 같다: 1. 외형적인 전례와 의식에서. 2. 연령과 성별의 정황에서. 남자만 할례를 받았고 그것도 출생한 지 팔일만에 할례를 받았는데, 세례는 그렇지 않다. 3. 그 나타내는 바가 서로 다르다. 할례는 장차 오실 그리스도로 인하여 은혜를 약속했으나, 세례는 이미 오신 메시야로 인하여 은혜를 약속하는 것이다. 4. 그 결부되는 약속이 서로 다르다. 할례는 메시야가 오시기까지 교회가 가나안 땅에서 안식처를 찾는다는 지상적인 축복을 약속하는 것이었으나, 세례는 지상적인 축복에 대해서는 특별한 약속이 없다. 5. 그 부과하는 의무가 다르다. 할례는 그것을 지키는 자들로 하여금 의식법과 시민법과 도덕법 전체를 지키도록 만들었으나, 세례는 우리로 하여금 도덕법만을 지키도록 하며, 회개와 믿음에 대해 의무를 갖게 한다. 6. 그 대상과 기한이 다르다. 할례는 아브라함의 후손들을 위해서만 제정되었고, 메시야가 오시기까지만 지속되었다. 그러나 세례는 교회에로 들어오고자 원하는 모든 민족들을 위하여 제정되었고, 세상 끝날까지 지속될 것이다.

6. 그리스도는 왜 할례를 받으셨는가?

그리스도께서 반드시 할례를 받으셔야 할 이유는 없었다. 그는 죄가 없으셨으므로, 그에게는 아무것도 인치거나 베풀 것이 없었기 때문이다. 그러나 그는 다음과 같은 목적으로 할례를 받으셨다: 1. 할례를 받은 자들과 같이 되시기 위함이었다. 그가 세례를 받으신 것도 이와 동일한 목적이었다. 그리스도는 친히 구약 교회와 신약의 교회 모두의 입교 성례를 받으심으로써 자신이 두 교회의 머리시요 구주시며 모퉁잇돌이심과 또한 자신이 한 교회를 이루실 것임을 선포하고자 하신 것이다. 2. 그가 우리의 모든 죄를 친히 지셨고, 또한 그 죄들을 친히 보상하실 것이요 우리를 모든 죄책에서 구원하시려 하신다는 것을 선포하시기 위함이었다. "하나님이 죄를 알지도 못하신 이를 우리를 대신하여 죄로 삼으신 것은 우리로 하여금 그 안에서 하나님의 의가 되게 하려 하심이라"(고후 5:21), "그가 징계를 받으므로 우리는 평화를 누리고 그가 채찍에 맞으므로 우리는 나음을 받았도다"(사 53:5). 3. 그가 율법에 속하신 사실과 또한 우리를 구속하시기 위하여 친히 율법의 저주를 지사 율법을 완전히 성취하시는 것이 우리를 위한 일임을 선포하기 위함이었다. 4. 그리스도의 할례는 그의 낮아지심과 또한 우리의 죄를 위한 속량물이 되심의 일부였다.

성찬, 유월절

제28주일

75문 그대는 그대가 그리스도께서 십자가 위에서 단번에 이루신 제사와 그의 모든 은덕들에 참여한다는 것에 대해, 성찬에서 어떻게 교훈받으며 확신을 얻습니까?

답 그리스도께서는 나와 모든 신자들에게 그를 기억하여 이 떼어진 떡을 먹고 이 잔을 마시라고 명령하시면서 이런 약속들을 덧붙이셨으니, 첫째는, 주님의 떡이 나를 위해 떼어지며 잔이 내게 전해지는 것을 눈으로 보는 것과 똑같이 분명하게, 그리스도의 몸이 나를 위하여 십자가 위에서 드려지고 찢겨졌으며 그의 피가 나를 위해 흘려졌다는 것이요, 둘째는, 주님의 떡과 잔을 그리스도의 살과 피의 분명한 표로서 목사의 손에서 받아 입으로 맛보는 것과 똑같이 확실하게, 십자가에 달리신 그의 몸과 거기서 흘리신 피로써 그리스도께서 친히 나의 영혼을 먹이시고 양육하사 영생에 이르게 하신다는 것입니다.

[해 설]

성찬을 논의할 때에 우리가 특별히 주목해야 할 문제들은 다음과 같다:

1. 성찬이란 무엇인가?

2. 성찬의 의도는 무엇인가?

3. 성찬은 세례와 어떻게 다른가?

4. 성찬 제정시에 하신 말씀들은 무슨 의미인가?

5. 성찬과, 교황주의자들의 미사는 서로 어떻게 다르며, 또한 미사가 폐지되어야 하는 이유는 무엇인가?

6. 성찬의 정당한 시행은 무엇에 있는가?

7. 불경건한 자들은 성찬에 참여함으로써 무엇을 얻는가?

8. 성찬은 누구를 위해 제정되었는가?

9. 성찬에 참여할 자들은 누구인가?

위의 문제 중 처음 세 가지는 본 요리문답 제75문과 76문에 속하며, 네 번째 문제는 제80문에 속하며, 여섯 번째와 일곱 번째와 여덟 번째는 제81문에 속하며, 아홉 번째는 제82문에 속하므로, 각기 해당되는 적절한 곳에서 다루게 될 것이다.

1. 성찬이란 무엇인가?

이 질문을 논의하면서, 우리는 먼저 이 성례에 적용되는 다른 명칭들을 주목하며, 그 다음 이것이 무엇인지를 몇 마디로 정의하고자 한다. 이것을 가리켜 **주의 성찬** (the Lord's Supper)이라 부르는데, 이는 최초에 이것이 제정될 당시의 정황에서 비롯된 것이다. 이 성례는 그리스도와 그의 제자들이 만찬을 나눌 때에 제정되었는데, 교회는 이 성례의 시간적 정황을 자신의 권위와 자유를 행사하여 바꾼 것이다. 최초의 성찬이 오전도 정오도 아닌 저녁 시간에 제정된 것은 단지 유월절 양을 먹는 의례 때문이었는데, 율법은 그 의례를 저녁에 행하도록 규정하였으나 이 새로운 성례에서는 그것이 폐지될 것이었다.

바울은 이를 **주의 만찬**(the Lord's table)이라 부른다. 이것은 또한 **언약** 혹은 **회**(會: assembly)라 불리기도 하는데, 이는 이 만찬을 나누기 위해서는 몇 사람이 함께 이를 위하여 모여야 하기 때문이다. 이것이 제정될 당시에는 제자들이 함께 모여 있었고, 그들을 향하여 주께서는 "이것을 갖다가 너희끼리 나누라"(눅 22:17)고 말씀하셨다. 이로 볼 때에, 몇 사람이 함께 있어야 했던 것이 분명히 드러난다. 이는 사도 바울이 성찬 제정 시의 말씀을 되풀이하는 데서도 확증된다: "너희가 함께 모여서 주의 만찬을 먹을 수 없나니"(고전 11:20), "그런즉 내 형제들아 먹으러 모일 때에 서로 기다리라"(고전 11:33). 이 만찬을 나누기 위해서는 몇 사람이 반드시 함께 모여야 한다는 사실은 그것을 사랑의 띠요 사랑의 표가 되도록 하고자 하는 그 의도에서도 볼 수 있다: "떡이 하나요 많은 우리가 한 몸이니 이는 우리가 다 한 떡에 참여함이라"(고전 10:17).

또한 이것은 감사의 의식이라는 의미에서 **유카리스트**(Eucharist)라 부르기도 한다. 교부들은 이것을 **제사**(sacrifice)라 부르는 경우가 많다. 그러나 교황주의자들이 상상하듯 화목 제물이나 공로를 세우는 제사의 의미가 아니라, 감사의 제사라는 뜻이다. 왜냐하면 성찬은 그리스도의 화목을 위하여 드리신 제사를 엄숙하게 기념하는 것이기 때문이다. 그런데 세월이 흐르면서 그것이 **미사**(mass)라 불려졌는데, 이는 부유한 자들이 가난한 자들의 유익을 위하여 드린 헌물에서나 또는 설교 후에 회중을 해산하는 것에서 유래한 것이다. 이는 설교 후 회중이 해산하기 전에 성찬을 행하였기 때문인데, 이에 대해서는 후에 좀 더 충실하게 논의할 것이다.

우리는 성경이 사용하는 명칭을 그대로 유지하여, 그것을 **주의 성찬**이라 부를 것이다. 본 요리문답은 성찬을 다음과 같이 정의하고 있다: "주의 성찬은 그리스도께서 제정하신 것인데, 그는 나와 모든 신자들에게 그를 기억하여 이 떼어진 떡을 먹고 이 잔을 마시라고 명령하시면서 이런 약속들을 덧붙이셨으니, 첫째는, 주님의 떡이 나를 위해 떼어지며 잔이 내게 전해지는 것을 눈으로 보는 것과 똑같이 분명하게, 그리스도의 몸이 나를 위하여 십자가 위에서 드려지고 찢겨졌으며 그의 피가 나를 위해 흘려졌다는 것이요, 둘째는, 주님의 떡과 잔을 그리스도의 살과 피의 분명한 표로서 목사의 손에서 받아 입으로 맛보는 것과 똑같이 확실하게, 십자가에 달리신 그의 몸과 거기서 흘리신 피로써 그리스도께서 친히 나의 영혼을 먹이시고 양육하사 영생에 이르게 하신다는 것입니다."

혹은 다음과 같이 좀 더 간단하게 정의할 수도 있을 것이다: "주의 성찬은 모든 신자들에게 주신 그리스도의 명령에 따라 떡을 떼어서 먹고 잔을 마시는 것인데, 그리스도께서는 이런 표로써 자신의 몸이 그들을 위하여 자신의 몸이 찢기고 피가 흘려졌다는 것과 그가 영생에 이르도록 신자들을 먹이시고자 그들에게 이것들을 주어 먹고 마시게 하신다는 것과 또한 그가 그들 속에 거하셔서 영원토록 양육하시리라는 것을 선포하시는 것이다."

그러므로 이 성례는 의례와 또한 거기에 덧붙여진 약속에 있으며, 혹은 표와 그 표가 나타내는 것들에 있다. **의례** 또는 **표**는 떼어서 먹는 떡과 부어서 마시는 잔이다. 표가 **나타내는 것들**은 그리스도의 찢겨진 살과 흘려진 피요, 혹은 우리로 하여금 그리스도와 그의 모든 은덕에 참여하게 하고, 그리하여 마치 가지들이 포도나무로부터 생명을 이어받듯이 그에게서 영생을 이어받게 만드는 믿음으로 말미암는 그리스도와의 연합이다. 표와 또한 그 표가 나타내는 것 사이의 유비에 의해서, 또한 표와 연결되어 있는 약속에 의해서 그리스도와의 이러한 연합과 교제를 확신하게 되는 것이다. 이러한 유비는 그리스도의 희생 제사와 또한 그리스도와 우리의 연합된 교제를 선포하며 또한 특수한 방식으로 드러내 보여준다. 떡이 떼어질 뿐 아니라 먹도록 우리에게 베풀어지기 때문이다. 떡을 떼는 일이 이 예식의 일부인 것은, 그것이 그 나타내는 것의 일부이기 때문이다. 곧, 떡을 떼는 것은 그리스도의 몸이 찢겨진 것을 나타내는 것이다. 사도 바울은 이에 대해서 "떡을 가지사 … 떼어 이르시되 이것은 너희를 위하는 내 몸이니"라고 말씀한다(고전 11:23, 24). 마찬가지로 잔은 떡과는 별개로 그의 몸에서 피를 흘리시며 당하신 그리스도의 잔혹스런 죽으심을 나타내는 것이다.

2. 성찬의 의도는 무엇인가?

주의 성찬은 다음과 같은 의도로 제정되었다:

1. 우리의 믿음을 확증하며 또한 그리스도와의 연합과 교제를 가장 확실하게 증거하기 위함이다. 그는 우리가 목사의 손에서 이 표들을 받는 것과 마찬가지로 진실로 그의 살과 피로써 우리를 먹이사 영생에 이르게 하시는 것이다. 이러한 의도는 참 믿음으로 이 표들을 받는 모든 사람들에게 이루어진다. 우리는 목사의 손에서 이 표들을 받을 때에 마치 주께서 친히 자신의 손으로 우리에게 주시는 것처럼 받기 때문이다. 그리스도께서 요한보다 더 많은 제자들에게 세례를 베푸셨다고 말씀하는 것도 이와 같은 식이다. 그는 그의 제자들을 통해서 세례를 베푸셨던 것

이다(요 4:1).

2. 우리로 하여금 이 의식을 지킴으로써 우리의 믿음을 공적으로 고백하고, 우리의 감사한 마음을 시인하며, 이 은덕을 항상 감사하며 기념할 의무를 우리 자신에게 지우도록 하기 위함이다. 그리하여 성경은 다음과 같이 말씀하는 것이다: "너희가 이를 행하여 나를 기념하라"(눅 22:19), "너희가 이 떡을 먹으며 이 잔을 마실 때마다 주의 죽으심을 그가 오실 때까지 전하는 것이니라"(고전 11:26). 그리스도를 이렇게 기념하는 일이 먼저 있어야 하며, 그 일을 믿음으로 마음에서 행하여야 한다. 그 후에 비로소 공적인 고백을 하며, 우리의 감사의 마음을 시인하는 것이다.

3. 세상 속에서 참된 교회를 알고 인식할 수 있게 해 주는 하나의 공적인 구별의 표 혹은 배지가 되게 하기 위함이다. 주께서는 다른 누구도 아닌 자신의 제자가 된 자들을 위하여 성찬을 제정하신 것이다.

4. 사랑의 띠가 되어, 거기에 정당하게 참여하는 모든 사람들이 그리스도께서 머리이신 그 한 몸의 지체들이 되었음을 선포하도록 하기 위함이다. "떡은 하나요 많은 우리가 한 몸이니 이는 우리가 다 한 떡에 참여함이라"(고전 10:17). 동일한 몸의 지체들이 된 자들은 서로 간에 사랑이 있는 것이다.

5. 공적으로 함께 모이는 하나님의 백성들이 지극히 긴밀한 교제 속에서 하나로 연합되게 하기 위함이다. 성찬은 참석자가 많든 적든 회중 가운데서 지키도록 제정되었기 때문이다. 그러므로 그리스도께서는 "너희가 다 이것을 마시라"(마 26:27)고 말씀하시며, 바울은 "먹으러 모일 때에 서로 기다리라"(고전 11:33)고 말씀하는 것이다.

주의 성찬을 한 사람이 혼자서 사사로이 시행해서는 안 된다는 것은 다음의 근거들에서 입증될 수 있을 것이다. 1. 성찬은 하나의 교제요 우리와 그리스도의 하나된 교제의 표이기 때문이다. 사사로운 만찬은 하나된 교제가 아니다. 2. 성찬은 엄숙히 감사를 드리는 것이기 때문이다. 우리 모두 하나님께 감사를 드려야 마땅하다. 그러므로 다른 사람들과 하나 된 교제를 나누기에 합당치 못하다고 스스로 생각하는 사람은 자신이 하나님께 감사를 드리기에 합당치 못하다는 것을 선언하는 것이다. 3. 그리스도와 그가 베푸시는 모든 은덕은 한 사람의 사유물이 아니라 모든 신자들에게 공동으로 속하기 때문이다. 그런데 사사로이 이런 하나 된 교제를 갖는다면 그것은 공동의 유익을 사사로운 이익을 위하여 전용하는 것과 같은 것이다. 4. 그리스도께서 그의 모든 제자들을, 심지어 유다까지도 성찬에 참여하게 하셨으니, 사사로이 성찬을 시행하는 일은 그리스도께서 제정하신 것에 반하는 일이라는 것이 쉽게 드러난다. 5. 성찬을 소홀히 하거나 혹은 심지어 죽을 때까지 연기시키는 것은, 다른 사람들과의 교제를 바라지 않거나 혹은 스스로를 성찬에 합당치 않다고 여기는 등 뭔가 그릇된 사고나 영향에서 비롯되는 것임이 분명하다. 그러나 그리스도의 죽으심으로 말미암아 영원한 정죄에서 구원받았음을 믿고 또한 더욱더 거룩해지기를 바라는 사람은 누구나 성찬에 합당한 것이다. 요컨대, 한 사람이 홀로 주의 성찬을 시행하는 것은 그 성례의 의도와 명칭과 제정과 본질에 역행하는 것이다.

반론. 그러나 그리스도께서 이 성찬과 관련하여 지니셨던 가장 주요한 의도는 그를 기념하는 것이다. 그러므로 우리의 믿음을 확증하는 것은 성찬의 주요 의도가 아니다.

답변. 결론이 정당치 못하다. 그리스도를 기념하는 것이 우리의 믿음을 확증하는 것과 우리의 감사를 표현하는 것을 포괄하기 때문이다. 그러므로 이런 논리는 마치 베드로가 사람이므로 그에게는 몸이 없다는 식의 주장과 다를 바 없는 것이다. 그러므로 다음과 같은 결론이 더 정확하다 할 것이다: 성찬은 그리스도를 기념하는 것이므로, 그것은 우리의 믿음을 확증하는 것이다. 만일 그리스도께서 이 성례를 자신을 기념하게 하기 위하여 지정하셨다면 우리의 믿음을 확증하는 일도 의도하시는 것이다. 왜냐하면 믿음이란 다름이 아니라 그리스도와 그의 은덕을 신실하게 기념하는 것이기 때문이다. 그러나 어떤 이들은 우리의 믿음을 확증하는 것은 성찬이 아니고 성령이시라고 반론을 제기할 수도 있을 것이다. 그러나 이 역시 정당한 결론이 아니다. 왜냐하면 이것은 마치, 우리를 먹이시고 지탱시키시는 분이 하나님이시므로 떡이 우리를 먹이는 것이 아니라는 식의 논리와 같기 때문이다. 성령께서 과연 우리의 믿음을 확증하시나, 그는 말씀과 성례를 통해서 그렇게 하신다. 이는 마치 하나님께서 떡을 사용하셔서 우리를 먹이시고 양육하시는 것과 마찬가지 이치인 것이다.

3. 성찬은 세례와 어떻게 다른가?

"우리가 … 다 한 성령으로 세례를 받아 한 몸이 되었고 또 다 한 성령을 마시게 하셨느니라"(고전 12:13)는 사도의 말씀에서 드러나듯이, 세례와 성찬이 우리가 영적으로 그리스도께 접붙임이 되었고, 그와 하나 된 교제를 누리며 우리 구원의 모든 은덕을 누리는 등 동일한 축복을 우리에게 베풀고 인치지만, 이 둘은 다음과 같은 여러 가지 점에서 서로 분명하게 다르다:

1. 외형적인 예식이 다르다.

2. 예식들이 나타내는 의미가 다르다. 세례를 통해서 그리스도의 피로 말미암아 죄를 씻음을 나타내며 또한 주의 성찬을 통해서 그리스도의 살과 피를 먹고 마시는 것을 나타내며, 이것이 모두 동일하게 그리스도께 참여하는 것을 나타내지만, 전자의 경우는 몸을 세례의 물 속에 집어넣음으로써 나타내고, 후자의 경우는 성찬에서 떡을 먹고 잔을 마심으로써 드러내고 인치는 것이다. 그러므로 이 두 가지 성례들이 그 나타내는 것들에 있어서 일치하지만, 그것들을 표현하는 방식에서 차이가 있는 것이다.

3. 그 고유한 의도가 다르다. 세례는 하나님과 신자들 사이의 언약의 표이나, 주의 성찬은 그 동일한 언약의 보존의 표다. 혹은, 세례는 우리의 중생의 표요 또한 교회와 하나님의 언약과 관계를 맺었다는 표이나, 성찬은 이미 교회에 들어와 있는 자들을 양육하시고 보존하신다는 표다. 성령께서 먼저 우리를 새롭게 하셔야 하는데, 세례가 이것의 표가 되며, 우리가 새로워진 다음에는 그리스도의 살과 피로써 양육을 받아야 하는데, 주의 성찬이 이것의 표가 되는 것이다. 혹은 좀 더 간단히 말하자면, 하나님께서는 세례를 통해서는 우리가 교회에 영접받았음을 확신시켜 주시며, 성찬을 통해서는 우리를 보존하시고 그의 은사들을 풍성히 베푸시는 것을 확증하시는 것이다. 그러나 우리를 중생시키고 영생에 이르도록 양육하시는 그리스도는 동일하게 한 분이신 것이다.

4. 그 시행의 방식이 다르다. 중생하기만 하면 누구든지 세례를 받을 수 있고, 또한 세례는 회개와 믿음을 고백하는 성인들과 교회 내에서 출생한 유아들을 포함하여 교회가 중생하였다고 인정하는 모든 사람들에게 베풀어지나, 성찬의 경우는 그것을 받는 자들이 자기들의 믿음을 점검해야 하며, 주의 죽으심을 기념해야 하고 그들의 감사를 표현해야 한다. "너희가 이를 행하여 나를 기념하라"(눅 22:19), "너희가 이 떡을 먹으며 이 잔을 마실 때마다 주의 죽으심을 그가 오실 때까지 전하는 것이니라"(고전 11:26), "사람이 자기를 살피고 그 후에야 이 떡을 먹고 이 잔을 마실지니"(고전 11:28). 그러므로 유아나 성인이나 교회에 속한 모든 사람들이 다 세례를 받게 되어 있다. 그러나 성찬의 경우는 자신을 살피고 주의 죽으심을 증

거할 능력이 있는 자들만이 참여하게 되어 있는 것이다.

5. 그 시행의 순서가 다르다. 세례가 성찬보다 앞선다. 성찬은 회개와 믿음을 고백하여 먼저 세례를 받은 자가 아니고는 누구에게도 시행해서는 안 된다. 그러므로 옛 교회에서는 설교 후 성찬을 시행하기 직전에 출교(黜敎)된 자들, 악령이 들린 자들, 아직 세례를 받지 않고 기독교 신앙의 초보를 배우고 있는 자들, 그리고 유아 시에 세례를 받았으나 아직 신앙의 도리들을 충실히 이해하지 못하는 자들을 먼저 해산시켰던 것이다. 유대인 교회에서도 할례받지 않은 자들에 대해서 그렇게 했다. 세례를 받은 자들이라 할지라도 믿음을 고백하기 전에는 성찬에 참여할 수 없었다면, 세례를 받은 후에 악한 삶을 사는 자들의 경우야 더 말할 것도 없는 것이다.

6. 주의 죽으심을 기념하는 일은 자주 있는 것이 합당하므로 주의 성찬은 자주 시행하도록 되어 있다. 성찬은 그리스도의 죽으심을 공적으로 기념하며 증거하기 위해 제정된 것이다. 또한 언약의 영속성에 대해서 우리의 믿음이 확증되는 일도 자주 필요하다. 그러므로 주의 성찬은 유월절 양의 경우와 같이 자주 반복되도록 되어 있는 것이다. 그러나 세례는 반복해서는 안 된다. 그렇게 하라는 명령이 없기 때문이기도 하거니와 그것이 교회와 하나님의 언약에 속하였다는 표이기 때문이다. 회개하는 자들의 경우에는 한 번 맺은 언약은 깨어지지 않으며, 언제나 불변한 상태로 남아 있다. 하나님의 은사와 부르심에는 후회하심이 없는 것이다. 그러므로 타락하였다가 다시 회개하는 자들의 경우에도 새로운 언약을 맺을 이유가 없고, 처음 맺은 언약을 갱신하기만 하면 되는 것이다. 그리하여 성경은 이렇게 말씀한다: "이 잔은 내 피로 세운 새 언약이니 이것을 행하여 마실 때마다 나를 기념하라 하셨으니 너희가 이 떡을 먹으며 이 잔을 마실 때마다 주의 죽으심을 그가 오실 때까지 전하는 것이니라"(고전 11:25, 26), "무릇 그리스도 예수와 합하여 세례를 받은 우리는 그의 죽으심과 합하여 세례를 받은 줄을 알지 못하느냐"(롬 6:3), "믿고 세례를 받는 사람은 구원을 얻을 것이요"(막 16:16).

76문 십자가에 달린 그리스도의 몸을 먹고 거기서 흘린 그의 피를 마신다는 것은 무슨 뜻입니까?

답 그것은 믿는 마음으로 그리스도의 모든 고난과 죽으심을 받아들여서 죄 사함과 영생을 얻는 것이요, 더 나아가 그리스도 안에 거하시고 또한 우리 안에 거하시는 성령으로 말미암아 그의 거룩한 몸과 더욱더 연합됨으로써, 비록 그리스도께서는 하늘에 계시고 우리는 땅에 있을지라도 우리가 그의 살 중의 살이요 그의 뼈 중의 뼈가 되어, 마치 한 몸의 지체들이 한 영혼으로 말미암아 사는 것처럼 한 성령으로 말미암아 살고 다스림을 받는다는 뜻입니다.

[해 설]

이 질문은 주의 성찬이 나타내는 것에 관한 것이다. 그리스도의 몸을 먹고 그의 피를 마신다는 것은 물질적인 것이 아니고 영적인 것이며, 다음과 같은 것들을 포괄한다: 1. 그리스도의 고난과 죽으심을 믿는 믿음. 2. 그 믿음을 통하여 죄 사함과 영생을 선물로 받음. 3. 그리스도와 우리 안에 거하시는 성령을 통하여 우리가 그리스도와 연합함. 4. 동일한 성령의 살리시는 역사. 그러므로 십자가에 못 박히신 그리스도의 몸을 먹고 그리스도의 흘리신 피를 마신다는 것은, 곧 하나님께서 그리스도의 공로에 근거하여 우리를 그의 사랑 안으로 받아들이신다는 것과, 우리가 그 동일한 믿음으로 죄 사함과 하나님과의 화목을 얻는다는 것과, 또한 우리의 본성을 스스로 취하신 하나님의 아들께서 그의 성령을 — 그는 우리를 중생시키시며, 빛과 의로움과 영생 등 그 자신이 취하신 그 본성에 속한 것들을 우리 속에 회복시키시는 분이시다 — 우리에게 베푸사 그를 통하여 우리 안에 거하시며 우리를 그와 또한 그가 취하신 그 본성과 하나가 되게 하신다는 것을 믿는 것이다. 혹은 좀 더 간단히 말하자면, 그것은 곧 믿음으로 죄 사함을 얻는 것이요, 그리스도와 연합되는 것이요, 그의 생명에 참여하는 자가 되는 것이요, 혹은 그리스도와 우리 속에서 역사하시는 성령으로 말미암아 우리가 그리스도를 닮아가는 것이다.

성찬의 떡을 먹는 일이야말로 바로 성령이 말씀하고 또한 사도신경으로 우리가 고백하는 바 우리가 그리스도와 갖는 하나 된 교제인데, 이는 지체와 머리, 그리고 가지와 포도나무의 연합처럼 우리가 그리스도와 영적으로 연합한 사실에 있다. 그리스도께서는 그의 살을 먹는 문제에 대해 요한복음 6장에서 가르치시며, 성찬에서 외형적인 표로서 이를 확증하시는 것이다. 앞으로 살펴보게 되겠지만, 아우구스티누스, 유세비우스, 나지안주스의 그레고리우스, 힐라리우스 등의 옛 교부들도 그리스도의 살을 먹는 일에 대해 이런 의미로 설명하고 있다. 그러므로 교황주의자들이 주장하는 화체(化體)의 교리(the doctrine of transubstantiation)나, 많은 사람들이 주장하는 바 그리스도의 육체적 임재의 교리나, 입으로 떡을 먹는 것이 곧 그리스도의 몸을 먹는 것이라는 가르침이나 그 어느 것도, 성찬과 관련되어 나타나는 바 그리스도의 몸을 먹는 일을 약속해 주는 성경의 언어를 근거로 확증될 수 없다는 것이 분명한 것이다.

77문 그리스도께서는 신자들이 이 뗀 떡을 먹고 이 잔을 마시는 것과 똑같이 확실하게 그들을 그의 살과 피로써 먹이시고 마시게 하시리라는 약속을 어디에서 하셨습니까?

답 성찬을 제정하실 때에 하셨는데, 성경은 이렇게 말씀합니다: "주 예수께서 잡히시던 밤에 떡을 가지사 축사하시고 떼어 이르시되 이것은 너희를 위하는 내 몸이니 이것을 행하여 나를 기념하라 하시고, 식후에 또한 그와 같이 잔을 가지시고 이르시되 이 잔은 내 피로 세운 새 언약이니 이것을 행하여 마실 때마다 나를 기념하라 하셨으니, 너희가 이 떡을 먹으며 이 잔을 마실 때마다 주의 죽으심을 그가 오실 때까지 전하는 것이니라"(고전 11:23-26). 사도 바울의 다음의 말씀에서도 이 약속이 거듭 나타납니다: "우리가 축복하는 바 축복의 잔은 그리스도의 피에 참여함이 아니며 우리가 떼는 떡은 그리스도의 몸에 참여함이 아니냐? 떡이 하나요 많은 우리가 한 몸이니 이는 우리가 다 한 떡에 참여함이라"(고전 10:16-17).

[해 설]

주의 성찬의 제정은 참되고 구원 얻게 하는 그리스도의 몸과 피의 교제를 확립시켜 준다. 그러므로 우리는 성찬 제정의 말씀들의 참된 의미를 부지런히 살펴야 한다. 마태복음과 마가복음과 누가복음이 주의 성찬 제정에 관한 구체적인 기사를 제공해 주며, 사도 바울이 고린도전서에서 이를 반복하여 제시하고 있다. 여기서 각 성경에 나타나는 성찬 제정의 기사를 살펴보기로 하자:

마태복음 26:26-28

"그들이 먹을 때에 예수께서 떡을 가지사 축복하시고 떼어 제자들에게 주시며 이르시되 받아서 먹으라 이것은 내 몸이니라 하시고 또 잔을 가지사 감사 기도 하시고 그들에게 주시며 이르시되 너희가 다 이것을 마시라 이것은 죄 사함을 얻게 하려고 많은 사람을 위하여 흘리는 바 나의 피 곧 언약의 피니라."

마가복음 14:22-24

"그들이 먹을 때에 예수께서 떡을 가지사 축복하시고 떼어 제자들에게 주시며 이르시되 받으라 이것은 내 몸이니라 하시고 또 잔을 가지사 감사 기도 하시고 그들에게 주시니 다 이를 마시매 이르시되 이것은 많은 사람을 위하여 흘리는 나의 피 곧 언약의 피니라."

누가복음 22:19, 20

"또 떡을 가져 감사 기도 하시고 떼어 그들에게 주시며 이르시되 이것은 너희를 위하여 주는 내 몸이라 너희가 이를 행하여 나를 기념하라 하시고 저녁 먹은 후에 잔도 그와 같이 하여 이르시되 이 잔은 내 피로 세우는 새 언약이니 곧 너희를 위하여 붓는 것이라."

고린도전서 11:23-26

"내가 너희에게 전한 것은 주께 받은 것이니 곧 주 예수께서 잡히시던 밤에 떡을 가지사 축사하시고 떼어 이르시되 이것은 너희를 위하는 내 몸이니 이것을 행하여 나를 기념하라 하시고 식후에 또한 그와 같이 잔을 가지시고 이르시되 이 잔은 내 피로 세운 새 언약이니 이것을 행하여 마실 때마다 나를 기념하라 하셨으니 너희가 이 떡을 먹으며 이 잔을 마실 때마다 주의 죽으심을 그가 오실 때까지 전하는 것이니라."

바로 앞에서 인용한 사도 바울의 말씀을 간단히 설명하고, 지극히 중요한 이 주제에 대한 우리의 견해를 제시하고자 한다.

주 예수께서: 그가 이 성찬을 제정하신 주인이시다. 그렇기 때문에 이를 주의 성찬이라 부르는 것이다. 그러므로 주께서 행하시고 말씀하시고 명령하신 것이 무엇인지를 살펴야 한다. 키프리아누스(Cyprian)는 다음과 같이 이에 대해 적절히 교훈하고 있다: "오직 그리스도의 말씀만 들어야 한다면, 우리는 성찬의 적절한 시행에 대해 누가 어떻게 생각했든지 간에 오로지 모든 사람보다 먼저이신 그리스도께서 처음 어떻게 행하셨는지에 관심을 가져야 할 것이다."

잡히시던 밤에: 이러한 정황을 덧붙여서 그리스도께서 유월절을 마지막으로 기념하는 자리에서 그의 성찬을 제정하신 사실을 가르치는 것은 우리에게 다음과

같은 것을 보여주시기 위함이다. 1. 고대의 모든 희생 제사들이 이제 그쳐지고 그가 새로운 성례로 대치하셨으니, 이제부터는 그것을 준수해야 할 것이고, 유월절은 폐지되었다는 것. 그리고 유월절 만찬이 나타내었던 그것을 이제 그것을 대치하는 그것이 그대로 나타내되, 다만 시간의 차이만 있다는 것. 유월절 양은 그리스도께서 오사 자신을 제물로 드리실 것임을 나타내었다. 그리고 주의 성찬은 이 일이 이미 성취되었음을 가르친다. 2. 그의 제자들과 우리들을 각성시키사 그가 성찬을 제정하신 이유를 좀 더 주의깊게 살피도록 하며, 또한 지극히 중요한 일이 아니었다면 그가 죽으시기 직전에 행하셨을 리가 없다는 것을 생각하게 함으로써 성찬의 중요성을 엄숙하게 인식하도록 하기 위함이었다. 그러므로 그리스도께서는 죽으실 때에 이를 제정하심으로써, 마치 마지막 유언처럼 우리에게 주신 것이다. 한 마디로 말해서, 사도 바울은 그리스도께서 성찬을 이제 곧 죽으실 그 자신에 대한 기념물로 제정하셨음을 알게 하고자 이러한 정황을 덧붙인 것이다.

떡을 가지사: 그리스도께서 취하신 떡은 유월절에 먹는 무교병, 즉 누룩 없는 떡이었다. 그러나 이런 구체적인 정황은 성찬에는 속하지 않고, 그것이 행해졌던 저녁이라는 시각도 성찬과는 관계가 없다. 성찬 제정 시에 무교병을 사용한 것은 별다른 의미가 없다. 그러므로 성찬 시에 무교병을 사용하여야 한다고 생각할 필요는 없다. 만일 무교병을 사용해야 한다면 그리스도께서는 떡을 굽거나 먹는 구체적인 방법을 일러주셨을 것이다. 그러나 성찬에 사용하는 떡은 일반 떡과는 다르다. 일반 떡은 몸의 영양 보충을 위해 먹는 것이나, 성찬의 떡은 영혼의 양식으로, 혹은 우리의 믿음과 그리스도와의 연합을 확증하기 위하여 먹는 것이기 때문이다. 여기서 주목해야 할 것은, 그리스도께서 식탁에서 손으로 떡을 취하셨다고 말씀한다는 점이다. 그러므로 그는 자신의 몸을 취한 것이 아니며, 떡과 함께, 떡 안에서, 혹은 떡 아래서 자신의 몸을 취하신 것도 아니다. 다만 성례적인 의미로 떡을 취하신 것뿐이요, 그의 몸이 식탁 위에 놓여진 것이 아니고 다만 식탁에 앉아 계셨던 것이다.

축사하시고: 마태복음과 마가복음은 떡에 대해서는 "그가 축사하셨다"고 보도하고, 잔에 대해서는 "그가 감사 기도 하셨다"고 보도한다. 누가복음과 바울은 떡에 대해서 "그가 축사하셨다"고 말씀한다. 그러므로 여기서 축사한다는 것과 감사 기도 한다는 것은 동일한 것을 가리키며, 따라서 교황주의자들이 주장하는 마술적인 성별(聖別: consecration)의 신비는 최소한 여기서 사용된 언어의 차이에서

는 찾을 수 없는 것이다. 그리스도께서는 축사하셨다. 즉, 아버지께 감사 기도를 드리셨다. 그러나 떡을 향하여 하신 것이 아니라, 영적인 축복을 위하여 그렇게 하신 것인데, 이는 이제 곧 이루어질 그의 마지막 사역 이외에는 그의 지상 사역이 완결되었기 때문이요, 성자의 죽으심으로 말미암아 세상을 구속하는 일이 성부께서 기뻐하시는 일이었기 때문이다. 아니면, 그가 감사 기도를 드리신 것은 예표적인 의미의 유월절이 폐기되었기 때문이요, 그는 유월절이 예표해오던 그 참된 것이 이제 드러나게 된 것에 대해서, 또한 교회가 그를 기념하게 된 사실에 대해서 감사를 드리신 것이다. 아니면, 교회를 모으시고 보존하시는 그 놀라운 일에 대해서 감사를 드리셨을 수도 있다.

떼어: 그는 식탁에서 떡을 취하여 떼어 그 한 덩어리를 여러 사람들에게 나누어 주신 것이요, 떡 속에 감추어져 있는 뭔가 눈에 보이지 않는 것을 나누어주신 것이 아니다. 그는 자신의 몸을 떼신 것이 아니라 떡을 떼신 것이다. 그리하여 바울은 "우리가 떼는 떡"(고전 10:16)이라고 말씀한다. 그가 떡 한 덩어리를 여러 사람들에게 나누어주신 것은 우리가 여럿이지만 한 몸이기 때문이다. 그리스도께서 그때에 떡을 떼신 것은 그것을 나누어주기 위한 목적뿐 아니라, 그런 행위를 통해서 다음과 같은 것을 나타내고자 하신 것이다. 1. 그의 고난의 극심함과 그의 영혼이 그의 몸으로부터 분리된다는 사실. 2. 여러 사람들이 그의 몸과 맺는 하나된 교제, 그들의 연합의 띠, 그리고 상호간의 사랑. "우리가 떼는 떡은 그리스도의 몸에 참여함이 아니냐 떡이 하나요 많은 우리가 한 몸이니 이는 우리가 다 한 떡에 참여함이라"(고전 10:16). 그러므로 떡을 떼는 것은 그 나타내는 의미 때문에도 필수적인 예식이며, 우리의 믿음의 확증을 위해서 성찬을 시행할 때에 반드시 지켜져야 할 것이다. 1. "이것을 행하라"는 그리스도의 명령 때문이다. 2. 사도 시대의 교회의 권위와 모범 때문이다. 그 당시의 교회는 이러한 정황을 염두에 두고 그 예식 전체를 가리켜 "떡을 떼는 것"(the breaking of bread)이라 불렀던 것이다. 3. 떡이 떼어지는 것을 보는 것만큼 확실하게 그리스도의 몸이 우리를 위하여 찢겨졌음을 우리로 하여금 알게 하고, 그로써 위로를 갖게 하기 위하여. 4. 화체설(化體說)과 공재설(共在說: consubstantiation)이 반박을 당하고 폐기되도록 하기 위하여.

받아 먹으라: 이 명령은 제자들과 또한 신약의 모든 교회를 향하여 주신 것인데, 이 사실에서 다음과 같은 점들이 드러난다: 1. 교회가 받아 먹을 것을 사제가 하나도 주지 않는 교황주의의 미사는 성찬이 아니고, 제사를 드리는 당사자에게 하나

의 사사로운 만찬이요, 그저 극적인 행위일 뿐이라는 것. 2. 우리가 성찬을 그저 한가하게 참관하는 구경꾼이어서는 안 되고, 떡을 받아 먹어야 한다는 것. 3. 주의 성찬은 거기에 참여하여 떡을 받아 먹을 사람들이 없이 시행되어서는 안 된다는 것. 4. 성찬은 하나님께서 우리가 손과 입으로 그 표들을 취할 때에 우리가 믿음으로 받아야 할 특정한 은덕을 우리에게 나타내시는 은혜의 표라는 것.

너희를 위하여: 나의 제자들을 위하여, 즉 너희와 온 교회의 구원을 위하여.

찢겨지는: 그러나 그리스도의 몸은 찢겨지지 않았고, 지금도 찢겨지지 않는다고 말할 사람도 있을 것이다. 이에 대한 우리의 답변은, 사도는 이 구절들에서 떡을 떼는 행위의 의미에 대해 말씀하고 있으며, 그것이 바로 그리스도의 몸이 찢겨지는 것을 의미한다는 것이다. 떡이 여러 조각들로 떼어지는 것처럼 그리스도의 몸과 영혼이 십자가 위에서 서로 떼어졌기 때문이다. 그러므로 성례적인 환유법적(換喩法的) 의미로 표에 속한 속성이 그 표가 나타내는 그것에 적용되는 것이다.

이것은 내 몸이니: "이것은" 이란 곧 "이 떡은" 이라는 의미다. 그리스도께서는 떡을 손에 들고서 "내가 손에 들고 있는 **이것은**" 이라는 의미로 말씀하시는 것이다. 이것이 적절한 해석이라는 것은 다음의 논의들을 통해서 분명히 드러난다: 1. 그리스도께서는 오로지 떡을 취하셨고, 떡을 떼셨고, 그 떼어진 떡을 제자들에게 나누어주신 것이다. 2. 바울도 분명하게 말씀한다: "우리가 떼는 떡은 그리스도의 몸에 참여함이 아니냐?"(고전 10:16). 3. 그리스도께서는 포도주에 대해서도 이렇게 말씀하신다: "이 잔은 내 피로 세우는 새 언약이니"(눅 22:20). 이와 똑같은 방식으로 여기서도, **이것은**, 즉 이 떡은, 너희를 위하여 찢겨져서 죽음에 넘겨지는 **내 몸이니** 라고 말씀한다. 이 말씀을 적절히 이해한다면, 그 문자적인 의미는 다음과 같다: "이 떡의 본질이 곧 내 몸의 본질이다." 그러나 이 말씀을 이런 의미로 이해하는 것은 우스꽝스런 것이 될 것이다. 떡은 곡식을 구워 만든 것으로 생명이 없고, "말씀" 과 인격적으로 연합된 것이 아니다. 그러나 그리스도의 몸은 동정녀 마리아에게서 나서서 "말씀" 과 인격적으로 연합된 살아 계시는 본질인 것이다. 그러므로 그리스도께서 그의 몸을 떡으로 부르시는 것은 비유적인 표현으로서 그것이 그의 몸의 표라는 의미요, 떡이 그의 몸을 나타내는 표라는 뜻이다. 그는 이 떡을 표로, 또한 그의 몸의 성례로 지정하시는 것이다. 아우구스티누스는 이를 다음과 같이 해석한다: "주께서는 그의 몸의 표를 주시면서 전혀 주저함 없이 이것은 내 몸이니 라고 말씀하신다." 그러므로 우리로서는 그리스도께서 떡을 눈에 보이도

록 취하셨고, 또한 떡 속에 눈에 보이지 않는 방식으로 숨어 있는 그의 몸을 함께 취하셨다는 식으로 말해서는 안 될 것이다. 그는 "이 떡 속에 내 몸이 있으니", 혹은 "이 떡은 눈에 보이지 않는 내 몸이니"라고 말씀하시지 않고, "이 떡이 너희를 위하여 주는 내 몸이니, 참된 몸이요 눈에 보이는 몸이니"라는 뜻으로 말씀하시기 때문이다.

더욱이 이 성례에 이 약속의 말씀들이 첨가된 것은 이런 용도로 사용되는 떡이 거기에 참여하며 이 약속을 믿는 자들에게 드러나고 주어지는 바 그리스도의 몸이라는 것을 가르치고자 함이다. 혹은, 떡은 세상의 생명을 위하여 그가 주시겠다고 약속하신 바 그리스도의 살이다. 이것은 요한복음 6장에서 그리스도께서 전에 하신 약속과 동일한 것이기 때문이다. 그는 거기서 말씀하시기를, 그의 살이 우리를 살릴 것이며, 그 살을 먹는 자들의 구원에 기여할 것이라고 하셨던 것이다. 그런데 여기서는 거기에다 그저 성례적인 예식을 덧붙여서 그 약속에 옷을 입히시고 인을 치시는 것뿐이다. 그의 말씀은 마치 이런 의미와 같다: "내가 그 복음서에서 나의 살을 먹고 나의 피를 마시는 모든 자에게 영생을 약속했는데, 이제 이 외형적인 예식으로 내가 전에 한 그 약속을 확인하고 인치노니, 이제부터 이 약속을 믿고 이 떡을 먹는 모든 자들은 세상의 생명을 위하여 주는 바 내 살을 진정으로 먹고 또한 영생을 소유하고 있음을 충만히 확신할지니라."

이 약속으로 말미암아 떡이 그리스도의 몸을 나타내는 성례가 되며, 그의 몸이 이 성례로 말미암아 나타내지는 그것이 된다. 그리고 이 둘이, 즉 표와 또한 그 나타내는 것이, 성례에서 하나가 된다. 그러나 이는 물리적인 연합도, 그 중 하나가 다른 하나 속에 물질적으로 존재하는 것도 아니요, 화체(化體)나 혹은 그 중 하나가 다른 하나로 바뀌는 것도 아니요, **성례적인 연합**(sacramental union)인데, 그 연합의 끈은 떡에 덧붙여진 약속에 있으며, 이는 그것을 행하는 자들에게서 믿음을 요구하며, 그 연합은 표를 통해서 나타내는 바 그것들을 선포하고 인치며 드러내는 것이다. 이로써, 떡을 정당하게 사용하면 이것들이 항상 드러나고 표와 더불어 받아들여진다는 것이 확실하다. 그러나 반드시 믿음이 있어야 하며, 이 성례에서 약속되고 이제 제시되는 그것을 믿음으로 바라보고 깨달아야 하는 것이다. 그러나 그렇다고 해서 그 나타내지는 그것이 마치 그릇에 담겨 있듯이 표 속에 있거나 포함되어 있는 것이 아니라, 성례의 핵심이 되는 그 약속 가운데 있는 것이다. 마치 약속이 없이 떡 혼자만으로도 성례가 되거나 혹은 떡이 성례의 주된 부분을 이루기라도 하는 것처럼, 그리스도의 몸이 떡 속이나 떡 아래에 있지 않으면, 그 몸이 성례에 임재할 수 없다고 말하는 자들은 심판을 자초하는 것이다.

이것을 행하여: 이것은 이 성례를 시행하라는 명령이다. "너희가 보는 대로 지금 내가 행하는 이것을 지금부터 너희도 내 교회에서 행하라. 너희가 모일 때에 떡을 취하여 감사하고 떼어 나누어 먹게 하라"는 뜻이다. 그리스도께서는 이 의식 전체를 이 말로써 포괄하시며, 그를 십자가에 못 박을 유대인들에게가 아니라 믿는 우리들에게 그것을 행할 것을 명하시는 것이다.

나를 기념하라: 이는 다음과 같은 뜻을 담고 있다: "내가 너희에게 베푼 은덕과, 이 성례를 통하여 기념해야 할 바 나의 은덕에 대해 묵상하라. 또한 내가 너희에게 나의 선물들을 준다는 것을 너희 마음으로 느끼며, 하나님과 천사들과 사람들 앞에서 공적으로 고백함으로써 그것들을 기념하여 그것들에 대해 감사를 드리라." 그러므로 성찬의 의도는 그리스도를 기념하는 데 있는데, 이는 그저 그의 역사에 대해 묵상하는 데 있는 것이 아니라 그의 죽으심과 은덕들을 기억하고 기리는 데 있으며, 여기에는 믿음과 ― 이는 그리스도와 그의 공로를 우리 것으로 삼게 해 준다 ― 또한 감사와 그리스도의 은덕에 대한 공적인 고백이 포함된다. 믿음과 감사가 이 기념 ― 말하자면 이것이 성찬의 전부라 할 수 있다 ― 의 일부에 속하는데, 이 점을 볼 때에 성찬이 그리스도를 기념하기 위해 제정되었고, 그가 우리를 위해 값 주고 사신 은덕이 얼마나 크며 그가 얼마나 극심한 고난으로 그것을 얻으셨는가를 회상하게 하고, 동시에 이 선물들을 받는 바 우리의 믿음을 이로써 확증시키기 위하여 제정되었다는 것이 잘 드러나는 것이다.

그러므로 그리스도께서 그를 기념하게 하기 위하여 성찬을 제정하셨으니 성찬은 우리의 믿음의 확증을 위한 것도 아니요, 또한 성령께서 우리의 믿음을 확증하시니 성찬이 우리의 믿음을 확증하는 것도 아니라는 식으로 말할 수가 없는 것이다. 주요 원인을 두드러지게 강조한다고 해서 그 때문에 수단적 원인을 부인한다고 생각하는 것은, 전체에 대한 진술을 인정해 놓고 부분에 대해서는 그 진술을 부인하는 것과 똑같이 정당치 못한 것이다. 그리스도를 기념하는 것은 그의 은덕을 기념하는 것과 또한 믿음과 감사까지 다 포함하는 것이다. 그리스도께서는 이 표들을 사용해서 자기 자신과 또한 그의 은덕에 대해 우리를 권고하시며, 그에 대한 믿음을 불러일으키시고 확고히 하시는데, 이로써 우리 편에서는 자연히 그를 향한 감사의 마음을 공적으로 표현하게 되는 것이다. 그러므로 성찬은 몇몇 사람들의 주장처럼 우리의 의무만을 권고하는 것이 아니다. 오히려 성찬은 먼저 우리에게 그리스도의 은덕을 생각나게 하고, 그 다음에 우리의 의무를 생각나게 하는 것이다. 은덕이 없으면, 감사도 있을 수 없기 때문이다.

너희가 다 이것을 마시라: 이 명령은 잔을 평신도들에게 분배하기를 거부하는 교황의 행실을 정죄하며, 또한 떡의 형체 아래 그리스도의 피와 몸이 함께 공존한다는 식의 궤변적인 주장에 대해서도 반대하는 것이다. 그리스도께서는 모든 신자들에게 먹고 마시라고 명령하셨다. 그런데도 교황은 포도주를 오로지 사제들에게만 허용하고, 평신도들에게는 떡 이외에 아무것도 주지 않으면서 떡을 먹는 것이 마시는 것이기도 하다고 주장하는 것이다. 이런 수치스런 행동을 "너희가 다 이것을 마시라"는 그리스도의 명령이 정죄하는 것이다. 교황은 자신의 행위를 정당화하기 위하여, 그리스도께서는 이 명령을 그 당시에 있던 제자들에게만 주셨는데 그들은 평신도들이 아니라 사제들이었다는 식으로 주장하는데, 이런 주장이 그저 궤변에 지나지 않는다는 것은 다음과 같은 점에서 분명히 드러난다: 1. 그들은 이 주장으로 제자들을 대중을 침묵하게 만드는 사제들로 만들기 때문이다. 2. 성경은 그들이 하는 식의 사제와 평신도 사이의 구별을 인정하지 않는다. 성경에서는 모든 신자들을 가리켜 제사장이라 부른다. "그의 아버지 하나님을 위하여 우리를 나라와 제사장으로 삼으신"(계 1:6), "너희도 … 거룩한 제사장이 될지니라"(벧전 2:5), "너희는 … 왕 같은 제사장이요"(벧전 2:9). 3. 만일 성찬이 제정될 때에 있었던 그런 계층의 사람들 이외에는 아무도 성찬에 허용되지 않는다는 것이 참이라면, 동일한 것을 핑계삼아 성찬 전체를 평신도들에게서, 특히 여자들에게서 빼앗을 수도 있기 때문이다. 그리스도의 피가 그의 몸과 공존한다는 것은 사악한 핑계이다. 그리스도께서는 떡을 그의 몸이라 부르시며 잔을 그의 피라 부르시며, 제자들에게 그 둘을 별도로 주어 먹고 마시게 하셨고, 그 이후로 동일한 방식으로 그 일을 시행하라고 명령하셨기 때문이다.

이 잔은 죄 사함을 얻게 하려고 많은 사람을 위하여 흘리는 바 나의 피로 세운: 그리스도의 피는 곧 그의 죽으심이다. 그러므로 "나의 피로"란 곧 "나의 죽음으로", 혹은 "나의 죽음을 인하여"와 동일한 의미다. 그리스도의 흘리신 피가 그의 공로다. 이것에 근거하여 우리가 믿음으로 죄 사함을 받는 것이다.

새 언약이니: 언약이란 헬라어로는 **디아떼케**인데, 이는 히브리어 **베리트**와 같은 것이다. 이것을 "새" 언약이라 부르는 것은 곧 새로워진, 혹은 성취된 언약이라는

의미다. 새 언약은 우리가 하나님과 화목됨, 그리스도와 옛 유월절 의식을 지키지 않고 이미 행해진 그의 희생 제사를 믿음으로 그리스도와 하나된 교제를 나누며 그의 모든 은덕을 누리는 것에 있다. 성찬을 가리켜 그 나타내는 바와 관련하여 새 언약이라 부르는 것은, 그것이 이 언약의 표요 인(印)으로서 우리가 하나님과 화목되었고 또한 믿음으로 그리스도와 연합하였음을 인치기 때문이다. 그리스도께서는 성찬을 새 언약이라 부르시면서 거기에 약속과 또한 그 약속에 표현된 조건을 모두 포괄하시는데, 그것은 곧 우리 편에서의 회개와 믿음이다. 이로 보건대 성찬은 또한 우리를 그리스도인의 삶을 위하여 의무를 지우기 위해 제정된 것이기도 하다. 또한 새 언약은 여기서 옛 언약과 대비되는데, 옛 언약이란 유월절과 결부된 모든 의식들이다. 성찬은 이미 드려지신 그리스도를 나타내나, 유월절은 장차 드려지실 그리스도를 나타내었다. 그러나 둘 다 우리가 그리스도와 연합되었음을 나타낸다. 지금까지 논의한 내용을 근거로, 우리는 그리스도의 피를 마시는 것이 물질적인 의미가 아님을 추정할 수 있을 것이다. 새 언약은 오직 하나요, 그리스도께서 세상에 오시기 전에 살았던 모든 하나님의 백성들도 거기에 포함되는 것이기 때문이다.

너희가 이 떡을 먹으며 이 잔을 마실 때마다: 그러므로 성찬은 자주 시행해야 한다. 이 사실은 주의 죽으심을 기념하게 하고자 하는 그 의도에서도 분명히 드러난다.

주의 죽으심을 전하는 것이니라: 그리스도께서 죽으셨음을, 그것도 너희를 위하여 죽으셨음을 믿고, 그의 죽으심을 모든 사람 앞에서 공적으로 고백하라.

그가 오실 때까지: 그러므로 이 성찬은 세상 끝날까지 영구히 계속될 것이며, 다른 외형적인 예배 형식을 기대할 것이 전혀 없는 것이다.

우리가 지금까지 설명한 성찬 제정 시의 말씀은 사도의 다음 말씀으로 더욱 충실하게 실례로 제시할 수 있을 것이다: "우리가 축복하는 바 축복의 잔은 그리스도의 피에 참여함이 아니며 우리가 떼는 떡은 그리스도의 몸에 참여함이 아니냐?" (고전 10:16).

축복의 잔: 이를 축복의 잔, 혹은 감사의 잔이라 부르는 것은, 그것을 받는 목적이 그리스도의 은덕을 마음에 기리고, 그리하여 그의 고난과 죽으심에 대해 그에게 감사를 돌리게 하는 데 있기 때문이다.

그리스도의 피에 참여함: 참여함이란 공통적인 것을 함께 나누는 것이다. 그러므로 그리스도의 몸과 피에 참여하는 것은 믿음으로 말미암아 그리스도와 및 그의 모든 은덕에 참여한 바 되는 것인데, 이 일은 그리스도와 우리 속에 거하셔서 그리스도에게서 행하시는 그 일들을 우리 속에 이루시는 동일하신 성령으로 말미암아 이루어지는 것이다. 혹은, 이것은 믿는 자들이 그리스도와 나누는 신령한 교제인데, 이 교제는 지체가 머리와 나누고 가지가 포도나무와 나누는 것과도 같다. 그리스도는 머리시요 우리는 지체들이다. 지체된 모든 자들은 그리스도의 모든 은덕 가운데 참여한다. 머리와 은덕 모두가 공통이다. 그러므로 우리는 모두 공통적인 지체들이요 따라서 서로 간에 사랑이 있는 것이다.

78문 그렇다면 떡과 포도주가 정말 그리스도의 몸과 피로 변합니까?

답 아닙니다. 세례의 물이 그리스도의 피로 변하는 것도 아니요 그 자체가 죄를 씻는 것도 아니고 다만 그것에 대한 신적인 증표요 확증이듯이, 성찬의 떡도 마찬가지로 실제 그리스도의 몸이 되는 것이 아니지만, 성례의 본질과 속성에 합당하게 그것을 가리켜 그리스도 예수의 몸이라 부르는 것입니다.

[해 설]

본 요리문답은 이 질문에 대한 답변에서 교황주의자들이 주장하는 화체의 교리를 거부하며, 그리스도의 몸의 편재를 주장하는 자들(the Ubiquitarians)이 주장하는 공재(共在)의 교리도 거부하며, 여기서 사용되는 언어를 "이것이 내 몸이니"라는 그리스도의 말씀의 참된 의미와 더불어 설명한다. 이 질문에 대해 해명하면서, 우리는 우선 여기서 사용되는 어법과 그리스도의 말씀의 참 의미를 논의하고, 이어서 이 문제와 관련된 논쟁들에 주목하고자 한다. 성례 제정 시의 일반적인 말씀에 대해 논의하면서 제시한 것들이 성찬에도 그대로 적용된다.

아우구스티누스도 바로 이러한 방식으로 성례의 말씀의 일반적인 법칙을 그리스도의 살을 먹는 구체적인 사례에다 적용시키고 있다. 그는 이렇게 말한다: "성경의 특정한 문구를 직설적인 의미로 취해야 하는지, 아니면 비유적인 의미로 취해야 하는지에 대해 결정할 수 있는 유일한 방법은 그것을 어떤 도덕적 의무를 지칭하는 것으로 이해할 수 있는가, 아니면 참 믿음과 일치시킬 수 있는가를 살피는 것이다. 그렇게 할 수 있으면 그 문구가 비유적인 의미로 사용된다는 것을 알 수 있는 것이다." 그리고 그는 조금 후에 다음과 같은 사례를 제시한다: "그리스도께서는 인자의 살을 먹고 그의 피를 마시지 않으면 생명이 네게 없다고 말씀하는데, 여기서 그는 정말 치욕스러운 범죄를 명령하시는 것 같아 보인다. 그러므로 이 말씀은 비유적인 의미로 이해하여, 우리가 우리 주님의 고난에 참여하여야 하고 그의 살이 우리를 위해 상처받고 찢기신 사실을 기쁨으로 상기하여 유익을 얻어야 할 것을 가르치는 것으로 보아야 하는 것이다."

세례에 대해 논의할 때에 증명한 바와 같이 성경이 때로는 세례에 대해 직설적으로 말씀하며, 또 다른 때에는 비유적으로 말씀하는 것처럼, 주의 성찬에 대해서도 그와 비슷하게 말씀하는 것이다. 예를 들어서, 그리스도께서 떡에 대해서 "이것이 내 몸이니"라고 하시고, 잔에 대해서도 "이것이 내 피니"라고 말씀하시는 경우나, 또한 바울의 인용한 말씀처럼 "이 잔은 내 피로 세운 새 언약이니"라고 하신 것은 비유적인 표현법이다. 이 모든 경우에 표가 나타내는 것이 성례적인 환유법을 통해서 표에게로 돌려지고 있기 때문이다. "이것은 너희를 위하는 내 몸이니"라는 바울의 말씀도 똑같은 방식으로 이해해야 한다. 왜냐하면 표의 속성을 그 표가 나타내는 것에게 돌리고 있기 때문이다. 키프리아누스도 똑같은 방식으로 다음과 같이 말하고 있다: "잔을 마시는 것은 곧 우리가 십자가에 달리는 것이며, 피를 마시는 것이며, 우리 구속자의 그 상처에 우리의 혀를 갖다대는 것이다." 크리소스톰(Chrysostom)의 다음과 같은 발언도 같은 의미로 이해해야 한다: "그리스도의 피가 잔 속에 있고, 하늘에 있는 그리스도의 몸이 우리 눈에 보이도록 땅에 놓여져 있다. 그러나 우리는 그것을 그저 보기만 하는 것이 아니라 만지기도 하며, 만지는 것만이 아니라 먹기까지 하는 것이다. 사랑하는 자들을 때때로 애무하는 것처럼 그것을 사랑의 증표로 삼아 취하여 먹는 것이다." 이런 발언들은 모두 그리스도의 몸에 대해 비유적으로 말하는 것으로 이해해야 한다.

그러나 "이것을 행하여 나를 기념하라"는 그리스도의 말씀은 직설적인 어법으로 보아야 한다. 그리하여 교부들은 그들의 저작 도처에서 말하기를, "떡을 떼는 것은 그리스도의 희생 제사를 기념하는 것이다. 떡은 그리스도의 몸을 나타낸다.

그것은 그리스도의 몸을 나타내는 모형이요, 표요, 성례인 것이다."

성찬 제정의 말씀과 관련된 논쟁에 관하여

교황주의자들을 비롯한 우리의 반대자들이 그리스도께서 성찬 제정 시의 말씀에서 성례적으로 말씀하심을 부인하며, 그의 말씀을 문자적으로 이해해야 한다고 주장하고 있으므로, 여기서 이 논쟁과 관련한 문제에 대해 논의할 필요가 있다. 교황주의자들은 떡이 거룩하게 되어 그리스도의 몸으로 변화하나 그 외형은 그대로 남아 있다고 상상한다. 그들은 이런 변화를 가리켜 화체(化體: transubstantiation)라 부른다. 또 다른 사람들은 그리스도의 몸이 떡 **속에** 혹은 떡과 **함께** 공재(共在: consubstantiation) 혹은 공존한다고 주장한다. 이 두 부류의 사람들은 똑같이 자기들이 그리스도의 말씀을 자연스런 의미로 이해한다고 자랑한다. 그러나 그것은 결코 사실이 아니다. 말씀을 진정 단순하고도 적절하게 이해하는 것은 말씀 그 자체에 아무것도 가감하거나 변화시키지 않는 것이다. 그런데 그리스도의 몸이 떡과 함께, 떡 속에, 떡 아래에 있다고 믿는 자들은 그리스도의 말씀에 없는 것을 덧붙이는 것이요 따라서 진정 단순한 이해에서 벗어난 것이다. 그리스도께서 하신 말씀을 단순하게 그대로 믿고 그가 말씀하시지 않은 내용은 하나도 받아들이지 않아야 한다면, 그저 단순히 **떡은 그리스도의 몸이다** 라고 말할지언정, **떡이 떡이면서 동시에 그리스도의 몸이다** 라고는 말할 수가 없기 때문이다. 그리스도께서는 "나의 몸이 떡 **속에**, 떡 **아래에**, 혹은 떡과 **함께** 있다" 라거나 "떡이 떡이요 동시에 나의 몸이다" 라고 말씀하지도 않으셨고, 또한 (이 사람들이 주장하듯이) "진정으로, 본질적으로, 물질적으로" 라고 덧붙이지도 않으셨고, 다만 "이것은 내 몸이다" 라고 말씀하신 것뿐이다.

또한 화체설을 주장하는 자들로서도, 떡이 그리스도의 몸으로 변화한다는 그들의 주장이 그리스도의 말씀을 자연적인 의미로 해석한 것이라고 주장할 수 없다. 그런 이론은 그들 스스로가 만들어낸 것이기 때문이다. 그리스도께서는 떡이 이미 그의 몸이 되었다거나, 몸이 되고 있는 중이라거나, 몸이 될 것이라는 식의 말씀을 하신 일이 없고, 그저 그 떡이 그의 몸이라고만 말씀하신 것이다. 그러므로 그리스도의 말씀을 문자적인 의미로 이해하면 그 어떠한 변화도 허용되지 않는다는 것이 분명한 것이다. 그러므로 이 사람들이 자기들이 그리스도의 말씀을 문자적인 의미로 해석하는 것처럼 보이려고 아무리 노력해도 다 헛된 일이다. 실상 그 문자적인 의미에서 너무 많은 점에서 아주 분명하게 벗어나 있기 때문이다.

그러나 우리는 아무것도 가감하지 않고 변화시키지도 않은 상태로 그리스도의 말씀을 단순하게 그대로 보아서, 그 떡이 그리스도의 몸이며, 십자가 위에서 우리를 위하여 드려지신 참된 눈에 보이는 몸이라고 주장한다. 그러나 이 말씀을 문자적인 의미로 이해할 경우 그것이 참된 기독교 신앙을 거스르는 내용을 가르치는 것이 되므로 (만일 그 떡이 직설적인 의미에서 진정 그리스도의 몸이라면, 그 떡이 우리를 위하여 십자가에 못 박힌 것이 될 것이므로), 우리는 이 말씀을 성례적인 의미로 이해해야 한다. 즉, 떡이 그리스도의 몸을 나타내는 표이기 때문에 그 떡을 가리켜 그리스도의 몸이라 부르며, 잔이, 혹은 그 잔 속의 포도주가 그리스도의 피를 나타내는 표이기 때문에 그것을 가리켜 그리스도의 피라 부르는 것이라고 보는 것이다. 잔을 가리켜 새 언약이라 부르는데, 이는 그것이 새 언약의 표이기 때문이다. 이는 세례가 그리스도의 피와 성령으로 말미암아 이루어지는 "죄를 씻음"과 "중생의 씻음"의 표이기 때문에 세례를 그렇게 부르는 것과 같은 이치다. 그러므로 "이것이 너희를 위하여 주는 내 몸이니"라는 그리스도의 말씀의 참된 의미와 해석은 곧, 내가 떼어 너희에게 주는 이 떡이 너희를 위하여 죽음에 넘겨지는 내 몸을 나타내는 표이며, 또한 너희가 나와 연합되었음을 확증하는 확실한 인(印)이니, 누구든지 믿고 이 떡을 먹는 자마다 어떤 특정한 의미에서 진실로 내 몸을 먹는 것이라는 것이다. 그러므로 그 나타내지는 것의 명칭이 성례적인 환유법에 의하여 표에게로 돌려진 것인데, 이는 표와 또한 나타내는 그것 사이의 유비 때문이기도 하고, 또한 정당하게 시행할 경우 표와 나타내는 그것이 서로 연관되기 때문이기도 한 것이다.

우리의 반대자들은 비열하게도, 우리가 철학과 인간의 이성에 속아넘어가서 그리스도의 말씀을 그렇게 해석하게 된 것이라는 식으로 오도하지만, 우리는 모든 지혜로운 사람이 동의하는 대로 성경의 어느 부분에 대한 해석의 정확성을 판단하는 법칙들에 따라서, 즉 믿음의 유비 혹은 믿음의 법칙에 따라서, 주제나 사물의 본질에 따라서, 그리고 동일한 것을 확립시켜주는 성경의 증언에 따라서 해석해 온 것이다. 성경 말씀을 문자적인 의미에서 벗어나 신적 진리의 어떤 구체적인 부분의 의미대로 보아야 할 필요성이 있을 때마다, 그 성경의 참된 의미는 보통 다음 세 가지 법칙의 도움을 받아서 결정된다: 1. 믿음의 법칙과 일치하지 않는 해석은,

혹은 믿음의 조목에나 십계명의 어느 계명에나 성경의 분명한 선언에 반하는 해석은 받아들여서는 안 된다는 것은 진리의 성령께서는 결코 스스로 모순을 일으키는 분이 아니시라는 사실에서 분명히 드러난다. 2. 성경의 참된 의미에 대해 논란이 있을 때에 그 말씀을 통해서 전달하고자 하는 의미가 그 주제의 본질과 일치하는지를 확인하기 위해서는, (여기서 우리가 다루는 것이 성찬, 곧 성례에 관한 문제이므로) 성경 다른 곳에서 성례에 대해서, 특별히 성찬에 대해서 어떻게 말씀하는지를 살펴야 한다. 3. 그리고 마지막으로, 동일한 것을 분명하게 가르치거나 혹은 동일한 교리를 가르친다는 것이 입증되는 성경의 다른 병행 구절들을 살펴야 한다. 더 선명하여 논란의 여지가 없는 다른 본문의 참된 의미를 찾아서 그것이 동일한 것을 가르친다는 것이 드러나면, 논란이 되는 본문의 의미도 그것과 동일하게 이해해야 한다는 것이 충분히 납득될 것이기 때문이다. 그러므로 성찬 제정과 관련한 그리스도의 말씀의 해석이 이 법칙들과 일치하면 그것이 참일 것이고, 이 법칙들과 다르면 그릇된 것이 된다는 것이 분명하다. 그런데 이 말씀에 대해 우리가 제시한 해석은 실상 우리의 해석이 아니라 그리스도 자신과 사도 바울과 기타 모든 정통적인 교부들이 제시한 해석으로, 이 법칙들과 모든 점에서 일치하는 것이다. 그러므로 이 해석이 정확하며 복음의 진리와 일치한다는 것에 대해 의심이 있을 수 없는 것이다.

그러면 그리스도의 말씀에 대해 우리가 제시한 해석이 참이라는 것을 입증해 주는 논지들로 넘어가기로 하자. 이 논지들에는 다음과 같이 네 가지 종류가 있다:

1. 본문 그 자체에서와 또한 성찬 제정과 관련된 정황들에서 연역해낸 논지들이 있다.

2. 사물이나 주제의 본질에 근거한 다른 논지들이 있는데, 이는 사물 그 자체와 일치하는 의미로 말씀을 이해하여 ― 이는 모든 성례들의 본질에 따라 말씀을 이해하는 것과 동일한 것이다 ― 이끌어낸 것들이다.

3. 우리의 믿음의 조목들과의 유사성에 근거하여, 혹은 기독교 교리의 다른 부분들과 비교하여 추론해 낸 다른 논지들도 있다.

4. 마지막으로, 너무도 분명히 가르치므로 논쟁의 여지가 전혀 없는 성경의 다른 병행 구절들에서 이끌어낸 논지들도 있다.

1. 말씀과 또한 성찬 제정과 관련된 정황들에 근거한 논지들

1. 그리스도의 인성(人性)은 처음 성찬을 행하실 때에 식탁 옆에 적절한 자리에 앉아 계셨고, 지금은 하늘에 계시다. 그러므로 그때나 지금이나 그의 인성이 떡 속에 물질적으로 동시에 계신 것도 아니고 떡을 대신하여 계신 것도 아니다.

2. 그리스도는 첫 성찬 시에 자신의 몸을 취하여 손에 드시고 떼신 것이 아니고, 떡을 그렇게 하셨다. 그러므로 떡이 사실상 그리스도의 몸 그 자체는 아니다.

3. 그리스도의 몸은 동정녀에게서 나셨다. 그러나 떡은 밀가루로 만든 것이다. 그러므로 그것은 진정 그리스도의 몸이 아니다.

4. 그리스도께서는 눈에 보이는 떡을 떼시면서 그것에 대해서 "이것은 내 몸이니"라고 말씀하셨고, 눈에 보이는 잔을 제자들에게 주시면서 그것에 대해서 "이 잔은 내 피로 세우는 새 언약이니"라고 말씀하셨다. 그런데 교황주의자들은 그리스도의 말씀을 "내 몸이 떡과 포도주의 형체 아래에 담겨 있다"라고 바꾸며, 또한 그리스도의 몸의 편재를 주장하는 자들도 "내 몸이 이 떡 속에, 이 떡과 함께, 이 떡 아래에 있다"고 말하고, 이 둘이 똑같이 "이 형체 아래에, 혹은 이 떡 아래에 담겨 있는 눈에 보이지 않는 내 몸이 내 몸이다"라고 말하는데, 이는 말씀을 문자 그대로 취하는 것이 아니다. 이 두 부류의 사람들은 모두 그리스도의 말씀 그 자체에서 벗어나 자기들 자신이 꾸며낸 해석을 견지할 뿐 아니라 그들이 제시하는 처음 해석부터가 그리스도의 말씀을 사악하게 왜곡시키는 것이다. 그리스도께서 마치 "내 몸이 이 아래에 있다"고 말씀하신 것처럼 만들며, 후자의 경우는 그리스도께서 마치 "내 몸이 내 몸이다"라는 식으로 우스꽝스럽게 말을 반복하신 것처럼 만들기 때문이다.

5. 우리가 성찬에서 먹는 그리스도의 몸이 죽음에 넘겨지셨고 또한 우리를 위하여 십자가에 달리셨다. 그러나 떡에 대해서는 이렇게 말할 수 없다. 그러므로 떡은 직설적인 의미에서도, 실질적으로도 그리스도의 몸이 아니다.

6. 떡이 그리스도의 몸인 것과 동일한 방식으로 잔은 새 언약이다. 그러나 이미 살펴본 대로, 또한 다음의 논지를 통해 더 증명할 수 있는 대로, 그 잔이 새 언약이라는 것은 성례적인 의미다: 새 언약은 입으로 마시는 것이 아니고 마음으로 믿는 것이다. 그러나 잔은 입으로 마시는 것이다. 그러므로 잔이 직설적인 의미에서 새 언약일 수는 없다. 그러므로 잔이 새 언약이라는 진술은 떡이 그리스도의 몸이라는 진술과 마찬가지로 성례적인 의미인 것이다.

7. 만일 직설적인 의미로 떡이 그리스도의 몸이고 잔이 그리스도의 피라면, 첫

성찬 시에 먼저 피가 그리스도의 몸에서 분리되고 그 다음에 그것이 별도로 우리에게 제시되었어야 옳을 것이다. 그것들이 별도의 표들이기 때문이다. 그러나 첫 성찬 시에 피가 몸 바깥에 있지도 않았고, 우리에게 지금 베풀어지는 그리스도의 몸에 피가 없는 것도 아니다. 첫 성찬 시에 그리스도께서는 아직 죽지 않은 상태이셨고, 지금도 죽은 상태로 계신 것이 아니기 때문이다. 그러므로 떡이 그리스도의 몸이요 잔이 그리스도의 피라는 것은 직설적인 의미가 아니라 성례적인 의미인 것이다.

8. 그리스도께서 친히 먹고 마신 것은 그의 몸과 피가 아니었다. 만일 그랬다면 그는 자기 자신을 먹고 마신 것이 될 것이다. 그러나 그는 떡을 잡수셨고, 잔을 마시셨다: "내가 포도나무에서 난 것을 … 다시 마시지 아니하리라"(막 14:25). 크리소스톰은 이렇게 말한다: "그리스도께서도 포도주를 마셨는데, 이는 제자들이 그의 말씀을 듣고서, '무엇이라고, 그러면 우리가 그의 피를 마시고 그의 살을 먹어야 하고, 그리하여 고난을 당해야 한단 말인가?'라고 반응하지 않도록 하기 위함이었다. 그가 처음 이런 유의 먹고 마시는 일에 대해 언급하셨을 때에 많은 사람들이 그의 말씀으로 거슬림을 받았기 때문이었다. 그러므로 그런 일이 다시 발생하지 않게 하기 위하여 주께서 친히 먼저 잡수시고 마시심으로써 그들이 이 신비로운 성찬에 고요한 마음으로 참여하도록 이끄신 것이다." 그러므로, 떡과 잔이 그리스도의 몸과 피라는 것은 직설적인 의미가 아니라 성례적인 의미인 것이다.

9. 기념이란 육체로 실재하는 존재가 아니라 현장에 없는 존재에 대해 행하는 것이다. 그리스도께서는 그를 기념하게 하기 위하여 이 성례를 제정하셨다. 그러므로, 그는 떡 속에나 성례 속에 육체로 실재하시는 것이 아니다.

10. 그리스도께서는 그의 몸과 더불어 떡 속에나 떡의 형체 아래에 계신 것이 아니다. 만일 그렇다면 성찬을 더 이상 시행할 수가 없을 것이다. 사도는 이 떡을 먹고 이 잔을 마시고 그리하여 주의 죽으심을 그가 오실 때까지 전하라고 명령하기 때문이다. 그러므로 이 성찬 시행은 분명 없어도 괜찮은 것이 아니라, 세상 끝까지 반드시 지속되어야 할 것이다. 그러므로 그리스도께서는 아직 오신 것도 아니요, 그가 떡 속에나 떡의 형체 아래에 계신 것도 아닌 것이다.

11. 마지막으로, 첫 성찬 시에 떡이 그리스도의 몸이었고 제자들이 그리스도의 몸을 먹었던 것처럼, 그와 똑같은 의미로 지금도 떡이 그리스도의 몸이며, 따라서 바로 그와 동일한 의미에서 우리가 그리스도의 몸을 먹는 것이다. 우리가 시행하

는 성찬은 제자들이 시행했던 것과 동일한 것이기 때문이다. 그러나 첫 성찬 때의 떡은 본질적으로 그리스도의 몸이 아니었고, 제자들도 입으로 떡 속에서나 혹은 떡의 형체 아래서 그리스도의 몸을 먹은 것이 아니다. 그리스도께서는 제자들과 함께 눈에 보이는 방식으로 육체로 제자들과 함께 식탁에 앉아 계셨고, 성찬이 진행되는 동안 그에게 아무런 변화도 일어나지 않았기 때문이다. 그러므로 우리가 성찬에서 먹는 떡은 본질상 그리스도의 몸이 아니며, 또한 우리의 입으로 떡 속에서나 떡의 형체 아래서 그리스도의 몸을 먹는 것이 아닌 것이다.

2. 성례의 본질에 근거한 논지들

1. "떡이 그리스도의 몸이다"라는 성경의 어법 자체가 우리가 제시한 견해를 지지하는 강력한 논지를 제공한다. 그러나 떡의 본질 자체는 그리스도의 몸이 아니다. (화체설과 공재설이 창안된 것이 바로 이것 때문이다.) 그러므로 본문의 언어는 비유적이며 성례적이며, 이는 성찬 제정에 관하여 논할 때에 설명했듯이 성례들 전반에 공통적인 현상이다.

2. 모든 성례에 있어서 표가 나타내는 것의 명칭이나 속성들이 표에게로 돌려지는 경우에는 표가 나타내는 것들이 표 속에 물질적으로 임재하는 것을 나타내는 것이 아니라, 표와 그 나타내는 것들 사이에 연관성이 있다는 것과, 표로써 그 나타내는 것들을 인친다는 것과, 표를 정당하게 사용할 때에 그 표와 그것이 나타내는 것이 서로 연합한다는 것을 나타내는 것이다. 성찬의 경우 그리스도께서는 표가 나타내는 것들의 명칭들(그의 몸과 피)을 표(떡과 포도주)에게로 돌리시면서, "이것은 내 몸이니", "이것은 내 피니"라고 말씀하신다. 그러므로 우리로서는 이 말씀이 육체적인 임재를 표현하는 것으로 이해해서는 안 되는 것이다.

3. 모든 성례들의 본질을 볼 때에, 표는 물질적인 의미로 이해하고, 그 표가 나타내는 것들은 영적인 의미로 이해해야 한다. 그러므로 눈에 보이는 것은 성례가 나타내는 것들이 아니고 다만 그것들의 표요 보증물일 뿐이다. 그러므로, 성찬도 성례이기 때문에 표와 그것이 나타내는 것들을 성례의 일반적인 본질과 일치하는 의미로 취하여야 하는 것이다.

4. 성례적인 문구들은 반드시 성례적인 의미로 이해해야 한다. "이것은 내 몸이니", "이것은 내 피니"라는 성찬의 말씀들은 성례적인 문구들이다. 표가 나타내는 것들의 명칭들을 이 성례에서 사용되는 표에게로 돌리기 때문이다. 그러므로 그

것들은 성례적인 의미로 이해해야 한다.

반론. 그러나 성찬의 말씀에는 비유적인 어법이 사용되지 않는다. 그러므로 그것들은 성례적인 의미로가 아니라 문자적인 의미로 해석해야 한다.

답변. 주 전제를 인정할 수 없다. 그리스도께서 친히 "이것을 행하라," 즉 나를 기념하여 이 떡을 먹고 이 잔을 마시며, 그리하여 내 몸이 죽음에 넘겨지고 내 피가 너희를 위하여 흘려지고 영생의 양식과 음료로 너희에게 베풀어진다는 것을 "기념하라"고 말씀하셔서 거기에 성례적인 문구를 덧붙이시기 때문이다. "이 잔은 내 피로 세우는 새 언약이니"라는 그리스도의 선언도 마찬가지다. 곧, 그 잔은 새 언약의 인(印)이요 혹은 내 피로써 성취되는 은혜의 약속의 인(印)이라는 뜻이다.

5. 복음이 약속하지 않는 것은 성례도 우리에게 인칠 수가 없다. 성례는 말씀이 약속하는 것과 동일한 것을 선포하고 드러내며 확증하고 인치기 때문이다. 그렇기 때문에 성례를 가리켜 눈에 보이는 약속(visible promises), 눈에 보이는 말씀(visible words)이라 부르는 것이다. 그러나 복음서는 그 어디에서도 물질적으로나 입을 통해서 먹는 것을 약속하지 않는다. 오히려 그리스도께서는 복음서에서 다음 두 가지 논지들로써 그런 것을 정죄하고 배격하신다: 1. 그의 몸이 얼마 후 하늘로 올려지사 그의 말씀을 듣는 유대인들에게서 멀리 사라지실 것이기 때문에. 2. 그렇게 입으로 그리스도의 살을 먹는다 해도 아무런 유익이 없을 것이기 때문에. 여기서 언급되는 그 경우에도 그리스도께서는 그의 살을 입으로 씹어 삼키는 것을 뜻하지 않으시는 것만이 아니라, 그 어떠한 식으로도 입으로 그의 살을 먹는 것을 뜻하는 것이 아님을 적극적인 방식으로 강조하시는 것이다. 그러므로 성찬에서는 입으로 살을 씹어 먹는 것이 결코 없다. 오히려 그것은 복음을 거스르는 것이다.

6. 그리스도께서 떡 속에 육체적으로 임재하신다는 것과 떡 아래에서 그리스도의 살을 먹는다는 식의 꾸며낸 논리는 성례의 공식적인 성격에도 전혀 맞지 않으며, 따라서 배격해야 마땅한 것이다. 이것이 참이라는 것은, 성례는 표와 그것이 나타내는 것으로 이루어지는데 그런 논리대로 하자면 그것은 표도 아니고 그 표가 나타내는 그것도 아니라는 사실에서 분명히 드러난다. 그것은 표도 아니다. 왜냐하면 그것은 시각(視覺)을 자극하지도 않을 뿐더러 그 속에 뭔가를 나타내는 것이 하나도 없기 때문이다. 그렇다고 해서 그것이 표가 나타내는 그것이라고 말할

수도 없다. 왜냐하면 성경은 한 번도 본질에 변화가 생긴다는 것에 대해서나 그리스도의 살이 우리의 몸과 진정 뒤섞이는 것에 대해서나 말씀하지 않으며, 유티케스주의자들(Eutychians)과 슈벵크펠트주의자들(Swenckfieldians)의 궤변들을 받아들이지 않는 한 그런 것이 전혀 있을 수 없기 때문이다. 성례들은 오직 복음의 약속에 포함되어 있는 축복들만을 우리에게 선포하며 인치기 때문이다. 또한 그것은 표가 나타내는 그것도 아니다. 왜냐하면 그것은 믿음이 없이도 생겨나는 것이요 경건한 자들과 불경건한 자들 모두에게 공통인데, 성례가 나타내는 것들은 오직 믿음으로만 받는 것이요 경건한 자들 외에는 아무도 받지 못하는 것이기 때문이다. 더 나아가서, 만일 그것이 표가 나타내는 그것이었다면, 그것이 없이는 아무도 구원받지 못했을 것이고 또한 구원받지 못할 것이다. 왜냐하면 모든 성례들은 동일한 것들을 나타내며 그것들이 또한 구원받는 모든 사람들에게 베풀어지기 때문이다. 그것들은 복음의 약속 가운데 포함되어 있는 바 메시야의 은덕들이기 때문이다. 이 은덕들은 모두에게 동일하며, 누구도 그것들이 없이는 구원받지 못한다. 그러므로 본질적인 임재와, 성례 시에 베풀어지는 떡의 형체 속에서나 그 아래에서 그리스도의 몸을 입으로 씹어 먹는다는 식의 논지가 성립할 여지가 전혀 없는 것이다. 그러므로 그것은 사실상 공허한 이름과 세상의 우상 이외에 아무것도 아닌 것이다.

반론. 입으로 씹어 먹는 것은 영적인 것의 표이며, 또한 우리의 믿음의 큰 확증이다. 그러므로 그리스도의 몸도 성례이며, 그 나타내는 것은 눈에 보이지 않는 은혜다.

답변. 전제가 참이 아니다. 그리스도의 살이 떡 아래서 눈에 보이지 않으므로, 그것은 눈에 보이지 않는 다른 것을 나타내거나 우리의 믿음을 확증해 줄 수가 없기 때문이다. 성례는, 혹은 표는 반드시 눈에 보여야만 한다. 그러므로 외형적인 표를 통해서 이루어지지 않는 것은, 에라스무스의 말처럼, 성례라 부를 자격이 없는 것이다. 성례가 제정된 것은 바로, 말하자면 말씀이 약속하는 바와 성령께서 우리 마음속에서 역사하시는 바를 우리의 외적인 감각에 효과적으로 드러내 보여서 그것들이 은혜의 약속에 대하여 눈에 보이는 증언과 보증이 되도록 하고자 함이기 때문이다. 그렇기 때문에 아우구스티누스는 "성례란 눈에 보이는 말씀이다"라고 말하며, 또한 "성례는 눈에 보이지 않는 은혜의 눈에 보이는 형체 혹은 표다"라고 하며, 또다시 "표란 우리의 감각에 제시하는 형체와는 다른 것으로서 우리의 생각 속에 뭔가 다른 것을 산출해 내는 것이다"라고 말하며, 또한 "신적인 것에 대한 표는 과연 눈에 보인다. 그러나 그 나타내는 그것들 자체는 눈에 보이지 않는다"라고도 한다.

프로스페르(Prosper)의 정의도 마찬가지다: "교회의 제사는 두 가지로 되어 있으니, 하나는 눈에 보이는 표의 형체요, 또 하나는 우리 주 예수 그리스도의 눈에 보이지 않는 살과 피다. 곧 표와 그 표가 나타내는 것이니, 이것이 그리스도의 몸이다." 그러므로 눈에 보이지 않는 것이나 행위는 성례의 본질이나 혹은 성례가 나타내는 그것을 보게 해 줄 수가 없는 것이다. 그러므로 그리스도의 살이 떡 속에, 떡과 함께, 떡 아래에 있는 하나의 성례라고 주장하는 자들 스스로가 교회의 전반적인 목소리를 거스르기를 원치 않는다면, 성찬에서 이 눈에 보이는 먹는 행위를 우리에게 보여주어야만 하는 것이다. 또한, 표와 그것이 나타내는 그것 사이에는 반드시 유사성이 있어야 한다. 아우구스티누스에 따르면, 성례가 그것이 나타내는 그것들과 뭔가 일치하는 점이 없으면 그것은 성례가 아니기 때문이다. 그런데 만일 그리스도의 살도 성례라면, 그리고 그 나타내는 것이 눈에 보이지 않는 은혜라면, 이 두 성례 사이에 대체 무슨 유사성과 일치점이 있을 수 있단 말인가? 하나도 있을 수 없는 것이 분명하다. 그러므로 그리스도의 살은 성례라 부를 수 없다. 왜냐하면 성례를 통해서 나타내는 그것이나 떡을 통해서 나타내는 바 구원이나 모두 표를 통해서 나타내지는 것이기 때문이다. 그러므로 입을 통해서 이루어지는 성례의 먹는 행위 그 자체만을 생각하면, 그것은 물리적인 의미로 그리스도의 몸을 먹는다는 의미가 아닌 것이다. 이 먹는 행위는 그것을 통해서 외형적인 표가 드러나고 그 본질을 받는 것 이상 아무것도 아니기 때문이다.

아우구스티누스는 어떻게 해서 떡이 그리스도의 몸이며 포도주가 그의 피인지를 다루면서 다음과 같이 말한다: "형제들이여, 이것들을 성례라 부르는데, 이는 한 가지는 그 속에서 눈에 보이며, 또 한 가지는 이해되기 때문이다. 눈에 보이는 것은 물질적인 형체가 있고, 이해되는 것은 영적인 유익이 있는 것이다."

7. 말씀이 약속하며 성례가 인치는 그 하나 된 교제는 물질적인 것이 아니라 영적인 것이다. 그러나 성찬 안에 있는 그리스도의 교제는 말씀에 약속된 것과, 또한 다른 성례들 속에 인쳐진 것과 동일하다. 그러므로 성찬에 있는 그리스도의 교제는 물질적인 것이 아니라 영적인 것이다. 첫 번째 명제는 분명하다. 왜냐하면 복음이 가르치는 교제는 믿음으로 이루어지는 영적인 교제 이외에 다른 것이 아니

기 때문이다. 두 번째 명제 역시 분명하다. 왜냐하면 복음의 약속들은 성례가 보여주고 약속하는 바로 그 동일한 축복들을 우리에게 제시하기 때문이다. 성례는 말씀이 약속하는 것과 동일한 것을 눈에 보이는 표로써 약속하며, 그 동일한 은혜의 약속을 인치므로, 눈에 보이는 말씀이기 때문이다.

8. 구약과 신약의 모든 성례들은 동일한 것, 즉 그리스도와의 동일한 교제를 나타낸다. 그런데 다른 모든 성례들이 나타내는 것은 전적으로 영적이다. 그러므로 성찬의 경우에도 영적인 것이어야 마땅하다. 소 전제가 참되다는 것은 모두가 인정한다. 그리고 주 전제는 사도 바울의 다음과 같은 말씀으로 확증된다: "우리가 … 다 한 성령으로 세례를 받아 한 몸이 되었고"(고전 12:13), "우리 조상들이 … 모세에게 속하여 다 구름과 바다에서 세례를 받고 모두가 같은 신령한 음식을 먹으며 모두가 같은 신령한 음료를 뒤따르는 신령한 반석으로부터 마셨으니"(고전 10:2-4).

반론. 그러나 모든 성례가 다 동일한 것을 나타내는 것이 아니다. 세례는 그리스도의 피로 씻음받는 것을 나타내며, 성찬은 그리스도의 몸과 피를 나타내기 때문이다.

답변. 그 나타내는 것이 서로 다르지 않다. 왜냐하면 이미 지적한 바와 같이, 그리스도의 피와 함께 씻음받는 것과 그의 피를 마시는 것이 같은 것이기 때문이다. 표로써 나타내는 그것이 ― 이것은 오직 하나인데 ― 표현되는 방식은 물론 다르다. 표가 달라서 그 나타내는 것과 동일한 유사성이 성립되지 않기 때문이다. 그러므로, 세례에서 나타내고 약속하는 것과 또한 할례와 유월절에서 나타내고 약속하는 것이 물질적이 아니고 영적이듯이, 성찬의 경우도 마찬가지인 것이다.

3. 믿음의 조목들과의 유사성 혹은 일치점에 근거한 논지들

1. **그리스도의 인성(人性)의 진리와 관계되는 조목**에서 우리가 제시한 견해를 뒷받침하는 강력한 논지들을 이끌어낼 수 있다. "말씀"이 모든 점에서 우리의 본성과 같은 본성을 취하시되, 죄는 없었다. 그 "말씀"은 우리의 위로와 구원을 위하여 영원토록 그것을 보유하실 것이다. 그러나 인성은 무한한 것이 아니며, 여러 곳에 동시에 있을 수도 없고 눈에 보이면서도 동시에 눈에 보이지 않을 수도 없다. 본질적으로 여러 곳에, 아니 모든 곳에 동시에 있는 것은 오직 신성(神性)에만 고유한 것이다. "여호와가 말하노라 나는 천지에 충만하지 아니하냐?"(렘 23:24). 하나님

께서는 이 속성으로 모든 피조물들과 구별되신다. 신격 자체가 동시에 눈에 보이고 또한 눈에 보이지 않으며, 유한하면서 동시에 무한할 수는 없다. 그러나 신격은 언제나 본질상 눈에 보이지 않으며, 파악이 불가능하고, 무한하다. 그렇지 않으면 불변할 수가 없을 것이다. 그러므로 우리는 그리스도께서 "이것은 내 몸이니"라고 말씀하실 때에 그의 몸이 식탁에 눈에 보이도록 앉아 계시면서 동시에 떡 속에 눈에 보이지 않는 방식으로 임재해 계셨다거나, 혹은 지금도 그의 몸이 눈에 보이는 방식으로 하늘에 계시면서 동시에 눈에 보이지 않는 방식으로 떡 속에 들어 있다는 식으로 생각해서는 안 되는 것이다.

2. **그리스도의 승천의 조목**에서. 그리스도께서는 진정으로 승천하셨다. 이는 곧 그가 그의 몸과 더불어 눈에 보이는 방식으로 국지적으로 하늘로 올라가셨으므로 그의 몸이 땅에 머무르지 않았고, 지금도 땅에 머무르지 않고 하늘에 계시며, 거기로부터 그가 세상을 심판하러 다시 오실 것이라는 뜻이다. 아니면 논지를 다음과 같이 진술할 수도 있을 것이다: "그리스도의 몸은 진정한 몸이기 때문에 유한하다. 그런데 그 몸은 지금 하늘에 있다. 그러므로 떡 속에 있는 것이 아니다." 주 전제는 그리스도의 승천의 조목에 근거하여 확실하게 입증이 된다. "그들이 보는데 올려져 가시니 구름이 그를 가리어 보이지 않게 하더라"(행 1:9), "위의 것을 찾으라 거기는 그리스도께서 하나님 우편에 앉아 계시느니라"(골 3:1).

또한, 우리의 반대자들의 주장처럼 만일 그리스도의 진정한 몸이 무한하다면, 그것은 눈에 보이지도 않고 감각으로 느낄 수도 없다. 그러므로 눈에 보이고 고난당하고 땅에서 옮겨진 몸은 그리스도의 참된 몸이 아니라 그저 몸처럼 보이는 것뿐이었던 것이 되며, 따라서 우리의 믿음의 조목들이 그리스도에 대해 논의하는 모든 내용들이 참으로는 행해질 수 없는 것들이었고 다만 겉으로 보기에만 그렇게 행해진 것이 되며, 따라서 이것이 사실이라면 우리는 아직도 여전히 사망의 권세 아래 있는 것이 되는 것이다.

그러나 여기서 두 가지를 주목해야 한다: 1. 어떤 이들이 우리에 대해 비방하여 말하기를, 그리스도의 승천의 조목에 근거한 이 논지가 그의 몸을 성찬에서 제거해 버린다고 하지만, 사실상 그렇지 않고, 다만 그의 몸을 떡에서 제거하는 것뿐이라는 것이다. 하늘과 땅이 서로 거리가 멀기 때문에, 그리스도의 몸이 하늘에도 존재하고 동시에 떡 속에도 존재한다는 것이 불가능할 수밖에 없지만, 그럼에도 불구하고 그가 성찬에 임재하셔서 우리가 믿음으로 영적으로 먹도록 되는 일이 방해를 받는 것은 아니다. 떡과 포도주와 결부되는 약속을 믿는 우리의 믿음이 그리스도의 몸과 피와 또한 그의 모든 은덕을 성찬에 지극히 참으로 임재하는 것으로 바라보고 포용하는 것이다. 2. 이 두 가지 믿음의 조목에 근거하여 제시된 논지가 그리스도께서 떡 속에 육체로 임재하신다는 허구를 무너뜨린다. 만일 그리스도의 인성이 어디에나 계시거나 혹은 동시에 여러 곳에 계실 수 있다면, 그가 승천하셨더라도 그는 동시에 하늘에도 계시고 떡 속에도 계실 수 있을 것이다. 그러나 그리스도의 인성은 유한하여 여러 곳에나 모든 곳에 동시에 계실 수 없으므로, 우리가 그리스도의 승천에서 연역해낸 그 논지를 부정할 방법이 없게 되는 것이다. 그리스도의 인성의 속성에서 자연스럽게 도출되는 결과에 근거하여 우리는 첫 성찬 시행에 관하여 다음과 같이 진술할 수 있을 것이기 때문이다: "그리스도의 몸이 식탁에 앉아 있었다. 그러므로 그의 몸은 떡 속에 있는 것도, 제자들의 입 속에 있는 것도 아니었다." 이런 결론이 정당하고 부정할 방법이 없는 것이듯이, 그리스도의 승천의 진리에서 연역해낸 다음과 같은 논지도 지극히 타당한 것이다: "그리스도의 몸은 하늘에 있다. 그러므로 그의 몸은 떡 속에 있는 것도, 땅의 다른 어느 곳에 있는 것도 아니다."

반론. 그리스도께서 육체로 떡 속에 임재하신다는 것이 우리의 신앙의 이 조목들과 모순된다고 결정하는 것은 그저 인간의 이성일 뿐이다. 그러므로 실제로 그것이 그 조목들과 모순되지 않을 수도 있다.

답변. 전제를 인정할 수 없다. 기독교 신앙과 하나님의 말씀은 이성과 관련하여, 그리스도의 몸은 인간적이며 유한하여 모든 곳에나 여러 곳에 동시에 존재할 수 없으며, 또한 승천 이후 그 몸은 땅이 아니라 하늘에 있고 그리스도께서 산 자와 죽은 자를 심판하러 다시 오시기까지 거기에 있을 것이라는 것을 가르치기 때문이다. 그러므로 그리스도의 몸이 동시에 하늘에도 있고 떡 속에도 임재해야 한다는 논리는 인간의 이성에는 물론 하나님의 말씀에도 거스르는 것이다. 인간의 이성이 하나님의 말씀에 분명히 대적할 때에는, 신적인 일들을 가늠하는 데 있어서 인간의 이성의 논지에 귀를 기울이지 말고 오직 하나님의 뜻의 계시를 담은 성경에 항상 굴복해야 한다. 이것은 논란의 여지가 없는 진리. 그러나 그렇다고 해서 심지어 신적인 일들과 관련해서조차도, 마치 하나님의 말씀이 건전한 이성과 반대되는 것을 가르치기라도 하는 것처럼, 인간의 이성을 무조건 무차별적으로 거부해서는 안 된다. 이성을 올바로 사용하여 진리를 거짓으로부터 분별할 수 있어야 하는 것이다. 하나님께서는 우리에게 이성을 부여하셔서 서로 모순이 되는 견해들에 대해서 오성의 빛에 비추어 판단할 수 있게 하셨으며, 하나님의 말씀과 일치하는 것이 무엇인지, 또한 그것을 대적하는 것이 무엇인지를 뚜렷하게 알 수 있게 하셨고, 그리하여 전자를 포용하고 후자를 배척할 수 있게 하신 것이다. 만일 그렇지 않다면, 이것처럼 어리석고 불경스러운 독단도 없을 것이고, 저 끔찍하고 괴상스러운 더러운 이단 사설에도 성경으로 반박할 수 있는 것이 하나도 없을 것이다. 모든 이단들과 사기꾼들은 언제나 자기들의 견해들은 하나님의 말씀과 반대되는 것이 아니고 다만 인간의 이성의 판단에 의지할 때에 그것과 모순처럼 보일 뿐이라고 떠벌리기 때문이다.

이런 반박에 대해서 그들은 다음과 같이 **반론**한다: 성경은 그리스도의 몸이 물 위를 걷거나, 변형되거나, 하늘로 올라가거나, 돌과 닫힌 문을 통과하거나, 신격에 위격적으로 연합하거나, 죄를 위하여 제물이 되는 등, 우리의 몸이 소유하지 못하는 자연을 뛰어넘는 속성들과 특권들을 지니고 있음을 가르친다. 그러므로 그 몸이 동시에 하늘에도 있고 떡 속에도 있다거나 그 몸이 편재성 그 자체를 소유하고 있다는 말이 어리석은 것이 아니다.

답변. 전제에는 참이 거짓과 뒤섞여 있다. 성경은 어디에서도 그리스도의 몸이 돌과 닫힌 문을 통과했다는 것을 말씀하지 않는다. 그러므로 우리는 그것을 인정할 수 없다. 거기에 열거된 다른 것들은, 물론 성경에서 언급하기는 하지만 진정 인간적인 본성과 관련해서도 얼마든지 찾아볼 수 있는 것들이다. 베드로도 물 위를 걸었고, 우리도 변화되어 하늘에 올라갈 것이다. 그러나 그리스도의 몸의 편재성, 즉 그의 몸이 동시에 여러 곳에 임재한다는 것은 성경에서는 결코 가르치지 않는다. 왜냐하면 어느 곳에서 임재하는 일은, 혹은 동시에 여러 다른 곳에 임재하는 일은 오직 홀로 무한하신 신격에만 고유한 일이다. 그러나 모든 피조물은 다 유한하며, 그 자체의 유한성으로 창조주와 구별되는 것이다. 그런데 그 유한한 것은 동시에 한 장소 이상의 곳에는 있을 수가 없다.

그러므로 성경과 또한 옛 교회의 가장 저명한 교사들은 여러 곳에 임재하는 이것이야말로 참된 신성을 뒷받침하는 가장 강력한 논지로 가르치는 것이다. 그리스도께서도 친히 자신을 가리켜 "하늘에 있는 인자"(요 3:13. 참조. 한글 개역개정판 난외주: 역자주)라고 말씀한다. 디디무스(Didymus)는 다음과 같이 말하고 있다: "만일 피조물이었다면, 성령조차도 최소한 모든 피조물들의 경우처럼 제한성을 띤 본질을 지니셨을 것이다. 눈에 보이지 않는 존재들은 장소에 제한을 받지 않지만, 그럼에도 불구하고 그 본질의 속성이 유한하다. 그러나 성령께서 여러 곳에 거하시는 것을 보면, 그는 그런 제한된 본질을 지니신 것이 아니다." 테르툴리아누스(Tertullian)는 다음과 같이 말한다: "만일 그리스도께서 사람 이상 아무것도 아니시라면, 과연 어떻게 부르심을 받는 곳마다 다 계실 수가 있겠는가? 어디에나 있는 것은 사람의 본성이 아니라 하나님의 본성에 속하는 것이니 말이다." 그러므로, 우리의 반대자들은 이런 특권들이 그리스도께서 여러 곳에, 모든 곳에 계시는 원인인 것처럼 상상하나, 아무것도 아닌 것을 원인으로 보는 잘못을 범하는 것이며, 혹은 최소한 비슷하지 않은 것들에 근거하여 주장하는 것이다. 이런 것들의 원인과 편재성의 원인은 서로 전혀 다르기 때문이다.

3. **성도의 교제의 조목**에서. 성도와 그리스도의 교제는 언제나 그랬던 것처럼, 혹은 언제나 그럴 것처럼, 지금도 동일하다. 성례에 참여하는 자들에게나 필연적으로 성례에 참여하지 못하는 자들에게나 마찬가지로 그러하다. 우리 모두가 그 안에서 한 몸이므로, 성도와 그리스도의 교제는 오직 하나뿐이기 때문이다. 그런데 성도와 그리스도의 교제는 언제나 영적인 성격을 지녔다. 이에 대해 사도는 다음과 같이 가르친다: "주와 합하는 자는 한 영이니라"(고전 6:17), "그가 성령을 우리에게 주시므로 우리가 그 안에 거하고 그가 우리 안에 거하는 줄을 아느니라"(요일 4:13), "나는 포도나무요 너희는 가지라"(요 15:5), "그는 머리니"(엡 4:15), "너희는 그리스도의 몸이요 지체의 각 부분이라"(고전 12:27). 혹은, 다음과 같이 논지를 제시할 수도 있을 것이다. 구약의 성도든 신약의 성도든, 성찬에 참여할 기회가 있는 자들이나 그런 기회가 없는 자들이나 상관없이 모든 성도들이 그리스도와 동일한 교제를 갖고 있다(고전 10장; 엡 4장, 롬 8장). 제자들이 첫 성찬을 나눌 때에 행한 것과 다른 방식으로는 그리스도의 몸을 먹을 수가 없다. 그들은 영적으로 그의 몸을 먹었다. 그러므로 우리 역시 그와 유사한 방식으로 그의 몸을 먹는 것이다.

또한 이 동일한 조목에서 다음과 같은 논지를 제시할 수도 있다: 그리스도를 먹는 것은 그가 우리 속에 거하시는 것과 같다. 그러나 그가 우리 속에 거하시는 것은 영적인 성격을 띤다. 그러므로 그리스도를 먹는 것도 영적인 성격을 지닌다. 주 전제는 우리가 그리스도를 먹는다는 사실과, 그가 우리 속에 거하고, 우리가 그의 속에 거하나 우리가 그를 먹는 즉시 그가 우리에게서 떠나가시는 것이 아니라는 사실에서 분명히 드러난다. "내 살을 먹고 내 피를 마시는 자는 내 안에 거하고 나도 그의 안에 거하나니"(요 6:56). 소 전제는, 그리스도께서 우리 안에 거하시는 것이 아버지께서 우리 안에 거하시는 것과 동일하다는 사실에서 입증된다. "사람이 나를 사랑하면 내 말을 지키리니 내 아버지께서 그를 사랑하실 것이요 우리가 그에게 가서 거처를 그와 함께 하리라"(요 14:23). 그런데 아버지께서는 어떻게 우리 속에 거하시는가? 분명 성령으로 말미암아 거하시는 것이다. 그러므로 그리스도께서도 동일한 방식으로 우리와 함께 거하시고 우리 속에 거하시는 것이다. 여기서 다음의 성경 본문들이 적절한 가르침을 준다: "그의 성령을 우리에게 주시므로 우리가 그 안에 거하고 그가 우리 안에 거하시는 줄을 아느니라"(요일 4:13), "믿음으로 말미암아 그리스도께서 너희 마음에 계시게 하시옵고"(엡 3:17), "나는 포도나무요 너희는 가지라 그가 내 안에, 내가 그 안에 거하면"(요 15:5).

4. **죄 사함의 조목**에서. 만일 그리스도께서 육체적인 방식으로 떡 속에 계셔서 목사의 손으로 나누어지신다면, 떡이 그대로 있든 있지 않든 간에 목사가 그리스도의 몸을 손에 들고 있고 또한 그 몸이 떡 속에 있으니 죄 사함을 하나님의 손으로부터 구해야 마땅할 것이다. 우리가 성찬을 행할 때마다 특별히 그리스도로 말미암는 죄 사함을 구하여야 할 것이니 말이다. 그러므로 이를 위해 함께 모이는 자들은 다음과 같이 기도해야 마땅할 것이다: "오 하늘에 계신 아버지여, 간구하오니, 지금 목사가 들고 있는 이 떡 속에 계시고 내가 입으로 먹고 있는 이 당신의 아들을 보시고 내게 은혜를 베푸소서." 그러나 교황주의자들의 미사에서 시행되고 있는 끔찍한 우상숭배가 바로 이런 것이다. 이것은 하나님 보시기에 가증스러운 것으로 우리로서는 그 죄를 범하기보다는 차라리 천 번이라도 죽는 편이 나을 것이다. 그러나 복음은 떡 속에 계시고 목사의 손에 들려져서 우리가 입으로 먹는 그리스도가 아니라, 우리를 위하여 고난당하시고 죽으셨고 지금은 하늘에서 하나님 우편에 앉으사 우리를 위하여 간구하시는 그리스도로 말미암아 죄 사함을 하나님께 구해야 할 것을 가르친다. 그러므로 우리는 다음과 같이 주장하고자 한다: 미사의 끔찍한 우상숭배를 세워주는 논지는 배격해야 한다. 그리스도께서 육체적으로 임재하시며 또한 그가 떡 속에 계셔서 우리가 그를 입으로 먹는다는 논지는 미사의 우상숭배를 세워주는 것이다. 그러므로 그것은 배격해야 마땅하다.

5. 여기에다 **그리스도의 희생 제사와 그에게 드리는 예배의 조목**에 근거한 논지를 덧붙일 수 있을 것이다. 눈에 보이는 방식이든 눈에 보이지 않는 방식이든 간에

그리스도께서 육체로 임재하신다는 것이 분명할 경우에는 언제든지 어디서든지 우리는 생각과 감정을 그 장소에 모아서 그를 예배하여야 한다. 그러나 성찬에서는 그리스도를 그렇게 예배하는 것이 아니다. 우리의 생각과 감정을 떡에게나, 떡이 있는 그 장소에다 집중시키는 것이 아니기 때문이다. 그러므로, 그는 떡 속에나 떡이 있는 장소에 육체적으로 임재하시는 것이 아니다. 여기서 주 전제는 너무도 분명하여 증명 자체가 필요 없다. 소 전제는 다음과 같은 사실에서 분명히 드러난다. 곧, 그리스도께서 하늘로 승천하셨으므로, 하나님께서 분명히 명령하시거나 그런 예배에 대해 어떤 약속을 주신 경우가 아닌 이상, 그에게 드리는 예배를 어느 특정한 장소나 물건에 연관짓는 것은 분명한 우상숭배의 죄를 범하는 것이라는 것이다. 그리스도께서는 분명히 가르치시기를, 이제는 우리의 예배를 지상의 어느 특정한 장소나 물건에 국한시켜서는 안 된다고 하셨기 때문이다. "이 산에서도 말고 예루살렘에서도 말고 너희가 아버지께 예배할 때가 이르리라. 너희는 알지 못하는 것을 예배하고 우리는 아는 것을 예배하노니 이는 구원이 유대인에게서 남이라. 아버지께 참되게 예배하는 자들은 영과 진리로 예배할 때가 오나니 곧 이 때라. 아버지께서는 자기에게 이렇게 예배하는 자들을 찾으시느니라. 하나님은 영이시니 예배하는 자가 영과 진리로 예배할지니라"(요 4:21-24). 더 나아가서, 만일 성찬에서 우리의 생각과 마음을 떡에게 집중시킴으로써 그리스도를 예배해야 한다면, 희생 제물을 드리는 제사장들은 죄 사함을 얻고자 그들의 손에 제물 전체를 들고서 그것으로 성자를 성부께 드리는 것이 되었을 것이고, 또한 그리스도의 십자가의 달리심을 반복해야 했을 것이다.

반론. 그러나 그리스도께서는 우리더러 떡으로 그 자신을 드리고 예배하라고 하시지 않고 그를 먹으라고 명령하셨다. 그러므로 교황주의자들이 하듯이 그리스도를 성부 하나님께 드리는 것도, 떡 속에서 그를 예배하는 것도, 그리스도께서 떡 속에 육체로 임재하신다는 논지에서 귀결되는 것이 아니다.

답변. 이렇게 주장하는 자들은 의문을 불러일으킨다. 왜냐하면 성경은 어느 곳에서도 그리스도께서 우리더러 떡 속에서 그를 먹으라고 명령하신 것으로 말씀하지 않기 때문이다. 그리고 그들은 지금 당면한 문제를 바꾸어 놓는다. 그리스도를 예배하는 일에 관하여 성경에 나타나는 명령은 일반적인 성격을 띤다는 것이다: "그는 네 주인이시니 너는 그를 경배할지어다"(시 45:12), "하나님의 모든 천사들은 그에게 경배할지어다"(히 1:6). 만일 그리스도께서 눈에 보이지 않는 방식으로 떡 속에 숨어 계시는 것이 분명한 사실이라면, 달리 특별한 강령이 없다 해도 이러한 일반적인 명령이 있으므로, 우리로서는 눈으로 그가 계신 것을 직접 바라보는 것과 똑같이 반드시 떡 속에 계신 그리스도께 순종하고 그를 높여야 마땅할 것이다. 그리고 여기에는 그 어떠한 예외도 적용되지 않을 것이다. 그리하여 도마는 그리스도께서 서 계신 것을 보고 달리 특별한 명령을 기다리지 않고 곧바로 그곳을 향하여 예배하면서 "나의 주 나의 하나님이시니이다"(요 20:28)라고 외쳤는데, 이는 적절한 행동이었다 할 것이다. 그러므로 성찬에 그리스도께서 육체로 임재하신다는 사고가 지속되는 한, 교황주의자들의 우상숭배가 계속될 것이다. 왜냐하면 교황주의자들 자신도 미사에서 그리스도를 제물로 드리면서도, 우리가 그것을 마치 그 행위를 통해서 그리스도께서 죽으시는 것처럼 이해하기를 원치 않을 것이고, 자기들은 그저 떡 속에 육체적인 방식으로 임재해 계시는 그리스도를 나타내는 것이요, 그로 말미암아 죄 사함을 구하고 또 그것을 얻고자 하는 것뿐이며, 사제들이 그를 손으로 올려서 아버지께 드리는 것이라고 둘러댈 것이기 때문이다.

4. 논란의 여지가 없는 분명한 언어로 동일한 교리를 가르치는 성경의 다른 병행 구절들에 근거한 논지들

1. 모두 동일한 의미를 지녔고 동일하게 해석되는 병행 구절들. 이 모든 구절들은 성례적인 뜻을 함의한 구절들로서, 표를 통해서 나타내는 그것들의 명칭과 적절한 효과들을 표에게로 돌리는 것들이다: "이것[할례]이 나와 너희와 너희 후손 사이에 지킬 내 언약이니라"(창 17:10), "이것[어린 양]이 여호와의 유월절이니라"(출 12:11), "그것[안식일]으로 대대로 영원한 언약을 삼을 것이니"(출 31:16), "[번제물이] 그를 위하여 속죄가 될 것이라"(레 1:4), "증거궤 위에 속죄소를 두고"(출 26:34), "그 반석은 곧 그리스도시라"(고전 10:3), "이 잔은 내 피로 세운 새 언약이니"(고전 11:25), "세례는 죄 씻음이요 중생의 씻음이다"(행 2:38; 딛 3:5). 그러므로 이 모든 구절들에 대한 해석이 서로 비슷하다. 하나님께서 친히 이 가운데 몇몇을 그런 식으로 해석해 주셨다. 위의 구절에서 나타나듯이, 할례를 언약의 증표라 부르시고, 어린 양을 유월절의 표와 기념물이라 부르시고, 안식일을 언약의 표라 부르시는 것 등이 이에 속한다 할 것이다. 그러므로 그 나머지도 동일한 방식으로 해석하여 다음과 같이 보는 것이 정당할 것이다: 레위 지파의 희생 제사는 메시야

가 죄를 위하여 행하신 속죄를 나타내며, 제물의 피는 언약을 확증하는 표이거나 그리스도의 피의 표이며 그것을 통해서 언약이 거룩하게 되는 것이요, 언약궤의 덮개는 속죄소를 나타내며, 그 반석은 그리스도를 나타내며, 떡은 그리스도의 몸의 성례이며, 잔은 새 언약을 인치는 성례이며, 세례는 죄 사함과 중생의 성례다.

2. 그리스도의 피는 잔의 경우와 동일한 의미로 새 언약이다. 그러나 잔은 성례적인 의미에서 새 언약이다. 곧, 잔이 새 언약의 표라는 뜻이다. 그러므로 그리스도의 피 역시 새 언약의 표다. 이 삼단논법의 주 전제가 참이라는 것은, "이 잔은 내 피로 세우는 새 언약이니"라는 누가복음과 바울의 말씀과 또한 "이것은 나의 피 곧 새 언약의 피니라"라는 마태복음과 마가복음의 말씀이 모두 동일한 의미라는 사실에서 분명히 드러난다. 소 전제는 첫 번째 논지로 입증되며, 다른 어떠한 의미로도 이해할 수가 없다. 새 언약은 외형적인 의식도, 물건도 아니고, 복음이 그리스도의 피로 말미암아 약속하는 바 하나님과의 은혜로운 화목이기 때문이다. 그러므로 잔은 그 약속된 그것이거나 그 약속의 인(印)이거나 둘 중의 하나일 수밖에 없다. 그러나 그 약속도 아니요, 약속된 그것도 아니다. 그러므로 잔은 약속의 인(印)이다.

3. 여기서 바울의 말씀을 반복할 수 있을 것이다: "우리가 떼는 떡은 그리스도의 몸에 참여함이 아니냐?"(고전 10:16). 떡이 그리스도의 몸에 참여함이라는 것은 그것이 그리스도의 몸이라는 것과 동일한 의미다. 왜냐하면 바울과 그리스도의 말씀이 동일한 의미이며, 사실 바울이 그리스도의 말씀을 해석하는 것이라 볼 수 있기 때문이다. 그런데 떡이 그리스도의 몸에 참여함이라는 것은 성례적인 의미다. 곧, 떡이 성례요, 혹은 우리가 그리스도의 몸에 영적으로 참여하는 것을 나타내는 표라는 것이다. 떡이 직설적이며 문자적인 의미로 참여하는 것일 수는 없기 때문이다. 그러므로 떡이 그리스도의 몸이라는 것도 성례적인 의미다. 곧, 떡이 그리스도의 몸의 성례요 표라는 것이다. 그리스도의 몸에 참여함, 혹은 그리스도의 몸과의 하나된 교제가 영적이라는 것은 다음의 몇 가지 논지들로 입증된다: 1. 바울은 우리가 여럿이나 한 떡을 먹고 한 몸이 되는 그런 참여함, 혹은 교제에 대해 논하는데, 이것은 본질상 영적인 것이다. 2. 사도가 말씀하는 바 그리스도에 참여함에는 마귀에 참여함이 제외된다. 그리하여 그는 "너희가 주의 잔과 귀신의 잔을 겸하여 마시지 못하고 주의 식탁과 귀신의 식탁에 겸하여 참여하지 못하리라"(고전 10:21)고 말씀한다. 어떤 이들은 그런 것이 부적절하기 때문에 그렇게 말씀

하는 것이라고 보지만, 그런 일 자체가 불가능한 것이다. 이는 "너희가 하나님과 재물을 겸하여 섬기지 못하느니라"(마 6:24)라는 그리스도의 말씀과 같은 것이다. 헬라어 원문을 보면 "못하리라"라는 말이 두 경우 모두 동일하다. 바울은 다음과 같은 말씀에서도 같은 방식으로 추론하는 것이다: "그리스도와 벨리알이 어찌 조화되며 믿는 자와 믿지 않는 자가 어찌 상관하며 하나님의 성전과 우상이 어찌 일치가 되리요?"(고후 6:15, 16). 3. 이처럼 성도가 그리스도와 나누는 하나 된 교제, 혹은 그리스도께서 신자들과 나누시는 교제를 성경은 영적인 것으로 설명하고 있다: "우리의 사귐은 아버지와 그의 아들 예수 그리스도와 더불어 누림이라 … 만일 우리가 하나님과 사귐이 있다 하고 어둠에 행하면 거짓말을 하고 진리를 행하지 아니함이거니와 그가 빛 가운데 계신 것 같이 우리도 빛 가운데 행하면 우리가 서로 사귐이 있고 그 아들 예수의 피가 우리를 모든 죄에서 깨끗하게 하실 것이요"(요일 1:3-7). 성도들이 그리스도와 나누는 이러한 영적인 교제는, 사도신경에 대한 우리의 믿음을 고백하는 그 교제와 동일한 것이다. 4. 마지막으로, 크리소스톰은 바울의 말씀을 영적인 교제를 표현하는 것으로 해석하면서 다음과 같이 진술하고 있다: "사도는 어째서 참여함을 뜻하는 **메토케**라는 단어를 사용하지 않았을까? 그것은 그보다 훨씬 더 탁월한 어떤 것에 주목하게 하기 위함이었으니, 바로 지극히 친밀한 성격을 띤 연합이 그것이었다." 그리고 조금 후에 가서는 다음과 같이 말한다: "어째서 그것을 하나 된 교제라 부르는가? 그것은 우리가 바로 그 동일한 그리스도의 몸이기 때문이다. 떡은 무엇인가? 그것은 그리스도의 몸이다. 그리스도의 몸을 받는 자들은 어떻게 되는가? 여럿이 아니라 한 몸이 된다. 떡이 많은 곡식을 재료로 하여 구워지듯이, 우리도 그리스도와 하나가 되는 것이다"(Hom. 24. in 1 Cor. 10).

4. 요한복음 6장에 기록되어 있는 그리스도의 말씀이 여기에 합당하다: "그러면 너희는 인자가 이전에 있던 곳으로 올라가는 것을 본다면 어떻게 하겠느냐? 살리는 것은 영이니 육은 무익하니라 내가 너희에게 이른 말은 영이요 생명이니라"(62, 63절). 그리스도께서는 이 말씀으로 그의 살을 입으로 먹는 것을 분명하게 배격하시고, 그것을 앞에서 지적한 바 있는 두 가지 논지를 통해서 반박하시며, 동시에 영적인 먹음의 관념을 세우신다. 그러므로, 성경이 그리스도의 몸을 육체적으로 먹는 것을 분명하게 배격하므로, 우리로서는 그것을 상상해서는 안 되는 것이다.

반론. 그러나 요한복음 6장은 전혀 성찬에 관한 것이 아니다. 그러므로 이것이 성찬에 제정된 바 그리스도의 몸을 입으로 씹어 먹는 것에 대해 아무런 반대 증거도 제시해 주지 못한다.

답변. 그러나 이것은 일부를 부정한다고 해서 그것을 전체를 부정하는 것으로 만드는 식의 그릇된 논리다. 물론 요한복음 6장이 성찬 예식을 직접 거론하지 않는다는 것은 우리도 인정한다. 그러나 그렇다고 해서 이 장이 성찬과 전혀 아무런 관련이 없다고 할 수는 없다. 이 장은 "이것은 너희를 위하여 주는 내 몸이니"라는 약속과 관계가 있다. 왜냐하면 이 약속은 요한복음 6장의 그리스도의 강화(講話)에서 비롯된 것으로 떡과 포도주의 표로써 확증되기 때문이다. 그러므로 성찬에서 그리스도의 몸을 먹는 것에 대해서, 우리는 요한복음의 이 강화에서 제시되는 의미 외에, 즉 영적인 의미 외에 다른 식으로는 이해할 수가 없는 것이다. 바로 앞에서 지적했듯이, 이 장이 그리스도의 살을 입으로 먹는다는 사상을 배격하기 때문이다. 이에 대해서 우리의 반대자들은, 이 장은 입으로 먹는 것을 배격하는 것이 아니고, 화체설적인 먹는 행위(a Capernaitical eating)를 배격하는 것이라고 반박하지만, 이에 대해 우리는 그리스도의 살을 입으로 먹는다는 것은 무엇이든 간에 다 화체설적인 것이며 따라서 배격해야 할 것이라고 답변한다. 비단 그리스도의 살을 피가 나도록 찢어서 먹고 이(齒)로 씹는 것만이 아니라, 입으로 먹는 행위는 무엇이든 전부 화체설적인 먹는 행위에 속하기 때문이다. 화체론자들은 "이 사람이 어떻게 그의 살을 우리에게 주어 이로 씹어 먹게 할 수 있는가?"라고 말하지 않고, "이 사람이 어떻게 그의 살을 우리에게 주어 먹게 하는가"라고 말했는데, 이는 입으로 먹는 행위를 상정하는 것이다. 그리스도께서는 그들로 하여금 입으로 먹는 조잡한 행위에서부터 좀 더 세련된 먹는 행위에로 생각을 돌리게 하시는 것이 아니다. 그는 그들로 하여금 얼마 후에 있게 될 그 자신의 승천에게로 시선을 돌리게 하신다. 그가 승천하실 때에는 그의 몸이 그들의 입에서 멀리 떠나게 될 것인데, 이로써 우리는 그가 말씀하시는 것이 바로 성령과 믿음으로 말미암아 이루어질 영적인 먹는 행위임을 짐작할 수 있는 것이다.

5. 요한복음 6: 59, 60에서는 또한 그리스도의 살을 먹고 그의 피를 마시는 것이 곧 그리스도를 믿고 그의 안에 거하며 또한 그가 우리 안에 거하시게 하는 것이라는 것이 분명히 드러난다. 그의 살을 먹는 것과 또한 그를 믿는 것에 대해 영생이라는 동일한 결과가 주어지기 때문이다. 그런데 주의 성찬이 바로 이와 동일한 먹

는 행위를 확증해 준다. 이것이 없이는 복음서 전체에서 나타나며 성찬으로 인쳐지는 다른 약속도 있을 수가 없기 때문이다. 그러므로 성찬에서 그리스도의 몸을 먹고 그의 피를 마신다는 것은 그리스도를 믿는 것이요, 그리스도 안에 거하는 것이요, 그가 우리 속에 거하시게 하는 것이다.

6. 여기서 바울의 말씀을 인용할 수 있을 것이다: "우리가 … 다 한 성령으로 세례를 받아 한 몸이 되었고 또 다 한 성령을 마시게 하셨느니라"(고전 12:13). 이 본문으로부터 우리는 다음 두 가지 논지를 연역해 낼 수 있다: 1. 성찬에서 그리스도를 먹는 것은 마시는 것과 동일하다. 그런데 마시는 것은 영적인 성격을 띤다. 그러므로 먹는 것도 영적인 성격을 띤다. 2. 그리스도의 몸을 먹고 그의 피를 마시는 것은 구약의 교부들까지도 포함한 모든 신자들이 공통적으로 누리는 것이다. "우리가 다 한 성령을 마시게 하셨느니라"고 말씀하기 때문이다. 그러나 입으로 하는 먹는 행위는 모든 신자들이 다 공통으로 누리는 것이 아니다. 그리스도의 탄생 이전에 살았던 교부들은 이런 식으로 그의 살을 먹을 수가 없었고, 유아들과 또한 성찬을 시행할 기회를 갖지 못한 많은 성인들의 경우도 마찬가지이기 때문이다. 그러므로 우리의 반대자들이 주장하는 바 그리스도의 살을 입으로 먹는다는 것은, 복음이 약속하고 성찬이 인치는 진정한 먹는 행위가 아닌 것이다.

우리가 제시한 견해를 뒷받침하는 교부들의 증언

성경과 또한 우리의 믿음의 기초에 근거하여 이끌어 낼 수 있는 논지들을 제시했으니, 이제는 초기의 더 순결한 교회에 속한 교부들의 증언을 제시하기로 하자. 그 증언들을 통하여 우리는 그들이 성찬에 관하여 우리와 정확히 일치하는 교리를 가르친다는 것을 볼 수 있을 것이다. 그들의 저작에서 무수한 인용문들을 제시할 수 있으나, 그 중에서 이 주제와 관련되는 보다 명확한 몇 가지 부분들만을 인용하고자 한다.

이레나이우스: 땅에 속한 떡이 하나님의 말씀의 부름을 받으면 더 이상 보통의 떡이 아니고, 성찬의 떡이 되는데, 그것은 지상적인 것과 천상적인 것 두 가지로 되어 있다.(Lib. 4. c. 34)

테르툴리아누스: 그리스도께서는 자신이 취하셔서 제자들에게 나누어주신 떡을 그 자신의 몸으로 삼으시고, '이것이 내 몸이니' 라고 말씀하시는데, 곧 이것이 내

몸의 형상(figure)이라는 것이다. (Lib.4.contra Marcion)

알렉산드리아의 클레멘스: 예수의 피를 마시는 것은 우리 주님의 불멸에 참여하는 것이다.(Paedag.lib.2.cap.2)

키프리아누스: 우리가 그로 말미암아 구속함을 받고 의롭다 하심을 받는 그리스도의 피는 그리스도의 피를 보여주는 포도주가 들어 있지 않은 잔에는 있을 수 없는 것 같다. 성경의 성례와 증언이 모두 이에 대해 말씀한다. 또한, 성찬을 행할 때마다 우리는 먹는 목적을 위하여 우리의 이(齒)를 날카롭게 가는 것이 아니라, 거룩한 떡을 참된 믿음으로 떼며 나누는 것이요, 그러는 중에 신적인 것을 인간적인 것과 구별하여 분리시키며 그것들이 분리된 후에 다시 그것들을 하나로 연합시키면서, 한 분이신 신인(神人)을 고백하는 것이다. 또한 이 성례로 말미암아 우리가 그의 몸이 되며, 그 나타내는 것을 통하여 우리의 머리에게 붙여져서 그와 연합하는 것이다.(Lib.2.epistola.Sem.de coena.)

니케아 공의회의 교령: 여기에 또 주의 만찬이 있으니, 우리 앞에 놓인 떡과 포도주에 유치하게 집착하지 말고, 믿음으로 우리의 생각을 하늘로 높이 올려서, 세상 죄를 지시는 하나님의 어린 양이, 사제들에 의해서 죽임당하는 일이 없으면서 자기 자신을 제물로 드리신 그분께서 그 거룩한 식탁 위에 자리하고 계시다는 것을 생각할 것이요, 또한 그의 몸과 보배로운 피를 받으면서, 그것들이 우리의 부활의 **표**라는 것을 믿을 것이다. 우리가 적은 양만 받는 것은 바로 이런 이유 때문이니, 곧 그것을 받는 것이 우리의 배를 채우기 위함이 아니라 우리의 성화를 위한 것임을 알게 하기 위함이다.(De divina mena, & quid.)

바실리우스: 우리는 우리 앞에 그리스도의 거룩한 몸과 피의 형상들(figures)을 배설하였다.(In Litur.)

힐라리우스: 우리가 먹고 마시는 그것이 이러한 효과를 가져오니, 곧 우리가 그리스도 안에 있고 그리스도께서 우리 안에 있는 것이다.(De Trin.lib.)

나지안주스의 그레고리우스: 그리스도의 몸과 보배로운 피의 형상들(figures).

암브로시우스: 주님의 죽으심으로 말미암아 우리가 구속함을 받았으니 그것을 생각하여 우리는 먹고 마시는 중에 우리를 위하여 베풀어진 주의 살과 피를 나타내는 것이다. 또한: 이것은 우리 주 예수 그리스도의 몸과 피의 형상(figures)을 베푸는 것이다. (In 1.Cor.2.De Sacr. lib.4.e.5)

아우구스티누스: 우리 주님은 그의 몸의 표를 주시면서, 주저함 없이 '이것은 내

몸이니' 라고 말씀하셨다. 또한: 주께서는 제자들에게 자신의 몸과 피의 형상을 주신 그 잔치에 유다의 참석을 허용하셨다. 또한: 성례가 그것들이 속하여 성례가 되는 그것들과 특정한 일치점이 없다면, 전혀 성례가 아닐 것이다. 또한 성례가 그 나타내는 그것들의 이름을 받는 것은 바로 이 일치점 때문이다. 그러므로, 그리스도의 몸의 성례가 특정한 방식으로 그리스도의 몸이며 그리스도의 피의 성례가 그의 피이듯이, 믿음의 성례가 믿음인 것이다. 또한: 그리스도의 몸인 천상의 떡이 그의 몸의 성례이므로, 즉 십자가에 못 박히신 눈에 보이고 손으로 잡을 수 있는 죽을 몸의 성례이므로, 그것을 가리켜 어떤 의미에서 그리스도의 몸이라 부르며, 또한 사제의 손을 통하여 이루어지는 바 그의 살의 제사를 가리켜 고난과 죽으심과 십자가에 못 박히심이라 부르는 것 — 물론 **그것이 진정 그렇다는 것이 아니라 신비 가운데서 그것을 나타내는 것일 뿐이지만** — 처럼, 믿음의 성례도 — 이는 세례다 — 믿음인 것이다. 또한: 형제들이여, 이것들을 성례라 부르는 것은 그 속에서 한 가지는 눈에 보여지고, 다른 한 가지는 깨달아지기 때문이다. 눈에 보이는 것은 물질적인 형체가 있으나, 깨달아지는 것은 영적인 유익이 있다.

크리소스톰: 그리스도께서 그의 고난과 십자가를 보여주시기 위해 하신 '이것은 죄 사함을 위하여 흘리는 바 나의 피니' 라는 말씀이 신비를 이루는데, 이것은 그의 제자들에게 위로를 베푸시기 위함이었다.(In Matt. hom.83)

테오도레투스: 우리 구주께서는 표와 또한 그것이 나타내는 것들의 명칭들을 바꾸셔서 표에게 속하는 명칭과 똑같은 명칭을 그의 몸에게 주셨고, 그의 몸에게 속하는 명칭과 똑같은 명칭을 표에게 주셨다. 이런 신적인 신비들을 깨닫게 된 자들에게는 이렇게 명칭을 바꾸신 이유가 분명하다. 그는 이 신적인 신비들에 참여하는 자들이 눈에 보이는 것들을 바라보지 않기를 바라시고, 명칭을 바꾸심으로써 은혜로 이루어진 그런 변화를 믿게 되기를 바라시는 것이다. 본질상 몸인 것을 떡이라 부르시고 또한 자기 자신을 포도나무라 부르신 주께서는 그의 몸과 피라는 명칭으로 눈에 보여지는 표들을 존귀하게 하시되, 그 본질을 변화시키심으로써가 아니라 그것들에 은혜를 베푸심으로써 그렇게 하셨다.

수도사 마카리우스(Macarius the Monk)도 유명한 진술을 했는데, 그것도 여기서 인용할 수 있을 것이다: "떡과 포도주는 그리스도의 살과 피에 상응하는 **모형**(type) 혹은 **형상**(figure)이다. 그러므로 눈에 보이는 떡을 먹는 자들은 영적으로 그리스도의 살을 먹는 것이다"(Macarius Homil. 27).

교부들의 저작에서 다른 증언들도 많이 덧붙일 수 있으나, 생략하기로 한다.

화체설에 관하여

이제는 화체설(the doctrine of transubstantiation)에 대해 어떻게 생각해야 하는지를 쉽게 알 수 있을 것이다. 그것은 앞으로 다양한 논지들을 통해서 증명하게 되겠지만, 교황주의자들이 만들어낸 사악한 장치다. 그러나 그런 논지들을 제시하기전에, 교황주의자들이 화체설을 어떻게 이해하는지에 대해 먼저 간단히 진술하는 것이 합당할 것이다.

그들은 "이것은 내 몸이니", "이 잔은 내 피로 세우는 새 언약이니"라는 말씀을 떡과 포도주 위에다 반복하는 성별(聖別)의 행위 혹은 힘을 통하여, 떡과 포도주의 본질이 그리스도의 몸과 피로 변화하거나 바뀌므로, 형체와 부수적인 요소 − 즉, 외양, 냄새, 맛, 무게 등 − 만 떡과 포도주로 남아 있고 그 외에는 다 변화한다고 생각한다. 그러므로 그들은 떡과 포도주의 성별에 사용되는 말씀 자체가 생산성과 창조성이 있다고 생각한다. 사제가 마지막 말 − "이 잔은 내 피로 세우는 새 언약이니"의 "이니" − 을 발설하는 순간에 그 변화가 발생하고 완성되므로, 그 이후에는 떡과 포도주가 더 이상 떡과 포도주로 남아 있지 않고 그리스도의 몸과 피가 되어 그것이 떡과 포도주의 형체 속에 본질로 임재하며 또한 그 밑에 담겨 있으므로, 그것들을 먹고 마시는 자들은 모두 입으로 그리스도의 몸을 먹고 그의 피를 마시는 것이라고 주장하는 것이다.

그러나 이런 변화가 이루어지는 구체적인 방식에 대해서는 그들끼리도 의견이 일치하지 않는다. 어떤 이들은 본질의 전환(transubstantiation)을 통해서 떡과 포도주의 본질이 변화하여 그리스도의 몸과 피의 본질이 되므로 떡과 포도주의 본질이 그리스도의 몸과 피가 되며 그 외적인 형체만 본래대로 보유하게 되는 것으로 보며, 이 변화를 가리켜 본질적인 변화(a substantial change) 혹은 본질의 변화라 부른다. 또 어떤 이들은 떡과 포도주의 본질이 변화하지 않고 사라지며(annihilated), 그 자리에 그리스도의 몸과 피의 본질이 대신 생기고, 그리하여 성별(聖別) 후에 그리스도의 몸과 피의 본질이 떡과 포도주의 본질의 형체와 부수적인 요소들을 취한다고 보며, 이러한 변화를 가리켜 형체적인 변화(a formal change) 혹은 형체의 변화라 부른다. 롬바르두스(Lombard)는 이 두 견해를 해설하면서 전자를 지지하는 쪽으로 기운다(lib. 4. dist. II.).

교황주의자들은 이 두 가지 변화를 모두 화체(化體: transubstantiation)라 부른다. 그들은 또한 "이것"이라는 대명사는 부수적인 요소들 밑에 담겨 있고 양(量)이나 질(質) 등과는 전혀 관계가 없는 뭔가 희미하고 확실치 않은 본질을 뜻하므로, 그것은 떡을 가리키는 것도 그리스도의 몸을 가리키는 것도 아니고, 다만 형체밑에 담겨 있는 그것 ― 이것은 성별 이전에는 떡이었다가 말씀의 힘으로 그리스도의 몸이 되었다 ― 을 가리키며, 따라서 "이것은 내 몸이니"라는 말씀은 곧 "이것 밑에, 혹은 이 형체들 밑에 담겨 있는 그것은 내 몸이니"라는 뜻이라고 주장하는 것이다.

또한 부수적인 요소들에 대해서도 그들 사이에 상당한 의견 차이가 있다. 그것들이 어디에 위치하는지에 대해서도, 그리스도의 몸에 위치한다거나, 공중에 위치한다거나, 혹은 떡과 포도주의 본래 물질 속에 위치한다는 등의 갖가지 의견들이 있고, 그것들이 어떤 주체의 속성을 지녔는지에 대해서도 많은 의견들이 있다. 공통적인 견해는, 그것들이 아무런 주체 없이 존재한다는 것이다. 이것은 스콜라 학자들과 모든 교황주의자들의 견해인데, 이는 두 가지 주요 부분으로 이루어져 있다. 하나는 화체에 관한 것이요, 또 하나는 입으로 그리스도의 몸을 먹는 문제에 관한 것이다. 그러나 이 두 견해 모두 그리스도의 말씀과 모순된 것으로 사악한 도구일 뿐이다. 떡의 형체 밑에서 입으로 그리스도의 몸을 먹는 것에 대해서는 그리스도의 몸을 영적으로 먹는다는 것을 확립시켜준 것과 동일한 논지들로써 충분히 무너뜨릴 수 있다. 그리고 화체에 관해서는 다음과 같이 반박할 수 있다:

1. 성찬에서 그리스도의 몸인 그것은 그대로 남아 있고 변화하지도 사라지지도 않는다. 만일 그렇지 않다면 그리스도의 몸이 성찬에서 남아 있거나 임재할 수가 없을 것이다. 그러나 이미 증명했듯이 성찬의 떡은 성례적인 의미로 그리스도의 몸이다. 그러므로 성찬의 뜻은 그대로 남아 있고, 변화하지도 사라지지도 않는다. 소 전제는 이미 입증한 바 있으나, 다음과 같은 사실에서 더욱 충실하게 확증될 수 있을 것이다: 1. "이 잔은 내 피로 세우는 새 언약이니"와 "떡은 그리스도의 몸에 참여함이니"라는 누가와 바울의 말씀에 의해서. 2. 이 말씀들에서 연역해낸 다음의 논지에 의해서: 그리스도께서는 그가 떼신 것을 가리켜 그의 몸이라 부르셨다. 그런데 그는 떡을 떼신 것이요, 뭔가 확실치 않은 본질이나 혹은 떡의 부수적인 요소들을 떼신 것이 아니다. 그러므로 떡은 그리스도의 몸이다. 3. 이는 또한 다음과

같은 논지를 통해서도 입증된다: "이것"이라는 대명사는 떡을 가리킬 수도 있고, 떡의 부수적인 요소들만을 가리킬 수도 있고, 그리스도의 몸을 가리킬 수도 있고, 뭔가 불확실한 본질을 가리킬 수도 있다. 그러나 뭔가 불확실한 본질을 가리킬 수는 없다. 그리스도께서 떼어 주신 것이 떡의 형체 밑에 담긴 어떤 일반적인 본질이 아니고 떡 그 자체였기 때문이다.

그리고 눈에 보이든 보이지 않든 그리스도의 몸을 가리킬 수도 없다. 눈에 보이는 그의 몸은 제자들 옆에 앉아 그들과 대화를 나누었기 때문이며, 눈에 보이지 않는 몸은 그리스도께서 한 번도 가지신 일이 없기 때문이다. 교황주의자들 자신도 사제가 "이것"이라는 말을 발설할 때에는 그리스도의 몸이 떡의 형체 밑에 임재하지 않고, 오로지 그 변화가 발생한 후에 ─ 곧, 이미 언급한 바와 같이 이 변화는 떡과 포도주를 성별하는 말씀 중 마지막 말을 발설할 때에 일어난다 ─ 비로소 임재한다고 고백한다. 또한 그것이 떡의 부수적인 요소들만을 지칭하는 것일 수도 없다. 그리스도께서 그저 부수적인 요소들을 떼어 주신 것이 아니기 때문이다. 그러므로 "이것"이라는 대명사는 떡 이외에 다른 어떠한 것도 지칭할 수가 없고, 따라서 "이것은 내 몸이니"라는 그리스도의 말씀은 반드시 "이 떡은 내 몸이니"라는 의미일 수밖에 없는 것이다.

2. 그리스도께서는 떡을 떼신 것이고, 그의 몸을 떼신 것이 아니다. 그러므로 떡은 실제로 그의 몸이 아니다.

3. 그리스도의 몸은 우리를 위하여 죽음에 넘겨졌다. 그러나 떡은 우리를 위해서 그렇게 주어지지 않았다. 그러므로 떡은 실제로 그리스도의 몸이 아니다.

4. 화체설 지지자들의 주장과는 달리 그리스도께서는 "내 몸이 이 형체들 밑에 있다"거나 "내 몸이 이 형체들 밑에 담겨 있다"고 말씀하시지 않는다. 그러므로 그들은 그리스도의 말씀을 그대로 유지하는 것이 아니라 왜곡시키는 것이다.

5. 그리스도께서는 "이것이 내 몸이 될지라"라고 하시지 않고, "이것은 내 몸이니"라고 말씀하셨다. 그러므로, 그리스도의 말씀은 떡을 그의 몸의 본질로 변화시키는 것이 아니라, 다만 성찬에 사용되는 그 떡이 성례적인 의미로 그리스도의 몸이라는 것을 가르치는 것뿐이다.

6. 바울은 떼어 성도들에게 주어지는 그것을, 먹기 전이나 후에나 똑같이 떡이라 분명하게 부른다. 그러므로 떡이 사라지는 것도 아니고, 그리스도의 몸의 본질로 변화하는 것도 아니고, 떡 그대로 남아 있는 것이다.

7. 각 성례마다 두 가지 요소가 있는데, 표와 그 나타내는 것이 그것이다. 혹은 이레나이우스의 말처럼 지상적인 것과 천상적인 것이 있는데, 이것들이 없이는 성례가 있을 수 없다. 그러나 화체설은 성찬에서 표 혹은 지상적인 것, 즉 떡과 포도주를 제거해 버린다. 그러므로 화체설은 성례의 본질 혹은 참된 관념을 파괴시키는 것이다.

8. 떡과 포도주의 그림자 혹은 형체만으로는 하늘의 것들에 대한 믿음을 확증할 수가 없고, 속임수를 쓰는 것밖에는 없다. 겉모양과 속의 참 본질이 다르기 때문이다. 그러나 성찬의 표는 반드시 하늘의 것들에 대한 우리의 믿음을 확증해야만 한다. 곧, 떡과 포도주를 받는 것만큼이나 분명하게 그리스도의 몸과 피로 양식을 공급받는다는 것을 확실히 알아야 한다는 것이다. 성례는 눈에 보이는 표들을 사용하여 우리의 믿음을 확증하기 위하여 제정되었기 때문이다. 그러므로 표를 그저 그림자로 변화시켜버리는 화체설은 진리일 수가 없다.

9. 화체설은 표와 그 나타내는 것 사이에 있는 유비를 파괴시킨다. 이에 대해 아우구스티누스는 다음과 같이 말한다: "떡이 몸의 양식이 되듯이 그리스도의 몸이 영혼의 양식이 되며, 또한 떡이 많은 곡식을 재료로 하여 구워진 것처럼, 이 한 떡에 참여하는 우리도 여럿이지만 한 떡과 한 몸이 되는 것이다"(Epis. 23, ad Bonif.). 그러나 떡과 포도주의 부수적인 요소들만으로는 이런 유비를 나타낼 수도 유지할 수도 없다. 왜냐하면 그것들 그 자체는 양식이 될 수 없기 때문이다. 그리고, 떡과 포도주의 부수적인 요소들이 몸에 양식이 되고 자연의 생명을 유지시켜주듯이 그리스도의 몸도 그렇게 영생에 이르도록 영혼의 양식이 된다는 식으로도 말할 수 없다. 왜냐하면 그런 경우에는 진정한 실체와 그저 그림자에 불과한 것 사이에 유비가 있는 것이 되어 버릴 것이기 때문이다. 그러므로, 표와 그 나타내는 것 사이에 유비가 있다는 사실은 화체설과 분명 모순되는 것이고, 따라서 화체설은 성립할 수가 없는 것이다.

공재설에 관하여

지금까지 논의한 내용으로 볼 때에, 교황주의자들은 성찬 시에 떡과 포도주의 성별 덕분에 두 가지 큰 이적이 행해진다고 상상하였으니, 떡과 포도주의 본질이 그리스도의 몸과 피로 변화된다는 것이요, 또한 그럼에도 불구하고 떡과 포도주의 부수적인 요소들이 그 어떠한 주체와도 상관없이 그대로 존재한다는 것이다. 이 두 가지 모두 쉽게 반박할 수 있다. 전자는 분명 기독교 신앙 전체의 유비와 모순을 일으키며, 후자는 모든 건전한 철학과 충돌하기 때문이다. 그리고 성별의 행위에 특별한 힘과 공로가 있다는 것도, 인간의 상상력과 마귀가 만들어낸 마술적인 장치 이외에 아무것도 아닌 것이다.

몇몇 고대의 신학자들은 이런 어리석은 사상들을 인지하고서 화체설을 거부하고, 공재설(共在說: the doctrine of consubstantiation)을 창안해 내었는데, 이는 곧 동일한 장소에 두 본질이 공존한다는 것을, 혹은 그리스도의 몸과 피가 임재하되 떡과 포도주의 형체 밑이 아니라 떡과 포도주 그 자체의 속이나 밑에 임재한다고 가르치는 것이다. 이 사람들은 표의 본질이 바뀌는 것이 아니라, 그것들이 함께 공존한다는 것이다. 곧, 떡과 포도주가 그대로 남아 있으나 그리스도의 몸과 피가 본질적으로 떡과 포도주와 함께, 그 속에, 그 밑에 임재하여 있어서 입으로 먹고 마신 바 된다는 것이다.

롬바르두스(Lombard)는 이 견해를 언급하면서, 그의 시대 이전부터 특정한 사람들이 그것을 견지해왔다고 주장하면서, 그것을 파라독스(paradox), 즉 이상한 견해라 부른다.

귀트문트(Guitmund)는 이 견해가 베렌가리우스(Berengarius)가 변절한 이후 그에게서 비롯되었다고 주장하며, 그것을 공재설 ("impantation")이라 부른다.

다른 사람들은 발라메(Walrame)를 이 견해의 창안자로 간주하는데, 안셀무스(Anselm)는 이 사람을 대적하여 두 권의 책을 썼는데, 지금도 남아 있다. 또 어떤 이들은 귀트문트보다 약간 후인 1124년 경에 살았던 루페르트(Rupert)를 이 견해의 창시자로 본다.

캄브레의 추기경(cardinal of Cambray) 페트루스(Peter)는 로마 교회가 결정을 달리 했다면, 자신은 화체설보다는 공재설을 취했을 것이라고 선언하였다. 그는 1416년경의 인물이다.

루터는 그 스스로 증언하듯이 캄브레의 추기경의 견해에 동의하여, 처음에는 떡의 본질이 그리스도의 몸과 함께 남아 있다고 믿는 것이든 남아 있지 않다고 믿는 것이든 신앙의 강령으로 간주하지 않고, 어떤 쪽의 견해든지 이단의 혐의를 받지 않고 취할 수 있다고 주장하였다. 그러나 그 후 그는 떡이 그대로 남아 있고, 동시에 그리스도의 몸이 떡 **속에**, 떡과 **함께**, 떡 **밑에** 임재한다는 것을 더 개연성 있는 것으로 보게 된 것 같다. 그리고 이것이 오늘날 스스로 루터파라 주장하는 자들이 일반적으로 취하는 견해다. 그들은 "이것은 내 몸이니"라는 그리스도의 말씀을, "이 떡 속에, 이 떡과 함께, 이 떡 밑에 내 몸이 있다"는 뜻으로 해석하며, 교황주의자들에 못지않게 자기들이 그리스도의 말씀을 문자적인 의미 그대로 보존한다고 떠벌린다. 그리고 교황주의자들과 논쟁할 때면 언제나 그들은 "이것"이라는 대명사가 오직 떡만을 가리키는 것이라고 주장한다. 그들의 견해에 따르면, 떡이 바로 그리스도의 몸인 것이다. 그러나 우리와 ― 그들은 우리를 성례상징론자들(Sacramentarians)이라 부른다 ― 논쟁할 때에는, 그들은 "이것"이라는 대명사가 떡만이 아니라, 떡과 그 속에 눈에 보이지 않게 감추어져 있는 그리스도의 몸을 함께 가리킨다고 주장한다. 곧, "이것은 내 몸이니"라는 말씀은 "이 떡과 또한 이 떡 속에 감추어져 있는 내 몸이 내 몸이니"라는 의미라는 것이다.

그들은 이런 설명을 아주 친숙한 실례로 쉽게 증명할 수 있다고 한다. 곧, 마치 농부가 자기 보따리 속에 있는 곡식을 염두에 두고서 그 보따리를 가리키면서 "이것이 곡식이다"라고 말하는 것처럼, 또한 상인이 자기 지갑 속에 있는 돈을 염두에 두고서 지갑을 손에 들면서 "이것이 내 돈이다"라고 말하는 것처럼, 혹은 여인이 자기 아들이 요람 속에 누워 있는 것을 염두에 두고서 요람을 가리키면서 "이것이 내 아들이다"라고 말하는 것처럼, 혹은 포도주 상인이 잔을 손에 들면서 "이것이 포도주다"라고 말하는 것처럼, 그리스도께서도 떡 속에 눈에 보이지 않게 감추어져 있는 그의 몸을 가리켜 "이것은 내 몸이다"라고 말씀하셨다는 것이다. 이런 실례들은 그들의 저작과 논쟁물에서 모은 것들이다.

그러나 한 시인이 다른 부류의 사람들에 대해 다음과 같이 노래했는데, 불행스럽게도 그것이 이 좋은 사람들에게도 그대로 적용된다. "바보들은 한 가지 잘못에서 벗어나 도망하면서 정반대의 잘못으로 돌진해 들어간다."

떡과 포도주의 부수적인 요소들이 그 어떠한 주체와도 상관없이 존재한다는 교황주의자들의 어리석은 이적 대신, 그들은 그보다 오히려 더 어리석은 것을, 즉 두 몸이 침투하는 것을 상상한다. 그리하여 그들은 교황주의자들 자신이 그리스도의 말씀의 자구(字句)와 의미에서 멀어진 것보다 오히려 더 멀어져버리는 것이다. 문자 그대로 취하면 그리스도의 말씀은 "이것은, 즉 이 떡은 내 몸이니"라는 뜻으로 이해해야 하고, 만일 그 말씀의 진정한 의미를 존중한다면 그것을 "지금 떼어 너희에게 주는 이 눈에 보이는 떡은 너희를 위하여 주는 나의 참되고 본질적인 몸이다"라는 의미로 보아야 할 것이기 때문이다. "이것이 내 몸이니"라는 것은, 교황주의자들이 믿듯이 본질의 변화를 통하여 그렇다는 것이 아니라("말씀"이 떡을 취한 것도 아니요, 떡이 우리를 위하여 넘겨져서 십자가에 못 박힌 것도 아니므로), 성례적인 어법에 따르는 신비적인 의미로 그렇다는 것이다. 그리스도 자신과 바울과 모든 정통 교부들이 이를 그렇게 이해한다. 화체론자들이 그리스도의 말씀에 대해 제시하는 해석은 문자적이며 참된 의미와는 거리가 멀다. 교황주의자들은 "이것은 내 몸이니"라는 그리스도의 말씀 대신 "이것 혹은 이 형체 밑에 포함된 불확실한 본질은 내 몸이니", 혹은 "이 떡과, 또한 이 떡 속에 눈에 보이게 감추어진 그리스도의 몸이 내 몸이니"라는 식으로 바꾸어 놓는 것을 볼 때에 그들이 본문을 문자 그대로 유지한다는 것은 사실이 아니다.

그러므로 공재론자들이 그리스도의 말씀의 문자적인 참된 의미를 견지한다는 것은 더더욱 사실이 아니다. 왜냐하면 그들은 그리스도께서 말씀하신 것 대신 "이 떡 속에, 이 떡과 함께, 이 떡 밑에 내 몸이 있다"거나 "떡과 또한 이 떡 속에 눈에 보이지 않게 감추어져 있는 그리스도의 몸이 내 몸이다"라는 식으로 자기들 자신의 말들을 집어넣기 때문이다. 속에 돈이 들어있든 비어있든 간에 지갑 자체를 돈이라 부를 수 없는 것처럼, 떡 그 자체도, 또한 그리스도의 몸이 속에 감추어져 있는 떡도 실제로 그리스도의 몸이 아니기 때문이다. 그리고 그들이 자기들의 견해를 입증하기 위해 제시하는 갖가지 실례들이나 어법들도 그리스도의 몸과 떡의 경우와는 맞지 않는다. 왜냐하면 우리가 이미 언급한 그 경우들을 보아도, 그것들을 발설하는 순간 그것이 뜻하는 바가, 곧 곡식이 보따리 속에 있으며, 돈이 지갑 속에 있으며, 아기가 요람 속에 있으며, 포도주가 잔 속에 있다는 것이 분명히 드러나기 때문이다. 그러나 그리스도의 몸이 떡 속에 있다는 것은 그렇게 분명히 드러나지도 않고, 입증할 수도 없는 것이다. 왜냐하면 기독교 신앙의 강령 중의 하나가 그의 몸이 하늘에 있다고 선언하기 때문이다.

공재론자들 사이의 분열에 관하여

"이것은 내 몸이니"라는 그리스도의 말씀은 처음에는 루터가 그리스도의 성찬 임재에 대한 그의 견해를 위하여 사용한 하나의 기초에 지나지 않았다. 그러나 그 후 공재론을 반대하는 자들과의 논쟁 과정에서 그는 1527년과 1528년 그리스도의 몸 편재론을 피난처로 삼았고, 자신의 견해의 기반이 되는 한 가지 기초 대신 네 가지를 기초로 제시하게 되었다: 1. 그리스도의 신성과 인성의 위격적 연합. 2. 하나님의 우편. 어느 곳이나 다 이에 해당된다. 3. 하나님의 진리. 그는 거짓말을 하실 수 없다. 4. 그리스도의 몸이 어느 곳에나 존재하는 삼중적인 방식. 결국 이런 것에 이끌려서 그는 다시 그리스도의 말씀에 착안하게 되었고, 그것으로 그리스도의 몸 편재론에 관한 모든 논란이 종식되기를 바랐다. 그러나 루터의 시대 이후, 그의 이름을 취하는 몇몇 사람들이 그리스도의 말씀이 그들의 대의를 충족히 뒷받침하지 않는다는 것을 알고서 다시 그리스도의 몸 편재론을 피난처로 삼게 되었고, 오늘날까지 그것을 그들의 특이한 견해를 뒷받침하는 주요 근거로 간주하고 있다. 그러나 개중에는 이것을 완전히 거부하는 자들도 있다. 이러한 다양한 정서 때문에 공재론자들 간에 분열이 생겨난 것이다. 그들 가운데 어떤 이들은 그리스도의 몸이 떡 속에 존재한다는 것과 그 몸을 입으로 먹는다는 것을 오직 그리스도의 말씀으로만 변호하면서, 스스로를 아무런 형용사 없이 그냥 루터파(Lutherans simply)라 칭한다. 또 어떤 이들은 그리스도의 몸에 전능성이 진정으로 전달되었기 때문에 그 몸이 동시에 여러 곳에 임재한다고 주장하면서, 스스로를 다중 임재 루터파와 전능 루터파(multi-presentiary and omni-potentiary Lutherans)라 칭한다. 마지막으로, 전능 루터파나 혹은 그리스도의 몸 편재 루터파(Ubiquitarian Lutherans) 중 어떤 이들은 그리스도의 몸이 떡 속에 임재한다는 것을 변호하기 위해 편재성을 방패로 삼아 그리스도의 몸이 "말씀"과 연합하였으므로 어디에나 임재하며 따라서 성찬에 사용되기 전이나 후나 떡 속에도 임재한다고 하며, 떡을 성별하는 예식은 그저 그 몸을 떡 속에서 먹게 해 주는 것뿐이라고 가르친다.

오늘날 젊은 신학도들이 이 논쟁에 대해 정확히 이해하기 위해서는 이런 것들에 대해 무지해서는 안 된다. 오늘날까지 공재론이 두 개의 주된 기둥 혹은 버팀목 위에 — 곧, 그리스도의 몸의 편재와 그리스도의 말씀이 그것이다 — 세워져 있다는 것을 지금까지의 내용에서 볼 수 있을 것이기 때문이다. 그리스도의 몸의 편재가 무슨 의미인지에 대해서는 이미 설명한 바 있고, 그리스도의 신성과 인성의 위격적 연합, 그의 승천과 성부 하나님의 우편에 앉아 계시는 것에 관한 조목들을 해명하면서 이미 충분히 반박한 바 있으니, 독자들은 거기를 참조하기 바란다. 그리고 그리스도의 말씀을 보더라도, 그 말씀은 공재론을 가르치지도 않을 뿐더러 그런 해석을 용인하지도 않는다. 이에 대해서는 교황주의자들 자신이 증인이 된다. 그리스도의 몸 편재론자들 역시 그들의 저작들에서 이 점을 시인하고 있고, 그렇기 때문에 그리스도의 몸의 편재라는 논리를 창안해낸 것이다. 자기들의 견해가 그리스도의 말씀에 의해서 지탱되지 않으므로 이 기초에 근거하다간 곧바로 무너지리라는 것이 그들의 눈에도 분명하게 보이기 때문이었다.

그리스도께서는 "이것은 너희를 위하는 내 몸이니"라고 말씀하셨다. 그런데 공재론자들은 문자도 그 의미도 그대로 견지하지 않고, "이 떡 속에, 이 떡과 함께, 이 떡 밑에 내 몸이 있다"라고 말한다. 그러므로 공재설을 반박하는 데에는 그리스도의 말씀 그 자체 외에는 다른 논지들이 더 필요 없다. 우리는 공재론자들에게 그 말씀을 주목하라고 촉구하며, 그들에게 다음과 같은 논지를 제시하는 것이다: 그리스도께서는 "이 떡 속에 내 몸이 있다"라고 하시지 않고, "이것은 내 몸이다"라고 말씀하셨다. 그러나 이 두 가지 어법은 서로 동일한 것을 표현하는 것이 아니다. 전자는 떡 속에 무엇이 있으며, 그리스도의 몸이 어디에 있는가를 선포하는 것이요, 후자는 성찬에서 떡 그 자체가 무엇인지를 선포하는 것이기 때문이다. 그러므로, 그리스도의 몸이 떡 그 자체가 아니라 그 몸이 떡 속에 있는 것이라고 가르치는 자들은 그리스도의 말씀의 문자도, 그 의미도 그대로 견지하지 않는 것이다.

공재설을 지지하는 반론들에 대한 반박

반론 1. 함께 연관된 두 가지가 동시에 주어질 때에 그 중 하나는 분명히 드러나고 다른 하나는 그렇지 않을 경우에는 분명히 드러나는 것만을 언급하는 것이 일상적인 어법이다. 지갑에 돈이 가득 들어 있을 때에 그 지갑을 가리키면서, "이것이 돈이다"라고 말하는 경우나, 포도주 통을 보면서 "이것은 포도주다"라고 말하는 경우가 그렇다. 그리스도께서는 성찬에서 그와 똑같은 방식으로 두 가지를, 즉 떡과 그의 몸을 함께 주시면서, 떡 밑에 있어서 드러나지 않는 것만을 언급하시며, "받으라. 이것은 내 몸이니"라고 말씀하셨다. 그러므로 여기서 사용되는 어법은 보통 사용하는 것이요 직설적인 것이므로 설명이 필요 없다.

답변. 이 삼단논법의 주 전제에 대해서는 다음과 같이 답변할 수 있다: 지갑 속에 돈이 있거나 포도주 통 속에 포도주가 들어 있는 경우처럼, 겉으로 드러나지 않으며 또한 이름으로 언급되는 그것이 겉으로 드러나는 것 속에 포함되어 있다는 것이 분명할 경우에는 대개 일상적으로 그런 어법을 쓰는 것이 사실이다. 그러나 빈 지갑을 가리켜 이것이 돈이라는 식으로 말하는 것은 분명하지도 않고 정확하지도 않은 어법일 것이다. 그러나 그리스도께서 "이것이 내 몸이니"라고 말씀할 때에 그리스도의 몸이 떡 속에 감추어져 있었다는 것은, "이것이 돈이다", "이것이 포도주다"라고 말할 때에 돈이 지갑 속에 있고 포도주가 포도주 통에 있는 것처럼 분명한 것도 아니고, 공재론자들에 의해 입증된 것도 아니다. 그렇다. 우리는 공재론자들의 주장에 반대하여, 첫 성찬 시에는 그리스도의 몸이 떡 속에 감추어져 있었던 것이 아니고 식탁에 앉아 있었으며, 지금은 하늘에 계시며, 후에 산 자와 죽은 자를 심판하러 오실 때까지 거기에 그대로 남아 있으리라는 것을 분명히 단언할 수 있다. 그러므로, 우리의 반대자들의 이런 논지는 성립하지 않는 것이다. 우리는 또한 소 전제에서 주장하는 것도 부인한다. 그리스도께서는 그의 몸이 아니라 식탁 위에 놓인 떡을 가지고 떼어 제자들에게 주시면서, "이것은(즉, 이 떡은) 내 몸이니 받아 먹으라"라고 말씀하셨기 때문이다. 이런 해석은 다음의 논지들을 통해 얼마든지 입증된다: 1. 그리스도께서는 잔에 대해서도, "이 잔은 새 언약이니"라고 말씀하셨다. 2. 바울은 "이것"이라는 대명사를 떡을 지칭하는 것으로 본다. 그는 "우리가 떼는 떡은 그리스도의 몸에 참여함이 아니냐?"라고 말씀하는 것이다. 3. 떡과 또한 그리스도의 몸을 함께 놓으면, 그것은 직설적으로도 비유적으로도 그리스도의 몸이 아니다. 그러므로 이 해석에 따르면 그리스도께서는 결국 "내 몸은 내 몸이니"라고 쓸데없는 공허한 말을 하신 것이 되어 버린다. 또한 위의 삼단논법의 결과도 받아들일 수 없다. 결론이 전제보다 훨씬 비약된 것이기 때문이다. 그들은 그런 어법이 일상적이고도 직설적이라고 결론짓는다. 그러나 일상적이고 직설적이라는 용어는 동일한 의미가 아니다. 지극히 일상적인 어법도 얼마든지 비유적일 수가 있기 때문이다. 우리가 흔히 사용하는 "이것은 돈이다", "이것은 포도주다"라는 어법도 일상적으로 쓰이는 것이면서도 제유법(提喩法的)인 어법인 것이다. 오로지 지갑뿐이거나 혹은 돈과 지갑이 함께 있는 것을 직설적으로 돈이라고 믿을 만큼 단순한 사람이 과연 있겠는가? 유월절과 관련되는 다음과 같은 성례적인 의미의 어법도 마찬가지로 제자들 사이에 흔히 쓰였고 또 매우 친숙하였다: "유월절 잡수실 것을 우리가 어디서 준비하기를 원하시나이까?"(마 26:17. 참조. 한글 개역판: 역자주). 이 경우 그들은 직설적으로 말한 것이 아니라 비유적인 뜻으로 그렇게 말한 것이다(유월절을 먹다). 즉, 성례적인 의미의 환유법(換喩法)을 사용하여 표가 나타내는 그것의 명칭을 표에게 적용시킨 것이다. 그러므로 위의 전제들에서 정당하게 도출할 수 있는 것은, 제자들에게는 그리스도의 그런 말씀이 일상적이었고 분명했고 또한 그들이 그 의미를 이해했다는 것이 전부요, 제자들이 그 말씀을 비유법이 전혀 없이 직설적으로, 문자적으로 이해했다는 것은 위의 전제들과는 아무런 상관이 없는 것이다.

반론 2. 그리스도께서는 "이것은 내 몸이니"라고 말씀하셨다. 그리스도는 참되시다. 그러므로 우리는 모든 철학적인 미묘한 논리들을 다 접어두고 그를 믿어야 하며, 결과적으로 그의 말씀을 단순하게 문자적으로 이해해야 한다.

답변. 여기에는 전혀 원인이 아닌 것을 원인으로 간주하는 오류가 있다. 그리스도가 참되시다는 것은 그저 그의 말씀이 참되다는 결과만을 낳는다. 이것은 지극히 참된 사실이다. 우리는 모든 철학적인 미묘한 논리들을 다 접어두고 그의 말씀을 믿어야 마땅하다. 그러나 그렇다고 해서 그리스도의 말씀을 문자적으로, 직설적으로만 이해해야 하는 것은 아니다. 그리스도는 참되실 뿐 아니라 그 자신이 진리 자체이시므로, 비유적으로 말씀하실 때에도 얼마든지 참된 것을 말씀하시기 때문이다. 그는, "나는 세상의 빛이니", "나는 양의 문이니", "나는 선한 목자니", "나는 참 포도나무니", "내 아버지는 농부시니", "너희는 가지니"라고 말씀하실 때에나 "이것은 내 몸이니"라고 말씀하실 때에나 똑같이 참된 것을 말씀하시는 것이다. 그러므로 비유적인 어법은 거짓말이라고 감히 말하는 자들은 우리 가운데서 쫓아내고 정죄해야 마땅할 것이다. 우리는 또한 다음과 같은 논지를 만들어 추론할 수도 있다: 그리스도는 참되시다. 그러므로, 그는 제자들이 그의 몸이 식탁에 앉아 있는 것을 보는 상황에서 자신의 몸이 떡 속에 감추어져 있다고 말씀하지 않으셨다. 뿐만 아니라, 우리의 반대자들이 위의 삼단논법에서 이끌어낸 결론도 이와 비슷하게 배격하고 다음과 같이 말할 수도 있다: 그리스도의 말씀은 단순하게 이해해야 한다. 그러므로, 떡 속에, 떡과 함께, 떡 밑에 그리스도의 몸이 있다거나, 혹은 떡이 그리스도의 몸의 덮개라는 것처럼 문자와 모순을 일으키는 어떠한 해석도 거기에 집어넣어서는 안 된다.

반론 3. 그리스도는 전능하시다. 그러므로 그는 그의 몸이 진정으로 떡 속에 있도록 하실 수 있다.

답변. 그러나 어떤 일이 행할 수 있다고 해서 그 일이 행해질 것으로 추론하는 것은 정당한 결론이 아니다. 문제는 그리스도께서 무엇을 하실 수 있다는 것이 아니라, 그가 과연 그 일을 행하실 것이냐 하는 것이다. 그는 어디에서도 그의 몸이 떡 속에, 혹은 떡이 있는 곳에 임재할 것을 약속하신 일이 없다. 그러므로 우리가 우리의 반대자들이 주장하는 그런 식의 임재를 거부한다 해도 그의 전능하심에 손상을 끼치는 것이 전혀 아닌 것이다. 이 답변에 대해 우리의 반대자들은 다음과 같이 다시 **반론**을 제기한다: 떡이 성찬의 자리에 있다. 떡은 그리스도의 몸이다. 그러므로 그리스도의 몸이 성찬에 임재하는 것이다.

답변. 그러나 이 삼단논법의 소 전제는 우리의 반대자들 자신의 고백에 근거하여 보아도 비유적인 의미다. 제임스 안드레애(James Andreae)는 마울브론(Maulbronn)에서 행해진 논쟁에서 자신이 주장하는 견해에 대해 난점들이 제기되어 답변할 수 없게 되자, "떡이 그리스도의 몸이라"라고 말할 때에 그 언어는 비유적인 뜻이지만 "이것이 내 몸이니"라고 말할 때에는 직설적이라고 공개적으로 고백하였다. 그리고 그 후에 안드레애는, "떡이 그리스도의 몸이라"는 문구를 사용할 때에는 거기에 비유적인 요소가 전혀 없는 직설적인 용법으로 이해해야 한다고 쓰고 있다. 이것이 같은 입에서 뜨거운 것과 차가운 것을 다 내뿜는 것이 아니고 무엇이란 말인가?

반론 4. 그리스도의 말씀은 바꿀 수 없다. 그리스도는 "이것은 내 몸이니"라고 말씀하셨다. 그러므로, "내 몸이니"라는 문구를 "내 몸을 나타내니"로 대치시켜서는 안 된다.

답변. 1. 이 논지 전체를 인정한다. 그리스도의 말씀을 바꾸어서도 안 되고, "내 몸이니"를 "내 몸을 나타내니"로 대치시켜서도 안 되고, 그리스도께서 친히 발설하신 그대로를 받아들여야 한다. 그러나 이 말씀의 참된 자연스런 의미는 떡이 상징적으로 그리스도의 몸이라는 것이다. 즉, 떡이 그리스도의 몸의 성례 혹은 표라는 것이며, 혹은 떡이 그리스도의 몸을 나타낸다는 것이다. 그리스도께서도 "이를 행할 때마다 나를 기념하라"고 말씀하셔서 친히 이 말씀을 그런 의미로 해석하시며, 바울 역시 "이 잔은 내 피로 세우는 새 언약이니"라고 말씀할 때에 역시 그런 의미로 해석한다. 테르툴리아누스는 다음과 같이 진술한다: "그리스도께서는 자신이 취하셔서 제자들에게 나누어 주신 떡을 그 자신의 몸으로 삼으시고, '이것이 내 몸이니'라고 말씀하시는데, 곧 이것이 내 몸의 **형상**(figure)이라는 것이다." 암브로시우스도 이와 비슷하게, "이것은 우리 주 예수 그리스도의 몸과 피의 **형상**(figures)을 베푸는 것이다"라고 하였다. 아우구스티누스 역시, "우리 주님은 그의 몸의 **표**를 주시면서, 주저함 없이 '이것은 내 몸이니'라고 말씀하셨다"고 하였다. 2. 우리의 반대자들에게 다음과 같은 반론을 제기할 수 있을 것이다: 그리스도의 말씀을 바꾸어서는 안 된다. 그러므로, 그리스도의 말씀에 대해 "이 형체 밑에 내 몸이 있다"라거나 "이 형체 속에 내 몸이 담겨 있다"라고 말하면서 화체설 주장자들이 제시하는 해석이나, 또한 "이 떡 속에, 이 떡과 함께, 이 떡 밑에 내 몸이 눈에 보이지 않게 임재해 있다"라고 말하는 공재설 주장자들의 해석이나 모두 똑같이 그릇된 것이다. 3. 그리스도의 말씀을 바꾸어 그가 의도한 바와 다른 사상을 표현하는 것으로 만들어서는 안 된다. 그러나 그 말씀을 정당하게 이해하기 위해서는 바꾸어야 할 경우가 많다. "네 오른 눈이 너로 실족하게 하거든 빼어 내버리라"(마 5:29), "너를 고발하여 속옷을 가지고자 하는 자에게 겉옷까지도 가지게 하라"(마 5:40) 등의 말씀이 이에 해당된다. 그러므로 그리스도의 말씀들은 그 말씀하는 내용의 본질에 따라서 이해해야 한다.

반론 5. 언약에 사용되는 언어는 반드시 직설적으로 이해하여야 한다. 그렇지 않으면 언약 당사자가 뜻한 내용 중에 어떤 부분이 분쟁을 촉발시킬 수도 있다. 성찬은 새 언약이다. 그러므로 그것과 관련하여 사용되는 언어는 반드시 직설적인 의미로 이해해야 한다.

답변. 주 전제에 대해서는, 언약에 사용된 언어가 본래 직설적인 의미로 사용되었을 경우는 직설적으로 이해해야 하고, 비유적으로 사용되었을 경우는 비유적으로 이해해야 한다고 답변할 것이다. 그러나 만일 모든 말씀을 직설적으로 이해해야 한다고 주장한다면, 우리는 이를 받아들일 수 없다. 직설적으로 말씀하지 않고 비유적으로 말씀했을 경우도 언어가 분명하고 이해할 수 있는 것이라면 그것으로 족하기 때문이다. 언약 당사자의 의도와 뜻을 알면, 언약에 사용된 언어나 말에 대해 논란을 벌인다 해도 소용이 없는 것이다. 그러므로 하나님께서는 구약에서 할례와 유월절 양과 희생 제사에 대해 비유적으로 말씀하셨다. 그리고 그리스도께서도 신약에서 "받아 마시라 이 잔은 내 피로 세우는 새 언약이니"라는 말씀에서 비유적으로 말씀하신 것이다. 여기에는 두 가지 비유적인 용법이 결부되어 있다: 1. 잔을 마시라고 명령하실 때에 잔 속에 담긴 포도주를 의미하셨는데, 이는 제유법(提喩法: synecdoche)이다. 2. 잔을 새 언약이라 부르실 때에, 그의 피로 인쳐진 인류와 하나님 사이의 화목을 뜻하셨는데, 이는 환유법(換喩法: metonymy)이다.

반론 6. 떡을 먹는 것은 입으로 하는 것이다. 그런데 그리스도의 몸을 먹는 것도 떡을 먹는 것이다. 그러므로 그 몸을 먹는 것도 입으로 하는 것이다.

답변. 소 전제는 반드시 비유적으로 이해해야 한다. 그렇지 않으면 그릇된 것이다. 그것이 비유적인 의미라면, 그것은 곧, 몸을 먹는 것이 성찬이 나타내는 그것이요, 그것은 바로 떡을 먹는 것으로 인처진다는 뜻이다. 그런데 그런 뜻으로 이해하면 그것은 아무것도 입증하는 것이 없다. 그것이 제시하는 주장에 변화가 있기 때문이다. 그러나 직설적으로 이해하면 그것은 그릇된 것이다. 왜냐하면 떡을 먹는 것은 외형적이요, 육체적이요, 눈에 보이는 것이나, 몸을 먹는 것은 내면적이요, 영적이요, 눈에 보이지 않는 것이기 때문이다. 그러므로 그 두 먹는 행위는 직설적으로 하나의 동일한 종류의 먹는 것이 아니고, 표가 나타내는 그것이 표와 별개인 것처럼 표와 또한 표가 나타내는 그것을 받는 것도 서로 별개인 것이다. 그러나 그럼에도 불구하고 성례를 정당하게 시행할 때에 그 둘이 동시에 일어나는 것이다.

반론 7. 우리를 살리고 양식을 공급하는 것은 반드시 받아야 한다. 그리스도의 몸과 피는 우리를 살리고 양식을 공급해 준다. 그러므로, 그것들을 반드시 받아야 한다. 즉, 입으로 먹고 마셔야 한다.

답변. 그저 세부적인 내용에 불과한 것들에서는 아무것도 추론할 수가 없다. 아니면 주 전제에 대해 다음과 같이 답변할 수도 있다: 보통의 떡의 경우처럼 몸에 들어옴으로써 자연적으로 우리를 살리고 양분을 제공하는 것은 물론 입으로 먹지 않으면 영양분을 제공할 수도 없고 힘을 갖게 할 수도 없다. 그러나 영혼의 양식이 되는 문제는 그것과는 전혀 다르다. 그것은 영적인 문제이기 때문이다. 그리스도의 몸은 우리에게 자연적인 양식을 제공하는 것이 아니다. 약(藥)처럼 우리에게 새로운 질을 생산해 내는 것이 아니라, 자연적인 것과는 전혀 다른 방식으로 우리를 살리고 양식을 제공하는 것이요, 따라서 그것을 받는 방식도 다를 수밖에 없는 것이다. 그런데 그리스도의 몸과 피가 우리에게 양식이 되는 방식을 보면, 그것은 첫째로, 그리스도의 공로와 관계가 있다. 그리스도의 몸이 우리를 위하여 내어줌이 되었고, 그의 피가 우리를 위해 흘려졌고, 하나님께서 이것을 보시고서 우리에게 영생을 베푸시기 때문이다. 그러므로 그리스도의 몸과 피는 우리에게 영생을 얻게 하는 공로를 세우는 방식으로 우리를 살리는 것이다. 둘째로, 그리스도의 몸과 피의 공로를 참 믿음으로 받을 때에 우리가 살림을 얻고 양식을 얻는다. 곧, 우리가 우리를 위하여 찢어지고 흘려진 그리스도의 몸과 피의 공로로 말미암아 영생을 얻으리라는 것을 믿을 때에 그렇게 된다는 것이다. 그런데 이 믿음은 십자가에 달리신 그리스도에 근거하는 것이요, 육체적인 방식으로 우리 속에 거하는 것이 아닌 것이다. 셋째로, 그리스도에게와 마찬가지로 우리에게도 동일하게 역사하시는 그 동일하신 성령으로 말미암아 우리가 그에게 연합될 때에 그리스도의 몸과 피로 말미암아 살리심을 얻는다. 우리가 그리스도에게 접붙인 바 되지 않으면, 하나님을 기쁘시게 할 수가 없는데, 그분은 오직 우리가 성령께서 우리 속에 일으키시는 참된 믿음으로 그리스도께 접붙인 바 되었고 그와 연합하였다는 조건에 따라서만 우리를 그의 사랑에로 받아들이시고 우리 죄를 사하시기 때문이다. 우리가 그리스도의 몸과 피로 살리심을 얻고 양식을 얻는 방법이 이와 같으므로, 반드시 그의 몸과 피가 강림하시거나 우리 몸 속으로 들어오셔야만 우리가 살리심을 얻게 되는 것이 아닌 것이다.

반론 8. 우리의 영혼은 물론 우리의 몸도 영생에 이르기까지 그리스도의 몸과 피로써 양식을 공급받는다. 그러므로 우리의 영혼은 물론 몸도 먹고 마셔야 한다. 그러므로 지금 우리의 몸이 입으로 먹고 마신다.

답변. 이 삼단논법에는 "무엇이든 그리스도의 몸을 먹는 것은 다 영생에 이르도록 양식을 공급받는다"는 전제가 깔려 있는데, 이것은 일반적인 의미로 이해하면 그릇된 것이다. 그렇다면, 몸의 각 부분들이 먹는 것인가? 라고 반문할 수도 있다. 입으로 받아들이는 양식을 통해서 몸의 각 부분이 영양을 공급받으니 말이다. 입이 본성에 의하여 하나의 도구가 되어 음식을 먹어서 그 영양분을 온 전체에 전달해 준다는 것으로 족하다. 그러므로, 반드시 우리 몸이 입으로 그리스도의 몸을 먹어야만 그 몸이 영생에 이르도록 양식이 되는 것은 아니다. 영적인 양식과 생명이 온 사람에게 퍼지기 위해서는 믿음이라는 입으로 영적 양식을 받는 것으로 족한 것이다.

79문 그렇다면, 그리스도께서는 왜 떡을 "그의 몸"이라 부르시고, 잔을 "그의 피", 혹은 "그의 피로 세운 새 언약"이라 부르시며, 또한 바울은 "그리스도의 몸과 피에 참여함"을 말씀합니까?

답 그리스도께서 그렇게 말씀하시는 데에는 큰 이유가 있습니다. 즉, 떡과 포도주가 이 땅의 생명을 유지시키는 것처럼 십자가에 달린 그의 몸과 흘린 피가 우리의 영혼을 영생에 이르게 하는 참된 양식과 음료라는 사실을 가르치시기 위함입니다. 뿐만 아니라 우리가 그를 기념하여 이 거룩한 표들을 육체의 입으로 받아 먹는 것처럼 우리가 성령의 역사하심으로 말미암아 정말로 그리스도의 참된 몸과 피에 참여하는 자들이라는 것과, 또한 우리 자신이 친히 고난을 당하여 우리 죄에 대하여 하나님께 보상을 치른 것이 될 만큼 확실하게 그리스도의 모든 고난과 순종이 우리의 것이라는 것을, 이 눈에 보이는 표와 보증을 통해서 확신시키기 위함입니다.

[해 설]

"이것은 내 몸이니"라는 그리스도의 말씀이 화체설도 공재설도 가르치지 않는다는 사실을 확인했으니 이제는 다음과 같은 의문이 생기게 된다: "그러면 그리스도께서는 왜 떡을 그의 몸이라고 하시고, 잔을 그의 피라고 부르시는가, 즉 그는 어째서 표가 나타내는 것들의 명칭을 표에다 적용시키시는가?"

그리스도께서 그렇게 말씀하시는 데에는 두 가지 이유가 있다. 그 첫째는 떡과 그리스도의 몸 사이의 **유비** 때문이다. 둘째는, 성례를 정당하게 시행할 때에 표와 또한 그 표가 나타내는 것들이 공동으로 드러내는 것이 확실하게 확증되기 때문이다.

떡과 그리스도의 몸 사이에 존재하는 상응성 혹은 유비는 다음과 같은 것들에 있다: 1. 떡과 포도주가 지상적인 삶을 유지시켜 주듯이, 그리스도의 몸과 피는 영생에 이르기까지 우리의 영혼이 양식을 공급받는 참된 음식이요 음료다. 2. 떡과 포도주를 입으로 받듯이, 그리스도의 몸과 피도 영혼의 입인 믿음으로 받는다. 3. 떡을 통째로 몸 속에 받아들이는 것이 아니라 떼어서 입으로 먹듯이, 그리스도의 몸도 십자가에서 희생당하고 찢어진 상태로 받는 것이다. 4. 식욕이 없는 사람들이 먹고 마실 때에는 떡과 포도주가 별 유익이 없으며, 또한 주리고 목마른 상태로 식탁 앞에 나올 필요가 있는 것처럼, 우리가 의에 주리고 목마른 상태로 성찬 상 앞에 나아오지 않으면 그리스도의 몸과 피가 아무런 유익이 없는 것이다. 5. 많은 곡식이 갈아지고 구워져서 하나의 떡이 나오고, 수많은 포도송이를 다져서 포도주가 나오는 것처럼, 우리도 숫자가 많으나 이 표를 사용함으로써 한 몸이 되고, 그리스도와 함께 한 몸으로 자라나는 것이다. 이와 마찬가지로, 우리의 믿음이 확실해지고 확증되는 것도 그리스도께서 표가 나타내는 그것의 명칭을 표에다 붙이시는 한 가지 이유가 된다. 표는 그리스도의 희생 제사가 이루어졌으며, 또한 그 제사가 표와 똑같이 확실하게 우리의 구원을 위하는 것임을 선포하기 때문이다. 그렇다. 우리는 그리스도의 몸과 피의 신성한 표들을 받는 것과 똑같이 확실하게 십자가에 달리신 그리스도의 몸과 흘리신 피를 받아 먹는 것이다.

80문 주의 성찬과 교황주의자들의 미사는 어떤 차이가 있습니까?

답 주의 성찬은, 그리스도께서 친히 십자가 위에서 단번에 이루신 유일한 제사로 말미암아 우리의 모든 죄가 완전히 사해졌음을 증거하며, 또한 성령으로 말미암아 우리가 그리스도께 접붙임을 받는다는 것을 증거하는데, 그는 그의 인성에 따라서는 이제 땅에 게시지 않고 하늘에서 아버지 하나님의 우편에 게시사 거기서 우리에게 경배를 받으시기를 원하십니다. 그러나 미사는 그리스도께서 지금도 날마다 사제들에 의해서 베풀어지지 않으면 산 자든 죽은 자든 그리스도의 고난을 통한 죄 사함을 받지 못한다고 가르치며, 또한 그리스도께서 떡과 포도주라는 형체 아래에 몸으로 게시므로 그것들 속에서 경배를 받으셔야 마땅하다고 가르칩니다. 그러므로 미사는 근본적으로 예수 그리스도께서 단번에 드리신 제사와 고난을 부인하는 것이요 또한 저주받을 우상숭배 이외에 아무것도 아닙니다.

[해 설]

미사가 교회에 갖가지 오류들과 끔찍한 남용을 가져왔기 때문에, 이 질문은 반드시 필요하다. 이 질문을 달리 표현하면, "어째서 미사를 제거해야 하는가?"라 할 수 있다. 그러나 이 질문은 위의 질문 속에 이미 포함되어 있다. 주의 성찬과 교황주의자들의 미사가 서로 차이가 있다는 사실 자체가 미사를 제거해야 할 이유가 되기 때문이다. 미사가 성찬과 정면으로 반대되는 갖가지 것들과 연관되어 있으므로, 미사를 성찬으로 혼동해서도 안 되고, 성찬을 미사로 대치시켜서도 안 되고, 경건한 관리들이 교회에서 미사를 허용해서도 안 되고, 미사를 반드시 제거해야 한다. 그러나 성찬과 교황주의의 미사와의 차이점들을 지적하기에 앞서서, **미사**

(mass)라는 용어에 대해 몇 가지를 지적하는 것이 합당할 것이다. 첫째로 어떤 이들은 **미사**라는 단어를 공물, 혹은 자의로 드리는 헌물을 뜻하는 히브리어 **마사**와 관련짓는다. 신명기 16:10에서 그 단어가 그런 의미로 쓰인다: "네 하나님 여호와 앞에 칠칠절을 지키되 네 하나님 여호와께서 네게 복을 주신 대로 네 힘을 헤아려 자원하는 예물(**마사**)을 드리고." 이 예물을 그렇게 부른 것은 일년에 한 번씩 순전히 자의로 기꺼이 드려지는 예물이었기 때문이다. 또 어떤 이들은 충족함을 뜻하는 것으로 이해한다. 곧, 필요한 만큼 넉넉히 베풀어져야 한다는 뜻인데, 어쩌면 이것이 좀 더 정확한 해석인 것 같기도 하다. 하나님께서는 신명기 15:8에서 "반드시 네 손을 그(가난한 형제)에게 펴서 그에게 필요한 대로 쓸 것을 넉넉히 꾸어 주라"고 말씀하시기 때문이다.

갈대아어 해석자(Chaldee paraphrasist)는 **미사아**를 이런 의미로 해석한다. 미사(mass 혹은 missa)라 부르는 것이 바로 여기에서 연유하였다고들 생각한다. 그것이 마치 공물, 혹은 어디서나 산 자와 죽은 자를 위하여 교회에서 하나님께 드려져야 할 자의로 드리는 예물이나 헌물이기라도 한 것처럼 그렇게 보는 것이다. 그러나 이것은 개연성이 없다. 교회가 사탄, 할렐루야 등의 몇몇 용어들을 히브리어에서 빌려온 것은 물론 사실이다. 그러나 이런 용어들은 헬라의 교회를 통하여 라틴 교회에 소개되었고, 또한 그 용어들이 헬라어로 기록되면서 헬라어 성경에 소개되었다. 그러므로 헬라 교회에서 전에 사용한 적이 없는 히브리어 용어들은 오늘날의 교회에는 없다. 더욱이, 헬라 교부들의 저작들을 살펴보면, 그들은 **미사**라는 단어를 한 번도 사용한 적이 없다는 것을 알게 된다. 이로 보건대, **미사라는** 용어는 히브리어에서 파생된 것이 아닌 것을 믿게 된다.

그러므로 **미사**라는 용어는 라틴어 단어로서, "remmisio"(사함, 씻음)를 "remissa"로 표현한 교부들에게서 취해온 것으로 여겨진다. 테르툴리아누스는 "우리는 죄 사함(remissa)에 대해 논하였다"고 말하고, 키프리아누스는 "세례받기를 무시하지 않은 자가 죄 사함(remissa)을 받을 수 있다"고도 하고, 또한 "성령을 모독하는 자는 죄 사함(remissa)을 얻지 못한다"고도 말한다. 이렇게 볼 때에, 라틴 교부들이 "remissio"를 "remissa"로 표현하였으니, 그들은 "mittendo"에서 파생된 "missio"를 "missa"로 사용하였던 것 같다. 그러나 여기에도 갖가지 정서가 나타난다. 고대 교회 예식에, 설교와 강론이 끝나고 성찬을 거행하기 전에 집사가 큰 소리로 "교회 내에 초신자가 아직도 남아 있다면 나갈지라"라고 외침으로써 기본 교리를 공부하는 초신자들(catechumens)과 귀신들린 자 등을 내어 보내는 한 가지 관례가 있었는데, 이것이 헬라 교회에서 라틴 교회에로 소개되었다. 그런데 어떤 이들은 이것에 근거하여 "missa"를 "missio"의 의미로 이해한다. 곧, "missa"를 "missio"(즉, 내어 보냄)의 의미로 사용한 것이다. 또 어떤 이들은 교회의 집회나 회중이 폐회라는 방식에 근거하여, "missa"를 "dismissa" 혹은 "dismissio"의 의미로 사용한다고 본다. 기도와 기타 예배의 모든 순서들이 끝나면, 집사는 "Ite, missa est", 즉, "가라. 이제 떠나도 좋다"라고 외쳤던 것이다. 또 어떤 이들은 이것을 "가라, 이제 구제를 위한 연보 순서다"라는 뜻으로 이해하면서, 이것을 "missa"라 불렀다. 곧, 보냄을 받는다, 혹은 가난한 자들의 유익을 위하여 던져진다는 뜻으로 보는 것이다. 요컨대 "missa"란, 초신자들이 나간 후, 혹은 연보를 거둔 후에 교회에서 행해진 일을 뜻하는 것이었다.

롬바르두스는 이 문제에 대해 견해를 달리한다. 그는 이렇게 말하고 있다: "그것을 미사(missa)라 부르는 것은, '전능하신 하나님이여 주의 거룩한 천사에게 명하사 그의 손으로 이것을 저 높은 제단 위로 가져가게 하시옵소서'라는 사제의 기도에 따라 생명을 주는 그리스도의 몸을 거룩하게 하는 목적을 위하여 하늘에서 사자가 임하기 때문이다. 그러므로 천사가 임하지 않으면, 그것을 가리켜 미사라 할 수가 없다." 이 얼마나 어리석은 발언인가! 그는 또 이렇게 말한다: "이것을 미사라 부르는 것은 그리스도의 몸이 보냄을 받기 때문이거나 — 이에 대해서는 예배 시에 'Ite, missa est'라고 하여 언급되고 있는데, 이는 곧, '하늘로 올라가는 그 몸을 따라가라, 좇아가라'라는 뜻이다 — 아니면, 천사가 하늘로부터 임하여 주의 몸을 거룩하게 하고 그 천사를 통하여 그 몸이 하늘의 제단으로 올라가기 때문이다. 그렇기 때문에 'Ite, missa est'라고 말하는 것이다."

우리는 미사라는 관념도, 그 용어 자체도 배격한다. 물론 몇몇 고대의 교부들이 그 용어를 사용하기는 하나, 미사는 주의 성찬에 속하지 않으며, 또한 주의 성찬도 미사와는 아무것도 공통된 것이 없기 때문이다. 또한 우리로서도 그 용어를 사용할 필요가 없다. 이 신비를 보다 절실하게 표현해 주고 성경에도 그대로 남아 있는 다른 단어들이 있기 때문이다. 우리는 그것을 주의 성찬, 주의 만찬, 떡을 뗌이라 부르는 것이다.

지금까지 논의한 내용에서 주의 성찬과 교황주의자들의 미사의 차이를 감지할 수 있을 것이다. 미사를 전적으로 폐지해야 할 정도로, 이 둘은 너무도 다르다. 본

요리문답은 성찬이 교황주의의 미사와 다른 큰 차이를 세 가지로 지적하고 있다:

1. 성찬은 우리가 오직 예수 그리스도께서 친히 단번에 십자가에서 이루신 유일한 제사로 말미암아 모든 죄가 값없이 사해졌다는 사실을 우리에게 증언해 준다. 그리하여 성경은 다음과 같이 증거한다: "이것(떡)은 너희를 위하는 내(그리스도의) 몸이니"(고전 11:24), "이 잔은 내(그리스도의) 피로 세운 새 언약이니 이것을 행하여 … 나(그리스도)를 기념하라"(고전 11:25), "주의 죽으심을 그(그리스도)가 오실 때까지 전하는 것이니라"(고전 11:26), "이는 그가 단번에 자기를 드려 이루셨음이라"(히 7:27), "그리스도께서는 … 오직 자기의 피로 속죄를 이루사 단번에 성소에 들어가셨느니라"(히 9:12), "이제 자기를 단번에 제물로 드려 죄를 없이 하시려고 세상 끝에 나타나셨느니라"(히 9:26), "예수 그리스도의 몸을 단번에 드리심으로 말미암아 우리가 거룩함을 얻었노라"(히 10:10), "오직 그리스도는 죄를 위하여 한 영원한 제사를 드리시고"(히 10:12), "그가 거룩하게 된 자들을 한번의 제사로 영원히 온전하게 하셨느니라"(히 10:14).

그러나 미사는, 그리스도께서 사제들에 의해서 날마다 제물로 드려지지 않으면 산 자와 죽은 자가 그리스도의 고난으로 말미암아 죄 사함을 얻지 못한다고 가르친다. 그들의 소 교령(小教令)은 이 문제에 대해 다음과 같이 가르친다: "거룩하신 아버지시요 전능하시며 영원하신 하나님, 주의 무익한 종이 저의 무수한 죄와 과실과 소홀히 한 것과 제 주변의 모든 것들을 위하여, 산 자나 죽은 자나 모든 신실한 그리스도인들을 위하여, 살아 계시며 참되신 하나님이신 당신께 드리는 이 순결한 떡(host)을 받으시고, 저와 그들에게 영생에 이르는 구원이 있게 하옵소서." 그들의 대 교령(大教令)은 다음과 같이 가르친다: "오 주여, 주의 종과 여종들과 또한 저의 주위의 모든 이들의 믿음과 헌신을 아시오니 그들을 기억하소서. 우리가 그들을 위하여 주께 드리오며, 그들 스스로 그들에게 속한 모든 이들을 위하여, 그 영혼의 구속을 위하여 그 구원과 보존에 대한 소망을 위하여 이 찬미의 제사를 드리옵나이다." 사제가 제사를 드리는 것이 영혼을 구원할 수 있다면, 그리스도께서 자기 자신을 드리셔야 할 필요가 어디 있었겠는가?

2. 주의 성찬은 우리의 믿음의 조목에 따라서 보면, 그리스도께서 그의 인성에 있어서 지금 하늘에서 아버지의 우편에 계시며, 또한 떡과 포도주의 부수적인 요소들 밑에 숨겨져 계신 것이 아니고, 그가 성찬에서 그의 몸과 피를 우리에게 드러내 보이사 믿음으로 먹고 마시게 하시며, 또한 우리를 성령으로 말미암아 그 자신

에게 접붙이서서 우리가 그의 안에 거하고 그가 우리 안에 거하시도록 하신다는 것을 증언해 준다. 다음의 성경이 이를 증언해 준다: "주와 합하는 자는 한 영이니라"(고전 6:17), "우리가 축복하는 바 축복의 잔은 그리스도의 피에 참여함이 아니며, 우리가 떼는 떡은 그리스도의 몸에 참여함이 아니냐?"(고전 10:16), "이러한 대제사장이 우리에게 있다는 것이라. 그는 하늘에서 지극히 크신 이의 보좌 우편에 앉으셨으니"(히 8:1), "예수께서 만일 땅에 계셨더라면 제사장이 되지 아니하셨을 것이니"(히 8:4).

그러나 미사는, 떡과 포도주가 성별의 덕분으로 그리스도의 몸과 피로 변화된다는 것, 그의 몸과 피가 성별의 행위 속에서 하늘로부터 내려진다는 것, 그 몸과 피가 육체적인 방식으로 떡과 포도주의 형체 밑에 숨겨져 있다는 것, 사제의 손이 진정 그 몸과 피를 다루고, 운반하고, 또 그것을 교회원들이 받아 입으로 먹는다는 것을 가르친다. 이처럼 머릿속에서 꾸며낸 것들은 그리스도의 성육신과 승천, 그의 간구하심, 심판을 위하여 다시 오심에 모순되며, 또한 우리의 믿음의 중요한 모든 조목들과, 또한 성례의 본질과도 모순된 것이다. 이미 입증한 대로, 성례의 본질상 표는 반드시 표 그대로 남아 있어야 하며, 그 본질을 상실해서는 안 되는 것이다.

3. 주의 성찬은 그리스도께서 하늘에서 아버지의 우편에 계시사 우리에게 경배를 받으시는 분이심을 가르쳐 준다. 성찬은, 그리스도를 위에서 찾고 경배해야 한다는 것을 가르치는 우리의 믿음의 조목들과 온전한 복음의 도리를 전복시키는 것이 아니라 든든히 세워주는 것이기 때문이다. "위의 것을 찾으라. 거기는 그리스도께서 하나님 우편에 앉아 계시느니라"(골 3:1). 스데반은 돌에 맞아 죽으면서, 위에 계신 그리스도를 보았고 그에게 경배하였다(행 7:55). 옛 교회도 예배 시에 "sursum corda habemus ad dominum", 즉 "우리 마음을 주께로 높이 올리나이다"라고 노래했다.

그러나 미사는 떡 속에 계신 그리스도를 예배할 것으로 가르치는데, 이런 예배는 의심의 여지도 없이 우상숭배다. 떡 속에 계신 그리스도를 예배한다는 것은 예배 시에 우리의 영혼과 정신과 생각과 몸의 움직임과 동작 등 모든 것을 떡이 있는 곳에다 집중시키고, 그곳을 바라보며 마치 그리스도께서 다른 어느 곳보다 더 특별하게 그곳에 계시기라도 한 것처럼 그런 식으로 그리스도께 경배를 드리는 것이기 때문이다. 옛날 하나님께서 언약궤에서 예배를 받으신 것이 바로 이런 식이었다. 그 당시 예배에서는 마음만 언약궤에 집중된 것이 아니라 몸까지도 가능한 한 거기에 가까이 가져갔던 것이다. 이것이 우상숭배라는 것은 다음과 같은 사실에서 입증된다: 1. 하나님께서 그런 식으로 예배하라고 분명하게 명령하신 일이 없는 이상, 그 어떠한 피조물도 하나님께 드리는 예배를 어느 한 물건이나 장소에다 제한시킬 권한이 없다. 그러나 그 옛날 유대인들의 경우는 이것과는 다르다. 그들은 속죄소 앞에서 예배를 드렸으나 그 예배는 동시에 영이신 참 하나님을 향한 것이었다. 유대인들의 경우는 하나님께서 그렇게 예배드릴 것을 명령하셨고, 그 예배를 받으신다는 약속이 있었던 것이다. 그러나 단과 벧엘에서나, 산당에서, 사마리아의 성전에서 예배한 자들은 우상숭배자들이었고, 자기들도 모르는 것을 예배한 자들이었다. 그 이유는 열왕기하 17:9에 잘 설명되어 있다. 2. 신약 성경에서는 어느 특정한 장소에다 예배를 한정시키는 것은 전적으로 배제되어 있고, 우리에게는 성령께서 불러일으키시며 참 지식과 믿음으로 드려지는 영적인 예배가 요구되는 것이다. 그리스도께서는 친히 요한복음 4:22, 23에서 이를 가르치신다: "너희는 알지 못하는 것을 예배하고 우리는 아는 것을 예배하노니 이는 구원이 유대인에게서 남이라. 아버지께 참되게 예배하는 자들은 영과 진리로 예배할 때가 오나니 곧 이 때라 아버지께서는 자기에게 이렇게 예배하는 자들을 찾으시느니라." 그리스도께서는 "이 산에서도 말고 예루살렘에서도 말고 너희가 아버지께 예배할 때가 이르리라"고 말씀하셔서 어느 특정한 장소에 국한되는 모든 예배를 폐하시는 것이다. 그러므로 우리는 그리스도의 몸이 떡 속에 임재한다는 사악한 논리를 폐하여야 하고 가증한 것으로 배격해야 한다. 이것이 바로 교황주의자들의 우상숭배적인 예배의 기반인 것이다. 화체설이든 공재설이든 그리스도의 몸이 떡 속에 임재한다는 논지가 유지되면, 교황주의의 예배가 그대로 존속할 것이기 때문이다. 과거 시대에 그리스도께서 승천하시기 전에도 그리스도를 예배할 때에 그가 계신 곳 어디에서나 예배하는 것이 정당할 뿐 아니라 그것이 필수적이었으니, 지금도, 만일 그가 떡 속에 계시다면 그를 눈으로 보든 보지 못하든 간에 떡 속에서 그를 예배하여야 할 것이기 때문이다. 하나님의 말씀이 만일 그렇게 가르친다면, 우리의 감각보다도 그 말씀을 믿어야 할 것이다. 그러나 반대로, 그리스도의 몸이 떡 속에 임재한다는 것을 거부한다면, 하나님 자신의 명령에 의하여, 교황주의자들이 그리스도의 몸이 떡과 잔의 형체 밑에 숨겨져 있다고 거짓말을 하면서 행하는 그런 수치스런 예배도 폐지해야 마땅한 것이다.

그리스도의 몸 편재론자들은 여기서 우리에 대해 주장하기를, 그리스도께서 떡 속에 계신 것은 앙모하고 기리게 하기 위함이 아니라 먹게 하기 위함이며, 그는 떡 속에서 그를 기리라고 명하시지 않고, 그를 먹으라고 명하시는 것이라고 한다. 그러나 이런 그들의 주장은 오히려 의문을 불러일으키는 것뿐이다. 그리스도께서는 그런 식의 명령을 하신 일이 없기 때문이다. 만일 그가 떡 속에 계신다면, 거기에서 그를 예배하는 것이 합당할 것이다. 다음과 같은 일반적인 명령이 있기 때문이다: "너희 천사들아 여호와께 경배할지어다"(시 97:7; 히 1:6), "네 하나님 여호와를 경외하며 그를 섬기라"(신 6:13; 10:20). 그러므로 그들은 그리스도께서 떡 속에 계시다고 상상하면서도, 그를 예배하는 것이 정당하지 않다고 주장한다. 그리하여 무스쿨루스(Musculus) 등은 이 난제를 해결하기 위하여 떡 앞에 엎드려 그 속에 계신 그리스도께 예배드렸다. 헤수스(Hesshuss)는 우리가 제시한 논지를 다음과 같이 반박한다: "신성은 모든 피조물들 속에서 임재하나, 그것들 속에서 높이 기림을 받을 것이 아니다. 그러므로 그리스도의 인성이 비록 떡 속에 임재하나 떡 속에서 높이 기림을 받을 필요가 없다." 그러나 인성과 신성의 경우는 서로 다르다. 신성을 기리는 일은 모든 피조물들에게 제한되지 않으나, 그가 그 성전으로 삼아 취하시는 인성이 그것과 연합되기 때문이다. 그러므로 그리스도의 인성이 있는 곳이면 어디든지 거기서 그 신성이 예배를 받게 될 것이며, 그리하여 그리스도의 인성의 편재가 이 논지로서 완전히 무너지는 것이다. 그리스도의 인성이 모든 피조물들 속에서와 또한 모든 곳에서 다 예배를 받는 것이 아니므로, 그리스도의 몸 편재론자들이 주장하는 것처럼 모든 배나 사과나 밧줄이나 치즈 등 무엇이든 어느 곳이든 다 임재하는 것이 아니기 때문이다.

우르시누스가 1669년에 덧붙여 제시한 다음과 같은 구체적인 사항들에서는 이런 차이가 더 현격하게 커졌다 :

1. 성찬은 오직 그리스도의 희생 제사만이 의롭다 함을 얻게 한다는 것을 증언한다. 그러나 교황주의의 사제들은 미사가 그때 그 자리에서 행해지는 일에 따라서 의롭게 한다고 주장한다.

2. 성찬은 그리스도께서 자기 자신을 우리를 위해 드리심으로써 우리를 구속하셨음을 가르치나, 교황주의의 사제들은 우리가 성찬을 통해 베풀어지는 그리스도로 말미암아 의롭게 된다고 주장한다.

3. 성찬은 우리의 구원이 그리스도께서 십자가에서 우리를 위해 단번에 행하신

제사로 말미암아 이루어진다는 것을 가르치나, 교황주의자들은 우리의 구원이 자주 반복되는 미사에 의해서 이루어진다고 주장한다.

4. 성찬은 우리가 성령으로 말미암아 믿음으로 그리스도께 접붙임을 받는다고 가르치나, 미사는 그리스도께서 우리 속에 육체로 들어오신다고 가르치거나 혹은 그리스도께서 우리 속에 육체로 들어오심으로써 우리가 그리스도께 접붙임을 받는다고 가르쳐서 우리를 미혹시킨다.

5. 성찬은 그리스도께서 희생 제사를 이루신 후 승천하셨음을 가르치나, 미사를 주장하는 자들은 그의 몸이 제단 위에 있다고 주장한다.

6. 성찬의 떡과 포도주가 그대로 남아 있고, 그 본질이 변화되지 않는다. 성례가 그대로 유지되며 표의 본질이 변화하지 않기 때문이다. 그러나 미사를 주장하는 자들은 떡과 포도주 본질이 사라지고 그 부수적인 요소들만 남는다고 가르친다.

7. 성찬의 의도는 그리스도를 믿는 우리의 믿음과 그의 유일한 제사를 확증하는 데 있다. 그러나 미사의 의도는 현재 행해지는 행위에 대한 생각을 확증하는 것이요 또한 그리스도의 제사를 부인하는 데 있다.

8. 성찬은 그리스도께서 하늘에서 예배를 받으신다는 것을 가르친다. 그러나 미사를 주장하는 자들은 떡과 포도주의 형체 밑에서 그를 예배한다. 이런 차이들이 교황주의의 미사가 사실상 그리스도께서 단번에 드리신 제사를 부인하는 것이요 저주받을 우상숭배 이외에 아무것도 아니라는 것을 증명해 주는 것이다.

그러나 이 차이들은 또한 교황주의의 미사가 교회에서 제거되고 완전히 사라져야 하는 중대한 이유들이 많이 있다는 것도 입증해 준다. 예를 들면 다음과 같은 것들이다:

1. 교황주의의 미사는 잡다한 부패요, 아니 그리스도께서 세우신 온전한 규례, 즉 성찬을 폐기시키는 것이다. 왜냐하면 잔을 평신도들에게서 빼앗아가며, 또한 사도들도 알지 못했고 초기의 교회에서도 전혀 시행된 바 없는 온갖 어리석은 장난감들을 덧붙여 놓았기 때문이다. 그러나 성례를 제정하는 권세나, 혹은 하나님이 제정하신 바를 변경하거나 폐지시키는 권세는 그 어떠한 피조물에게도 없는 것이다.

2. 미사는 표와 성례 자체를 파괴시킨다. 표를 그 나타내는 그것으로 변화시키기 때문이다. 떡과 포도주가 있다는 것을 부인하고는, 그것이 그리스도의 몸과 피

가 된다고 선언하는데, 이것은 성례의 본질을 거스르는 것이다. 성례는 본질상 그 표의 본질이 파괴되는 것을 허용하지 않으며, 표와 그 나타내는 그것 사이에 어떤 물질적인 연관을 요구하지 않으며, 따라서 성찬에 화체(化體)나 혹은 그리스도의 육체적 임재가 필요 없고, 그러면서도 현재 하늘에서 통치하고 계시고 그리로부터 친히 우리와 교제하시는 그 십자가에 달리신 그리스도께로 우리를 인도하는 것이다.

3. 미사에서는 사람이 행하는 것에다 공로에 대한 생각이 밀착되는 것이 근본이 된다. 왜냐하면 사제들은 미사가 속죄의 제사로서 위엄과 덕을 갖추기 때문에 그 미사의 공로가 그것을 행하는 자들과 그들이 비는 자들의 죄를 사해 준다고 꾸며 대기 때문이다. 그러나 이런 식의 공로는 모세 시대의 제사에도 없던 것이다. 그 공로는 하나님의 아들이 십자가에서 우리를 위하여 단번에 드리신 그 제사에만 있는 것이요, 주의 성찬이 우리를 바로 그 제사에게로 나아가도록 이끄는 것인데, 미사는 오히려 그 제사에서 우리의 생각을 돌이켜 다른 데로 나아가게 하는 것이다. 교부들도 가끔씩 성찬을 제사라 부르는 것은 사실이다. 그러나 그들은 찬미의 제사, 혹은 감사의 제사를 의미하는 것이지, 교황주의자들이 주장하듯 속죄의 제사를 뜻하는 것은 아니었다. 떡이 그리스도께서 우리를 위하여 베푸신 몸인 것처럼 과연 성찬은 그리스도께서 드리신 제사가 맞다. 그러나 이런 진술은 성례적인 의미로 이해해야 하는 것이다. 그런데 이 미사를 주장하는 자들은 미사를 그리스도께서 드리신 그 제사가 아니라 그것과는 전혀 다른 것으로 만들어 버린다. 그들의 말처럼, 미사는 피 없이 드리는 제사며, 우리가 그것으로 말미암아 죄 사함을 얻는다는 것이다. 그러므로, 물론 그들은 자기들이 그리스도께서 드리신 것 외에 다른 제사를 드리는 것이 아니라고 주장하지만, 사실상 그리스도께서 피 흘려 드리신 그 제사를 부인하는 것이요, 그리스도께서 죄 사함을 위하여 완전한 공로를 세우신 것을 부인하는 것이요, 죄를 위한 또 다른 제사를 상상하는 것이다. 성경은 그리스도의 제사가 단번에 드려진 것으로 그것만이 모든 죄를 속하기에 충족하다고 선언하고 있다. 그러므로 그 단번의 제사를 드리는 것과, 그리스도의 제사와는 일치하지 않는 제사를 여러 번 거듭 드리는 것은 전혀 다른 것이다. 그들은 이 제사만이 죄 사함을 위하여 충족하다고 말하고, 또한 이 제사가, 다른 제사들과 함께 죄를 위하여 드려진다고 말하니, 이는 자가당착인 것이다.

4. 이 이면에 또 다른 오류가 숨어 있으니, 곧 우리가 이 땅에서 벌거벗지 않고

옷을 입은 상태로 발견되면 하늘에서도 옷을 입은 상태가 될 것이며 또한 우리가 금생을 떠날 때에 우리에게 있는 성격에 따라 심판을 받게 될 것임을 하나님의 말씀이 선포하고 있는데도, 그들은 자기들 스스로가 죄 사함을 얻을 수 있고, 죽어서 연옥에 있는 자들의 영혼을 구원할 능력이 있다고 상상한다는 것이다. 키프리아누스는 다음과 같이 말한다: "금생을 떠난 이후에는 회개의 가능성도, 보상의 효과도 없게 된다. 거기서 생명을 잃거나 아니면 얻거나 둘 중의 하나뿐이다. 거기서 하나님을 예배함과 믿음의 열매로 말미암아 영원한 구원이 얻어지는 것이다."

5. 여기에 또 하나의 오류가 있다. 그들은 미사에서 제사를 드림으로써 죄 사함을 얻는 공로를 세울 뿐 아니라 병든 자와 양들과 말들과 소들과 돼지까지도 치유케 하는 다른 은덕을 얻는 공로를 세우게 된다고 꾸며대는 것이다. 그러므로 그들은 복음에서 약속하며, 또한 성례를 통해서 인쳐진 것과는 전혀 성격이 다른 미사에서 그런 은덕이 베풀어진다고 상상하는 것이다.

6. 미사는 그리스도의 제사장직을 대적하는 것이다. 오직 그리스도만이 자기 자신을 드릴 능력이 있으시다. 그런데 이 미사를 떠벌리는 자들은 하나님의 아들이 자기 자신만이 아니라 다른 사람에 의해서도 드려질 수 있다고 상상하며, 하나님의 아들을 제사로 드릴 수 있는 위엄을 지닌 피조물이 하나도 없는데도 불구하고 자기들이 하나님 아버지께 그 아들을 드린다고 상상하는 것이다. 제사장이 제물보다 더 크고 더 뛰어난 존재다. 그렇다면, 그들이 그리스도를 드리는 제사장들이니, 그것은 결국 자기들을 그리스도보다 더 뛰어난 존재로 높이는 처사인 것이다. 그러나 그들은 이것을 인정하지 않고 말하기를, 자기들은 아들을 죽이는 것이 아니라 다만 아버지께 그를 드려서 그가 그리스도로 인하여 우리 죄를 사하시게 하는 것뿐이며, 이렇게 해서 하나님의 아들이 단번에 드린 제사를 적용시키는 것뿐이라고 한다. 그러나 그들이 인정하는 대로 **그들이 그리스도를 자기들의 손으로 드린다는 것** 자체만으로 그들의 오류를 정죄하기에 충족하다. 왜냐하면 이것은 그들 자신을 하나님의 아들을 제물로 드리는 제사장으로 만드는 것이요, 따라서 자기들 자신을 그리스도보다 높이는 처사이기 때문이다. 그들은 자기들이 그리스도를 죽이는 것이 아니라고 말하지만 이것도 아무런 소용이 없다. 구약의 제사장들이 드린 제물들 중에, 떡처럼 죽이지 않고 드리는 것이 많았기 때문이다. 유대인들이 그리스도를 죽였으나, 그들은 그를 제물로 드린 것이 아니었다. 오히려 그리스도께서 자의로 죽임을 당하셨고 그리하여 자기 자신을 제물로 드리신 것이다:

"하물며 영원하신 성령으로 말미암아 흠 없는 자기를 하나님께 드린 그리스도" (히 9:14). 그리스도께서는 우리를 위하여 진정으로 자기 자신을 단번에 제물로 아버지께 드리신 것이다. "그리스도도 많은 사람의 죄를 담당하시려고 단번에 드리신 바 되셨고"(히 9:28), "오직 그리스도는 죄를 위하여 한 영원한 제사를 드리시고 하나님 우편에 앉으사"(히 10:12). 그런데 교황주의자들은 이러한 성경의 명백한 선언들을 대적하여, 그리스도께서 미사에서 거듭거듭 드려지게 만드는 것이다. 그들은 그를 자주 제물로 드리는 것일 뿐 그를 죽이지는 않는다고 주장한다. 그러나 속죄의 제사는 제물의 죽음이 없이는 드릴 수 없는 것이다. 왜냐하면 "피 흘림이 없은즉 사함이 없"기 때문이다(히 9:22).

7. 미사는 그리스도의 참된 인성, 그의 참된 승천, 심판을 위한 그의 재림 등, 우리의 믿음의 조목들과 모순을 일으킨다. 그리스도를 떡으로 된 몸과 결합시키고, 그리스도는 떡과 포도주의 형체 밑에 육체로 감추어져 있다고 상상하기 때문이다.

8. 미사는 성도들의 그리스도와의 하나된 교제와 어긋난다. 왜냐하면 그리스도의 몸이 우리 몸 속에 들어오게 되며, 또한 떡과 포도주의 형체가 소화되지 않고 남아 있는 동안 우리 속에 남아 있는 것이라는 끔찍한 허구를 떠벌리기 때문이다.

9. 마지막으로, 미사는 하나님께 드리는 참된 예배에 어긋난다. 이미 언급한 바와 같이 떡 속에 계신 그리스도를 섬기는 우상숭배를 제시하기 때문이다. 그리스도께서 분명한 명령으로 예배를 그렇게 제한시키신 일이 없는데도 불구하고, 교황주의자들은 그에게 드리는 예배를 하나의 물건에 제한시킨다. 벽에다 대고 그리스도를 예배하는 것이나, 기둥 앞에서 떨어지는 그를 예배하는 것이나, 떡 속에 계신 그리스도를 예배하는 것이나, 모두가 한결같이 그들이 우상숭배자들임을 선포하는 것이다.

지금까지 논의한 내용에서, 미사는 적그리스도가 온갖 오류와 신성모독의 내용을 재료로 만들어내어 성찬을 대신하게 한 하나의 우상임이 분명하며, 따라서 반드시 폐지되고 사라져야 하는 것이다.

반론 1. 미사는 그리스도의 제사를 적용시키는 것이다. 그러므로 폐지되어서는 안 된다. **답변.** 우리는 전제를 받아들일 수 없다. "믿음으로 말미암아 그리스도께서 너희 마음에 계시게 하시옵고"(엡 3:17)라는 말씀처럼, 그리스도의 공로는 오직 믿음으로만 우리에게 적용되기 때문이다.

반론 2. 교회 안에 하나의 영구한 제사가 반드시 필요하다. 이사야의 말씀처럼 "매 안식일에"(사 66:23) 제사가 있어야 하고, 또한 말라기의 말씀처럼 "깨끗한 제물"을 드려야 하기 때문이다(말 1:11). **답변.** 기독교 교회의 제사들은 감사의 제사다. 여기서 영구하게 깨끗하게 있어야 한다고 선언하는 것은 바로 그런 제사를 일컫는 것이다. 교부들은 다음과 같은 이유로 그런 제사를 감사와 찬미의 제사라 부른다. 1. 그것이 그리스도의 제사를 기념하는 것이기 때문이다. 2. 초대 교회에서는 성찬이 시행된 후에 구제물이 하나의 제사로서 가난한 자들에게 베풀어졌기 때문이다. 그러나 교부들은 성찬이 속죄의 제사라는 것은 절대로 꿈꾼 일조차 없었다.

81문   누가 성찬에 참여할 수 있습니까?

답   자기의 죄로 인하여 자기 자신에 대해 진정으로 슬퍼하면서도 자기가 그리스도로 말미암아 죄 사함을 받았음을 신뢰하며 또한 자기에게 남아 있는 연약함이 그리스도의 고난과 죽으심으로 말미암아 가려진다는 것을 신뢰하는 자들과, 또한 자기의 믿음이 더욱 강건해지고 자기의 삶이 바르게 고쳐지기를 사모하는 자들이 참여할 수 있습니다. 그러나 외식하는 자들과 진정한 마음으로 하나님께 돌아서지 않은 자들이 성찬에 참여한다면 그것은 그들 스스로 심판을 먹고 마시는 것입니다.

[해 설]

이 질문에 대해서는 세 가지를 해명해야 한다:

  1. 어떤 사람이 성찬에 참여해야 하는가?
  2. 악인이 성찬에 참여하면 그들은 무엇을 받는가?
  3. 성찬의 정당한 용도는 무엇인가?

1. 어떤 사람이 성찬에 참여해야 하는가?

어떤 사람이 성찬에 참석해야 하는가 하는 질문과, 또한 어떤 사람이 성찬에 허용되어야 하는가라는 질문은 서로 별개요 다른 질문이다. 전자는 교회원의 의무를 논하는 것이고, 후자는 교회와 목사들의 의무를 논하는 것이다. 전자는 더 제한적이며, 후자는 더 넓고 더 일반적이다. 전자에 관해서는, 경건한 자 외에는 아무도 성찬에 나아와서는 안 된다. 그러나 후자에 관해서는, 경건한 자만이 아니라, 겉으로 드러나지 않는 외식자들도 성찬에 허용되어야 하는 것이다. 그러므로 성찬에 참석하러 나와야 하는 모든 사람들이 또한 참석을 허용받아야 한다. 그러나 참석을 허용받아야 하는 모든 사람들이 반드시 다 참석해야만 하는 것은 아니다.

반드시 참석해야만 하는 사람들은 다음과 같다. 1. 자기들의 죄를 시인하고 그것에 대해 진정 가슴 아파하는 자들. 2. 자기들의 죄가 그리스도로 말미암아 사함 받았음을 믿는 자들. 3. 믿음이 더욱 강건해지고 그들의 삶이 더욱 거룩해지기를 진심으로 바라는 자들. 즉, 오직 참된 믿음과 회개 가운데 사는 자만이 주의 성찬에 나아와야 하고, 오직 그들만이 그리스도의 값없는 손님들인 것이다. 성찬에 참여하여 유익을 얻기 위해서 진정으로 점검해야 하는 것들이 바로 이것들인 것이다. 바울은 다음의 말씀에서 이 점을 논하고 있다: "사람이 자기를 살피고 그 후에야 이 떡을 먹고 이 잔을 마실지니"(고전 11:28). 자기 자신을 살핀다는 것은 내가 과연 믿음과 회개가 있는가를 살피는 것이다: "너희는 믿음 안에 있는가 너희 자신을 시험하고 너희 자신을 확증하라"(고후 13:5).

하지만 사람이 과연 자신에게 이런 것들이 있는가를 어떻게 알 것인가? 1. 하나님에 대한 신뢰와 또한 양심의 평안을 가짐으로. "우리가 믿음으로 의롭다 하심을 받았으니 우리 주 예수 그리스도로 말미암아 하나님과 화평을 누리자"(롬 5:1), "우리에게 주신 성령으로 말미암아 하나님의 사랑이 우리 마음에 부은 바 됨이니"(롬 5:5). 2. 겉으로 속으로 나타나는 참된 믿음의 결과들, 혹은 참된 순종의 시작에 근거하여, 또한 하나님의 모든 계명들에 순종하고자 하는 신실한 바람과 갈망에 근거하여. 스스로 이런 것들을 소유하고 있다는 의식이 있는 사람들, 혹은 이를 달리 표현하자면, 믿음과 회개가 있되 그 가능성만이 아니라 실제로 그것을 소유한 사람들은 반드시 나아와 성찬에 참여하여야 한다. 유아들은 성찬에 나아올 능력이 없다. 왜냐하면 그들은 믿음의 가능성과 또한 믿음에로 기울어지는 성향은 있으나 실질적인 믿음은 소유하지 못하였기 때문이다. 그러나 여기서는 실질적인 믿음이 요구되는데, 그 믿음에는 하나님께서 계시하신 것에 대한 분명한 지식과 또한 그리스도를 믿는 확신이 포함된다. 그 믿음은 또한 새로운 순종의 시작과 또한 경건하게 살고자 하는 바람을 요하며, 또한 주의 죽으심을 기념하는 것으로 우리 자신을 점검하는 것도 거기에 포함된다.

외식자들과 또한 참된 회개와 믿음이 없는 자들은 성찬에 참여해서는 안 된다. 1. 성례들은 오로지 신실한 자들과 진지한 마음으로 하나님께 돌아오는 자들이 복음의 약속에로 인쳐지고 또한 그 믿음을 확증할 수 있도록, 그들을 위하여 제정된 것이기 때문이다. 말씀은 회심한 자들과 회심하지 않은 자들 모두를 위한 것이다. 회심한 자들에게는 그들의 믿음이 확증되도록 하기 위해서 말씀이 전해지며, 또한 회심하지 않은 자들에게는 회심하도록 하기 위해 말씀이 전해지는 것이다. 그러나 성례의 경우는 오로지 믿는 신자들에게만 속한 것이며, 성찬에 대해서는 그리스도께서 제자들만 있는 자리에서 제정하셨고, 그때에 "내가 고난을 받기 전에 너희와 함께 이 유월절 먹기를 원하고 원하였노라"(눅 22:15)고 말씀하셨다. 그러므로 우리는 성례의 본질과 주체에 근거하여 다음과 같이 결론지을 수 있다: "하나님께서 그의 권속들과 자녀들을 위해 제정한 것이니, 외식자들과 교회 바깥의 외인들은 참석해서는 안 된다." 2. 바울은 거의 논란의 여지가 없는 분명한 말씀으로 외식자들과 모든 악한 자들이 주의 성찬에 나아오는 것을 금하고 있다: "사람이 자기를 살피고 그 후에야 이 떡을 먹고 이 잔을 마실지니"(고전 11:28). 3. 외식자들과 하나님께 진정한 마음으로 돌아서지 않은 자들이 성찬에 참여하게 되면, 그들은 스스로 심판을 먹고 마시는 것이요, 그리스도의 몸과 피를 범하는 죄를 짓는 것이다: "주의 몸을 분별하지 못하고 먹고 마시는 자는 자기의 죄를 먹고 마시는 것이니라"(고전 11:29). 4. 여기에다 불신자들이 성찬에 나아오는 것을 금하며, 또한 회심하지 않은 자들이 성례를 사용하는 것을 정죄하는 성경의 일반적인 증언을 덧붙일 수 있을 것이다: "예물을 제단에 드리려다가 거기서 네 형제에게 원망들을 만한 일이 있는 것이 생각나거든 예물을 제단 앞에 두고 먼저 가서 형제와 화목하고 그 후에 가서 예물을 드리라"(마 5:23, 24), "소를 잡아 드리는 것은 살인함과 다름이 없이 … 행하는 그들은 자기의 길을 택하며 그들의 마음은 가증한 것을 기뻐한즉"(사 66:3), "만일 율법을 범하면 네 할례는 무할례가 되느니라"(롬 2:25).

반론 1. 그러나 하나님께서는 모든 사람들에게 성례를 행하라고 명하시며, 그리스도께서도 "너희가 다 이것을 마시라"라고 말씀하신다. 그러므로, 불경건한 자가 성찬에 나아온다 해도 죄를 짓는 것이 아니다.

답변. 전제에 대해서는, 물론 하나님께서 모두에게 성례를 시행할 것을 명하시지만, 그때에 그는 성례가 정당하게 시행되어야 할 것을 요구하시는데, 그러기 위해서는 믿음과 회개가 반드시 있어야 한다고 답변할 수 있다. 하나님께서는 모든 사람에게 세례를 받을 것과 성찬을 시행할 것을 명령하신다. 그러나 그는 또한 회개하고 믿을 것을 그들에게 명령하시는 것이다: "너희가 회개하여 각각 예수 그리스도의 이름으로 세례를 받고"(행 2:38), "사람이 자기를 살피고 그 후에야 이 떡을 먹고 이 잔을 마실지니"(고전 11:28).

반론 2. 우리는 모두 자격이 없다. 그러므로 아무도 성찬에 나와서는 안 된다.

답변. 이에 대해서는, 본성적으로나 우리 자신으로만 보면 우리 모두가 자격이 없으나 우리가 믿음과 선한 양심으로 나아가면 그리스도의 은혜로 말미암아 자격을 얻게 된다고 답변할 것이다. 아우구스티누스는 "담대하게 나아오라. 그것은 떡이지 독(毒)이 아니다"라고 말한다. 그러므로 자신이 무자격하다고 해서 그것 때문에 참여하지 말아야 할 사람은 아무도 없다. 믿음과 회개로써 나아오는 사람은 누구나 자격 있는 손님으로 간주되는 것이다. "무릇 마음이 가난하고 심령에 통회하며 내 말을 듣고 떠는 자 그 사람은 내가 돌보려니와"(사 66:2).

반론 3. 성찬이 더러워지지 않도록 막는 사람은 적절히 행하는 것이다. 누군가와 반목하고 있거나 혹은 다른 죄들로 인하여 주의 성찬에 참여하지 않는 사람은 성찬이 더러워지지 않도록 막는 것이다. 그러므로 그들의 행동은 올바르고 정당한 것이다.

답변. 주 전제에 다음과 같은 단서를 붙여야 한다. 주의 성찬이 더러워지지 않도록 막는 사람은 적절히 행하는 것이다. 단, 그들을 무자격하게 만드는 그런 죄들을 회개하는 등의 정당한 방식으로 그렇게 행하는 경우라야 한다. 그러나 주의 성찬에 불참하면서 죄와 외식과 이웃과의 반목 등을 계속하는 자라면 지혜롭지 못하고 악하게 행하는 것이다. 그것은 죄에다 죄를 더하며, 더럽히는 것에다 멸시를 더하는 것이기 때문이다. 선한 결과를 위한다는 핑계로 악을 행해서는 안 되는 것이다.

2. 악인이 성찬에 참여하면 그들은 무엇을 받는가?

외식자들과 또한 순전한 마음으로 하나님께로 돌아서지 않는 자들이 성찬에 참여하게 되면, 성찬의 표가 나타내는 것, 즉 그리스도의 몸과 피를 받는 것이 아니라 그저 떡과 포도주의 공허한 표만을 받게 되고, 그것이 그들에게 정죄가 된다. 이는 다음의 사실들에서 입증된다.

1. **먹는다는 것의 정의에서.** 그리스도를 먹는다는 것은 그리스도의 모든 은덕의 본질과 공로와 공효에 참여하는 것을 의미한다: "내 살을 먹고 내 피를 마시는 자는 내 안에 거하고 나도 그의 안에 거하나니"(요 6:56, 57). 그러나 악인들과 믿지 않는 자들은 그리스도께 참여하는 자들이 되지 않는다. 그러므로 그들은 그리스도를 먹는 것이 아니다.

2. **먹는 방식과 수단에서.** 그리스도의 몸은 오직 믿음으로만 먹는 것이다. 왜냐하면 오직 믿음으로만 그와 또한 그의 모든 은덕을 받기 때문이다. 그리스도의 몸은 배(腹)가 아니라 영혼의 양식이요, 입이 아니라 마음의 양식이다. 루터의 요리문답이 이를 잘 표현하고 있다: "이 말씀은 믿는 마음을 요한다." 그러나 불경한 자들과 외식자들에게는 믿음이 없다. 그러므로, 그들은 그리스도의 몸을 받는 것이 아니다.

3. 그리스도는 그가 위하여 십자가에서 자신을 드리신 그 사람들에게만 성찬에서 그의 몸을 베푸사 그들로 먹게 하신다. 그런데 그는 불경한 자들이나 외식자들이 아니라 오직 믿는 자들만을 위하여 십자가에서 자신을 드리셨다. "내가 비옵는 것은 세상을 위함이 아니요 내게 주신 자들을 위함이니이다"(요 17:9), "이것은 너희를 위하여 주는 내 몸이라"(눅 22:19).

4. 그리스도의 몸은 살려주는 떡으로서, 누구든지 그것을 받는 자마다 생명을 얻는다. 왜냐하면 그리스도의 영이 그의 몸과 분리되지 않기 때문이다. "내 살을 먹고 내 피를 마시는 자는 내 안에 거하고 나도 그의 안에 거하나니"(요 6:56). 그러나 불경한 자들은 표는 받으나 생명은 받지 못한다. 그러므로 그들은 표가 나타내는 것은 받지 못하고 표만 받는 것이다.

5. 불경한 자들은 스스로 심판을 먹고 마신다. 그러므로 그들은 그리스도의 몸과 피를 먹고 마시는 것이 아니다. 이 논지는 모순의 법칙에 따라서 힘을 발휘한다. 스스로 심판을 먹는다는 것은, 불신앙과 성례의 남용을 통해서 그리스도로부터 떠나고 그와 그의 모든 은덕에서 분리된다는 것이다. 아니면, 믿음과 회개가 없이 참여하여 성례를 더럽힘으로써 하나님을 극심하게 거역하는 것이며, 그리하여 회개하지 않을 경우 세상적이며 영원한 형벌을 스스로 자초하는 것이다. 반대로 그리스도를 먹는다는 것은 그리스도와 그의 모든 은덕에 믿음으로 참여하는 것이다. 그런데 그리스도를 먹으면서도 그의 공로와 공효와 은덕에 참여하지 못하게

되는 경우는 없다. 그러므로 그리스도를 먹으면서도 스스로 정죄를 받는 자도 없는 것이다.

6. 바울은 "너희가 주의 잔과 귀신의 잔을 겸하여 마시지 못하고 주의 식탁과 귀신의 식탁에 겸하여 참여하지 못하리라"(고전 10:21)고 말씀하는데, 여기서 그는 주의 성찬에는 불경한 자들이 참여할 수 없는 무엇이 있다는 것을 진술한다. 그러나 불경한 자들도 성찬에서 떡과 포도주의 표들에는 참여한다. 그러므로 그는 그들이 성찬에서 표가 나타내는 그것들, 즉 그리스도의 몸과 피에는 참여하지 못한다는 것을 말씀하는 것이다. 그런데, 이에 대해서, "하지 못하리라"라는 사도의 말씀은 선한 양심을 갖고 구원에 이르도록 참여할 수가 없다는 것을 뜻한다는 반론이 제기된다. 그러나 이것은 그릇된 억지일 뿐이다. 사도는 무익한 것이 아니라 불가능한 것을 근거로 논지를 전개하는 것이기 때문이다. 우리는 우상에게 드려진 제물에 참여해서는 안 된다. 왜? 이것은 귀신에게 참여하는 것이기 때문이다. 그런데 우리가 주의 식탁과 귀신의 식탁에 동시에 참여한다는 것은 불가능한 일이다. 왜냐하면 동시에 두 주인을 섬긴다는 것이 불가능하기 때문이다. 그리스도께서는 "한 사람이 두 주인을 섬기지 못할 것이니 … 너희가 하나님과 재물을 겸하여 섬기지 못하느니라"(마 6:24). 사도는 여기서 같은 의미로 "너희가 주의 잔과 귀신의 잔을 겸하여 마시지 못하고 주의 식탁과 귀신의 식탁에 겸하여 참여하지 못하리라"고 말씀하는 것이다.

7. 그리스도께서는 "자녀의 떡을 취하여 개들에게 던짐이 마땅하지 아니하리라"(마 15:26)라고 말씀하신다. 그리스도의 몸은 그의 자녀들, 즉 믿는 자들의 떡이다. 그러므로 그리스도께서는 다음과 같은 그 자신의 가르침을 거슬러 그의 떡을 개들, 즉 악인들에게 던지는 법이 없으신 것이다: "거룩한 것을 개에게 주지 말며 너희 진주를 돼지 앞에 던지지 말라 그들이 그것을 발로 밟고 돌이켜 너희를 찢어 상하게 할까 염려하라"(마 7:6).

8. 이 문제에 관하여 동일한 것을 가르친 교부들의 권위에서. 아우구스티누스의 가르침(lib. 21, cap. 25, de civitas Dei; Johan. tract 26, 59; sent. Prosperi cap. 3, 39)을 보라. 암브로시우스는 성찬에 대해 다음과 같이 말하고 있다: "무자격한 자들이 성례를 취하고 다룰 수도 있으나, 그 사람들은 성령에 참여할 수는 없다. 그들의 불신앙과 무자격함이 그 큰 거룩함과 모순되기 때문이다." 좀 더 뒤에서 그는 또 다음과 같이 말한다: "이 신성한 신비들에 냉담한 마음과 영혼으로 참여하

며, 심지어 이 선물들에 참여하기까지 하는 자들에 대해서 말하자면, 그들은 반석을 핥기는 하나 꿀도 기름도 전혀 빨아들이지 못한다. 왜냐하면 그들은 성령의 감미로운 사랑으로도, 그의 거룩하심으로도 전혀 생기를 얻지 못하기 때문이다. 그들은 성례에 관하여 분별도 없고 또한 자신을 살피지도 않고, 그저 보통 음식을 대하듯이 전혀 경건함이 없이 이 거룩한 선물들을 사용하며, 지저분한 복장으로 주의 성찬에 무례하게 나아가는데, 이런 자들은 주의 손에서 — 그는 오늘날까지도 자신의 지극히 참되고 거룩하신 몸을 창조하시고 거룩하게 하시며 축복하시고 또한 경건한 자들에게 그것을 나누어주시는 분이다 — 부정한 양심으로 떡 한 티끌이라도 받는 것보다는 차라리 연자맷돌을 그 목에 매고 바다에 빠뜨려지는 편이 나을 것이다."

불신자들과 불경한 자들이 주의 성찬에 참여함으로써 스스로 정죄를 자초하게 되는 이유들은 다음과 같다: 1. 그들을 위해서가 아니고 오직 그리스도의 제자들을 위해서 제정된 그것들을 스스로 취함으로써, 표를 더럽히는 것은 물론 그것이 나타내는 것들까지도 더럽히기 때문이다. 2. 그들 스스로 언약의 표를 취함으로써, 하나님의 언약을 더럽히기 때문이다. 그들은 하나님과의 언약 속에 있기를 바라지만, 실상은 그들이 하나님이 아니라 귀신과 관계를 맺고 있는 것이며, 그들은 할 수 있는 한 하나님을 악인의 아버지로 만들려고 애쓰고 있는 것이다. 3. 그들이 주의 몸을 분별하지 못하며, 그의 피를 자기들의 발로 짓밟기 때문이다. 하나님께서는 과연 그의 은덕을 그들에게 베푸시지만, 그들은 그것을 믿음으로 받지 않고 그리하여 하나님을 조롱하며, 또한 그러면서도 그들은 그리스도의 은덕을 받는다고 주장하며, 그리하여 결국 다른 죄들에다 이러한 새로운 죄를 더하는 것이다. 4. 그들 자신의 판단이 그들을 정죄하기 때문이다. 주의 성찬에 나아오면서 그들이 주의 가르침을 인정한다고 말하며, 또한 그리스도 바깥에는 구원이 없다는 것을 믿는다고 고백하지만, 그런 가운데도 자기들이 외식자들이라는 것을 그들 스스로 의식하고 있고, 따라서 그런 의식이 그들을 정죄하는 것이다.

그러므로 불경한 자들이 스스로 정죄를 먹는다면 그들이 그리스도의 몸을 먹어야 한다는 식으로 주장하는 자들은 그릇되게 사고하는 것이다. 오히려 그 반대가 참이라고 말할 수 있을 것이다. 그들이 스스로 정죄를 먹는다면, 그들은 그리스도의 몸을 먹지 않는 것이기 때문이다. 그리스도를 먹는다는 것과 정죄를 먹는다는 것은 서로 반대요, 동시에 참이 될 수가 없다. 그러나 우리의 반대자들은 그들이 무자격하게 먹으나 여하튼 먹는 것이라고 말한다. 물론 그들이 먹는 것은 사실이다. 그러나 그들은 그리스도의 몸이 아니라 그냥 떡을 먹는 것뿐이다. 그러나 그들은 다시 말하기를, 그리스도는 구주이실 뿐 아니라 심판자이시기도 하다고 말한다. 그러나 그는 그의 몸을 먹는 자들을 심판하시는 자가 아니고, 그를 멸시하는 자들을 심판하시는 자시다. 그의 몸을 먹는 자들에 대해서 "나를 먹는 그 사람도 나로 말미암아 살리라"(요 6:57)고 말씀하며, 또한 그리스도를 멸시하는 자들에 대해서는 "불법을 행하는 자들아 내게서 떠나가라"(마 7:23)고 말씀하기 때문이다. 복음이 그것을 믿는 자들에게는 생명에 이르는 생명의 향기요, 그것을 멸시하는 자들에게는 사망에 이르는 사망의 냄새인 것처럼, 그리스도도 그를 먹는 자들은 살리시고, 그를 멸시하는 자들은 심판하시는 것이다. 그런데 말씀과 성례가 믿지 않는 자들에게 베풀어지면, 그리스도께서 멸시를 당하시는 것이요, 그들의 불신앙으로 인하여 배척을 받으시는 것이다.

그런데 이에 대해서 다시 반론이 제기된다. 곧, 불경한 자들은 그리스도의 몸에 대해 죄책이 있으므로 그 몸을 반드시 먹어야 한다는 것이다. 그러나 그들에게 죄책이 있는 이유는 그들이 그리스도를 먹었기 때문이 아니라, 그리스도가 없이 떡만 먹었기 때문이다. "주의 몸을 분별하지 못하고 먹고 마시는 자는 자기의 죄를 먹고 마시는 것이니라"(고전 11:29)고 말씀하기 때문이다. 마치 왕의 조서나 인장을 해치는 것이 곧 왕 자신을 해치는 것이요 따라서 그의 위엄에 범죄를 저지르는 것이듯이, 표를 마구 남용하는 것은 바로 그리스도 자신을 멸시하는 것이다. 그런데, 그들은 다시, 성례에 참여하는 것이 선행인데, 어떻게 불경한 자들이 스스로 심판을 먹으며 죄책을 지는 것일 수가 있는가? 하고 묻는다. 이에 대해서는, 진정으로 정당하게 성례에 참여하는 것 자체는 선행이지만, 그 외에는 하나님께서 명하신 것이 아니라 오히려 금지하신 행위라고 답할 수 있다: "소를 잡아 드리는 것은 살인함과 다름이 없이 하 … 는 그들은 자기의 길을 택하며 그들의 마음은 가증한 것을 기뻐한즉"(사 66:3). 바울도 다음과 같이 말씀한다: "그런즉 너희가 함께 모여서 주의 만찬을 먹을 수 없으니"(고전 11:20), "율법을 범하면 네 할례는 무할례가 되느니라"(롬 2:25). 만일 이것이 사실이 아니라면, 우리는 다음과 같이 결론지을 수도 있을 것이다: 그리스도의 몸을 받는 일은 선행이다. 그러므로 불경한 자가 그 몸을 받아도 그리스도의 몸을 범하는 것일 수가 없다.

3. 성찬의 정당한 용도는 무엇인가?

성찬의 정당한 용도는 믿는 자가 교회에서 주의 떡과 잔을 받고 그의 죽으심을 보이며, 그리하여 이 떡과 잔을 받는 것이 그들과 그리스도의 연합의 보증이 되고, 우리의 구속과 구원의 모든 은덕을 적용할 때에 나타난다. 그 용도는 다음 세 가지에 있다:

1. 그리스도께서 제정하신 예식들을 유지하고 준수하는 것. 그러나 가볍게도, 사사롭게도 행해서는 안 되고, 크든 작든 교회의 정규 집회에서 행하여야 한다. 그리스도께서 제정하신 예식들은, 주의 떡을 떼고 분배하며 받는 것이요, 주의 잔을 모든 교회원에게 주어 그의 죽으심을 기념하는 것이다.

2. 그리스도께서 위하여 성찬을 제정하신 그 해당자들이 예식들을 준수하는 것. 곧, 그리스도께서 의도하신 자들이, 그의 원수가 아니라 그의 제자들이 — 곧 신자들이 — 떡과 포도주를 받는 것이다. 믿음과 회개가 없이 이 예식을 준수하는 것은 성찬을 정당하게 사용하는 것이 아니라 더럽게 남용하는 것이다.

3. 성찬을 받을 때에 그 모든 과정이 그리스도께서 성찬을 제정하신 목적을 지향하는 것. 즉, 주의 죽으심을 기념하는 것을 지향하는 것이요, 그것이 우리의 믿음을 확증해 주며, 참된 감사를 드리는 것이 되는 것이다.

82문 자신이 믿지도 않고 불경하다는 것을 자신의 고백과 삶으로 친히 드러내 보이는 자들에게도 이 성찬이 허용됩니까?

답 아닙니다. 그렇게 되면 하나님의 언약이 더럽혀지게 되고 하나님의 진노가 온 회중을 향하여 임할 것입니다. 그러므로 기독교 교회는 그런 자들이 삶을 회개했음을 보이기까지, 그리스도와 그의 사도들의 규례에 따라서 천국의 열쇠들로 그들을 성찬에서 제외시킬 의무가 있습니다.

[해 설]

교회는 다음과 같은 자들을 성찬에 참여하도록 허용할 것이다.

1. 자신을 살피고 주의 죽으심을 기념할 수 있는 적절한 연령이 된 자들. 이는 다음의 명령에 따른 것이다: "이것을 행하여 마실 때마다 나를 기념하라"(고전

11:25), "사람이 자기를 살피고 그 후에야 이 떡을 먹고 이 잔을 마실지니"(고전 11:28), "너희가 이 떡을 먹으며 이 잔을 마실 때마다 주의 죽으심을 그가 오실 때까지 전하는 것이니라"(고전 11:26). 그러므로 교회의 어린 아이들은, 신자의 수에 포함되기는 하나 주의 성찬에의 참여는 허용되지 않는다.

2. 세례를 받았고, 또한 세례로써 교회원이 된 자들. 세례에서 하나님과 맺어진 언약이 성찬의 준수에서 갱신되는 것이다. 그렇기 때문에 먼저 할례를 받은 자들 외에는 아무도 유월절 식사에 허용되지 않았던 것이다. 그러므로 이슬람교도들이나 유대인이나 교회 바깥에 있는 모든 자들에게는 성찬에의 참여가 금지되는 것이다.

3. 진정으로 참되게 하든, 혹은 은밀한 외식으로 하든 간에, 말과 행실로 참된 회개와 믿음을 드러내 보이는 자들, 혹은 처신에서 믿음과 회개를 드러내는 자들. 교회는 은밀하게 감추어진 것에 근거하여 판단할 것이 아니다. 그러므로 그리스도의 지체라고 판단되는 모든 자들, 즉 진정 경건한 자들이든 그 진정한 모습이 드러나지 않은 외식자들이든 간에, 신앙 고백과 겉으로 드러나는 삶의 행실로써 회개와 믿음을 표명하는 모든 자들을 성찬에 받아들이는 것이다.

그러나, 이 모든 것들을 믿는다고 공언하면서도 계속해서 불경하고 죄악된 삶을 사는 자들은 성찬에 받아들여서는 안 된다. 믿는다고 하면서 믿음의 열매가 없는 자들은 거짓말하는 자들이요, 말로 시인하는 것을 행위로 부인하는 자들이기 때문이다. 사도들은 이들에 대해서 다음과 같이 선언하고 있다: "그들이 하나님을 시인하나 행위로는 부인하니 가증한 자요 복종하지 아니하는 자요 모든 선한 일을 버리는 자니라"(딛 1:16), "행함이 없는 믿음은 죽은 것이니라"(약 2:26).

신앙 고백과 삶으로 회개와 믿음을 표명하는 자들만 성찬에 허용해야 하는 이유들은 다음과 같다:

1. 믿지 않는 자와 회개하지 않는 자들이 성찬에 참여하게 되면, 교회가 하나님의 언약을 더럽히는 것이 되기 때문이다. 하나님의 언약을 더럽힌다는 것은, 곧 하나님의 원수들인 자들을 하나님의 친구요 하나님의 권속인 자들로 추천하고 인정하는 것이요, 외식자들과 악인들을 하나님께 그런 자들로 제시하는 것이다. 하나님의 언약은 두 가지 방식으로 더럽혀진다. 그 하나는 하나님께서 아무런 약속도 하시지 않은 그런 자들에게 언약의 표를 시행하는 것이고, 또 하나는 회개와 믿음이 없이 표를 사용하는 것이다. 회개하지 않은 상태에서 스스로 언약의 표를 취하

는 자들 뿐 아니라, 하나님께서 그의 언약에서 제외시키신 그런 자들을 알면서도 그들에게 고의로 언약의 표를 시행하는 자들도, 하나님의 언약을 더럽히는 것이다. 그러므로 불경한 자들에게 언약의 표를 주는 것은 하나님을 악인의 친구로 만드는 것이요, 귀신의 자식을 하나님의 자녀로 만드는 것이다.

2. 만일 교회가 고백으로나 삶으로나 스스로 불신자요 불경한 자임을 드러내는 자들을 알면서도 고의로 성찬에 허용할 경우에는, 하나님의 진노가 온 교인들 전체를 향하여 촉발될 것이다. "그러므로 너희 중에 약한 자와 병든 자가 많고 잠자는 자도 적지 아니하니, 우리가 우리를 살폈으면 판단을 받지 아니하려니와 우리가 판단을 받는 것은 주께 징계를 받는 것이니"(고전 11:30-32)라는 사도 바울의 말씀이 그러한 사실을 분명히 선언하는 것이다. 그러므로 하나님께서는 이 성례를 더럽히는 자들과 또한 거기에 동조하는 자들에 대해 진노하시고 그들을 벌하시는 것이다. 실질적으로 더럽히는 자들과 또한 거기에 동조하는 자들 모두가 주의 성찬을 더럽히는 것이다.

3. 그리스도께서는 불경한 자들을 그의 식탁에 받아들이지 말라고 명령하셨다. 주의 성찬과 관련하여 그런 명령이 없다고 부인한다면, 그 명령의 존재와 의미와 그 본질을 쉽게 입증할 수가 있다. 그리스도께서는 그의 제자들만을 위하여 성찬을 제정하셨기 때문이다: "내가 고난을 받기 전에 **너희**와 함께 이 유월절 먹기를 원하고 원하였노라"(눅 22:15), "이것을 갖다가 **너희**끼리 나누라"(눅 22:17), "이것은 **너희**를 위하여 주는 내 몸이라"(눅 22:19). 그러므로 성찬은 오직 그리스도의 제자들만을 위하여 제정된 것이다. 그러므로 "이것을 갖다가 너희끼리 나누라"는 명령도 그들에게 해당되며, 그리스도께서 위하여 죽으신 일이 없는 그 이외의 사람들은 모두 거기에서 제외되는 것이다. 여기에 다음 한 가지 이유를 덧붙일 수 있을 것이다.

4. 분명하고도 강력한 이유가 있다. 믿음을 부인하는 자들은 교회원으로 ─ 가시적인 교회의 일원으로도 ─ 인정해서는 안 된다. 회개하기를 거부하며 믿음을 부인하는 모든 자들도 여기에 해당된다: "그들이 하나님을 시인하나 행위로는 부인하니 가증한 자요 복종하지 아니하는 자요 모든 선한 일을 버리는 자니라"(딛 1:16). 그러므로 회개하기를 거부하는 자들은 가시적인 교회의 일원으로 간주해서는 안 되며, 따라서 교회의 성례에도 허용해서는 안 되고, 회개하지 않은 불경한 삶을 계속 사는 한 그들을 이방인들로 여겨야 하는 것이다. 그러나 교회가 그 참된

실체를 알지 못하는 외식자들의 경우는, 신앙 고백과 삶으로 회개와 믿음을 표명하는 자들로 간주하여 경건한 자들과 함께 주의 성찬에 허용되어야 한다. 그러나 참으로 믿는 자들 외에는 아무도 참여해서는 안 된다. 사람들에게 그 참된 모습이 드러나지 않는 외식자들을 포함하여, 다른 모든 사람들은 스스로 심판을 먹고 마시는 것이요, 성찬을 더럽히는 것이다.

반론. 외식자들을 성찬에 허용한다고 해도 교회가 하나님의 언약을 더럽히는 것이 아니다. 그러므로 회개하지 않는 자들임이 분명히 드러나는 자들을 성찬에 허용해도 성찬을 더럽히는 것이 아니다.

답변. 외식자임이 알려지지 않았으나 사실 외식자인 자들을 성찬에 허용할 경우, 교회는 잘못을 행하는 것이 아니다. 그들의 신앙 고백과 그들이 꾸며대는 회개에 비추어 볼 때에 그들을 신실한 자로 여기지 않을 수가 없기 때문이다. 그러나 만일 말과 행실로 회개와 믿음을 부인하는 자들이나, 공공연한 외식자들을 교회가 알면서도 고의로 성찬에 허용할 경우, 그것은 분명한 잘못이다.

재반론. 그러나, 특히 교회의 정당한 권징이 유지되지 않을 때에는 수많은 회개치 않는 자들이 스스로 침범하여 언약을 더럽게 하는데, 이때에는 교회가 그들을 성찬에 허용하는 것이 잘못이 아니다. 그러므로 회개를 부인하는 다른 사람들을 성찬에 허용한다 해도 잘못이 아니다.

답변. 교회는 이 경우 잘못을 행하는 것이 아니다. 그러나 그것은 회개치 않는 자들을 받아들이는 것이 죄가 아니기 때문이 아니라, 교회가 무지로 인하여 ― 그들이 그렇다는 것을 알지 못하고 ― 그들을 받아들였기 때문이다. 그러나 스스로 성찬을 침범하여 언약을 더럽히는 그 회개치 않는 자들은 교회나 그들과 함께 성찬을 나누는 사람들에게 정죄를 유발하는 것이 아니라, 그들 자신이 죄책을 지게 된다. 그렇게 함으로써 그들 스스로가 자기들에게 심판을 자초하기 때문이다. 그러나 교회는 성찬에 참여할 자들의 면모를 조심스럽게 살피고 점검해야 하며, 출교나 교회의 권징이 시행되지 않을 경우라도 다음의 경우에는 목사가 죄책을 지지 않는다: 성찬을 침범하는 자들에게 성찬을 기꺼이 시행하지 않을 경우, 그들을 즉시 권고하고 책망할 경우, 또한 그들이 그런 악행을 피하기를 바랄 경우. "의를 위하여 주리고 목마른 자는 복이 있는" 법이기 때문이다. 그러나 다른 사람들에게는, 즉 성례를 남용하는 자들과 그런 일에 동조하는 자들에게는 죄가 있는 것이다.

성찬에 관한 논제

1. 신약에서 성찬을 가리켜 **성만찬**(聖晚餐)이라 부르는데, 이는 저녁 식사 때에 행하기 때문이 아니라, 그리스도께서 죽으시기 전 제자들과 마지막으로 만찬을 나누실 때에 제정하셨기 때문이다. 그것을 가리켜 **주의 만찬**이라 부르는 것은 그것을 정당하게 시행할 때에 그리스도께서 우리를 먹이시기 때문이다. 그것을 그리스도의 몸과 피의 **성례**라 부르는 것은 그리스도의 몸과 피가 그것을 통해서 우리에게 전달되기 때문이다. 그것을 "*eucharist*"라 부르는 것은, 거기에 그리스도의 죽으심과 은덕에 대한 엄숙한 감사가 있기 때문이다. 그것을 **언약**이라 부르는 것은 교회의 공적인 집회에서 시행해야 하기 때문이다. 그것을 가리켜 교부들은 **제사**라 부르는데, 이는 그것이 그리스도께서 십자가에서 이루신 속죄의 제사를 나타내는 것이며 또한 감사의 제사이기 때문이다.

2. 성찬은 신약의 한 가지 성례인데, 이는 그리스도의 명령에 따라서 떡과 포도주를 신자의 집회에서 분배하고 그리스도를 기념하여 받는 것이며, 혹은 그리스도께서 영생에 이르도록 우리를 위해 드리신 몸과 피로 말미암아 우리를 먹이신다는 것을 우리에게 선포하며, 또한 우리로 하여금 그의 은덕에 대해 그에게 감사를 돌리게 하는 것이다.

3. 주의 성찬의 첫 번째 주요한 목적 혹은 용도는, 그리스도께서 우리를 위해 죽으셨고 또한 그의 몸과 피로써 영생에 이르도록 우리를 먹이신다는 것을 우리에게 선포하시며, 또한 이러한 선포를 통하여 우리의 믿음을 세우시고 강건케 하시는 것이다. 두 번째 목적은 그리스도께서 베푸시는 이런 은덕에 대해 감사를 드리는 것이요, 그를 향한 우리의 의무를 공적으로 엄숙하게 공포하는 것이다. 그리고 세 번째 목적은 교회를 다른 모든 종교들과 구별짓는 것이다. 네 번째 목적은 상호 간의 사랑의 끈이 되게 하는 것이다. 다섯 번째 목적은, 교회의 공 집회의 끈이 되게 하는 것이다.

4. 성찬의 첫 번째 목적은 그리스도를 믿는 우리의 믿음을 확증하는 것인데, 이는 그리스도께서 친히 목사의 손으로 이 떡과 잔을 주셔서 그를 기념하게 하시기 때문이다. 즉, 이 상징물을 그의 눈에 보이는 말씀으로 삼아, 그가 우리를 위해 죽으셨고 그가 우리에게 영생의 떡이 되시며 우리를 그의 지체로 삼으신다는 것을 가르치고자 하시는 것이다. 그리고 그는 "이것은 내 몸이니"라고 말씀하심으로써, 이 떡을 먹고 그를 기념하는 자들을 그 자신의 몸과 피로 먹이시겠다는 약속을

이 예식에 덧붙이셨으며, 또한 성령께서는 이러한 눈에 보이는 증언을 통해서 신자들이 복음의 약속에 대해 더 견고한 확신을 갖도록 그들의 마음에 역사하신다.

5. 그러므로 성찬에는 두 가지 음식과 음료가 있는데, 하나는 외적이고 가시적이며 지상적인 것으로 떡과 포도주이며, 또 하나는 내적인 것이다. 또한 먹고 받는 것도 두 가지가 있다. 그 하나는 손과 입과 감각을 통해서 외적으로 이루어지는 것으로, 떡과 포도주를 육체적으로 받는 것이고, 또 하나는 손과 입이 아니라 성령과 믿음으로 말미암아 이루어지는 내적이며 불가시적인 것으로 그리스도의 죽으심의 결과와 그의 몸에 영적으로 접붙임을 나타내는 것이다. 마지막으로, 이 음식과 음료를 분배하는 자도 두 가지다. 외형적인 것을 외형적으로 분배하는 자가 있는데, 이는 손으로 떡과 포도주를 우리에게 분배하는 교회의 목사이며, 또한 내적인 것을 내적으로 분배하는 자가 있는데, 이는 자신의 몸과 피로 우리에게 먹이시는 그리스도 자신이시다.

6. 우리의 믿음을 확증하게 해 주는 표는 그리스도의 몸과 피가 아니라, 떡과 포도주다. 그리스도의 몸과 피는 그것을 받을 때에 우리가 영원토록 사는 것인 반면에, 떡과 포도주를 받으면 그 하늘의 양식에 대해 확신을 갖게 되고 그것을 더욱더 누리게 되는 것이다.

7. 떡이 그리스도의 몸으로 바뀌는 것도 아니고, 포도주가 그리스도의 피로 바뀌는 것도 아니다. 또한 떡과 포도주가 사라지고 그 대신 그리스도의 몸과 피가 있게 되는 것도 아니고, 그리스도의 몸이 본질로 떡 속이나 떡 밑이나 혹은 떡이 있는 곳에 임재하는 것도 아니다. 다만 성찬을 정당하게 사용할 때에 성령께서 이 상징물을 도구로 삼아 우리의 믿음을 북돋우시며, 그것으로 말미암아 그가 우리 속에 더욱더 거하시며, 우리가 그리스도로 말미암아 의롭다 하심을 받은 일이 더욱 견고해지게 하시며, 그에게서 받은 영생을 누리게 하시는 것이다.

8. 그리스도께서 "이것은", 즉 이 떡은 "내 몸이니"라고 하시고, 또한 "이 잔은 내 피니"라고 하실 때에, 이는 성례적이며 환유적인 어법으로서, 표가 나타내는 그것의 명칭을 표에다 적용시키는 것인데, 이는 떡이 그의 몸의 성례 혹은 상징물로서 그리스도를 나타내며 또한 그리스도께서 우리를 위해 십자가에서 그의 몸을 내어주셨고 또한 그 몸을 영생의 떡으로 주신다는 사실을 선포하는 것이며, 또한 우리 속에서 이 음식을 보존하시고 증가시키시기 위해서 성령께서 사용하시는 수단이라는 것을 가르치는 것이다. 바울은 "떡은 그리스도의 몸에 참여함"이라고

말씀하는데, 이는 곧, 떡을 통해서 우리가 그리스도의 몸에 참여하는 자가 된다는 뜻이며, 또한 다른 곳에서는 "우리가 다 한 성령으로 마시게 하셨느니라"라고도 말씀한다. 또한 표와 그것이 나타내는 것 사이에 유사성이 있고 ― 떡이 우리의 육신의 삶을 지탱시켜주듯이 그리스도의 몸도 신자의 영적인 삶에 양분이 되므로 ― 또한 성례를 정당하게 시행할 때에 표와 그것이 나타내는 것이 함께 연합하여 받아들여지기 때문에, 떡을 가리켜 그리스도의 몸이라 부른다는 것도 동일한 사실을 가르친다. 이것은 떡의 성례적인 연합이기도 한데, 성례와 관련하여 흔히 사용되는 성례적인 어법이 이를 시사한다.

9. 그러므로 그리스도의 몸이 그의 본성적인 몸이기도 하고 또한 성례적인 몸, 즉 성찬의 떡이기도 하듯이, 그리스도의 몸을 먹는 것도 두 가지다. 그 하나는 표를 성례적으로 먹는 것인데, 이것은 떡과 포도주를 외적으로 물질적으로 받는 것이요, 또 하나는 그리스도의 몸 자체를 영적으로 받는 것이다. 그리스도께서 우리 속에 거하심을 믿음으로 받아들이는 것은, 마치 지체들이 몸에, 가지들이 포도나무에 붙어 있듯이 성령의 능력으로 말미암아 우리가 그의 몸에 접붙임을 받아 그리스도의 사심과 죽으심의 은덕에 참여하게 되는 것이다. 그러므로, 그렇게 가르치는 자들에 대해서, 그들이 성찬이 그저 표에만, 혹은 그리스도의 공로나 그의 은덕이나 성령에 참여하는데만 있다고 가르치면서 그리스도의 몸 그 자체의 참되고 영적인 진정한 하나 된 교제를 배제시킨다고 말한다면, 그것은 그들의 가르침을 오도하는 것이요 그릇되게 비난하는 것이라는 것이 분명한 것이다.

10. 성찬의 정당한 시행은, 신자가 그리스도께서 제정하신 이 의례를 그를 기념하여, 혹은 믿음과 감사를 불러일으키고자 하는 목적으로 준수하는 데에 있다.

11. 성찬을 정당하게 시행할 때에 그리스도의 몸을 성례적으로 먹게 되므로, 불신자나 외식자들의 경우처럼 이를 정당하게 시행하지 않으면, 그것을 성례적으로는 먹으나 진정으로 먹지는 못한다. 즉, 성례적인 상징물 혹은 표, 즉 떡과 포도주를 먹고 마시기는 하나, 성례가 나타내는 그것, 즉 그리스도의 몸과 피는 받지 못하는 것이다.

12. 성찬의 교리는 여러 가지 지극히 견고한 논지들에 근거한 것이다. 이 점은 성찬에 대해 말씀하는 모든 본문들이 확증해 준다. 그리스도께서도 눈에 보이는 떡을 ― 떡 속에 감추어져 있는 눈에 보이지 않는 그 무엇이 아니라 ― 떼시면서 그것을 가리켜 우리를 위해 내어주시는 자신의 몸이라 부르시는데, 이는 직설적

으로나 문자적으로는 이해할 수가 없는 것이다. 그리고 그는 친히 그를 기념하여 떡을 진정으로 받는 것이라고 선언하시는데, 이는 그 떡이 그의 몸을 나타내는 성례라는 뜻이다. 그는 또한 성찬이 영적이며 하나요 영원한 새 언약임을 말씀하신다. 바울도 이와 비슷하게, 그것은 그리스도의 몸과 피에 참여하는 것이라고 말씀하는데, 이는 모든 신자가 그리스도 안에서 한 몸이며 따라서 귀신과는 절대로 사귐을 가질 수 없기 때문이다. 바울은 또한 그리스도께 접붙임을 받는 사실이 세례와 성찬에서 한 성령으로 말미암아 되는 것임을 가르친다. 이 사실은 성례의 교리와 본질 전체를 통해서 확증된다. 말씀 혹은 복음의 약속들은 믿음으로 말미암아 받는 그리스도와의 영적인 교제를 귀에다 선포하지만, 성례는 그 동일한 것을 눈앞에 드러내 보이는 것이다. 그렇기 때문에 표를 가리켜 그것이 나타내는 그것의 이름으로 부르며, 또한 성례를 정당하게 시행할 때에 표와 더불어 그것이 나타내는 그것도 함께 받는 것이다. 우리의 공통적인 믿음의 조목들도 그리스도의 몸이 참된 인간의 몸으로서 동시에 여러 곳에 임재하는 것이 아니고 주께서 산 자와 죽은 자를 심판하시러 오시기까지 하늘에 계시다는 것을 가르치며, 또한 성도들과 그리스도의 교제는 그리스도의 몸이 사람의 몸 속에 침투함으로써가 아니라 성령으로 말미암아 이루어지는 것임을 가르치는데, 이것도 동일한 사실을 확정지어 준다. 그러므로 이것이야말로 고대에 보다 순결했던 시대에 모든 교회가 일치하여 믿고 고백하며 수호한 교리인 것이다.

13. 성찬은 세례와 다음과 같은 점에서 다르다: 1. 예식과 그 나타내는 방식에서. 세례에서 물에 담그는 것이나 씻는 것은 그리스도의 피와 성령으로 말미암는 죄 사함과 또한 환난당하시고 영광을 입으신 그리스도와의 교제를 나타내는 것이다. 그러나 떡과 포도주를 분배하는 것은 그리스도의 죽으심이 우리의 죄 사함을 위하여 또한 우리가 그리스도께 접붙임을 받아 그의 지체가 되게 하기 위하여 이루어진 것임을 나타내는 것이다. 2. 작용에서. 세례는 우리의 중생과 하나님과 맺은 언약과 또한 입교(入敎)를 증언하는 것이요, 성찬은 우리가 우리 속에 거하시는 그리스도로 말미암아 영구히 양식을 공급받으며, 또한 하나님과 우리 사이에 한 번 맺어진 언약이 우리에 대해 계속해서 재확인되어 우리가 영원토록 교회와 그리스도의 몸과 연합한 상태로 남아 있다는 것을 증언하는 것이다. 3. 시행하는 대상에서. 세례는 성인이든 유아든 교회원으로 인정되어야 할 모든 자들에게 시행된다. 그러나 성찬은 그리스도의 은덕을 깨닫고 기념할 능력이 있고, 또한 자기

자신을 살피는 능력이 있는 자들 이외에는 누구에게도 베풀어지지 않는다. 4. 언약이 하나님과 단번에 맺어지며 또한 회개한 자들의 경우에 언제나 재확인되는 것처럼 세례는 한 번만 받는 것이나, 성찬은 우리의 믿음을 위하여 언약을 갱신하고 그것을 상기시킬 필요가 있는 만큼 자주 반복하여 받는 것이다. 5. 시행하는 순서에서. 세례가 언약보다 순서 상 앞선다. 성찬은 먼저 세례를 받은 자들 외에는 누구에게도 시행해서는 안 된다.

14. 자신을 살피며 또한 참된 믿음과 회개를 소유한 자는 성찬에 참여할 자격이 있다. 스스로 이런 증거를 지니지 못한 자들은 성찬에 참여해서는 안 된다. 그렇지 않으면 스스로 심판을 먹고 마시는 것이 된다. 또한 주께 나아오는 데에 필요한 회개를 거부해서도 안 된다. 그렇게 되면 마음이 완악해져서 영원한 형벌을 받을 수밖에 없다.

15. 교회는 기독교 신앙의 근본 교리들을 받아들인다는 것을 공언하며 또한 거기에 합당하게 살고자 하는 자는 모두 성찬에 받아들여야 한다. 그러나 교회가 적절히 권면하고 또한 그들의 오류와 죄를 지적했음에도 불구하고 자기들의 오류와 신성모독 행위와 죄를 버리기를 원치 않는 자들은 누구든 성찬에 받아들여서는 안 된다.

16. 교황은 성찬을 더럽히는 죄를 범하고 있다. 떡을 떼는 일을 성찬에서 제거하였고 또한 평신도에게 잔을 분배하기를 거부하기 때문이다. 그는 또한 사도들이 전하지 않은 수많은 의식들을 덧붙여 성찬을 거창한 미사로 뒤바꾸어 놓은 죄를 범하고 있기도 하다. 그런데 그들이 새로이 만들어 놓은 사고들은 더 사악하고 더 우상숭배의 성격이 강하니, 곧 미사가 산 자와 죽은 자를 위하여 제사를 드리는 사제들이 그리스도를 아버지께 올려드리는 하나의 속죄를 위한 제사라는 것이나, 사제의 성별의 행위 덕분에 그 제물이 떡과 포도주의 형체가 부패하지 않고 남아 있는 동안 그 속에 임재하신다는 것이나, 미사가 위하여 제사가 드려지는 그 사람들에게 하나님의 은혜와 다른 은덕을 베풀어준다는 것이나, 심지어 선한 바람이나 목적이 전혀 없이 주의 식탁에 나아가는 자도 그리스도를 입으로 먹는다는 것이나, 그리스도께서 떡과 포도주의 형체 밑에 숨어 계셔서 거기서 높임을 받는다는 것 등이 그것이다. 이런 유치한 부패한 사고들을 볼 때에, 미사는 모든 기독교 교회들에서 폐지되어야 마땅하다. 이런 부패한 것들에는 다음과 같은 것들이 포함된다 할 것이다: 1. 화체설. 2. 떡을 예배하는 것. 3. 성찬을 제사로 만드는 것. 4.

성찬을 갖가지 인간적인 것들로 훼손시키는 것.

공재론자들이 성찬의 신실한 교리와 그들이 성례상징론자들이라 부르는 자들에 대적하여 제시하는 특정한 주요 논지들과 그것들에 대한 반박

공재론자들이 말하는 성례상징론자들(Sacramentarians)의 오류는 다음과 같다:

1.그들은 성찬이 그저 공허한 표와 상징물들에만 있는 것으로 만든다.

답변. 우리는 성찬을 정당하게 시행할 때에, 물리적으로는 아니나 성례와 일치하는 방식으로, 그 나타내는 것들이 그 표와 더불어 드러나고 전달된다고 가르친다.

2. 성례상징론자들은 그리스도께서 오로지 그의 공효에 있어서만 성찬에 임재하신다고 주장한다.

답변. 그리스도께서 성찬에 임재하시고 또한 성령으로 말미암아 우리와 연합하시지만, 비록 본성에 따라서 다른 식으로 임재하기는 하나 온전하신 그리스도께서 사역 가운데 임재하시는 것과 마찬가지로, 그의 몸은 우리와 먼 거리에 있는 것이라는 것이 우리의 가르침이다.

3. 성례상징론자들은 참되고 본질적인 그리스도의 몸이 아니라 상상 속에 있고 비유적이며 영적인 그의 몸이 성찬에 임재한다고 믿는다.

답변. 우리는 상상 속에 있는 몸에 대해서는 한 번도 논의한 적이 없고, 다만 그리스도의 참된 몸이 하늘에 남아 있으면서도 성찬 속에서 우리와 함께 있다고 말할 뿐이다. 더 나아가서 우리는 떡과 몸을 받으나, 각기 고유한 방식대로 받는다고 가르친다.

4. 성례상징론자들은 십자가에 달리셨던 그리스도의 참된 몸과 우리를 위해 흘려진 그의 피가 오직 자격 있는 참여자들에게만 영적으로 분배되고 받아지며, 또한 무자격한 자들은 공허한 표밖에는 받지 못하고 또한 그것이 그들에게 정죄가 된다고 주장한다.

답변. 우리는 이 모든 내용이 하나님의 말씀과도, 성례의 본질과도, 믿음의 유사성과도, 또한 신자들이 그리스도와 나누는 교제와도 일치한다고 본다.

복음을 고백하는 교회들이 성찬 논쟁에서 서로 동의하고 또한 서로 동의하지 않는 일반적인 사항들

교회들이 서로 동의하는 내용은 다음과 같다: 1. 세례는 물론 성찬이 그리스도께서 친히 은혜의 약속에다 덧붙이신 하나의 가시적인 보증이요 증거라는 것이요, 또한 그 목적이 그 약속에 대한 우리의 믿음을 확증시키며 강건케 하기 위함이라는 것. 2. 다른 성례는 물론 성찬을 참되게 시행할 때에, 하나님께서 두 가지를 주시고 또한 우리가 그것들을 확실히 받는다는 것. 즉, 지상적이며 외형적이고 가시적인 표인 떡과 포도주와, 또한 천상적이며 내적이며 불가시적인 선물들인 그리스도의 참된 몸과 그의 모든 선물들과 은덕과 하늘의 보화들이 그것이다. 3. 성찬에서 우리가 그리스도의 영과 그의 보상과 의와 덕과 활동에만이 아니라, 우리를 위하여 십자가 위에서 주신 그리스도의 참된 몸과 피의 본질 그 자체에도 참여한다는 것, 또한 우리가 영생에 이르도록 동일한 것으로 공급받는다는 것, 그리고 성찬에서 떡과 포도주를 눈에 보이는 방식으로 받는 데에서 그리스도께서 이 사실을 우리에게 선포하시고 알리신다는 것. 4. 떡과 포도주가 그리스도의 몸과 피로 변화하는 것이 아니라 참된 자연의 떡과 포도주 그대로 남아 있다는 것 — 그리스도의 몸과 피가 떡과 포도주 속에 담겨 있는 것이 아니며 따라서 떡과 포도주를 그리스도의 몸이라 부르는 것은 다음과 같은 의미라는 것: 그의 몸과 피가 그것들로써 우리 눈 앞에 나타내지고 제시될 뿐 아니라, 떡과 포도주를 참되고 정당하게 먹고 마실 때마다 그리스도께서 친히 그의 몸과 피를 우리에게 주사 영생을 위한 음식과 음료가 되게 하신다는 의미. 5. 정당하게 시행하지 않으면, 떡과 포도주를 먹고 마시는 것은 제사가 아니요, 헛된 예식과 행사 이상 아무것도 아니며, 이를 시행하면 사람이 정죄를 받게 된다는 것. 6. 그리스도께서 제정하시고 지키라고 명령하신 것 — 그를 기념하며 그의 죽으심을 선포하는 것 — 이외에는 성찬의 다른 정당한 시행법이 없다는 것. 7. 그리스도께서는 외식적으로 그를 기념하고 그의 죽으심을 선포하는 것이 아니라, 그의 고난과 죽으심을 진정으로 포용하며 또한 우리를 대신하여 행하신 이 모든 일들을 통해서 얻으신 모든 은덕을 참된 믿음과 신실한 감사로써 기념하고 선포할 것을 명령하신다는 것. 8. 그리스도께서는 믿는 자들과 또한 그들 중에서 성찬을 멸시해서가 아니라 어쩔 수 없는 필연에 의해서 성찬에 나아오지 못하는 자들 속에 거하시리라는 것. 그는 주의 성찬을 준수한 자들 속에 거하시듯이, 과연 창세로부터 영원까지 모든 믿는 자들 속에 거하실 것이다.

　　교회들이 서로 동의하지 않는 내용은 다음과 같다: 1. 한 부류의 교회는 "이것은 내 몸이니"라는 그리스도의 말씀을 문자적으로 이해해야 한다고 주장하면서도, 그것을 입증하지는 않으며, 또 다른 교회는 이 말씀은 성례적으로, 그리스도와 바울의 선언에 따라서, 또한 우리의 믿음의 조목의 모든 진리를 판단할 때에 사용하는 그 원칙에 따라서 이해해야 한다고 주장한다. 2. 전자의 부류는 그리스도의 몸과 피가 떡과 포도주 속이나 떡과 포도주와 함께 본질적으로 임재한다고 주장하며, 그런 상태로 먹는 것이요, 목사의 손에서 떡과 포도주와 더불어 그의 몸과 피를 받아 먹으며, 그것이 입으로 들어가 몸에 흡수된다고 가르친다. 그러나 다른 부류의 사람들은, 그리스도의 몸은 최초의 성찬에서 제자들과 함께 식탁에 앉아 계셨으나, 지금은 물론 계속해서도 땅이 아니라 하늘에 계시며, 산 자와 죽은 자를 심판하러 다시 오시기까지 거기에 계시지만, 그럼에도 불구하고 이 땅에 있는 우리들은 참된 믿음으로 이 떡을 먹을 때마다 그의 몸을 먹고 그의 피를 마시게 되어, 그리스도의 고난과 그가 흘리신 피로 말미암아 우리가 죄를 씻음받았을 뿐 아니라 그와 연합하였고 그의 참되고 본질적인 인간적인 몸 속에 접붙임받았고, 그의 성령께서 그의 속에와 우리 속에 거하시며, 우리가 그의 살 중의 살이요 뼈 중의 뼈가 되었으며, 그리하여 우리 몸의 지체들이 우리 머리와 연합되어 있는 것 이상으로 그와 더 견고하고 더 긴밀하게 연합하며, 그리하여 우리가 그의 속에서 또한 그로부터 영생을 누리게 된다는 것을 확증하는 것이다. 3. 전자에 속한 사람들은 성찬에 나아와 떡과 포도주를 먹고 마시는 사람은 신자든 불신자든 누구나 육체적으로 그리스도의 몸과 피를 입으로 먹고 마시는 것인데, 이때에 신자에게는 그것이 생명과 구원이 되고, 불신자에게는 정죄와 죽음이 된다고 주장한다. 그러나 후자에 속한 사람들은, 불신자는 그 외형적인 표를 더럽혀 정죄를 받으며, 신실한 신자는 영생에 이르도록 참된 믿음과 성령으로 그리스도의 몸과 피를 먹고 마신다고 주장한다.

유월절에 관하여

성찬이 과연 유월절을 대체한 것인가 하는 질문을 앞에서 언급한 바 있으므로, 여기서 유월절에 관한 내용을 간단히 소개하는 것이 적절할 것이다. 유월절과 관련하여 우리가 다루어야 할 주된 내용들은 다음의 질문들 속에 다 포함된다 할 것이다:

1. 유월절은 무엇이었는가?
2. 유월절의 의도와 용도는 무엇이었는가?
3. 유월절 양과 그리스도는 서로 어떤 점에서 유사한가?
4. 유월절이 폐지되었는가, 그리고 그것은 무엇으로 계승되었는가?

1. 유월절은 무엇이었는가?

유월절은 하나님께서 이스라엘 백성들에게 명하신 어린 양을 먹는 엄숙한 규례였는데, 이것은 일년에 한 차례씩 각 가정에서 지켜서 그들이 애굽에서 구원받은 것을 기념하게 하고, 특별히 십자가에서 죽임당하실 그리스도로 말미암아 죄와 사망에서 영적으로 구원받을 것을 신실한 자들에게 선포하기 위함이었다. 혹은 그것은 옛 교회의 성례로서 하나님의 명령에 따라서 유대인 각 가정이 지키게 되어 있던 것인데, 해마다 일년 된 어린 양을 죽여 먹어서 그들이 애굽의 종살이로부터 얻은 큰 구원의 은덕에 대한 기념이 되게 하고, 메시야의 희생 제사로 말미암아 죄 사함을 얻게 하는 은혜의 약속의 인(印)이 되게 하기 위한 것이다. 헬라어 "파스카"란 히브리어 "페사크"에서 파생되었고, "페사크"는 다시 "파사크"에서 파생되었는데, 이는 "넘어가다"(pass over)라는 뜻이다. 유월절은 천사가 이스라엘 백성들의 집 문설주에 뿌려진 어린 양의 피를 보고 그 집을 넘어가서 그들의 장자를 살려두고, 애굽 사람들의 장자들은 모두 죽인 사실로 인하여 그렇게 불려진 것이다. 유월절 제정의 역사는 출애굽기 12장에 기록되어 있다. 하나님께서는 어린 양을 죽일 때에 준수해야 할 여러 가지 예식을 명령하셨다. 죽일 어린양은 일년 된 수컷으로 흠이 없어야 했고, 니산월 혹은 아빕월 제10일에 가족이 양 떼 중에서 분리시켜야 했고, 그리고 4일 후 혹은 그 달 제14일 저녁에 죽여야 했고, 그 피를 이스라엘 백성의 집의 문 인방과 양쪽 설주에 뿌려야 했고, 그 고기를 불에 구운 다음 모두가 급히 먹되, 무교병과 쓴 나물과 함께 먹도록 되어 있었다. 그것을 먹은 자들은 허리띠를 매고 발에 신을 신고 손에 지팡이를 잡고 서 있어야 했다. 이 예식에 대해서 여호와께서는 "이것이 여호와의 유월절이니라"(출 12:11), "내가 피를 볼 때에 너희를 넘어가리니 재앙이 너희에게 내려 멸하지 아니하리라"(출 12:13).

하나님께서는 이스라엘에게 해마다 이 절기를 지극히 엄숙하게 지키라고 명령하셨으며, 백성들은 그때가 되면 칠일 동안 그 절기를 지켰다. "너희는 이 날을 기념하여 여호와의 절기로 삼아 영원한 규례로 대대로 지킬지니라. 너희는 이레 동안 무교병을 먹을지니"(출 12:14, 15. 또한 출 12:17, 18; 23:15; 레 25:5; 신 16:1 등을 보라).

2. 유월절의 의도와 용도는 무엇이었는가?

출애굽기 12장에는 유월절이 제정된 다섯 가지 목적이 규정되어 있다.

1. 어린 양의 피를 문설주에 뿌린 것은 천사가 그들을 넘어가고 그들의 장자를 보존시킬 표가 되게 하기 위함이었다: "그 피가 너희가 사는 집에 있어서 너희를 위하여 표적이 될지라"(출 12:13). 이 목적은 이 규례를 처음 지켰을 때에 천사가 넘어간 이후에는 종결되지만, 그 의의는 영원토록 남아 있다. 곧, 하나님께서 과거에 장자들을 보존시키셨듯이, 지금도 그리스도의 피로 말미암아 믿는 자들을 보존시키신다는 것인데, 이는 그가 죄를 사하신다는 뜻이다.

2. 그것이 장차 드려질 메시야의 제사를 미리 보여주는 하나의 모형이 되게 하고자 함이다. 혹은 그리스도로 말미암아 행해질 구원의 표가 되며, 그리하여 교회에게 베푸시는 하나님의 은혜의 표가 되게 하고자 함이다. 이것이 바로 해마다 드린 유월절의 주요 목적이었다. 이는 다음의 논지들로써 입증된다. "그 뼈가 하나도 꺾이지 아니하리라"(요 19:36). 요한은 그리스도의 뼈가 십자가에서 하나도 꺾이지 않은 사실로써 이 모형이 성취되었다고 선포하는 것이다. 그러므로 유월절 어린 양은 그리스도와 그의 희생 제사의 모형이었다. 또한, "우리의 유월절 양 곧 그리스도께서 희생되셨느니라"(고전 5:9). 그러므로 유월절 양은 그리스도를 나타내는 것이었고, 그 양을 희생시킨 것은 그리스도의 희생을 나타내는 것이었다. 또한, 교회는 다른 희생 제사들도 메시야의 희생 제사의 모형들로 이해하였다. 고대의 교부들은 황소의 피에서도 죄 사함을 찾을 이유를 보았으니, 유월절 양에게서는 더욱더 분명하게 메시야와 그의 희생 제사를 믿음으로 바라보았던 것이다. 마지막으로, 세례 요한은 그리스도를 "하나님의 어린 양"이라 불렀고(요 1:29), 사도 요한은 또한 "죽임을 당한 어린 양"이라 불렀는데(계 13:8), 이는 곧 그가 유월절에 죽임당한 그 어린 양의 실체이심을 상정하는 것이다.

3. 최초의 유월절과 이스라엘 자손이 애굽에서 구원받은 사실의 기념이 되게 하기 위함이었다. 하나님께서는 그의 백성들이 그처럼 큰 은덕을 대대로 기념하여 그 자손들이 배은망덕하지 않게 되기를 바라신 것이다. "이레 동안은 무교병 곧 고난의 떡을 그것과 함께 먹으라. 이는 네가 애굽 땅에서 급히 나왔음이니 이같이

행하여 네 평생에 항상 네가 애굽 땅에서 나온 날을 기억할 것이니라"(신 16:3).

4. 그 공적인 회중 전체를 연합시키는 하나의 끈이 되게 하고, 그리하여 그 교회적인 사역을 영속화하고자 함이었다. "너희에게 첫날에도 성회요 일곱째 날에도 성회가 되리니"(출 12:16).

5. 하나님의 백성을 다른 모든 민족들과 구별짓는 하나의 성례가 되게 하고자 함이었다. "이방 사람은 먹지 못할 것이나"(출 12:43), "너희와 함께 거류하는 타국인이 여호와의 유월절을 지키고자 하거든 그 모든 남자는 할례를 받은 후에야 가까이 하여 지킬지니 곧 그는 본토인과 같이 될 것이나 할례받지 못한 자는 먹지 못할 것이니라"(출 12:48).

3. 유월절 양과 그리스도는 서로 어떤 점에서 유사한가?

하나님께서 유월절 양과 그리스도와 관련하여 지키도록 명령하신 두 예식의 유사점들을 살펴보면 유월절의 주요 목적을 확인하고 예증하는 데에 상당한 도움을 받게 된다.

모형과 그 나타내는 것의 비교

모형	그 나타내는 것
1. 양 떼 중에서 빼어낸 어린 양.	1. 참 사람이신 그리스도. 사 53:2, 3; 요 1:14.
2. 흠 없는 것으로 구별함.	2. 죄가 없으심. 사 53:5, 7, 8; 히 7:26.
3. 죽이고 불에 구움.	3. 고난당하시고 죽으심. 고전 5:7.
4. 뼈를 꺾지 않음.	4. 뼈가 꺾이지 않은 상태로 죽으심. 요 19:36
5. 저녁에 죽임.	5. 세상의 마지막에. 히 1:2; 9:26.
6. 문설주에 그 피를 뿌림.	6. 그의 보상이 우리에게 전가됨. 사 53:5; 롬 3:24.
7. 천사가 이스라엘의 집을 건너감.	7. 우리가 영원한 죽음에서 구원받게 하고자 하심. 히 2:14.
8. 각 가정이 먹어야 함.	8. 믿음으로 각자가 그리스도를 자신에게 적용시켜야 함. 롬 1:17; 롬 6:47.
9. 모든 부위를 다 먹어야 함.	9. 우리의 믿음의 모든 조목에 따름. 딤후 3:16.
10. 유교병이 없이 먹어야 함.	10. 외식이 없으심. 고전 5:8.
11. 쓴 나물과 함께 먹어야 함.	11. 십자가의 고통을 견디심으로. 마 10:38.

12. 급히 떠날 준비를 갖추고 먹어야 함.	12. 그리스도인의 삶에서 전진하기를 바라는 마음과 또한 영생에 대한 소망을 갖고서. 눅 8:15; 히 13:9, 15.
13. 할례받은 자만 먹음.	13. 중생한 자만 그를 먹으며, 오직 그들에게만 그가 유익이 되시며, 오직 그들만이 그 성례에 참여하여 정죄를 받지 않음. 요 6:56; 히 13:10; 고전 11:26.

4. 유월절은 과연 폐지되었는가?

고대의 유월절은 장차 오실 메시야를 미리 보여주었던 다른 모든 모형들과 함께, 그리스도의 오심으로써 폐지되었다. 이 사실은 다음의 증거들에서 분명히 드러난다:

1. 히브리서에 나타나는 바 신약에서 율법적인 그림자들이 폐지된 사실에 대한 사도의 논의 전체. "제사 직분이 바뀌어졌은즉 율법도 반드시 바꾸어지리니"(히 7:12), "새 언약이라 말씀하셨으매 첫 것은 낡아지게 하신 것이니 낡아지고 쇠하는 것은 없어져 가는 것이니라"(히 8:13).

2. 이 율법의 그림자들의 성취. "이 일이 일어난 것은 그 뼈가 하나도 꺾이지 아니하리라 한 성경을 응하게 하려 함이다"(요 19:36), "우리의 유월절 양 곧 그리스도께서 희생되셨느니라"(고전 5:7).

3. 새 언약으로 대체된 사실. 그리스도께서는 참된 유월절 양으로서 고난당하시고 죽으시고 자신을 제물로 드리시기 직전에 유월절 양과 관련된 엄숙한 규례를 종결지으시고, 자신의 성찬을 제정하시고 옛 유월절 대신 교회가 그것을 준수할 것을 명령하셨다. "내가 고난을 받기 전에 너희와 함께 이 유월절 먹기를 원하고 원하였노라"(눅 22:15), "너희가 이를 행하여 나를 기념하라"(눅 22:19). 여기서 그리스도께서는 그 옛날의 유월절이 아니라 그의 성찬을 행하여 그를 기념하라고 명령하시는 것이다. 그러므로 신약에서 세례가 할례를 계승한 것처럼, 성찬이 유월절을 계승한 것이다.

천국의 열쇠

83문   천국의 열쇠들이란 어떤 것들입니까?

답   거룩한 복음의 선포와 교회의 권징, 혹은 기독교 교회로부터의 출교인데, 이 둘을 통하여 천국이 신자들에게는 열리고 불신자들에게는 닫힙니다.

84문   거룩한 복음의 선포를 통해서 어떻게 천국이 열리고 닫힙니까?

답   신자들이 참된 믿음으로 복음의 약속을 받아들이면 언제든지 그들의 모든 죄가 그리스도의 공로로 하나님께 진정 사함을 받는다는 것을, 그리스도의 명령에 따라서 신자들 개개인과 전체에게 선포하고 공적으로 증언할 때에 천국이 열립니다. 그리고 반대로, 회심하지 않는 한 하나님의 진노와 영원한 정죄가 모든 불신자들과 진정으로 회개하지 않는 자들 위에 머물러 있다는 것을 그들에게 선포하고 증언할 때에 천국이 닫힙니다. 하나님께서는 이 세상에서와 다가올 세상에서 이러한 복음의 증언에 따라서 심판하실 것입니다.

85문   교회의 권징을 통해서 어떻게 천국이 닫히고 열립니까?

답   그리스도인이라는 이름을 지니고서도 그리스도인답지 않은 교리나 생활을 지속할 경우 형제로서 거듭 권고했음에도 불구하고 오류들과 악한 생활에서 돌이키기를 거부한다면, 그 사실을 교회 곧 치리회에 보고해야 합니다. 또한 교회나 혹은 교회가 지명한 자들에게 권고받은 이후에도 그 권고들을 멸시하는 자들은 그리스도의 명령에 따라 성례와 성도의 사귐에 참여하지 못하도록 금지시켜야 합니다. 또한 하나님께서도 친히 그리스도의 나라에서 그들을 제외시키십니다. 그리고 그들이 진정 돌이키기를 약속하고 또한 입증할 때에는 그들을 다시 그리스도와 그의 교회의 지체로 받아들입니다.

[해 설]

교회가 성찬에 어떤 사람들을 참여하도록 허용해야 하는가를 논의하였으니, 이제는 천국의 열쇠의 권한에 관한 교리에 대한 논의가 자연스럽게 이어진다. 이 교리는 무엇보다 주의 성찬에 허용되어서는 안 될 자들을 성례에 참여시키지 않음으로써 성례의 거룩함을 보존하는 절차에 대해 특별히 가르친다. 이 주제에 관하여 다음의 내용들을 특별히 주목해야 할 것이다:

1. 교회에게 주어진 열쇠의 권한은 무엇이며, 거기에는 어떤 부분들이 있는가?

2. 교회적인 권징(勸懲: discipline)과 출교(黜敎: excommunication)가 있을 필요성이 있는가?

3. 이 권한은 누구에게 맡겨져 있으며, 누구를 향하여, 어떤 절차로 시행되어야 하는가?

4. 어떠한 목적들을 지향하여야 하며, 피하여야 할 것들은 무엇인가?

5. 열쇠의 권한은 국가의 권한과 어떤 점에서 다른가?

1. 교회에게 주어진 열쇠의 권한은 무엇이며, 거기에는 어떤 부분들이 있는가?

그리스도께서 교회에게 전해 주신 열쇠의 권한은 복음의 선포와 기독교적 권징인데, 이로써 천국이 신자들에게는 열리고, 불신자들에게는 닫힌다. 혹은 열쇠의 권한은 교회의 직무로서, 그리스도의 명령에 따라 복음의 선포와 교회적 권징을 통하여 하나님의 뜻을 알게 하고, 참되게 회개하는 자들, 즉 참된 믿음과 회개로 사는 자들에게는 하나님의 은혜와 죄 사함을 선포하고 공적으로 증언하며, 또한 반대로, 악인에 대해서는 하나님의 진노와 그리스도의 나라에서의 제외됨을 선포하며, 그들이 교리와 삶에서 그리스도로부터 멀어진 상태임을 보이는 동안 그들을 교회로부터 제외시키며, 그들이 진정한 교정을 약속하거나 보일 때에 그들을 다시 교회 안으로 받아들이는 것이다. 그것을 **열쇠의 권세**(the power of keys)라 부르는 것은, 청지기가 그 맡은 집의 열쇠를 맡고 있는 것에서 빌려온 하나의 비유적인 어법이다. 나라를 가리켜 홀(笏: sceptre)이라는 용어로 표현하는 경우처럼, 열쇠는 하나의 환유법으로서 청지기의 직무를 뜻한다. 교회는 살아 계신 하나님의 집이다. 교회의 목사들은 하나님의 청지기들이다. 신실한 청지기가 그 주인의 명에 따라 그 주인의 집의 모든 일들을 운영하듯이, 신실한 목사도 교회에서 그렇게 행하는 것이다. 그러므로 목사는 청지기가 하듯이, 교회에서 하나님의 이름으로 하나님의 뜻을 선포한다.

그리스도께서 친히 이런 목회 사역의 주인이시다. 그가 교회에 이 권한을 주셨고, 그것을 **열쇠**라는 용어로써 지칭하시며, 베드로에게 "내가 천국 열쇠를 네게 주리니"(마 16:19)라고 말씀하셨다. 즉, 하나님 나라를 열고 닫는 직무 혹은 권한을 일컫는 것이다. 또 다른 때에 그는 모든 제자들에게 이렇게 말씀하셨다: "진실로 너희에게 이르노니 무엇이든지 너희가 땅에서 매면 하늘에서도 매일 것이요 무엇이든지 땅에서 풀면 하늘에서도 풀리리라"(마 18:18). 그러므로, 천국의 열쇠란, 열고 닫으며 매고 푸는 권한이며, 이런 권한의 효능에 근거하여 그렇게 부르는 것이다. 교회는 하나님의 말씀을 통하여, 그리고 그리스도를 대신하여 목사들이 그의 이름으로 열고 닫으며, 매고 푸는 것이다. 그리고 "너희가 누구의 죄든지 사하면 사하여질 것이요 누구의 죄든지 그대로 두면 그대로 있으리라"(요 20:23)라는 그리스도의 약속에 따라서 성령께서 그의 말씀으로 말미암아 유효적으로 일하시는 것이다.

천국의 열쇠는 두 부분으로 이루어져 있으니, 복음의 선포 혹은 말씀 사역과 출교를 포함한 교회의 권징이다. 이 두 가지로써 교회가 열고 닫으며, 매고 푸는 것이다. 복음 선포를 통하여, 불신자들과 외식자들에게 회개하지 않는 한 그들이 하나님의 진노와 영원한 정죄 아래 있음을 선언하고 증언할 때에는 닫고 매는 것이요, 또한 신자들과 회개하는 자들에게 그리스도의 공로로 인하여 죄 사함과 하나님의 은혜가 있음을 선언하고 증언할 때에는 열고 푸는 것이다. 또한, 교회가 악인들과 완악한 범죄자들을 출교하거나 성례에 허용하지 않음으로써 그들을 교회에서 제외시키고 또한 그리스도의 나라에서 제외시킬 때에는 권징으로 닫고 매는 것이요, 또한 그 사람들이 회개할 때에 그들을 그리스도의 지체와 교회원으로 다시 받아들일 때에는 권징으로 열고 푸는 것이다.

그러나 그 두 부분의 순서와 관련해서 다음과 같은 구별이 반드시 지켜진다. 곧, 복음의 선포를 통해서는 열쇠는 먼저 풀고 그 다음에 매지만, 권징에서는 열쇠가 먼저 매고 그 다음에 푼다는 것이다. 또한 복음의 선포를 통해서는 열쇠가 동일한 사람을 풀고 매기도 하고, 또 다른 사람들을 풀고 매기도 한다. 그러나 권징에 있어서는 열쇠가 동일한 사람만을 매고 푼다는 것이다. 출교는 심각한 범죄자를 ─ 노골적으로 악행과 완고함을 드러내는 자를 ─ 신자들의 교제에서 배척하고 제외시키는 것인데, 이 일은 장로들의 판단에 의거하며 온 교회의 동의를 받아 그리스도의 이름과 그의 권위와 또한 성령의 권위로 시행하는 것으로서, 그 범죄자를 부끄러움에 둠으로써 회개하게 하기 위함이며, 또한 그리스도의 대의에 욕이 되는 것들을 조심스럽게 경계하게 하기 위함이다. 출교는 그저 성례에서만 제외시키는 것이 아니라, 믿는 자들의 교제 전체로부터 제외시키는 것이요, 완고하고 불순종하는 자들과 일체의 관계를 갖지 않는 것이다. 출교는 이중적이다. 하나는 내적인 출교로서 오직 하나님께 속한 것이요, 또 하나는 외적인 출교로서 교회에 속한 것이다. 후자는 외적인 출교를 통하여 지상에서 선언된다. 그러나 전자는 "진실로 너희에게 이르노니 무엇이든지 너희가 땅에서 매면 하늘에서도 매일 것이요 무엇이든지 땅에서 풀면 하늘에서도 풀리리라"(마 18:18)는 그리스도의 약속에 따라서, 내적인 출교를 통하여 하늘에서 인준을 받는다.

2. 과연 교회적인 권징과 출교가 있을 필요성이 있는가?

그리스도와 사도들은 물론 모든 선지자들이 말씀 사역에 관하여 선포하였다는 것은 의심이 있을 수 없는 사실이다. 그리고 교회적 권징이 하나님의 말씀의 사역과 필연적으로 관련되어 있다는 점도 의심할 수 없는 사실이다. 하나님과 그리스도와 사도 바울이 구체적인 교훈과 모범들로써 그것을 확증하시고 세우셨기 때문이다. 또한 권징과 법과 형벌이 없이는 그 어떠한 나라나 도시도 유지될 수 없다는 것이 사실이라면, 살아 계신 하나님의 집인 교회 역시 어떤 형식이든 치리와 권징이 필요한 것이 분명하다. 그러나 그것이 시민적 권세나 통치와는 크게 다른 것은 물론이다.

그러므로 교회의 권징은 필수적인 것이다.

1. 구약과 신약 모두에서 성례를 더럽히지 않도록 막는 일에 대하여 하나님께서 전반적으로 명령하시기 때문이다. 구약의 경우, 하나님께서는 악인들과 완악한 범죄자들을 그의 백성에 포함시키지 않으시고, 그 백성의 교제로부터 그들을 제외시키셨다. 그러니 그의 교회의 성례에 참여하는 일은 더더욱 허용하시지 않을 것이다. "본토인이든지 타국인이든지 고의로 무엇을 범하면 누구나 여호와를 비방하는 자니 그의 백성 중에서 끊어질 것이라 그런 사람은 여호와의 말씀을 멸시하고 그의 명령을 파괴하였은즉 그의 죄악이 자기에게로 돌아가서 온전히 끊어지리라"(민 15:30, 31). 하나님께서는 그의 교회의 모든 지체들이 유월절 식사에 참여하기를 바라셨다. 그러나 배반자들과 완악한 자들은 그와 언약을 맺은 자들에

포함되는 것으로 간주하지 않으셨다. 그리하여 그는 그들을 그의 백성 중에서 제외시키라고 명령하셨다: "사람이 만일 무법하게 행하고 네 하나님 여호와 앞에 서서 섬기는 제사장이나 재판장에게 듣지 아니하거든 그 사람을 죽여 이스라엘 중에서 악을 제하여 버리라"(신 17:12). 방금 인용한 이 두 본문에서, 하나님께서는 순종하지 않는 악인들을 이스라엘의 공동체에서 끊어내라고 명령하셨으며 또한 그들을 그의 백성 가운데 받아들이기를 허용하지 않으셨다는 것이 드러난다. 그러므로, 그들을 그의 가시적 교회의 지체들로 인정하여 교회의 성례에 허용하신다는 것은 어불성설이다. 물론 율법이 폐지되었고, 유대인의 경륜에 속한 의식들도 폐지된 것은 사실이다. 그러나 유대인 교회의 지체들과 다른 지체들 사이의 큰 구별은 무시되지 않았다.

이사야의 예언 가운데는 하나님께 제사를 드리는 악인들을 탄핵하면서 그들이 드리는 제사를 하나님께서 바라지 않으신다는 것을 지적하는 설교가 들어 있다. 그러므로 하나님께서는 그런 자들이 그의 집의 성례에 허용되지 않기를 원하시는 것이다. 이사야는 그들에 대해서 이렇게 말씀한다: "헛된 제물을 다시 가져오지 말라. 분향은 내가 가증히 여기는 바요, 월삭과 안식일과 대회로 모이는 것도 그러하니"(사 1:13). 그러나 이에 대해서, 하나님께서는 유월절을 모두에게 명령하셨고, 모두가 그 절기를 지키기를 바라셨다는 반론을 제기하기도 한다. 우리는 이 반론에 대해 이렇게 답변한다. 곧, 하나님께서는 그의 백성된 자들 모두에게 유월절을 지킬 것을 명하신 것은 분명하지만, 반역하는 자들은 그와 언약 관계 아래 있는 백성들에게서 제외시키라고 확실하게 명령하셨다는 것이다. 이사야는, 습관적으로 악의를 갖고서 죄에 빠지는 생활을 하면서도 뻔뻔스럽게도 하나님께 제사를 드리는 자들의 외식적인 제사를 혐오하는 것이다: "소를 잡아 드리는 것은 살인함과 다름이 없이 하고 어린 양으로 제사드리는 것은 개의 목을 꺾음과 다름이 없이 하며 드리는 예물은 돼지의 피와 다름이 없이 하고 분향하는 것은 우상을 찬송함과 다름이 없이 행하는 그들은 자기의 길을 택하며 그들의 마음은 가증한 것을 기뻐한즉 나 또한 유혹을 그들에게 택하여 주며 그들이 무서워하는 것을 그들에게 임하게 하리니"(사 66:3, 4). 예레미야도 죄로 더러워진 상태에서 감히 성전으로 나아오는 자들을 극심하게 질책한다(렘 6:7, 10, 20). 에스겔은 하나님께서는 우상을 좇아가면서도 성전에 나아오는 자들에게는 아무것도 들으시지 않으신다는 것을 선포한다(겔 20:31). 또한 그는, 우상으로 더럽혀진 상태로 성전에 나아오는 자들은 하나님의 안식일을 더럽히고 성소를 더럽히는 것이라고 말씀한다(겔 20:21). 아모스 선지자는 악한 범죄자들의 제사와 예배를 거부한다: "내가 너희 절기들을 미워하여 멸시하며 너희 성회들을 기뻐하지 아니하나니"(암 5:21). 학개 선지자는 도덕적이며 의식적인 부정에 대해 말씀하면서, 영혼이 부정한 자는 거룩한 것을 만지지 못하도록 금하고 있다(학 2:13, 14). 그리고 잠언 15:8은 다음과 같이 선언한다: "악인의 제사는 여호와께서 미워하신다."

신약에서는, 세례 요한은 죄를 고백하고 회개한 자들 이외에는 아무도 세례를 받도록 허락하지 않았다. "그러므로 회개에 합당한 열매를 맺으라"(마 3:8), "예물을 제단 앞에 두고 먼저 가서 형제와 화목하고 그 후에 와서 예물을 드리라"(마 5:24). 그러므로, 먼저 형제와 화목하지 않은 자는 성례에 참여하지 못하도록 금지되어야 마땅한 것이다. 그리스도께서는 성례에 참여하기 전에 먼저 모두가 스스로 하나님의 모든 계명들에 따라서 자신을 하나님께 굴복시킬 것을 명령하시는 것이다. 왜냐하면 여기서 그가 말씀하시는 제단에 대한 내용이 성례에도 그대로 적용되는 것으로 이해할 수 있기 때문이다. "너희가 회개하여 각각 예수 그리스도의 이름으로 세례를 받고"(행 2:38), "네가 마음을 온전히 하여 믿으면 [세례를 받음이] 가하니라"(행 8:37. 참조. 한글 개역개정판 난외주: 역자주). 그러므로, 회개하고 믿지 않으면, 세례를 받는 것이 합당하지 않다는 뜻이다. "무릇 이방인이 제사하는 것은 귀신에게 하는 것이요 하나님께 제사하는 것이 아니니"(고전 10:20), "너희가 주의 잔과 귀신의 잔을 겸하여 마시지 못하고 주의 식탁과 귀신의 식탁에 겸하여 참여하지 못하리라"(고전 20:21), "누구든지 주의 떡이나 잔을 합당하지 않게 먹고 마시는 자는 주의 몸과 피에 대하여 죄를 짓는 것이니라"(고전 11:27). 그런데 악인들은 믿음과 회개가 없이 먹고, 무분별하게 참여한다. 그러므로 그들은 그리스도의 몸을 범하는 죄를 짓는 것이다. 우리는 다른 사람들의 죄에 참여해서도 안 되며, 다른 사람의 멸망에 대해 묵인하거나 모르는 체해서도 안 된다. 그러므로 우리는 악인을 성례에 허용하여 그들로 하여금 스스로 심판을 먹도록 해서는 안 되는 것이다.

2. 그리스도와 사도들의 특별한 명령 때문이다. "네 형제가 죄를 범하거든 가서 너와 그 사람과만 상대하여 권고하라 만일 들으면 네가 네 형제를 얻은 것이요 만일 듣지 않거든 한두 사람을 데리고 가서 두세 증인의 입으로 말마다 확증하게 하라 만일 그들의 말도 듣지 않거든 교회에 말하고 교회의 말도 듣지 않거든 이방인

과 세리와 같이 여기라 진실로 너희에게 이르노니 무엇이든지 너희가 땅에서 매면 하늘에서도 매일 것이요 무엇이든지 땅에서 풀면 하늘에서도 풀리리라"(마 18:15-18). 그러므로 주께서는 오직 신실한 자들만을 위하여 제정하신 그의 성례들이 세리와 이방인들에게 시행되는 것을 허용하지 않으실 것이다. 혹시 이 명령을 사사로운 판단에 대한 내용으로 오해하지 않도록 하기 위하여, 그는 "무엇이든지 너희가 땅에서 매면 하늘에서도 매일 것이요 무엇이든지 땅에서 풀면 하늘에서도 풀리리라"라고 분명하게 덧붙이신다. 그러므로 이 명령은 열쇠의 권한의 공적인 시행 이외에 다른 의미가 아닌 것이다.

"내가 실로 몸으로는 떠나 있으나 영으로는 함께 있어서 거기 있는 것 같이 이런 일 행한 자를 이미 판단하였노라. 주 예수의 이름으로 너희가 내 영과 함께 모여서 우리 주 예수의 능력으로 이런 자를 사탄에게 내주었으니 이는 육신은 멸하고 영은 주 예수의 날에 구원을 받게 하려 함이라"(고전 5:3-5), "만일 어떤 형제라 일컫는 자가 음행하거나 탐욕을 부리거나 우상 숭배를 하거나 모욕하거나 술 취하거나 속여 빼앗거든 사귀지도 말고 그런 자와는 함께 먹지도 말라"(고전 5:11), "밖에 있는 사람들은 하나님이 심판하시려니와 이 악한 사람은 너희 중에서 내쫓으라"(고전 5:13), "그리스도와 벨리알이 어찌 조화되며 믿는 자와 믿지 않는 자가 어찌 상관하며 하나님의 성전과 우상이 어찌 일치가 되리요?"(고후 6:15, 16), "형제들아 우리 주 예수 그리스도의 이름으로 너희를 명하노니 게으르게 행하고 우리에게서 받은 전통대로 행하지 아니하는 모든 형제에게서 떠나라"(살후 3:6), "누가 이 편지에 한 우리 말을 순종하지 아니하거든 그 사람을 지목하여 사귀지 말고 그로 하여금 부끄럽게 하라"(살후 3:14), "누구든지 이 교훈을 가지지 않고 너희에게 나아가거든 그를 집에 들이지도 말고 인사도 하지 말라. 그에게 인사하는 자는 그 악한 일에 참여하는 자임이라"(요이 10, 11).

3. 열쇠의 권한은 하나님의 영광을 인해서도 필수적이다. 아무런 구별이 없이 신성모독자나 악인들을 포함하여 모든 사람을 하나님의 자녀로 인정한다면, 그것은 하나님 나라를 사탄의 나라와 혼합시키는 것으로 하나님의 이름과 그의 대의(大義)를 욕되게 하는 것이다.

4. 성례들이 더럽혀지지 않게 하고, 말씀에서 성례에 참여할 수 없는 자로 명시된 악인들을 성례에 참여하지 못하도록 하기 위해서도 권징이 필수적이다.

5. 교리와 예배의 순결이 보존되도록 하기 위해서도 권징이 필수적이다.

6. 만일 교회가 알면서도 고의로 성례를 더럽히거나 속된 자들을 성례에 허용하면 하나님께서 교회를 벌하실 것이므로, 교회의 안전을 위해서도 권징이 필수적이다.

7. 죄인들이 자주 권고를 받고, 부끄러움에 처해져서 회개에 이르도록 하여 그들을 구원하기 위해서도 권징이 필수적이다.

8. 교회에서 추문을 미연에 방지하여, 연약한 자들이 다른 이들의 악한 모범에 물들지 않도록 하기 위해서도 권징이 필수적이다. "적은 누룩이 온 덩어리에 퍼지는 것을 알지 못하느냐?"(고전 5:6).

9. 교회 바깥에 있는 자들과 아직 교회원이 되지 않은 자들에게도 추문을 미연에 방지하여 그들의 죄를 회개하기까지 그것과 연루되지 않도록 하기 위해서도 권징이 필수적이다.

10. 하나님의 이름이 다른 이들에 의해서 욕을 당하고, 그의 언약이 치욕을 당하지 않도록 하기 위해서도 권징이 필수적이다.

11. 악인으로 하여금 형벌을 면하도록 하기 위해서도 권징이 필수적이다. 만일 불경한 자들이 교회의 성례에 허용될 경우 그들은 스스로 하나님의 심판을 자초하게 된다. 그러므로 이런 일이 없도록 하기 위해서도 교회는 거룩한 성례에 그런 사람들이 참여하지 못하도록 필요한 조치들을 강구해야 하는 것이다.

12. 참된 믿음과 그리스도의 교의를 부인하는 자들은 교회에서와, 성례의 시행에서 제외되어야 한다. 신실한 자들을 교회 바깥에 있는 이방인들과 혼동해서는 안 된다. 노골적으로 악을 행하는 자들이나 신성모독자들이나, 아리우스주의에 빠진 자들이나 이슬람교도 등도 마찬가지다. 그런데 회개하기를 거부하고, 참된 믿음과 그리스도의 교의를 부인하는 모든 자들은 "하나님을 시인하나 행위로는 부인하니 가증한 자요 복종하지 아니하는 자요 모든 선한 일을 버리는 자니라"(딛 1:16). 참된 믿음을 부인하는 자는 이방인보다 더 악하다. 그러므로, 악 속에 계속 거하면서 회개하기를 거부하는 자들은 교회에서와 성례의 시행에서 제외되어야 마땅하다.

13. "거룩한 것을 개에게 주지 말며 너희 진주를 돼지 앞에 던지지 말라"(마 7:6)는 그리스도의 선언도 여기서 중요하다. 악을 고집하며 교회를 욕하며, 심지어 하나님께도 욕을 일삼는 자들은 개와 돼지들이다. 그러므로 그런 자들은 성례에 허용해서는 안 된다. 그리스도께서 회심한 자들과 회심하지 않은 자들, 혹은 장차 회

심할 자들을 위하여 전하시는 그의 말씀에 대해서 이런 사실을 선포하신다면, 그의 눈에 보이는 말씀, 즉 오직 회심한 자들을 위해서만 제정된 성례는 얼마나 더 하겠는가!

14. 공공연한 불신자들과 신성모독자들과 극심하게 악한 자들에게는 세례를 베풀어서는 안 된다. 마음을 다하여 믿는 자들 외에는 아무도 세례를 받아서는 안 되기 때문이다. 그리하여 빌립은 내시에게, "네가 마음을 온전히 하여 믿으면 [세례를 받음이] 가하니라"(행 8:37. 한글 개역개정판 난외주 참조: 역자주)라고 말씀하였다. 요한도 죄를 고백하는 자들 외에는 아무에게도 세례를 베풀지 않았다. 그러므로, 불신자와 신성모독자들이 세례를 받지 못한다면, 그런 사람들은 교회에서도 제외되어야 하고 또한 성찬에도 허용되지 말아야 하는 것이다. 세례를 받지 못하는 사람들은 성찬에도 참여할 수 없기 때문이다. 한 성례에서 제외되는 조건이 다른 성례에도 그대로 적용되기 때문이다.

15. 아직 세례를 받지 않은 자들은 성찬에도 참석해서는 안 된다. 그런데, 세례를 받고 타락하였거나 세례를 고의로 악하게 무시하며 사는 자들에게는 사도 바울의 선언처럼 세례가 세례가 아니다: "만일 율법을 범하면 네 할례는 무할례가 되느니라"(롬 2:25). 그러므로, 세례를 받고 타락한 자들도 성찬에 참여해서는 안 된다. 이에 대해서 다음과 같이 반론을 제기하는 사람도 있을 것이다. 곧, 그러므로 세례를 받고 타락한 자들은 교회에 다시 입교한 후에 다시 세례를 받아야 한다는 것이다. 그러나 우리의 답변은, 세례를 통하여 입교하는 일은 회개하는 모든 자들의 경우에 정당하게 적용되며, 그것도 표가 전혀 반복되지 않은 상태로 적용된다는 것이다. 세례가 교회에 받아들여지는 입교의 성례이므로, 세례를 받고 타락한 자들은 교회에 속하지 않은 것이요, 그런 상태에 계속 남아 있는 동안 그들은 교회에도, 성찬에도 참여할 수 없는 것이다.

16. 은혜의 약속에 해당되지 않는 자들에게 은혜의 표를 베풀어서는 안 된다. 만일 그렇게 하면 교회는 하나님께서 제외시키신 자들을 사악하게 허용하는 것이요 그리하여 자가당착에 빠지고 말 것이다. 말로 선포되는 말씀이 정죄하는 자들을 눈에 보이는 말씀으로 사면하는 것이나 마찬가지가 되기 때문이다. 은혜의 약속은 신성모독자들이나 공공연히 악을 행하는 자들에게는 해당되지 않는다. 그러므로 은혜의 표를 그들에게 베풀어서는 안 된다.

17. 마지막으로, 성례의 제정으로 보나, 우리편에서 성례에 참여할 때에 준수해

야 할 조건을 보아도, 회개와 믿음이 요구된다. 그러므로, 불신자들과 회개하지 않는 자들은 성례에 허용되어서는 안 된다. 이를 다음과 같이 진술하면 그 비중이 더 커질 것이다: 회개와 믿음이 있는 자들은 성례에 허용되어야 한다. 그러므로 이런 자격이 없는 자들은 허용되어서는 안 된다.

3. 이 권한은 누가, 누구를 향하여, 어떤 절차로 시행되어야 하는가?

하나님의 말씀을 선포하는 직무를 맡은 자들에게 열쇠의 권한이 맡겨져 있다. 하나님의 진노로 탄핵하며 그의 은혜를 선포하는 일이 복음 선포를 통하여 이루어지는데, 이 일은 그리스도의 목사들에게 맡겨져 있다. 복음 선포는 오로지 그들에게만 맡겨져 있다. 그러나 권징에 포함되는 바 하나님의 진노의 탄핵은 온 교회에 속하는 것이다. 왜냐하면 온 교회가 권징과 영적 치리를 시행하기 때문이다. 그러나 말씀 사역에 포함되는 탄핵은 권징과는 취하는 방식이 다르다. 말씀 사역에서 모든 목사가 전하는 하나님의 말씀을 통하여 하나님의 진노가 회개치 않고 믿지 않는 모든 자들을 향하여 선포된다. 즉, 회개하여 복음의 가르침에 따라 살지 않으면 그들이 그리스도의 나라에서 제외된다는 것이 선포되며, 또한 회개하는 자들에게는 그 동일한 목사들이 전하는 하나님의 말씀에서 하나님의 은혜와 죄 사함이 그들에게 선포되고 증거되는 것이다.

반론. 그러므로 목사들이 정죄할 권한을 지닌 것이다.

답변. 그들에게는 사역 상의 권한이 있다. 즉, 하나님의 명령에 따라 하나님께서 그들의 죄를 사하시거나 사하지 않으신다는 것을 사람들에게 선포하고 증거할 직무가 그들에게 있다는 것이다. 이 직무는 두 가지 방식으로 행해진다. 첫째로, 믿는 자들은 모두 구원받으며 믿지 않는 자들은 모두 정죄를 받는다고 선포할 때에 일반적으로 행해진다. 둘째로, 특정한 사람들에게, 또한 각 사람에게, 그들이 참된 믿음으로 복음의 약속을 받아들이면 그들의 죄가 그리스도의 공로로 말미암아 사함받고, 또한 회개치 않으면 하나님의 진노가 그들에게 임하는 것임을 사사로이 선포하고 증거할 때에도 이 직무를 행하는 것이다. 베드로도 마술사 시몬에게 다음과 같이 선언하였다: "하나님 앞에서 네 마음이 바르지 못하니 이 도에는 네가 관계도 없고 분깃 될 것도 없느니라" (행 8:21). 필요할 때마다 항상 각 사람에게 구체적으로 동일한 사실이 선포되어야 마땅하다. 그러나 우리 자신의 뜻이나 생각에 따라서가 아니라 하나님의 명령에 따라서 선포해야 하는 것이다. 이것이 바로 교회의 목사들에게 베풀어지며 또한 말씀 사역과 연관되는 열쇠의 권한이다. 그러나 이런 선포의 내용을 실질적으로 시행하는 일은 오직 하나님께 속한 일이다. 그러나 교회적인 치리나 권징에 대해서는 경우가 약간 다르다. 하나님의 은혜나 진노를 선언하는 일이 한 사람이 사사로이 하는 것이 아니고, 온 교회가, 혹은 최소한 모든 사람들의 동의에 의하여 이 목적을 위해 선출된 자들이 온 교회의 이름으로 행하는 것이기 때문이다. 이런 선언에는 특정한 이유들과 거기에 해당되는 특정인들이 명시되며, 또한 필요할 경우 성례의 시행에서 제외되는 사실이 포함된다.

그러면 기독교 교회에서와 성례의 시행에서 제외되어야 할 자들은 누구인가? 이 질문에 대한 답변은 이미 논의한 내용에서 충분히 예상할 수 있다. 곧, 믿음의 어떤 조목을 완고하게 부인하거나 회개하여 하나님의 모든 명령에 따라 하나님의 뜻에 굴복하기를 거부하는 자들과, 공공연히 악행을 계속하고자 하는 의사를 주저함 없이 드러내는 자들이 여기에 해당된다. 이 모든 자들은 교회에 받아들여서는 안 된다. 그리고 만일 세례를 통해서 입교한 상태라 하더라도, 그런 오류를 삼가고 생활이 변화되었다는 증거를 보이기까지 성찬에 허용되어서는 안 된다.

열쇠의 권한을 시행할 때에 준수해야 할 절차는 그리스도께서 마태복음 18장에 규정해 놓으신 대로다. 어떤 사람이 사사로이 과실을 범했을 경우에는 다음과 같은 그리스도의 명령에 따라서 한 사람이 먼저 친절하게 그 사람에게 권고해야 한다: "네 형제가 죄를 범하거든 가서 너와 그 사람과만 상대하여 권고하라 만일 들으면 네가 네 형제를 얻은 것이요"(마 18:15). 그 다음에, 한 사람이 권고하는 데도 그 사람이 회개하지 않으면, 다시 두세 사람이 함께 그에게 사사로이 권고하여야 한다. 그런데, 이때에 하나님의 말씀에 따라서, 그 범죄자에 대해 선의가 있는 적절한 증거를 보이며 그런 권고를 행해야 하며, 그 권고는 정당하고 필수적인 원인들에 근거한 것이어야 한다. 그렇게 두세 사람이 그렇게 권고하는 데도 회개치 않으면, "만일 그들의 말도 듣지 않거든 교회에 말하라"(마 18:17)는 그리스도의 명령에 따라 온 교회가 그를 교정시켜야 한다. 또한 어떤 사람이 온 교회를 대적하여 공적으로 어떤 과실을 범했을 경우에는, 그 과실의 성격상 온 교회가 공적으로 교정해야 할 것이다. 온 교회가 그렇게 권고하고 책망하는 데도 그 사람이 회개치 않으면, 그것이 사사로운 과실이든, 공적인 과실이든 간에, 교회는 결국 완악하고 회개치 않는 죄인들을 교정하고자 취할 수 있는 마지막 조치로 출교를 명해야 한다. 이는 그리스도의 명령에 따르는 것이다: "교회의 말도 듣지 않거든 이방인과 세리와 같이 여기라"(마 18:17).

그러므로 잘못을 범하는 자들을 교정하고 회복시킬 목적을 위하여 교회는 언제나 이런 절차를 따라야 한다. 그리스도께서 앞의 그 본문들에서 규정하신 여러 단계들을 준수해야 하는 것이다. 그 단계는 다음의 네 가지다: 1. 형제로서 행하는 사사로운 권고. 2. 여러 사람이 행하는 권고. 3. 교회의 권고. 4. 교회의 공적인 선고. 첫 번째와 두 번째 단계는 사사로운 과실의 경우에 준수해야 할 것이며, 세 번째 단계는 극심한 죄나 과실의 경우에, 그리고 네 번째 단계는 불복종 혹은 완고하고 결연한 악행의 경우에 준수하는 것이다. 이 마지막 경우에 오직 교회 전체가 출교의 선고를 시행하고, 악행에 대해 회개하기까지 해당 범죄자를 이방인과 세리로 — 즉, 교회와 하나님 나라 바깥의 사람으로 — 간주하여야 한다. 그러므로 출교를 선고하기 전에 반드시 해당 오류나 죄를 반드시 알게 하여야 하며, 그때에 범죄자 편에서 완고하고도 결연하게 악행을 고집해야 한다.

그러므로 누구든 교황주의자나 아리우스주의자가 되거나 다른 배교자들의 편에 설 경우에, 자신의 오류를 인정하고 과거의 행위를 철회하고 복음에 따라 생활하기를 시작하지 않는 한, 그 스스로 교회원이라 주장하며 교회 안에 남아 있기를 바란다 해도, 그 사람을 교회원으로 인정해서는 안 된다. 그 이유는 하나님께서 그의 교회를 온갖 다양한 분파들과 귀신들에게 속한 자들에게서 분리시키시고 구별되게 하실 것이기 때문이다. 그런데, 세례받을 때에 행한 서원을 뒤집거나 무시하는 자들은 귀신에 속한 자들이다. 그러므로 그런 자들이 스스로 그리스도인이라 칭한다 할지라도, 그들을 교회에서 잘라내야 하는 것이다. 그들은 자기들이 입으로 고백하는 바를 행위로써 부인하여, 자기들이 거짓말을 하고 있다는 것을 명확하게 드러내기 때문이다. 믿음과 그리스도인의 삶은 서로 분리되어 존재할 수가 없다. 그러므로 그것들을 분리시키는 자들은 하나님과 그의 교회를 조롱하는 자들이다. **배교자**(背敎者: an apostate)란 교리와 삶에서 이따금씩 혹은 자주 과실을 범하고 자기 죄를 다시 회개하는 자들이 아니고, 오류와 공공연한 악을 깨달으면서도 죄를 버리기를 원치 않고, 오류를 철회하기를 원치 않는 완악한 자들을 일컫는 것이다. 그러나 만일 어떤 자가 회개를 고백하고 그것을 외형적으로 선언하며, 삶으로 그것의 증거를 어느 정도 보일 때에, 그 사람이 내적으로는 외식자일지라도, 교회는 그의 참된 면모가 드러날 때까지는 그를 받아들여야 한다. 교회는 은밀하고 감추어진 것들을 판단하는 자가 아니기 때문이다.

4. 권징의 목적은 무엇이며, 시행 시에 피하여야 할 것들은 무엇인가?

그리스도께서는 교회에게 출교의 권한을 주셨는데, 이는 죄인을 멸망시키기 위함이 아니라 그를 구원하기 위함이다. 그러므로 교회적 권징의 목적은 그리스도의 목사들의 권위와 폭정을 확립시키고자 함이 아니다. "이방인의 임금들은 그들을 주관하며 그 집권자들은 은인이라 칭함을 받으나 너희는 그렇지 않을지니"(눅 22:25, 26). 누구보다 목사들 자신이 이 권징에 속하여야 하며, 이 권징으로 말미암아 그들의 소명의 적절한 한계를 특별히 지켜야 한다. 열쇠는 목사에게 속한 것이 아니라 온 교회에게 속한 것이기 때문이다. 그렇다고 해서 교회의 권징의 목적이 천국의 열쇠를 시행해야 할 그런 성격의 삶을 사는 자들에게 고통을 주고 압박을 가하고 절박한 처지로 몰아넣는 데에 있는 것은 더더욱 아니다. 이런 것들은 교회에서 정당한 권징을 반대하는 자들이 꾸며대는 거짓된 비방일 뿐이다. 기독교 권징의 참된 목적은 사도 바울이 구체적으로 제시한 것들인데, 그 중에 다음과 같은 것들을 언급할 수 있을 것이다:

1. 완악하여 불순종하는 자들을 부끄러움과 두려움에 처하게 하여 올바로 생각하여 회개하고자 함. "이런 자를 사탄에게 내주었으니 이는 육신은 멸하고 영은 주 예수의 날에 구원을 받게 하려 함이라"(고전 5:5).

2. 악한 범죄자들과의 대화와 그들의 나쁜 모범으로 인하여 다른 그리스도인들이 부패해지지 않도록 하기 위함. 양 떼 중에 한 마리가 병들어도 양 떼 전체가 오염될 수 있으며, 따라서 그 양을 치료하든지 양 떼로부터 격리시켜야 한다. 그리고 적은 누룩이 온 덩어리를 부풀어오르게 만드는 법이다. "너희가 자랑하는 것이 옳지 아니하도다 적은 누룩이 온 덩어리에 퍼지는 것을 알지 못하느냐?"(고전 5:6).

3. 이 수단을 통하여 다른 사람들이 죄 범하기를 두려워하게 하기 위함. "범죄한 자들을 모든 사람 앞에서 꾸짖어 나머지 사람들로 두려워하게 하라"(딤전 5:20).

4. 교회가 공적인 추문으로 인하여 욕을 당하거나 악담을 듣는 일이 없도록 하고, 그리하여 성례가 더러워져서 하나님의 진노가 임하는 일이 없도록 미연에 방지하기 위함. "너희는 누룩 없는 자인데 새 덩어리가 되기 위하여 묵은 누룩을 내버리라. 우리의 유월절 양 곧 그리스도께서 희생되셨느니라"(고전 5:7).

이것들이 권징의 목적 또는 의도들이다.

출교를 시행할 때에 피하여야 할 것들은 다음과 같다:

첫째로, 앞에서 이미 언급한 여러 형식의 권고들을 무시해서는 안 되며, 그 순서를 뒤바꾸어 맨 나중의 절차를 먼저 시행한다든지 해서는 안 된다. 항상 먼저 사사로운 권고를 행하여, 과실을 범한 자가 친절히 권고를 받도록 해야 한다. 이때에 그가 범한 오류나 과실에 대해 명확히 진술하고, 하나님의 말씀에 따라 책망하고 회개를 권면하여야 한다.

둘째로, 하나님의 말씀에 따라 행하며, 형제의 사랑의 증거를 갖고 또한 오류를 범한 자들의 유익을 위하고 그들의 구원을 바라는 간절한 마음으로 행하여야 한다. 범죄한 형제를 즉시 원수로 여겨서는 안 되고, 다음과 같은 사도 바울의 말씀처럼 형제로서 권면해야 한다: "그러나 원수와 같이 생각하지 말고 형제 같이 권면하라"(살후 3:15).

셋째로, 권징은 불의하며 의심쩍고 사소한 원인에 근거해서는 안 되고, 정의롭고 확실하고 필수적인 원인들에 근거하여야 한다. 사소한 의심에 근거하여 경솔하게 출교의 절차를 시행해서는 절대로 안 되며, 의사가 필요할 경우에 칼을 사용하는 것을 마다하지 않는 것처럼 절박한 필요성 때문에 피치 못할 경우에만 그런 절차를 시행하여야 한다. 오류들이 우리의 믿음의 근본을 뒤집어 놓는 방향으로 나아간다든지, 악한 범죄들을 완악하게 고집하여 온 교회의 안전을, 혹은 최소한 특정한 교회원들을 위협한다든지 할 때에 그런 필요성이 있다고 말할 수 있다.

넷째로, 모든 장로들은 원인을 면밀하게 심사숙고해야 하며, 온 교회가 장로들의 결정을 승인해야 한다. 어느 한 사람의 권위로 심지어 목사 한 사람의 권위로라도 시행되어서는 안 된다. 그리스도께서는 몇 사람에게나 혹은 목사 한 사람에게 이 권한을 주신 것이 아니고, (물론 그 권한을 시행하는 일은 교회가 몇 사람들에게, 혹은 목사 한 사람에게 맡기지만) 온 교회에게 주셨기 때문이다. "만일 그들의 말도 듣지 않거든 교회에 말하라"(마 18:17), "이방인의 임금들은 그들을 주관하며 그 집권자들은 은인이라 칭함을 받으나 너희는 그렇지 않을지니"(눅 22:25, 26). 그러므로 교회의 동의와 결정을 반드시 얻어야 한다. 1. 그것이 하나님의 명령이기 때문에. 2. 해를 입는 사람이 없도록 하기 위하여. 3. 권징이 더 큰 권위와 힘을 갖도록 하기 위하여. 4. 교회의 사역이 소수독재 정치나 교황주의 교회에서 나타나는 전제 정치로 바뀌지 않도록 하기 위하여. 5. 범죄자에 대한 정죄가 더욱 정의로운 것으로 드러나게 하기 위하여.

마지막으로, 교회에 분열을 초래하거나 추문의 빌미를 주지 않도록 시행되어야한다. 선한 신자들이 서로 의견이 달라 교회가 찢어지고, 악한 상황들이 급속히 이어지지 않도록 해야 하는 것이다.

목사가 이런 악한 상황들을 보거나 우려될 경우에는 절차를 진행하지 말고, 모두를 공적으로 사적으로 경계하고 권면해야 한다. 그렇게 해도 아무것도 이루지못할 수도 있으나, 그렇게 하면 그에게 욕이 돌아가지는 않는 것이다. "의에 주리고 목마른 자는 복이 있나니 그들이 배부를 것임이요"(마 5:6). 이럴 경우 그 죄와형벌이 완고한 범죄자에게 임할 것이다.

5. 천국 열쇠의 권한은 시민적 권한과 어떤 점에서 다른가?

다른 점들이 많은데, 그 중에서 다음과 같은 것들이 두드러진다.

1. 교회의 권징은 교회가 시행하는 것이고, 시민적 권한은 재판관이나 통치자가행하는 것이다.

2. 국가에서는 시민법에 따라 재판이 시행되나, 교회에서는 하나님의 법 혹은하나님의 말씀에 따라 시행된다.

3. 교회에게 맡겨진 열쇠의 권한은 하나님의 말씀에 의존하며, 교회는 말씀으로그 권한을 시행하여 회개하지 않는 자들을 하나님의 진노를 선언하여 탄핵하며, 완악한 자들을 오직 하나님의 말씀으로 징벌하되, 이 징벌이 양심을 일깨우도록하는 방식으로 한다. 그러나 시민적 권한은 칼을 사용하며, 범법자를 오직 세속적인 형벌로써 다스려 강제로 권위에 굴복하게 한다.

4. 교회는 여러 단계의 권면 절차가 있으며, 범죄자가 그 죄를 인식하고 회개하면, 징벌 절차가 진행되지 않는다. 그러나 국가의 통치자는 범죄자가 회개하여도그에게 형벌을 부과한다.

5. 교회는 권징의 시행 시에 범죄자의 변화와 구원을 추구한다. 그러나 국가의통치자는 정의와 사회의 평화를 추구한다.

6. 교회는 완악하며 불순종하는 자들 외에는 아무에게도 권징을 시행하지 않으므로, 범죄자가 회개했다는 충족한 증거가 있으면 언제든지 그 결정을 취소하고징벌을 제거해야 할 의무가 있다. 그러나 국가의 통치자는 일단 형벌을 가하면 그결정을 취소하지도 않고 형벌을 제거하지도 않는다. 십자가에서 회개하는 강도를그리스도께서는 낙원에 받아들이신다. 그러나 국가의 통치자는 형벌을 선고받은

자에게 반드시 그 형벌을 시행한다. 기독교 권징은 국가가 인지하지 못하는 일들을 인지하는 경우가 많다. 교회가 회개하지 않는 자들을 교제에서 내어쫓고 교회원으로 인정하지 않으나, 국가의 통치자는 그들을 용납하기도 하고, 반대로, 국가가 형벌을 가하여 유배시킨 자들을 교회가 받아들이기도 하는 것이다. 예를 들면, 국가의 통치자들은 음행자나 강도나 도둑에게 사형을 가할 수도 있으나, 교회는 그들이 참된 회개의 증거가 있다고 판단될 경우 그들을 받아들일 수도 있다. 그러므로 교회의 권한과 시민적 권한은 서로 분명하게 다른 것이다.

이제는 기독교 권징을 반대하는 자들이 흔히 제기하는 몇 가지 반론들에 대해서 간단히 다룰 필요가 있을 것이다.

반론 1. 성경은 어디에서도 열쇠의 직무를 시행할 것을 명령하지 않는다. 그러므로, 아무도 성례에서 제외되지 않아야 한다.

답변. 우리는 전제를 인정할 수 없다. 이 문제와 직접 관련이 있는 많은 선언들이 성경에 있기 때문이다. "내가 천국 열쇠를 네게 주리니 네가 땅에서 무엇이든지 매면 하늘에서도 매일 것이요 네가 땅에서 무엇이든지 풀면 하늘에서도 풀리리라"(마 16:19), "만일 그들의 말도 듣지 않거든 교회에 말하고 교회의 말도 듣지 않거든 이방인과 세리와 같이 여기라 진실로 너희에게 이르노니 무엇이든지 너희가 땅에서 매면 하늘에서도 매일 것이요 무엇이든지 땅에서 풀면 하늘에서도 풀리리라"(마 18:17, 18). 그리스도께서 명령의 형식으로 전하신 바를 사도 바울도 확증한다. "이런 자를 사탄에게 내주었으니 이는 육신은 멸하고 영은 주 예수의 날에 구원을 받게 하려 함이라"(고전 5:5), "그런즉 너희가 함께 모여서 주의 만찬을 먹을 수 없으니"(고전 11:20), "누가 이 편지에 한 우리 말을 순종하지 아니하거든 그 사람을 지목하여 사귀지 말고 그로 하여금 부끄럽게 하라"(살후 3:14), "그 가운데 후메내오와 알렉산더가 있으니 내가 사탄에게 내준 것은 그들로 훈계를 받아 신성을 모독하지 못하게 하려 함이라"(딤전 1:20). 또한 선지자들의 글에도 명확한 증언들이 많은데, 그것들을 보면 하나님께서 그의 교회에서 권징을 시행할 것을 명령하셨음이 분명히 드러난다. "너희의 무수한 제물이 내게 무엇이 유익하뇨? 나는 숫양의 번제와 살진 짐승의 기름에 배불렀고 나는 수송아지나 어린 양이나 숫염소의 피를 기뻐하지 아니하노라"(사 1:11), "소를 잡아 드리는 것은 살인함과 다름이 없이 하고 어린 양으로 제사드리는 것은 개의 목을 꺾음과 다름이 없이 하며 드리는 예물은 돼지의 피와 다름이 없이 하고 분향하는 것은 우상을 찬송함과 다름이 없이 행하는 그들은 자기의 길을 택하며 그들의 마음은 가증한 것을 기뻐한즉"(사 66:3), "내가 너희 조상들을 애굽 땅에서 인도하여 낸 날에 번제나 희생에 대하여 말하지 아니하며 명령하지 아니하고"(렘 7:22), "악인에게는 하나 님이 이르시되 네가 어찌하여 네 율례를 전하며 내 언약을 네 입에 두느냐?"(시 50:16). 그리하여 그리스도께서도 이렇게 말씀하신다: "예물을 제단 앞에 두고 먼 저 가서 형제와 화목하고 그 후에 와서 예물을 드리라"(마 5:24).

성경에는 이것들 외에도, 공공연하게 악을 행하는 모든 자들을 교회와 성례의 시행에서 제외시킬 것을 명령하는 선언들이 많다. 성례를 정당하지 못하게 시행 하는 것을 정죄하는 선언들이나, 목사들에게 회개와 믿음을 고백하는 자들 외에 는 아무도 교회원으로 받아들이지 말 것을 명령하는 선언들이 이에 속한다.

이에 대해서 또다시 다음과 같은 반론이 제기된다. 즉, 하나님께서는 불경한 자 들이 성례에 참여하는 것을 금하시지만, 교회에게 그들을 제외시키라고 명령하시 지는 않는다는 것이다. 그러나 이에 대해서는 다음과 같이 답하는 것으로 족할 것 이다: 하나님께서는 자신이 교회에서 행하는 것을 금하시는 것을 교회의 권징을 통해서 금하시며, 또한 하나님께서는 공개적으로 악을 행하는 자들을 제외시킬 것을 교회에게 명령하셨다는 것이 이미 인용한 성경 본문들에서 명확히 드러나는 것이다.

반론 2. 사람은 자격이 있는 자와 무자격한 자를 구별할 수가 없고, 참으로 회개 하는 자와 악행을 계속하는 자도 알 수가 없다. 사람의 마음속을 들여다 볼 수가 없고, 지옥에 던질 능력도 없기 때문이다. 그러므로 교회는 경건한 자를 가리고 그 들을 불경한 자들에게서 분리시킬 수도 없고, 그것을 위하여 그 어떠한 권징도 시 행할 권한이 없다.

답변. 은밀하고 감추어진 것들에 대해서는 교회가 판단할 위치에 있지 않으나, 외적인 삶과 표명을 통해서 겉으로 분명히 드러나는 일에 대해서는 판단할 수가 있다. 악인을 하나님의 심판에 붙일 때에, 즉 하나님의 말씀의 요구에 따라 그들을 판단하는 경우나, 완악한 범죄자들에게 그들이 그런 상태에 있는 한 정죄를 받는 다는 것을 하나님의 말씀에 따라 선포하고 증언하는 경우, 또한 진정 회개하는 자 들을 하나님의 말씀에 따라 사면하는 경우 등에서, 교회가 바로 그렇게 판단하고 시행하는 것이다. 그러나 그 진정한 모습이 알려져 있지 않은 자들을 다른 사람들 과 구별하는 일은 교회가 행할 수 없고, 교회가 이런 일을 자기의 임무로 삼아서도 안 된다.

반론 3. 그리스도께서는 알곡과 가라지 비유에서 "둘 다 추수 때까지 함께 자라게 두라"(마 13:30)라고 말씀하신다. 그러므로 그 어떤 사람도 교회에서 제외시켜서는 안 된다.

답변. 1. 그리스도께서는 여기서 진정으로 경건한 자들과 구별이 잘 되지 않는 외식자들에 대해 말씀하신다. 그러므로 그 말씀의 의미는, 우리가 외식자들을 알 수가 없으므로 그들을 교회에서 끊어내고 분리시키지 말라는 것이다. 그런 일은 천사들이 마지막 날에 행할 것이라는 것이다. 2. 여기서 그리스도께서는 목사들의 임무와 국가 통치자들의 임무를 구별하고 계신다. "자라게 두라", 즉 교회에서 제외되는 자들을 죽이지 말라는 것이다. 목사는 그 누구에 대해서도 국가의 통치자처럼 세속적인 권력을 사용해서는 안 되기 때문이다. 이런 차이를 적절히 생각하면, 교회와 마귀의 나라 사이에 존재하는 차이도 여전히 그대로 있는 것이다.

반론 4. 사람들에게 선행을 장려해야 한다. 성례를 사용하는 일은 선행이다. 그러므로 아무도 성례에서 제외되지 말아야 하고, 모두에게 성례에 참여할 것을 장려해야 한다.

답변. 1. 소전제를 신실한 신자가 성례를 행하는 경우만을 지칭하는 것으로 이해하지 않는다면, 그것은 참이 아니다. 불신자가 성례에 참여한다면 그것은 선행이 아니기 때문이다. 도덕적 성격을 띤 행위가 성례의 시행에 앞서서 나타날 때에는 성례를 시행하는 것이 선행이다. 이 경우에는 그것을 성례의 바른 시행이라 부를 수 있다. 그러나 그렇지 않은 경우는 성례를 남용하는 것이요 더럽히는 것이다. 악인이 성례에 참여하면 그것은 성례를 남용하는 것이기 때문이다. 그렇기 때문에 그리스도께서는 악인에게 예물을 드리지 말라고 권고하시면서, "예물을 제단 앞에 두고 먼저 가서 형제와 화목하라"고 말씀하시는 것이다. 2. 주 전제에는 다음과 같이 단서를 붙여야 한다. 사람들에게 선행을 장려해야 하지만, 그러나 적절한 질서를 지켜서 해야 한다. 우선 도덕적인 성격을 지닌 행위를 하도록 장려해야 하고, 그 다음에 의식적인 선행을 하도록 장려해야 한다는 것이다. "사람을 강권하여 데려다가 내 집을 채우라"(눅 14:23)는 그리스도의 말씀은 이런 의미로 이해해야 한다. 그러나 이에 대해서 다음과 같이 **반론**이 제기될 수도 있다: 선행은 금하지 말아야 한다. 성례를 사용하는 일은 선행이다. 그러므로 그 일은 금하지 말아야 한다. 이렇게 진술한다면, 우리는 이 모든 논지를 그대로 받아들인다. 우리는 성례의 사용이 아니라 성례의 남용을 금하는 것이기 때문이다. 그러나, 하나님께서는 모든 사람에게 유월절을 지키라고 명하셨다는 **반론**이 다시 제기된다.

답변. 하나님께서 모든 사람에게 명령하셨으나, 이것은 악인을 가리키는 것이 아니라 교회의 지체들과 이스라엘 공동체에 속하여 있는 자들을 가리키는 것이다. 불순종하는 자는 하나님의 백성의 회중에서 끊어내라는 분명한 명령이 또 있기 때문이다. 그러나 이에 대해서 다음과 같은 **반론**이 다시 제기된다: 그렇지만 성례의 사용에 많은 악이 수반된다. 그러나 이런 악은 회개하지 않는 자들이, 성례의 정당한 사용에 복종하지 않는 자들이 범하는 것이지, 그들에게 의무를 권고하는 자들이 범하는 것이 아니다. "의에 주리고 목마른 자는 복이 있나니 그들이 배부를 것임이요"(마 5:6)라고 말씀하는데, 이는 선한 일을 행하기를 사모하는 자들을 뜻한다. 그러나 이런 선행이 행하여지지 않더라도, 그것은 그들의 잘못이 아니다. 악한 일을 행하지 않을 수도 있고, 하나님께서 명령하시는 선을 빠뜨릴 수도 있다. 그러나 그런 과정을 통해서 선한 결과가 나타날 수도 있는 것이다. 우리는 우리의 의무를 다해야 하고, 나머지 일은 하나님께 맡겨야 한다. 그렇게 함으로써, 비록 우리가 바라는 선한 일이 이루어지지 않더라도, 언제나 선한 양심을 유지하게 되는 것이다.

반론 5. 그러나 선지자들도, 사도들도, 세례 요한도 사람을 성례에서 제외시키지 않았다. 아니 요한은 독사의 세대에게 세례를 베풀었다. 그러므로 교회의 목사들도 아무도 제외시켜서는 안 된다.

답변. 우리는 전제를 인정할 수 없다. 요한에게서 세례를 받은 자들이 독사의 세대에 속하는 자들이었으나, 세례를 받은 후에는 더 이상 독사들이 아니었다. 요한은 죄를 고백하는 자들에게만 세례를 베풀었기 때문이다. 그는 죄 사함을 얻게 하는 회개의 세례를 전파하였고, 세례를 받는 자들에게 회개에 합당한 열매를 맺을 것을 요구하였다. 선지자들은 비록 악한 자들을 제사와 구약 경륜에 속한 성례들에서 제외시킬 수가 없었으나, 제물을 드리는 자들의 죄와 남용 사실들에 대해 극심하게 정죄하였고, 죄를 회개하지 않고 하나님의 임재 앞에 경박스럽게 마구 나아가는 자들을 향해서도 또한 그들을 제사에 용납하는 교회들을 향하여도 길게 말씀을 전하기도 하였다. 그리고 사도들이 노골적인 악인을 성례의 시행에서 제외시킨 사실은, 사도 바울이 고린도전서에서 음행자들을 사탄에게 내어주고 교회에서 끊으라고 명령한 실례에서 분명히 드러난다.

반론 6. 세례 요한은 오로지 혼자서 회개와 믿음을 고백한 자들을 받아들였고, 회개하지 않는 자들을 거부하였다. 그러므로 목사가 홀로 회개와 믿음을 고백한 자들을 받아들이고 완악한 자들을 제외시키는 것이 합당하다. 그렇지 않으면 세례 요한의 실례가 아무런 의미도 없을 것이다.

답변. 이 실례는 비슷한 것이 아니다. 요한은 선지자의 권위와 사도적 권위를 부여받았으나, 오늘날의 목사에게는 그런 권위가 없다. 또한, 그 당시에는 교회 안에 있으면서도 죄와 또한 완악한 악행으로 그 모든 특권들을 저버린 자들을 교회에서 제외시키는 일이 아니라, 교회를 모으는 일에 주 관심이 있었다.

(주후 1568년 6월 10일 하이델베르크에서 행한 한 공공 토론회(뻬레르 보껭 박사[Dr. Perer Boquin]가 진행을 담당했고, 잉글랜드인인 조지 위더스[George Withers]가 답변하였음)에서 특정한 인사들이 교회의 권징을 전복시키고자 제시한 궤변들에 대한 간단한 논박: 이튿날 사사로이 행해진 이 논의의 반복에서 자카리아스 우르시누스 박사가 제시한 논지를 그대로 취한 것임. 여기서 그는 교회의 권징에 관하여 다음과 같은 두 가지 논제들을 제시하였다.)

1. 말씀의 신실한 선포와 성례의 정당한 시행과 아울러, 치리 혹은 권징의 직무가 교회에서 유지되어야 함.

2. 이 직무에 대해서 나는 이렇게 진술한다: 목사들은 장로들과 함께, 심지어 왕들까지도 포함하여 누구든 죄를 범하는 자들에게 지적하고 책망하고 출교할 권한과 기타 교회적 권징에 관한 여하한 사항도 시행할 권한을 가지며 또한 그 권한을 시행하여야 한다.

반론 1. 말씀과 성례가 올바로 시행되면 거기에 권징의 직무가 반드시 유지되어야 한다. 그러나 초기 교회에서와 현재의 질서가 잘 잡혀 있는 많은 교회들에서는 권징의 권위가 유지되지 않는다. 이는 말씀과 성례가 그 교회들에서 올바르게 시행되지 않는다는 뜻인데, 이것은 언어도단이다.

답변. 주 전제에 대해서는 다음 몇 가지 단서가 필요하다. "올바로 시행한다"는 문구를 두 가지 의미로 이해할 수도 있다. 이를 우리 주님의 명령에 완전히 일치하는 그런 시행을 지칭하는 것으로 이해할 수도 있다. 또한, 우리 주께서 제시하신 규범에 완전히 일치하지는 않으나 하나님을 기쁘시게 하고 또한 교회에 유익이 되는 방식으로 진행되는 그런 시행을 지칭하는 것으로 이해할 수도 있다. 전자의 의미로 보면, 그 어디에서도 성례가 올바르게 시행되지 못하는 것이 된다. 그러나 후자의 의미로 보면, 성례가 올바로 시행되는 일이 얼마든지 있을 수 있고 또 실제로 있는 것이 된다. 인간적인 연약함 때문에 곧바로 교정할 수 없는 과실들이나 오점 같은 것이 있을 수도 있으나, 그럼에도 불구하고 그 시행이 하나님을 기쁘시게 하고, 교회에 유익이 될 수도 있는 것이다. 왜냐하면, "의에 주리고 목마른 자는 복이" 있기 때문이다. 이런 일들을 인정하지 않으면 세상에 순결한 교회는 단 하나도 없을 것이다. 이 정도면 주 전제에 대한 충분한 반박이 될 것이다.

또한 소 전제도 인정할 수 없다. 기독교 권징의 권위가 초기 교회에서 유지되었고 또한 교회에서 계속 유지될 것이다. 교황주의자들의 경우처럼 크게 오염되어 있고 불완전하게 조직되어 있는 교회라 할지라도 권징은 계속 유지될 것이다. 이에 대해서도, 조직이 적절히 잘 잡혀 있는 스위스 교회들의 경우나 우리 교회들에서도 출교는 시행되지 않으니 위의 삼단논법의 소 전제에서 제시하는 바가 참이라는 반론이 제기된다. 그러나 우리는 다음과 같이 답변하고자 한다: 몇몇 교회들에서는 권징이 발효되지 않거나 그 시행이 아주 약하다는 것은 인정할 수 있으나, 우리의 반대자들이 제시하는 주장은 유지될 수가 없다. 왜냐하면 우리가 논의하는 다른 의미로는 이 교회들에서 말씀과 성례가 올바로 시행되고 있기 때문이다. 여기서 우르시누스는 크리소스톰의 다음과 같은 진술을 인용하였다: "어떤 경우라도 악인이 성찬에 나오면, 그에게 주의 몸과 피를 주지 말라. 만일 그 사람이 그것을 인정하지 않으면, 그 사실을 내게 알리라. 나는 목숨을 잃을지언정 그 사람을 받아들이지 않으리라." 그러니, 기독교 권징은 초기 교회 이후 몇 세기 후에도 유지되었던 것이다.

반론 2. 하나님의 말씀으로 확정되었거나 실례들을 통해서 입증된 것이 아닌 교리는 교회에서 강제로 가르치고 시행해서는 안 된다. 출교에 관한 이 교리는 하나님의 말씀으로 확정되거나 실례들을 통해서 입증된 것이 아니다. 그러므로 그것을 교회에서 강제로 시행해서는 안 된다.

답변. 우리는 소 전제를 인정하지 않는다. 하나님의 말씀이 분명하게 선포하고 있기 때문이다: "만일 그들의 말도 듣지 않거든 교회에 말하고 교회의 말도 듣지 않거든 이방인과 세리와 같이 여기라"(마 18:17). 또한 모범을 통해서도 동일한 교리가 확증된다. 다음의 실례들을 보라: "이런 자를 사탄에게 내주었으니 이는 육신은 멸하고 영은 주 예수의 날에 구원을 받게 하려 함이라"(고전 5:5); "그 가운데 후메내오와 알렉산더가 있으니 내가 사탄에게 내준 것은 그들로 훈계를 받아 신성을 모독하지 못하게 하려 함이라"(딤전 1:20).

여기서 취한 입장을 뒷받침하기 위하여
제시되는 성경 본문들에 대한 반론들

반론 1. 마태복음 18장에는 장로들의 역할에 대한 내용도 출교에 대한 내용도 언급되지 않는다. 그러므로 이 본문은 아무것도 입증해 주지 않는다.

답변. 전제를 인정할 수 없다. 물론 정확히 동일한 단어는 사용되지 않으나, 그 실체 자체는 그 본문이 가르치고 있기 때문이다. 장로의 역할은 "교회에 말하고"에서 언급되는 것이며, 출교는 "이방인과 세리와 같이 여기라"에서 언급되고 있기 때문이다.

반론 2. 장로들이 교회는 아니다. 그런데 그리스도께서는 사실을 교회에다 알리고 교회가 권면하라고 명령하신다. 그러므로 이 본문은 장로들을 언급하는 것이 아니다.

답변. 그리스도께서 장로들을 뜻하신 것이 아니고 "교회"라는 용어를 직설적인 의미로 사용하셔서 유대인 교회나 그리스도인 교회를 지칭하셨다는 전체적인 논지는 일리가 있다 할 수 있으나, 주 전제를 인정할 수 없다. 그러나 교회를 치리하기 위해서는 뭔가 질서가 있어야 하며, 또한 교회의 각종 사안들을 처리하기 위해서는 교회가 특정한 사람들을 지명하고 세워야 한다. 그렇지 않으면 혼란이 초래될 수밖에 없을 것이다.

반론 3. 물론 온 교회에 알릴 수는 없고 특정한 부류의 사람들에게 알려야 한다는 것은 사실이다. 그러나 그 사람들은 교회의 직분자가 아니라 사회의 직분자들이다. 따라서 "교회에 말하고"의 의미는 곧 "도시의 의회"에 알리라는 뜻이다.

답변. 여기서 온 교회에 알릴 수 없고 특정한 치리자 계급에게 알릴 수밖에 없다는 것을 고백하고 있다. 그런데 그 치리자가 교회가 아니라 사회의 치리자라고 이해한다. 문제는 그 치리자를 사회의 통치 기관을 뜻하는 것으로 보아야 하느냐 하는 것이다. 우리의 반대자들은 이 문제에 대해 사실 증명을 해야 하는데, 그들은 다음과 같은 방식으로 입증하려 한다. 곧, 세속적인 형벌을 가하는 기관은 사회에 속하는 것이다. 사울에게 그리스도인들을 사형에 처할 권한을 부여한 기관은 세속적인 형벌을 가하였다. 그러므로 그 기관은 사회적 기관이었다는 것이다.

재답변. 주 전제에 대해 다음과 같이 답변하고자 한다: 그들은 세속적인 형벌을 가할 권한을 부여받아 그 형벌을 가하는 기관은 사회적 기관이라고 주장한다. 그러나 대제사장들이 사울에게 이 권한을 부여하였는데, 그것은 잘못된 것이었다. 왜냐하면 그들은 그럴 권한이 없었는데도 그것을 탈취하여 스스로 취하여 시행했기 때문이다. 스데반의 죽음에 대해서도 마찬가지다. 그는 폭도들에 의해서 죽임을 당한 것이요, 제사장들 자신이 그의 죽음에 동의했으나 그릇된 의도로 그렇게 한 것이다.

반론 4. 아우구스티누스는 "우리에게는 사람을 죽이는 권한이 없나이다"(요 18:31)라는 유대인의 말은 거짓말이었다고 말한다.

답변. 아우구스티누스의 문제의 발언은 다음과 같다: "그러나 우리는, 이제 거룩한 날이 시작되기 때문에 자기들로서는 사람을 죽이는 일을 할 수 없다고 말한 것으로 이해해서는 안 된다. 너희 반역한 이스라엘 사람들아, 그렇게도 마음이 완악하단 말인가! 다른 사람들의 손에 넘겨서 사람 죽이는 일을 행하게 하면 너희들은 그 무죄한 자의 피에 물들지 않고 깨끗하다고 믿을 만큼, 그 뿌리깊은 악의로 정신이 나갔단 말인가!" 그러므로 아우구스티누스는 그들이 거짓말을 했다고 말한 것이 아니라, 다만 그들이 자기들로서는 정당치 못하다고 말한 그 일을 그들이 행했다는 것뿐이다.

반론 5. 크리소스톰은 방금 언급한 그 말을 절기가 가까이 다가왔기 때문에 우리에게는 그 일이 합당치 않다는 뜻으로 이해한다.

답변. 크리소스톰이 그런 뜻으로 이해했을 수도 있으나, 이것은 사실이 아니다. 왜냐하면 헤롯 대왕이 그들의 사회적 통치권과 법을 취하여 갔음을 역사가 입증하기 때문이다. 또한 요세푸스는 헤롯 대왕과 힐카누스(Hyrcanus)에 의해서 공회가 (사메아스[Sameas]의 공회 하나만 제외하고) 유명무실하게 되었다고 말한다. 그러므로 유대인들은 빌라도에게 의도적으로, "죽일 권한이나 권세는 당신께 있나이다. 우리에게는 사람을 죽이는 권한이 없나이다"라고 하였다. 빌라도 역시 이에 대해 증언하고 있다: "내가 너를 놓을 권한도 있고 십자가에 못 박을 권한도 있는 줄 알지 못하느냐?"(요 19:10).

반론 6. 그러나 빌라도 자신은, "너희가 그를 데려다가 너희 법대로 재판하라"고 말했다(요 18:31).

답변. 그러나 그는 모세의 율법을 뜻한 것이다. 그의 말은 마치, "그가 신성모독 자이거든 그를 돌로 쳐 죽이라. 나도 그 일에 동의하노라" 라는 말과도 같은 것이다.

반론 7. 그러나 요세푸스는, 클라우디우스 황제가 유대인들에게 그들의 법을 주었다고 증언한다.

답변. 그렇다면 그 전에는 유대인들에게 법이 없었다는 것이 된다. 게다가, 클라우디우스는 유대인들의 교회법을 인정해 주었다고 보도되는데, 이는 그가 유대인들이 그들의 종교에 관한 사안들에 대해서 그들의 법과 예식들을 준수하도록 허용해 주었다는 뜻 외에 아무것도 아니다. 그는 이렇게 말한다: "나는 카이우스 (Caius)가 어리석음으로 범한 그들의 법이 더 이상 침해받기를 바라지 않고, 그들이 조상들의 의례들을 누리기를 허용하노라."

반론 8. 검(劍)의 권한은 헤롯 대왕이 유대인에게서 취하여 갔다. 그러므로 그 전에는 그들이 이 권한을 소유했었다. 뿐만 아니라, 그리스도께서 교회에 말하라고 명령하셨을 당시에는 오로지 사회적인 공회밖에는 없었으므로 그리스도께서는 이 공회에 말하라고 명하신 것으로 추정할 수 있다. 유대인들 가운데는 오로지 세 개의 공회밖에는 없었다. 1. **대 공회**(the great council): 국가 전체의 회의. 2. **소 공회**(the small council): 예루살렘을 관장하는 회의. 3. **삼두회의**. 이 모두가 사회의 통치 기관들이었다. 그러므로 그리스도께서 말씀하신 공회는 사회의 통치기관들이었던 것이 분명하다.

답변. 유대인들이 헤롯 대왕 때에 정치적 권력을 상실했다면, 그리스도의 때에도 그것을 소유하지 못했다. 그리스도께서 가르치기 시작하시기 전에 헤롯 대왕이 사망한 것이 분명하기 때문이다. 그리고 그리스도께서 말씀하시는 공회가 사회적인 것이었다는 논지에 대해서는, 그것은 사회적이었을 뿐 아니라 교회적 권한도 지녔고, 종교에 관한 문제들을 다루었다고 답변할 수 있다. 공회는 바리새인과 서기관들, 제사장들과 법률가들로 구성되어 있었고, 도덕법과 사회법을 함께 다루었다. 그러므로 그리스도께서 말씀하는 소 공회는 정치적인 기관이었을 뿐아니라 교회적인 기관이기도 했던 것이다. 이제 문제는 그리스도께서 공회에 말하라고 명하시는 그것이 사회적인 성격을 띠는가, 아니면 교회적인 성격을 띠는가 하는 것이다. 우리는 그것이 교회적 성격을 띠는 것이었다고 보는데, 그 증거는 본문 그 자체에서 드러난다. 우선, 그리스도는 출교된 사람을 이방인과 세리로 여기라고 명하시는데, 이는 하나님 나라에서 제외된 사람으로 여기라는 뜻이다. 그런데 세리와 또한 하나님 나라에서 제외된 사람으로 선언하는 일은 사회의 통치자가 아니라 교회가 행하는 것이다. 세리는 국가의 일원이지만, 그리스도의 교회의 일원은 아니기 때문이다. 그 외에도 그리스도께서는 "진실로 너희에게 이르노니 무엇이든지 너희가 땅에서 매면 하늘에서도 매일 것이요 무엇이든지 땅에서 풀면 하늘에서도 풀리리라"(마 18:18)라고 말씀하신다. 이 말씀에서 그리스도는, "교회가 나를 세리나 이방인으로 여긴다 한들 내게 무슨 상관인가? 나는 여전히 먹고 마실 것이다"라고 반박할 자들에 대해 답변하시는 것이다. 곧, "내가 친히 교회의 판단대로 시행하리니, 그런 교회의 판단이 헛되지 않으리라"라는 뜻이다. 그는 또한, 국가의 통치자들의 공통된 권위에 대해서 말씀하시면서, "내가 천국 열쇠를 네게 주리니"(마 16:19)라고도 하셨다. 그러나 지금 논의하는 이 본문에서는 분명 특별히 교회의 권위에 대해 말씀하시는 것이다. 그러므로 매고 푸는 일은 국가의 통치자가 아니라 교회에 속하는 것이다.

지금까지 우리는 장로가 교회라는 용어 속에 포함된다는 첫 번째 논지에 대해 논의하였다. 그러면 이제는 "이방인과 세리와 같이 여기라"라는 그리스도의 명령 속에 출교가 포함되어 있다는 논지에 대해 논의를 계속하기로 하자.

반론 1. 그러나 이방인과 세리와 같이 여긴다는 것은 출교와 동일한 것이 아니다. 그러므로 그리스도께서 말씀하시는 것에 출교는 포함되지 않는다.

답변. 전제를 인정할 수 없다. 그러나 우리의 반대자들은 우리가 인정하지 않는 위의 전제를 증명하고자, 이방인으로 여기라는 말은 교회의 공적인 판단을 뜻하는 것이 아니라 각 사람의 사사로운 판단으로 그렇게 여기라는 뜻이며, 따라서 이방인으로 여길 그 사람을 온 교회가 출교시키라는 것이 아니라 교회원들이 사사로이 그렇게 여기라는 뜻이라고 말한다. 그러나 이에 대해서는, 교회원들이 사사로이 이방인으로 여기는 사람이라면 교회도 동일하게 바라보는 것이며, 따라서 그리스도께서는 교회의 공적인 판단에 대해 말씀하는 것이라고 답하는 것으로 족하다.

반론 2. 그러나 현재의 본문은 교회가 이방인으로 여길 사람이 누구인가에 대해서는 말씀하지 않는다. "교회의 말도 듣지 않거든 이방인과 세리와 같이 여기라." 그러므로, 각 사람이 자기 자신의 판단에 따라서 이방인으로 여기는 것이지, 교회의 판단에 따라서 그렇게 하는 것이 아니다.

답변. 전제는 참이다. 어떤 사람이 교회의 말을 듣지 않을 경우에 나는 그 사람을 그렇게 여긴다. 그러나 교회의 말을 듣지 않는 것과 세리 또는 교회 바깥의 사람이 되는 것은 동일한 것이 아니다. 여기에다 반론의 여지가 더 적은 다음과 같은 논평을 덧붙이고자 한다: 그리스도께서는 각 사람의 사사로운 판단이 아니라 온 교회의 판단에 대해 말씀하시는 것이다. 왜냐하면 "네게"와 "교회에게"가 동등한 의미이기 때문이다. 그리스도께서 내가 누구를 이방인으로 여기라고 명령하셨다고 해도, 그것이 그때에 교회가 그동안 그를 그리스도인으로 바라보아야 한다는 뜻은 아니기 때문이다. 만일 그렇다면 그리스도께서 모순적인 일을 말씀하시는 것이 된다. 동일한 개인에 대해서 동시에 서로 상반되게 판단할 것을 바라시는 것이 되는 것이다. 그러므로, 한 사람이 어떤 개인을 세리로 여기면, 모두가 그 사람을 그렇게 여겨야 하며, 따라서 온 교회가 그렇게 여겨야 한다. 그리고 그런 판단을 공적으로 행하지 않으면 누구도 세리로 여김을 받을 수 없을 것이다. 그러므로, 교회가 어떤 개인을 세리로 여긴다는 것은 출교와 교회의 교제에서 제외시키는 것을 의미한다. 그러므로 성경이 출교에 대해 언급하며 출교의 문제가 교회에게 맡겨져 있다는 우리의 주장이 참인 것이다.

반론 3. 출교를 하지 않고도 악인을 세리와 이방인과 같이 간주할 수도 있다. 그러므로 세리와 출교된 사람은 같은 것이 아니다.

답변. 전제를 인정할 수 없다. 어떤 개인을 교회의 교제 바깥에 있는 것으로 인정하는 것과 출교시키는 것은 동일한 것이기 때문이다.

반론 4. 그러나 세리와 같이 여기는 것을 그저 우리 마음으로 그런 사람으로 생각하는 것으로 볼 수도 있다.

답변. 그러나 그리스도는 개인의 생각이 아니라 교회의 조치에 대해 말씀하시는 것이다. 그리스도의 말씀은 다음과 같은 의미다: "만일 어떤 개인이 교회의 말을 듣지 않으면, 너는 그 사실을 알아야 하며, 또한 네가 그 사람을 이방인과 세리로 여기기 위해서는 그 사람에 대한 교회의 사사로운 생각이 아니라 그에 대한 교회의 공적인 결정을 네가 알아야 한다." 바울은 여기서 더 나아가서 악인과 먹지도 말고 마시지도 말라고 명령한다: "그런 자와는 함께 먹지도 말라"(고전 5:11). 은밀한 마음의 생각에 대해서는, 악인과의 관계를 아무도 피할 수가 없다. 그러므로 반드시 교회의 공적인 결정으로 그렇게 할 수밖에 없다. 이로 볼 때에, 사도가 여기서 마음의 은밀한 생각을 말씀하는 것이 아니라는 것을 쉽게 알 수 있다. 사도는 또한 같은 장에서 고린도 교인들에게 "이 악한 사람은 너희 중에서 내쫓으라"(고전 5:13)고 명령하는데, 이는 그 사람이 더 이상 교회원이 아닌 것으로 선언하라는 뜻이다. 그러므로 어떤 개인을 세리로 여긴다는 것은 그저 마음속으로 그렇게 여기는 것이 아니라 그가 세리와 같은 사람임을 선포하는 것이며, 따라서 그 사람을 출교시키는 것이다.

사도 바울이 고전 5:5; 고후 2:6; 살후 3:14; 딤전 1:20에서 언급하는 출교의 실례들에 대한 반론들

오늘날 교회의 권징 시행을 반대하는 자들은 사도 바울의 서신에 기록된 실례들의 증거를 두 가지 방식으로 회피하려 한다. 어떤 이들은 "이런 자를 사탄에게 내주었으니"(고전 5:5)라는 사도의 말씀이 출교를 의미한다는 것을 적극적으로 부인한다. 그들은, 사탄에게 내준다는 것은 출교시키는 것이 아니고, 사탄의 역사를 통해서 가해지는 어떤 이적적인 징벌을 통하여 그들 중에서 제거시키는 것이거나, 아니면 극심한 저주를 발설하며 사탄에게 형벌받도록 내주되, 교회원의 지위는 그대로 유지시키는 것이라고 본다.

또한 어떤 이들은 바울이 출교에 대해 말씀한다는 것은 인정하나, 그의 실례가 우리에게 그대로 적용된다는 것은 부인한다. 우리에게는 그리스도인 통치자들 — 이들은 질서를 유지할 의무를 지닌 자들이다 — 이 있으나, 사도 시대에는 그런 통치자들이 전혀 없었기 때문이라는 것이다.

사도 바울이 출교에 대해 말씀한다는 것을 부인하는 전자의 부류들에 대해서는, 사도 바울이 "이 악한 사람은 너희 중에서 내쫓으라"(고전 5:13), "그런 자와는 함께 먹지도 말라"(고전 5:11)라고 말씀한다는 사실이 그들의 오류를 분명히 드러내 준다. 이런 선언들은 아나니아와 삽비라의 경우와 같은 어떤 이적적인 죽음의 형벌로 이해할 수가 없다.

이는 다음과 같은 점들에서 분명히 드러나는 대로 교회의 일상적인 의무와 판단을 말씀하는 것이다: 1. 바울은 그들이 그런 자를 내쫓지 않은 것을 책망하면서 그들을 내쫓으라고 명령하기 때문이다: "그리하고도 너희가 오히려 교만하여져서 어찌하여 통한히 여기지 아니하고 그 일 행한 자를 너희 중에서 쫓아내지 아니하였느냐?"(고전 5:2). 2. 그가 교회의 동의를 요구하기 때문이다: "너희가 내 영과 함께 모여서"(고전 5:4). 그러나 이적을 행하는 데에는 그런 엄숙함이나 그런 모임이 필요가 없었다. 3. 그는 음행하는 자를 내쫓기를 바랐기 때문이다: "이런 자를 사탄에게 내주었으니 이는 육신은 멸하고 영은 주 예수의 날에 구원을 받게 하려 함이라"(고전 5:5). 즉, 바울은 그런 자를 그렇게 다룸으로써, 그 사람의 생명이 연장되어 회개하도록 하고, 그의 육신이 진지한 후회로 압도되고, 옛 사람이 죽고 새 사람이 살게 되기를 바란 것이다. 그러므로 그는 그 사람을 죽이기를 바란 것이 아니다. 4. 사도는 다음과 같은 말씀에서 교회로부터 분리시키고 내쫓는 것에 대해 말씀하고 있다: "묵은 누룩을 내버리라"(고전 5:7), "음행하는 자들을 사귀지 말라"(고전 5:9), "그런 자와는 함께 먹지도 말라"(고전 5:11). 이 모든 표현들은 죽음의 형벌이 아니라 분리를 지칭하는 것이다. 5. 성경의 여러 다른 본문들을 비교해 보면, 말로나 행위로나 그리스도의 가르침을 부인하는 자들은 모두 그리스도인으로 간주하지 말아야 한다는 것을 알게 된다. 암브로시우스는 말하기를, 고린도전서 5장에서 말씀하는 이 음행하는 자는 그의 과실이 알려졌을 때에 형제들의 회 혹은 교회에서 분리되어야 했다고 한다. 그런데, 교회로부터 제외된 모든 사람들을 가리켜 사탄에게 내주었다고 말해도 무방하다. 왜냐하면 회개하지 않는 한 그들은 사탄의 나라에 속하였고 그에게 이끌림을 받기 때문이다.

사도가 위의 본문들에서 출교에 대해 말씀한다는 것을 인정하나 그 경우들이 우리에게는 해당되지 않는다고 주장하는 자들의 논지에 대해서는, 바울 당시에는 그리스도인 통치자들이 없었기 때문에 그가 음행하는 자를 출교시킨 것이라는 주장은 분명 그릇된 것이라고 답변하여야 할 것이다. 바울은 오늘날 현재까지도 그대로 적용되는 전혀 다른 이유들을 제시하고 있기 때문이다.

그 이유들 가운데 몇 가지를 언급하자면 다음과 같다: 1. 그리스도의 명령: "주 예수의 이름으로 너희가 내 영과 함께 모여서" 이는 곧 그리스도의 권위와 다음과 같은 명령에 근거한 것이다: "교회에 말하고," "이방인과 세리와 같이 여기라." 2. 출교된 자가 회개하여 구원받도록 하기 위함이었다. "이런 자를 사탄에게 내주었으니 이는 육신은 멸하고 영은 주 예수의 날에 구원을 받게 하려 함이라." 3. 교회의 다른 사람들이 그런 자에게서 오염되지 않게 하기 위함이었다: "적은 누룩이 온 덩어리에 퍼지는 것을 알지 못하느냐?" 우리의 유월절 양이신 그리스도께서 희생되신 것은 우리로 하여금 신실함과 진리의 누룩 없는 떡으로 살게 하려 함이다. 또한 이제 우리가 새 덩어리가 되기 위하여, 악하고 악의에 찬 묵은 누룩을 내버리자. 그것을 완전히 내버릴 수 없더라도, 최소한 그것을 공공연하게 용납하지는 말자는 것이다.

이것들이 바울이 음행하는 자를 교회에서 내쫓으라고 명령한 이유들이다. 그리고 성경은 어디에서도 초기 교회가 그리스도인 통치자가 없기 때문에 악인을 출교시켰다고 가르치지 않는다. 교회의 임무와 통치자의 임무는 언제나 서로 구별되었고, 지금도 여전히 구별되는 것이다. 그러므로, "사탄에게 내주었으니," "이악한 사람은 너희 중에서 내쫓으라"라고 하여 불순종하며 완악한 자들을 향하여 교회가 시행하여야 할 일상적인 권한에 대해 명령하는 사도의 말씀은 분명 출교를 지칭하는 것이다.

반론 1. 나단은 간음죄를 범한 다윗을 출교시키지 않았다. 그러므로 바울은 음행하는 자를 출교시킨 것이 아니다.

답변. 다윗은 처음 권면을 받고 회개하였다. 그렇기 때문에 출교를 당하지 않은 것이다. 바울도 회개의 조건에 대해 말하고 있다. "내쫓으라"는 말씀은, 곧 그 사람이 회개하지 않을 경우에 내쫓으라는 것이며, 회개할 경우에는 그 사람을 다시 교회의 품에 받아들이라고 명하는 것이다. 우리는 이런 단서가 있다는 것을 이해해야 한다. 왜냐하면 그리스도께서는 먼저 특정한 권면의 단계들을 거쳐야 할 것을 명령하셨고, 또한 하나님께서는 회개하는 자들을 언제나 받아들이시기 때문이다. 십자가상의 강도도 버림받지 않았고, 참된 회개의 증거를 보이자 그리스도께서 곧바로 그를 받아들이셨다. "네게 이르노니 일곱 번뿐 아니라 일곱 번을 일흔 번까지라도 [용서]할지니라"(마 18:22). 그러므로, 출교시킬 자들은 죄인이 아니라, 완악하며 계속 회개치 않는 자들인데, 다윗은 여기에 포함되지 않는 것이다.

반론 2. 그리스도께서는 아무도 출교시키지 않으셨다. 그러므로 바울은 출교시키지 않았고, 따라서 교회 역시 아무도 출교시켜서는 안 된다.

답변. 결론이 부적절하다. 사실의 부정에서 출발하여 올바름, 혹은 사실의 정당성 자체를 부정하는 데로 나아가기 때문이다. 이것은 마치 다음과 같은 논리와도 같다. 즉. 그리스도께서는 세례를 베풀지 않으셨다. 그러므로 바울도 세례를 베풀지 않았고, 따라서 교회도 세례를 베풀어서는 안 된다는 것이다. 그리스도께서는 아무에게도 세례를 베풀지 않으셨으나, 그의 제자들에게 모든 민족에게 세례를 베풀 것을 명령하셨다. 이와 마찬가지로 그리스도께서는 아무도 출교시키지 않으셨으나, 완악한 범죄자들을 출교할 것을 교회에게 명하신 것이다. "이방인과 세리와 같이 여기라." "예물을 제단 앞에 두고 가라." 빌립은 내시에게 "네가 마음을 온전히 하여 믿으면 [세례를 받음이] 가하니라"(행 8:37. 참조. 한글 개역개정판 난외주: 역자주)라고 말했다. 그러므로 내시가 믿지 않았다면 그에게 세례를 베풀지 않았을 것이다.

반론 3. 바울은 "너희가 … 어찌하여 통한히 여기지 아니하고 그 일 행한 자를 너희 중에서 쫓아내지 아니하였느냐"(고전 5:2)라고 말씀한다. 그러므로 그들은 하나님께서 사탄을 통하여 음행하는 자를 뭔가 이적적인 방식으로 제거하시기를 위해 기도했을 것이다.

답변. "너희가 통한히 여기지 아니하고"로 번역된 말은 헬라어 원어에 따르면, "너희 중에 있어서는 안 될 그 추문을 제거하는 데에 성실하지 못하였다"라는 뜻이다. 여기서 "너희 중에"라고 한 것은 13절에서 사도가 "이 악한 사람은 너희 중에서 내쫓으라"고 말씀하기 때문이다. 그러므로 "너희 중에서 내쫓으라"는 말은 사탄이 아니라 교회가 그 사람을 내쫓아야 한다는 뜻이다. 이에 대해서, 바울은 동일한 단어를 자기 자신과 관련하여 말씀한다는 반론을 제기하기도 한다: "내가 전에 죄를 지은 여러 사람의 그 행한 바 더러움과 음란함과 호색함을 회개하지 아니함 때문에 슬퍼할까 두려워하노라"(고후 12:21). 그러나 이 본문에서 "슬퍼하다"라는 단어는 교회로부터 추문을 제거하는 일에 대한 "염려"를 뜻하는 것이 아니다. 그러므로 위의 본문의 경우도 마찬가지다. 이에 대해서는, 고린도후서 13:2에서 사도가 "내가 가면 용서하지 아니하리라"고 말씀한다는 답변으로 족하다. 그는 자신이 왜 슬퍼하는지 그 원인을 여기서 말씀하며, 그 완악하고 회개치 않는 자들을 징계하고 벌하지 않으면 안 되겠다는 — 심지어 교회에서 내쫓기까지 해서라도 — 자신의 심정을 토로하는 것이다.

반론 4. 바울은 "이러한 사람은 많은 사람에게서 벌 받는 것이 마땅하도다"(고후 2:6)라는 말씀에서 자신이 고린도 교회에게 음행한 자를 출교시키라고 명령하지 않았음을 선포함으로써 자신의 말의 진정한 의미가 무엇인가를 해명하고 있다. 그러므로 "이방인과 세리와 같이 여기라", "너희 중에서 내쫓으라"라는 명령은 그저 "책망하라"는 뜻일 뿐이다.

답변. 여기서 제시하는 결론은 그릇된 것이다. 한 사례를 근거로 원칙을 세우려 하고 있기 때문이다. 위의 본문의 경우에는 책망하는 것으로 족했다. 왜냐하면 그 사람이 회개했기 때문이다. 그러나 성격이 이와 다른 여러 경우들에도 그 이상 아무것도 필요치 않은 것이 아니다. 이런 답변에 대해 또다시 다음과 같은 반론이 제

기된다: 고린도 교인들이 행한 일은 사도가 명령한 일이다. 그런데 그들은 책망하는 일밖에는 하지 않았다. 그러므로 그들 중에서 내쫓고 사탄에게 내주라는 사도의 명령은 책망하라는 뜻 이외에 아무것도 아니었다. 우리는 이에 대하여 다음과 같이 답변하고자 한다: 사도가 그 사람을 책망하라고 고린도 교인들에게 명령한 것은 사실이나, 그가 명령한 것은 책망만이 아니었다. 그 사람이 죄를 회개치 않으면 그를 그들 중에서 내쫓으라고도 명령한 것이다. 그러나 그 사람이 회개하면, 그를 책망한 것으로 족할 것이다. 그렇기 때문에 사도가 그를 책망할 것을 그들에게 명령한 것이다. 이것으로 답변이 충분하다고 여겨진다.

그러나 한 가지 덧붙여서 지적할 것은, 여기서 사용된 헬라어 단어가 그저 어떤 일을 승인하지 않거나 혹은 책망하는 뜻만이 아니라 출교시킨다는 뜻도 있다는 것이다. 출교는 말로만 하는 것이기 때문이다. 그리고 그 단어를 그렇게 이해할 수도 있는 것만이 아니고, 반드시 그렇게 이해해야 한다는 것은 다음의 사실에서 분명히 드러난다: 1. 그는, "그런즉 너희는 차라리 그를 용서하고 위로할 것이니"(고후 2:7)라고 말씀하기 때문이다. 그러므로 그 사람은 현재 출교되어 아직 받아들여지지 않은 상태에 있으니 다시 받아들여져야 한다. 그러니 그 사람은 책망받은 것만이 아니라 내쫓김을 당한 것이다. 2. "많은 사람"이 벌을 가했다. 이는 앞에서 그리스도의 말씀에 대해 우리가 제시한 설명 ─ 즉, 교회란 사실을 잘 파악하지 못하고 있는 무리가 아니라 교회의 장로들로 이해해야 한다는 ─ 을 확인해 주는 것이다. 책망은 교회의 장로들과 지도자들이 행한 것이기 때문이다. 3. 사도는 또한 "너희가 범사에 순종하는지 그 증거를 알고자 하여 내가 이것을 너희에게 썼노라"(고후 2:9)라고 말씀한다. 그러므로 그는 그들이 순종한 것에 대해 칭찬하고 있는 것이다. 4. 사도는 또한 8절에서 "너희를 권하노니 사랑을 그들에게 나타내라"고 말씀한다. 여기서 "나타내라"로 번역된 헬라어는 "공적으로 사면을 선포한다"는 뜻이다. 그러므로 그 사람에게 아직 사면이 베풀어지지 않은 상태다. 이 단어는 갈라디아서 3:15에서도 같은 의미로 사용된다: "사람의 언약이라도 정한 후에는 아무도 폐하거나 더하거나 하지 못하느니라." 여기서 "정한 후에는"이란 "공적인 권위로 인정된 후에는"이란 뜻이다. 그렇다면 사도의 말씀의 뜻은 그들이 공적인 증언을 통해서 그 사람을 향하여 사랑을 선포해야 한다는 것이다. 그러므로 용서한다는 것은, 사도가 여기서 사용하는 의미로 보면, 출교된 사람을 다시 받아들이는 것을 뜻한다. 그는 이런 말을 자주 반복한다. 뿐만 아니라 고린도전서와 고린도후서를 기록한 것에 시기적으로 서로 상당한 간격이 있다. 그러므로 그 사람은 그 시기 동안 출교된 상태로 있었던 것이다. 고린도전서에서 그는 고린도 교인들 중에 악한 사람들이 있다는 소식을 들었다고 말씀한다. 그리고 이 사람들을 출교시킬 것을 명령한다. 고린도 교인들은 그의 이런 명령에 순종하여 그들을 출교시켰고, 자기들이 명령에 순종한 사실을 사도에게 알렸을 것이다. 왜냐하면 고린도후서에서 사도가 그들의 순종에 대해 칭찬하며, 또한 그 음행한 사람이 회개하면 그를 다시 받아들이라고 명령하기 때문이다.

반론 5. 출교에는 변명이 필요 없다. 그러나 바울은 자신이 그 사람을 사탄에게 내어주라고 명령했었노라고 스스로 변명하고 있다. 그러므로 그는 그 사람을 출교시킬 것을 명령한 것이 아니고, 뭔가 더 극심한 형벌을 가할 것을 명령한 것이다.

답변. 주 전제를 인정할 수 없다. 교회와 하나님 나라에서 내쫓는다는 것은 가장 무거운 형벌이므로, 다른 어떠한 형벌보다도 더 많은 변명이 요구되기 때문이다.

반론 6. 목사들은 그 누구도 하나님 나라에서 제외시킬 수가 없다. 그러므로 바울은 고린도 사람들에게 그것을 행하라고 명령한 것이 아니다.

답변. 목사들이 자기들의 권위로 누구를 하나님 나라에서 제외시킬 수는 없다. 그러나 그리스도의 이름으로 사도의 명령에 따라서는 그렇게 할 수 있다: "주 예수의 이름으로 너희가 내 영과 함께 모여서 우리 주 예수의 능력으로"(고전 5:4). 또한 아무나 하나님 나라에서 내쫓을 수 없고, 다만 하나님께서 그의 말씀에서 친히 내쫓으셨다고 선포하시는 그런 자들을 내쫓는 사실을 선포할 수 있고 또한 선포해야 할 뿐이다. 출교는 도저히 교정되지 않는 행악자들에게 하나님께서 가하시는 심판을 선언함으로써 하나님의 심판에 내어 맡기는 것 이상 아무것도 아니기 때문이다. 교회는 이런 일을 행할 수 있는 것은 물론 이런 일을 행하여야 한다. 그렇기 때문에 사도가 고린도 교인들이 음행하는 자를 출교시키지 않고 사도의 교훈을 받을 때까지 기다린 사실에 대해 책망하는 것이다. 그들이 사도의 책망을 받은 것은, 그들이 마땅히 취했어야 옳았을 정상적인 경로에서 이탈했기 때문이다. 교회의 정상적인 권한을 시행하여 그리스도의 명령대로 그 사람을 이방인과 세리와 같은 자로 선포하지 않았던 것이다.

반론 7. 사도는 음행하는 사람의 육신이 멸해지도록 하기 위하여 그를 사탄에게 내주라고 명령한다(고전 5:5). 그런데 여기 "멸하고"에서 "멸망"의 뜻으로 번역된 헬라어 단어는 성경에서 격렬한 죽음을 의미한다. 그러므로 여기서도 사탄이 그 사람의 영혼이 살게 하기 위하여 그의 몸에 뭔가 이적적인 죽음을 가하는 것을 뜻한다.

답변. 이 경우와 관련된 정황을 조심스럽게 살펴보면, 멸망이라는 단어를 옛 사람이 죽는 것을 뜻하는 것으로 이해해야 한다는 것이 드러난다. 육체가 성령을 거스르기 때문이다. 그리고 바울은 이런 의미로 이 문구를 자주 사용한다. 이 본문의 범위 혹은 의도 역시 동일한 것을 가르쳐 준다. 사도는 그 사람이 사탄에게 내준 바 되어 육체는 죽고 영은 구원받기를, 혹은 그가 회심하여 내생에서 구원받기를 바랐기 때문이다. 그러므로 그는 사탄의 뭔가 이적적인 역사를 통해서 그 사람이 금생에서 제거되기를 바란 것이 아니다. 이에 대해서 다시 다음과 같은 반론이 제기된다. 곧, 어느 누구도 회심이나 옛 사람이 죽는 일을 위해서 사탄에게 내준 바 될 수는 없다는 것이다. 이에 대한 우리의 답변은 다음과 같다. 곧, 사탄에게 내준 바 되는 것 자체가 그런 결과를 내는 것이 아닌 것은 사실이나, 하나님의 긍휼하심으로 말미암아 이런 징계를 통해서 신실한 자들이 다시 돌아오는 역사가 일어날 수도 있는 것이다. 우리는 우리의 반대자들이 우리를 반박하기 위해서 제시하는 동일한 이유를 가지고 그들의 주장을 반박할 수도 있을 것이다. 즉, 사탄은 사람의 영혼을 구원하기 위하여 그 사람을 죽게 하는 법이 없다는 것이다.

반론 8. 그러나 만일 사도가 그 음행하는 사람을 출교시킬 것을 바랐다면, 그런 자신의 바람을 보다 선명하게 선언했을 것이다.

답변. 그러나 우리는 어떤 주제와 관련하여 사용되는 언어의 선명함에 대해서는 물론 그 언어의 강력한 힘에 대해서도 존중해야 한다. 여기서는 더 선명할 필요가 없었다. 고린도 교인들이 그의 바라는 바를 잘 알고 있었기 때문이다. 그렇지 않다면 사도는 그들을 부당하게 책망한 것이 될 것이다.

반론 9. 형제는 출교시킬 수가 없다. 바울은 자신의 편지의 내용에 순종하지 않는 사람에 대해서 형제로 여길 것을 바랐다(살후 3:15). 그러므로 그는 그 사람이 출교를 당하기를 원치 않았다. 주 전제는, 서로 반대되는 것들은 같은 뜻일 수가 없다. 누구를 출교시키는 것과 그 사람을 형제로 여기는 것은 서로 반대되는 것이다. 출교시킨다는 것은 형제로 여기지 않는다는 뜻이기 때문이다. 그러므로 동일한 사람을 형제로 여기면서도 또한 그 사람을 형제로 여기지 않는다는 것은 모순이다.

답변. "형제로 여기라"는 문구에 대해서는 다른 해석들이 있다. 형제애에도 갖가지 정도가 있으므로, 여기서 말하는 반대된다는 논리는 힘이 없다. 그리스도인들이든 이슬람교도든 모든 사람은 다 우리의 형제요 이웃이다. 그러나 그리스도인들은, 물론 이슬람교도들을 형제로 여기고 또한 그들의 구원을 바라지만, 그들을 그리스도인 형제로 여기지는 않는다. 그러므로 만일 이슬람교도들을 형제로 여겨야 한다면, 과거에 그리스도인이었던 자들은 더욱더 우리의 형제로 여겨야 하고 그들의 구원을 더욱더 바라야 할 것이다. 여기에는 또한 부분적으로만 참인 것을 전체가 참인 것으로 이해하는 오류가 있다. 어떤 사람을 형제로 대하나, 즉 사랑으로 대하고 그의 구원을 바라고 그것에 대해 소망을 가지나, 그가 회개하기까지는 그 사람을 하나님의 자녀와 교회의 일원으로 간주하지 않는 것이다. 뿐만 아니라, 사도는 그를 "형제로 여기라"고 하지 않고 그를 "형제 같이 권면하라"고 말씀한다. 즉, 그 사람을 형제였던 자로, 또한 회개하면 다시 형제로 보아야 할 자로 여기고 그렇게 권면하라는 뜻이다. 출교된다 해도 구원의 모든 소망이 완전히 끊어져버리는 것은 아니고, 다시 회개하여 그리스도의 우리 속에 들어올 소지가 얼마든지 있기 때문이다. 바울이 이 문구를 사용하는 것은, 모든 징계에 있어서 사랑과 또한 교정에 대한 소망이 원칙이 되기를 바랐기 때문이다. 한 형제가 다른 형제에게 친구의 감정으로, 또한 그가 잘되기를 바라며 권면하는 것이 합당하기 때문이다.

반론 10. 우리는 사도 바울이 행한 모범을 따르지 말아야 한다. 바울은 교회의 동의 없이 후메내오와 알렉산더를 출교시켰다. 그러므로 아무도 출교를 당해서는 안 된다.

답변. 주 전제는, 일반적인 의미로 보면 그릇된 것이다. 바울은 후메내오와 알렉산더를 교회의 동의 없이 출교시켰다. 그러나, 우리의 반대자들은 사도가 그렇게 행했다는 사실을 근거로 그가 사도적 권위로써 그 일을 행했다는 것이 입증된다고 말한다. 그러나 이런 논지를 반드시 따를 필요는 없다. 또한 그들은 소 전제도 "내가 사탄에게 내준"(딤전 1:20)이라는 사도의 말씀에서 입증된다고 반론을 제기한다. 우리 목사들은 그렇게 할 수가 없다. 그러니 사도가 뭔가 특별한 권위로써 이 일을 행한 것으로 보아야 한다는 것이다. **재답변.** 만일 사도가 홀로 행했다면 우리는 사도를 모방하지 말아야 한다는 논지 전체는 인정한다. 그러나 이 논지를 인정한다고 해서, 그렇기 때문에 사람을 출교시키는 것이 정당하지 않다는 것은 아니다. 그렇지 않다면, 전제보다 결론이 훨씬 비약이 심한 것이 될 것이다. 사도가 사도적 권위로써 행한 것이 정당했다면, 교회의 목사들로서도 그들의 일상적인 권한과 권위로 그 일을 행하는 것이 정당한 것이다. 우리는 소 전제도 인정할 수 없다. 이 본문은 사도가 행한 그 일 이외에 아무것도 더 선언하지 않기 때문이다. 그가 어떤 방식으로 그 일을 했는지, 과연 그가 홀로 그 일을 했는지, 아니면 다른 사람과 연계하여 그 일을 행했는지에 대해서는 아무것도 알려주지 않는 것이다.

제 3 부
감사

>>>>><<<<<

인간의 비참함과 그리스도로 말미암은 인간의 구원에 대해 살펴보았으니, 이제 감사와 보은(報恩)의 교리에 대해 살펴보는 것이 필요하다: 1. 하나님께 영광을 돌리기 위함이다. 우리의 구속의 첫째가는 목적이 감사이며, 감사에는 그리스도의 은덕에 대한 인정과 찬송이 포함되므로. 2. 우리가 위로를 얻기 위함이다. 우리의 위로는 하나님의 값없는 은혜로 말미암아 우리가 구원을 얻었다는 사실에 있다. 그런데 하나님께 감사의 마음을 보이기를 바라는 자들 이외에는 아무도 이 구원을 얻은 것이 아니다. 3. 정당하고 또한 하나님께서 받으실 만한 그런 예배를 하나님께 드리기 위함이다. 사람의 자기 의지에 근거하는 예배는 모두 하나님께서 인정하시지 않는다. 그러므로 우리는 하나님의 말씀에 근거하여, 무엇이 참된 감사의 본질인지, 무엇이 하나님께 드릴 정당한 예배인지를 보여야 한다. 4. 우리의 모든 선행들이 감사의 표현이며, 따라서 하나님 보시기에 아무런 공로도 없다는 것을 알게 하기 위함이다.

감사란 일반적으로 우리가 은덕을 입은 사람에게와 그 은덕 자체의 고마움을 인정하고 표명하며, 그 사람에게 합당하고도 가능한 의무를 거꾸로 이행하기를 바라는 하나의 덕이다. 감사에는 진실과 정의가 포함된다. **진실**이 포함되는 것은 그 받은 바 은덕을 시인하고 언급하기 때문이며, **정의**가 포함되는 것은 자신이 받은 것과 동등한 감사를 되돌려주기를 바라기 때문이다.

그러므로, 여기서 가르치는 **참된 그리스도인의 감사**란, 그리스도로 말미암아 우리가 죄와 사망에서 구원받은 그 은혜의 사실을 시인하고 고백하는 것이요, 또한 하나님을 거스를 수 있는 모든 것과 죄를 피하며 또한 하나님의 뜻에 따라 삶을 영위하며 참된 믿음으로 오직 하나님으로부터만 모든 선한 것들을 바라고 기대하고 받으며, 또한 받은 바 은덕에 대해 감사를 돌리고자 하는 신실한 바람인 것이다.

이 감사 역시 진실과 정의의 두 부분으로 이루어져 있다. **진실**은 우리의 값없는 구속의 은덕을 시인하고 고백하며, 그것에 대해 하나님께 감사를 드리는 것이다.

정의는 하나님께서 우리에게서 요구하시는 것을 — 그것은 다름이 아니라 순종과 선행으로 그를 참되이 예배하는 것이다 — 되돌려드리는 것이다. 기도의 교리가 진실에 속하며, 선행의 교리가 정의에 속한다 하겠다. 이것들이 뿌리를 두고 근거를 두는 것은 바로 하나님께로의 회심이다. 중생한 자의 행위 이외에는 하나님께 선하고 그를 기쁘시게 할 수가 없기 때문이다. 그러므로 우리는 본 요리문답의 이 부분에서 하나님과 하나님의 율법에로의 회심에 대해 다루어야 마땅하다. 그러므로 이 감사를 다루는 일반적인 부분 속에 네 가지 부문이 있는데, 사람의 회심, 선행, 하나님의 율법, 그리고 기도가 그것이다.

이 여러 부문들의 순서와 상호 연결점에 대해서는 다음과 같이 설명할 수 있을 것이다. 본 요리문답의 두 일반적인 부분들에 대해서 이미 논한 내용에서 우리는 우리가 죄와 사망으로부터 구속받았으며, 우리 자신의 공로가 아니라 오직 하나님의 은혜로 말미암아 그리스도의 공로로 죄와 형벌의 모든 악으로부터 구원받았다는 것을 배웠다. 그러므로 우리는 이 큰 은덕에 대해서 하나님께 감사해야 마땅한 것이다.

그러나 참되이 회심하지 않으면, 우리가 하나님께 감사한 마음을 보일 수도 없고 스스로 그것을 인정할 수도 없다. 회심하지 않은 자들이 무슨 일을 하든 그것은 믿음이 없이 하는 것이요, 따라서 하나님 보시기에 죄와 가증한 것이다. 그러므로, 사람이 하나님께 회심하는 문제에 관한 내용이 순서 상 맨 먼저 오고, 그 다음에 선행의 주제가 이어진다. 왜냐하면 참된 회심에는 선행이 없을 수가 없으며, 또한 우리는 특히 선행을 통해서 하나님을 향한 우리의 감사를 보여드리기 때문이다.

그 다음에는 하나님의 율법에 관한 교리가 이어지는데, 이 교리로부터 우리는 선행을 이루는 것이 무엇인지를 배우게 된다. 하나님께 올바로 예배하는 것이요, 또한 그에게 우리의 감사를 선포하는 것이요, 하나님의 율법의 명령에 따라 믿음으로, 또한 하나님을 존귀하게 하고 영화롭게 하고자 하는 의도로 행하는 것이 사실상 선행에 속한 행위들이다. 그리고 하나님께서 우리에게서 — 우리의 간구와 기도로 — 첫째로 존귀와 찬양을 받으시기를 바라시기 때문에, 하나님을 향한 우리의 감사를 적절히 표현하려면 마지막으로 기도가 필수적으로 요구되는 것이다.

감사

86문 우리가 우리의 공로가 전혀 없이 오직 은혜로 그리스도로 말미암아 우리의 비참한 처지에서 구원받는데, 어째서 우리가 선행을 해야 합니까?

답 그리스도께서는 그의 피로 우리를 구속하셨고 또한 그의 성령으로 그의 형상을 따라 우리를 새롭게 하시니, 이는 하나님께서 베푸신 축복에 대해 우리의 삶 전체로 감사하게 하시사 하나님께서 우리에게서 찬양을 받으시기 위함이며, 또한 각 사람이 그 열매로 자기 믿음을 확신하며, 또한 우리의 경건한 삶을 통해서 우리 이웃들도 그리스도께로 인도받게 하시기 위함입니다.

[해 설]

선행의 이유에 관한 이 질문이 가장 먼저 ─ 심지어 사람의 회심에 관련된 질문보다도 먼저 ─ 오는데, 그 이유는 선행이 회심보다 앞서기 때문이 아니라, 이런 순서를 따름으로써 그 다음에 이어지는 것들이 그 앞에 오는 것들과 더욱 충격적으로 연관되기 때문이다. 인간의 이성은 값없는 보상의 교리를 근거로 다음과 같이 논리를 전개한다. 곧, 다른 분이 이미 보상을 행하셨기 때문에 사람은 보상을 행할 필요가 없다. 그리스도께서 우리를 위해 보상하였다. 그러므로, 우리가 선행을 행할 필요가 없다. 이에 대해서 우리는 결론이 전제에서 많이 비약된 것이라고 답하게 된다.

전제에서 정당하게 이어지는 것은 이것이다: 그러므로 우리 자신은 보상을 행할 이유가 없다. 이것은 인정할 수 있다. 1. 하나님의 공의가 이중적인 보상을 요구하지 않기 때문이다. 2. 보상이 필요하다면 우리의 구원이 구원이 아닌 것이 되어버릴 것이기 때문이다. 그러나 우리는 순종을 드려야 하고, 선행을 행해야 한다. 그 이유는 본 요리문답의 위의 질문에서 언급하고 설명한다:

1. 선행이 성령으로 말미암는 우리의 중생 ─ 이것은 언제나 우리의 값없는 칭

의와 연관된다 − 의 열매이기 때문이다. "미리 정하신 그들을 또한 부르시고 부르신 그들을 또한 의롭다 하시고 의롭다 하신 그들을 또한 영화롭게 하셨느니라" (롬 8:30), "너희 중에 이와 같은 자들이 있더니 주 예수 그리스도의 이름과 우리 하나님의 성령 안에서 씻음과 거룩함과 의롭다 하심을 받았느니라"(고전 6:11). 그러므로, 선행을 행하지 않는 자들은 그들이 하나님의 성령으로 말미암아 중생되지도 않았고, 그리스도의 피로 말미암아 구속함 받지도 않았음을 보여주는 것이다.

2. 우리가 구속의 은덕에 대해 하나님께 우리의 감사함을 표현할 수 있기 위함이다. "너희 지체를 의의 무기로 하나님께 드리라"(롬 6:13), "너희 몸을 하나님이 기뻐하시는 거룩한 산 제물로 드리라 이는 너희가 드릴 영적 예배니라"(롬 12:1).

3. 하나님께서 우리에게서 영광을 받으시게 하기 위함이다. "이같이 너희 빛이 사람 앞에 비치게 하여 그들로 너희 착한 행실을 보고 하늘에 계신 너희 아버지께 영광을 돌리게 하라"(마 5:16), "너희를 악행한다고 비방하는 자들로 하여금 너희 선한 일을 보고 오시는 날에 하나님께 영광을 돌리게 하려 함이라"(벧전 2:12).

4. 그것들이 믿음의 열매들이기 때문이다. 곧, 그것들이 우리 자신의 믿음과 다른 사람들의 믿음을 판단하는 수단이라는 뜻이다. "더욱 힘써 너희 부르심과 택하심을 굳게 하라"(벧후 1:10. 어떤 사본에는 여기에 "선행으로"가 덧붙여져 있음). "좋은 나무마다 아름다운 열매를 맺고 못된 나무가 나쁜 열매를 맺나니"(마 7:17), "사랑으로써 역사하는 믿음뿐이니라"(갈 5:6), "오직 성령의 열매는 사랑과 희락과 화평과 오래 참음과 자비와 양선과 충성과 온유와 절제니 이같은 것을 금할 법이 없느니라"(갈 5:22).

5. 다른 이들을 그리스도께로 인도하기 위함이다. "너는 돌이킨 후에 네 형제를 굳게 하라"(눅 22:32), "아내들아 이와 같이 자기 남편에게 순종하라. 이는 혹 말씀을 순종하지 않는 자라도 말로 말미암지 않고 그 아내의 행실로 말미암아 구원을 받게 하려 함이니"(벧전 3:1), "그러므로 우리가 화평의 일과 서로 덕을 세우는 일에 힘쓰나니"(롬 14:19). 우리는 사람들에게 행하는 설교들과 권면들에서 이런 이유들을 반드시 설명해야 하고, 또한 부지런히 강권해야 한다. 그리고 여기서 로마서 6장 전체와 8:1-16을 인용할 수 있을 것이다.

첫 번째 이유에 대해 좀 더 설명하자면, 칭의의 은덕이 중생이 없이 주어지는 것이 아니라는 점을 덧붙일 수 있을 것이다: 1. 그리스도께서 죄 사함과 또한 성령의 내주하심의 두 가지 다름을 위하여 공로를 세우셨기 때문이다. 그런데 성령께서는 결코 무활동적(無活動的)이시지 않고 언제나 유효적으로 활동하시며, 그가 속에서 거주하시는 그 사람들로 하여금 하나님께 순종하도록 만드시는 것이다. 2. 믿음으로 말미암아 마음이 순결해지기 때문이다. 그리스도의 공로가 믿음으로 적용되는 모든 자들에게서는 하나님을 향한 사랑과 그가 기뻐하실 만한 일들을 행하기를 바라는 마음이 생기기 때문이다. 3. 하나님께서는 참된 감사를 드리는 자들 외에는 그 누구에게도 칭의의 은덕을 베푸시지 않으시기 때문이다. 그러나 중생의 은덕을 받은 자들 외에는 아무도 참된 감사를 돌리지 않는다. 그러므로 이 둘은 서로 떨어질 수가 없다.

또한 첫 번째와 두 번째 이유의 차이도 관찰해야 한다. 첫 번째는 그리스도께서 그의 죽으심 덕분에 우리 속에서 이루시는 것을 보여주며, 두 번째는 우리가 받은 은덕을 생각할 때에 우리가 반드시 행해야 할 바를 가르쳐 주는 것이다.

87문 감사하지 않는 악한 삶을 계속하면서 하나님께로 돌이키지 않는 사람들도 구원을 얻을 수 있지 않습니까?

답 절대로 그렇지 않습니다. 음란한 자, 우상숭배자, 간음하는 자, 도둑질하는 자, 탐욕스러운 자, 술 취하는 자, 비방하는 자, 강도 같은 자들은 하나님 나라를 유업으로 받지 못할 것임을 성경이 선언하고 있기 때문입니다.

[해 설]

바로 앞의 질문에서 자연스럽게 이 질문이 나오게 된다. 선행이 우리의 중생의 열매라는 것은, 그것들이 하나님을 향한 감사의 표현이요 참된 믿음의 증거이며 따라서 이런 것들이 속에 있는 자들 외에는 아무도 구원받은 것이 아니라는 것은, 반대로, 악행들은 육체의 열매들이라는 것이다. 악행들은 감사치 않음이 드러나는 것이요 불신앙의 증거이며, 따라서 그런 것들을 계속해서 보이는 자들은 아무도 구원받을 수 없는 것이다. 그러므로, 악행으로부터 하나님께로 회심하지 않고 죄 가운데서 계속 행하는 자들은, 다음의 하나님의 말씀의 선언들을 볼 때에, 모두 영원토록 정죄를 받는다: "불의한 자가 하나님의 나라를 유업으로 받지 못할 줄을 알지 못하느냐? 미혹을 받지 말라 음행하는 자나 우상 숭배하는 자나 간음하는 자나 탐색하는 자나 남색하는 자나 도적이나 탐욕을 부리는 자나 술 취하는 자나 모욕하는 자나 속여 빼앗는 자들은 하나님의 나라를 유업으로 받지 못하리라"(고전 6:9, 10), "전에 너희에게 경계한 것 같이 경계하노니 이런 일을 하는 자들은 하나님의 나라를 유업으로 받지 못할 것이요"(갈 5:21), "너희도 정녕 이것을 알거니와 음행하는 자나 더러운 자나 탐하는 자 곧 우상숭배자는 다 그리스도와 하나님의 나라에서 기업을 얻지 못하리니 누구든지 헛된 말로 너희를 속이지 못하게 하라 이로 말미암아 하나님의 진노가 불순종의 아들들에게 임하나니"(엡 5:5, 6), "형제를 … 사랑하지 아니하는 자는 사망에 머물러 있느니라"(요일 3:14).

또한, 악행들이 초래하는 결과에서도 다음과 같은 선행의 또 다른 이유를 추리해낼 수 있다는 것을 알 수 있다: 악행을 행하며 악하며 감사하지 않는 삶을 계속 사는 자들은 모두 구원받을 수 없다. 왜냐하면 참된 믿음과 회심이 그들에게 없기 때문이다.

사람의 회심

제33주일

88문 참된 회심, 혹은 사람이 하나님께로 돌이키는 일은 몇 가지 부분으로 되어 있습니까?

답 두 가지인데, 옛 사람을 죽이는 것과 새 사람을 살리는 일입니다.

89문 옛 사람을 죽인다는 것은 무엇입니까?

답 우리가 죄로 말미암아 하나님을 진노케 하였다는 것을 마음 깊이 슬퍼하며, 그 죄들을 더욱 미워하고 그것을 피하는 것입니다.

90문 새 사람을 살린다는 것은 무엇입니까?

답 그리스도로 말미암아 하나님 안에서 마음 깊이 기뻐하며, 하나님의 뜻에 따라 모든 선을 행하며 살기를 사모하며 즐거워하는 것입니다.

[해 설]

이제 사람의 회심에 관한 교리를 살펴볼 차례가 되었는데, 이에 대해서 우리가 논의해야 할 사항들은 다음과 같다:

1. 회심은 필수적인가?
2. 회심이란 무엇인가?
3. 회심에는 몇 가지 부분이 있는가?
4. 회심의 원인은 무엇인가?
5. 회심의 효과는 무엇인가?
6. 회심은 금생에서 완전한가?
7. 경건한 자의 회심은 악인의 회개와 어떤 점에서 다른가?

1. 사람이 하나님께 회심하는 것이 과연 필수적인가?

사람이 금생에서 회심하는 일은, 그것이 없이는 내생에서 영생을 얻을 수 없을 만큼 필수적이다: "사람이 물과 성령으로 나지 아니하면 하나님의 나라에 들어갈 수 없느니라"(요 3:5), "너희도 만일 회개하지 아니하면 다 이와 같이 망하리라"(눅 13:3), "불의한 자가 하나님의 나라를 유업으로 받지 못할 줄을 알지 못하느냐?"(고전 6:9), "이렇게 입음은 우리가 벗은 자들로 발견되지 않으려 함이라"(고후 5:3). 등에 기름을 채우지 못하여 혼인 잔치에 들어가지 못한 어리석은 처녀의 실례(마 25:1-10)가 여기에 적합하다. 또한 그리스도의 다음과 같은 선언들을 인용할 수도 있을 것이다: "허리에 띠를 띠고 등불을 켜고 서 있으라"(눅 12:35), "너희도 준비하고 있으라 생각하지 않은 때에 인자가 오리라"(눅 12:40), "생각하지 않은 날 알지 못하는 시각에 그 종의 주인이 이르러 엄히 때리고 신실하지 아니한 자의 받는 벌에 처하리니"(눅 12:46).

여기서 또한 데메트리우스(Demetrius)를 향한 키프리아누스의 유명한 발언을 인용할 수도 있을 것이다: "금생을 떠난 후에는 더 이상 회개나 보상의 행위를 위한 여지가 없다. 생명을 잃어버리든지 얻든지 둘 중의 하나뿐이다. 이 땅에서 하나님을 예배함과 믿음의 열매로 말미암아 우리의 영원한 구원을 확보하는 것이다. 죄로나 외부의 반대로나 누구든지 구원을 얻으러 나아오는 데에 방해를 받지 말지니라. 세상에 아직 남아 있는 사람이라면 누구에게도 회개가 너무 늦은 법은 없다." 구원받아야 할 자들에게 과연 회심이 얼마나 필수적인가 하는 것이 이로써 드러난다. 그러므로 회개하라는 우리의 모든 권면은, 의롭다 하심을 받아야 하는 모든 자들에게 하나님께로 회심하는 일이 절대적으로 필수적이라는 사실에 근거하는 것이다.

2. 하나님을 향한 회심이란 무엇인가?

히브리어로는 회심의 관념을 **테슈바**로 표현하며, 헬라어로는 **메타노이아**와 **메타멜레이아**로 표현한다. 어떤 이들은 두 헬라어 단어들이 의미가 서로 다르다고 주장하기도 한다. 곧, **메타노이아**는 경건한 자들의 회개에 대해서만 사용되고, **메타멜레이아**는 불경한 자들의 회개에 대해서도 사용된다는 것이다. 유다에 대해서는 "스스로 뉘우쳐"(마 27:3)라고 말씀하는데 거기서는 **메타멜레떼스**가 사용되고 있다. 에서에 대해서는, "회개할 기회를 얻지 못하였느니라"(히 12:17)라고 말씀하는데, 여기서는 **메타노이아스**가 사용된다. 하나님에 대해서도, "하나님의 은사와 부르심에는 후회하심이 없느니라"(롬 11:29)라고 말씀하는데 여기서는 **아메타멜레타**가 사용된다. 즉, 그것들은 하나님 스스로 후회하실 수 없는 그런 종류라는 것이다. 헬라어 칠십인역 성경은 하나님에 대해 말씀하면서 두 단어를 아무런 구별 없이 함께 사용하고 있다. "내가 사울을 왕으로 세운 것을 후회하노니(**메타멜로마**)"(삼상 15:11)," 이스라엘의 지존자는 거짓이나 변개함이 없으시니(**우 메타노에세이**)"(삼상 15:29). 그러므로, 두 단어 사이의 차이는 아주 미세하거나 전혀 없다 할 수 있다. 굳이 차이가 있다면, **메타노이아**는 생각의 변화를 나타내며, **메타멜레이아**는 의지나 목적의 변화를 표현하는 것이라 하겠다. 그러나 회심에 있어서는 생각과 의지가 함께 변화하는 것이다.

라틴어로는 동일한 것을 여러 단어로 표현한다. 그것을 가리켜 "*regeneratio*", "*renovatio*", "*resipiscentia*", "*conversio*", "*poenitentia*" 등으로 부른다. 이 중에서 "*resipiscentia*"가 헬라어 **메타노이아**와 적절히 일치하는 것 같다. "*resipiscentia*"는 "*resipisco*"에서 파생된 것으로 어떤 일을 행한 후에 지혜롭게 되는 것을 뜻한다. 이와 마찬가지로 **메타노이아**도 **메타노에오**에서 온 것으로, 뭔가 잘못을 행하고 난 후에 지혜롭게 되는 것, 생각을 바꾸는 것, 목적을 바꾸는 것 등을 뜻한다. 또한

"*poenitentia*"는 "*poenitet*"나 혹은 "*poena*"에서 파생되었다고들 이야기하는데, 회개와 결부되는 비애(悲哀: 혹은, 슬픔)나 회한이, 말하자면 하나의 형벌이기 때문이다. 아니면, 에라스무스(Erasmus)의 제안처럼, 그것이 "*ponetenendo*"에서 파생된 것일 수도 있다. 이렇게 보면 나중에 목적을 바꾸는 것으로, 혹은 어떤 일을 행한 후에 그 일을 이해하는 것으로 볼 수 있다. 그러나 "*poenitentia*" 혹은 회개(repentance)의 어원이 무엇이든 간에, 회심(conversion)이라는 단어보다는 더 희미하다. 회개는 이 주제의 범위 전체를 다 포괄하지 못하기 때문이다. 회개는 우리가 어디서부터 어디로 변화되는지는 표현하지 않고, 다만 어떤 죄를 범한 후에 느끼는 회한 혹은 비애를 나타내는 것뿐이다. 반면에 회심은 믿음으로 말미암는 새 생명의 시작까지 포함하여 전체를 다 포괄하는 것이다.

더욱이 회개라는 용어는 회심보다 의미가 넓다. 회심은 경건한 자에 대해서만 사용된다. 경건한 자만이 하나님께 회심한 상태에 있는 것이다. **메타노이아**와 "*resipiscentia*"도 마찬가지라 할 수 있을 것이다. 이것들도 오로지 경건한 자들의 경우를 지칭한다. 이 세 용어들로써 경건한 자의 새 생명을 지칭하는 것이다. 그러나 "*poenitentia*"는 불경한 자들에게도 사용된다. 유다의 경우 자신의 악행에 대해 후회하였으나 회심하지는 않았다. 불경한 자들은 회한을 갖더라도 회심하거나 변개되지는 않는 것이다. 지금까지 우리는 이 주제와 관련되는 용어들에 대해 논의하였다. 이제는 회심 그 자체에 대해 살펴보기로 하자.

회심의 여러 부분들에 관한 정의는 본 요리문답 88문답에서 찾을 수 있는데, 거기서는 회심을 옛 사람을 죽이는 것과 새 사람을 살리는 것이라 정의한다. 이를 좀 더 충실히 정의하자면 다음과 같다: "하나님을 향한 사람의 회심은 부패한 마음과 의지가 율법과 복음의 선포를 통하여 성령으로 말미암아 생겨나는 바 선한 마음과 의지로 바뀌는 것인데, 그 다음에 회개의 열매들을 맺고 하나님의 모든 계명에 삶을 일치시키고자 하는 진정한 바람이 이어진다."

이러한 정의는 다음의 성경 본문들에서 확증된다: "네가 돌아오려거든 내게로 돌아오라"(렘 4:1), "너희는 스스로 씻으며 스스로 깨끗하게 하여"(사 1:16), "주 예수 그리스도의 이름과 우리 하나님의 성령 안에서 씻음과 거룩함과 의롭다 하심을 받았느니라"(고전 6:11), "악을 버리고 선을 행하라"(시 43:14). 회심의 정의는 또한 사도행전 26:18, 20에 표현되어 있다: "그들에게 보내어 그 눈을 뜨게 하여 어둠에서 빛으로, 사탄의 권세에서 하나님께로 돌아오게 하고 죄 사함과 나를 믿어 거룩하게 된 무리 가운데서 기업을 얻게 하리라", "회개하고 하나님께로 돌아와서 회개에 합당한 일을 하라."

3. 회심에는 몇 가지 부분이 있는가?

회심에는 두 부분이 있으니, 옛 사람을 죽이는 것(mortification)과 새 사람을 살리는 것(quickening)이 그것이다. 어떤 이들은 회심이 후회(contrition)와 믿음으로 되어 있다고 보나, 바울의 언어를 사용하여 이렇게 말하는 것이 더 적절할 것이다. 그들은 후회를 죽이는 것으로 이해하고, 믿음을 의와 새로운 순종을 향한 바람에 이어지는 기쁨으로 이해하나, 그런 기쁨은 믿음의 결과이지 믿음 그 자체는 아닌 것이다. 후회 역시 회심보다 앞서지만, 회심 그 자체는 아니요, 회심의 일부도 아니며, 다만 회심에로 이어지는 하나의 준비 단계일 뿐이며, 그것도 택한 자의 경우에만 그렇다. 죽임을 당하는 "옛 사람"은 죄인 혹은 사람의 부패한 본성이다. 살림을 당하는 "새 사람"은 죄로부터 이탈하기 시작하는 자, 혹은 중생한 사람의 본성이다. 옛 사람 혹은 육체를 "죽이는 것"은 우리 본성의 부패성을 제쳐두는 것과 억제하는 것에 있는데, 여기에는 다음과 같은 것이 포함된다: 1. 죄와 하나님의 진노에 대한 지식. 2. 죄에 대한 비애, 또한 하나님을 거스른 일에 대한 후회. 3. 죄에 대한 미움과 또한 죄를 피하고자 하는 진정한 바람.

성경은 죄를 죽이는 일에 대해 다음과 같이 말씀한다: "너희가 … 영으로써 몸의 행실을 죽이면 살리니"(롬 8:13), "너희는 옷을 찢지 말고 마음을 찢고 너희 하나님 여호와께로 돌아올지어다"(욜 2:13), "오라 우리가 여호와께로 돌아가자 여호와께서 우리를 찢으셨으나 도로 낫게 하실 것이요 우리를 치셨으나 싸매어 주실 것임이라"(호 6:1). 이로 보건대, 죄에 대한 미움이나 죄를 멀리하는 것도, 죄에 대한 비애도, 옛 사람을 죽이는 것에 속한 모든 것이 전혀 없는 악인들에게 죽이는 것 혹은 회심이 있는 것으로 보는 것은 매우 부적절하다는 것이 드러난다. 죄를 아는 지식이 비애보다 앞선다. 왜냐하면 마음의 감정이 지식에 뒤따라 일어나는 법이기 때문이다. 불경한 자들의 편에서는 죄에 대한 지식에 이어서 비애가 뒤따른다. 현재의 악이나 미래의 악에 대한 두려움과 세상적인 징벌과 영원한 형벌에 대한 두려움을 느끼기 때문이다. 그러나 이런 비애는 회심의 일부도 회심의 예비 단계라 볼 수도 없고, 가인이나 사울, 유다 등의 경우에서 보듯이 오히려 하나님으로부터 도피하는 것이요 그에게서 돌아서는 것이요 절망 속으로 돌진하는 것이라 할 것이다. 이것을 가리켜 비애라 부르나 구원에 이르는 비애는 아니다. 다만 사망을 이루는 이 세상의 비애요, 경건을 따르는 비애는 아닌것이다. 그러나 경건한 자들의 경우는, 이러한 비애가 하나님의 불쾌하심에 대한 느낌에서 생겨난다. 그들은 그것을 진정으로 깨닫고 슬퍼하며, 거기에 모든 과거의 죄들에 대한 미움과 혐오가 이어지며, 또한 현재와 미래의 모든 죄를 삼가며 거기서부터 돌아서는 것이 이어진다. 죄를 아는 지식, 죄에 대한 비애, 죄를 피하는 것은 각기 그 주체가 다르다. 혹은 우리의 존재 속에 그것들이 자리잡는 부분이 각기 다르다. 죄를 아는 지식은 생각에 있고, 죄에 대한 비애는 마음에 있으며, 죄를 피하는 것은 의지에 있는 것이다. 돌아서는 일이 회심에 포함되는데, 그것은 마음과 의지에 있으며, 그것은 또한 어떤 것에게서 다른 어떤 것에게로 돌아서는 것이다. 즉, "악을 버리고 선을 행하라"(시 34:14)라는 시편 기자의 말씀처럼, 악에게서 선에게로 돌아서는 것이다.

이것을 성경은 "죽이는 것"(mortification)이라 부르는데, 그 이유는 다음과 같다. 1. 죽은 자가 산 사람의 행위들을 할 수 없는 것처럼, 우리의 본성도 그 부패성이 일단 제거되면 부패한 상태에서 현저하게 행하던 행위들을 더 이상 행하지 않기 때문이다. 즉, 원죄(原罪)가 일단 적절히 억제되면 자범죄(自犯罪)를 범하지 않는다는 것이다. "이는 죽은 자가 죄에서 벗어나 의롭다 하심을 얻었음이라"(롬 6:7). 2. 이 죽이는 것에 갈등과 고통이 없지 않기 때문이다: "육체의 소욕은 성령을 거스르나니"(갈 5:17). 그렇기 때문에 이 죽이는 것을 가리켜 육체를 십자가에 못 박는 것이라 부르는 것이다: "그리스도 예수의 사람들은 육체와 함께 그 정욕과 탐심을 십자가에 못 박았느니라"(갈 5:24). 3. 죽이는 것은 죄를 중단하는 것이기 때문이다. 더욱이 그것을 그냥 "죽이는 것"이라 하지 않고 "옛 사람을 죽이는 것"이라 부르는데, 이는 그것으로 말미암아 사람의 본질이 아니라 사람 속의 죄가 파괴되기 때문이다. "옛 사람"이라는 표현을 덧붙인 것은 또한 경건한 자들과 불경한 자들의 회개를 서로 구별하기 위함이기도 하다. 경건한 자에게서는 그 사람이 아니라 옛 사람이 파괴되나, 불경한 자들의 경우는 옛 사람이 아니라 그 사람 자체가 파괴되기 때문이다.

"새 사람을 살리는 것"은 그리스도로 말미암아 하나님 앞에서 누리는 참된 기쁨과 즐거움이요, 하나님의 뜻에 따라 삶을 살며 모든 선행을 행하고자 하는 진실하고도 진지한 갈망이다. 이것에는 죽이는 것에 포함되는 것과는 다른 세 가지가 포

함된다: 1. 하나님의 긍휼하심과 그것이 그리스도 안에서 적용되는 것을 아는 지식. 2. 그리스도로 말미암아 하나님께서 우리와 화목되셨다는 것과, 우리 속에 순종이 시작되었고 또한 완전하게 될 것이라는 사실에서 생겨나는 기쁨과 즐거움. 3. 새로운 순종을 행하며, 더 이상 죄를 범하지 않으며, 우리의 생애 전체를 통하여 하나님께 감사를 드리며 그의 사랑을 유지하고자 하는 간절한 갈망.

다음의 성경의 선언들에 따르면, 이런 갈망은 그 자체가 새로운 순종이다: "우리가 믿음으로 의롭다 하심을 받았으니 우리 주 예수 그리스도로 말미암아 하나님과 화평을 누리자"(롬 5:1), "하나님의 나라는 … 오직 성령 안에 있는 의와 평강과 희락이라"(롬 14:17), "내가 높고 거룩한 곳에 있으며 또한 통회하고 마음이 겸손한 자와 함께 있나니 이는 겸손한 자의 영을 소생시키며 통회하는 자의 마음을 소생시키려 함이라"(사 57:15), "이와 같이 너희도 너희 자신을 죄에 대하여는 죽은 자요 그리스도 예수 안에서 하나님께 대하여는 살아 있는 자로 여길지어다"(롬 6:11), "내가 그리스도와 함께 십자가에 못 박혔나니 그런즉 이제는 내가 사는 것이 아니요 오직 내 안에 그리스도께서 사시는 것이라 이제 내가 육체 가운데 사는 것은 나를 사랑하사 나를 위하여 자기 자신을 버리신 하나님의 아들을 믿는 믿음 안에서 사는 것이라"(갈 2:20).

회심의 이 부분을 가리켜 "살리는 것"이라 부르는 것은 다음과 같은 이유 때문이다: 1. 산 사람이 살아 있는 자의 행위들을 행하듯이, 살리는 것에는 깨달음에 새로운 빛을 비추는 것과 의지와 마음에 새로운 특질들과 활동들을 생기게 하여 새로운 삶과 새로운 행위가 이어지게 하는 것이 포함되기 때문이다. 2. 살리는 것에는 회심하는 자들의 편에서 하나님 안에서 기뻐하며 즐거워하며 그리하여 큰 위로와 위안을 갖게 하는 것이 포함되기 때문이다. 여기에 "그리스도로 말미암아"가 덧붙여지는데, 이는 하나님께서 우리와 화목되시지 않고서는 우리가 하나님 안에서 즐거워할 수가 없기 때문이다. 그런데 하나님께서 우리와 화목되시는 것은 오직 그리스도로 말미암는다. 그러므로 우리는 오직 그리스도로 말미암아 하나님 안에서 즐거워하는 것이다.

회심의 이 두 부분은 믿음에서 생겨난다. 그 이유는 하나님을 사랑하지 않고서는 아무도 죄를 미워하고 하나님께 가까이 나아갈 수가 없기 때문이다. 그러므로 회심의 이 두 부분에서 믿음에 대한 분명한 언급은 나타나지 않으나, 그것은 믿음이 회심에서 제외되기 때문이 아니라, 어떤 특정한 결과가 있을 때에는 거기에 반드시 그에 합당한 원인이 전제되어 있는 것처럼 회심과 감사의 교리 전체가 믿음을 전제로 하기 때문이다.

반론. 그러나 믿음은 기쁨을 생겨나게 한다. 그러므로 그것은 후회와 죽이는 것을 생기게 하지 않는다.

답변. 동일한 원인이 다른 종류의 작용과 또한 다른 면들로 인하여 다른 결과들을 생겨나게 한다는 것을 인정하는 것은 모순이 아니다. 믿음 그 자체가 후회를 생기게 하지는 않으나, 부수적인 요건, 즉 자비하시고 은혜로우신 아버지를 거스른 죄 때문에 후회가 생겨나는 것이다. 믿음 그 자체는 기쁨을 생겨나게 한다. 왜냐하면 하나님께서 그리스도로 인하여 우리를 향하여 아버지의 뜻을 가지신다는 것을 믿음이 확신하게 해 주기 때문이다.

재반론. 율법을 선포하는 것이 믿음에 선행한다. 회개의 선포가 율법과 더불어 시작되기 때문이다. 그러나 율법의 선포는 비애와 진노를 이룬다. 그러므로 믿음에 앞서서 특정한 비애가 있는 법이다.

답변. 믿음 이전에 특정한 비애가 있다는 것은 인정한다. 그러나 그 비애가 회심의 일부인 것은 아니다. 불경한 자의 경우 믿음 이전에, 또한 믿음이 없이 비애가 있는데, 그것은 하나님께로 돌아가는 것이 아니라 오히려 하나님으로부터 돌아서는 것이요, 이는 회심과는 전혀 반대되는 것이기 때문이다. 그러나 택한 자가 경험하는 후회와 비애는 이미 논한 바와 같이 회심의 예비 단계요 회심에로 이어지는 것이다.

4. 회심의 원인에는 어떤 것들이 있는가?

성령께서, 혹은 하나님 자신이 우리의 회심의 가장 주된 동력인(動力因: efficient cause)이시다. 그러므로 성도들이 하나님께서 그들을 회심시키시기를 위해 기도하며, 또한 성경이 회개를 하나님의 선물로 자주 말씀하는 것이다. "주는 나의 하나님 여호와이시니 나를 이끌어 돌이키소서 그리하시면 내가 돌아오겠나이다"(렘 31:18), "여호와여 우리를 주께로 돌이키소서 그리하시면 우리가 주께로 돌아가겠사오니"(애 5:21), "이스라엘에게 회개함과 죄 사함을 주시려고 그를 오른손으로 높이사 임금과 구주로 삼으셨느니라"(행 5:31), "하나님께서 이방인에게도 생명 얻는 회개를 주셨도다"(행 11:18), "거역하는 자를 온유함으로 훈계할지니 혹 하나님이 그들에게 회개함을 주사 진리를 알게 하실까 하며"(딤후 2:25).

회심의 도구 혹은 수단적 원인은 율법과 복음이요, 다시 말하면, 먼저 율법의 교리요 그 다음에 복음의 교리다. 율법을 선포하는 것이 먼저 있어서 우리를 준비시키고 또한 복음에 대한 지식에로 우리를 인도하기 때문이다: "율법으로는 죄를 깨달음이니라"(롬 3:20). 그러므로 율법이 없이는 죄에 대한 비애나 슬픔이 있을 수 없는 것이다. 죄인이 먼저 죄에 대한 지식을 갖도록 인도받은 다음에 복음의 선포가 뒤따라 이어져서, 그리스도로 말미암는 하나님의 긍휼하심에 대한 확신을 주어 후회하는 마음을 격려하는 것이다. 이런 선포가 없이는 믿음도 없고, 믿음이 없이는 하나님을 향한 사랑도 없고, 따라서 그 사람에게 회심도 없는 것이다. 복음의 선포 다음에, 다시 율법의 선포가 뒤따라서, 율법이 우리의 감사와 우리의 삶의 규범이 되도록 한다. 그러므로 율법이 회심보다 선행하고 또한 회심의 뒤를 따르기도 한다. 죄에 대한 지식과 비애를 갖게 되도록 회심보다 앞서서 주어지며, 회심한 자에게 삶의 규범이 되도록 하기 위해 회심 이후에 주어지는 것이다. 그렇기 때문에 선지자들은 불경한 자들에게 먼저 죄를 책망하고, 형벌을 경고하며, 회개를 권면하며, 그 다음에 용서와 사면을 약속하여 위로를 주며, 또한 마지막으로 다시 경건의 의무들을 권면하는 것이다. 세례 요한의 설교의 성격 역시 그와 같았다. 이렇게 함으로써 회개의 선포가 율법과 복음을 다 포괄한다. 그러나 회심을 이루는 데에는 율법과 복음이 각기 자신의 독특한 역할을 담당하는 것이다.

회심의 또 하나의 수단적 원인, 혹은 내적인 원인은 믿음이다. 믿음이 없이는 하나님을 향한 사랑도 없고, 우리를 향하신 하나님의 뜻이 무엇인지를 — 즉, 그가 그리스도로 말미암아 우리 죄를 사하시리라는 것을 — 알지 못하면, 절대로 회심이 우리에게 일어나지 않고, 옛 사람을 죽이는 것도, 새 사람을 살리는 것도 일어나지 않는다. 이는 믿음으로 말미암아 마음이 깨끗해지기 때문이다(행 15:9). 믿음이 없이는 하나님 안에서 누리는 참된 기쁨도 즐거움도 없다. 믿음이 없이는 하나님을 사랑할 수도 없다. 믿음에서 나지 않은 것은 무엇이든 죄다(롬 14:23). 모든 선행은 믿음이라는 근원에서 나오는 것이다. "우리가 믿음으로 의롭다 하심을 받았으니 우리 주 예수 그리스도로 말미암아 하나님과 화평을 누리자"(롬 5:1).

우리의 회심에 기여하는 원인들에는 십자가와, 우리 자신과 다른 이들에게 가해지는 징계들과, 또한 다른 이들의 은덕, 징벌, 모범 등이 있다. "주께서 나를 징벌하시매 멍에에 익숙하지 못한 송아지 같은 내가 징벌을 받았나이다"(렘 31:18), "고난당한 것이 내게 유익이라 이로 말미암아 내가 주의 율례를 배우게 되었나이다"(시 119:71), "너희 빛이 사람 앞에 비치게 하여 그들로 너희 착한 행실을 보고 하늘에 계신 너희 아버지께 영광을 돌리게 하라"(마 5:16). 회심이 근거를 두는 주체는 변화가 발생하는 사람의 이성, 의지, 마음, 감정이다.

회심의 **형식**은 돌아서는 것 그 자체이며, 또한 회심과 관련되는 다음의 모든 정황들이 거기에 결부된다: 1. 생각과 이성에 관해서는 하나님의 뜻과 역사하심과 더불어 하나님에 대한 올바른 판단. 2. 의지에 관해서는, 하나님을 거스르는 것들을 피하고자 하는 간절한 바람과 하나님의 모든 명령들에 순종하고자 하는 꾸준한 목적. 3. 마음에 관해서는, 하나님의 율법에 따르는 새롭고 거룩한 바람과 정서들. 4. 외적인 행위와 삶에 관해서는 하나님의 율법에 따르는 정의와 순종의 시작. 회심의 **대상**은, 1. 죄 또는 불순종. 우리는 이것으로부터 회심하는 것이다. 2. 의와 새로운 순종. 우리는 이것을 향하여 회심하는 것이다. 회심의 **최고의 목적**은 하나님의 영광이며, 하나님의 영광에 종속되는 그 다음 목적은 우리의 선인데, 이는 우리의 복락과 영생을 누리는 것에 있다. 또한 이것들 외에 부수적인 또 다른 목적이 있는데, 그것은 바로 다른 사람들의 회심이다. "너는 돌이킨 후에 네 형제를 굳게 하라"(눅 22:32), "이같이 너희 빛이 사람 앞에 비치게 하여 그들로 너희 착한 행실을 보고 하늘에 계신 너희 아버지께 영광을 돌리게 하라"(마 5:16).

펠라기우스주의와 관련되는 다음과 같은 의문들을 여기서 다루는 것이 적절할 것이다: **성령의 은혜가 없이 과연 사람이 스스로 회심할 수 있는가? 사람이 과연 그의 자유로운 선택의 능력을 발휘하여 신적인 은혜를 받도록 스스로 준비할 수 있는가?** 펠라기우스(Pelagius)는 첫 번째 의문에 대해서는 긍정적인 답변을 가르쳤는데, 이는 성경이 지극히 명확하게 선언하는 바와 반대되는 것이다. "주는 나의 하나님 여호와이시니 나를 이끌어 돌이키소서 그리하시면 내가 돌아오겠나이다"(렘 31:18), "너희 안에서 행하시는 이는 하나님이시니 자기의 기쁘신 뜻을 위하여 너희에게 소원을 두고 행하게 하시나니"(빌 2:13), "못된 나무가 아름다운 열매를 맺을 수 없느니라"(마 7:18). 오늘날 스콜라 신학자들과 교황주의자들은 펠라기우스주의에 관한 두 번째 의문에 대하여 긍정적인 논지를 변호하는데, 이는 방금 인용한 하나님의 말씀의 명확한 선언에 반대되는 것이요 또한 그리스도께서 친히 하신 "나를 보내신 아버지께서 이끌지 아니하시면 아무도 내게 올 수 없으니"(요 6:44)라는 말씀과도 모순되는 것이다. 토마스 아퀴나스는 특정한 준비를 사람의 자유 의지에 돌린다. 그러나 그는 이런 준비가 마치 회심의 은혜에 기여하

는 것처럼, 하나님의 은혜로운 도우심이 우리를 내적으로 감동하시는 것으로 말한다

5. 회심의 효과는 무엇인가?

회심의 효과는 다음과 같다: 1. 하나님과 이웃을 향한 참되고도 열정적인 사랑. 2. 하나님의 모든 계명에 따라 예외 없이 하나님께 순종하고자 하는 진정한 갈망. 3. 모든 선행 혹은 새로운 순종 그 자체. 4. 다른 사람들을 회심시켜 구원의 길로 인도하고자 하는 열심. 한 마디로, 참된 회개의 열매들은 하나님을 향한 경건의 의무들과 또한 이웃들을 향한 사랑의 의무들이다.

6. 회심은 금생에서 완전한가?

하나님께로 돌아서는 우리의 회심은 금생에서는 완전하지 못하나, 내생에서 제시되는 바 완전한 상태에 이르기까지 계속해서 발전해 간다. "우리는 부분적으로 알고"(고전 13:9). 성도들의 모든 탄식과 간구들이 이 진리를 확증해 준다. "나를 숨은 허물에서 벗어나게 하소서"(시 19:12), "오호라 나는 곤고한 사람이로다 이 사망의 몸에서 누가 나를 건져내랴?"(롬 7:24). 회심한 자들 속에서 갈등이 계속된다는 것도 동일한 진리를 증언해 준다: "육체의 소욕은 성령을 거스르고 성령은 육체를 거스르나니 이 둘이 서로 대적함으로 너희가 원하는 것을 하지 못하게 하려 함이니라"(갈 5:17). 선지자들과 사도들의 권면도 마찬가지다. 그들은 회심한 자들에게 더욱 충실하게 하나님께로 돌아설 것을 권면한다: "의로운 자는 그대로 의를 행하고 거룩한 자는 그대로 거룩되게 하라"(계 22:11). 또한 동일한 사실을 다음과 같은 방식으로 제시할 수도 있을 것이다: 육체를 죽이는 것도, 영을 살리는 것도 금생에서는 성도들에게 절대적일 수도 완전할 수도 없다. 그러므로 이 두 부분으로 이루어지는 회심도 완전하지 못하다. 옛 사람을 죽이는 일에 관해서는 분명하며, 금생에서 그것이 완전하지 못하다는 것에 대해 의심을 제기할 여지가 없다. 성도들이 육체의 정욕과 계속해서 싸울 뿐 아니라 이 싸움에서 패하고 무너지는 때가 많고, 자주 죄를 범하고 하나님을 거스르고, 그러면서도 죄를 변호하지 않고 죄를 혐오하고 탄식하며 죄를 피하려고 애를 쓰기 때문이다. 새 사람을 살리는 것이 불완전하다는 사실에 대해서도, 위에서 언급한 그런 갈등이 충족한 증거가 된다. 우리의 지식이 부분적임은 물론, 의지와 마음의 개혁 역시 불완전하다. 의

지가 우리가 지닌 지식을 따르는 것이기 때문이다.

회심한 자들의 경우에 금생에서 의지가 불완전하게 선을 지향하는 분명한 이유는 두 가지다: 1. 우리의 본성의 개혁이 금생에서는 절대로 완전히 이루어지지 않으며, 하나님에 대한 우리의 지식이나 그에게 순종하고자 하는 마음의 성향도 역시 완전하지 못하기 때문이다. 사도 바울이 자신에 대해 인정하여 행하는 단 하나의 탄식이 이러한 사실의 충족한 증거가 된다: "내 속 곧 내 육신에 선한 것이 거하지 아니하는 줄을 아노니 원함은 내게 있으나 선을 행하는 것은 없노라. 내가 원하는 바 선은 행하지 아니하고 도리어 원하지 아니하는 바 악을 행하는도다"(롬 7:18, 19). 2. 회심한 자들이 언제나 성령의 지배를 받지 않고 때때로 한동안 하나님께 버려져 있기 때문이다. 성도들은 시험이나 징계 혹은 그들을 낮추기 위한 목적으로 한동안 버려져 있기도 하나, 다시 회개에 이르게 되고, 그리하여 멸망하지 않는다. "내가 믿나이다 나의 믿음 없는 것을 도와 주소서"(막 9:24).

그러나 하나님께서는 분명 그렇게 하실 수 있는데, 어째서 금생에서는 그의 백성들의 회심을 완전하게 하시지 않는가? 그 이유들은 다음과 같다: 1. 성도들이 낮아지고, 믿음과 인내와 기도에서 훈련을 받고, 또한 육체를 거슬러 싸우게 하며, 그리하여 그들이 스스로 자기들의 완전함을 자랑하지 못하게 하고, 생각할 분량 이상의 생각을 품지 않게 하고, 날마다 "주의 종에게 심판을 행하지 마소서"(시 143:2), "우리 죄를 사하여 주시옵고"(마 6:12)라고 기도하게 하기 위함이다. 2. 점점 더 완전에 이르도록 꾸준히 전진하도록 하며, 그 완전함을 더욱 간절히 사모하게 하기 위함이다. 발로 세상을 밟고, 그리스도인의 경주를 더욱 민첩하게 경주하도록 하며, 하늘에 가서야 비로소 약속된 기업을 충만히 누리게 될 것임을 알고서 하늘에 쌓여 있는 그 복락들을 사모하게 하기 위함이다. "위의 것을 생각하고 땅의 것을 생각하지 말라 이는 너희가 죽었고 너희 생명이 그리스도와 함께 하나님 안에 감추어졌음이라"(골 3:2, 3), "그러므로 땅에 있는 지체를 죽이라"(골 3:5), "장래에 어떻게 될지는 아직 나타나지 아니하였으나 그가 나타나시면 우리가 그와 같을 줄을 아는 것은"(요일 3:2).

이러한 불완전함에 대해서 칼빈(Calvin)은 다음과 같이 인상 깊은 언어로 진술하고 있다: "사실 이러한 회복은 한순간에나 하루에, 혹은 일 년에 이루어지는 것이 아니다. 하나님께서는 계속적인 ― 그리고 때로는 아주 더디기도 한 ― 과정을 통해서 그의 택한 자들 안에서 육체의 부패성을 제거하시고, 그 죄책을 깨끗하게

하이델베르크 요리문답 해설

하시며, 그들을 성전으로 거룩히 구별하시며, 참된 순결에게 이끌리는 모든 성향을 회복시켜 가시므로, 하나님의 택한 자들은 평생토록 회개를 실천하고, 또한 이러한 싸움이 죽음에 이르러서야 비로소 종결될 것임을 아는 것이다"(『기독교 강요』 3권 3장 9절). 또한 『기독교 강요』의 방금 인용한 부분에서부터 15절에 이르기까지 경건한 자들의 지상적인 삶에 계속 붙어 있는 죄의 잔재에 대한 카타리파(Cathari)와 재세례파(Anabaptists)의 논지들을 반박하는 내용이 이어지는데, 이 부분을 읽는 것도 매우 유익할 것이다.

7. 경건한 자의 회심은 악인의 회개와 어떤 점에서 다른가?

회개라는 용어는 경건한 자들에게는 물론 불경한 자들에게도 사용되는데, 이는 죄에 대한 지식과 죄로 인한 비애에서나 두 경우가 서로 공통점이 있기 때문이다. 그러나 다른 것들에 대해서는 서로 완전히 다르다.

1. 회개를 일으키는 원인이나 혹은 그 느끼는 비애가 서로 다르다. 악인들이 비애를 느끼는 것은 하나님을 거슬렀기 때문이 아니라, 그저 스스로 형벌을 자초했고 그로 인하여 필연적으로 하나님의 법을 어겼기 때문이다. 그것이 아니라면, 그들은 절대로 죄에 대해 비애를 가질 이유가 없었을 것이다. 그리하여 가인은 그저 하나님께서 자신의 죄에 대해 형벌을 가하신다는 것 때문에 탄식했던 것이다 "내 죄짐을 지기가 너무 무거우니이다. 주께서 오늘 이 지면에서 나를 쫓아내시온즉 내가 주의 낯을 뵈옵지 못하리니 내가 땅에서 피하며 유리하는 자가 될지라 무릇 나를 만나는 자마다 나를 죽이겠나이다"(창 4:13, 14). 그러나 경건한 자도 죄의 형벌을 끔찍하게 여기지만, 그들은 좀 더 구체적으로 죄 그 자체 때문에, 또한 하나님을 상대로 저지른 과실 때문에 고통을 느끼고 탄식하는 것이다. 다윗의 경우가 그랬다: "무릇 나는 내 죄과를 아오니 내 죄가 항상 내 앞에 있나이다. 내가 주께만 범죄하여 주의 목전에 악을 행하였사오니"(시 51:3, 4). 베드로의 경우도 그리스도를 거역한 것 때문에 슬피 울었다. 그러나 유다의 슬픔은 자신이 악한 죄를 범했기 때문이 아니라, 그저 그의 범죄에 따르는 형벌 때문에 생긴 것이다. 호라티우스(Horace)는 이러한 구별을 다음과 같은 언어로 표현하고 있다: (lib. 1. epist. 16.)

　　　선한 사람들은 덕에 대한 사랑으로 죄 짓기를 꺼려한다.

　　　하지만 너는 형벌에 대한 공포로 인해 죄를 짓지 않는다.

2. 경건한 자의 회개는 불경한 자의 회개와 그 동력인(動力因)이 다르다. 불경한

자의 회개는 불신과 절망에서 나오므로 그 절망과 불안과 하나님을 향한 미움이 가중된다. 그러나 경건한 자의 회개는 믿음 혹은 하나님의 긍휼하심과 또한 그리스도로 말미암는 하나님과의 은혜로운 화목에 대해 그들이 갖고 있는 신뢰에서 나오는 것이다.

3. 그 형태가 다르다. 경건한 자의 회개는 마귀와 죄와 그들의 옛 본성으로부터 하나님께로 돌아서는 것이다. 그들은 슬퍼할 뿐 아니라 중보자에 대한 신뢰를 발휘함으로 그들 자신을 격려하기 때문이다. 그들은 그리스도를 신뢰하며, 하나님 안에서 즐거워하고, 그를 신뢰하며, 다윗과 더불어 "우슬초로 나를 정결하게 하소서 내가 정하리이다"(시 51:7)라고 말한다. 그러나 불경한 자의 회개는 하나님으로부터 마귀에게로, 미움과 하나님을 원망하는 데에로, 그리고 절망에로 돌아서는 것이다.

4. 그 효과가 다르다. 경건한 자의 회개 다음에는 새로운 순종이 이어지며, 그들의 회개의 깊이만큼 옛 사람이 그들 속에서 죽고 의를 향한 갈망이 증가한다. 그러나 불경한 자의 회개 뒤에는 새로운 순종이 따르지 않으며, 그들은 계속해서 죄를 지으며, 아합처럼 잠시 동안 회개하는 것처럼 보이나 결국 자기들이 토해낸 것에게로 다시 돌아간다. 그들이 죽고 파괴되나, 그들의 본성의 부패함은 진압되지 않는다. 그러니 회개가 큰 만큼 하나님을 향한 미움과 불신과 반감도 그만큼 커지며, 그리하여 그들은 사탄의 권세와 통치 아래 더욱더 빠져 들어가는 것이다.

선행

91문 그러면 선행이란 무엇입니까?

답 하나님의 율법에 따라서, 또한 그의 영광을 위하여 참된 믿음으로 행하는 일들만이 선행이며, 우리 자신의 생각이나 사람의 교훈에 근거한 것들은 선행이 아닙니다.

[해 설]

선행에 관한 교리에 대해서는 다음과 같은 사항을 구체적으로 논의해야 한다:

1. 선행이란 무엇인가?

2. 선행은 어떻게 행할 수 있는가?

3. 성도의 행위가 순결하며 완전히 선한가?

4. 우리의 선행은 그저 불완전하기만 한데, 어떻게 그것이 하나님을 기쁘시게 할 수 있는가?

5. 우리가 왜 선행을 행해야 하는가?

6. 선행이 하나님 보시기에 과연 공로를 쌓는가?

1. 선행이란 무엇인가?

선행이란 하나님의 율법에 따라서 행해지는 것이요, 참된 믿음에서 나오는 것이요, 또한 하나님의 영광을 위하여 행해지는 것이다. 그러므로 이 질문에 대해 해명하면서 다음과 같은 것들을 주목해야 한다: 1. 어떤 행위가 하나님 보시기에 선하게 되기에 필요한 조건들. 2. 중생자의 행위와 비중생자(非重生者)의 행위의 차이점. 3. 불경한 자들의 도덕적 행위들이 어떤 점에서, 혹은 어느 정도나 죄가 되는가.

첫째로, 어떤 행위가 하나님 보시기에 선한 것이 되기 위해서는 다음과 같은 세 가지 조건이 필수적이다:

1. 하나님께서 명령하신 것이라야 한다. 그 어떠한 피조물도 하나님께 드리는 예배를 제정할 권한도 권위도 없다. 그런데 선행(도덕적인 선을 뜻한다)과 하나님께 드리는 예배는 동일한 것이다. 도덕적으로 선한 것은 본성적으로 선한 것과는 크게 다르다. 왜냐하면 악인의 행위들을 포함해서 모든 행위들이 본성적으로는 선하나, 모든 행위들이 도덕적으로 선한 것도 아니요 하나님의 정의에 일치하는 것도 아니기 때문이다. 모든 인간의 의지로 행해지는 예배와 비록 선한 의도를 지녔더라도 인간이 만들어낸 행위들은 이 조건에서 배제된다. 선을 이루기 위해서 악을 행하거나, 자기들의 상상에 근거하여 하나님을 예배의 장소에 밀어 넣으려 애쓰는 행위들은 그 자체로는 악하지 않다 할지라도, 하나님께서 명령하신 것이 아니므로 악한 것이다. 하나님께 드리는 예배를 위해서는 행위들이 악하지 않거나 금지된 것이 아니라는 것만으로는 족하지 않다. 반드시 하나님께서 명하신 것이라야만 하는 것이다. 성경은 다음과 같이 선언하고 있다: "순종이 제사보다 낫고 듣는 것이 숫양의 기름보다 나으니"(삼상 15:22), "너희는 나의 율례를 따르며 나의 규례를 지켜 행하라"(겔 20:19), "사람의 계명으로 교훈을 삼아 가르치니 나

를 헛되이 경배하는도다"(마 15:9).

그러나 하나님께서 구체적으로 명령하시지 않은 중립적인 행위들은 행해도, 행하지 않아도 무방할 것이며, 그것들 중에는 하나님께서 기뻐하시는 것도 있을 것이라고 반론을 제기할 사람도 있을 것이다. 이에 대해서 우리는, 그것들 자체로는 하나님을 기쁘시게 하지 못하나, 사랑의 일반적인 본질에 참여하며, 과실을 피하고자 하는 목적으로, 동료들의 구원에 도움이 되고자 하여 행하는 것들인 경우에는 그런 부수적인 요건에 의해서 하나님을 기쁘시게 할 수 있다고 답변할 수 있다. 이런 점에서 그런 행위들은 비록 구체적인 명령은 없으나 하나님께서 일반적으로 명령하신 것들이라 하겠다.

2. 어떤 행위가 선하기 위해서는 참된 믿음에서 나와야만 하는데, 참된 믿음은 그리스도의 공로와 간구하심에 근거하는 것이다. 이로서 우리는, 우리의 행위들과 더불어 우리까지도 중보자의 사역으로 인하여 하나님께 용납된다는 것을 알 수 있다. 참된 믿음에서 비롯되는 일을 행하기 위해서는, 1. 우리가 그리스도의 보상으로 말미암아 하나님께 용납된다는 것을 믿어야 한다. 2. 우리의 순종 그 자체가 하나님께서 명하신 것이고 또한 그 순종의 불완전함이 그리스도의 완전한 보상에 근거하여 하나님께 용납되기 때문에, 그 순종이 하나님께 용납된다는 것을 믿어야 한다. 믿음이 없이는 아무도 하나님을 기쁘시게 할 수 없다. 또한 하나님께서 어떤 특정한 일을 뜻하시고 명하신다는 것을 스스로 확신하는 것만으로는 충족한 믿음이 될 수 없다. 왜냐하면 이것으로 모든 것이 족하게 되면, 하나님이 뜻하시는 바를 알고 행하는 악인도 믿음에 근거하여 행할 수 있을 것이기 때문이다. 그러나 참된 믿음에 근거하여 행한다는 것은 이보다 훨씬 더한 것이다. 왜냐하면 거기에 역사적 믿음이 포함되며 또한 무엇보다 중요한 것은 그것이 복음의 약속을 스스로에게 적용시키는 것이기 때문이다. 다음의 성경 본문은 이러한 참된 믿음에 대해 말씀하는 것이다; "믿음을 따라 하지 아니하는 것은 다 죄니라"(롬 14:23), "믿음이 없이는 하나님을 기쁘시게 하지 못하나니"(히 11:6). 또한 여기서 증언하는 내용의 합리성과 힘을 감지하기가 어려운 것도 아니다. 믿음이 없이는 하나님을 향한 사랑도 없고, 결국 이웃을 향한 사랑도 없을 것이기 때문이다. 그런데 하나님을 향한 사랑에서 나오지 않는 모든 행위는 외식으로서 과연 하나님께서 가증히 여기시는 것이다. 하나님을 기쁘시게 하는 일이든 아니든 간에 무슨 일을 행하는 체하는 사람은 하나님을 멸시하는 것이요 그를 모욕하는 것이기 때문

이다. 또한 믿음이 없이는 선한 양심을 가질 수도 없다. 그리고 선한 양심으로 행하지 않는 것은 하나님을 기쁘시게 할 수가 없다.

3. 어떤 행위가 선하기 위해서는, 원칙적으로 하나님의 존귀와 영광을 위한 것이어야 한다. 존귀에는 사랑, 존경, 순종, 그리고 감사가 포함된다. 그러므로 무슨 일을 하나님의 영광을 위하여 하는 것은, 하나님을 향한 우리의 사랑과 존경과 순종을 입증하기 위해서, 또한 우리가 받은 바 하나님의 은덕에 대하여 감사를 표하기 위하여 행하는 것이다. 우리의 행위가 선하고 하나님께서 받으실 만한 것이 되기 위해서는, 우리의 행위가 우리 자신을 높이거나 우리 자신이 유익을 얻기 위해서가 아니라 하나님의 영광을 위해서 행하는 것이어야 한다. 그렇지 않으면 그 행위들은 하나님을 사랑하는 데에서 나오는 것이 아니고, 우리 자신의 이기적인 관심사를 높이고자 하는 욕망에서 나온 것이 되며, 따라서 외식에 지나지 않게 되는 것이다.

그러므로 우리가 무슨 일을 할 때에는 언제나 하나님을 높이는 자세로 행해야 한다. 또한 우리의 행위가 "무엇을 하든지 다 하나님의 영광을 위하여 하라"(고전 10:31)는 사도의 말씀에 따라 하나님을 기쁘시게 하는 것이라는 확신이 있을 때에는, 사람들이 우리를 칭찬하든 욕하든 전혀 개의치 말아야 한다. 그런 사람의 개입이 있다 해도 우리로서는 "너희 빛이 사람 앞에 비치게 하여 그들로 너희 착한 행실을 보고 하늘에 계신 너희 아버지께 영광을 돌리게 하라"(마 5:16)는 말씀에 따라, 정당하고도 유익되게 참된 영광을 바라고 추구할 수도 있는 것이다.

요컨대, **믿음**이 선행에 요구된다. 왜냐하면 우리의 행위가 하나님을 기쁘시게 한다는 견고한 확신이 없으면, 그 행위가 하나님을 멸시하는 데에서 나오게 되기 때문이다. 하나님의 명령도 필수적이다. 믿음은 하나님의 말씀에 관한 것이기 때문이다. 그러므로, 말씀을 떠나서는 믿음이 있을 수 없으므로, 이와 마찬가지로 말씀을 떠나서는 선행도 있을 수 없는 것이다. 마지막으로, 우리가 무엇을 하든지 하나님의 영광을 위하여 하여야 한다. 만일 우리의 행위에서 우리 자신의 칭찬이나 이익을 추구한다면, 그 행위는 하나님을 기쁘시게 할 수 없기 때문이다.

이런 조건들을 통해서, 우리는 다음과 같은 행위들을 선행의 범주에서 제외시키게 된다:

1. 그 자체가 죄가 되며, 하나님의 율법과 또한 하나님의 말씀에 계시된 그의 뜻에 반하는 행위들.

2. 그 자체로는 중립적인 것으로서 선도 악도 아니요 하나님의 율법에 반하지 않으나, 부수적인 요건들에 의해서 악이 될 소지가 있는 행위들. 하나님의 법에 반하지도 않고 하나님께서 명하신 것이 아니라 사람이 명한 행위들은 하나님을 예배하는 체하는 자세로 행해지거나 혹은 이웃을 거스르고 그들에게 해를 끼치는 식으로 행해질 때에 악하며 죄악된 행위들이 된다. 이런 성격의 행위들은 하나님 보시기에 어떤 행위가 선하기 위해서 반드시 필수적인 두 가지 조건들 면에서 결함이 있는 것이다.

3. 그 자체로는 선하며 하나님께서 명하신 것이기도 하나, 부수적인 요건들로 인하여, 즉 방법에 있어서나 목적에 있어서나 하나님께서 요구하시는 대로 정당하게 이행되지 않으므로 ― 즉, 참된 믿음에서 비롯되지 않고 또한 하나님을 영화롭게 하고자 하는 목적으로 행하지도 않으므로 ― 결국 죄가 되는 행위들. 이런 성격의 행위들은 어떤 행위가 하나님을 기쁘시게 하기 위해서 필수적인 마지막 두 가지 조건에서 결함이 있는 것이다.

둘째로, 중생자와 비중생자의 행위들은 다음과 같은 점에서 서로 다르다. 곧, 중생자의 선행은 여기서 제시한 그런 조건에 따라서 행해지는 반면에, 비중생자의 선행은 하나님께서 명령하신 것일 수도 있으나, 믿음에서 비롯되지도 않고, 거기에 내적인 순종이 결부되지도 않으며, 신실함이 없이 행해지며, 따라서 외식의 행위가 되어 버리며, 또한 믿음이라는 올바른 원인에서 비롯되지 않으므로 하나님의 영광을 지향하지도 않는 것이다. 그러므로 비중생자의 행위들은 선행이라 부를 자격이 없는 것이다.

셋째로, 의인과 악인의 행위들이 서로 차이가 있다는 사실에서도, 악인의 도덕적 행위들이 죄라는 것이 입증된다. 물론 그 행위들이 본질 자체가 하나님의 율법을 반하는 그런 죄는 아니지만, 그럼에도 불구하고 그 행위들 자체는 본질상 죄다. 악인의 도덕적 행위들은 부수적인 요건들 때문에 죄가 되는 것이다. 즉, 참된 믿음에서 비롯되지 않는다든지 혹은 하나님의 영광을 위해서 행해지는 것이 아니라든지 하여 거기에 뭔가 결점이 있기 때문이다. 그러므로 다음과 같은 논리는 아무런 힘이 없다: "이교도들과 비중생자들의 선행은 죄다. 그러므로 그것들은 모두 피하여야 하고 정죄해야 한다." 이런 논리는 정당하지 못하다. 왜냐하면 앞에서 죄의 문제를 다룰 때에 이미 살펴보았듯이, 우리가 회피하고 경계해야 할 것은 그 행위들과 결부되는 결점들뿐이기 때문이다.

선행의 도표

선행
{
  1. 진정 선한 행위: 선행의 정의에 따라 행해지는 것.
  {
    1) 하나님의 명령에 따른 것
    2) 믿음으로 행하는 것.
    3) 하나님의 영광을 위하여 행하는 것
  }
  {
    1) 완전한 선행: 천사들의 행위, 타락 이전과 내생에서의 사람의 행위 등.
    2) 불완전한 선행: 금생에서의 중생자들의 행위.
  }

  2. 겉으로 보기에 선한 행위
  {
    1) 하나님께서 명하셨고, 그 본질이 선하나, 부수적인 요인에 의해서 악하여진 것으로서, 방식과 목적 모두가 본래 지향하여야 할 바를 따르지 않음.
    2) 종교를 위하여 사람이 명한 것으로, 바리새인들과 교황주의자들의 전통과 교훈과 강령 등이 이에 속함("사람의 계명으로 교훈을 삼아 가르치니 나를 헛되이 경배하는도다", 마 15:9)
  }
}

2. 선행은 어떻게 행할 수 있는가?

이 질문에 대한 설명이 필요한 것은, 중생자뿐 아니라 비중생자도 선을 행할 수 있다고 주장하는 펠라기우스주의자들과 또한 자유 의지의 특정한 예비적 행위들을 상상하는 교황주의자들과 반(半)펠라기우스주의자들(semi-Pelagians)이 있기 때문이다. 선행은 오직 성령의 은혜와 도우심을 통해서만, 그것도 하나님의 성령으로 말미암아 복음 선포를 통하여 마음이 진정 중생한 중생자에게만 가능하며, 그것도 최초의 회심과 중생에서만이 아니라 그 이후에도 그 동일한 성령의 항구적이고도 끊임없는 영향력과 지도하심을 통하여 이루어진다. 성령은 죄에 대한 지식과 믿음과 새로운 순종에 대한 바람을 갖게 하시며, 또한 날마다 그 동일한 선물들을 그들 속에서 더욱 증가시키고 확증시키시는 것이다. 제롬(Jerome)은 "성령의 은혜가 없이도 율법에 순종할 수 있다고 말하는 자는 저주를 받을지어다"라고 말하여 이 교리를 지지한다. 다윗과 베드로 등의 실례에서 분명히 드러나는 것처럼, 성령의 은혜와 지속적인 지도가 없이는 아무리 거룩한 사람이라 할지라도 죄악된 일밖에는 행할 수가 없다. 그렇다. 중생이 없이는 하나님 보시기에 선한 그 어떠한 일도, 시작할 수조차 없다. 왜냐하면 우리 모두가 본질상 악하며 죄 가운데 죽어 있기 때문이다(마 7:11; 엡 2:1). 선지자 이사야는 "우리의 의는 다 더러운 옷 같으며"(사 64:6)라고 말씀하는데, 여기서 그는 자기 자신을 비롯하여 세상의 가장 거룩한 모든 사람을 다 포함시켜 말하는 것이다. 성도들에게서도 하나님 앞에서 죄밖에는 보이지 않는다면, 하물며 중생하지 않은 자들의 경우야 어떻겠는가? 사도 바울은 로마서 1장과 2장에서 이 사람들이 무슨 선을 행할 수 있는지를 묘사한다. 중생하지 않은 자들은 하나님께서 받으실 만한 행위를 행할 능력이 없다는 사실은 다음의 성경 본문들에서도 가르친다: "못된 나무가 아름다운 열매를 맺을 수 없느니라"(마 7:18), "구스인이 그의 피부를, 표범이 그의 반점을 변하게 할 수 있느냐? 할 수 있을진대 악에 익숙한 너희도 선을 행할 수 있으리라"(렘 13:23), "나를 떠나서는 너희가 아무것도 할 수 없음이라"(요 15:5), "너희 안에서 행하시는 이는 하나님이시니 자기의 기쁘신 뜻을 위하여 너희에게 소원을 두고 행하게 하시나니"(빌 2:13).

우리에게 전가된 그리스도의 의가 없이는, 우리는 하나님 보시기에 완전히 부정하며 가증스럽고, 우리의 모든 행위는 더러운 배설물일 뿐이다. 그런데 그리스도의 의는 회심 이전에는 우리에게 전가되지 않는다. 그러므로 우리의 회심 이전에는 우리도, 우리의 행위도 하나님을 기쁘시게 하는 것이 불가능한 것이다. 믿음이 선행의 원인이다. 믿음은 하나님으로부터 온다. 그러므로 믿음의 열매인 선행은 하나님으로부터 온다. 그러므로 믿음과 회심이 있기 전에는 선행이 있을 수가 없다. 만일 그렇지 않다면, 결과가 원인보다 앞서는 격이 될 것이다.

어떤 이들은 이 주제와 관련하여, 회심을 예비하는 행위가 있지 않은가 하고 묻기도 한다. 이에 대해서 우리는, 예비적인 행위가 회개의 계기나 혹은 하나님께서 우리 속에 회개를 이루시고자 사용하시는 어떤 일을 뜻한다면, 즉 겉으로 드러나는 품행과 생활의 절제 등 하나님의 율법에 맞는 행위들이나, 혹은 하나님의 말씀을 듣고 읽고 묵상하는 일, 그리고 십자가나 기타 힘겨운 상황 같은 것을 뜻한다면, 회심을 예비하는 행위들이 있다는 것을 인정할 수도 있을 것이다. 그러나 예비적인 행위가 회심 이전에 율법에 따라 행하여지는 행위들을 뜻한다면, 즉 사람의 선한 노력들로써 하나님을 매혹시켜서 그런 노력을 행하는 자들에게 참된 회심과 기타 은사들을 베푸시도록 움직이는 그런 행위들을 뜻한다면, 우리는 그런 행위가 있다는 것을 인정하지 않는다. 사도 바울의 선언처럼, "믿음을 따라 하지 아니하는 것은 다 죄"이기 때문이다(롬 14:23).

　　교황주의자들은 그런 행위들을 **일치의 공로**(merit of congruity)라 부르는데, 이는 그것들 자체로는 불완전하며 아무런 자격도 갖추지 못하나, 하나님께서 긍휼하심으로 사람들에게 회심과 영생을 베푸시는 일을 합당하게 만드는 그런 행위들이라는 말과도 같다. 그러나 하나님께서는 긍휼히 여기고자 하시는 자를 긍휼히 여기시지, 긍휼히 여김을 받을 자격을 갖춘 자들을 긍휼히 여기시는 것이 아닌 것이다(롬 9:18). 하나님께 무엇을 받을 자격이 있는 자들은 하나도 없다. 다만 형벌과 그의 임재로부터 내쫓김 외에는 받을 수가 없는 것이다. "이와 같이 너희도 명령 받은 것을 다 행한 후에 이르기를 우리는 무익한 종이라 우리가 하여야 할 일을 한 것뿐이라 할지니라"(눅 17:10).

3. 성도의 행위는 과연 순결하며 완전히 선한가?

성도들의 행위는 금생에서는 완전히 선하거나 순결하지 못하다: 1. 심지어 중생받은 자들이라도 악하며 죄악된 많은 일들을 행하며, 그로 인하여 하나님 보시기에 죄악되며, 따라서 영원한 형벌에 던져지기에 합당하기 때문이다. 베드로는 그리스도를 세 번씩 부인하였고, 다윗은 간음을 행하고 우리아를 죽여 자신의 사악함을 숨기려 하였고, 이스라엘 자손을 계수하였다. 그런데 율법은 다음과 같이 선언하고 있다: "이 율법의 말씀을 실행하지 아니하는 자는 저주를 받을 것이라"(신 27:26). 2. 그들이 율법에 따라서 반드시 행하여야 할 많은 선한 일들을 행하지 않기 때문이다. 3. 그들이 행하는 선행들이 율법이 요구하는 만큼 완전히 선하거나 순결하지 못하기 때문이다. 그들의 선행은 언제나 결점들로 얼룩져 있고, 죄로 오염되어 있기 때문이다. 지극히 훌륭한 성도들의 최상의 행위에서조차도 율법이 요구하는 완전한 의는 없다. 그 이유는 쉽게 납득할 수 있다. 왜냐하면 믿음과 중생과 하나님과 또한 이웃을 향한 사랑으로부터 선행이 나오는데, 그것들이 금생에서는 계속해서 불완전하기 때문이다. 그러므로, 원인이 불완전하므로, 그 원인에서 나오는 결과들이 완전하기는 불가능한 것이다. "내 지체 속에 한 다른 법이 내 마음의 법과 싸워 내 지체 속에 있는 죄의 법으로 나를 사로잡는 것을 보는도다"(롬 7:23). 그렇기 때문에 경건한 자의 행위라도 하나님의 심판에서 설 수가 없는 것이다. "주의 종에게 심판을 행하지 마소서 주의 눈 앞에는 의로운 인생이 하나도 없나이다"(시 143:2), "이 율법의 말씀을 실행하지 아니하는 자는 저주를 받을 것이라"(신 27:26). 그러므로, 우리의 모든 행위들이 불완전하므로, 우리로서는 우리의 죄악됨과 불완전함을 시인하고 슬퍼하며, 할 수 있는 대로 완전을 향하여 부지런히 전진해 가는 것이 합당한 것이다.

지금까지 논의한 내용에서, 수도사들이 잉여행위(剩餘行爲: works of supererogation)에 관하여 — 그들은 이것을 하나님과 율법이 요구하는 것 이상으로 넘치게 행해지는 행위들로 이해한다 — 만들어낸 관념들은 불경함으로 가득하다 할 것이다. 그것은 하나님을 사람에게 빚진 자로 만들어 버리기 때문이다. 그렇다. 그것은 신성모독의 가르침이라 아니할 수 없다. 그리스도께서 친히 다음과 같이 말씀하셨기 때문이다: "이와 같이 너희도 명령 받은 것을 다 행한 후에 이르기를 우리는 무익한 종이라 우리가 하여야 할 일을 한 것뿐이라 할지니라"(눅 17:10).

반론 1. 그러나 누가복음 10:35에서는 이렇게 말씀한다: "비용이 더 들면 내가 돌아올 때에 갚으리라." 그러므로 최소한 어느 정도는 잉여행위가 있는 것이다.

답변. 이 반론에 대해서는 다음과 같은 사실을 지적하는 것으로 족하다. 곧, 비유의 해석에 있어서는 비유에 나타나는 세세한 정황 하나하나까지 지나치게 세밀하게 억측하지 않도록 조심해야 한다는 것이다. 비슷하게 보이나, 전혀 동일한 것이 아니기 때문이다. "비용이 더 들면"이라는 사마리아 사람의 말은 하나님에 관하여 한 말이 아니라, 다치고 상처받은 그 사람에 대해서 하는 말이다.

반론 2. 바울은 고린도전서 7:25에서 "처녀에 대하여는 내가 주께 받은 계명이 없으되 … **내가 의견을 말하노니**"라고 말씀한다. 그러므로 구체적인 명령이나 요구가 없는 일에 대해서도 판단이나 권고가 주어질 수 있다.

답변. 그러나 바울의 말씀의 뜻은, 내가 나의 권고를 주노니, 그것은 금생을 위하여 적절하고 유익한 것이라는 뜻이다. 그러나 그것이 영생을 얻을 공로를 세운다는 뜻은 아니다.

반론 3. 그러나 그리스도께서는 마태복음 19:21에서 "네가 **온전하고자** 할진대 가서 네 소유를 팔아 가난한 자들에게 주라"고 말씀하신다. 그러므로 사람이 그대로 지킬 때에 그 사람을 완전하게 만들어 주는 특정한 지시 사항들이 있는 법이다.

답변. 이것은 그리스도께서 이 교만한 청년을 낮추어 그 이웃을 사랑하고 유대에서 사도의 직분을 다하도록 하고자 하여 주신 특별한 명령이다. 또한 우리는, 그리스도께서 그 사람의 잉여행위가 아니라 완전함을 요구하셨으며, 또한 그리스도께서 그에게 그렇게 요구하신 것은 그 사람으로 하여금 자신이 크게 부족하다는 것을 깨닫게 하시기 위함이었다는 점을 덧붙일 수 있을 것이다.

4. 우리의 선행은 그저 불완전하기만 한데, 그것이 어떻게 하나님을 기쁘시게 할 수 있는가?

만일 우리의 행위가 하나님을 기쁘시게 하는 것이 못된다면, 그것들을 행하는 것이 아무런 쓸모가 없을 것이다. 그러므로, 그 행위들이 어떤 식으로 하나님을 기쁘시게 하는지를 알아야 한다. 우리의 행위들은 그 자체가 불완전하며 여러 면에서 더럽기 때문에 그것들 자체로는 하나님을 기쁘시게 할 수가 없다. 그는 무한히 공의로우시고 공명정대하시기 때문이다. 그러나 그럼에도 불구하고, 중보자 그리스도 안에서는 믿음을 통하여, 혹은 믿음으로 우리에게 전가되는 그리스도의 공로와 보상으로 인하여, 또한 우리를 대신한 그의 간구하심으로 인하여 하나님께서 받으실 만한 것이 된다. 우리 자신으로는 그렇지 못하나 그의 아들 안에서는 우리가 그를 기쁘시게 하는 것처럼, 우리의 행위도 그 자체로는 불완전하고 거룩하지 못하나, 그리스도의 의가 그 모든 불완전한 것과 부정한 것을 다 덮어서 하나님 앞에 드러나지 않게 하므로 우리의 행위가 하나님께서 받으실 만한 것이 되는 것이다. 선을 행하는 사람이 하나님께서 받으실 만해야 한다. 그래야 그 사람의 행위들도 받으실 만하게 되는 것이다. 그렇지 못하여 그 사람이 믿음이 없을 때에는 아무리 그의 행위가 선하다 해도 하나님 앞에는 가증스러운 것일 수밖에 없다. 그것들 모두가 가식적이기 때문이다. 그러나 사람이 하나님께서 받으실 만하면, 그의 행위도 마찬가지다. 그런데 사람이 하나님께서 받으실 만하게 되는 것은 중보자로 말미암는 것이다. 즉, 그리스도의 공로와 의가 전가됨으로 말미암아 마치 의복으로 몸을 가리듯이 하나님의 임재 앞에서 그의 공로와 의가 그 사람을 덮어 주는 것이다. 그리하여 그 사람의 행위도 중보자로 말미암아 하나님을 기쁘시게 하는 것이 된다. 하나님께서는 우리의 의와 불완전한 행위들 그 자체를 바라보시고 살피시지 않는다. 만일 그것들을 바라본다면 그의 율법의 지엄함 때문에 그것들이 정죄를 받을 수밖에 없을 것이다. 그러나 그는 그의 아들 안에서 그것들을 바라보시고 대하시는 것이다. 그렇기 때문에 하나님께서는 아벨과 그의 제사를 돌아보셨다고 말씀하는 것이다. 곧, 아벨이 믿었던 그의 아들 안에서 그와 그의 제사를 보셨다는 것이다. 그는 믿음으로 제사를 드렸던 것이다(창 4:4; 히 11:4). 그리하여 그리스도를 가리켜 우리의 **대제사장**이라 부른다. 곧, 그가 우리를 대신하여 우리의 행위들을 하나님께로 드리신다는 것이다. 또한 그를 가리켜 **제단**이라 부르는데, 이는 우리의 기도와 행위들이 그 위에 놓여져서 그것들이 하나님께서 받으실 만한 것이 된다는 뜻이다. 그 제단이 없다면 우리의 기도와 행위들은 하나님 보시기에 가증스러울 수밖에 없는 것이다. 그러므로, 그리스도의 완전한 보상으로 말미암아 우리 자신과 우리 행위의 모든 결점과 모든 불완전한 것들이 일일이 다 덮어지며, 말하자면, 하나님의 판단에서 완전하게 복구되는 것이다. 바울은 이 사실을 보면서 다음과 같이 말씀하고 있다: "그 안에서 발견되려 함이니 내가 가진 의는 율법에서 난 것이 아니요 오직 그리스도를 믿음으로 말미암는 것이니 곧 믿음으로 하나님으로부터 난 의라"(빌 3:9).

5. 우리가 왜 선을 행해야 하며, 선행은 왜 필수적인가?

I. 86문답에서 우리는 이미 선행이 필수적인 이유들을 열거한 바 있다. 곧, 중생과 칭의 사이의 필연적인 연관성, 하나님의 영광, 우리의 믿음과 선택의 증거, 또한 선한 모범을 통해서 다른 이들을 그리스도께로 인도하는 일 등이 그것이다. 이런 이유들을 크게 세 가지로 나누어, **하나님**과 **우리 자신**과 **이웃**을 위하여 선을 행하여야 한다고 말한다면, 이 이유들을 적절하게 다룰 수 있을 것이다. 먼저 **하나님**과 관계하여 다음의 목적을 위하여 선을 행해야 한다.

1. 하늘에 계신 아버지이신 하나님의 영광이 유지되도록 하기 위함이다. 하나님께서 우리에게 선을 행하며, 우리의 선행으로 그를 높이고, 또한 다른 사람들이 그 행위들을 보고 하늘에 계신 우리 아버지께 영광을 돌리게 하라고 명령하시고 또한 그것을 뜻하시는 최고의 목적이 바로 하나님의 영광을 드러내는 데 있는 것이다. "이같이 너희 빛이 사람 앞에 비치게 하여 그들로 너희 착한 행실을 보고 하늘에 계신 너희 아버지께 영광을 돌리게 하라"(마 5:16).

2. 하나님의 명령에 따라 그가 요구하시는 순종을 하나님께 드리기 위함이다. 하나님께서는 금생에서는 순종의 시작을 요구하시고, 내생에서는 순종의 완성을 요구하신다. "내 계명은 곧 내가 너희를 사랑한 것 같이 너희도 서로 사랑하라 하는 이것이니라"(요 15:12), "하나님의 뜻은 이것이니 너희의 거룩함이라"(살전 4:3), "죄로부터 해방되어 의에게 종이 되었느니라"(롬 6:18), "너희 지체를 의의 무기로 하나님께 드리라"(롬 6:13).

3. 우리가 마땅히 드려야 할 감사를 하나님께 드리기 위함이다. 그로 말미암아 우리가 구속함 받았고 또한 그로부터 크나큰 은덕을 받은 그분께 우리가 사랑과 경배와 존귀를 드리는 것이, 또한 우리의 순종과 선행으로 우리의 사랑과 감사를 선포하는 일이 정당하고 적절한 일이다. 하나님이 우리에게 그렇게도 큰 은덕들을 베푸셨으니 그는 과연 우리의 순종과 예배를 받으시기에 합당하시다. 우리가 그 어떤 일을 행해도 그것으로 그가 베푸시는 은덕을 받을 만한 공로를 쌓을 수가 없다. 그러므로 우리는 그가 베푸신 그 크신 은덕에 대해 하나님께 순종과 선행을 통해서 우리의 감사를 보여드리는 것이다. "그러므로 형제들아 내가 하나님의 모든 자비하심으로 너희를 권하노니 너희 몸을 하나님이 기뻐하시는 산 제물로 드리라 이는 너희가 드릴 영적 예배니라"(롬 12:1), "너희도 산 돌 같이 신령한 집으로 세워지고 예수 그리스도로 말미암아 하나님이 기쁘게 받으실 신령한 제사를 드릴 거룩한 제사장이 될지니라"(벧전 2:5), "너희는 택하신 족속이요 왕 같은 제사장들이요 거룩한 나라요 그의 소유가 된 백성이니 이는 너희를 어두운 데서 불러내어 그의 기이한 빛에 들어가게 하신 이의 아름다운 덕을 선포하게 하려 하심이라"(벧전 2:9), "선을 행함으로 고난을 받고 참으면 이는 하나님 앞에 아름다우니라"(벧전 2:20).

II. **우리 자신**을 위해서도 선을 행해야 한다.

1. 선행을 통하여 우리의 믿음을 증거하고, 우리의 삶 속에서 나타나는 열매들로써 믿음이 우리에게 있음을 확신하기 위하여. "좋은 나무마다 아름다운 열매를 맺고"(마 7:17), "예수 그리스도로 말미암아 의의 열매가 가득하여 하나님의 영광과 찬송이 되기를 원하노라"(빌 1:11), "이와 같이 행함이 없는 믿음은 그 자체가 죽은 것이라"(약 2:17). 그러므로 우리가 참된 믿음을 소유하고 있다는 것을 우리의 선행을 통해서 아는 것이다. 원인이 없이 결과가 있는 법이 없고, 원인은 언제나 그 결과를 통해서 아는 법이니, 우리에게 선행과 새로운 순종이 없다면, 우리는 외식자들이요 참된 믿음이 아니라 악한 양심을 가진 자들이다. 왜냐하면 참된 믿음은 열매 맺는 좋은 나무처럼 선행과 순종과 회개를 생산하기 때문이다. 참된 믿음이 그런 열매들로써 그저 역사적이며 일시적인 믿음과 구별되며, 또한 외식 그 자체와도 구별되는 것이다.

2. 그리스도로 말미암아 우리가 죄 사함을 받은 사실과 또한 그로 말미암아 의롭다 하심을 받은 사실을 확신하기 위하여. 칭의와 중생은 서로 결코 뗄 수 없는

방식으로 긴밀하게 연결되어 있는 은덕들이다. 그리스도께서는 죄 사함과 성령을 동시에 우리를 위해 얻으셨는데, 성령께서는 믿음을 통하여 우리 속에 선행과 새로운 순종에 대한 갈망을 불러일으키시는 것이다.

3. 우리의 선택과 구원에 대해 확신하기 위하여. "형제들아 더욱 힘써 너희 부르심과 택하심을 굳게 하라"(벧후 1:10). 이 이유는 바로 앞의 이유에서 자연스레 대두된다. 하나님께서는 그의 긍휼하심으로 그의 아들의 공로로 말미암아 의롭다 하심을 받는 자들만을 영원 전에 선택하셨기 때문이다. "미리 정하신 그들을 또한 부르시고 부르신 그들을 또한 의롭다 하시고 의롭다 하신 그들을 또한 영화롭게 하셨느니라"(롬 8:30). 그러므로 우리는 의롭다 하심을 받은 사실로 말미암아 우리의 선택에 대해 확신을 가지며, 또한 우리가 그리스도 안에서 의롭다 하심을 받았다는 것을 (칭의의 은덕은 성화가 없이는 절대로 택한 자들에게 베풀어지지 않는다) 믿음에서 알며, 또한 믿음이 우리에게 있다는 것은 믿음의 열매인 선행과 새로운 순종과 참된 회개를 통해서 확신하게 되는 것이다.

4. 선행을 통하여 우리의 믿음이 발휘되고, 양육되며, 강건해지고, 증가하게 하기 위하여. 양심을 거슬러 부정한 정욕과 욕망에 탐닉하는 자들은 믿음이 있을 수가 없고, 따라서 하나님과 화목되고 그에게서 은혜를 받은 자로서 갖는 선한 양심과 하나님에 대한 신뢰도 있을 수가 없다. 왜냐하면 우리를 향하신 하나님의 자비하심을 지각하고 선한 양심을 갖는 것이 오직 믿음으로만 되는 일이기 때문이다. "너희가 육신대로 살면 반드시 죽을 것이로되"(롬 8:13), "네 속에 있는 하나님의 은사를 다시 불일 듯 하게 하기 위하여 너로 생각하게 하노니"(딤후 1:6).

5. 우리의 선행을 통하여 우리의 소명과 삶을 아름답게 장식하기 위하여. "너희를 권하노니 너희가 부르심을 받은 일에 합당하게 행하라"(엡 4:1).

6. 이 세상에서의 형벌과 영원한 형벌을 피하기 위하여. "아름다운 열매를 맺지 아니하는 나무마다 찍혀 불에 던져지느니라"(마 7:19), "너희가 육신대로 살면 반드시 죽을 것이로되"(롬 8:13), "주께서 죄악을 책망하사 사람을 징계하시니"(시 39:11).

7. 하나님으로부터 세속적이고 영적인 상급들을 받기 위하여. 하나님은 선행에 대해 금생과 내생에 상급이 있을 것을 약속하셨다. "경건은 범사에 유익하니 금생과 내생에 약속이 있느니라"(딤전 4:8). 만일 하나님께서 상급에 대한 소망과 형벌에 대한 두려움이 선행을 유발시키는 동기가 되기를 바라지 않으셨다면, 그의 말

씀 속에서 그것들을 우리에게 약속하시고 경고하시지 않으셨을 것이다.

III. 우리의 **이웃**을 위해서도 선을 행해야 한다.

1. 이웃에게 유익을 끼치고 우리의 모범과 경건한 품행으로 덕을 끼치기 위하여. "모든 것이 너희를 위함이니 많은 사람의 감사로 말미암아 은혜가 더하여 넘쳐서 하나님께 영광을 돌리게 하려 함이라"(고후 4:15), "내가 육신으로 있는 것이 너희를 위하여 더 유익하리라"(빌 1:24).

2. 그리스도의 대의(大義)에 장애와 거침돌이 되지 않기 위하여. "실족하게 하는 그 사람에게는 화가 있도다"(마 18:7), "하나님의 이름이 너희 때문에 이방인 중에서 모독을 받는도다"(롬 2:24).

3. 믿지 않는 자들을 그리스도께로 인도하기 위하여. "너는 돌이킨 후에 네 형제를 굳게 하라"(눅 22:32).

선행이 구원에 필수적인가?라는 질문에 대한 논의가 여기서 대두된다. 이에 대해서 어떤 이들은 선행이 구원에 필수적이라고 간단명료하게 주장하는가 하면, 또 어떤 이들은 선행은 구원에 해악이 되며 구원을 망가뜨린다고 주장한다. 두 가지 주장 모두 애매하고 부적절하나, 특히 후자는 확신은 물론 선을 행하고자 하는 열심까지도 정죄하는 경향이 있으므로 배격해야 한다. 전자의 표현에 대해서는 다음과 같은 설명이 필요하다. 선행은 과연 구원에 필수적이다. 그러나 구원이라는 결과의 원인이 된다거나 혹은 선행이 공로를 세움으로써 구원이라는 상급을 얻는다는 의미가 아니라, 선행이 구원 그 자체의 일부요, 목적을 얻는 데에 필수적인 수단이라는 의미에서 그러하다. 이와 마찬가지로, 선행이 의 혹은 칭의에도 필수적이라고도 할 수 있고, 또한 의롭다 하심을 얻는 자들에게 선행이 필수적이라고도 말할 수 있다. 즉, 칭의의 결과로서 반드시 있다는 뜻이다. 그러나 이런 식의 어법을 사용하지 않는 것이 더 좋을 것이다. 1. 애매하기 때문이다. 2. 논쟁을 유발시키고, 우리의 원수들에게 비방의 여지를 주기 때문이다. 3. 우리의 어법이 가능한 한 성경을 닮아야 하는데, 성경에서는 이런 어법이 사용되지 않기 때문이다. 이보다는 오히려 다음과 같이 말하는 것이 더 안전하고 더 정확할 것이다: **선행은 의롭다 하심을 얻은 자들과 구원 얻을 자들에게 필수적이다.** 의롭다 하심을 얻을 자들에게 선행이 필수적이라는 말은 애매한 발언이다. 왜냐하면 칭의 이전에 선행이 요구되며, 따라서 선행이 우리의 의롭다 하심의 원인이 된다는 식으로 이해할 수도 있기 때문이다. 아우구스티누스는 다음과 같이 올바르게 진술한 바 있다:

"선행은 의롭다 하심을 얻을 자들에게 앞서는 것이 아니라, 의롭다 하심을 얻은 자들에게 뒤따른다."

그러므로 다음의 **반론**에 대해 쉽게 답변할 수가 있다: 그것이 없이는 아무도 구원받을 수 없는 것은 구원에 필수적이다. 그런데 87문답의 진술처럼 선행이 없는 자는 누구도 구원받을 수 없다. 그러므로 선행은 구원에 필수적이다.

답변. 주 전제에는 단서가 있어야 한다. 그것이 없이는 아무도 구원받을 수 없는 것은 구원에 필수적이다. 구원에 필수적이라는 것이 구원의 일부라거나 구원에 반드시 뒤따르는 요건이라는 의미라면 이 진술을 인정할 수 있다. 그러나 구원의 원인이라거나 구원의 공로라는 의미라면 인정할 수 없다. 그러므로 전제가 방금 설명한 그런 의미라면, 결론도 인정할 수 있다. 선행은 구원의 일부로서 혹은 구원의 열매로서는 구원 얻을 자들에게 필수적이나, 그것이 구원의 원인 혹은 공로인 것은 아니다.

6. 우리의 선행은 하나님 보시기에 공로가 있는가?

마치 세 번째 다음에 네 번째가 오듯이, 바로 앞의 질문 다음에 이 질문이 자연스럽게 제기된다. 우리의 선행으로 말미암아 하나님께 상급을 얻는다고 말하면, 사람들은 우리의 선행이 하나님께 뭔가 공로를 쌓는다고 곧바로 결론짓기 때문이다. 그러므로 우리의 선행이 필수적이며 또한 그 결과로 오는 상급을 위해서도 선행을 행하여야 한다는 것을 알아야 한다. 그러나 그럼에도 불구하고, 선행은 공로를 세우는 것이 아니다. 즉, 하나님으로부터 뭔가를 — 심지어 영적 축복이나 세속적인 축복의 지극히 작은 가루조차도 — 얻을 자격을 갖추는 것이 아니라는 뜻이다. 그 이유는 지극히 참되며 명백하다.

1. 우리의 행위는 불완전하다. 그 각 부분들이 다 그렇고 그 행위의 정도에 있어서도 그렇다. 우리의 행위의 각 부분들이 다 불완전하다. 율법이 요구하는 수많은 선한 일들을 우리가 행하지 못하며, 율법이 금하는 많은 악한 일들을 행하기 때문이며, 또한 성경과 우리의 경험이 증언하듯이 우리가 행하는 선한 일에 수많은 악한 것들이 뒤섞여 있기 때문이다: "육체의 소욕은 성령을 거스르고 성령은 육체를 거스르나니 이 둘이 서로 대적함으로 너희가 원하는 것을 하지 못하게 하려 함이니라"(갈 5:17). 그런데, 불완전한 행위는 전혀 공로를 세우지 못할 뿐 아니라 하나님의 정죄를 받기까지 한다. "이 율법의 말씀을 실행하지 아니하는 자는 저주를

받을 것이라"(신 27:26). 우리의 행위는 또한 그 정도에 있어서도 불완전하다. 성도들이 행하는 행위들이 아무리 훌륭해도, 완전히 중생한 자들이 행하는 것도 아니요 율법이 요구하는 하나님과 이웃을 향한 완전한 사랑으로 행하는 것도 아니므로 하나님 보시기에는 부정하고 더럽기 때문이다. 이사야 선지자는 선행을 언급하는 중에, "우리는 다 부정한 자 같아서 우리의 의는 다 더러운 옷 같으며"(사 64:6)라고 선언한다. 또한 사도 바울도 자기 자신의 행위에 대해 동일하게 판단한다: "모든 것을 해로 여김은 내 주 그리스도 예수를 아는 지식이 가장 고상하기 때문이라. 내가 그를 위하여 모든 것을 잃어버리고 배설물로 여김은 그리스도를 얻고 그 안에서 발견되려 함이니"(빌 3:8, 9). 성도들은 모두 자기 자신의 의와 공로에 대해 이런 식으로 말하고 판단하는 것이다.

2. 아무리 고귀한 일을 행한다 해도, 피조물로서는 하나님 앞에서 그 어떠한 공로도 쌓을 수가 없고, 신적인 정의의 질서에 따라 하나님께 무슨 대가를 요구할 일을 행할 수도 없다. 성경은 다음의 말씀들에서 그 이유를 제시하고 있다: "누가 주께 먼저 드려서 갚으심을 받겠느냐?"(롬 11:35), "내 것을 가지고 내 뜻대로 할 것이 아니냐?"(마 20:15). 창조가 우리가 행한 일이 아니듯이, 우리의 보존을 요구하는 자격도 없는 것이다. 하나님께서는 우리를 창조하실 의무가 없으셨고, 우리를 창조하신 후에도 보존시키실 의무가 없으시다. 그런데 그는 그 자신의 자유 의지와 선하신 뜻으로 그렇게 하셨고 지금도 그렇게 하신다. 하나님께서는 우리에게서 아무런 혜택도 받지 않으시고, 우리도 우리의 창조주께 뭔가를 베풀 수도 없다. 그런데 전혀 혜택을 베풀지 못한다면, 공로도 없는 것이다. 공로는 뭔가 혜택을 베푼 사실을 전제로 하기 때문이다.

3. 우리의 행위는 모두 하나님께 마땅히 드려야 할 것들이다. 모든 피조물들이 창조주께 예배와 감사를 드려야 할 의무를 지고 있으므로, 설사 우리가 전혀 죄를 짓지 않았다 하더라도 그것으로 우리에게 합당한 예배와 감사를 하나님께 드린 것이 되지 않는 것이다. "이와 같이 너희도 명령 받은 것을 다 행한 후에 이르기를 우리는 무익한 종이라 우리가 하여야 할 일을 한 것뿐이라 할지니라"(눅 17:10).

4. 우리가 선한 일을 행한다 해도, 그 행위는 우리의 것이 아니라 하나님의 것이다. 하나님께서 그의 성령으로 말미암아 우리 속에 그런 행위를 이루시기 때문이다. "너희 안에서 행하시는 이는 하나님이시니 자기의 기쁘신 뜻을 위하여 너희에게 소원을 두고 행하게 하시나니"(빌 2:13), "네게 있는 것 중에 받지 아니한 것이

무엇이냐?"(고전 4:7). 우리는 본질상 진노의 자식이요, 허물과 죄로 죽은 자들이요, 선한 열매를 낼 수 없는 나쁜 나무들이다(엡 2:1, 3; 마 7:18). 우리가 본질상 나쁜 나무들이라면, 하나님께서 그의 은혜로 우리를 아름다운 나무들로 만드시고 우리에게서 선한 열매가 맺어지게 하셔야만 한다: "우리는 그가 만드신 바라 그리스도 예수 안에서 선한 일을 위하여 지으심을 받은 자니"(엡 2:10). 그러므로 만일 우리가 선한 일을 행한다면, 그것은 우리의 공로가 아니요 하나님의 선물이다. 가령 어떤 사람이 한 부자에게서 선물로 100실링을 받게 되어 있다고 할 때에 그 사람은 자기가 1,000실링을 받을 만한 자격이 있는데 100실링밖에 못 받는다고 생각한다면 그것은 정말 어리석은 생각이 아닐 수 없을 것이다. 그 부자는 그 사람에게 선물을 주어야 할 의무가 있는 것이 아니고, 오히려 자기가 그 부자에게 받은 만큼 뭔가를 해야 할 의무를 지고 있는 것이다.

5. 불완전하기만 한 우리의 행위들은, 아버지께서 그의 아들 안에서 값없이 우리에게 베푸시는 그 말할 수 없이 큰 은덕과 도저히 비교할 수가 없다.

6. "자랑하는 자는 주 안에서 자랑하라"(고전 1:31). 그런데 만일 우리가 선행으로 말미암아 죄 사함을 받을 자격을 갖추는 것이라면, 우리 자신에게 뭔가 자랑할 것이 있게 되며, 우리의 구원의 공을 하나님께 돌리지 않게 될 것이다. "만일 아브라함이 행위로써 의롭다 하심을 받았으면 자랑할 것이 있으려니와"(롬 4:2).

7. 우리는 선행을 하기 전에 먼저 의롭다 하심을 받았다. "그 자식들이 아직 나지도 아니하고 무슨 선이나 악을 행하지 아니한 때에 택하심을 따라 되는 하나님의 뜻이 행위로 말미암지 않고 오직 부르시는 이로 말미암아 서게 하려 하사 리브가에게 이르시되 큰 자가 어린 자를 섬기리라 하셨나니 기록된 바 내가 야곱은 사랑하고 에서는 미워하였다 하심과 같으니라"(롬 9:11-13). 그러므로 우리는 선을 행할 그때에 하나님 앞에서 의롭다 하심을 받는 것이 아니고, 의롭다 하심을 받을 때에 선을 행하게 되는 것이다.

8. 우리의 선한 행위로 말미암아 공로를 세우고 의롭다 하심을 얻는다는 교만한 생각은 그리스도인의 참된 위로를 뒤흔들며, 양심을 혼란시키고 사람들로 하여금 그들의 구원에 대해 의심과 절망에 빠지게 만든다. "이 율법의 말씀을 실행하지 아니하는 자는 저주를 받을 것이라"(신 27:26)는 선언을 듣고, 또한 그 자신의 불완전함을 생각하게 되면, 자기들이 이런 모든 일을 절대로 행할 수 없다는 것을 그 양심이 깨우치게 되고, 그리하여 계속해서 의심에 빠지고 율법의 저주에 대한 두

려움 속에 살 것이기 때문이다. 그러나 믿음은 양심에게 확실하고 견고한 위로를 준다. 왜냐하면 믿음은 영혼을 실망시키는 법이 없는 하나님의 약속에 뿌리를 두기 때문이다: "상속자가 되는 그것이 … 믿음으로 되나니 이는 그 약속을 그 모든 후손에게 굳게 하려 하심이라"(롬 4:16).

9. 만일 우리 자신의 행위로 의를 얻게 되어 있다면, 그 약속은 전혀 소용이 없게 될 것이고, 그리스도께서도 헛되이 죽으신 것이 될 것이다.

10. 선행이 공로가 있다는 식의 교만한 생각이 용납되면, 구원의 방법이 하나가 아닌 것이 될 것이다. 아브라함과 십자가상의 강도가 서로 다른 방식으로 의롭다 하심을 받은 것이 될 것이고, 우리 역시 마찬가지일 것이다. 그러나 구원의 길은 오직 하나밖에 없다: "내가 곧 길이요 진리요 생명이니 나로 말미암지 않고는 아버지께로 올 자가 없느니라"(요 14:6), "하나님은 한 분이시요 또 하나님과 사람 사이에 중보자도 한 분이시니 곧 사람이신 그리스도 예수라"(딤전 2:5), "주도 한 분이시요 믿음도 하나요 세례도 하나요"(엡 4:5), "예수 그리스도는 어제나 오늘이나 영원토록 동일하시니라"(히 13:8), "다른 이로써는 구원을 받을 수 없나니 천하 사람 중에 구원을 받을 만한 다른 이름을 우리에게 주신 일이 없음이라"(행 4:12).

11. 우리가 공로를 세워 우리의 의에다 뭔가를 덧붙이게 되어 있다면, 그리스도께서 우리의 구원 전체를 이루신 것도 아니요 따라서 완전한 구원자이실 수가 없게 될 것이다. 우리의 공로를 덧붙이는 그만큼 그의 공로가 감소될 것이기 때문이다. 그러나 성경이 충족하게 증언하는 대로, 그리스도는 우리의 완전한 구원자시다. "우리는 그리스도 안에서 그의 은혜의 풍성함을 따라 그의 피로 말미암아 속량 곧 죄 사함을 받았느니라"(엡 1:7), "너희는 그 은혜에 의하여 믿음으로 말미암아 구원을 받았으니 이것은 너희에게서 난 것이 아니요 하나님의 선물이라. 행위에서 난 것이 아니니 이는 누구든지 자랑하지 못하게 함이라"(엡 2:8, 9), "그 아들 예수의 피가 우리를 모든 죄에서 깨끗하게 하실 것이요"(요일 1:7), "천하 사람 중에 구원을 받을 만한 다른 이름을 우리에게 주신 일이 없음이라"(행 4:12).

반론. 상급은 공로를 전제한다. 하나님께서는 또한 그가 약속하시는 선한 일들을 상급이라 부르시고, 선을 행하는 자들에게 그것들을 베푸신다. 그러므로 선행은 공로를 전제로 하는 것이요, 따라서 하나님 앞에서 공로가 있는 것이다.

답변. 주 전제는 때때로 사람들 사이에서는 참이기도 하나, 하나님의 경우에는 절대로 해당되지 않는다. 하나님은 아무에게도 빚을 지지 않으시므로, 그 어떠한 피조물도 하나님 앞에 공을 세울 수가 없기 때문이다. 그러나 하나님께서 우리의 선행에 대해 상급이라 부르시는 것은, 그가 순전히 은혜로 그것들을 갚아주시기 때문이다. 그러나 그렇게 갚아주신다고 해서 그것이 하나님께서 당연히 베푸셔야 할 의무는 아니다. 왜냐하면 하나님께서는 우리의 행위를 필요로 하시지 않으며, 우리 스스로 하나님께 아무것도 베풀어드릴 수도 없기 때문이다. 오히려 우리의 선행을 통해서 우리에게 뭔가가 덧붙여지는 것이다. 선행이란 우리 자신을 하나님과 또한 그의 은덕과 일치시키는 것이요, 하나님께서 우리에게 감사를 돌리시는 것이 아니라 우리가 그것으로 하나님께 감사를 돌리기 때문이다. 그러므로, 우리가 하나님 앞에서 구원을 받을 공로를 세운다는 말은 100실링을 내게 주었으니 1,000실링도 주어야 마땅하다는 식의 말만큼이나 우스꽝스런 것이다. 그러나 하나님께서는 우리에게 선을 행하라고 명령하시며, 또한 마치 아버지가 그 자녀에게 상급을 약속하듯이 선을 행하는 자들에게 은혜로운 상급을 약속하시는 것이다.

하나님의 율법

92문 하나님의 율법은 무엇입니까?

답 하나님께서는 출애굽기 20장과 신명기 5장에서 다음과 같이 말씀하셨습니다: "나는 너를 애굽 땅, 종 되었던 집에서 인도하여 낸 너의 하나님 여호와니라."

제 1 계명: "너는 나 외에는 다른 신들을 내게 두지 말라."

제 2 계명: "너를 위하여 새긴 우상을 만들지 말고 또 위로 하늘에 있는 것이나 아래로 땅에 있는 것이나 땅 아래 물 속에 있는 것의 어떤 형상도 만들지 말며 그것들에게 절하지 말며 그것들을 섬기지 말라. 나 네 하나님 여호와는 질투하는 하나님인즉 나를 미워하는 자의 죄를 갚되, 아버지로부터 아들에게로 삼사 대까지 이르게 하거니와, 나를 사랑하고 내 계명을 지키는 자에게는 천 대까지 은혜를 베푸느니라."

제 3 계명: "너는 네 하나님 여호와의 이름을 망령되게 부르지 말라. 여호와는 그의 이름을 망령되게 부르는 자를 죄 없다 하지 아니하리라."

제 4 계명: "안식일을 기억하여 거룩하게 지키라. 엿새 동안은 힘써 네 모든 일을 행할 것이나 일곱째 날은 네 하나님 여호와의 안식일인즉 너나 네 아들이나 네 딸이나 네 남종이나 네 여종이나 네 가축이나 네 문안에 머무는 객이라도 아무 일도 하지 말라. 이는 엿새 동안에 나 여호와가 하늘과 땅과 바다와 그 가운데 모든 것을 만들고 일곱째 날에 쉬었음이라. 그러므로 나 여호와가 안식일을 복되게 하여 그 날을 거룩하게 하였느니라."

제 5 계명: "네 부모를 공경하라. 그리하면 네 하나님 여호와가 네게 준 땅에서 네 생명이 길리라."

제 6 계명: "살인하지 말라."

제 7 계명: "간음하지 말라."

제 8 계명: "도둑질하지 말라."

제 9 계명: "네 이웃에 대하여 거짓 증거하지 말라."

제 10 계명: "네 이웃의 집을 탐내지 말라. 네 이웃의 아내나 그의 남종이나 그의 여종이나 그의 소나 그의 나귀나 무릇 네 이웃의 소유를 탐내지 말라."

[해 설]

율법에 관한 교리가 선행의 규범이 되는데, 이제 이에 대해서 논의할 차례가 되었다. 이 교리에 대해서 우리는 다음과 같은 문제들을 살펴보아야 할 것이다:

1. 일반적인 의미에서 율법이란 무엇인가?

2. 하나님의 법의 여러 부분들은 어떤 것들인가?

3. 그리스도는 어떤 점에서 율법을 폐지하셨으며, 또한 어떤 점에서 율법이 아직도 유효한가?

4. 도덕법은 어떤 점에서 복음과 다른가?

5. 십계명은 어떻게 나뉘어지는가?

6. 십계명과 또한 세부적인 각 계명의 참된 의미는 무엇인가?

7. 중생한 자들은 어느 정도나 율법을 지킬 수 있는가?

8. 율법의 용도는 무엇인가?

이제 첫 네 가지 질문을 다루기로 한다. 다섯 번째 질문은 본 요리문답 93문답에 해당되며, 여섯 번째 질문은 94문답부터 114문답까지에 해당되며, 일곱 번째 질문은 114문답에 해당되고, 여덟 번째 질문은 115문답에 해당된다.

1. 일반적인 의미에서 율법이란 무엇인가

영어의 "law"(율법: 라틴어로는 "lex")이라는 용어는, "읽다", "반포하다", 혹은 "선택하다"라는 의미를 지닌 라틴어 "lego"에서 파생되었다. 히브리어 **토라**는 가르침을 뜻하는데, 이것은 라틴어의 전자의 의미와 일치한다. 율법은 모두가 읽고 배우도록 하기 위해 반포되는 것이기 때문이다. 그렇기 때문에 율법에 대해 무지한 것은 누구에게도 핑계가 될 수 없다. 자기들에게 관계되는 법을 알지 못한다면, 그 알지 못하는 것 자체가 죄인 것이다. 헬라어 **노모스**는 '분배하다, 나누다'라는 뜻의 단어에서 파생되었는데, 이것은 라틴어의 후자의 의미와 일치한다. 율법이 구체적인 의무를 각 사람에게 부과하기 때문이다.

그런데 일반적으로 율법이란, 정직하고 정의로운 일들을 명령하는 하나의 규범이나 강령으로서, 이성이 있는 피조물들에게서 순종을 요구하며, 순종하는 경우에는 상급을 약속하고, 불순종하는 경우에는 형벌을 경고한다. 율법은 **정직하고 정의로운 일들을 명령하는 하나의 규범이나 강령이다.** 그렇지 않으면 율법이 아니다. 율법은 **이성이 있는 피조물들에게서 순종을 요구한다**: 법은 순종할 능력이 없는 존재들을 위하여 만들어진 것이 아니다. **순종하는 경우에는 상급을 약속하고**: 율법은 인정할 만한 순종을 이행하는 자들에게는 은혜로이 축복을 약속한다. 하나님 앞에서는 그 어떠한 순종도 공로가 될 수 없기 때문이다.

반론. 그러나 복음도 값없이 축복을 약속한다. 그러므로 율법은 복음과 다르지 않다.

답변. 율법과 복음이 모두 값없이 약속하나, 해당되는 방면이 다르다. 율법은 우리편에서의 순종을 조건으로 하여 값없이 약속한다. 그러나 복음은 율법의 행위가 없이 값없이 약속하는 것이다. 그러나 복음이 아무런 조건이 없이 무조건 값없이 축복을 약속하는 것은 아니다. 다만 율법이 제시하는 것을 조건으로 하지 않는 것이다.

율법은 불순종하는 경우에는 형벌을 경고한다. 그렇지 않으면 율법은 공허한 소리가 되고 아무런 효과가 없을 것이다. 플라톤은 다음과 같이 말한다: "법은 적용 가능한 수단을 통해서 최상의 목표를 지향하는 통치의 한 올바른 형태로서, 위반 자들에게는 형벌을 경고하고, 복종하는 자들에게는 상급을 약속하는 것이다." 법이라는 용어는 또한 하나님께서 자연 속에 세워놓으신 과정과 질서를 지칭하는 뜻으로도 자주 쓰이는데, 이는 비유적인 의미다. 이런 의미에서의 법은, 즉 자연의 질서는 나무에서 열매가 산출될 것을 요구한다. 그리고 바울은 더 비유적인 의미로 원죄를 가리켜 죄의 법이라 부르는데, 죄가 하나의 법으로서 우리를 이끌어 죄를 범하게 만들기 때문이다.

2. 하나님의 법의 여러 부분들은 어떤 것들인가?

법에는 하나님의 법과 인간의 법이 있다. **인간의 법**은 사람들이 제정한 것들로서 특정한 사람들에게 특정한 외적인 의무들을 부과하는 것인데, 여기에는 신적인 강령이나 금령도, 상급에 대한 약속이나 형벌에 대한 경고도 분명히 나타나 있지 않다. 인간의 법에는 시민법과 교회법이 있다. **시민법**은 국가의 통치자들이나 어떤 기관 혹은 국가가 그 국가 내에서의 계약이나 재판 형벌에서 준수되어야 할 특정한 질서나 처신에 관하여 제정하는 적극적인 법이다. **교회법** 혹은 의식법은 교회의 사역에서 준수되어야 할 질서에 관하여 교회가 제정하는 법규로서 하나님의 법에 기여하는 것들에 관하여 특정한 규정들을 세우는 것이다.

하나님의 법은 하나님께서 제정하신 것으로, 일부는 천사들에게 속하며, 일부는 사람들에게, 또한 일부는 특정한 계층의 사람들에게 속한다. 이 법들은 외적인 행위나 복종만이 아니라 내적인 특질, 행위, 동기들까지도 요구하며, 세상적인 상급과 형벌만을 제시하는 것이 아니라 영적이며 영원한 상급과 형벌도 제시한다. 또한 하나님의 법은 인간의 법이 제정되는 목적이기도 하다. 하나님의 법 가운데는 영원하며 불변하는 것들도 있고 가변적인 것도 있는데, 가변적인 법은 그 법을 제정하신 하나님 자신만이 바꾸실 수가 있다.

하나님의 법은 대개 다음의 세 가지 부분으로 이루어져 있는 것으로 본다: 도덕법(moral law), 의식법(ceremonial law), 재판법(judicial law).

도덕법은 하나님의 영원하고도 불변하는 지혜와 및 정의와 조화를 이루는 가르침으로, 옳고 그름을 분별하고, 자연을 통해서 알게 되며, 창조 시에 이성을 부여받은 피조물들의 마음속에 새겨져 있고 또한 후에도 그의 종들과 선지자들을 통한 하나님의 음성으로 자주 반복되고 선언된다. 이 법은 하나님이 어떤 분이시고 그가 무엇을 요구하시는지를 가르치며, 모든 지능 있는 피조물들에게 그 법에 대한 내적이며 외적인 완전한 순종을 요구하며, 완전한 순종을 드리는 모든 자들에게는 하나님의 자비와 영생을 약속하고 동시에 이 순종을 드리지 않는 모든 자들에게는, 중보자이신 그리스도로 말미암아 죄 사함과 하나님과의 화목이 이루어지지 않는 한 하나님의 진노와 영원한 형벌을 선언한다.

하나님의 영원하고도 불변하는 지혜와 조화를 이룸: 그 법이 영원하다는 사실은 세상의 시초부터 마지막 종말까지 그것이 하나요 동일하다는 것에서 분명히 드러난다. 우리가 창조함을 받았고, 그리스도로 말미암아 구속함을 받고, 또한 성령으로 말미암아 중생을 받은 것은 금생에서와 내생에서 이 법을 지키고자 함이며, 혹은 그 법이 요구하는 대로 하나님과 이웃을 사랑하고자 함이다. "내가 새 계명을 너희에게 쓰는 것이 아니라 너희가 처음부터 가진 옛 계명이니"(요일 2:7).

후에도 자주 반복됨: 하나님께서는 사람의 마음에 새겨진 본성의 법을 반복하신 것은 다음과 같은 이유 때문이다: 1. 타락으로 인하여 그 법이 흐려졌고 약해졌기 때문에. 2. 많은 것들이 완전히 폐지되고 상실되었기 때문에. 3. 사람의 마음속에 아직 남아 있는 것들이 한낱 의견이나 관념에 불과한 것으로 여겨지다가 결국 상실되어 버리는 일이 없도록 하기 위하여.

의식법은 하나님께서 의식들에 관하여, 혹은 하나님께 드리는 공적인 예배에서 준수해야 할 외적인 엄숙한 규례들에 관하여 모세를 통하여 주신 법들로서, 메시야가 오시기까지 유대 민족에게 적용되었고, 그들을 다른 모든 민족들과 구별지었으며, 또한 그리스도께서 세우신 새 언약에서 성취되는 바 영적인 일들의 표요 상징이요 모형이요 그림자들이었다. **의식들**이란 자주 동일한 방식으로 동일한 정황에서 반복되게 되어 있는 외적인 엄숙한 행위들로서, 하나님 또는 사람들이 제정하였으며, 질서와 적절함과 의의를 위하여 외적인 예배에서 준수해야 할 것들이다. 하나님께서 제정하신 의식들은 절대적으로 신적인 예배를 구성하나, 사람들이 제정한 의식들은, 선한 의식들일 경우 그저 신적인 예배에 기여하는 것뿐이다.

재판법은 십계명의 두 돌판에 따라 유대 백성들 가운데서 시민적 질서나 통치,

그리고 외적인 평화를 유지하는 일에 관한 것들이며, 혹은 통치자들의 질서와 의무들, 재판정, 계약, 형벌, 왕국의 경계를 정하는 문제 등에 관한 것이라고 말할 수도 있다. 이 법은 하나님께서 유대 나라의 확립과 보존을 위하여 모세를 통하여 이 법들을 전달하신 것으로, 아브라함의 모든 후손들에게 적용되며, 메시야가 오시기까지 나머지 모든 인류들과 그들을 구별지어 주는 역할을 하며, 또한 하나님의 아들이 육체로 오시기까지 모세의 정치 체제의 보존과 운영을 위한 하나의 끈의 역할을 하며, 그 법의 제재를 받는 민족들을 다른 모든 민족들과 구별하며 동시에 적절한 권징과 질서를 보존하는 수단이 되어 그리스도의 나라에 확립되어야 할 질서의 모형들이 되게 하기 위한 것이다.

모든 선한 법들은 ― 오직 선한 법만이 법이라는 이름에 합당하다 ― **도덕법**이 그 근원인데, 도덕법은 십계명과 모든 면에서 일치하며, 필연적인 귀결로 십계명에서 연역될 수도 있으며, 따라서 그 중 하나를 범하는 자는 다른 것들도 범하게 된다. 그러나 **의식법**과 **재판법**은, 하나님의 것이든 인간의 것이든 간에, 그것이 선한 경우에는 십계명과 일치하지만, 도덕법처럼 필연적인 귀결로 십계명에서 연역될 수는 없고, 정황에 대한 특별한 규정들로서 십계명에 종속된다. 이로써 우리는 이 법들 사이의 차이를 쉽게 감지할 수 있다. 십계명으로부터 필연적으로 파생되는 것과, 십계명과 일치하며 십계명 준수에 기여하는 것은 서로 다른 것이기 때문이다. 그러나 이 차이는 경우마다 다르다. 교회의 운영은 국가의 운영과는 같지 않고, 이 둘이 동일한 목적을 갖는 것도 아니고 동일한 방식으로 폐기되지도 않기 때문이다.

그러나 이 세 법들 사이의 주요한 차이는 그 의무와 표현과 기한과 용도에 있다. 도덕법은 본성적으로 아는 것으로, 모든 사람들에게, 그것도 항구적으로 적용된다. 그러나 의식법과 재판법은 그렇지 않다. 도덕법은 내적인 순종과 동시에 외적인 순종을 요구하나 다른 두 법은 외적인 순종만을 요구한다. 도덕법의 강령들은 일반적인 것들로서 모든 사람들에게 다 관계되는 것이나, 다른 법들의 강령들은 특별한 것들로서 모든 사람들에게 일반적으로 적용되지 않는다. 도덕법의 강령들은 다른 법들의 강령들의 목표가 된다. 그리고 다른 법들의 강령들은 도덕법의 강령들에 종속된다. 의식법과 재판법들은 그것들이 목표로 제정된 다른 것들의 모형들과 예표들이기도 했다. 그러나 도덕법의 경우는 그렇지 않다. 도덕법이 의식법으로 대체되지 않는다. 그러나 의식법은 도덕법으로 대체된다.

또한 지나가면서, 도덕법과 자연법과 십계명 사이에 존재하는 차이도 간파해야 한다. **십계명**에는 구약과 신약 전체에 흩어져 있는 도덕법의 총체가 포함되어 있다. **자연법**과 **도덕법**은 타락 이전 사람의 본성이 순결하고 거룩할 당시에는 동일하였다. 그러나 타락 이후에는 우리의 본성의 부패가 생김으로써 자연법의 상당 부분이 죄로 인하여 흐려지고 상실되었으므로, 하나님께 마땅히 드려야 할 순종에 대해서는 인간 속에 아주 적은 부분만 남게 되었다. 그렇기 때문에 하나님께서는 십계명에 포함되어 있는 바 그의 법의 가르침 전체와 참된 의미를 반복하여 선언하셨다. 그러므로 십계명은 자연법의 갱신이요 재강화(再强化)이며, 자연법은 십계명의 일부에 불과한 것이다. 그러므로 하나님의 법의 여러 부분들 사이의 이런 구분은 반드시 지켜져야 한다. 그것들이 서로 다르기 때문이기도 하지만, 이 법들의 힘과 진정한 의미를 올바로 이해하기 위해서도, 율법의 폐지와 사용에 대해 올바른 지식과 이해를 갖기 위해서도 그렇게 해야 하는 것이다.

3. 그리스도께서 어떤 점에서 율법을 폐지하셨으며, 또한 어떤 점에서 율법이 지금까지 유효한가?

이 질문에 대한 일상적이며 올바른 답변은 모세를 통해 주어진 의식법과 재판법은 순종에 관하여는 폐지되었고, 도덕법의 경우는 저주에 관하여는 폐지되었으나 순종에 관하여는 폐지되지 않았다는 것이다. **의식법**과 **재판법**이 그리스도의 오심으로 폐지되었으므로 더 이상 누구도 순종할 필요가 없고, 현재에는 그것들이 율법으로 제시되지도 않는다는 사실은 다음과 같은 증거들에서 입증된다: 1. 선지자들조차도 구약에서 이 법들의 폐지를 선포하고 예언하였다는 사실. "그가 장차 많은 사람들과 더불어 한 이레 동안의 언약을 굳게 맺고 그가 그 이레의 절반에 제사와 예물을 금지할 것이며"(단 9:27), "너는 멜기세덱의 서열을 따라 영원한 제사장이라"(시 110:4). 2. 그리스도와 그의 사도들이 신약의 여러 곳에서 그 법들의 폐지를 분명히 단언하고 있다(행 7:8; 히 7:11-18; 8:8-13 등을 보라). 이 점을 확인해 주는 여러 증언들을 열거하기보다, 예루살렘에 모인 사도들이 통과시킨 교령(敎令)을 인용하는 것으로 족할 것이다: "성령과 우리는 이 요긴한 것들 외에는 아무 짐도 너희에게 지우지 아니하는 것이 옳은 줄 알았노니 우상의 제물과 피와 목매어 죽인 것과 음행을 멀리할지니라"(행 15:28, 28). 3. 특정한 목적이 변화하면, 이 목적에 근거한 법들 역시 바뀐다. 의식법과 재판법의 한 가지 목적은 메시야가 나실 유대인들 사이에 존재한 예배와 시민 정치의 형태가 메시야가 오시기까지 다른 모든 민족들과 구분되도록 하는 데 있었다. 또 다른 목적은 그것들이 메시야와 그가 베푸실 은덕에 대한 모형들이 되도록 하는 것이었다. 그런데 메시야가 오신 이후 이 목적들이 사라졌다. 사도는 유대인과 다른 민족들 사이의 중간에 막힌 담이 헐어졌다고 선포하기 때문이다: "그는 우리의 화평이신지라 둘로 하나를 만드사 원수 된 것 곧 중간에 막힌 담을 자기 육체로 허시고"(엡 2:14), "할례나 무할례가 아무것도 아니로되 오직 새로 지으심을 받는 것만이 중요하니라"(갈 6:15). 또한 옛 경륜에 속한 의례들과 의식들이 그리스도 안에서 성취되었다는 사실을 신약의 모든 곳에서 가르치고 있다: "성령이 이로써 보이신 것은 첫 장막이 서 있을 동안에는 성소에 들어가는 길이 아직 나타나지 아니한 것이라"(히 9:8), "율법과 선지자는 요한의 때까지요"(눅 16:16), "먹고 마시는 것과 절기나 초하루나 안식일을 이유로 누구든지 너희를 비판하지 못하게 하라"(골 2:16).

유대인들은 율법의 폐지에 대해 다음과 같은 반론들을 제기한다.

반론 1. 모세의 예식과 유대 나라는 영원토록 지속될 것이었다. 모세의 예식들은 명령에 따라서, 또한 유대 나라는 하나님의 약속에 따라서 그러하다. 할례는 영원한 언약이다(창 17:13). 유월절은 영원한 규례로 대대로 지켜야 할 것이었다(출 12:14), 이것은 영원토록 내 안식이라(시 132:14), 안식일은 대대로 이어질 항구적인 언약이다(출 31:16), "네 왕위가 영원히 견고하리라"(삼하 7:16). 그러므로 모세가 제정한 종교와 시민 정치의 형태는 그리스도로 말미암아 폐지되지 않았다.

답변. 이 삼단논법의 추론은 정확하지 못하다. 특정한 면에서만 참인 것으로 선언되는 것으로부터 절대적으로 참인 것에게로 비약하기 때문이다. 주 전제는 절대적인 항구성에 대해 논하나, 소 전제는 제한된 의미의 항구성에 대해 논하는 것이다. 왜냐하면 위의 본문들은 유대인의 예식과 나라의 무제한적인 지속을 약속하는 것이 아니라 메시야가 오시기까지만 지속될 것을 약속하기 때문이다. **홀람**이라는 히브리어 단어는 성경 모든 곳에서 영원을 뜻하는 것이 아니라, 확정된 긴 시간 동안의 지속을 뜻하기 때문이다. 그러므로 출애굽기 21:6의 "그는 종신토록 그 상전을 섬기리라"라는 말씀은, 희년(禧年)의 때까지 섬기리라는 뜻이다. 레위기 25:40에 기록되어 있는 희년에 관한 법과 이 선언을 비교해 보면 이 사실을 쉽게 입증할 수 있다. 또한, 소 전제에서 제시하는 대로 절대적인 항구성이 약속되어 있다는 것을 인정할 수도 있다. 그러나 이것은 모형과 그림자가 항구적으로 지속된다는 뜻이 아니고, 모형과 그림자 자체는 그리스도로 말미암아 폐지된다 할지라도 그것들이 의미하는 영적인 진리는 교회 안에서 영원토록 지속될 것임을 뜻하는 것이다. 이런 점에서 그 정황의 의의는 오늘날까지도 효력이 유지된다. 그러므로 교회 안에 항구적인 안식일도 있으며, 영생에서 영원토록 있을 것이며, 다윗의 왕위도 그리스도의 보좌에서 영원토록 세워져 있을 것이다.

반론 2. 에스겔서 40장부터 마지막까지 선지자가 묘사하는 예배는 메시야 왕국에 관한 것이요 그 왕국에서 유지될 것이다. 그러나 그 예배는 그저 모형적이며 의식적일 뿐이다. 그러므로 모형적이며 의식적인 예배가 메시야의 왕국에서 유지될 것이며, 이로써 우리는 유대 민족의 종교와 정치체제가 메시야로 말미암아 폐지되는 것이 아니라 오히려 회복된다는 것을 추론할 수 있다.

답변. 이 삼단논법의 주 전제는 절대적인 의미로 이해하면 참이 아니다. 선지자는 메시야 왕국에 관해서 말씀하고 있으나, 그것에 대해서만 예언하는 것이 아니다. 그는 동시에 바벨론으로부터 귀환한 후 유다에서 의식적인 예배가 회복될 것에 대해 말씀하면서, 메시야가 오시기까지 그것이 계속될 것임을 예언하는 것이기 때문이다. 소 전제도 우리는 인정할 수 없다. 선지자는 모형들에 대해 묘사하면서 유대인의 모형들의 회복을 약속한 것만이 아니라 좀 더 구체적으로 메시야의 통치 아래서의 교회의 영적 상태와 영광을 예언하고 약속했는데, 이는 금생에서 시작되며 내생에서 완성되는 것이다. 이러한 점은 다음의 논의들을 통해서 입증될 수 있다: 1. 에스라의 역사는 이러한 회복이 그리스도께서 오시기 전에는 일어나지 않을 것을 가르치며, 구약에 나타나는 바 메시야의 강림과 세상에서의 그의 통치에 관한 다른 예언들도 하나님의 아들이 육체로 오신 이후까지도 유대인들이 꿈꾸는 지상 교회의 그런 영광된 상태는 없을 것임을 보여준다. 그러므로 예루살렘의, 혹은 교회의 이러한 회복은 영적으로 이해할 수밖에 없다. 그렇지 않으면 이 예언이 한 번도 성취된 적이 없고 앞으로도 성취되지 않을 것임을 인정해야 하는데, 그것은 터무니없는 것이다. 2. 선지자가 이스라엘의 집도 그 왕들도 다시는 하나님의 거룩하신 이름을 더럽히지 않으리라는 약속은 반드시 영적인 의미로 이해하여 내생의 완성을 지칭하는 것으로 보아야 한다(겔 43:7). 그리고 그리스도의 통치의 시작을 그 완전한 확립과 연관짓는 것도 선지자들에게 이례적인 것이 절대로 아니다. 3. 성전에서 흘러나오는 **강물**은 그냥 물로 이해할 수는 없고, 그리스도의 나라에서 대대적으로 부어질 성령의 은사들을 그림자로 보여주는 것으로 보아야 한다(겔 47:1). 4. 마지막으로, 사도 요한은 계시록 21장과 22장에서, 영적인 하늘의 예루살렘을 묘사하는데, 이는 신약의 영광을 입은 교회를 의미하는 것으로서 사실상 에스겔 선지자의 묘사에서 취한 단어들을 사용하고 있다. 그러므로 이 예언은 그리스도의 나라에서 유대의 예식이 준수된다는 것을 뒷받침하는 그 어떠한 증거도 제시하지 않는 것이다.

반론 3. 가장 최상의 건전한 통치 형태는 언제나 유지되도록 되어 있다. 유대인들 사이에 확립된 통치 형태는 하나님께서 친히 제정하신 것이므로 최상의 건전한 통치 형태였다. 그러므로 그것은 반드시 유지될 것이다.

답변. 여기에는 특정한 점에서만 참인 것을 절대적으로 참인 것으로 만드는 오류가 있다. 유대인들 사이에 세워진 통치 형태는 최상이었다. 그러나 절대적으로가 아니라, 그 시대, 그 나라와 민족에게만 그러했다. 그 민족과 나라와 시대의 상태와 조건에 맞추어진 요소들이 그 속에 많이 있었고, 유대인들에게 주어진 율법이 바뀌었거나 사라진 지금에 와서는 적절하지도 않고 유익도 없는 의식적 예배와 갖가지 준수 사항들이 — 이혼 증서를 써주고 이혼하는 일, 동족의 과부와의 혼인 등 — 거기에 결부되어 있었기 때문이다. 그러므로 하나님께서 이러한 통치 형태를 제정하신 것은, 모든 민족과 시대를 통틀어서 만인(萬人)을 다스리시기 위함이 아니고, 다만 그의 백성이 이러한 통제를 통하여 한시적으로 주변의 민족들과 구별되게 하시기 위함이었던 것이다.

혹시 이에 대해 반박하면서, 그리스도인들이 헬라나 로마 등 다른 나라들의 법을 따르고 준수하는 것이 허용된다면 하나님의 종인 모세를 통하여 주어진 법은 그보다 더 지켜야 할 것이 아닌가 하고 말할 수도 있을 것이다. 이에 대해서 우리는, 모세의 법을 준수하는 것이 필수적이라는 관념이 덧붙여지지 않는다면, 혹은 모세가 유대 민족에게 명령했기 때문이 아니라 그 법을 지켜야 할 합당한 이유들이 있기 때문에 그 법을 지키는 것이라면, 그리고 공적인 권위로 이런 규정들을 변경시킬 자유를 유지하기 위하여 그 이유들이 얼마든지 바뀔 수 있다는 것을 인정한다면, 이 논지를 기꺼이 받아들일 것이다.

지금까지 우리는 의식법과 재판법의 폐지에 대해서만 논의하였다. 이제는 도덕법에 대해 논의해야 할 차례가 되었다.

도덕법은 그 한 부분은 그리스도로 말미암아 폐지되었고, 다른 부분은 폐지되지 않았다. 도덕법은 신자에 관하여 두 가지 방식으로 폐지되었다: 1. 그리스도 안에서 믿음으로 의롭다 하심을 받은 자들에 대해서는 율법의 저주가 제거되었으며, 이는 그리스도의 공로가 그들에게 전가된 결과다. 혹은, 칭의에 관해서는 율법이 폐지되었다고도 말할 수 있을 것이다. 왜냐하면 우리에 대해서는 율법에 따라서가 아니라 복음에 따라서 심판이 선고되기 때문이다. 율법의 선고는 우리를 정죄하는 것이요 또한 우리를 멸망에 넘겨주는 것일 것이다. "주의 눈 앞에는 의로운 인생이 하나도 없나이다"(시 143:2)라는 것이 율법의 끔찍한 표현이다. 그러나 복음의 선고는 다르다. 그것은, "아들을 믿는 자에게는 영생이 있고"(요 3:36)라고 말씀한다. 율법의 폐지야말로 그리스도인의 자유의 첫째로 주요한 부분이며, 이에 대해서 성경은, "그리스도 예수 안에 있는 자에게는 결코 정죄함이 없나니"(롬 8:1), "너희가 법 아래에 있지 아니하고 은혜 아래에 있음이라"(롬 6:14)라고 말씀한다. 2. 그리스도인들에게는 율법의 억제의 기능이 폐지되었다. 율법이 더 이상 폭군처럼, 혹은 무익한 종을 억지로 자기의 뜻에 복종시키는 주인처럼 복종을 강요하지 못한다. 그리스도께서 그의 성령으로 말미암아 우리 속에 자유롭고도 기꺼운 순종이 생기게 하셨으므로 율법이 우리에게 요구하는 것은 무엇이든 우리가 기꺼이 순종하기 때문이다. 사도는 그리스도인의 자유의 이 부분에 관하여 이렇게 말씀한다: "죄가 너희를 주장하지 못하리니 이는 너희가 법 아래에 있지 아니하고 은혜 아래에 있음이라"(롬 6:14). 사도는 이러한 자유가 무엇인지를 로마서 7장에서 설명하고 있다. "율법은 옳은 사람을 위하여 세운 것이 아니요 오직 불법한 자와 복종하지 아니하는 자 … 를 위함이니"(딤전 1:9, 10), "이같은 것을 금지할 법이 없느니라"(갈 5:23).

반론 4. 율법과 선지자는 요한의 때까지였다(마 11:13). 그러므로 만일 그리스도께서 육체로 오신 그때에 율법이 정죄와 관련하여 처음 폐지되었다면, 그리스도의 오심 이전에 살았던 자들은 필히 정죄 아래 있었던 것이 될 것이다.

답변. 율법은 정죄에 있어서는 신약의 신자에 못지않게 구약의 신자에게도 폐지되었다. 구약의 신자들에게는 그 효력과 힘에서 폐지되었고, 신약의 신자들에게는 그 성취와 현현(顯現)에서 폐지되었다.

그러나 도덕법 혹은 십계명은 그것에 대한 복종에 관한 한 폐지되지 않았다. 하나님께서는 과거에 못지않게 지금도 중생자와 비중생자 모두에게 그의 법에 순종할 것을 요구하시는 것이다. 이 사실은 다음의 증거들을 통하여 입증할 수 있다: 1. 그리스도께서 우리를 율법의 저주로부터 구속하신 **목적**에서. 우리를 죄와 율법의 저주로부터 구원하신 것은 우리로 하여금 계속해서 죄 가운데서 하나님을 미워하도록 하기 위함이 아니라 우리를 하나님의 성전으로 만드시기 위함이었다. 2. 하나님께서 우리에게 베푸신 은덕의 수효와 규모만큼 우리가 하나님께 순종과 감사를 드려야 마땅하다. 그런데 믿음으로 그리스도와 연합된 자들은 다른 모든 사람들보다 하나님으로부터 더 많고 큰 은덕을 받는다. 다른 사람들과 똑같이 창조와 보존의 은덕을 누리지만, 더 나아가서 중생과 칭의의 은혜를 누리기 때문이다. 그러므로 우리는 다른 사람들보다 더욱더 하나님의 법에 순종해야 할 처지이며, 중생과 칭의를 얻은 이후에는 그 이전보다 더욱더 그래야 하는 것이다. 3. 성경의 증언에서: "내가 율법이나 선지자를 폐하러 온 줄로 생각하지 말라 폐하러 온 것이 아니요 완전하게 하려 함이라"(마 5:17). 이는 율법 전체에 대한 말씀이지만, 특별히 도덕법에 관한 것이다. 그리스도께서는 다음 네 가지 면에서 그것을 완전하게 하셨다:

1. 그 자신의 의와 또한 율법에 대한 순종으로. 그가 우리를 위해 보상을 이루시기 위해서는, 그는 스스로 완전히 의로우셔야 했고 또한 율법의 내용 하나하나에 대해 완전히 순종하셔야 했다: "이러한 대제사장은 우리에게 합당하니 거룩하고 악이 없고 더러움이 없고 죄인에게서 떠나 계시고 하늘보다 높이 되신 이라"(히 7:26).

2. 우리의 죄를 위하여 충족한 형벌을 당하심으로: "율법이 육신으로 말미암아 연약하여 할 수 없는 그것을 하나님은 하시나니 곧 죄로 말미암아 자기 아들을 죄 있는 육신의 모양으로 보내어 육신에 죄를 정하사"(롬 8:3).

3. 그리스도께서는 그의 성령으로 우리를 새롭게 하사 하나님의 형상을 닮아가게 하심으로써 우리 속에서 율법을 성취하신다: "우리의 옛 사람이 예수와 함께 십자가에 못 박힌 것은 죄의 몸이 죽어 다시는 우리가 죄에게 종 노릇 하지 아니하려 함이니"(롬 6:6), "예수를 죽은 자 가운데서 살리신 이의 영이 너희 안에 거하시면 그리스도 예수를 죽은 자 가운데서 살리신 이가 너희 안에 거하시는 그의 영으로 말미암아 너희 죽을 몸도 살리시리라"(롬 8:11).

4. 산상수훈과 기타 그의 가르침에서 드러나듯이, 그리스도께서는 바리새인들의 부패와 사족(蛇足)들이 없이 율법을 가르치시고 그 참된 의미를 회복시키심으로 율법을 성취하셨다. 그러므로, 그리스도께서 우리 속에서 율법에 대한 순종을 가르치시고 회복시키신다면, 순종에 관해서는 그가 율법을 폐지하시는 것이 아니

다. 바울도 동일한 사실을 가르친다: "그런즉 우리가 믿음으로 말미암아 율법을 파기하느냐? 그럴 수 없느니라. 도리어 율법을 굳게 세우느니라"(롬 3:31).

믿음으로 말미암아 율법이 세워지는 것은 다음 세 가지 방식을 통해서다.

1. 율법이 우리 자신에게 내리는 선고를 **고백하고 인정함으로써**. 곧, 우리가 마땅히 해야 할 만큼 율법에 대해 순종하지 못하며 따라서 영원한 정죄를 받아 마땅하다는 것을 고백하고 인정하는 것이다. 또한 우리 바깥의 그리스도 안에 있는 의(義)를 찾음으로써도 동일한 사실을 고백한다.

2. **보상을 통하여**. 그리스도의 보상은, 우리가 율법의 요구에 충족하고도 완전하게 순종하지 못할 경우 율법이 우리에게서 요구하는 바 영원한 형벌과 동등한데, 믿음으로 말미암아 우리가 그의 보상을 우리 자신에게 적용시키는 것이다. 우리가 의롭다 하심을 받는 것은 바로 이 보상을 수단으로 하는 것이다. 그것은 율법으로 말미암는 것도, 그렇다고 율법을 거스르는 것도 아니고, 율법에 부응하여 이루어지는 것이다. 그리스도께서 우리를 대신하여 그의 완전한 순종을 통하여 율법의 요구를 충족히 보상하셨기 때문이다.

3. **새로운 순종을 통하여**. 그리스도의 성령으로 말미암아 이 순종이 우리에게 금생에서는 시작되고, 내생에서는 완성될 것이다. 동일한 사실을 좀 더 간단히 표현하자면 다음과 같다. 율법이 믿음으로 말미암아 세워지는 것은, 이신칭의(以信稱義)의 교리가 우리가 의롭다는 것(물론, 우리 스스로 의롭다는 것은 아니다)과 율법이 요구하는 완전한 보상이 개입되지 않으면 우리가 의롭다 함을 얻을 수 없다는 사실을 가르치기 때문이기도 하거니와, 율법에의 순종이 우리에게 회복되는 일이 믿음으로 말미암아 생겨나기 때문이기도 하다.

율법의 폐지에 관하여 지금까지 논의한 내용을 정리하면 다음과 같다: 모세로 말미암아 제정된 의식법과 재판법은 우리 편에서의 의무와 복종에 관한 한, 그리스도의 오심으로 말미암아 완전히 폐지되었고 사라졌다. 그러나 도덕법은 저주와 칭의와 억제에 관해서는 물론 순종에 관해서도 폐지되지 않았다.

반율법주의자들(Antinomians)과 자유방임론자들(Libertines), 그 비슷한 유에 속한 자들은 도덕법이 그리스도인과 아무런 관계가 없고 따라서 그리스도의 교회에서 가르쳐져서는 안 된다는 식의 반론들을 제기하는데, 이에 대해서는 율법의 용도에 대해 다루는 본 요리문답 115문답을 해설할 때에 논의하기로 한다.

4. 도덕법은 어떤 점에서 복음과 다른가?

이 질문에 대한 해설은 여러 가지 다양한 논의들을 위해서 필요하며, 특히 율법과 복음을 정당하게 이해하기 위해서도 반드시 필요하다. 율법과 복음을 올바로 이해하기 위해서는 둘 사이의 차이점을 아는 것이 중요하기 때문이다. 율법은 완전히 순종하는 자들에게는 상급을 약속하며 또한 그 어떠한 순종도 하나님 보시기에 공로가 없으므로 그 상급들을 값없이 약속하는데, 이러한 율법의 정의에 따르면, 율법이 복음과 차이가 없는 것처럼 보이기도 한다. 복음 역시 영생을 값없이 약속하기 때문이다. 그러나 이처럼 겉으로 일치하는 것 같지만, 율법과 복음은 서로 큰 차이가 있다. 그 차이는 다음과 같다:

1. **각기 고유한 계시의 양식에서.** 율법은 본성적으로 안다. 그러나 복음은 사람의 타락 이후 신적으로 계시되었다. 2. **문제 혹은 가르침에서.** 율법은 하나님의 공의를 별도로 선포한다. 그러나 복음은 하나님의 공의를 그의 긍휼하심과 연계하여 선포한다. 율법은 우리가 구원받기 위해서는 무엇을 행해야 할지를 가르치지만, 복음은 이것에 덧붙여서 우리가 어떻게 율법이 요구하는 그런 상태가 되는지를, 즉 믿음으로 그리스도 안에 있는 도리를 가르친다. 3. **조건 혹은 약속에서.** 율법은 우리 자신의 완전한 의와 순종을 조건으로 영생과 모든 선한 것들을 약속한다. 그러나 복음은, 우리가 그리스도를 믿으며 그리하여 그리스도께서 우리 대신 행하신 순종을 우리가 포용하는 것을 조건으로 동일한 축복들을 약속한다. 그리고 이 믿음은 새로운 순종이라는 조건과 뗄 수 없는 끈으로 연결되어 있다. 4. **효과에서.** 율법은 진노를 이루고 사망을 이루게 한다. 그러나 복음은 생명을 이루며 성령에 속한 것이다(롬 4:15; 고후 3:7).

93문 이 십계명은 어떻게 나뉘어집니까?

답 두 부분으로 나뉘어지는데, 첫째 부분은 하나님을 향한 우리의 태도가 어떠해야 할지를 가르치며, 둘째 부분은 이웃에 대한 우리의 의무를 가르칩니다.

[해 설]

십계명의 구분에 관한 이 질문은 필수적이고도 유익하다: 1. 하나님께서 친히 특정한 수의 돌판과 계명들을 십계명에서 표현하셨기 때문이다. 2. 그리스도께서 온 율법 전체를 두 계명 혹은 두 종류의 계명들로 구분하셨기 때문이다. 3. 십계명을 올바로 구분하는 것이 계명들을 정당하게 이해하는 데에 기여하기 때문이다. 이 는 각 돌판이 요구하는 순종의 정도들에 관하여 우리를 가르치고 권고하며, 또한 첫 번째 돌판의 예배가 가장 중요하다는 것을 보여준다.

십계명을 구분하는 방법은 세 가지가 있다.

I. 십계명을 두 돌판으로 구분하는 방법이 있는데, 이는 모세와 그리스도께서 하신 것이다. 첫 번째 돌판은 우리가 하나님께 직접적으로 행해야 할 의무들을 포괄하는 것이요, 두 번째 돌판은 그에게 간접적으로 행해야 할 의무들을 포괄하는 것이다. 혹은, 첫 번째 돌판은 우리가 어떻게 하나님을 향하여 처신해야 할지를 가르치는 것이요 두 번째 돌판은 이웃들을 향하여 우리가 어떤 의무를 지고 있는지를 가르치는 것이라고 말할 수도 있을 것이다. 이 구분법은 분명한 하나님의 말씀에 근거한 것이다: "너는 돌판 둘을 다듬어 만들라"(출 34:1, 4, 29; 신 4:13). 그리스도와 바울 역시 율법 전체를 하나님과 이웃에 대한 사랑으로 정리하신다: "네 마음을 다하고 목숨을 다하고 뜻을 다하여 주 너의 하나님을 사랑하라 하셨으니 이것이 크고 첫째 되는 계명이요 둘째도 그와 같으니 네 이웃을 네 자신 같이 사랑하라 하셨으니"(마 22:37-39). 이 구분법은 다음과 같은 점에서 유익하다: 1. 율법 전체와 또한 우리에게서 요구되는 완전한 순종의 참 의미와 의도를 더 잘 이해할 수 있게 해 준다. 2. 일상적인 법칙을 준수하여, 두 번째 돌판의 강령들을 첫 번째 돌판의 강령들과 연결지어 동일한 종류의 예배로 이해하게 해 주며, 혹은 "사람보다 하나님께 순종하는 것이 마땅하니라"(행 5:29)라는 말씀에 따라서, 모든 피조물들을 사랑하고 구원하는 것보다 하나님을 사랑하고 그에게 영광 돌리는 것을 우선으로 삼게 해 준다.

II. 십계명을 열 가지 계명들로 구분하며, 처음 네 계명들은 첫 번째 돌판에, 그 나머지는 두 번째 돌판에 속하는 것으로 본다. 하나님께서 십계명에 열 가지 계명들을 넣으신 것은 이 숫자를 다른 숫자보다 기뻐하셨기 때문이 아니라 이 계명들의 골자와 이유들이 이 숫자 속에 포괄되기 때문이었다. 우리가 하나님과 이웃에게 행해야 할 모든 것이 이 열 가지 강령에 포함되어 모자람이나 넘침이 없기 때문이다. 첫 번째 돌판의 네 가지 계명들은 우리가 하나님께 직접적으로 행해야 할 모든 것들을 포괄하며, 두 번째 돌판에 속한 나머지 여섯 가지 계명들은 행복과 평화가 이루어지도록 금생의 삶을 영위하는 자세와 관련된 모든 것을 다 포괄하는 것이다.

그러나 계명들의 숫자에 관해서는 정서가 매우 다양하고 이견도 많다. 어떤 이들은 첫 번째 돌판에 세 가지 계명을 포함시키고, 어떤 이들을 네 가지 계명을, 어떤 이들을 다섯 가지 계명을 포함시킨다. 그러나 첫 번째 돌판에 네 가지 계명을 포함시켜서, 제 1 계명은 여호와 외에 다른 신들을 두지 말 것에 대한 말씀이요, 제 2 계명은 새긴 형상을 새겨 만들지 말 것에 대한 말씀이요, 제 3 계명은 하나님의 이름을 헛되이 취하지 말 것에 대한 말씀이요, 또한 제 4 계명은 안식일을 거룩히 지키는 것에 대한 말씀으로 보고, 나머지 여섯 가지 계명들을 두 번째 돌판에 속하는 것으로 보는 것이, 가장 좋고 올바르다 할 것이다. 이는 다음과 같은 사실들에서 입증된다:

1. 이 구분법에 따르면, 각 계명이 나머지 계명들과는 구별되는 어떤 내용을 표현하므로, 그 참된 의미와 의의에 따라서 다른 계명들과 쉽게 구별할 수 있게 된다. 하나님께서 친히 십계명을 열 가지 계명으로 구분지으셨으니, 각 계명들이 나머지 계명들과 다르도록 의도하신 것이요, 따라서 각 계명이 고유한 내용을 담고 있는 것이 분명한 것이다. 다른 신을 두지 말라는 계명과 새긴 우상을 만들지 말라는 계명은 그 의미나 의의가 서로 다르다. 전자는 참되신 하나님 이외에는 다른 신을 경배하는 것을 금하는 것이요, 후자는 이 참되신 하나님을 그가 지정하신 방식 이외에 다른 방식으로 예배하는 것을 금하는 것이다.

또한 탐심 혹은 정욕에 관한 계명을 어떤 이들은 제 9 계명과 제 10 계명으로 나누는데, 이것은 그 의미로 볼 때에 하나의 계명이다. 그렇게 둘로 구분하는 사람들 자신도 이 계명을 설명할 때에는 하나임을 증언하고 있는 것이다. 사도 바울 역시 동일한 것을 가르친다. 그는 탐심에 대해 말씀하면서 마치 그것에 관한 계명이 오로지 하나뿐인 것처럼 "율법이 탐내지 말라 하지 아니하였더라면 내가 탐심을 알지 못하였으리라"(롬 7:7)라고 말씀하는 것이다. 그러므로 앞에서 말씀한 제 1 계명과 제 2 계명은 두 개의 서로 다른 계명들이지만, 이 마지막의 계명, 즉 어떤 이들이 둘로 나누는 제 10 계명은 하나의 계명인 것이다. 더욱이 만일 탐심에 관한 제 10 계명이 먼저 탐심을 확실하게 금지하고 이어서 이웃의 집과 아내에 대한 탐심을 다루는 식으로 둘로 나눈다면, 이런 식으로 따지자면 이 계명은 더 세분화되어야 할 것이다. 탐심에 관하여 구체적으로 거론할 사례의 숫자만큼 계명이 늘어나야 하는 것이다.

2. 모세가 문장과 절을 달리하여 구별해 놓은 계명들은 분명 서로 같지 않고 다르다. 반면에 그가 한 문장이나 절에서 표현한 계명은 다르지 않고 하나의 계명이라 할 것이다. 그런데 다른 신을 두지 말라는 계명과 새긴 우상을 만들지 말라는 계명은 모세가 다른 절로 다른 문장으로 구별해 놓았다. 그러므로 그 계명들은 똑같은 것이 아니고 서로 다른 계명들이다. 그러나, 이웃의 집과 아내에 대한 탐심을 금하는 계명은 그렇지 않다. 모세가 다른 절로 떼어놓지 않았고, 한 문장으로 포괄되어 있는 것이다. 그러므로 그 계명은 어떤 이들의 주장처럼 두 계명이 아니라 오로지 한 계명인 것이다.

3. 모세는 출애굽기와 신명기에서 계명들을 제시할 때에 동일한 순서를 그대로 지키고 있다. 그러나 이웃의 집과 아내에 대한 탐심에 관한 제 10 계명의 경우에는 그 순서가 서로 다르다. 출애굽기의 경우는 "네 이웃의 집을 탐내지 말라"가 "네 이웃의 아내 탐내지 말라"보다 앞에 온다(출 20:17). 그러나 신명기에서는 순서가 다르다. "네 이웃의 아내를 탐내지 말라"가 "네 이웃의 집 … 을 탐내지 말라"보다 앞에 오는 것이다(신 5:21). 그러므로 이 문장들은 동일한 하나의 계명에 속하는 것이 분명하다. 만일 그렇지 않다면 제 9 계명이 없는 것이 될 것이고, 그렇게 되면 우리는 모세가 한 곳에서 제 9 계명과 제 10 계명을 서로 뒤섞어 놓고 제 10 계명의 일부를 제 9 계명으로 대치시켜 놓았다고 볼 수밖에 없게 되는데, 이것은 감히 생각조차 할 수 없는 일이다. 두 성경에서 순서가 이렇게 다르다는 사실은 하나님께서 그 부분을 하나로 포괄시키셔서 한 계명을, 즉 제 10 계명을 이루도록 의도하셨다는 것을 분명히 입증해 주는 것이다.

4. 십계명을 이렇게 구분하는 방식은 가장 무게 있는 최상의 권위로 뒷받침되고 지탱된다. 고대의 유대인 저술가들은 제 1 계명과 제 2 계명을 구분하고, 제 10 계명에서는 우리가 지닌 내용 전부를 다 포함시키고 있다. 요세푸스의 『고대사』(*Antiquities*) 제3권과 필로(Philo)의 『십계명 해설』(*The Exposition of the Decalogue*)을 보라. 헬라 교부들과 저술가들도 십계명을 이와 동일한 방식으로 구분한다. 아타나시우스, 오리게네스, 나지안주스의 그레고리우스, 크리소스톰, 조나라스(Zonaras)와 니케포루스(Nicephorus)도 마찬가지다. 제롬(Jerome), 암브로시우스, 세베루스(Severus), 아우구스티누스 등, 라틴 교부들의 경우도 마찬가지다. 그러므로 십계명의 이러한 구분법은 매우 일찍부터 가장 정확한 것으로 인

정되어 헬라 교회와 라틴 교회들에서 받아들여졌던 것이다.

요세푸스나 필로, 그리고 몇몇 헬라의 저술가들은 십계명의 두 돌판이 각기 다섯 계명으로 이루어진 것으로 보는데, 이것은 여기의 우리의 논지에 대해 아무것도 입증해 주지 않는다. 그들은 그렇게 하면서도, 제 1 계명과 제 2 계명이 서로 별개의 계명임을 인정하며, 탐심에 관한 마지막 계명이 두 계명이 아니라 오직 한 계명이라는 것을 인정하기 때문이다.

아우구스티누스의 저작들에는 십계명에 대한 또 다른 구분법이 나타나는데 (Epist. 119, ad Januar. cap. 11, & quest. super Exod. cap. 7), 이에 따르면 첫 번째 돌판은 세 계명으로 되어 있고, 두 번째 돌판은 일곱 계명으로 되어 있다고 한다. 그러나 아우구스티누스의 이러한 구분법은 삼위일체와의 연관성에 근거한 것으로 신빙성이 너무 약하다.

그러나 이와 관련하여 논평할 수 있는 것은, 참 하나님과 그에게 드리는 예배에 관한 십계명의 가르침과 진정한 의미가 유지되기만 한다면, 단어나 문장의 구분에 관해서는 격렬한 논쟁을 삼가는 것이 합당하다는 것이다.

III. 십계명을 그 주제와 그 명령하고 금하는 것들에 따라 하나님을 **직접적으로** 예배하는 것과 하나님을 **간접적으로** 예배하는 것으로 구분하는 것이다. 십계명은 **일반적으로** 볼 때에 하나님께 예배할 것을 명령하는 것이며, 예배와 반하는 것은 금하는 것이다. 그런데 하나님께 예배하는 일은 **직접적으로** 이루어지기도 하고 (하나님께 직접 도덕인인 행위를 행함으로써), 또한 **간접적으로** 이루어지기도 한다(하나님을 위하여 이웃들에게 도덕적인 행위를 행함으로써). 하나님께 직접 드리는 예배는 **내적인** 성격을 띠거나 **외적인** 성격을 띠는데, 이에 관한 내용은 첫 번째 돌판에 포함되어 있다. 내적인 성격의 예배는, 그 일부는 우리가 참되신 하나님을 예배한다는 것과 또한 제1계명에서 요구하는 바를 우리가 그에게 드린다는 것에 있고, 또 일부는 내적인 성격의 예배든 외적인 성격의 예배든 간에 제2계명에서 제시하는 방식으로 그를 예배한다는 데에 있다. 직접적인 외적 예배는 **사적인** 것일 수도 있고 **공적인** 것일 수도 있다. **사적인** 예배에는 각 사람의 사사로운 도덕적 행위들 — 각 사람이 항상 행하여야 할 행위들 — 이 포함되는데, 이는 말과 행위에서 하나님을 인정하고 고백하는 것이 결부되는데, 이에 대해서는 제3계명이 가르친다. 하나님께 드리는 **공적인** 예배는 안식일을 거룩히 지키는 일에 있는데, 이는 제4계명에서 다루어진다.

간접적인 예배, 즉 우리가 사람들이나 이웃에 대해 행해야 할 의무들은 두 번째 돌판에 포함되어 있는데, 이것 역시 외적인 성격을 띠기도 하고 내적인 성격을 띠기도 한다. **외적인** 성격을 띠는 것은 부분적으로 통치자들이나 부모 등이 아랫사람들과 국가적으로 행해야 할 의무들에 있는데, 이는 제5계명이 포괄한다. 그리고 부분적으로는 한 사람이 다른 사람에게 행해야 할 의무들에 있는데, 이는 다른 계명들에서 다루어지고 강조된다. 이 의무들은, 제6계명이 다루는 바 우리 자신과 다른 이들의 생명과 안전을 보존하는 것이나, 제7계명이 가르치는 바 순결과 결혼을 보존하는 것이나, 제8계명이 다루는 바 재물과 소유를 보존하는 것이나, 제9계명이 강조하는 진실을 보존하는 것 등이다. **내적인** 성격을 띠는 간접적인 예배, 혹은 간접적인 성격을 띠는 내적인 의무들은 우리가 이웃을 향하여 가져야 할 모든 감정들을 적절히 조절하고 통제하는 데에 있는데, 이런 예배는 그 앞의 모든 계명들 속에 포함되어 있고 또한 제10계명에 규정되어 있다.

반론. 우리가 이웃들에게 행해야 할 의무들은 하나님을 예배하는 것이 아니다. 두 번째 돌판은 우리가 이웃들에게 행해야 할 의무들을 규정한다. 그러므로 두 번째 돌판을 순종하는 것은 하나님께 예배하는 것에 속하지 않는다.

답변. 이에 대해서는 쉽게 답변할 수 있다. 주 전제는 직접적인 예배에만 해당되는 것으로, 직접적인 예배에 관해서는 우리도 결론 부분을 인정한다. 두 번째 돌판에 순종하는 것은 직접적인 예배가 아니지만, 이웃에게 행함으로써 하나님을 향하여 행하는 간접적인 예배에 속하는 것이다. 이웃을 향한 사랑의 의무들은 반드시 하나님을 향한 사랑에서 나와야 하며, 또한 그렇게 사랑이 행해질 때에는 첫 번째 돌판이 요구하는 순종을 드릴 때에 못지않게 하나님을 기쁘시게 하며 그를 높이는 것이기 때문이다.

그러므로 이 의무들은 하나님 때문에 행하는 것이며 따라서 하나님에 관해서는 사실상 **하나님을 예배하는 것**이라 부르며, 또한 이웃들에 관해서는 **의무들**이라 부르는 것이다. 그러므로 각 돌판이 명령하는 예배는 그 행하는 대상이 서로 다르다. 첫 번째 돌판은 직접적인 대상밖에 없으니, 곧 하나님이시며, 두 번째 돌판의 경우는 이웃을 직접적인 대상으로 하며, 동시에 하나님을 간접적인 대상으로 하는 것이다.

십계명의 세 번째 구분

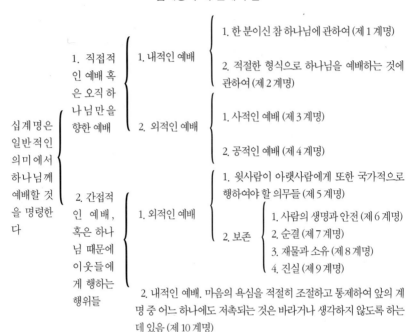

십계명은 일반적인 의미에서 하나님께 예배할 것을 명령한다

1. 직접적인 예배 혹은 오직 하나님만을 향한 예배

  1. 내적인 예배
    1. 한 분이신 참 하나님에 관하여 (제 1 계명)
    2. 적절한 형식으로 하나님을 예배하는 것에 관하여 (제 2 계명)

  2. 외적인 예배
    1. 사적인 예배 (제 3 계명)
    2. 공적인 예배 (제 4 계명)

2. 간접적인 예배, 혹은 하나님 때문에 이웃들에게 행하는 행위들

  1. 외적인 예배
    1. 윗사람이 아랫사람에게 또한 국가적으로 행하여야 할 의무들 (제 5 계명)
    2. 보존
      1. 사람의 생명과 안전 (제 6 계명)
      2. 순결 (제 7 계명)
      3. 재물과 소유 (제 8 계명)
      4. 진실 (제 9 계명)

  2. 내적인 예배. 마음의 욕심을 적절히 조절하고 통제하여 앞의 계명 중 어느 하나에도 저촉되는 것은 바라거나 생각하지 않도록 하는 데 있음 (제 10 계명)

일반적인 법칙들

각 계명을 하나씩 살펴보기에 앞서서 십계명 전체와 또한 각 계명들 하나하나를 올바로 이해하는 데에 필요한 특정한 일반적인 법칙들을 제시하는 것이 합당할 것이다.

  1. 십계명은 인간의 판단이나 철학에 따라서 이해할 것이 아니라, 성경의 해석, 혹은 선지자들과 그리스도와 사도들이 제시하는 설명에 따라서 이해해야 한다. 그렇게 간결한 형식으로 표현된 계명들의 단순한 문자에 노예처럼 얽매이지 말고, 성경의 여러 곳들에 나타나는 설명들을 하나로 묶어야 한다. 또한 도덕 철학이 십계명을 충실히 해석하는 데에 충족한 것도 아니다. 그것은 율법의 적은 부분밖에는 포함하지 못하기 때문이다. 이 점 역시 철학과 또한 교회에서 전하고 가르치는 교리의 한 가지 큰 차이점이다.

  2. 십계명의 각 계명은 이성과 의지와 마음과 삶에서 내적이며 외적인 순종을

요구한다. 각 부분마다 완전한 순종이라야 하기도 하지만, 또한 그 정도에 있어서도 완전해야 한다. 혹은 십계명은 하나님께 완전히 순종할 것을 요구한다. 그 명령되는 의무들에서만이 아니라 그 의무들의 정도에 있어서도 완전히 순종해야 한다. 왜냐하면 성경이 다음과 같이 선포하기 때문이다: "누구든지 율법 책에 기록된 대로 모든 일을 항상 행하지 아니하는 자는 저주 아래에 있는 자라"(갈 3:10), "율법은 신령한 줄 알거니와"(롬 7:14), "형제에게 노하는 자마다 심판을 받게 되고"(마 5:22).

3. 제 1 계명이 나머지 모든 계명에 포함되어야 한다. 혹은 그 계명이 요구하는 순종이 십계명의 다른 모든 계명들에 대한 순종을 주도하는 최종적인 원인이 되어야 한다. 그렇지 않으면 우리가 행하는 일이 하나님을 예배하는 것이 아니라 외식(外飾)이 되어 버릴 것이다. 그렇다. 다른 계명들이 명령하는 모든 의무들이 하나님을 향한 사랑에 근거하여, 혹은 다른 무엇보다도 하나님을 사랑하고 그에게 영광과 찬양을 돌리고자 하는 간절한 마음으로 행하여야 하는 것이다.

4. 각 계명들을 적절히 이해하고 그것들에 대해 올바른 판단을 갖기 위해서는, 십계명의 각 계명의 의도와 목적을 생각하는 것이 무엇보다 필요하다. 왜냐하면 율법의 목적이 그 의미를 보여주기 때문이며, 하나님께서 각 계명을 통해서 이루시고자 의도하시고 뜻하시는 목표에 근거해야만 이 목적에 도달하는 수단에 관해서 쉽게 또한 올바르게 판단할 수 있기 때문이다. 이 법칙은 또한 인간의 법을 해석하는 데에도 매우 중요하다.

5. 다른 목적을 위해서 또한 다른 면들이 있기 때문에 동일한 덕 혹은 동일한 행위가 여러 계명에서 요구될 수도 있다. 어떤 일을 행하는 목적이 그 행위에 성격을 부여하며, 또한 동일한 덕이 다른 대상물들에 기여할 수도 있기 때문이다. 예를 들면, 용기(fortitude)가 제 6 계명과 동시에 제 5 계명의 덕인데, 이는 다른 사람들을 보호해야 할 국가의 통치자들에게도 요구되기 때문이다. 그러므로 각기 다른 덕들을 구별하고 비교하는 데에 불필요한 어려움을 초래하지 않도록 하기 위해서는 이 법칙을 지키는 것이 중요하다.

6. 긍정적인 계명들 속에 부정적인 강령들이, 혹은 적극적인 계명들 속에 소극적인 강령들이 포함되어 있고, 그 역도 마찬가지다. 율법이 뭔가를 명할 때에는 동시에 그것과 반대되는 것을 금하는 것이고, 뭔가를 금지할 때에는 그 반대의 것을 명령하는 것이기 때문이다. 이런 식으로 해서 율법은 악행을 금하는 가운데 덕을

실천할 것을 명하는 것이요, 또한 덕의 실천을 명하는 가운데 악행을 금하는 것이다. 선을 명한다는 것은 바로 그 선과 구체적으로 반대되는 악을 금하는 것이기도하며, 또한 악을 행하지 않는 것이 없이는 동시에 선을 실천에 옮길 수가 없기 때문이다. 그리고 악한 것을 행하는 것만이 아니라 선한 것을 행하지 않는 것도 악에속하는 것이다.

7. 계명들을 지나치게 제한된 의미로 이해하지 않도록 조심해야 한다. 구체적인계명들은 항상 일반적인 계명 속에 포괄되는 것으로 보아야 하고, 일반적인 계명들은 구체적인 계명 속에서, 원인은 결과 속에서 이해해야 한다. 그리하여 살인이나 간음을 금지할 때에 사람들이 악하게 가질 수 있는 모든 상해(傷害)와 모든 정욕을 동시에 정죄하는 것이다. 이와 마찬가지로 율법이 순결을 명할 때에는 그것은 동시에 절제를 강조하는 것이다. 그것이 없이는 순결이 있을 수 없기 때문이다. 그리고 복종을 요구할 때에는 그것은 동시에 그와 관련되는 것, 즉 국가의 통치권을 상정하는 것이다.

8. 두 번째 돌판의 계명들은 첫 번째 돌판의 계명들에 굴복한다. 그러므로 의식적 예배에 관한 계명들이 도덕적 예배에 관한 계명들에 종속한다.

반론. 그러나 두 번째 돌판은 첫 번째 돌판과 유사하다.

답변. 특정한 점에서만 유사한 것을 절대적으로 유사한 것으로 이해하는 오류가여기에 있다. 두 번째 돌판은 첫 번째 돌판과 유사하나, 모든 점에서 다 그런 것이아니고, 이미 설명한 바와 같이 다음과 같은 점에서만 그렇다: 1. **그것이 요구하는예배의 종류에서.** 도덕적인 예배가 언제나 의식적인 예배에 우선한다. 의식들은언제나 두 번째 돌판에 규정된 사랑의 의무들에 종속된다. 2. **형벌의 종류에서.** 그형벌은 영원하며, 또한 두 돌판 중 어느 하나라도 범하는 자들 모두에게 가해진다. 3. **하나님을 향한 사랑과 이웃을 향한 사랑 사이에 존재하는 연관성에서.** 그 두 사랑은 서로 원인과 결과로 연관되어 있다. 그러므로 십계명의 한 돌판을 무시하면나머지 돌판에 대해서도 순종할 수가 없는 것이다. 이웃을 사랑하지 않으면 하나님도 사랑하는 것이 아니며, 하나님을 사랑하지 않으면 이웃도 참으로 사랑하는것이 아니다. "누구든지 하나님을 사랑하노라 하고 그 형제를 미워하면 이는 거짓말하는 자니 보는 바 그 형제를 사랑하지 아니하는 자는 보지 못하는 바 하나님을사랑할 수 없느니라"(요일 4:20). 또한 마태복음 22:37-40에 나타나는 그리스도의강론의 의도도 그런 것이었다: "네 마음을 다하고 목숨을 다하고 뜻을 다하여 주 너의 하나님을 사랑하라 하셨으니 이것이 크고 첫째 되는 계명이요 둘째도 그와 같으니 네 이웃을 네 자신 같이 사랑하라 하셨으니 이 두 계명이 온 율법과 선지자의 강령이니라." 바리새인들은 신적인 의식들과 그들 자신의 미신거리들을 두 번째 돌판에 대한 순종과 동등한 것으로 보았기 때문이었다. 그리스도께서 두 번째 돌판이 첫 번째 돌판과 같다고 선언하신 것은 이러한 오류를 교정하기 위함이었다. 즉, 첫 번째 돌판에 대한 순종이 도덕적이며, 영적이며, 가장 중요한 것처럼, 두 번째 돌판에 대한 순종도 마찬가지이며, 의식적인 규례들이 첫 번째 돌판에 종속되는 것처럼, 두 번째 돌판에도 비슷하게 종속되는 것이다.

그러나 첫 번째 돌판과 두 번째 돌판은 서로 이러한 유사점이 있는 반면에, 매우 큰 차이도 있다. 1. **그 대상에서.** 첫 번째 돌판의 대상은 하나님 자신이고 두 번째 돌판의 대상은 우리의 이웃이다. 그러므로 하나님이 이웃보다 크신 그만큼 첫 번째 돌판에 대한 순종도 두 번째 돌판에 대한 순종보다 더 크고 더 중요한 것이다. 그리고 우리의 이웃이 하나님보다 못한 만큼 두 번째 돌판에 대한 순종도 첫 번째 돌판에 대한 순종 밑에 있는 것이다. 2. **그 순서 혹은 결과에서.** 첫 번째 돌판에 대한 순종이 가장 우선하며, 두 번째 돌판에 대한 순종이 그 밑에 있고, 그것에 의존한다. 우리가 이웃을 사랑하는 것은 오로지 우리가 하나님을 사랑하기 때문이다. 첫 번째 돌판에 대한 순종이 두 번째 돌판에 대한 순종의 원인이 되는 것이다. 이웃에 대한 사랑은 그 자체가 하나님에 대한 사랑에 뿌리를 박고 있다. 그러나 역은 성립하지 않는다. 그리하여 그리스도께서는 다음과 같이 말씀하신다: "무릇 내게 오는 자가 자기 부모와 처자와 형제와 자매와 더욱이 자기 목숨까지 미워하지 아니하면 능히 내 제자가 되지 못하고"(눅 14:26). 이러한 두 가지 주요 차이점 때문에, 두 번째 돌판이 첫 번째 돌판에 종속된다고 말하는 것이 옳을 것이다.

그러나, 다음과 같은 **반론**을 제기할 사람도 있을 것이다: 이웃에 대한 사랑이 요구하는 의무들은 첫 번째 돌판이 명령하는 의식들에 종속되지 않으며, 따라서 "나는 인애를 원하고 제사를 원하지 아니하며"(호 6:6; 마 12:7)라고 말씀한다. 이웃에 대한 사랑의 의무들은 두 번째 돌판을 순종하는 것에 해당된다. 그러므로 두 번째 돌판에 대한 순종은 첫 번째 돌판에 대한 순종에 종속되지 않는다.

답변. 결론을 인정할 수 없다. 전제에서 정당하게 연역되는 것보다 더한 내용이 결론에 포함되어 있기 때문이다. 전제에서 정당하게 추론할 수 있는 내용은, 두 번째 돌판의 의무들이 첫 번째 돌판이 명령하는 의식들에 종속되지 않는다는 것이

전부다. 이것은 참이며, 또한 도덕적 의무와 의식적 의무에 대해 여기서 제시되는 법칙과도 모순이 아니다. 그러므로 만일 이웃에 대한 사랑이나 그들의 안전 때문에 어떤 의식을 행하지 못하게 될 경우에는, 이웃의 안전을 무시하기보다는 차라리 의식을 행하지 않아야 하는 것이다. "나는 인애(仁愛)를 원하고 제사를 원하지 아니하며"라는 선언은 이런 식으로 이해해야 하는 것이다.

십계명에 관한 논제들

1. 첫 번째 돌판은 하나님께 행하여야 할 의무들을 명령하며, 두 번째 돌판은 이웃들에게 행하여야 할 의무들이다. 그러나 전자는 **직접적으로**, 후자는 **간접적으로** 하나님께 행하는 것이다.

2. 제 1 계명이 참되신 하나님 외에 ― 교회에서 우리에게 계시되신 하나님 외에 ― 다른 신을 두지 말라고 명령하는 것을 볼 때에, 주로 이 계명은 정신과 의지와 마음에서 행해지는 내적인 예배를 포괄하는 것이다.

3. 이 예배의 주된 부분들은 하나님에 대한 참된 지식, 믿음, 소망, 하나님에 대한 사랑, 하나님에 대한 경외, 겸손과 인내 등이다.

4. 이성이 있는 피조물들은 하나님께서 기쁘게 여기사 각 사람에게 자신을 계시하신 만큼만 알 수 있다.

5. 절대적으로 완전한 신지식(神知識)이 있는데, 그것은 하나님이 자신에 대해 갖고 계신 지식이다. 영원하신 성부 성자 성령께서는 스스로와 서로서로를 아시며, 또한 각 위격의 고유한 존재 양식은 물론 그 무한하신 본질도 전적으로 완전하게 이해하신다. 무한한 이해를 지닌 존재가 아니면 무한한 것에 대한 완전한 지식을 가질 수 없기 때문이다. 또한 피조물들에게 속한 신지식도 있는데, 이것에 따르면 천사들과 사람들이 하나님의 온전하고도 완전한 본성과 위엄에 대해 지식을 갖고 있다. 그러나 그것을 온전히 알지는 못하고 다만 하나님께서 그들에게 계시하시는 만큼만 안다.

6. 피조물들이 소유하고 있는 신지식은, 하나님께서 자기 자신에 대해 갖고 계신 지식과 비교할 때에 불완전하다고 밖에는 말할 수가 없다. 그러나 이 지식의 정도들을 고려하게 되면, 그 지식을 완전한 것으로 혹은 불완전한 것으로 볼 수 있을 것이다. 그러나 절대적인 의미에서가 아니라 상대적인 의미에서 볼 수가 있다. 즉, 이 지식의 높은 정도와 낮은 정도를 따질 수 있다는 말이다. 복된 천사들과 성

도들이 하늘에서 갖는 신지식은 완전하며, 그 지식으로 그들은 하나님을 지극히 명확하게 인지하며, 혹은 최소한 이성 있는 피조물들이 하나님께 전적으로 순종하기에 필요한 만큼은 명확하게 인지한다. 그러나 사람이 금생에서 소유하는 신지식은 불완전하다.

7. 불완전한 신지식, 혹은 우리가 금생에서 갖는 신지식에는 두 종류가 있는데, 기독교적 혹은 신학적 신지식과 철학적 신지식이 그것이다. 전자는 선지자들과 사도들의 글에서 얻으며, 후자는 사람들이 본성적으로 아는 원리들과 일반적 진리들에서, 또한 하나님의 행위들에 대한 성찰(省察)을 통해서 얻는다.

8. 기독교적 혹은 신학적 신지식에는 두 종류가 있는데, 하나는 영적이며, 참되고, 살아 있고, 유효적이며, 구원을 얻게 하는 지식이요, 또 하나는 법조문에 의거한 지식이다. 전자는 성령께서 말씀에 따라서와 말씀으로 말미암아 우리의 마음에 일깨우시는 바 하나님과 그의 뜻에 관한 지식으로서, 의지와 마음에 하나님께서 행하라고 명하시는 일들을 더욱더 알고 행하고자 하는 성향과 갈망을 일으킨다. 그러나 법조문에 의거한 신지식은 창조 때부터 사람의 마음에 있었거나 혹은 그 후에 성령으로 말미암아 말씀을 통해서 사람의 마음에 일깨워진 지식이나, 하나님의 법의 요건에 따르고자 하는 갈망이 수반되지 않는다.

9. 영적인 신지식과 법조문에 의거한 신지식은 어떤 점에서는 직접적인 지식으로서 일상적인 수단이 없이 성령의 역사하심으로 말미암아 생겨나고, 또 다른 점에서는 간접적인 지식으로서 신적으로 계시된 교의를 듣거나 읽거나 묵상함을 통해서 성령으로 말미암아 생겨난다.

10. 신지식을 얻도록 하나님께서 친히 우리에게 지정하신 일상적인 방법은 그의 말씀을 연구하고 묵상하는 방법이다. 그러므로 우리는 이 방법을 통해서 신지식을 얻기에 힘써야 하며, 하나님께서 친히 어떤 비범한 직접적인 계시를 우리에게 주시고 또한 그것을 만족할 만한 증거들로써 확증해 주시지 않는 한 우리로서는 그런 계시를 요구하거나 찾으려 해서는 안 된다.

11. 하나님께서는 우리가 그에 관하여 알기를 원하시는 만큼 그의 말씀 속에서 우리에게 충족히 선언하셨으나, 그렇다고 해서 자연이 하나님에 관하여 제공해 주는 증거들이 쓸데없는 것은 아니다. 그것들이 불경한 사람들에게는 그들의 사악함을 책망해 주고, 또한 신자들에게는 그들을 경건하게 세워주는 것이요 따라서 하나님께서도 친히 성경의 여러 곳에서 그것들의 유용성을 말씀하시므로 우리

도 그렇게 대해야 하는 것이다.

12. 그러나 자연이 하나님에 대해 제공해 주는 이 증거들에 대해서 우리는 그것들이 참이며 또한 하나님의 말씀과 조화를 이루지만, 그럼에도 불구하고 그것들은 하나님을 참되게 아는 데에는 충족하지 못하다는 점도 인정하여야 한다.

13. 더욱이, 자연의 증거들이 하나님에 관해서 그릇된 것을 가르치지는 않으나, 하나님의 말씀의 지식이 없는 사람들이 그 증거들로부터 하나님에 관하여 그릇된 사고와 생각들 외에는 아무것도 얻지 못한다. 이 증거들이 하나님의 말씀에서 전해지는 것만큼의 내용을 담고 있지 못하기 때문이기도 하거니와, 사람들이 본성적으로 부패하여 있고 눈이 어두워 있어서 자연에서 얻을 수 있는 그 증거들조차도 그릇되게 받아들이고 해석하여 갖가지로 그것들을 부패시키기 때문이다.

14. 그러므로, 하나님께서 자기 자신에 관하여 우리에게 알리기를 바라서 그의 말씀과 또한 창조와 구속의 역사 속에서 교회에게 계시하신 그 내용에 대한 무지(無知)를 여기 십계명의 제 1 계명에서 정죄하고 있는 것이다. 또한 이 계명은 이와 비슷하게, 에피쿠로스 학파(Epicureans)처럼 하나님이 없다고 상상하는 자들이나 이교도나 마니교도(Manicheans)처럼 여러 신들이 존재한다고 믿는 자들과, 또한 천사들과 죽은 자들의 영혼들이나 기타 피조물들에게 기도를 올리는 자들의 오류를 정죄하는 것이기도 하다. 교회 안에서 자신을 계시하신 하나님과는 다른 피조물들을 신뢰하는 미신적인 사람들의 허망한 신념에 대해서도, 또한 유대인이나 이슬람교도나 사벨리우스주의자들(Sabellians)이나 사모사타주의자들(Samosatenians)이나 아리우스주의자들(Arians) 등 하나님이 영원하신 성부요 또한 그와 동일하게 영원하신 성자와 성령이심을 인정하지 않는 자들에 대해서도 똑같이 말할 수 있을 것이다.

십계명을 적절히 이해하는 데에 필요한 일반적인 법칙들을 제시했으니, 이제는 각 계명들의 참된 의미에 대해서 논의하기로 하자.

제 1 계명

94문 제 1 계명에서는 하나님께서 무엇을 요구하십니까?

답 나의 영혼의 구원을 바라는 만큼 모든 우상숭배, 점술, 마술, 미신, 성인(聖

人)에게나 다른 피조물들에게 간구하는 일을 피하고 멀리할 것과, 또한 유일하고 참되신 하나님을 올바르게 인정하고, 오직 그분만을 신뢰하고, 모든 겸손과 인내로 그분에게 복종하며, 모든 선을 오직 그분에게만 기대하고, 마음을 다하여 그분을 사랑하고 경외하고 높이며, 그리하여 아무리 작은 일이라도 하나님의 뜻을 거슬러 행하기보다는 차라리 모든 피조물들을 버리고 포기하게 되는 것입니다.

95문   우상숭배란 무엇입니까?

답   그것은, 말씀 속에서 자신을 계시하신 유일하고 참되신 하나님 대신, 혹은 그분과 더불어, 다른 존재를 만들거나 지니고 거기에 우리의 신뢰를 두는 것입니다.

[해 설]

제 1 계명은 두 부분으로 되어 있으니, 서언과 강령이다. 서언의 말씀은 **나는 너를 애굽 땅, 종 되었던 집에서 인도하여 낸 너의 하나님 여호와니라**이다. 이 서언은 십계명 전체에 해당되는 것인데, 이는 율법 제정자이신 하나님을 묘사하면서 그를 모든 피조물들과 인간의 법제정자들과 거짓 신들과 구별지으며, 제 1 계명을 비롯한 모든 계명들을 순종해야 하는 세 가지 이유를 제시한다. 1. 하나님께서 자신을 **여호와**라 선언하시기 때문이다. 하나님께서는 여호와라는 이름을 통해서 자신을 모든 피조물들과 구별되시는 참 하나님으로 제시하며, 자신이 최고의 통치의 권세와 권위를 지니신 분이심을 보여주신다. 이는 곧, "너에게 말씀하며 율법을 선언하는 나는 바로 여호와, 곧 스스로 존재하며 만물에게 생명과 존재를 주고, 따라서 만물을 다스리고 통치할 최고의 권위를 지닌 참 하나님 ─ 영원하고 전능한 만물의 창조주요 모든 선한 것들의 주인이요 보존자 ─ 이니, 그러므로 너는 내게 복종할지니라"라는 의미다. 2. 그는 자신이 **그의 백성의 하나님**이심을 말씀하셔서, 그의 풍성한 약속을 통해서 우리로 하여금 더욱더 효과적으로 그에게 순종할 수밖에 없도록 하시기 때문이다. 하나님께서는 과연 창조와 보존과 통치를 통해서 모든 피조물들의 하나님이시다. 그러나 그는 그의 교회의 하나님이시다. 그가 자기 자신에 관하여 교회에게 특별히 나타내시고 전하셨기 때문이다. 그는 자신이 사랑하시고 다른 무엇보다도 더 기뻐하시는 그 사람들의 하나님이신 것이다. 그렇기 때문에 다윗은 하나님이 주(主)가 되시는 나라가 복되다고 말씀하는 것이다: "여호와를 자기 하나님으로 삼은 나라 곧 하나님의 기업으로 선택된 백성은 복이 있도다"(시 33:12). 그가 그의 말씀 속에서 자신을 계시하신 바로 그런 분이심을, 즉 그의 권능과 공의와 지혜와 긍휼로 우리의 구원을 이루시는 자시요 또한 그의 아들 안에서 유일무이한 사랑으로 우리에게 은혜를 베푸시는 분이심을 우리가 시인할 때에, 하나님께서 **우리의 하나님**이신 것이다. 3. 여기에 또한 **나는 너를 애굽 땅, 종 되었던 집에서 인도하여 낸** 자이심을 덧붙이셔서, 그들을 위하여 행하신 최근의 그 놀라운 구원의 역사를 회고하게 하심으로써, 그들이 그에게 감사와 순종을 드려 마땅하다는 것을 보여주시고 일깨워주시는 것이다. 이는 마치, "내가 너의 하나님인 바로 그분이니 내가 네게 나 자신을 나타내었고 그 유일무이한 은덕으로 너를 내게로 이끌었노라"라는 말씀과도 같다. 이는 유대인들에게 뿐 아니라 우리에게도 해당된다. 왜냐하면 놀라운 이 한 번의 구원의 사실에 대한 언급에 교회의 모든 구원의 역사가 상징적으로 다 포괄되며, 또한 바로 이 애굽의 종살이에서 구원하신 역사가 그 모든 구원의 역사 가운데서도 그리스도로 말미암은 구원의 역사를 모형으로 보여주는 것이기 때문이다. 그러므로, 이 서언에서 하나님께서 자신이 여호와시며 교회의 구원자이심을 선언하심으로써, 모든 피조물들과 우상에 대한 숭배를 친히 배격하시며, 자기 자신에게 모든 순종과 존귀와 예배를 돌릴 것을 요구하시는 것이다.

어떤 이들은 이 서언을 제 1 계명으로 간주하고 **너는 나 외에는 다른 신들을 네게 두지 말라**를 제 2 계명으로 간주하기도 했다. 그러나 **나는 너를 애굽 땅, 종 되었던 집에서 인도하여 낸 너의 하나님 여호와니라**라는 말씀은 아무것도 명령하는 것이 없고 하나님 자신에 대해 어떤 내용을 진술하는 것밖에는 없다. 그러나 그 다음의 "너는 … 두지 말라"라는 말씀은 분명 명령의 형식을 취하고 있는 것이다.

그러므로 제 1 계명은 **너는 나 외에는 다른 신들을 네게 두지 말라**이다. 이 계명의 목적은 하나님께 드리는 직접적이며 내적인 예배에 있다. 이는 곧, 교회에 계시하신 유일하시고 참되신 하나님을 인정하고 온 마음과 뜻과 힘을 다하여 그에게 드려 마땅한 존귀를 그에게 드리는 것이다. 이 계명은 부정적이지만, 그 속에 긍정적인 내용을 담고 있다. 곧, "너는 나 외에는 다른 신들을 네게 두지 말고, 교회에서 계시된 여호와인 나를 유일한 네 하나님으로 여길지니라"라는 것이다. 하나님을 **둔다**는 것은 그가 하나님이시며 그가 한 분이시요 또한 자신을 교회에게 계시

하신 그런 분이시요 또한 그가 우리에게 그런 하나님이심을 알고 인정하는 것이
요, 또한 지극한 겸손과 인내로 오직 그만을 신뢰하고, 두려움과 존경으로 우리 자
신을 굴복시키고, 그를 사랑하며, 오직 그에게서 모든 선한 것들을 기대하는 것이
다. 이 계명에 순종한다는 것은 바로 이런 것들이다. **다른 신**이란, 어떤 사물이나
존재가 참되신 하나님께 속한 본성들이나 속성들이나 역사하심들을 전혀 소유하
지 못하며 또한 그런 본성들이나 속성들이나 역사하심들이 그 본질과 어긋나는데
도 사람들이 하나님으로 인정하여 그런 것들을 소유하는 것으로 볼 수 있는 모든
사물이나 존재를 지칭한다. **다른 신들을 둔다**는 것은 참되신 하나님을 두는 것이
아닌데, 신을 전혀 두지 않는 것, 혹은 여러 신들을 두는 것, 혹은 우리에게 계시되
신 그분 외에 다른 신을 두는 것, 혹은 우리에게 자신을 알리신 그 하나님을 우리
의 하나님으로 인정하지 않거나 그를 신뢰하지 않으며 참된 겸손과 인내로 그에
게 굴복하지 않으며 오직 그에게서 모든 선한 것들을 기대하지 않고 그를 사랑하
거나 존경하지 않는 것 등이 모두 여기에 포함된다. 이 계명에 대한 해설에서 이제
다루게 될 덕목들의 정반대되는 것들이 이런 불경의 여러 부분들을 이룬다 할 것
이다. **내 앞에**(한글 개역개정판은 "나 외에는"으로 번역함: 역자주)는 이런 의미
와도 같다: "너는 사람들 앞에서 하는 말이나 행동에서도 다른 신들을 두지 말 것
이요, 네 마음의 은밀한 곳에서도 나 외에는 아무도 두지 말지니라. 내 앞에서는
아무것도 숨겨지는 것이 없느니라. 나는 마음을 살피는 자요, 사람의 폐부를 시험
하는 자니 모든 것이 내 앞에 벌거벗은 상태로 드러나느니라."

　각 계명을 설명하는 가장 손쉬운 방법은 각 계명이 요구하는 순종을 각각에 고
유한 부분을 이루는 여러 덕목들로 구분한 다음 그 덕목들과 반대되는 악들을 살
피는 것이다. 이 방법을 따르면, 제 1 계명이 요구하는 순종의 부분들은 다음 일곱
가지로 되어 있으니, 곧 신지식, 믿음, 소망, 하나님에 대한 사랑, 하나님을 경외
함, 겸손, 인내가 그것이다.

　I. **신지식**(神知識)에는 그의 기뻐하시는 뜻대로 그의 역사하심과 말씀 속에 자신
에 관하여 주신 계시와 일치하는 바 하나님의 존재와 성품에 대한 관념이 포함되
며, 이러한 지식으로 말미암아 감동이 일어나 유일하고 참되신 하나님에 대한 신
뢰와 사랑과 두려움과 예배가 불러일으켜지는 것이다. 이에 대해서 성경은 이렇
게 말씀한다: "듣지도 못한 이를 어찌 믿으리요"(롬 10:14), "영생은 곧 유일하신
참 하나님과 그가 보내신 자 예수 그리스도를 아는 것이니이다"(요 17:3).

이러한 덕에 반대되는 악이 많은데, 그 중에 다음과 같은 것을 언급할 수 있을 것이다:

1. **하나님과 그의 뜻에 대한 무지**(無知). 곧, 하나님에 관하여 알지 못하는 것이요 혹은 창조의 역사와 또한 우리에게 베풀어진 신적 계시로부터 마땅히 알아야 할 일들에 대해서 의심하는 것이다. 무지는 **타고난 무지**일 수도 있고 — 즉, 우리의 본성의 부패로 인하여 지식이 전혀 없거나 이해할 수 없는 일들에 대한 무지가 있고 — 또한 우리가 궁구(窮究)해야 한다는 것을 양심이 말하는 데도 불구하고 하나님을 알고자 하는 열심이나 그를 순종하려는 갈망이 없어서 알기를 구하지 않는 그런 **가장된 무지**가 있다. 성경은 하나님에 대한 이 두 가지 형태의 무지에 대해 이렇게 말씀한다: "깨닫는 자도 없고 하나님을 찾는 자도 없고"(롬 3:11), "육에 속한 사람은 하나님의 성령의 일을 받지 아니하나니"(고전 2:14).

2. **하나님에 대한 오류 혹은 그릇된 관념들.** 하나님이 없다고 상상하거나 혹은 이교도들과 마니교도들처럼 신들이 여럿이라고 상상하는 경우나, 혹은 말로 표현하지는 않으나, 하나님께만 고유한 속성들을 피조물에게 돌림으로써 사실상 여러 신들을 만드는 경우다. 천사들과 세상을 떠난 자들의 영혼들을 신처럼 받드는 교황주의자들이 이에 속한다. 왜냐하면 기도 시에 누구의 이름을 높여 기린다는 것은 그렇게 기리는 그 존재에게 무한한 지혜와 능력을 돌리는 것이기 때문이다. 그리하여 바울은 피조물에게 기도하는 자들에 대해서 다음과 같이 선언하고 있다: "썩어지지 아니하는 하나님의 영광을 썩어질 사람과 새와 짐승과 기어다니는 동물 모양의 우상으로 바꾸었느니라 … 이는 그들이 하나님의 진리를 거짓 것으로 바꾸어 피조물을 조물주보다 더 경배하고 섬김이라"(롬 1:23, 25). 주의 천사는 요한이 자기를 예배하지 못하도록 막으면서 다음과 같이 그 이유를 설명하고 있다: "나는 너와 및 예수의 증언을 받은 네 형제들과 같이 된 종이니 삼가 그리하지 말고 오직 하나님께 경배하라"(계 19:10). 이와 비슷하게 하나님에 대해 부정확한 관념을 갖고서 그에게서 벗어나 있으면서, 한 신을 인정하되 복음에서 자신을 계시하신 참되신 하나님을 인정하지 않는 자들도 여기에 속하는데, 스스로 지혜롭다 하는 철학자들이나 이슬람교도들이 이에 해당된다. 참되신 하나님을 안다고 주장하면서도 그를 멀리하고 그 대신 자기들이 만들어낸 다른 우상을 예배하는 자들에 대해서도 동일하게 볼 수 있다. 그들은 참되신 하나님을 상상하나 말씀 속에서 자신을 계시하신 그분과는 다른 분을 상상하기 때문이다. 유대인들과 사모사타주

의자들과 아리우스주의자들이 이에 해당된다: "아들을 공경하지 아니하는 자는 그를 보내신 아버지도 공경하지 아니하느니라"(요 5:23), "아들을 부인하는 자에게는 또한 아버지가 없으되"(요일 2:23).

3. **마술, 점술, 주술.** 이런 유에 속하는 모든 것은 하나님에 대한 적절한 지식을 정면으로 거스르는 것이다. 왜냐하면 그런 것은 하나님의 원수 마귀와 맺어진 언약 혹은 협약에 의거하여 시행되는 것이며, 거기에는 특정한 말이나 의식들이 수반되는데 그것들을 반복하거나 행함으로써 사람들이 마귀에 대한 약속된 것들과 또한 오직 하나님께로서만 구하고 얻어야 할 것들을 얻고자 하며, 또한 마귀의 도움을 받아 불필요한 일들을 알고 행하여 자기들의 악한 정욕을 드러내거나 뽐내려하며, 생활의 이익을 얻고자 하는 것이다. **마구스**는 페르시아어인데, 철학자나 교사를 의미한다. 사람들이 자기들 자신의 무지를 느끼고서 사탄의 도움을 구하였다. 그리하여 그 용어가 경멸의 뜻을 갖게 되어 독일어로 "zaubern" 이라 부르는 "magic"(마술)이 그 단어 대신 사용되게 되었다.

마술 걸기(enchantment)는 마술에 속하는 것인데 마귀와 맺은 협약에 따라서 특정한 말과 의식들을 사용하여 마술 거는 자들이 말과 의식을 다 행할 때에 그들이 구하는 그것에 영향을 미치게 하는 데 있다. 그들이 사용하는 말과 의식들에는 아무런 효능이 없다. 그러나 마귀 자신이 자기가 약속한 그것을 이루어 그 사람들을 하나님으로부터 자기에게로 떨어뜨려서 하나님 대신 자기를 섬기도록 만드는 것이다. 그런데 성경은 마술사들과 마술 거는 자들은 물론 자기들의 나아갈 방향을 얻고 도움을 구하기 위해 그들에게 나아가는 모든 자들까지도 다 정죄한다. 하나님께서는 다음의 율법에서 그들 모두를 다 포함시키시는 것이다: "접신한 자와 박수무당을 음란하게 따르는 자에게는 내가 진노하여 그를 그의 백성 중에서 끊으리니"(레 20:6), "진언자나 신접자나 박수나 초혼자를 너희 가운데에 용납하지 말라 이런 일을 행하는 모든 자를 여호와께서 가증히 여기시나니"(신 18:11, 12).

4. **미신.** 물리적인 원인이나 하나님의 말씀에 의존하지 않는 어떤 효과들을 어떤 사물이나 표시나 말에 돌리는 것인데, 이런 효과는 마귀와 기타 원인들이 아니면 일어나지 않을 것들이다. 이것이 반드시 마귀와의 언약을 포함하는 것은 아니지만, 그럼에도 불구하고 이것은 우상숭배다. 이런 악에는 점술과 또한 꿈에 대한 특별한 주시와 해석, 점술가들이 제시하는 징조나 예언 등이 있는데, 성경은 이 모든 것들을 지극히 명확한 언어로 정죄한다.

5. **피조물에 대한 모든 신뢰**. 이는 하나님에 대한 올바른 지식에 반하는 것이 분명하다. 피조물을 신뢰하는 자는 자기 자신을 위하여 여러 신들을 만드는 법이기 때문이다. 그러므로 하나님께서는 사람이나 권세나 재물이나 피조된 대상물에다 신뢰를 두는 모든 자들을 명확히 정죄하시는 것이다. 이 악에는 탐심 혹은 투기도 포함되며 그것들도 함께 정죄를 받는다.

6. **우상숭배**. 이에 대한 정의는 본 요리문답 95문답에서 제시한 바 있다. 우상숭배에는 두 가지 형태 혹은 종류가 있다. 그 하나는 참되신 하나님 이외에 다른 존재를 공공연히 섬기거나 하나님이 아닌 것을 하나님으로 섬기는 것이다. 우상숭배의 형태 가운데 이것이 더 비근하게 드러나며 더 심각한 형태이며, 따라서 제 1 계명에서 분명하게 금하는 것이다. 우상숭배의 다른 형태는 다른 신을 공공연히 섬기지는 않으나, 하나님께 드리는 예배에서 오류를 범하거나 혹은 참되신 하나님을 섬길 때에 그가 제 2 계명을 비롯하여 그의 말씀의 갖가지 다른 부분들에서 지정하신 것과는 다른 방식으로 섬기는 것이다. 이 종류의 우상숭배는 더욱 교묘하고 세련된 것으로 제 2 계명에서 정죄하고 있다. 신상과 형상을 통해서 하나님을 섬기는 자들은 자기들이 참되신 하나님 외에 다른 어떠한 존재도 예배하지 않는다고 부인하겠지만, 그들은 실상 우상숭배자들이다. 왜냐하면 하나님을 형상으로 예배할 수 있는 존재로 상상하여 하나님의 뜻을 바꾸는데, 그렇게 바뀌어지면 하나님은 더 이상 동일한 하나님이실 수가 없기 때문이다.

7. **하나님을 멸시함**. 이는 하나님에 대한 올바른 지식을 가지고 있으면서도 그를 사랑하고 그를 예배하고자 하는 갈망이 생기도록 감동을 받지 않는 상태를 가리킨다. 혹은 교회에 계시된 참되신 하나님을 알면서도, 그 지식으로 말미암아 그를 사랑하고 예배하며 두려워하고 신뢰하는 마음을 갖게 되지 않는 경우라 할 것이다. 참되신 하나님에 대한 지식 그 자체로는 충족하지 못하다. 거기에는 적절한 감정이 수반되어야 한다. 그렇지 않으면 마귀나 이방인들도 참된 신지식을 갖고 있는 것이 되는데, 사도는 이를 분명 부인하고 있는 것이다: "그러므로 그들이 핑계하지 못할지니라 하나님을 알되 하나님을 영화롭게도 아니하며 감사하지도 아니하고"(롬 1:20, 21).

II. **믿음**. 이는 견고한 납득(a firm persuasion)으로서, 우리는 이것으로 하나님께서 그의 말씀에서 우리에게 계시한 모든 것에 동의하며, 또한 하나님께서 값없는 긍휼하심으로 약속하신 것들이 그리스도로 말미암아 우리에게 베풀어진다는 것을 충만히 확신하게 된다. 믿음은 또한 하나님의 은덕을 받고 그것에 의지하는 바 확실한 신뢰이기도 하다. 성령께서는 택한 자들의 정신과 마음속에 복음을 통하여 이러한 확신을 일으키시며 그들 속에 하나님 안에 있는 기쁨과 기도, 그리고 하나님의 계명에 대한 순종을 생기게 하신다: "너희는 너희 하나님 여호와를 신뢰하라 그리하면 견고히 서리라"(대하 20:20).

믿음에 반대되는 것들 가운데 결핍 상태에 속하는 것들은 다음과 같다: 1. **불신앙.** 하나님에 관하여 듣고 아는 것을 거부하는 것이 이것에 포함된다. 2. **의심.** 하나님에 관한 가르침에 확고히 동의하지 않으면서도 그것을 전적으로 거부하지는 않고, 이랬다 저랬다 하며 흔들리는 것이다. 3. **망설임 혹은 신뢰 없음.** 하나님과 그의 약속에 대해 갖고 있는 지식을 자기 자신에게 적용시키지 않고 하나님으로부터 버림받을까 하는 두려움 때문에 하나님과는 다른 것에서 보호받기를 구한다. "하나님을 믿지 아니하는 자는 하나님을 거짓말하는 자로 만드나니 이는 하나님께서 그 아들에 대하여 증언하신 증거를 믿지 아니하였음이라"(요일 5:10). 4. **외식적이며 일시적인 믿음.** 교회의 가르침에 동의하며 또한 이 가르침에 대한 지식을 통해서 일시적으로 기쁨을 누리지만 중생이 없으며, 또한 중생이 없기 때문에 곧바로 유혹의 힘과 다른 원인들에 압도당하여 자신이 보여주었던 경건의 겉모습을 저버리는 것이다. "돌밭에 뿌려졌다는 것은 말씀을 듣고 즉시 기쁨으로 받되 그 속에 뿌리가 없어 잠시 견디다가 말씀으로 말미암아 환난이나 박해가 일어날 때에는 곧 넘어지는 자요"(마 13:20, 21), "바위 위에 있다는 것은 말씀을 들을 때에 기쁨으로 받으나 뿌리가 없어 잠깐 믿다가 시련을 당할 때에 배반하는 자요"(눅 8:13), "시몬도 믿고 세례를 받은 후에 전심으로 빌립을 따라다니며"(행 8:13).

반면에 믿음에 반대되는 것들 가운데 적극적으로 표현되는 것들은 다음과 같다: 1. **하나님을 시험함.** 이는 하나님의 말씀과 질서로부터 이탈하여, 그의 진리와 권능을 자기 멋대로 추측하거나 시험하고, 그리하여 교만하고도 건방진 자세로 하나님을 불신하거나 멸시함으로, 또한 헛된 자기 확신과 자기 자신의 지혜와 의와 권세와 영광을 추구함으로 하나님의 진노를 촉발시키는 것이다. "주 너의 하나님을 시험하지 말라"(마 4:7), "그들 가운데 어떤 사람들이 주를 시험하다가 뱀에게 멸망하였나니 우리는 그들과 같이 시험하지 말자"(고전 10:9), "그러면 우리가 주를 노여워하시게 하겠느냐? 우리가 주보다 강한 자냐?"(고전 10:22). 2. **육신적인 안일함.** 이는 하나님과 그의 뜻 혹은 자기 자신의 연약함과 위험에 대해서도 전혀 생각하지 않고, 또한 우리 자신의 죄악성을 시인하거나 탄식하지도 않고, 하나님을 두려워하는 것도 없이 살면서도, 동시에 하나님의 형벌과 진노로부터 구원받을 것을 기대하고 희망하는 것이다. 성경은 이러한 육신적인 안일함에 대해 자주 언급하고 정죄하고 있다: "노아의 때와 같이 인자의 임함도 그러하리라. 홍수 전에 노아가 방주에 들어가던 날까지 사람들이 먹고 마시고 장가들고 시집가고 있으면서 홍수가 나서 그들을 다 멸하기까지 깨닫지 못하였으니 인자의 임함도 이와 같으리라"(마 24:37-39).

Ⅲ. **소망**. 이것은 그리스도로 말미암아 값없이 베풀어지는 영생에 대한 확실한 기대이며, 동시에 하나님께서 그의 뜻과 경륜에 따라 현재의 악들로부터 구해주시며 그것들을 완화시켜주실 것에 대한 기대이다. 이에 대해서 성경은 이렇게 말씀한다: "너희 마음의 허리를 동이고 근신하여 예수 그리스도께서 나타나실 때에 너희에게 가져다주실 은혜를 온전히 바랄지어다"(벧전 1:13), "소망이 우리를 부끄럽게 하지 아니함은"(롬 5:5).

소망은 믿음으로부터 생겨난다. 왜냐하면 자신이 하나님의 선하신 뜻을 누리고 있음을 확신하는 자는 미래에 대해서도 확신할 수가 있기 때문이다. 하나님은 불변하시기 때문이다: "하나님의 은사와 부르심에는 후회하심이 없느니라"(롬 11:29). 그러나 믿음과 소망은 서로 같은 것이 아니다. **믿음**은 하나님의 현재의 은덕과 우리를 향하신 그의 뜻을 포용하나, **소망**은 현재의 열매들과 또한 아직 미래에 있는 하나님의 불변하신 선한 뜻에 관한 것이다. 그렇기 때문에 성경은 다음과 같이 말씀하고 있다: "믿음은 바라는 것들의 실상이요 보이지 않는 것들의 증거니"(히 11:1), "우리가 소망으로 구원을 얻었으매 보이는 소망이 소망이 아니니 보는 것을 누가 바라리요?"(롬 8:24).

소망에 반대되는 것 가운데 결핍의 상태에 속하는 것은 다음과 같다: 1. **절망**. 이는 자신의 죄를 하나님의 아들의 공로보다 더 큰 것으로 간주하여 아들 안에서 베풀어지는 하나님의 긍휼을 받아들이지 않고 신자에게 약속된 은덕들을 바라보지 않으며, 오히려 하나님의 끔찍한 진노와 영벌에 던져질 것에 대한 두려움에 짓눌려 고통을 당하며, 그리하여 하나님의 이름을 거론하는 것조차 끔찍하게 여기며 그를 잔인한 폭군으로 여겨 그를 미워하는 것이다. 가인은 이러한 절망의 상태 속에서 "내 죄짐을 지기가 너무 무거우니이다"(창 4:13)라고 외쳤다. 바울 역시 이것을 보고서 다음과 같이 권면한다: "죄가 더한 곳에 은혜가 더욱 넘쳤나니"(롬

5:20), "이는 소망 없는 다른 이와 같이 슬퍼하지 않게 하려 함이라"(살전 4:13). 2. **미래의 은덕에 대한 의심**. 영생, 유혹으로부터의 보호와 구원, 최종적인 견인 등 하나님의 말씀에 약속된 모든 것들에 대해 의심하는 것이다.

소망에 반대되는 것 가운데 과잉의 상태에 속하는 것으로는 방금 위에서 다룬 바 있는 **육신적인 안일함**이 있다. 성경은 도처에서 육신적인 안일함을 정죄하며, 동시에 **영적인 안정감**은 모든 경건한 자들에게 요구되는 것으로 제시한다. 영적인 안정감은 양심의 모든 책망과 정죄에 대항하여 하나님의 은혜에 대해 확신을 주는데, 이는 다름이 아니라 믿음과 소망에 참된 회개가 연합한 것으로 하나님께 버림받고 배척받을 것에 대해 두려워하지 않는 것이다. 왜냐하면 하나님의 뜻과 은혜가 불변하다는 것을 충만히 납득하기 때문이다. "만일 하나님이 우리를 위하시면 누가 우리를 대적하리요? 자기 아들을 아끼지 아니하시고 우리 모든 사람을 위하여 내주신 이가 어찌 그 아들과 함께 모든 것을 우리에게 주시지 아니하겠느냐?"(롬 8:31, 32).

IV. **하나님을 사랑함**. 이는 하나님이 우리에게 최상으로 선하시며 긍휼하심을 인정하며 그리하여 그를 최고로 사랑하며, 그와 연합되고 일치하는 것과 그의 뜻이 우리에게서 이루어지는 것을 그 이외의 다른 모든 것들을 즐기는 것보다 더욱 간절히 원하며, 또한 우리가 가진 모든 것을 잃을지언정 그의 사랑에서 제외되기는 바라지 않는 것이다. 아니면, 하나님의 무한하신 선하심에 대한 지식에서 비롯되는 바 그를 향한 사랑으로서, 모든 것을 잃어버릴지언정 그와의 교제에서 제외되는 것이나 무슨 일에서든 그를 거스르는 것은 절대로 당하지 않기를 원하리 만큼 그를 사랑하는 것이라 할 것이다. 참된 사랑은 두 가지를 포괄한다. **첫째**는 우리가 사랑하는 대상의 안전과 보존을 바라는 것이며, **둘째**는 우리가 그 사랑의 대상과 연합하거나 아니면 그 대상이 우리와 연합되기를 바라는 것이다. 이에 대해서 성경은 다음과 같이 말씀한다: "너는 마음을 다하고 뜻을 다하고 힘을 다하여 네 하나님 여호와를 사랑하라"(신 6:5), "무릇 내게 오는 자가 자기 부모와 처자와 형제와 자매와 더욱이 자기 목숨까지 미워하지 아니하면 능히 내 제자가 되지 못하고"(눅 14:26).

하나님에 대한 사랑에 반대되는 것으로 결핍의 상태에 속하는 것은 다음과 같다: 1. **하나님을 향한 사랑을 거부함**, 혹은 **하나님에 대한 멸시와 미움**인데, 이는 악인들의 죄로 인하여 그들을 저주하시고 벌하시는 하나님으로부터 도피하며 그를 향하여 적대감을 갖는 것인데, 우리의 본성이 하나님과 그의 공의에 대해 지닌 반감과 또한 죄에게로 기우는 성향에서 나오는 것이다. 이러한 죄에 대해서 성경은 이렇게 말씀한다: "육신의 생각은 하나님과 원수가 되나니 이는 하나님의 법에 굴복하지 아니할 뿐 아니라 할 수도 없음이라"(롬 8:7). 2. **자신과 다른 피조물에 대한 무절제한 사랑**인데, 이는 하나님과 그의 뜻과 영광보다 우리 자신의 정욕과 쾌락과 삶과 명예 등을 더 귀히 여기며, 그리하여 우리가 사랑하는 그것들을 잃어버리기보다는 그를 무시하고 거스르기를 더 선호하는 것이다. "아버지나 어머니를 나보다 더 사랑하는 자는 내게 합당하지 아니하고"(마 10:37). 3. **하나님을 향한 거짓된 외식적인 사랑.** 하나님을 향한 사랑에 대해서는 과잉의 상태가 있을 수 없다. 우리가 마땅히 해야 할 만큼 하나님을 사랑하는 법이 절대로 없기 때문이다.

V. **하나님에 대한 두려움**(경외). 이는 죄에 대한 하나님의 무한한 진노, 죄를 벌하시는 하나님의 권세를 인정하며, 또한 하나님을 거스르는 범죄와 그에 대한 혐오를 가장 큰 악으로 간주하여 죄를 미워하고 혐오하는 것이요, 또한 아무리 사소한 일에서도 하나님을 거스르기보다는 차라리 다른 모든 것들을 잃어버리리라는 기꺼운 심정이다. 혹은 이것은 하나님을 거스르기를 원치 않는 자세로서, 하나님의 지혜와 권능과 공의와 또한 모든 피조물에 대해 지니신 권세를 알고 하나님께 굴복하는 데에서 나오는 것이다. "네 하나님을 경외하라 나는 여호와니라"(레 19:14), "이방 사람들의 왕이시여 주를 경외하지 아니할 자가 누구리이까? 이는 주께 당연한 일이라. 여러 나라와 여러 왕국들의 지혜로운 자들 가운데 주와 같은 이가 없음이니이다"(렘 10:7).

반론. 최고선(最高善)은 두려움의 대상일 수가 없다. 두려움에는 악을 피하는 것이 포함되기 때문이다. 하나님은 최고선이시다. 그러므로 그는 두려움의 대상이실 수가 없다.

답변. 최고선이 그것뿐이라면 두려움의 대상일 수가 없다. 그러나 이 경우에는 최고선이 다른 것이기도 하다. 그러므로 하나님은 두려움의 대상이시다. 최고선으로서 그런 것이 아니라, 그가 공의로우시며 벌하실 수 있는 분이시기 때문이다. 아니면, 그는 친히 멸망의 형벌을 가하실 수 있는 분이시므로 두려워하는 것이다.

하나님을 향한 사랑과 하나님을 향한 두려움은 다음과 같은 점에서 서로 다르다: 1. 사랑은 선하신 하나님을 따르며 그와 연합하기를 바란다. 그러나 두려움은 악에게서, 하나님의 진노하심에게서 돌아서는 것이며 그와 분리되는 것을 끔찍스러워 한다. 아니면 이렇게 표현할 수도 있을 것이다. 사랑은 최고선을 빼앗기기를 원치 않으나, 반면에 두려움은 최고선을 거스르기를 끔찍스럽게 혐오하는 것이다. 2. 사랑은 하나님의 선하심에 대한 지식에서 비롯되나, 두려움은 하나님의 권능과 공의에 대한 지식에서, 또한 그가 모든 피조물에 대해 지니신 권한에서 비롯된다.

사람이 타락 이전에 가졌던 하나님을 향한 두려움은 중생한 자들이 금생에서 갖고 있는 것과는 달랐다. 원시의 거룩함의 상태에서 사람에게 있었던 하나님에 대한 두려움이나 복된 천사들에게 현재 있는 두려움이나 영생의 상태에 있는 사람들에게 있을 두려움은 죄와 죄의 형벌에 대한 강한 반감이지만 그것은 슬픔이나 고통이 없다. 그들에게 죄도 없고 죄에 대한 형벌도 없으며, 또한 그들이 절대로 죄를 범하지 않으며 하나님께 형벌 받는 일도 없다는 확신이 그들에게 있기 때문이다. "사망을 영원히 멸하실 것이라 주 여호와께서 모든 얼굴에서 눈물을 씻기시며"(사 25:8). 그러나 중생한 자들이 금생에서 갖는 하나님에 대한 두려움은 죄와 하나님의 진노를 인정하는 것이요, 우리가 저지른 죄들과 또한 그 죄들로 하나님께 저지른 악과, 또한 우리와 다른 사람들이 죄의 결과로 당하는 비참한 것들을 보는 데에서 나오는 진정한 슬픔이며, 거기에는 미래의 죄와 형벌에 대한 두려움과 또한 그리스도 안에서 우리에게 주어지는 하나님의 긍휼하심에 대한 지식으로 말미암는 바 이런 악들을 피하고자 하는 간절한 바람이 수반된다. 이 두려움에 대해 성경은 이렇게 말씀한다: "네가 동일한 정죄를 받고서도 하나님을 두려워하지 아니하느냐?"(눅 23:30), "오직 몸과 영혼을 능히 지옥에 멸하실 수 있는 이를 두려워하라"(마 10:28). 이 두려움은 보통 **자녀의 두려움**(filial fear)이라 불리는데, 이는 자녀들이 부모를 향하여 갖는 두려움이다. 곧, 아버지의 불쾌함과 화에 대해 죄송스러워 하며 아버지가 속이 상하여 벌하시지 않을까 하는 두려움이다. 그러나 그럼에도 불구하고 그들을 향한 아버지의 사랑과 선의에 대해 계속해서 확신하며, 그렇기 때문에 그를 사랑하며, 또한 그러한 사랑 때문에 부모를 거슬러 행한 자기들의 악행에 대해 더욱더 깊이 근심하는 것이다. 그리하여 베드로에 대해 성경은 이렇게 말씀한다: "밖에 나가서 심히 통곡하니라"(마 26:75).

종의 두려움(Servile fear). 종이 주인에게 갖는 두려움인데, 믿음도 없고 삶을 변화시키고자 하는 갈망도 목적도 없이 형벌을 피하는 것인데, 여기에는 절망과 하나님으로부터의 도피와 분리가 수반된다. 이러한 종의 두려움은 자녀의 두려움과는 다음과 같은 점에서 크게 다르다: 1. **자녀의 두려움**은 하나님에 대한 신뢰와 사랑에서 생겨나나, **종의 두려움**은 죄에 대한 지식과 깨달음에서, 또한 하나님의 심판과 진노에 대한 지각에서 생겨난다. 2. **자녀의 두려움**은 하나님으로부터 돌아서지 않고, 다른 무엇보다 죄를 미워하며 하나님을 거스를까 두려워한다. 그러나 **종의 두려움**은 도피와 미움이지만 죄에 대한 것이 아니라 하나님의 형벌과 심판, 그리고 하나님 자신에 대한 것이다. 3. **자녀의 두려움**은 구원과 영생에의 확신과 연결되어 있으나, **종의 두려움**은 영원한 정죄와 하나님의 거부에 대한 두려움과 기대이며, 하나님의 은혜와 긍휼하심에 대해 갖는 의심 및 절망의 크기에 비례한다. 이것은 마귀와 악인들의 두려움이요, 영원한 죽음의 시작인데, 불경한 자들은 금생에서 이미 이것을 경험한다: "내가 동산에서 하나님의 소리를 듣고 내가 벗었으므로 두려워하여 숨었나이다"(창 3:10), "귀신들도 믿고 떠느니라"(약 2:19).

여기서 우리는 하나님에 대한 사랑과 두려움을 성경에서 자주 하나님께 드리는 예배의 전체를 의미하는 것으로, 혹은 하나님의 모든 명령들에 보편적으로 순종하는 것으로 취한다는 것을 간파해야 할 것이다. "우리가 하나님을 사랑하고 그의 계명들을 지킬 때에 이로써 우리가 하나님의 자녀를 사랑하는 줄을 아느니라"(요일 5:2), "이 교훈의 목적은 청결한 마음과 선한 양심과 거짓이 없는 믿음에서 나오는 사랑이거늘"(딤전 1:5), "여호와를 경외하는 것이 지식의 근본이거늘"(잠 1:7). 그 이유는 하나님을 향한 사랑과 두려움이야말로 전적인 순종의 원인이라는 사실에 있다. 그것이 믿음과 소망에서 비롯되기 때문이다. 하나님을 진정 사랑하고 두려워하는 자들은 그 어떠한 일에서도 하나님을 거스르기를 원치 않고, 무슨 일을 하든 그를 기쁘시게 하고자 애쓰는 법이다.

하나님에 대한 두려움에 반대되는 것으로 결핍의 상태에 속하는 것은 속됨, 육신적인 안일함과 하나님에 대한 멸시가 있고, 과잉의 상태에 속하는 것은 종의 두려움과 절망이 있는데, 이에 대해서는 이미 논한 바 있다.

VI. **겸손.** 이는 우리 속에 있고 우리가 행하는 모든 선한 것들이 우리의 고귀함과 탁월함에서 나온 것이 아니라 하나님의 선하심에서 나오는 것임을 인정하고, 그리하여 하나님의 위엄과 우리 자신의 연약함과 무가치함을 인식함으로써 우리 자신을 하나님께 굴복시키며, 우리 속에 있는 모든 선한 것들에 대해 그 영광을 하나님께만 돌리며, 우리 자신의 불완전함과 과오들을 인정하고 그것들에 대해 안타까워하며, 하나님께서 우리에게 정해 주신 것보다 더 높은 지위를 스스로 탐하지도 않고, 우리의 은사들에 불평하지도 않으며, 하나님의 도우심으로 말미암아 우리의 소명과 금생에서의 지위에 만족하며, 우리보다 더 좋은 상황에 처한 다른 이들에 대해 시기하지 않으며, 그들이 의무를 다하지 못하도록 방해하지도 않으며, 오히려 그들이 하나님의 유익한 도구들이 되기를 구하며, 그리하여 그들에게 합당한 존경과 명예를 돌리며, 우리의 능력으로 이룰 수 없는 일을 우리 자신에게 돌리거나 시도하지 않고, 다른 이들이 소유한 더 높고 탁월한 능력들을 시기하지도 않으며, 하나님의 영광과 형제들의 구원을 위하여 — 또한 낮고 비천한 계층의 사람들의 구원을 위하여도 — 우리의 모든 은사와 노력을 기울여 최선을 다하며, 우리의 희망대로 되지 않거나 우리가 멸시를 당해도 하나님께 불평하지 않으며, 모든 일에서 하나님의 지혜와 의를 찬송하는 것이다. "누가 너를 남달리 구별하였느냐? 네게 있는 것 중에 받지 아니한 것이 무엇이냐? 네가 받았은즉 어찌하여 받지 아니한 것 같이 자랑하느냐?"(고전 4:7), "하나님은 교만한 자를 대적하시되 겸손한 자들에게는 은혜를 주시느니라"(벧전 5:5), "그러므로 누구든지 이 어린아이와 같이 자기를 낮추는 사람이 천국에서 큰 자니라"(마 18:4), "아무 일에든지 다툼이나 허영으로 하지 말고 오직 겸손한 마음으로 각각 자기보다 남을 낫게 여기고"(빌 2:3).

겸손에 반대되는 것 가운데 이 덕이 결핍된 상태에 속하는 것은 **교만** 혹은 **거만**이다. **교만**은 우리에게 있는 은사들을 하나님께 돌리지 않고 우리 자신의 고귀함과 본성적인 능력에 돌리며, 그리하여 우리 자신과 우리의 은사들을 높이 추켜세우는 것에 있다. 교만에 사로잡힌 사람은 하나님을 두려워하지도 않고, 자신의 불완전한 것들을 인정하지도 않으며, 끊임없이 더 높은 지위를 탐하며, 자기에게 없는 것을 있다고 고집하며, 자기 힘으로 할 수도 없고 자신의 소명에도 관계없는 일들을 시도하며, 자기보다 위에 있는 자들을 멸시하고, 아무에게도 숙이지 않으며, 다른 이들보다 앞서고 높아지기를 바라며, 자신의 은사들과 지혜로 자기 자신의 찬양과 영광을 추구하며, 하나님과 사람을 불쾌하게 여기고, 자기의 바라는 바대로 계획이 실현되지 않으면 하나님께 대해 불평하고 욕하며, 심지어 사람들의 생각과 바람대로 일이 이루어지지 않을 때에 불공평하다며 하나님을 비난하기까지 하는 것이다. 혹은, 좀 더 간단히 표현하자면, 교만이란 자기 자신과 자신의 은사와 공적을 높이는 데에 있다. 이런 은사들을 자기 자신의 것으로 돌리며, 그 정당한 영역에 속하지 않은 일들을 시도하며, 자기 자신의 소원과 바람이 이루어지지 않을 때에는 실망하여 하나님께 대하여 투정하는 것이다. 이에 대해서 성경은 이렇게 말씀한다: "무릇 마음이 교만한 자를 여호와께서 미워하시나니"(잠 16:5; 벧전 5:5).

겸손에 반대되는 것으로 다른 쪽의 극단에 속하는 것은 **가장된 온순** 혹은 **가장된 겸손**이다. 가장된 겸손은 자기 스스로는 자기에게 속한다고 생각하면서도 겉으로 그것들을 부인하거나 혹은 속으로는 은밀하게 얻기를 바라는 것들을 겉으로 거부함으로써 겸손하게 보여 사람들의 칭찬을 받고자 하는 것이다. "금식할 때에 너희는 외식하는 자들과 같이 슬픈 기색을 보이지 말라. 그들은 금식하는 것을 사람에게 보이려고 얼굴을 흉하게 하느니라. 내가 진실로 너희에게 이르노니 그들은 자기 상을 이미 받았느니라"(마 6:16). 아리스토텔레스는 이것을 **가장된 겸양**(affected niceness)이라 부른다. 어떤 이들은 아리스토텔레스가 사용한 단어를 **헛되이 영광을 추구하는 위선자**(vain glorious dissembler)로 번역하기도 한다. 아리스토텔레스의 진술(Ethic. lib. 4. cap. 7)은 다음과 같이 번역할 수 있을 것이다: "사소하지만 분명히 드러나는 사안에 대해 거짓으로 가장하는 자들은 간교한 위선자들이라 부르며 일반적으로 멸시하는데, 때때로 이것은 스파르타인의 복장을 하는 것처럼 교만에 있다." 그러므로 이 가짜 겸손은 이중적인 교만이다.

VII. **인내.** 이는 하나님께서 우리가 견디기를 바라시며 우리에게 보내시는 갖가지 악과 역경을 당하는 중에 하나님께 순종하고 굴복하는 것으로서, 하나님의 지혜와 섭리와 정의와 선하심을 아는 지식에서 나온다. 이는 각양 악한 일들을 당하면서도 그 때문에 하나님께 불평하지 않으며 하나님의 명령에 반하는 일을 하지 않고, 환난 중에서도 하나님을 신뢰하며 그가 우리에게 은혜와 도우심을 주시리라는 소망을 가지며, 하나님께서 구해주시기를 바라며, 또한 이런 지식과 신뢰로써 우리가 당하는 슬픔과 고난을 이기는 것이다. 혹은 좀 더 간단히 말하자면, 인내란 하나님께 굴복하여 그가 우리에게 보내시는 갖가지 악들을 견디는 것으로, 하나님의 위엄에 대한 지식과 또한 하나님의 도우심과 구원에 대한 확신에서 나오는 것이다. 성경은 이에 대해 다음과 같이 말씀한다: "여호와 앞에 잠잠하고 참고 기다리라"(시 37:7), "여호와를 바라고 그의 도를 지키라"(시 37:34).

겸손과 **인내**는 제 1 계명에 속하는데, 이는 그것들이 하나님께서 자기 자신에게 직접 드리기를 요구하시는 내적인 순종의 일부이기 때문이기도 하거니와, 또한 하나님을 아는 참된 지식과 신뢰, 그리고 하나님에 대한 사랑과 두려움의 필수적인 결과들로서 그 순종에 반드시 수반되기 때문이기도 하다.

인내와 반대되는 것으로 결핍의 상태에 속하는 것은 **조급함**(impatience)인데, 이것은 하나님의 지혜와 섭리와 정의와 선하심에 대한 무지와 불신에서 비롯되는 마음의 상태로서, 하나님께서 우리에게 보내시는 악과 역경들을 견딤으로 하나님께 순종하면서도 우리의 고난으로 인하여 하나님께 불평하거나 그의 계명들을 어기며, 하나님으로부터 도우심과 구원을 구하거나 기대하지 않으며, 그리하여 하나님의 뜻에 대한 우리의 지식과 확신으로 우리의 괴로움을 완화시키려 하지 않고 오히려 그것에 압도되어 절망에 빠지는 것이다. 사울과 유다가 이러한 조급함의 실례들이며, 욥도 괴로움 중에 그가 토로한 불평들에서 이것의 증거를 보여주었는데, 경건한 자들이 고난 중에서 이런 조급함을 보일 수도 있는 것이다.

생각 없음 혹은 **경솔함**은 인내와 반대되는 것으로 과잉의 상태에 속하는 것인데, 사려 깊지 못하거나 무지하거나 생각이 없어서, 혹은 헛된 주제 넘는 확신으로, 우리 자신의 소명과 하나님의 뜻에 대해서 불필요하게 위엄에 빠지는 것이다. 위험을 사랑하는 자는 그 속에서 멸망하고 말 것이다.

여기서 한 가지 더 지적할 것은, 이 계명과 기타 계명들에서 동일한 악들이 여러 가지 다른 덕들에 반하는 것으로 나타나는 경우가 많다는 것이다. 이 계명에서 육신적인 안일함이 믿음과 소망과 하나님에 대한 두려움에 반하는 것으로 제시되며, 하나님을 시험하는 것이 소망과 하나님에 대한 사랑, 겸손과 인내에 반하는 것으로 나타나는 한편, 우상숭배는 하나님을 아는 참된 지식과 믿음에철저하게 어긋나는 것이다. 다른 계명들의 덕들과 악들에서도 동일한 사실을 볼 수 있고, 또한 반드시 보아야 할 것이다.

제 2 계명

96문 제 2 계명에서는 하나님께서 무엇을 요구하십니까?
답 결코 하나님을 형상으로 만들지 않는 것과, 하나님께서 그의 말씀에서 명령하신 것 외에 다른 방식으로 그를 예배하지 않는 것입니다.

[해 설]

이 계명에는 두 가지가 포함되어 있다. 곧, 계명 그 자체와 순종에 대한 권면이 그것이다. 이 계명의 목적 혹은 의도는, 제 1 계명에서 오직 자신만을 예배할 것을 명령하신 그 참되신 하나님을 정당한 형식으로, 혹은 지능 있는 피조물들이 드려야 마땅한 올바른 예배로 — 사람의 상상과 수단에 합당한 그런 예배로가 아니라 그를 기쁘시게 하는 그런 예배로 — 예배하도록 하는 데 있다. 혹은, 이 계명의 의도는, 하나님께서 규정하신 예배를 순결하고도 부패하지 않은 상태로 보존시키며, 그 어떠한 형태의 미신적인 예배로도 침해하지 못하도록 하는 것이라고도 말할 수 있을 것이다. 그러므로 여기서는 하나님께 드리는 참된 예배를 명령하는 것이요, 또한 동시에 하나님께서 지정하신 경계를 거룩하고도 양심적으로 잘 지켜야 할 것과 또한 하나님께서 제정하신 예배에 그 어떤 요소도 덧붙이지 말아야 하며 아무리 사소한 부분이라도 왜곡시켜서는 안 된다는 원칙을 제시하는 것이다. 성경은 다른 여러 곳에서 이에 대해 분명하게 교훈하고 있다. 하나님께 드리는 참된 예배는 하나님께서 명령하신 내적이며 외적인 모든 일을 믿음으로 행하는 데 있는데, 이는 곧 중보자로 말미암아 하나님께서 그 사람과 그 일 모두를 기뻐하신다는 충만한 확신을 가지며, 또한 하나님을 영화롭게 하고자 하는 의도로 그 일을 행하는 것이다. 참으로 하나님을 예배하는 것은 하나님께서 친히 그의 말씀에 지정하신 방식으로 그를 예배하는 것이다.

반면에 이 계명은 사람의 뜻에 근거한 모든 형태의 예배를, 혹은 그릇된 예배를 금지하며, 하나님께 형상과 피조물들을 통하여 예배드리는 행위를 금한다. 참되신 하나님을 그 어떠한 형상이나 모양으로도 나타내서는 안 되고, 형상으로 그를 예배해서도 안 되며, 하나님께서 지정하시지 않은 그 어떠한 종류의 예배도 안 되는 것이다. 하나님께서 그릇된 예배의 원리는 물론 형상으로 그를 예배하는 그 가장 심각한 형태도 정죄하신다면, 그것은 곧 그가 동시에 다른 모든 형태의 그릇된 예배도 정죄하신다는 것이다. 그 모든 것들이 바로 이 원리에서 나오기 때문이다. 하나님께서 이처럼 가장 충격적인 종류의 우상숭배를 금지하시지만, 그렇다고 해서 그가 제정하신 바와 어긋나는 다른 형태의 예배를 간과하신다거나 배제하시는 것이 아니다. 왜냐하면 이런 우상숭배야말로 다른 모든 예배 형태의 뿌리요 기초이기 때문이다. 그러므로 하나님께서 제정하시지 않고 사람이 조작해낸 예배는 여하한 종류를 막론하고 제 2 계명에서 금지되고 있는 것이다.

그러므로 제 2 계명에 반하며, 또한 하나님에 대한 참된 예배에 어긋나는 것들에는 다음과 같은 것들이 있다:

1. **우상숭배**. 이는 하나님께 드리는 거짓되거나 미신적인 예배에 있다. 이미 언급한 바와 같이 우상숭배에는 크게 두 종류가 있다. 그 하나는 더 심각한 것인데, 거짓된 신에게 예배하는 것으로, 참되신 하나님께만 드려야 할 예배를 그 하나님 대신 혹은 그 이외에 다른 대상에게 — 그 대상이 상상 속에 있는 실재하든 간에 — 드리는 것이다. 이 종류의 우상숭배는 제 1 계명에서 구체적으로 금지하며, 또한 제 3 계명에서도 부분적으로 금지하고 있다. 또 한 종류의 우상숭배는 좀 더 교묘하고 세련된 것으로서, 참되신 하나님을 예배한다고 하면서 그릇된 종류의 예배를 드리는 것인데, 하나님께서 지정하시지 않은 방식으로 무슨 행위를 하면서 하나님께 예배드린다거나 그를 존귀히 여긴다고 상상할 경우가 여기에 속한다. 이 종류의 우상숭배는 제 2 계명에서 더 명확하게 정죄하고 있고, 그것을 미신이라 이름하는데, 이는 하나님의 계명들에다 사람들이 만들어낸 것들을 덧붙이기 때문이다. 하나님께 드리는 예배를 자기들이 만들어낸 것들로 부패시키는 자들을 가리켜 미신적이라 부르는 것이다. 이처럼 사람의 뜻에서 나오는 예배(will-worhip) 혹은 미신은 하나님의 말씀 도처에서 정죄하고 있다: "이 백성이 입술로는 나를 공경하되 마음은 내게서 멀도다. 사람의 계명으로 교훈을 삼아 가르치니 나를 헛되이 경배하는도다"(마 15:8, 9), "그러므로 먹고 마시는 것과 절기나 초하루나 안식일을 이유로 누구든지 너희를 비판하지 못하게 하라"(골 2:16), "너희가 … 사람의 명령과 가르침을 따르느냐? 이런 것들은 자의적 숭배와 겸손과 몸을 괴롭게 하는 데는 지혜 있는 모양이나 오직 육체 따르는 것을 금하는 데는 조금도 유익이 없느니라"(골 2:22, 23).

다음과 같은 **반론**에 대해서는 쉽게 답변할 수가 있다: 우상숭배는 제 1 계명에서 금지되며, 제 2 계명에서도 금지된다. 그러므로 그 둘은 한 계명을 이룬다.

답변. 제 1 계명은 다른 신을 섬기는 경우와 같이 한 가지 형태의 우상숭배를 금하며, 제 2 계명은 참되신 하나님을 정당한 것과는 다른 방식으로 예배하는 경우와 같이 또 다른 종류의 우상숭배를 금하는 것이다. **재반론**. 그러나 항상 우상숭배가 있는 것이고, 또 예배를 받는 다른 신이 있는 것이다.

답변. 과연 항상 우상이 있다. 그러나 언제나 사람들의 의도에 그것이 있는 것은 아니다. 그러므로, 제 2 계명을 거슬러 죄를 범하는 자들은 제 1 계명도 거스르는 것이다. 왜냐하면 마땅히 하나님을 예배해야 할 방식이 아닌 다른 방식으로 하나님을 예배하는 자들은 실상 참되신 하나님의 모습과는 다른 또 하나의 하나님을 상상하는 것이며, 그리하여 하나님을 예배하는 것이 아니라 자기들의 머릿속에서 꾸며놓은 것을 하나님이라 여겨서 그에게 예배하는 것이기 때문이다.

2. **외식**. 이는 참된 경건과 하나님을 향한 예배의 모습을 보이며, 도덕적이든 의식적이든 하나님께서 명령하신 외형적인 일들을 행하지만, 참된 믿음과 회심 혹은 내적인 순종이 없이 행하는 것이다. 이사야 선지자는 이 죄를 다음과 같은 말씀으로 묘사하고 정죄한다: "이 백성이 입으로는 나를 가까이 하며 입술로는 나를 공경하나 그들의 마음은 내게서 멀리 떠났나니 그들이 나를 경외함은 사람의 계명으로 가르침을 받았을 뿐이라. 그러므로 내가 이 백성 중에 기이한 일 곧 기이하고 가장 기이한 일을 다시 행하리니"(사 29:13, 14).

3. **신성모독**(profanity). 이는 모든 신앙과, 또한 하나님을 향한 내적이며 외적인 예배와, 그 일부를 자의로 물리치고 멸시하는 것으로, 이 계명만이 아니라 첫 번째 돌판과 두 번째 돌판에 지정된 바 하나님께 드리는 예배 전체를 대적하는 것이다.

여기서 우리가 말한 내용에 반론을 제기하며, 사람의 뜻에 근거한 예배를 지지하는 자들이 있다. 그들은 우리가 그런 예배를 정죄하는 것으로 인용한 그 본문들이 그저 모세가 제정한 의식들과 사람들의 부당한 명령들에 대해서만 말씀하는 것이며 따라서 하나님께 드리는 예배와는 관계가 없고, 교회와 감독들이 인준한 강령들과 또한 하나님의 말씀에 거스르지 않는 명령들은 그 본문들과는 관계가 없다고 주장한다. 그러나 이런 반론이 그릇되다는 것은 우리가 언급한 그 성경 본문들과 연관된 분명한 선언들에서 입증된다. 그 선언들 역시 하나님께서 명령하시지 않은 내용을 사람들이 자기들의 권위로 예배와 관련하여 지정해 놓은 모든 인간의 법규들을 ― 물론 그 내용 자체는 죄악되지 않고 하나님께서 금하신 것이 아니라 할지라도 ― 거부하는 것이다. 그리하여 그리스도께서는 유대인들이 손 씻는 예와 관련하여 지켜오던 전통을 ― 그것 자체가 죄가 아니었음에도 불구하고 ― 거부하신다. 왜냐하면 그들은 그것을 하나님께 드리는 예배와 결부시켰기 때문이다. "입으로 들어가는 것이 사람을 더럽게 하는 것이 아니라 입에서 나오는 그것이 사람을 더럽게 하는 것이니라"(마 15:11), "화 있을진저 외식하는 서기관들과 바리새인들이여 잔과 대접의 겉은 깨끗이 하되 그 안에는 탐욕과 방탕으로 가득하게 하는도다"(마 23:25).

독신(獨身)의 문제에 대해서나 고기를 구별하고, 날을 구별하는 문제에 대해서도 똑같이 말할 수 있다. 사도 바울은 이에 대해 말하면서(롬 14:6; 딤전 4:1-3), 그것들 그 자체는 경건한 자들에게 정당하며 그 역시 다른 곳에서 가르치는 것이었지만, 그것들을 가리켜 "귀신의 가르침"이라 부르는 것이다. 그러므로, 그 자체로서는 중립적이며 하나님께서 명령하시지도 금하시지도 않은 것들이라 할지라도, 그것들을 지정하여 하나님께 드리는 예배로서 행하도록 하거나, 혹은 그런 것들을 행하면 하나님께서 영광을 받으시고 그것들을 소홀히 하면 하나님께서도 소홀히 여김을 받으신다고 생각한다면, 성경은 이 본문들과 다른 비슷한 본문들에서 그것들을 정죄하는 것이 분명히 드러나는 것이다.

그러므로, 그 자체로서 중립적인 행위들은 하나님께 예배하는 행위들과 조심스럽게 구별해야 한다: 1. 하나님께서 지정하신 것과 다른 예배를 상상한다는 것은 곧 하나님의 또 다른 뜻을 상상하는 것이요, 따라서 또 다른 하나님을 상상하는 것이기 때문이다. 그러므로 과거 아론과 여로보암의 경우처럼 이를 행하는 자들은 다른 신을 공공연히 예배하는 자들에 못지않게 우상숭배의 죄를 짓는 것이다. 2. 하나님께 드리는 참된 예배를 거짓된 예배와 뒤섞음으로써, 사람이 만들어낸 예배 형식에서 영광을 받는 우상들과 참되신 하나님을 뒤섞어 놓는 것이기 때문이다. 3. 무엇이든 믿음을 따라 하지 아니하는 것은 다 죄이기 때문이다(롬 14:23). 그런데 과연 하나님께서 이런 방식으로 예배를 받으실지 혹은 받지 않으실지를 양심으로 알지도 못하고 의심하지도 않으면서, 그저 하나님께 예배하려고 어떤 일을 행하는 자는 믿음으로 그 행위를 하는 것이 아니다. 자기 행위가 하나님을 기쁘시게 할지 불쾌하시게 할지에 대해 무지하며 따라서 하나님을 높이 기리는 것이 아니기 때문이다.

그러나 사람들이 만들어낸 예배 형태를 변호하면서, 성경이 사람들의 명령에 복종하라는 성경의 갖가지 선언들을 제시하며, 또한 사람들의 명령이 하나님의 강령들과 동일한 힘과 권위를 지니므로 하나님께 드리는 예배의 본질을 지닌 것이라고 주장하는 자들이 있으므로, 여기서 사람의 명령들과 그것들의 차이들에 대해서 몇 가지 언급할 필요가 있을 것이라 여겨진다.

사람의 계명과 교회의 전통의 권위에 관하여

사람들이 명령하는 것들에는 네 가지 부류가 있다. **첫째로, 하나님께서 요구하시는 신적인 계명들**이 있는데, 사람들이 이것들에 순종하도록 스스로를 가르쳐야 한다. 그러나 자기들 자신의 이름으로가 아니라 하나님 자신의 권위로, 이 계명들의 주인으로서가 아니라 그의 사역자들과 전령(傳令)들로서 그렇게 하는 것이다. 복음의 사역자들이 하늘로부터 교회에게 계시된 교리를 선포하는 것이, 또한 부모가 자녀에게, 교사가 제자들에게, 그리고 국가의 통치자들이 그 신민(臣民)들에게 십계명의 강령들을 알게 하는 것이, 바로 이런 방식으로 이루어지는 것이다. 이 계명들에 순종하는 것이 하나님께 드리는 예배인데, 이는 그것들이 사람의 계명이 아니라 하나님의 계명이며, 따라서 혹 피조물들이 자기의 권위나 명령으로 그것들을 따르지 못하게 하고 반대하게 한다 할지라도 반드시 순종해야만 하는 것이기 때문이다. 성경은 이 계명들에 대해 다음과 같이 말씀하고 있다: "내 아들아 네 아비의 명령을 지키며 네 어미의 법을 떠나지 말고"(잠 6:20), "사람이 만일 무법하게 행하고 네 하나님 여호와 앞에 서서 섬기는 제사장이나 재판장에게 듣지 아니하거든 그 사람을 죽여 이스라엘 중에서 악을 제하여 버리라"(신 17:12), "교회의 말도 듣지 아니하거든 이방인과 세리와 같이 여기라"(마 18:17; 또한 눅 10:17; 살전 4:2, 8; 출 6:8; 마 23:2, 3; 히 13:17; 고전 4:21; 고후 13:10; 살후 3:14 등을 보라). 이 모든 선언들은 사람들을 하나님의 사역자들로 인정하여 사역에 정당하게 속한 사안들에 대해서 그들의 명령을 따라야 마땅하다는 것을 가르친다. 그러나 하나님께 드리는 예배에 자기들이 좋아하는 대로 새로운 형식들을 만들어낼 권한을 사람들에게 허용하는 것은 절대로 아니다. 성경은 이렇게 말씀한다: "너는 그의 말씀에 더하지 말라 그가 너를 책망하시겠고 너는 거짓말하는 자가 될까 두려우니라"(잠 30:6), "내가 마게도냐로 갈 때에 너를 권하여 에베소에 머물라 한 것은 어떤 사람들을 명하여 다른 교훈을 가르치지 말며"(딤전 1:3. 또한 딤전 6:2-5; 4:11; 딤후 3:16, 17 등을 보라).

둘째로, 사람들이 규정한 시민적 규정들이 있다. 여기에는 두 번째 돌판의 도덕적 강령들을 확실히 준수하도록 하는 데에 필수적이고 유용한 조처들이 포함된다. 곧, 국가의 통치자들과 부모들과 교사들과 스승 등, 권위의 위치에 있는 모든 자들이 부과하는 적극적인 법들이 그것이다. 일반적인 사안 ― 즉, 하나님께서 주신 도덕적인 명령 ― 에 관한 한, 순종은 곧 하나님께 예배하는 것이며, 여기에는 국가의 통치자 등 권세 있는 자들에게 복종하는 것도 포함된다. 그러나 행동이나 혹은 그것과 연관되는 정황들에 관한 특별한 사안의 경우는 그렇지 않다. 그런 것들에 순종하는 것은 하나님께 예배하는 것이 아니다. 하나님의 명령 때문에 반드시 행해야 하는 그런 신적인 예배를 이루는 행위들의 경우는 피조물이 그것에 대해 아무런 명령도 하지 않는다 할지라도 그것들에 반드시 순종해야 하고 또한 그렇게 하는 것이 하나님께 예배하는 것이다. 그러나 그런 정황들에 관한 특별한 사안들은 통치자가 명령하지 않았다 하더라도 얼마든지 행할 수 있고 또 행하지 않을 수도 있으며, 이런 것은 하나님께 아무런 거역이 되지 않는 것이다. 그러나 통치자들과 기타 사람들이 제정한 이런 시민적 규정들은 양심을 주장한다. 즉, 그것들을 반드시 지켜야 하고, 그것을 무시하게 되면 혹 공적인 스캔들에 연루되지 않더라도 하나님께 거역이 되며, 따라서 하나님께 순결하고 흠이 없는 순종을 드리기 위해서는 이를 무시해서는 안 되는 것이다. 그러므로, 무기(武器)를 드느냐 들지 않느냐 하는 것은 그 자체로는 하나님께 예배하는 문제와는 상관이 없다. 그러나 통치자가 그것을 명령하든지 금지하든지 하면, 거기에 복종하는 것이 하나님께 예배하는 것이 되며, 따라서 이 명령이나 금령을 거슬러 행동하는 자는 혹시 그런 행동을 감추어 아무도 거스르는 일이 없다 해도 결국 하나님을 거스르는 죄를 범하는 것이다. 왜냐하면 일반적인 문제, 즉 통치자에게 복종하는 일이 하나님께 예배하는 일인데, 바로 그것을 어기기 때문이다. 그러나 이런 행동들 그 자체가 하나님을 예배하는 것이 되는 것이 아니고, 통치자가 그런 행동을 명령했다는 그 부수적인 요인 때문에 하나님을 예배하는 것이 되는 것이다. 다음의 성경 본문들이 이 문제와 결부된다: "각 사람들은 위에 있는 권세들에게 복종하라"(롬 13:1), "권세를 거스르는 자는 하나님의 명을 거스름이니"(롬 13:2), "그러므로 복종하지 아니할 수 없으니 진노 때문에 할 것이 아니라 양심을 따라 할 것이라"(롬 13:5), "너는 그들로 하여금 통치자들과 권세 잡은 자들에게 복종하며 순종하며 모든 선한 일 행하기를 준비하게 하며"(딛 3:1; 또한 엡 6:1; 골 3:22, 23 등을 보라).

셋째로, 사람들이 규정한 **교회적 혹은 의식적 규정들**이 있는데, 첫 번째 돌판의 도덕적 강령들을 지속적으로 준수하는 데에 필요하고 또 유용한 정황들을 결정하는 일들이 여기에 포함된다. 곧, 설교의 시간과 장소, 형식, 순서 등과 교회의 공적인 기도와 성경 읽기, 금식, 목사의 선출 절차, 구제물의 모금과 분배 등 하나님께서 구체적인 명령을 주시지 않은 그런 성격의 사안들이 이에 속한다. 이런 법규들과 관련되는 일반적인 명령들은, 올바로 유익하게 제정되었을 경우에는 시민적 규정의 경우와 같이 도덕적인 성격을 띠며, 따라서 그것들에 순종하는 것은 곧 하나님께 예배하는 것이다. 그러나, 여기서 제정된 의식들 자체는 하나님께 예배하는 것도 아니요 사람의 양심을 구속하는 것도 아니며, 또한 그것들을 무시하는 것이 과실의 계기가 될 경우가 아니면 그것들을 준수하는 것 자체가 불필요한 것이다. 그러므로, 기도할 때에 이런 형식을 취하느냐 저런 형식을 취하느냐, 이때에 기도하느냐 저때에 기도하느냐, 이곳에서 기도하느냐 저곳에서 기도하느냐, 무릎을 꿇고 기도하느냐 서서 기도하느냐, 교회에서 이 성경 본문을 읽고 해석하느냐 저 성경 본문을 읽고 해석하느냐, 고기를 먹느냐 먹지 않느냐 하는 등등의 문제들은 하나님께 예배하는 것과는 관련이 없는 중립적인 문제인 것이다. 또한 이런 규정들을 정하거나 폐지하거나 변경하는 권한과 권위가 교회에게만 있는 것이 아니고 ─ 물론 교회를 강건하게 세우는 데에 가장 최상이라고 여겨서 그런 일들을 할 수도 있으나 ─ 개개인의 양심도 이런 자유를 보유하고 있어서 그들도 얼마든지 이런 일들을 행할 수도 있고 혹은 달리 행할 수도 있고, 그때에 하나님께 아무런 거스름이 되지 않을 수도 있는 것이다. 곧, 그런 개개인의 처신이 교회의 사역을 무시하거나 소홀히 하는 데에서 나오거나, 혹은 방종한 태도나 야망이나 혹은 분쟁을 일으키려는 마음에서나 연약한 자를 거스르고자 하는 의도로 그렇게 하는 것이 아니라면, 어떻게 처신하든 하나님께는 아무런 거스름이 되지 않는다는 것이다. 그 이유는, 율법제정자의 의도와 계획에 따라서 준수하는 것이 곧 그 율법을 올바로 준수하는 것이기 때문이다.

그러나 교회로서는, 중립적인 사안들에 관하여 규정들을 제정할 때에 교회에게 그럴만한 권위나 명령이 있기 때문에 그렇게 해서는 안 되며, 오직 교회의 질서를 지키고 과실을 피하기 위해서 그렇게 해야 한다는 것을 명심해야 한다. 그러므로 교회의 질서가 침해받지 않고 과실이 범해지지 않는 한, 각 사람의 양심이 자유로이 판단하여 처신하도록 해야 한다. 왜냐하면 중립적인 일들이라 할지라도 때로는 교회의 명령이나 교회의 사역 때문이 아니라 정당한 대의(大義)를 위하여 반드시 행해야 할 경우도 있고 행해서는 안 될 경우도 있기 때문이다.

여기서 바울의 말씀을 인용하는 것이 적절할 것이다: "불신자 중 누가 너희를 청할 때에 너희가 가고자 하거든 너희 앞에 차려 놓은 것은 무엇이든지 양심을 위하여 묻지 말고 먹으라. 누가 너희에게 이것이 제물이라 말하거든 알게 한 자와 그 양심을 위하여 먹지 말라. 내가 말한 양심은 너희의 것이 아니요 남의 것이니 어찌하여 내 자유가 남의 양심으로 말미암아 판단을 받으리요. 만일 내가 감사함으로 참여하면 어찌하여 내가 감사하는 것에 대하여 비방을 받으리요"(고전 10:27-30; 또한 행 15장, 고전 11장을 보라).

반론. 만일 통치자들의 명령이 사람의 양심을 구속한다면, 교회의 전통은 어째서 그렇지 않단 말인가?

답변. 이 둘은 서로 경우가 다르다. 하나님께서는 통치자에게 시민법을 제정할 권위를 주셨고, 이 법을 거역하는 모든 자들에게 그의 진노를 부으시겠다고 경고하셨다. 그러나 교회나 교회의 사역자들에게는 하나님께서 그런 권위를 주신 일이 없고, 다만 그들의 규정들을 사랑의 법칙에 따라서 준수하기만을 요구하셨다. 곧, 과실을 피하고자 하는 의도로 규정들을 준수할 것이요, 마치 그 자체를 준수하는 것이 필수적인 것처럼 양심을 구속해서는 안 된다는 것이다. 성경은 이런 차이를 분명하게 가르치고 있다: "이방인의 집권자들이 그들을 임의로 주관하고 그 고관들이 그들에게 권세를 부리는 줄을 너희가 알거니와 너희 중에는 그렇지 않아야 하나니"(마 20:25, 26), "맡은 자들에게 주장하는 자세를 하지 말고 양 무리의 본이 되라"(벧전 5:3), "먹고 마시는 것과 절기나 초하루나 안식일을 이유로 누구든지 너희를 비판하지 못하게 하라"(골 2:16), "그러므로 굳건하게 서서 다시는 종의 멍에를 메지 말라"(갈 5:1). 이러한 차이가 있는 이유는 분명하다: 1. 국가의 통치자는 그 통치 영역 내에서 신민을 다스리는 권위를 행사하며 복종하지 않는 자들을 물리적인 형벌로써 강제로 통제하지만, 교회의 사역자들에게는 그런 권한이 주어져 있지 않고 다만 하나님의 뜻에 관하여 사람들을 가르치는 기능이 부여되어 있기 때문이다. 2. 교회적 규정들을 범하여도 그로 인하여 과실이 초래되지 않을 경우에는 십계명의 첫 번째 돌판을 범하는 것이 전혀 없으나, 국가의 시민적인 법질서를 범할 경우에는 아무런 과실이 일어나지 않더라도 두 번째 돌판을 범하는 것이기 때문이다. 그런 일은 어떤 식으로든 국가에게 해를 끼치거나 혹은 해를 끼치는 계기를 제공하기 마련이기 때문이다.

재반론. 더 크고 더 존귀한 직분에 대해 반드시 복종해야 한다. 그러므로 교회의 사역자들이 제정한 것들이 시민법보다 더 강하게 사람의 양심을 구속하는 법이다.

답변. 더 크고 더 존귀한 직분에게 복종해야 하나, 그 직분 자체에 정당하게 속한 그런 사안에 대해서 복종해야 한다. 국가의 통치자의 정당한 임무는 법을 제정하는 것이며 이때에 그 명령 자체를 존중하여 그 법들을 반드시 준수하여야 한다. 반면에 교회의 사역자들의 임무 중에 의식적인 강령들을 제정하는 것이 있으나, 그것들은 사람의 명령으로 여겨서가 아니라 과실을 막고자 하는 목적으로 지켜야 하는 것이다.

넷째로, 하나님의 계명들에 반하는 인간의 법들이 있다. 국가의 통치자가 규정하는 것이든 혹은 교회와 그 사역자들이 규정하는 것이든 간에, 하나님께서는 이런 것들을 지키는 일을 금지하신다. 그리하여 하나님께서는 이렇게 말씀하시는 것이다: "사람보다 하나님께 순종하는 것이 마땅하니라"(행 5:29), "너희는 어찌하여 너희의 전통으로 하나님의 계명을 범하느냐?"(마 15:3).

지금까지 논의한 내용을 근거로 우리는 다음과 같은 반론들에 대해 쉽게 답변할 수 있을 것이다:

반론 1. 하나님께서는 사람의 법들에 복종할 것을 명령하신다.

답변. 하나님께서 우리에게 준수할 것을 요구하시는 것들은 다음과 같다: 1. 선하며 또한 그의 말씀에 반하지 않는 것들. 2. 그를 예배하도록 하기 위하여 사람들을 통하여 그가 친히 명령하신 것들. 3. 사람의 권위에 의존하는 시민적 규정들. 이에 대해 우리가 복종하는 것은 하나님을 예배하기 위해서가 아니라 양심을 위한 것이다. 4. 예배를 위해서나 양심을 위해서가 아니라 과실을 피하기 위하여 준수하는 그런 교회적인 규정들.

반론 2. 성령의 역사하심 아래에서 교회가 명령하는 사안들은 하나님의 명령이요 하나님께 예배하는 것과 관련된다. 그런데 교회는 성령의 인도하심 아래에서 선하고도 유익한 규정들을 제정한다. 그러므로 이 규정들은 사람의 양심을 구속하며 또한 하나님께 예배하는 것과 관련되는 것이다.

답변. 교회가 성령의 역사하심 아래에서 제정하는 내용들과 관련되는 일반적인 사안은 하나님을 예배하는 것과 관계가 있다. 이는 사랑의 법칙을 적절히 따르며, 과실을 피하고, 교회의 질서와 정당한 절차를 보존할 것을 요구하는 신적인 법들을 포괄한다. 교회가 성령의 역사하심 아래에서 제정하는 바 일반적인 사안에 관계되는 규정들이나 법규들도 신적인 명령들이다. 왜냐하면 그것들이 하나님께서 우리로 하여금 보존하고 지키도록 그의 말씀 속에서 맡겨놓으신 법들의 일부를 이루기 때문이다. 그러나 신적인 법 가운데서 일반적으로 해명하는 것이 아니라 선언된 내용을 구체적으로 지칭하는 경우에는 교회가 제정한 선한 규정들은 인간적이며 사람의 법규들이다. 그러므로 이런 법규들은 교회가 자기 자신의 권위로, 또한 자기 자신의 이름으로 권고하고 결정하고 명령하는 것들로서, 비록 성령의 인도하심을 받아 선택하고 결정한 것들이라 할지라도, 하나님께 드리는 예배를 구성하는 것이 아니다. 성령께서는 교회에게 과실을 피하는 데에 유익한 내용도 선포하시는데, 과실을 피하기 위해서 선포되는 내용은 하나님께 드리는 예배와도 관계가 없고, 과실을 피하고자 하는 목적이 아니면 지킬 필요가 없는 것이다.

이는 성경의 다음과 같은 선언에서 잘 드러난다: "내가 이 말을 함은 허락이요 명령은 아니니라"(고전 7:6), "내가 이것을 말함은 너희의 유익을 위함이요 너희에게 올무를 놓으려 함이 아니니 오직 너희로 하여금 이치에 합당하게 하여 흐트러짐이 없이 주를 섬기게 하려 함이라"(고전 7:35). 그리하여 바울은 우상에게 드려진 제물을 먹는 문제에 관하여, 그것이 연약한 형제를 거스르게 할 경우에는 금하며, 그 밖의 상황에서는 개개인이 자신의 처신을 자유로이 택하도록 하는 것이다. 또한 사도들이 예루살렘에 모였을 때에도 성령의 인도하심을 받아서 명령하기를, 피와 목매어 죽인 것을 멀리하라고 명령하면서도, 동시에 이 문제에 대해 저촉되지 않는 경우에는 이 문제에 대해 교회가 자유로이 행하도록 허용하였던 것이다(행 15:28, 29).

반론 3. 하나님의 영광을 위하여 행하는 일들에서 하나님은 예배를 받으신다. 교회가 결정하는 일들은 하나님의 영광을 위하여 행하는 일이다. 그러므로 그것들도 하나님께 드리는 예배다.

답변. 하나님의 영광을 위하여 행하는 일들과 또한 우리가 그에게 순종한다는 것을 선포하기 위하여 행하는 일들은 과연 하나님께 드리는 예배다. 그러나 우발적으로 하나님께 영광을 돌리는 일들은 그렇지 않다. 곧, 우연한 원인들 때문에 하나님께서 명하신 일들을 수행하게 되는 경우에는, 그런 일을 행하지 않아도 여전히 하나님께 영광을 돌릴 수가 있으며, 그런 일을 행하거나 행하지 않거나 간에 믿음으로 그렇게 하는 것이면 언제나 하나님께 영광을 돌리는 것이다.

반론 4. 그러나 성도들 가운데는 하나님의 명확한 명령이 없이 하나님께 예배를 드린 이들이 있다. 사무엘은 라마에서 제사를 드렸고(삼상 7:17), 엘리야는 갈멜산에서 제사를 드렸으며(왕상 18:19), 마노아는 소라 땅에서 제사를 드렸다(삿 13:19).

답변. 이 실례들은 사람의 뜻에 근거하여 드리는 예배(will-worship)에 관하여 아무것도 결정적으로 제시해주지 않는다. 첫째로, 이 제사들은 하나님께 드리는 예배 행위였다. 왜냐하면 하나님께서 명령하신 행위들이었기 때문이다. 둘째로, 제사를 드리는 장소에 대해서는 성전이 세워지기 이전에는 성도들이 자유로이 장소를 택할 수 있었다. 사무엘은 자기가 사는 곳을 제사를 위한 장소로 지정하였다. 그것이 가장 편리했기 때문이다. 그리고 언약궤가 위치하는 장소가 아직 고정되기 전에는 선지자들이, 하나님께 예배하는 일이 장소라는 정황에 있지 않으며 이에 대해서는 성도들이 자유로이 택할 수 있다는 것을 매우 잘 알고 있었다. 그리고 마지막으로, 이 제사들을 드린 사람들에 대해서도, 사무엘과 엘리야의 경우는 선지자들로서 비범한 능력을 부여받은 사람들이었고, 마노아의 경우는 삼손의 아버지로서 자기 스스로 제사를 드린 것이 아니라 그가 선지자로 여겼던 천사에게 제사를 맡겨서 그가 드리도록 했을 수도 있고, 아니면 그 자신이 천사의 명령을 받아 제사를 드렸을 수도 있는데, 어느 경우든 율법에 저촉되는 것이 아니었다.

또한 우리의 반대자들이 실례로 제시하는 다른 사람들의 경우에 대해서도 쉽게 답변할 수 있다. 아벨과 노아도 제사를 드렸다(창 4, 8장). 그러나 그들이 하나님의 명령이 없이 제사를 드린 것은 아니었다. 히브리서 11장에서 바울이 증거하는 것처럼 그들은 믿음으로 제사를 드렸기 때문이다. 그런데 믿음은 하나님의 말씀이 없이는 있을 수가 없는 것이다. 우리의 반대자들은 예레미야 35장에 나타나는 레갑 족속을 실례로 든다. 그들의 경우에는 그들의 조상 요나답의 명령에 따라 포도주를 금했고 또한 농사 짓기를 금하였으나, 그것은 하나님께서 명령한 것이었다. 그러나 요나답은 하나님께 드리는 새로운 예배를 제정하려 한 것이 아니라, 술 취하는 것과 또한 그로부터 발생하는 기타 죄들을 피하게 하고자 이런 시민적인 명령을 베푼 것이었다. 양과 염소의 가죽을 입고 산과 동굴과 토굴에 유리한 일로 해서(히 11장) 옛 성도들이 하나님 앞에서 인정받은 것이 아니라, 그들의 믿음과 환난과 시련을 견딘 그들의 인내로 인하여 하나님께 인정받은 것이다.

반론 5. 무엇이든 믿음으로 행하는 일은 하나님께서 받으실 만한 것이요, 따라서 하나님께 드리는 예배에 해당된다. 사람들이 자의로 행하는 행위들은 믿음으로 행하는 것이요 따라서 하나님을 기쁘시게 하는 것이다. 그러므로 그것들은 예배에 속한다.

답변. 주 전제는 특정한 경우에만 참이다. 더욱이, 하나님을 기쁘시게 하는 일이면 다 예배에 해당된다는 것은 예배의 충족한 정의가 아니다. 왜냐하면 중립적인 것에 속하는 행위들도 믿음으로 행할 수 있고 그리하여 하나님을 기쁘시게 할 수 있으나, 그 경우에는 하나님께 드리는 예배가 그를 기쁘시게 한다고 말하는 것과는 경우가 다르기 때문이다. 예배는 하나님을 기쁘시게 하지만 그것과 반대되는 것은 하나님을 불쾌하게 만들며 따라서 믿음에서 나오는 것일 수가 없으나, 중립적인 행위의 경우는 그것과 반대되는 행위를 한다 해도 하나님을 불쾌하시게 하지 않는 것일 수 있으며 따라서 믿음에서 나오는 것일 수가 있는 것이다. 지금까지 우리는 계명 그 자체에 대해서만 다루었고, 이제는 제 2 계명에 포함되어 있는 교훈을 설명해야 할 차례가 되었다. 그러나 그것을 다루기 전에 먼저 이 계명과 관련되는 형상들에 관한 교리를 설명하는 것이 옳을 것이다. 이는 본 요리문답의 다음 두 문답에 포함되어 있다.

97문 그렇다면 어떠한 형상도 전혀 만들지 말아야 합니까?

답 하나님은 어떤 식으로도 눈에 보이는 형상으로 표현할 수 없고, 또한 표현해서도 안 됩니다. 피조물들에 대해서는 눈에 보이는 형상으로 표현할 수도 있으나, 그것들을 경배하기 위해서나 혹은 그것들로 하나님을 섬기기 위해 형상들을 만들거나 지니는 것은 하나님께서 금하십니다.

[해 설]

여기서 제 2 계명이 두 가지를 금하고 있다는 것을 지적할 수 있을 것이다. 먼저 형상들을 만드는 것과 지니는 것을 금한다: **너를 위하여 새긴 우상을 만들지 말고 또 위로 하늘에 있는 것이나 아래로 땅에 있는 것이나 땅 아래 물 속에 있는 것의 어떤 형상도 만들지 말라.** 그 다음에는 형상과 모양들에게 신적인 존귀를 드려 예배하는 것을 금한다: **그것들에게 절하지 말며 그것들을 섬기지 말라.** 여기서 첫 번째 금지하는 것에 대해서 우리는 다음과 같은 질문을 하게 된다: 모든 형상과 모양이 다 금지되는가?, 또한 모든 것이 금지된 것이 아니라면 어떤 형상과 모양이 어디까지 정당하거나 정당하지 못한가? 두 번째 금지하는 것에 대해서는 다음과 같은 질문을 하게 된다: 형상을 높이 기리는 것과 절하는 모든 행위가 금지되었는가, 또한 그것이 과연 변호될 수 있는가?

기독교 교회 내의 형상들과 그림들에 관하여

이 주제에 관하여 고찰해야 할 내용들을 다음과 같은 제목들 속에 포함시킬 수 있을 것이다:

1. 이 계명이 과연 교회 내에서 형상들을 금하는가, 또한 금한다면 어디까지나 금하는가?
2. 형상 숭배를 변호할 수 있는가?
3. 왜 형상들을 기독교 교회에서 제거해야 하는가?
4. 형상들을 어떻게 제거하며 누가 제거해야 하는가?

이 명제들 가운데 첫 번째와 두 번째는 이 문답에 속하고, 세 번째와 네 번째는 본 요리문답 제98문답에 속한다.

1. 이 계명이 과연 교회 내에서 형상들을 금하는가, 또한 금한다면 어디까지나 금하는가?

히브리어 단어 **첼렘**과 **테무나**가 보통 형상을 지칭하는 것으로 사용되며, **페셀**은 새겨 만든 형상을 뜻하고, **헤체브**는 우상이나 주상(柱像)을 뜻하는데, 이는 "괴로움을 일으키다", "슬프게 하다", "근심하게 하다"를 뜻하는 **하차브**에서 파생된 것이다. 우상이 양심을 괴롭게 하고 근심하게 하기 때문이다. 헬라어 단어 **에이콘**은 형상을, **에이돌론**은 모양을 뜻하며, 특히 견고한 주상이든 그저 벌거벗은 형상 혹은 그림이든, 사람들이 스스로 신을 표현하고 예배할 목적으로 만들어낸 것을 뜻한다. 라틴어로는 "*imago*"는 어떤 것이든 만들거나 그려낸 모양을 뜻하며, "*statua*"는 새기거나 부어만든 견고한 형상을 뜻하고, "*simulacrum*"도 동일한 것을 뜻하며 "*idolum*"도 마찬가지인데 헬라어에서 빌려온 것이다. 교황주의자들은 자기들의 형상 숭배를 더 그럴 듯하게 변호하기 위해서 "*idolum*"과 "*simulacrum*"을 서로 구분하여, 후자는 진짜로 존재하는 것의 형상을 뜻한다고 하며, 전자는 상상 속에 있는 것의 형상이라고 주장한다. 그들은 이를 근거로, 우상과 우상숭배는 금지되어 있으나, 형상은 그렇지 않다고 결론짓는다.

그러나 이런 구분이 헛된 것이며 아무런 설득력도 없다는 것은 다음의 논지들에서 분명히 드러난다: 1. 두 단어의 어원을 보더라도 그것들은 *"panis"*와 **아르토스**만큼도 다르지 않다. 이 두 단어는 모두 떡을 뜻하는 것으로 하나는 라틴어고 하나는 헬라어라는 것밖에는 서로 차이가 없다. **에이돌론**이 영어로 "form"(모양, 혹은 형상)을 의미하며 이것이 형상 혹은 형태를 뜻하는 라틴어 *"formando"*에서 비롯된 것처럼, *"simulacrum"*도 *"simulando"*에서 파생된 것인데, 락탄티우스(Lactantius)의 증언에 의하면 이는 모조품을 의미하기 때문이다.

2. 성경 해석자들은 두 단어를 구별 없이 사용하고 있다. 헬라어 칠십인역은 어디서나 히브리어 **헤체브**를 헬라어 **에이돌론**으로 번역하고, 라틴의 해석자들은 이를 *"simulacrum"*으로 번역하고 있는 것이다.

3. 권위 있는 표준적인 저술가들도 이 단어들을 구별 없이 사용한다. 키케로(Cicero)는 그의 첫 번째 책 「최고선에 관하여」 *(De Finibus)*에서 이 단어들을 동일한 의미로 사용한다. 유리피데스(Euripides)는 팔리도루스(Palydorus)와 아킬레스(Achilles)의 그림자 혹은 환영들을 가리켜 **에이돌론**이라 부르는데 이는 우상을 뜻한다. 그러므로 상상 속에 있는 것의 형상뿐 아니라 실재하는 것의 형상도 우상인 것이다. 그리하여 *"simulacrum"*은 상상 속에 있는 것의 형상을 뜻하는 것으로도 사용된다. 예를 들어서, 플리니우스(Pliny)는 케레스(Ceres)의 우상을 상상의 신, 즉 *"simulacrum"*이라 부르며, 비트루비우스(Vitruvius)는 디아나(Diana)의 형상 혹은 우상을 *"simulacrum"*이라 부른다. 그러므로 이 단어들을 서로 구분하는 것은 근거가 없는 것이다. 우상을 뜻하는 단어들에 대해서는 이 정도로 그치기로 하자.

이제는 질문 자체에로 넘어가야 할 것이다. 이에 대해서 우리는, 이 계명이 형상이나 모양이나 주상 같은 것들을 절대적으로 다 금지하는 것이 아니라는 점을 지적할 수 있을 것이다. 그림이나 조각, 새기거나 부어서 뭔가를 만드는 예술이 하나님의 은사들로서 인간의 삶에 선하고 유익한 것으로 간주되며, 하나님께서도 친히 성막 안에 특정한 형상들을 두게 하셨으며(출 31:3; 35:30), 또한 솔로몬은 그의 보좌에 사자 형상들을 그려 넣었고, 또한 하나님의 명령에 의하여 성전 벽에 종려나무와 그룹의 형상들을 새겨 넣었던 것을 보게 된다(왕상 6:23, 29;10:19, 20). 그렇게 한 이유는 너무도 분명하여 쉽게 감지할 수가 있다. 글과 그림은 행해진 어떤 일에 대한 기억을 불러일으키는 데에, 삶을 장식하고 누리는 데에 유익하기 때문이다. 그러므로 율법은 형상의 사용을 금하는 것이 아니라 그 남용(濫用)을 금하는 것이다. 형상과 그림들이 하나님을 묘사하거나 예배하는 목적으로 만들어지는 경우가 바로 남용이다. 그러므로 모든 형상과 모양을 완전히 다 금지하는 것이 아니라, 불법한 경우만을 금지하는 것이다.

이 경우에는 포함되는 것으로는 **첫째로**, 하나님을 묘사하거나 예배하고자 하는 목적으로 만든 모든 형상이나 모양들을 들 수 있다. 이 계명에서 이런 것들을 모두 적극적으로 금지한다는 사실은 다음과 같은 사실에서 드러난다. 1. 이 계명의 의도가 하나님께 드리는 예배를 순결하게 보존하고자 하는 데 있다는 점에서. 2. 하나님의 본성에서. 하나님은 형체가 없으시며 무한하신 분이시다. 그러므로 그를 형체가 있고 유한한 형상으로 표현하거나 묘사한다는 것은 불가능하다. 그렇게 하면 반드시 그의 신적인 위엄이 훼손되는 것이다: 그리하여 성경은 이렇게 말씀한다: "누가 손바닥으로 바닷물을 헤아렸으며 뼘으로 하늘을 재었으며 땅의 티끌을 되에 담아 보았으며 접시 저울로 산들을, 막대 저울로 작은 산들을 달아보았으랴?"(사 40:12), "너희가 하나님을 누구와 같다 하겠으며 무슨 형상에 그에게 비기겠느냐?"(사 40:18), "거룩하신 자가 가라사대 그런즉 너희가 나를 누구에게 비교하여 나를 그와 동등하게 하겠느냐 하시니라"(사 40:25), "썩어지지 아니하는 하나님의 영광을 썩어질 사람과 새와 짐승과 기어다니는 동물 모양의 우상으로 바꾸었느니라"(롬 1:23).

3. 하나님의 명령에서. "여호와께서 호렙 산 불길 중에서 너희에게 말씀하시던 날에 너희가 어떤 형상도 보지 못하였은즉 너희는 깊이 삼가라 그리하여 스스로 부패하여 자기를 위해 어떤 형상대로든지 우상을 새겨 만들지 말라 남자의 형상이든지, 여자의 형상이든지, 땅 위에 있는 어떤 짐승의 형상이든지, 하늘을 나는 날개 가진 어떤 새의 형상이든지, 땅 위에 기는 어떤 곤충의 형상이든지, 땅 아래 물속에 있는 어떤 어족의 형상이든지 만들지 말라"(신 4:15-18).

4. 이 금지 명령의 원인에서. 이 형상들이 아무런 유익도 없을 뿐 아니라 우상숭배와 형벌의 계기와 원인이 되어 사람들에게 큰 해가 된다는 것이다. 요컨대, 그 어떠한 새긴 우상으로도 하나님을 표현하려 해서는 안 된다는 것이다. 왜냐하면 하나님께서 그것을 원하지 않으시며, 그렇게 하는 것이 가당치 않으며, 한다 해도 아무런 유익이 없을 것이기 때문이다.

플루타르크(Plutarch)가 누마(Numa)의 생애에 대해 기록한 내용 중에 다음과 같은 기억에 남는 대목이 있다: "누마는 로마인들에게 사람이나 짐승 모양으로 된 신들의 형상들을 지니는 것을 금지하였다. 또한 과거에도 이 백성들에게는 그리거나 새겨 만든 신의 형상이 없었고, 처음 170년 동안 그들이 신전을 비롯한 신성한 곳들을 세웠으나 신의 형상이나 그림은 없었다. 그 이유는 땅의 것들로 하늘에 속한 것들을 묘사하는 것을 큰 범죄로 여긴 데 있었다. 신에 대한 지식은 오로지 정신으로만 얻어지는 것이기 때문이다."

다마스케누스(Damascenus)는 다른 곳에서는 형상 숭배를 분명 변호하면서도, "하나님을 묘사하려는 시도는 어리석고도 사악한 행위다"라고 쓰고 있다. 그러므로 그는 콘스탄티누스(Constantine)와 그의 아들 레오(Leo)가 개최한 제7차 공의회에서 형상 숭배를 변호한 다른 이들과 함께 정죄를 받았다. 그 공의회는 그리스도의 형상을 그리거나 새겨서는 안 된다는 것을 교령으로 제정하였다. 그리스도의 인성만이 예술로 표현할 수 있으며, 또한 그런 형상들을 만드는 자들은 네스토리우스(Nestorius)나 유티케스(Eutyches)의 오류를 다시 범하는 것이기 때문이라고 하였다.

둘째로, 교회당 내에나 거리 모퉁이에 하나님을 예배하기 위해서나 혹은 위험스런 장식을 위해 세워진 피조물들의 형상과 모양들도 부당한 것이다. "너희 자신을 지켜 우상에게서 멀리하라"(요일 5:21).

그러나 교회당에서 벗어나 있고 우상숭배나 미신 혹은 과실의 위험이 없는 상태로 만들어진 피조물들의 형상들은 정당할 수도 있다. 그런 것들은 장식으로도 어울리고, 역사적으로나 상징적으로 혹은 정치적으로도 유익한 것이다. 솔로몬의 보좌의 사자 형상들이나 동전에 새겨진 가이사의 형상 등이 이런 유에 속한다.

반론 1. 새긴 형상을 만들지 말라 하셨으니, 하나님께서는 조각의 예술을 금하시는 것이다.

답변. 그는 조각의 남용을 금하신 것이다. 즉, 하나님을 묘사하고자 조각을 사용하는 것이나, 하나님께 드리는 예배를 형상들에게 드리는 것을 금하신 것이다.

반론 2. 성경은 인간의 몸의 여러 지체들을 하나님께로 돌리며, 그리하여 하나님의 본성과 속성들을 선포한다. 그러므로 하나님을 형상들로 묘사하는 것이 정당하다.

답변. 하나님과 관련해서 사용되는 이러한 비유적인 표현들은 형상들과 차이가 있다. 전자의 경우는 뭔가 언제나 우상숭배에로 어긋나지 않도록 보호해 주는 표현들이 결부되어 있고, 하나님께 드리는 예배가 일상적으로 그런 비유적인 표현들과 결부되는 것도 아니다. 그러나 형상들의 경우는 다르다. 거기에는 보호 장치가 전혀 없으며 따라서 사람들이 그것들을 높이고 예배하게 되기가 쉽다. 그러므로 하나님께서는 친히 자신에 대한 은유들을 비유적으로 사용하셔서 우리의 연약함을 도우시고 또한 자신에 대해서 동일한 표현 양식을 사용하도록 허용하시는 것이다. 그러나 형상과 그림들로는 절대로 자신을 묘사하신 일이 없고, 또한 그를 묘사하는 목적으로 그것들을 사용하는 것을 허용하시지 않으며, 오히려 그것들을 엄숙하게 금지하신 것이다.

반론 3. 하나님께서는 과거에 자신을 육체의 형태로 나타내셨다. 그러므로 우리도 그 비슷한 표와 형식으로 그를 묘사하는 것이 합당하다.

답변. 하나님께서는 특정한 목적으로 그렇게 하셨으나, 우리가 그렇게 하는 것은 금지하셨다. 이러한 금지의 이유는 어렵지 않게 감지할 수 있다. 하나님께서는 자신이 기뻐하시면 어떠한 방식으로도 자신을 나타내실 수 있다. 그러나 어떠한 피조물이든 하나님께서 명령하시지 않은 방식으로는 그를 묘사할 수가 없다. 그렇게 한다면 그것은 합당치 못한 것이다. 그러므로 이 두 가지 실례는 서로 동일한 것이 아니다. 더 나아가서, 하나님께서 과거에 자신을 나타내신 그런 형식들에는 그가 임재하신다는 약속이 있었고, 또한 그런 방식으로 자신에 관한 계시를 받은 사람들의 간구를 들으시겠다는 약속이 있었다.

그러나 하나님을 묘사하는 그런 형상들에 대해서 그렇게 말한다면 그것은 분명한 우상숭배다. 그러므로 과거의 성도들이 그런 특별한 형식으로 나타나시는 하나님을 높이 기린 것은 정당한 처사였다. 그러나 형상에 대해서 그렇게 행한다면 그것은 악한 우상숭배와 다를 바 없다. 왜냐하면 하나님의 명령이나 약속이 전혀 없이 주제넘게 경솔하게 행하는 것이기 때문이다.

마지막으로, 하나님께서 옛 성도들에게 자신을 계시하시기를 기뻐하신 그런 눈에 보이는 모양들은 하나님께서 그 방식을 사용하기를 원하신 동안 계속되었다. 그러나 이런 고대의 하나님의 나타나심을 모방하여 사람들이 사용하는 형상들과 그림들은 하나님을 계시하기 위한 목적으로 마련되었던 것도 아니고, 그것들이 그 고대의 하나님의 나타나심을 묘사하는 것도 아니며, 따라서 우상숭배의 대상이요 또한 우상숭배에 빠지는 계기가 될 뿐이다.

형상들의 구분

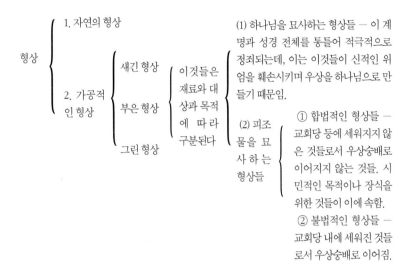

2. 형상 숭배를 변호할 수 있는가?

이 질문에 대해 우리는 이 계명의 후반부에 나타나는 말씀으로 답변하고자 한다: "그것들에게 절하지 말며 그것들을 섬기지 말라." 이 계명은 피조물들을 묘사하는 것이든 참되신 하나님을 묘사하는 것이든 간에 그 어떠한 형상과 그림에 대해서도 경배하거나 경의를 표하는 행위를 적극적으로 금지하는 것이다.

반론 1. 그러나 교황주의자들 가운데 형상 숭배를 지지하는 자들은 말하기를, 자기들은 형상들을 경배하는 것이 아니라, 그것들이 표로 나타내는 하나님을 경배하는 것이라고 하면서, 니케아 공의회의 다음과 같은 가르침을 근거로 제시한다: "형상이 나타내는 것은 하나님이다. 그러나 형상 그 자체는 하나님이 아니다. 형상을 바라보라. 그러나 그 속에서 보는 것을 마음으로 경배하라." 그들은 또한 토마스가 표현하는 다음과 같은 정서를 근거로 제시한다: "그리스도의 형상을 지날 때마다 항상 그것에 경의를 표하라. 그러나 형상을 경배하지 말고 그것이 그림자로 보여주는 그것을 경배하라."

답변. 1. 형상들이 하나님의 표라는 것은 인정할 수 없다. 하나님께서는 무한하시므로 그것들은 그를 진정으로 나타낼 수가 없기 때문이다. 설사 그것들이 하나님을 나타낼 수 있다 할지라도 그렇게 해서는 안 된다. 왜냐하면 다른 형상들을 만들어 하나님을 묘사하는 것을 그가 친히 금하셨기 때문이요, 또한 피조물에게는 하나님을 나타낼 표를 제정할 권한이 없기 때문이다. 이 권한은 오직 하나님께만 있는 것이다. 2. 여기서 제시하는 목적도 아무런 힘이 없다. 형상 숭배가 우상숭배의 원인이요 또한 우상숭배의 형태일 뿐 아니라, 하나님 자신을 예배할 경우라도 형상이나 피조물 앞에서 행한다면 그것은 하나님께서 그의 말씀에서 요구하시는 것과 모순된 것이기 때문이다. 이 점은 금송아지 상을 세운 아론과 여로보암의 경우에서 충분히 명확하게 배우게 된다. 두 경우 모두 "이는 너희를 애굽 땅에서 인도하여 낸 너희의 신이로다 … 내일은 여호와의 절일이니라"(출 32:4, 5; 왕상 12:28)라고 말했으나, 하나님께서는 이를 끔찍한 우상숭배의 죄를 범하는 것으로 가증하게 여기시고 그 일에 참여한 자들을 극심하게 벌하신 것이다. 그러므로, 형상을 숭배하는 자들은 그런 방식으로 하나님을 높이는 것처럼 가장하나, 그들이 섬기는 것은 하나님이 아니라 귀신이다. 사도 바울은 이방인들에 대해, "무릇 이방인이 제사하는 것은 귀신에게 하는 것이요 하나님께 제사하는 것이 아니니"(고전 10:20)라고 말씀하는데, 이 사람들 역시 그렇게 하면서 하나님의 이름을 높이는 것처럼 가장하고 있는 것이다.

반론 2. 표의 존귀함은 곧 그것이 나타내는 존재의 존귀함이다. 형상들은 하나님의 표들이다. 그러므로 형상들에게 경의를 표하는 것은 곧 하나님께 경의를 표하는 것이다.

답변. 소 전제를 인정하지 않거나, 혹은 대 전제에 다음과 같은 단서를 붙여야 한다. 곧, 그 표가 참된 표로서, 표를 제정할 권한이 있는 자가 그것을 제정하였을 경우, 또한 그가 그 표에 행하라고 명령한 그런 경의를 표에 행할 경우에만 표의 존귀가 그것이 나타내는 존재의 존귀가 된다는 것이다. 우리가 경의를 표할 때에, 경의를 표하는 사람의 뜻이 아니라 그 경의를 받는 그분의 뜻이 규범이 되기 때문이다. 하나님께서 자신에 대해 그 어떠한 형상도 만들지 말고, 하나님 자신을 위해 만든 것이든 피조물들을 위해 만든 것이든 간에 형상들 앞에서 경배하지 말 것을 분명히 명령하셨으므로, 하나님의 뜻을 거슬러 형상들 앞에서 그를 경배하려 한다면 그때마다 하나님이 존귀를 받으시는 것이 아니라 오히려 치욕을 당하시는 것이라는 점이 분명한 것이다.

그런데 혹 이렇게 말할 사람도 있을지 모른다: 표를 경멸한다면, 비록 그 표가 하나님의 명령으로 제정되지는 않았다 할지라도, 결국 하나님을 경멸하는 것이 된다. 그러므로 표에게 행하는 경의는 곧 하나님께 행하는 것이다.

답변. 여기서 결론 부분을 인정할 수 없다. 표를 경멸하는 것이 하나님을 경멸하는 것이 되려면, 표가 하나님과 같아야 하는데, 사실은 그렇지 않기 때문이다. 하나님께서 제정하셨든 아니든 표에게 경의를 표한다는 것은 하나님의 명령에서 이탈하는 것이요, 하나님의 명령에서 이탈하고자 하는 그런 의도 자체가 이미 그에게 불명예와 경멸을 던지는 것이 되는 것이다. 표와 존귀함이 하나님께서 제정하신 것이 아닌 한, 표에게 경의를 표하는 것은 결코 하나님께 경의를 표하는 것이 될 수 없다. 하나님께 경의를 표하고자 하는 의도가 있다 해도 그것이 하나님께서 받으실 만한 예배를 이루는 충분 조건은 아니다. 하나님께서 친히 지정하신 방식을 따른다는 조건이 충족되어야 하는 것이다.

반론 3. 그러나 유명한 위인(偉人)들의 형상들과 기념물들에게 경의를 표하는 것이 정당하다면, 복된 천사들과 성인(聖人)들의 형상들에게 경의를 표하는 것은 그보다 훨씬 더 정당하다.

답변. 유명한 위인들을 기억하고 그들의 공적에 감사하는 뜻으로 그들의 기념물들에게 경의를 표하는 일은 그 기념물들을 세운 의도에 일치하는 것으로 지극히 정당하다. 그러나 예배의 이름으로든 섬김의 이름으로든 교황주의자들이 자기들의 우상들에게 경배하는 경우처럼, 하나님께 드릴 예배를 그런 기념물들에게 드리는 것은 결코 정당하지 못하다. 또한 위인들과 선인(善人)들의 기념물들은 우상숭배로 이어지지 않는 것이어야 한다. 만일 그렇게 된다면 그것들에 경의를 표해서는 안 되고 그것들을 제거해야 할 것이다. 모세가 만든 놋뱀이 광야의 이스라엘 백성에게 하나님의 선하심을 보여주었던 하나의 기념물이었으나, 백성들이 그 놋뱀을 우상으로 섬기자 히스기야 왕은 그것을 부수어 버렸던 것이다(왕하 18:4).

98문 그렇다면 형상들을 평신도들을 위한 책처럼 여겨서 교회에서 허용할 수는 있지 않겠습니까?

답 아닙니다. 우리가 하나님보다 더 지혜로운 체해서는 안 됩니다. 하나님께서는 그의 백성들이 말 못하는 형상들을 통해서가 아니라 그의 말씀의 살아 있는 선포를 통해서 가르침 받기를 원하십니다.

[해 설]

하나님과 성인(聖人)들의 형상들과 주상들에게 경배해서는 안 되지만, 경배만 하지 않는다면 기독교 교회에서 그것들을 평신도들을 위한 책처럼 여기거나 혹은 다른 목적들로 용납해야 한다고 주장하는 자들이 이런 반론을 제기한다. 그러나 우리는 그 반대로, 하나님이나 성인들의 형상과 모양들은 기독교 교회에서 용납되어서는 안 되고, 그것들에게 경배하든 하지 않든 간에 사람들의 눈 앞에서 제거해야 한다고 주장한다.

3. 왜 형상들을 기독교 교회에서 제거해야 하는가?

형상들과 주상들을 교회에서 용납해서는 안 되고 반드시 제거해야 할 주요 이유들은 다음과 같다:

1. 교회에서 형상을 만들고 세우는 것은 하나님의 분명한 명령에 어긋나기 때문이다. "너를 위하여 새긴 우상을 만들지 말고 … 어떤 형상도 만들지 말며." 하나님께서는 자신을 나타내거나 자신을 경배하기 위한 목적으로 그 어떠한 형상도 만들지 말 것을 명령하시니, 다른 사람들이 만든 형상들을 허용하거나 용납하지 않으시는 것이다.

2. 그것들이 교황주의 교회 내에서 끔찍한 우상숭배의 계기와 수단이 되어왔기 때문이다.

3. 하나님께서는 우상들을 제거할 것과 하나님의 참된 교의와 예배를 부패케 하는 모든 것을 제거하라고 분명히 명령하셨고, 그리하여 그가 우상숭배를 가증스럽게 여기신다는 것을 선포하시기 때문이다(출 33:24; 34:13; 민 33:52).

4. 우리가 신실한 예배를 고백하며 우상숭배를 혐오하기 때문인데, 이런 고백은 말로만이 아니라 겉으로 드러나는 행위와 모습과 표로도 하는 것이다. "그들의 제단을 헐며 주상을 깨뜨리며 아세라 목상을 찍으며 조각한 우상들을 불사를 것이니라 너는 여호와 네 하나님의 성민(聖民)이라"(신 7:5, 6), "자녀들아 너희 자신을 지켜 우상에게서 멀리하라"(요일 5:21).

5. 성경은 아사, 예후, 히스기야, 요시야 등 경건한 왕들이 세워져 있는 형상들과 우상들을 제거한 것에 대해서 칭송하고 있다(왕상 15:13; 왕하 10:30; 18:4; 23:24).

6. 과실을 피하고 미신과 우상숭배를 방지하여, 고대의 형상들을 용납하지 않고 새것들을 만들지 않음으로써, 과거에 우리의 조상들이 우상들을 섬김으로써 저질

렀던 죄와 위험에서 교회와 무지한 심령들을 보호할 수 있기 때문이다.

7. 교회의 원수들이 우상숭배와 아주 흡사한 이런 것들을 보고 진리를 고백하는 데에서 한 걸음 더 나아가 진리에 대해 멸시하게 되지 않도록 하기 위함이다. 하나님께서는 이에 대해 다음과 같이 말씀하신다: "내가 그들을 너희 앞에서 쫓아내지 아니하리니 그들이 너희 옆구리에 가시가 될 것이며 그들의 신들이 너희에게 올무가 되리라"(삿 2:3). 그러므로, 기독교를 고백하는 자들의 교회에 주상들과 형상들이 있는 것을 유대인들이 보면, 그 즉시 마음에 거슬러서 기독교 신앙을 더욱 격렬하게 혐오하게 되는 것이다.

8. 마지막으로, 형상들은 그것을 소지해온 자들에게 아무런 유익도 주지 못했다. 하나님의 백성인 유대인들 대부분이 그것들로 인하여 미혹되었다는 것을 성경의 역사가, 특히 사사기, 열왕기, 그리고 예언서들이 분명히 입증해 준다. 그러므로 우리는 본성적으로 우상숭배의 죄를 범하기가 쉽다. 그런데 우상숭배를 범하게 되면 하나님께서 모세를 통하여 여러 곳에서 경고하신 그 처절한 형벌들이 임하게 된다. "내가 너희의 산당들을 헐며 너희의 분향단들을 부수고 너희의 시체들을 부숴진 우상들 위에 던지고 내 마음이 너희를 싫어할 것이며"(레 26:30). 여호와의 사자는 이스라엘 족속들이 가나안 족속과 동맹한 것에 대해서 그들을 책망하면서 이렇게 말씀하였다: "내가 그들을 너희 앞에서 쫓아내지 아니하리니 그들이 너희 옆구리에 가시가 될 것이며 그들의 신들이 너희에게 올무가 되리라"(삿 2:3). 그러므로, 이런 이유들 때문에, 형상들과 주상들은 — 혹 그것들을 숭배하지 않는다 할지라도 — 기독교를 표방하는 교회들에서 용납해서는 안 되고 반드시 제거해야 마땅한 것이다.

4. 형상들을 어떻게 제거하며 누가 제거해야 하는가?

형상들을 제거하는 문제에 대해서 두 가지를 조심스럽게 지켜야 한다.

1. 우상들과 형상들을 제거하기 전에 하나님께 드리는 참된 예배에 관한 교리를 선포해야 한다. 요시야가 이런 방식으로 그 일을 진행하였다. 그는 먼저 모든 백성들에게 하나님의 율법을 읽을 것을 명령하였고, 그 다음에 형상들을 제거하고 파괴하는 절차를 진행시킨 것이다. 이유를 입증하고 해명하는 절차가 없이 외형적인 변화만을 추구하게 되면 외식(外飾)에 빠지거나 아니면 이런 변화를 주도하는 자들과 사람들의 마음이 서로 이반되게 될 것이다. 그러므로, 하나님의 말씀의

참된 도리를 선포하여야 하며, 그렇게 하면 우상들이 땅에 떨어져 그 본 자리로 돌아가게 될 것이다.

2. 형상과 그 제단들과 우상숭배에 관련된 모든 것들을 제거하되, 개개인이 사사로이 해서는 안 되고 공적인 권위로 해야 한다. 국가의 통치자들이든 백성들이든 정당한 권한이 있는 자들이 해야 하고, 교회가 주도적인 위치에 있는 곳에서는 교회가 그렇게 해야 한다. 하나님께서도 이 문제에 관하여 이스라엘 자손들에게 그렇게 하도록 명령하셨고, 또한 그들과 그들의 경건한 왕들이 그렇게 처신한 것을 읽게 되는 것이다. 반면에, 바울은 사사로운 개인에 불과했으나 아덴 사람들과 에베소 사람들과 기타 사람들의 우상들을 보고서 그 스스로 그것들을 무너뜨리려 하지 않았고, 그리스도인들에게도 그렇게 하라고 가르치지 않았으며, 오히려 그것들에게서 도피하였다. 사도가 그렇게 처신한 이유는, 그 자신이 국가의 통치자가 아니었고, 또한 그 지방들에서 교회가 주도적인 위치를 누리고 있지도 않았기 때문이었다. 그리하여 그는 이러한 원칙을 제시한다: "밖에 있는 사람들을 판단하는 것이야 내게 무슨 상관이 있으리요 마는 교회 안에 있는 사람들이야 너희가 판단하지 아니하랴? 밖에 있는 사람들은 하나님이 심판하시려니와"(고전 5:12, 13).

반론 1. 그러나 책들은 교회에서 보유하고 있고, 또한 평신도들에게 유용하다. 형상들과 주상들은 평신도들에게는 책이다. 그러므로 그것들을 교회가 보유해도 유익이 있을 것이다.

답변. 평신도들에게 유익한 책들은 오로지 하나님께서 그들에게 주신 것들뿐이다. 그러나 형상들은 하나님께서 금하셨다. 또한 소 전제도 인정할 수 없다. 선지자들은 전혀 달리 가르치기 때문이다: "새긴 우상은 그 새겨 만든 자에게 무엇이 유익하겠느냐? 부어 만든 우상은 거짓 스승이라. 만든 자가 이 말하지 못하는 우상을 의지하니 무엇이 유익하겠느냐?"(합 2:18), "우상들은 허탄한 것을 말하며"(슥 10:2. 한글 개역개정판은 "우상들"을 "드라빔"으로 번역함: 역자주). 지금까지 논의한 내용을 토대로 우리는 다음과 같은 논지를 연역해 낼 수 있을 것이다: 하나님에 대해서 헛된 것들을 말해서도 안 되고, 말로나 행위로나 하나님에 대해 거짓말을 해서도 안 된다. 나무나 새긴 형상들은 하나님을 나타낼 수 없으니 결국 하나님에 대해 거짓말하는 것들이다. 그것들이 하나님에게서 이탈하는 만큼 우리를 하나님으로부터 떠나게 만들며, 그만큼 하나님과 다르므로, 결국 우리로 하여금 하나님에 대해 거짓말을 하게 만드는 결과가 초래되기 때문이다. 그러므로 거짓말을 하지 않으려면, 하나님을 묘사하려는 의도로 형상을 만들거나 새겨서는 안 되는 것이다. 예레미야는 이렇게 말씀한다: "그들은 다 무지하고 어리석은 것이니 우상의 가르침은 나무뿐이라"(렘 10:8). 그런데, 다음과 같은 의미에서는 형상들과 그림들이 평신도들에게 책이 된다는 것을 인정할 수 있다. 곧, 그것들이 하나님께 해당되지 않는 것들을 부분적으로 가르치고 나타내며, 부분적으로는 그 나타내는 그것과 또한 교회당이나 다른 곳에 서 있을 때에 그 서 있는 장소를 높이게 만듦으로써 미신에게로 이끌고 또한 사람들에게 우상숭배를 가르치기가 쉽다는 것이다. 우리의 경험이 이 점을 분명히 입증해 주고도 남는다. 위의 삼단논법의 결론 부분도 인정할 수 없다. 왜냐하면 형상들이 배우지 못한 자들을 가르칠 수도 있으나, 그렇다고 해서 책들의 경우처럼 그것들도 교회에서 보유해야 한다는 것은 아니기 때문이다. 하나님께서는 이 사람들을 말 못하는 형상들을 통해서가 아니라 살아 있는 말씀의 선포를 통해서 가르치실 것이기 때문이다. 또한 믿음도 형상들을 보는 데에서 생겨나는 것이 아니라 하나님의 말씀을 듣는 데에서 생겨나는 것이다.

반론 2. 형상을 폐기하는 문제에 관한 명령은 의식적인 것이다. 그러므로 그것은 그리스도인에게는 해당되지 않고 오로지 유대인들에게만 해당된다.

답변. 전제를 인정할 수 없다. 우상숭배의 도구들이요 계기요 표가 되는 이 형상들을 폐기하라는 명령은 결코 의식적인 것이 아니다. 또한 과거에 이런 명령을 하신 그 의도들이 변경된 것이 아니다. 그러므로 지금도 우상숭배자들과 교회의 원수들을 대적하여 하나님의 영광이 드러나야 하며, 또한 미신과 우상숭배에 쉽게 끌려들어갈 소지가 많은 연약하고 무지한 자들에게 그런 것에 휩쓸리도록 계기를 제공해서도 안 되는 것이다. 그러므로 형상을 지녀서는 안 된다는 이 계명은 도덕적인 성격을 지닌 것으로 영구하게 적용되는 것이다.

반론 3. 솔로몬은 하나님의 명령에 따라 성전에 그룹들과 사자들과 소와 종려나무 등의 형상들로 장식하였다. 그러므로 교회당 내에서도 형상들이 허용될 수 있다.

답변. 이는 서로 경우가 다르다. 1. 소나 사자, 종려나무, 그룹 등 솔로몬이 성전 내부를 장식하게 한 각양 형상들은 하나님의 특별한 명령에 따른 것이었다. 그러나 오늘날 교회당 내에 세워두는 형상들은 그렇지 않다. 2. 솔로몬이 성전에 둔 형상들은 미신적인 행위들로 쉽게 이어질 수 없는 것들이었다. 그러나 하나님과 성인들의 형상들은 미신에로 이어질 소지가 다분할 뿐 아니라, 안타깝게도 교황주의 교회에서 지극히 수치스러운 우상숭배의 원인이 되어왔다. 3. 하나님께서 솔로몬에게 형상들을 성전에 두도록 명령하신 목적은 그것들이 영적인 것들의 모형이 되게 하기 위함이었다. 그러나 이런 목적은 현재 그리스도 안에서는 사라졌다. 그러므로 현재 교회당 내에 비치되어 있는 형상들을 이런 실례들로써 변호할 수가 없다. 그러므로 우리로서는 교회원들에게나 교회의 원수들에게 거리낌이 되는 형상들을 그런 장소에 세우는 것을 금하는 일반적인 명령에 순종하는 것이 합당한 것이다.

반론 4. 개혁 교회들에서는 그림과 형상들을 숭배하지 않는다. 그러므로 그것들을 용납할 수도 있다.

답변. 1. 하나님께서는 형상 숭배를 금하시며, 또한 그것들을 만드는 것도 금하시며, 만들어진 것들을 지니는 것도 금하신다. "너를 위하여 새긴 우상을 만들지 말고 또 위로 하늘에 있는 것이나 아래로 땅에 있는 것이나 땅 아래 물 속에 있는 것의 어떤 형상도 만들지 말며"(출 20:4). 2. 과거와 현재의 경험이 분명하게 입증하듯이, 그것들은 무지한 자들에게 항상 미신과 우상숭배의 계기가 된다. 3. 유대인이나 이슬람교도들이나 이교도 등, 교회의 원수들에게 복음을 모독할 빌미를 제공해 준다.

반론 5. 형상들과 주상들은 교회당의 장식물들이다. 그러므로 용납할 수도 있다.

답변. 1. 우리의 교회의 최상의 참된 장식은 순결하고도 부패하지 않은 복음의 도리요, 성례의 정당한 시행이요, 하나님의 말씀에 부합하는 참된 기도와 예배다. 2. 교회당들을 짓는 것은 하나님의 살아 있는 형상들이 그 속에서 보이게 하기 위함이지, 그것이 우상들과 벙어리 형상들의 소굴이 되게 하기 위함이 아니다. 3. 교회당의 장식물은 하나님의 명령에 어긋나서는 안 된다. 4. 교회당의 장식물은 교회원을 미혹시키는 것이어서도 안 되고, 교회의 원수들에게 거리낌이 되어서도 안 된다.

그러나 어떤 이들은 다음과 같이 다시 **반론**을 제기할 것이다: 남용의 가능성이 있다고 해서 형상 그 자체를 폐기하거나 형상의 정당한 사용을 폐기해서는 안 된다. 그러므로 그것들을 교회당에서 제거해서는 안 된다.

답변. 형상이 본질상 선하고, 그것을 사용하는 것이 정당하며, 또한 그것과 연관된 부수적인 요인들이 하나님으로부터 정죄받지 않는 것이라면, 주 전제는 참이라 하겠다. 그러나 이런 경우가 아니면, 형상도, 형상을 사용하는 것도 부당하며, 따라서 회피해야 한다. 그런데 신앙을 위하여 교회당 내에 비치한 하나님 형상과 성인들의 형상들은 선한 것도 아니고, 그것을 사용하는 것이 정당한 것도 아니며, 오히려 하나님의 명령에 의하여 분명히 금지되는 것이다. 또한 뿐만 아니라, 거기에 부수적으로 미신이나 우상숭배의 요인이 필연적으로 결부되므로(물론 이를 지지하는 자들이 헛되이 그 정당성을 주장하겠지만) 하나님의 명령에 의하여 똑같이 정죄를 받는 것이다.

반론 6. 필수적인 일은 오로지 복음을 선포함으로써 사람들이 형상을 마음에 품지 않도록 하는 것뿐이다. 그러므로 군이 그것들을 교회당에서 제거할 필요는 없다.

답변. 전제를 인정할 수 없다. 하나님께서는 우리 마음에 우상을 지니는 것을 금하시는 것은 물론 우리 눈 앞에도 그것을 제거할 것을 명령하시기 때문이다. 그는 우리가 우상숭배자가 되지 않기를 바라실 뿐 아니라 우상숭배의 모양까지도 피하기를 바라시는 것이다. 그리하여 성경은 "악은 어떤 모양이라도 버리라"(살전 5:22)라고 말씀하는 것이다. 사람의 마음이 부패하여 우상숭배로 기우는 경향이 있으므로, 우상이 세련된 모양으로 장식되어 있어서 사람의 눈 앞에 계속 있게 되면 ─ 물론 이와 정반대로 이야기하는 사람들도 있겠지만 ─ 머지않아서 그것들이 마음에 자리를 잡게 되고, 결국 신앙에 대한 그릇된 사고로 이어지고 마는 것이다.

그러므로 이런 논지를 뒤집어서 다음과 같이 추론할 수 있을 것이다: 복음의 선포로 말미암아 형상들을 사람의 마음에서 뿌리뽑아야 한다. 그러므로 교회당에서도 그것들을 제거해야 한다. 하늘로부터 우리에게 계시된 도리가 우리에게 그것들을 경배하고 섬기지 말 것을 명령할 뿐 아니라, 그것들을 만들지도 말고 지니지도 말 것을 명령하기 때문이다. 제 2 계명의 본문에 대해서는 이 정도로 그치기로 하자.

제 2 계명에 덧붙여진 교훈

제 2 계명에는 다음과 같은 교훈이 덧붙여져 있다: "**나 네 하나님 여호와는 질투하는 하나님인즉 나를 미워하는 자의 죄를 갚되 아버지로부터 아들에게로 삼사 대**

까지 이르게 하거니와 나를 사랑하고 내 계명을 지키는 자에게는 천 대까지 은혜를 베푸느니라." 이 교훈에는 하나님의 다섯 가지 속성들이 포함되어 있고, 그것들이 우리로 하여금 그에게 순종하지 않을 수 없도록 만든다.

1. 그는 자기 자신을 **네 하나님**, 곧 우리의 하나님이라 부르신다. 즉, 그가 우리의 창조자시며 보존자로서 우리가 누려온 모든 선한 것들을 주시는 분이시라는 뜻이다. 이리하여 그는 우리에게 은덕을 베푸신 그에게 순종하지 않는 것이 얼마나 비열한 배은망덕이며 또한 그에게서 떠나 우상숭배에 빠지는 것이 얼마나 악한 일인지를 우리에게 가르치시는 것이다.

2. 그는 자기 자신을 **능력의 하나님**이라 부르시는데, 이는 악인을 벌하시고 순종하는 자에게 상을 베푸실 수 있는 분이시라는 것이다. 그러므로 다른 누구보다도 그를 두려워하고 예배해야 마땅한 것이다.

3. 그는 자기 자신을 **질투하는 하나님**이라 부르신다. 곧, 그는 자신의 존귀를 지극히 철저히 보호하시고 드러내시는 분이시며, 자기에게서 이탈하거나 자기의 존귀나 자기를 향한 예배를 훼손시키는 자들에 대해 처절하게 불쾌해하시는 분이시라는 것이다. 그런데 훼손에 대한 질투나 분노는 해를 당하시는 그분의 편에서 지니신 사랑에서 나오는 것이므로, 하나님께서는 여기서 그가 자신의 것들을 얼마나 열정적으로 사랑하시는지를 드러내시는 것이다.

4. 그는 자기 자신을 **그를 미워하는 자의 죄를 아버지로부터 아들에게로 삼사 대까지 갚으시는 하나님**이라 부르신다. 이 말씀 속에서 하나님께서는 죄에 대한 그의 진노와 형벌의 심각성을 나타내신다. 곧, 그는 그의 원수들의 자녀와 손자 손녀들과 증손자 증손녀들에게까지 그 조상들의 죄에 대해 벌하시겠다고 경고하시는 것이다. 그들이 조상들의 죄들을 다시 범함으로써 그 죄들을 모방하고 인정하지 못하도록 그렇게 하신 것이다.

반론. 그러나 에스겔 18장에서는 아들이 아버지의 죄를 담당하지 않을 것이라고 말씀한다.

답변. 그러나 같은 장 14절에서는 "가령 그가 아들을 낳았다 하자 그 아들이 그 아버지가 행한 모든 죄를 보고 두려워하여 그대로 행하지 아니하 … 면 이 사람은 그의 아버지의 죄악으로 죽지 아니하고 반드시 살겠고"(14, 17절)라고 말씀한다. 그러므로 하나님께서는 아버지들의 죄를 자녀들에게, 즉 아버지들의 죄를 고집하며 그대로 따르는 자들에게 벌하시겠다고 경고하시는데, 이들은 그 죄의 형벌에 참여하는 것이 정당하며 합당한 것이다. 여기서, 그렇다면 후손이 조상들의 죄에 대해 형벌을 받는 것이 아니라 다만 자기들 자신의 죄에 대해서만 형벌을 받는 것이 아니냐고 반문할 사람들이 있을 것이다.

그러나 그렇지 않다. 동일한 결과가 나타나더라도 그 유효적 원인들은 갖가지로 다를 수 있으며, 여러 가지 죄들이 한 가지 형벌의 원인일 수도 있으며, 형벌을 당하는 자들에게 이런 갖가지 다른 원인이 있는 것이다. 이에 대해서 또다시, 자손이 당하는 형벌이 조상들의 죄에 미치지 못하기 때문에 조상들의 죄의 형벌을 자손들이 당하는 것이 아니라는 식으로 반론을 제기한다면, 우리는 다음과 같이 답변할 수 있다. 곧, 자손들이 그 조상들의 일부이므로, 그들 스스로도 그 자손들이 당하는 형벌을, 이를테면 자기들의 일부인 것처럼 느낀다는 것이다.

5. 그는 자신이 **그를 사랑하고 그의 계명을 지키는 자에게는 천 대까지 은혜를 베푸시는 하나님이심**을 선언하신다. 하나님께서는 이 약속을 통해서 자신의 긍휼하심을 극히 높이시며, 그리하여 그의 긍휼하심이 얼마나 큰가에 대한 생각과 우리 자신과 우리 자녀들의 구원을 바라는 간절한 마음으로 그의 명령에 순종하도록 강력하게 우리를 초청하고자 하시는 것이다. 그리고 그가 경고하시는 형벌이 삼사 대에 미치는 반면에, 여기서는 그의 긍휼하심을 천 대에까지 미치는 것으로 말씀하심으로써, 그가 진노보다는 긍휼을 보이시기를 더 잘하시는 분이심을 선언하시며, 그리하여 우리로 하여금 그를 사랑하지 않을 수 없도록 하시는 것이다.

반론 1. 그러나 경건한 사람들의 자녀들이 망하는 경우가 많다.

답변. 이 약속은 조건적인 것이다. 하나님께서는 에스겔 18장에서 경건한 자의 자녀들이 조상들의 순종을 그대로 본받을 경우 그들에게 긍휼을 베푸시고, 그들이 그런 상태에서 돌아설 경우 그들을 벌하시겠다고 선언하신다. 하나님의 긍휼하심이 없이는 경건한 자들의 자녀들이 그 선조들의 거룩한 모범을 따를 수가 없는데, 어째서 하나님께서는 경건한 자들의 모든 자녀들을 다 회심하게 하시지 않는가? 라고 누군가가 질문한다면, 우리는 이렇게 답변할 수 있다. 곧, 하나님께서는 의로운 자들의 후손들을 포함하여 그 어떠한 개인들에게라도 자신의 긍휼하심을 제한시키지 않으시며, 자신의 자유로운 선택권을 유지하심으로써, 악인들의 후손 중에서도 일부를 회심시키시고 구원하시듯이 의인의 후손 중에서도 일부를 그 본성적인 부패와 비참의 상태에 내버려두실 것인데, 이렇게 행하심으로써 그 자신이 긍휼을 베푸시사 경건한 자들의 후손이나 악인의 후손 중에서 선택하는 일이 하나님 자신의 자유로운 작정에 의한 것임을 드러내 보이고자 하시는 것이다. 또한, 하나님께서 경건한 자들의 모든 후손들을 다 회심시키지 않으시는 것은 그가 모든 이들에게 긍휼을 베푸실 의무가 없으시며, 경건한 자들의 모든 후손에게 동일한 은덕을 베푸실 의무가 없으시기 때문이다. 그러므로 경건한 자들의 악한 후손들에게 세속적인 축복들을 베푸신다 해도 이 약속은 그대로 유지되는 것이다.

마지막으로, 하나님께서 경건한 자들의 모든 자녀들을 회심시키지 않으시는 것은 부지런히 그의 계명을 지키는 자들에게나 혹은 참으로 경건한 자들에게 이 복락을 약속하시기 때문이다. 그런데 아무리 거룩한 사람이라도 그에게 있는 하나님에 대한 사랑과 순종은 금생에서는 불완전하므로 그들에게 약속되는 상급 역시 불완전하며 십자가와 고난이 함께 수반되는데, 다윗과 솔로몬과 요시야의 경우에서 볼 수 있듯이 그런 십자가와 고난 중에 후손의 사악함과 불행도 포함되는 것이다.

반론 2. 하나님의 계명들을 지키는 자들은 긍휼하심을 받는다. 그러므로 우리가 순종함으로써 하나님께 뭔가를 보상받을 공로를 세우는 것이다.

답변. 오히려 그 반대가 옳다. 하나님께서는 그들에게 긍휼을 보이시리라고 말씀하신다. 그러므로 그것은 공로에 근거하는 것이 아니다. 긍휼로 행해지는 것은 공로에 속하는 것이 아니기 때문이다. 그러므로 이 논지는 그릇된 것이다.

반론 3. 이 약속과 경고는 십계명 전체에 속하는 것이다. 그러니 제 2 계명에 덧붙여진 것이 아니다.

답변. 이것은 제 2 계명에 덧붙여진 것이다. 그것이 제 2 계명에만 해당되기 때문이 아니라, 제 1 계명과 제 2 계명이 다른 모든 계명들의 기반이라는 것을 알게 하기 위함이요, 또한 하나님께서 그에게 드리는 예배를 부패하게 만드는 자들에 대해 특별히 불쾌히 여기신다는 것을 선포하고자 함이요, 이런 유의 죄에 대해 그들에게는 물론 그들의 후손들에게까지 벌하실 것이며 반면에 이 예배를 순결하게 유지하고 더럽히지 않는 자들의 후손을 복 주실 것임을 선포하고자 함인 것이다.

제 3 계명

99문　제 3 계명에서는 하나님께서 무엇을 원하십니까?

답　저주나 거짓 증거나 불필요한 맹세로 하나님의 이름을 욕되게 하거나 남용하지 않는 것과, 다른 이들이 그런 끔찍한 죄를 범할 때에 침묵하거나 묵인함으로써 그 죄에 함께 참여하지 않는 것이며, 요컨대, 경외함과 높이 우러름 이외에 다른 목적으로는 하나님의 거룩한 이름을 사용하지 않으며, 그리하여 하나님을 올바로 고백하고 예배하며, 또한 우리의 모든 말과 행위에서 그를 영화롭게 하는 것입니다.

100문　맹세와 저주로 하나님의 이름을 욕되게 하는 일이, 그런 일을 막거나 금하도록 최선을 다하여 돕지 않는 자들에게까지도 하나님께서 진노를 발하실 만큼 악한 죄입니까?

답　분명히 그렇습니다. 하나님의 이름을 욕되게 하는 것보다 더 크고 하나님을 진노하시게 만드는 죄는 없습니다. 그렇기 때문에 하나님께서는 이 죄를 사형으로 벌할 것을 명령하셨습니다.

[해 설]

하나님께서는 제 1 계명과 제 2 계명에서 그에게 드리는 예배를 위한 정신과 마음을 제시하셨고, 제 3 계명과 제 4 계명에서는 외형적인 행위들에 관한 사항을 제시하신다.

제 3 계명은 두 부분으로 되어 있으니, **금지 명령**과 **경고**가 그것이다. 이 계명은 첫째로 하나님의 이름을 생각 없이 경솔하게 사용하는 것을 금한다. 무엇이든 그릇되거나 헛되거나 하찮은 일에서 하나님의 이름을 남용하게 되면, 반드시 하나님께 욕을 돌리게 되며, 혹은 최소한 하나님의 영광을 높이지 않게 된다. **하나님의**

이름은 성경에서 다음과 같은 것을 나타낸다: 1. **하나님의 속성**. "어찌하여 내 이름을 묻느냐?"(창 32:29), "너는 이스라엘 자손에게 이같이 이르기를 너희 조상의 하나님 여호와 곧 아브라함의 하나님, 이삭의 하나님, 야곱의 하나님께서 나를 너희에게 보내셨다 하라 이는 나의 영원한 이름이요 대대로 기억할 나의 칭호니라"(출 3:15), "여호와는 용사시니 여호와는 그의 이름이시로다"(출 15:3). 2. **하나님 자신**. "주의 이름을 사랑하는 자들은 주를 즐거워하리이다"(시 5:11), "내가 여호와께 그의 의를 따라 감사함이여 지존하신 여호와의 이름을 찬양하리로다"(시 7:17), "내가 구원의 잔을 들고 여호와의 이름을 부르며"(시 116:13), "여호와께서 자기의 이름을 두시려고 택하신 곳에서 소와 양으로 네 하나님 여호와께 유월절 제사를 드리되"(신 16:2), "내가 내 하나님 여호와의 이름을 위하여 성전을 건축하려 하오니"(왕상 5:5). 3. **하나님의 뜻** 혹은 **하나님의 명령**. 이는 하나님께서 계시하신 참된 것이든지 혹은 사람들이 왜곡시킨 것이든지 둘 중의 하나다. "누구든지 내 이름으로 전하는 내 말을 듣지 아니하는 자는 내게 벌을 받을 것이요"(신 18:19), "나는 만군의 여호와의 이름 곧 네가 모욕하는 이스라엘 군대의 하나님의 이름으로 네게 나아가노라"(삼상 17:45). 4. **하나님께 드리는 예배**, 하나님에 대한 신뢰와 기도, 찬양과 고백을 나타낸다. "만민이 각각 자기의 신의 이름을 의지하여 행하되 오직 우리는 우리 하나님 여호와의 이름을 의지하여 영원히 행하리로다"(미 4:5), "나는 주 예수의 이름을 위하여 결박당할 뿐 아니라 예루살렘에서 죽을 것도 각오하였노라"(행 21:13).

　여호와의 이름을 망령되게 부르지 말라. 하나님께서는 전혀 하나님의 이름을 취하거나 사용하지 못하도록 금하시는 것은 아니다. 다만 그 이름을 경솔하게, 가볍게, 거짓되게, 욕되게 사용하는 것을 금하시는 것이다. 여호와의 이름을 **가볍게** 사용한다는 것은 일상적인 대화에서 사용하듯 그렇게 사용하는 것으로, 이는 그리스도의 말씀과 상반된 것이다: "오직 너희 말은 옳다 옳다, 아니라 아니라 하라"(마 5:37). **거짓되게** 사용한다는 것은 부당한 맹세와 위증에 그 이름을 사용한다는 것이요, **욕되게** 사용한다는 것은 하나님의 이름을 빙자하여 귀신들의 역사를 방조하는 것으로, 저주와 신성모독과 점술에 그 이름을 사용하는 것을 뜻한다. 그러므로 **네 하나님 여호와의 이름을 망령되게 부르지 말라**는 계명의 뜻은, 곧 거짓 맹세도 하지 말고 또한 하나님을 존귀하게 하지 않을 일에 하나님의 이름을 거명하지 말라는 것이다.

이러한 부정적인 명령 속에는 긍정적인 교훈이 담겨 있다. 하나님의 이름을 그릇되게 사용하지 말라는 금지 명령 속에는 정당하며 존귀한 사용에 대한 명령이 들어 있는 것이다. 곧, 하나님의 이름을 엄숙하게, 신앙적으로, 존귀하게 사용하며, 우리의 대화 속에서 하나님의 위엄에 어울리는 경우가 아니면 하나님이나 그의 역사하심이나 계시에 대해 언급하지 말아야 한다는 것이다. 그러므로, 이 제 3 계명의 목적은 우리 모두 하나님께, 공적으로 사적으로, 그의 이름을 고백하고 찬송하는 직접적인 외형적 예배를 드리게 하는 데 있는 것이다.

하나님께서는 이 계명에 경고를 덧붙이시며, 이 경고를 통해서, 이에 대해 순종하지 않고 어기게 되면 하나님께서 특별히 불쾌히 여기시며 그리하여 극심하게 벌하실 것임을 선포하시는 것이다. 하나님을 찬양하고 그에게 영광을 돌리는 것이 사람이 창조함 받은 가장 첫째 되는 궁극적인 목적이므로, 하나님께서는 지극히 엄격한 방식으로 우리에게 다음과 같은 것을 말씀하신다. 곧, 하나님께서 다른 모든 것들도 명령하시므로, 또한 하나님을 영화롭게 하는 것이 사람의 첫째가는 선이요 즐거움이므로, 하나님을 욕되게 하고 그의 이름을 헛되이 취하는 것이야말로 가장 큰 악이며 따라서 가장 무거운 형벌을 자초하는 것이라는 것이다. 그리하여 성경은 이렇게 말씀한다: "하나님을 알되 하나님을 영화롭게도 아니하며 감사하지도 아니하고 오히려 그 생각이 허망하여지며 미련한 마음이 어두워졌나니"(롬 1:21), "누구든지 그의 하나님을 저주하면 죄를 담당할 것이요 여호와의 이름을 모독하면 그를 반드시 죽일지니 온 회중이 돌로 그를 칠 것이니라"(레 24:15, 16).

이 계명에 담겨 있는 덕목들은 하나님의 이름을 정당하고도 존귀하게 사용하는 데 있으며, 이것에는 다음과 같은 것들이 포함된다:

I. **하나님의 본질과 뜻과 역사하심에 관한 참된 도리의 전파.** 이는 교회에서 공적으로 가르치는 직분에 속한 것이 아니고 ― 이는 제 4 계명에서 언급된다 ― 각 사람이 자기가 속한 영역에서 다른 이들을 사사로이 가르쳐서 하나님을 참되게 알고 예배하는 데에 기여하는 것을 의미한다. 이에 대해 성경은 다음과 같이 말씀한다: "너는 그 일들을 네 아들들과 네 손자들에게 알게 하라"(신 4:9), "또 그것을 너희의 자녀에게 가르치며"(신 11:19), "피차 권면하고 서로 덕 세우기를 너희가 하는 것같이 하라"(살전 5:11), "너는 돌이킨 후에 네 형제를 굳게 하라"(눅 22:32), "그리스도의 말씀이 너희 속에 풍성히 거하여 모든 지혜로 피차 가르치며 권면하

고 시와 찬송과 신령한 노래를 부르며"(골 3:16).

　참되신 하나님에 관한 도리를 전파하는 것에 반대되는 것에는 다음과 같은 것들이 포함된다:

　1. 다른 사람들을, 특히 우리의 자녀들을, 가르치며 또한 우리의 능력에 따라 기회를 얻는 대로 참된 도리에 대한 지식을 전파하기를 **하지 않거나 소홀히 하는 것**. "두려워하여 나가서 당신의 달란트를 땅에 감추어 두었었나이다"(마 25:25).

　2. 하나님과 신적인 진리들에 대해 대화하기를 **삼가는 것**. "구원이 악인들에게서 멀어짐은 그들이 주의 율례들을 구하지 아니함이니이다"(시 119:155).

　3. 하늘로부터 계시된 신앙의 도리를 **부패시키는 것**. 이는 하나님과 그의 뜻과 역사하심에 대하여 거짓된 것을 주장하고 전파하는 데 있다. "선지자들이 내 이름으로 거짓 예언을 하도다"(렘 14:14).

　II. 하나님께 찬송하며 영광을 돌림. 이는 하나님의 속성들과 역사하심을 인정하고, 하나님과 피조물 앞에서 그것들을 높이며 칭송하여 하나님에 대한 우리의 사랑과 존경을 선포함으로써 그가 만물 위에 높아지시고 우리가 그의 아래 굴복하여 있음이 밝히 드러나게 하는 데 있다: "내가 주의 이름을 형제에게 선포하고 회중 가운데에서 주를 찬송하리이다"(시 22:22), "여호와 우리 주여 주의 이름이 온 땅에 어찌 그리 아름다운지요 주의 영광이 하늘을 덮었나이다"(시 8:1), "천지가 그를 찬송할 것이요 바다와 그 중의 모든 생물도 그리할지로다"(시 69:34).

　이것에 반대되는 것들은 다음과 같다:

　1. **하나님을 멸시함**과, 그에 대한 찬양과 예배를 소홀히 하는 것. "하나님을 알되 하나님을 영화롭게도 아니하고"(롬 1:21).

　2. **신성모독.** 이는 무지(無知)에서든 진리와 하나님 자신에 대한 미움에서든, 하나님의 본성과 뜻에 반대되는 것들을 하나님께로 돌리는 것이다. "누구든지 그의 하나님을 저주하면 죄를 담당할 것이요"(레 24:15).

　3. **모든 저주 행위.** 이는 하나님의 이름을 빙자하여 이웃을 향하여 악담을 하여, 마치 하나님께서 자기들의 악한 복수심을 그대로 시행하시는 분이신 것처럼 만드는 것이다. 저주한다는 것은 하나님께서 특정한 사람에게 악을 행하시기를 구하고 바라는 것이다. 그런데, 미움과 우리의 사사로운 복수심에서 나오는 모든 저주는 신자에게 어울리지 않는 악한 것이다. 왜냐하면 하나님을 우리의 부패한 바람을 시행하는 종으로 만들려는 자세가 거기에 개입되어 있기 때문이다. 시편과 기

타 여러 곳에서 성도들이 그들의 원수들에 대해 저주하는 경우들이 나타나는 것은 사실이다. 그러나 이것들을 무조건 정죄해서는 안 된다. 왜냐하면 그것들은 하나님의 원수들을 향한 예언적인 형벌의 선언의 성격이 다분하기 때문이다. 이런 실례들을 볼 때에, 특정한 때에는 저주들이 정당하기도 하나, 다음과 같은 조건이 있다고 추정할 수 있을 것이다: 1. 하나님께서 정죄하시는 자들에게, 즉 그의 원수들에게 악한 일들이 일어나기를 우리가 바랄 경우. 2. 그 어떠한 사사로운 미움이나 복수심이 없이, 오직 하나님으로 인하여 저주할 경우. 3. 그들이 도저히 교정되지 않는 상태로 있을 경우에만 이런 일들이 일어나게 해달라고 구하는 경우. 4. 그들의 파멸이 즐거워서가 아니라 오직 하나님의 영광이 드러나고 교회가 구원받는 것을 바라기 때문에 이런 일들을 바라는 경우.

　Ⅲ. **하나님에 대해 알려진 진리를 고백함.** 이는 우리가 하나님과 그의 뜻에 대해서 성경으로부터 확실하게 알고 있는 바를 선포하며, 그리하여 하나님께 영광을 돌리고, 이웃이 구원을 얻게 하는 것이다. "사람이 마음으로 믿어 의에 이르고 입으로 시인하여 구원에 이르느니라"(롬 10:10), "너희 속에 있는 소망에 관한 이유를 묻는 자에게는 대답할 것을 항상 준비하되 온유와 두려움으로 하고"(벧전 3:15).

　진리를 고백하는 것과 반대되는 것에는 다음과 같은 것들이 있다:

　1. **진리를 부인함.** 이는 미움이나 십자가나 혹은 질책을 두려워하여 신앙에 관하여 자신이 아는 바를 누구에게 기꺼이 선포하려 하지 않는 자세다. 이런 부인에는 두 종류가 있다. 그 **첫째**는 참 신앙에서 완전히 돌아선 배도(背道)의 상태로서, 하나님을 대적하고자 하는 마음의 도모와 결연한 의지로써 진리에 관하여 자신이 받아 알고 있는 모든 내용에 대한 고백을 던져버리며, 진리를 거부한 것에 대해 아무런 회한이나 슬픔도 없고, 은혜의 약속을 자기에게 적용시키거나 회개의 증표를 보임으로써 하나님께 순종하고자 하는 그 어떠한 목적도 없는 상태다. 진리에 대한 이러한 부인은 외식자(外飾者)들과 유기(遺棄)된 자들이 범하는 죄인데, 이에 대해 성경은 다음과 같이 말씀한다: "그들이 우리에게서 나갔으나 우리에게 속하지 아니하였나니 만일 우리에게 속하였더라면 우리와 함께 거하였으려니와 그들이 나간 것은 다 우리에게 속하지 아니함을 나타내려 함이라"(요일 2:19), "잠깐 믿다가 시련을 당할 때에 배반하는 자요"(눅 8:13). 한 번 진리를 안 이후에 이런 부인이 행해지면 이는 성령을 거스르는 죄가 되며, 이에 대해서는 회개가 없고 금

생에서나 내생에서나 사하심을 얻을 수가 없다. **둘째**는 특정한 점에 대해 진리를 부인하는 것이다. 이는 믿음이 연약한 자들이 범하는 것으로, 의도적이거나 고의적인 것이 아니고 오류에서나 혹은 십자가에 대한 두려움에서 나오는 결과다. 마음속에는 하나님을 붙잡고자 하는 성향이 남아 있고, 이런 사악함과 부인 때문에 슬픔도 있고, 거기서 벗어나고자 하는 갈등도 있고, 은혜의 약속을 자신에게 적용시키고 참된 회개의 증표를 보임으로써 하나님께 순종하고자 하는 마음도 있다. 중생한 자와 택함받은 자들도 진리를 이런 식으로 부인하게 되는 죄를 범할 수 있고, 다시 금생에서 진리를 고백하는 데에로 돌이킬 수도 있다. 베드로도 연약함 때문에 그리스도를 부인하였다가 하나님 앞에서 자기 죄를 회개하였다.

2. **진리를 숨김**. 하나님께 영광을 돌리는 것과 우리 이웃의 구원을 위하여 진리를 고백하는 것이 요구될 때에 우리가 침묵함으로써 하나님과 그의 말씀과 교회에 대한 그릇된 견해들이 사람들의 생각 속에 확증되는 경우, 혹은 악한 자들의 비방에 대하여 그의 영광을 드러내시고자 완고한 자들을 납득시키고, 배우려는 자들을 가르치고자 하는 목적으로 하나님께서 알게 하시고자 하는 것들을 알리지 않고 그냥 방치하는 경우, 혹은 우리가 침묵함으로써 우리가 악인들이 말하고 행하는 바를 인정하는 것이 아니냐 하는 의혹을 받게 되는 경우 등이 이에 해당된다. 요한복음 9장에서 예수께서 눈을 뜨게 해 주신 날 때부터 맹인이던 자의 부모가 이렇게 처신했고, 또한 관리들도 유대인들을 두려워하여 그리스도를 공개적으로 고백하지 않았다: "그러나 관리 중에도 그를 믿는 자가 많되 바리새인들 때문에 드러나게 말하지 못하니 이는 출교를 당할까 두려워함이라" (요 12:42).

3. **그리스도인의 자유를 남용함**, 혹은 중립적인 사안과 관련하여 거스르게 행하는 것인데, 이는 우리가 그렇게 처신함으로써 하나님의 원수들이 오류 가운데 있고 참 신앙에서 벗어나 있음을 확증하는 경우나 혹은 우리의 모범을 통해서 그들로 하여금 악한 양심을 갖고 우리를 모방하도록 부추기는 경우가 이에 해당된다. 사도 바울은 로마서 14장과 고린도전서 8, 10장에서 이 문제를 주로 다루고 있다.

4. **도덕적인 모든 과실과 추문**. 예를 들어서, 참된 신앙을 고백하는 자들이 수치스럽고 사람에게 거스르는 삶을 삶으로써 자기들이 말로 고백하는 것을 행위로 부인하여, 교회가 질책의 대상이 되도록 하며 하나님의 이름이 불신자들에게서 모독을 당하게 하는 경우가 이에 해당된다. "그들이 하나님을 시인하나 행위로는 부인하니 가증한 자요" (딛 1:16), "하나님의 이름이 너희 때문에 이방인 중에서 모

독을 받는도다"(롬 2:24; 또한 시 50:16; 사 52:5; 딤후 3:5 등을 보라).

5. 진리를 때에 맞지 않게 혹은 부적절하게 고백함. 하나님의 영광을 높이는 일과 이웃을 구원하는 일에 아무런 유익도 없고 또한 그 시간과 정황 하에서 진리를 고백하는 것이 요구되지도 않는 상황에서, 참 신앙의 원수들을 불필요하게 자극시키고 격동시켜서 진리를 업신여기고 경멸하게 하거나 혹은 경건한 자들을 향하여 원한을 품고 잔인하게 행하도록 만드는 경우가 이에 해당된다. 그리스도께서는 다음과 같은 말씀으로 이런 부적절한 고백을 금하신다: "거룩한 것을 개에게 주지 말며 너희 진주를 돼지 앞에 던지지 말라 그들이 그것을 발로 밟고 돌이켜 너희를 찢어 상하게 할까 염려하라"(마 7:6). 바울도 이렇게 말씀한다: "이단에 속한 사람을 한두 번 훈계한 후에 멀리하라 이러한 사람은 네가 아는 바와 같이 부패하여 스스로 정죄한 자로서 죄를 짓느니라"(딛 3:10, 11). "너희 속에 있는 소망에 관한 이유를 묻는 자에게는 대답할 것을 항상 준비하되 온유와 두려움으로 하고"(벧전 3:15)라는 사도 베드로의 말씀도 우리의 논지와 어긋나는 것이 아니다. 사도는 우리에게 교회의 교리의 총체와 그 기초에 대해 항상 답변할 것을 잘 준비하고 있어서 참된 신앙의 원수들이 이 교리를 왜곡시켜 제기하는 온갖 비방과 궤변들을 물리치라고 명령하기 때문이다. 그러나 그는 언제나 누구 앞에서나 모든 것들을 다 고백하고 선포하라고 명령하지는 않는다. 다만 스스로 배우고 알고 판단하고자 하는 목적으로 우리 속에 있는 소망에 관해 이유를 묻거나 변론을 듣고자 하는 사람들 앞에서 그렇게 하라고 말씀하는 것이다. 그러므로, 우리가 충분히 설명하고 선포했는데도 불구하고 누군가가 신앙을 조롱하거나 복음의 도리를 비웃으면서 우리의 소망에 관한 이유를 물을 경우에는, 그 사람에게 답변해 주지 말고 그냥 내버려 두어야 하는 것이다. 그리스도께서도 자신의 도리를 충족히 고백하고 확증하신 다음 대제사장과 빌라도 앞에서 자신에 대한 거짓 증거에 대해 침묵하셨고, 그것에 대해 "내가 말할지라도 너희가 믿지 아니할 것이요"(눅 22:67)라고 이유를 제시하신 것이다.

IV. 감사함. 우리가 하나님으로부터 어떤 은덕을 받았고 또한 그 받은 은덕이 얼마나 크며, 또한 이런 축복들을 볼 때에 우리가 어떤 순종을 드려야 하는지를 시인하고 고백하고, 그리하여 힘을 다하여 하나님께 기꺼이 마음을 다하여 순종하는데 있다. 그리하여 성경은 이렇게 말씀한다: "무엇을 하든지 말에나 일에나 다 주 예수의 이름으로 하고 그를 힘입어 하나님 아버지께 감사하라"(골 3:17), "범사에 감사하라 이것이 그리스도 예수 안에서 너희를 향하신 하나님의 뜻이니라"(살전 5:18), "여호와께 감사하라 그는 선하시며 그 인자하심이 영원함이로다"(시 107:1).

이 덕목에 반대되는 것들은 다음과 같다:

1. **감사치 않음**. 하나님의 은덕에 대해 생각하지도 않고 말하지도 않으며, 혹시 그것들에 대해 생각하고 말하더라도 차갑고 덤덤하게 그렇게 하므로, 하나님에 대한 사랑도, 감사하고자 하는 간절한 심정도 없는 경우다. "하나님을 알되 하나님을 영화롭게도 아니하며 감사하지도 아니하고"(롬 1:21).

2. **하나님의 은덕에 대한 적절한 인식이 없음**, 혹은 합당한 만큼 그 은덕들에 가치를 두지 않음. 이는 하나님의 긍휼하신 은덕들이 자기 자신에게서나 다른 사람에게서 오는 것으로 간주하는 경우에 항상 일어난다. "네게 있는 것 중에 받지 아니한 것이 무엇이냐? 네가 받았은즉 어찌하여 받지 아니한 것 같이 자랑하느냐?"(고전 4:7).

3. **하나님의 은사들을 소홀히 함**. 하나님의 영광을 높이고자 하는 목적으로 사용하지 않으면 항상 이런 결과가 나타난다. 또한 이런 은사들을 남용하는 경우도 마찬가지다. "악하고 게으른 종아 나는 심지 않은 데서 거두고 헤치지 않은 데서 모으는 줄로 네가 알았느냐? 그러면 네가 마땅히 내 돈을 취리하는 자들에게나 맡겼다가 내가 돌아와서 내 원금과 이자를 받게 하였을 것이니라"(마 25:26, 27).

V. **하나님의 영광을 위한 열정**. 이는 하나님을 향한 열정적인 사랑이요, 또한 하나님을 향하여 던져지는 질책이나 멸시로 인한 안타까움으로서, 그런 멸시를 그에게서 거두고 하나님의 이름의 존귀를 확연히 드러내고자 하는 시도가 거기에 뒤따른다. "비느하스가 내 질투심으로 질투하여 이스라엘 자손 중에서 내 노를 돌이켜서 내 질투심으로 그들을 소멸하지 않게 하였도다"(민 25:11), "내가 만군의 하나님 여호와께 열심이 유별하오니 이는 이스라엘 자손이 주의 언약을 버리고 주의 제단을 헐며 칼로 주의 선지자들을 죽였음이오며"(왕상 19:10).

하나님을 위한 이런 열정에 반대되는 것으로 결핍에 속하는 것은 **소심함**, 혹은 **확고하지 못함**인데, 하나님께 던져지는 모욕에 대해서 슬픔에 잠기지도 않고, 하나님의 영광을 염려하지도 않으며, 말로도 행동으로도 이런 모욕을 방지하고자 하는 열정을 보여주지 않는 상태라 할 것이다. 저주나 더러운 신성모독의 행위로 하나님의 이름을 욕되게 하는 것을 막을 수 있는데도 불구하고 그것을 막지 않고,

하나님의 영광을 위한 열정으로 그런 태도를 갖게 되지도 않는 자들이 이런 죄를 범하는 것이다.

이 덕목에 반대되는 것으로 과잉의 상태에 속하는 것은 **오류가 있는 그릇된 열정**이다. 바울은 이것이 하나님을 위한 열심이지만 지식을 따르는 것이 아니라고 말씀한다(롬 10:3). 이는 어떤 말이나 행동이 하나님의 영광을 훼손시킨다고 잘못 생각하여 그것에 대해 불쾌하게 여기는 것이다. 하나님의 영광이 아니므로 변호해서는 안 되는 것을 하나님의 영광으로 여기고 그것을 변호하려 할 때나, 혹은 하나님의 영광과 모순된 것이 아니므로 억제하지 말아야 할 것을 하나님의 영광을 그르치는 것으로 여기는 경우나, 혹은 하나님의 영광을 거스르는 것이나 해치는 것을 정당하지 않은 방식으로 방지하려 하는 경우에 반드시 이런 일이 일어나게 된다.

VI. **하나님의 이름을 불러 아룀.** 이는 하나님께서 친히 그에게 구하라고 명령하신 그 선한 것들에 대해 참되신 하나님께 구하는 것이다. 이것은 우리의 결핍의 상태를 지각하는 것에서 나오며, 또한 하나님의 풍성하신 공급하심을 나누고자 하는 열망에서 나오며, 중보자로 말미암는 바 하나님을 향한 참된 회심과 신적인 약속들을 믿는 믿음과 더불어 시작된다. "여호와께 감사하고 그의 이름을 불러 아뢰며 그가 하는 일을 만민 중에 알게 할지어다"(시 105:1), "구하라 그리하면 너희에게 주실 것이요"(마 7:7), "그를 향하여 우리가 가진 바 담대함이 이것이니 그의 뜻대로 무엇을 구하면 들으심이라"(요일 5:14).

하나님의 이름을 불러 아뢰는 것에 반대되는 것은 다음과 같다:

1. **여호와의 이름 부르기를 소홀히 함.** 성경은 이것이 모든 경건치 못함의 근본으로 가르치고 정죄한다. "그들이 떡 먹듯이 내 백성을 먹으면서 여호와를 부르지 아니하는도다"(시 14:4).

2. **하나님의 이름을 정당치 못하게 부르는 모든 행위.** 하나님께서 받으실 만한 기도의 조건이 결핍되었을 경우가 이에 해당한다. 우상숭배의 자세로 신의 이름을 부르는 행위나, 혹은 하나님의 구체적인 명령이나 약속과는 상관없이 하나님의 임재와 우리의 기도에 대한 응답을 특정한 장소나 물건에다 제한시키는 것도 여기에 포함될 수 있다. "너희는 알지 못하는 것을 예배하고"(요 4:22). 교황주의자들 중에는 천사들과 세상을 떠난 성도들에게 기도하는 자들이 있는데 이들도 마찬가지 경우에 속한다. 왜냐하면 그들에게 기도함으로써 오직 하나님께만 속하

는 존귀를 그들에게 돌리는 것이기 때문이다.

3. 하나님의 뜻과 법에 어긋나는 것들을 구하는 행위. "구하여도 받지 못함은 정욕으로 쓰려고 잘못 구하기 때문이라"(약 4:3).

4. 입술뿐인 간구, 혹은 마음의 감동도 없고 하나님의 축복을 얻고자 하는 진정한 열정도 없으면서 말로나 몸의 움직임만으로 하는 기도. 참된 회개나 기도 응답에 대한 확신도 없고, 나의 뜻을 하나님의 뜻에 굴복시키는 것도 없고, 하나님의 약속에 대한 생각도 없고, 유일한 중보자이신 그리스도에 대한 신뢰도 전혀 없고, 하나님 앞에서 우리 자신의 무가치함에 대한 참된 인식도 없이 드리는 기도가 이에 해당된다. "또 기도할 때에 이방인과 같이 중언부언하지 말라 그들은 말을 많이 하여야 들으실 줄 생각하느니라"(마 6:7), "너희가 손을 펼 때에 내가 내 눈을 너희에게서 가리고 너희가 많이 기도할지라도 내가 듣지 아니하리니"(사 1:15), "이런 사람은 무엇이든지 주께 얻기를 생각하지 말라"(약 1:7).

성인 숭배를 지지하는 교황주의자들이 제기하는 반론

반론 1. 성인들(聖人: saints)은 그들이 쌓아놓은 덕(德)으로 인하여 찬송(adoration: 헬라어로 **라트레이아**)이나 혹은 높이 기림(veneration: 헬라어로 **둘레이아**)의 경배로 존귀를 받을 자들이다. 그러나 전자의 의미로 그들을 예배해서는 안 된다. 이런 형태의 예배는 오직 하나님께만 드려져야 하기 때문이다. 그것은 전우주적인 권능과 섭리와 통치를 드리는 것인데 이는 오직 하나님께만 드릴 수 있는 것이기 때문이다. 그러므로 높이 기림 혹은 그 거룩함을 칭송하는 경배는 성인들에게 드려 마땅한 것이다.

답변. 주 전제가 불완전하므로 결론을 받아들일 수 없다. 여기서 구분하는 **찬송**과 **높이 기림**의 예배 이외에도 성도(혹은, 성인)들에게 정당한 또 다른 종류의 높이 기림이 있는데, 그것은 그들의 뛰어난 믿음과 거룩함과 은사들을 인정하고 높이 받들며, 또한 그들이 가르친 도리에 순종하고, 그들의 삶과 경건을 본받는 것이다. 아우구스티누스는 이에 대해, "본받는 것으로 그들을 존귀히 여겨야 하고, 찬송으로 그렇게 해서는 안 된다"고 하였다. 이렇게 하는 높이 기림은 성도들에게 정당한 것이며, 우리는 산 자에게서나 죽은 자에게서나 이것을 빼앗을 생각이 없고, 오히려 "하나님의 말씀을 너희에게 일러주고 너희를 인도하던 자들을 생각하며 그들의 행실의 결말을 주의하여 보고 그들의 믿음을 본받으라"(히 13:7)는 사도의 명령에 따라 그런 존귀를 그들에게 정당하게 돌린다. 또한 소 전제도 인정할 수 없다. 찬송의 경배와 높이 기림의 경배를 구분하는 것은 아무런 힘이 없다. 이 둘이 서로 다른 형태의 예배가 아니고 하나요 동일한 예배로서, 성인이나 피조물들에게 속하는 것이 아니고 오직 하나님께만 속하기 때문이다. 하나님께서는 어느 곳에서든 어느 때에든 그의 이름을 부르는 자들의 생각과 탄식과 소원을 아시고 또한 그것들을 들으시며, 그들의 필요한 것들을 공급해 주시는 것이다. 하나님 이외에는 아무도 그를 부르는 자들의 소원을 들을 수 없다. 그러므로 이러한 존귀는 오직 하나님께만 돌려야 하는 것이다. 그가 기도를 들으시기 때문이다. 이 존귀는 또한 그리스도께도 해당된다. 그의 공로와 간구로 말미암아 하나님께서 우리에게 죄 사함과 영생과 기타 모든 선한 것들을 베푸시기 때문이다. 그러므로 찬송의 이름으로든 높이 기림의 구실로든 간에 이 존귀를 성인들에게 돌리게 되면, 신성모독과 우상숭배가 되어 버리고 마는 것이다. 그들이 행하는 이 구분은 근거가 없다. 헬라어 원문 성경에서는 이 단어들이 서로 구별 없이 동일한 것을 지칭하는 뜻으로 사용되기 때문이다. 또한 성경만이 아니라 세속의 저술가들도 그렇게 사용하고 있다. 하나님에 대해서 성경은, "주 너의 하나님께 경배하고 다만 그를 섬기라"(마 4:10)고 말씀하는데, 여기서는 헬라어 **라트류세이스**가 사용되고 있다. 그리고 마태복음 6:24에서는 "너희가 하나님과 재물을 겸하여 섬기지 못하느니라"라고 말씀하는데, 여기서는 **둘류신**이 사용되고 있고, 또한 다음의 본문에서도 그 단어가 사용되고 있다: "너희가 어떻게 우상을 버리고 하나님께로 돌아와서 살아 계시고 참되신 하나님을 섬기는지"(살전 1:9), "이같은 자들은 우리 주 그리스도를 섬기지 아니하고 다만 자기들의 배만 섬기나니"(롬 16:18). 바울도 도처에서 자기 자신을 가리켜 "하나님의 종"(**둘론 데우**)이라 칭한다. 헬라어 본문의 경우 도처에서 **노예의 일**을 **라트류톤**이라는 용어로 칭하고 있다. 수이다스(Suidas)는 **라트류에인**은 품삯을 받고 섬기는 것과 동일한 의미라고 쓰고 있다. 발라(Valla)는 이 동일한 단어가 하나님을 섬기는 것을 뜻하기도 하고 사람을 섬기는 것을 뜻하기도 한다는 것을 입증하기 위하여 크세노폰(Xenophon)에게서 취한 한 구절을 인용하는데, 거기서는 어떤 사람이 말하기를 자기 아내가 **섬기게** 되는 일이 벌어지지 않게 하는 데에 자기 목숨을 걸었다고 한다. 그런데 정작 그 아내는 말하기를, 목숨을 잃어버릴지언정 남편이 **섬기게** 하지는 않을 것이라고 말한다. 이 두 경우 모두 **둘류에**가 사용되고 있다. 그러므로 교황주의자들이 두 가지로 구분하여 제시하는 이 단어들은 서로 다른 것이 아니라 동일한 것을 나타내는 것이다.

반론 2. 하나님께서 존귀히 여기시는 자들을 우리가 존귀히 여기는 것이 마땅하다. 하나님께서는 성도(혹은, 성인)들을 존귀히 여기신다: "너희도 열두 보좌에 앉아 이스라엘 열두 지파를 심판하리라"(마 19:28). 그러므로 우리도 그들을 존귀히 여겨야 한다.

답변. 하나님께서 성도들에게 베푸시는 존귀에 관해서라면, 우리는 이 논지를 인정한다. 그러나 높이 올려 경배하는 행위는 여기에 절대로 포함되지 않는다. 하나님께서도 친히 말씀하신다: "나는 여호와이니 이는 내 이름이라 나는 내 영광을 다른 자에게, 내 찬송을 우상에게 주지 아니하리라"(사 42:8).

반론 3. 우리의 은밀한 한숨과 탄식을 듣는 일은 본질상 하나님께 속하는 것인데, 이것이 은혜로 말미암아 성인들에게 전수되었다. 그러므로 성인들에게 구해야 한다.

답변. 우리는 전제를 인정할 수 없다. 하나님께서는 무한하심, 전능하심, 무한한 지혜, 사람의 마음을 보고 아심, 기도를 들으심 등, 자신이 피조물들과 구별되어 지니시는 그런 속성들을 전해 주시지 않기 때문이다. 이것들은 본성으로도 은혜로도 피조물에게 전달되지 않는 것이다. "주만 홀로 사람의 마음을 아심이니이다"(대하 6:30).

반론 4. 이적을 행하는 능력은 오직 하나님께 속한 것인데도, 하나님께서는 그 능력을 성도들에게 전해 주셨다. 그러므로 그는 자신이 피조물들과 구별되어 지니고 계신 것들 가운데 최소한 일부는 성도들에게 전해 주시는 것이요, 따라서 그들도 자기들에게 기도하는 자들의 생각과 소원을 알 수가 있는 것이다.

답변. 1. 여기서 제시하는 결론은 아무런 힘이 없다. 혹여 하나님께서 자신의 능력의 일부를 성도들에게 전달해 주신 것이 사실이라 할지라도(우리는 이를 인정하지 않는다) 그렇다고 해서 기도를 듣는 일이 그들에게 속하는 것은 결코 아니다. 성경이 절대로 그 사실을 가르쳐주지도 않는 것이다. 2. 여기서 제시하는 이유도 전혀 힘이 없다. 성도들이 이적을 행하는 은사를 부여받았기 때문에 자기들에게 구하는 자들의 소원을 아는 지식이 있다는 논리는 전혀 허구인 것이다. 이적을 행하는 능력이 성도들에게 불어넣어진 것도 아니고, 그들이 자기들의 능력으로 그런 이적들을 행하는 것도 아니며, 그들은 사역자들에 지나지 않기 때문이다. 그러므로 성도들이 이런 일을 행한다는 말씀은 비유적인 표현들로서, 하나님께서 그들을 사역자들로 사용하셔서 그들을 통해서 이적을 행하셔서 그의 임재와 권능과 뜻을 나타내시는 것이다.

반론 5. 선지자들 중에는 다른 사람들의 생각과 마음의 도모들을 아는 사람들이 있었던 것 같다. 아히야는 여로보암의 아내의 생각을 알았고, 엘리사는 아람 왕의 생각을 알았으며, 베드로는 아나니아와 삽비라의 생각을 알았다(왕상 14:6; 왕하 6:12; 행 5:3). 그러므로, 하나님께서는 성도들에게 사람의 마음을 아는 지식을 전해 주신 것이다.

답변. 1. 숫자도 적고 비범한 성격을 지닌 실례들은 일반적인 법칙이 되지 못한다. 2. 이 사람들이 그런 것들을 알았던 것은 그들이 예언의 은사를 부여받았기 때문이다. 그러나 그들이 항상 알고 있었던 것은 아니었고, 오로지 교회의 유익을 위하여 그것이 요구되는 때에만 그것을 알았다. 그리고 그들이 마음을 꿰뚫는 능력이 있었기 때문이 아니라 신적인 계시를 받아서 그렇게 알았으며, 또한 모든 것을 다 안 것이 아니고 오로지 하나님께서 그들에게 계시하시기를 기뻐하신 것들만을 알았다. 그러므로 성도들이 죽은 후에 예언의 은사를 부여받는다는 것은 설득력이 없다. 영생에서는 그런 은사가 필요 없기 때문이다.

반론 6. 죄인들이 회개할 때에 하늘의 천사들이 즐거워한다(눅 15:10). 그러므로, 사람들이 참된 회개를 시행할 때에 천사들도 그것을 아는 것이며, 또한 기도로 그들에게 아뢰는 자들의 소원도 아는 것이 되는 것이다.

답변. 여기 제시한 원인은 다른 원인들의 결과일 수도 있으므로 그다지 큰 힘을 발휘하지 못한다. 천사들이 반드시 마음을 꿰뚫어 보아야만 죄인의 회개를 아는 것은 아니기 때문이다. 회개에 수반되는 효과나 표를 통해서도 알 수 있고, 신적인 계시에 의해서 알 수도 있기 때문이다.

반론 7. 부자의 영혼이 지옥에서 하늘의 아브라함을 보고 그에게 기도했고, 아브라함은 그의 기도를 들었다. 또한 부자는 아직 땅 위에 있는 자기의 다섯 형제들의 상태와 처지를 알고 있었다. 그러므로, 하늘에 있는 성도들은 땅에 있는 자들의 소원과 처지를 보고 아는 것이요, 따라서 그들에게 빌어야 한다.

답변. 알레고리와 비유들에 근거해서는 그 어떠한 교리도 세울 수 없다. 그런데 그것이 그리스도께서 형벌을 당하고 있는 불경한 자들의 생각과 고통과 처지를 표현하고자 하신 하나의 알레고리라는 사실은, 그것이 비유의 모든 요소들을 지니고 있다는 점에서 분명히 드러난다. 그러므로, 이것은 성인들에게 비는 문제에 대해 아무것도 제시해주지 못한다. 혹시 이 모든 일들이 그들이 제시하는 것처럼 행해졌다 할지라도, 그것들은 성인들에게 간구하는 문제에 대해서는 아무것도 입증해 주지 못한다. 아브라함이 그런 것들을 안 것은 마음의 은밀한 생각을 꿰뚫는 지식이 있기 때문이 아니라 부자의 말을 통해서 그것들에 대해 들었기 때문이었던 것이다.

반론 8. 그리스도께서는 그의 인성을 따라 모든 것을 다 아신다. 그러므로 성도들도 모든 것들을 아는 지식이 있다.

답변. 두 경우는 똑같은 것이 아니다. 그리스도의 인간적인 이해력은 그의 인성에 따라 그가 인지하고 알고자 하는 바를 모두 다 인지하고 아시며, 또한 그의 육체의 눈과 귀로 보고 듣고자 하시는 바를 모두 다 보고 들으신다. 이는 신성과 인격적으로 연합하여 있기 때문이요 또한 중보자로서의 그의 직분 때문이기도 하다. 그러나 그리스도께서 그의 신성에 의하여 아신 그 모든 것들이 천사들과 성도들에게 계시된다는 논리는 성경에 근거해서는 입증할 수가 없다.

반론 9. 만물의 형상들이 삼위일체의 시각과 얼굴에 반영되어 있다. 거룩한 천사들과 이 세상을 떠난 복된 사람들은 신성의 얼굴을 본다. "그들의 천사들이 하늘에서 하늘에 계신 내 아버지의 얼굴을 항상 뵈옵느니라"(마 18:10)고 말씀하기 때문이다. 그러므로 그들은 이렇게 해서 우리가 행하고 당하고 생각하는 모든 것들을 보고 안다.

답변. 1. 주 전제는 불확실하며, 성경에 근거하여 입증할 수가 없다. 2. 소 전제도 성립되지 않는다. 왜냐하면 "본래 하나님을 본 사람이 없으되"(요 1:18)라고 말씀하기 때문이다. 3. 천사들과 하늘의 성도들이 하나님에 대해 분명한 지식을 지니고 있기는 하나, 그렇다고 해서 그들이 본성적으로 모든 것을 다 안다는 식으로 가정할 수는 없다. 그것은 오직 하나님께만 적용되는 것이다. 만일 그들이 과연 모든 것을 다 안다면, 그들의 지식은 무한한 것이 될 것이며, 따라서 하나님의 지식과 동등하게 될 것인데, 이는 터무니없는 것이요 성경의 증언과도 어긋나는 것이다. 성경은 천사들이 심판 날에 대해 무지하다고 선언하는 것이다. 하나님께서는 하늘에 있거나 땅 위에 있거나 간에 모든 사람에게 그 자신의 선하신 뜻대로 합당한 만큼 계시하시는 것이다.

반론 10. 성인들과 하나님과 및 그리스도와의 친교와 교제가 너무도 크기 때문에, 우리가 성인의 손에 구하는 것들에 대한 계시가 그들에게 거부된다는 것은 있을 수가 없다.

답변. 불충분한 원인에 근거하여 도출된 결론은 효력이 없다. 하나님께서 성인들에게 그들이 원하는 만큼 계시하시지 않고 다만 그의 영광과 그들 자신의 행복을 위하여 그들이 알아서 유익이 되는 만큼만 계시하시더라도, 이러한 친교와 교제는 지속될 것이기 때문이다.

반론 11. 그리스도께서는 구속의 중보자시며, 성인들은 간구의 중보자들이다. 그러므로 성인들을 간구자들로, 또한 우리를 대신하여 하나님께 아뢰는 자들로 여겨 그들에게 빈다고 해도 그리스도를 손상시키는 것은 아무것도 없다.

답변. 여기서 제시하는 구분은 인정할 수 없다. 성경은 그리스도께서 유일한 중보자이심을 가르치며, 또한 그가 십자가 위에서 자기 자신을 우리를 위해 단번에 드리심으로써 우리를 구속하실 뿐 아니라 그가 우리를 위하여 아버지 앞에서 계속해서 간구하신다는 것을 가르치기 때문이다(히 5:7, 9; 7:27; 요 19:9; 롬 8:34; 히 9:24; 요일 2:1).

반론 12. 오직 그리스도만이 자기 자신의 공로와 간구에 근거하는 중보자이시며, 성인들은 그리스도의 공로와 간구에 근거하는 중보자들이요 간구자들이다. 즉, 그들이 우리를 대신하여 하나님께 드리는 간구는 그리스도의 공로와 중보로 말미암아 효력이 있다는 말이다. 그러므로 그리스도께 고유한 것을 성인들에게 전가시키는 것이 아니다.

답변. 이런 식으로 성인들에게 간구하는 자들은 바로 앞의 경우와 마찬가지로 그리스도의 존귀를 손상시키는 것이다. 전제에 그리스도의 존귀가 다른 이들에게 전가될 수 있는 온갖 방도가 들어 있는 것이다. 자기들 자신의 덕에 근거하는 자들은 물론, 하나님께서 오직 그리스도의 공로에 근거해서만 약속하신 그 선한 것들을 그리스도의 덕에 근거하여 우리를 위해서 공로로 얻는다고 말하는 그 사람들도 역시 그리스도의 자리를 대신 차지하는 것이기 때문이다. 또한 만일 성인들이 기도들이 그리스도의 공로와 간구로 말미암아 하나님을 기쁘시게 하며 또한 응답을 받는 것이라면, 교황주의자들의 가르침과는 달리 그 기도들은 그들 자신의 거룩함과 공로로는 하나님을 기쁘시게 할 수도 없고 우리를 위해서 아무것도 얻어 줄 수가 없는 것이다. 스스로 중보자와 간구자가 필요한 처지에 있는 자는, 물론 다른 사람들을 위해 기도할 수는 있겠으나, 다른 사람들을 위한 중보자가 될 수는 없기 때문이다. 그러므로 우리의 대적들은 자기들이 세우려고 헛되이 애쓰는 그 교리를 자기들 자신의 논리로 무너뜨리는 셈이다.

반론 13. 하늘에서 우리를 위해 기도하는 자들의 이름을 우리가 부르는 것이 마땅하다. 성인들은 하늘에서 우리를 대신하여 기도를 올린다. 그러므로 우리는 그들의 이름을 불러서 기도해야 한다.

답변. 여기서는 원인이 아닌 것을 원인으로 취하는 오류가 나타난다. 누군가가 다른 이를 위해 기도한다고 해서 그 사실만으로 우리가 그 사람에게 기도를 해야 하는 충족한 이유가 성립되는 것이 아니기 때문이다. 성도들이 하늘에서 영적 전투 가운데 있는 교회의 구원을 열정적으로 바라고 있으며 또한 그들의 기도들이 하나님의 경륜에 따라 응답된다는 것은 우리도 기꺼이 인정한다. 그러나 성도들이 각 사람의 불행과 처지를 안다거나, 그들에게 올려지는 기도를 그들이 듣는다는 것은 인정할 수 없다.

반론 14. 하나님께서는 "모세와 사무엘이 내 앞에 섰다 할지라도 내 마음은 이 백성을 향할 수 없나니"(렘 15:1)라고 말씀하셨다. 그러므로 성인들이 하나님 앞에 서서 우리를 위해 간구하는 것이 이로써 분명히 드러난다.

답변. 1. 설사 우리가 이 논리 전체를 인정한다 하더라도, 이미 입증한 바와 같이, 그렇다고 해서 우리가 그들에게 기도해야 하는 것이 되는 것은 아니다. 2. 여기서 인용하는 본문은 비유적인 언어로 되어 있다. 죽은 자들을 소개하며 그들이 마치 살아서 기도하는 것처럼 표현하는 것이다. 그러므로 본문의 참 의미는, 만일 모세와 사무엘이 아직 살아 있어서, 전에 그들이 살아 있을 때에 했던 것처럼 이 사악한 백성을 위해 기도한다 할지라도, 하나님께서 그들의 기도를 들으시고 그 백성을 사하시지 않으실 것이라는 뜻이다. 에스겔 14:4에도 이와 유사한 표현이 나타나는데 그것도 이와 같은 방식으로 설명해야 할 것이다.

반론 15. 여호와께서는 이사야를 통하여, "내가 나와 나의 종 다윗을 위하여 이 성을 보호하여 구원하리라"(왕하 19:34)고 말씀하셨다. 그러므로 하나님께서는 다윗과 또한 세상을 떠난 다른 성인들의 공로와 간구를 인하여 지상의 사람들에게 은덕을 베푸시는 것이다.

답변. 그러나 여기서 인용한 본문의 경우, 하나님께서 그 성을 보호하시고 구하실 것을 약속하신 것은 다윗의 공로와 관련된 것이 아니라, 다윗의 가문에게서 날 메시야의 약속과 관련된 것이다. 혹시 이에 대해서 반대하여, 다윗의 성을 앗수르인들의 공격에서 구원하시는 일은 메시야의 은덕과 약속이 없이도 일어날 수 있었고, 따라서 다윗의 공로에 근거하여 약속된 것이라고 말하는 자들이 있다면, 우리는 이렇게 답하고자 한다. 곧, 그리스도의 은덕들은 오로지 다윗에게 메시야와 관련해서 주어진 약속들이 보존되고 성취될 수 있는 그런 일들이나 약속들에만 해당되는 것이라고 상상하는 것은 그릇된 것이라는 것이다. 왜냐하면, 하나님의 모든 은덕들은, 영적인 것이든 세속적인 것이든, 메시야의 강림 이전에 베풀어진 것이든 그의 강림 이후에 베풀어진 것이든, 그것이 없이도 메시야의 약속이 성취될 수 있었던 것이든, 그것이 없이는 그 약속이 성취될 수 없었던 것이든 간에, 모두가 그리스도로 말미암아 교회에게 베풀어지는 것이다. "하나님의 약속은 얼마든지 그리스도 안에서 예가 되니"(고후 1:20).

반론 16. 야곱은 요셉의 아들들에 대해서, "이들로 내 이름과 내 조상 아브라함과 이삭의 이름으로 칭하게 하시오며"(창 48:16)라고 말씀했다. 그러므로 세상을 떠난 성인들의 이름을 불러 아뢰는 것은 정당한 일이다.

답변. 이는 여기서 채용하고 있는 어법을 오해하는 것이다. 이는 히브리어 문구로서 조상들의 이름을 불러 아뢴다는 의미가 아니다, 요셉의 아들들을 입양시킨다는 의미다. 그러므로, 이는 "이들로 내 이름을 따라 부르게 하시오며", 혹은 "내게서 그들의 이름을 취하게 하시오며", 즉 "이들로 내 손자들이 아니라 내 아들들로 칭하게 하시오며"라는 뜻이다. 이사야서에도 이와 유사한 구문이 나타난다: "그 날에 일곱 여자가 한 남자를 붙잡고 말하기를 우리가 우리 떡을 먹으며 우리 옷을 입으리니 다만 당신의 이름으로 우리를 부르게 하여 우리가 수치를 면하게 하라"(사 4:1). 여기서 "다만 당신의 이름으로 우리를 부르게 하여"는 곧, "우리를 당신의 아내들로 부르라"는 뜻이다.

반론 17. 엘리바스는 욥에게, "네게 응답할 자가 있겠느냐? 거룩한 자 중에 네가 누구에게로 향하겠느냐?"(욥 5:1)라고 말한다. 그러므로 그는 욥에게 성인들 가운데 몇몇에게 도움을 구하라고 명하는 것이다.

답변. 이 본문은 성인들에게 간구하라는 가르침과 충돌을 일으키는 것이 분명하다. 왜냐하면 사람보다 월등하게 순결한 천사들조차도 사람들이 그들에게 간구하거나 아뢸 때에 응답하지도 나타나지도 않을 것임을 시인하고 있기 때문이다.

반론 18. 그리스도께서는 "너희가 여기 내 형제 중에 지극히 작은 자 하나에게 한 것이 곧 내게 한 것이니라"(마 25:40)라고 말씀하신다. 그러므로 성인들에게 아뢰는 것은 곧 그리스도 자신에게 존귀를 드리는 한 방법이다.

답변. 그리스도께서는 성인들에게 아뢰는 것을 말씀하시는 것이 아니라, 금생에서 환난 중에 있는 교회의 지체들을 향하여 사랑의 의무를 다하는 것이 우리에게 합당하다는 뜻이다. 그러므로 이 본문은 성인들에게 아뢰는 문제에 대해 아무런 증거도 제시해주지 못한다.

반론 19. "여호와의 사자가 응하여 가로되 만군의 여호와여 여호와께서 언제까지 예루살렘과 유다 성읍들을 불쌍히 여기지 아니하시려 하나이까? 이를 노하신지 칠십 년이 되었나이다"(슥 1:12). 그러므로 천사들이 환난과 괴로움 가운데 있는 사람들을 위하여 기도하는 것이며, 따라서 그들에게 기도해야 마땅한 것이다.

답변. 1. 그러나 이 본문은 모든 천사들이 모든 사람들의 환난과 처지를 안다는 것을 입증해 주는 것이 아니다. 유대인들이 당한 재난들은 천사들만이 아니라 사람들에게도 분명히 드러나 있었던 것이다. 2. 우리는 여기서 천사들에게서 세상을 떠난 성인들에게로 적용시키는 결론을 인정할 수 없다. 이 세상에서 교회를 보살피고 보호하는 일은 천사들에게 맡겨졌다. 그러므로 그들은 이 세상의 일들에 대해서 잘 알며 우리의 처지와 필요한 것들을 본다. 그러나 성인들은 그렇지 못하다. 그들에게는 교회를 보살피는 임무가 주어지지 않았기 때문이다. 3. 여기서 천사들이 우리를 위해 기도하므로 우리가 그들에게 기도해야 한다는 결론을 이끌어 내고 있으나, 이미 앞에서 제시한 바와 같이 그 결론은 아무런 효력이 없다.

반론 20. 유다 마카베오는 이상 중에 대제사장 오니아스와 선지자 예레미야가 백성을 위해 기도하는 것을 보았다(마카베오하 15:14). 그러므로 세상을 떠난 성인들이 우리를 위해 기도하는 것이요, 따라서 우리는 그들에게 아뢰어야 하는 것이다.

답변. 외경(外經)의 권위로는 그 어떠한 교리도 세울 수 없다. 우리는 또한 여기서 제시하는 결론도 받아들일 수 없다. 우리를 위해 기도하는 사람이면 누구에게나 우리가 기도해야 하는 것이 아니기 때문이다.

반론 21. 바룩은 "죽은 이스라엘 사람들과 그들의 후손들이 드리는 기도를 들어 주소서"(바룩 3:4)라고 말한다. 그러므로 성인들이 우리를 위해 기도하는 것이요, 따라서 그들에게 아뢰어야 마땅한 것이다.

답변. 바로 앞의 반론에 대해 제시한 것과 마찬가지로, 외경은 아무것도 입증해 주지 못한다. 또한 이 반론은 여기서 사용되는 어법을 오해한 데서 비롯되는 것이다. "죽은 이스라엘 사람들"이란 이 세상을 떠난 자들이 아니라 살아서 하나님께 아뢰는 자들을 가리키는데, 다만 그들이 재난으로 인하여 죽은 자들과 방불한 자들이라는 의미인 것이다.

반론 22. 누군가의 중보적인 간구가 없이는 왕의 존전에 나아가는 것이 허용되지 않는다. 그러니 하나님의 임재에 나아갈 때에야 더더욱 누군가가 우리의 간구자로서 그의 앞에 있어야만 하는 것이다.

답변. 이 논지 전체를 다 인정한다. 중보자이신 그리스도가 없이는 어느 누구도 하나님 앞에 나아갈 수가 없기 때문이다. 그리스도께서는, "나로 말미암지 않고는 아버지께로 올 자가 없느니라"(요 14:6)고 말씀하신다. 암브로시우스는 그의 로마서 주석에서 위의 반론에 대해 지극히 적절하게 또한 아주 강력하게 답변해 주고 있다: "어떤 이들은 마치 왕의 존전에 나아갈 때에 그의 신하들을 통해서 그렇게 하듯이, 하나님께 나아갈 때에도 그의 의로운 성인들을 통해서 그렇게 한다고 이야기하며 정말 쓸데없는 변명을 늘어놓는다. 자, 왕의 권위를 그의 신하에게 전가시키는 짓을 할 만큼 생각 없는 미친 사람이 있겠는가? 그런 일을 행한 것이 발각되면, 반역죄를 범한 것이 되는데 어떻게 그렇게 하겠는가? 그런데도 이 사람들은 하나님의 권위를 피조물들에게 전이시켜서 그들의 주를 저버리며 자기들과 동등한 시종들을 예배하는 것이 하나님께 반역죄를 짓는 것이 아니라고 생각한다. 마치 이런 일이 하나님을 섬기는 일에 도움이 되는 일을 이루는 것인양 생각하는 것이다. 우리가 왕의 고위 신하들을 통해서 왕 앞에 나아가는 것은 왕도 우리와 똑같이 사람이며 따라서 자신의 왕국의 갖가지 문제들을 맡겨야 마땅한 자를 알지 못하기 때문이다. 그러나 하나님의 경우에는 그 앞에서 아무것도 숨겨지는 것이 없으며, 그가 친히 모든 것을 다 아시므로, 그의 앞에 나아가도록 안전을 보장해 주는 다른 사람이 전혀 필요 없고, 경건한 마음이 필요하다. 어디서든 그런 사람이 말한다 해도, 하나님께서는 아무것도 듣지 않으실 것이다."

크리소스톰은 이렇게 쓰고 있다: "가나안 여인은 야고보에게 구하지도 않았고, 요한에게 간구하지도 않았고, 베드로에게 가지도 않았고, 사도들 중 누구에게도 가지 않았고, 중보자를 구하지도 않았다. 이런 모든 일 대신, 그녀는 회개를 자신의 친구로 삼았고, 회개로써 중보자를 대신하였고, 이렇게 하여 그 고귀한 샘에게로 나아간 것이다." 이 계명에 포함되어 있는 여섯 번째 덕목, 즉 하나님의 이름을 불러 아뢰는 것에 대해서는 이 정도로 그치기로 하자.

VII. **정당한 신앙적 맹세.** 이것은 하나님의 이름을 불러 아뢰는 것에 포함된다.

이는 곧, 맹세를 하는 사람이 하나님께서 자신의 맹세하는 바에 증인이 되시기를 바라며, 자신이 맹세하는 그 사안에 대해서 아무것도 속이지 않기를 바라며, 또한 만일 속임이 있다면 하나님께서 자신을 벌하시기를 바라는 것이다. 이런 형태의 맹세는 하나님께서 인정하신다. 그는 맹세가 사람들 사이에 진리의 띠가 되도록 하며 또한 그가 진리의 주요 수호자이시라는 하나의 증거가 되도록 하시는 것이다.

이러한 신앙적 맹세에 어긋나는 것들은 다음과 같다:

1. 하나님의 영광과 또한 이웃의 안전을 위하여 맹세가 필요할 때에 **맹세를 거부하는 것**. "맹세는 그들이 다투는 모든 일의 최후 확정이니라"(히 6:16).

2. **거짓 맹세**. 알면서도 고의로 맹세하여 속이거나, 정당한 맹세를 지키지 않을 경우가 이에 해당한다. 예를 들어서, 살인자가 살인하지 않았다고 거짓으로 맹세하거나, 정당하게 맹세한 일을 이행하지 않는 것이다.

3. **우상숭배적인 맹세**. 이것은 참되신 하나님으로만이 아니라 다른 존재로도 맹세하는 것이다.

4. **정당하지 않은 것에 대한 맹세**. 헤롯의 맹세가 이에 해당된다.

5. **경솔하게 가볍게 행하는 맹세**. 충족한 이유나 필연성이 없는 상황에서 행하는 맹세. 성경이 맹세를 금하는데, 바로 이런 맹세가 거기에 해당된다 (마 5:23; 약 5:12를 보라). 맹세에 관한 가르침은 본 요리문답의 다음 문답들에서 다루게 될 것이다.

맹세

제37주일

101문 그렇다면, 경건한 자세로도 하나님의 이름으로 맹세할 수 없습니까?

답 할 수 있습니다. 국가가 국민에게 요구할 경우나 혹은 그런 방식으로 신실성과 진실성을 확증할 필요가 있을 경우에는 하나님의 영광과 이웃의 복지를 위하여 그렇게 할 수 있습니다. 그런 맹세는 하나님의 말씀에 근거한 것이요, 그러므로 구약과 신약의 성도들이 그런 맹세를 올바르게 사용한 것입니다.

102문 성인(聖人)들이나 다른 피조물로 맹세할 수도 있습니까?

답 할 수 없습니다. 정당한 맹세는 오직 하나님만을 홀로 마음을 살피시는 분으로 여겨 그를 불러서 진실을 증언해 주시고 또한 내가 거짓으로 맹세할 경우 나를 벌해 주시기를 구하는 것인데, 이러한 존귀는 피조물에게는 합당하지 않은 것입니다.

[해 설]

맹세에 관하여

이에 대해서 우리는 다음과 같은 질문들을 제기하게 된다:

1. 맹세란 무엇인가?
2. 누구로 말미암아 맹세해야 하는가?
3. 그리스도인들이 맹세하는 것은 정당한가?
4. 어떤 일들에 대해서 맹세해야 하는가?
5. 모든 맹세는 반드시 지켜야 하는가?

1. 맹세란 무엇인가?

성경에서는 맹세를 하나님께 드리는 예배 전체를 가리키는 뜻으로 사용하는 경우가 많다. "그의 이름으로 맹세하라"(신 10:20), "그 날에 애굽 땅에 가나안 방언을 말하며 만군의 여호와를 가리켜 맹세하는 다섯 성읍이 있을 것이며"(사 19:18), "내게 모든 무릎이 꿇겠고 모든 혀가 맹세하리라"(사 45:23). 신약의 예배에 관해서는 다음과 같은 말씀들이 있다: "땅에서 자기를 위하여 복을 구하는 자는 진리의 하나님을 향하여 복을 구할 것이요 땅에서 맹세하는 자는 진리의 하나님으로 맹세하리니"(사 65:16), "그들이 내 백성의 도를 부지런히 배우며 살아 있는 여호와라는 내 이름으로 맹세하기를 자기들이 내 백성을 가리켜 바알로 맹세하게 한 것 같이 하면 그들이 내 백성 가운데에 세움을 입으려니와"(렘 12:16). 그 이유는 우리가 그를 우리의 하나님으로 공언하며 그로 말미암아 맹세하기 때문이다. 맹세란 적절히 말하면 하나님을 나의 마음을 아시는 분으로 여겨, 진실에 대해 증언하시고 내가 거짓으로 맹세할 경우 나를 벌해 달라고 그에게 구하는 것이다. 본 요리문답은 정당한 맹세를 이런 식으로 정의하는데, 이 정의는 사도 바울의 다음과 같은 말씀에 나타나는 맹세의 형식에서 취한 것이다: "내가 내 목숨을 걸고 하나님을 불러 증언하시게 하노니 내가 다시 고린도에 가지 아니한 것은 너희를 아끼려 함이라"(고후 1:23).

2. 누구로 말미암아 맹세해야 하는가?

우리는 오직 참되신 하나님의 이름으로만 맹세해야 한다. 1. 하나님께서 오직 그만이 두려워하며 예배해야 할 분이시므로 오직 그로 말미암아서만 맹세할 것을 명령하시기 때문이다. "네 하나님 여호와를 경외하여 그를 섬기며 그에게 의지하고 그의 이름으로 맹세하라"(신 10:20). 2. 하나님께서 다른 누구의 이름으로도 맹세하지 말 것을 적극적으로 금하시기 때문이다. "다른 신들의 이름은 부르지도 말며 네 입에서 들리게도 하지 말지니라"(출 23:13). 3. 하나님께서는 이름을 불러 아룀으로써 드리는 예배를 오직 자신에게만 드리기를 원하시며, 또한 맹세로써 그를 피조물과 함께 두는 자들을 정죄하시기 때문이다. 이 정의에 따르면, 맹세는 하나님의 이름을 불러 아뢰는 한 방법이요 따라서 예배에 포함되는 것이다. 4. 맹세는 그 이름이 걸린 그 존재에게 마음과 양심을 아는 지식과 편재성(遍在性) 등을 돌리는 것이 되기 때문이다. 또한 우리가 누구의 이름으로 맹세한다 할 때에 그가 반드시 무한한 지혜를 소유하고 있어야 하며 또한 마음을 아는 지식이 있어야 한다. 맹세를 행할 때에 그것은 뚜렷이 드러나 있어서 전혀 의심의 여지가 없는 일에 대한 것이 아니라, 아무도 모르고 확실치도 않으며 오직 모든 사람의 마음을 아는 자만이 그 당사자가 진실을 말하는지 아니면 거짓을 말하는지를 판단할 수 있는 그런 일에 대한 것이기 때문이다. "예수는 그의 몸을 그들에게 의탁하지 아니하셨으니 이는 친히 모든 사람을 아심이요 또 사람에 대하여 누구의 증언도 받으실 필요가 없었으니 이는 그가 친히 사람의 속에 있는 것을 아셨음이니라"(요 2:24, 25), "성령은 모든 것 곧 하나님의 깊은 것까지도 통달하시느니라"(고전 2:11). 5. 우리가 맹세할 때에, 그것은 우리가 이름을 걸고 맹세하는 그분에게 형벌의 시행을 맡기는 것이요 또한 진실을 유지하고 거짓 맹세하는 자들을 벌하는 데에 필요한 그런 권능을 그분에게 돌리는 것이다. 그런데 그런 권능을 소유하고 계시며, 또한 악인에게 형벌을 가하시는 분은 오직 하나님밖에는 없다. "몸은 죽여도 영혼은 능히 죽이지 못하는 자들을 두려워하지 말고 오직 몸과 영혼을 능히 지옥에 멸하실 수 있는 이를 두려워하라"(마 10:28). 사람으로서는 거짓 맹세하는 죄를 범하는 자들을 벌할 수가 없다. 왜냐하면 거짓으로 맹세하는 자들이 사람의 판단을 피할 수가 있기 때문이다. 사람이 그 마음속에 있는 것을 알지 못하므로 그들의 맹세가 거짓인지 참인지를 분간할 수가 없기 때문이기도 하고, 거짓 맹세하는 자들의 힘이 너무도 커서 사람들의 벌을 피할 수도 있기 때문이다. 그러므로 오직 하나님의 이름 이외에는 그 어떠한 것으로도 맹세해서는 안 되는 것이다.

그러므로 지금까지 논의한 내용으로 볼 때에, 성인들이나 기타 피조물들의 이름으로 행하는 맹세는 우상숭배요, 하나님께서 금지하시는 것이라는 것이 분명히 드러나는 것이다.

반론. 그러나 요셉은 바로의 생명을 걸고 맹세했다(창 42:15). 그러므로 사람이나 피조물들을 걸고 맹세하는 것은 정당한 것이다.

답변. 어떤 이들은 요셉이 피조물들을 걸고 맹세하는 이방인들의 관습을 좇아 죄를 범하였다고 보기도 한다. 그러나 우리는 이 반론에 대해 다른 답변을 제시할 수도 있다. 곧, 요셉의 말은 맹세가 아니라 그저 강한 긍정이었다고 보는 것이다. 그렇게 본다면, 요셉의 말의 뜻은, "바로가 안전하게 살아 계시는 것만큼 이것도 참이옵니다", 혹은 "제가 바로께서 안전하게 살아 계시기를 바라는 만큼 이것도 참이옵니다"라는 것이다. 이와 유사한 성격을 지닌 다른 모든 단언들(예컨대, 삼상 1:26; 15:55; 20:3; 25:26 등)에 대해서도 동일하게 해석해야 할 것이다. 이러한 어법은 맹세가 아니라 강한 선언으로서, 분명하게 드러나 있고 알려져 있는 어떤 것과 비교함으로써 그 진실성을 가장 분명하게 드러내고자 하는 의도로 행해지는 것이다. 그러므로 우리는 그 어법들을, 그 제시하고자 하는 어떤 사실이 거기서 언급되는 그 사람이 살아 있다는 사실만큼 확실하다는 것을 공언하는 의미로 이해해야 하는 것이다.

3. 그리스도인들이 맹세하는 것은 정당한가?

국가의 통치자들이 요구하는 경우나 기타 필요한 경우 하나님의 이름으로 신앙적

인 맹세를 하는 것이 정당하다는 것은 다음 네 가지 논지를 통해서 입증할 수 있다:

1. 하나님의 영광이 드러나도록 함. 진실이 드러나는 것은 하나님께 영광이 되는 것이다.

2. 다른 이들의 안전에 기여함. 우리의 안전은 진실이 유지되는 데에, 특히 하늘의 진리가 유지되는 데에 있다.

3. 하나님의 말씀이 정당한 맹세를 인정하고 재가함.

4. 시대마다 성도들이 신앙적인 형식으로 맹세를 해왔다.

재세례파들은 맹세에 관한 우리의 가르침을 예외로 취급하여, 구약 시대에 살았던 족장들에게는 맹세하는 것이 정당했으나, 신약 시대를 사는 우리에게는 맹세가 금지되었다고 가르친다. 그러므로 그들의 반론에 대응하기 위하여 이미 제시한 네 가지 논지 외에 다음과 같은 것들을 덧붙이는 것이 필요하다:

5. 그리스도께서는 "내가 율법이나 선지자를 … 폐하러 온 것이 아니요 완전하게 하려 함이라"(마 5:17). 이는 도덕법에 관한 내용이며, 따라서 맹세도 이와 관련이 된다. 그러므로 그리스도께서는 신약 시대에 사는 사람들에게 필요할 경우에 신앙적으로 맹세하는 것을 금하신 것이 아니다.

6. 하나님께 드리는 도덕적인 예배는 영구하다. 정당한 맹세는 도덕적 예배의 일부요, 하나님의 이름을 불러 아뢰는 한 가지 방식이다. 그러므로 그것은 영구하다.

7. 선지자들은 기독교 교회의 예배를 묘사하면서 그것을 하나님의 이름으로 맹세하는 일로 표현한다. "땅에서 맹세하는 자는 진리의 하나님으로 맹세하리니"(사 65:16). 그러므로 기독교 교회 안에서 사는 자들에게 신앙적인 맹세가 금지된 것이 아니다.

8. 맹세의 목적에 근거해서도 동일한 논지를 제시할 수 있다. 맹세의 목적은 신실성과 진실성을 확증하고, 분쟁을 종식시키는 데 있는데, 이는 교회와 국가를 위해서도 동시에 하나님의 영광을 위해서도 유익하고 정당하며 필수적이다. "맹세는 그들이 다투는 모든 일의 최후 확정이니라"(히 6:16). 맹세의 목적이 그러하므로, 그리스도인들에게 맹세가 정당할 뿐 아니라 필수적이기까지 하다는 것이 분명히 드러나는 것이다.

9. 그리스도와 신약의 성도들의 실례. 그리스도께서는 한 차례 이상 자신의 가

르침을 확증하기 위하여 맹세의 형식을 사용하였다: "진실로 진실로 네게 이르노니"(요 3:3). 바울도 이렇게 말씀한다: "내가 그의 아들의 복음 안에서 내 심령으로 섬기는 하나님이 나의 증인이 되시거니와"(롬 1:9), "내가 내 목숨을 걸고 하나님을 불러 증언하시게 하노니 내가 다시 고린도에 가지 아니한 것은 너희를 아끼려 함이라"(고후 1:23), "내가 그리스도 안에서 참말을 하고 거짓말을 아니하노라"(롬 9:1), "내가 예수 그리스도의 심장으로 너희 무리를 얼마나 사모하는지 하나님이 내 증인이시니라"(빌 1:8), "우리가 너희 믿는 자들을 향하여 어떻게 거룩하고 옳고 흠 없이 행하였는지에 대하여 너희가 증인이요 하나님도 그러하시도다"(살전 2:10). 이러한 논지들과 실례들은 신앙적으로 맹세하는 일이 새 언약 아래에 있는 그리스도인들에게 정당하다는 것을 분명히 입증해 주는 것이다.

재세례파들은 지금까지의 우리의 논지들에 대한 반론으로 다음과 같은 그리스도의 선언을 제시한다: "나는 너희에게 이르노니 도무지 맹세하지 말지니 하늘로도 하지 말라 이는 하나님의 보좌임이요 땅으로도 하지 말라 이는 하나님의 발등상임이요 예루살렘으로도 하지 말라 이는 큰 임금의 성임이요 네 머리로도 하지 말라 이는 네가 한 터럭도 희고 검게 할 수 없음이라 오직 너희 말은 옳다 옳다, 아니라 아니라 하라 이에서 지나는 것은 악으로부터 나느니라"(마 5:34-37). 그들은 또한 야고보의 말씀도 근거로 제시한다: "내 형제들아 무엇보다도 맹세하지 말지니 하늘로나 땅으로나 아무 다른 것으로도 맹세하지 말고 오직 너희가 그렇다고 생각하는 것은 그렇다 하고 아니라고 생각하는 것은 아니라 하여 정죄받음을 면하라"(약 5:12).

그러나 이 선언들은 모든 맹세를 다 금하는 것이 아니고, 경솔하고 불필요한 맹세만을 금하는 것이다. 이 점은 구약과 신약의 다른 본문들과 비교해 보면 분명히 드러난다. 그리고 특히 마태복음에 나타나는 앞의 그리스도의 말씀의 취지에서도 이 점이 분명히 드러난다. 그는 율법과 관련하여 나타나는 부패한 현상들을 제거하고 그 진정한 의미를 밝히시며 동시에 바리새인들의 외식을 책망하시면서, 제 3계명이 거짓 증거만이 아니라 불필요하고 경솔한 맹세까지도 정죄한다는 것을 가르치시는데, 이런 경솔한 맹세에는 하나님의 이름을 명확하게 언급하는 **직접적인** 맹세도 포함되고, 또한 피조물들의 이름을 언급하여 결국 하나님의 이름을 훼손시키는 **간접적인** 맹세도 포함된다. 그 당시에는 일상적인 대화에서 그런 식의 맹세가 흔하게 행해졌던 것이다. 외식자들이나 혹은 성전이나 제단이나 하늘로 하는 맹세 등, 이런 간접적인 형태의 맹세를 습관적으로 하는 사람들은 이런 맹세들이 하나님의 이름을 명확하게 언급하는 것이 아니므로 하나님의 이름을 욕되게 하는 것이 아니라고 변명하면서, 이런 맹세들은 어겨도 거짓 맹세가 아니라고 생각하였다. 그런데 그리스도께서는 이 본문에서 하늘과 땅을 걸고 맹세하면 그것이 하나님의 이름으로 맹세하는 것이 된다는 것을 말씀하신 것이다. 그 어떠한 피조물도, 세상의 그 어떤 부분도 하나님께서 자신의 영광의 표시를 해 놓지 않은 것이 하나도 없기 때문이다. 그러므로 누구든지 창조주께서 보시고 들으시는 중에 하늘과 땅으로 맹세하게 되면, 그 맹세의 종교적 성격이 그가 이름을 거는 그 피조물에 있는 것이 아니고, 오직 하나님 자신을 그 맹세의 증인으로 부르는 것이 되는 것이다. 왜냐하면 그 맹세의 근거가 되는 그 피조물들이 그의 영광의 표들이기 때문이다.

하나님께서는 발설되는 말들을 고집하시는 것이 아니라, 맹세하는 그 사람의 생각과 의도를 더 살피신다. 하나님의 이름이 존귀를 받느냐 치욕을 당하느냐 하는 것은 그 사용되는 표현의 형식에 있는 것이 아니라 그것들에 담겨진 진정한 의미나 의도에 있는 것이다. 그리스도께서는 다른 곳에서(마 23:16-23) 명확한 언어로 이 점을 가르치시는데, 그 본문을 이 본문과 비교하여 살펴야 할 것이다. 야고보서에서 인용한 본문에 대해서도 동일하게 해석해야 할 것이다.

반론 1. 그러나 그리스도께서는 **도무지 맹세하지 말지니** 라고 말씀하시고 야고보는 **아무 다른 것으로도 맹세하지 말라**고 말씀한다. 그러므로 그리스도인들에게는 그 어떠한 형식의 맹세도 허용되지 않는 것이다.

답변. 그리스도께서 도무지 맹세하지 말라고 하신 것은, 맹세 자체에 관한 것이 아니고, 바리새인들이 정당하다고 상상한 갖가지 형태의 경솔한 맹세에 관한 것이다. 그러므로 그리스도의 이 말씀은 "직접적으로든 간접적으로든 거짓으로나 경솔하거나 도무지 맹세하지 말라"는 의미다. 또한 "아무 다른 것으로도 맹세하지 말라"는 사도 야고보의 말씀에 대해서도 경솔하고 거짓된 맹세를 지칭하는 것으로 이해해야 한다. 그는 그런 맹세에 속하는 실례들을 제시하면서 그와 비슷한 성격의 모든 맹세를 금하는 것이다. 만일 이것이 올바른 해석이 아니라면, 그리스도께서도 자신의 명령을 스스로 어기신 것이 된다. 그는 이 본문에서 "오직 너희 말은 옳다 옳다, 아니라 아니라 하라"고 말씀하시면서도, 정작 그 자신의 강화들에는 "진실로 진실로 너희에게 이르노니"라는 식의 지극한 강조의 형식이 자주 나타나기 때문이다. 또한 야고보도 이 본문에서 바울을 정죄하는 것이 된다. 바울은 자신의 목숨을 걸고 하나님을 불러 증언하시게 하고 있기 때문이다. 그렇게 되면 성령께서도 야고보를 통해서는 모든 맹세를 정죄하시고 또한 다른 사도를 통해서는 평화를 보존하고 분쟁과 논란을 종식시키고자 하는 목적을 위해 ― 인간이 연약하고 불완전하므로 이런 것들에서 도저히 자유로울 수가 없다 ― 필요하고도 유용한 치유책으로 추천하시는 것이 되니, 그가 자가당착을 일으키시는 것이 되어 버리는 것이다.

반론 2. 그러나 성경에 나타나는 실례들의 경우처럼 공적인 맹세와 관계되는 것들은, 즉 공공의 이름으로 공공의 유익을 위해서 행해지는 맹세들은 허용된다. 그러므로 최소한 사사로운 맹세들은, 혹은 사사로운 개개인 사이에 행해지는 맹세들은 전적으로 금지되는 것이다.

답변. 1. 전제를 인정할 수 없다. 여기서 주장하는 것 같은 그런 제한이, 곧 성도들이 하나님께 맹세하는 것으로 기록되는 경우들에서 그런 제한이 없는 것은 물론, 그 본문들을 조심스럽게 살펴보면 드러나겠지만 그것들을 이런 식으로 해석하는 것도 불가능하다. 2. 성경에 기록되어 있는 많은 맹세들 가운데 사사로운 성격을 띤 것들도 많다. 야곱과 라반의 맹세나 보아스, 아비가일, 다윗 등의 맹세 등이 모두 사사로운 것들이다(창 31:58; 룻 3:13 등). 3. 맹세의 목적에서도 동일한 사실이 입증될 수 있다. 맹세는 사람들 사이에 신실성과 진실성을 확증하여 분쟁을 종식시키는 데 있다. 그리스도인들 역시 사사로운 개인들로서 그런 일들에 연루되며, 따라서 진실성과 신실성을 확립시키는 맹세의 문제 역시 그리스도인들에게 해당되는 것이다.

4. 어떤 일들에 대해서 맹세해야 하며, 어떤 맹세가 정당하며 또한 어떤 맹세가 정당치 못한가?

하나님의 말씀에 분명히 어긋나지 않는 맹세만이 정당하며, 또한 참되고, 분명히 알고, 정당하며, 가능하며, 무게 있고, 필수적이며, 유익한 것들에 대한 맹세여야 하며, 그렇게 중요하게 확증할 만한 가치가 있는 일들이나 하나님의 영광과 이웃의 안전을 위하여 확증을 요구하는 일들에 관한 맹세여야만 정당하다. 정당치 못한 맹세들은 하나님의 말씀에 분명히 어긋나며, 거짓되고, 불확실하며, 불가능하고, 가볍고 하찮은 일에 관하여 행하는 맹세들이다. 이런 일에 대해서는 맹세를 해서는 안 된다. **거짓된 일**에 관하여 맹세하는 것은 하나님을 불러 거짓말에 대해 증언하시게 하는 것이 된다. **불확실한 일**에 대해 맹세하는 것은 악한 양심으로 맹세하는 것이요 하나님을 멸시하여 맹세하는 것이 된다. 왜냐하면 참된 것인지 거짓된 것인지 본인도 확실하게 알지 못하면서도 주제넘게 그 일에 대해 하나님을 증인으로 만드는 것이기 때문이다. 이런 식으로 맹세하는 자는 하나님을 진실한 것에 증인으로 삼는지 거짓된 것에 증인으로 삼는지에 대해 별로 상관하지 않는다. 그러면서도 동시에 하나님께서 거짓말에 대해 증인이 되어 주시기를 바라고, 혹은 거짓된 것에 증인이 되지 않으신다면 맹세를 하는 그를 벌하실 것을 바라는 것이다. **정당치 못한 일**에 관하여 맹세하는 자는 하나님더러 자신이 율법으로 금하신 일을 승인해 달라고 구하는 것이요 그리하여 하나님을 스스로 모순이 되시도록 만드는 것이다. 더 나아가서 이런 식으로 맹세하는 자는 하나님의 명령에 역행하고자 의도적으로 그렇게 하든 아니면 진지한 생각으로 그렇게 하든 간에, 하나님께 거짓에 대해 증인이 되어 달라고 요청하는 것이 된다. 중요치 않은 일에 대해 맹세하는 자는 정신이 나갔거나 아니면 하나님과 사람을 하찮은 존재로 만드는 것이다. 자신이 맹세하는 일에 대해 진지한 생각을 담을 수가 없기 때문이기도 하거니와, 외식적으로 거짓말에 대해 맹세하는 것이기 때문이다. 즉, 행할 것도 아니고 행할 수도 없는 일을 행하겠다고 맹세하기 때문이다. 마지막으로, 가볍게 맹세하는 자는 하나님을 향한 적절한 존경의 자세가 완전히 결핍된 것이며, 생각 없이 무턱대고 맹세하는 자나 기꺼이 거짓으로 맹세하는 자나 혹은 거짓된 일에 대해 맹세하는 자도 마찬가지다. 맹세를 행하는 가장 주된 이유가 하나님께 영광을 돌리며 이웃의 공적이며 사적인 안전을 위하는 데에 있어야 하는 것이다.

　반론. 불확실한 일에 대해서는 맹세해서는 안 된다. 그런데 사람들이 행하겠다고 약속하는 일처럼 미래에 있을 일들은 불확실하다. 그러므로 아직 미래에 속한 일들에 대해서는 맹세하지 말아야 한다.

　답변. 미래의 일들에 대해서는 그 어느 누구도 맹세하지 않으며, 또한 우리의 통제 영역 바깥에 있는 사안에 대해서는 맹세해서는 안 된다. 그러나 현재에든 미래에든 정당하고 올바른 일을 행하고자 하는 우리의 뜻과 목적에 대해서는, 또한 현재와 미래에 그런 일을 행하여야 할 우리의 의무에 대해서는 누구나 명확할 수 있고 또한 명확해야만 한다. 아브라함과 이삭과 아비멜렉과 다윗과 요나단과 보아스 등이 이런 식으로 스스로 특정한 의무들을 이행하겠다고 맹세했던 것이다.

5. 모든 맹세는 반드시 지켜야 하는가?

정당하고 참되며 확실하고 무게 있고 가능한 일들에 대해 적절하게 행해진 맹세에 대해서는 반드시 지켜야 한다. 누구든지 그런 일에 대해서 맹세하여 자신을 얽어매고 또한 하나님을 불러 그 일에 증인이 되시도록 한 후에, 고의로나 알면서 맹세를 깨뜨리게 되면, 그 사람은 그렇게 행함으로써 정당한 의무를 깨뜨리는 것이 되고, 따라서 거짓 맹세의 죄를 범하게 되는 것이다. 그러나 정당치 못한 일들에 대해 맹세했거나, 혹은 실수나 연약함으로 인하여, 혹은 양심을 거슬러 부당하게 행해진 맹세에 대해서는 사정이 다르다. 그런 맹세들은 지키지 말고, 회개를 통하여 취소하고 수정하여야 한다. 그렇지 않으면 악한 목적을 고수함으로써 죄에다 죄를 더하는 것이 된다. "그의 마음에 서원한 것은 해로울지라도 변하지 아니하며"(시 15:4). 부당한 맹세를 지키는 자는 죄를 두 번 짓는 것이다. 악한 맹세를 한 것으로 죄를 짓는 것이요, 또한 부당하게 행한 그 맹세를 지킴으로써 다시 죄를 짓는 것이다.

악하게 맹세하는 것보다 그것을 지키는 것이 더 악한 법이다. 하나님께서는 우리가 맹세를 했든 하지 않았든 그가 금하신 일을 지키는 것을 원치 않으신다. 그리고 우리더러 약속하거나 맹세하지 말라고 금하신 일에 대해서는 우리가 행하는 것을 더욱더 철저하게 금하신다. 그러므로 악하게 행한 맹세들을 지키는 자는 죄에다 죄를 더하는 것이다. 헤롯의 경우가 그랬다. 그는 자신의 맹세를 지킨다는 구실로 세례 요한을 죽게 했다. 우상숭배적이며 거룩하지 못한 독신 생활에 대해 맹세하고 그것을 지켜나간 수도사들에 대해서도 같은 말을 할 수 있을 것이다.

반론 1. 자신이 행할 능력이 있는 일을 행하겠다고 맹세하고 난 후에 그 일을 행하지 않는다면, 그것은 하나님을 거짓의 증인으로 만드는 처사다. 어떤 사람을 죽이겠다고 맹세하는 사람은 자신이 시행할 능력이 있는 일을 맹세하는 것이다. 그러므로 누군가를 죽이겠다고 맹세하고는 그대로 행하지 않는다면, 그것은 하나님을 거짓된 일의 증인으로 만드는 것이요 그런 일은 있어서는 안 되는 것이며, 따라서 그 사람은 자기가 맹세한 그 일을 반드시 이행해야 한다.

답변. 정당하고 가능한 일에 대해서는 주 전제가 성립한다. 그러나 부당한 일에 대해서는 우리가 이행할 능력이 있다 할지라도 주 전제는 성립하지 않는다. 부당한 맹세를 깨뜨리는 일은 절대로 하나님을 거짓의 증인으로 만드는 것이 아니다. 악한 일을 취소하거나 행하지 않는 일은 올바르며 정의로운 처사이기 때문이다.

나발과 그의 가족을 멸하겠다고 한 자신의 맹세(삼상 25:22)를 지키지 않은 다윗의 실례에서 이 점이 분명히 드러난다.

반론 2. 기브온 사람들과 행한 평화의 맹세는 하나님의 명령에 어긋나는 것이었다(수 9:15). 그러므로 부당한 일에 관하여 행한 맹세도 지키는 것이 정당하다.

답변. 1. 이스라엘 자손의 지도자들이 행한 맹세가 부당했다는 것은 인정할 수 없다. 하나님께서 파괴하라고 명하셨던 민족들이 그들의 편에서 이스라엘과 평화를 유지하기를 바라며 유대인의 종교를 기꺼이 받아들이기를 원할 경우에는 그들과 평화를 유지하는 것이 금지되지 않았기 때문이다. 그런데 기브온 사람들의 경우가 이에 해당된다. 2. 이 반론은 이유가 아닌 것을 이유로 만드는 오류를 범하고 있다. 이스라엘 사람들이 이 맹세를 지킨 것은, 비록 속임수에 속아 기브온 사람들이 먼 나라에서 온 것으로 잘못 알고서 맹세하긴 했어도 일단 맹세를 했으니 싫어도 지켜야 한다고 느꼈기 때문이 아니다. 첫째로, 그 맹세를 지키지 않음으로써 하나님의 이름이 이방 민족들 사이에서 조롱을 받게 되는 불상사를 막기 위함이었고, 둘째로, 평화를 추구하며 이스라엘의 종교를 받아들이고자 하는 자들을 구원하는 것이 정당한 일이었기 때문이다.

정당한 맹세를 지키는 문제에 관해서 지금까지 논의한 내용에 근거하면, 다음과 같은 질문에 대해서도 쉽게 답변할 수 있을 것이다: **강제에 의해서 억지로 행한 맹세는 과연 지켜야 하는가?** 그 맹세에 부당한 점이 전혀 없거나, 혹은 그 맹세가 정당한 맹세에서 반드시 요구되는 그런 조건을 지니고 있다면, 그것들이 우리에게 불이익과 해가 된다 할지라도 지켜야 한다. 그러나 분명히 잘못된 맹세일 경우에는 아무도 지킬 필요가 없고, 죽임을 당할지언정 강제에 의해서 억지로 맹세하는 일은 행해서는 안 된다. 그러나 누구든 두려움 때문에 그런 부당한 맹세를 억지로 하게 될 경우나 혹은 연약함 때문에 양심을 거슬러 그런 맹세를 한 경우라도 그것들을 지킬 이유가 없고, 따라서 그 맹세들을 취소해야 한다. 행하는 것이 잘못인 일은 맹세하는 것도 악한 일이기 때문이다. 그러나 정당하고 시행 가능한 맹세를 억지로 했을 경우에는 혹시 그것이 우리에게 부담이 되고 불이익이 된다 할지라도 반드시 지켜야 한다. 그러나 후에 불가능한 처지가 생기게 될 경우에는 지키지 말고 취소해야 한다. 그러나 불가능한 처지가 생기지 않으면 더 큰 악을 피하기 위해서라도 반드시 지켜야 한다. 왜냐하면 하나님의 율법에 따라서 우리는 더 작은 악을 선택할 의무가 있기 때문이다. 억지로 약속한 일이라도 시행하는 것이 옳다면, 이와 마찬가지로 맹세로 행하겠다고 약속하는 것도 정당하다. 누구든 행하는 것이 정당한 일에 대해서는 그것을 행하겠다고 맹세로 약속하는 것도 정당하기 때문이다.

가령 어떤 사람이 강도를 만나 목숨을 살려 주는 것에 대한 보상금으로 얼마의 돈을 주겠다고 강제로 맹세로 약속하고 게다가 그 문제를 비밀에 붙이겠다고 맹세했을 경우에는 그 강도에게 맹세하는 일이나 그의 목숨을 살리기 위해 맹세를 지키는 일이(그런 맹세를 지키는 것이 가능한 경우라면) 정당하고도 적절한 것이다. 맹세하는 일이 정당하다면, 그것을 이행하는 것도 정당하며 그 반대도 마찬가지이기 때문이다.

반론. 사회에 해로운 일에 대해서는 맹세를 해서는 안 되며, 그런 맹세를 했을 경우에는 지키지 말아야 한다. 그런데 강도에게 맹세하는 것은 사회에 해로운 것이다. 그러므로 그런 맹세는 하지 말아야 하고, 했을 경우라도 지켜서는 안 된다.

답변. 1. 사회에 해로운 것은 약속해서는 안 된다. 단 그런 약속을 하지 않아도 생명에 위험이 없을 경우라면 그렇다. 2. 또한 소 전제도 인정할 수 없다. 강도에게 그런 약속을 하고 또한 그 다음에 그 약속을 이행하는 것은 사회에 해로운 것이 아니라 유익한 것이다. 왜냐하면 그런 은밀한 맹세를 요구받은 그 사람이 그런 정황 속에서 그런 맹세를 통해서 목숨을 살리는 것이 사회에 유익하기 때문이다. 반면에 협박하는 강도에게 맹세로 약속을 하지 않았다면 그 사람이 죽임을 당했을 수도 있고, 그렇게 되었다면 사회나 그 자신에게나 손실이 되었을 것이다. 그러므로 강도에게 맹세로 은밀하게 약속하는 것이 더 낫다. 왜냐하면 사회의 한 구성원이 살해당하는 것보다는 그것이 국가에 덜한 악이 되기 때문이다.

제 4 계명

103문　제 4 계명에서는 하나님께서 무엇을 요구하십니까?

답 첫째로, 복음의 사역과 기독교 교육이 유지되는 것과, 또한 특히 안식의 날인 주일에 내가 부지런히 하나님의 교회에 출석하여 하나님의 말씀을 배우고, 성례에 참여하며, 공적으로 주님을 부르며, 그리스도인의 구제를 행할 것을 원하십니다. 둘째로, 나의 평생에 악한 일을 행하지 않고, 주께서 그의 성령으로 내 속에서 일하시게 하며, 그리하여 이 세상에서 영원한 안식이 시작되게 하기를 원하십니다.

[해 설]

제 4 계명에는 두 부분이 있는데, **명령**과 또한 **그 명령에 대한 이유**다. 명령은 **안식일을 기억하여 거룩하게 지키라, 아무 일도 하지 말라**는 것이다. 이 명령에는 다시 두 부분이 있다. 그 하나는 안식일을 거룩하게 지키라는 것인데 이는 도덕적이며 영구한 것이요, 또 하나는 의식적이며 일시적인 부분으로서 일곱째 날을 거룩하게 지키라는 것이다.

첫째 부분이 도덕적이며 영구하다는 것은 이 계명의 목적과 원인들이 성격상 영구하다는 사실에서 분명히 드러난다. 이 계명의 목적과 의도는 교회에서 하나님의 공적인 예배를 유지하는 데 있다. 하나님께서는 황공하게도 항상 교회에 공적인 사역이 있어야 할 것으로 여기셨고, 그의 도리를 선포할 신실한 자들의 집회가 있어야 할 것으로 여기셨다. 하나님께서 이 수단을 통해서 이루고자 하신 목표들은 다음과 같다: 1. 그가 세상에서 공적으로 찬양과 예배를 받으시고자 함. 2. 택한 자들의 경건과 믿음이 이런 공적인 집회를 통해서 자극을 받고 확증되도록 함. 3. 사람들이 이런 수단을 통해서 복음의 믿음 안에서 서로를 강건하게 하며 또한 사랑과 선행을 촉진하도록 함. 4. 교회의 가르침과 하나님께 드리는 예배의 일치가 보존되고 영구히 지속되도록 함. 5. 교회가 세상에서 눈에 보이게 드러나며, 나머지 인류와 구별되도록 함. 이런 이유들이 어느 특정한 시대와 연관되지 않고 교회와 세상의 모든 시대와 조건들에 해당되므로 하나님께서 언제나 교회의 사역이 보존되도록 하시며 또한 그 사용이 존중되게 하시기 때문에, 이 계명의 도덕적인 부분, 즉 안식일을 준수하며 그 시간의 일부분을 설교와 공 기도와 성례의 시행에 할애하는 일은 세상의 시초부터 종말에 이르기까지의 모든 사람들에게 적용되는 것이다.

이 계명의 다른 부분이 의식적이며 비영구적이라는 것은, 일곱째 날의 안식일이 하나님께서 율법을 공포하실 때에 모세 시대의 예배를 준수하기 위하여 유대인들에게 장차 오실 메시야로 말미암아 교회를 거룩하게 하시는 역사의 성례 혹은 모형으로 제정하신 것이라는 사실에서 분명히 드러난다. 성경은 이에 대해 이렇게 말씀한다: "너희는 나의 안식일을 지키라 이는 나와 너희 사이에 너희 대대의 표징이니 나는 너희를 거룩하게 하는 여호와인 줄 너희가 알게 함이라"(출 31:13), "내가 그들을 거룩하게 하는 여호와인 줄 알게 하려고 내 안식일을 주어 그들과 나 사이에 표징으로 삼았노라"(겔 20:12). 그러므로 일곱째 날에 관한 한 안식일은 메시야의 오심으로 말미암아 다른 의식들과 모형들과 더불어 성취되고 폐지되었다. 계명 그 자체에 대해서는 이 정도로 간략하게 다루고 그치기로 하자.

이 계명에 대한 이유는 다음의 말씀에 포함되어 있다: **이는 엿새 동안에 나 여호와가 하늘과 땅과 바다와 그 가운데 모든 것을 만들고 일곱째 날에 쉬었음이라 그러므로 나 여호와가 안식일을 복되게 하여 그 날을 거룩하게 하였느니라. 그러므로 안식일을 기억하여 거룩하게 지키라.** 여기서 제시된 이유는 하나님께서 엿새 동안 창조의 역사를 이루시고 일곱째 날에 안식하신 실례에 근거하는 것이다. 그러므로 이는 일곱째 날이라는 정황, 혹은 이 계명의 의식적인 부분과 관련된 것이다. 그러나 하나님께서 우리에게 보이신 그 안식을 본받는 일은 의식적인 것만이 아니며, 따라서 유대인에게만 해당되는 것이 아니고, 의식적인 것이 나타내는 도덕적이며 영적인 것이어서 이런 면에서는 모든 사람들에게 해당되는 것이다. 명령 그 자체와 거기에 붙어 있는 이유를 더 잘 이해하기 위해서, 두 부분의 말씀들을 아주 간단하게 설명하고 그 다음에 본 요리문답의 이 부분에 해당되는 주제들을 설명하고자 한다.

안식일을 기억하여 거룩하게 지키라. 안식일은 무엇이며 몇 가지인가는 후에 설명할 것이다. 여기서 사용되는 언어는 지극한 강조의 의미를 지닌다. 하나님께서는 마치 자신이 명령을 주시는 이 일이 가장 중요한 것인 것처럼 말씀하시는 것이다. **기억하여 거룩하게 지키라.** 안식일을 지키되 지극히 주의하여 양심적으로 지키라는 의미가 담겨 있다. 다른 곳에서는 하나님께서 안식일을 범하는 자는 죽이라고 명령하신다.

하나님께서 안식일을 그렇게 주의하여 지키라고 명령하시는 이유들은 다음과 같다: 1. 안식일을 범하는 것은 하나님께 드리는 예배 전체를 범하는 것이므로. 교회의 사역을 소홀히 하게 되면 하나님의 교리와 예배에 대한 소홀함과 부패로 직접 이어지기가 너무나도 쉽다. 2. 하나님께서는 모형적인 안식일을 철저하고도 조심스럽게 지키라고 명령하심으로써, 그 안식일이 모형으로 보여주는 그것 — 즉, 영적 안식 — 의 귀중함과 필수성을 시사하시는 것이다. 3. 하나님께서는 외형적인 안식일을 제시하셔서 그것이 영적인 안식이 우리 속에서 시작되고 완성되는 데에 기여하게 하고자 하신 것이다.

거룩하게 지키라. 안식일을 거룩하게 지킨다는 것은 그날을 빈둥거리며 게으르게 보낸다는 뜻이 아니고, 죄를 피하고, 거룩한 일들을 행한다는 뜻이다. 하나님께서는 안식일을 거룩하게 하셨으나, 이는 사람이 거룩하게 하는 것과는 다르다. 하나님께서 안식일을 거룩하게 하셨다는 말씀은 그가 그날을 신적인 예배를 위하여 제정하셨다는 뜻이다. 그러나 사람이 그날을 거룩하게 한다는 것은 그날을 하나님께서 제정하신 그 목적을 위하여 드린다는 뜻이다.

엿새 동안은 힘써 네 모든 일을 행할 것이나. 하나님께서는 엿새를 노동을 위하여 할당하시고, 일곱째 날은 하나님께 드리는 예배로 쓸 것을 명령하신다. 안식일 이외의 다른 날들에는 하나님을 향한 예배와 묵상이 없어야 한다는 것을 가르치시는 것이 아니라, 첫째로, 안식일에는 다른 날의 경우처럼 사적(私的)인 예배가 있어야 함은 물론 교회에서 공적(公的)인 예배가 시행되어야 한다는 것을 가르치시는 것이요, 둘째로, 다른 날에 일상적으로 행하는 모든 다른 일들을 제쳐두고 사적으로 공적으로 하나님께 예배하여야 한다는 것을 가르치시는 것이다.

아무 일도 하지 말라. 하나님께서 안식일에 일을 금하시나, 이는 모든 종류의 일을 다 금하시는 것이 아니고, 다만 하나님께 예배하는 일과 교회의 사역의 시행에 방해가 되는 **육체적인**(servile) 일들을 금하시는 것이다. 이 부분의 계명을 이렇게 이해하는 것이 참되다는 사실은 성경의 다른 곳의 명확한 말씀에서 분명히 드러난다: "어떤 노동도 하지 말고"(레 23:25). 그러므로 이 계명은 다만 육체적인 일을 금하는 것이다. 그리하여 그리스도께서는 마태복음 12장에서 제자들이 안식일에 밭을 지나가다 시장하여 밀 이삭을 잘라먹었다가 바리새인들에게 안식일을 범했다는 질책을 받자 그 제자들의 정당성을 변호하셨으며, 또한 그 스스로도 안식일에 손 마른 사람을 낫게 하셨고, 또한 다른 곳에서는 소나 나귀가 안식일에 구덩이에 빠졌을 때에 곧바로 끌어내도 안식일을 범하는 것이 아니라고 말씀하신다(눅 14:5). 마카베오 역시 안식일에 전쟁을 수행하였다. 그리고 그는 안식일에 이러한 일을 하는 것이 정당한 이유들을 제시하고 있다: "만일 우리 모두가 이미 죽어 간

형제들을 본받아, 우리의 관습과 규칙을 지키느라고 이방인들과 싸우지 않기로 한다면 머지않아 그들은 우리를 이 지상에서 몰살시키고 말 것이다. 그 날 그들은 다음과 같이 결의했다. 우리를 공격하는 자가 있으면 안식일이라도 맞서서 싸우자. 그래야만 피신처에서 죽어 간 우리 형제들처럼 몰살당하는 일이 없을 것이다"(마카베오상 2:40, 41. 참조. 공동번역성서). 또한 그리스도께서도 앞에서 언급한 그 본문에서 호세아서의 한 본문을 인용하여 제자들과 자기 자신을 변호하신다: "나는 자비를 원하고 제사를 원하지 아니하노라 하신 뜻을 너희가 알았더라면 무죄한 자를 정죄하지 아니하였으리라"(마 12:7). 그는 또한 이렇게도 말씀하신다: "안식일이 사람을 위하여 있는 것이요 사람이 안식일을 위하여 있는 것이 아니니"(막 2:27). 그리스도께서는 여기서, 의식적인 행위들이 도덕적인 것들에 굴복해야 하며 우리 자신이나 우리의 이웃들의 필연성이 요구하는 사랑의 행위보다는 오히려 의식들이 삭제되어야 한다는 것을 가르치시는 것이다. 그리하여 그는 이렇게 말씀하신다: "안식일에 제사장들이 성전 안에서 안식을 범하여도 죄가 없음을 너희가 율법에서 읽지 못하였느냐? 내가 너희에게 이르노니 성전보다 더 큰 이가 여기 있느니라"(마 12:5), "너희가 안식일에도 사람에게 할례를 행하느니라 모세의 율법을 범하지 아니하려고 사람이 안식일에도 할례를 받는 일이 있거든 내가 안식일에 사람의 전신을 건전하게 한 것으로 너희가 노여워하느냐?"(요 7:22, 23). 이러한 선언들은, 안식일의 적절한 준수에 방해가 되지 않고 오히려 안식일의 참된 의도를 이루며 그리하여 안식일을 세워주는 그런 일들은 — 예컨대, 하나님을 예배하는 일이나 종교적 의식이나, 이웃에게 사랑의 의무를 행하는 것이나, 우리 자신이나 다른 사람의 목숨을 구하는 일처럼 다른 때에 할 수 없고 반드시 그 날에 행해야 하는 일들에 관계되는 그런 행위들은 — 안식일을 범하는 것이 아니라 오히려 안식일을 정당하게 준수하기 위해서 특별히 요구되는 일들이라는 것을 가르쳐주는 것이다.

너나 네 아들이나 네 딸이나. 하나님께서는 우리의 자녀와 가족들이 안식일에 노동을 금할 것을 원하시는데, 거기에는 두 가지 목적이 있다: 1. 주요 목적은 그들이 부모들에게 하나님을 예배하는 일에 대해서 교훈을 받고 훈련을 받게 하기 위함이며, 또한 교회의 특권들에 참여하게 하기 위함이다. 하나님께서는 그 자녀들도 교회의 일원이 되기를 바라시기 때문이다. 2. 우리의 이웃을 향한 사랑과 자비가 특별히 안식일에 시행되기를 의도하시기 때문이다.

네 문안에 거하는 객이라도. 하나님께서는 심지어 이스라엘인들 중에 임시로 거주하는 외인(外人)들까지도 안식일에 일을 하지 말 것을 명령하신다. 그리고 이렇게 명령하시는 것은, 그들이 혹시 참 신앙으로 회심하게 되면 그들이 교회의 일원들이 될 것이기 때문이며, 또한 그들 때문이 아니라 이스라엘 사람들을 위함이기도 하다. 곧, 그들이 불신자들로 남을 경우에라도 그들이 보여주는 악한 모범으로 인하여 교회에 걸림돌이 되지 않도록 하기 위함이며, 혹은 그들의 자유로운 처신들을 이스라엘인들이 이용하여 자기들이 안식일에 하지 못하는 일들을 그들을 시켜서 행함으로써 하나님의 율법과 관련하여 속임수를 쓰는 일이 없도록 하기 위함이다.

여기서 다음의 세 가지 질문에 대해 답변을 해야 할 것 같다: 1. 다른 민족들이 이스라엘인들 가운데 살 경우에, 그들도 특별히 유대인들을 위해서 제정된 의식들을 준수해야 했는가? 2. 교회 바깥의 외인인 자들에게 유대인의 종교를 받아들이도록 강요하는 것이 가능하며 혹은 정당한가? 3. 안식일을 포함한 성례들이 불신자들과 교회에게 공통으로 주어진 것인가? 이 가운데 첫째와 둘째 질문에 대해서는, 유대인들 가운데 사는 외인들은 모든 의식들에나 유대인의 종교 그 자체에는 참여할 의무도 없었고 또한 참여하도록 강요를 받지도 않았고, 다만 교회에 걸림돌이 되는 것을 방지하기 위하여 필요한 외형적인 규율에 대해서만 지키도록 했다고 답할 수 있을 것이다. 국가의 통치자는 그의 신민(臣民)들 가운데서 십계명의 두 돌판과 관련하여 질서와 규율을 수호하는 자가 되어야 하며, 또한 겉으로 드러나는 우상숭배와 악행을 방지하고 금하여야 하며, 또한 가능한 만큼 외인들과 임시 거주자들이 그의 신민들에게 죄를 범할 기회를 주는 것을 방지하여야 하는 것이다. 더욱이 안식일을 지키라는 구체적인 명령을 외인들에게도 적용시키시는 한 가지 특별한 이유는, 그것이 모세의 율법을 통해서 처음 이스라엘 사람들에게 주어진 것이 아니라 하나님께서 친히 세상의 창조 때부터 모든 사람들에게 베푸신 것이었다는 데 있다. 그런데 다른 민족들의 경우는 이 명령이 시야에서 사라져 버렸고, 그리하여 그들은 유대인들이 안식일을 철저하고 정확하게 준수하는 것 때문에 그들을 안식일주의자들이라 불러서 크게 모욕했던 것이다.

셋째 질문에 대해서는, 유대인들의 신앙에 따라 하나님을 예배한 자들과 마찬가지로 그들도 그날에 노동을 금했으나, 그럼에도 불구하고 안식일은 불신자들에게는 성례가 아니었다고 답할 수 있다. 왜냐하면 여호와께서 그들을 거룩하게 하시는 분이 되리라는 약속은 그들에게 해당되지 않았고, 이 약속을 인정하고 고백하는 뜻으로 일상적인 노동을 금할 것을 그들에게 요구하지도 않았고, 다만 걸림돌을 피하고 죄에 빠질 계기를 모두 없애고자 하는 뜻에서 노동 금지를 그들에게 요구한 것이기 때문이다. 그들이 안식일에 일을 하게 되면 하나님의 백성들이 그로 인하여 걸림돌이 되고 죄에 빠질 수도 있었기 때문이었던 것이다.

네 가축이나. 이것은 믿지 않은 자들에게는 안식일이 성례가 아니었다는 더 강력한 증거를 제공한다. 왜냐하면 가축들조차도 쉬어야 할 것을 요구했기 때문이다. 그러나 이 가축의 쉼은 하나님께 예배하기 위해서나 성례로서 요구한 것이 아니었다. 하나님께 예배하기 위해서나 성례로서 쉼을 요구하신 것은 오직 사람에게만 해당되었다. 1. 안식일에 가축에게 일을 시키지 못하도록 금하셨는데, 이는 안식일에 일을 할 기회를 완전히 사람들에게서 끊어내고자 함이었다. 2. 말 못하는 짐승들을 쉬게 함으로써, 하나님께서 그들의 이웃들을 향하여 자비와 친절을 베풀기를 얼마나 바라시는지를 배우게 하기 위함이었다.

엿새 동안에 나 여호와가 … 모든 것을 만들고. 이 명령에 덧붙여진 이유는 하나님께서 창조의 일에서 쉬신 모범에서 이끌어낸 것으로, 위에서 살펴본 것처럼 이 계명 중 칠일에 관한 의식적인 부분에 관계되는 것이다.

제칠일에 쉬었음이라. 이는 곧, 세상이 이제 완전하여졌고 또한 하나님께서 바라신 모습이 되었으므로, 하나님께서 새로운 것들을 창조하시기를 중지하셨다는 뜻이다. 하나님께서는 이 날을 신적인 예배를 위하여 구별하신 것은 다음과 같은 의도였다: 1. 제칠일의 쉼이 그가 이루신 창조 역사의 기념이 되게 하고, 그가 자신의 영광과 그의 백성의 구원을 위하여 그의 지으신 것들에게 행하신 끊임없는 보살피심과 보존과 다스림의 쉼이 되게 하여, 우리로 하여금 그의 일들을 생각하고 인류에게 베푸신 그의 은덕들에 대해 그의 이름을 찬송하고 영광을 돌리도록 우리를 자극시키기 위함이었다. 2. 하나님이 자신이 제칠일에 쉬시는 모범을 보이심으로써, 사람들이 그를 본받아서 제칠일에는 엿새 동안 행하던 노동을 중지하도록 그들을 가장 효과적이고도 강제성을 띤 논리로써 자극하고자 하심이었다. 하나님께서 제칠일에 쉬신 것을 본받는 일은, 이미 살펴본 대로 의식적인 면과 도덕적인 면이 있다. 그러므로 안식일에 금하여야 하는 우리의 행위들에도 두 종류가 있다. 어떤 것들은 하나님께서 명령하셨으나 그럼에도 불구하고 하나님의 예배를 방해하므로 행하지 말아야 할 것들이다. 사람들마다 특수하게 갖고 있는 직업에 속한 노동과 의무들이 이에 속한다. 또 어떤 것들은 하나님께서 죄로 간주하시고 금하시는 것들이다. 이 행위들 모두가 안식일에 금지되는데, 그 차이로 보면 세 가지로 나뉜다: 1. 교회의 사역을 방해하거나 위반이 되기 때문에 금지되는 행위들. 죄들이 적극적으로 금지된다. 2. 안식일에만 행하지 말아야 할 행위들. 3. 노동에서 쉬는 것은 죄에서 쉼, 혹은 죄를 중지함을 모형으로 보여 주는 것이다.

안식일에 관하여

제 4 계명의 말씀들을 간략하게 설명하였으니, 안식일과 또한 그날을 거룩하게 지키는 도리에 대해서 더 잘 이해하게 되었으리라 여겨진다. 그러나 좀 더 나아가 다음의 문제들을 더 살펴보아야 할 것이다:

1. 안식일은 무엇이며 몇 가지인가?
2. 어떤 점에서 그것이 우리에게 해당되는가?
3. 안식일은 무엇 때문에 제정되었는가?
4. 어떻게 하면 안식일을 거룩하게 지키며, 어떻게 하면 그것을 더럽히는가?

1. 안식일은 무엇이며 몇 가지인가?

안식(Sabbath)이라는 단어(히브리어로는 **쇠바트, 쉐베트, 쇠바톤**)는 고요함, 쉼, 혹은 노동을 중단함을 뜻한다. 하나님께서는 그 자신을 공적으로 예배하는 일을 위하여 구별하신 날을 그렇게 부르셨는데, 이는 다음과 같은 이유들 때문이다: 1. 그가 친히 이날에 쉬셨고, 혹은 새로운 것을 창조하기를 중단하셨기 때문이다. 그러나 창조하신 그것들을 보존하는 일은 중단하지 않으신 것은 물론이다. 2. 안식은 신자들이 내생에서 누리게 될 죄로부터의 영적 안식의 형상 혹은 모형이기 때문이다. 3. 우리가 이날에 모든 육체적인 일을 중지함으로써 하나님께서 우리 속에서 그의 일을 행하시도록 하여야 하기 때문이다. 4. 우리 가족들과 가축들도 쉬어야 하기 때문이다. 그러므로 안식일은 의식적으로나 도덕적으로 금지된 외형적인 일들로부터, 즉 죄로부터, 이 세상의 삶을 위한 우리의 직업상의 노동으로부터 쉬도록 정해 놓은 시간이다. 또한 안식일은 하나님께 예배하는 일에 속하는 것들을 행하도록 구별하여 정해 놓은 시간이기도 하다.

안식은 두 가지 면으로 볼 수 있다. 도덕적이며 내적인 면에서도, 혹은 의식적이며 외적인 면에서도 볼 수도 있다. **도덕적이며 내적인 안식**, 혹은 **영적 안식**에는 하나님과 그의 역사하심을 아는 지식의 연구와 조심스럽게 죄를 삼가는 것, 그리고 고백과 순종으로 하나님을 예배하는 것이 포함된다. 혹은 좀 더 간단하게, 죄를 중지하고 우리 자신을 하나님께 드려서 그가 요구하시는 일을 행하는 것이라고 정의할 수도 있을 것이다. 물론 안식은 회심한 자들에게서 영구히 있어야 하는 것이지만, 그럼에도 불구하고 금생에서의 안식은 시작에 불과하다. 그런데도 그것을 안식이라 부르는 것은 그것이 오늘날에도 삶의 수고와 비참한 것들로부터 진정으로 쉬는 것이요, 우리 자신을 하나님을 섬기는 일을 위하여 거룩히 구별하는 것이기 때문이요, 또한 그것이 과거에 의식적인 안식일을 통해서 나타내졌기 때문이다. "내가 그들을 거룩하게 하는 여호와인 줄 알게 하려고 내 안식일을 주어 그들과 나 사이에 표징으로 삼았노라"(겔 20:12). 그러나 내생에서는 이 안식을 완전하게 영원토록 누리게 되는데, 그때에는 우리가 현재 괴로움 가운데서 연루되어 있는 온갖 걱정거리들과 수고들에서 전적으로 자유를 얻은 상태이므로 안식이 하나님을 영원토록 찬송하고 그에게 영광을 돌리는 데에 있게 될 것이다. "여호와가 말하노라 매월 초하루와 매 안식일에 모든 혈육이 내 앞에 나아와 예배하리라"(사 66:23).

의식적이며 외적인 안식은 교회에서 말씀 선포와 성례의 시행과 공적인 예배를 위하여 구별해 놓은 특정한 시간인데, 이 시간 동안에는 다른 모든 일들이 유보되거나 중지된다. 외적인 안식도 마찬가지로 두 가지 성격을 띠는데, 직접적인 것과 간접적인 것이 그것이다. 직접적인 안식은 하나님께서 친히 직접 제정하신 안식으로서 구약 시대에 교회에게 명하신 것이다. 이 안식은 다시 여러 가지 다른 면에서도 볼 수 있다:

1. **안식일**. 이는 한 주간의 제칠일로서 이를 가리켜 특별히 안식일이라 불렀는데, 이는 하나님께서 세상 창조의 일에서 쉬신 데에서 비롯되었고, 또한 하나님의 백성이 그날에 쉼을 지키도록 되어 있었기 때문이다. 그리하여 이스라엘 사람들은 습관적으로 제유법을 사용하여 칠일 전체 혹은 한 주간을 안식, 혹은 안식들이라 불렀다(마 28:1). 또한 유월절, 오순절, 초막절 나팔절 등 다른 절일들의 경우도 안식일이라 불렀는데, 이는 유대인들이 이날들에도 제칠일과 똑같이 노동을 삼가고 쉬도록 되어 있었기 때문이다.

2. **안식월**은 새 달들이었다.

3. **안식년**은 매 칠 년마다 지켰는데, 이 해에는 유대인들이 밭을 경작하던 것을 중지하고 밭에 씨를 뿌리지도 않고 포도원의 가지치기도 하지 않았다. 이 경우에도 칠 년 전체를 제유법적으로 안식이라 불렀다(레 25:4; 26:35; 25:8).

간접적이며 외적인 안식은 하나님께서 신약의 경륜 아래에서 교회를 통하여 제정하신 것인데, 이는 한 주간의 첫 날에 속하며, 이를 주일이라 부른다. 기독교 교회는 사도 시대로부터 그리스도의 부활을 기념하여 제칠일을 대신하여 이 날을 지켰다. 이 점은 사도 요한의 다음의 진술에서 드러난다: "주의 날에 내가 성령에 감동되어"(계 1:10).

혹은, 좀 더 간단히 표현하자면, 의식적인 안식은 두 가지라고 말할 수 있다. 그 하나는 구약에 속한 것이요, 또 하나는 신약에 속한 것이다. 구약의 안식은 제칠일에 한정되었으며, 그것을 지키는 것이 필수적이었고, 그날이 하나님께 예배하는 일을 이루었다. 신약의 안식은 교회의 결정과 지정에 의존하는데, 교회는 특정한 이유들로 인하여 한 주간의 첫 날을 안식일로 택하여, 질서를 유지하기 위하여 이 날을 지키는데, 이는 마치 교회가 다른 날보다 반드시 이날을 지켜야 하는 어떤 필연성이 있기 때문이 아니다. 이에 대해서는 잠시 후에 논의할 것이다.

안식일의 구분

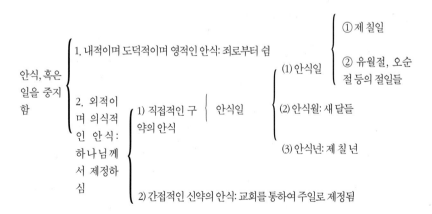

2. 안식일은 어느 정도나 우리에게 해당되는가?

제칠일의 안식은 세상 창조 때부터 사람들로 하여금 하나님의 모범을 따라 노동으로부터 쉬며, 특히 죄로부터 쉴 것을 선포하시고자 하나님께서 지정하셨다. 이계명은 후에 모세를 통해서 주어진 율법에서 반복되었고, 이때에 제칠일을 안식일로 준수하는 일에 대한 의식이 하나의 성화의 성례가 되었고, 하나님께서는 이로써 자신이 그의 교회를 거룩하게 하시는 분이심을 선포하셨다. 또한 그는 조상들에게 약속하신 메시야로 말미암아 믿는 자들의 죄를 사하시고 그들을 사랑 가운데로 영접하시며 또한 정하신 때에 그가 세상에 오실 것임을 선포하셨다. 의식적인 제칠일 안식일이 현재 폐지된 것은 그것이 메시야의 은덕들의 모형으로 그것을 나타내는 것이었고, 하나님의 백성들에게 그들의 의무를 교훈하는 것이었기 때문이다. 율법을 주시기 이전과 이후에 제정된 다른 모든 성례들과 제사들과 의식들도 이와 똑같은 이유로 그리스도의 강림으로 폐지되었다. 그가 그것들이 나타내던 모든 것들을 다 성취시키셨기 때문이다. 물론 신약 시대에는 의식적인 안식일이 폐지되었으나, 도덕적인 면은 여전히 지속되며 우리에게나 다른 이들에게나 모두 적용된다. 과거 유대인의 교회에서와 마찬가지로 오늘날 기독교 교회에서도 하나님 말씀의 선포와 성례의 공적 시행을 위하여 특정한 시간을 구별하여 세울 필요성이 있기 때문이다.

그러나 우리가 토요일이나 수요일, 혹은 그 외의 다른 날에 매여 있다거나 제한을 받는다고 생각해서는 안 된다. 사도적 교회는 자신을 유대인의 회당과 구별하기 위하여, 그리스도께서 베푸신 자유를 발휘하여, 한 주간의 제칠일 대신 첫째날을 택하였다. 왜냐하면 그리스도의 부활이 그날에 일어났는데, 바로 그 부활로 말미암아 내적이며 영적인 안식이 우리 속에서 시작되기 때문이다. 한 마디로 말해서, 우리는 도덕적으로든 아니면 의식적으로든 안식일을 지켜야 한다. 그러나 특수한 면에 따라서 지키는 것이 아니라 일반적인 면에 따라서 지키는 것이다. 다시 말하면, 교회가 교훈을 받고 성례를 시행하는 특정한 날이 우리에게 필요하다는 말이다. 그러나 어느 특정한 날에 매여 있는 것은 아닌 것이다.

유대인들은 의식적인 안식일의 폐지를 반대하여 다음과 같은 반론들을 제기한다:

반론 1. 십계명은 영구한 법이다. 안식일에 관한 계명은 십계명의 일부다. 그러므로 그것은 영구한 법이요 따라서 폐지되어서는 안 된다.

답변. 십계명은 그것이 도덕적인 한에는 영구한 법이다. 그러나 뭔가를 나타내기 위하여 그것에 덧붙여진 것이나 혹은 십계명의 도덕적 강령들을 한정짓는 것으로 볼 수 있는 사항은 메시야가 강림하시기까지만 보존되는 것이었다.

반론 2. 십계명의 각 계명은 모든 사람들에게 적용된다. 이 계명은 십계명의 일부다. 그러므로 이 계명은 모든 사람들에게 적용되며, 따라서 폐지되어서는 안 된다.

답변. 도덕적인 부분에 관한 한 이 논지를 인정할 수 있다. 그러나 이 계명은 일부는 의식적이며 따라서 이 부분은 우리에게 해당되지 않으며, 일반적인 것은 우리에게 해당된다. 그 이유는 분명하다: 1. 바울은 "그러므로 먹고 마시는 것과 절기나 초하루나 안식일을 이유로 누구든지 너희를 비판하지 못하게 하라"(골 2:16)라고 말씀한다. 2. 사도들 자신이 제칠일 안식일을 변경시켰다. 3. 이 법의 의도에 근거하여. 그것은 그리스도께서 성취하실 것들, 즉 성화(聖化) 등의 모형이었다. 그런데 모형은 그 원형에게, 혹은 그 나타내는 그것에게 자리를 내어주게 되어 있다. 또한, 유대 민족은 이를 수단으로 땅의 다른 민족들과 구별되었는데, 그런 구별이 그리스도로 말미암아 제거되었다.

반론 3. 여호와께서는 안식일에 관하여, "이스라엘 자손이 안식일을 지켜서 그것으로 대대로 영원한 언약을 삼을 것이니 이는 나와 이스라엘 자손 사이에 영원한 표징이며"(출 31:16, 17)라고 말씀하셨다. 그러므로 제칠일 안식일은 영구하며 절대로 폐지되어서는 안 된다.

답변. 1. 의식적인 안식일은 그리스도가 오시기까지는 영구하였으나, 그가 오셔서 그것들을 성취하심으로써 의식들이 종결되었다. 2. 안식일은 그것이 나타내는 것, 즉 죄를 중지하는 것과 하나님 안에서 쉬는 것과 관련해서는 영원히 지속될 것이다. 이런 의미에서는 구약의 모든 모형들이 영구하며, 다윗의 왕국 자체도 그러했다. 그러나 그 왕국은 그리스도께서 오시기 전에 무너졌다. 여기서 독자들은 율법의 세 번째 일반적 구분에서 특히 첫째와 둘째 반론을 다루면서 율법의 폐지에 관하여 논의했던 내용을 참조할 수 있을 것이다.

반론 4. 모세 이전에 주어진 법들은 불변한 것들이었다. 제칠일을 안식일로 구별하는 문제에 관한 명령은 모세 시대 이전에 주어진 것이다. 그러므로 설사 모세의 의식들이 바뀌어진다는 것을 인정하더라도 그것은 불변하다.

답변. 주 전제는 특수한 것으로 율법의 도덕적인 면에만 해당되고, 의식적인 면에는 해당되지 않는다. 모세 이전에 하나님께서 제정하신 의식들이라도 메시야께서 베푸실 은덕들의 모형들이었던 것들은 그리스도의 강림으로 폐지되었다. 아브라함에게 베풀어진 할례나 첫 조상들에게 주어졌던 희생 제사들이 이에 해당된다.

반론 5. 타락 이전에 하나님께서 주신 법들은 모든 사람들에게 해당되는 것이요, 메시야의 은덕들의 모형이 아니었다. 메시야에 관한 약속은 그때에는 주어지지 않았고, 온 인류 전체와 관련하여 오로지 한 가지 조건밖에는 없었기 때문이다. 그런데 하나님께서는 첫 조상들의 타락 이전에 이미 제칠일을 안식의 날로 구별해 놓으셨다. 그러므로 이 계명은 보편적이요 영구한 것이다.

답변. 주 전제는 도덕법에 관해서는 참이다. 도덕법의 본성적인 개념들과 원리들이 창조 때부터 사람의 생각 속에 각인되어 있기 때문이다. 그러나 제칠일 준수에 관한 사항은 그렇지 않다. 그것은 타락 이후 모세의 율법에서 메시야의 은덕들의 모형으로 주어진 것이며, 따라서 그때에나 혹은 그 이전에 제정된 다른 의식들과 마찬가지로 그리스도의 강림으로 변화될 것들이었다. 하나님께서는 모형들과 그림자들이 나타내던 그 실체가 나타나게 되면 그것들은 더 이상 효력을 발휘하지 못하도록 하시기 때문이다. 그러므로, 사람이 죄를 범하지 않았을 당시에나 죄를 범한 이후에나 하나님을 예배하는 일이 십계명에 따라서 제칠일에 시행되었다는 것을 인정한다 하더라도, 장차 메시야가 오시게 되면 그 은덕의 모형과 그림자 역할을 했던 면들, 즉 특정한 날을 안식의 날로 준수하는 것은 다른 의식들과 함께 바뀌어지게 되는 것이었다.

반론 6. 어떤 법이든 그 목적이 영구하면 그 법 자체도 영구할 수밖에 없다. 만물 창조를 기억하고 기념하는 일과 또한 하나님의 솜씨를 묵상하는 일은 영구한 목적으로서, 이를 위하여 제칠일을 안식일로 준수하는 것이다. 그러므로 제칠일 안식일의 준수에 관한 법은 그리스도의 강림 이후에도 불변하는 것이다.

답변. 주 전제에 대해 다시 단서를 붙여야 한다. 불변하는 원인이 있을 경우에는 율법이 불변하다. 단, 그 원인이나 목적이 이 율법을 하나의 효과나 수단으로서 필수적으로 끊임없이 요구할 경우에는 그렇다. 그러나 다른 때에는 동일한 목적이 다른 수단을 통해서 더 성공적으로 이루어질 수 있는 경우나, 혹은 율법제정자가 다른 법으로 그것을 이룰 수 있는 경우에는 그렇지 않다. 그런데 하나님의 솜씨에 대해 묵상하고 그의 권능과 선하심을 높이 기리는 일은 제칠일뿐 아니라 다른 어떤 날에도 할 수 있는 것이다. 그러므로 이 목적은 제칠일을 안식일로 준수하는 일에 관한 영구한 법을 요구하는 것이 아니다.

재세례파들은 한 주간의 첫날, 혹은 주일(主日)을 준수하는 문제에 대하여, 신약 시대에 날들을 구별하는 일을 금하는 성경 본문을 하나의 반론으로 제시한다: "그러므로 먹고 마시는 것과 절기나 초하루나 안식일을 이유로 누구든지 너희를 비판하지 못하게 하라"(골 2:16), "너희가 날과 달과 절기와 해를 삼가 지키니"(갈 4:10), "날을 중히 여기는 자도 주를 위하여 중히 여기고 먹는 자도 주를 위하여 먹으니 이는 하나님께 감사함이요"(롬 14:6). 그들은 말하기를, 그러므로 첫날을 준수하는 것도 일곱째 날을 지키는 것과 마찬가지로 정죄받아야 한다고 한다. 이에 대해 우리는 다음과 같이 답변할 수 있다. 성경은 단순하게 혹은 절대적인 의미로 그리스도인들에게 날들을 구분하지 못하도록 금하는 것이 아니라, 의식적인 예배 혹은 필수성의 사상을 갖고서 날을 구분하는 것을 금하는 것이라는 것이다. 그러나 교회가 주일 혹은 한 주간의 첫날을 지키는 것은 그런 식이 아니다. 그리스도인들이 한 주간의 첫날을 지키는 것은 유대인의 안식일 준수와 두 가지 점에서 다르다. 1. 유대인들의 경우는 하나님의 명확한 명령이 있으므로 제칠일 안식일을 변경하거나 바꾸는 것이 합당치 못했다. 그것이 의식적 예배의 일부였기 때문이다. 그러나 기독교 교회는 그 자유를 시행하여 필수성이나 예배에 대한 사상과 연루되지 않고서, 첫날을 ― 혹은 그 외에 다른 어떤 날이라도 ― 교회의 사역을 위하여 구별하는 것이다. 2. 고대의 안식일은 그리스도로 말미암아 성취될 구약의 모형이었다. 그러나 신약 시대에는 그 역할이 사라졌으며, 다만 교회의 질서와 편의에 대해서 존중해야 할 필요가 있었다. 그것이 없이는 교회의 사역이 시행될 수가 없었고, 최소한 적절한 규모를 갖추고 이루어질 수가 없기 때문이었다.

3. 안식일은 무엇 때문에 제정되었는가?

안식일이 제정된 궁극적인 주요 목적들은 다음과 같다:

1. 교회에서 하나님께 공적으로 예배함.

2. 교회 사역의 보존. 하나님과 그의 뜻에 관하여 성경을 근거로 선지자들과 사도들이 전하여 준 대로 교회를 가르치는 것과, 또한 신적으로 지시된 대로 성례를 시행하는 일은 신적으로 제정된 하나의 임무다. 이것이야말로 안식일이 제정된 가장 중요한 목적이다. 공적이며 일상적인 복음 선포와, 또한 기도와 감사를 드리

며 신적인 규례들을 행하는 일들은 공적인 행사로서 택함받은 자들에게서 믿음과 회개를 촉발시키고 높이 기리는 것이기 때문이다.

3. 구약에서 영적이며 영원한 안식을 나타내는 하나의 모형이 되게 함. "내가 그들을 거룩하게 하는 여호와인 줄 알게 하려고 내 안식일을 주어 그들과 나 사이에 표징으로 삼았노라" (겔 20:12).

4. 제칠일이라는 정황을 통해서 사람들에게 세상 창조와 하나님께서 엿새 동안에 지으신 솜씨에 대해 묵상해야 할 의무에 대해 상기시키고 가르치기 위함.

5. 특별히 이날에 이웃들에게 사랑과 자비와 친절의 일들을 행하게 하기 위함.

6. 사람과 짐승에게 육체적인 쉼을 갖게 하기 위함.

7. 사람들이 각자의 모범을 통해 경건과 하나님께 드리는 예배를 서로 촉진시키게 하기 위함. "내가 주의 이름을 형제에게 선포하고 회중 가운데에서 주를 찬송하리이다" (시 22:22).

8. 안식일을 수단으로 교회가 세상에 드러나게 하며, 우상숭배자들과 신성모독자들과 구별되게 함으로써, 아직 교회 바깥에 있는 자들로 하여금 그들이 과연 어떤 교제 속에 들어가야 하는지를 깨우치게 하기 위함. 안식일은 구약 아래에서 이스라엘 백성들을 다른 민족들과 구별시키고 분리시킨 하나의 표(標)였다.

4. 어떻게 하면 안식일을 거룩하게 지키며, 어떻게 하면 그것을 더럽히는가? 혹은 안식일에 행해야 할 일과 금지된 일은 무엇인가?

안식일을 거룩하게 하는 것은 하나님께서 명령하신 거룩한 일들을 그날에 그가 명령하신 대로 행하는 데 있다. 반면에 거룩한 일들을 생략하거나 혹은 교회의 사역에 방해가 되고 안식일을 거룩하게 하는 데에 속하는 일들에 위반되는 일들을 행하는 것은 안식일을 더럽히는 것이다.

안식일을 거룩하게 하는 일들과, 또한 안식일을 더럽히는 일들은 주로 다음과 같은 것들이다:

I. **하나님과 그의 뜻에 관하여 교회를 올바로 가르치고 교훈함**. 여기서 명령하는 가르침은 제 3 계명이 요구하는 것과는 다르다. 거기서는 교회의 교리의 전파가 각 사람이 사사로이 행하는 의무로 제시되는데, 여기서는 가르치는 직무가 그 일에 필요한 은사를 신적으로 부여받았고 또한 교사의 자격으로 행하도록 교회에서 정당하게 부르심을 받은 특정한 사람들에게 맡겨지고 있기 때문이다. 이 계명은

교회에서 가르치도록 부르심을 받은 모든 자들에게, 교훈을 받을 목적으로 함께 모인 사람들에게 공적으로는 물론 상황과 처지에 따라 기회가 있을 때마다 사적으로도, 또한 각 사람 개개인의 구원과 공적인 덕을 위하여 건전한 교리를 신실하게 전달하고 설명할 것을 요구한다. 이와 관련하여 다음과 같은 성경 본문들을 인용할 수 있을 것이다(레 10:11; 행 13:15; 17:2; 딤후 4:2 등).

이것과 반대되는 것에는 1. 사적으로나 공적으로 가르쳐야 할 의무를 생략하거나 소홀히 함. 이에 대해서 하나님께서는 선지자를 통하여 이렇게 책망하신다: "이스라엘의 파수꾼들은 맹인이요 다 무지하며 벙어리 개들이라 짖지 못하며 다 꿈꾸는 자들이요 누워 있는 자들이요 잠자기를 좋아하는 자들이니"(사 56:10), "자기만 먹는 이스라엘 목자들은 화 있을진저, 목자들이 양 떼를 먹이는 것이 마땅하지 아니하냐?"(겔 34:2).

II. 하나님께서 지정하신 대로 **성례를 시행함**. 이 역시 이 임무를 위하여 정당하게 부르심을 받은 교회의 목사들이 행할 것이다. 그러나 성례의 시행이 특정한 날짜와 시간에 한정되는 것처럼 생각해서는 안 된다. 말씀의 선포가 그렇지 않은 것처럼 그것도 그렇지 않은 것이다. 성례의 시행이 공적으로 이루어지고, 하나님을 대신하여 사람에게 말하는 공적인 성격을 지닌 교회의 목사들이 시행하면 그것으로 족하다. 이와 마찬가지로 할례도 아이가 출생한지 팔일 째 되는 날이면 무슨 날이든, 안식일이든 아니든 상관없이 시행되었다. 물론 성례의 시행이 주로 안식일에 이루어지기는 하지만, 세례의 경우도 원칙적으로 어느 때라도 시행할 수 있는 것이다. "그런즉 너희가 함께 모여서 주의 만찬을 먹을 수 없으니"(고전 11:20), "그런즉 내 형제들아 먹으러 모일 때에 서로 기다리라"(고전 11:33), "그들이 사도의 가르침을 받아 서로 교제하고 떡을 떼며 오로지 기도하기를 힘쓰니라"(행 2:42).

성례의 정당한 시행과 반대되는 것은 이 의무를 생략하는 것이나, 혹은 성례를 적절히 시행하도록 교회를 교훈하기를 소홀히 하는 것이다. 또한 성례의 부당한 시행도 마찬가지다. 하나님께서 지정하신 규례에서 뭔가를 감하거나 거기에 뭔가를 더할 경우나, 혹은 그 규례에 어떤 변화를 주는 경우나, 성례에 참여시켜야 할 자들을 제외시키거나 제외되어야 할 자들을 참여시키는 경우나, 성례의 정당한 용도에 대해 사람들에게 적절히 교육시키지 않을 경우에는 부당한 시행이 된다.

III. **교회의 가르침을 부지런히 배움**. 성도들의 공적인 모임을 자주 가져서 하늘로부터 내리는 가르침을 듣고 배우며, 들은 다음에는 진지하게 그것을 묵상하고 그것이 과연 진리인지를 확증하는 것이다. 좀 더 구체적으로 말하면, 하나님의 사역과 섬김을 위하여 구별된 그날들을 하늘의 것들을 읽고 묵상하고 강론하는 데에 할애하는 것이다. 그런 것들은 분명하며 또한 그 상관되는 요인들에서 자연적으로 따라온다. 하나님께서 안식일에 가르칠 의무를 지닌 자들에게 그 일을 부지런히 할 것을 요구하신다면, 또한 그 가르침을 받는 자들에게도 그의 종들을 통해서 전해지는 이 가르침을 부지런히 듣고 배우며 또한 그 내용을 **사사로이 묵상할 것**을 요구하시는 것이다: "베뢰아에 있는 사람들은 데살로니가에 있는 사람들보다 더 너그러워서 간절한 마음으로 말씀을 받고 이것이 그러한가 하여 날마다 성경을 상고하므로"(행 17:11). 그처럼 교회의 가르침을 잘 연구하는 일은 특히 지금이나 이후에 교사들의 직무를 통해서 교회에서 사역하도록 부르심을 받는 자들에게 필수적이다. 그러므로 사도는 디모데에게 읽는 것과 권하는 것과 가르치는 것에 전념하라고 권면하는 것이다(딤전 4:13).

교회의 가르침을 부지런히 공부하는 것에 반대되는 것은 가장 저급하고 평범한 형식으로 나타난다:

1. **교회의 가르침을 멸시하고 소홀히 함.** 정당한 사유가 없이, 사람들이 다른 날에 얼마든지 할 수 있는 일을 안식일에 행하느라 사람들이 교회의 공적인 집회에 결석할 때마다 항상 이런 것이 일어난다고 말할 수 있다. 혹은 하나님을 예배하는 자들 중에 함께 있다 해도 전해지는 말씀에 주의를 기울여 잘 듣지 않을 경우나, 혹은 하나님의 말씀의 가르침을 묵상하고 그것이 과연 진리인지를 확증하지 않는 경우에도 이런 일이 일어난다.

2. **교회의 가르침에 대한 지식을 얻기를 소홀히 함.** 진리의 가르침을 연구하도록 하나님께 부르심을 받은 자들이, 혹은 하나님과 그의 뜻을 아는 지식을 전파하는 일을 위해서 장차 헌신해야 할 자들이, 또한 이 가르침을 아는 지식을 얻을 기회와 능력을 다른 이들보다 더 크게 지닌 자들의 편에서 그 임무를 소홀히 할 때에 이런 일이 일어난다: "무릇 많이 받은 자에게는 많이 요구할 것이요"(눅 12:48).

3. **호기심.** 하나님께서 계시하시지 않은 불필요한 일들에 대해서 알거나 듣기를 원하는 것이다. "자기의 영예를 구하는 것이 헛되니라"(잠 25:27), "어리석고 무식한 변론을 버리라 이에서 다툼이 나는 줄 앎이라"(딤후 2:23), "때가 이르리니 사람이 바른 교훈을 받지 아니하며 귀가 가려워서 자기의 사욕을 따를 스승을 많이

두고"(딤후 4:3; 또한 딤전 4:7; 딛 3:9을 보라).

IV. **신적인 지정하심에 따라 성례를 시행함.** "그 주간의 첫날에 우리가 떡을 떼려 하여 모였더니 바울이 … 그들에게 강론할새"(행 20:7). 하나님께서는 그 백성들의 엄숙한 집회에서 유월절을 지키도록 명령하셨고, 특정한 희생 제사들을 안식일과 기타 성일(聖日)들에 행하도록 하셨다. 하나님께서는 교회의 공적인 집회에서 그의 말씀을 공적으로 선포하게 하시고 또한 듣게 하시는 것처럼, 그러한 공적인 집회에서 성례를 참되고 정당하게 시행하도록 하신다. 두 가지 모두 갖가지 종교들과 사람들 가운데서 참 교회를 구별하고 알 수 있는 표지(標識)들이기 때문이다. 그러므로 성례의 시행이 안식일을 적절하고도 거룩히 지키는 것과 지극히 밀접하게 연관되는 것이다.

이와 같은 성례의 정당한 시행과 반대되는 것은 다음과 같다.

1. **성례를 멸시하고 소홀히 함.**

2. **성례를 더럽힘.** 하나님께서 명령하신 것과 다른 방식으로 성례를 시행하거나 혹은 성례에 참여하지 말아야 할 자들이 참여하는 경우에 이러한 결과가 생긴다.

3. **성례를 미신적으로 시행함.** 구원과 하나님의 은혜를 의식의 준수와 연관짓거나, 혹은 하나님께서 지정하시지 않은 목적으로 성례를 행할 때에. "할례를 받지 아니한 남자 곧 그 포피를 베지 아니한 남자는 백성 중에서 끊어지리니"(창 17:14), "소를 잡아 드리는 것은 살인함과 다름이 없이 하고 어린 양으로 제사드리는 것은 개의 목을 꺾음과 다름이 없이 하며 드리는 예물을 돼지의 피와 다름이 없이 하고 분향하는 것은 우상을 찬송함과 다름이 없이 행하는 그들은"(사 66:3).

V. **하나님을 공적으로 불러 아룀.** 교회와 연합하여 고백과 감사와 기도를 드리는 것이다. 하나님께 영광을 돌리고 우리 스스로 위로를 얻기 위해서, 우리 개개인이 사적으로만이 아니라 온 교회가 공적으로 하나님의 이름을 불러 아뢰어야 마땅하기 때문이다. 그렇기 때문에 그리스도께서는 공적으로 드리는 기도에 대해 특별한 약속을 덧붙이신 것이다: "너희 중의 두 사람이 땅에서 합심하여 무엇이든지 구하면 하늘에 계신 내 아버지께서 그들을 위하여 이루게 하시리라 두세 사람이 내 이름으로 모인 곳에는 나도 그들 중에 있느니라"(마 18:19, 20). 그리스도께서는, "너는 기도할 때에 네 골방에 들어가 문을 닫고 은밀한 중에 계신 네 아버지께 기도하라 은밀한 중에 보시는 네 아버지께서 갚으시리라"(마 6:6)라고 말씀하셨으나, 이는 공적인 기도를 정죄하시는 의도가 아니라, 참된 경건을 흉내내는 겉

모양뿐인 외식적인 기도를 정죄하시고자 함이다. 이 본문의 말씀의 의미가 바로 이것이라는 것은 바로 그 앞의 말씀에서 분명히 드러난다: "너희는 기도할 때에 외식하는 자와 같이 하지 말라. 그들은 사람에게 보이려고 회당과 큰 거리 어귀에서 기도하기를 좋아하느니라. 내가 진실로 너희에게 이르노니 그들은 자기 상을 이미 받았느니라"(마 6:5). 여기서 명령하는 내용과 제 3 계명에서 명령하는 내용의 차이는, 제 3 계명에서 명령하는 것은 각 사람 개개인이 사적으로 하나님의 이름을 불러 아뢰라는 것이며, 여기서는 온 교회가 공적으로 하나님의 이름을 불러 아뢰라는 것이다.

이것과 반대되는 것들은 다음과 같다:

1. 교회의 공적 기도에 소홀히 하거나 주의를 기울이지 않음.

2. 마음에서 우러나오는 간절함이 없이 외식적으로 교회와 함께 기도함.

3. 교회에 덕을 세우는 것이 없이 그저 기도들을 반복함. "너는 감사를 잘 하였으나 그러나 다른 사람은 덕 세움을 받지 못하리라"(고전 14:17).

VI. **가난한 자들에게 사랑과 자비를 베풂.** 이는 가난한 자들을 구제하고 그들에게 사랑의 일을 행하며, 이렇게 하여 그리스도의 가르침에 대한 우리의 순종을 보임으로써 안식을 거룩하게 구별하는 데에 있다. 여기서 안식일에 관하여 그리스도께서 유대인들에게 행하신 말씀을 인용하는 것이 적절할 것이다: "안식일에 선을 행하는 것과 악을 행하는 것, 생명을 구하는 것과 죽이는 것, 어느 것이 옳으냐?"(막 3:4). 하나님께서는 물론 우리가 평생토록 이러한 안식을 준수하기를 바라시지만, 특별히 그의 말씀을 가르치고 공부하는 데에 할애되어 있는 그런 때에 그것에 대한 모범과 증거를 보이기를 바라시는 것이다. 하나님의 말씀의 가르침이 귀에 들려오는데도, 또한 하나님께서 경건과 회개에 대해 스스로 생각하라고 명령하시는 것을 들으면서도, 그 말씀에 순종할 기미를 전혀 보이지 않는다면, 그 사람은 다른 때에는 더욱더 그런 일에 무관심하리라는 것을 그런 처신으로써 확연히 드러내 보이는 것이다. 그러므로 교회는 안식일에 구제물을 베풀며, 우리의 도움과 동정이 필요한 자들에게 사랑의 봉사를 행하는 것이 상례였다. "너희는 가서 살진 것을 먹고 단 것을 마시되 준비하지 못한 자에게는 나누어 주라. 이 날은 우리 주의 성일이니"(느 8:10).

이것과 반대되는 것은, 가난한 자들에 대한 소홀함과 멸시, 또한 사람에게 보이려고 구제하는 행위 등인데, 이는 그리스도께서 정죄하시는 것이다.

Ⅶ. **교회적인 사역을 존귀하게 행함**. 여기에는 갖가지 구체적인 일들이 포함되는데, 그 중에 다음과 같은 것들을 언급할 수 있을 것이다.

1. **존중**. 이는 교회의 사역을 제정하시고 보존시키시며 또한 이를 수단으로 교회를 모으시는 하나님의 뜻과 질서를 인정하며, 교회의 사역에 대한 이러한 우리의 판단을 말과 행위로 선포하는 데 있다. 사람이 마땅히 우리를 그리스도의 일꾼이요 하나님의 비밀을 맡은 자로 여길지어다"(고전 4:1), "우리가 그리스도를 대신하여 사신이 되어 하나님이 우리를 통하여 너희를 권면하시는 것 같이 그리스도를 대신하여 간청하노니"(고후 5:20).

2. **사랑**. 교회의 모임에 기꺼이 참여하며, 그리스도의 가르침을 듣고 공부하며, 교회의 신실한 사역자들에게 의지하여 필요한 모든 축복을 바라고 그것을 위해 기도하되, 그저 우리가 사랑의 빚을 지고 있기 때문만이 아니라 그들이 시행하는 직무에 대한 사랑에서 그렇게 하는 것이다: "만군의 여호와여 주의 장막이 어찌 그리 사랑스러운지요 내 영혼이 여호와의 궁정을 사모하여 쇠약함이여"(시 84:1, 2), "사람이 말하기를 여호와의 집에 올라가자 할 때에 내가 기뻐하였도다"(시 122:1).

3. **순종**. 사역에 속한 일들에 대해 순종하는 것이다. "각 사람은 위에 있는 권세들에게 복종하라"(롬 13:1). 그리스도인의 삶 전체를 통틀어서 하나님과 이웃을 사랑하는 일을 행하는 것이야말로 영적인 안식인데, 이것이 여기에 해당된다 할 것이다. 영적인 안식을 지킨다는 것은 다름이 아니라 삶을 규정하고 지도하는 일에서 교회의 사역을 통하여 우리에게 들려오는 하나님의 음성에 순종하는 것이다.

4. **감사**. 교회의 사역과 사역자들의 보존에 관계되는 의무들이 여기에 포함된다. 만일 하나님께서 교회의 사역이 있도록 계획하신다면, 그는 또한 그 사역이 영구히 이어지도록 계획하시는 것이요, 따라서 각 사람은 자기의 능력의 범위에 맞게 이 목적을 이루기 위하여 기여하여야 하는 것이다. 여기서 우리는 만물과 첫 열매, 십일조 등 제사장과 레위인들에게 드렸던 각종 헌물들에 관한 모세의 율법을 인용하는 것이 적절할 것이다. 이는 제사장과 레위인들이 한눈팔지 않고 그들의 사역에 전적으로 헌신할 수 있도록 해주는 일종의 보상물이었던 것이다. 이 율법의 정황들은 폐지되었으나, 그 밑바닥에 깔려 있는 일반적인 원리는 영원토록 계속될 것이다. 왜냐하면 하나님께서 교회의 사역이 세상 끝날까지 지속되게 하실

것이기 때문이다. "너는 삼가 네 땅에 거주하는 동안에 레위인을 저버리지 말지니라"(신 12:19), "누가 자기 비용으로 군 복무를 하겠느냐, 누가 포도를 심고 그 열매를 먹지 않겠느냐, 누가 양 떼를 기르고 그 양 떼의 젖을 먹지 않겠느냐?"(고전 9:7; 또한 갈 6:6; 딤전 5:17; 마 10:14을 보라). **학교들의 유지**도 교회의 사역을 존귀히 여기는 이 부분에 포함될 수 있다. 교양과 학문을 가르치지 않으면, 사람이 가르칠 수 있는 적절한 자격을 갖게 될 수도 없고, 이단들의 공격에 대처하여 교리의 순결함이 보존될 수도 없기 때문이다.

5. **중용과 용납**. 사역자들의 연약함과 불완전한 면들에 대해서는 교회의 사역 자체를 심각하고도 분명하게 부패시키거나 교회에 모욕이 되어 해를 끼치는 것이 아닌 한 참고 견뎌야 한다. "장로에 대한 고발은 두세 증인이 없으면 받지 말 것이요"(딤전 5:19).

이 모든 것과 반대되는 것은 **교회의 사역을 멸시함**에 있는데, 교회의 사역이 폐지되거나 혹은 그런 임무를 맡을 자격이 없는 자들에게 맡겨지거나, 혹은 하나님께서 교회를 모으시기 위해 사용하시는 수단으로 인정받지 못할 때에 이런 일이 일어난다. 또한 교회의 사역자들을 멸시와 조롱의 자세로 대할 때에도, 그들의 가르침을 들으면서도 삶에서 실천하지 않을 때에도, 사랑의 행위들을 간과할 때에도, 하찮고 사악한 일들로 교회의 사역의 효과를 가로막을 때에도 그런 일이 일어난다. 교회의 사역에 대해 충족하고 필수적인 지원을 중단하거나, 그 사역을 보호하고 변호하지 않거나, 그리스도의 사역자들을 향하여 다른 감사의 의무들을 이행하지 않거나, 학교들을 유지하고 지원하지 않거나, 배움을 소홀히 할 때에도, 또한 사람의 본성적인 연약함과 불완전함에서 나오는 사역자들의 결점들에 대해 적절히 용납하지 않고 오히려 그것을 멸시와 조롱의 기회로 삼을 때에도, 똑같은 일이 일어난다. 뿐만 아니라 사람이 자신의 권고나 모범이나 기타 수단을 통해서 자기 가족이나 다른 이들을 교회의 공적인 교육에 참석하지 못하도록 가로막는 것도 교회의 사역을 대적하는 것이요 동시에 그 사역을 멸시하는 것이다.

교회의 사역에 관하여

이 제 4 계명이 하나님께 드리는 공적인 예배와 또한 그 결과로 교회의 사역을 인준하고 확증한다는 사실과 그 사역의 존귀함과 시행에 대해서도 살펴보았으니,

이제는 그 사역 자체에 대해서 논의하는 것이 필요할 것이다. 이와 관련하여 우리는 다음과 같은 것들을 다룰 것이다:

1. 교회의 사역이란 무엇인가?
2. 그것은 무슨 목적으로 제정되었는가?
3. 목사들의 서열들은 무엇인가?
4. 교회의 목사들의 임무는 무엇인가?
5. 누구에게 교회의 사역을 맡겨야 하는가?

1. 교회의 사역이란 무엇인가?

교회의 사역이란 하나님께서 그의 말씀을 선포하고 또한 신적인 지정하심에 따라 성례를 시행하는 일을 맡기시기 위해 그의 교회 안에 제정하신 직분이다.

교회의 사역에는 두 가지가 포함되는데, 곧 말씀의 선포와 성례의 시행이 그것이다.

2. 그것은 무슨 목적으로 제정되었는가?

하나님께서 교회의 사역을 제정하신 목적들은 다음과 같다:

1. **하나님의 영광**. 하나님께서는 사람들에게 사적으로만이 아니라 온 교회의 공적인 음성을 통해서 찬양받으시고 불러 아룀을 받으신다: "대회 중에 하나님 곧 주를 송축할지어다"(시 68:26).

2. 사람이 하나님께 회심할 수단 혹은 도구가 되게 하심. "그가 어떤 사람은 사도로, 어떤 사람은 선지자로, 어떤 사람은 복음 전하는 자로, 어떤 사람은 목사와 교사로 삼으셨으니 이는 성도를 온전하게 하며 봉사의 일을 하게 하며 그리스도의 몸을 세우려 하심이라"(엡 4:11, 12).

3. 하나님께서 자신을 낮추사 우리의 연약함과 부족함에 맞추어 이 사역을 통하여 사람으로 말미암아 사람을 가르치게 하심.

4. 사람들이 각자의 모범을 통하여 경건과 하나님께 드리는 찬양과 예배를 서로 불러일으키게 하시기 위함. "내가 주의 이름을 형제에게 선포하고 회중 가운데에서 주를 찬송하리이다"(시 22:22).

5. 하나님의 아들께서 친히 행하셨던 그 크나큰 일, 곧 화목의 사역을 사람들의 손에 맡기심으로써 그의 긍휼하심을 보여 주시고자 하심.

6. 교회가 세상 속에 밝히 드러나 택한 자들로 하여금 자기들이 어디에 속해야 하는지를 알게 하시고, 또한 유기된 자들로 하여금 그들이 하나님께서 부르시는 음성을 듣고도 그것을 멸시하고 그 효과를 저지하기 위해 노력한 것에 대해 전혀 변명의 여지가 없게 만드시고자 하심. "그러나 내가 말하노니 그들이 듣지 아니하였느냐? 그렇지 아니하니, 그 소리가 온 땅에 퍼졌고 그 말씀이 땅끝까지 이르렀도다 하였느니라"(롬 10:18; 또한 고후 2:14, 15, 16을 보라).

3. 사역자들에는 어떤 종류가 있는가?

어떤 사역자들은 하나님께 **직접** 부르심을 받고, 어떤 이들은 교회를 통해서 **간접적으로** 부르심을 받는다. 선지자들과 사도들은 전자의 경우에 해당된다. **선지자들**은 모세의 교리와 메시야에 관한 약속들을 가르치고 해명하는 목적을 위하여 하나님으로 말미암아 직접 부르심을 받은 사역자들로서, 교회와 국가의 부패와 오류들을 책망하고 제거하였고, 또한 자기들이 하나님의 이름으로 전하는 교리들에 오류가 없다는 확신과 증거를 갖고서 교회와 세상에 관하여 예언하였다. **사도들**은 이미 육체로 오신 그리스도에 관한 가르침을 전하기 위하여 그리스도로 말미암아 직접 부르심을 받은 사역자들로서, 이들 역시 자기들의 교리에 오류가 있을 수 없다는 증거를 하나님으로부터 받아 지니고서 그 가르침을 온 세상에 전파하였다. 간접적으로 부르심을 받는 사역자들은 다음과 같다: 1. **전도자들**. 사도들의 조력자들로서, 사도들에 의해서 보내심을 받아 가르치고 교회들을 세웠다. 2. **감독들**, 혹은 **목사들**. 교회에 의해서 부르심을 받아 특정한 교회들에서 하나님의 말씀을 가르치고 성례를 시행하였다. 3. **교사들**. 특정한 교회들에서 가르치도록 교회에 의해서 부르심을 받은 사역자들이다. 4. **치리자들**, 혹은 **장로들**. 권징을 시행하고 교회의 질서와 규모를 위하여 필요한 일들을 운영하는 일을 위하여 교회의 판단에 의해서 선출된 사역자들이다. 5. **집사들**. 가난한 자들을 돌보고 교회의 구제금의 분배를 담당하기 위하여 교회에 의해서 선출된 사역자들이다.

4. 교회의 사역자들의 임무는 무엇인가?

교회의 사역자들의 임무들에는 일반적으로 다음과 같은 것들이 포함된다: 1. 율법과 복음의 교리를 신실하고도 올바르게 해명하여 교회가 그것을 깨달을 수 있도록 함. 2. 하나님이 지정하신 대로 성례를 정당하게 시행함. 3. 교회에게 그리스도인의 삶과 경건한 대화의 참 모습에 대해 선한 모범을 보임. "범사에 네 자신이 선한 일의 본을 보이며"(딛 2:7). 4. 양 떼들을 부지런히 돌봄. "여러분은 자기를 위하여 또는 온 양 떼를 위하여 삼가라 성령이 그들 가운데 여러분을 감독자로 삼고 하나님이 자기 피로 사신 교회를 보살피게 하셨느니라"(행 20:28). 5. 교회의 결정을 적절히 존중하며 그것에 복종함. 6. 가난한 자들을 적절히 존중하며 그들에게 주의를 기울이도록 감독함.

5. 누구에게 교회의 사역을 맡겨야 하는가?

사도 바울은 디모데전서와 디도서에서 교회의 사역을 어떤 사람에게 맡겨야 할지에 대해서 분명하게 가르치고 있다. 그 전체의 내용을 몇 마디로 정리하자면, 교회의 사역은 다음과 같은 사람들에게 맡겨야 한다: 1. 여자들이 아니라 **남자들**에게. "여자가 가르치는 것과 남자를 주관하는 것을 허락하지 아니하노니 오직 조용할지니라"(딤전 2:10). 2. 교회 안팎에서 좋은 명망이 있는 자들에게. "감독은 책망할 것이 없으며 … 외인에게서 선한 증거를 얻은 자라야 할지니 비방과 마귀의 올무에 빠질까 염려하라"(딤전 3:2, 7). 3. 교리를 적절히 깨닫고 있어서 가르칠 줄 알며 또한 교리를 해명하는 데에 필요한 은사가 있는 자들에게. "감독은 … 가르치기를 잘하며"(딤전 3:2), "너는 진리의 말씀을 옳게 분별하며 부끄러울 것이 없는 자로 자신을 하나님 앞에 드리기를 힘쓰라"(딤후 2:15), "미쁜 말씀의 가르침을 그대로 지켜야 하리니 이는 능히 바른 교훈으로 권면하고 거슬러 말하는 자들을 책망하게 하려 함이라"(딛 1:9).

의식에 관하여

이미 앞에서 언급한 바와 같이 이 제 4 계명의 일부가 의식적인(ceremonial) 성격을 띠므로, 여기서 의식들(ceremonies)에 관해서 몇 가지로 논의하는 것이 적절할 것이다. 의식의 문제 전체를 보다 잘 이해하기 위해서는 다음과 같은 질문들에 대한 논의가 필요할 것이다:

  1. 의식이란 무엇인가?
  2. 의식은 도덕적 행위와 어떻게 다른가?
  3. 의식에는 몇 가지 종류가 있는가?

4. 교회가 의식을 제정하는 것이 정당한가?

1. 의식이란 무엇인가?

로마인들은 신에게 드리는 예배의 갖가지 형태를 가리켜 "ceremony"라는 이름으로 부르곤 했는데, 리비우스(Livy)가 그의 책 제5권에서 증언하는 바에 따르면, 이 단어는 카이레(Caere)라는 마을의 이름에서 빌려온 것인데 이는 골인들(the Gauls)에게서 취하여온 신들의 형상들이 그곳에 안치되어 있었기 때문이라고 한다. 마크로비아스(Macrobias)는 이 단어를 "carendo"라는 라틴어에서 파생된 것으로 본다. 교회가 이해해온 대로는, 질서나 혹은 의미 부여를 위하여 사역을 통해서 제정된 모든 외형적인 엄숙한 행동들을 의식(儀式: ceremony)이라는 용어로 불렀다.

2. 의식은 도덕적 행위와 어떻게 다른가?

의식들과 도덕적 행위들은 다음과 같은 구체적인 사항들에서 서로 다르다: 1. 의식은 일시적이며, 도덕적 행위는 영구하다. 2. 의식은 항상 동일한 방식으로 지켜지나, 도덕적 행위는 항상 동일한 방식으로 행해지는 것이 아니다. 3. 의식들은 특정한 어떤 대상을 나타내며, 도덕적 행위는 나타내지는 대상이 된다. 4. 도덕적인 행위는 일반적이며, 의식은 특수하다. 5. 도덕적 행위는 의식들의 목적이요 의도이며, 의식은 도덕적 행위에 기여한다. 이와 관련하여 독자들은, 율법이라는 주제를 다룰 때에 이러한 차이점들에 대해 이미 언급한 내용을 상기하기 바란다.

3. 의식에는 몇 가지 종류가 있는가?

의식에는 두 종류가 있는데, **하나님**께서 친히 명령하신 의식들과, **사람들**이 제정한 의식들이 그것이다. 하나님께서 제정하신 의식들은 그에게 드리는 예배를 구성하는 것들로서 오직 하나님 자신밖에는 아무도 그것들을 바꿀 수가 없다. 하나님께 순종을 드리는 **희생 제사들**이 하나님께서 제정하신 것들로서 이런 유의 의식에 속한다. 또한 **성례**도 하나님께서 그것을 통해서 우리에게 그의 은덕들을 확증하시고 베푸시는 것인데, 이 역시 하나님께서 제정하신 것이다. 교회가 제정한 의식들은 하나님께 드리는 예배를 이루는 것이 아니요, 따라서 변화를 요구하는 충족한 원인이 있을 경우에는 교회의 권고에 의해서 변화될 수가 있다.

4. 교회가 의식을 제정하는 것이 정당한가?

교회는 특정한 의식들을 제정할 수도 있고 또한 반드시 제정해야 한다. 하나님께 드리는 도덕적인 예배는 그것과 결부되는 갖가지 정황들을 정의하고 고정시키지 않고서는 행해질 수가 없기 때문이다. 그러므로 교회로서는 다음과 같은 조건들이 부합될 경우에 한하여 의식들을 제정하는 것이 정당하다고 말할 수 있을 것이다: 1. 그 의식들이 거룩하지 않아서는 안 되고, 하나님의 말씀에 부합되는 것들이어야 한다. 2. 미신적이어서는 안 된다. 사람들의 주위를 쉽게 흐트러뜨려서 그것 자체에 예배와 공로 혹은 필수성을 결부시키고, 그리하여 그것을 지킴으로써 오히려 죄가 되어서는 안 된다. 3. 너무 숫자가 많아서 부담이 되고 짐이 되어서는 안 된다. 4. 무의미하고 유익도 없고 공허한 것이어서는 안 되며, 반드시 덕을 세우는 것이어야 한다.

제 5 계명

104문 제 5 계명에서는 하나님께서 무엇을 요구하십니까?

답 나의 부모와 내 위에서 권위를 행사하는 모든 이들에게 모든 공경과 사랑과 충성을 보이며, 그들의 선한 교훈과 징계에 스스로 굴복하여 합당하게 복종하는 것과, 또한 그들의 약점과 부족함을 인내로 견디기를 요구하시니, 이는 하나님께서 그들의 손을 통하여 우리를 다스리기를 기뻐하시기 때문입니다.

[해 설]

이제 십계명의 둘째 돌판의 법들이 이어지는데, 첫째 돌판의 계명들과 마찬가지로 이것들도 하나님을 높여서 순종하여 지키는 것이다. 그러나 여기서 명령하시는 일들은 직접적으로는 사람들을 향하여 행하여야 할 것들이다. 둘째 돌판의 직접적인 대상은 우리의 이웃이요, 하나님은 그 간접적인 대상이신 것이다.

그리스도께서는 십계명의 둘째 돌판이 요구하는 순종의 전체를 "네 이웃을 네 자신과 같이 사랑하라"라는 말씀으로 구체화하여 표현하시며, 또한 이 둘째 돌판에 속한 계명들을 더 잘 깨닫도록 하기 위하여 다음과 같은 법칙을 제시하신다: "무엇이든지 남에게 대접을 받고자 하는 대로 너희도 남을 대접하라 이것이 율법이요 선지자니라"(마 7:12).

그리스도께서는 또한 둘째 돌판 전체에 대해서, "둘째도 그와 같으니"(마 22:39)라고도 말씀하시는데, 이는 다음과 같은 뜻으로 이해해야 한다: 1. 각 돌판에서 명령하는 영적인 예배가 의식적인 예배보다 더 중요하다는 것. 2. 각 돌판의 계명을 범하는 모든 자들에게 동일한 종류의 영원한 형벌이 있다는 것. 3. 하나님을 사랑하는 것과 이웃을 사랑하는 것이 불가분리의 관계로 연결되어 있다는 것. 이는 마치 원인과 결과의 관계와 같아서 그 중 하나가 없이는 다른 하나가 있을 수 없는 것이다.

그러므로 첫째 돌판에 대한 순종 못지않게 둘째 돌판에 대한 순종이 필수적이며, 하나님께서도 우리에게 이를 요구하신다. 그가 이것을 요구하시는 목적은 다음과 같다: 1. 이 순종을 통해서 하나님 자신이 예배를 받으시고, 또한 그를 향한 우리의 사랑이 우리가 하나님 때문에 이웃을 향하여 나타내는 사랑을 통해서 드러나게 하시기 위함이다. 2. 우리가 하나님을 본받는 것이 이웃을 향하여 갖는 사랑을 통해서 드러나게 하시기 위함이다. 3. 하나님께서 그의 이름의 찬양과 영광을 위하여 지으시고 이루신 인간 사회가 보존되게 하시기 위함이다.

더욱이, 제롬(Jerome)은 부모를 공경하라는 이 제 5 계명을 가리켜 순서상 다섯 번째 계명이라 분명히 부르지만, 이는 둘째 돌판에서 첫 번째 위치를 차지한다. 1. 이것이 둘째 돌판에 속하는 다른 모든 계명들의 기초요 원인이요, 또한 그 계명들을 순종하게 만드는 띠이기 때문이다. 굴복하는 처지에 있는 자들의 위에 있는 자들이 십계명의 이 계명에 뒤따르는 계명들에 순종할 것을 하나님의 이름으로 명령하여 그것을 관철시키고, 또한 그들에게 굴복하는 처지에 있는 자들이 정당하게 복종하고 명령을 따른다면, 다른 모든 계명들에 대한 순종이 필연적으로 뒤따라 올 것이기 때문이다. 2. 하나님께서 이 계명을 순종하는 자들에게 장수(長壽)에 대한 특별한 약속과 연관지으시기 때문이다. 장수는 언제나 큰 축복으로 간주된다.

이 계명은 명령과 약속의 두 부분으로 되어 있다. 명령은 **네 부모를 공경하라**이다. 이 계명의 의도 혹은 목적은, 하나님께서 하급자들과 상급자들 간의 상호 의무들로 지정하신 시민의 질서를 보존하는 데 있다. **상급자들**은 하나님께서 다른 사람들을 다스리고 보호하는 일을 위하여 그들 위에 세우신 모든 사람들을 가리킨다. **하급자들**은 하나님께서 다른 사람들 아래에 두셔서 그들에게서 다스림을 받고 보호받도록 하신 자들이다. 이 계명에 나타나는 **부모**라는 용어에는 다음과 같은 상급자들이 포함된다:

1. 부모들. 2. 어린아이들을 양육하고 보호하는 초등교사들과 양육자들. 3. 학교교사들과 복음의 사역자들. 4. 국가의 높고 낮은 통치자들. 5. 장로들. 이 모든 사람들과 기타 권위의 위치에 있는 자들 모두가 이 계명에서 언급되는 부모라는 용어에 포괄된다. 우리는 이 모든 사람들을 공경해야 한다. 하나님께서 이들 모두를 부모의 위치로 우리에게 주셨으며, 이들은 그들이 수행하는 임무들로써 이를테면 하나님의 대리인으로서 우리를 다스리며 보호하며, 땅에 악인들이 늘어나기 시작할 때에 이들이 부모를 대신하도록 하셨기 때문이다.

하나님께서 이 계명에서 다른 상급자들보다 부모를 특별히 언급하시고 그들을 공경할 것을 요구하시는 이유는 다음과 같다: 1. 아버지의 권세와 통제가 사람들 사이에 세워진 최초의 것이기 때문이다. 2. 이를테면 이것이 다른 모든 통치 형태들이 이 부모의 통치 형태에 따라서 형성되고 시행되어야 하기 때문이다. 3. 이 형태의 통치가 사람들에게 가장 알맞은 것이요 사람들이 기꺼이 그것에 굴복하기 때문이다. 4. 부모를 멸시하고 불순종하는 것은 가장 악독한 죄이며, 따라서 하나님께서 가장 극심하게 정죄하시고 벌하시는 것이기 때문이다. 부모를 공경하고 순종하라는 명령이야말로 특별한 힘을 지니는 것이다.

그러므로 이 계명은 우리의 부모만이 아니라 우리 위에서 권세를 지닌 모든 자들을 공경하고 존경할 것을 요구하며, 반면에 자식들만이 아니라 계급과 지위를 막론하고 모든 하급자들이 다 상급자들에게 복종할 것을 요구한다. 그러므로 이 계명은 이 두 부류의 사람들이 각기 서로에게 감당해야 할 의무들을 명령하고 있는 것이다. 부모들을 공경하라고 명령하실 때에는 동시에 부모들이 공경을 받기에 합당하도록 그들의 임무들을 다할 것을 요구하시는 것이요, 또한 부모들에게 그런 요구를 하신다면, 그것은 곧 권위의 위치에 있는 다른 모든 사람들에게도 그와 같은 것을 요구하시는 것이다. 이 계명에서 사용되는 부모라는 용어에 그들 모두가 포괄되기 때문이다. 이와 마찬가지로 하나님께서는 부모를 공경하라고 명령하실 때에 자녀들의 의무를 명령하시는 것이요, 또한 자녀만이 아니라 밑에 있는 모든 다른 이들에게도 똑같은 의무를 명령하시는 것이다. 밑에 있는 모든 하급자들이 권위의 위치에 있는 모든 상급자들을 공경해야 할 것을 하나님께서 요구하시기 때문이다.

지금까지 논의한 내용을 근거로 우리는 다음과 같은 반론을 적절히 답변할 수 있을 것이다.

반론. 하나님께서는 이 계명에서 그저 부모들을 공경할 것을 요구하시는 것인데, 이는 하급자들의 의무다. 그러므로 그는 상급자들에 대해서는 아무것도 명령하시지 않는다.

답변. 결론을 인정할 수 없다. 우리는 이런 반론을 제기하는 자들에게 다음과 같이 말할 수 있을 것이기 때문이다: 하나님께서 부모들이 공경받아야 할 것을 명령하셨으니, 그는 또한 권위의 위치에 있는 모든 자들에게 주어지는 의무들에 대해서도 명령하시는 것이다. 권위의 위치에 있는 자들에게 이름을 주실 때에는 그것에 합당한 의무도 요구하시는 것이요, 따라서 하나님께서 그들이 공경받기를 바라신다면 그것은 곧 공경과 존경을 받기에 합당한 일들을 행하여야 할 것을 그들에게 요구하시는 것이기 때문이다. 또한 때때로 악인들이 권위의 위치에 올라가기도 하나 그들은 공경의 가치가 없는 자들이다. 그러나 **직분**과 그 직분을 부여받는 **사람**을 서로 구별해야 하며, 그리하여 사람의 악행은 거부해야 하나 그럼에도 불구하고 그들의 직분은 존중해야 한다. 하나님께서 그 직분을 정하셨기 때문이다. 또한 악인들이라도 그들이 하나님의 뜻을 이루는 사역자들로서 밑에 있는 자들을 다스리는 직분을 지니고 있는 사실 때문에 존경을 받아야 마땅하므로, 우리는 그들이 그들의 직분의 정당한 한계를 넘어서지 않는 한에만 그들에게 복종해야 한다는 것이 분명해지는 것이다.

이 계명에 덧붙여진 약속은 다음과 같다: **너의 하나님 나 여호와가 네게 준 땅에서 네 생명이 길리라.** 하나님께서 이 약속을 덧붙이신 목적은, 1. 우리에게 그렇게도 큰 은덕을 상급으로 제시하심으로써 이 계명에 순종할 마음을 촉발시키시기 위함이다. 2. 이렇게 하심으로써 하나님께서 그 부모를 공경하는 자들을 얼마나 높이시며 또한 공경하지 않는 자들에게 얼마나 극심하게 벌하실지를 선언하시기 위함이다. 3. 이 계명에 대한 순종이 얼마나 필수적인지를 우리에게 가르치고자 하심이다. 부모를 공경하는 것이야말로 다음에 이어지는 모든 계명들에 대해 순종하도록 동기를 부여하는 하나의 준비 단계이기 때문이다. 그리하여 바울은 이 약속을 언급하면서, 이것이 약속이 있는 첫 계명이라고 말씀하는데(엡 6:2), 이는 이 계명이 요구하는 대로 순종하는 자들에게 하나님께서 특별한 은덕을 베푸실 것이라는 약속이 붙여져 있는 첫 번째 계명이라는 뜻이다. 하나님께서 여기서 약속하시는 축복은 땅에서 장수(長壽)하는 것이다.

반론 1. 첫째 돌판에도 약속이 덧붙여져 있다. 그러므로 이 계명은 약속 있는 첫 계명이 아니다.

답변. 이 계명에는 특별한 약속이 붙여져 있으나, 첫째 돌판의 약속은 일반적인 약속이다.

반론 2. 그러나 현재의 존재 상태에 비참한 처지들이 연관되어 있으므로 장수는 축복처럼 보이지 않는다. 그러므로 이 약속은 무익한 것이다.

답변. 장수가 축복처럼 보이지 않는 것은 우발적인 요인에 의해서 생겨난 것이다. 인생에 많은 비참과 고통이 연관되어 있으나 장수 그 자체는 큰 축복이다. 이에 대해서 다음과 같은 반론들이 제기된다:

반론 1. 크나큰 악에 선한 것이 연관되어 있는 상태는 그것을 바라기보다는 오히려 생기기를 꺼리는 법이다. 그런데 장수가 큰 악과 연관되어 있다. 그러므로 이런 우발적인 조건 때문에 장수를 바라기보다는 오히려 꺼려야 할 것이다.

답변. 선한 것에 악이 연관되어 있을 경우 그 연관된 악이 그 본래의 선한 것보다 더 클 경우에는 그것을 꺼리는 것이 마땅하다. 그러나 하나님께서는 경건한 자들에게 장수와 관련하여, 그들이 당하는 재난을 완화해 주실 것을 약속하시며, 금생에서도 그의 축복들을 오랫동안 누리게 해 주실 것을 약속하신다. 또한 금생에서 끊임없이 하나님을 찬송하고 그에게 예배하는 일이 너무나도 가치 있는 축복이므로 이 땅에서 우리가 당하는 갖가지 재난들은 그 축복과 비교할 때에 아무런 가치도 없는 것이다.

반론 2. 그러나 악인들과 불순종하는 자들도 장수의 복을 받는 경우가 많다. 그러므로 그것은 경건한 자에게만 주어지는 축복이 아니다.

답변. 몇 가지 예외의 경우가 있다고 해서 일반적인 법칙이 뒤집히지는 않는다. 대부분의 경우 악인들과 불순종하는 자들은 갑자기 일찍 망하고 만다. "아비를 조롱하며 어미 순종하기를 싫어하는 자의 눈은 골짜기의 까마귀에게 쪼이고 독수리

새끼에게 먹히리라"(잠 30:17), "자기의 아비나 어미를 저주하는 자는 그의 등불이 흑암 중에 꺼짐을 당하리라"(잠 20:20). 또한, 경건한 자들에게는 그들의 구원을 위하여 세상적인 축복들이 베풀어지며, 따라서 그것들은 하나님께서 그들에게 사랑을 베풀고 계신다는 증거들이다. 한편 그것들이 불경한 자들에게 베풀어지는 것은 부분적으로는 그들로 하여금 핑계의 여지가 없도록 하기 위함이다. 하나님께서는 이렇게 해서 그들에게 회개할 것을 촉구하셨기 때문이다. 또한 부분적으로는 경건한 자들과 택한 자들이 그들과 함께 섞여서 이런 것들을 누리게 하시기 위함이기도 하다.

반론 3. 그러나 순종하는 경건한 자녀들 가운데 일찍 죽어서 장수의 축복을 누리지 못하는 경우가 많다. 그러므로 이 약속은 보편적인 것이 아니다.

답변. 앞의 반론의 경우와 똑같이, 이에 대해서도 우리는 몇 가지 예외의 경우들이 있다고 해서 일반적인 법칙의 힘이 무너지지 않는다고 답할 수 있다. 경건한 자들은 대부분 이 약속의 진실성을 스스로 확증한다. 세상적인 축복들에 대한 약속들 역시 징계와 십자가에 관한 예외를 포함하는 것으로 이해해야 한다. 그리고 더 나아가서, 보다 더 나은 하늘의 삶으로 일찍 옮겨가는 것이야말로 장수를 누리지 못하는 것에 대한 가장 충족한 보상이다.

이 계명이 요구하는 순종은 세 가지 부분을 포괄한다: 1. 권위의 위치에 있는 상급자들에게 합당한 덕목들. 2. 굴복의 위치에 있는 하급자들에게 합당한 덕목들. 3. 상급자들과 하급자들 모두에게 공통적으로 해당되는 덕목들.

상급자들에게 합당한 덕목들

부모에게 맡겨진 임무는 다음과 같다:

1. 자녀들을 양육하고 길러야 한다(마 7:9).

2. 자녀들을 상해(傷害)로부터 보호해야 한다(딤전 5:8).

3. 자녀들을 훈육해야 하며, 혹은 자녀들이 훈육받고 적절히 교육받을 수 있도록 다른 이들에게 맡겨야 한다(엡 6:4; 신 4:9).

4. 가정적인 규율에 속하는 징계로 자녀들을 다스려야 한다(잠 13:1; 19:18). 부모의 자리를 차지하는 초등 교사나 양육자에게도 동일한 임무가 맡겨져 있다.

위에서 열거한 임무들과 반대되는 부모의 과오나 죄들은 다음과 같다:

1. 자녀들에게 필수적인 지원과 양육을 행하지 않는 것이나 그들을 사치와 낭비

로 기르는 것.

2. 자녀들을 상해로부터 보호하지 않거나 스스로 견디게 만드는 것, 혹은 자녀들이 작은 상해를 입었거나 전혀 상해를 입지 않았는데도 사려 깊지 못하게 감정과 화를 드러내는 것.

3. 자녀들을 교육하지 않는 것, 혹은 부모들 자신의 능력이나 자녀들의 능력에 맞도록 그들을 교육하는 일에 관심을 갖지 않는 것, 혹은 부모 자신의 악한 모범이나 나쁜 훈육을 통해서 그들을 더럽게 만드는 것.

4. 게으름과 방종 가운데서 자녀를 양육하는 것, 혹은 교정이 필요할 때에 교정하지 않는 것, 혹은 과실의 본질에 비해서나 의무상 필요한 정도를 넘어서서 지나치게 그들을 징계하여 비인간적이고 잔인한 대우를 통해서 자녀들을 소외시키는 것.

교사에게 요구되는 임무는 다음과 같다:

1. 그들에게 맡겨진 학생들을 신실하게 가르치고 훈육하는 것. 이런 점에서는 그들이 부모의 자리를 대신하는 것이다.

2. 적절하고 적합한 규율로써 그들을 다스리고 통제하는 것. 자녀들의 교육과 양육과 관련하여 부모들에게서 자주 나타나는 위의 과오와 죄들과 동일한 것이 교사들에게서도 똑같이 나타난다.

통치자에게 맡겨진 임무에 대해서는 다음과 같이 정리할 수 있을 것이다:

1. 하급자들에게 복종을 요구하고, 십계명의 두 돌판에 의거하여 외형적인 질서를 세우는 것.

2. 십계명의 명령들에 복종하는 자들을 보호하고 또한 불복종하는 자들을 벌함으로써, 십계명의 명령들을 강력히 시행하게 하는 것.

3. 시민적 질서 유지를 위하여 특정한 실정법들(實定法: positive laws)을 제정하는 것. **실정법**이란 국가의 안녕 질서의 보존을 위하여 필요하며 또한 하나님의 율법이 요구하는 순종에 기여하는 정황들을 결정하고 규정하는 것을 뜻한다.

4. 그때 그때 그들이 규정하는 법들을 시행하는 것.

통치자들의 임무에 반대되는 것으로 두 가지 극단이 있다. 그 첫째는 **태만**인데, 그들의 임무에 적절한 주의를 기울이지 않는 것으로서, 하급자들에게 십계명 전체에 대한 복종을 요구하지 않거나, 혹은 시민 사회의 보존과 질서에 필요한 것들을 규정하지 않거나, 혹은 무죄한 자들이 잘못된 일들을 억울하게 당하지 않도록 보호하지 않거나, 혹은 하나님의 법이나 그때 그때 규정된 실정법들을 범하는 자들을 처벌하지 않거나 가볍게 처벌하는 것 등이 이에 속한다. 이와 반대되는 극단은 **폭정**(暴政: tyranny)인데, 정의롭지 못한 것을 하급자들에게 요구하거나, 죄를 짓는 자들을 벌하지 않거나, 혹은 과실이 정당하게 요구하는 것보다 훨씬 가혹한 형벌을 가하는 것등이 이에 속한다.

　상전(上典)의 임무는 다음과 같다:

　1. 종들에게 정의롭고 가능한 일들을 명령하는 것, 혹은 어울리고 정당한 일들을 명령하며, 부당하고 불가능하며, 강압적이며 불필요한 일들은 명령하지 않는 것.

　2. 종들에게 적절한 양식을 공급하며 그들의 노고에 대해 적절히 보상하는 것.

　3. 종들의 경우에 적합한 규율로써 그들을 통제하고 다스리는 것. 채찍과 족쇄와 짐은 나귀에게 해당되고, 종들에게는 떡과 교정이 적합하다.

　상전의 과오들은 다음과 같다:

　1. 종들을 게으르고 태만하고 방종에 빠지게 만드는 것.

　2. 정의롭지 못한 일들을 명령하고, 그들을 지나치게 엄격하게 압박하는 것.

　3. 적절한 양식과 삯을 공급하지 않는 것.

　4. 지나치게 가혹하게 대함으로써 종들의 가족들을 노엽게 하는 것.

　장로들과 기타 지혜와 권위에서 높은 위치에 있는 사람들의 의무는 그들의 모범과 권면과 교훈들을 통해서 다른 이들을 치리하고 돕는 것이다. 이들의 임무와 반대되는 죄들은 다음과 같다: 1. 어리석음, 혹은 부적절한 교훈을 주는 것. 2. 경솔하고 가벼운 처신으로 다른 이들에게 나쁜 모범을 베푸는 것. 3. 죄를 범하고 그릇된 일을 행하는 자들을 보고도, 권위로 권고하고 그들을 책망하고 교정하기를 소홀히 하는 것.

하급자들에게 합당한 덕목들

제 5 계명은 **공경하라**라는 용어로써 하급자들에게 합당한 의무들을 말씀하는데, 여기에는 다음과 같은 것들이 포함된다:

　1. 위에 있는 자들을 **존경하는 것**인데, 이는 다음과 같은 것이다: 첫째로, 그런 직위를 제정하시고 그 직위를 부여하신 자들에게 또한 필요한 은사들을 베풀기를 기뻐하신 하나님의 뜻을 인정함. 둘째로, 이러한 신적인 질서와 또한 그런 직위에

서 섬기도록 부르신 자들에게 하나님께서 주신 은사들에 대해 납득하고 찬동함. 그러한 질서의 탁월함에 대해 납득하지 못하면, 그 질서를 존중하지도 않을 것이기 때문이다. 셋째로, 하나님의 뜻에 순종하여 이 질서에 굴복함. 넷째로, 이 판단과 납득을 말과 행동으로 겉으로 드러내 보임.

2. 상급자들이 취한 지위를 존중하여 그들을 **사랑하는 것**. 이 사랑은 존경과 밀접하게 연결되어 있다. 사랑하지 않는 자들은 존경할 수도 없기 때문이다.

3. 높은 위치에 있는 자들이 그들의 직무와 소명 때문에 명령하는 것에 **복종하는 것**. 마치 자녀들이 부모가 기뻐하는 일들을 즐거이 행하는 것처럼, 이러한 복종은 자발적이어야 한다.

4. 상급자들에게 **감사하는 것**. 하급자들에게는 자신의 적절한 영역에서 자신의 능력과 기회에 따라 상급자들의 관심사를 돕는 것이 필요하다.

5. 인내와 **중용**. 부모와 상급자들의 허물과 연약함을 참고 견디는 것인데, 하나님의 이름을 모욕하는 경우나 하나님의 법을 정면으로 반대하는 경우가 아니면 이렇게 해야 한다.

이런 것들을 볼 때에, 하급자들에게 어떤 의무가 주어져 있으며, 그들의 부르심에 과연 무엇이 합당하며, 계급과 차서를 따라 높은 지위에 있는 자들에게 그들이 어떤 빚을 지고 있는지를 쉽게 간파할 수 있을 것이다.

하급자들이나 복종해야 할 위치에 있는 자들이 상급자들을 공경하지 않고 이 계명을 범하는 경우는 다음과 같다: 상급자들이 하나님께 부르심을 받아 그 지위에 올라 있다는 것을 인정하지 않는 경우나, 혹은 사람에게 합당한 것 이상으로 지나치게 그들을 공경하는 경우나, 혹은 그들이 직분상 합당한 일을 수행할 때에 그들을 미워하는 경우나, 하나님보다 그들을 더 높이 받드는 경우나, 그들의 정의롭고도 정당한 명령에 복종하기를 거부하는 경우나, 겉으로만 복종하는 경우나, 혹은 불의하고 악한 일들을 명령할 때에 복종하는 경우나, 힘을 다하여 정당하게 그들을 돕지 않는 경우나, 상급자들에게 어울리지 않게 아첨하거나 그들의 약점과 과오들을 높이 추켜세우는 경우나, 그들의 잘못과 실수들을 아첨하여 찬양하고 그들의 지위에 알맞게 정중한 존경으로 그들의 잘못과 죄들에 대해 권고하지 않는 경우 등이다.

상급자들과 하급자들 모두에게 공통적인 덕목들

모든 사람들에게 맡겨져 있는 의무들, 혹은 계급과 지위를 막론하고 모든 사람들에게 요구되는 덕목들과 그 덕목들에 반대되는 악행들은 다음과 같다.

I. **보편적 정의**. 이는 우리 각자의 지위에서 우리에게 관계되는 모든 법에 복종하는 데에서 드러난다. 여기서 이 덕을 명령한다는 것은 분명하다. 권위의 위치에 있는 자들은 하급자들에게 이것을 요구해야 하고, 또한 스스로 모범을 보임으로써 하급자들에게서 그런 복종을 불러일으켜야 하며, 반면에 밑에 있는 자들은 정의롭고 정당한 모든 명령에 복종하라는 명령을 받고 있기 때문이다.

이러한 보편적 정의에 반대되는 것에는 다음과 같은 것이 있다: 1. 정의롭고 건전한 법이 각 사람에게 요구하는 의무들을 소홀히 하는 것. 2. 모든 완고함과 불복종과 선동. 3. 외식과 눈가림 행위.

II. **특수한 분배적 정의**. 이는 직위들과 상급들과 형벌의 분배에 정당한 비율을 보존하는 덕, 혹은 각 사람에게 정당하게 속하는 것을 주는 덕이다. 각 사람마다 그에게 적합한 직위와 존귀 혹은 상급을 그에 적합하게 주는 것이다. "모든 자에게 줄 것을 주되 조세를 받을 자에게 조세를 바치고 관세를 받을 자에게 관세를 바치고 두려워할 자를 두려워하며 존경할 자를 존경하라"(롬 13:7).

이 덕에 반대되는 것에는, 오류, 판단의 결핍, 직분의 분배나 명예를 부여하거나 상급을 수여하는 데에서 나타나는 편파성 등이 있다.

III. **근면과 신의**. 이는 각 사람의 소명에 적절하게 영구적으로 각 사람의 소명에 속하여 있는 부분들을 올바로 이해하며, 그것들을 하나님의 명령에 따라서 그것들을 즐겁게 꾸준하게 부지런히 이행하고, 또한 자신이 알고 있는 의무를 적절히 수행하고자 애쓰며, 자신의 적합한 소명에 어긋나거나 불필요한 것은 무엇이든 행하지 않으며, 무슨 일을 행하든지 하나님을 기쁘시게 하고 이웃 사람들의 구원에 기여하고자 하는 목적을 갖고서 행하는 데에 있다. "너희에게 명한 것 같이 조용히 자기 일을 하고 너희 손으로 일하기를 힘쓰라"(살전 4:11), "다스리는 자는 성실함으로 … 할 것이니라"(롬 12:8), "그리스도의 종들처럼 마음으로 하나님의 뜻을 행하고"(엡 6:6), "네 손이 일을 얻는 대로 힘을 다하여 할지어다"(전 9:10). 여기서 또한, 우리의 소명과 의무의 여러 부분들을 아는 것으로 그치지 않고, 우리에게 요구되는데도 우리가 무지한 것이 더 없는지를 계속해서 살피는 덕도 지적하여야 할 것이다. 자기의 임무에 무지하면서도 그것을 알고자 힘쓰지 않는 자는 그 임무를 소홀히 하는 죄를 범하는 것이기 때문이다. 그런 무지는 자의적인 것이므로 변명의 여지가 없는 것이다.

이 덕에 반대되는 것에는 다음과 같은 것이 있다: 1. **소홀히 함**, 혹은 **게으름**. 이는 의무로 해야 할 것을 찾으려 애쓰지 않거나, 우리의 소명이 분명히 요구하는 바를 고의로 행하지 않거나, 우리의 소명에 속한 임무들을 억지로나 부분적으로만 수행하고 부지런히 행하지 않는 것이다. 2. **겉으로만 근면한 체함**. 이는 삶의 소명에 속한 일을 이기적인 동기로나 혹은 자기 자신의 칭찬과 이익을 위하여 행하는 것이다. 3. **호기심**. 이는 자기 자신의 소명에 정당하게 속하지 않는 것들에 대해 개입하고 간섭하는 것이다.

IV. **사랑**. 부모나 자녀나 친척들처럼 혈연적으로 관계가 없는 자들을 사랑하는 것이다. 하나님께서 부모를 공경하라고 명령하실 때에는, 그들을 부모처럼 사랑하기를 바라시는 것이며, 반면에, 하나님께서 부모들에게 자녀로 복을 주실 때에는, 그들을 외인(外人)으로서가 아니라 자녀로서 사랑하기를 바라시는 것이다.

이 덕에 반대되는 것에는 다음과 같은 것들이 있다: 1. **부자연스러움**. 이는 혈연적인 관계가 없는 자들을 미워하거나 혹은 귀하게 여기지 않고, 혹은 그들의 안전에 대해서 전혀 관심이 없는 것이다. 2. **지나친 관대함**. 이는 자녀들과 친구들에게서 그들 자신과 다른 이들에게 해로운 죄와 어리석은 것들을 보면서도 그들을 향한 사랑 때문에 그냥 묵인하거나, 하나님께서 금하시는 일들을 부추기는 것이다.

V. **감사**. 이는 우리가 누구에게서 어떤 은덕을 어떻게 받았든 간에 그것을 진실하고도 정의롭게 인정하며, 동시에 적절하고 가능한 일들과 의무들을 그들에게 되돌려 주기를 바라고 뜻하는 덕이다. "누구든지 악으로 선을 갚으면 악이 그 집을 떠나지 아니하리라"(잠 17:13).

이 덕목에 반대되는 것은 다음과 같다: 1. **감사치 않음**. 받은 바 은덕에 대해서 인정하지도 않고 그 사실을 그 베푼 자에게 표현하지도 않거나, 혹은 적절하게 보상하고자 하는 마음이 없는 상태다. 2. 받은 은덕들에 대해 부당하게 보상하거나 인정함.

VI. **신중한 처신**. 사회에서의 우리의 소명과 계급을 아는 지식에서 생겨나는 덕으로서, 자신에게 어울리고 적합한 것이 무엇인지를 관찰하며, 말에서나 몸가짐에서나 일관성과 적절함을 유지함으로써, 우리가 지닌 권위와 명망을 보존하며, 우리의 소명에 욕을 돌리지 않는 것이다. 권위의 지위에 있는 자들이 공경 받기를 하나님께서 바라시니, 이는 곧 그들 자신이 그들이 받을 공경을 보호하고 유지하기를 또한 바라시는 것이다. 우리가 올바로 처신하면 우리 자신의 양심의 영광과 다른 사람들의 영광이 이를 승인한다. 그것이 하나님의 영광과 사람들의 구원을 위하여 필요한 덕이므로, 이런 목적을 염두에 두고서 그것을 더 크게 바라고 사모해야 하는 것이다. "많은 재물보다 명예를 택할 것이요"(잠 22:1), "좋은 이름이 좋은 기름보다 낫고"(전 7:1), "각각 자기의 일을 살피라 그리하면 자랑할 것이 자기에게는 있어도 남에게는 있지 아니하리니"(갈 6:4), "범사에 네 자신이 선한 일의 본을 보이며 교훈에 부패하지 아니함과 단정함과 책망할 것이 없는 바른 말을 하게 하라"(딛 2:7, 8).

이 덕에 반대되는 것으로는 다음과 같은 것을 언급할 수 있을 것이다: 1. **경솔함**. 이는 말에나 태도나 처신에서 자기에게 잘 어울리며 좋은 본을 보이고자 하는 것이 결핍된 것이요, 또한 사람들 사이에서 좋은 명망을 유지하고자 하는 바람이 없는 상태다. 2. **오만함**, 혹은 **야망**. 이는 자기가 소유하고 차지하고 있는 직위와 은사로 인하여 의기양양하여 교만으로 가득 차 있어서 다른 사람들을 멸시하고 얕보며, 다른 사람들보다 높아지고 싶은 열망에서 현재보다 더 높은 직위와 더 높은 명성과 사람들의 칭찬을 동경하며, 하나님의 영광과 이웃의 복지를 위하여 정당한 의무를 다하지 않는 것이다.

VII. **겸양**(modesty). 이는 신중한 처신과 밀접하게 연관되는 덕인데, 우리 자신의 연약함을 알고 또한 하나님께서 지정해 주셔서 우리가 차지하고 있는 직위를 생각하는 데에서 나오는 것으로서, 사람들이 우리에게 대해서 어떤 생각을 갖고 어떤 말을 하든 상관없이, 우리에게 어울리는 것 이상으로 나를 높이지 않고 다른 사람에게도 그들에게 합당한 존경과 존중으로 대하고자 하는 의도로 일관성 있고 규모 있게 우리의 처신을 이어가는 것이요, 적절하고 필요한 것 이상으로 우리의 복장이나 걸음걸이나 대화나 삶에서 치장하지 않는 것이요, 우리 자신을 남보다 높게 여겨 뽐내거나 그들을 짓누르지 않고, 다른 사람들에게 주어진 하나님의 은사들을 인정하고 우리의 과오와 불완전함을 인정하여 우리의 능력과 자질에 합당하게 처신하는 것이다. 앞에서 말했듯이, 겸손과 신중한 처신은 서로 긴밀하게 연관되어 있는데, 이는 신중함에 겸양이 결합되지 않으면, 그것이 곧바로 야망과 오만함으로 전락하고 말기 때문이다. "만일 누가 아무것도 되지 못하고 된 줄로 생각하면 스스로 속임이라"(갈 6:3). **겸손**(humility)과 **겸양**은 다음과 같은 점에서 서로 다르다. 곧, 겸양은 사람들을 향한 것으로서 우리 자신의 결점들과 다른 사들이 소유하고 있는 은사들을 시인하는 데 있으나, 겸손은 하나님을 향한 것이라는 것이다.

이 덕에 반대되는 악들은 다음과 같다: 1. **무례함**. 우리 자신에 대해서나 날마다 대하는 다른 사람들에 대해서나, 말이나 태도나 행동에서 적절한 예의의 한계를 뛰어넘는 것 2. **오만불손함**. 스스로 교만하여 속으로 지닌 것보다 더한 것을 겉으로 드러내 보이거나, 필요 이상으로 자신의 은사와 성취를 바라며, 그리하여 정도에 지나치게 그것들을 뽐내고 자랑하는 것. 3. **거짓된 겸양**. 이는 명예와 직위들을 속으로는 바라면서도 그것들이 주어질 때에 거짓으로 뒤로 물러섬으로써 자기 자신의 칭찬과 겸양에 대한 바람을 충족시키려 하는 자세에서 뚜렷하게 드러난다.

VIII. **공평**. 이는 뭔가 정의롭고도 개연성 있는 목적을 위하여, 다른 사람들의 오류들을 벌하고 교정하는 데에 철저한 정의를 시행하는 것을 완화시키는 덕이다. 이는 또한 이웃의 안전을 심각하게 해치거나 위험에 빠뜨리지 않는 그런 공적이며 사적인 사소한 결점들에 대해서 인내로 견디며, 다른 사람들에게서 그런 사소한 악행들이 발견될 때마다 그것들을 부지런히 덮고 교정시키는 덕이다. "사환들아 범사에 두려워함으로 주인들에게 순종하되 선하고 관용하는 자들에게만 아니라 또한 까다로운 자들에게도 그리하라"(벧전 2:18).
여기서 창세기 9장에 나타나는 노아의 아들들의 실례를 인용하는 것이 적절할 것이다. 또한 사도 바울은 부모가 자녀들을 교정할 때에 시행해야 할 관용과 부드러움에 대해서 이와 비슷하게 명령하고 있다: "아비들아 너희 자녀를 노엽게 하지 말고 오직 주의 교훈과 훈계로 양육하라"(엡 6:4), "아비들아 너희 자녀를 노엽게 하지 말지니 낙심할까 함이라"(골 3:21), "상전들아 의와 공평을 종들에게 베풀지니 너희에게도 하늘에 상전이 계심을 알지어다"(골 4:1).

이 덕과 반대되는 것은 다음과 같다:

1. **무절제한 가혹함**. 이는 주로 연약함 때문에 생기며, 그들 자신이나 다른 사람들의 안전에 전혀 심각한 해가 되지 않는 과오들을 과도하게 질책하고 정죄하는 것이다.

2. **지나친 너그러움**. 이는 크고 위중한 죄를 벌하고 책망하는 데에서 나타난다.

3. **아첨**. 사람들의 인기를 얻고 개인적인 이익을 증진시키기 위해, 칭찬해서는 안 될 일을 칭찬하고, 정당한 것 이상으로 지나치게 칭찬하는 것이다.

제 6 계명

105문 제 6 계명에서는 하나님께서 무엇을 요구하십니까?

답 나 스스로든 아니면 다른 사람을 통해서든, 행위로는 물론 생각이나 말이나 몸짓으로도 내 이웃을 욕되게 하거나 미워하거나 상처를 주거나 죽이지 않고, 모든 복수심을 버리는 것이며, 더 나아가서 나 자신을 해치거나 고의로 위험에 노출시키지 않는 것입니다. 살인을 막기 위해서 통치자가 칼로 무장하고 있는 것도 그 때문입니다.

106문 그런데 이 계명은 오로지 살인에 대해서만 말씀하는 것 같은데요?

답 살인을 금하시면서, 하나님께서는 시기, 미움, 분노, 복수심 등 살인의 뿌리가 되는 것을 그가 혐오하시며, 이 모든 것들을 살인으로 여기신다는 것을 가르치십니다.

107문 이런 방법으로 이웃을 죽이지 않으면 그것으로 족합니까?

답 아닙니다. 하나님께서는 시기, 미움, 분노를 금하시며, 동시에 이웃을 우리 자신과 같이 사랑하고, 인내, 화평, 온유, 자비, 그리고 모든 친절을 그에게 보이며, 할 수 있는 만큼 그를 해악으로부터 보호하며, 심지어 원수에게도 선을 행할 것을 명령하시기 때문입니다.

[해 설]

이 계명의 목적과 의도는 사람의 생명과 육체의 건강을 보존하며, 그리하여 우리 자신과 다른 사람들의 안전을 보존하는 데 있다. 그러므로 이 계명은 우리 자신과 다른 사람들의 생명의 안전과 보존에 관계되는 모든 것들을 명령하며, 또한 부당한 상해와 그릇된 것을 가하고자 하는 욕망과 이 욕망의 표현 등 생명의 파괴를 지향하는 모든 것을 금지하는 것이다. 이 계명에서 **살인**을 언급하는 것은, 하나님께서 이것만을 금하시기 때문이 아니다. 오히려 살인이라는 결과를 금하심으로써 그 결과에 기여하는 모든 원인들을 금하고자 하시는 것이다. 또한 하나님께서는 살인이라는 용어 아래에 그것과 연관되는 모든 죄들을 포괄시키심으로써, 그 죄의 심각성을 보여주시고, 그리하여 우리로 하여금 그 죄들을 더 효과적으로 삼가게 하고자 하시는 것이다. 여기서 다음과 같은 한 가지 법칙이 적용된다: **하나님께서 어떤 구체적인 덕을 명령하시거나 어떤 구체적인 악을 금하실 때에는 일반적인 덕이나 악을, 혹은 그것과 연관되는 모든 것을 동시에 명령하시거나 금하시는 것이다.**

여기서 우리가 논의할 내용은 다음과 같다: 1. 이 계명은 외적인 것만이 아니라 내적인 것까지도 명령하고 금한다. 2. 이 계명은 우리 자신에게나 다른 사람에게 가해지는 모든 상해(傷害)를 금한다. 이 계명은 우리에게 우리 자신과 다른 사람들을 보호할 것을 요구한다.

1. 이 계명이 내적인 것을 금하고 요구한다는 것은 다음의 증거들로 입증된다: 1. **어떤 결과가 명령되거나 금지될 경우, 그 원인도 명령되거나 금지되는 것으로 이해하여야 한다**는 법칙에서. 2. 이 계명의 의도에서. 하나님께서는 우리가 누구든지 해치기를 원하지 않으신다. 그러므로 그는 우리가 누구에겐가 해를 끼칠 수 있는 수단도 금지하시는 것이다. 3. 그리스도의 해석에서: "형제에게 노하는 자마다 심판을 받게 되고"(마 5:22). 그러므로 이 계명은 외적인 살인과 함께 화나 투기나 미움, 복수심 등 이웃을 해치고자 하는 동기에서 나오는 모든 원인들과 표현들까지도 금지하는 것이다.

2. 이 계명은 다른 사람들의 생명은 물론 우리 자신의 생명에 가해지는 모든 상해나 소홀함을 금한다. 하나님께서 우리가 다른 사람의 생명을 귀중하게 여기기를 바라시는 원인들이 우리 속에도 있기 때문이다. 이 원인들은 다음과 같다: 1. **하나님의 형상.** 우리는 우리 자신에게나 다른 사람들에게 있는 이것을 파괴시켜서는 안 된다. 2. **본성의 유사성.** 우리는 모두 첫 조상으로부터 공통적으로 기원되었다. 우리가 이웃을 해치지 말아야 하는 것은, 그들이 우리의 뼈 중의 뼈요 살 중의 살이므로 아무도 자기 자신을 미워하지 않는 것처럼 우리 자신과 똑같은 그들에게도 결코 해를 끼치지 말아야 하기 때문이다. 3. **값이 큼.** 그리스도께서 우리와 다른 사람들을 위하여 엄청난 값을 치르시고 구속하셨다. 4. 그리스도의 지체들인

자들 사이에 **연합** 혹은 **결속 관계**가 있음. 이런 원인들이 똑같이 우리에게도 있으므로, 이 계명은 사람이 자기 자신을 해치거나 소홀히 하는 것도 금하는 것이 되는 것이다.

3. 이 계명은 우리에게 이웃을 보호하고 방어할 것을 요구한다. 율법이 어떤 모양이든 죄를 삼가고 피하는 것만이 아니라 그것과 반대되는 것을 실천할 것을 명령한다는 사실을 볼 때에, 하나님께서는 여기서 사람의 생명과 안전을 해치는 것을 금하시는 것은 물론 우리의 힘을 다하여 이웃을 기리고 그들을 보호할 것을 명령하시는 것이 분명한 것이다.

이 계명의 골자는, 여하한 외적인 행동으로도 우리 자신과 다른 사람의 생명을 해쳐서도 안 되며, 완력으로나 속임수로나 소홀히 함으로나 우리 자신이나 다른 사람의 몸에 상해를 입히는 행동을 해서도 안 된다는 것이요, 또한 생각이나 의지로나 우리 자신이나 다른 사람들의 해를 바라서도 안 되며, 어떤 표시나 말로써도 그런 바람을 드러내서도 안 되며, 오히려 우리의 모든 것을 다해 우리 자신과 다른 사람들의 생명을 보존하고 보호하여 우리 자신이 모든 사람에게 복임을 드러내 보여야 한다는 것이다. 그러므로 **살인하지 말라**라는 이 계명을 선포할 때에, 거기에는 다음과 같은 뜻이 담겨 있다 할 것이다: 1. 네 자신이나 다른 사람을 죽이고자 하는 마음을 품지 말라. 우리가 행해서는 안 될 일은 마음에 품거나 바라서도 안 되는 것이며, 하나님께서 그것을 허락하지 않으시기 때문이다. 2. 네 자신이나 다른 사람을 살해할 욕망을 표현하거나 나타내지 말라. 하나님께서 어떤 특정한 욕망을 금하신다면, 그것은 또한 말로나 몸짓으로나 얼굴의 표정으로나 이 욕망을 표현하는 모든 것도 금하신다는 뜻이기 때문이다. 3. 너는 이런 욕망을 실행에 옮기지 말라. 하나님께서 어떤 것을 마음에 품거나 겉으로 표시하는 것을 금하신다면, 그것을 실행하는 일은 더더욱 금하시기 때문이다. 이 모든 것과 반대되는 것은 다음과 같은 것이다: **네 자신과 다른 사람들을 도우라.** 1. 마음의 바람으로. 2. 이 바람을 나타냄으로. 3. 이 바람을 실행함으로. 이 계명에 포함된 모든 덕들과, 또한 그것과 반대되는 모든 악행들의 기원이 바로 여기에 있다. 이 계명에서 금하는 악행들은 생명의 파괴를 지향하며, 이 계명이 명령하는 덕들은 사람의 생명 혹은 안전의 보존을 지향하는 것이다.

생명의 보존에 기여할 수 있는 길은 두 가지인데, 곧 **사람을 해치지 않는 것**과 **사람에게 도움을 베푸는 것**이 그것이다. 그러므로 이 계명에서 두 가지 부류의 덕들이 제시된다 할 것이다. 전자의 덕에는 사람의 생명과 안전을 해치지 않는 것이 포함되고, 후자의 덕에는 사람의 생명과 안전의 보존에 적극적으로 기여하는 것이 포함되는 것이다. 전자의 덕에는 다시 세 가지 종류가 있다. 해를 당하거나 해를 당하도록 자극을 받지 않거나, 자극을 받아도 해를 당하지 않거나, 혹은 해를 끼치도록 자극을 받거나 받지 않거나 간에 해를 끼치지 않거나 하는 것이다. 아무에게도 해를 끼치지 않는 **개인으로서의 정의**(particular justice)가 첫 번째 종류에 포함되며, 두 번째 종류에는 **온유함**과 **공평**이 포함되며, 세 번째 종류에는 **평화로움**이 포함된다. 사람의 안전에 기여하는 덕들에는 두 가지가 있다. 악과 위험을 물리침으로써 기여할 수도 있고, 선을 행함으로써도 기여할 수 있기 때문이다. 전자에는 **상호 교차적 정의**(commutative justice), **불굴의 용기**(fortitude), **의분**(義憤: indignation) 등이 포함되며, 후자에는 **인간성**, **궁휼**, **우애**(友愛) 등이 포함된다.

사람의 안전을 해치지 않는 덕들

I. **개인으로서의 정의.** 이는 아무에게도 해를 끼치지 않는 것으로, 하나님께서 우리에게 요구하시지 않는 한, 의도적으로나 소홀히 함으로나 그 누구의 생명이나 육체에 대해서도 상해를 가하지 않는 것이다. 혹은, 이것은 폭력으로든 속임수로든 소홀함으로든 우리 자신이나 우리 이웃의 안전에 가해질 수 있는 모든 상해를 조심스럽게 피하는 덕이다. **살인하지 말라**는 이 계명의 말씀이 이를 표현하고 있다.

이 덕과 반대되는 것으로 이 계명이 정죄하는 것에는 다음과 같은 것들이 포함된다: 1. 고의적으로든 소홀함으로든 우리 자신이나 다른 사람의 생명과 육체에 가해질 수 있는 **모든 상해 행위.** 2. **지나친 관대함.** 권세가 있는 자들이 반드시 벌하여야 할 자들을 정당하게 벌하지 않을 때에 이러한 악이 발생한다.

II. **온유함, 평화로움, 용서하고자 하는 자세.** 이는 화를 참고 통제하며, 어떠한 원인에서도 자극을 받지 않으며, 하찮은 원인에서도 자극을 받지 않는 덕으로서, 정당한 분노의 원인이 있을 경우에도 그런 원인을 자신에게 가하는 사람의 파멸을 바라지 않으나, 하나님의 이름을 모욕하거나 이웃에게 부정과 상해를 가하는 경우에는 분노하는 것이다. 이 덕은, 아무리 큰 상해를 당했더라도 그것에 대해 복수할 욕망에 빠지지 않고, 벌을 받아야 마땅할 원수들에 대해서조차 안전과 안녕을 진심으로 바라며, 우리의 능력과 처지에 따라서 그 일을 위해 기여하기를 힘쓰는 것이다. 혹은, 이 덕은 분노를 절제하며, 모든 부당한 자극을 삼가며 정당한 분노를 절제하여 하나님께서 제시하신 한계를 넘어서지 않으며 복수심으로 불타지 않고, 원수들이 저지른 과실이 아무리 크고 무겁더라도 그들에게조차 용서를 베풀어, 사람에게 화를 내지 않고 그 악인들이 범한 죄들에 대해 화를 내며, 그리하여 지극히 극심한 범죄를 저지르는 자들에 대해서도 그들의 안전을 바라는 것이다. "온유한 자는 복이 있나니 그들이 땅을 기업으로 받을 것임이요"(마 5:5).

이 덕에 반대되는 것으로는 다음과 같은 것들이 있다: 1. **부당한 관대함**. 이는 충격적인 상해를 보고서도 분노하지 않으며, 그것을 금하거나 벌하지 않으며, 혹은 최소한 그것들을 금하고 억제하는 데에 지나치게 미온적인 자세를 보이는 것이다. 2. **조급한 분노**. 부당하고 무절제한 형태의 모든 화가 여기에 해당된다. 3. **복수심**. 상대방에 대한 적개심과 미움.

III. **공평**. 이는 온유함과 밀접한 덕이다. 이것은 정당하고 개연성 있는 원인들에 대해 철저하게 정의를 고수하는 것(형벌과 범죄 사이에 정당한 형평을 유지하는 것)으로서, 범죄 그 자체를 보거나 우리 자신의 임무를 보거나 혹은 죄를 범하는 자의 공적 사적 안전을 보고서, 혹은 과실을 피하기 위하여, 죄를 벌할 때에나 혹은 우리가 받은 상해에 대해 보상을 요구할 때에 우리의 권리를 다소간 양보하는 것이다. "너희 관용을 모든 사람에게 알게 하라 주께서 가까우시니라"(빌 4:5).

이 덕에 반대되는 것으로는 다음과 같은 것들을 언급할 수 있을 것이다: 1. **무절제한 가혹함** 혹은 **잔인함**. 사람이 잘못을 범하게 된 정황에 대해 전혀 참작하지 않는 것이 이에 해당되는데, 이 악에 대해서 **극단적인 옳음은 극단적인 잘못이다**라는 말이 있다. 2. **지나친 관대함**. 3. **불공평**.

IV. **평화로움**. 혹은 평화와 조화를 바라는 자세. 이는 위반과 불화와 분쟁과 미움의 모든 불필요한 원인과 기회들을 부지런히 조심스럽게 피하는 데에 있으며, 또한 우리에게서나 다른 사람들에게서 상처를 당한 자들을 화해시키며, 평화를 유지하고 보존하기 위해서는 하나님의 이름에 대한 멸시나 우리 자신이나 다른 사람들의 안전에 극심한 위해를 당하지 않는 한 그 어떠한 어려움이나 상해를 당하는 일도 불사하는 데에 있다. 한 마디로, 이것은 분노와 불화(不和)를 일으키는 요건들과 모든 불쾌함들을 피하며, 동시에 때때로 일어나는 분쟁과 오해들을 제거하고 종식시키기 위해 힘쓰는 덕이다.

이 덕에 반대되는 것은 다음과 같다: 1. **분쟁을 좋아함**. 분쟁의 기회가 있을 때마다 놓치지 않고 분쟁에 끼어드는 것인데, 싸움과 비방과 악담 등을 향한 강한 욕심이 이것과 결부된다. 이 계명은 이것을 정죄한다. 2. **정의에 대한 무관심.** 하나님의 영광이나 자기 자신과 이웃의 안전에 대해서는 상관없이 무조건 평화를 유지하기를 바라는 것이다.

사람의 안전에 기여하는 덕들

V. **형벌에 있어서의 상호 교차적 정의.** 이는 과실과 형벌 사이의 형평을 보존하는 덕으로서, 동등한 형벌을 가하거나, 혹은 만족스런 원인들을 생각하며 그 정황을 적절히 참작함으로써, 하나님의 영광을 유지하며 인간 사회를 보존하는 데에 기여하는 것이다. 하나님께서 사회에 악을 행하는 것을 금하시며 또한 통치자가 십계명 전체에 따라서 질서의 보호자요 보존자가 되기를 바라실 때에는, 그는 또한 이 질서를 분명하고도 심각하게 해치는 자들을 정의로운 형벌로써 적절히 규제하고 일정한 경계 내에 있게 하시기를 바라시는 것이기 때문이다. 그러므로, 통치자는 지나치게 가혹하고 심한 형벌을 가하여 잘못을 범할 수도 있고, 동시에 다른 사람을 상해한 특정한 사람들에게 지나치게 관대하게 대하여 형벌을 감면하거나 주지 않는 죄를 범할 수도 있는 것이다. "내가 멸하기로 작정한 사람을 네 손으로 놓았은즉 네 목숨은 그의 목숨을 대신하고 네 백성은 그의 백성을 대신하리라"(왕상 20:42), "만일 사람을 쳐죽인 자는 반드시 죽일 것이요"(레 24:17), "고의로 살인죄를 범한 살인자는 생명의 속전을 받지 말고 반드시 죽일 것이며"(민 35:31). 그러므로 이런 형태의 정의가 이 계명에 포함되는 것이다.

반론. 이 계명은 **살인하지 말라** 라고 말씀한다. 그러므로 누구도 죽음을 당해서는 안 된다. 결국, 이 정의는 이 계명에 포함되지 않는다. 왜냐하면 많은 사람들을 죽게 하지 않고서는 이 정의가 유지될 수 없기 때문이다.

답변. 살인하지 말라는 것은 곧, 네가 사사로운 사람에 지나지 않을 경우에는, 이 율법에 근거한 나의 명령이 없이는 결코 너의 판단과 욕심에 따라 살인해서는 안 된다는 뜻이다. 그러나 통치자의 직분이 이로써 무효가 되는 것이 아니다: "그가 공연히 칼을 가지지 아니하였으니 곧 하나님의 사역자가 되어 악을 행하는 자에게 진노하심을 따라 보응하는 자니라"(롬 13:4). 그러므로 통치자가 사악한 범법자를 죽음에 처할 때에는, 그 일을 수행하는 자가 사람이 아니라 하나님이신 것이다. 또한 이 반론의 논지를 뒤집어 제시함으로써 이에 대해 답변할 수도 있을 것이다. 곧, 그러므로 인간 사회가 강도와 도둑들에 의해서 파괴되지 않으려면, 몇몇 사람들은 죽음에 처하여야 한다는 것이다.

이 덕에 반대되는 것은 다음과 같다: 1. 잔인함, 혹은 지나치게 가혹함. 2. 사사로운 복수. 3. 그릇된 관대함. 형벌 받아야 마땅한 사람을 형벌하지 않는 경우다. 4. 불공평. 혹은 좀 더 간단히 말하자면, **상호 교차적 정의**의 반대는 **부정의**(不正義)라고 할 수 있는데, 이는 전혀 벌하지 않거나 혹은 부당하게 벌하는 것이다.

VI. **불굴의 용기.** 하나님의 영광을 위하여와 교회와 국가의 구원을 위하여, 또한 우리 자신이나 다른 사람들을 극심한 악과 억압에서 보존하고 보호하기 위하여, 건전한 이유들이 요구하는 대로 위험을 무릅쓰는 덕이다. 성도들의 불굴의 용기는 하나님과 이웃을 향한 믿음과 소망과 사랑에서 나온다. 여호수아, 삼손, 기드온, 다윗 등의 예에서 보듯이 **영웅적인 용기**는 하나님의 특별한 은사다. **전쟁의 용기**는 크나큰 위험을 무릅쓰고라도 정의를 수행하는 것이요, 우리 자신과 다른 이들을 위하여 정당한 보호를 수행하는 것이다. **전쟁**은 강도나 잔인함이나 압제의 죄를 범하는 자들을 상대로 하는 필수적인 방어이기도 하고, 혹은 사악한 격동에 대하여 일상적인 권력을 동원하여 무력의 힘으로 행하는 정당한 형벌이기도 하다.

이 덕과 반대되는 것은 다음과 같다: 1. **소심함.** 이는 필연적인 위험에서 도망하는 것으로 나타난다. 2. **주제넘음**, 혹은 **어리석은 용기.** 이는 불필요하게 위험을 초래하는 것이다.

VII. **의분**(義憤) 혹은 열정. 이는 정의에 대한 사랑과 이웃을 돌아보는 자세에서 나오는 것으로, 무죄한 자들에게 가해진 심각한 잘못에 대해 분노하는 것이며, 하나님의 명령에 의거하여 자신의 능력에 따라 그런 잘못을 제거하고 복수하고자 힘쓰는 것이다. 혹은, 이것은 하나님의 이름에 대한 모욕에 대해서, 또한 하나님에 대해서나 이웃에 대해서 어떤 극심한 잘못을 범한 일에 대해서 정의롭게 자극을 받아 생겨나는 의로운 분노라 할 수 있다.

이것에 반대되는 것에는 다음과 같은 것이 있다: 1. **불의한 분노.** 2. **불의한 관대함**, 혹은 무관심. 이는 극심한 상해를 보고서도 정당한 슬픔이나 의분을 느끼지 않고, 또한 그것에 대해 정당하게 갚고자 하는 의지도 없는 것이다.

VIII. **인간애.** 혹은 박애. 이는 남이 우리에게 해주기를 바라는 것을 사람들에게 행하고자 하는 참되고 신실한 선한 뜻이며 열심이고, 또한 그러한 선한 뜻과 열심을 적절한 말과 행동과 의무로 선포하는 것이다. 혹은 다른 사람을 향한 생각과 뜻과 마음의 자비요, 또한 그것을 가능하며 적절한 말과 행동과 의무들로 선포하는 것이다. 이 덕은 또한 성경에서는 **이웃에 대한 사랑**이라 부르며, 철학은 이를 **인간애**라 부른다. 모든 사람은 이 덕을 통하여 남이 자기에게 해주기를 바라는 일을 남에게 행하는 것이다. "우리는 기회 있는 대로 모든 이에게 착한 일을 하되 더욱 믿음의 가정들에게 할지니라"(갈 6:10).

이 덕에 반대되는 것은 다음과 같다: 1. **비인도주의.** 이는 인도애가 요구하는 일들을 행하지 않거나 인도애에 반대되는 일들을 행하는 것이다. 2. **악의,** 혹은 시기. 이는 다른 사람의 선과 번영을 싫어하며, 이 선을 자기가 확보하든지, 아니면 다른 사람에게서 빼앗고자 하는 욕심이다. 내 것이 아니면 네 것도 아니다라는 식의 자세다. 3. 이웃을 소홀히 하는 **자기 사랑.** 4. **부당한 자기 만족.**

IX. **긍휼.** 이는 무죄한 자들의 재난과 불행, 혹은 연약함이나 부족함 때문에 초래되는 타락을 보고 느끼는 슬픔이며, 여기에는 그런 재난들을 완화시키고자 하는 바람과 노력이 수반된다. 혹은, 재난을 당하는 선한 사람이나 무지나 연약함으로 인하여 죄를 범하는 자들을 동정하며, 그들의 불행을 제거하거나 혹은 정의가 허용하는 만큼 감면시키기를 바라며, 심지어 원수들이라도 재난당하는 것을 기뻐하지 않는 덕이다. "긍휼히 여기는 자는 복이 있나니 그들이 긍휼히 여김을 받을 것임이요"(마 5:7).

이 덕과 반대되는 것으로 결핍에 속하는 것은 다음과 같다: 1. **긍휼이 없음,** 혹은 잔인함과 무정함. 불쌍히 여겨야 할 자들에 대해서 아무런 동정도 연민도 없는 상태다. 2. **다른 사람의 재난에 즐거워함.** 그리고 과잉에 속하는 것으로는 **지나친 관대함**을 언급할 수 있는데, 이는 하나님께서 벌하고자 하시는 자를 그냥 내버려두는 것인데, 이는 사회 전체에게나 그 당사자 자신에게도 해를 끼치는 하나의 잔인한 긍휼이라 할 것이다.

X. **우애.** 이는 선한 사람들 사이에 형성되는 참된 선의(善意)인데, 각 당사자가 상대방의 덕을 앎으로써, 혹은 서로 간에 적절하고 가능한 의무들을 시행함으로써 형성된다. "많은 친구를 얻는 자는 해를 당하게 되거니와 어떤 친구는 형제보다 친밀하니라"(잠 18:24).

우애의 극단적인 형태들은 다음과 같다: 1. **적개심.** 2. **친구들에 대한 소홀함.** 3. **우애를 기꺼이 해치거나 깨뜨림.** 4. **아첨.** 5. **부당한 만족.**

제 6 계명

제 6 계명:
살인하지
말라

1. 우리 자신이나 이웃의 생명과 안전을 부당하게 해치는 모든 것을 금함. 우리 이웃이 해를 당하게 되는 경우.

1) 이웃을 저버리거나, 우리의 능력에 맞게 그를 돕지 않음으로. 생명의 보존을 위하여 요구되는 의무들을 소홀히 하는 것이 여기에 포함됨.

2) 그릇 행하거나 상해를 가함으로.

(1) 외적인 힘이나 폭력으로

① 살인
② 비방
③ 모든 종류의 상해

(2) 내적인 감정들로

① 화
② 미움
③ 복수

2. 우리 자신과 이웃의 생명과 안전의 보존을 명령함. 이를 행하는 방법.

1) 어느 누구에게도 해를 끼치지 않음으로. 해를 끼치지 않아야 할 경우들.

(1) 자극을 받지 않는 경우. 이는 정의에 속한다.
(2) 자극을 받는 경우. 이는 온유함과 공평의 영역이다.
(3) 자극을 받든 받지 않든. 이는 평화로움에 속한다.

2) 다른 사람들에게 도움을 베풂으로.

(1) 이웃들에게서 상해를 억제함으로써.

① 형벌에 있어서의 상호 교차적 정의
② 불굴의 용기
③ 의분

(2) 이웃을 도움으로써.

① 인간성으로
② 긍휼로
③ 우애로

제 7 계명

108문 제 7 계명은 우리에게 무엇을 가르칩니까?

답 모든 부정(不貞)은 하나님께 저주받는 것이라는 것과, 따라서 우리는 마음으로부터 그것을 혐오해야 하며, 또한 거룩한 혼인 생활 내에 있거나 독신 상태에 있거나 간에 정숙하고 단정한 삶을 살아야 한다는 것을 가르칩니다.

109문 하나님께서는 이 계명에서 오로지 간음과 또한 그와 같은 상스러운 죄만을 금하십니까?

답 우리 몸과 영혼이 모두 성령의 전(殿)이므로, 우리가 몸과 영혼을 순결하고도 거룩하게 지키는 것이 하나님의 뜻입니다. 그러므로 하나님께서는 모든 부정한 행동, 몸짓, 말, 생각, 욕망, 그리고 그리로 유혹하는 모든 것을 금하시는 것입니다.

[해 설]

하나님께서는 이 계명에서 순결과 결혼의 보존을 명령하시고 재가하시며, 그리하여 결혼 그 자체를 인정하신다. 하나님께서 뭔가를 금하실 때에는, 그것은 동시에 그것과 반대되는 것을 행하는 것을 명령하시고 인정하시는 것이기 때문이다. 그런데 하나님께서는 이 계명에서 **간음**을 금하시는데, 이는 곧 부부간의 정절(貞節)을 범하는 것이다. 하나님께서 순결에 어긋나는 모든 죄들 가운데서 가장 충격적이고 비열한 악으로 간음을 지목하신다는 것은, 동시에 그가 기혼자들에게서나 미혼자들에게서나 모든 방종한 정욕들을 금하시고 정죄하시며, 또한 순결과 반대되는 모든 다른 죄와 악행들을 그 원인들과 기회와 효과들과 전제들과 결과들과 더불어 금하신다는 뜻이다.

반면에, 하나님께서는 순결에 기여하는 모든 덕들을 명령하신다는 뜻도 여기에 포함되어 있다. 그 이유는 다음과 같다: 1. 어느 한 가지를 특별히 지목할 때에는 그것과 밀접하게 연관되는 모든 것들이 거기에 포함되기 때문이다. 그러므로, 정욕의 가장 충격적이며 비열한 형태로서 간음이 금지된다면, 우리는 다른 모든 형태의 정욕이 동시에 다 금지되는 것으로 이해해야 한다. 2. 원인이 정죄될 때에는 그 결과도 정죄되는 것이요, 결과가 정죄될 때에는 원인도 정죄되는 것이다. 그러므로 간음이라는 결과는 물론 그 전제 조건들도 여기서 금지되고 정죄되는 것이다. 3. 이 계명의 의도는 사람들 사이에 순결을 보호하며, 결혼을 거룩하게 지키는 데 있다. 그러므로 이 계명은 순결을 보호하고 결혼을 보호하는 데에 기여하는 것은 무엇이든 다 명령하는 것이요, 그것과 반대되는 것은 모두 다 금지하는 것이다.

제 7 계명 아래에서 논의할 수 있는 덕은 다음 세 가지다: **순결**, **정숙**, **절제**.

I. **순결**(純潔: chastity)은 일반적으로 영혼과 육체의 순전함에 기여하는 덕으로서, 하나님의 뜻에 일치하며, 또한 하나님께서 금하시는 모든 정욕들을 삼가며, 그 모든 욕망과 원인과 효과와 의혹과 기회들과 관련되어 거룩한 부부관계에서나 독신 생활에서 일어날 수 있는 모든 불법적이며 무절제한 성적인 관계를 삼가는 것이다. 어떤 사람들에 의하면 "chastity"(순결)이라는 용어는, "장식하다"라는 뜻의 헬라어 **카조**에서 파생된 것이라고 한다. 순결이야말로 온전한 사람의 장식이요 또한 다른 모든 은혜와 덕의 장식이기 때문이라는 것이다. 그러므로 이 덕에 그런 명칭을 붙인 것은 그 뛰어남 때문이라 하겠다. 그 덕이야말로 하나님의 형상을 이루는 주요 덕 가운데 하나이기 때문이다. 그리하여 다음과 같은 말이 있다: "하나님은 순결하시며, 따라서 마음이 순결한 자들이 그에게 불러 아뢸 것이요, 그는 그런 자들의 기도에 응답하실 것이다."

순결에는 두 종류가 있다. 하나는 **독신 생활의 순결**이요, 또 하나는 거룩한 **결혼 생활의 순결**이다. 전자는 결혼하지 않은 상태에서 끼어드는 온갖 방종한 정욕들을 삼가는 덕이다. 결혼 생활의 순결은 하나님의 놀라운 계획과 지혜로 말미암아 제정된 질서를 거룩한 결혼 생활 가운데서 보존하는 것이다.

순결의 원인들은 다음과 같다: 1. 하나님의 명령. "하나님의 뜻은 이것이니 너희의 거룩함이라 곧 음란을 버리고 각각 거룩함과 존귀함으로 자기의 아내 대할 줄을 알고"(살전 4:3, 4), "모든 사람과 더불어 화평함과 거룩함을 따르라 이것이 없이는 아무도 주를 보지 못하리라"(히 12:14). 2. 하나님의 형상의 보존. 3. 하나님의 형상과 또한 그리스도와 교회 사이의 연합을 어그러뜨리거나 망가뜨리기를 피하고자 하는 바람. 이에 대해 사도 바울은 다음과 같이 말씀한다: "너희 몸이 그리스도의 지체인 줄을 알지 못하느냐? 내가 그리스도의 지체를 가지고 창녀의 지체를 만들겠느냐? 결코 그럴 수 없느니라"(고전 6:15). 4. 상급과 형벌.

순결과 반대되는 것으로 우리는 가장된 순결, 불순한 독신 생활, 매춘, 축첩, 근친상간, 간음 등을 포함하여 모든 방종한 정욕들과 또한 그 원인들과 기회들과 결과들을 들 수 있을 것이다.

갖가지 종류의 정욕을 다음과 같이 세 가지 부류로 나눌 수 있을 것이다:

첫째 부류의 정욕은 사람의 본성에 어긋나는 것들로서 마귀로부터 오는 것들이다. 이것들은 심지어 우리의 부패한 본성과도 어긋나는데, 그 이유는 그것들이 부패하였고 하나님과의 일치성을 망가뜨리기 때문만이 아니라 우리의 부패한 본성 조차도 이것들에게서 움츠러들고 이것들을 혐오하기 때문이기도 하다. 사도 바울이 로마서 1장에서 말씀하는 정욕들이 이 부류에 속한다. 성(性)을 혼동시키는 것이나 동성 연애 등이 그것이다. 이러한 추악한 죄들과 망령된 범죄들에 대해서 통치자는 비범한 형벌로 벌해야 한다. **근친상간**은 첫 조상들에게서도 그 예가 나타나지만, 우리의 부패한 본성에도 크게 어긋나는 것이다. 그러나 첫 조상들의 실례들은 필연적인 것이었거나 혹은 신적 경륜에 의한 것이었으므로, 일반적인 법칙의 예외로 인정되어야 할 것이다.

둘째 부류의 정욕은 우리의 부패한 본성에서 나오는 것들이다. 결혼하지 않은 자들이 범하는 음행, 결혼한 자들끼리 범하는 간음, 결혼한 자와 결혼하지 않은 자 사이에 행해지는 성교(性交) 등이 이에 속한다. 결혼한 사람이 결혼하지 않은 다른 사람과 관계를 맺을 때에, 그것은 **단순 간음**이다. 그러나 결혼한 사람이 결혼한 다른 사람과 성교를 가지면 **이중 간음**이 된다. 왜냐하면 그 사람은 자기 자신의 결혼도 침해하고, 동시에 다른 사람의 결혼도 침해하는 것이기 때문이다. **음행**은 결혼하지 않은 사람들끼리 부정한 관계를 맺을 때에 발생한다. 통치자들은 그들의 직무의 권위로, 음행과 간음을 극심하게 벌해야 마땅하다. 하나님께서는 간음을 행하는 자들에게 사형을 지정하시고 요구하셨다. 또한 음행에 대한 형벌로는 사형을 지정하지 않으셨으나, 그의 말씀에서 그의 백성 중에는 음녀(淫女)가 없어야 한다고 자주 선언하심으로써, 극심한 성격의 죄에 따라 그것을 벌해야 한다는 것을 드러내시는 것이다. 이런 우리의 부패한 본성과 악한 양심이 어울려서 범하는 정욕에는 다른 것들도 있는데, 곧, 악한 욕망들에 탐닉하거나 그것들을 즐거워하는 것, 그리고 그것들을 피하기 위해 애쓰지 않는 것 등인데, 이것에 대해서는 시민적 권위로 형벌이 주어지지 않으나 그럼에도 불구하고 거기에 악한 양심이 결부되고 또한 하나님으로 말미암아 벌을 받는 것이다.

셋째 부류의 정욕은 부패한 성향들인데, 선한 사람들은 이를 탐닉하지 않고 저항하며, 그리하여 모든 기회를 끊어내어 그들의 양심이 어려움을 당하지 않는다. 그들이 하나님께 간구하며, 저항할 수 있는 은혜를 구하며, 그들의 마음에 그들의 죄들이 은혜로 용서함 받았다는 증거가 있기 때문이다. 타락 이후에는 이런 죄들에 대한 치유책으로서 결혼이 제정되었다. "정욕이 불 같이 타는 것보다 결혼하는 것이 나으니라"(고전 7:9). 그러나 바울은 이 말씀에서 결혼 적령기에 이르기 전에 선한 관례와 관습에 어긋나게 행하는 미숙하고도 국가에 해를 끼치는 결혼을 승인하는 것이 아니다.

II. **정숙**(貞淑: modesty)은 부정한 모든 것을 혐오하는 것에, 과거의 부정했던 것에 대한, 혹은 미래의 부정함에 대한 두려움에서 오는 부끄러움과 안타까움이 결합된 덕이다. 이는 또한 부정 그 자체만이 아니라 그것에로 이어지는 모든 것을 피하고자 하는 간절한 마음과 의도를 지닌다. 헬라인들은 이것을 가리켜 **아이도스**라 부르는데, 이는 부끄러움이라는 뜻한다. 아리스토텔레스는 이것을 **불명예에 대한 두려움**이라 정의한다. 순결에는 이 덕이 필요하다. 이것이 순결에게 도움을 주고, 그 원인, 결과, 그 증표가 되는 것이다.

정숙과 상반되는 극단적인 상태 혹은 악은 다음과 같다: 1. **정숙치 못함**, 혹은 무분별함. 이는 부정(不貞)을 가볍게 대하는 것이다. 2. **어리석은 부끄러움**. 지극히 적절하고 정당하여 부끄럽게 여기지 말아야 할 것에 대해 부끄럽게 여기는 것. 3. **음탕**과 **외설**(猥褻).

III. **절제**(temperance)는 육체와 관련된 일들에서 인간의 자연스런 법도와 규모와 건전한 이성에, 그리고 장소와 시기와 사람 등의 처지에 어울리는 한계를 지키는 덕이다. 이것은 다른 모든 덕들의 어머니요 보모이며, 또한 순결의 원인이다. 이것이 없으면 순결도 없다. 절제가 없이는 순결한 상태를 유지할 수가 없기 때문이다. "너희는 스스로 조심하라 그렇지 않으면 방탕함과 술 취함과 생활의 염려로 마음이 둔하여지고 뜻밖에 그 날이 덫과 같이 너희에게 임하리라"(눅 21:34), "술 취하지 말라 이는 방탕한 것이니"(엡 5:18), "낮에와 같이 단정히 행하고 방탕하거나 술 취하지 말며 음란하거나 호색하지 말며 다투거나 시기하지 말고 오직 주 예수 그리스도로 옷 입고 정욕을 위하여 육신의 일을 도모하지 말라"(롬 13:13, 14).

절제와 반대되는 극단적인 형태에는 다음과 같은 것들이 있다: 1. **무절제**. 먹고 마시는 문제에서 절제가 없는 상태로서, 폭식(暴食), 대식(大食), 술 취함, 술 중독 등이 이에 속하며, 또한 지나친 음주 그 자체만이 아니라 그 이튿날 어지러움과 휘청거림을 느끼는 것도 이에 속한다. 2. **사치**. 음식이나 의복, 장신구에서 지나치게 낭비하는 것이다. 3. **지나친 절제**, 혹은 지나친 금욕. 이는 은둔자들의 극기(克己)와 미신적인 금식 등 인간의 본성에 맞지 않는 절제다.

결혼에 관하여

이 계명이 결혼을 인정하고 확증하므로, 여기서 결혼에 대해서 몇 가지를 논의하는 것이 적절할 것이다. 결혼에 대해서 우리는 다음과 같은 내용들을 논의하고자한다:

　　1. 결혼이란 무엇인가?
　　2. 결혼은 무엇 때문에 제정되었는가?
　　3. 어떤 결혼이 정당한가?
　　4. 결혼은 중립적인 문제인가?
　　5. 결혼한 사람들의 의무는 무엇인가?
　　6. 결혼을 거스르는 것들은 무엇인가?

1. 결혼이란 무엇인가?

결혼은 한 남자와 한 여자 사이의 분리할 수 없는 정당한 연합으로서, 인류의 번성을 위하여 하나님께서 제정한 것인데, 이는 우리로 하여금 하나님께서 순결하시고 모든 정욕을 미워하시는 분이시요 또한 그가 그렇게 정당하게 번성하여 있는 온 인류 중에서 그를 올바로 알고 그에게 예배할 영원한 교회를 그 자신에게로 모으실 것임을 알게 하며, 또한 결혼의 상태 속에서 사는 사람들 사이에 수고와 애씀과 보살핌과 기도가 있는 삶이 있도록 하기 위함이다.

2. 결혼은 무엇 때문에 제정되었는가?

하나님 자신이 결혼을 제정하셨다. 그러므로 결혼은 인간이 만든 도구나 발명이아니라 하나님께서 친히 인간의 타락 이전에 낙원에서 제정하신 것이다. 하나님께서 결혼을 제정하신 목적들은 바로 앞에서 제시한 정의에서 배울 수 있다. 1. 정당한 방법으로 인류를 영속화시키고 증가시키는 수단이 되도록 하기 위하여. 2. 교회를 모으기 위하여. 3. 그리스도와 교회 사이의 연합의 형상 혹은 그 닮은꼴이되게 하기 위하여. 4. 무절제한 정욕을 피하게 하기 위하여. 5. 결혼한 당사자들사이에 수고와 기도의 삶이 있게 하기 위하여. 이러한 결혼의 관계 혹은 교제는 사람들 사이에 일반적으로 존재하는 것보다 훨씬 더 가깝고 긴밀한 것이다. 그러므로 이런 상태 속에서 사는 자들의 기도는 더욱 열정적이다. 왜냐하면 우리가 삶의 가장 친밀한 관계로 연합해 있는 사람을 기도로써 돕는 것이니, 그것에 대한 열정이 더욱더 간절할 것이기 때문이다. 이는 자식이 부모를 위해 하는 기도보다 부모가 자식을 위해 하는 기도가 더욱 열정적인 것과도 같은 이치이다. 그리하여, 흔히 **사랑은 올라가지 않고 내려간다** 라고 말하는 것이다.

3. 어떤 결혼이 정당한가?

결혼을 통해서 이루어지는 연합이 정당한 것이 되기 위해서는 다음과 같은 것들이 필수적이다: 1. 서로 결합하기에 적절한 사람들끼리 행하는 연합이어야 한다. 2. 양 당사자의 동의로써 맺어진 연합이어야 한다. 3. 부모나, 혹은 부모를 대신하는 자가 동의해야 하고 법이 그들의 승인을 요구한다. 4. 실수로나 오류로 맺어져서는 안 된다. 5. 결혼 서약이 적절한 조건과 규모와 정당한 수단으로 이루어져야 한다. 6. 두 사람 사이에서만 이루어져야 한다. "그 둘이 한 몸이 될지니라"(창 2:23; 마 19:5). 구약 시대의 족장들은 여러 아내들을 거느렸다. 그러나 우리는 적절성과 정당성을 실례들이 아니라 법에 따라 판단해야 한다. 7. 주 안에서, 즉 신자들 사이에 기도로써 이루어져야 한다. 8. 금지된 사람들 사이에나, 혹은 하나님과 건전한 법이 금하는 범위 이내의 친척들 사이에 이루어져서는 안 된다.

　　친족 관계, 혹은 **피의 관계**는 혈족 관계나 인척 관계나 둘 중의 하나다. 그러나 어떤 이들은 친족 관계(kindred)와 혈족 관계(consanguinity)를 동일한 것으로 보기도 한다. **혈족 관계**는 동일한 가문 혹은 가족 출신이어서 피로 밀접하게 결속되어 있는 사람들 사이의 관계를 뜻한다. **인척 관계**(affinity)는 남자와 여자가 결혼함으로써 그 아내의 친족과 맺게 되는 관계를 뜻한다. 피로써 관계되는 사람들은 서로 계보(lineage)와 촌수(寸數: degrees)로 구분된다. **계보**는 한 선조에게서 내려오는 혈통이다. 그들을 서로 구분하는 **촌수**는 아버지 쪽이든 어머니 쪽이든 본래의 조상으로부터 내려오는 혈통의 멀고 가까운 것이다. 이 촌수와 관계하여 다음과 같은 일반적인 법칙이 지켜진다: **촌수는 조상으로부터 나온 사람들만큼 많다**. 하나님의 율법은 2촌간의 결혼을 금한다. 지혜롭고 건전한 정치적인 법들도 3촌간의 결혼을 금한다. 계보에는 선조와 후손 혹은 동급(同級: collaterals)이 있다. 선조에는 조상들이 포함된다. 후손에는 모든 자손이 포함된다. **동급**은 동일한 사람들에게서 함께 난 자들이다. 동급자들의 계보는 동등하거나 동등하지 않거나 둘 중의 하나다. 공통적인 조상과의 거리가 같을 때에는 동등하고, 그 거리가 다를 때에는 동등하지 않다. 하나님께서 결혼을 금하시는 혈족간의 촌수는 레위기 18 장에 나타난다. 그리고 이렇게 제한한 것이 본성적이며 도덕적이라는 것은 다음 의 사실에서 입증된다: 1. 이방인들이 그것을 범하여 하나님께 가증한 짓을 저질 렀고 그리하여 하나님께서 이 때문에 그들을 거부하셨다고 말씀하기 때문이다. 2. 사람들이 이 법을 범한 것 때문에, 혹은 방종한 정욕과 근친상간의 결혼에 빠진 것 때문에 하나님께서 홍수로 사람들을 멸하셨기 때문에. 3. 이 계명의 의도는 근친 상간을 금하는 데에 있고, 이러한 의도는 보편적이며 영구하며 도덕적이므로. 4. 바울은 고린도전서 5장에서 아버지의 아내와 결혼한 사람을 극심하게 책망하면 서, 그런 자를 출교시킬 것을 명령하였고, 세례 요한도 헤롯이 형제의 아내와 결혼 한 것에 대해 책망하면서 그것이 정당치 않다는 것을 선포하였다(막 6:18).

4. 결혼은 중립적인 문제인가?

결혼은, 그런 관계를 맺기에 합당하고 적절한 모든 사람들에게 정당하다. 이는 중 립적인(indifferent) 문제다. 곧, 하나님께서 명령하신 것도 금하신 것도 아니고, 금 욕의 은사를 소유한 자들의 뜻에 맡기셨다는 뜻이다. 그러나 그런 은사가 없는 사 람들에게는 문제가 다르다. 그들에게는 그저 결혼이 허용되는 것이 아니라 하나 님께서 친히 주 안에서 결혼할 것을 명령하시는 것이다. 그러므로 이런 사람들에 게는 결혼이 중립적인 문제가 아니라 필수적인 문제다. 이는 다음과 같은 사도의 말씀에서 분명히 드러난다: "남자가 여자를 가까이 아니함이 좋으나 음행을 피하 기 위하여 남자마다 자기 아내를 두고 여자마다 자기 남편을 두라"(고전 7:1), "내 가 결혼하지 아니한 자들과 과부들에게 이르노니 나와 같이 그냥 지내는 것이 좋 으니라 만일 절제할 수 없거든 결혼하라 정욕이 불 같이 타는 것보다 결혼하는 것 이 나으니라"(고전 7:8, 9). 첫 번째 결혼과 두 번째 결혼 모두에서 시기 문제를 적 절히 생각해야 한다. 우리의 정욕과 욕망을 그냥 발산해서는 안 되고, 기도와 최선 의 노력을 기울여 그것들을 제어하고 통제함으로써, 우리의 양심을 해치거나 혹 은 적절하고 정당한 것을 범하지 않도록 해야 할 것이다.

플루타르크(Plutarch)는 로마인들이 결혼과 관련하여 모든 부적절한 것들에 대 해 얼마나 신중하게 경계하였는지를 다음과 같이 증언하고 있다: "여자는 남편이 사망한 후 10개월 동안 과부로 지냈다. 누마(Numa)의 법에 따르면, 10개월이 다 하기 전에 결혼하는 자는 누구든지 송아지를 밴 소를 제물로 드리도록 되어 있었다." 결혼에서 시기 문제를 적절히 고려하지 않는 것이 사회적으로나 교회적으로 많은 악행의 원인이 된다. 그러나 일단 정당하게 주 안에서 결혼을 행한 자들은 음행의 경우 이외에는 그들의 결혼 서약을 깨뜨리거나 어겨서는 안 된다.

5. 결혼한 사람들의 의무는 무엇인가?

결혼한 사람들이 상호간에 지켜야 할 공통적인 의무들은 다음과 같다: 1. 상호간의 사랑. 2. 부부의 정절. 서로 상대방만을 끊임없이 사랑해야 한다. 3. 모든 것을 공유함. 상대방의 슬픔과 불행도 함께 나누어야 한다. 4. 자녀의 양육과 교육. 5. 상대방의 약점들을 견디며, 그것들을 제거하고자 하는 바람을 가짐.

　남편의 의무는 다음과 같다: 1. 아내와 자녀들을 먹이고 양육함. 2. 그들을 다스림. 3. 그들을 보호함. 아내의 의무는 다음과 같다: 1. 남편을 도와서 가정에 관한 것을 공급하고 보존함. 2. 남편을 존경하고 그에게 복종함. 이런 의무들이 행해지지 않을 때에, 결혼의 정당한 용도가 크게 금이 가게 된다.

6. 결혼을 거스르는 것들은 무엇인가?

결혼에 반대되는 것들은 순결에 거스르는 것과 동일하다. 1. 음행과 간음. 한 쪽이나 혹은 양 쪽 모두가 부부의 정절과 순결을 범하는 것이다. 2. 성급하고 경솔한 이혼. 과거 로마인들과 유대인들 사이에 흔히 있었고, 오늘날에도 야만족들 사이에 흔히 있다. 음행으로 인하여 생기는 이혼은 이에 해당되지 않고, 다만 한 쪽이 다른 쪽을 버리거나 떠나는 것이 이에 해당된다. 3. 결혼을 금지하는 것.

제 8 계명

제42주일

110문　제 8 계명에서는 하나님께서 무엇을 금하십니까?

답　　하나님께서는 도둑질과 강도질 등 국가가 벌하는 것만을 금하시는 것이 아니고, 이웃의 소유를 우리 것으로 만들고자 사용하는 모든 악한 속임수와 계교들을 도둑질로 간주하시며, 부정한 저울이나 계량, 불량품, 위조 화폐나 고리대금 등 강제로 혹은 합법성을 가장하여 저지르는 것들도 금하시며, 또한 그가 베푸신 은사들을 남용하거나 낭비하는 일도 금하십니다.

111문   이 계명에서 하나님께서 그대에게 요구하시는 것은 무엇입니까?

답   할 수 있거나, 해도 괜찮을 경우에는 어디서든 이웃의 유익을 증진시키며, 남에게 대접을 받고자 하는 대로 나도 남에게 그렇게 대하며, 가난한 자들의 형편을 도울 수 있도록 신실하게 일하는 것입니다.

[해 설]

이 계명은 재물과 소유의 구별을 인정하며 확인한다. 이 계명의 의도는, 하나님께서 생명의 유지를 위하여 각 사람에게 주신 재물 혹은 소유를 보존하게 하고자 함이다. 사람이 도둑질하는 것이 정당하지 못하다면, 이는 곧 각 사람이 합법적으로 자기에게 속한 것을 소유하는 것이 필수적이라는 뜻이 되기 때문이다. 그러므로 하나님께서는 이 계명에서, 우리 이웃의 재물과 소유를 침해하거나 그 소유권을 빼앗거나 혹은 소유권을 의심스럽게 만드는 모든 사기(詐欺)와 간교한 방법과 기술들을 금하시는 것이다. 하나님께서는 이것들을 금하시면서, 동시에 우리 이웃의 재물과 소유들을 보존시키는 데에 기여하는 모든 덕들을 명령하신다. **도둑질하지 말라**는 말씀은 곧, 이웃의 재물을 사기로 네 것으로 만들기를 바라지도 말고 시도하지도 말며, 또한 네 이웃에게 속한 것들을 보호하며 보존하며 그들에게 주라는 뜻이다. 하나님께서는 금하시는 것들을 **도둑질**이라 부르시면서, 그와 유사한 성격을 지닌 모든 죄들을 그 전제와 결과들과 더불어 그 아래에 포괄시켜 정죄하시는 것이다. 도둑질이야말로 가장 극심한 사기이기 때문이다.

제 8 계명에 속한 덕들

I. **상호 교차적 정의**(commutative justice). 이는 재물을 획득하는 데에서 다른 사람의 소유를 탐하지 않고 정당한 법에 따라 재물을 사고 파는 데에 일상적인 계약상의 산술적인 형평을 지키는 덕이다. 상호 교차적 정의는 재물의 획득에 있어서든 재물의 분배에 있어서든, 공로와 보상, 수고와 삯 사이에 형평을 보존하는 데에

있다. 로마 황제 유스티니아누스(Justinian)는 물건들의 소유와 분배에 대해 다음과 같이 쓰고 있다. 곧, 어떤 것들은 본성적인 권리에 의해서 모든 사람들이 공유하는데, 공기나 물, 바다, 해변 등이 이에 해당된다. 어떤 것들은 공공의 것들인데, 강이나 항구 등이 이에 속한다. 어떤 것들은 누구의 소유도 아닌데, 종교적이며 거룩하고 신성한 것들이 이에 해당된다. 그러나 대부분의 것들은 사람들이 사사로이 홀로 소유하며, 갖가지 방식으로 그것들을 획득한다. 그러므로 다른 주인에게 전가되거나 혹은 누군가가 스스로 취하는 것들은 본래 누구의 것도 아니었거나 혹은 어떤 사람의 것이었다. 어떤 사람에게 정당하게 속하는 것들은, 폭력으로 그 정당한 주인의 뜻에 반하여, 혹은 전쟁에 포로가 됨으로써, 혹은 상속이나 계약을 통해서 주인의 동의로 다른 사람의 손에 넘어갈 수 있다. 재물이 상속을 통해서 다른 사람의 소유가 되는 경우, 유언으로 그렇게 되기도 하고, 유언이 없이 그렇게 되기도 한다. **계약**은 소유물을 전가시키거나 주거나 혹은 교환할 목적으로 특정한 사람들 간에 정의롭고 건전한 법에 따라서 맺는 합의다. 모든 계약은 상호 교차적 정의 아래 포함되며, 다음과 같이 10가지 부류로 나눌 수 있다:

1. **매매**(賣買). 사는 사람이 정당한 값을 지불하는 방식을 취하여, 해당 물건이 파는 사람에게서 사는 사람에게로 넘어가는 것이다. 때로는 여기에 그 물건을 다시 파는 조건이 붙기도 하고 붙지 않기도 한다. 돈을 사는 것, 혹은 수입을 받는 것도 이에 속한다. 그것은 땅을 빌려주고 해마다 세를 받는 경우와 마찬가지로, 고리대금으로 보아서는 안 된다. 2. **차용**(借用). 동등한 가치를 지불하고서 특정한 물건의 사용권을 넘겨받는 계약이다. 차용 시에 뭔가를 지불하는데, 그렇다고 해서 동일한 것을 돌려주는 것은 아니고 다만 그와 비슷한 혹은 동등한 가치를 지닌 것을 돌려주는 것이다. 3. **대여**(貸輿). 특정한 물건의 사용을 특정한 기간 동안 다른 사람에게 넘겨주는 것인데, 그 사용에 대한 값을 지불하지 않고 그 기간 후에 그 물건을 그 상태 그대로 되돌려 주어야 한다. 4. **기부**(寄附). 홀로 자의로 소유권을 넘겨줄 권리를 지닌 정당한 소유자가 아무런 보상이 없이 다른 사람에게 어떤 특정한 물건을 넘겨주는 것이다. 그러나 혹시, 무엇이든 정당한 값을 받고서 주는 것을 정의가 요구하는데, 기부에서는 그것이 행해지지 않으므로, 결국 기부는 정의와 상충된다고 말하는 사람이 있다면, 우리는 보상을 받고자 하는 의도로 물건을 주는 경우에만 이것이 해당된다고 답변할 것이다. 5. **교환**. 정당한 소유자들의 동의에 의하여 어떤 물건을 그것과 가치가 동등한 다른 것과 바꾸는 것이다. 6. **임대**

(賃貸). 어떤 물건의 정당한 소유자가 일정한 기간 동안 그 물건의 소유권이 아니라 사용권을 다른 사람에게 맡기는 계약인데, 이때에 사용자는 일정한 금액을 소유자에게 사용료로 지불하여야 하고 계약 기간이 만료되면 그것을 다시 소유자에게 돌려주어야 한다. 7. **보증물**, 혹은 **담보**. 특정한 물건을 다른 사람에게 넘겨주어, 그 사람이 받아야 할 특정한 것들이 지불되기까지 그 권리를 지니도록 하는 것이다. 혹은 특정한 것을 다른 사람에게 넘겨주되, 주어진 기간 내에 지불할 것을 지불하지 못할 경우 그 사람 마음대로 사용해도 좋다는 조건하에서 그렇게 하는 하나의 계약이다. 8. **신탁**(信託). 다른 사람에게 특정한 물건의 소유권이나 사용권을 넘기는 것이 아니고, 그저 그 물건의 보관을 맡겨두는 것이다. 9. **협력**. 특정한 사람들이, 한 사람은 자금을 대고, 또 다른 사람은 노동과 기술을 대는 등의 방식으로 사업상 서로 연관을 맺되, 이익이나 손실을 동등한 비율로 담당하고, 어느 누구도 이익이나 손실 전체를 혼자 다 맡지 않는다는 조건으로 그렇게 하는 하나의 계약이다. 10. **소작**(小作). 농부는 땅을 경작하고 그 대신 소유자에게 특정한 봉사를 행할 의무를 지는 것을 조건으로 하여, 땅의 사용권이나 소유권을 소유자에게서 농부에게로 돌리는 하나의 계약이다. 이런 갖가지 종류의 계약들은 상호 교차적 정의를 좀 더 잘 이행하기 위하여 반드시 준수해야 할 것들이다.

이 덕에 반대되는 것에는, 강도의 경우처럼 폭력으로든, 혹은 도둑질의 경우처럼 사기와 속임수로든, 재산을 불공정하고도 부당하게 넘기는 모든 행위들이 포함된다. **도둑질**은 다른 사람에게 속한 것을 그 사람이 알고 동의하지 않는 상태에서 고의적으로 빼앗아 취하는 것이다. 공적이며 사적인 생활 속에서 도둑질이 갖가지 방식으로 행해지는데, 그 중에 몇 가지를 언급하면 다음과 같다: 1. **횡령**, 혹은 **착복**. 국가나 공공 기관에 속한 것을 임의로 취하는 것이다. 2. **신성모독**. 신성한 것 혹은 거룩한 것을 탈취하는 것이다. 3. **매매상의 온갖 속임수**. 다른 사람의 것을 자기 것으로 만들고자 하여 고의로 계약이나 매매를 성립시키는 데에 사기나 속임수나 악한 방법을 사용하는 것이다. 4. **고리대금**. 차용하거나 임대한 것에서 부당한 이익을 받는 것이다. 그러나 세를 지불하는 모든 정당한 계약이나, 손실이나 매매 혹은 협력상의 정당한 보상은 여기에 해당되지 않는다. 고리대금과 관련하여 많은 의문점들이 있는데, 이에 대해서 우리는 그리스도께서 세우신 법칙에 따라 판단해야 할 것이다: "무엇이든지 남에게 대접을 받고자 하는 대로 너희도 남을 대접하라"(마 7:12).

II. **만족**. 이는 정직하게 획득한 우리의 현재의 소유로 만족하며, 그것으로 빈곤과 기타 불편한 것들을 조용히 견디며, 우리에게 속하지 않은 것이나 불필요한 것을 탐하지 않는 덕이다. 이 덕과 어긋나는 것으로 결핍에 속하는 것에는 **탐욕**과 **도둑질**이 있고, 과잉에 속하는 것은 **가장된 거절**이 있는데, 이는 겉으로는 받기를 원치 않는 것처럼 보이면서도 속으로는 그것을 크게 바라는 것이다. **몰인정함**(inhumanity)은 여하한 것도 전혀 받지 않는 것이다.

III. **신의**(信義: fidelity). 다른 사람의 손실과 박탈에 대해 걱정하고 염려하며, 그런 상태를 변화시키기를 위해 힘쓰며, 또한 우리의 적절한 직업에서 우리에게 맡겨지는 갖가지 의무들을 기꺼이 부지런히 행함으로써 우리와 우리 가족들을 지탱시키는 데에 필요한 것을 소유하고, 또한 다른 이들의 부족한 것들을 공급해 줄 수 있는 것도 소유하여, 결국 하나님께 영광을 돌리고자 하는 덕이다. 이 덕에 어긋나는 극단적인 것들은 다음과 같다: 1. **불성실함**. 다른 이들의 손실이나 상해에 대해 전혀 개의치 않고, 우리의 의무를 부지런히 이행하지 않는 것이다. 2. **소홀함**과 **게으름**. 공공의 선을 걷기를 바라기만 하고, 그 일을 위해 아무것도 스스로 기여하지 않는 것이다.

반론. 그러나 신의는 제 5 계명에서 이미 언급한 바 있다. 그러므로 그것은 여기에 해당되지 않는다.

답변. 동일한 덕이 다른 목적으로 다른 관점에서 다른 계명 아래에서 다루어지는 것은 모순이 아니다. 행위와 덕들의 목적과 의도가 달라지면, 그 덕들과 행위 자체가 달라지는 것이기 때문이다. 신의가 이 계명에서 다루어지는 것은, 다른 사람의 불이익과 손실을 막고자 하며 또한 우리 스스로 양식과 의복 등 필수품들을 획득할 수 있는 그런 일들을 행하고자 하는 열심이 그것에 포함되기 때문이다. 그리고 제 5 계명에서 신의를 다룬 것은 그것이 우리의 의무를 다함으로써 순종하는 것에 관계되기 때문이었다.

IV. **너그러움**(liberality). 올바른 생각과 동기에서, 가난한 사람에게 자기가 가진 필수적인 것을 베푸는 덕이다. 혹은 사회적으로 압력을 받아서나 법적 제재를 받아서가 아니라, 신적이며 본성적인 법에 따라서, 혹은 경건과 순결을 위하여, 풍성한 마음으로 자기의 능력과 다른 사람의 필요에 준하여 ─ 자기가 누구에게 어디에 언제 얼마나 줄 수 있는지를 알아서 ─ 자기의 소유를 다른 사람들에게 전해 주며, 동시에 인색함과 낭비 사이에 중도를 지키는 덕이다.

이 덕에 어긋나는 것으로 결핍에 속하는 것은 **인색함**, **비열함**, **탐욕**인데, 이는 올바른 방법에 의해서나 그릇된 방법에 의해서나 자기의 소유를 늘리고자 하는 욕심에서 나오는 것이며, 혹은 하나님을 신뢰하지 않고 재물의 소유를 신뢰함으로써 하나님께서 합법적인 수단을 통해서 베푸시는 것들로 만족하지 않고, 자기가 아무런 권리도 없는 것을 부당한 수단을 통해서라도 더욱더 많이 갖고자 욕심을 부리며 또한 너그럽게 베풀어야 할 것을 하나님께서 요구하실 때에도 베풀지 않는 것이다. 이 덕에 어긋나는 또 다른 극단은 하나님께서 우리에게 맡기신 것들에 대한 **낭비**에서 드러나는데, 이는 적당한 한계를 넘어서 불필요하게 과도하게 베푸는 것으로 우리의 은사와 소유물을 과다하게 사용하거나 낭비하는 데에서 기쁨을 느끼는 것에서 비롯된다.

V. **친절**. 이것은 너그러움의 한 종류로서, 외인(外人)들과 여행객들과 특히 복음의 교리 때문에 배척당한 자들을 진정한 그리스도인의 사랑과 모든 친절의 의무로써 접대하는 것이다. 혹은 이것은 외인들에게, 특히 신앙 때문에 유배되었거나 진리의 고백을 위하여 강제로 이주하게 된 그리스도인들에게 너그러움과 친절을 베푸는 것이다. 이 덕과 반대되는 것으로는 외인들에 대한 **불친절**과, 또한 그들을 접대하는 데에서 나타나는 **무절제한 친절**을 들 수 있는데, 이것은 너무 지나치게 베푸는 나머지 우리 자신을 위해 필요한 것을 남겨두지 않는 것이다.

VI. **근검**(勤儉: parsimony). 이는 모든 불필요한 소비를 경계하며, 또한 우리 자신과 삶에서 우리와 연관된 자들을 위해 정직하게 획득한 것을 잘 관리하며, 우리의 위로를 위해 필요한 정도 이상을 탐하지 않는 덕이다. **너그러움**은 근검과 연결되어 있다. 근검이 없는 너그러움은 낭비에 빠지게 되고, 너그러움이 없는 근검은 곧 인색함에로 전락해 버리기 때문이다. 그러므로 이것들은 서로 긴밀하게 연결되어 있는 덕들이며, 또한 인색함과 낭비 사이의 중간에 있는 두 가지 덕들인 것이다. 근검절약하지 않는 자는 너그러울 수가 없는 것이다. **너그러움**은 건전한 판단에 따라 우리의 베푸는 것들을 확대시키고, **근검**은 건전한 판단에 따라 그것을 제한시키며, 적절한 정도만큼 보유하며 필요한 만큼 베푼다. 이렇게 해서 이 두 덕들이 동일한 대상에 대해 발휘되며, 이 덕들 사이에 인색함과 낭비라는 두 악이 있어서 한 쪽으로는 너그러움을 거스르고, 다른 쪽으로는 근검을 거스르는 것이다.

VII. **절약**(節約: frugality). 가사(家事)와 관련하여, 정직하게 획득한 것을 필요하고 유용한 것에 적절하고도 유익하게 쓰는 덕이요, 필수적이고 유용한 것들에만 비용을 지출하는 것이다. 이것은 근검과 밀접하게 연관되어 있다. 그러나 이 둘은 동일한 것이 아니다. **근검**은 규모 있게 남에게 베푸는 데에 있고, **절약**은 나를 위하여 적절하게 쓰는 데에 있다. 이 계명에는 이 두 가지가 모두 포함되어 있다. 왜냐하면 이 계명에서 이 둘과 반대되는 낭비가 금지되고 있기 때문이다. 이 덕에 어긋나는 극단적인 것들은 근검에서 언급한 것과 같다.

재물에 관한 우리의 논지에 대한 반론들

반론 1. 사도들은 모든 좋은 것들을 공동으로 소유했다. 그러므로 우리는 모든 것을 공동으로 소유해야 한다.

답변. 1. 그 실례들은 동일한 것이 아니다. 사도 시대에는 재물의 공동 소유가 쉽고 필연적이었다. 그것이 쉬웠던 것은 제자들의 숫자가 적었기 때문이고, 그것이 필수적이었던 것은 당시에는 재산을 팔지 않으면 폭력으로 빼앗길 위험이 컸기 때문이다. 그러나 현 시대의 교회의 경우는 사정이 다르다. 그런 식의 재산의 공유가 쉽지도 않고 필수적이지도 않기 때문이다. 그러므로 사도들은 정당하고 충족한 이유로 그렇게 재물을 공유하였으나, 그런 이유가 오늘날에는 더 이상 존재하지 않는 것이다. 2. 그들은 자유로 그렇게 했고, 어떤 법으로 그런 수단을 쓰도록 강요받은 것이 아니었다. 각 사람이 자기 자신의 의사에 따라서 그렇게 한 것이다. 그러므로 베드로는 아나니아에게, "땅이 그대로 있을 때에는 네 땅이 아니며 판 후에도 네 마음대로 할 수가 없더냐?"(행 5:4)라고 말한 것이다. 그러므로 그것은 자의에 의한 것이었다. 3. 그것은 교회 전체에 관계된 것이 아니라 하나의 특수한 실례였다. 모든 교회들에서 그런 일이 행해진 것이 아니기 때문이다. 마게도냐와 아가야에서 구제물을 모아서 예루살렘으로 보냈던 것을 볼 수 있다. 4. 그것은 일시적인 수단이었다. 처음에 대두되었던 원인이 사라지자 그런 행위가 후에 폐지되었던 것이다.

반론 2. 본성적인 것들은 불변한다. 재물의 공동 사용은 본성적인 것이다. 그러므로 그것은 불변하며, 따라서 오늘날 지켜져야 한다.

답변. 본성적인 것들은 도덕법과 관련되는 부분은 불변하나, 본성적인 은덕과 효용에 관계되는 것은 그렇지 않다.

반론 3. 그리스도께서는 복음서에서 젊은 관원에게 "네가 온전하고자 할진대 가서 네 소유를 팔아 가난한 자들에게 주라"(마 19:21)고 말씀하셨다.

답변. 이는 경우가 다르다. 1. 제자로 부르는 일은 사도직과 관계되는 특별한 일이었기 때문이다. 2. 그리스도께서 이렇게 하신 의도는, 이 젊은 관원이 율법의 완전함에 도달해 있다고 자랑하나 실제로 그가 얼마나 그 율법의 완전함에서 거리가 먼 지를 스스로 깨닫게 하시고자 함이었다. 3. 그리스도께서는 **공동으로 사용하도록 주라**거나 혹은 공공 금고에 보관하라고 말씀하지 않고, **가난한 자들에게 주라**고 하셨다.

반론 4. 모든 것이 그리스도의 것이다. 그러므로 모든 것은 그리스도인들의 것이다.

답변. 우리에게 쓸 권리가 있다는 점에서는 모든 것이 우리의 것이나, 모든 것이 우리의 소유는 아니다. 모든 것이 우리에게 합당하나, 때가 되기 전에 무엇을 손에다 넣는 것은 합당한 일이 아니다.

반론 5. 친구들은 물건들을 공유한다.

답변. 친구들은 물건들을 공유한다. 그러나 정당한 법에 따르면 그 소유권을 공유하는 것이 아니라 사용하고 누리는 일에서만 공유하는 것이다. 혹은 친구들은 그 물건들의 사용과 적절한 이용과 유익과 필연성에 대해서는 건전한 판단에 따라 공유한다. 친구들이 우리에게 요구하기를 우리가 바라는 그것들을 우리도 친구들에게서 요구하는 것이 정당하기 때문이다. 그러나 물건의 소유권에 관해서는 친구들 사이에도 모든 것들을 공유하는 것이 아니다. 각 사람마다 자기만의 구별된 재물의 소유권이 주어져 있기 때문이다. 이미 언급한 바와 같이 이 계명은 개개인의 이러한 구별된 소유권을 인정하고 확인하고 있다. 우리가 도둑질을 하지 말아야 하는데, 그러기 위해서는 우리가 우리에게 정당하게 속하는 소유물들을 필연적으로 갖고 있어야만 한다. 그 이유는 다음과 같다: 1. 우리가 우리 자신과 우리에게 의존하는 자들을 정직하게 부양하고 지원할 수 있도록 하기 위함이다. 2. 교회의 보존을 위하여 뭔가 기여할 수 있는 것이 있도록 하기 위함이다. 3. 우리의 능력에 따라 국가의 관심사를 후원할 수 있게 하기 위함이다. 4. 친구들에게 은덕을 베풀고, 가난한 자와 필요한 자들을 구제하는 일에 기여할 수 있게 하기 위함이다.

제 9 계명

112문 제 9 계명에서는 하나님께서 무엇을 요구하십니까?

답 내가 어느 누구에 대해서도 거짓 증언하지 않으며, 어느 누구의 말도 왜곡시키지 않으며, 헐뜯거나 모략하지 않으며, 말을 들어보지도 않고 경솔하게 판단하거나 정죄하는 데에 참여하지 않으며, 오히려 모든 거짓말과 속임수를 마귀의 일로 알아 피함으로써 하나님의 무거운 진노가 내게 임하는 일이 없도록 하며, 또한 법적인 송사에서와 다른 모든 일들에서도 진실을 사랑하고, 정직하게 진술하고 고백하며, 또한 할 수 있는 만큼 이웃의 명예와 평판(評判)을 보호하고 증진시켜 주는 것입니다.

[해 설]

제9계명의 목적과 의도는 사람들 사이에 진실을 확립시키고 보존시키는 데에 있다. 그러므로 이 계명은 거짓 증언하는 것과 또한 그것과 밀접하게 연관되는 다른 모든 거짓말들을 금한다. **네 이웃에 대하여 거짓 증언하지 말라.** 이 부정적인 명령에는 다음과 같은 긍정적인 명령이 담겨 있다: **네 이웃에 대하여 참되게 증언하라.** 곧, 네가 진실하고자 하면, 진실을 배우고 진실을 말하기를 사랑하라는 뜻이다. 여기서 명령하시는 덕의 머리요 근원은, 이를테면 우리의 말과 생각과 판단과 행실의 **진실성**이요, 또한 우리의 교리의 진리성이다. 여기서 뜻하는 **진실**이란 곧 우리가 말하고 진술하는 것이 우리가 아는 바와 일치하고 부합하는 것을 뜻한다. 우리는 사실 자체와 조화를 이루고 일치하는 발언이나 선언을 진실하다 혹은 참되다고 말한다. 그러므로, 여기서 또한 반대로 **거짓**이라는 근원에서 나오는 모든 악들을 정죄하고 있는 것이다.

제 9 계명에 속한 덕들

I. **진실함**, 혹은 참됨은 의지 속에서 이루어지는 견고한 목적이나 선택으로서 참된 생각과 견해를 끊임없이 포용하고 또한 우리가 처한 여러 처지들에 따라 그것을 의무감을 갖고서 공언하고 변호하는 것이며, 하나님의 영광과 우리 이웃의 안전을 위하여 약속과 계약을 그대로 지키며 우리의 말과 행동으로 모든 헛된 속임수를 피하는 것이다. 이런 목적에 견주어 보면, 마귀는 비록 때때로 진실을 말하기도 하겠지만 그럼에도 불구하고 그는 진실할 수가 없다. 왜냐하면 진실을 말하고 사랑하며 또한 하나님의 영광과 이웃의 안전을 위하여 진실을 증진시키고자 하는 바람이 있는 자만이 진실하기 때문이다. 아리스토텔레스(Aristotle)는 그의 『윤리학』에서 이 덕에 대해서 간결하면서도 지극히 학식 있게 논지를 전개한다. 그는 진실을 정의로 지칭하면서, 자기 자신에게 아무런 유익이 없는데도 불구하고 말에서나 삶에서 진실하며 습관적으로 그런 사람이야말로 **진실한 사람**이라 불러 마땅하다고 한다. 마귀와 사람들이 때때로 진실을 말하기도 하지만 그들이 거짓말쟁이들이요 진실하지 못하다는 것이 여기서도 다시 한 번 드러난다.

진실함은 **자유로운 의사 표현** 혹은 담대함을 포괄하는데, 이는 때와 장소와 처지의 필연성이 요구하는 만큼 두려움 없이 기꺼이 진실을 공언하는 그런 덕이다. 진실의 고백은 이 계명과 제 3 계명에서 모두 명령하고 있는데, 이는 동일한 덕이 다른 계명들에 순종하는 데에도 포함되는 경우가 많기 때문이다. 그러나 여기서는 제 3 계명의 경우와는 관점이 약간 다르다. 제 3 계명에서는 하나님께 드리는 직접적인 예배와 찬양으로서 그것이 요구되지만, 여기서는 우리가 우리의 이웃을 속이기를 원치 않고 그들의 인격과 안전이 보존되기를 바라기 때문에 그것이 요구되는 것이다.

이 덕에 반대되는 것으로 결핍에 속하는 것은 다음과 같다: 1. **거짓** 혹은 **거짓말**. 이는 사기, 속임수, 비방, 험담, 악담, 예의를 지키기 위해 하는 거짓말 등 정직에 반대되는 갖가지 종류의 거짓된 것이 다 여기에 포함된다. 어떤 일에 대한 참된 지식을 얻고자 애쓰지 않는 **소홀함**과 또한 악의가 담겨 있는 **고의적인 무지**(無知)도 여기에 포함된다. 2. **허영, 경솔함**. 이는 거짓말을 할 준비가 되어 있는 상태가 바로 이것이다. 허영된 사람은 자주, 기꺼이 거짓말을 하면서도 전혀 부끄러움이 없는 사람이다. 거짓말을 하고자 하는 바람과 그것을 좋아하는 사람은 거짓말쟁이다. **거짓말**이란 자기의 생각과 또한 사실 자체와 다르게 말하거나 혹은 겉으로 드러나는 표로 선언하는 것이다. **거짓말하는 것**은 자기 자신의 생각과 지식과 어긋나게 행하는 것이다. 진실을 숨기고 덮은 모든 거짓말은 물론 예의로 하는 거짓말이나 악을 행하지 않기 위해 선의로 하는 거짓말도 여기서 정죄하는 것이다. 락탄티우스(Lactantius)는 다음과 같이 매우 올바르게 말하고 있다: "거짓말은 항상 누군가를 해치고 속이는 것이므로 우리는 절대로 거짓말하지 말아야 한다." 그러나 표를 통해서 발설되는 진실은, 그 표를 받는 사람이 그것을 이해하든 하지 않든, 거짓말이 아니다. 그러나 여기서 첨언할 것은, 성도들의 행위들에 대해서 지나치게 엄격하고 심하게 대하지 말아야 하며, 사과할 필요가 없는 일들에 대해서 사과해서도 안 된다는 것이다. 애굽의 산파들이 왕에게 거짓말을 했으나 하나님께 축복을 받았다는 것을 근거로 선의의 거짓말을 변호하는 경우가 많다. 그러나 하나님께서 그들을 축복하신 것은 그들이 거짓말을 했기 때문이 아니라, 그들이 하나님을 두려워하여 이스라엘 자손의 아이들을 죽이지 않았기 때문이었다.

반론. 누구에게도 해를 끼치지 않고 다른 사람을 유익하게 하는 일은 행해도 무방하다. 상대방에게 걸림돌이 되지 않기 위해서 행하는 거짓말은 아무에게도 해를 주지 않고 오히려 선한 결과를 얻게 한다. 그러므로 그런 거짓말을 해도 죄가 되지 않는다.

답변. 소 전제를 인정할 수 없다. 하나님께서 금하시는 것은 언제나 누군가에게 해를 주는 법이기 때문이다. 그리고 그런 거짓말이 누구에게 유익이 된다 할지라도, 그것은 우발적으로 그렇게 되는 것이요, 또한 하나님의 선하심 때문에 그렇게 되는 것이다.

진실에 반대되는 것으로 과잉에 속하는 것은 다음과 같다: 1. **적절하지 않은 진실의 공언**. 그리스도의 말씀처럼 진주를 돼지에게 주는 것이요, 거룩한 것을 개에게 주는 것이다. 그는 이 말씀으로 필요한 경우에 적절한 때에 행하는 것이 아닌 그런 진실의 공언을 금하시는 것이다. **맞지 않는 때에 권고하는 것은 오히려 해가 된다**는 말이 옳은 것이다. 2. **호기심**. 필요치 않은 혹은 불가능한 것에 대해 궁금증을 갖는 것이다. 이 계명에 포괄되는 주요 덕목인 진실에 대해서는 이 정도로 그치기로 하자. 여기서 제시할 다른 덕들은 모두가 진실을 보조하거나, 진실에 기여하는 것들로서, 이를테면 진실의 부록과도 같다 할 것이다.

II. **공정함**(candor). 이는 올바르고 정직하게 말하거나 행한 일을 적절하게 이해하며, 의심적은 일에 대해서도 정당한 이유가 있는 한 호의로 대하는 덕으로서, 충족한 이유가 있다 할지라도 쉽게 의혹을 제기하거나 그것들 속에 탐닉하지 않으며, 그런 의혹에 근거하여 행동을 취하거나 어떤 일을 해결하지 않는 것이다. 혹은 이는 진실과 밀접하게 관계된 덕으로서, 합당한 이유가 있을 때에는 다른 결론들을 인정하며 악의에 빠지지 않으며, 의심쩍은 작은 일들에서 이해하며, 선한 것에 대해 소망을 갖고, 그러면서도 사람들의 생각이 바뀔 수도 있다는 것을 생각하고, 또한 다른 사람의 의도에 대해서도 잘못 판단할 수 있다는 것을 생각하는 것이다. 사람의 마음에 깊이 담겨 있는 것은 절대로 겉으로 드러나지 않기 때문이다.

공정함에 반대되는 것으로 결핍에 속하는 것은 **중상**과 **의심 많음**이다. **중상**(calumny)은 무죄한 자를 아무런 이유도 없이 범죄자로 만들고 허물을 잡는 것은 물론, 전혀 관계없는 말을 근거로 최악의 상황으로 일을 꾸며내며, 거짓된 것을 선전하는 것이다. **의심 많음**(suspiciousness)은 정확하게 혹은 모호하게 말한 일들을 최악의 상태로 이해하며, 선한 일에서 악한 것들을 의심하는 것이요, 아무런 이유도 없이 의심하며, 또한 의심의 이유가 있을 경우에는 그 의심을 최대한도로 키우는 것이다. 때때로 의심을 갖는 것은 정당한 일이다. 바보나 얼간이 취급을 당하지 않으려면 의심하는 것이 필요기도 하다. 그리하여 주께서는 "너희는 뱀 같이 지혜롭고 비둘기 같이 순결하라 사람들을 삼가라"(마 10:16, 17)라고 말씀하신다. 그러나 의심을 갖는 것과 그것에 빠지는 것은 전혀 다른 것이다. **의심**이란 어떤 개연성 있는 충족한 원인에 근거하여 ─ 그것이 진정한 원인이든, 혹은 겉으로 진정한 것처럼 보이든 간에 ─ 어떤 사람에 대해서 악하거나 호의가 없는 생각을 갖는 것이다. 의심에는 선한 의심과 악한 의심이 있다. 1. 상대방이 무죄할 경우나, 우리가 상상하는 원인이 근거가 없을 경우처럼, 거짓되거나 불충분한 원인에서 나오는 의심일 경우는 **악한 의심**이다. 우리의 의심이 정당하고 충족한 근거에 기초할 경우는 **선한 의심**이다. 2. 단순히 의심에 근거해서만 어떤 일을 처리하는 것은 악한 의심이다. 양쪽으로 개연성 있는 이유들이 있을 때에, 문제를 보류하는 것은 선한 의심이다. 3. 의심스럽다는 것에만 근거하여 특정한 사람을 해치고자 하는 의도를 품는 것은 악하다. 그 반대의 경우는 선하다. 4. 의심스럽다는 것에 근거하여 다른 사람을 미워하게 되는 것은 악하다. 선한 의심은 그런 것과는 달리 진행된다.

공정함에 반대되는 것으로 과잉에 속하는 것으로는 **어리석은 경신**(輕信: credulity)과 **아첨**을 들 수 있다. **맹목적인** 혹은 **어리석은 경신**은 정당하고 개연성 있는 이유들이 없는 상태에서 성급하게 혹은 경솔하게 해석하고 동의하는 것이며, 혹은 어떤 발언이나 진술에 대해 의심할 만한 분명하고도 충분한 이유가 있는 데도 그것을 그대로 믿는 것이다. **아첨**은 재물이나 사람의 호응을 얻어내고자 하는 목적으로, 칭찬해서는 안 될 것들을 칭찬하고 높이는 것이다. 그러므로 공정함은 진실함을 조력하는 것이며 혹은 진실함의 일종이며, 따라서 여기서 진실함과 더불어 이것을 명령하고 있는 것이다.

III. **단순함**(simplicity). 이는 얼버무림이나 변명 같은 것이 없는 벌거벗은 그대로의 진실함이다. 혹은, 자신이 이해하고 있는 진실하고 옳은 것을 정직하게 공개적으로 밝히고 행하는 덕이다. 진실함은 공정함과 단순함으로 규모 있고 절제 있는 것이 된다. 이 덕에 반대되는 극단적인 것들은 **가장된 단순함**과, 행동과 언사에서 나타나는 **이중성**(二重性)이다.

IV. **일관성**(constancy). 아는 그대로의 진실에서 떠나지 않으며 필연적이며 충족한 이유가 없이는 그 목적과 계획을 바꾸지 않고, 항상 참되고 정의롭고 필연적인 것을 말하고 행하는 덕이다. 혹은 이것은 한번 발견하여 알고 인정한 진실을 견고히 붙들며 항상 똑같이 공언하고 변호하는 덕이다. 진실의 보존을 위해서는 **일관성**이 필수적이며, 그러므로 이것을 여기서 명령하시는 것이다. 이 덕과 반대되는 극단적인 것으로 결핍에 속하는 것은 **변덕**(inconstancy)이 있는데, 이는 충족한 이유가 없이 이리저리 생각이나 견해를 바꾸는 것이요, 과잉에 속하는 것은 **완고함**(obstinacy)인데, 이는 올바른 것을 납득하면서도 잘못된 견해에 계속 집착하며 부당하고 무익한 일을 고집스럽게 행하는 것이다. 이것은 자기 자신이 지혜롭다고 자신하는 데에서, 혹은 교만과 체면에서 생겨나는 악행으로, 여러 가지 견고한 증거들에 의해서 거짓임이 드러나는 데도 자기 자신의 판단이나 견해를 굴복하기를 꺼리는 것으로 나타난다.

V. **유순함**(docility). 이는 참된 견해들의 이유들을 조사하는 덕으로서, 더 낫고 더 설득력 있고 납득이 되는 것들을 가르치고 보여주는 자들에게 기꺼이 동의하고 기존의 생각을 굴복시키는 것이요, 동시에 참되고 만족스러운 이유들을 인정하고 동의하며 전에 가졌던 것을 기꺼이 버리는 것이다. 이 덕과 반대되는 것은 일관성의 경우와 같다. 유순함은 또한 일관성에게도 필수적이다. 유순함이 없는 일관성은 완고함으로 전락하게 되고, 반면에 일관성이 없는 유순함은 변덕으로 전락하게 되기 때문이다.

이 계명에서 우리가 지금까지 열거한 덕들은 자연적으로 서로 밀접하게 연관되

는 것들이다. 진실성은 반드시 단순함과 공정함을 통해서 통제받고 규제받아야
하며, 유순함으로 인지되고 시인되어야 하며, 공정함을 통해서 보존되어야 한다.
이렇게 해서 지금까지의 여러 가지 덕들이 진실함의 유지에 필수적인 것이다. 그
리고 진실함이 세상에 유익이 되기 위해서는 다음 세 가지의 덕이 필요하다.

VI. **과묵**(寡黙: taciturnity). 이는 언제나 어디서나 적절하다고 여겨지는 경우에,
모르는 일이나 말할 필요가 없는 일에 대해 침묵을 지키며, 동시에 해서는 안 될
말을 생각 없이 무절제하게 하기를 피하는 덕이다. 혹은 참이든 거짓이든 은밀한
일들은 드러내지 않고, 불필요하고 무익한 대화를 피하며, 특히 시의적절하지 못
하며 해롭고 악의로 계산된 말을 피하며, 진실만을 공언하는 것이다. 이 덕과 반대
되는 것으로 결핍에 속하는 것은 수다, 어리석은 말, 배신 등이다. **수다** 혹은 쓸데
없이 말하기를 좋아하는 것은 비밀에 붙여져야 할 모든 것을 그냥 두지 않고 모두
발설하는 것이다. **어리석은 말**은 무절제하게 어리석게 시의적절하지 못하게 말하
는 것이다. **배신**(背信)은 정직한 계획들을 배반하여 같은 동료에게 해를 끼치며,
동료가 위험을 당할 때에 그것을 막는 것이 합당하고 또한 그럴 능력도 있는데도
염려하거나 막지 않고, 오히려 더 나아가서 말할 가치가 없는 것들을 고자질하고,
동료에게 해가 되는 일을 이야기하며, 선의가 없이 그런 일들을 들추어내며, 마지
막으로 거짓이나 해가 되는 일을 발설하는 것이다. 이 덕에 반대되는 것으로 과잉
에 속하는 것에는 까다로움과 지나친 유보적 자세가 있다. **까다로움**(moroseness)
은 진실을 밝혀야 할 때에 침묵을 지키는 데에 있다. **지나친 유보적 자세**(undue
reservedness)는 하나님의 영광과 이웃의 구원을 위하여 공언해야 할 필요가 있을
때에 진실을 드러내지 않고 감추는 것이다.

VII. **친절**(affability), 혹은 말할 준비가 되어 있는 자세. 이는 어떤 필연적이고도
개연성 있는 이유로 하여 적절할 경우에, 선의를 갖고 듣고 답변하고 기꺼이 발언
하는 덕이다. 혹은 이는 면담을 나누는 상대방을 편안하게 해주고 대화나 말이나
몸짓으로 선의의 증거를 보여주는 덕이다. 혹은 선의를 선언하고 증거로써 보여
주며 듣고 답변하는 덕이다. 이 덕에 반대되는 것은 과묵의 경우와 마찬가지다.
친절함이 없는 과묵은 까다로움이 되어 버리고, 과묵이 없는 친절함은 수다나 어
리석은 말로 전락하는 것이다.

VIII. **세련**(urbanity). 이는 진실을 다양하게 적절히 드러내는 것으로, 사람과 때
와 장소 등의 정황을 적절히 고려하여 갖가지 표현 방법을 사용하여 우회적으로

진실을 진술하여 다른 사람들을 감동시키고 교훈을 주며 즐겁게 하는 것이다. 혹은 이는 어느 정도의 친절과 선의를 드러내며 진실을 이야기함으로써 전혀 불쾌감을 주지 않고 다른 사람들을 가르치고 위로하고 사기를 높이고 감동시키는 능력이다. 이 덕에 반대되는 것으로 결핍에 속하는 것에는 무례, 조롱, 험담이 있다. **무례**(scurrility)는 특히 거룩한 일들에 관하여 역겹고 상스럽게 말하는 것이다. "scurra"라는 단어는 그런 식으로 말을 뱉는 사람을 뜻하며, 헬라어로도 **스코르라** 부르는데, 곧 쓰레기라는 뜻이다. **조롱**(raillery)은 특히 동정해야 할 사람들에 대해서 빈정거리고 말을 툭 쏘아대며, 모욕하며 상처를 주는 것이다. **험담**은 다른 사람들에게 복수하고 해치고 그에 대해 편견과 반대를 불러일으키고자 거짓된 사실을 유포하며, 의심스러운 일에 대해서 최악의 경우를 상상하여 둘러대는 것이다. **어리석음**(foolishness)은 전혀 적절치 못하고 엉뚱하게 세련을 가장하는 것이며, **무미건조함**(want of taste)은 세련을 어리석게 모방하는 데에서 나타나는 것이다.

제 10 계명

제44주일

113문   제 10 계명은 우리에게 무엇을 요구합니까?

답   하나님의 계명 어느 하나에게라도 어긋나는 것이면 아무리 작은 욕망이나 생각도 우리 마음에서 일어나지 않게 하고, 언제나 마음을 다하여 모든 죄를 미워하고 또한 모든 의를 즐거워하는 것입니다.

[해 설]

탐심이나 정욕에 관계되는 이 계명이 둘이 아니라 하나라는 사실은 다음의 증거들에서 분명히 드러난다:

1. 이미 밝힌 바와 같이, 모세가 출애굽기 20:17과 신명기 5:21에서 각기 다른 순서로 말씀하고 있다는 사실에서.

2. 모세가 위의 두 본문에서 한 절 속에 그 내용을 모두 포괄시키고 있다는 사실에서.

3. 이 주제에 관한 모세의 모든 말씀을 사도 바울이 한 계명 속에 포함시켜 해석하고 있다는 사실에서. "율법이 탐내지 말라 하지 아니하였더라면 내가 탐심을 알지 못하였으리라"(롬 7:7).

4. 교황주의자들과 기타 사람들이 흔히 십계명의 이 부분을 해설하면서 이웃의 집과 아내를 탐하는 문제를 하나로 묶는다는 사실에서. 그들은 한 가지 동일한 이유에서, 이웃의 아내와 집 등 이웃에게 속한 모든 것들을 탐하는 것을 여기서 금하고 있다고 본다. 그러므로 탐심에 관계되는 계명이 단 하나밖에 없든지, 아니면 탐내지 말아야 할 이웃의 것들의 숫자만큼 계명의 숫자도 많든지 둘 중의 하나가 되는 것이다.

5. 유대인이든 그리스도인이든 권위 있는 고대의 저술가들의 권위에서. 이들의 논지에 대해서는 앞에서 십계명의 구분을 다룰 때에 이미 언급한 바 있다.

이 계명의 목적과 의도는 내적으로 순종하게 하며, 또한 하나님과 우리의 이웃과 그들의 재물 등 다른 모든 계명들에 포함되는 것들에 대한 우리의 모든 감정들을 규제하는 것이다. 혹시 이에 대하여, 그러니 이 계명은 새로운 것을 요구하는 것이 없고 앞의 모든 계명에서 이미 표현된 것이니, 이 계명은 쓸데없다고 반론을 제기하는 사람이 있다면, 우리는 이렇게 답할 것이다: 이 계명은 쓸데없는 것이 아니다. 이 계명은 십계명 전체에 대한 하나의 일반적인 법칙과 해석으로 덧붙여진 것이요, 이에 준하여 다른 모든 계명들에 대한 내적인 순종을 해석해야 하므로, 이 계명은 쓸데없는 것이 아니다. 그러므로 이 계명은 하나님과 우리의 이웃을 향하여 **원시의**(原始義: original righteousness)를 명하는 것인데, 이는 마음으로 하나님을 참되게 하는 것과 그 아는 바 하나님의 뜻에 순종하고자 하는 의지의 성향에 있는 것이다. 이 계명은 또한 탐심을 금하는 것인데, 이는 무절제한 욕망 혹은 부패한 성향으로서 하나님께서 금하신 것들을 탐하는 것이다. 이 계명은 또한 우리의 이웃을 향해서도 원시의를 명령한다. 이는 그의 안전을 보존하고 보호하기 위하여 우리가 해야 할 모든 의무들을 행하고자 하는 욕망과 마음의 성향인 것이다. 이 원시의에 반대되는 두 가지 극단을 여기서 금하고 있다: 1. 우리의 이웃을 향한 **원죄**(原罪: original sin). 이는 **정욕**(concupiscence)이라 불리는데, 이웃에게 해로운 것들을 바라고 원하는 것이다. 2. 이웃에 대한 **무절제한 사랑**. 이는 이웃 때문에 하나님을 소홀히 하는 데에로 이어진다.

어떤 이들은 정욕과 원죄가 동일한 것이라고 주장한다. 그러나 결과가 원인과 다르듯이, 또한 일부분이 전체와 다르듯이, 이 둘도 그렇게 다르다. 정욕이란 하나님의 율법이 금하는 것들에게 이끌리는 성향이다. 원죄는 타락으로 인하여 인류 전체가 빠져 들어간 정죄의 상태요 또한 하나님과 그의 뜻에 대한 지식이 결핍된 상태다.

여기서 간과해야 할 것은, 부패하고 무절제한 성향들이 죄인 것은 물론 악에 대해 생각하는 것도 악을 추구하고 그것을 실행하고자 하는 성향과 관계되는 한 죄라는 사실이다. 어떤 일이 죄인가 아닌가는 본질에 따라서가 아니라 율법에 따라 판단해야 하기 때문이다. 율법을 거스르는 것은 무엇이든, 우리 속에서 난 것이든 아니든 상관없이 죄다.

펠라기우스주의자들은 정욕이 죄라는 것을 부인한다. 그러나 율법은 **탐내지 말라**고 선언한다. 그리고 바울은 이렇게 말씀한다: "율법이 탐내지 말라 하지 아니하였더라면 내가 탐심을 알지 못하였으리라"(롬 7:7). 펠라기우스주의자들은 펠라기우스(Pelagius)와 켈레스티우스(Celestius)의 오류로 인하여 주후 420년과 그 후에 소집된 교회의 여러 공의회들에서 정죄를 받았다.

펠라기우스주의자들의 주요 반론들

반론 1. 본성적인 것들은 죄가 아니다. 정욕은 본성적이다. 그러므로 그것은 죄가 아니다.

답변. 소 전제에는 우발적인 오류가 있다. 무절제한 정욕은 타락 이전에는 없었고 타락 이후에 우리의 본성에 결합되었기 때문이다. 그러므로 그것은 그 자체가 본성적인 것이 아니라 우발적인 경위에 의해서 본성적이 되었고, 그리하여 타락 이후부터 우리가 그것을 타고나는 것이다. 혹은 정욕은, 자체로서 선한 본성에 불가분리의 관계로 연관되는 하나의 악한 우발적 요소라는 의미에서 본성적이라 하겠다. 혹은 다음과 같이 답변할 수도 있을 것이다: 여기서 본성적이라는 단어의 의미가 모호하여 이 삼단논법에 네 가지 조건이 있게 된다. 주 전제에서는 그것이 하나님께서 본성적으로 선하게 창조하신 것을 뜻한다. 곧, 하나님의 뜻에 거스르지 않는 타락 이전의 사람의 본성적인 욕망을 뜻한다. 그러나 소 전제에서는 그것이 창조 시에는 우리에게 속하지 않았다가 타락으로 말미암아 우리에게 드리워진 것을 뜻하는 것이다.

재반론. 이에 대해서 다음과 같은 반론이 제기된다: 사람의 보존에 기여하는 그런 일들을 이루며, 또한 사람에게 해로운 것들을 피하는 본성적인 욕망이나 성향은, 부패한 본성에 속하여 있다 할지라도 죄가 아니다. 그것이 하나님께서 그것을 창조하셨으며, 또한 그 자체로서는 선한 욕망이기 때문이다. 그런데 정욕이 그렇다. 그러므로 그것은 죄가 아니다.

답변. 우리는 주 전제에 대해 이렇게 답변할 것이다: 취향과 욕망들은 그 자체로서는 선하며, 그것들이 욕망 그 자체로만 있는 한에서는 선하다. 그러나 하나님께서 금하신 대상들에게로 향하는 무절제한 욕망들은 경우가 다른데, 우리의 부패한 본성의 취향과 욕망들 모두가 여기에 해당된다. 마땅히 향해야 할 대상들에게로 향하지 않거나, 혹은 합당한 방식과 의도를 갖지 않거나 하므로, 그것들 모두가 부패하고 죄악된 것이기 때문이다. "못된 나무가 아름다운 열매를 맺을 수 없느니라"(마 7:18). 나무의 열매를 바라는 것은 본성적인 것이었다. 그러나 하와처럼 하나님의 분명한 명령에 어긋나는 것을 바라는 것은 그 본질이 악하고 죄악된 것이었다.

반론 2. 우리가 스스로 산출하거나 막는 것이 불가능한 것은 죄가 아니다. 그런데 정욕이 우리 속에 있으나, 그것은 우리가 던져 버릴 수도 없고, 우리 스스로 산출할 수도 없다. 그러므로 그것은 죄가 아니다.

답변. 주 전제가 그릇된 것이다. 죄는 우리 본성의 자유나 필연성으로 가늠되는 것이 아니고 하나님의 율법과 뜻에 의해서 가늠되는 것이다. 율법에 반하는 것은 사람이 피할 능력이 있든 없든 간에 무엇이든 죄다. 하나님께서도 우리가 행할 수 없는 것을 우리에게서 요구하심으로써 우리를 부당하게 대하시는 것이 아니다. 왜냐하면 하나님께서는 그것들이 가능할 때에 우리에게 그것들을 요구하셨고, 또한 우리에게 그것들을 행할 능력을 주셨기 때문이다. 그러므로 우리가 지금 이 능력을 잃어버렸다 할지라도, 하나님께서는 그가 우리에게 맡기신 바를 요구하실 권한을 상실하신 것이 아닌 것이다. 이 주제에 대한 더 상세한 내용은 본 요리문답 제 9 문답 해설에서 논의한 바 있다.

반론 3. 죄는 사람을 하나님의 영원한 진노 아래 있게 만든다. 그러나 정욕은 중생한 자들을 하나님의 진노 아래 있게 만들지 않는다. 그리스도 예수 안에 있는 자들에게는 결코 정죄함이 없기 때문이다(롬 8:1). 그러므로 정욕은 죄가 아니며, 최소한 중생한 자들에게는 죄가 아니다.

답변. 주 전제에는 우발성의 오류가 있다. 정욕이 중생한 자를 정죄하지 않게 되는 일은 하나님의 은혜라는 우발성에 의해서 생기기 때문이다. 하나님의 은혜가 믿는 자들에게 그것을 전가되지 않도록 하기 때문이다. 그러나 그렇다고 해서 정욕이 죄가 아닌 것이 아니다. 이와 마찬가지로 다른 죄들도 중생한 자들을 정죄하지 않는데, 그것들이 죄가 아니기 때문이 아니라 중생한 자들이 그리스도로 말미암아 죄 사함을 얻었기 때문이다.

반론 4. 원죄는 세례 시에 제거된다. 그러므로 정욕은 세례를 받은 자들에게는 죄가 아니다.

답변. 전제는 오류다. 왜냐하면 원죄가 세례 시에 제거되는 것이 아니고, 그 죄의 책임만 제거되는 것이기 때문이다. 부패와 죄에로 기우는 성향은 세례받은 이후에도 여전히 남아 있는 것이다. 스콜라 신학자들은 **죄의 형식적인 부분은 제거되나 그 질료적인 부분은 그대로 남아 있다**고 말하는데, 이것이 바로 그런 의미다. 형식이 사물에게 존재를 부여하는 것이니 죄의 형식적인 부분이 제거되면 그것은 곧 죄 그 자체가 제거되는 것이라는 식으로 이의를 제기한다면, 우리는 특정한 점에서만 참인 진술을 일반적으로 참인 것으로 이해하는 오류가 여기에 있다고 답할 것이다. 죄의 형식적인 부분이 제거되지만 그것은 죄의 책임에 관해서만 그런 것이다. 죄의 형식적인 부분은 다음과 같이 이중적이기 때문이다: 1. 율법에 반대함, 죄에게 이끌리는 성향. 2. 죄의 책임, 혹은 형벌을 당해 마땅한 사실. 여기서 죄의 책임이 제거되어도, 죄에게 이끌리는 성향은 그대로 남아 있는 것이다: "내 지체 속에서 한 다른 법이 내 마음의 법과 싸워 내 지체 속에 있는 죄의 법으로 나를 사로잡는 것을 보는도다" (롬 7:23).

율법에 대한 순종의 가능성

114문 하지만 하나님께로 회심한 자들이 이 계명들을 완전히 지킬 수 있습니까?
답 지킬 수 없습니다. 아무리 거룩한 사람이라도 이 세상에 사는 동안에는 이 순종을 그저 약간 시작하는 것에 불과합니다. 그러나 그들은 순전한 뜻으로 하나님의 계명 중 일부만이 아니라 전부를 좇아서 살기 시작하는 것입니다.

[해 설]

여기서 우리가 주목해야 할 질문은, **율법에 순종하는 일이 어떻게 가능하며, 또한 중생한 자들은 과연 율법을 완전하게 지킬 수 있는가?**라는 것인데, 이는 하나님의 율법이라는 일반적인 주제를 다루면서 일곱 번째로 논의한 것이다. 이 질문을 보다 잘 이해하기 위해서, 우리는 하나님께서 처음 사람을 지으실 때의 사람의 순결하고 거룩한 본성과, 타락한 상태의 사람의 본성, 그리고 중생한 상태의 사람의 본성을 서로 구분할 것이다.

온전한 율법에 완전히 순종하는 것은 죄로 인하여 부패하기 이전의 사람의 본성에게는 가능했고, 그런 상태에서는 순종의 모든 부분과 정도가 마치 천사들의 순종처럼 완전했다. 사람이 하나님의 형상을 좇아 의와 참된 거룩함으로 선하게 창조되었기 때문이다.

그러나 타락 이후의 부패한 상태에 있는 사람의 본성은 율법이 요구하는 바를 이행할 능력이 전혀 없고, 성경의 다음과 같은 선언들에서 나타나는 것처럼 하나님께서 받으실 만한 순종을 시작할 수조차 없다: "이는 사람의 마음이 계획하는 바가 어려서부터 악함이라"(창 8:21), "구스인이 그의 피부를, 표범이 그의 반점을 변하게 할 수 있느냐? 할 수 있을진대 악에 익숙한 너희도 선을 행할 수 있으리라"(렘 13:23), "못된 나무가 아름다운 열매를 맺을 수 없느니라"(마 7:18), "믿음을 따라 하지 아니하는 것은 다 죄니라"(롬 14:23), "전에는 우리도 다 그 가운데서 우리 육체의 욕심을 따라 지내며 육체와 마음의 원하는 것을 하여 다른 이들과 같이 본질상 진노의 자녀이었더니"(엡 2:3), "우리가 무슨 일이든지 우리에게서 난 것 같이 스스로 만족할 것이 아니니 우리의 만족은 오직 하나님으로부터 나느니라"(고후 3:5).

중생한 사람들에게는 율법에 순종하는 일이 가능하다. 1. 외형적인 절제와 정당성에 관계하여. 2. 그리스도의 의의 전가와 관련하여, 혹은 믿음으로 말미암아 얻는 칭의와 중생의 은덕으로 인하여. 3. 금생에서 내적이며 외적인 순종을 시작하는 점과 관련하여. "하나님을 사랑하는 것은 이것이니 우리가 그의 계명들을 지키는 것이라"(요일 5:3). 스스로 하나님을 알고 예배한다고 자랑하면서도 순종이나 중생의 시작이 없는 자는 거짓말쟁이인 것이다.

그러나 중생한 자에게도 하나님에 관해서는 율법이 요구하는 바 내적이며 외적인 완전한 순종은 불가능하다. "주의 종에게 심판을 행하지 마소서 주의 눈 앞에는 의로운 인생이 하나도 없나이다"(시 143:2). 1. 중생한 자들이 율법을 완전하게 실행하지 못하고, 율법을 대적하여 많은 일들을 행하기 때문이다. 2. 율법에 따라 행하는 일들도 불완전하기 때문이다. 왜냐하면 중생한 자들 속에는 원죄를 비롯하여, 소홀히 하는 것과 행하지 않는 것들과 연약한 것들 등, 갖가지 자범죄(自犯罪)들이 여전히 많이 남아 있기 때문이다. 경건한 자들은 자기들 속에서 이 죄들을 인정하고 그것에 대해 슬퍼하는 것이다: "무릇 우리는 다 부정한 자 같아서 우리의 의는 다 더러운 옷 같으며"(사 64:6).

중생한 자들과 중생치 않은 자들이 모두 죄를 짓지만, 그들 사이에는 큰 차이가 있다. 1. 하나님께서는 중생한 자들을 구원하실 목적을 갖고 계신다. 2. 중생한 자들의 경우에는 특정한 최종적인 회개가 반드시 있다. 3. 중생한 자들의 경우에는 죄가 있지만, 동시에 뭔가 시작이, 혹은 참된 믿음과 회심의 씨앗이 항상 남아 있다. 그러나 중생치 않은 자들은 경우가 다르다. 그들의 경우에는 경건한 자들의 경우처럼 하나님께서 그들에 대해서 아무런 목적도 갖고 계시지 않으며, 그들에게는 특정한 최종적인 회개도 없고, 새로운 순종의 시작도 없으며, 회심하지 않는 한 그들은 하나님을 대적하여 고의적으로 끈질기게 죄를 범하기 때문이다.

중생한 자들의 행위의 불완전성에 대한 반론들

반론 1. 성령의 역사들은 불완전할 수가 없다. 중생한 자들의 선행들은 성령의 역사하심이다. 그러므로 그 행위들은 그 자체를 보더라도 완전할 수밖에 없다.

답변. 특정한 점에서만 참인 것을 절대적으로 참인 것처럼 간주하는 오류가 여기에 있다. 성령께서 친히 행하시는 일들은 반드시 순결하고 완전할 수밖에 없다. 그러나 중생한 자들의 선행들이 성령의 역사하심이지만, 절대적인 의미에서 그런 것은 아니다. 그 행위들은 동시에 중생한 자들 자신의 행위이기도 한 것이다. 그러므로, 성령께서 행하시는 한에 있어서는 성도들의 행위가 순결하지만, 그 행위들이 아직 불완전하며 연약한 사람들의 행위인 한에 있어서는 거기에 많은 결점들과 악한 것들이 수반되는 것이다.

반론 2. 그리스도의 형상에 일치하는 자들의 행위는 불완전할 수가 없다. 성도들은 금생에서 그들의 중생과 하나님의 권속에의 입양으로 말미암아 그리스도께 합한다. 그러므로 그들의 행위는 불완전할 수가 없다.

답변. 바로 앞의 반론에서 범한 것과 동일한 오류가 여기에도 있다. 주 전제는 그리스도의 형상에 완전히 화합하는 자들에 관해서 진술하는 것이지만, 소 전제에서 언급하는 성도들은 그들이 이 땅의 삶을 계속하는 동안에는 오로지 부분적으로만 그리스도께 화합하여 있는 것이다. 그리스도에 대한 우리의 지식처럼, 그리스도에 대한 우리의 사랑과 그와 화합하는 것도 마찬가지다. 그런데 금생에서는 사도의 말씀처럼 우리의 지식이 부분적이며, 예언도 부분적이다. 그러므로 그리스도와 화합하는 것도 완전치 못한 것이다.

반론 3. 그리스도 예수 안에 있는 자들에게는 정죄함이 없다(롬 8:1). 성도들은 그리스도 안에 있다. 그러므로 그들의 행위들은 그 자체로도 완전히 선하다.

답변. 여기에는 원인이 아닌 것을 원인으로 보는 오류가 있다. 그리스도 안에 있는 자들에게 정죄함이 없는 것은 중생한 자들의 행위가 완전하기 때문이 아니라 그리스도의 보상이 믿음으로 말미암아 그들에게 전가되기 때문인 것이다. 그러므로 중생한 자들의 행위는 그리스도의 보상이 그들에게 전가된 사실로 인하여 완전하며 따라서 하나님의 심판에서 불순한 것으로 정죄를 받지 않는 것이다.

반론 4. 하나님의 정의는 엄격하여 완전하게 선하지 않은 행위들을 선하게 간주하는 법이 없다. 그런데 그리스도께서는 마지막 심판에서 각 사람을, 따라서 성도들도, 그들의 행위에 따라 심판하실 것이다. 그러므로 성도들의 행위들은 그 자체로서 완전하여 하나님의 심판에 설 수 있다.

답변. 주 전제는 행위에 대한 법적인 보상을 뜻하는 것으로 이해해야 하는데, 소전제는 복음적인 상급을 뜻하는 것으로 이해해야 한다. 좀 더 달리 표현하자면 이렇게 말할 수 있을 것이다: 하나님께서 율법에 대한 완전한 순종의 언약에 따라서 판단하실 때에는 하나님의 정의가 불완전한 행위를 선하게 간주하지 않는다. 그러나 그리스도께서는 성도들의 행위에 상급을 주실 때에 완전한 행위 언약에 따라서가 아니라 믿음의 언약에 따라서나 혹은 믿음으로 말미암아 전가되고 적용되는 그 자신의 의로우심의 언약에 따라서 심판하실 것이다. 그러나 동시에 그는 성도들을 그들의 행위들에 따라서 심판하신다. 행위가 그들의 믿음에서 나오는 것으로 그 믿음의 증거이며, 이 믿음의 열매들로서 그들 속에 있는 것이기 때문이다.

반론 5. 성경은 성도들의 행위에 완전성을 부여한다: "행위가 온전하여 여호와의 율법을 따라 행하는 자들은 복이 있음이여"(시 119:1), "내가 전심으로 주를 찾았사오니 주의 계명에서 떠나지 말게 하소서"(시 119:10), "노아는 의인이요 당대에 완전한 자라 그는 하나님과 동행하였으며"(창 6:9), "아사의 마음이 일평생 온전하였더라"(대하 15:17) 이와 비슷한 성격의 증언들이 성경 도처에서 나타난다. 그러므로 성도들의 행위들은 완전하다.

답변. 이러한 성경의 선언들은 완전성에 대해 말씀하는 것이나, 이 완전성은 부분적으로 외식과 및 가장된 경건과 반대되는 참된 순전함으로 이루어진 것이지, 성도들이 하나님께 드려야 마땅한 그런 완전한 순종에 있는 완전성으로 이루어진 것이 아니다. 성도들은 금생에서 율법이 요구하는 완전한 순종의 경지에 도달하지 못하기 때문이다. 그러나 그럼에도 불구하고, 하나님의 율법에 대한 완전한 순종과 또한 하나님의 계명들에 따라 하나님께 굴복하는 일이 그들에게서 시작되는 것이다. 아무리 거룩한 성도에게도 많은 외식과 죄가 여전히 남아 있으므로 사람은 다 거짓되지만(롬 3:4), 그럼에도 불구하고 완전히 외식적인 자들 ― 이들은 외식을 스스로 기쁘게 여기는 자들로서 마음속에 참된 경건의 시작이나 감각이 전혀 없다 ― 과 또한 스스로 외식의 잔재들을 깨닫고 안타까워하면서 동시에 참된 믿음과 하나님께로의 회심의 시작이 있는 자들은 서로 경우가 전혀 다르다. 전자는 하나님께 정죄를 받으나, 후자는 하나님께서 은혜로 용납하신다. 그러나 하나님께서 그들을 받아들이시는 것은, 그들 속에 순종의 시작이 있기 때문이 아니라 그리스도의 완전한 순종이 그들에게 전가되었기 때문이다. 그러므로 우리는 다음과 같이 덧붙여야 할 것이다. 곧, 회심한 자들은 하나님 보시기에 완전한데, 이는 참된 경건의 각 부분들이 모두 그들에게서 시작되었기 때문만이 아니라 그리스도의 참되고 완전한 의가 그들에게 전가되었기 때문인 것이다. "너희도 그 안에서 충만하여졌으니 그는 모든 통치자와 권세의 머리시라"(골 2:10), "예수는 하나님으로부터 나와서 우리에게 지혜와 의로움과 거룩함과 구원함이 되셨으니"(고전 1:30).

그러나 우리의 반대자들은 다음의 성경 본문들이 성도들에게 완전성을 부여한다고 주장한다: "우리가 온전한 자들 중에서는 지혜를 말하노니"(고전 2:6), "형제들아 지혜에는 아이가 되지 말고 … 지혜에는 장성한 사람이 되라"(고전 14:20), "우리가 다 하나님의 아들을 믿는 것과 아는 일에 하나가 되어 온전한 사람을 이루어 그리스도의 장성한 분량이 충만한 데까지 이르리니"(엡 4:13). 그러나 성경의 이런 선언들에서 "온전한"(혹은, 완전한)이라는 용어는 절대적으로 혹은 전적으로 율법에 일치하는 것을 뜻하는 것이 아니고, 경건의 원리들에서 그렇게 충실하게 서 있지 못한 사람들보다 지식과 확신과 하나님께 순종하고자 하는 기꺼운 자세(와 그것의 실행)가 있고, 육신의 정욕을 제어하고, 십자가를 지는 상태를 뜻하는 것이다. 이 온전함(혹은, 완전함)을 다른 본문들에서 이런 의미로 설명하고 있기 때문이다: "이는 우리가 이제부터 어린 아이가 되지 아니하여 사람의 속임수와 간사한 유혹에 빠져 온갖 교훈의 풍조에 밀려 요동하지 않게 하려 함이라"(엡 4:14), "내가 이미 얻었다 함도 아니요 온전히 이루었다 함도 아니라 오직 내가 그리스도 예수께 잡힌 바 된 그것을 잡으려고 달려가노라"(빌 3:12), "원함은 내게 있으나 선을 행하는 것은 없노라"(롬 7:18). 그러므로 이 온전함은 상대적인 것으로, 하나님의 율법에 관계되는 것이 아니라 복음을 믿는 믿음에서 더 연약하고 확신이 약한 자들과 비교하여 진술되는 것이다.

여기서 우리의 반대자들이 우리의 논지를 반대하는 근거로 흔히 제시하는 다음의 성경 본문에 대해서 논의하는 것이 합당할 것이다: "이로써 사랑이 우리에게 온전히 이루어진 것은 우리로 심판 날에 담대함을 가지게 하려 함이니 주께서 그러하심과 같이 우리도 이 세상에서 그러하니라 사랑 안에 두려움이 없고 온전한 사랑이 두려움을 내쫓나니 두려움에는 형벌이 있음이라 두려워하는 자는 사랑 안에서 온전히 이루지 못하였느니라"(요일 4:17, 18). 그러나 요한의 가르침은, 하나님을 향한 우리의 사랑이 아니라 우리를 향한 하나님의 사랑이 완전하다는 뜻이다. 즉, 그 사랑이 하나님께서 그리스도 안에서 우리에게 베푸신 결과들 혹은 은덕들로 인해서 우리에게 충실하게 표현되고 우리에게 알려진다는 것이다. 바울은 이 사실에 대해서 로마서 5장에서 선언하기를, "우리에게 주신 성령으로 말미암아 하나님의 사랑이 우리 마음에 부은 바 되었다"(5절)는 사실이 우리가 심판의 날을 두려움 없이 확신을 갖고 기다리는 원인이라고 하며, 또한 우리가 이 증표 혹은 증언을 통해서 하나님의 이 사랑과 긍휼하심에 대해 확신을 갖는 것이 바로 성령으로 말미암아 우리가 금생에서 그의 형상에 화합하기 때문이라고 하는 것이다. 우리가 중생으로 말미암아 우리의 칭의에 대해 확신을 갖는데, 이는 결과의 원인을 통해서가 아니라, 원인의 결과를 통해서 이루어지는 것이다. 물론 중생이 금생에서 완전하지 않지만, 그럼에도 불구하고 분명 그것이 시작되기는 한 것이므로, 그것만으로도 우리의 양심에 우리의 믿음의 진실성을 확증하기에 족한 것이다. 그리고 "사랑이 두려움을 내쫓나니"라는 요한의 첨언은 사랑이 아직 우리 속에서 완전하지 못하다는 하나의 증거가 된다. 왜냐하면 우리는 금생에서 하나님의 진노와 심판, 그리고 영원한 형벌에 대한 두려움에서 완전히 구원받지 못하기 때문이다. 두려움과 하나님의 사랑은 서로 반대되는 것인데, 이 둘이 금생에서는 성도들에게 동시에 존재하며, 내생에서 하나님께서 모든 눈물을 씻기심으로써 기쁨이 완전한 승리를 거두고 모든 근심과 두려움을 완전히 내쫓을 때까지 두려움은 줄어들고 하나님 안에 있는 사랑과 위로 혹은 기쁨은 계속 늘어나는 것이다.

반론 6. 다윗은 다음과 같이 말씀한다: "나는 주의 법을 떠나지 아니하였나이다" (시 119:51), "내가 정의와 공의를 행하였사오니" (시 119:121), "여호와여 나의 의와 나의 성실함을 따라 나를 심판하소서" (시 7:8). 그러므로 중생한 자들이 심판 때에 그들의 선행이 하나님의 율법에 완전히 일치하는 것으로 선포할 수도 있다.

답변. 이 본문들은 성도들에게 금생에서 율법에 완전히 일치할 것을 요구하는 것이 아니다. 만일 그렇지 않다면 이 본문들은 앞에서 인용한 바 있는 의인들의 불완전함을 논하는 본문들과 모순을 일으키게 될 것이다. 오히려 이 본문들은 선한 양심의 의로움에 대해 말씀하는 것이다. 다음의 말씀처럼, 선한 양심의 의가 없으면 믿음이 설 수가 없고, 믿음이 없으면 선한 양심이 존재할 수 없는 법이다: "전에 너를 지도한 예언을 따라 그것으로 선한 싸움을 싸우며 믿음과 착한 양심을 가지라 어떤 이들은 이 양심을 버렸고 그 믿음에 관하여는 파선하였느니라" (딤전 1:18, 19). 성도들은 하나님의 심판대 앞에 나아가기를 두려워하지 않으며, 스스로 올바로 행하여 왔다는 의식을 갖고서 위로를 받는다. 그러나 그들이 하나님의 심판에 대해 그렇게 반박할 수 있기 때문도, 스스로 아무 죄도 의식하지 않기 때문도 아니다 ("주께서 죄악을 지켜보실진대 주여 누가 서리이까" 라고 그들은 외치기 때문이다). 오히려 외식이 아니라 신실하게 하나님께 순종하고자 하는 바람이 그들에게 있기 때문이요, 또한 그들의 모든 죄가 그리스도의 피로 말미암아 씻음 받았다는 것과 그들에게서 시작되는 중에 있는 그 순종이 그리스도로 말미암아 하나님의 기뻐하심이 된다는 것, 또한 복음의 약속에 따라서 그리스도로 말미암아 은혜로 그들에게 상급이 주어질 것이라는 것을 충실하게 확신하기 때문이다.

반론 7. "하나님으로부터 난 자마다 죄를 짓지 아니하나니 이는 하나님의 씨가 그의 속에 거함이요 그도 범죄하지 못하는 것은 하나님으로부터 났음이라" (요일 3:9). 그러므로 성도의 새로운 순종은 완전하며 죄가 없다.

답변. 그러나 이 반론은 여기서 사용되는 비유적인 어법을 오해하는 것이다. 요한의 가르침에 따르면, 죄를 짓지 않는다는 것은 죄가 없다는 것이 아니다(그는 요한일서 1장과 2장에서 죄 없는 상태에 대해서 가르친 바 있는데, 그런 상태는 지극히 거룩한 자에게도 일어나지 않는 것이다). 오히려 그것은 죄의 통치 아래 있지 않다는 것이요, 죄를 지속적으로 짓지 않는다는 것인데, 이는 성도들에게 있는 참된 믿음과 경건과 모순이 아닌 것이다.

율법의 용도

115문   이 세상의 삶에서는 누구도 십계명을 완전히 지킬 수 없는데, 하나님께서는 어째서 그 계명들을 그렇게도 엄격하게 선포하십니까?

답   첫째로, 평생토록 우리의 죄악된 본성을 더욱더 알고, 그리하여 그리스도 안에서 죄 사함과 의를 더욱 진지하게 구하게 되도록 하기 위함이며, 둘째로, 이 세상의 삶이 끝난 후 그 완전의 목표에 이르기까지 하나님의 형상을 따라 더욱 새롭게 되게끔 끊임없이 수고하고 또한 성령께서 은혜를 베푸시도록 하나님께 기도하게 하기 위함입니다.

[해 설]

하나님의 율법의 용도에 대해 논의할 때에, 율법의 각 부분들의 차이를 주목하는 것이 필요하다.

모세의 **의식법**(ceremonial law)의 용도는 다음과 같은 것이었다:

1. 우리를 그리스도와 그의 나라에로 인도하는 초등교사의 역할을 함. "율법이 우리를 그리스도께로 인도하는 초등교사가 되어 우리로 하여금 믿음으로 말미암아 의롭다 함을 얻게 하려 함이라"(갈 3:24).

2. 유대인의 교회를 다른 모든 민족들과 구별해 줌.

3. 경건을 시행하는 것이 되고, 도덕법에 대한 순종을 선언해 줌.

4. 믿음을 확증함. 의식법 중에는 할례나 유월절 등의 특정한 성례들, 혹은 언약의 증표들, 그리고 은혜의 인(印)들이 있었는데, 이것들은 하나님께서 장차 오실 메시야로 말미암아 믿는 자들에게 베푸실 은덕들을 선포하는 것이었다.

재판법(judicial law) 혹은 **시민법**(civil law)의 용도는 다음과 같은 것이었다:

1. 모세의 정치 체제의 보존에 기여함.

2. 그리스도의 나라에 속한 교회의 정치의 모형들의 역할을 함. 유대 민족의 왕

들과 군주들도 제사장들에 못지않게 교회의 대제사장이시요 왕이신 그리스도의 모형이었기 때문이다. 그리스도께서 강림하심으로써, 또한 로마인들로 말미암아 모세의 정치체제가 전복됨으로써 옛 경륜의 의식들이 성취되고 폐지되자, 이 용도들이 율법 그 자체와 함께 폐지되었다.

도덕법(moral law)의 용도는 사람의 4중 상태에 따라서 달라진다:

I. 타락 이전의 사람의 본성의 모습처럼, 죄로 말미암아 더러워지지 않은 **부패하지 않은 본성의 상태**. 여기서는 하나님의 율법의 용도가 주로 두 가지였다:

1. 사람이 하나님과 전적으로 완전하게 일치함. 타락 이전 사람은 율법에 대한 완전한 지식을 소유하였고, 그리하여 마음의 성향과 행동 모두가 하나님의 뜻과 일치하였다.

2. 선한 양심, 혹은 하나님의 호의에 대한 의식, 그리고 영생에 대한 확실한 소망. 신적인 정의의 질서에 따라, 율법은 그 요구에 완전한 순종을 하는 자들에게 생명을 약속해 준다: "사람이 이를 행하면 그로 말미암아 살리라"(레 18:5).

II. 아직 성령으로 말미암아 새로워지지 않은 **부패한 본성의 상태**. 여기서도 율법의 용도가 두 가지이다:

1. 교회와 세상에서 질서와 외형적인 규모를 보존함. 하나님께서 친히 모든 사람들의 생각과 마음에 율법을 새겨놓으셨고, 또한 사역자들과 통치자들의 목소리를 통해서 말씀하셔서 중생하지 않은 자들까지도 억제하고 제어하시므로, 그들이 하나님의 성령으로 새로워지지 않은 자들 속에서도 생기는 건전한 이성의 판단에 반대되는 지독하고 노골적인 악을 삼가게 되는 것이다. "율법 없는 이방인이 본성으로 율법의 일을 행할 때에는 이 사람은 율법이 없어도 자기가 자기에게 율법이 되나니 이런 이들은 그 양심이 증거가 되어 그 생각들이 서로 혹은 고발하며 혹은 변명하여 그 마음에 새긴 율법의 행위를 나타내느니라"(롬 2:14, 15).

2. 죄를 깨닫게 함. 율법이 중생하지 않은 모든 자들을 책망하고, 납득하게 하며, 정죄한다. 그들은 하나님 앞에서 불의하며, 따라서 영원한 정죄 아래에 있기 때문이다. "우리가 알거니와 무릇 율법이 말하는 바는 율법 아래에 있는 자들에게 말하는 것이니 이는 모든 입을 막고 온 세상으로 하나님의 심판 아래에 있게 하려 함이라. 그러므로 율법의 행위로 그의 앞에 의롭다 하심을 얻을 육체가 없나니 율법으로는 죄를 깨달음이니라"(롬 3:19, 20), "율법으로 말미암지 않고는 내가 죄를 알지 못하였으니 곧 율법이 탐내지 말라 하지 아니하였더라면 내가 탐심을 알지

못하였으리라"(롬 7:7). 죄를 깨닫게 하고 또한 죄를 향한 하나님의 심판을 깨닫게 하는 율법의 용도는 그 자체가 중생하지 않은 자들에게서 하나님에 대한 미움과 또한 죄를 더 많이 행하는 데에로 이어지며, 만일 그들이 유기된 자들일 경우는 그 것이 그들을 절망 가운데 빠뜨린다: "율법은 진노를 이루게 하나니 율법이 없는 곳에는 범법도 없느니라"(롬 4:15), "죄가 기회를 타서 계명으로 말미암아 내 속에 서 온갖 탐심을 이루었나니 이는 율법이 없으면 죄가 죽은 것임이라"(롬 7:8). 그 러나 택한 자들의 경우는 죄를 깨닫는 것이 우발적으로 회심의 준비 단계가 된다. 하나님께서는 이를 수단으로 하여 그들을 이끄시고 인도하셔서 그들의 불의를 깨 닫게 하시고, 그들 자신에게 아무런 도울 수단이 없음에 대해 절망하게 하시고, 또 한 믿음으로 말미암아 중보자이신 그리스도 안에서 의와 생명을 찾도록 하시는 것이다. "만일 능히 살게 하는 율법을 주셨더라면 의가 반드시 율법으로 말미암았 으리라 그러나 성경이 모든 것을 죄 아래 가두었으니 이는 예수 그리스도를 믿음 으로 말미암는 약속을 믿는 자들에게 주려 함이라"(갈 3:21, 22).

III. 그리스도로 말미암아 회복된 본성의 상태. 중생한 자들의 상태가 이에 해당 되는데, 여기서는 율법의 용도가 여러 가지다:

1. 절제와 또한 율법에 대한 외형적인 순종의 보존. 이미 앞에서 보았듯이 이 용 도는 주로 중생하지 못한 자들에게 해당된다. 그들도 죄를 삼가지만, 그것은 하나 님과 의를 사랑하기 때문이 아니라 형벌과 부끄러움에 대한 두려움과 공포 때문 에 그렇게 하는 것이다. 시인은 다음과 같이 노래하고 있다: "그들은 형벌에 대한 공포 때문에 죄를 미워하도다."

그러나 이와 마찬가지로 이 용도는 경건한 자들에게도 해당된다. 왜냐하면 육 체의 연약함과 부패성 때문에 율법의 경고와 또한 그들 앞에 제시되는 형벌의 실 례들이 그들에게도 필요하고 유용하며, 또한 그들로 하여금 계속해서 임무를 신 실하게 수행하도록 해 주기 때문이다. 하나님께서는 성도들이 부끄럽고 심각한 죄를 범할 때에 그들에게도 극심하게 벌하실 것을 경고하시기 때문이다: "만일 의 인이 돌이켜 그 공의에서 떠나 범죄하고 악인이 행하는 모든 가증한 일대로 행하 면 살겠느냐? 그가 행한 공의로운 일은 하나도 기억함이 되지 아니하리니 그가 그 범한 허물과 그 지은 죄로 죽으리라"(겔 18:24).

2. 죄를 깨닫게 함. 율법의 이러한 용도는, 물론 주로 중생하지 못한 자들에게 해 당되지만, 그럼에도 불구하고 경건한 자들에게도 해당된다. 중생한 자들에게는

율법이 거울과도 같아서, 그 속에서 자기들 본성의 결점과 불완전함을 보게 되며, 그리하여 하나님 앞에서 참되게 낮아지게 되고, 그리하여 참된 회심과 믿음에서 계속해서 진보하게 되기 때문이다. 그리고 그들의 본성이 새로워지는 역사가 진행되는 동안 그들은 더욱더 간절히 기도하고 간구하게 되어, 하나님과 또한 그의 율법에 더욱더 화합하게 되는 것이다. "내 속사람으로는 하나님의 법을 즐거워하되 내 지체 속에서 한 다른 법이 내 마음의 법과 싸워 내 지체 속에 있는 죄의 법으로 나를 사로잡는 것을 보는도다 오호라, 나는 곤고한 사람이로다! 이 사망의 몸에서 누가 나를 건져내랴?"(롬 7:22-24).

"율법이 우리를 그리스도께로 인도하는 초등교사가 된다"(갈 3:24)는 사도 바울의 선언은 우리가 방금 말한 이 율법의 두 가지 용도에 관한 것으로 이해해야 한다. 율법의 이 두 가지 용도는 이미 중생한 자들에게는 물론, 아직 중생하지 않았으나 택함받은 자들에게도 적용되는 것이다. 후자의 사람들에게는 회심을 준비시키는 역할을 하며, 전자의 사람들에게는 회심을 더욱 굳게 하며 앞으로 전진하게하는 역할을 한다. 노골적인 심각한 과실들과 양심을 해치는 범죄들을 싫어하고 삼가지 않으면, 믿음이 불러일으켜지지도 않고 마음속에 남아 있지도 못하기 때문이다. "아무도 너희를 미혹하지 못하게 하라 의를 행하는 자는 그의 의로우심과 같이 의롭고"(요일 3:7).

3. 도덕법의 또 다른 용도는, 하나님께 드리는 예배와 그리스도인의 삶의 규범이 된다는 것이다. "주의 말씀은 내 발에 등이요 내 길에 빛이니이다"(시 119:105), "내가 나의 법을 그들의 속에 두며 그들의 마음에 기록하여 나는 그들의 하나님이 되고 그들은 내 백성이 될 것이라"(렘 31:33), "새 영을 너희 속에 두고 새 마음을 너희에게 주되"(겔 36:26). 율법이 회심 이전의 중생하지 않은 자들에게도 삶의 규범이 되는 것은 사실이다. 그러나 그들에게는 중생한 자들의 경우처럼 하나님께 드리는 예배와 감사의 규범이 되지는 않는 것이다.

4. 교회에서 율법을 해설함으로써, 하나님께서 계시다는 것과 그가 어떤 분이신가를 가르친다.

5. 교회에서 울려 퍼지는 율법의 음성은 참된 교회가 무엇이며 참된 신앙이 무엇인가를 가르치는 확실한 증언이 된다. 율법이 그 순수한 상태로 전달되고 가르쳐지며 또한 올바로 깨달아지는 곳은 오직 교회밖에는 없다. 다른 모든 종교의 체계들은 제각기 다른 방식으로 부패하여 있고, 율법과 더불어 분명한 오류들과 이

단적인 사상들이 한데 뒤섞여 있는 것이다.

6. 사람 속에 있는 하나님의 형상에 대해 우리를 교훈해 준다. 혹은, 타락 이전에 아담에게 있었고 또한 그리스도로 말미암아 우리에게 회복되는 그 원시의의 탁월함에 대한 하나의 증언이 된다고 말할 수도 있을 것이다.

7. 영생을 증언해 준다. 이는 우리가 율법을 완전히 성취하게 될, 장차 미래에 올 영생에 대해 증언해 주는 것이다. 율법은 사람으로 하여금 준수하게 하기 위하여 주어진 것이다. 그런데 금생에서는 그것을 준수하지 못한다. 그러므로 우리가 율법을 완전히 준수하게 되는 또 하나의 생이 남아 있는 것이다.

IV. 금생 이후 **완전히 회복되고 영화된 본성의 상태**에서도 율법의 용도가 있다. 그때에는 율법의 선포나 교회의 사역 전체가 종결되지만, 아직도 택한 자들에게는 율법을 아는 지식이 남아 있을 것이고, 율법의 모든 요구에 대한 완전한 순종과 하나님과의 충만한 화합이 그들에게서 이루어질 것이기 때문이다. 그러므로 우리가 타락 이전에 그러했던 것처럼 하나님의 형상으로 완전히 변화하게 될 그 내생에서도 율법은 동일한 목적을 이루게 될 것이다.

율법을 그리스도의 교회에서 가르치지 말아야 한다고 주장하는 반율법주의자들, 자유방임론자들, 또한 기타 유사한 속된 이단들이 제기하는 주요 반론들

반론 1. 지켜질 수 없는 것은 가르칠 이유가 없다. 율법은 지켜질 수가 없다. 그러므로 그것을 그리스도의 교회에서 가르칠 이유가 없다.

답변. 충분한 이유가 아닌 것을 이유로 강변하는 오류가 여기에 있다. 우리의 존재의 연약함 때문에 율법을 완전하게 순종할 수 없다는 사실만으로는, 교회에서 율법을 가르치는 것이 소용이 없는 충분한 이유가 될 수 없다. 율법을 가르치고 지키게 하는 일이 유익할 뿐 아니라 심지어 필수적이기까지 한 다른 이유들이 얼마든지 있을 수 있고 또한 실제로 그런 이유들이 있기 때문이다. 그러므로 율법의 한 가지 목적 혹은 용도가 사라진다고 해서 다른 목적이나 용도들까지 함께 사라져야 할 이유는 없는 것이다. 만일 율법을 완전히 순종할 수 없다 해도, 최소한 그것을 가르치고 지키게 할 이유는 충분하다. 왜냐하면 그것을 통해서 우리가 우리 자신의 불완전함과 결함을 시인하게 되고, 결국 우리 죄를 씻음과 그리스도 안에 있는 의를 더욱 간절히 사모하고 구하게 되며, 또한 우리 앞에 놓인 목표, 곧 그리스도의 완전함에 이르기를 더욱 진지하게 힘쓰게 될 것이기 때문이다. 이 반론에 대해서 이렇게 답변할 수도 있을 것이다. 곧, 부분적으로만 참인 것을 마치 전체가 참인 것처럼 가정하기 때문에 이 반론은 전혀 힘이 없다고 말이다. 이미 살펴보았듯이 중생한 자들은 율법을 어느 정도 지킬 수 있다. 그러므로, "율법은 지켜질 수가 없다"는 소 전제를 일반적인 의미로 이해하면, 그것은 참이 아닌 것이다.

반론 2. 불가능한 것들을 명령하는 자는 유익하지 못한 것들을 명령하는 것이다. 하나님께서는 그의 율법에서 불가능한 것들을 명령하신다. 그러므로 그는 무익한 것들을 명령하시는 것이요 따라서 결과적으로 율법 그 자체가 아무런 소용이 없는 것이다.

답변. 이 논리는 방금 앞에서 답변한 것과 거의 동일하다. 그러나 "불가능한 것들을 명령하는 자는 유익하지 못한 것들을 명령하는 것이다"라는 주 전제는 다음과 같은 경우에만 성립한다고 말할 수 있다: 1. 그가 명령하는 것들이 절대적으로 불가능할 것일 경우. 2. 그것들이 항상 불가능할 경우. 3. 그 명령이, 그 명령하는 것들이 완전하게 지켜지는 것 외에 다른 목적이 전혀 없을 경우. 그러나, 이미 이 주제와 관련하여 살펴본 대로, 하나님께서 율법을 명령하시고 지키게 하시며 교회에서 가르치도록 요구하시는 데에는 갖가지 목적들이 있다. 여기에는 또한 바로 앞의 반론에서 지적한 것과 동일한 오류가 있다. 곧, 한 가지 이유를 충족한 이유로 간주한다는 것이다.

반론 3. 하나님께서 금생에서 우리에게 주시기를 원치 않으시므로 우리가 얻을 수 없는 것을 우리가 바라서는 안 된다. 그런데 하나님께서는 금생에서 율법에 대한 완전한 순종을 주시기를 원치 않으신다. 그러므로 우리가 그런 순종을 바라는 것도 헛된 일이요, 율법의 가르침으로 그것을 위해 힘쓰는 것도 헛된 일이다.

답변. 하나님께서 바라라고 명령하시며 또한 그것을 얻고자 애써야 할 충분한 이유들이 있는 경우가 아니면, 하나님께서 우리에게 주기를 원치 않으시는 것을 바라서는 안 된다. 그러나 하나님께서는 금생에서 율법의 완전한 성취를 구하고 바랄 것을 명령하신다. 그 이유는 다음과 같다: 1. 하나님께서 그것을 바라는 자들에게 마침내 그것을 이루시기를 목적하시기 때문이요, 여기서 우리가 참으로 마음을 다하여 그것을 바라면 금생 이후에 그것을 우리에게 베푸실 것이기 때문이다. 2. 이 땅에서 우리가 참된 경건에서 진보하게 하고자 하심이요, 우리의 삶을 하나님의 율법의 요구들에 일치하게 하고자 하는 간절한 바람이 날마다 우리 속에서 더욱더 일깨워지고 확증되게 하고자 하심이다. 3. 율법을 이루고자 하는 이런 간절한 바람으로 말미암아 우리 속에서 회개와 순종이 일어나도록 하시기 위함이다.

반론 4. 그리스도는 율법제정자가 아니시다. 그러므로 그의 사역자들은 율법을 가르치고 실행하게 해서는 안 된다.

답변. 중보자라는 주된 직분을 지니고 계신 점에서는, 그리스도께서는 율법제정자가 아니시다. 그러나 그는 다음과 같은 점에서 율법제정자이셨고, 지금도 그러하시다: 1. 그가 하나님이시며, 성부와 더불어 율법의 주인이시라는 점에서. 2. 율법을 부패한 갖가지 오류들에서 자유케 하고 그 진정한 의미를 회복시키는 일이 중보자에게 속한 일이라는 점에서. 이 일이 중보자의 주된 사역은 아니었으나, 그의 직분의 주요 부분인 인류의 화목과 구원을 이루시기 위해서는 그것이 전제되어야 하는 것이었다. 복음의 사역자들에 관한 반론에 대해서도 동일한 답변을 제시할 수 있을 것이다. 그들은 그리스도께서 친히 전하신 것 이외에는 아무것도 교회에게 가르쳐서는 안 되기 때문이다.

반론 5. "율법에 순종하지 않으면 형벌을 받으나, 순종과 형벌이 동시에 양립하지는 않는다"는 법칙에 따르면, 형벌을 통해서 율법을 보상하는 자는 율법에 순종할 필요가 없다. 그런데 우리는 그리스도의 형벌로 말미암아 율법을 보상하였다. 그러므로 우리는 더 이상 율법에 순종할 의무가 없다.

답변. 주 전제에 대해서 한 가지 단서가 필요하다. 형벌로써 보상하는 자는 순종할 의무가 없다. 즉, 그가 행하지 않아서 형벌을 당한 그 동일한 순종은 행할 의무가 없다는 것이다. 그러나 그 다음에 그는 다시 새로이 율법에 순종해야 할 의무가 있다. 율법에 불순종하게 되면 다시 새로운 형벌을 당하게 되는 것이다. 또한, 자기가 아니라 다른 분의 형벌을 통해서 율법을 만족시킴으로써, 자기 자신의 보상이 없이 하나님의 호의를 받게 된 자라도 여전히 율법에 순종해야 마땅하다. 자기 죄에 대한 보상을 행하기 위해서가 아니라, 그렇게 순종함으로써 그를 구속하신 그분에 대한 감사를 나타내기 위한 것이다. 그러므로, 그리스도께서 죽으심으로 우리의 죄에 대해 보상하셨으니, 우리는 과거를 위해서가 아니라 미래를 위해서 순종할 의무를 느껴야 하며, 우리의 구속의 은덕에 대한 감사를 표현하고자 하는 목적으로 그렇게 해야 마땅한 것이다. "이는 죽은 자가 죄에서 벗어나 의롭다 하심을 얻었음이라"(롬 6:7), "우리가 생각하건대 한 사람이 모든 사람을 대신하여 죽었은즉 모든 사람이 죽은 것이라 그가 모든 사람을 대신하여 죽으심은 살아 있는 자들로 하여금 다시는 그들 자신을 위하여 살지 않고 오직 그들을 대신하여 죽었다가 다시 살아나신 이를 위하여 살게 하려 함이라"(고후 5:14, 15).

반론 6. 그리스도인들은 율법의 다스림이 아니라 중생의 성령의 다스림을 받는다. 성경이 "율법은 옳은 사람을 위하여 세운 것이 아니요"(딤전 1:9)라고 말씀하기 때문이다. 그러므로 그리스도인들 사이에서 율법을 가르쳐서는 안 된다.

답변. 그리스도인들은 과연 율법의 다스림을 받지 않는다. 달리 말하자면, 불경한 자들처럼 형벌에 대한 두려움 때문에 율법에 어울리는 행실을 하도록 이끌림을 받는 것이 아니다. 그러나 그럼에도 불구하고 중생한 자들도 다음과 같은 의미에서 율법의 다스림을 받는다. 곧, 어떤 예배가 하나님께서 기뻐하시는 것인지를 율법이 가르쳐 주며, 성령도 이와 마찬가지로 율법의 가르침을 사용하셔서 그들을 참되고 기꺼운 순종으로 마음이 이끌리도록 하신다는 것이다. 그러므로, 물론 그리스도인들의 경우는 정죄가 없지만, 그럼에도 불구하고 우리가 율법에 순종해야 한다는 가르침은 그대로 남아 있는 것이다. 율법에 대한 우리의 순종은 지극히 자유롭고 기꺼운 것이어야 한다. 우리는 육신대로 사는 육신에 빚진 자들이 아니라, 성령께 빚진 자들이다(롬 8:12). 율법은 의인을 위해, 즉 그를 묶어두고 강압하기 위해 주어진 것이 아닌 것이다(딤전 1:9).

반론 7. "너희가 법 아래에 있지 아니하고 은혜 아래에 있음이라"(롬 6:14). 그러므로 율법은 우리에게 해당되지 않는다.

답변. 그러나 이는 사도의 말씀을 오해하는 것이다. "법 아래 있지 아니하고"라는 표현은, 우리가 율법에 순종할 필요가 없다는 뜻이 아니라 율법의 저주로부터 우리가 자유함을 받았다는 뜻이다. 이는 "은혜 아래에 있음이라"는 표현이 그리스도의 은혜로 말미암아 의롭다 하심과 중생함을 얻었다는 뜻인 것과 마찬가지다.

재반론. 그러나 우리의 반대자들은 이렇게 말한다: 율법에 순종해야 하는데도 그 요구하는 것들을 지키지 않는 자들은 정죄 아래 있다. 그러나 우리에게는 정죄함이 없다. "이제 그리스도 예수 안에 있는 자에게는 결코 정죄함이 없나니"(롬 8:1)라고 말씀하기 때문이다. 그러므로 우리는 율법에 순종할 필요가 없다.

답변. 이 삼단논법의 주 전제는 다음의 경우들에만 참이다. 1. 율법에 순종해야 할 의무를 지닌 자가 그 스스로 순종해야 할 경우. 그러나 우리는 우리 스스로가 아니라 그리스도 안에서 순종할 의무를 지니며 또한 그리스도 안에서 순종한다. 2. 그가 율법을 그 스스로 항상, 혹은 언제나 완전하게 순종해야 할 경우. 그러나 우리는 우리 스스로가 금생에서 율법에 완전하게 순종할 의무를 지닌 것은 아니다. 다만 하나님의 모든 계명들에 따라서 그러한 순종을 시작하는 것뿐이다. 영생에 이르면, 우리가 율법에 완전한 순종을 드리게 될 것이다.

반론 8. 율법은 죽이는 조문(條文)이요 사망과 정죄의 직분이다(고후 3:6, 7). 그런데 그리스도인들에게는 정죄함이 없다. 그러므로 율법은 그리스도 예수 안에 있는 그리스도인들에게는 해당되지 않는다.

답변. 여기에는 우발적인 요소를 혼동하는 오류가 있다. 율법 그 자체는 죽이는 조문이 아니기 때문이다. 율법이 그렇게 된 것은 사람의 과오 때문이다. 그들 자신과 율법의 차이를 선명하게 인식하면 할수록 그들의 구원에 대해 더욱더 절망 가운데 빠지게 되고, 그리하여 율법으로 말미암아 죽임을 당하는 것이기 때문이다. 또한 복음이 없이 그저 율법만 있다면, 그 율법은 조문에 불과하다. 즉, 그저 가르치고, 순종을 요구하고, 불순종하는 자들에게 하나님의 진노와 죽음을 선언하는 그런 가르침에 불과하며, 그것이 요구하는 영적인 순종을 산출하지 못한다는 것이다. 그러나 그것이 성령으로 말미암아 복음과 결합하면, 성령의 역사하심이 시작되어 그것이 경건한 자들에게 효과를 발휘하게 된다. 중생한 자들은 기꺼이 즐겁게 율법에 순종하기 시작하기 때문이다. 그러므로 율법은 다음과 같은 경우에 **조문**이다: 1. 복음이 없이 그 자체로 있을 경우. 2. 중생하지 않은 자들에 대하여. 그러나 반면에 **복음은 영이다.** 즉, 복음이 우리 속에서 영적인 순종을 일으키시는 성령께서 일하시는 직분이요 수단이라는 뜻이다. 물론 복음을 듣는 사람마다 모두 성령을 받고 중생하는 것은 아니나, 우리의 마음을 일깨워 율법에 순종하기를 시작하게 하는 믿음이 복음을 통해서 주어지는 것이기 때문이다. 그러므로 율법을 더 이상 교회에서 가르치지 말아야 하는 것이 아니다. 그리스도께서, "내가 율법이나 선지자를 폐하러 온 줄로 생각하지 말라 폐하러 온 것이 아니요 완전하게 하려 함이라"(마 5:17)라고 말씀하시기 때문이다. 그리고 바울도 우리가 믿음으로 말미암아 율법을 굳게 세운다고 말씀한다(롬 3:31). 그리스도께서는 **순종**과 **고난**의 두 가지 면에서 율법을 완전하게 하셨다. 그 스스로는 의롭고 거룩하셨으며, 단 한 번도 율법을 어기신 일이 없으셨다. 그러나 그는 그가 행할 의무가 없는 일들을 우리를 대신하여 행하셨고, 또한 율법의 형벌을 당하신 것이다. 그는 또한 우리 속에서 두 가지 방식으로 율법을 완전하게 하신다. 곧, 율법을 가르치시며 또한 우리에게 그의 성령을 베푸사 우리로 하여금 율법에 대한 순종을 시작하게 하시는 것이다. 이에 대해서는 율법의 폐지에 관하여 논의할 때에 이미 입증한 바 있다.

반론 9. 죄를 더하게 하는 것은 교회에서 가르치지 말아야 한다. 율법은 죄를 더하게 한다(롬 7:8). 그러므로 율법은 가르치지 말아야 한다.

답변. 소 전제에 우발적인 요인을 혼동하는 오류가 있다. 율법이 죄를 더하게 하는 것은 우발적인 요인, 즉 사람의 부패함 때문인데, 그 일은 두 가지로 이루어진다. 1. 사람의 본성이 너무도 부패하였고 또한 하나님으로부터 멀어졌으므로 사람들은 하나님을 기쁘시게 한다고 스스로 알고 있는 바를 이행하지도 않고, 반대로 하나님께서 금하신다는 것을 아는 바를 오히려 열렬히 바라고 사모한다. 2. 사람들이 하나님을 대적하여 불평하고 투덜거리며 그를 미워하고 그에게 등을 돌리고, 율법이 그들의 죄와 또한 그 죄로 인하여 그들에게 드리워지는 형벌에 대한 지식을 드러내 주므로 절망 가운데 빠져갈 때에, 율법이 진노를 이루기 때문이다. 율법 그 자체는 의와, 하나님과의 일치, 하나님을 향한 사랑 등을 산출한다. 그리고 율법 그 자체는 죄를 더한다. 다만 여기서 "더한다"는 단어를 좀 더 다른 의미로 이해해야 한다. 즉, 그 자체로서는 작은 것을 더 크고 위중하게 만든다는 의미가 아니라, 우리의 죄가 얼마나 크고 위중한지를 우리에게 보여주고 깨닫게 해 준다는 뜻이다. 그러므로 주 전제에 있는 "더한다"는 단어의 모호함 때문에 결국 이 삼단논법에는 네 개의 논지가 있는 셈이 되는 것이다.

반론 10. 율법은 구원에 필수적인 것이 아니다. 그러므로 교회에서 율법을 가르쳐서는 안 된다.

답변. 율법의 가르침이 구원을 얻는 데에는 필요하지 않으나, 그럼에도 불구하고 이미 입증한 바와 같이 다른 여러 가지 면에서는 필수적이다.

반론 11. "우리가 다 그의 충만한 데서 받으니"(요 1:16), "그 안에는 지혜와 지식의 모든 보화가 감추어져 있느니라"(골 2:3), "너희도 그 안에서 충만하여졌으니"(골 2:10)라는 말씀들에 따라서 우리는 그리스도 안에서 모든 것을 누리고 있다. 그러므로 우리가 그리스도께로부터 모세에게로 돌아가서도 안 되며, 또한 율법도 그리스도의 교회에는 전혀 필요가 없는 것이다.

답변. 여기에는 전체의 진술로부터 일부에 대한 부정으로 나아가는 오류가 있다. 그리스도께서 우리에게 전해 주신 지혜와 지식 혹은 가르침 전체가 교회에게 충족하며 또한 필수적이다. 그런데 도덕법 역시 이 가르침의 일부다. 그리스도께서는 믿음만이 아니라 회개도 그의 이름으로 전하여야 할 것을 명령하시기 때문이다. 그러므로, 율법의 가르침은 우리가 그리스도 안에서 지니는 그 완전한 지혜에서 제외되는 것이 아니라, 그 속에 포함되어 있는 것이다.

기도

제45주일

116문 그리스도인에게는 왜 기도가 필요합니까?

답 기도는 하나님께서 우리에게 요구하시는 감사의 가장 주요한 부분이기 때문이요, 또한 하나님께서는 그의 은혜와 성령을, 오직 마음으로 탄식하며 쉬지 않고 구하며, 또한 그것에 대해 감사하는 자들에게만 주시기 때문입니다.

[해 설]

기도와 관련해서 할 수 있는 질문들이 많은데, 그 중에 가장 중요하고 요긴한 것들은 다음과 같다:

  1. 기도란 무엇인가?
  2. 기도는 왜 필요한가?
  3. 하나님께서 받으시는 기도에 필수적인 것들은 무엇인가?
  4. 그리스도께서 가르치신 기도의 형식은 무엇인가?

이 질문들 가운데 첫 번째와 두 번째는 본 요리문답 116문답에 속하며, 세 번째는 117문답에, 네 번째는 118문답에 속한다.

1. 기도란 무엇인가?

기도란 참되신 하나님을 불러 아뢰는 데에 있으며, 우리의 결핍 상태를 인식하며 하나님의 은혜에 참여하고자 하는 열심에서 비롯되며, 마음의 참된 회심과 또한 중보자이신 그리스도로 말미암아 은혜의 약속에 대하여 갖는 확신에서 비롯되는 것으로, 우리에게 필요한 물질적이며 영적인 축복들을 하나님께 구하며, 또한 받은 바 은덕에 대해 하나님께 감사하는 것이다. 기도의 일반적 성격은 불러 아룀(invocation) 혹은 앙모(仰慕: adoration)에 있다. 앙모는 하나님께 드리는 온전한 예배의 의미로 자주 사용된다. 이는 우리가 그를 마땅히 예배를 드려야 할 참되신 하나님으로 여기기 때문이다. **기도**란 불러 아룀의 일부분이다. 참되신 하나님을 불러 아뢴다는 것은 곧, 우리의 영혼과 육체를 위하여 필요한 것들을 그에게 구하며 또한 받은 바 은덕에 대해 그에게 감사를 돌리는 것이기 때문이다. 여기서는 기도의 일반적인 성격의 의미로 사용된다. 그러므로 기도에는 두 가지 부분이 있으니, 곧 간구와 감사가 그것이다. **간구**는 영혼과 육체를 위하여 필요한 축복들을 하나님께 구하는 것이다. **감사**는 하나님으로부터 받은 바 은덕들에 대해 감사를 드리고 그것들을 높이 기리는 기도로서, 이런 선물들을 받는 사람들은 마땅히 하나님을 기쁘시게 하는 감사를 돌려야 하는 것이다. 감사하는 것은 일반적으로 받은 바 은덕이 무엇이며 얼마나 큰지를 인정하고 고백하는 데 있으며, 또한 그것을 받은 자들이 그것에 해당되는 가능하고 적절한 임무들을 행하는 것이다. 그러므로 이것은 진실과 정의를 포괄하는 것이다.

사도 바울은 디모데전서 2:1에서 기도의 네 가지 종류들을 열거하면서, "내가 첫째로 권하노니 모든 사람을 위하여 간구와 기도와 도고와 감사를 하되"(딤전 2:1)라고 말씀한다. 여기서 첫 번째는 악한 것들을 물리치기 위한 기도들을 포함하며, 두 번째는 선한 것들을 위한 기도들을 포함하며, 세 번째는 다른 이들을 위한 중보의 기도요, 네 번째는 받은 바 은덕과 물리쳐진 악들에 대한 감사다. 이러한 구분은 기도의 목적 혹은 의도에 따른 것이다.

기도는 또한 사람과 장소의 정황에 따라 공적인 기도와 사적인 기도로 구분된다. **사적인 기도**는 신자의 영혼이 다른 사람들에게서 벗어나서 홀로 자기 자신이나 다른 이들을 위하여 특정한 축복들을 구하거나, 혹은 받은 바 은덕에 대해 감사하면서 하나님과 함께 갖는 교류다. 이 형태의 기도는 어떤 특정한 말이나 장소에 구애받지 않는다. 마음이 답답하고 짓눌려 있을 때에는 한숨과 탄식 외에 아무것도 나오지 않는 경우도 많기 때문이다. 사도는 "각처에서 남자들이 분노와 다툼이 없이 거룩한 손을 들어 기도하기를 원하노라"(딤전 2:8)라고 말씀한다. **공적인 기도**는 특정한 말을 사용하여 온 교회가 하나님께 올려드리는 기도로서, 교회의 공적인 집회를 주관하는 사역자가 인도하는 것이다. 이 형태의 기도에는 언어나 혹은 말의 사용이 필수적이다. 그리하여 그리스도께서는 "너희는 이렇게 기도하라. 하늘에 계신 우리 아버지여…"라고 말씀하신 것이다. 또한 혀가 지음받은 것이 주로 하나님을 찬양하고 그를 높이 기리기 위함인 것이다. 그리고 마음에 가득한 것이 입으로 발설되어 나오는 것이다. 마지막으로, 이 기도를 통해서 다른 이들도 하나님을 찬송하고 예배하도록 초청하는 것이다.

2. 기도는 왜 필요한가?

그리스도인들에게 기도가 필요한 이유들은 다음과 같다: 1. **하나님의 명령.** 하나님께서는 그를 불러 아뢸 것을 우리에게 명령하셨고, 또한 우리가 주로 이를 통하여 그에게 예배하고 그를 찬송하기를 바라신다. "환난 날에 나를 부르라 내가 너를 건지리니"(시 50:15), "구하라 그리하면 너희에게 주실 것이요"(마 7:7), "너희는 기도할 때에 이렇게 하라"(눅 11:2). 2. **우리의 필요와 결핍.** 하나님께 구하지 않으면 우리에게 필요한 축복들을 얻을 수가 없다. 구하는 자들에게 그 축복들을 주시겠다고 약속하셨기 때문이다. 그러므로 구제물을 구하는 일이 거지에게 필수적이듯이, 우리에게도 기도가 필수적인 것이다.

감사의 필요성에 대해서도, 기도의 필요성에 대한 논의가 똑같이 적용된다. 감사를 드리지 않으면, 우리가 받은 것들을 상실하게 되며, 또한 우리에게 필요하므로 반드시 받게 될 것들을 받지 못하게 되기 때문이다. 기도와 감사의 필요성은 믿음에 대해 생각해 보아도 분명히 드러난다. 믿음은 그것을 바라거나 구하지 않는 자에게서는 생겨나거나 더해지지 않는다. 믿음에 대해 감사하지 않는 자는 믿음이 없는 것이다. 참된 믿음을 소유한 자는 모두 하나님의 은혜를 맛보는 것이요, 또한 하나님의 은혜를 맛본 자들은 반드시 그것에 대해 하나님께 감사를 드리며, 더욱더 그것을 사모하는 법이기 때문이다. "우리에게 주신 성령으로 말미암아 하나님의 사랑이 우리 마음에 부은 바 됨이니"(롬 5:5). 성령도 기도를 통해서 받는다. 왜냐하면 그는 그를 바라고 사모하는 자들 외에는 아무에게도 베풀어지지 않기 때문이다.

반론 1. 그러나 악인들도 성령의 갖가지 선물들을 받는데, 그들은 그것들을 구하지도 않고 바라지도 않는다. 그러므로 이런 것들은 그것들을 바라고 구하는 자들에게만 주어지는 것이 아니다.

답변. 사실 악인도 갖가지 선물들을 받는 것은 사실이다. 그러나 믿음, 회개, 회심, 죄 사함, 중생 등 택한 자에게만 고유하게 주어지는 것들은 받지 못한다. 그리고 더 나아가서 그들이 받는 선물들은 그들의 구원에 기여하지 못하고 오히려 그들의 멸망을 돕는다. 그리고, 어린 아이들은 성령을 사모하지 않는데도 그를 받으니, 이는 성령께서 그를 구하고 사모하는 자들에게만 주어지는 것이 아니라는 식으로 반론을 제기하는 자들이 있다면, 우리는 성령께서는 그를 바라는 자 외에는 그 누구에게도 베풀어지지 않는다고 답할 것이다. 곧, 구하고 바랄 능력이 있는 성인(成人)들에게는 그렇다는 뜻이다. 그러나 어린 아이들도 그들 나름대로 성령을 바라는 것이다. 그들이 자기들 나름대로 믿거나 혹은 믿음에로 기울어지는 성향이 있는 것처럼 성령을 구하고 바라는 성향이 그들에게 가능성으로 존재하는 것이다. "어린 아이들과 젖먹이들의 입으로 권능을 세우심이여"(시 8:2).

반론 2. 결과는 그 원인보다 선행하지 않는다. 기도는 성령의 결과다. 성령을 소유하지 않은 자는 누구도 그를 사모할 수가 없고, 오직 성령만이 우리 속에서 기도를 일으키시기 때문이다. 그러므로 성령은 기도를 통해서 받아지는 것이 아니고, 우리가 기도를 하기 전에 우리 속에 계시며, 따라서 그는 그를 사모하는 자들에게만 끊임없이 주어지는 것이 아니다.

답변. 결과는 순서와 본질에 있어서 그 자체의 원인보다 선행하지 않는다. 그러나 시간적으로는 둘 다 함께 공존한다. 그러므로 성령도, 그를 향한 우리의 사모함도, 물론 그 본질에 있어서는 서로 다르나, 우리 속에서 동시에 존재하는 것이다. 성령께서는 우리가 기도를 발설하기 전에 우리 속에 계신다. 그가 우리에게 베풀어지실 그때에 비로소 우리가 처음으로 그를 사모하기 시작하며, 하나님께 구하게 되기 때문이다. 그러나 시간적으로 보면 그는 우리가 기도하는 것과 동시에 그가 우리 속에 계시는 것이다. 그가 우리에게 베풀어지시는 그 순간부터 우리가 성령의 임재를 사모하기 시작하며, 그를 바라고 사모하자마자 그가 우리에게 베풀어지시기 때문이다. 다시 말해서 하나님께서 동일한 순간에 성령에 대한 사모함을 우리 속에 일으키시고 또한 그를 우리에게 주신다는 것이다. 하나님께서는 성령을 위하여 기도하라고 명령하심으로써 우리 속에 성령에 대한 사모함을 일으키시며, 이러한 사모함을 일으키시는 가운데 동시에 그를 구하고 사모하는 자들에게 그를 주신다고 말할 수도 있을 것이다. 그러므로 하나님께서는 태양 빛이 그릇에 떨어지는 것처럼 그렇게 역사하시지 않는다. 성령은 그를 위하여 기도하는 것과 그가 베풀어지시는 것과 그를 받는 일이 동시에 이루어지는 그런 성격을 지닌 선물이신 것이다. 또한 성령의 역사하심의 시작과 또한 우리 속에서의 성령의 역사하심의 증가를 서로 구분할 수도 있다. 전자가 없이는 후자를 사모하게 되지 않기 때문이다. 성령이 그 속에 거하시는 사람 이외에는 그 누구도 성령을 사모하지 않는 법이다. 그러나 앞에서 제시한 첫 번째 답변으로 족할 것이다. 그리스도께서 "하물며 너희 하늘 아버지께서 구하는 자에게 성령을 주시지 않겠느냐"(눅 11:13)라고 말씀하시는데, 성령의 은사와 은혜들의 증가만이 아니라 시작도 여기에 포함되는 것으로 이해해야 하기 때문이다.

117문　하나님께서 기뻐하시고 들으시는 기도는 어떤 성격을 지닙니까?
답　첫째로, 그의 말씀에서 자신을 계시하신 유일하고 참되신 하나님께서 구하라고 우리에게 명령하신 모든 것들을 마음을 다하여 오직 그분에게만 간구하는 것이요, 둘째로, 우리의 필요와 비참함을 올바로 철저하게 알아서 하나님의 위엄 앞에서 우리 자신을 낮추는 것이요, 셋째로, 우리에게 전혀 자격이 없으나 하나님께서 그의 말씀 속에서 우리에게 약속하신 대로 우리 주 그리스도로 인하여 우리의 기도를 반드시 들어주시리라는 것을 든든히 확신하는 것입니다.

118문　하나님께서는 그에게 무엇을 구하라고 명령하셨습니까?
답　영혼과 몸에 필요한 모든 것들인데, 우리 주 그리스도께서 친히 우리에게 가르치신 기도에 담겨 있습니다.

[해 설]

하나님께서 받으시는 기도의 조건들은 다음과 같다:

1. **참되신 하나님께 드리는 것**이어야 한다. 혹은 선지자들과 사도들을 통하여 전해진 말씀으로, 또한 창조와 보존과 구속의 역사로, 자기 자신을 교회에게 계시하신 그 참되신 하나님을 불러 아뢰는 것이어야 한다. 이 참되신 하나님은 바로 영

원하신 성부와 성자와 성령이시다. 바실리우스(Basil)는 이렇게 말하였다: "우리가 받은 바대로 우리가 세례를 받았고, 우리가 세례를 받은 바대로 우리가 믿으며, 또한 우리가 믿는 바대로 우리가 성부와 성자와 성령께 예배를 드리는 것이다."

2. 하나님께서 받으시는 기도의 두 번째 요건은, **하나님의 명령에 대한 지식**이 있어야 한다는 것이다. 하나님의 명령이 없이는 우리의 기도가 상달되는지에 대해 의심이 있을 수밖에 없다. 그러나 하나님의 명령을 똑바로 직시하는 사람은 그의 기도들이 하나님께 상달된다는 것에 대한 충만한 확신을 갖는다. 하나님께서 우리에게 요구하시는 예배가 그를 기쁘시게 하지 않는 것일 수가 없기 때문이다. 그러므로 기도할 때에 우리는 **주께서 내게 명령하셨으니 내가 주를 불러 아뢰옵나이다** 라고 생각하고 이에 대해 확신하여야 하는 것이다.

3. 하나님께 구하여야 할 **일들에 대한 지식**이 또한 효과적인 기도에 필수적이다. 하나님께서는 우리가 무엇을 기도할지를 잘 몰라서 그에게 희미하고 산만한 간구를 드리는 것을 바라지 않으신다. 누군가가 왕 앞에 꿇어앉아서 무엇을 구할지도 모르면서 아무렇게나 구한다면 왕 자신이 모욕과 조롱을 당하는 것으로 여길 것이다. 이와 마찬가지로 하나님께서도 우리가 그에게 구할 바를 생각하기를 바라실 것이다. 그에게 기도하면서 그를 조롱하게 되지 않으려면 그렇게 해야 하는 것이다. 그런데, 우리는 무엇을 구해야 할지를 알지 못한다. 그렇기 때문에 그리스도께서 기도의 한 가지 형식을 우리에게 제시해 주셔서, 우리가 구해야 할 것들의 모든 것을 정리해 주신 것이다. 정리해서 간단히 말하자면, 하나님께서 인정하셨고 약속하신 것이 분명한 그런 것들을 위하여 기도하여야 한다는 것이다. 여기에는 두 가지 종류가 있다. 곧, 영적인 것과 물질적인 것인데, 하나님께서는 이것들을 그에게 구하기를 원하시는 것이다. 영적인 것들은 그것들이 우리의 구원에 필수적이기 때문이요, 물질적인 것들을 구하는 이유는 다음과 같다: 1. 그것들을 바라는 것이 우리의 믿음을 발휘하는 것이 될 수 있고 또한 영적인 것들을 얻는 문제에 대한 우리의 신뢰를 확증해 줄 수 있기 때문이다. 그 이유는 하나님과 화목되지 않고서는 그 누구도 그에게 선한 것을 기대할 수가 없기 때문이다. 2. 이런 작고 사소한 일들조차도 우연히 오는 것이 아니라는 것을 앎으로써, 하나님의 섭리에 대해 고려하고 묵상할 수 있도록 하기 위함이다.

4. 우리의 기도가 받아들여지려면, 하나님께 구하는 일들에 대한 **진정한 바람**이 있어야 한다. 하나님께서는 우리의 기도가 겉모양만 있거나 외식적인 것을 원치

않으신다. 그저 입술에서만이 아니라 진정 마음에서부터 우러나오는 것이어야 하는 것이다. 하나님께서는 우리가 마음의 진지한 바람으로 기도하기를 원하신다. 참된 기도란 입술의 말에 있는 것이 아니고 마음의 한숨과 탄식에 있는 것이기 때문이다. 여호와께서는 "너는 어찌하여 내게 부르짖느냐?"라고 말씀하셨으나, 이때에 모세는 아무 말도 하지 못했다(출 14:15). 그러므로 간절한 바람이야말로 기도에 필수적인 것이다.

5. **우리 자신의 결핍 상태에 대한 지각과 지식**이 있어야 한다. 바로 이것이 우리의 모든 바람이 생겨나는 샘이요 근원이어야 한다. 자기가 절실하게 필요하다고 느끼지 않는 것은 결코 간절하게 바라지 않기 때문이다. 우리는 모두가 하나님이 절실하게 필요한 상태에 있는 것이다.

6. **우리의 결핍 상태를 인정하는 참된 낮아짐**이 있어야 한다. 우리 자신을 비천한 간구자로서 하나님의 위엄 앞에 내어 드려야 한다. 하나님께서는 우리의 간구를 들으셔야 할 하등의 의무가 없으시다. 회심하기 전에는 우리 모두가 하나님의 원수들이었다. 그런데 하나님은 죄인들의 간구를 듣지 않으신다. 즉, 성전의 가장 높은 자리에 서서 기도한 바리새인과 같은 교만한 죄인들의 간구를 듣지 않으신다는 것이다. 그러므로 참된 겸손과 회개, 그리고 회심이 응답받는 기도에 필수적인 것이다. 하나님의 약속들도 회심한 자들에게만 해당된다. 하나님께로 회심하지 않고서는 누구도 믿음으로 기도할 수 없으며, 믿음이 없이는 아무도 기도의 응답을 기대할 수도 없고, 그가 바라는 것을 받을 수도 없는 것이다.

7. 우리와 우리의 기도를 하나님께서 기뻐하신다는 확신이 있으려면 **중보자이신 그리스도에 대한 지식과 그에 대한 신뢰** 역시 필수적이다. 우리가 우리 자신의 가치 때문이 아니라, 오직 중보자로 말미암아서만 하나님을 기쁘시게 하는 것이기 때문이다. 그리하여 다니엘은 주께서 오직 "주를 위하여" 그의 기도를 들으시기를 기도한 것이다(단 9:17). 그리스도께서도 그의 이름으로 아버지께 기도할 것을 명령하신다. 우리의 기도들을 우리의 제단, 곧 그리스도 위에 놓아야 하는 것이다. 그래야만 그 기도들이 하나님께서 받으실 만한 것이 되는 것이다.

8. **하나님께서 기도를 들으신다는 확신**이 있어야 한다. 앞의 조건에 대해서는, 우리가 하나님 앞에서 의롭다는 것을 충만히 확신하기 위해서는 그리스도 안에서 하나님께서 우리와 화목되셨다는 믿음이 필요하다. 그러므로 믿음 또는 우리의 기도가 응답된다는 확신이 필요하다. 왜냐하면 하나님께서 그리스도 안에서 우리

와 화목되셨다는 믿음이 없이는 이것이 있을 수가 없기 때문이다. "너희가 아들이므로 하나님이 그 아들의 영을 우리 마음 가운데 보내사 아빠 아버지라 부르게 하셨느니라" (갈 4:6), "믿음이 없이는 하나님을 기쁘시게 하지 못하나니 하나님께 나아가는 자는 반드시 그가 계신 것과 또한 그가 자기를 찾는 자들에게 상 주시는 이심을 믿어야 할지니라" (히 11:6).

그러나 기도의 응답에 대한 이런 확신에 대해서, 우리가 기도해야 할 것들에 차이가 있다는 점을 주목해야 한다. 영적인 선물들처럼 어떤 선물들은 구원에 필수적이며, 또 물질적인 선물들처럼 그것이 없이도 구원받을 수 있는 그런 선물들이 있다. 전자에 대해서는 우리가 분명 받게 될 것이라는 충만한 확신을 갖고서 적극적으로 사모하고 하나님께 구해야 한다. 후자의 경우도 우리가 바라고 간구해야 하지만, 그것들은 하나님의 뜻에 따라 그의 영광과 우리의 유익을 위하여 우리에게 베풀어주시며, 혹은 그가 보시기에 가장 좋은 다른 것들을 우리에게 베풀어주시기도 한다. 이런 것들에 대해 기도할 때에 우리는 한 나병환자의 모범을 따라서 "주여 원하시면 저를 깨끗하게 하실 수 있나이다" (마 8:2)라고 기도해야 한다. 이렇게 함으로써 신자는 하나님 앞에 기도를 올리며 그 기도가 응답될 것을 바라는 것이다. 우리는 우리에게 유익이 되기보다도 오히려 해가 될 것들을 구하는 때가 많으므로, 만일 하나님께서 우리의 요구를 들으시고 그대로 다 주신다면, 우리가 오히려 해를 입게 될 경우가 많을 것이기 때문이다.

반론. 의심하면서 구하는 자는 믿음으로 구하는 것이 아니며, 따라서 응답받지 못한다. 우리는 물질적인 복들을 의심으로 구한다. 그것들을 위하여 조건적으로 기도하기 때문이다. 그러므로 우리의 그런 기도는 믿음으로 하는 것이 아니다.

답변. 주 전제는 특수한 경우에 해당되거나 혹은 참이 아니거나 둘 중의 하나다. 믿음의 본질로 볼 때에, 물질적인 축복들에 관해서는 충만한 확신이 우리에게 요구되지 않고, 죄 사함과 영생 등 오직 구원에 필요한 영적인 축복들에 대해서만 충만한 확신이 요구되기 때문이다. 물질적인 은덕들에 대해서는 믿음으로 하나님의 말씀에 굴복하고, 우리에게 유익한 것들을 바라고 그것들을 위하여 기도하는 것으로 족한 것이다. 또한 소 전제도 참이 아니다. 물질적인 축복들을 위하여 조건적으로 기도한다고 해서 그것을 얻으리라는 것에 대해 우리가 그저 의심하기만 하는 것이 아니기 때문이다. 우리가 하나님께 구하는 물질적인 축복들이 우리의 구원에 기여할 경우에는 반드시 그것들을 받게 되리라는 것을 믿는다. 그리고 그것들이 우리에게 해가 된다면 그것들을 받기를 바라지 않는 것이다. 그러므로 우리는 하나님의 말씀에 굴복하고 그의 뜻에 맡기면서 믿음으로 구하는 것이요, 또한 하늘에 계신 우리 아버지의 기뻐하시는 뜻에 따라서 응답하시기를 간구하는 것이다. 믿음은 하나님의 말씀과 그의 뜻에 자신을 굴복시키는 것이기 때문이다. 그러나 하나님의 기뻐하시는 뜻은, 영적인 것들에 대해서는 단순히, 또한 물질적인 것들에 대해서는 조건적으로 바라고 구하는 데 있으며, 또한 영적인 것들은 반드시 받을 것이며 물질적인 것들은 그것들이 하나님의 영광과 우리의 구원에 기여하는 한도 내에서 받을 것이라는 것을 충만히 납득하는 데 있는 것이다. 우리는 이렇게 기도하는 가운데, 우리의 기도를 하나님께서 들으신다는 것에 대해 추호도 의심이 없는 것이다.

9. **하나님의 약속에 대한 지식과 또한 그 약속에 대한 확신**이 있어야 한다. 하나님께서는 지금까지 제시한 조건들을 준수하여 자기에게 부르짖는 자들에게는 그들의 간구를 들으시겠다고 약속하신다. "환난 날에 나를 부르라 내가 너를 건지리니"(시 50:15), "그들이 부르기 전에 내가 응답하겠고 그들이 말을 마치기 전에 내가 들을 것이며"(사 65:24). 우리가 하나님께 구하는 바를 그가 들으실 것이라는 약속이 없다면 믿음도 없고, 믿음이 없다면 기도가 아무런 소용이 없다. 하나님의 약속에 대한 믿음을 갖고 그 약속들에 근거하여 기도하지 않는다면, 기도가 아무런 소용이 없고 선한 양심으로 뭔가를 얻기를 바랄 수도 없는 것이다. 하나님의 약속에 대한 확신은 기도 응답에 대해서는 물론 우리의 구원에 대해서도 확신을 갖게 하며, 그러한 확신은 하나님을 불러 아뢰고자 하는 바람을 우리 속에서 불러일으키며 또한 그에게 간구하도록 만드는 것이다.

하나님께서 받으실 만한 기도에 필수적인 것으로 제시한 이런 조건들을 볼 때에, 경건한 자들의 기도와 불경한 자들의 기도가 서로 얼마나 다른가 하는 것이 곧바로 드러난다. 경건한 자들은 기도로 하나님께 가까이 나아가는 중에 이 모든 조건들을 준수하기를 원한다. 그러나 불경한 자들은 이 모든 것들을 무시하거나 아니면 그 중에 한두 가지 정도만 지키고 나머지는 무시해 버리는 것이다. 어떤 이들은 처음부터 오류를 범한다. 곧, 하나님의 본성과 뜻에 대한 그릇된 지식 때문에 기도의 문지방도 넘어서지 못하며, 응답받는 기도에 필수적인 첫 번째 요건을 범하고 마는 것이다. 어떤 이들은 악한 것이나 확실치 않은 것이나 하나님께서 인정하지 않으시는 것들을 구하는 잘못을 범하며, 어떤 이들은 외식적으로 하나님께 축복을 구하며, 어떤 이들은 결핍의 상태에 대한 아무런 의식이나 지각이 없이 기도하며, 어떤 이들은 중보자이신 그리스도에 대한 신뢰가 없이 기도하며, 어떤 이들은 간구하는 것들이 응답되기를 구하면서도 계속해서 죄를 범하며, 어떤 이들은 구원에 필수적인 것들을 구하면서도 그것을 믿지 않기도 하고, 어떤 이들은 하나님께 기도하면서도 하나님의 약속에 대해 한 번도 생각하지 않고 믿음이 없이 구하며, 그리하여 기도에 아무런 응답도 받지 못하는 것이다.

119문   주께서 가르치신 기도는 무엇입니까?

답   "하늘에 계신 우리 아버지여, 이름이 거룩히 여김을 받으시오며, 나라가 임하시오며 뜻이 하늘에서 이루어진 것 같이 땅에서도 이루어지이다. 오늘 우리에게 일용할 양식을 주시옵고 우리가 우리에게 죄 지은 자를 사하여 준 것 같이 우리 죄를 사하여 주시옵고, 우리를 시험에 들게 하지 마시옵고 다만 악에서 구하시옵소서. 나라와 권세와 영광이 아버지께 영원히 있사옵나이다. 아멘."

[해 설]

그리스도께서 가르치신 기도의 형식은 마태복음과 누가복음에 나타난다. 이것은 의심의 여지도 없이, 세상에서 행해진 기도 가운데 최고의 기도요 가장 완전한 형태의 기도다. 그 기도는, 친히 하나님의 지혜시요 또한 그의 기도를 하늘 아버지께서 언제나 들으시고 응답하시는 그리스도께서 행하신 것이다. 이 기도는 또한 영혼과 육체를 위하여 필요하여 간구해야 할 모든 것들을 지극히 압축된 형식으로 다 포함하고 있다. 또한 이것은 우리의 모든 기도들이 본받고 따라가야 할 하나의 규범 혹은 패턴인 것이다.

그런데 때때로 다음과 같은 질문을 제기하는 경우가 있다: **기도할 때에 반드시 이 기도의 형식을 고수하여야 하고, 다른 언어나 표현을 사용해서는 안 되는가?** 우리는 이 질문에 대하여 다음과 같이 답변하고자 한다: 그리스도께서 이 형식을 제시하신 것은 이 표현들을 고수하도록 하기 위함이 아니라 **우리가 하나님께 어떤 것들을 구하여야 하며 또한 그것들을 어떻게 구하여야 하는가**를 알게 하기 위함이었다. 이 기도는 우리가 간구하여야 할 것들과 간구하여야 할 자세에 관한 하나의 일반적인 형식인 것이다. 우리에게 필요한 구체적인 은덕들이 있는 경우가 많은데, 이것들에 대해서 하나님께 간구하여야 한다. 그리하여 성경은 이렇게 말씀하는 것이다: "너희가 무엇이든지 아버지께 구하는 것을 내 이름으로 주시리라"(요 16:23), "너희 중에 누구든지 지혜가 부족하거든 모든 사람에게 후히 주시고 꾸짖지 아니하시는 하나님께 구하라 그리하면 주시리라"(약 1:5), "너희가 도망하는 일이 겨울에나 안식일에 되지 않도록 기도하라"(마 24:20). 그러나 이 기도의 표현에서는 이런 간구거리들이 나타나지 않는다. 이 기도와 표현에 있어서 다른 기도의 실례들이 구약과 신약에 얼마든지 많이 나타난다. 여호사밧의 기도(대하 20:6)나 솔로몬의 기도(왕하 8:15)나 다니엘의 기도(단 9:4)가 그렇고, 그리스도 자신의 기도(요 17:1)나 사도들의 기도(행 4:24)도 그렇다. 그러나 이 기도들도 하나님께서 들으시고 응답하셨다. 그러므로 그리스도께서 제시하신 이 형식은 그 구체적인 표현에 있어서는 반드시 지켜야 하는 것이 아니다.

반론 1. 그러나 우리가 그리스도보다 더 지혜로운 체해서는 안 된다. 그러므로 그가 기도의 특정한 형식을 제시하셨으니, 우리는 그것으로 만족해야 하며, 다른 기도의 형식을 사용하면 그것은 잘못을 범하는 것이다.

답변. 만일 그리스도께서 기도의 표현을 지정하고자 하는 의도로 이 기도를 가르치셨다면, 이 형식에 벗어나는 것은 잘못일 것이다. 그러나 그는 이 기도의 언어 자체를 고수하게 하고자 하는 의도를 가지신 것이 아니다. 제자들에게 이 기도 형식을 주시면서 그렇게 기도하라고 하실 때에 그가 의도하신 목적은 그들에게 우리가 기도 시에 하나님께 구할 일들을 요약하여 정리해 주는 데 있었던 것이다.

반론 2. 더 나은 것을 만들어낼 수 없는 것은 반드시 보유해야 한다. 그런데 우리는 주께서 가르치신 기도보다 더 나은 기도 형식을 만들어낼 수도 없고 더 적합한 말들을 찾을 수도 없다. 그러므로 그리스도의 기도의 형식과 말들을 그대로 보유해야 한다.

답변. 그리스도께서 제시하신 이 형식이야말로 우리가 기도 시에 구해야 할 모든 것들을 정리해 주는 것이므로, 동일한 내용을 표현할 목적으로는 이보다 더 나은 형식이나 이보다 더 적합한 표현들은 만들어낼 수가 없다. 그리스도께서 제자들이 본받도록 하기 위하여 이 기도 형식에서 제시하신 그런 종류의 은덕들을 표현하는 데에는 그보다 더 나은 형식이 없다. 그러나 그리스도께서는 우리의 필요에 따라 구체적인 사항들로 내려가 그것들과 관련되는 특별한 은덕들을 위해 기도하기를 원하시는 것이다. 그리스도께서 제시하신 형식은 다만 특정한 주제들 혹은 제목들 이상 아무것도 아니다. 그 형식 속에 우리에게 필요한 모든 영적이며 물질적인 축복들이 다 포괄되는 것이다. 그러므로 그리스도께서 이 일반적인 은덕들을 위해 기도하라고 명하실 때에, 그는 동시에 그 일반적인 것 속에 포함되는 모든 특별한 은덕 하나하나를 위해 기도하라고 명령하시는 것이다. 그리고 더 나아가서, 여기서 일반적으로 표현되는 그것들을 우리는 구체적으로 명시하여야 한다. 그렇게 함으로써 우리의 필요에 대해 생각하게 되고, 하나님께서 우리의 필요를 도우시기를 구할 마음이 생기게 되는 것이다. 그러나 그렇게 할 수 있기 위해서는 우리가 우리에게 합당한 특별한 기도의 형식을 사용해야만 한다. 일반적인 것을 특별한 것으로 설명하기 위해서는 다른 형식의 표현들이 반드시 필요하기 때문이다. 그리하여 아우구스티누스는 성경에 나타나는 성도들의 모든 기도들이 주님 가르치신 기도에 포함되어 있다고 선언하는 것이다. 그는 또한, 우리는 기도할 때에 그 동일한 내용을 다른 언어를 사용하여 표현할 자유가 있으나, 이 기도에 포함된 내용과 다른 것들에 대해서는 기도가 허용되지 않는다고 덧붙인다.

주기도문

제46주일

120문 그리스도께서는 왜 하나님을 "우리 아버지"로 부르라고 명하셨습니까?
답 하나님을 향한 이런 아이 같은 공경심과 신뢰가 우리 기도의 근거이어야 마땅한데, 기도의 처음 시작부터 그것을 우리 마음속에 각성시키시기 위함이었습니다. 다시 말해서, 하나님께서 그리스도로 말미암아 우리 아버지가 되셨으므로 우리가 참된 믿음으로 그에게 구하는 것에 대해서는, 우리 부모가 땅의 것들을 우리에게 주기를 거절하지 않는 것보다도 훨씬 더 거절하지 않으시리라는 사실을 마음속에 각성시키시기 위함이었습니다.

[해 설]

주기도문은 세 부분으로 이루어져 있는데, 서언과 간구, 그리고 결론이 그것이다.

서언은 **하늘에 계신 우리 아버지여**라는 말에 포함되어 있다. 이것은 다시 두 부분으로 되어 있다. 하나는 참되신 하나님을 불러 아뢰는 것으로 **우리 아버지여**라는 말에 들어 있고, 또 하나는 참되신 하나님에 대한 묘사로서 **하늘에 계신**이라는 말로 표현된다. 그리스도께서 이런 식으로 기도하라고 하신 이유는, 하나님께 합당한 존귀로써 그를 불러 아뢰는 것을 하나님께서 바라시기 때문이다. 하나님께 합당한 존귀의 요소는 다음과 같다: 1. 참된 지식. 2. 신뢰. 3. 순종. **순종**은 참된 사랑과 두려움과 소망과 낮아짐과 인내를 포괄한다.

우리 아버지여. 하나님은 다음과 같은 점에서 우리 아버지이시다. 1. 우리의 창조와 관련하여. "아담의 자손은 곧 하나님의 자손이다." 2. 우리의 중보자이신 그리스도로 말미암은 우리의 구속과 하나님의 호의에 영접된 사실과 관련하여. 그리스도께서는 하나님의 독생자시요, 본성적인 하나님의 아들이시다. 우리는 본질상 진노의 자식인데, 그리스도로 말미암아 하나님의 자녀로 입양된 것이다. 3. 성령으로 말미암는 우리의 성화 혹은 중생과 관련하여.

그리스도께서는 우리가 하나님을 **아버지**라 부르며 그에게 말씀하기를 원하신다. 1. 이는 **우리로 하여금 하나님께 참된 기도를 드리게 하기 위함**이니, 그는 우리 주 예수 그리스도의 아버지이시다. 2. **참된 지식**을 위함이다. 곧, 우리로 하여금 하나님께서, 우리가 그의 원수였을 때에 우리의 중보자이신 그의 아들로 말미암아 우리를 그의 자녀로 입양시키신 우리의 아버지이심을 알고 시인하게 하기 위함이다. "내가 내 아버지 곧 너희 아버지, 내 하나님 곧 너희 하나님께로 올라간다"(요 20:17). 바로 그 하나님께서 우리를 성령으로 말미암아 중생케 하시고, 우리에게 필요한 모든 선한 것들을 베푸시는 것이다. 3. 하나님을 향하여 **참된 존경**을 기리게 하기 위함이다. 그가 우리 아버지이시므로, 우리는 자녀들로서 합당하게 행동하게 되고, 자녀들이 아버지에게 가져야 할 존경을 하나님에 대해 갖고 기리는 것이 마땅한 것이다. 우리가 입양된 자녀들이요 하나님의 은덕을 받을 자격이 없는 자들이기 때문에 더욱더 그러한 것이다. 4. **확신**을 위함이다. 하나님께서 우리의 구하는 바를 들으시고 우리의 구원에 관한 모든 일들을 우리에게 베푸시리라는 것을 확신하게 하기 위함이다. 우리가 기도를 드리는 하나님이 바로 우리의 아버지이시며, 우리를 위하여 그 독생자를 보내사 죽게 하실 만큼 우리를 극진히 사랑하신 분이시니, 우리의 구원에 필요한 모든 것들을 우리에게 어떻게 주시지 않으시겠는가?(롬 8:32). 5. **창조를 기억**하게 하기 위함. 하나님께서 오직 그에게 그렇게 간구하는 자만을 들으시는 것은, 그들에게서만 그가 그의 축복들의 목적을 얻으시기 때문이다.

반론 1. 우리는 그리스도의 명령에 따라 성부께 아뢴다. 그러므로 성자와 성령께 아뢰어서는 안 된다.

답변. 여기서 제시하는 결론을 인정할 수 없다. 특정한 속성들이 삼위 중 어느 한 분에게 돌려질 때에 그 나머지 분들에게는 그 속성들이 해당되지 않는다는 식으로 추정하는 것은 올바른 결론이 아니기 때문이다. 또한, **아버지**라는 이름이 하나님의 이름으로서 피조물과 대비하여 사용될 때에는, 그 이름을 본질을 지칭하는 것으로 이해해야 한다. 그리고 삼위 중 다른 위격들과의 관계 속에서 사용될 때에는 위격을 지칭하는 것으로 이해해야 한다. 그러므로 **아버지**라는 이름은 여기서 본질을 지칭하는 것으로 이해해야 한다. 그 이유는 분명하다: 1. **아버지**라는 이름이 여기서 삼위 중 다른 위격과 대비하여 사용되지 않고, 그를 부르는 피조물들과 대비하여 사용되기 때문이다. 그리하여 이사야 선지자는 그리스도를 가리켜 **영존하시는 아버지**라 부르는 것이다(사 9:6). 2. 삼위 중 어느 한 위격이 지칭될 때에라도 외형적인 활동과 역사하심을 언급할 경우는 다른 위격들이 제외되는 것이 아니기 때문이다. 3. 우리는 우리의 중보자이신 성자 하나님 안에서가 아니고서는 성부 하나님에 대해 생각할 수도 없고 그에게 가까이 나아갈 수도 없다. 성자께서 우리를 성령으로 말미암아 하나님의 자녀로 만드셨고, 그렇기 때문에 그를 가리켜 양자의 영이라 부르는 것이다. 4. 그리스도께서는 이와 마찬가지로 그에게도 아뢸 것을 명령하신다: "너희가 무엇이든지 아버지께 구하는 것을 내 이름으로 주시리라"(요 16:23). 5. 그리스도께서 성령을 주신다. 그러므로 우리는 바로 그리스도 자신에게 성령을 구하여야 하는 것이다.

반론 2. 그리스도를 가리켜 우리의 형제라 부르며, 또한 그가 과연 우리의 형제이시다. 그러므로 그는 우리의 아버지가 아니다.

답변. 그는 사람인 한에 있어서는 우리의 형제이시다. 그리고 우리의 창조주시며 구속주이신 하나님이신 한에 있어서는 우리의 아버지이시다. 그는 영존하시는 아버지이신 것이다(사 9:6).

반론 3. 그리스도로 말미암아 우리를 호의로 받아들이시는 분은 그리스도 자신이 아니시다. 그런데, 바로 성부께서 그리스도로 말미암아 우리를 호의로 받아들이신다. 그러므로 그는 그리스도가 아니시다.

답변. 그리스도로 말미암아 우리를 호의로 받아들이시는 분은 그리스도 자신이 아니다. 즉, 동일한 면에서 그렇다는 말이다. 중보자로서는 그리스도가 우리가 그로 인하여 하나님의 호의로 받아들여지는 그분이시다. 그러나 하나님으로서는 그가 우리를 받아들이시는 바로 그분이신 것이다.

우리 아버지여. 그리스도께서는 왜 우리더러 **내** 아버지가 아니라 **우리** 아버지라고 말씀하라고 하시는가? 그 이유는 다음과 같다:

1. 하나님께서 우리의 기도를 들으신다는 확신을 갖게 하시기 위함이다. 우리가 각자 홀로 기도하는 것이 아니라 온 교회가 한 목소리로 우리와 더불어 기도하므로, 하나님께서는 온 교회의 기도들을 거절하지 않으시고 들으시리라는 확신을 갖게 되는 것이다. 그리하여 그리스도께서는 이렇게 말씀하신다: "두세 사람이 내 이름으로 모인 곳에는 나도 그들 중에 있느니라"(마 18:20). 그러나 어떤 이는, 교회가 전혀 모르는 상태에서 그리스도인들이 집에서 기도하는 경우가 많다고 이의를 제기할 수도 있을 것이다. 그러나 그럴 때에라도 그리스도인들과 온 교회는 언제나 자기 자신을 위해서와 모든 교회원들을 위하여 항상 간절한 마음으로 기도하는 것이다. 사랑이란 지속성을 지닌 덕으로서, 우리가 잠잘 때에도 계속 있는 것이며, 쉽게 사라지는 어떤 감정이나 격정 같은 것이 아니다. 그러므로 한 사람이 골방에서 홀로 기도할 때에, 온 교회가 간절한 마음으로 그와 더불어 기도하는 것이다.

2. 상호 간의 사랑을 교훈하시기 위함이다. 그리스도인들이 서로 사랑을 고백한다면 마땅히 서로를 위해 기도해야 한다. 그렇기 때문에 그리스도께서는 이 기도의 서두에 **우리**라는 단어를 사용하심으로써 상호 간의 사랑을 기릴 의무를 우리에게 권고하시는 것이다: 1. 이웃을 향한 참된 사랑이 없으면 참된 기도도 없고, 하나님께서 우리의 기도를 들으시리라는 확신도 있을 수 없기 때문이다. 하나님의 임재 앞에 나아가면서 하나님의 자녀들인 우리 형제들을 돌아보지 않는다면, 그가 우리를 그의 자녀로 여기시지 않을 것이다. 2. 우리 이웃에 대한 사랑이 없으면 참된 믿음도 없고, 믿음이 없으면 기도도 없는 것이기 때문이다: "믿음을 따라 하지 아니하는 것은 다 죄니라"(롬 14:23).

반론. 아버지는 그 자녀들에게 아무것도 보류하지 않는 법이다. 그런데 하나님은 우리에게 많은 것들을 주지 않고 보류하신다. 그러므로 그는 우리의 아버지가 아니시다.

답변. 아버지는 자녀들에게 필요하고 적절한 모든 것을 베풀어주며, 불필요하고 무용하며 해로운 것은 무엇이든 보류하신다. 하나님께서도 이렇게 우리를 대하신다. 물질적인 것이든 영적인 것이든 우리에게 필요하고 유익하며 또한 우리의 구원에 기여하는 모든 선한 것들을 주시는 것이다.

121문　　"하늘에 계신"이라는 말은 왜 덧붙여졌습니까?
답　　　하나님의 천상의 위엄을 땅의 것처럼 생각하지 않도록 하기 위함이요, 또한 몸과 영혼에 필요한 모든 것을 그의 전능하신 능력에 의지하여 기대하도록 하기 위함입니다.

[해 설]

주기도문의 서언의 두 번째 부분은 **하늘에 계신**이라는 말씀에 있는데, 이는 곧 "하늘의", 혹은 "천상(天上)의"라는 뜻이다. 여기서 사용되는 하늘이라는 용어는 하나님과 거룩한 천사들과 복된 사람들의 거소(居所)를 나타내는데, 이에 대해서 하나님은 이사야의 예언에서 "하늘은 나의 보좌요"라고 말씀하시고(사 66:1), 또한 그리스도는 "내 아버지 집에 거할 곳이 많도다"라고 말씀하신다(요 14:2). 하나님은 무한하시므로 어디든지 계신다. 그러나 그가 하늘에 계시며 거기에 거하신다고 말씀하는 것은, 그가 세상에서보다 거기서 더 영광스러우시며 거기서 자기 자신을 직접 나타내시기 때문이다. 여기서 그리스도께서 하나님을 **하늘에 계신 우리 아버지**라고 부르라고 명령하시는 의도는 다음과 같다:

1. 땅의 부모들과 성부 하나님이 서로 얼마나 대조적이며 다른가를 보여주시기 위함이었다. 혹은 성부 하나님을 땅의 부모들과 분리하시고, 그리하여 우리가 그 하나님을 다음과 같은 아버지로 대하게 하시기 위함이었다: 1. 세상에 속하지 않으시며 하늘에 영광 중에 거하시는 천상의 아버지. 2. 어디서나 하늘의 영광과 위엄으로 통치하시며, 만물을 주관하시고, 그가 친히 창조하신 온 세상을 그의 섭리

로 다스리시는 분. 3. 온갖 부패와 변화에서 자유하신 분. 4. 하늘에서도 자기 자신을 천사들에게 영광스럽게 드러내시고 그가 어떤 아버지이시며 얼마나 선하시며 얼마나 위대하시고 풍성하신지를 선포하시는 분.

　2. 하나님께서 우리의 기도를 들으신다는 확신을 불러일으키시기 위함이었다. 그가 우리 아버지시요 또한 무한한 선을 소유하시고 그것을 특별히 하늘에서 발휘하신다면, 그는 또한 우리의 구원에 필요한 모든 것을 주실 것이며, 이 우리 아버지께서 또한 하늘의 주(主)시요 또한 무한한 권능을 소유하고 계셔서 우리의 필요를 도우실 수 있다면, 우리가 그에게 구하는 바를 쉽게 베풀어주실 수 있을 것이기 때문이다.

　3. 우리 속에 하나님을 향한 존경을 불러일으키시기 위함이었다. 우리 아버지께서 그렇게 위대하신 주(主)시니 — 천상의 주로서 어디서나 통치하시고 또한 영혼과 육체를 모두 지옥에 던질 권능을 지닌 분이시니 — 우리는 마땅히 그를 존경하고, 영혼과 육체를 지극한 겸손으로 그의 임재 앞에 나아가야 하기 때문이다.

　4. 간절한 심령으로 그에게 아뢰게 하시기 위함이다.

　5. 그를 예배하는 모든 사람들이 생각을 높여서 하늘의 것들에 고정시키게 하시기 위함이다.

　6. 하늘의 것들을 사모하게 하시기 위함이다.

　7. 피조물을 통해서 하나님을 앙모하고 예배할 수 있다고 상상하는 이교도들의 오류에 빠지지 않게 하시기 위함이다.

　8. 구약 시대처럼 우리의 기도를 어느 특정한 장소와 결부시키지 않도록 권고하시기 위함이다.

첫째 간구

제47주일

122문　첫째 간구는 무엇입니까?

답　 "주의 이름이 거룩히 여김을 받으시오며"인데, 이는 "먼저 주를 올바로 알게 하시며, 주의 모든 일에서 주를 거룩히 높이고 영화롭게 하고 찬송하게 하시기를 구하오니, 그 모든 일에서 주의 권능과 지혜와 선하심과 정의와 자비와 진리가 분명하게 드러나나이다. 또한 우리의 모든 삶과 생각과 말과 행위를 지도하시고 인도하셔서, 우리로 인하여 주의 이름이 더럽혀지지 않고 오히려 존귀하게 되고 찬양을 받게 하옵소서"라는 것입니다.

[해 설]

주기도문의 둘째 부분이 이어지는데, 이는 여섯 가지 간구로 되어 있다. **주의 이름이 거룩히 여김을 받으시오며**라는 것이 첫째 간구인데, 이는 그것이 다른 모든 간구들의 목적과 의도가 되기 때문이다. 하나님의 영광이 우리의 모든 관심사와 행위와 기도들의 목적이어야 하기 때문이다. 목적은 또한 사람의 생각과 의도에서 첫째 가는 것이요, 그 실행에서는 맨 마지막에 오는 것이다. 그러므로, "너희는 먼저 그의 나라와 그의 의를 구하라 그리하면 이 모든 것을 너희에게 더하시리라"(마 6:33)라는 그리스도의 명령에 따라 간구들을 올바로 구하려면, 다른 간구들의 목적을 이 첫째 간구에서 찾아야 하는 것이다.

이 간구와 관련하여 우리가 논의해야 할 내용은 다음과 같다:

　1. 하나님의 이름이란 무엇인가?

　2. 하나님의 이름을 거룩히 여긴다는 것은 무엇인가?

1. 하나님의 이름이란 무엇인가?

하나님의 이름은 다음과 같은 것들을 나타낸다: 1. **하나님 자신**. "주의 이름을 사랑하는 자들은 주를 즐거워하리이다"(시 5:11), "내가 … 지존하신 주의 이름을 찬송하리니"(시 9:2), "내가 구원의 잔을 들고 여호와의 이름을 부르며"(시 116:13), "내가 내 하나님 여호와의 이름을 위하여 성전을 건축하려 하오니"(왕상 5:5). 2. **하나님의 속성과 역사들**. "여호와는 용사시니 여호와는 그의 이름이시로다"(출 15:3), "여호와는 질투라 이름하는 질투의 하나님임이니라"(출 34:14). 3. **하나님의 계명과 뜻과 권위**. "나는 만군의 여호와의 이름 … 으로 네게 나아가노라"(삼상 17:45), "너희는 가서 모든 민족을 제자로 삼아 아버지와 아들과 성령의 이름으로 세례를 베풀고"(마 28:19). 4. **하나님을 향한 예배와 신뢰와 찬양과 고백**. "나는 주 예수의 이름을 위하여 결박당할 뿐 아니라 예루살렘에서 죽을 것도 각오하였노라"(행 21:13), "각각 예수 그리스도의 이름으로 세례를 받고"(행 2:38). 여기서는 첫 번째와 두 번째 의미로 이해하여, 하나님 자신과 또한 그의 위엄이 드러나는 모든 속성과 역사하심들을 지칭하는 것으로 보아야 할 것이다.

2. 하나님의 이름을 거룩히 여긴다는 것은 무엇인가?

거룩(holy)이라는 용어는 다음과 같은 것들을 나타낸다: 1. 지극히 거룩하시고 순결하신 **하나님 자신**, 혹은 본질적이며 창조되지 않은 거룩함, 즉 하나님 자신을 나타낸다. 하나님의 모든 덕과 특성들이 그의 본질적인 거룩함을 이루기 때문이다. 그러므로 천사들은 하나님께, "거룩하다 거룩하다 거룩하다 만군의 여호와여"라고 외치는 것이다(사 6:3). 2. **피조물들에게 있는 거룩함.** 이는 그것들이 하나님과 화합하는 데 있는데, 이는 천사들의 경우에는 완전하나 경건한 자들의 경우에는 그저 시작에 불과하다. 3. **거룩하게 사용하기 위하여 어떤 사물을 구별하는 것.** 이런 의미에서는 무엇이든 거룩한 목적을 위하여 성별(聖別)되는 것은 다 거룩한 것으로 인정된다. 예루살렘 성전, 제단, 그릇들, 제사장 등이 이런 의미에서 거룩하다.

거룩하게 하다, 혹은 **거룩히 여기다**라는 단어는 다음의 세 가지 뜻을 지닌다:

첫째로, 그 자체가 이미 거룩한 것을 거룩한 것으로 인정하고 높이고 찬양한다는 뜻이다. 우리가 다음과 같은 일을 행할 때에, 이런 의미에서 스스로 거룩이신 하나님을 거룩히 여긴다고 말하는 것이다:

1. 말씀과 역사하심에서 계시하신 그대로 그를 인정할 때에, 혹은 그의 본질, 뜻, 역사하심, 전능하심, 선하심, 지혜, 기타 다른 모든 속성들에 관하여 그가 말씀 속에서 알고 생각하라고 명령하신 바를 우리가 알고 생각할 때에. 2. 하나님이 거룩하심을 인정할 뿐 아니라 그것을 고백하고 그를 찬양하며, 또한 우리의 행위와 순결한 삶으로 뿐 아니라 우리의 말과 고백을 통해서도 그렇게 할 때에. 3. 하나님의 거룩하심에 대한 참된 교리와 지식과 고백을 우리의 모든 기도와 행위들과 더불어, 하나님께서 뜻하시는 목적에 맞추어 그의 영광과 찬송을 위하여 거론할 때에.

둘째로, 그 자체로서 거룩하지 않은 것을 모든 부정한 것들과 분리시킴으로써 거룩하게 만든다는 뜻이다. "말씀"이 그가 취하신 본성을 바로 이런 의미에서 거룩하게 하셨다. 그 본성은 우리 속에서 부패하였고 거룩하지 못한 것이다. 그는 이 본성을 취하시고 그것을 모든 죄의 오염으로부터 보존시키시고 동시에 완전한 거룩으로 그것을 덧입히신다. 또한 하나님과 그리스도께서 교회를 이런 의미에서 거룩하게 하신다. 우리의 모든 죄를 사하시고 성령으로 말미암아 거룩하게 하시며, 또한 동시에 이 죄 사함과 거룩을 계속해서 누리게 하시는 것이다. 그리하여 하나님께서는 우리 자신을 거룩하게 하라고 명령하시는데, 이는 육체의 모든 더러움에서 우리 자신을 지키라는 뜻이다: "내가 거룩하니 너희도 거룩할지어다" (벧전 1:16).

셋째로, 그 자체로서는 거룩하기도 하고 혹은 중립적이기도 한 것을 지정하여 거룩한 목적을 지향하게 한다는 뜻이다. 성부께서 성자를 거룩하게 하셨다는 것이 이런 의미다. 곧, 그는 그에게 중보자의 직분을 주시고 그를 세상에 보내신 것이다. 또한 하나님께서 안식일, 성전, 희생 제사, 제사장 등을 거룩하게 하셨다는 것도 같은 의미다. 그리스도께서도 이런 의미에서 그의 백성을 위하여 자기 자신을 거룩하게 하셨다. 즉, 그가 자기 자신을 거룩하고 하나님이 받으실 만한 희생 제물로 드리신 것이다. 또한 떡이 하나님의 말씀과 기도로써 거룩하게 된다는 것도 이런 의미다.

이 가운데 첫째와 둘째 의미가 여기에 합당하다. **주의 이름이 거룩히 여김을 받으시오며** 라고 기도할 때에, 그저 하나님의 이름이 우리로 말미암아 거룩히 여김을 받기를 바라는 것만이 아니라 우리 속에서 거룩해지기를 바라는 것이기 때문이다. 다시 말하면 우리가 다음과 같은 것을 바란다는 뜻이다: 1. 하나님께서 우리를 그의 거룩하심과 그의 지극히 거룩한 이름을 아는 지식으로 밝혀주시기를, 혹은 본 요리문답의 표현대로 **주를 올바로 알게 하시며, 그의 모든 역사하심 가운데서 주를 거룩히 높이고 영화롭게 하고 찬송하게 하시기를** 바라는 것이다. 2. 그의 이름이 우리 가운데서 거룩하게 되며, 그가 우리를 중생시키시고 우리를 더욱더 거룩하게 만드사 우리의 삶 전체에서 그의 지극히 거룩한 이름이 욕을 당하는 일을 막게 하시고 또한 그 이름에게 가능한 모든 방법으로 존귀와 찬송을 돌려 지극히 높이게 하시기를 바라는 것이다.

한 마디로, 우리는 다음과 같은 것들을 바란다: 1. 하나님께서 그의 거룩하심에 대한 참된 지식으로 밝혀 주시기를. 2. 하나님께서 참된 믿음과 회개를 허락하시고 그의 성령으로 우리를 새롭게 하사 그가 거룩하심과 같이 우리도 거룩하게 하시기를. 3. 말과 행위로 그의 신적인 이름의 이 거룩함을 공언할 마음을 우리에게 주사 그에게 찬송과 영광이 되게 하시고, 그리하여 우리가 그를 인정하고 고백함으로써, 또한 우리의 삶을 그의 거룩하신 뜻에 화합시켜 모든 우상과 속된 것들로부터 그를 구별하여 섬김으로써 그를 영화롭게 하게 하시기를.

반론 1. 그 자체로서 거룩한 것은 거룩해질 수가 없다. 하나님의 이름은 그 자체로서 거룩하다. 그러므로 그것은 거룩하게 할 수가 없다.

답변. 위에서 설명한 둘째 의미로는 그것이 거룩해질 수 없다. 그러나 첫째와 셋째 의미로는, 즉 그 자체로서 거룩하거나 중립적인 것이 인정받고 찬양과 높이 기림을 받으며, 또한 거룩한 목적을 지향하게 된다는 의미로는, 거룩해질 수 있다. 우리가 하나님의 이름이 거룩히 여김을 받으시기를 바라는 것은, 곧 그 자체로서 거룩한 그의 이름이 거룩한 것으로 인정받고 찬양을 받기를 바란다는 뜻이다. 하나님께서 우리를 거룩하게 하신다는 것은 곧 우리를 거룩하게 만드신다는 뜻이다. 그러나 우리가 하나님을 거룩하게 한다는 것은 그를 거룩하게 만든다는 뜻이 아니라, 그에 관하여 우리가 알고 선포하기를 바라시는 바를 선포하고 인정한다는 뜻인 것이다.

반론 2. 우리가 행하여야 할 일을 남이 우리를 위해서 해 주기를 바라서는 안 된다. 그런데 우리는 하나님의 이름을 거룩하게 해야 한다. 그러므로, 하나님께서 그의 이름을 거룩하게 하시기를 우리가 바라서는 안 된다. 그렇게 한다면, 그것은 마치 학생이 선생으로부터 열심히 공부하라는 명령을 받고서도, 선생이 자기를 대신해서 공부해 주기를 바라는 것과 같다.

답변. 주 전제에는 다음과 같은 단서가 필요하다. 우리에게 맡겨진 것을 남이 해 주기를 바라서는 안 된다. 단, 그 일을 행할 능력이 우리 자신에게 있을 경우에는 그렇다. 그러나 우리 스스로 행할 능력이 없는 일에 대해서는 하나님께서 그럴 능력을 우리에게 베푸시기를 바라는 것이 합당하다. 그런데 하나님의 이름을 거룩하게 높이는 일은 우리 스스로는 할 수 없다. 그러므로 하나님께서 그의 이름을 거룩하게 높일 수 있도록 우리에게 힘 주시기를 — 과연 하나님께서 친히 우리 속에서 그의 거룩하신 이름을 거룩하게 하시기를 — 기도할 필요가 있는 것이다.

둘째 간구

123문 둘째 간구는 무엇입니까?

답 "주의 나라가 임하시오며" 인데, 이는 "주의 말씀과 성령으로 우리를 다스리사 우리가 더욱더 주께 굴복하게 하시며, 주의 교회를 보존하시고 흥하게 하시며, 또한 주의 나라가 완성되어 주께서 만유의 주로서 만유 안에 계시기까지, 마귀의 일들과, 주를 대적하여 높이 오르는 모든 권세들과, 또한 주의 거룩한 말씀을 대적하는 모든 악한 도모들을 멸하시옵소서" 라는 것입니다.

[해 설]

나라가 임하시오며. 이 말씀의 뜻은 다음과 같다: 오 하나님이여, 주의 나라가 우리 가운데서 자라게 하시며, 지속적인 진보를 통하여, 또한 언제나 새로운 성취를 통하여 흥하게 하시오며, 그 나라가 주의 교회 안에서 더 확장되고 증가되게 하시옵소서.

이 간구와 관련하여 우리가 주목해야 할 주요 질문들은 다음과 같다:

1. 하나님의 나라란 무엇인가?
2. 하나님의 나라는 몇 가지인가?
3. 이 나라의 머리요 왕은 누구신가?
4. 이 나라의 백성들은 누구인가?
5. 이 나라의 법은 무엇인가?
6. 이 나라에서 누리는 혜택은 무엇인가?
7. 이 나라의 원수는 누구인가?
8. 이 나라가 어디에서 시행되는가?
9. 이 나라는 얼마나 오래 지속될 것인가?
10. 이 나라는 어떻게 우리에게 임하는가?

11. 왜 이 나라가 임하기를 위하여 기도해야 하는가?

1. 하나님의 나라란 무엇인가?

나라(kingdom: 혹은, 왕국)란 일반적으로 한 사람이 최고의 권력과 권위를 보유하는 시민적 통치의 한 형태인데, 여기서 그 통치자는 다른 사람들보다 더 크고 더 탁월한 능력과 덕망을 소유하고서 정의롭고 건전하며 명확한 법에 따라서 선한 자는 보호하고 악한 자는 벌함으로써 모두를 다스린다. **하나님의 나라**란 그 속에서 하나님께서 홀로 모든 피조물을 다스리시고 통치권을 시행하시되, 특히 교회를 다스리시고 보존하시는 것이다. 이 나라는 **보편적**이다. **특별한** 하나님의 나라는 하나님께서 교회 안에서 역사하시는데, 이는 창세 전부터 성부께서 성자를 보내사 교회의 사역을 제정하시고 보존하시며 그로 말미암아 그의 목적을 이루시게 하시는 데 있다. 여기서 그의 목적이란 곧, 그의 말씀과 성령으로 말미암아 온 인류 가운데서 교회를 모으시고 다스리시고 모든 원수들에게서 보존하시고 보호하시며, 죽음에서 일으키셔서, 결국 모든 원수들을 영원한 정죄에 던지신 후에 그 교회를 하늘의 영광으로 장식하사 하나님께서 만유 안에 계셔 만유가 되게 하시고, 그의 교회로 말미암아 영원토록 찬양을 받게 하고자 하시는 것이다.

이 정의에 근거하여, 우리는 하나님의 나라의 특정한 부분들을 추정해 낼 수 있다: 1. 우리의 중보자이신 성자를 세상에 보내심. 2. 그로 말미암아 사역을 제정하시고 보존하심. 3. 복음의 선포를 통하여 온 인류 중에서 교회를 모으시고, 또한 성령의 능력으로 택한 자들에게서 참된 믿음과 회개를 이루심. 4. 교회를 영구히 다스리심. 5. 원수들의 모든 공격들에 맞서서 금생에서 교회를 보존하심. 6. 교회의 모든 원수들을 영원한 형벌에 던지심. 7. 교회를 영생에 이르게 하심. 8. 하나님께서 만유 안에 계셔서 만유가 되실 영생 가운데서 교회를 영화롭게 하심. 이 나라에 대해서 성경은 다음과 같이 말씀하고 있다: "내가 나의 왕을 내 거룩한 산 시온에 세웠다" (시 2:6), "주는 원수들 중에서 다스리소서" (시 110:2), "내 나라는 이 세상에 속한 것이 아니니라" (요 18:36).

이런 사실들을 볼 때에, 이 나라는 세상적인 나라가 아니라 **영적인** 나라인 것이 분명히 드러난다. 이 사실은 우리 주님의 여러 비유들에서는 물론 빌라도에게 하신 "내 나라는 이 세상에 속한 것이 아니니라"라는 선언에서도 잘 드러난다. 그리스도께서는 여기서 우리에게 이 나라가 임하고 흥하고 보호받기를 기도하라고 가르치고 명령하시는 것이다.

2. 하나님의 나라는 몇 가지인가?

이 나라는 그 실체는 오직 하나이나, 그 활동의 양상에 있어서는 여러 가지다. 그 나라는 하늘의 양상과 땅의 양상이 각기 다르다. 흔히 이를 영광의 나라와 은혜의 나라로 구분하여 부른다. 동일한 구분을 다음과 같이 표현하는 경우도 있다. 곧, 하늘 나라는 두 가지인데, 그 하나는 금생에서 시작되며, 다른 하나는 내생에서 완전해진다는 것이다. **나라가 임하시오며** 라고 기도할 때에, 우리는 그 나라가 금생에서 우리 속에서 세워지기를 바라며 또한 동시에 그 나라가 내생에서 가장 높은 궁극적인 완성에 이르게 되기를 바라는 것이다. 그러나 이 둘은 그 정도와 활동의 양상에서만 구별될 뿐 **동일한 나라**다. 이 나라는 이 세상에 존재하는 동안에는 수단을 필요로 하나, 그 궁극적인 완성의 상태에서는 수단을 필요로 하지 않는다. 왜냐하면 그때에는 교회가 완전히 영화롭게 되며, 죄책과 형벌의 악으로부터 완전히 구원을 받게 되고 하나님께서 만유 안에 계셔 만유가 되실 것이기 때문이다.

이러한 사실이, 그리스도께서 "나라를 아버지 하나님께 바치실"(고전 15:24) 것이라는 사도 바울의 말씀을 설명해 준다고 볼 수도 있다. 이 말씀은, 교회가 영화롭게 된 이후에 그리스도께서 이 나라의 활동의 형태에 관계되는 것을 아버지께 드리실 것이고, 그때에 중보자의 직분을 수행하기를 종결하실 것이라는 뜻으로 이해해야 한다. 그때에는 회심도, 죄를 제거하는 일도, 원수들을 막는 일도, 교회를 모으는 일도, 죽은 자를 살리고 그들을 영화롭게 하는 일도 필요 없게 될 것이다. 왜냐하면 그때에는 성도들이 이미 완전해지고 영화롭게 되었을 것이기 때문이다. 그때에는 그리스도께서 그의 백성을 가르치지 않으실 것이다. 그들 모두가 하나님께 배울 것이기 때문이다. 예언도 폐하고, 방언도 중단될 것이며, 지식도 사라질 것이다. "온전한 것이 올 때에는 부분적으로 하던 것이 폐하리라"고 말씀하기 때문이다(고전 13:10).

그러므로 현재 세상에서 교회를 모으고 보존시키는 수단들이 그때에 가서는 더이상 필요 없게 될 것이다. 그때에는 무찔러야 할 원수도 없게 되고, 교회가 그리스도와 함께 영광스럽게 통치할 것이며, 하나님께서 만유 안에 계셔 만유가 되실 것이다. 곧, 그가 자기 자신을 복된 자들에게 직접 드러내시고 교류하실 것이라는 뜻이다. "성 안에서(즉, 이 나라의 궁극적인 완성의 상태에서) 내가 성전을 보지 못하였으니 이는 주 하나님 곧 전능하신 이와 및 어린 양이 그 성전이심이라 그 성은 해나 달의 비침이 쓸데없으니 이는 하나님의 영광이 비치고 어린 양이 그 등불이 되심이라"(계 21:22, 23).

3. 이 나라의 왕과 우두머리는 누구신가?

이 나라의 왕과 우두머리는 한 분이시다. 오직 성부 성자 성령의 삼위 하나님 한 분밖에 없으시기 때문이다. 성부는 성자와 성령으로 말미암아 통치하신다. 그리스도는 구체적인 방식으로 이 나라의 머리이시다: 1. 그는 하나님이시요, 아버지의 우편에 앉으셔서 아버지와 동등한 권능과 영광으로 만물을 다스리시기 때문이다. 2. 그는 중보자시요, 혹은 성부 하나님께서 그를 통하여 직접 일하시며 또한 성령을 주시는 분이시기 때문이다. "내가 아버지께로부터 너희에게 보낼 보혜사 곧 아버지께로부터 나오시는 진리의 성령이 오실 때에"(요 15:26), "그를 만물 위에 교회의 머리로 삼으셨느니라"(엡 1:22).

4. 이 나라의 시민과 백성들은 누구인가?

이 나라의 시민들은 다음과 같다: 1. 거룩함으로 확증된 천사들. 2. 하늘의 성도들. 이들은 승리적 교회(the church triumphant)를 이루는 자들이다. 3. 경건한 자들, 혹은 회심한 자들로서 이 세상에 아직 살아 있는 자들. 이들은 아직 갖가지 근심거리들과 부패의 잔재가 남아 있는 자들로서 전투적 교회(the church militant)를 이루고 있다. 4. 참된 회심이 없이 가시적 교회(the visible church)에만 속하는 외식자들. 이들은 그저 외형적으로만 시민들일 뿐이요, 그저 이름뿐인 그리스도의 나라의 일원들이다. 이들이 이 나라의 시민들이라 불리는 것은, 그리스도께서 유대인들을 가리켜 그 나라의 자손들이라 부르신 것과 같다(마 8:12). 이 사람들에 대해서 "먼저 된 자로서 나중 되리라"(마 20:16)고 말씀하는데, 이는 곧 첫째로 인정되기를 바라나 그렇지 못하여 맨 나중이 될 자들이라는 뜻이다. 그들은 하나님의 나라에서 설 자리가 없다고 선고받게 될 것이다.

5. 이 나라의 법은 무엇인가?

이 나라의 활동의 근거가 되는 법은 다음과 같다: 1. 하나님의 말씀, 혹은 율법과 복음의 가르침. 2. 택한 자들의 마음속에서 말씀으로 역사하시고 통치하시는 성령의 능력과 효능.

6. 이 나라에서 누리는 혜택은 무엇인가?

백성의 복지에 대해 전혀 개의치 않는 나라는 없다. 아리스토텔레스는 알렉산더에게 보낸 글에서, "나라란 상해나 압제가 아니라 너그러움입니다"라고 말한다. 이와 마찬가지로 하나님의 나라도 고유한 혜택이 있다. 곧, 참된 믿음, 회심, 죄 사함, 의, 거룩함 가운데 견인, 성령, 영화, 영생 등, 그리스도의 영적이며 영원한 은덕들이 그것이다. "아들이 너희를 자유롭게 하면 너희가 참으로 자유로우리라"(요 8:36), "하나님의 나라는 먹는 것과 마시는 것이 아니요 오직 성령 안에 있는 의와 평강과 희락이라"(롬 14:17), "평안을 너희에게 끼치노니 곧 나의 평안을 너희에게 주노라"(요 14:27).

7. 이 나라의 원수들은 누구인가?

하나님의 나라의 원수들은 마귀와 악인들이다. 악인들 중에서 어떤 이들은 외식자들로서 교회 안에 있어서 이 나라의 시민의 이름과 칭호를 스스로 침해하는데, 이들은 스스로 그리스도께 속한 것처럼 행세하는 것 외에 아무것도 아니다. 또 다른 이들은 교회 바깥에 있는 자들로서, 이슬람교도들이나 유대인들이나 아리우스파처럼 노골적인 교회의 원수들로서, 지극히 거룩한 신앙의 근원을 뒤집어엎는 오류들을 변호하며 따르는 자들이다.

8. 이 나라는 어디서 활동하는가?

이 나라는, 그 시작과 모음에 관해서는, 여기 이 땅에서 활동하나, 어떤 특정한 한 장소나 섬이나 국가에 국한되지 않고 온 세상 전역에 퍼져서 활동한다. "각처에서 남자들이 분노와 다툼이 없이 거룩한 손을 들어 기도하기를 원하노라"(딤전 2:8), "두세 사람이 내 이름으로 모인 곳에는 나도 그들 중에 있느니라"(마 18:20). 참된 믿음을 견지하면, 그 어느 누구도 이 나라에서 떨어지지 않으며 그 나라에서의 권리와 칭호를 상실하지 않는다. 이 나라는 그 완성에 있어서는 하늘에서 활동한다. "가서 너희를 위하여 거처를 예비하면 내가 다시 와서 너희를 내게로 영접하여 나 있는 곳에 너희도 있게 하리라"(요 14:3), "나 있는 곳에 나를 섬기는 자도 거기 있으리니"(요 12:26), "아버지여 내게 주신 자도 나 있는 곳에 나와 함께 있어 … 하시기를 원하옵나이다"(요 17:24), "그 후에 우리 살아 남은 자들도 그들과 함께 구름 속으로 끌어올려 공중에서 주를 영접하게 하시리니 그리하여 우리가 항상 주와 함께 있으리라"(살전 4:17).

9. 이 나라는 얼마나 오래 지속될 것인가?

이 나라를 모으는 일은 창세로부터 계속된다. 세상으로부터 하나님의 나라에로 모아들여질 교회의 일원들이 적거나 많거나 간에 언제나 있었고 지금도 있고 앞으로도 언제나 있을 것이기 때문이다. 이 나라는 의인들이 영화롭게 될 때로부터 영원에 이르기까지 완성의 상태에서 지속될 것이다. "그 후에는 마지막이니 그가 모든 통치와 모든 권세와 능력을 멸하시고 나라를 아버지 하나님께 바칠 때라"(고전 15:24). 앞에서 이미 살펴본 바와 같이, 이는 이 나라의 활동의 형식에 관한 말씀으로 이해해야 할 것이다.

10. 이 나라는 어떻게 우리에게 임하는가?

이 나라는 네 가지 방식으로 우리에게 임한다: 1. **복음의 선포를 통하여**. 이것은 우리에게 참된 하늘의 교리에 대한 지식을 계시한다. 2. **회심을 통하여**. 하나님께 회심할 때에, 그가 믿음과 회개를 베푸신다. 3. **흥하고 발전함으로써**. 경건한 자들이 거룩한 가운데 전진할 때에나 혹은 믿는 자들에게 고유한 은사들이 회심하는 자들 속에서 계속해서 증가될 때에. "의로운 자는 그대로 의를 행하고 거룩한 자는 그대로 거룩하게 하라"(계 22:11). 4. **그리스도의 재림 시에 교회가 완전해지고 영화롭게 됨으로써**. "아멘 주 예수여 오시옵소서"(계 22:20).

11. 우리는 왜 이 나라가 임하기를 위하여 기도해야 하는가?

우리는 하나님의 나라가 그 개시와 궁극적인 완성 면에서 모두 임하기를 위하여 기도해야 한다. 1. **하나님의 영광을 위하여**, 혹은 그의 이름이 거룩하게 되기를 위하여. 우리가 하나님의 이름을 거룩히 여기기 위해서는 하나님께서 그의 말씀과 성령으로 우리를 다스리셔야 하기 때문이다. 하나님께서 우리 속에 그의 나라를 이루시고 마귀의 나라에서 우리를 구해내지 않으시면, 우리는 절대로 그의 이름을 거룩히 여기지 않을 것이고, 오히려 그 이름을 더럽히고 욕되게 할 것이다. 그러므로 첫째 간구 때문에 이 둘째 간구가 필요한 것이다. 2. **우리의 위로와 구원을**

위하여. 하나님께서는 이 나라를 사모하며 위하여 기도하는 자들 이외에는 아무에게도 이 나라를 주시지 않는다. 이는 성령을 사모하는 자들 이외에는 아무에게도 성령을 주시지 않는 것과 마찬가지다.

이런 사실들에서, 우리는 **나라가 임하시오며**라는 이 간구를 드리는 것이 무엇인지를 쉽게 간파할 수 있을 것이다. 이는 곧, 하나님께서 그가 창세로부터 세상에 보내신 우리의 중보자이신 그의 아들로 말미암아 다음과 같은 일을 행하실 것을 사모하고 기도하는 것이다: 1. 그가 제정하신 사역을 보존하시기를. 2. 그의 말씀의 사역과 성령의 역사하심으로 말미암아 그의 교회를 모으시기를. 3. 그렇게 모이는 교회와 그 일원들인 우리를 그의 성령으로 말미암아 다스리고 통치하셔서, 우리의 마음들을 누르시고 우리의 뜻을 통제하시고 변화시키시고 우리를 그 자신에게 전적으로 화합하게 하시기를. 4. 우리와 온 교회를 모든 원수들과 폭군들에게서 보호하시기를. 5. 그와 우리의 원수들을 모두 영원한 형벌에 던지시기를. 6. 마침내 그의 교회와 우리를 모든 악으로부터 구하시고 영생에서 우리를 영화롭게 하시기를.

반론. 우리의 기도로 앞당기거나 뒤로 미룰 수 없는 것은 구하고 기도해도 소용이 없다. 하나님의 나라나 혹은 교회를 현재의 모든 악과 비참함으로부터 구원하는 일은 하나님께서 작정하신 때에 정확하게 이루어지고, 그보다 앞당겨지거나 뒤로 미루어지는 법이 없다. 그러므로 그것에 대해서는 구하고 기도하는 것은 헛된 일이다.

답변. 주 전제를 인정할 수 없다. 이것이 사실이라면 하나님께서 우리에게 베푸시는 모든 은덕들에 대해서 똑같이 생각하고 결론짓게 될 것이다. 그 모든 것들이 하나님의 경륜에 달려 있으니, 우리가 그것들을 구하지 말아야 할 것이니 말이다. 이에 대해서 우리는 다음과 같이 답변하고자 한다:

1. 그러나 하나님께서는 우리가 그에게 구한다는 것을 조건으로 하여 다른 축복들을 약속하셨다. **답변.** 모든 악에게서 구원하는 일도, 십자가를 지고 탄식하는 중에 그것을 사모하고 바라는 자들과 또한 하나님의 작정에 따라서 이루어지고 그리하여 택한 자가 하나라도 제외되지 않기를 기도하는 자들에게만 베풀어질 것이다.

2. 그러나 하나님께서 교회의 구원을 앞당기시기를 위해서 기도해서는 안 된다. 그렇게 되면 아직 세상에 나지 않은 많은 택한 자들을 잃어버리는 결과가 생기기

때문이다.**답변.** 하나님께서 교회의 구원을 앞당겨 주시기를 기도할 때에, 우리는 또한 그리스도의 우리 속에 들어가게 될 모든 사람들이 속히 들어가게 되어 단 한 사람도 제외되지 않기를 기도하는 것이다. 우리가 구체적으로 기도하는 내용은 다음과 같다: 1. 교회가 속히 구원받고 모든 경건한 자들이 모든 수고와 걱정거리들에서 벗어나 충만하고 완전한 안식을 누리게 되도록. 2. 온갖 악함과 불경함이 속히 종식되고, 그리스도와 그의 교회의 모든 원수들이 영원한 형벌에 들어가도록. 3. 하나님의 영광이 교회의 완전한 구원과 또한 교회의 모든 원수들의 추방에서 속히 드러나도록. 그러므로 우리는 일상적인 기도에서 우리의 구원과 온 교회의 구원을 사모하고 구하여야 한다. 주의 오심을 바라고 기도하지 않는 자들에게는, 그가 성도들에게 임하시는 것처럼 그렇게 임하시지 않을 것이다.

셋째 간구

제49주일

124문   셋째 간구는 무엇입니까?

답   "주의 뜻이 하늘에서 이루어진 것같이 땅에서도 이루어지이다" 인데, 이는 "우리와 모든 사람들이 자기 자신의 뜻을 버리고 아무런 반대 없이 주의 뜻에 순종하게 하시기를 구하오니, 이는 오직 주의 뜻만이 선함이옵니다. 또한 그리하여 각 사람이 하늘의 천사들처럼 자신의 직분과 소명의 의무들을 기꺼이 신실하게 수행하게 하시옵소서" 라는 것입니다.

[해 설]

이 간구에 대해서 우리는 다음과 같은 질문들에 주목해야 한다:

1. 하나님의 뜻이란 무엇인가?

2. 이 간구에서 우리가 바라는 것은 무엇이며, 이것은 둘째 간구와 어떻게 다른가?

3. 이 간구는 왜 필요한가?

4. "하늘에서 이루어진 것같이"라는 문구는 왜 첨가되었는가?

1. 하나님의 뜻이란 무엇인가?

하나님의 뜻은 성경에서 다음과 같은 것을 나타낸다: 1. 하나님의 명령. "그에게 수종들며 그의 뜻을 행하는 모든 천군이여 여호와를 송축하라"(시 103:21), "하나님의 뜻은 이것이니 너희의 거룩함이라"(살전 4:3). 2. 하나님의 뜻을 계속해서 나타내고 드러내는 미래의 사건들, 혹은 그 사건들에 대한 하나님의 작정. "내 원대로 마시옵고 아버지의 원대로 되기를 원하나이다"(눅 22:42), "나의 뜻이 설 것이니 내가 나의 모든 기뻐하는 것을 이루리라"(사 46:10), "누가 그 뜻을 대적하느냐?"(롬 9:19).

2. 이 간구에서 우리가 바라는 것은 무엇이며, 이것은 둘째 간구와 어떻게 다른가?

뜻이 이루어지이다. 이 말씀은, 부패하고 악한 우리 자신의 뜻이 아니라, 홀로 의로우시고 거룩한 주의 뜻이 이루어지기를 바라며, 또한 주의 뜻에 우리가 순종하게 되기를 바란다는 것이다. 그러므로 우리는 다음과 같은 것을 바라는 것이다:

1. 우리 자신을 부인함. 이는 두 부분으로 되어 있다: 1. 그가 하나님의 율법에 거스르는 우리의 바람과 소원들을 모두 기꺼이 포기하는 것. 2. 기꺼이 십자가를 지며, 모든 일에서 우리 자신을 기꺼이 하나님께 굴복시키는 것. 그러므로 **주의 뜻이 이루어지이다**라는 간구는 무엇보다도, 하나님께서 우리에게 은혜를 베푸사 우리 자신의 부패하고 악한 뜻을 부인하고 저버리며, 하나님의 뜻에 어긋나는 모든 것들을 잃어버리는 일을 기꺼이 감수하게 해 주시기를 기도하는 것이다.

2. 기쁨으로 우리의 의무를 합당하게 행함. 각 사람이 자신의 적절한 영역에서 부지런히 하나님을 섬기며, 우리의 공통적인 의무는 물론 각자의 특수한 의무들에서 그의 뜻을 행하기를 바라는 것이다. **공통적인 의무들**이란 우리에게만이 아니라 모든 그리스도인들에게 요구되는 의무로서, 믿음, 회심, 경건, 사랑, 절제 등, 모든 경건한 자들에게 필수적인 덕들을 포괄한다. **특수한 의무들**이란 우리에게와 또한 각 사람의 적절한 소명에 관계되는 의무들이다. 그러므로 하나님의 뜻이 이루어지기를 기도할 때에, 우리는 이 모든 의무들이 적절히 시행되기를 바라는 것

이요, 또한 각 사람이 자기에게 주어진 소명에 충실하고 그 속에서 하나님을 섬기며, 모든 일을 이루시고 지도하시는 하나님께 모든 결과를 맡기기를 바라는 것이다.

3. 하나님의 뜻에 어긋나지 않고 그에게 기쁨이 되는 일들이 이루어짐.

4. 우리의 모든 처신과 의도들이 복되고 번성함. 혹은 하나님께서 그의 무한한 선하심으로 우리의 모든 행동과 생각과 바람과 수고들을 축복하셔서 그의 영광과 우리의 구원에 가장 크게 기여할 그런 방향으로 일들이 이루어지기를 기도하는 것이다. 하나님께서는, 하나님께 이 모든 일들을 구하고, 최종적인 결과는 하나님 자신에게 맡기고, 우리의 임무들을 정당하게 수행해 나가기를 원하시는 것이다.

이 모든 내용을 몇 마디로 정리하자면, **주의 뜻이 이루어지이다** 라고 간구할 때에, 우리는 하나님께서, 말하자면 모든 부패한 욕심과 소원들을 우리 속에 묻어주시고, 그 홀로 그의 성령으로 우리 속에서 일하셔서 우리가 그의 은혜로 유지되며, 그리하여 우리의 갖가지 의무들을 행하고 우리의 소명의 목적을 이루어가게 해 주시기를 기도하는 것이다.

반론. 그러나 바로 앞의 간구에도 우리의 의무를 올바르게 행하기를 요구하는 것이 포함되어 있다. 그러므로 이 간구는 쓸데없는 것처럼 보인다.

답변. 이 간구는 바로 앞의 간구와 정확히 동일한 것이 아니다. 앞의 간구에서는 하나님께서 그의 성령으로 말미암아 우리의 뜻을 새롭게 하셔서 우리를 다스리심으로 그의 나라가 우리 속에서 시작되게 하사 우리가 이제부터 우리의 의무를 올바르게 행하며 그의 나라의 신복들로서 합당하게 왕에게 순종을 드리게 되기를 바라는 것이다. 그러나 이 간구에서는, 우리 각자가 처한 각기 다른 영역에서 우리의 의무들을 적절히 행함으로써 우리를 향하신 하나님의 뜻을 신실하게 이루기를 바라는 것이다. 혹은 이 차이를 다음과 같이 표현할 수도 있을 것이다: 앞의 간구에서는 교회가 존재하고 보존되며 영화롭게 되기를 기도하는 것이요, 이 간구에서는 각자가 교회에서 자신의 의무를 적절히 행하게 해 주시기를 기도하는 것이다.

여기서 우리는 지금까지 논의해온 이 세 가지 간구들 사이의 연관성과 차이를 주목할 수 있을 것이다. 이 세 간구들은 서로 지극히 밀접하게 연관되어 있어서, 그 중의 어느 간구도 다른 것들이 없이는 존재할 수가 없을 정도다. 셋째 간구는 둘째 간구에 기여하고, 둘째 간구는 첫째 간구에 기여한다. 하나님의 나라가 임하지 않으면, 하나님의 이름이 거룩히 여김을 받을 수가 없으며, 그 나라를 전진하게 하는 수단들을 사용하는 것이 없이는 하나님의 나라가 임하지 않기 때문이다. 이 수단들은 바로 각 사람의 소명에 속하여 있는 의무들이다. 이 간구들은 다음과 같은 점에서 서로 다르다: **첫째 간구**에서는 우리가 거룩하게 하심을, 혹은 하나님과 그의 모든 역사하심과 경륜을 참되게 알고 찬송하게 하시기를 구한다. **둘째 간구**에서는 교회를 모으시고 보존하시며 통치하시고, 하나님께서 그의 말씀과 성령으로 우리를 다스리시고 보호하시며 모든 죄책과 형벌의 악들에게서 구원하시기를 구한다. 그리고 **셋째 간구**에서는 각자가 자신의 적절한 처지에서 부지런히 섬기며, 그 행하는 모든 일에서 하나님의 영광을 지향하며, 하나님께서 보내시는 것은 무엇이든 선한 것으로 여기며 자신의 복지를 위하여 베푸시는 것으로 여기게 하시기를 구하는 것이다.

3. 이 간구는 왜 필요한가?

이 간구는 다음을 위하여 필요하다: 1. 하나님의 나라가 임하는 것을 위하여. 이는 둘째 간구에서 구하는 것이다. 각 사람이 자신의 고유한 처지에서 부지런히 하나님의 뜻을 행하는 일이 일어나지 않고서는, 이 나라가 세워지고, 번성하며 보존될 수가 없기 때문이다. 2. 우리가 이 나라에 속하는 일을 위하여. 하나님의 뜻을 행하지 않으면 우리가 그의 나라의 일원일 수가 없다. 또한 하나님께서 필요한 능력을 주시지 않으면, 우리 본성의 부패로 인하여 우리 스스로는 하나님의 뜻을 행할 수도 없다. 그런데 하나님께서는 바라고 구하는 자 외에는 아무에게도 그 능력을 베풀어주시지 않는다. 그러므로 우리는 하나님께서 그 능력을 우리에게 베푸시기를 위하여 기도하는 것이 필요한 것이다.

반론. 언제나 행해지고 또한 우리가 기도하지 않아도 반드시 이루어질 일은 우리가 사모하고 구할 필요가 없다. 하나님의 뜻은 언제나 행해지고, 우리가 구하지 않아도 반드시 이루어질 것이다. 그러므로 우리는 그의 뜻이 이루어지기를 위해 기도할 필요가 없다.

답변. 주 전제에는 목적이 아닌 것을 목적으로 간주하는 오류가 있다. 우리가 하나님의 뜻이 이루어지기를 기도하는 것은, 우리가 그것을 바라고 기도하지 않으면 그것이 이루어지지 않을 것처럼 여겨서 하는 것이 아니라, 다른 목적을 위해서 하는 것이다. 즉, 그 뜻을 우리도 행하게 되고, 또한 하나님께서 정하신 사건들이 우리의 위로와 구원에 기여하게 되기를 기도하는 것이다. 우리가 하나님의 뜻에 맡기고 오로지 하나님께서 정하시고 또한 이루어지기를 바라시는 일만이 이루어 지기를 바라지 않는다면, 일들이 우리의 유익과 구원이 되지 않을 것이다. 또한 소 전제도 그릇된 것이다. 1. 각 사람을 부르시는 문제에 관해서 그릇된 것이다. 왜냐 하면 자기의 적절한 영역에서 자기의 임무를 올바로 신실하게, 스스로 위로를 갖 고, 행할 수 있게 되기를 바라고 기도하지 않는 자들은 절대로 그렇게 하지 않을 것이기 때문이다. 2. 하나님의 작정에 대해서도 그릇된 것이다. 왜냐하면 하나님 께서 갖가지 사건들을 작정하셨으나, 그는 동시에 그 사건들에 이르는 필수적인 수단들도 작정하셨기 때문이다. 이에 대해서 혹시, 하나님의 작정이 불변하므로 그가 결정하시는 일들은 우리의 기도가 없이도 반드시 일어날 것이라고 반론을 제기한다면, 우리는, 하나님의 작정은 그 사건이나 목적에 대해서 뿐 아니라 그 목 적에 이르는 수단에 대해서도 불변하다고 답변할 것이다. 하나님께서 어떤 목적 이 이루어지도록 작정하셨으나, 우리가 그것을 바라고 기도한다는 조건까지도 그 목적에 이르는 수단으로 작정해 놓으신 것이다.

4. "하늘에서 이루어진 것같이"라는 문구는 왜 첨가되었는가?

그리스도께서 **하늘에서 이루어진 것같이**라는 문구를 덧붙이신 것은 다음과 같은 두 가지 목적을 위한 것이었다: 1. 우리가 힘써 나아가야 할 완전의 한 모범을 우 리 앞에 제시하시기 위함이다. 2. 완전을 사모함으로써 하나님께서 여기서는 우리 에게 시작을 주시고, 내생에서는 그의 나라와 뜻에 대하여 우리가 바라는 모든 것 들이 완성되게 하시리라는 것을 확신하게 하시기 위함이다. "누구든지 있는 자는 받겠고"(눅 8:18).

이 두 가지 목적은 곧, 하늘에서 하나님의 뜻이 완전히 이루어지는 것이다. 과 연 누가 그 뜻을 이루는가? 라고 묻는다면 우리는 이렇게 답할 것이다: 1. 하나님 의 아들이 이루신다. 그는 아버지가 뜻하시는 모든 일을 행하시는 분이시다. "나 의 하나님이여 내가 주의 뜻 행하기를 즐기오니"(시 40:8), "내가 하늘에서 내려온 것은 내 뜻을 행하려 함이 아니요"(요 6:38). 2. 거룩한 천사들과 복된 사람들이 이 룬다. 하나님의 뜻은 하늘에서 이루어진다. 천사들 하나하나가 모두 하나님이 명 령하시는 모든 일을 행할 준비를 갖추고 그의 앞에 서 있고, 그들은 하나님의 일반 적인 뜻과 특별한 뜻을 즉시 기쁨으로 행한다. 천사들 중 그 누구도 하나님께서 요구하시는 일을 행하기를 꺼리거나 거부하지 않는다. 어느 누구도 그들로 하여금 그를 섬기게 하기 위하여 하나님께서 정하신 한계를 넘지 않는다. 우리가 죄로 말미암아 그들과 하나님을 거스르더라도 천사들 중 어느 누구도 우리를 섬기기를 부끄러워하지 않는다. 그들은 섬기는 영들이다(히 1:14). 그러므로, 이렇게 해서 우리도 거룩한 천사들이 하늘에서 행하듯 이 땅에서 하나님께 순종하며 그의 뜻을 행하기를 모두가 바라는 것이다.

반론. 불가능한 일들은 바라지 말아야 한다. 그런데 하나님의 뜻이 하늘에서와 같이 이 땅에서 이루어지기를 바라고, 우리가 하늘의 천사들이 하는 것처럼 우리의 임무를 다하기를 바란다 해도 그 일은 불가능한 일이다. 그것은 하나님의 뜻에 어긋나는 것을 바라고 기도하는 것과 같다. 그러므로, 그 일을 바라고 구해서는 안 된다. 하나님께서는 그 일이 금생에서는 이루어지지 않도록 하셨고, 오직 내생에서 이루어지도록 계획하셨기 때문이다.

답변. 주 전제에 다음과 같은 단서를 붙여야 한다: 불가능한 일들을 바라서는 안 된다. 단, 하나님께서 그것들을 바라는 자들에게 마침내 주시기로 정하시지 않은 경우에만 그렇다. 그러나 하나님께서는 그것을 바라는 자들에게 그의 뜻에 순종하고 행할 능력을 주시되, 금생에서는 이 순종을 시작하게 하시고, 내생에서 그 순종을 완전하게 하시는 방식으로 주시기를 뜻하시는 것이다. 그러므로 금생에서 그 완전한 순종을 행하지 못하는 상태를 인내로 견디면서, 그것이 완성되기를 열심히 사모해야 하는 것이다. 우리가 마침내 얻게 될 그 완성의 상태 역시 간절히 바라야 한다. 왜냐하면 그것을 바라지 않는 자는 분명 결코 그것을 얻지 못하게 될 것이기 때문이다. 이 완성의 상태를 얻을 수 없는 것과, 그것을 바라지 않는 것은 서로 전혀 다른 것이다. 또한 소 전제도 인정할 수 없다. 목적이 아닌 것을 목적으로 간주하는 오류가 있기 때문이다. 우리는 하나님을 향한 우리의 순종의 완성이 금생에서 이루어지기를 바라고 기도하는 것이 아니다. 이 세상에서는 이 순종이 우리 속에서 시작되고 지속되며 점점 흥하게 되어 그것이 지속적인 전진과 발전을 거듭한 후에 마침내 완전하게 되기를 바라는 것이며, 또한 그때에 우리가 하나님의 뜻을 하늘의 천사들이 계속 행하는 것처럼 그렇게 충만하고도 완전하게 행하게 되기를 바라는 것이다. 그러므로 하나님의 뜻이 하늘에서 이루어진 것같이 땅에서도 이루어지기를 기도할 때에, 이 기도에서 "같이"라는 단어는 정도(degree)를 나타내는 것이 아니라, 오히려 순종의 종류, 즉 순종의 시작을 나타내

는 것인데, 이를 바라고 얻는 일은 하나님의 작정을 거스르는 것이 아니다. 그리고
이 순종의 완성에 대해서도, 우리는 매 순간마다 우리가 죄로부터 완전히 구원받
기를 바라고 기도해야 한다. 물론 하나님께서 금생에서는 완전하게 하기를 의도
하지 않으시지만, 우리가 이것을 위해 기도하는 것이 하나님의 뜻에 합당하기 때
문이다.

　우리가 하나님의 뜻의 조건에 합당한 일들을 위해 기도하여야 한다는 이 법칙
이 제시되어 있으므로, 하나님께서 작정하신 것이 무엇인지를 찾고 탐구하는 것
은 우리에게 합당한 일이 아니다. 그러므로 우리 자신을 하나님의 뜻에 굴복시키
고, 하나님께서 작정하셨든 작정하지 않으셨든 간에 하나님께서 구하라고 명령하
신 바를 구하여야 할 것이다. 예를 들어서, 하나님께서는 우리 부모들의 죽음을 뜻
하시면서도, 우리가 그들의 죽음을 바라고 기도하는 것은 의도하지 않으시는 것
이다. 또한 하나님께서는 교회가 환난과 압제의 때를 당하기를 뜻하시면서도, 이
환난을 위하여 기도하지 않고 교회의 구원을 위하여 기도하기를 바라시며, 혹은
교회가 하나님께서 적절하다고 여기셔서 보내시는 그 환난들을 인내로 견디기를
바라시는 것이다. 지금 우리가 다루는 이 주제에 대해서도 마찬가지다. 하나님께
서는 금생에서 우리를 완전히 죄로부터 구하시기를 계획하지 않으신다. 그러나
그는 우리가 그 죄로부터의 완전한 구원을 바라고 끊임없이 그것을 위하여 기도
하기를 뜻하시는 것이다. 그러므로 하나님께서 일어나게 하지 않으실 것을 구하
고 기도해야 하는 경우가 있고, 반면에 하나님께서 일어나도록 계획하시는 것이
지만 우리가 바라고 기도해서는 안 되고 오히려 그것이 일어날 때에 인내로 견뎌
야 할 경우도 있는 것이다. 그러나 이를 행할 때에, 하나님의 뜻에 어긋나는 것을
기도해서는 안 된다. 기도할 때마다 항상 우리 자신을 하나님의 뜻에 굴복시켜야
하기 때문이다.

넷째 간구

125문 넷째 간구는 무엇입니까?

답 "오늘 우리에게 일용할 양식을 주시옵고"인데, 이는 "우리 몸에 필요한 모든 것을 채워 주사, 우리로 하여금 오직 주께서 모든 선한 것들의 근원이심과, 또한 주께서 베푸시는 복이 없이는 우리의 염려나 수고도, 주의 은사들도, 우리에게 아무런 유익이 없음을 인정하게 하시며, 그리하여 우리가 어떤 피조물도 의지하지 않고 오직 주님만 의지하게 하시옵소서"라는 것입니다.

[해 설]

일용할 양식에 관한 이 간구는 우리의 죄 사함을 위한 간구 다음에 오는 것이 어울릴 것같아 보인다. 가장 중요한 은덕들을 먼저 간구하고, 그보다 덜 중요한 은덕들에 대해서는 그 다음에 간구하여야 하기 때문이다. 그러나 그리스도께서는 우리의 연약함을 아시고, 일용할 양식에 관한 이 넷째 간구를 그가 제시하신 기도의 중간에 제시하셔서 가장 중요한 영적인 축복들에 대한 간구로 시작하고 또한 그것들로 끝을 맺도록 하시며, 또한 그리하여 물질적인 은덕들을 받음으로써 우리가 영적인 축복들을 얻는 것에 대해 더욱더 확신을 갖게 하시는 것이다.

넷째 간구에서 우리는 물질적인 축복들을 위해 기도하기를 가르침 받는데, 이에 대해서 우리는 다음과 같은 문제들을 논의하여야 할 것이다:

1. 어째서 세속적인 축복들을 위해서 기도해야 하는가?

2. 세속적인 축복들은 어떤 자세로 추구해야 하는가?

3. 그리스도께서는 왜 세속적인 축복을 "양식"이라는 용어로 포괄시키시는가?

4. 그는 왜 그것을 "우리의 양식"이라 부르시는가?

5. 그는 왜 그것을 "일용할 양식"이라 부르시는가?

6. 그것이 어째서 날마다 베풀어져야 하는가?

7. 부(富)를 위해서 기도하는 것은 정당한가?

8. 미래를 위하여 뭔가를 쌓아두는 것은 정당한가?

1. 어째서 세속적인 축복들을 위해서 기도해야 하는가?

우리는 영적인 축복들은 물론 세속적인 축복들도 하나님께서 베푸시기를 바라고 기도하여야 한다:

1. **하나님의 명령 때문에.** 다른 이유를 제시하지 못한다 할지라도, 이것 하나로

충분한 이유가 된다. 하나님께서는 그에게 세속적인 축복들을 구하여야 한다는 것을 일반적인 명령과 특별한 명령으로 확증하신다. 그리스도께서는, "구하라 그리하면 주실 것이요"(마 7:7)라고 하여 일반적인 명령을 주신다. 그리스도께서는 주 기도를 제시하시면서 "너희는 이렇게 기도하라"고 말씀하심으로써 특별한 명령을 주시는데, 이 기도 가운데서 우리에게 양식을 위하여, 세속적인 축복을 위하여 하나님께 기도할 것을 명령하시는 것이다. 그러므로 그리스도께서는 물론 먹고 마실 것이 모두 우리에게 더하여질 것이므로 그것들에 대해 염려하지 말라고 명령하시지만, 그렇다고 해서 하나님께 일용할 양식을 구하는 것을 금하지 않으시며, 오히려 하나님을 불신하는 것과 신뢰하지 못하는 것을 정죄하시는 것이다 (마 5:31, 33).

2. **하나님의 약속 때문에.** 하나님께서는 우리의 삶에 필요한 모든 것을 주시겠다고 약속하셨고, 또한 우리로 하여금 그것들을 바라고 위하여 기도하게 하셨고, 그리하여 우리를 위하여 필요한 모든 것들을 반드시 얻으리라는 확신을 갖게 하셨다. 그 확신은 육적인 것이 아니라 영적인 것이다. "너희 하늘 아버지께서 이 모든 것이 너희에게 있어야 할 줄을 아시느니라"(마 6:32).

3. **하나님의 영광을 위하여.** 세속적인 축복을 위한 간구는 특히 교회를 향하신 하나님의 섭리에 대한 인정이요 고백이다. 하나님께서는 이런 찬양을 그에게 돌리기를 바라시는 것이다. 왜냐하면 그가 모든 선한 것들의 근원이시므로, 그것들이 그저 우연히 생기는 것처럼 생각해서는 안 되기 때문이다.

4. **우리의 위로를 위하여.** 그것들이 하나님께서 우리를 향하여 가지신 선한 뜻의 표현들이 되게 하기 위함이다. 구원에 기여하는 선한 선물들은 오로지 하나님의 자녀들에게만 약속되고 베풀어지기 때문이다. 그러므로 이 선물들이 우리에게 베풀어질 때에 우리는 우리가 하나님께서 이것들을 베푸시겠다고 약속하신 그 자녀들의 부류에 속한다는 것을 믿음으로써 우리 스스로 위로를 가져야 하는 것이다.

5. **세속적인 축복들에 대한 바람과 기대**를 통해서 우리의 신뢰와 소망을 발휘하게 하기 위하여. 영적인 축복들과 우리를 향하신 하나님의 선하신 뜻에 대해 확신을 하지 못하면, 세속적인 축복들에 대해서도 우리 자신이 약속할 수가 없으며, 또한 하나님께서 우리를 그의 호의 가운데 받아들이셨다는 확신이 없이는 세속적인 축복들을 바라고 그것들을 하나님께 구할 수도 없기 때문이다.

6. **우리의 필요 때문에.** 이 땅에서 우리가 하나님의 뜻을 행할 수 있게 되기 위함이다. 이를 위해서는 일용할 양식이 반드시 필요하다. "죽은 자들은 여호와를 찬양하지 못하나니"(시 115:17).

7. **이것들에 대한 바람이,** 지극히 작은 선물들까지도 우리에게 베푸시는 분이 바로 하나님이시라는 사실에 대해 **우리에게 확증이 되고** 또한 세상 앞에서 행하는 우리의 **고백이 되게 하기 위하여.**

8. 교회가 언제나 땅 위에서 보존될 것임을 알게 되어 **위로를 얻게 하기 위하여.** 하나님께서 언제나 우리의 기도를 들으시고 그의 약속에 따라 우리에게 일용할 양식을 끊임없이 베풀어주시기 때문이다.

2. 세속적인 축복들은 어떤 자세로 추구해야 하는가?

복음에 약속된 다른 선한 것들은 물론 세속적인 축복들도 다음과 같은 자세로 바라고 기도하여야 한다:

1. **하나님의 약속을 믿는 확신을 갖고서.** 이렇게 기도하지 않으면, 우리의 기도들이 응답되지도 않을 뿐더러 우리에게 있는 선한 것들이 우리의 구원에 기여하게 되지도 않는다.

2. **하나님의 뜻을 조건으로 하여.** 우리가 기도하는 바를 그가 기쁘게 여기시고 또한 그것들이 우리에게 유익이 되고 그의 영광에 기여하는 것이면 그가 반드시 주실 것이다. 왜냐하면 하나님께서 분명한 정황적 조건이 없는 상태에서 이런 것들을 약속하셨기 때문이다. 하나님께서는 그가 세속적인 축복들 중에 어떤 것들을 우리에게 베푸실지를 그의 말씀 속에 명시하지 않으신 것이다. 그러나, 영적인 축복들의 경우는 다르다. 이에 대해서 하나님께서는 우리가 구하는 모든 것을 주시겠다고 분명히 약속해 놓으신 것이다.

3. **응답에 대한 확신을 갖고서.** 그리하여 하나님께서 우리의 필요에 합당한 만큼 하나님께서 베푸실 것을 믿는 것이다.

4. 이것들을 사용하는 가운데 우리의 욕심을 채우는 것이 아니라 하나님과 이웃을 섬기고자 하는 **목적을 갖고서.**

이런 축복들을 이런 방식으로 바라지 않는 자들의 간구는 응답되지 않는다. 혹시 그들이 구하는 바를 얻는다 할지라도, 하나님께서는 그들의 간구를 들으시는 것이 아니다. 왜냐하면 그들이 받는 것들이 그들의 구원에 유익이 되지 않기 때문이다.

하나님께서 그가 우리에게 베푸실 세속적인 축복들의 종류들을 그의 말씀에 명시하지 않으신 이유는 두 가지다. 1. 우리가 무엇을 구해야 할지, 또한 무엇이 우리에게 유익할지에 대해서 무지한 경우가 많기 때문이다. 하나님의 영광을 드러내고 우리의 구원에 기여하게 하기 위하여 우리에게 무엇을 베푸시는 것이 바람직한지에 대해서는 하나님께서 가장 잘 아신다. 그러므로, 우리가 물질적인 축복들을 구하는 데에서 잘못을 범하는 때가 많으므로, 하나님께서는 우리에게 유익한 것들만을 우리에게 베푸시는 것이다. 그러나 영적인 축복들은 경우가 다르다. 그것들은 모두 다 우리에게 유익하므로, 하나님께서는 그것들을 구하여야 할 방법을 지정하셔서 그것들을 구하는 데에서 실수가 없도록 하신 것이다. 하나님께서 단서를 붙여서 약속하신 것에 대해서는 우리가 그 조건을 지켜서 바라야 마땅하며, 그가 무조건적으로 약속하신 것도, 동일한 방식으로 구하고 기도해야 하는 것이다. 그러므로 우리는 성령을 위하여 무조건 기도해야 한다. 왜냐하면 하나님께서는 구하는 모든 자에게 성령을 주시겠다고 무조건적으로 약속하셨기 때문이다. 2. 하나님으로부터 받은 것들로 만족하고 언제나 우리의 뜻을 하나님의 뜻에 굴복시키기를 배우게 하시기 위함이다.

3. 그리스도께서는 어째서 세속적인 축복을 "양식"이라는 용어 속에 포괄시키시는가?

1. 히브리어에서는 이러한 제유법(提喩法: synecdoche)이 흔히 사용되는데, 그리스도께서는 이러한 어법을 사용하여, **양식**(혹은, 떡)이라는 용어 속에 음식, 의복, 건강, 사회의 안정 등, 생명의 유지에 필수적인 모든 세속적인 축복들을 다 포함시키신다. 이 점은 이 간구의 의도에서 분명히 드러난다. 이는 우리의 필요에 근거하여 양식을 구하는 것이기 때문이다. 그러나 양식 외에도 우리에게 필수적인 것들이 많다. 그러므로 우리는 양식이라는 용어 아래에서 다른 것들을 위해서도 기도하는 것이다. 이런 제유법이 히브리어에 아주 흔하므로, 성경에 이것이 자주 나타난다: "네가 흙으로 돌아갈 때까지 얼굴에 땀을 흘려야 먹을 것을 먹으리니"(창 3:19), "내가 신뢰하여 내 떡을 나눠 먹던 나의 가까운 친구도 나를 대적하여 그의 발꿈치를 들었나이다"(시 41:9). 그리스도께서는 양식이라는 용어에 생명의 유지를 위하여 필수적인 것들만이 아니라, 이 유익한 것들을 사용하는 것까지

도 포함시키셨다. 왜냐하면 양식이 있어도 그 용도대로 사용하지 못한다면, 돌 (石)보다 나을 것이 없기 때문이다.

2. 더 나아가서 그리스도께서 양식이라는 용어 속에 모든 세속적인 축복들을 포함시키시는 목적은 다음과 같다: 1. 우리의 욕망들을 절제하게 하시기 위함이요, 또한 생명의 유지를 위하여, 또한 우리의 공통적인 소명과 개개인의 소명에서 하나님과 이웃을 섬기기 위하여 필수적인 것들만을 기도하기를 가르치시기 위함이다. 2. 필수적인 것들만이 아니라 그것들을 적절히 사용하여 우리에게 유익이 되고, 우리의 구원에 기여하게 되기를 위하여 기도하기를 가르치시기 위함이다. 적절히 사용하지 못하면 그것들이 아무런 유익이 없을 것이기 때문이다.

그런데 양식은 다음과 같은 경우에 우리에게 유익이 된다: 1. 믿음으로나 혹은 하나님께서 뜻하시는 방식과 목적으로 그것을 위해 기도하여 그것을 받을 경우에. 이를 위해서는 모든 선한 것들의 주인이요 또한 그것들을 주시는 분이신 하나님을 믿음으로 바라보아야 한다. 2. 하나님께서 우리의 육체에 힘을 공급하며 보존하는 덕과 능력을 양식과 더불어 주시기를 바랄 경우. 이를 위해서는 양식 그 자체를 위해서만이 아니라 하나님의 축복을 위해서도 구해야 한다. 하나님께서 우리가 받는 그것에 축복하시지 않으면, 우리의 모든 염려와 수고하는 것들이 헛된 것이 되며, 하나님이 베푸시는 선물들 그 자체가 "내가 너희가 의뢰하는 양식을 끊을 때에"(레 26:26)라는 경고에 따라 무익하게 되고 해로운 것이 되어 버리기 때문이다.

양식을 위해 기도할 때에 무엇을 바라야 하는지를 이제 쉽게 알 수 있을 것이다: 1. 큰 부(富)가 아니라 우리에게 필수적인 것들만을 바라야 한다. 2. 하나님의 축복을 통해서 이것들이 우리에게 양식이 되고, 유익한 것이 되기를 바라야 한다. 이 축복이 없이는 양식이 양식이 아니고, 말하자면 돌(石)이나 독(毒)이 되고 말 것이다. 양식을 주시는 분이 그것이 돌과 같은 유익을 주기를 바라신다면, 그는 양식이 아니라 돌을 주실 것이니 말이다. 이런 축복은 악인이 하나님으로부터 받는 것이요, 말하자면 그들 스스로 그것을 자초하는 것이다.

4. 그는 왜 그것을 "우리의 양식"이라 부르시는가?

그리스도께서는 나의 양식도, 너의 양식도, 다른 사람의 양식도 아닌 **우리의 양식**을 위하여 기도하라고 명령하신다: 1. 이는 하나님께서 우리에게 주시는 것들을 바라게 하시기 위함이다. 하나님께서 생명의 유지를 위해서 필요하여 우리에게 주시는 양식은 그것이 우리에게 주어질 때에 우리의 것이 되기 때문이다. 그러므로 **우리에게 일용할 양식을 주시옵소서**라는 간구는 곧, "오 하나님, 우리에게 지정되었고 주께서 우리의 것이 되도록 의도하시는 양식을 우리에게 주시옵소서"라는 뜻이다. 하나님께서는 집주인으로서 각 사람의 몫을, 혹은 각 사람에게 합당한 부분을 분배하시는 것이다. 2. 이는 필수적인 것들을 바라게 하시고, 또한 정직하고 적절한 직업에서 정당한 수고를 하여 벌게 하시고, 그리하여 하나님을 기쁘시게 하고 사회에 유익이 되게 하시기 위함이다. 혹은 하나님께 구하는 것을 일상적인 수단과 정당한 방법으로 받게 하시기 위함이다. "너희에게 명하기를 누구든지 일하기 싫어하거든 먹지도 말게 하라 하였더니"(살후 3:10), "도둑질하는 자는 다시 도둑질하지 말고 돌이켜 가난한 자에게 구제할 수 있도록 자기 손으로 수고하여 선한 일을 하라"(엡 4:28). 3. 이는 선한 양심과 감사함으로 그것들을 사용하게 하시기 위함이다. 하나님께서는 이런 것들을 주실 때에는 또한 그의 선물들을 누릴 특권을 우리에게 베푸시는 것이기도 하다는 확신을 갖게 되기를 바라시기 때문이다. 하나님께서는 우리가 그의 선물들을 도둑이나 강도처럼 사용하지 않고 즐거움과 감사함으로 사용하기를 바라시는 것이다.

5. 그리스도는 어째서 그것을 "일용할 양식"이라 부르시는가?

그리스도께서는 우리가 하나님께 구하여야 할 양식을 **일용할 양식**이라 부르신다. 1. 하나님께서는 우리가 그날 그날 필요한 것을 날마다 구하기를 원하시기 때문이다. 2. 우리의 한없는 욕심을 억제하시고자 하심이다. "너희 하늘 아버지께서 이 모든 것이 너희에게 있어야 할 줄을 아시느니라"(마 6:32), "의인의 적은 소유가 악인의 풍부함보다 낫도다"(시 37:16), "너희 성도들아 여호와를 경외하라 그를 경외하는 자에게는 부족함이 없도다"(시 34:9). 그러므로 **오늘 우리에게 일용할 양식을 주시옵고**라는 간구는 이런 의미다: "우리에게 충족한 만큼 양식을 주시옵소서. 우리 각자의 생명을 유지하고 또한 삶의 갖가지 관계에서 하나님과 우리 이웃을 섬기는 데 필요한 만큼 우리에게 주시옵소서."

6. 그리스도께서는 어째서 "오늘"이라고 덧붙이시는가?

그리스도께서는 **오늘**이라는 문구를 덧붙이신다. 1. 이는 우리의 불신과 탐욕을 아시고 그것을 경계하시기 위함이요, 또한 이 두 가지 악에서 우리를 지키시기 위함이다. 2. 어제와 마찬가지로 오늘도 내일도, 또한 언제든지 오직 하나님만을 의지하고 삶에 필수적인 것들을 하나님으로부터 기대하여 그것들이 우리의 손의 수고로나 부지런함으로 얻어지는 것이 아니라 하나님께서 우리에게 베푸시는 것임을 알게 하시며, 또한 우리가 그것들을 받아도 하나님의 축복이 거기에 뒤따르지 않으면 그것들이 우리의 육체에 아무런 유익이 없을 것임을 알게 하시기 위함이다. 2. 믿음과 기도를 행하는 일이 우리에게 언제나 계속되게 하시기 위함이다. 그리스도께서는 **오늘**이라 부르는 날이 계속되는 한, 우리에게서 기도가 계속되어 우리가 항상 기도하라는 명령(살전 5:17)에 순종하기를 바라시는 것이다.

7. 부(富)를 위해서 기도하는 것은 정당한가?

이 질문은 다음 질문과 마찬가지로 이 간구에 관하여 이미 논의한 내용에서 자연스럽게 제기되는 것이다. 오직 **일용할 양식**만을, 그것도 **오늘**을 위한 양식만을 위해 기도하라는 명령을 받고 있다면, 부(富)를 바라거나 내일을 위해 뭔가를 쌓아두는 것이 정당하지 않다는 것이 곧바로 드러나는 것처럼 보이기 때문이다. 그러나 부라는 단어의 모호함을 다 제거하고 그것을 생명 유지에 필요한 물질들로 이해하면, 부를 바라는 것은 분명 옳고도 적절한 일이라 할 것이다. 에피쿠로스(Epicurus)도 이런 의미로 부를 "자연의 법칙에 맞추어진 빈곤"(a poverty adapted to the law of nature)이라고 정의하였다. 이는 좋은 정의다. 생명의 유지에 필요한 것들을 족하게 누리며 그것으로 만족하는 자를 진정 부한 자로 여겨 마땅하기 때문이다. 그러므로 부라는 용어를 방금 정의한 대로 이해하면, 그것들을 구하고 하나님께 기도하는 것이 합당하다. 생명 유지를 위하여, 또한 하나님께서 우리에게 맡기신 지위와 직분을 위하여 필요한 것들을 바라는 것이 자연스러운 일이기 때문이다. 또한 부(富), 혹은 이 필요한 것들이 일용할 양식들로서 우리가 하나님께 구하고 기도하도록 명령을 받고 있는 것들이기 때문이다. 그러나 이 용어를 달리 정의하는 사람들도 있다. 곧, 부를 **필요한 것 이상으로 풍부하게 많은 것**으로 이해하는 것이다. 그리하여 크로이소스(Croesus)는 "자기의 수입으로 군대를 유지할 수 없는 사람은 부자가 아니다"라고 하였다. 이런 의미의 부를 위해서는 절대로 하나님께 구해서는 안 된다. 이것은 우리의 일용할 양식을 구하는 것이 아니기 때문이다. 솔로몬은 모든 경건한 자들을 대변하여, "나를 가난하게도 마옵시고 부하게도 마옵시고 오직 필요한 양식으로 나를 먹이시옵소서"(잠 30:8)라고 간구하였다. 성령께서는 이 말씀으로, 필요한 것 이상으로 풍성하게 많은 것이라는 의미의 부는 오히려 없기를 바라야 할 것임을 가르치시는 것이다. 다음과 같은 사도 바울의 선언도 여기에 합당하다: "부하려 하는 자들은 시험과 올무와 여러 가지 어리석고 해로운 욕심에 떨어지나니 곧 사람으로 파멸과 멸망에 빠지게 하는 것이라"(딤전 6:9). 그리스도께서도 재물을 가시떨기라 부르신다. 곧, 그것을 다루다보면 반드시 거기에 찔릴 위험이 있다는 것이다(마 13:22). 그러나 반면에, 자족하는 마음이 있으면 경건이 큰 유익이 되는 법이다(딤전 6:6). 그러나 만일 하나님께서 우리에게 실제로 필요한 것 이외에 어떤 것을 베푸시면, 우리는 이것들을 적절하게 사용해야 하고, 혹은 선하고 필요한 목적을 위하여 비축해 두어야 한다. 그리스도께서는 제자들에게 남은 조각을 거두어들이고 버리는 것이 없게 하라고 명령하셨다(요 6:12). 우리에게는 또한 요셉이 보여준 놀라운 모범이 있다. 그는 다가오는 가뭄에 대해 경고를 받고서 풍년에 거두어들인 것들을 비축하였다가 흉년과 가뭄의 때를 대비하였다(창 41:48). 그러나 여기서 조심해야 할 것이 있다: 1. 그것들을 의지해서는 안 된다. "재물이 늘어도 거기에 마음을 두지 말지어다"(시 62:10). 2. 하나님이 베푸시는 선물을 남용해서는 안 되며, 사치를 피해야 한다. 3. 우리 자신을 하나님의 청지기들로 여겨야 한다. 하나님께서는 이 재물들을 적절히 소비하도록 청지기인 우리에게 맡기셨고, 또한 하나님의 영광을 드러내도록 그것들을 잘 운영할 임무를 우리에게 부과하셨다. 그리고 언젠가는 우리가 우리의 청지기 직무에 대해 하나님께 낱낱이 보고해야 할 때가 올 것이다.

8. 미래를 위하여 뭔가를 쌓아두는 것은 정당한가?

다가올 미래를 위하여 뭔가를 쌓아두는 것은 옳고 적절한 일이라는 것은, "남은 조각을 거두고 버리는 것이 없게 하라"(요 6:12)는 그리스도의 명령에서 추정할 수 있다. 이 간구에서 사용되는 **우리의**(한글 개역개정판은 "우리에게"로 번역함: 역자주)라는 단어 역시 이것을 가르친다. 우리는 사회 전체를 돕고 후원하여야 하며 또한 기회가 닿는 대로 가난한 자들에게 베풀어야 하기 때문이다. 그런데, 기회가 있을 때마다 너그럽게 베풀어줄 수 있도록 우리 자신의 것 중에서 뭔가를 쌓아두지 않으면, 이런 일을 할 수가 없는 것이다. 여기서 근검절약에 관하여 성경이 제시하는 모든 교훈들과 가르침들을 언급하는 것이 적절할 것이다. 성경은 각자 자기 자신의 필요와 형제들의 유익을 위하여 정직하게 얻은 것들을 유지하고 유익하게 사용하는 데에 근검절약의 덕을 발휘하여 하나님께서 베푸시는 선물들을 사용하는 데에서 모든 호사스러움과 사치와 낭비를 피하여야 할 것을 가르치는 것이다. 사도 바울은, "어린 아이가 부모를 위하여 재물을 저축하는 것이 아니요 부모가 어린 아이를 위하여 하느니라"(고후 12:14)라는 말씀에서, 자녀들을 위하여 뭔가 저축해 두는 것이 부모의 의무임을 가르친다.

그러나 미래를 위하여 재물을 저축하는 데에서 다음 세 가지를 준수해야 한다: 1. 저축해 두는 재물이 정직하고 정당한 수고를 통해서 합법적으로 획득한 것이어야 할 것. 2. 우리 자신을 위해서나 남을 위해서나, 우리 자신과 가족의 삶을 적절히 유지하며, 교회와 국가를 보존하며, 가난하고 핍절한 자들을 돕는 일 등, 정당하고 필요한 목적을 위하여 저축하여야 할 것. 이에 대해서 다음의 성경 본문들을 인용할 수 있을 것이다: "포악을 의지하지 말며 탈취한 것으로 허망하여지지 말며 재물이 늘어도 거기에 마음을 두지 말지어다"(시 62:10), "도둑질하는 자는 다시 도둑질하지 말고 돌이켜 가난한 자에게 구제할 수 있도록 자기 손으로 수고하여 선한 일을 하라"(엡 4:28).

이제는 이 간구에 대해 제기되는 몇 가지 반론들에 대해 쉽게 답변할 수 있을 것이다.

반론 1. 우리의 것에 대해서 구태여 바라고 기도할 필요가 없다. 일용할 양식은 우리의 것이다. 그러므로 하나님께 그것을 구할 필요가 없다.

답변. 우리의라는 단어의 모호함 때문에, 이 삼단논법에는 사실상 네 가지 명제가 들어 있는 셈이 된다. 그 단어는 주 전제에서는 우리 자신의 능력으로 소유하고 있는 것을 뜻하는데, 소 전제에서는 그것이 하나님께서 주심으로써 우리의 것이 되는 것, 혹은 기도를 통해서 하나님으로부터 얻는 것을 뜻한다.

반론 2. 수고를 통해서가 아니라 기도를 통해서 얻는 것에 대해서는 우리가 구태여 수고할 필요가 없다. 우리의 일용할 양식은 수고를 통해서가 아니라 기도를 통해서 얻어진다. 그러므로 일용할 양식을 위해서 수고해서는 안 되고, 그저 기도만 해야 한다.

답변. 여기에는 부분적으로만 참인 것을 마치 절대적으로 참인 것처럼 간주하는 오류가 있다. 목적으로서나 필수적인 수단으로서나 결코 수고를 통해서 얻어지지 않는 것들을 위해서는 아무리 수고해도 소용이 없다. 물론 세상적인 혜택을 얻고

자 하는 목적을 위하여서는, 우리의 수고가 필요 없다. 그러나 그럼에도 불구하고 하나님께서 지정하신 수단으로서는 우리의 수고가 필요한 것이다. 그리하여 성경은 이렇게 말씀하는 것이다: "네가 흙으로 돌아갈 때까지 얼굴에 땀을 흘려야 먹을 것을 먹으리니"(창 3:19), "너희에게 명하기를 누구든지 일하기 싫어하거든 먹지도 말게 하라 하였더니"(살후 3:10).

반론 3. 그리스도께서는 여기서 내일이 아니라 오늘에 해당하는 우리의 일용할 양식을 위해 기도할 것을 명령하신다. 그러므로 미래를 위하여 뭔가를 저축하는 것은 합당한 일이 아니다. 그렇다면 어째서 바울은 부모가 자녀들을 위해 저축해야 한다고 말씀하는가?(고후 12:14).

답변. 이 반론은 전혀 타당성이 없다. 전혀 목적이 아닌 것을 목적으로 간주하기 때문이다. 그리스도께서는 오늘 필요한 우리의 일용할 양식을 위하여 기도할 것을 명령하신다. 그러므로 우리가 사는 날까지 언제나 그날 그날, 오늘, 내일에 필요한 것을 구해야 한다. 그러므로 우리는 그리스도께서 내일을 위해 수고하지 말라거나, 미래를 위하여 저축하지 말라거나, 하나님께서 이미 우리에게 미래를 위해 충족하게 베풀어주신 것들을 던져버려야 한다는 식으로 가르치시는 것처럼 이해해서는 안 되는 것이다. 그리스도의 의도는 우리에게서 불신과 탐욕, 그리고 불의하게 재물을 얻는 것과 불순종을 제거하는 데 있었기 때문이다. 그가 다른 곳에서 "내일 일을 위하여 염려하지 말라"(마 6:34)고 말씀하시는 것은 사실이다. 그러나 이 말씀의 의미는 마치 하나님께서 아무것도 주지 않으실 것처럼, 혹은 우리가 기도해도 소용이 없을 것처럼, 내일 일에 대해서 불신해서는 안 된다는 것이다. 그러므로 그리스도께서는 내일을 위한 수고와 기도를 금하시는 것이 아니라, 다만 불신과 하나님에 대한 신뢰의 상실을 금하시는 것이다.

다섯째 간구

제51주일

126문　다섯째 간구는 무엇입니까?

답　　"우리가 우리에게 죄 지은 자를 사하여 준 것 같이 우리 죄를 사하여 주시옵고"인데, 이는 "주의 은혜의 증거가 우리에게 있사오니, 우리 이웃을 진심으로 용서하기로 굳게 결심하는 것처럼, 그리스도의 피를 보시고서, 불쌍한 죄인인 우리의 허물들과 언제나 우리에게 붙어 있는 악들을 우리에게 돌리지 마옵소서"라는 것입니다.

[해 설]

키프리아누스(Cyprian)는 이 다섯째 간구의 순서와 논지에 관하여 올바르고도 경건하게 지적하기를, 우리가 양식의 공급을 위하여 기도한 다음에 죄의 용서를 위하여 기도하는 것은, 하나님으로 말미암아 양식을 받아먹는 자로 하여금 하나님 안에서 살게 하기 위함이며, 현재의 세속적인 삶에 대해서만 관심 갖지 않고 죄 사함을 받은 모든 자들이 이르게 될 영원한 생명에 대해서도 관심을 갖게 하기 위함이라고 하였다. 그는 또한, 이 간구는 교회가 자신의 죄를 시인하고 탄식하는 하나의 놀라운 자유로운 고백이요, 동시에 교회가 그리스도의 약속에 따라 죄 사함을 얻으리라는 하나의 위로요, 또한 우리로 하여금 이웃을 용서하도록 만드는 것이라고 지적하고 있다.

그러므로 그리스도께서는 이 간구를 통해서 다음과 같은 것을 의도하신다 할 것이다: 1. 우리의 죄를 시인하는 것. 2. 죄 사함을 향하여 목말라 하고 사모하는 것. 이것은 그것을 사모하는 자와, 또한 하나님의 아들의 피를 발로 짓밟지 않는 자 이외에는 아무에게도 베풀어지지 않기 때문이다. 3. 우리의 믿음이 시행되는 것. 이 간구가 믿음에서 생겨나며 또한 믿음을 확증해 주기 때문이다. 믿음이 기도의 원인이요, 또한 기도가 믿음이 강건해지는 원인인 것이다.

이 간구에 대하여 우리는 다음과 같은 질문에 주목해야 할 것이다:

1. 빚이란 무엇을 뜻하는가?

2. 빚 혹은 죄를 용서한다는 것은 무엇인가?

3. 어째서 죄 사함을 위해서 기도해야 하는가?

4. 어떻게 해서 죄가 사해지는가, 혹은 "우리가 우리에게 죄 지은 자를 사하여 준 것 같이"라는 문구는 무슨 의미인가?

1. 빛이란 무엇을 뜻하는가?

그리스도께서는 **빛**(한글 개역개정판은 "죄"로 번역함: 역자주)이라는 용어에 원죄와 모든 자범죄를 다 포괄하시는데, 여기에는 무지(無知)의 죄, 부작위(不作爲)의 죄, 작위(作爲)의 죄가 모두 포함된다. 그는 친히 이를 다음과 같이 설명하신다: "우리가 우리에게 죄 지은 모든 사람을 용서하오니 우리 죄도 사하여 주시옵고"(눅 11:4). 그것들을 가리켜 빛이라 부르는 것은, 우리가 마땅히 드려야 할 순종을 하나님께 드리지 못하였다는 점에서, 또한 그 결과로 형벌로써 그 값을 치러야 할 처지가 되었다는 점에서 그 죄들이 우리를 하나님께 빚진 자들로 만들기 때문이다. 죄를 지으면, 그것은 하나님께 마땅히 행해야 할 것을 행하지 못하는 것이요, 또한 그것을 그에게 행해드리지 못하는 한 우리는 하나님께 빚진 자들로 남아 있고, 따라서 형벌로써 그것을 보상해야 할 처지가 되는 것이다. "이 율법의 말씀을 실행하지 아니하는 자는 저주를 받을 것이라"(신 27:26). 하나님께서 우리의 죄를 용서해 주지 않으셨다면, 우리는 절대로 이 정죄의 상태에서 구원받지 못했을 것이다.

2. 빛 혹은 죄를 용서한다는 것은 무엇인가?

빚쟁이가 빚진 자를 용서한다는 말은, 그가 빚진 자에게 그 빚에 대해 아무런 요구도, 형벌도 가하지도 않고, 마치 그 빚이 지불된 것처럼 장부를 깨끗이 정리해 준다는 것이다. 이에 대해서 우리는 일만 달란트의 빚을 진 종의 간청을 받고 그의 빚을 탕감해 준 왕의 비유에서 이러한 사실을 배울 수 있다(마 18:27). 하나님께서는 그렇게 우리의 빚을 용서해 주신다. 장부에다 기록해 두지도 않으시고 그 빚 때문에 우리를 벌하지도 않으시고, 우리의 중보자이신 그의 아들을 통하여 그 빚에 대한 형벌을 받게 하신 것이다. 그러므로 우리가 죄 사함에 대해서 깨달아야 할 것은 이것이다: 하나님께서는 죄를 우리에게 전가시키지 않으시고, 은혜로이 우리를 그의 사랑 안에 받아들이시고, 그리스도께서 우리를 대신하여 행하신 보상을 우리에게 전가시키시고 믿음으로 그것을 받게 하시고, 그것을 근거로 그의 순전한 은혜와 긍휼로 말미암아 우리를 의롭다고 선포하시고 또한 우리를 그의 자녀로 간주하신다는 것이며, 또한 그가 우리 죄로 인하여 우리를 벌하시지 않고 — 죄 사함으로 말미암아 죄에 대한 형벌이 무효가 되기 때문에 — 우리에게 의와 영생을 베풀어주신다는 것이다. 죄를 범하면, 형벌이 뒤따른다. 그러나 죄가 사라지면,

벌도 동시에 사라지는 것이다.

반론. 죄를 용서한다는 것은 죄를 전가시키지 않는 것이요, 우리에게 그것에 대해 벌하기를 원치 않는다는 것이다. 그러나 이것은 하나님의 공의와 모순이 된다. 그러므로 하나님께서 죄를 용서하시기를 위해 기도한다는 것은, 곧 하나님께서 그의 공의의 질서에 어긋나게 행하시기를 바라는 것이 된다.

답변. 우리는 결론을 받아들일 수 없다. 하나님께서 죄를 용서하실 때에 신적 공의의 질서가 깨어지는 것이 아니기 때문이다. 하나님께서 아무런 보상도 없이 죄를 그냥 용서하신다면 그렇게 될 것이나, 우리가 죄 사함을 위해 기도하는 것은 그렇게 해 달라는 것이 아니다. 우리는 그리스도의 보상에 근거하여 죄 사함을 바라는 것이기 때문이다. 그러므로 우리 죄가 용서받을 때에 하나님의 공의의 질서에 어긋나는 것이 하나도 없는 것이다. 보상이 없이 그런 일이 행해지는 것이 아니기 때문이다. 이에 대해서 혹시, 하나님께서 보상이 주어진 사실을 보시고 우리 죄를 용서하신다면 그것은 그가 은혜로 값없이 용서하시는 것이 아니라고 이의를 제기한다면, 우리는 이렇게 답할 것이다. 곧, 하나님께서는 보상이 이루어진 것을 보시고 우리 죄를 용서하시며, 따라서 그리스도의 편에서는 그것이 값이 없는 것이 아니지만, 우리의 편에서는 값없이 용서가 주어지는 것이다. 그는 우리에게서가 아니라 그리스도에게서 보상을 받으시기 때문이라는 것이다.

그리고 이에 대해서 다시, 우리가 그리스도 안에서 공로를 세운 것이므로 죄 사함이 값없이 베풀어지는 것이 아니라고 반론을 제기한다면, 우리는 이렇게 답할 것이다. 곧, 우리 죄가 용서받는 근거가 되는 공로는 우리의 것이 아니라 그리스도의 것이며, 아버지께서 우리를 위하여 값없이 그를 보내사, 우리편에서의 개입이 전혀 없이, 그가 우리를 위하여 이 죄 사함을 위하여 공로를 세우셨고, 그의 공로가 값없이 우리에게 전가되었다는 것이다. 그러므로 우리 죄가 그리스도의 공로로 말미암아 은혜로이 용서받는 것이요, 따라서 그리스도께서 보상하셨기 때문에 그 죄들이 우리에게 전가되지 않는다고 추론할 수 있는 것이다. 우리가 바라는 것은, 하나님께서 그의 공의하심에 어긋나게 행하셔서 우리를 죄인들로 인정하지 않으시는 것이 아니다. 우리는 하나님께서 그리스도의 의를 우리에게 전가시키시고 그 의로 우리 죄를 덮으시기를 바라는 것이다. 이를 좀 더 간단하게 이렇게 표현할 수 있을 것이다. 하나님께서는 우리 죄를 값없이 용서하시는데, 이는, 1. 그가 우리에게서 보상을 요구하시지 않기 때문이다. 2. 그가 값없이 그의 아들을 주시고 그의 안에서 보상을 이루셨기 때문이다. 3. 그가 믿는 자들에게 그의 아들의 보상을 은혜로 주시고 전가시키시기 때문이다.

3. 어째서 죄 사함을 위해서 기도해야 하는가?

우리는 죄 사함을 바라고 그것을 위해 기도해야 한다: 1. 우리의 구원을 위하여. 죄 사함이 없이는 구원받을 수가 없으며, 또한 하나님께서는 그것을 바라는 자들 이외에는 아무에게도 그 은덕을 베푸시지 않기 때문이다. 2. 아무리 거룩한 사람에게도 금생에서는 죄의 잔재가 붙어 있기 마련인데, 이 사실을 기억하게 하며, 또한 우리의 회개가 더욱더 진지해지고 깊어지게 하기 위하여. 3. 축복들을 바라고 받기 위하여. 죄 사함이 없이는 이런 축복들이 베풀어지지도 않고, 혹시 주어진다 할지라도 그것이 오히려 멸망에 기여할 것이기 때문이다. 악인도 이런 선물들을 받는 경우가 많으나, 그들에게는 구원에 이르는 수단이 아니라 오히려 정죄에 이르는 수단이 될 뿐이다.

반론. 이미 받은 것에 대해서는 바라고 기도할 필요가 없다. 경건한 자들은 죄 사함을 이미 받았다. 그러므로 그것을 바랄 필요가 없다.

답변. 경건한 자들이 죄 사함을 누리는 것은 사실이다. 그러나 완전히 누리지도 못하고, 또한 지속적으로 누리지도 못하며, 다만 그 시작만을 누릴 뿐이다. 이 용서는 계속해서 받아야 한다. 중생한 자들에게서도 계속해서 죄가 발견되기 때문이다. 하나님께서는 그의 아들 안에서 죄 사함을 받은 자들에게서 죄의 용서가 계속되게 하신다. 그러나 그는 우리가 날마다 이런 지속적인 용서를 사모한다는 조건으로 그렇게 하시는 것이다. 그러므로 하나님께서 이미 그리스도로 말미암아 우리의 죄를 사하셨으나, 우리가 죄 용서를 위하여 기도하도록 의도하시는 것이다. 그렇기 때문에 우리는 우리가 지금 혹은 장차 범하는 죄들을 용서해 주시기를 하나님께 기도하는 것이다.

4. 어떻게 해서 죄가 사해지는가, 혹은 "우리가 우리에게 빚진 자를 사하여 준 것 같이"라는 문구는 무슨 의미인가?

그리스도께서는 **우리가 우리에게 빚진 자들을 사하여 준 것같이 우리 죄를 사하여 주옵시고** 라고 말씀하시는데, 이는 다음과 같은 목적을 위함이다: 1. 우리의 죄 사함을 위하여 올바른 자세로 바라고 기도하게 하시며, 또한 참된 믿음과 회개로 하나님 앞에 나아가게 하기 위함이다. 이웃에 대한 사랑이 바로 참된 믿음과 회개의 증표인 것이다. 2. 우리로 하여금 위로를 얻게 하기 위함이다. 이웃이 우리에게 범한 죄를 용서할 때에, 우리의 죄의 용서에 대해 확신을 가질 수 있으며, 여전히 우리 속에 갖가지 죄의 잔재들이 남아 있지만, 그럼에도 불구하고 하나님께서 우리를 받아주신다는 확신을 갖게 되는 것이다.

반론 1. 스스로 용서하지 않는 자는 용서받지 못한다. 우리는 용서하지 않는다. 그러므로 우리는 용서받지 못한다.

답변. 충만하고도 완전하게 용서하지 않는 자라도, 진실하고 성실하게 용서하면 죄 용서를 받는다. 그러므로 우리가 진실하고 성실하게 용서하면, 죄 용서가 우리에게도 주어지는 것이다.

반론 2. 그리스도께서는 우리가 우리에게 빚진 자들을 용서하는 것같이 우리 죄를 용서해 주시기를 기도하라고 명령하신다. 그러나 우리는 우리에게 빚진 자들을 완전하게 용서하지 않는다. 그러므로 이 간구에 따르면 우리는 하나님께서 우리 죄를 완전히 용서하지 않으시기를 기도하는 것이요, 하나님께서 지극히 작은 죄도 정죄하실 것이므로 결국 우리의 멸망을 바라는 것이 된다.

답변. 이것은 그리스도의 말씀을 그릇 이해하는 것이다. 이 간구에 나타나는 **같이**라는 단어는 용서의 정도를 나타내거나, 우리가 다른 이들에게 행하는 용서가 하나님께서 우리에게 베푸시는 용서와 동등하다는 것을 가르치는 것이 아니다. 좀 더 간단히 말해서, 여기서는 정도에 따라서 비교하는 것이 아니라, 진실과 사물의 실체에 따라서 비교하는 것이다. 그러므로 이 말씀의 의미는, 하나님께서 우리의 죄를 완전하게 용서하시는 것처럼 우리도 이웃을 그렇게 참되고 분명하게 용서해야 한다는 것이다.

반론 3. 그러나 그리스도께서는 누가복음에서 다음과 같이 기도하라고 명령하신다: "우리가 우리에게 죄 지은 모든 사람을 용서하오니 우리 죄도 사하여 주시옵고"(눅 11:4). 그러므로 우리가 용서하는 것이 하나님께서 우리에게 베푸시는 죄 용서의 원인이 된다.

답변. 그러나 이것은 원인이 아닌 것을 원인으로 간주하는 것이다. 우리가 행하는 용서가 하나님의 용서하심을 위하여 공로를 쌓는다거나 그것이 원인이 되는 것이 아니다. 우리의 용서는 하나님께서 우리의 죄를 용서하셨다는 하나의 논증이요 증거가 된다는 뜻이다. 비록 완전하지는 않으나 그럼에도 불구하고 진실하고 성실하게 다른 사람들을 용서했기 때문이다. 우리의 용서는 하나님의 용서하심의 원인일 수가 없다. 1. 그것이 불완전하기 때문이다. 2. 그것이 완전하다 해도 여전히 우리가 하나님께 빚지고 있는 것을 보상할 만한 공로를 세우는 것이 될 수가 없기 때문이다. 우리가 지금 완전한 순종을 행한다 해도, 여전히 그것은 하나님께 마땅히 행하여야 할 바를 행하는 것뿐이다. 그러므로, 이 말씀을 우리의 용서와 하나님의 용서가 동등한 것을 뜻하는 것으로 이해해서는 안 되고, 다만 용서의 종류를 비교하는 것으로 이해해야 하는 것이다.

반론 4. 자기가 받은 손해를 기억하고 있고, 따라서 복수를 바라는 자는 참되게 용서하지 못하는 것이다. 그런데 우리는 모두 손해를 기억하고 있고, 복수를 바라고 있다. 그러므로 우리는 참되게 용서하는 것이 아니다.

답변. 자기가 받은 해를 기억하면서도 그것을 물리치거나 저항하는 기미가 전혀 없는 사람은 참되게 용서하는 것이 아니다. 물론 상대방의 과실에 대한 기억을 완전히 제거하는 것은 거의 불가능하며 혹은 최소한 매우 힘드는 일이다. 그러나 그것을 마음에 두지 않고 우리에게 여전히 끼여있는 죄의 잔재들을 저항하고 그것에 빠지지 않는다면, 우리가 참으로 마음을 다하여 다른 사람을 용서하지 않는다고 할 수 없으며, 따라서 그리스도께서 **같이**라는 단어를 덧붙이신 뜻대로 하나님께 올바로 기도할 수 있는 것이다. 믿음과 회개로 기도하면 언제라도 올바로 기도하는 것인데, 이로써 그 믿음과 회개의 요건이 우리에게 확증되는 것이다. **믿음**이 이 간구를 통해서 우리 속에서 강화되고 확증된다. 이웃을 참으로 용서하게 되면, 우리의 죄도 용서받는다는 것을 확실히 믿을 수 있으며(또한 믿어야 하며), 그리하여 "너희가 사람의 잘못을 용서하면 너희 하늘 아버지께서도 너희 잘못을 용서하시려니와"(마 6:14)라는 그리스도의 약속에 따라서 우리가 선한 양심을 갖게 되고, 또한 우리의 기도가 응답된다는 확신을 갖게 되기 때문이다. **참된 회개**도 마찬가지로 이 간구를 통해서 우리 속에서 확증되고 증가된다. **우리가 우리에게 빚진 자를 사하여 준 것 같이**라는 조건이 덧붙여진 것이 주로 참된 회개에 이르게 하고 그런 회개를 불러일으키기 위함이기 때문이다. 우리 스스로 용서를 얻으려면, 우리도 다른 사람들을 용서해야 하기 때문이다. 믿음과 회개라는 두 가지 요인이, 방금 인용한 "너희가 사람의 잘못을 용서하면 너희 하늘 아버지께서도 너희 잘못을 용서하시려니와"라는 그리스도의 말씀 속에 담겨 있다. 이 말씀은 곧, 우리가 다른 사람을 용서하면, 하늘 아버지께서도 우리의 기도를 들으시고 우리의 잘못을 사하시리라는 것을 확실히 믿을 수가 있다는 것인데, 이는 곧 우리의 믿음에 대한 확증을 포함하는 것이다. 또한 "너희가 사람의 잘못을 용서하지 아니하면 너희 아버지께서도 너희 잘못을 용서하지 아니하시리라"(마 6:15)라는 반대 명제가 이어지는데, 이는 우리에게 회개를 불러일으키는 것이다.

반론 5. 그러나 바울은 알렉산더를 용서하지 않았다. 그는 "구리 세공업자 알렉산더가 내게 해를 많이 입혔으매 주께서 그 행한 대로 그에게 갚으시리니"(딤후 4:14)라고 말씀하고 있기 때문이다. 그런데도 그는 하나님의 용서를 받았다. 그러므로 우리가 죄를 용서하는 일은 하나님께 용서받는 일에 필수적인 것이 아니다.

답변. 죄의 용서는 세 가지다. 1. **복수에 관한 것.** 이것은 모든 사람에게 해당된다. 왜냐하면 모두가 용서하고 복수를 버려야 하기 때문이다. 이 간구는 바로 이것에 관한 것이요, 바울은 이런 의미에서는 알렉산더를 용서하였다. 2. **형벌에 관한 것.** 이 용서는 아무도 할 수 없다. 아무도 형벌을 가할 수 없기 때문이다. 형벌을 가할 권한을 지닌 국가의 통치자도 정당하고 충족한 이유가 있을 경우 외에는 누구에게 형벌을 면해주어서는 안 된다. 하나님께서 그의 정의와 법이 시행되기를 원하시기 때문이다. 바울은 이런 의미에서도 알렉산더를 용서하였다. 그러나 동시에 바울은 알렉산더가 죄를 고집할 경우 하나님께 형벌받기를 바랐다. 3. **다른 사람에 대한 판단에 관한 것.** 이것은 항상 용서해서는 안 될 것이다. 거짓을 금하시는 하나님께서는 우리가 악인을 정직한 사람으로 판단하는 것을 원하지 않으시며, 선을 악과 구별하시기를 바라시기 때문이다. 그리스도께서도 동일한 것을 명령하신다: "거룩한 것을 개에게 주지 말며 너희 진주를 돼지 앞에 던지지 말라"(마 7:6), "너희는 뱀 같이 지혜롭고 비둘기 같이 순결하라"(마 10:16). 그러므로 알렉산더가 자신의 악을 회개치 않으므로 그를 악인으로 판단하는 바울의 처사는 죄가 아닌 것이다.

여섯째 간구

127문   여섯째 간구는 무엇입니까?

답   "우리를 시험에 들게 하지 마시옵고 다만 악에서 구하시옵소서"인데, 이는 "우리가 너무 연약하여 우리 자신만으로는 한순간도 설 수 없사오며, 더욱이 우리의 철천지 원수인 마귀와 세상과 우리 자신의 육신이 끊임없이 우리를 공격하오니, 주의 성령의 능력으로 우리를 보존하시고 강건케 하사, 이 영적 전쟁에서 굴복하지 않고, 마침내 완전한 승리를 얻기까지 언제나 강건하게 대항하게 하시옵소서"라는 것입니다.

[해 설]

어떤 이들은 이를 한 가지 간구로 보고, 어떤 이들은 이를 두 가지 간구로 본다. 그러나 여기서 가르치는 가르침을 충실하게 견지하는 것이 중요하며, 이 문제에 대해서 왈가왈부할 필요는 없을 것이다. 그러나 우리가 견해로는 여기서 한 가지 간구가 두 부분으로 이루어져 있는 것으로 보인다. **우리를 시험에 들게 하지 마시옵고**는 미래의 악으로부터 구원해 달라는 간구요, **악에서 구하시옵소서**는 현재의 악으로부터 구원해 달라는 간구라 할 것이다.

여기서는 다음과 같은 문제들을 논의해야 할 것이다:

1. 시험이란 무엇인가?
2. 시험에 들게 한다는 것은 무엇인가?
3. 악에게서 구한다는 것은 무엇인가?
4, 이 간구는 왜 필요한가?

1. 시험이란 무엇인가?

시험에는 두 종류가 있다. 하나는 하나님으로부터 오는 것이고, 다른 하나는 마귀로부터 오는 것이다. **하나님으로부터 오는 시험**은, 갖가지 반대와 우리의 구원의 장애거리들을 통하여 오는 우리의 믿음과 경건, 회개와 순종에 대한 시험이다. 모든 악한 것들, 즉 마귀와 육체와 정욕과 세상, 환난, 재난, 십자가 등을 통하여, 우리의 믿음과 인내와 소망이 우리 자신에게는 물론 다른 이들에게까지 분명히 드러나기 때문이다. 하나님께서 아브라함과 요셉과 욥과 다윗 등을 시험하셨다고 말씀하시는 것도 바로 이런 의미다: "이는 너희의 하나님 여호와께서 너희가 마음을 다하고 뜻을 다하여 너희의 하나님 여호와를 사랑하는 여부를 알려 하사 너희를 시험하심이니라"(신 13:3; 또한 창 22:1; 시 139:1을 보라). 이와 마찬가지로 하나님께서는 또한 거짓 선지자들과 십자가를 통하여 그의 백성들을 시험하신다고 말씀하는 것이다. **마귀의 시험**, 혹은 마귀와 육체와 악인이 우리를 미혹시키는 그런 시험이 있는데, 그릇된 일을 행하도록 부추기는 모든 것이 여기에 속한다. 그렇게 부추기는 것 자체가 죄인 것이다. 마귀는 이 시험을 통해서 욥을 시험하여 그를 그가 사랑하고 예배하는 하나님에게서 떠나게 하고자 했다. 그러나 시험의 최종적인 결과는 마귀가 계획하고 예상한 것과 달랐다. 마귀는 또한 다윗을 부추겨 이스라엘 자손을 계수하게 하기도 했다(대상 21:1).

반론. 그러나 야고보는 다음과 같이 말씀한다: "사람이 시험을 받을 때에 내가 하나님께 시험을 받는다 하지 말지니 하나님은 악에게 시험을 받지도 아니하시고 친히 아무도 시험하지 아니하시느니라"(약 1:13). **답변.** 하나님께서는 아무에게도 죄나 악을 부추김으로써 시험하시지 않는다. 다만 우리를 테스트하기 위하여 시험하실 뿐이다. 그러나 마귀와 세상과 육체는 우리를 하나님으로부터 멀어지게 하기 위하여 우리에게 죄를 부추기고 우리를 미혹한다. 하나님께서 아무도 시험하지 않으신다는 것은 이런 의미인 것이다. 그러므로, 하나님께서 아브라함과 욥과 다윗을 시험하셨다고 말씀할 때에, 우리는 그것이 환난과 십자가를 통하여 그들의 믿음과 굳건한 마음을 테스트하는 것 이상 다른 의미가 아니라는 것을 이해해야 한다. 그는 또한 동일한 수단을 사용하셔서 우리의 믿음과 소망, 인내와 사랑과 변함없는 마음을 시험하셔서, 우리가 과연 환난 중에도 그를 예배하며 섬길지를 확증하시는 것이다.

지금까지 논의한 사실을 볼 때에, 시험이 마귀에게 속하는 것이요 사람의 무절제한 성향에 속하는 것이므로, 우리는 하나님께서 사람을 시험하시고 또한 사람을 시험하지 않으신다고 말씀하는 뜻이 무엇인지를 쉽게 감지할 수 있을 것이다. 사탄은 외부로부터 죄를 지을 기회들을 제공하기도 하고 또한 내부로부터 죄를 짓도록 교사함으로써 사람을 미혹시켜서, 그들을 멸망에 몰아넣고 하나님께 욕을 돌리려 한다. 또한 **무절제한 성향**이 사람들을 시험한다. 그것들이 하나님이 금하시는 행위들에로 기울어지게 하는 경향이 있기 때문이다. 그러나 하나님은 우리를 망하게 하기 위해서나 죄에 빠지게 하기 위하여 우리를 시험하시지 않는다. 그가 시험하시는 것은, 우리에게 재난을 주시거나, 마귀나 사람 혹은 우리의 육체로 하여금 우리에게 죄를 부추기도록 허용하시거나, 일시적으로 우리를 향하신 그의 은혜와 능력을 감추시거나 하여 우리에게 시련을 주시고 우리를 훈련시키셔서, 우리의 믿음이 이런 훈련과 시련을 통하여 더욱더 분명하게 드러나게 — 하나님에게가 아니라(그는 영원 전부터 우리의 믿음이 무엇이며 얼마나 크며, 그것이 그의 축복으로 장차 얼마나 커질지를 이미 다 아시므로) 우리 자신과 다른 이들에게 — 하시며, 그리하여 우리의 구원의 모범들을 통해서 우리 속에 하나님의 임재와 보호하심에 대한 믿음이 확증되게 하시며, 또한 우리의 인내를 바라봄으로써 다른 사람들에게 우리를 본받고자 하는 마음이 일깨워지게 하시고, 온갖 시험거리에서 우리를 구원하신 그 하나님을 향한 참된 감사가 우리 모두에게서 우러나오도록 하시기 위함인 것이다. 하나님께서 아브라함에게 그 아들 이삭을 제물로 드리라고 명령하셔서 그를 시험하신 것이 바로 이런 의도를 위한 것이었다(창 22장). 또한 그 백성들에게 물을 잠시 거두신 것도 이와 같은 것이다(출 15장). 그러므로 그리스도께서 하나님께 구하라고 명하시는 이 **우리를 시험에 들게 하지 마시옵고**라는 간구는, 다윗이 "하나님이여 나를 살피사 내 마음을 아시며 나를 시험하사 내 뜻을 아옵소서"(시 139:23)라고 말씀하며 자기 자신을 시험 앞에 기꺼이 내어놓는 것처럼 우리의 믿음과 경건에 대한 시험과 증거에 관한 것일 뿐 아니라, 마귀와 우리의 육체의 간교한 책략과 공격들과 또한 안팎의 갖가지 갈등들에 관한 것이기도 한 것이다. 사도 야고보의 다음과 같은 말씀도, 우리가 시험을 받는다는 사실에 관한 것만이 아니라 우리가 죄에 미혹되는 것에 관한 말씀인 것이다: "사람이 시험을 받을 때에 내가 하나님께 시험을 받는다 하지 말지니 하나님은 악에게 시험을 받지도 아니하시고 친히 아무도 시험하지 아니하시느니라 오직 각 사람이 시험을 받는 것은 자기 욕심에 끌려 미혹됨이니 욕심이 잉태한즉 죄를 낳고 죄가 장성한즉 사망을 낳느니라"(약 1:13-15).

그러므로, 하나님께서 악령들을 통해서 악인을 벌하시고 경건한 자들을 징계하시고 시험하시면서도, 그가 마귀로 말미암아 범해지는 죄들의 원인도 아니시고, 마귀의 악함에 함께 참여하시는 것도 아니라는 사실이 드러난다. 악인은 악인으로 말미암아 벌을 받는 것이요, 또한 선한 자가 징계를 받고 훈련을 받는 것은 하나님의 정의롭고도 거룩한 역사하심이기 때문이다. 그러나 악인이 죄를 지음으로써 하나님의 심판을 실행에 옮기는 것은 하나님의 잘못이 아니라, 악인의 부패함으로 인하여 일어나는 것이다. 그들 스스로 심판을 자초하는 것이며, 하나님께서는 절대로 그들의 죄 짓는 것을 원하시지도, 승인하시지도, 이루시지도 않으시며,

다만 그의 의로우신 심판으로 그것들을 허용하시는 것뿐이며, 그의 일과 목적을 그들을 통하여 이루어 가실 때에도 그는 그의 뜻을 그들에게 계시하거나 그들의 의지에 영향을 주셔서 그의 계시된 뜻을 목적과 법칙으로 삼아 처신하도록 하시지도 않는 것이다. 하나님의 역사하심과 마귀의 역사가, 또한 하나님께서 마귀를 통하여 그의 의로우신 역사를 이루시는 것과 그가 마귀의 죄를 허용하시는 것이, 이렇게 구별된다는 사실은 욥의 역사에서 분명하게 입증된다. 하나님께서는 욥을 시험하고자 하셨고, 반면에 마귀는 욥을 파멸시키려 했던 것이다. 또한 아합의 역사를 통해서나, 적그리스도에 관한 예언을 통해서도 동일한 것이 입증된다. 마귀는 자신이 멸하고자 하는 자들을 속이지만, 하나님께서는 그들이 속임을 당하도록 허용하심으로써 그들을 벌하시며, 마귀로 하여금 하나님의 뜻과 목적을 수행하도록 하시는 것이다(왕상 22장; 살후 2장).

2. 시험에 들게 한다는 것은 무엇인가?

하나님께서 우리를 시험에로 이끄시는 것으로 나타날 때에, 우리는 그것을 그가 그의 지극히 정의로우신 뜻과 판단에 따라서 우리를 시험하시고 증명하시고자 하시는 것으로 이해해야 한다. 그리고 마귀가 우리를 시험에 들게 한다고 말할 때에는, 하나님께서 그가 우리를 미혹하고 꾀어 죄를 짓게 하도록 허용하시는 것을 뜻하는 것이다. 우리는 이 간구에서 이 두 가지 형태의 시험으로부터 구원받기 위하여 기도할 것을 가르침 받는 것이다. 그러므로 우리는 다음과 같은 것을 위해 기도해야 한다: 1. 하나님께서 우리를 테스트하기 위하여 시험하지 마시기를(그것이 하나님의 기뻐하시는 뜻이라면), 혹은 그가 우리를 시험하시더라도 그 시험을 견딜 힘을 우리에게 주시기를. 2. 마귀나 세상이나 육체가 우리를 미혹하여 죄에 빠지도록 허용하지 마시기를, 혹은 그렇게 하도록 허용하실지라도 하나님이 친히 우리와 함께 계셔서 우리로 하여금 죄에 빠지지 않게 하시기를. 그러므로, **우리를 시험에 들게 하지 마시옵고**라는 이 간구의 참된 의미는 곧, 우리가 견딜 수 있는 한도를 넘는 시험을 당하지 않게 하시고, 마귀로 하여금 우리를 죄에 빠지게 하거나 하나님으로부터 완전히 멀어지게끔 우리를 미혹하도록 허용하지 마시기를 바라는 것이다.

반론. 하나님 편에서는 선한 시험들도 마귀의 편에서는 악한데, 그럼에도 불구하고 하나님께서는 우리를 그런 시험에 들게 하신다. 그러므로 하나님이 죄의 원인이시다.

답변. 여기에는 우발적인 요인을 원인으로 보는 오류가 있다. 마귀에게 그것들이 죄가 되는 것은, 마귀가 이런 시험들로써 우리를 미혹시키려는 의도를 갖기 때문이다. 그러나 하나님께는 그것들이 죄가 아니다. 왜냐하면 그 시험들이 우리에게 시련을 주어 우리로 하여금 죄에게서 물러서게 하고, 그리하여 우리의 믿음을 확증해 주기 때문이다. 그러므로 시험은, 그것들이 시련, 징계, 순교 등인 한, 하나님으로부터 보내지는 것이다. 그러나 그것들이 악하고 죄악된 것인 한, 하나님께서는 그것들을 뜻하시고 승인하시고 이루시는 것이 아니라, 다만 그것들을 허용하시는 것뿐이다.

3. 악에게서 구한다는 것은 무엇인가?

여기 나타나는 **악**이라는 용어를 마귀를 뜻하는 것으로 이해하는 이들도 있고, 어떤 이들은 그것을 죄로, 또 어떤 이들은 죽음으로 이해하기도 한다. 그러나 이것을, 미래의 것이든 현재의 것이든 간에 죄책의 악과 형벌의 악들을 모두 다 포괄하는 것으로 이해하는 것이 가장 좋다. 물론 모든 악행들의 주인이요 위대한 교사자인 마귀 자신도 여기에 포함된다. 사도 요한은 한 가지 의미심장한 어법을 따라서 그를 **악한 자**라고 부른다: "청년들아 내가 너희에게 쓰는 것은 너희가 악한 자를 이기었음이라"(요일 2:13), "이에서 지나는 것은 악으로부터 나느니라"(마 5:37). 키프리아누스는 여기서 사용되는 악이라는 용어를, 원수가 우리를 대적하여 가져다 놓는, 하나님이 구해주시지 않으면 우리 스스로는 도무지 견딜 수 없는 모든 어려운 처지들을 다 포함하는 것으로 이해하였다. 그러므로 하나님께서 악에게서 구해 주시기를 기도할 때에 우리는 다음과 같은 것을 구하는 것이다: 1. 우리에게 악을 보내지 마시고 우리를 현재와 미래의 악에게서, 죄책의 악과 형벌의 악에게서 모두 지키시고 보호하시기를. 2. 여기서 우리에게 악을 보내신다면, 그것들을 완화하시기를, 그리고 그것들이 우리의 구원에 기여하여 우리에게 유익이 되게 하시기를. 3. 마침내 우리를 내생에서 완전히 구원하시고, 우리 눈에서 모든 눈물을 씻기시기를.

4, 이 간구는 왜 필요한가?

이 간구는 반드시 필요하다: 1. 우리의 원수들의 수효와 능력, 그리고 우리가 노출되어 있는 악들의 위중함과 우리 자신의 연약함 때문에. 2. 죄 사함을 얻기를 구하는 바로 앞의 간구 때문에. 우리가 믿음과 회개에서 계속 나아가지 않으면 우리 죄가 용서받지 않은 것이기 때문이다. 그런데 우리 능력의 한도를 넘도록 시험을 받으면, 우리가 죄에 빠지고 하나님 자신에게서 멀어지면, 믿음과 회개 속에서 계속 나아갈 수가 없는 것이다.

반론 1. 우리에게 선하고 유익이 되는 것들에게서 구원해 주시기를 기도해서는 안 된다. 환난이나 빈곤, 거짓 선지자 등 하나님으로부터 오는 시험들은 우리에게 선하고 유익이 된다. 그러므로 우리는 이것들로부터 구원해 주시기를 기도해서는 안 된다.

답변. 그 자체가 선하고 유익이 되는 것들로부터는 구원받기를 기도해서는 안 된다. 그러나 시련, 환난, 십자가 등 시험은 그 자체가 유익한 것이 아니라 오로지 우발적인 요인에 의해서, 즉 하나님의 긍휼하심이 거기에 수반되기 때문에 유익한 것이 되며, 그의 긍휼하심이 없으면 그것이 유익한 것이 되지 않고 오히려 육체적이며 영적인 죽음의 일부요 또한 죽음에 이르게 하는 것이 되는 것이다. 그러므로 환난 그 자체가 악하며 우리의 본성을 파괴시키는 한에는 우리가 그것들에게서 구원받기를 기도해야 한다. 그러나 하나님의 선하심으로 말미암아, 그것들이 믿는 자들에게 선하고 유익이 되는 것인 한에는 그것들에게서 구원받기를 바라서는 안 될 것이다. 혹은 이렇게도 표현할 수 있을 것이다: 선하면서도 거기에 환난과 십자가가 수반되는 것에 대해서는 그것들에게서 구원받기를 기도해서는 안 되며, 그 자체가 악하고 우리의 본성을 파괴시키는 환난과 십자가 그 자체에 대해서는 그것들에게서 구원받기를 기도해야 한다. 그리스도께서도 친히 **이 잔을 내게서 지나가게 하옵소서** 라고 간구하셨는데, 이는 곧, 그것이 멸망과 악인 한에는 그것을 내게서 지나가게 하옵소서라는 뜻이다. 그러나 아버지께서는 이런 의미로 그것을 의도하신 것이 아니었다. 오히려 아버지께서 의도하신 것은 그리스도의 죽으심이 그 백성의 죄를 위한 속량이 되는 것이었고, 그리하여 그리스도와 아버지께서 모두 그것을 바라신 것이다: "그러나 나의 원대로 마시옵고 아버지의 원대로 하옵소서" (마 26:39).

반론 2. 하나님께서 뜻하시는 것들로부터 구원해 주시기를 기도해서는 안 된다. 그런데 하나님께서는 우리가 시험당하기를 뜻하신다. 그러므로 우리는 그것들로부터 구원해 주시기를 기도해서는 안 된다.

답변. 하나님께서 단순히 그것을 뜻하시는 한, 우리는 그가 뜻하시는 것에게서 구원받기를 기도해서는 안 된다. 그러나 시험은 하나님께서 단순하게 뜻하시는 것이 아니다. 그는 시험이 우리를 멸망케 하는 한에는 그것을 뜻하시지 않고, 오로지 그것이 우리의 믿음과 기도와 경건을 위한 시련과 훈련이 되는 한 그것을 뜻하시기 때문이다. 이런 점에서 보면 우리가 시험을 구하기도 해야 한다. 시험을 무조건 바라서는 안 된다는 것은 다음과 같은 이유에서 명백히 드러난다. 곧, 시험을 견디고 거기에 굴복하는 것이 인내의 일부분인데, 우리가 그것들에게서 구원받기를 기도하지 않고 그것들을 그냥 바라기만 한다면, 그것이 인내가 되지 않고 오히려 우리의 의무가 되어 버릴 것이기 때문이다. 그러므로 하나님께서는 악한 일들이 닥칠 때에 우리가 그냥 무조건 그것들을 바라는 것이 아니라, 그것들이 우리에게 선하고 유익한 것들인 한도 내에서 그것들을 인내로 견디는 것을 바라시는 것이다.

반론 3. 절대로 얻지 못할 것에 대해서는 기도해도 소용이 없다. 그런데 금생에서 시험으로부터 완전히 구원받는 일은 절대로 얻을 수가 없다. 왜냐하면 "무릇 그리스도 예수 안에서 경건하게 살고자 하는 자는 박해를 받으리라"(딤후 3:12)라고 말씀하기 때문이다. 그러므로 시험에 들지 않게 해 주시기를 기도하는 것은 아무런 소용이 없다.

답변. 여기에는 목적이 아닌 것을 목적으로 간주하는 오류가 있다. 우리가 시험에 들지 않기를 기도하는 것은 여기서 전적으로 시험에서 구원받을 것이기 때문이 아니라, 우리가 구원을 기도하고 구하지 않았다면 그 속에서 멸망하고 말았을 그런 갖가지 시험과 악에게서 구원받고자 하기 때문이다. 그 때문에 여기서 가르치는 대로 기도해야 할 이유가 충분한 것이다. 그러나 좀 더 나아가서, 이 간구가 절실하게 필요한 것은 우리가 빠지는 악들이 우리의 구원에 기여하게 되도록 하기 위함이다. 그런데 구원을 바라는 자들은 대개 하나님으로부터 이 두 가지 큰 축복을 받는다. 그러나 그는 심지어 그것을 바라는 자들에게조차도 그 축복이 불완전하게 하셨는데, 이는 우리에게 여전히 죄의 잔재들이 끼어있기 때문이기도 하며, 또한 우리가 그의 뜻에 굴복하여 확신을 갖고서, 그 축복을 내생에서 충만하고도 완전하게 얻게 되기를 기도하기를 바라시기 때문이다.

이 간구의 유익은 다음과 같다: 1. 시험을 견디는 데에서 나타나는 우리의 연약함을 고백함. 우리가 연약하여 아무리 작은 시험이라도 제대로 견디지 못하므로 그 누구도 우쭐하거나 스스로 교만하여, 베드로처럼 그리스도와 함께 죽기를 원한다고 선언하는 식이 되지 않도록 하며, 또한 아무도 자기의 고백과 고난을 스스로 자랑하지 않도록 하는 것이다. 주께서 친히 우리에게 겸손을 가르쳐 주시며 다음과 같이 말씀하시기 때문이다: "시험에 들지 않게 깨어 기도하라"(마 26:41), "그런즉 선 줄로 생각하는 자는 넘어질까 조심하라"(고전 10:12). 2. 현 세상의 비참함과 악함을 선언함. 우리로 하여금 안일해지고 세상을 사랑하는 데에 빠지지 않게 함이다. 3. 하나님의 섭리에 대한 인정과 고백. 이는 키프리아누스의 말처럼, 하나님께서 먼저 허락하지 않으시면 마귀가 우리에게서 아무것도 이룰 수 없다는 것을 가르쳐 준다. 그러므로 우리는 하나님을 향하여 존경과 경외를 갖게 된다. 하나님께서 그(마귀)에게 힘을 주시지 않으면 우리가 아무리 시험을 당해도 악한 자가 아무것도 이룰 수가 없기 때문이다. 하나님께서는 우리가 죄를 허용하여 우리 속에서 통치하도록 하는 것만큼 사탄에게 우리를 장악할 힘을 허용하시는 것이다. 그리하여 성경은 이렇게 말씀한다: "야곱이 탈취를 당하게 하신 자가 누구냐? 이스라엘을 약탈자들에게 넘기신 자가 누구냐? 여호와가 아니시냐? 우리가 그에게 범죄하였도다 그들이 그의 길로 다니기를 원하지 아니하며 그의 교훈을 순종하지 아니하였도다"(사 42:24). 사탄에게 주어지는 이 능력도 두 가지에 기여한다. 우리가 하나님을 대적하여 죄를 범할 때에는 우리의 형벌을 위한 것이 되고, 우리가 시련을 받고 노출될 때에는 우리의 영광을 위한 것이 되는 것이다. 이것은 이 주제에 대한 키프리아누스의 견해다.

여기서 지금까지 우리가 논의한 각기 다른 간구들의 순서와 상호간의 연관성을 주목하는 것이 적절할 것이다. 1. 주께서는 하나님을 아는 참된 지식 혹은 고백을 구할 것을 명령하신다. 그것이 그의 다른 모든 축복들의 원인이 된다. 2. 하나님께서 그의 성령으로 우리를 다스리시고 그리하여 우리를 이 지식 가운데서 계속 확증시키시고 보존하시기를 구하라고 하신다. 3. 이를 수단으로 하여 각 사람이 자기의 적절한 영역과 소명에서 자신의 임무를 정당하게 행하기를 구하라고 하신다. 4. 각 사람이 그의 의무를 행할 수 있도록 필요한 세속적인 축복들을 주시기를 구하라고 하신다. 그러므로 넷째 간구는 그 앞의 간구와 일치한다. 우리의 적절한 소명을 적절히 행하려면, 우리가 살아 있어야 하고, 또한 생명의 유지에 필요한 것이 있어야 하기 때문이다. 5. 그 다음에는 세속적인 축복과 영적인 축복에 대한 간구가 이어지는데, 이는 우리의 무가치함을 채우기 위하여 베풀어지는 것이다. 주께서 세속적이며 영적인 축복들을 주시도록, **우리 죄를 사하여 주시옵소서**. 그러므로, 다섯째 간구는 나머지 간구들의 기반이라 할 것이다. 이것이 무너지면 나머지도 무너지고 만다. 하나님께서 자기와 화목되셨다는 확신이 없다면, 그가 긍휼을 베푸신다는 것을 어떻게 알 수 있겠는가? 지식이 없는데 어떻게 그 지식 가운데서 계속 나아갈 수가 있겠는가? 자신이 하나님의 원수요 하나님의 뜻에 어긋나는 것을 바라고 있는데, 어떻게 하나님의 뜻과 그의 의무를 행할 수 있겠는가? 하나님의 선물들이 어떻게 그의 구원에 기여할 수 있겠는가? 6. 세속적이며 영적인 축복들에 대한 간구 다음에는, 마지막으로, 현재와 미래의 악들로부터의 구원을 위한 간구가 이어진다. 이 마지막 간구로부터 우리는 다시 첫째 간구에로 돌아간다. 죄책과 형벌의 악들, 현재와 미래의 모든 악들에게서 우리를 구하셔서, 우리로 하여금 우리의 완전한 구원자이신 주를 알게 하시옵고, 그리하여 주의 이름이 우리로 말미암아 거룩히 여김을 받게 하시옵소서.

128문　　그대는 이 기도를 어떻게 결론짓습니까?

답　　"나라와 권세와 영광이 아버지께 영원히 있사옵나이다"로 결론짓는데, 이는 "우리가 이 모든 것을 주께 구하는 것은, 주께서 우리의 왕으로서 만물을 다스리는 권세를 지니시고, 우리에게 모든 선한 것들을 주실 수 있으며, 또한 주기를 원하시기 때문이오니, 우리가 아니라 오직 주의 거룩하신 이름이 영원토록 영광을 받으시옵소서"라는 것입니다.

[해 설]

이 결론은 우리의 믿음을 확증하는 데에, 혹은 우리의 확신이 응답받는 데에 기여한다. 왜냐하면 하나님께서는 우리가 그에게 바라고 구하는 바를 베푸실 수 있고, 또한 기꺼이 베푸실 것이기 때문이다.

나라와. 그 첫째 이유는 왕의 임무에서 이끌어낸 것이다. 곧, 그의 백성들의 요구를 듣고, 그들을 보호하고 보존하는 것이다. 그러므로, 오 하나님, 주께서 우리의 왕이시요, 모든 원수들보다 더 권능이 크시며, 선한 것이나 악한 것이나 — 악한 것은 억제하시고 누르실 수 있고, 선한 것은 우리의 본성에 맞는 것이라면 무엇이든 주께서 주실 수 없는 것이 없으시니 — 모든 것을 주의 권세 아래 두시오니, 우리가 주의 백성이오니, 주의 권능으로 우리에게 임하사 우리를 구원하옵소서. 주의 백성을 위한 사랑이 주께 있사오며, 그들을 보존하시고 보호하실 수 있사옵나이다.

권세와. 둘째 이유는 하나님의 권세에서 이끌어낸 것이다. 오 하나님, 우리의 간구를 들으시고, 우리가 구하는 모든 것을 베푸소서. 오직 주만이 그 일을 하실 수 있음이옵나이다. 이 권능이 오직 주께만 있사오며, 거기에 무한한 선하심이 함께 있나이다.

영광이. 셋째 이유는 최종적인 목적에서 이끌어낸 것이다. 우리가 주의 영광을 위하여 이것들을 구하옵나이다. 우리는 홀로 참되신 주권자 하나님이신 주께로부터 모든 선한 것들을 바라며 구하옵나이다. 우리는 주께서 모든 선한 것들의 주인이시요 근원이심을 고백하고 시인하옵나이다. 이 영광이 주께 합당하오니, 우리가 주께로부터 이것들을 바라나이다. 그러므로 주의 영광을 위하여 우리의 간구를 들으소서. 모든 선한 것들을 주께로부터 기대하고 주께 간구하는 것이 바로 주께 존귀와 영광을 돌리는 것이옵나이다. 주께서 우리가 바라는 것들을 베푸시기를 원하시오니, 우리의 간구를 들으소서. 주께서는 주의 영광에 기여하는 것을 행하실 것이옵니다. 우리가 바라고 기도하는 것은 주의 영광에 기여하는 것들이옵나이다. 그러니, 주여, 우리에게 베풀어주옵소서. 우리가 구하는 바를 주시옵소서. 주께서 우리를 구원하시면, 영광이 주께 충만할 것이오며, 그리하여 주의 나라와 권세와 영광이 드러날 것이옵니다.

반론. 우리는 하나님께 설득력 있는 논지를 제시하고, 그것으로 하나님께서 우리의 구하는 바를 들어주시도록 압박을 가하고 영향을 주려는 것 같다. 그러나 불변하는 자에게는 그런 논지를 사용해도 아무런 소용이 없다. 하나님은 불변하시다. 그러므로 우리가 그렇게 그에게 간구해도 아무런 소용이 없다.

답변. 하나님에 관해서는 이 반론을 인정한다. 그러나 우리에게는 그렇지 않다. 혹은, 여기에는 목적이 아닌 것을 목적으로 간주하는 오류가 있다고 말할 수도 있을 것이다. 우리가 논지들을 사용하는 것은 하나님을 움직이고 그에게 영향을 주려거나 우리가 구하는 바를 행하시도록 설득시키려는 것이 아니다. 오히려 하나님께서 이를 행하실 것임을 우리 스스로 납득하기 위함이며, 그리하여 우리의 기도가 응답되리라는 확신을 갖게 되고, 우리의 필요와 또한 하나님의 선하심과 진실하심을 인정하고자 함이다. 그러므로 이 논지들을 우리의 기도에 덧붙이는 것은 하나님을 움직이고 그에게 영향을 주고자 함이 아니라, 다만 하나님께서 우리가 바라고 기도하는 바를 행하실 것임을 우리 스스로 확신하고 확증하기 위함인 것이다. 그가 그 일들을 행하시는 이유는 다음과 같다: **주는 최고의 왕이시옵니다.** 그러므로 주는 주의 백성들의 구원에 필요하며 기여하는 것을 그들에게 반드시 주실 것이옵니다. **주는 권세가 지극하시옵니다.** 그러므로 주는 이 모든 큰 선물들을 주심으로써 주의 권세를 보이실 것이옵니다. 주밖에는 아무도 그것들을 줄 자가 없나이다. **그리하여 주의 영광이 드러날 것이옵니다.** 그러므로 주는 그 일을 행하실 것이옵니다. 이는 주는 주의 영광을 돌아보심이옵니다.

129문   "아멘"이란 말은 무슨 뜻입니까?

답   "아멘"이란 "참으로 진정으로 그렇게 되리라"는 뜻인데, 하나님께서는 이런 것들을 소원하여 하나님께 아뢰는 나의 마음의 느낌보다도 더 확실하게 내 기도를 들으시기 때문입니다.

[해 설]

아멘이라는 단어는 기도의 일부로서 덧붙여진 것이 아니다. 오히려 다음과 같은 뜻을 나타내기 위하여 기도와 연결하여 붙여진 것이다: 1. 우리의 기도가 응답되기를 바라는 참되고 간절한 바람. 우리가 바라고 기도하는 것이 하나님께 인정함을 받아 그가 우리의 요구를 들어주시기를 바란다는 뜻이다. 2. 우리의 확신의 확실함을 고백함, 혹은 우리의 기도가 응답받으리라는 충만한 믿음의 확증이다. 그러므로 **아멘**이라는 단어는 다음과 같은 의미다: 1. 그대로 될지어다, 혹은 우리가 구하는 바가 이루어질지어다. 2. 주는 주의 약속을 돌아보시는 분이시니, 분명히 진실로 우리의 기도를 들으시옵소서.

-끝-